A COMPREHENSIVE BILINGUAL CONCORDANCE
OF THE HEBREW AND GREEK TEXTS OF
ECCLESIASTES

SOCIETY OF BIBLICAL LITERATURE
SEPTUAGINT AND COGNATE STUDIES SERIES

Series Editor
Leonard J. Greenspoon

Editorial Advisory Committee

N. Fernández Marcos, Madrid
M. Mulder, Leiden
I. Soisalon - Soininen, Helsinki
E. Tov, Jerusalem

Number 36

A COMPREHENSIVE BILINGUAL CONCORDANCE OF THE HEBREW AND GREEK TEXTS OF
ECCLESIASTES

Edited by
John Jarick

on the basis of a computer program by
Galen Marquis

A COMPREHENSIVE BILINGUAL CONCORDANCE OF THE HEBREW AND GREEK TEXTS OF
ECCLESIASTES

Edited by
John Jarick

on the basis of a computer program by
Galen Marquis

Scholars Press
Atlanta, Georgia

A COMPREHENSIVE BILINGUAL CONCORDANCE OF THE HEBREW AND GREEK TEXTS OF
ECCLESIASTES

Edited by
John Jarick

© 1993
Society of Biblical Literature

Library of Congress Cataloging-in-Publication Data

A Comprehensive bilingual concordance of the Hebrew and Greek texts of
  Ecclesiastes / edited by John Jarick on the basis of a computer
  program by Galen Marquis.
       p.   cm. — (Septuagint and cognate studies series ; no. 36)
  ISBN 1-55540-911-3 (alk. paper). — ISBN 1-55540-912-1 (pbk. :
  alk. paper)
       1. Bible. O.T. Ecclesiastes—Concordances, Hebrew. 2. Bible.
O.T. Ecclesiastes—Concordances, Greek.   I. Jarick, John.
II. Marquis, Galen.   III. Series.
BS1475.5.C65 1993
223'.8'003—dc20   93-33144
                                                        CIP

Printed in the United States of America
on acid-free paper

CATSS — BASIC TOOLS, Volume 3
edited by E. Tov

A publication of the Computer-Assisted Tools for Septuagint Study (CATSS) Project,
directed by R. A. Kraft and E. Tov

PREFACE

The concordances presented in this volume are derived from the data base prepared by the CATSS project (Computer Assisted Tools for Septuagint Studies), co-directed by Emanuel Tov in Jerusalem and Robert A. Kraft in Philadelphia, supported in Israel by the Israel Academy of Sciences and Humanities and in the U.S.A. by the NEH. The CATSS data base contains in a flexible format the major types of data needed for the study of the Septuagint (LXX) and its relation to the Masoretic Text (MT) and to other text-critical sources and literary corpora; in particular, the data base is important for the study of the textual relation between the LXX and MT and of the translation techniques, variant readings, grammar, and vocabulary of the LXX. Among other things, it is meant as the starting point for the preparation of a LXX lexicon, and is also invaluable for the preparation of various research tools such as search programs and concordances.

The present volume is the first in a series of CATSS Basic Tools which are designed to place before scholars in printed form some of the research tools which are becoming available as a result of the research being conducted in connection with the CATSS project. This volume presents full Hebrew-Greek and Greek-Hebrew lexical concordances to the book of Ecclesiastes, to be followed in a second volume by morphological concordances of the same book on the basis of morphological data. Forthcoming volumes in this series will present similar concordances for other individual biblical books and lists of particular phenomena throughout the LXX in relation to the MT and other text-critical sources.

Aspects of the CATSS data base relating to the present volume are explained in the Introduction, but the attention of readers seeking a more detailed explanation of the data base and other examples of its potential uses is directed towards two previous CATSS project monographs: John R. Abercrombie, William Adler, Robert A. Kraft, and Emanuel Tov, *Computer Assisted Tools for Septuagint Studies (CATSS), vol. 1, Ruth*, SCS 20 (Atlanta 1986); and Emanuel Tov, *A Computerized Data Base for Septuagint Studies: The Parallel Aligned Text of the Greek and Hebrew Bible, CATSS vol. 2*, JNSL Supp. 1 (Stellenbosch 1986).

Galen Marquis' expertise in textual criticism and Septuagint studies and long-time involvement with the CATSS project were brought to the fore in developing a new tool for Septuagint study, the CATSS-Base bi-lingual concordance program. The CATSS-Base program served as the basis for compiling the concordances for publication in book form, complete with key-word italicized in context and listings and breakdowns of equivalences and statistics. Mr. Marquis also transferred the CATSS material from the IBM mainframe to the Macintosh and was responsible for all the typographical aspects of the volume. Without his energetic involvement and enthusiasm this volume would not have come to fruition.

This first volume in the series has been ably prepared by John Jarick, who, together with Galen Marquis, carried the burden of this pioneering enterprise within the CATSS project. The previous work of the members of the CATSS team was rechecked by him and moulded into a concordance format. Many of Dr. Jarick's suggestions concerning the structure of the concordances and its format were implemented in their production. His fine scholarship, enthusiasm, and devotion are a constant source of inspiration for the CATSS project. Dr. Jarick's work was supported by a George A. Barton Fellowship from the American Schools of Oriental Research.

Emanuel Tov, editor of the series
Hebrew University of Jerusalem
February 1993

INTRODUCTION

The arrangement of the concordances

The Hebrew-Greek concordance contains in Hebrew alphabetical order an "entry" for every word or particle which occurs in the Masoretic Text (MT) of Ecclesiastes, as found in *Biblia Hebraica Stuttgartensia* (Stuttgart 1975); the occurrences of each of these elements are listed under Greek "sub-entries" (the sub-entries being arranged in Greek alphabetical order), indicating the Septuagintal equivalents of the respective Hebrew elements. Similarly, the Greek-Hebrew concordance contains in Greek alphabetical order an entry for every word which occurs in the Septuagint (LXX) text of Ecclesiastes, as found in the edition of Alfred Rahlfs, *Septuaginta, Id est Vetus Testamentum Graece iuxta LXX interpretes* (Stuttgart 1935); the occurrences of each of these words are listed under Hebrew sub-entries (the sub-entries being arranged in Hebrew alphabetical order), indicating the equivalents in the MT of the respective Greek words. Information on the Hebrew personal suffixes has been appended to the Hebrew-Greek concordance, since these suffixes—although they are not strictly lexical items—are reflected by Greek lexemes.

Each *main entry* in the concordance begins with an indication of the number of occurrences of the particular element in the MT or LXX, and each *sub-entry* begins with an indication of the number of cases in which the element of the sub-entry appears in the opposite text as the equivalent of the element of the main entry, together with a *percentage* indication of the frequency of such equivalence (e.g., from the Hebrew-Greek concordance we learn that היה occurs 47 times in the MT of Ecclesiastes, 28 times — or 60% of its occurrences — being rendered by γίγνομαι in the LXX, while from the Greek-Hebrew concordance we learn that γίγνομαι occurs 32 times in the LXX of Ecclesiastes, 28 times — or 88% of its occurrences — rendering היה). In the cases of concordance entries which contain more than one sub-entry, the list of equivalents and the associated figures are summarized at the beginning of the entry (the equivalents being arranged in order of frequency) before the detailed presentation of the individual occurrences. The order of sub-lemmas for each entry is as follows: in the equivalences list sub-lemmas are listed in descending order of frequency of occurrence; when the number of occurrences is the same, the order is alphabetical. Single lexical item equivalences are listed first, followed by compound entries, according to the same principle. In the listing of entries instances of no equivalence are listed first, followed by an alphabetical listing for each lexeme sub-lemma, and then compound entries.

It should be noted that, since percentages are given as whole numbers, and all of those which computed at less than 1% have been rounded upwards to 1%, the total percentage may result to be more or less than 100% (e.g., those listed under καί add up to 103%!). Two particular situations further complicate the calculations at certain points: in the case of Greek "doublets" (the double representation in Greek of one or more Hebrew elements), the percentages reflect the total number of rendered instances, and not the number of actual occurrences in the Hebrew text (cf. the entries for פעם and רב); and in the case of *ketib* and *qere*, the two alternative Hebrew elements are counted as two instances while the single Greek rendering is counted as one (cf. the sub-entries for הוא and היא under the entry for εἰμί).

--- A *"no equivalent" sub-entry*, indicated by three dashes (---), lists the occurrences of an element in the MT which is not reflected in the LXX (in the Hebrew-Greek concordance) and a word in the LXX which is not based upon an element in the MT (in the Greek-Hebrew concordance) — i.e., Greek "minuses" and "pluses" respectively. Since this particular sub-entry is not a genuine equivalent of the element in the opposite text, it is not included in the calculation of *percentages* of equivalents (e.g., אני occurs 29 times in the MT of Ecclesiastes, being rendered in the LXX by ἐγώ on 28 occurrences and having no equivalent in the LXX on one occurrence, so the sub-entry ἐγώ under אני in the Hebrew-Greek concordance carries the figure of 100% — which is not to say that every single occurrence of אני is met by an occurrence of ἐγώ in the translation, but that every time אני has an equivalent in the LXX of Ecclesiastes that equivalent is ἐγώ).

+   *Compound entries and sub-entries*, indicated by two or more elements linked by a plus sign (+), appear in the concordance where an element in one language has as its equivalent two or more elements in the other language (e.g., אין is frequently rendered by οὐκ ἔστιν or the like in the LXX of Ecclesiastes, so the sub-entry οὐ + εἰμί will be found under אין in the Hebrew-Greek concordance, and sub-entries for οὐ + εἰμί rendering אין will be found under both οὐ and εἰμί in the Greek-Hebrew concordance). The user of the concordance should not be misled into thinking that a compound sub-entry necessarily lists all occurrences of a particular compound (e.g., under both כל and ל in the Hebrew-Greek concordance will be found the sub-entry ל + כל rendered by πᾶς, which lists only the two occurrences in which a form of πᾶς stands as the equivalent of both of the components of לכל, and not the 13 occurrences in which לכל is rendered by a form of πᾶς together with the Greek article — these latter occurrences are listed under כל's sub-entry πᾶς and under ל's sub-entry ὁ).

[ ]   The concordance also takes account of the *hypothetical Hebrew parent text* of the LXX, as retroverted in column b (on which see below), while clearly distinguishing this hypothetical material from what actually appears in the MT (e.g., in Ecc. 8:6, where the MT reads רעת, the LXX employs γνῶσις, probably on the basis of a different *Vorlage*, דעת; accordingly, under the entry for γνῶσις in the Greek-Hebrew concordance the occurrence in 8:6 is listed under the sub-entry רעת, since רעת appears in the MT at that point where γνῶσις appears in the LXX, but the verse is also listed in *square brackets* under the sub-entry דעת). Since this material is hypothetical, it is not included in the calculation of *occurrences and percentages* of equivalents, which are based solely on the MT (e.g., under the entry just referred to in the Greek-Hebrew concordance the figure of 8 occurrences under the sub-entry דעת indicates that this word occurs 8 times in the MT of Ecclesiastes; the figure of 80% means that in that percentage of occurrences of γνῶσις in the LXX of Ecclesiastes the word דעת is the formal equivalent in the MT, but attention is drawn by the square-bracketed verses such as 8:6 and by the notes in column b to a different calculation if the hypothetical equivalents were included). In the case of a retroverted Hebrew word which does not also appear at some point in the MT of Ecclesiastes, the word in question is the subject of a new entry in the Hebrew-Greek concordance, but square brackets alert the concordance user to the fact that the word actually is not extant in the MT of Ecclesiastes. (Square brackets have a different signification within the aligned Hebrew and Greek texts, on which see below.) Retroverted concordance entries are given a number of occurrences, even though these entries do not "occur" at all except in the presumed Hebrew *Vorlage* of the Greek translation. Note, however, that such retroverted entries are *not* included in the total occurrences of non-retroverted entries.

{c}   The Alignment file of the CATSS data base notes cases of presumed Greek scribal errors with the notation "c" and the corrected form of the Greek in curly brackets. There is one such case for

Ecclesiastes (at 2:2; cf. the entry for περιφοράν), where περιφορὰν is corrected to {c παραφορὰν}, so marked in the Greek context.

The presentation of data in columns a and b

"*Column a*", which covers most of the width of the page, contains the aligned Hebrew and Greek texts. Each line consists of the concordanced word or word-combination located in its immediate context in the verse listed to the left of the text. The basis for the verse reference in each case is that of MT; where the Greek versification relating to the word in question differs from that of MT, the LXX verse number is noted in column b (see below). In most instances the context shown is the complete phrase in which the concordanced entry appears, although in cases of particularly long phrases only part of the phrase can be given for reasons of space. The key word has been highlighted in the text by means of italics, but in many cases involving *maqqef* in the MT it will be found—because of the way in which the data is processed by the computer—that the italicization also encompasses the word linked by maqqef to the key word in the Hebrew text, and so too with the corresponding words in the Greek text.

Users familiar with previous volumes in the CATSS series, and/or with studies based upon the CATSS data base, will note that this is a departure from the heretofore standard presentation of column a. The CATSS data base itself presents in each line of column a only individual words or word-combinations (together with certain information regarding these textual elements), but for the purpose of this concordance produced from the data base it was decided to place these elements, which in this format are grouped together under alphabetical entries in the concordance, within their respective contexts. Relevant information regarding the individual elements, such as the noting of a "doublet" (as mentioned above) or a difference in the sequence of words between the MT and LXX — information which appears in column a in the CATSS data base — has been placed in column b in the present volume. Pluses and minuses (cases of LXX elements which have no equivalent in the MT and vice versa) are not individually noted, since they are grouped together under "no equivalent" sub-entries (---) in the list of translation equivalents.

As mentioned above, the Hebrew and Greek texts which form the basis of the concordances are those of the editions of BHS and Rahlfs respectively. Cantillation marks (in the Hebrew text) and punctuation marks (in the Greek text) are not included here. In the Hebrew text, the *ketib*, indicated by an asterisk (*), and the *qere*, indicated by a double asterisk (**), are placed one after the other (e.g., כִּי־מִי אֲשֶׁר *יְבֻחַר **יְחֻבַּר אֶל כָּל־הַחַיִּים, Ecc. 9:4). The forms of *ketib/qere* readings in the concordance are both vocalized in the computerized form of the biblical text used as the basis for the contexts.

In the Greek text, upper case letters have been retained only in the case of proper nouns (e.g., Ισραηλ, Ecc. 1:1). When there is a discrepancy in the versification of the MT and LXX, the elements which are not to be found in the LXX in the cited verse are placed within square brackets (e.g., the words ἀνατέλλων αὐτὸς ἐκεῖ, corresponding to זוֹרֵחַ הוּא שָׁם in MT 1:5, appear in LXX 1:6, so the Greek words are placed within square brackets in the text cited as 1:5, and the LXX verse number is given in square brackets in column b).

"*Column b*", appearing at the right side of the page, contains some remarks on differences between the MT and LXX, and a number of retroverted readings, where such matters bear on text-critical and lexicographical issues. This material is subjective, reflecting the views of the members of the research team. In particular, it must be borne in mind that all retroversions of the presumed Hebrew *Vorlage* of the LXX are conjectural.

Remarks and/or retroversions in column b are written after an equals sign (=), except for the * and ** signs (see below). The material presented pertains to the particular word or word-combination which is the subject of the concordance entry at that point, and not to other elements of the context in column a (which may or may not have their own column b material when they are the focus of a concordance entry). If no remark or retroversion is found in column b, it may be assumed that the hypothetical parent text of the LXX is taken to be identical with the MT in regard to the word or word-combination which is the subject of the concordance entry or sub-entry at that point. Where the LXX adds an article, conjunction, or pronoun not representing any explicit element in the MT, no remark or retroversion has been made, since such cases may simply reflect Greek style rather than a supposed variant in the Hebrew *Vorlage*.

The following symbols are employed for the remarks made in column b in this volume:

*	Agreement of the LXX with the *ketib* of the MT (e.g., πόδα σου for רגליך [*qere* רגלך], Ecc. 4:17).
**	Agreement of the LXX with the *qere* of the MT (e.g., ὀφθαλμὸς αὐτοῦ for עינו [*ketib* עיניו], Ecc. 4:8).
=~	A difference in the sequence of words between the MT and LXX (e.g., αὐτοῖς ἔτι for עוד להם, Ecc. 9:5).
=d	A "doublet"; i.e., the double representation in Greek of one or more Hebrew elements (e.g., πλειστάκις πονηρεύσεταί σε καὶ καθόδους πολλὰς κακώσει καρδίαν σου for כִּי גַם־פְּעָמִים רַבּוֹת יָדַע לִבֶּךָ, Ecc. 7:22).
=%vap	"Verb: active/passive"; i.e., a difference between an active verbal form in the MT and a passive one in the LXX (e.g., εἰσαχθέντας for באו, Ecc. 8:10).
=%p	A difference in preposition or particle (e.g., ὡς [which normally translates כ] for ב [which is normally translated by ἐν], Ecc. 7:12).
=;	A retroversion supported by the context or formulaic language (e.g., γνῶσις, Ecc. 1:18 [where the MT reads כעס], retroverted as דעת, a word which appears in the following stich, where it is translated by γνῶσις).
=@	Etymological exegesis reflected in the LXX, different from the "regular", "traditional" understanding of the biblical word (e.g., αἰσχυνθήσονται for בשתי, Ecc. 10:17, the translator having interpreted in terms of the root בוש rather than שתי with the preposition *beth*).
=@a	Etymological exegesis according to the Aramaic language (e.g., βουλή for מלך, Ecc. 2:12).
=:	A retroversion of a proper noun (e.g., Ισραηλ, Ecc. 1:1 [where the MT lacks this proper noun], retroverted as ישראל).
=v	A difference in vocalization between the MT and the implication of the LXX, often reflecting a different morphological understanding of the Hebrew word (e.g., ἀπὸ μακρότητος for מַאֲרִיךְ, in MT Ecc. 8:12).

=vs A difference in vocalization which involves an interchange of *sin* and *shin* (e.g., μισέω for שׂנא [MT שׁנה], Ecc. 8:1).

=r An incomplete retroversion, where the exact verbal form is not reconstructed (e.g., βοηθήσει, Ecc. 7:19 [where MT reads תעז], is noted as being based on the root עזר rather than עזז).

=. An interchange of consonants between the MT and the presumed Hebrew parent text of the LXX, as in the following examples:

=.dr An interchange of *daleth* and *resh* (e.g., κακώσει for ירע [MT ידע], Ecc. 7:22).

=.hx An interchange of *he* and *heth* (e.g., ζῆθι for חיה [MT היה], Ecc. 7:14).

=.() An interchange of *ayin* and *aleph* (e.g., τά for את [MT עת], Ecc. 8:9).

=.s One word of the MT separated into two or more words in the presumed Hebrew parent text of the LXX (e.g., τί ἐπερίσσευσεν for מה יתר [MT מותר], Ecc. 3:19).

? A questionable remark or retroversion; although many elements in the data base are questionable, especially doubtful elements are denoted with question marks (e.g., did the LXX translator read אלהים instead of מלאך in Ecc. 5:5, rather than interpret מלאך as θεός?).

[n] The LXX verse number, when this differs from that of the MT (e.g., ἀνατέλλων αὐτὸς ἐκεῖ in LXX 1:6 corresponds to זוֹרֵחַ הוּא שָׁם in MT verse 5).

John Jarick

Greek-Hebrew Concordance

A

ἀγαθός *Occurrences: 45*

טוֹב	*45*	*100%*
2:1	אֲנַסְּכָה בְשִׂמְחָה וּרְאֵה בְטוֹב	πειράσω σε ἐν εὐφροσύνῃ καὶ ἰδὲ *ἐν ἀγαθῷ*
2:3	עַד אֲשֶׁר־אֶרְאֶה אֵי־זֶה טוֹב	ἕως οὗ ἴδω ποῖον *τὸ ἀγαθὸν*
2:24	אֵין־טוֹב בָּאָדָם	οὐκ ἔστιν *ἀγαθὸν* ἐν ἀνθρώπῳ
2:24	וְהֶרְאָה אֶת־נַפְשׁוֹ טוֹב בַּעֲמָלוֹ	καὶ ὃ δείξει τῇ ψυχῇ αὐτοῦ *ἀγαθὸν* ἐν μόχθῳ αὐτοῦ
2:26	כִּי לְאָדָם שֶׁטּוֹב לְפָנָיו	ὅτι τῷ ἀνθρώπῳ *τῷ ἀγαθῷ* πρὸ προσώπου αὐτοῦ
2:26	לָתֵת לְטוֹב לִפְנֵי הָאֱלֹהִים	τοῦ δοῦναι *τῷ ἀγαθῷ* πρὸ προσώπου τοῦ θεοῦ
3:12	יָדַעְתִּי כִּי אֵין טוֹב בָּם	ἔγνων ὅτι οὐκ ἔστιν *ἀγαθὸν* ἐν αὐτοῖς
3:12	כִּי אִם־לִשְׂמוֹחַ וְלַעֲשׂוֹת טוֹב	εἰ μὴ τοῦ εὐφρανθῆναι καὶ τοῦ ποιεῖν *ἀγαθὸν*
3:13	וְרָאָה טוֹב בְּכָל־עֲמָלוֹ	καὶ ἴδῃ *ἀγαθὸν* ἐν παντὶ μόχθῳ αὐτοῦ
3:22	וְרָאִיתִי כִּי אֵין טוֹב	καὶ εἶδον ὅτι οὐκ ἔστιν *ἀγαθὸν*
4:3	וְטוֹב מִשְּׁנֵיהֶם	*καὶ ἀγαθὸς* ὑπὲρ τοὺς δύο τούτους
4:6	טוֹב מְלֹא כַף נָחַת	*ἀγαθὸν* πλήρωμα δρακὸς ἀναπαύσεως
4:9	טוֹבִים הַשְּׁנַיִם מִן־הָאֶחָד	*ἀγαθοὶ* οἱ δύο ὑπὲρ τὸν ἕνα
4:9	אֲשֶׁר יֵשׁ־לָהֶם שָׂכָר טוֹב בַּעֲמָלָם	οἷς ἔστιν αὐτοῖς μισθὸς *ἀγαθὸς* ἐν μόχθῳ αὐτῶν
4:13	טוֹב יֶלֶד מִסְכֵּן וְחָכָם	*ἀγαθὸς* παῖς πένης καὶ σοφὸς
5:4	טוֹב אֲשֶׁר לֹא־תִדֹּר מִשֶּׁתִּדּוֹר	*ἀγαθὸν* τὸ μὴ εὔξασθαί σε ἢ τὸ εὔξασθαί σε
5:17	הִנֵּה אֲשֶׁר־רָאִיתִי אָנִי טוֹב אֲשֶׁר־יָפֶה	ἰδοὺ ὃ εἶδον ἐγὼ *ἀγαθόν* ὅ ἐστιν καλόν
6:3	אָמַרְתִּי טוֹב מִמֶּנּוּ הַנָּפֶל	εἶπα *ἀγαθὸν* ὑπὲρ αὐτὸν τὸ ἔκτρωμα
6:9	טוֹב מַרְאֵה עֵינַיִם מֵהֲלָךְ־נָפֶשׁ	*ἀγαθὸν* ὅραμα ὀφθαλμῶν ὑπὲρ πορευόμενον ψυχῇ
6:12	כִּי מִי־יוֹדֵעַ מַה־טּוֹב לָאָדָם בַּחַיִּים	ὅτι τίς οἶδεν τί *ἀγαθὸν* τῷ ἀνθρώπῳ ἐν τῇ ζωῇ
7:1	טוֹב שֵׁם מִשֶּׁמֶן טוֹב	*ἀγαθὸν* ὄνομα ὑπὲρ ἔλαιον ἀγαθὸν
7:1	טוֹב שֵׁם מִשֶּׁמֶן טוֹב	ἀγαθὸν ὄνομα ὑπὲρ ἔλαιον *ἀγαθὸν*
7:2	טוֹב לָלֶכֶת אֶל־בֵּית־אֵבֶל	*ἀγαθὸν* πορευθῆναι εἰς οἶκον πένθους
7:3	טוֹב כַּעַס מִשְּׂחֹק	*ἀγαθὸν* θυμὸς ὑπὲρ γέλωτα
7:5	טוֹב לִשְׁמֹעַ גַּעֲרַת חָכָם	*ἀγαθὸν* τὸ ἀκοῦσαι ἐπιτίμησιν σοφοῦ
7:8	טוֹב אַחֲרִית דָּבָר מֵרֵאשִׁיתוֹ	*ἀγαθὴ* ἐσχάτη λόγων ὑπὲρ ἀρχὴν αὐτοῦ
7:8	טוֹב אֶרֶךְ־רוּחַ מִגְּבַהּ־רוּחַ	*ἀγαθὸν* μακρόθυμος ὑπὲρ ὑψηλὸν πνεύματι
7:10	שֶׁהַיָּמִים הָרִאשֹׁנִים הָיוּ טוֹבִים מֵאֵלֶּה	ὅτι αἱ ἡμέραι αἱ πρότεραι ἦσαν *ἀγαθαὶ* ὑπὲρ ταύτας
7:11	טוֹבָה חָכְמָה עִם־נַחֲלָה	*ἀγαθὴ* σοφία μετὰ κληροδοσίας
7:14	בְּיוֹם טוֹבָה הֱיֵה בְטוֹב	ἐν ἡμέρᾳ ἀγαθωσύνης ζῆθι *ἐν ἀγαθῷ*
7:18	טוֹב אֲשֶׁר תֶּאֱחֹז בָּזֶה	*ἀγαθὸν* τὸ ἀντέχεσθαί σε ἐν τούτῳ
7:20	אֲשֶׁר יַעֲשֶׂה־טּוֹב וְלֹא יֶחֱטָא	ὃς ποιήσει *ἀγαθὸν* καὶ οὐχ ἁμαρτήσεται
7:26	טוֹב לִפְנֵי הָאֱלֹהִים יִמָּלֵט	*ἀγαθὸς* πρὸ προσώπου τοῦ θεοῦ ἐξαιρεθήσεται
8:12	אֲשֶׁר יִהְיֶה־טּוֹב לְיִרְאֵי הָאֱלֹהִים	ὅτι ἔσται *ἀγαθὸν* τοῖς φοβουμένοις τὸν θεόν
8:13	וְטוֹב לֹא־יִהְיֶה לָרָשָׁע	*καὶ ἀγαθὸν* οὐκ ἔσται τῷ ἀσεβεῖ
8:15	אֲשֶׁר אֵין־טוֹב לָאָדָם תַּחַת הַשֶּׁמֶשׁ	ὅτι οὐκ ἔστιν *ἀγαθὸν* τῷ ἀνθρώπῳ ὑπὸ τὸν ἥλιον
9:2	לַטּוֹב	*τῷ ἀγαθῷ* καὶ τῷ κακῷ
9:2	כַּטּוֹב כַּחֹטֶא	*ὡς ὁ ἀγαθός* ὡς ὁ ἁμαρτάνων
9:4	יֵשׁ בִּטָּחוֹן כִּי־לְכֶלֶב חַי הוּא טוֹב	ἔστιν ἐλπίς ὅτι ὁ κύων ὁ ζῶν αὐτὸς *ἀγαθὸς*
9:7	וּשְׁתֵה בְלֶב־טוֹב יֵינֶךָ	καὶ πίε ἐν καρδίᾳ *ἀγαθῇ* οἶνόν σου
9:16	וְאָמַרְתִּי אָנִי טוֹבָה חָכְמָה מִגְּבוּרָה	καὶ εἶπα ἐγώ *ἀγαθὴ* σοφία ὑπὲρ δύναμιν
9:18	טוֹבָה חָכְמָה מִכְּלֵי קְרָב	*ἀγαθὴ* σοφία ὑπὲρ σκεύη πολέμου
11:6	וְאִם־שְׁנֵיהֶם כְּאֶחָד טוֹבִים	καὶ ἐὰν τὰ δύο ἐπὶ τὸ αὐτὸ *ἀγαθά*
11:7	וּמָתוֹק הָאוֹר וְטוֹב לַעֵינָיִם	καὶ γλυκὺ τὸ φῶς *καὶ ἀγαθὸν* τοῖς ὀφθαλμοῖς
12:14	אִם־טוֹב וְאִם־רָע	ἐὰν *ἀγαθὸν* καὶ ἐὰν πονηρόν

ἀγαθύνω *Occurrences: 2*

יָטַב	*2*	*100%*
7:3	כִּי־בְרֹעַ פָּנִים יִיטַב לֵב	ὅτι ἐν κακίᾳ προσώπου *ἀγαθυνθήσεται* καρδία
11:9	וִיטִיבְךָ לִבְּךָ	*καὶ ἀγαθυνάτω σε* ἡ καρδία σου

ἀγαθωσύνη *Occurrences: 7*

טובה	7	*100%*
4:8	וּמְחַסֵּר אֶת־נַפְשִׁי *מִטּוֹבָה*	καὶ στερίσκω τὴν ψυχήν μου ἀπὸ *ἀγαθωσύνης*
5:10	בִּרְבוֹת *הַטּוֹבָה*	ἐν πλήθει *τῆς ἀγαθωσύνης*
5:17	וְלִרְאוֹת *טוֹבָה*	καὶ τοῦ ἰδεῖν *ἀγαθωσύνην*
6:3	לֹא־תִשְׂבַּע מִן־*הַטּוֹבָה*	οὐκ ἐμπλησθήσεται ἀπὸ *τῆς ἀγαθωσύνης*
6:6	*וְטוֹבָה* לֹא רָאָה	*καὶ ἀγαθωσύνην* οὐκ εἶδεν
7:14	בְּיוֹם *טוֹבָה* הֱיֵה בְטוֹב	ἐν ἡμέρᾳ *ἀγαθωσύνης* ζῆθι ἐν ἀγαθῷ
9:18	וְחוֹטֶא אֶחָד יְאַבֵּד *טוֹבָה* הַרְבֵּה	καὶ ἁμαρτάνων εἷς ἀπολέσει *ἀγαθωσύνην* πολλήν

ἀγαπάω *Occurrences: 3*

אָהֵב	3	*100%*
5:9	*אֹהֵב* כֶּסֶף לֹא־יִשְׂבַּע כֶּסֶף	*ἀγαπῶν* ἀργύριον οὐ πλησθήσεται ἀργυρίου
5:9	וּמִי־*אֹהֵב* בֶּהָמוֹן לֹא תְבוּאָה	καὶ τίς *ἠγάπησεν* ἐν πλήθει αὐτῶν γένημα
9:9	רְאֵה חַיִּים עִם־אִשָּׁה אֲשֶׁר־*אָהַבְתָּ*	ἰδὲ ζωὴν μετὰ γυναικός ἧς *ἠγάπησας*

ἀγάπη *Occurrences: 2*

אַהֲבָה	2	*100%*
9:1	גַּם־*אַהֲבָה* גַּם־שִׂנְאָה אֵין יוֹדֵעַ	καί γε *ἀγάπην* καί γε μῖσος οὐκ ἔστιν εἰδὼς
9:6	גַּם *אַהֲבָתָם* גַּם־שִׂנְאָתָם	καί γε *ἀγάπη αὐτῶν* καί γε μῖσος αὐτῶν

ἀγγέλλω/ἀνα *Occurrences: 2*

נָגַד	2	*100%*
8:7	כִּי כַּאֲשֶׁר יִהְיֶה מִי *יַגִּיד* לוֹ	ὅτι καθὼς ἔσται τίς *ἀναγγελεῖ* αὐτῷ
10:14	מִי *יַגִּיד* לוֹ	τίς *ἀναγγελεῖ* αὐτῷ

ἀγγέλλω/ἀπο *Occurrences: 2*

נָגַד	2	*100%*
6:12	אֲשֶׁר מִי־*יַגִּיד* לָאָדָם מַה־יִּהְיֶה	ὅτι τίς *ἀπαγγελεῖ* τῷ ἀνθρώπῳ τί ἔσται
10:20	וּבַעַל *הַכְּנָפַיִם **כנפים *יַגִּיד* דָּבָר	καὶ ὁ ἔχων τὰς πτέρυγας *ἀπαγγελεῖ* λόγον

ἅγιος *Occurrences: 1*

קָדוֹשׁ	1	*100%*
8:10	וּמִמְּקוֹם *קָדוֹשׁ* יְהַלֵּכוּ	καὶ ἐκ τόπου *ἁγίου* ἐπορεύθησαν

ἄγνοια *Occurrences: 1*

שְׁגָגָה	1	*100%*
5:5	לִפְנֵי הַמַּלְאָךְ כִּי *שְׁגָגָה* הִיא	πρὸ προσώπου τοῦ θεοῦ ὅτι *ἄγνοιά* ἐστιν

ἀγορά *Occurrences: 2*

שׁוּק	2	*100%*
12:4	וְסֻגְּרוּ דְלָתַיִם *בַּשּׁוּק*	καὶ κλείσουσιν θύρας *ἐν ἀγορᾷ*
12:5	וְסָבְבוּ *בַשּׁוּק* הַסֹּפְדִים	καὶ ἐκύκλωσαν *ἐν ἀγορᾷ* οἱ κοπτόμενοι

ἀγρός *Occurrences: 1*

שָׂדֶה	1	*100%*
5:8	מֶלֶךְ *לְשָׂדֶה* נֶעֱבָד	βασιλεὺς *τοῦ ἀγροῦ* εἰργασμένου

ἄγω *Occurrences: 3*

בוא	3	*100%*
3:22	כִּי מִי *יְבִיאֶנּוּ* לִרְאוֹת בְּמֶה שֶׁיִּהְיֶה	ὅτι τίς *ἄξει αὐτὸν* τοῦ ἰδεῖν ἐν ᾧ ἐὰν γένηται
11:9	עַל־כָּל־אֵלֶּה *יְבִיאֲךָ* הָאֱלֹהִים בַּמִּשְׁפָּט	ἐπὶ πᾶσι τούτοις *ἄξει σε* ὁ θεὸς ἐν κρίσει
12:14	כִּי אֶת־כָּל־מַעֲשֶׂה הָאֱלֹהִים *יָבִא* בְמִשְׁפָּט	ὅτι σὺν πᾶν τὸ ποίημα ὁ θεὸς *ἄξει* ἐν κρίσει

ἄγω/εἰς *Occurrences: 1*

בּוֹא	*1*	*100%*	
8:10	וּבְכֵן רָאִיתִי רְשָׁעִים קְבֻרִים וָבָאוּ	καὶ τότε εἶδον ἀσεβεῖς {ρεὶς} τάφους *εἰσαχθέντας*	=%vap

ἄγω/παρα *Occurrences: 1*

עָבַר	*1*	*100%*	
11:10	וְהַעֲבֵר רָעָה מִבְּשָׂרֶךָ	*καὶ παράγαγε* πονηρίαν ἀπὸ σαρκός σου	

ἄγω/συν *Occurrences: 3*

כָּנַס	*3*	*100%*	
2:8	כָּנַסְתִּי לִי גַּם־כֶּסֶף וְזָהָב	*συνήγαγόν* μοι καί γε ἀργύριον καὶ χρυσίον	
2:26	לֶאֱסוֹף וְלִכְנוֹס	τοῦ προσθεῖναι *καὶ τοῦ συναγαγεῖν*	
3:5	וְעֵת כְּנוֹס אֲבָנִים	καὶ καιρὸς *τοῦ συναγαγεῖν* λίθους	

ἀδελφός *Occurrences: 1*

אָח	*1*	*100%*	
4:8	גַּם בֵּן וָאָח אֵין־לוֹ	καί γε υἱὸς *καὶ ἀδελφὸς* οὐκ ἔστιν αὐτῷ	

ᾅδης *Occurrences: 1*

שְׁאוֹל	*1*	*100%*	
9:10	וְחָכְמָה בִּשְׁאוֹל אֲשֶׁר אַתָּה הֹלֵךְ שָׁמָּה	καὶ σοφία *ἐν ᾅδῃ* ὅπου σὺ πορεύῃ ἐκεῖ	

ᾄδω *Occurrences: 2*

שִׁיר	*2*	*100%*	
2:8	עָשִׂיתִי לִי שָׁרִים וְשָׁרוֹת	ἐποίησά μοι *ᾄδοντας* καὶ ᾀδούσας	
2:8	עָשִׂיתִי לִי שָׁרִים וְשָׁרוֹת	ἐποίησά μοι ᾄδοντας *καὶ ᾀδούσας*	

ᾄδω/ἐπι *Occurrences: 1*

בַּעַל + לָשׁוֹן	*1*	*100%*	
10:11	וְאֵין יִתְרוֹן לְבַעַל הַלָּשׁוֹן	καὶ οὐκ ἔστιν περισσεία *τῷ ἐπᾴδοντι*	

αἰνέω/ἐπι *Occurrences: 3*

שָׁבַח	*2*	*67%*
שָׁכַח	*1*	*33%*

שָׁבַח	*2*	*67%*	
4:2	וְשַׁבֵּחַ אֲנִי אֶת־הַמֵּתִים	*καὶ ἐπῄνεσα* ἐγὼ σὺν τοὺς τεθνηκότας	
[8:10]	וְיִשְׁתַּכְּחוּ בָעִיר אֲשֶׁר כֵּן עָשׂוּ וישתבחו	*καὶ ἐπῃνέθησαν* ἐν τῇ πόλει ὅτι οὕτως ἐποίησαν	=.kb
8:15	וְשִׁבַּחְתִּי אֲנִי אֶת־הַשִּׂמְחָה	*καὶ ἐπῄνεσα* ἐγὼ σὺν τὴν εὐφροσύνην	
שָׁכַח	*1*	*33%*	
8:10	וְיִשְׁתַּכְּחוּ בָעִיר אֲשֶׁר כֵּן־עָשׂוּ וישתבחו	*καὶ ἐπῃνέθησαν* ἐν τῇ πόλει ὅτι οὕτως ἐποίησαν	=.kb

αἱρέω/ἀπο *Occurrences: 1*

גָּרַע	*1*	*100%*	
3:14	וּמִמֶּנּוּ אֵין לִגְרֹעַ	καὶ ἀπ' αὐτοῦ οὐκ ἔστιν *ἀφελεῖν*	

αἱρέω/ἐκ *Occurrences: 1*

מָלַט	*1*	*100%*	
7:26	טוֹב לִפְנֵי הָאֱלֹהִים יִמָּלֵט	ἀγαθὸς πρὸ προσώπου τοῦ θεοῦ *ἐξαιρεθήσεται*	

αἱρέω/κατα   Occurrences: 2

פָּרַץ   2   100%
3:3   עֵת לִפְרוֹץ וְעֵת לִבְנוֹת   καιρὸς τοῦ καθελεῖν καὶ καιρὸς τοῦ οἰκοδομῆσαι
10:8   וּפֹרֵץ גָּדֵר יִשְּׁכֶנּוּ נָחָשׁ   καὶ καθαιροῦντα φραγμόν δήξεται αὐτὸν ὄφις

αἱρέω/ὑπο   Occurrences: 1

אָצַל   1   100%
2:10   לֹא אָצַלְתִּי מֵהֶם   οὐχ ὑφεῖλον ἀπ' αὐτῶν

αἴρω/ἐκ   Occurrences: 1

נָסַע   1   100%
10:9   מַסִּיעַ אֲבָנִים יֵעָצֵב בָּהֶם   ἐξαίρων λίθους διαπονηθήσεται ἐν αὐτοῖς

αἰσχύνω   Occurrences: 1

בְּ + שְׁתִי   1   100%
[בוש]   1

בְּ + שְׁתִי   1   100%
10:17   בִּגְבוּרָה וְלֹא בַשְּׁתִי   ἐν δυνάμει καὶ οὐκ αἰσχυνθήσονται   =@   בוש
[בוש]   1
[10:17] בִּגְבוּרָה וְלֹא בַשְּׁתִי   ἐν δυνάμει καὶ οὐκ αἰσχυνθήσονται   =@   בוש

αἰτέω   Occurrences: 1

שָׁאַל   1   100%
2:10   וְכֹל אֲשֶׁר שָׁאֲלוּ עֵינַי   καὶ πᾶν ὃ ᾔτησαν οἱ ὀφθαλμοί μου

αἰών   Occurrences: 7

עוֹלָם   7   100%
1:4   וְהָאָרֶץ לְעוֹלָם עֹמָדֶת   καὶ ἡ γῆ εἰς τὸν αἰῶνα ἕστηκεν
1:10   כְּבָר הָיָה לְעֹלָמִים אֲשֶׁר הָיָה   ἤδη γέγονεν ἐν τοῖς αἰῶσιν τοῖς γενομένοις
2:16   זִכְרוֹן לֶחָכָם עִם־הַכְּסִיל לְעוֹלָם   μνήμη τοῦ σοφοῦ μετὰ τοῦ ἄφρονος εἰς αἰῶνα
3:11   גַּם אֶת־הָעֹלָם נָתַן בְּלִבָּם   καί γε σὺν τὸν αἰῶνα ἔδωκεν ἐν καρδίᾳ αὐτῶν
3:14   הוּא יִהְיֶה לְעוֹלָם   αὐτὰ ἔσται εἰς τὸν αἰῶνα
9:6   וְחֵלֶק אֵין־לָהֶם עוֹד לְעוֹלָם   καὶ μερὶς οὐκ ἔστιν αὐτοῖς ἔτι εἰς αἰῶνα
12:5   כִּי־הֹלֵךְ הָאָדָם אֶל־בֵּית עוֹלָמוֹ   ὅτι ἐπορεύθη ὁ ἄνθρωπος εἰς οἶκον αἰῶνος αὐτοῦ

ἀκάθαρτος   Occurrences: 1

טָמֵא   1   100%
9:2   וְלַטָּהוֹר וְלַטָּמֵא   καὶ τῷ καθαρῷ καὶ τῷ ἀκαθάρτῳ

ἄκανθα   Occurrences: 1

סִיר   1   100%
7:6   כִּי כְקוֹל הַסִּירִים תַּחַת הַסִּיר   ὅτι ὡς φωνὴ τῶν ἀκανθῶν ὑπὸ τὸν λέβητα

ἀκούσιος   Occurrences: 1

שְׁגָגָה   1   100%
10:5   יֵשׁ רָעָה רָאִיתִי תַּחַת הַשָּׁמֶשׁ כִּשְׁגָגָה   ἔστιν πονηρία ἣν εἶδον ὑπὸ τὸν ἥλιον ὡς ἀκούσιον

ἀκούω   Occurrences: 7

שָׁמַע   7   100%
4:17   תֵּלֵךְ אֶל־בֵּית הָאֱלֹהִים וְקָרוֹב לִשְׁמֹעַ   πορεύῃ εἰς οἶκον τοῦ θεοῦ καὶ ἐγγὺς τοῦ ἀκούειν
7:5   טוֹב לִשְׁמֹעַ גַּעֲרַת חָכָם   ἀγαθὸν τὸ ἀκοῦσαι ἐπιτίμησιν σοφοῦ
7:5   מֵאִישׁ שֹׁמֵעַ שִׁיר כְּסִילִים   ὑπὲρ ἄνδρα ἀκούοντα ᾆσμα ἀφρόνων

7:21	אֲשֶׁר לֹא־תִשְׁמַע אֶת־עַבְדְּךָ מְקַלְלֶךָ	ὅπως μὴ *ἀκούσῃς* τοῦ δούλου σου καταρωμένου σε
9:16	וּדְבָרָיו אֵינָם *נִשְׁמָעִים*	καὶ λόγοι αὐτοῦ οὔκ εἴσιν *ἀκουόμενοι*
9:17	דִּבְרֵי חֲכָמִים בְּנַחַת *נִשְׁמָעִים*	λόγοι σοφῶν ἐν ἀναπαύσει *ἀκούονται*
12:13	סוֹף דָּבָר הַכֹּל *נִשְׁמָע*	τέλος λόγου τὸ πᾶν *ἀκούεται*
ἀκούω/ἐπι	*Occurrences: 1*	
עָנָה	*1*	*100%*
10:19	וְהַכֶּסֶף *יַעֲנֶה* אֶת־הַכֹּל	καὶ τοῦ ἀργυρίου *ἐπακούσεται* σὺν τὰ πάντα
ἀκρίς	*Occurrences: 1*	
חָגָב	*1*	*100%*
12:5	וְיָנֵאץ הַשָּׁקֵד וְיִסְתַּבֵּל *הֶחָגָב*	καὶ ἀνθήσῃ τὸ ἀμύγδαλον καὶ παχυνθῇ *ἡ ἀκρίς*
ἀκρόασις	*Occurrences: 1*	
שָׁמַע	*1*	*100%*
1:8	וְלֹא־תִמָּלֵא אֹזֶן *מִשְּׁמֹעַ*	καὶ οὐ πληρωθήσεται οὖς *ἀπὸ ἀκροάσεως*
ἄλγημα	*Occurrences: 2*	
מַכְאוֹב	*2*	*100%*
1:18	וְיוֹסִיף דַּעַת יוֹסִיף *מַכְאוֹב*	καὶ ὁ προστιθεὶς γνῶσιν προσθήσει *ἄλγημα*
2:23	כִּי כָל־יָמָיו *מַכְאֹבִים*	ὅτι πᾶσαι αἱ ἡμέραι αὐτοῦ *ἀλγημάτων*
ἀλήθεια	*Occurrences: 1*	
אֱמֶת	*1*	*100%*
12:10	וְכָתוּב יֹשֶׁר דִּבְרֵי *אֱמֶת*	καὶ γεγραμμένον εὐθύτητος λόγους *ἀληθείας*
ἀλήθω	*Occurrences: 2*	
טָחַן *1*	*50%*	
טַחֲנָה *1*	*50%*	
טָחַן	*1*	*50%*
12:3	וּבָטְלוּ *הַטֹּחֲנוֹת* כִּי מִעֵטוּ	καὶ ἤργησαν *αἱ ἀλήθουσαι* ὅτι ὠλιγώθησαν
טַחֲנָה	*1*	*50%*
12:4	בִּשְׁפַל קוֹל *הַטַּחֲנָה*	ἐν ἀσθενείᾳ φωνῆς *τῆς ἀληθούσης*
ἀλλά	*Occurrences: 1*	
ἀλλά + ἤ	*1*	
אם	*1*	*100%*
5:10	כִּי *אִם*־*רְאִית **רְאוּת עֵינָיו	ὅτι *ἀλλ' ἢ* τοῦ ὁρᾶν ὀφθαλμοῖς αὐτοῦ
ἁμαρτάνω	*Occurrences: 6*	
חָטָא	*6*	*100%*
2:26	*וְלַחוֹטֶא* נָתַן עִנְיָן	καὶ *τῷ ἁμαρτάνοντι* ἔδωκεν περισπασμὸν
7:20	אֲשֶׁר יַעֲשֶׂה־טּוֹב וְלֹא *יֶחֱטָא*	ὃς ποιήσει ἀγαθὸν καὶ οὐχ *ἁμαρτήσεται*
7:26	*וְחוֹטֵא* יִלָּכֶד בָּהּ	καὶ *ἁμαρτάνων* συλλημφθήσεται ἐν αὐτῇ
8:12	אֲשֶׁר *חֹטֶא* עֹשֶׂה רָע מְאַת	ὃς *ἥμαρτεν* ἐποίησεν τὸ πονηρὸν ἀπὸ τότε
9:2	כַּטּוֹב *כַּחֹטֶא*	ὡς ὁ ἀγαθός *ὣς ὁ ἁμαρτάνων*
9:18	*וְחוֹטֶא* אֶחָד יְאַבֵּד טוֹבָה הַרְבֵּה	καὶ *ἁμαρτάνων* εἷς ἀπολέσει ἀγαθωσύνην πολλήν
ἁμαρτάνω/ἐκ	*Occurrences: 1*	
חָטָא	*1*	*100%*
5:5	אַל־תִּתֵּן אֶת־פִּיךָ *לַחֲטִיא*	μὴ δῷς τὸ στόμα σου *τοῦ ἐξαμαρτῆσαι*

ἁμαρτία *Occurrences: 1*

חֵטְא *1* *100%*
10:4 כִּי מַרְפֵּא יַנִּיחַ *חֲטָאִים* גְּדוֹלִים ὅτι ἴαμα καταπαύσει *ἁμαρτίας* μεγάλας

ἀμπελών *Occurrences: 1*

כֶּרֶם *1* *100%*
2:4 נָטַעְתִּי לִי *כְּרָמִים* ἐφύτευσά μοι *ἀμπελῶνας*

ἀμύγδαλον *Occurrences: 1*

שָׁקֵד *1* *100%*
12:5 וְיָנֵאץ *הַשָּׁקֵד* וְיִסְתַּבֵּל הֶחָגָב καὶ ἀνθήσῃ *τὸ ἀμύγδαλον* καὶ παχυνθῇ ἡ ἀκρίς

ἀμφίβληστρον *Occurrences: 1*

מְצוֹדָה *1* *100%*
9:12 כַּדָּגִים שֶׁנֶּאֱחָזִים *בִּמְצוֹדָה* רָעָה ὡς οἱ ἰχθύες οἱ θηρευόμενοι *ἐν ἀμφιβλήστρῳ* κακῷ

ἄν *Occurrences: 5*

ὅσος + ἄν	*3*	
אִם	*1*	*20%*
אֲשֶׁר	*1*	*20%*
בְּ + שֶׁל + אֲשֶׁר	*1*	*20%*
καθώς + ἄν	*1*	
כְּ + אֲשֶׁר	*1*	*20%*
ὅς + ἄν	*1*	
אֲשֶׁר	*1*	*20%*

καθώς + ἄν *1*
כְּ + אֲשֶׁר *1* *20%*
5:3 *כַּאֲשֶׁר* תִּדֹּר נֶדֶר לֵאלֹהִים καθὼς ἂν εὔξῃ εὐχὴν τῷ θεῷ

ὅς + ἄν *1*
אֲשֶׁר *1* *20%*
7:13 אֵת *אֲשֶׁר* עִוְּתוֹ ὃν ἂν ὁ θεὸς διαστρέψῃ αὐτόν

ὅσος + ἄν *3*
אִם *1* *20%*
8:17 וְגַם *אִם*־יֹאמַר הֶחָכָם לָדַעַת καί γε *ὅσα ἂν* εἴπῃ ὁ σοφὸς τοῦ γνῶναι
אֲשֶׁר *1* *20%*
9:10 כֹּל *אֲשֶׁר* תִּמְצָא יָדְךָ לַעֲשׂוֹת πάντα *ὅσα ἂν* εὕρῃ ἡ χείρ σου τοῦ ποιῆσαι
בְּ + שֶׁל + אֲשֶׁר *1* *20%*
8:17 *בְּשֶׁל אֲשֶׁר* יַעֲמֹל הָאָדָם לְבַקֵּשׁ *ὅσα ἂν* μοχθήσῃ ὁ ἄνθρωπος τοῦ ζητῆσαι

ἀναιδής *Occurrences: 1*

עֹז *1* *100%*
8:1 *וְעֹז* פָּנָיו יְשֻׁנֶּא καὶ *ἀναιδὴς* προσώπῳ αὐτοῦ μισηθήσεται

ἀνάπαυσις *Occurrences: 3*

נַחַת *3* *100%*
4:6 טוֹב מְלֹא כַף *נָחַת* ἀγαθὸν πλήρωμα δρακὸς *ἀναπαύσεως*
6:5 *נַחַת* לָזֶה מִזֶּה *ἀνάπαυσις* τούτῳ ὑπὲρ τοῦτον
9:17 דִּבְרֵי חֲכָמִים *בְּנַחַת* נִשְׁמָעִים λόγοι σοφῶν *ἐν ἀναπαύσει* ἀκούονται

ἀνδρεία *Occurrences: 3*

כִּשְׁרוֹן *3* *100%*
2:21 בְּחָכְמָה וּבְדַעַת *וּבְכִשְׁרוֹן* ἐν σοφίᾳ καὶ ἐν γνώσει *καὶ ἐν ἀνδρείᾳ*

4:4	וְאֵת כָּל־כִּשְׁרוֹן הַמַּעֲשֶׂה	καὶ σὺν πᾶσαν *ἀνδρείαν* τοῦ ποιήματος		
5:10	וּמַה־כִּשְׁרוֹן לִבְעָלֶיהָ	καὶ τί *ἀνδρεία* τῷ παρ' αὐτῆς		
ἀνδρεῖος	*Occurrences: 1*			
כָּשֵׁר	*1*	*100%*		
10:10	וְיִתְרוֹן *הַכְשֵׁיר **הכשר חָכְמָה	καὶ περισσεία τοῦ *ἀνδρείου* σοφία	=	הכשר
ἄνεμος	*Occurrences: 2*			
רוּחַ	*2*	*100%*		
5:15	וּמַה־יִּתְרוֹן לוֹ שֶׁיַּעֲמֹל לָרוּחַ	καὶ τίς περισσεία αὐτῷ ᾗ μοχθεῖ *εἰς ἄνεμον*		
11:4	שֹׁמֵר רוּחַ לֹא יִזְרָע	τηρῶν *ἄνεμον* οὐ σπερεῖ		
ἀνήρ	*Occurrences: 10*			
אִישׁ	*10*	*100%*		
1:8	לֹא־יוּכַל אִישׁ לְדַבֵּר	οὐ δυνήσεται *ἀνὴρ* τοῦ λαλεῖν		
4:4	כִּי הִיא קִנְאַת־אִישׁ מֵרֵעֵהוּ	ὅτι αὐτὸ ζῆλος *ἀνδρὸς* ἀπὸ τοῦ ἑταίρου αὐτοῦ		
6:2	אִישׁ אֲשֶׁר יִתֶּן־לוֹ הָאֱלֹהִים עֹשֶׁר	*ἀνήρ* ᾧ δώσει αὐτῷ ὁ θεὸς πλοῦτον		
6:2	כִּי אִישׁ נָכְרִי יֹאכֲלֶנּוּ	ὅτι *ἀνὴρ* ξένος φάγεται αὐτόν		
6:3	אִם־יוֹלִיד אִישׁ מֵאָה וְשָׁנִים רַבּוֹת יִחְיֶה	ἐὰν γεννήσῃ *ἀνὴρ* ἑκατὸν καὶ ἔτη πολλὰ ζήσεται		
7:5	מֵאִישׁ שֹׁמֵעַ שִׁיר כְּסִילִים	ὑπὲρ *ἄνδρα* ἀκούοντα ᾆσμα ἀφρόνων		
9:14	עִיר קְטַנָּה וַאֲנָשִׁים בָּהּ מְעָט	πόλις μικρὰ *καὶ ἄνδρες* ἐν αὐτῇ ὀλίγοι		
9:15	וּמָצָא בָהּ אִישׁ מִסְכֵּן חָכָם	καὶ εὕρῃ ἐν αὐτῇ *ἄνδρα* πένητα σοφόν		
9:15	וְאָדָם לֹא זָכַר אֶת־הָאִישׁ	καὶ ἄνθρωπος οὐκ ἐμνήσθη σὺν *τοῦ ἀνδρὸς*		
12:3	וְהִתְעַוְּתוּ אַנְשֵׁי הֶחָיִל	καὶ διαστραφῶσιν *ἄνδρες* τῆς δυνάμεως		
ἀνθέμιον	*Occurrences: 1*			
גֻּלָּה	*1*	*100%*		
12:6	וְתָרֻץ גֻּלַּת הַזָּהָב	καὶ συνθλιβῇ *ἀνθέμιον* τοῦ χρυσίου		
ἀνθέω	*Occurrences: 1*			
נָצַץ	*1*	*100%*		
12:5	וְיָנֵאץ הַשָּׁקֵד וְיִסְתַּבֵּל הֶחָגָב	*καὶ ἀνθήσῃ* τὸ ἀμύγδαλον καὶ παχυνθῇ ἡ ἀκρίς		
ἄνθρωπος	*Occurrences: 49*			
אָדָם	*49*	*100%*		
1:3	מַה־יִּתְרוֹן לָאָדָם בְּכָל־עֲמָלוֹ	τίς περισσεία *τῷ ἀνθρώπῳ* ἐν παντὶ μόχθῳ αὐτοῦ		
1:13	לִבְנֵי הָאָדָם לַעֲנוֹת בּוֹ	τοῖς υἱοῖς *τοῦ ἀνθρώπου* τοῦ περισπᾶσθαι ἐν αὐτῷ		
2:3	טוֹב לִבְנֵי הָאָדָם אֲשֶׁר יַעֲשׂוּ	τὸ ἀγαθὸν τοῖς υἱοῖς *τοῦ ἀνθρώπου* ὃ ποιήσουσιν		
2:8	וְתַעֲנוּגֹת בְּנֵי הָאָדָם	καὶ ἐντρυφήματα υἱῶν *τοῦ ἀνθρώπου*		
2:12	כִּי מֶה הָאָדָם שֶׁיָּבוֹא	ὅτι τίς *ὁ ἄνθρωπος* ὃς ἐπελεύσεται		
2:18	שֶׁאַנִּיחֶנּוּ לָאָדָם שֶׁיִּהְיֶה אַחֲרָי	ὅτι ἀφίω αὐτὸν *τῷ ἀνθρώπῳ* τῷ γινομένῳ μετ' ἐμέ		
2:21	כִּי־יֵשׁ אָדָם שֶׁעֲמָלוֹ בְּחָכְמָה	ὅτι ἔστιν *ἄνθρωπος* οὗ μόχθος αὐτοῦ ἐν σοφίᾳ		
2:21	וּלְאָדָם שֶׁלֹּא עָמַל־בּוֹ	*καὶ ἄνθρωπος* ὃς οὐκ ἐμόχθησεν ἐν αὐτῷ		
2:22	כִּי מֶה־הֹוֶה לָאָדָם בְּכָל־עֲמָלוֹ	ὅτι τί γίνεται *τῷ ἀνθρώπῳ* ἐν παντὶ μόχθῳ αὐτοῦ		
2:24	אֵין־טוֹב בָּאָדָם	οὐκ ἔστιν ἀγαθὸν *ἐν ἀνθρώπῳ*		
2:26	כִּי לְאָדָם שֶׁטּוֹב לְפָנָיו	ὅτι *τῷ ἀνθρώπῳ* τῷ ἀγαθῷ πρὸ προσώπου αὐτοῦ		
3:10	לִבְנֵי הָאָדָם לַעֲנוֹת בּוֹ	τοῖς υἱοῖς *τοῦ ἀνθρώπου* τοῦ περισπᾶσθαι ἐν αὐτῷ		
3:11	מִבְּלִי אֲשֶׁר לֹא־יִמְצָא הָאָדָם אֶת־הַמַּעֲשֶׂה	ὅπως μὴ εὕρῃ *ὁ ἄνθρωπος* τὸ ποίημα		
3:13	וְגַם כָּל־הָאָדָם שֶׁיֹּאכַל וְשָׁתָה	καί γε πᾶς *ὁ ἄνθρωπος* ὃς φάγεται καὶ πίεται		
3:18	עַל־דִּבְרַת בְּנֵי הָאָדָם	περὶ λαλιᾶς υἱῶν *τοῦ ἀνθρώπου*		
3:19	כִּי מִקְרֶה בְנֵי־הָאָדָם	ὅτι συνάντημα υἱῶν *τοῦ ἀνθρώπου*		
3:19	וּמוֹתַר הָאָדָם מִן־הַבְּהֵמָה	καὶ τί ἐπερίσσευσεν *ὁ ἄνθρωπος* παρὰ τὸ κτῆνος		
3:21	מִי יוֹדֵעַ רוּחַ בְּנֵי הָאָדָם	καὶ τίς οἶδεν πνεῦμα υἱῶν *τοῦ ἀνθρώπου*		
3:22	מֵאֲשֶׁר יִשְׂמַח הָאָדָם	εἰ μὴ ὃ εὐφρανθήσεται *ὁ ἄνθρωπος*		
5:18	גַּם כָּל־הָאָדָם אֲשֶׁר נָתַן־לוֹ הָאֱלֹהִים	καί γε πᾶς *ὁ ἄνθρωπος* ᾧ ἔδωκεν αὐτῷ ὁ θεὸς		

6:1	וְרַבָּה הִיא עַל־*הָאָדָם*	καὶ πολλή ἐστιν ἐπὶ *τὸν ἄνθρωπον*
6:7	כָּל־עֲמַל *הָאָדָם* לְפִיהוּ	πᾶς μόχθος *τοῦ ἀνθρώπου* εἰς στόμα αὐτοῦ
6:10	וְנוֹדָע אֲשֶׁר־הוּא *אָדָם*	καὶ ἐγνώσθη ὅ ἐστιν *ἄνθρωπος*
6:11	מַה־יֹּתֵר *לָאָדָם*	τί περισσὸν *τῷ ἀνθρώπῳ*
6:12	כִּי מִי־יוֹדֵעַ מַה־טּוֹב *לָאָדָם* בַּחַיִּים	ὅτι τίς οἶδεν τί ἀγαθὸν *τῷ ἀνθρώπῳ* ἐν τῇ ζωῇ
6:12	אֲשֶׁר מִי־יַגִּיד *לָאָדָם* מַה־יִּהְיֶה	ὅτι τίς ἀπαγγελεῖ *τῷ ἀνθρώπῳ* τί ἔσται
7:2	בַּאֲשֶׁר הוּא סוֹף כָּל־*הָאָדָם*	καθότι τοῦτο τέλος παντὸς *τοῦ ἀνθρώπου*
7:14	שֶׁלֹּא יִמְצָא *הָאָדָם* אַחֲרָיו מְאוּמָה	ἵνα μὴ εὕρῃ *ὁ ἄνθρωπος* ὀπίσω αὐτοῦ μηδέν
7:20	כִּי *אָדָם* אֵין צַדִּיק בָּאָרֶץ	ὅτι *ἄνθρωπος* οὐκ ἔστιν δίκαιος ἐν τῇ γῇ
7:28	*אָדָם* אֶחָד מֵאֶלֶף מָצָאתִי	*ἄνθρωπον* ἕνα ἀπὸ χιλίων εὗρον
7:29	אֲשֶׁר עָשָׂה הָאֱלֹהִים *אֶת־הָאָדָם* יָשָׁר	ὃ ἐποίησεν ὁ θεὸς σὺν *τὸν ἄνθρωπον* εὐθῆ
8:1	חָכְמַת *אָדָם* תָּאִיר פָּנָיו	σοφία *ἀνθρώπου* φωτιεῖ πρόσωπον αὐτοῦ
8:6	כִּי־רָעַת *הָאָדָם* רַבָּה עָלָיו	ὅτι γνῶσις *τοῦ ἀνθρώπου* πολλὴ ἐπ' αὐτόν
8:8	אֵין *אָדָם* שַׁלִּיט בָּרוּחַ	οὐκ ἔστιν *ἄνθρωπος* ἐξουσιάζων ἐν πνεύματι
8:9	עֵת אֲשֶׁר שָׁלַט *הָאָדָם* בְּאָדָם	τὰ ὅσα ἐξουσιάσατο *ὁ ἄνθρωπος* ἐν ἀνθρώπῳ
8:9	הָאָדָם *בְּאָדָם* לְרַע לוֹ	ὁ ἄνθρωπος *ἐν ἀνθρώπῳ* τοῦ κακῶσαι αὐτόν
8:11	עַל־כֵּן מָלֵא לֵב *בְּנֵי־הָאָדָם*	διὰ τοῦτο ἐπληροφορήθη καρδία υἱῶν *τοῦ ἀνθρώπου*
8:15	אֲשֶׁר אֵין־טוֹב *לָאָדָם* תַּחַת הַשֶּׁמֶשׁ	ὅτι οὐκ ἔστιν ἀγαθὸν *τῷ ἀνθρώπῳ* ὑπὸ τὸν ἥλιον
8:17	כִּי לֹא יוּכַל *הָאָדָם* לִמְצוֹא	ὅτι οὐ δυνήσεται *ἄνθρωπος* τοῦ εὑρεῖν
8:17	בְּשֶׁל אֲשֶׁר יַעֲמֹל *הָאָדָם* לְבַקֵּשׁ	ὅσα ἂν μοχθήσῃ *ὁ ἄνθρωπος* τοῦ ζητῆσαι
9:1	אֵין יוֹדֵעַ *הָאָדָם*	οὐκ ἔστιν εἰδὼς *ὁ ἄνθρωπος*
9:3	וְגַם לֵב *בְּנֵי־הָאָדָם* מָלֵא־רָע	καί γε καρδία υἱῶν *τοῦ ἀνθρώπου* ἐπληρώθη πονηροῦ
9:12	כִּי גַּם לֹא־יֵדַע *הָאָדָם* אֶת־עִתּוֹ	ὅτι καί γε οὐκ ἔγνω *ὁ ἄνθρωπος* τὸν καιρὸν αὐτοῦ
9:12	כָּהֵם יוּקָשִׁים בְּנֵי *הָאָדָם*	ὡς αὐτὰ παγιδεύονται οἱ υἱοὶ *τοῦ ἀνθρώπου*
9:15	*וְאָדָם* לֹא זָכַר אֶת־הָאִישׁ	*καὶ ἄνθρωπος* οὐκ ἐμνήσθη σὺν τοῦ ἀνδρὸς
10:14	לֹא־יֵדַע *הָאָדָם* מַה־שֶּׁיִּהְיֶה	οὐκ ἔγνω *ὁ ἄνθρωπος* τί τὸ γενόμενον
11:8	כִּי אִם־שָׁנִים הַרְבֵּה יִחְיֶה *הָאָדָם*	ὅτι καὶ ἐὰν ἔτη πολλὰ ζήσεται *ὁ ἄνθρωπος*
12:5	כִּי־הֹלֵךְ *הָאָדָם* אֶל־בֵּית עוֹלָמוֹ	ὅτι ἐπορεύθη *ὁ ἄνθρωπος* εἰς οἶκον αἰῶνος αὐτοῦ
12:13	כִּי־זֶה כָּל־*הָאָדָם*	ὅτι τοῦτο πᾶς *ὁ ἄνθρωπος*

ἄνοια *Occurrences: 1*

שַׁחֲרוּת	*1*	*100%*
11:10	כִּי־הַיַּלְדוּת *וְהַשַּׁחֲרוּת* הָבֶל	ὅτι ἡ νεότης *καὶ ἡ ἄνοια* ματαιότης

ἀντάω/συν *Occurrences: 3*

קָרָה	*3*	*100%*
2:14	שֶׁמִּקְרֶה אֶחָד *יִקְרֶה* אֶת־כֻּלָּם	ὅτι συνάντημα ἓν *συναντήσεται* τοῖς πᾶσιν αὐτοῖς
2:15	גַּם־אֲנִי *יִקְרֵנִי*	καί γε ἐμοὶ *συναντήσεταί μοι*
9:11	כִּי־עֵת וָפֶגַע *יִקְרֶה*	ὅτι καιρὸς καὶ ἀπάντημα *συναντήσεται*

ἀντί *Occurrences: 1*

תַּחַת	*1*	*100%*
4:15	אֲשֶׁר יַעֲמֹד *תַּחְתָּיו*	ὃς στήσεται *ἀντ'* αὐτοῦ

ἀντίρρησις *Occurrences: 1*

פִּתְגָם	*1*	*100%*
8:11	אֲשֶׁר אֵין־נַעֲשָׂה *פִתְגָם*	ὅτι οὐκ ἔστιν γινομένη *ἀντίρρησις*

ἄνω *Occurrences: 1*

מַעַל	*1*	*100%*
3:21	הָעֹלָה הִיא *לְמָעְלָה*	εἰ ἀναβαίνει αὐτὸ *εἰς ἄνω*

ἀπάντημα *Occurrences: 1*

פֶּגַע	*1*	*100%*
9:11	כִּי־עֵת *וָפֶגַע* יִקְרֶה	ὅτι καιρὸς *καὶ ἀπάντημα* συναντήσεται

ἀπό *Occurrences: 34*

מִן	*31*	*94%*
- - -	*1*	
ἀπό + ποιέω	*1*	
מַעֲשֶׂה	*1*	*3%*
ἀπό + τότε	*1*	
מֵאָה	*1*	*3%*

- - -	*1*			
8:12	וּמַאֲרִיךְ לוֹ	*καὶ ἀπὸ μακρότητος* αὐτῷ	=v	
מִן	*31*	*94%*		
1:8	וְלֹא־תִמָּלֵא אֹזֶן מִשְּׁמֹעַ	καὶ οὐ πληρωθήσεται οὖς *ἀπὸ ἀκροάσεως*		
1:10	לְעֹלָמִים אֲשֶׁר הָיָה מִלְּפָנֵנוּ	ἐν τοῖς αἰῶσιν τοῖς γενομένοις *ἀπὸ ἔμπροσθεν ἡμῶν*		
2:6	לְהַשְׁקוֹת מֵהֶם יַעַר צוֹמֵחַ עֵצִים	τοῦ ποτίσαι *ἀπ' αὐτῶν* δρυμὸν βλαστῶντα ξύλα		
2:10	לֹא אָצַלְתִּי מֵהֶם	οὐχ ὑφεῖλον *ἀπ' αὐτῶν*		
2:10	אֶת־לִבִּי מִכָּל־שִׂמְחָה	τὴν καρδίαν μου *ἀπὸ πάσης* εὐφροσύνης		
2:10	וְזֶה־הָיָה חֶלְקִי מִכָּל־עֲמָלִי	καὶ τοῦτο ἐγένετο μερίς μου *ἀπὸ παντὸς* μόχθου μου		
2:24	כִּי מִיַּד הָאֱלֹהִים הִיא	ὅτι *ἀπὸ χειρὸς* τοῦ θεοῦ ἐστιν		
3:5	וְעֵת לִרְחֹק מֵחַבֵּק	καὶ καιρὸς τοῦ μακρυνθῆναι *ἀπὸ περιλήμψεως*		
3:11	אֲשֶׁר־עָשָׂה הָאֱלֹהִים מֵרֹאשׁ וְעַד־סוֹף	ὃ ἐποίησεν ὁ θεός *ἀπ' ἀρχῆς* καὶ μέχρι τέλους		
3:14	וּמִמֶּנּוּ אֵין לִגְרֹעַ	*καὶ ἀπ' αὐτοῦ* οὐκ ἔστιν ἀφελεῖν		
3:14	שֶׁיִּרְאוּ מִלְּפָנָיו	ἵνα φοβηθῶσιν *ἀπὸ προσώπου* αὐτοῦ		
3:20	הַכֹּל הָיָה מִן־הֶעָפָר	τὰ πάντα ἐγένετο *ἀπὸ* τοῦ χοός		
4:1	וּמִיַּד עֹשְׁקֵיהֶם כֹּחַ	*καὶ ἀπὸ χειρὸς* συκοφαντούντων αὐτοὺς ἰσχύς		
4:4	כִּי הִיא קִנְאַת־אִישׁ מֵרֵעֵהוּ	ὅτι αὐτὸ ζῆλος ἀνδρὸς *ἀπὸ τοῦ ἑταίρου αὐτοῦ*		
4:8	וּמְחַסֵּר אֶת־נַפְשִׁי מִטּוֹבָה	καὶ στερίσκω τὴν ψυχήν μου *ἀπὸ ἀγαθωσύνης*		
5:14	כַּאֲשֶׁר יָצָא מִבֶּטֶן אִמּוֹ עָרוֹם	καθὼς ἐξῆλθεν *ἀπὸ γαστρὸς* μητρὸς αὐτοῦ γυμνός		
5:18	וְהִשְׁלִיטוֹ לֶאֱכֹל מִמֶּנּוּ	καὶ ἐξουσίασεν αὐτὸν τοῦ φαγεῖν *ἀπ' αὐτοῦ*		
6:2	מִכֹּל אֲשֶׁר־יִתְאַוֶּה	*ἀπὸ πάντων* ὧν ἐπιθυμήσει		
6:2	לֶאֱכֹל מִמֶּנּוּ	τοῦ φαγεῖν *ἀπ' αὐτοῦ*		
6:3	לֹא־תִשְׂבַּע מִן־הַטּוֹבָה	οὐκ ἐμπλησθήσεται *ἀπὸ* τῆς ἀγαθωσύνης		
7:18	וְגַם־מִזֶּה אַל־תַּנַּח אֶת־יָדֶךָ	καί γε *ἀπὸ τούτου* μὴ ἀνῇς τὴν χεῖρά σου		
7:23	אָמַרְתִּי אֶחְכָּמָה וְהִיא רְחוֹקָה מִמֶּנִּי	εἶπα σοφισθήσομαι [καὶ αὐτὴ ἐμακρύνθη *ἀπ' ἐμοῦ*]	[24]	
7:26	לִפְנֵי הָאֱלֹהִים יִמָּלֵט מִמֶּנָּה	πρὸ προσώπου τοῦ θεοῦ ἐξαιρεθήσεται *ἀπ' αὐτῆς*		
7:28	אָדָם אֶחָד מֵאֶלֶף מָצָאתִי	ἄνθρωπον ἕνα *ἀπὸ χιλίων* εὗρον		
8:3	אַל־תִּבָּהֵל מִפָּנָיו תֵּלֵךְ	[μὴ σπουδάσῃς] *ἀπὸ προσώπου αὐτοῦ* πορεύσῃ		
[8:11]	מַעֲשֵׂה הָרָעָה מְהֵרָה	*ἀπὸ τῶν ποιούντων* τὸ πονηρὸν ταχύ	=.hy	מעשי
[8:12]	אֲשֶׁר חֹטֶא עֹשֶׂה רָע מְאַת	ὃς ἥμαρτεν ἐποίησεν τὸ πονηρὸν *ἀπὸ τότε*	=	מאז
8:12	אֲשֶׁר יִירְאוּ מִלְּפָנָיו	ὅπως φοβῶνται *ἀπὸ προσώπου* αὐτοῦ		
8:13	אֲשֶׁר אֵינֶנּוּ יָרֵא מִלִּפְנֵי אֱלֹהִים	ὃς οὐκ ἔστιν φοβούμενος *ἀπὸ προσώπου* τοῦ θεοῦ		
10:5	שֶׁיֹּצָא מִלִּפְנֵי הַשַּׁלִּיט	ὃ ἐξῆλθεν *ἀπὸ προσώπου* τοῦ ἐξουσιάζοντος		
11:10	וְהָסֵר כַּעַס מִלִּבֶּךָ	καὶ ἀπόστησον θυμὸν *ἀπὸ καρδίας* σου		
11:10	וְהַעֲבֵר רָעָה מִבְּשָׂרֶךָ	καὶ παράγαγε πονηρίαν *ἀπὸ σαρκός* σου		
12:5	גַּם מִגָּבֹהַּ יִרָאוּ וְחַתְחַתִּים בַּדֶּרֶךְ	καί γε *ἀπὸ ὕψους* ὄψονται καὶ θάμβοι ἐν τῇ ὁδῷ		
ἀπό + ποιέω	*1*			
מַעֲשֶׂה	1	*3%*		
8:11	מַעֲשֵׂה הָרָעָה מְהֵרָה	*ἀπὸ τῶν ποιούντων* τὸ πονηρὸν ταχύ	=.hy	מעשי
ἀπό + τότε	*1*			
מֵאָה	1	*3%*		
8:12	אֲשֶׁר חֹטֶא עֹשֶׂה רָע מְאַת	ὃς ἥμαρτεν ἐποίησεν τὸ πονηρὸν *ἀπὸ τότε*	=	מאז

ἀποστολή *Occurrences: 1*

מִשְׁלַחַת	*1*	*100%*	
8:8	וְאֵין מִשְׁלַחַת בַּמִּלְחָמָה	καὶ οὐκ ἔστιν *ἀποστολὴ* ἐν τῷ πολέμῳ	

ἀράομαι/κατα *Occurrences: 4*

קָלַל		*4*	*100%*
7:21	אֲשֶׁר לֹא־תִשְׁמַע אֶת־עַבְדְּךָ *מְקַלְלֶךָ*		ὅπως μὴ ἀκούσῃς τοῦ δούλου σου *καταρωμένου σε*
7:22	אֲשֶׁר גַּם־*אַתְּ **אַתָּה *קִלַּלְתָּ* אֲחֵרִים		ὅπως καί γε σὺ *κατηράσω* ἑτέρους
10:20	גַּם בְּמַדָּעֲךָ מֶלֶךְ אַל־*תְּקַלֵּל*		καί γε ἐν συνειδήσει σου βασιλέα μὴ *καταράσῃ*
10:20	וּבְחַדְרֵי מִשְׁכָּבְךָ אַל־*תְּקַלֵּל*		καὶ ἐν ταμιείοις κοιτώνων σου μὴ *καταράσῃ*

ἀργέω *Occurrences: 1*

בָּטַל		*1*	*100%*
12:3	*וּבָטְלוּ* הַטֹּחֲנוֹת כִּי מִעֵטוּ		*καὶ ἤργησαν* αἱ ἀλήθουσαι ὅτι ὠλιγώθησαν

ἀργία *Occurrences: 1*

שִׁפְלוּת		*1*	*100%*
10:18	*וּבְשִׁפְלוּת* יָדַיִם יִדְלֹף הַבָּיִת		*καὶ ἐν ἀργίᾳ* χειρῶν στάξει ἡ οἰκία

ἀργύριον *Occurrences: 6*

כֶּסֶף		*6*	*100%*
2:8	כָּנַסְתִּי לִי גַּם־*כֶּסֶף* וְזָהָב		συνήγαγόν μοι καί γε *ἀργύριον* καὶ χρυσίον
5:9	אֹהֵב *כֶּסֶף* לֹא־יִשְׂבַּע כֶּסֶף		ἀγαπῶν *ἀργύριον* οὐ πλησθήσεται ἀργυρίου
5:9	אֹהֵב כֶּסֶף לֹא־יִשְׂבַּע *כֶּסֶף*		ἀγαπῶν ἀργύριον οὐ πλησθήσεται *ἀργυρίου*
7:12	כִּי בְּצֵל הַחָכְמָה בְּצֵל *הַכָּסֶף*		ὅτι ἐν σκιᾷ αὐτῆς ἡ σοφία ὡς σκιὰ *τοῦ ἀργυρίου*
10:19	*וְהַכֶּסֶף* יַעֲנֶה אֶת־הַכֹּל		*καὶ τοῦ ἀργυρίου* ἐπακούσεται σὺν τὰ πάντα
12:6	עַד אֲשֶׁר לֹא־*יִרָחֵק **יֵרָתֵק חֶבֶל *הַכֶּסֶף*		ἕως ὅτου μὴ ἀνατραπῇ σχοινίον *τοῦ ἀργυρίου*

ἀριθμέω *Occurrences: 1*

מָנָה		*1*	*100%*
1:15	וְחֶסְרוֹן לֹא־יוּכַל *לְהִמָּנוֹת*		καὶ ὑστέρημα οὐ δυνήσεται *τοῦ ἀριθμηθῆναι*

ἀριθμός *Occurrences: 3*

מִסְפָּר		*3*	*100%*
2:3	תַּחַת הַשָּׁמַיִם *מִסְפַּר* יְמֵי חַיֵּיהֶם		ὑπὸ τὸν ἥλιον *ἀριθμὸν* ἡμερῶν ζωῆς αὐτῶν
5:17	תַּחַת־הַשֶּׁמֶשׁ *מִסְפַּר* יְמֵי־חַיָּו		ὑπὸ τὸν ἥλιον *ἀριθμὸν* ἡμερῶν ζωῆς αὐτοῦ
6:12	*מִסְפַּר* יְמֵי־חַיֵּי הֶבְלוֹ		*ἀριθμὸν* ἡμερῶν ζωῆς ματαιότητος αὐτοῦ

ἀριστερός *Occurrences: 1*

שְׂמֹאל		*1*	*100%*
10:2	וְלֵב כְּסִיל *לִשְׂמֹאלוֹ*		καὶ καρδία ἄφρονος *εἰς ἀριστερὸν* αὐτοῦ

ἁρπαγή *Occurrences: 1*

גָּזֵל		*1*	*100%*
5:7	אִם־עֹשֶׁק רָשׁ *וְגֵזֶל* מִשְׁפָּט		ἐὰν συκοφαντίαν πένητος *καὶ ἁρπαγὴν* κρίματος

ἀρρωστία *Occurrences: 4*

חָלָה	2	50%
חֳלִי	2	50%

חָלָה		2	*50%*
5:12	יֵשׁ רָעָה *חוֹלָה* רָאִיתִי תַּחַת הַשָּׁמֶשׁ		ἔστιν *ἀρρωστία* ἣν εἶδον ὑπὸ τὸν ἥλιον
5:15	וְגַם־זֹה רָעָה *חוֹלָה*		καί γε τοῦτο πονηρὰ *ἀρρωστία*
חֳלִי		2	*50%*
5:16	וְכָעַס הַרְבֵּה *וְחָלְיוֹ* וָקָצֶף		καὶ θυμῷ πολλῷ *καὶ ἀρρωστίᾳ* καὶ χόλῳ
6:2	זֶה הֶבֶל *וָחֳלִי* רָע הוּא		τοῦτο ματαιότης *καὶ ἀρρωστία* πονηρά ἐστιν

ἄρτος *Occurrences: 4*

לֶחֶם	4	*100%*	
9:7	לֵךְ אֱכֹל בְּשִׂמְחָה *לַחְמֶךָ*	δεῦρο φάγε ἐν εὐφροσύνῃ *ἄρτον σου*	
9:11	וְגַם לֹא לַחֲכָמִים *לֶחֶם*	καί γε οὐ τοῖς σοφοῖς *ἄρτος*	
10:19	לִשְׂחוֹק עֹשִׂים *לֶחֶם*	εἰς γέλωτα ποιοῦσιν *ἄρτον*	
11:1	שַׁלַּח *לַחְמְךָ* עַל־פְּנֵי הַמָּיִם	ἀπόστειλον *τὸν ἄρτον σου* ἐπὶ πρόσωπον τοῦ ὕδατος	

ἀρχή *Occurrences: 3*

רֹאשׁ	*1*	*33%*
רֵאשִׁית	*1*	*33%*
תְּחִלָּה	*1*	*33%*

רֹאשׁ	1	*33%*	
3:11	אֲשֶׁר־עָשָׂה הָאֱלֹהִים *מֵרֹאשׁ* וְעַד־סוֹף	ὃ ἐποίησεν ὁ θεός *ἀπ' ἀρχῆς* καὶ μέχρι τέλους	
רֵאשִׁית	1	*33%*	
7:8	טוֹב אַחֲרִית דָּבָר *מֵרֵאשִׁיתוֹ*	ἀγαθὴ ἐσχάτη λόγων *ὑπὲρ ἀρχὴν αὐτοῦ*	
תְּחִלָּה	1	*33%*	
10:13	*תְּחִלַּת* דִּבְרֵי־פִיהוּ סִכְלוּת	*ἀρχὴ* λόγων στόματος αὐτοῦ ἀφροσύνη	

ἄρχων *Occurrences: 3*

שַׂר	3	*100%*	
10:7	*וְשָׂרִים* הֹלְכִים כַּעֲבָדִים עַל־הָאָרֶץ	*καὶ ἄρχοντας* πορευομένους ὡς δούλους ἐπὶ τῆς γῆς	
10:16	*וְשָׂרַיִךְ* בַּבֹּקֶר יֹאכֵלוּ	*καὶ οἱ ἄρχοντές σου* ἐν πρωίᾳ ἐσθίουσιν	
10:17	*וְשָׂרַיִךְ* בָּעֵת יֹאכֵלוּ	*καὶ οἱ ἄρχοντές σου* πρὸς καιρὸν φάγονται	

ἄρχω/ὑπο *Occurrences: 2*

נֶכֶס	2	*100%*	
5:18	עֹשֶׁר *וּנְכָסִים*	πλοῦτον *καὶ ὑπάρχοντα*	
6:2	עֹשֶׁר *וּנְכָסִים* וְכָבוֹד	πλοῦτον *καὶ ὑπάρχοντα* καὶ δόξαν	

ἀσέβεια *Occurrences: 1*

רֶשַׁע	1	*100%*	
8:8	וְלֹא־יְמַלֵּט *רֶשַׁע* אֶת־בְּעָלָיו	καὶ οὐ διασώσει *ἀσέβεια* τὸν παρ' αὐτῆς	

ἀσεβέω *Occurrences: 1*

רָשַׁע	1	*100%*	
7:17	אַל־*תִּרְשַׁע* הַרְבֵּה וְאַל־תְּהִי סָכָל	μὴ *ἀσεβήσῃς* πολὺ καὶ μὴ γίνου σκληρός	

ἀσεβής *Occurrences: 10*

רָשָׁע	*7*	*70%*
רֶשַׁע	*3*	*30%*

רֶשַׁע	3	*30%*	
3:16	מְקוֹם הַמִּשְׁפָּט שָׁמָּה *הָרֶשַׁע*	τόπον τῆς κρίσεως ἐκεῖ *ὁ ἀσεβής*	
3:16	וּמְקוֹם הַצֶּדֶק שָׁמָּה *הָרֶשַׁע*	καὶ τόπον τοῦ δικαίου ἐκεῖ *ὁ ἀσεβής*	=v
7:25	וְלָדַעַת *רֶשַׁע* כֶּסֶל	καὶ τοῦ γνῶναι *ἀσεβοῦς* ἀφροσύνην	=v
רָשָׁע	7	*70%*	
3:17	אֶת־הַצַּדִּיק וְאֶת־*הָרָשָׁע* יִשְׁפֹּט הָאֱלֹהִים	σὺν τὸν δίκαιον καὶ σὺν *τὸν ἀσεβῆ* κρινεῖ ὁ θεός	
7:15	וְיֵשׁ *רָשָׁע* מַאֲרִיךְ בְּרָעָתוֹ	καὶ ἔστιν *ἀσεβὴς* μένων ἐν κακίᾳ αὐτοῦ	
8:10	וּבְכֵן רָאִיתִי *רְשָׁעִים* קְבֻרִים וָבָאוּ	καὶ τότε εἶδον *ἀσεβεῖς* {ρεἰς} τάφους εἰσαχθέντας	
8:13	וְטוֹב לֹא־יִהְיֶה *לָרָשָׁע*	καὶ ἀγαθὸν οὐκ ἔσται *τῷ ἀσεβεῖ*	
8:14	אֲשֶׁר מַגִּיעַ אֲלֵהֶם כְּמַעֲשֵׂה *הָרְשָׁעִים*	ὅτι φθάνει πρὸς αὐτοὺς ὡς ποίημα *τῶν ἀσεβῶν*	
8:14	וְיֵשׁ *רְשָׁעִים* שֶׁמַּגִּיעַ אֲלֵהֶם	καὶ εἰσὶν *ἀσεβεῖς* ὅτι φθάνει πρὸς αὐτοὺς	
9:2	מִקְרֶה אֶחָד לַצַּדִּיק *וְלָרָשָׁע*	συνάντημα ἓν τῷ δικαίῳ *καὶ τῷ ἀσεβεῖ*	

ἀσθένεια *Occurrences: 1*

שָׁפָל *1* *100%*

12:4 בְּשְׁפַל קוֹל הַטַּחֲנָה ἐν ἀσθενείᾳ φωνῆς τῆς ἀληθούσης

ᾆσμα *Occurrences: 2*

שִׁיר *2* *100%*

7:5 מֵאִישׁ שֹׁמֵעַ שִׁיר כְּסִילִים ὑπὲρ ἄνδρα ἀκούοντα ᾆσμα ἀφρόνων

12:4 כָּל־בְּנוֹת הַשִּׁיר πᾶσαι αἱ θυγατέρες τοῦ ᾄσματος

ἀστήρ *Occurrences: 1*

כּוֹכָב *1* *100%*

12:2 וְהָאוֹר וְהַיָּרֵחַ וְהַכּוֹכָבִים καὶ τὸ φῶς καὶ ἡ σελήνη καὶ οἱ ἀστέρες

αὐτός *Occurrences: 203*

־הוּ	108	53%
־הֶם	31	15%
הוּא	13	6%
לְ + ־הוּ	14	6%
־ָהּ	12	6%
לְ + ־הֶם	9	4%
הֵם	5	2%
הִיא	4	2%
---	4	
אֶחָד	1	1%
־ִי	1	1%
אֵת + ־ָהּ	1	1%

\- - - *4*

5:9 וּמִי־אֹהֵב בֶּהָמוֹן לֹא תְבוּאָה καὶ τίς ἠγάπησεν ἐν πλήθει αὐτῶν γένημα

5:19 כִּי הָאֱלֹהִים מַעֲנֶה ὅτι ὁ θεὸς περισπᾷ αὐτὸν

7:7 וִיאַבֵּד אֶת־לֵב מַתָּנָה καὶ ἀπόλλυσι τὴν καρδίαν εὐτονίας αὐτοῦ

7:12 כִּי בְּצֵל הַחָכְמָה בְּצֵל הַכָּסֶף ὅτι ἐν σκιᾷ αὐτῆς ἡ σοφία ὡς σκιὰ τοῦ ἀργυρίου

אֶחָד *1* *1%*

11:6 וְאִם־שְׁנֵיהֶם כְּאֶחָד טוֹבִים καὶ ἐὰν τὰ δύο ἐπὶ τὸ αὐτὸ ἀγαθά

הוּא *13* *6%*

1:5 זוֹרֵחַ הוּא שָׁם [ἀνατέλλων αὐτὸς ἐκεῖ] [6]

1:9 מַה־שֶּׁהָיָה הוּא שֶׁיִּהְיֶה τί τὸ γεγονός αὐτὸ τὸ γενησόμενον

1:9 וּמַה־שֶּׁנַּעֲשָׂה הוּא שֶׁיֵּעָשֶׂה καὶ τί τὸ πεποιημένον αὐτὸ τὸ ποιηθησόμενον

2:22 שֶׁהוּא עָמֵל תַּחַת הַשָּׁמֶשׁ ᾧ αὐτὸς μοχθεῖ ὑπὸ τὸν ἥλιον

3:9 מַה־יִּתְרוֹן הָעוֹשֶׂה בַּאֲשֶׁר הוּא עָמֵל τίς περισσεία τοῦ ποιοῦντος ἐν οἷς αὐτὸς μοχθεῖ

3:14 הוּא יִהְיֶה לְעוֹלָם αὐτὰ ἔσται εἰς τὸν αἰῶνα

3:22 כִּי־הוּא חֶלְקוֹ ὅτι αὐτὸ μερὶς αὐτοῦ

5:17 כִּי־הוּא חֶלְקוֹ ὅτι αὐτὸ μερὶς αὐτοῦ

8:15 וְהוּא יִלְוֶנּוּ בַעֲמָלוֹ καὶ αὐτὸ συμπροσέσται αὐτῷ ἐν μόχθῳ αὐτοῦ

9:4 יֵשׁ בִּטָּחוֹן כִּי־לְכֶלֶב חַי הוּא טוֹב ἔστιν ἐλπίς ὅτι ὁ κύων ὁ ζῶν αὐτὸς ἀγαθὸς

9:9 כִּי הוּא חֶלְקְךָ בַּחַיִּים ὅτι αὐτὸ μερίς σου ἐν τῇ ζωῇ σου

9:15 וּמִלַּט־הוּא אֶת־הָעִיר בְּחָכְמָתוֹ καὶ διασώσει αὐτὸς τὴν πόλιν ἐν τῇ σοφίᾳ αὐτοῦ

10:10 אִם־קֵהָה הַבַּרְזֶל וְהוּא לֹא־פָנִים קִלְקַל ἐὰν ἐκπέσῃ τὸ σιδήριον καὶ αὐτὸς πρόσωπον ἐτάραξεν

הִיא *4* *1%*

3:21 הָעֹלָה הִיא לְמָעְלָה εἰ ἀναβαίνει αὐτὸ εἰς ἄνω

3:21 הַיֹּרֶדֶת הִיא לְמַטָּה לָאָרֶץ εἰ καταβαίνει αὐτὸ κάτω εἰς γῆν

4:4 כִּי הִיא קִנְאַת־אִישׁ מֵרֵעֵהוּ ὅτι αὐτὸ ζῆλος ἀνδρὸς ἀπὸ τοῦ ἑταίρου αὐτοῦ

7:23 אָמַרְתִּי אֶחְכָּמָה וְהִיא רְחוֹקָה מִמֶּנִּי εἶπα σοφισθήσομαι [καὶ αὐτὴ ἐμακρύνθη ἀπ' ἐμοῦ] [24]

הֵם	5	2%	
1:7	שָׁם הֵם שָׁבִים לָלָכֶת	ἐκεῖ *αὐτοὶ* ἐπιστρέφουσιν τοῦ πορευθῆναι	
3:18	שְׁהֶם־בְּהֵמָה הֵמָּה לָהֶם	ὅτι *αὐτοὶ* κτήνη εἰσὶν καί γε αὐτοῖς	
4:2	אֲשֶׁר הֵמָּה חַיִּים עֲדֶנָה	ὅσοι *αὐτοὶ* ζῶσιν ἕως τοῦ νῦν	
7:29	וְהֵמָּה בִקְשׁוּ חִשְּׁבֹנוֹת רַבִּים	*καὶ αὐτοὶ* ἐζήτησαν λογισμοὺς πολλούς	
12:12	וְיֹתֵר מֵהֵמָּה בְּנִי הִזָּהֵר	[καὶ περισσὸν *ἐξ αὐτῶν*] υἱέ μου φύλαξαι	[11]
־י	1	1%	
2:25	כִּי מִי יֹאכַל וּמִי יָחוּשׁ חוּץ מִמֶּנִּי	ὅτι τίς φάγεται καὶ τίς φείσεται *πάρεξ αὐτοῦ*	
־הוּ	108	53%	
1:3	מַה־יִּתְרוֹן לָאָדָם בְּכָל־עֲמָלוֹ	τίς περισσεία τῷ ἀνθρώπῳ ἐν παντὶ *μόχθῳ αὐτοῦ*	
1:5	וְאֶל־מְקוֹמוֹ שׁוֹאֵף	καὶ εἰς *τὸν τόπον αὐτοῦ* ἕλκει	
1:6	וְעַל־סְבִיבֹתָיו שָׁב הָרוּחַ	καὶ ἐπὶ *κύκλους αὐτοῦ* ἐπιστρέφει τὸ πνεῦμα	
1:13	לִבְנֵי הָאָדָם לַעֲנוֹת בּוֹ	τοῖς υἱοῖς τοῦ ἀνθρώπου τοῦ περισπᾶσθαι *ἐν αὐτῷ*	
2:12	אֵת אֲשֶׁר־כְּבָר עָשׂוּהוּ	τὰ ὅσα *ἐποίησεν αὐτήν*	
2:14	הֶחָכָם עֵינָיו בְּרֹאשׁוֹ	τοῦ σοφοῦ *οἱ ὀφθαλμοὶ αὐτοῦ* ἐν κεφαλῇ αὐτοῦ	
2:14	הֶחָכָם עֵינָיו בְּרֹאשׁוֹ	τοῦ σοφοῦ οἱ ὀφθαλμοὶ αὐτοῦ *ἐν κεφαλῇ αὐτοῦ*	
2:18	שֶׁאַנִּיחֶנּוּ לָאָדָם שֶׁיִּהְיֶה אַחֲרָי	ὅτι *ἀφίω αὐτὸν* τῷ ἀνθρώπῳ τῷ γινομένῳ μετ' ἐμέ	
2:21	כִּי־יֵשׁ אָדָם שֶׁעֲמָלוֹ בְּחָכְמָה	ὅτι ἔστιν ἄνθρωπος *οὗ μόχθος αὐτοῦ* ἐν σοφίᾳ	
2:21	וּלְאָדָם שֶׁלֹּא עָמַל־בּוֹ	καὶ ἄνθρωπος ὃς οὐκ ἐμόχθησεν *ἐν αὐτῷ*	
2:21	יִתְּנֶנּוּ חֶלְקוֹ	*δώσει αὐτῷ* μερίδα αὐτοῦ	
2:21	יִתְּנֶנּוּ חֶלְקוֹ	δώσει αὐτῷ *μερίδα αὐτοῦ*	
2:22	כִּי מֶה־הֹוֶה לָאָדָם בְּכָל־עֲמָלוֹ	ὅτι τί γίνεται τῷ ἀνθρώπῳ ἐν παντὶ *μόχθῳ αὐτοῦ*	
2:22	וּבְרַעְיוֹן לִבּוֹ	καὶ ἐν προαιρέσει *καρδίας αὐτοῦ*	
2:23	כִּי כָל־יָמָיו מַכְאֹבִים	ὅτι πᾶσαι *αἱ ἡμέραι αὐτοῦ* ἀλγημάτων	
2:23	מַכְאֹבִים וָכַעַס עִנְיָנוֹ	ἀλγημάτων καὶ θυμοῦ *περισπασμὸς αὐτοῦ*	
2:23	גַּם־בַּלַּיְלָה לֹא־שָׁכַב לִבּוֹ	καί γε ἐν νυκτὶ οὐ κοιμᾶται *ἡ καρδία αὐτοῦ*	
2:24	שֶׁיֹּאכַל וְשָׁתָה וְהֶרְאָה אֶת־נַפְשׁוֹ	ὃ φάγεται καὶ ὃ πίεται καὶ ὃ δείξει *τῇ ψυχῇ αὐτοῦ*	
2:24	וְהֶרְאָה אֶת־נַפְשׁוֹ טוֹב בַּעֲמָלוֹ	καὶ ὃ δείξει τῇ ψυχῇ αὐτοῦ ἀγαθὸν *ἐν μόχθῳ αὐτοῦ*	
2:26	כִּי לְאָדָם שֶׁטּוֹב לְפָנָיו	ὅτι τῷ ἀνθρώπῳ τῷ ἀγαθῷ *πρὸ προσώπου αὐτοῦ*	
3:10	לִבְנֵי הָאָדָם לַעֲנוֹת בּוֹ	τοῖς υἱοῖς τοῦ ἀνθρώπου τοῦ περισπᾶσθαι *ἐν αὐτῷ*	
3:11	אֶת־הַכֹּל עָשָׂה יָפֶה בְעִתּוֹ	σὺν τὰ πάντα ἐποίησεν καλὰ *ἐν καιρῷ αὐτοῦ*	
3:12	וְלַעֲשׂוֹת טוֹב בְּחַיָּיו	καὶ τοῦ ποιεῖν ἀγαθὸν *ἐν ζωῇ αὐτοῦ*	
3:13	וְרָאָה טוֹב בְּכָל־עֲמָלוֹ	καὶ ἴδῃ ἀγαθὸν ἐν παντὶ *μόχθῳ αὐτοῦ*	
3:14	עָלָיו אֵין לְהוֹסִיף	*ἐπ' αὐτῷ* οὐκ ἔστιν προσθεῖναι	
3:14	וּמִמֶּנּוּ אֵין לִגְרֹעַ	*καὶ ἀπ' αὐτοῦ* οὐκ ἔστιν ἀφελεῖν	
3:14	שֶׁיִּרְאוּ מִלְּפָנָיו	ἵνα φοβηθῶσιν *ἀπὸ προσώπου αὐτοῦ*	
3:22	יִשְׂמַח הָאָדָם בְּמַעֲשָׂיו	εὐφρανθήσεται ὁ ἄνθρωπος *ἐν ποιήμασιν αὐτοῦ*	
3:22	כִּי־הוּא חֶלְקוֹ	ὅτι αὐτὸ *μερὶς αὐτοῦ*	
3:22	כִּי מִי יְבִיאֶנּוּ לִרְאוֹת בְּמֶה שֶׁיִּהְיֶה	ὅτι τίς *ἄξει αὐτὸν* τοῦ ἰδεῖν ἐν ᾧ ἐὰν γένηται	
3:22	בְּמֶה שֶׁיִּהְיֶה אַחֲרָיו	ἐν ᾧ ἐὰν γένηται *μετ' αὐτόν*	
4:4	כִּי הִיא קִנְאַת־אִישׁ מֵרֵעֵהוּ	ὅτι αὐτὸ ζῆλος ἀνδρὸς *ἀπὸ τοῦ ἑταίρου αὐτοῦ*	
4:5	הַכְּסִיל חֹבֵק אֶת־יָדָיו	ὁ ἄφρων περιέλαβεν *τὰς χεῖρας αὐτοῦ*	
4:5	וְאֹכֵל אֶת־בְּשָׂרוֹ	καὶ ἔφαγεν *τὰς σάρκας αὐτοῦ*	
4:8	וְאֵין קֵץ לְכָל־עֲמָלוֹ	καὶ οὐκ ἔστιν περασμὸς τῷ παντὶ *μόχθῳ αὐτοῦ*	
4:8	גַּם־*עֵינָיו **עֵינוֹ לֹא־תִשְׂבַּע עֹשֶׁר	καί γε *ὀφθαλμὸς αὐτοῦ* οὐκ ἐμπίπλαται πλούτου	**
4:10	כִּי אִם־יִפֹּלוּ הָאֶחָד יָקִים אֶת־חֲבֵרוֹ	ὅτι ἐὰν πέσωσιν ὁ εἷς ἐγερεῖ *τὸν μέτοχον αὐτοῦ*	
4:10	וְאֵין שֵׁנִי לַהֲקִימוֹ	καὶ μὴ ᾖ δεύτερος *τοῦ ἐγεῖραι αὐτόν*	
4:12	הַשְּׁנַיִם יַעַמְדוּ נֶגְדּוֹ	οἱ δύο στήσονται *κατέναντι αὐτοῦ*	
4:14	כִּי גַּם בְּמַלְכוּתוֹ נוֹלַד רָשׁ	ὅτι καί γε *ἐν βασιλείᾳ αὐτοῦ* ἐγεννήθη πένης	
4:15	אֲשֶׁר יַעֲמֹד תַּחְתָּיו	ὃς στήσεται *ἀντ' αὐτοῦ*	
4:16	גַּם הָאַחֲרוֹנִים לֹא יִשְׂמְחוּ־בוֹ	καί γε οἱ ἔσχατοι οὐκ εὐφρανθήσονται *ἐν αὐτῷ*	
5:3	אַל־תְּאַחֵר לְשַׁלְּמוֹ	μὴ χρονίσῃς *τοῦ ἀποδοῦναι αὐτήν*	
5:10	כִּי אִם־*רְאִית **רְאוּת עֵינָיו	ὅτι ἀλλ' ἢ τοῦ ὁρᾶν *ὀφθαλμοῖς αὐτοῦ*	
5:12	עֹשֶׁר שָׁמוּר לִבְעָלָיו	πλοῦτον φυλασσόμενον *τῷ παρ' αὐτοῦ*	
5:12	שָׁמוּר לִבְעָלָיו לְרָעָתוֹ	φυλασσόμενον τῷ παρ' αὐτοῦ *εἰς κακίαν αὐτοῦ*	
5:13	וְהוֹלִיד בֵּן וְאֵין בְּיָדוֹ	καὶ ἐγέννησεν υἱόν καὶ οὐκ ἔστιν *ἐν χειρὶ αὐτοῦ*	

5:14	כַּאֲשֶׁר יָצָא מִבֶּטֶן אִמּוֹ עָרוֹם	καθὼς ἐξῆλθεν ἀπὸ γαστρὸς *μητρὸς αὐτοῦ* γυμνός
5:14	וּמְאוּמָה לֹא־יִשָּׂא בַעֲמָלוֹ	καὶ οὐδὲν οὐ λήμψεται *ἐν μόχθῳ αὐτοῦ*
5:14	שֶׁיֹּלֵךְ בְּיָדוֹ	ἵνα πορευθῇ *ἐν χειρὶ αὐτοῦ*
5:16	גַּם כָּל־יָמָיו בַּחֹשֶׁךְ יֹאכֵל	καί γε πᾶσαι *αἱ ἡμέραι αὐτοῦ* ἐν σκότει καὶ πένθει
5:17	בְּכָל־עֲמָלוֹ שֶׁיַּעֲמֹל	ἐν παντὶ *μόχθῳ αὐτοῦ* ᾧ ἐὰν μοχθῇ
5:17	תַּחַת־הַשֶּׁמֶשׁ מִסְפַּר יְמֵי־חַיָּו	ὑπὸ τὸν ἥλιον ἀριθμὸν ἡμερῶν *ζωῆς αὐτοῦ*
5:17	כִּי־הוּא חֶלְקוֹ	ὅτι αὐτὸ *μερὶς αὐτοῦ*
5:18	וְהִשְׁלִיטוֹ לֶאֱכֹל מִמֶּנּוּ	καὶ *ἐξουσίασεν αὐτὸν* τοῦ φαγεῖν ἀπ' αὐτοῦ
5:18	וְהִשְׁלִיטוֹ לֶאֱכֹל מִמֶּנּוּ	καὶ ἐξουσίασεν αὐτὸν τοῦ φαγεῖν *ἀπ' αὐτοῦ*
5:18	וְלָשֵׂאת אֶת־חֶלְקוֹ	καὶ τοῦ λαβεῖν *τὸ μέρος αὐτοῦ*
5:18	וְלִשְׂמֹחַ בַּעֲמָלוֹ	καὶ τοῦ εὐφρανθῆναι *ἐν μόχθῳ αὐτοῦ*
5:19	יִזְכֹּר אֶת־יְמֵי חַיָּיו	μνησθήσεται τὰς ἡμέρας *τῆς ζωῆς αὐτοῦ*
5:19	מַעֲנֶה בְּשִׂמְחַת לִבּוֹ	περισπᾷ αὐτὸν ἐν εὐφροσύνῃ *καρδίας αὐτοῦ*
6:2	וְאֵינֶנּוּ חָסֵר לְנַפְשׁוֹ	καὶ οὐκ ἔστιν ὑστερῶν *τῇ ψυχῇ αὐτοῦ*
6:2	וְלֹא־יַשְׁלִיטֶנּוּ הָאֱלֹהִים לֶאֱכֹל	καὶ οὐκ *ἐξουσιάσει αὐτῷ* ὁ θεὸς τοῦ φαγεῖν
6:2	לֶאֱכֹל מִמֶּנּוּ	τοῦ φαγεῖν *ἀπ' αὐτοῦ*
6:2	כִּי אִישׁ נָכְרִי יֹאכְלֶנּוּ	ὅτι ἀνὴρ ξένος *φάγεται αὐτόν*
6:3	וְרַב שֶׁיִּהְיוּ יְמֵי־שָׁנָיו	καὶ πλῆθος ὅ τι ἔσονται ἡμέραι *ἐτῶν αὐτοῦ*
6:3	וְנַפְשׁוֹ לֹא־תִשְׂבַּע	*καὶ ψυχὴ αὐτοῦ* οὐκ ἐμπλησθήσεται
6:3	אָמַרְתִּי טוֹב מִמֶּנּוּ הַנָּפֶל	εἶπα ἀγαθὸν *ὑπὲρ αὐτὸν* τὸ ἔκτρωμα
6:4	וּבַחֹשֶׁךְ שְׁמוֹ יְכֻסֶּה	καὶ ἐν σκότει *ὄνομα αὐτοῦ* καλυφθήσεται
6:7	כָּל־עֲמַל הָאָדָם לְפִיהוּ	πᾶς μόχθος τοῦ ἀνθρώπου *εἰς στόμα αὐτοῦ*
6:10	מַה־שֶּׁהָיָה כְּבָר נִקְרָא שְׁמוֹ	εἴ τι ἐγένετο ἤδη κέκληται *ὄνομα αὐτοῦ*
6:10	לָדִין עִם *שֶׁהתַקִּיף **שֶׁתַּקִּיף מִמֶּנּוּ	τοῦ κριθῆναι μετὰ τοῦ ἰσχυροῦ *ὑπὲρ αὐτόν*
6:12	מִסְפַּר יְמֵי־חַיֵּי הֶבְלוֹ	ἀριθμὸν ἡμερῶν ζωῆς *ματαιότητος αὐτοῦ*
6:12	מַה־יִּהְיֶה אַחֲרָיו תַּחַת הַשָּׁמֶשׁ	τί ἔσται *ὀπίσω αὐτοῦ* ὑπὸ τὸν ἥλιον
7:1	וְיוֹם הַמָּוֶת מִיּוֹם הִוָּלְדוֹ	καὶ ἡμέρα τοῦ θανάτου ὑπὲρ ἡμέραν *γενέσεως αὐτοῦ*
7:2	וְהַחַי יִתֵּן אֶל־לִבּוֹ	καὶ ὁ ζῶν δώσει εἰς *καρδίαν αὐτοῦ*
7:8	טוֹב אַחֲרִית דָּבָר מֵרֵאשִׁיתוֹ	ἀγαθὴ ἐσχάτη λόγων *ὑπὲρ ἀρχὴν αὐτοῦ*
7:13	אֵת אֲשֶׁר עִוְּתוֹ	ὃν ἂν ὁ θεὸς *διαστρέψῃ αὐτόν*
7:14	שֶׁלֹּא יִמְצָא הָאָדָם אַחֲרָיו מְאוּמָה	ἵνα μὴ εὕρῃ ὁ ἄνθρωπος *ὀπίσω αὐτοῦ* μηδέν
7:15	יֵשׁ צַדִּיק אֹבֵד בְּצִדְקוֹ	ἔστιν δίκαιος ἀπολλύμενος *ἐν δικαίῳ αὐτοῦ*
7:15	וְיֵשׁ רָשָׁע מַאֲרִיךְ בְּרָעָתוֹ	καὶ ἔστιν ἀσεβὴς μένων *ἐν κακίᾳ αὐτοῦ*
7:24	רָחוֹק מַה־שֶּׁהָיָהֶהָיָה וְעָמֹק עָמֹק מִי יִמְצָאֶנּוּ	μακρὰν ὑπὲρ ὃ ἦν καὶ βαθὺ βάθος τίς *εὑρήσει αὐτό*
8:1	חָכְמַת אָדָם תָּאִיר פָּנָיו	σοφία ἀνθρώπου φωτιεῖ *πρόσωπον αὐτοῦ*
8:1	וְעֹז פָּנָיו יְשֻׁנֶּא	καὶ ἀναιδὴς *προσώπῳ αὐτοῦ* μισηθήσεται
8:3	אַל־תִּבָּהֵל מִפָּנָיו תֵּלֵךְ	[μὴ σπουδάσῃς] *ἀπὸ προσώπου αὐτοῦ* πορεύσῃ
8:6	כִּי־רָעַת הָאָדָם רַבָּה עָלָיו	ὅτι γνῶσις τοῦ ἀνθρώπου πολλὴ *ἐπ' αὐτόν*
8:8	וְלֹא־יְמַלֵּט רֶשַׁע אֶת־בְּעָלָיו	καὶ οὐ διασώσει ἀσέβεια *τὸν παρ' αὐτῆς*
8:12	אֲשֶׁר יִירְאוּ מִלְּפָנָיו	ὅπως φοβῶνται *ἀπὸ προσώπου αὐτοῦ*
8:15	וְהוּא יִלְוֶנּוּ בַעֲמָלוֹ	καὶ αὐτὸ *συμπροσέσται αὐτῷ* ἐν μόχθῳ αὐτοῦ
8:15	וְהוּא יִלְוֶנּוּ בַעֲמָלוֹ	καὶ αὐτὸ συμπροσέσται αὐτῷ *ἐν μόχθῳ αὐτοῦ*
8:15	יְמֵי חַיָּיו אֲשֶׁר־נָתַן־לוֹ הָאֱלֹהִים	ἡμέρας *ζωῆς αὐτοῦ* ὅσας ἔδωκεν αὐτῷ ὁ θεὸς
8:16	שֵׁנָה בְּעֵינָיו אֵינֶנּוּ רֹאֶה	ὕπνον *ἐν ὀφθαλμοῖς αὐτοῦ* οὐκ ἔστιν βλέπων
9:3	וְאַחֲרָיו אֶל־הַמֵּתִים	καὶ *ὀπίσω αὐτῶν* πρὸς τοὺς νεκρούς
9:12	כִּי גַּם לֹא־יֵדַע הָאָדָם אֶת־עִתּוֹ	ὅτι καί γε οὐκ ἔγνω ὁ ἄνθρωπος *τὸν καιρὸν αὐτοῦ*
9:15	וּמִלַּט־הוּא אֶת־הָעִיר בְּחָכְמָתוֹ	καὶ διασώσει αὐτὸς τὴν πόλιν *ἐν τῇ σοφίᾳ αὐτοῦ*
9:16	וּדְבָרָיו אֵינָם נִשְׁמָעִים	*καὶ λόγοι αὐτοῦ* οὐκ εἰσιν ἀκουόμενοι
10:2	לֵב חָכָם לִימִינוֹ	καρδία σοφοῦ *εἰς δεξιὸν αὐτοῦ*
10:2	וְלֵב כְּסִיל לִשְׂמֹאלוֹ	καὶ καρδία ἄφρονος *εἰς ἀριστερὸν αὐτοῦ*
10:3	לִבּוֹ חָסֵר	*καρδία αὐτοῦ* ὑστερήσει
10:8	חֹפֵר גּוּמָּץ בּוֹ יִפּוֹל	ὁ ὀρύσσων βόθρον *ἐν αὐτῷ* ἐμπεσεῖται
10:8	וּפֹרֵץ גָּדֵר יִשְּׁכֶנּוּ נָחָשׁ	καὶ καθαιροῦντα φραγμόν *δήξεται αὐτὸν* ὄφις
10:12	וְשִׂפְתוֹת כְּסִיל תְּבַלְּעֶנּוּ	καὶ χείλη ἄφρονος *καταποντιοῦσιν αὐτόν*
10:13	תְּחִלַּת דִּבְרֵי־פִיהוּ סִכְלוּת	ἀρχὴ λόγων *στόματος αὐτοῦ* ἀφροσύνη
10:13	וְאַחֲרִית פִּיהוּ הוֹלֵלוּת רָעָה	καὶ ἐσχάτη *στόματος αὐτοῦ* περιφέρεια πονηρά
10:14	וַאֲשֶׁר יִהְיֶה מֵאַחֲרָיו	καὶ τί τὸ ἐσόμενον *ὀπίσω αὐτοῦ*

10:15	עֲמַל הַכְּסִילִים תְּיַגְּעֶנּוּ	μόχθος τῶν ἀφρόνων κοπώσει αὐτούς	
11:1	כִּי־בְרֹב הַיָּמִים תִּמְצָאֶנּוּ	ὅτι ἐν πλήθει τῶν ἡμερῶν εὑρήσεις αὐτόν	
12:5	כִּי־הֹלֵךְ הָאָדָם אֶל־בֵּית עוֹלָמוֹ	ὅτι ἐπορεύθη ὁ ἄνθρωπος εἰς οἶκον αἰῶνος αὐτοῦ	
12:13	אֶת־הָאֱלֹהִים יְרָא וְאֶת־מִצְוֺתָיו שְׁמוֹר	τὸν θεὸν φοβοῦ καὶ τὰς ἐντολὰς αὐτοῦ φύλασσε	
־ָהּ	12	6%	
5:10	רַבּוּ אוֹכְלֶיהָ	ἐπληθύνθησαν ἔσθοντες αὐτήν	
5:10	וּמַה־כִּשְׁרוֹן לִבְעָלֶיהָ	καὶ τί ἀνδρεία τῷ παρ' αὐτῆς	
7:12	תְּחַיֶּה בְעָלֶיהָ	ζωοποιήσει τὸν παρ' αὐτῆς	
7:26	וַחֲרָמִים לִבָּהּ אֲסוּרִים יָדֶיהָ	καὶ σαγῆναι καρδία αὐτῆς δεσμοὶ χεῖρες αὐτῆς	
7:26	וַחֲרָמִים לִבָּהּ אֲסוּרִים יָדֶיהָ	καὶ σαγῆναι καρδία αὐτῆς δεσμοὶ χεῖρες αὐτῆς	
7:26	לִפְנֵי הָאֱלֹהִים יִמָּלֵט מִמֶּנָּה	πρὸ προσώπου τοῦ θεοῦ ἐξαιρεθήσεται ἀπ' αὐτῆς	
7:26	וְחוֹטֵא יִלָּכֶד בָּהּ	καὶ ἁμαρτάνων συλλημφθήσεται ἐν αὐτῇ	
9:14	עִיר קְטַנָּה וַאֲנָשִׁים בָּהּ מְעָט	πόλις μικρὰ καὶ ἄνδρες ἐν αὐτῇ ὀλίγοι	
9:14	וּבָא־אֵלֶיהָ מֶלֶךְ גָּדוֹל	καὶ ἔλθῃ ἐπ' αὐτὴν βασιλεὺς μέγας	
9:14	וּבָנָה עָלֶיהָ מְצוֹדִים גְּדֹלִים	καὶ οἰκοδομήσῃ ἐπ' αὐτὴν χάρακας μεγάλους	
9:15	וּמָצָא בָהּ אִישׁ מִסְכֵּן חָכָם	καὶ εὕρῃ ἐν αὐτῇ ἄνδρα πένητα σοφόν	
12:7	תָּשׁוּב אֶל־הָאֱלֹהִים אֲשֶׁר נְתָנָהּ	ἐπιστρέψῃ πρὸς τὸν θεόν ὃς ἔδωκεν αὐτό	
־הֶם	31	15%	
2:3	תַּחַת הַשָּׁמַיִם מִסְפַּר יְמֵי חַיֵּיהֶם	ὑπὸ τὸν ἥλιον ἀριθμὸν ἡμερῶν ζωῆς αὐτῶν	
2:5	וְנָטַעְתִּי בָהֶם עֵץ כָּל־פֶּרִי	καὶ ἐφύτευσα ἐν αὐτοῖς ξύλον πᾶν καρποῦ	
2:6	לְהַשְׁקוֹת מֵהֶם יַעַר צוֹמֵחַ עֵצִים	τοῦ ποτίσαι ἀπ' αὐτῶν δρυμὸν βλαστῶντα ξύλα	
2:10	לֹא אָצַלְתִּי מֵהֶם	οὐχ ὑφεῖλον ἀπ' αὐτῶν	
2:14	שֶׁמִּקְרֶה אֶחָד יִקְרֶה אֶת־כֻּלָּם	ὅτι συνάντημα ἓν συναντήσεται τοῖς πᾶσιν αὐτοῖς	
3:11	גַּם אֶת־הָעֹלָם נָתַן בְּלִבָּם	καί γε σὺν τὸν αἰῶνα ἔδωκεν ἐν καρδίᾳ αὐτῶν	
3:12	יָדַעְתִּי כִּי אֵין טוֹב בָּם	ἔγνων ὅτι οὐκ ἔστιν ἀγαθὸν ἐν αὐτοῖς	
3:18	לְבָרָם הָאֱלֹהִים וְלִרְאוֹת	ὅτι διακρινεῖ αὐτοὺς ὁ θεὸς καὶ τοῦ δεῖξαι	
4:1	וּמִיַּד עֹשְׁקֵיהֶם כֹּחַ	καὶ ἀπὸ χειρὸς συκοφαντούντων αὐτοὺς ἰσχύς	
4:9	אֲשֶׁר יֵשׁ־לָהֶם שָׂכָר טוֹב בַּעֲמָלָם	οἷς ἔστιν αὐτοῖς μισθὸς ἀγαθὸς ἐν μόχθῳ αὐτῶν	
4:16	לְכֹל אֲשֶׁר־הָיָה לִפְנֵיהֶם	τοῖς πᾶσιν ὅσοι ἐγένοντο ἔμπροσθεν αὐτῶν	
5:7	וּגְבֹהִים עֲלֵיהֶם	καὶ ὑψηλοὶ ἐπ' αὐτούς	
6:12	וְיַעֲשֵׂם כַּצֵּל	καὶ ἐποίησεν αὐτὰς ἐν σκιᾷ	
8:11	בָּהֶם לַעֲשׂוֹת רָע	ἐν αὐτοῖς τοῦ ποιῆσαι τὸ πονηρόν	
8:14	אֲשֶׁר מַגִּיעַ אֲלֵהֶם כְּמַעֲשֵׂה הָרְשָׁעִים	ὅτι φθάνει πρὸς αὐτοὺς ὡς ποίημα τῶν ἀσεβῶν	
8:14	וְיֵשׁ רְשָׁעִים שֶׁמַּגִּיעַ אֲלֵהֶם	καὶ εἰσὶν ἀσεβεῖς ὅτι φθάνει πρὸς αὐτούς	
9:1	אֲשֶׁר הַצַּדִּיקִים וְהַחֲכָמִים וַעֲבָדֵיהֶם	ὡς οἱ δίκαιοι καὶ οἱ σοφοὶ καὶ ἐργασίαι αὐτῶν	
9:1	הַכֹּל לִפְנֵיהֶם	τὰ πάντα πρὸ προσώπου αὐτῶν	
9:3	וְהוֹלֵלוֹת בִּלְבָבָם בְּחַיֵּיהֶם	καὶ περιφέρεια ἐν καρδίᾳ αὐτῶν ἐν ζωῇ αὐτῶν	
9:3	וְהוֹלֵלוֹת בִּלְבָבָם בְּחַיֵּיהֶם	καὶ περιφέρεια ἐν καρδίᾳ αὐτῶν ἐν ζωῇ αὐτῶν	
9:5	כִּי נִשְׁכַּח זִכְרָם	ὅτι ἐπελήσθη ἡ μνήμη αὐτῶν	
9:6	גַּם אַהֲבָתָם גַּם־שִׂנְאָתָם	καί γε ἀγάπη αὐτῶν καί γε μῖσος αὐτῶν	
9:6	גַּם אַהֲבָתָם גַּם־שִׂנְאָתָם	καί γε ἀγάπη αὐτῶν καί γε μῖσος αὐτῶν	
9:6	גַּם־קִנְאָתָם כְּבָר אָבָדָה	καί γε ζῆλος αὐτῶν ἤδη ἀπώλετο	
9:11	יִקְרֶה אֶת־כֻּלָּם	συναντήσεται τοῖς πᾶσιν αὐτοῖς	
9:12	כָּהֵם יוּקָשִׁים בְּנֵי הָאָדָם	ὡς αὐτὰ παγιδεύονται οἱ υἱοὶ τοῦ ἀνθρώπου	
9:12	כְּשֶׁתִּפּוֹל עֲלֵיהֶם פִּתְאֹם	ὅταν ἐπιπέσῃ ἐπ' αὐτοὺς ἄφνω	
10:9	מַסִּיעַ אֲבָנִים יֵעָצֵב בָּהֶם	ἐξαίρων λίθους διαπονηθήσεται ἐν αὐτοῖς	
10:9	בּוֹקֵעַ עֵצִים יִסָּכֶן בָּם	σχίζων ξύλα κινδυνεύσει ἐν αὐτοῖς	
11:8	בְּכֻלָּם יִשְׂמָח	ἐν πᾶσιν αὐτοῖς εὐφρανθήσεται	
12:1	אֵין־לִי בָהֶם חֵפֶץ	οὐκ ἔστιν μοι ἐν αὐτοῖς θέλημα	
לְ + ־הוּ	14	6%	
4:8	גַּם בֵּן וָאָח אֵין־לוֹ	καί γε υἱὸς καὶ ἀδελφὸς οὐκ ἔστιν αὐτῷ	
4:10	וְאִילוֹ הָאֶחָד שֶׁיִּפּוֹל	καὶ οὐαὶ αὐτῷ τῷ ἑνὶ ὅταν πέσῃ	=.s ואי לו
5:11	אֵינֶנּוּ מַנִּיחַ לוֹ לִישׁוֹן	οὐκ ἔστιν ἀφίων αὐτὸν τοῦ ὑπνῶσαι	
5:15	וּמַה־יִּתְרוֹן לוֹ שֶׁיַּעֲמֹל לָרוּחַ	καὶ τίς περισσεία αὐτῷ ᾗ μοχθεῖ εἰς ἄνεμον	
5:17	יְמֵי־חַיָּו אֲשֶׁר־נָתַן־לוֹ הָאֱלֹהִים	ἡμερῶν ζωῆς αὐτοῦ ὧν ἔδωκεν αὐτῷ ὁ θεός	
5:18	גַּם כָּל־הָאָדָם אֲשֶׁר נָתַן־לוֹ הָאֱלֹהִים	καί γε πᾶς ὁ ἄνθρωπος ᾧ ἔδωκεν αὐτῷ ὁ θεὸς	

6:2	אִישׁ אֲשֶׁר יִתֶּן־לוֹ הָאֱלֹהִים עֹשֶׁר	ἀνήρ ᾧ δώσει *αὐτῷ* ὁ θεὸς πλοῦτον	
6:3	וְגַם־קְבוּרָה לֹא־הָיְתָה לוֹ	καί γε ταφὴ οὐκ ἐγένετο *αὐτῷ*	
8:4	וּמִי יֹאמַר־לוֹ מַה־תַּעֲשֶׂה	καὶ τίς ἐρεῖ *αὐτῷ* τί ποιήσεις	
8:7	כִּי כַּאֲשֶׁר יִהְיֶה מִי יַגִּיד לוֹ	ὅτι καθὼς ἔσται τίς ἀναγγελεῖ *αὐτῷ*	
8:9	הָאָדָם בְּאָדָם לְרַע לוֹ	ὁ ἄνθρωπος ἐν ἀνθρώπῳ τοῦ κακῶσαι *αὐτόν*	
8:12	וּמַאֲרִיךְ לוֹ	καὶ ἀπὸ μακρότητος *αὐτῷ*	
8:15	יְמֵי חַיָּיו אֲשֶׁר־נָתַן־לוֹ הָאֱלֹהִים	ἡμέρας ζωῆς αὐτοῦ ὅσας ἔδωκεν *αὐτῷ* ὁ θεὸς	
10:14	מִי יַגִּיד לוֹ	τίς ἀναγγελεῖ *αὐτῷ*	

לְ + ־הֶם	*9*	*4%*	
1:11	לֹא־יִהְיֶה *לָהֶם* זִכָּרוֹן	οὐκ ἔσται *αὐτοῖς* μνήμη	
3:18	שְׁהֶם־בְּהֵמָה הֵמָּה *לָהֶם*	ὅτι αὐτοὶ κτήνη εἰσὶν καί γε *αὐτοῖς*	
3:19	וּמִקְרֶה הַבְּהֵמָה וּמִקְרֶה אֶחָד *לָהֶם*	καὶ συνάντημα τοῦ κτήνους συνάντημα ἓν *αὐτοῖς*	
4:1	וְאֵין *לָהֶם* מְנַחֵם	καὶ οὐκ ἔστιν *αὐτοῖς* παρακαλῶν	
4:1	וְאֵין *לָהֶם* מְנַחֵם	καὶ οὐκ ἔστιν *αὐτοῖς* παρακαλῶν	
4:9	אֲשֶׁר יֵשׁ־*לָהֶם* שָׂכָר טוֹב בַּעֲמָלָם	οἷς ἔστιν *αὐτοῖς* μισθὸς ἀγαθὸς ἐν μόχθῳ αὐτῶν	
4:11	גַּם אִם־יִשְׁכְּבוּ שְׁנַיִם וְחַם *לָהֶם*	καί γε ἐὰν κοιμηθῶσιν δύο καὶ θέρμη *αὐτοῖς*	
9:5	וְאֵין־עוֹד ~ *לָהֶם* שָׂכָר	καὶ οὐκ ἔστιν *αὐτοῖς* ἔτι μισθός	=~
9:6	וְחֵלֶק אֵין־*לָהֶם* עוֹד לְעוֹלָם	καὶ μερὶς οὐκ ἔστιν *αὐτοῖς* ἔτι εἰς αἰῶνα	

אֵת + ־ָהּ	*1*	*1%*	
9:14	מֶלֶךְ גָּדוֹל וְסָבַב *אֹתָהּ*	βασιλεὺς μέγας καὶ κυκλώσῃ *αὐτὴν*	

ἄφνω *Occurrences: 1*

פִּתְאֹם	*1*	*100%*	
9:12	כְּשֶׁתִּפּוֹל עֲלֵיהֶם *פִּתְאֹם*	ὅταν ἐπιπέσῃ ἐπ' αὐτοὺς *ἄφνω*	

ἀφροσύνη

סִכְלוּת	*5*	*62%*
כְּסִיל	*1*	*12%*
כֶּסֶל	*1*	*12%*
סָכָל	*1*	*12%*

כְּסִיל	*1*	*12%*	
9:17	מִזַּעֲקַת מוֹשֵׁל *בַּכְּסִילִים*	ὑπὲρ κραυγὴν ἐξουσιαζόντων *ἐν ἀφροσύναις*	
כֶּסֶל	*1*	*12%*	
7:25	וְלָדַעַת רֶשַׁע *כֶּסֶל*	καὶ τοῦ γνῶναι ἀσεβοῦς *ἀφροσύνην*	
סָכָל	*1*	*12%*	
10:3	וְאָמַר לַכֹּל *סָכָל* הוּא	καὶ ἃ λογιεῖται πάντα *ἀφροσύνη* ἐστίν	
סִכְלוּת	*5*	*62%*	
2:3	וְלֶאֱחֹז *בְּסִכְלוּת*	καὶ τοῦ κρατῆσαι *ἐπ' ἀφροσύνῃ*	
2:12	חָכְמָה וְהוֹלֵלוֹת *וְסִכְלוּת*	σοφίαν καὶ περιφορὰν *καὶ ἀφροσύνην*	
2:13	יֵשׁ יִתְרוֹן לַחָכְמָה מִן־*הַסִּכְלוּת*	ἔστιν περισσεία τῇ σοφίᾳ ὑπὲρ *τὴν ἀφροσύνην*	
10:1	יָקָר מֵעַט מֵחָכְמָה מִכָּבוֹד *סִכְלוּת* מְעָט	τίμιον ὀλίγον σοφίας ὑπὲρ δόξαν *ἀφροσύνης* μεγάλης	
10:13	תְּחִלַּת דִּבְרֵי־פִיהוּ *סִכְלוּת*	ἀρχὴ λόγων στόματος αὐτοῦ *ἀφροσύνη*	

ἄφρων *Occurrences: 22*

כְּסִיל	*17*	*81%*
סָכָל	*3*	*14%*
סֶכֶל	*1*	*5%*
- - -	*1*	

- - -	*1*		
2:15	- - -	διότι *ἄφρων* ἐκ περισσεύματος λαλεῖ	
כְּסִיל	*17*	*81%*	
2:14	*וְהַכְּסִיל* בַּחֹשֶׁךְ הוֹלֵךְ	*καὶ ὁ ἄφρων* ἐν σκότει πορεύεται	
2:15	כְּמִקְרֵה *הַכְּסִיל*	ὡς συνάντημα *τοῦ ἄφρονος*	

2:16	כִּי אֵין זִכְרוֹן לֶחָכָם עִם־*הַכְּסִיל*	ὅτι οὐκ ἔστιν μνήμη τοῦ σοφοῦ μετὰ *τοῦ ἄφρονος*	
2:16	וְאֵיךְ יָמוּת הֶחָכָם עִם־*הַכְּסִיל*	καὶ πῶς ἀποθανεῖται ὁ σοφὸς μετὰ *τοῦ ἄφρονος*	
4:5	*הַכְּסִיל* חֹבֵק אֶת־יָדָיו	*ὁ ἄφρων* περιέλαβεν τὰς χεῖρας αὐτοῦ	
4:13	מִמֶּלֶךְ זָקֵן *וּכְסִיל*	ὑπὲρ βασιλέα πρεσβύτερον *καὶ ἄφρονα*	
4:17	מִתֵּת *הַכְּסִילִים* זָבַח	ὑπὲρ δόμα *τῶν ἀφρόνων* θυσία σου	
5:2	וְקוֹל *כְּסִיל* בְּרֹב דְּבָרִים	καὶ φωνὴ *ἄφρονος* ἐν πλήθει λόγων	
5:3	כִּי אֵין חֵפֶץ *בַּכְּסִילִים*	ὅτι οὐκ ἔστιν θέλημα *ἐν ἄφροσιν*	
6:8	כִּי מַה־יּוֹתֵר לֶחָכָם מִן־*הַכְּסִיל*	ὅτι τίς περισσεία τῷ σοφῷ ὑπὲρ *τὸν ἄφρονα*	
7:4	וְלֵב *כְּסִילִים* בְּבֵית שִׂמְחָה	καὶ καρδία *ἀφρόνων* ἐν οἴκῳ εὐφροσύνης	
7:5	מֵאִישׁ שֹׁמֵעַ שִׁיר *כְּסִילִים*	ὑπὲρ ἄνδρα ἀκούοντα ᾆσμα *ἀφρόνων*	
7:6	כֵּן שְׂחֹק *הַכְּסִיל* וְגַם־זֶה הָבֶל	οὕτως γέλως *τῶν ἀφρόνων* καί γε τοῦτο ματαιότης	
7:9	כִּי כַעַס בְּחֵיק *כְּסִילִים* יָנוּחַ	ὅτι θυμὸς ἐν κόλπῳ *ἀφρόνων* ἀναπαύσεται	
10:2	וְלֵב *כְּסִיל* לִשְׂמֹאלוֹ	καὶ καρδία *ἄφρονος* εἰς ἀριστερὸν αὐτοῦ	
10:12	וְשִׂפְתוֹת *כְּסִיל* תְּבַלְּעֶנּוּ	καὶ χείλη *ἄφρονος* καταποντιοῦσιν αὐτόν	
10:15	עֲמַל *הַכְּסִילִים* תְּיַגְּעֶנּוּ	μόχθος *τῶν ἀφρόνων* κοπώσει αὐτούς	
סֶכֶל	*1*	*5%*	
10:6	נִתַּן *הַסֶּכֶל* בַּמְּרוֹמִים רַבִּים	ἐδόθη *ὁ ἄφρων* ἐν ὕψεσι μεγάλοις	=v
סָכָל	*3*	*14%*	
2:19	וּמִי יוֹדֵעַ הֶחָכָם יִהְיֶה אוֹ *סָכָל*	καὶ τίς οἶδεν εἰ σοφὸς ἔσται ἢ *ἄφρων*	
10:3	וְגַם־בַּדֶּרֶךְ **כְּשֶׁהַסָּכָל* ***כְּשֶׁסָּכָל* הֹלֵךְ	καί γε ἐν ὁδῷ *ὅταν ἄφρων* πορεύηται	**
10:14	*וְהַסָּכָל* יַרְבֶּה דְבָרִים	*καὶ ὁ ἄφρων* πληθύνει λόγους	

B

βάθος *Occurrences: 1*

עָמֹק	*1*	*100%*
7:24	רָחוֹק מַה־שֶּׁהָיָה וְעָמֹק עָמֹק מִי יִמְצָאֶנּוּ	μακρὰν ὑπὲρ ὃ ἦν καὶ βαθὺ *βάθος* τίς εὑρήσει αὐτό

βαθύς *Occurrences: 2*

עָמֹק	*2*	*100%*
7:24	רָחוֹק מַה־שֶּׁהָיָהֶהָיָה וְעָמֹק עָמֹק מִי יִמְצָאֶנּוּ	μακρὰν ὑπὲρ ὃ ἦν *καὶ βαθὺ* βάθος τίς εὑρήσει αὐτό

βαίνω/ἀνα *Occurrences: 2*

עָלָה	*2*	*100%*
3:21	הָעֹלָה הִיא לְמָעְלָה	*εἰ ἀναβαίνει* αὐτὸ εἰς ἄνω
10:4	אִם־רוּחַ הַמּוֹשֵׁל תַּעֲלֶה עָלֶיךָ	ἐὰν πνεῦμα τοῦ ἐξουσιάζοντος *ἀναβῇ* ἐπὶ σέ

βαίνω/κατα *Occurrences: 1*

יָרַד	*1*	*100%*
3:21	הַיֹּרֶדֶת הִיא לְמַטָּה לָאָרֶץ	*εἰ καταβαίνει* αὐτὸ κάτω εἰς γῆν

βάλλω *Occurrences: 1*

שָׁלַךְ	*1*	*100%*
3:5	עֵת לְהַשְׁלִיךְ אֲבָנִים	καιρὸς *τοῦ βαλεῖν* λίθους

βάλλω/ἐκ *Occurrences: 1*

שָׁלַךְ	*1*	*100%*
3:6	עֵת לִשְׁמוֹר וְעֵת לְהַשְׁלִיךְ	καιρὸς τοῦ φυλάξαι καὶ καιρὸς *τοῦ ἐκβαλεῖν*

βασιλεία *Occurrences: 1*

מַלְכוּת	*1*	*100%*
4:14	כִּי גַּם בְּמַלְכוּתוֹ נוֹלַד רָשׁ	ὅτι καί γε ἐν *βασιλείᾳ αὐτοῦ* ἐγεννήθη πένης

βασιλεύς *Occurrences: 11*

מֶלֶךְ	*11*	*100%*
1:1	מֶלֶךְ בִּירוּשָׁלָם	*βασιλέως* Ισραηλ ἐν Ιερουσαλημ
1:12	אֲנִי קֹהֶלֶת הָיִיתִי מֶלֶךְ	ἐγὼ ἐκκλησιαστὴς ἐγενόμην *βασιλεὺς*
2:8	וּסְגֻלַּת מְלָכִים וְהַמְּדִינוֹת	καὶ περιουσιασμοὺς *βασιλέων* καὶ τῶν χωρῶν
4:13	מִמֶּלֶךְ זָקֵן וּכְסִיל	ὑπὲρ *βασιλέα* πρεσβύτερον καὶ ἄφρονα
5:8	מֶלֶךְ לְשָׂדֶה נֶעֱבָד	*βασιλεὺς* τοῦ ἀγροῦ εἰργασμένου
8:2	אֲנִי פִּי־מֶלֶךְ שְׁמוֹר	στόμα *βασιλέως* φύλαξον
8:4	בַּאֲשֶׁר דְּבַר־מֶלֶךְ שִׁלְטוֹן	καθὼς λαλεῖ *βασιλεὺς* ἐξουσιάζων
9:14	וּבָא־אֵלֶיהָ מֶלֶךְ גָּדוֹל	καὶ ἔλθῃ ἐπ' αὐτὴν *βασιλεὺς* μέγας
10:16	אִי־לָךְ אֶרֶץ שֶׁמַּלְכֵּךְ נָעַר	οὐαί σοι πόλις *ἧς ὁ βασιλεύς σου* νεώτερος
10:17	אַשְׁרֵיךְ אֶרֶץ שֶׁמַּלְכֵּךְ בֶּן־חוֹרִים	μακαρία σύ γῆ *ἧς ὁ βασιλεύς σου* υἱὸς ἐλευθέρων
10:20	גַּם בְּמַדָּעֲךָ מֶלֶךְ אַל־תְּקַלֵּל	καί γε ἐν συνειδήσει σου *βασιλέα* μὴ καταράσῃ

βασιλεύω *Occurrences: 1*

מָלַךְ	*1*	*100%*
4:14	יָצָא לִמְלֹךְ	ἐξελεύσεται *τοῦ βασιλεῦσαι*

βιβλίον *Occurrences: 1*

סֵפֶר	*1*	*100%*
12:12	עֲשׂוֹת סְפָרִים הַרְבֵּה אֵין קֵץ	ποιῆσαι *βιβλία* πολλά οὐκ ἔστιν περασμός

βλαστάω *Occurrences: 1*

צָמַח *1* *100%*
2:6 לְהַשְׁקוֹת מֵהֶם יַעַר צוֹמֵחַ עֵצִים τοῦ ποτίσαι ἀπ' αὐτῶν δρυμὸν *βλαστῶντα* ξύλα

βλέπω *Occurrences: 4*

רָאָה *4* *100%*
8:16 שֵׁנָה בְּעֵינָיו אֵינֶנּוּ רֹאֶה ὕπνον ἐν ὀφθαλμοῖς αὐτοῦ οὐκ ἔστιν *βλέπων*
11:4 וְרֹאֶה בֶעָבִים לֹא יִקְצוֹר *καὶ βλέπων* ἐν ταῖς νεφέλαις οὐ θερίσει
11:7 לִרְאוֹת אֶת־הַשָּׁמֶשׁ *τοῦ βλέπειν* σὺν τὸν ἥλιον
12:3 וְחָשְׁכוּ הָרֹאוֹת בָּאֲרֻבּוֹת καὶ σκοτάσουσιν *αἱ βλέπουσαι* ἐν ταῖς ὀπαῖς

βλέπω/ἐπι *Occurrences: 2*

פָּנָה *2* *100%*
2:11 וּפָנִיתִי אֲנִי בְּכָל־מַעֲשַׂי *καὶ ἐπέβλεψα* ἐγὼ ἐν πᾶσιν ποιήμασίν μου
2:12 וּפָנִיתִי אֲנִי לִרְאוֹת חָכְמָה *καὶ ἐπέβλεψα* ἐγὼ τοῦ ἰδεῖν σοφίαν

βοηθέω *Occurrences: 1*

עָזַז	*1*	*100%*
[עָזַר]	*1*	

עָזַז *1* *100%*
7:19 הַחָכְמָה תָּעֹז לֶחָכָם ἡ σοφία *βοηθήσει* τῷ σοφῷ =r עזר

[עָזַר] *1*
[7:19] הַחָכְמָה תָּעֹז לֶחָכָם ἡ σοφία *βοηθήσει* τῷ σοφῷ =r עזר

βόθρος *Occurrences: 1*

גּוּמָּץ *1* *100%*
10:8 חֹפֵר גּוּמָּץ בּוֹ יִפּוֹל ὁ ὀρύσσων *βόθρον* ἐν αὐτῷ ἐμπεσεῖται

βορρᾶς *Occurrences: 2*

צָפוֹן *2* *100%*
1:6 הוֹלֵךְ אֶל־דָּרוֹם וְסוֹבֵב אֶל־צָפוֹן πορεύεται πρὸς νότον καὶ κυκλοῖ πρὸς *βορρᾶν*
11:3 וְאִם־יִפּוֹל עֵץ בַּדָּרוֹם וְאִם בַּצָּפוֹן καὶ ἐὰν πέσῃ ξύλον ἐν τῷ νότῳ καὶ ἐὰν *ἐν τῷ βορρᾷ*

βούκεντρον *Occurrences: 1*

דָּרְבָן *1* *100%*
12:11 דִּבְרֵי חֲכָמִים כַּדָּרְבֹנוֹת λόγοι σοφῶν *ὡς τὰ βούκεντρα*

βουκόλιον *Occurrences: 1*

בָּקָר *1* *100%*
2:7 גַּם מִקְנֶה בָקָר וָצֹאן הַרְבֵּה καί γε κτῆσις *βουκολίου* καὶ ποιμνίου πολλὴ

βουλή *Occurrences: 1*

מֶלֶךְ *1* *100%*
2:12 הָאָדָם שֶׁיָּבוֹא אַחֲרֵי הַמֶּלֶךְ ὁ ἄνθρωπος ὃς ἐπελεύσεται ὀπίσω *τῆς βουλῆς* =@a

Γ

γάρ *Occurrences: 1*

כֹּל	*1*	*100%*
[כִּי]		

[כִּי]

[5:15]	כָּל־עֻמַּת שֶׁבָּא כֵּן יֵלֵךְ	ὥσπερ *γὰρ* παρεγένετο οὕτως καὶ ἀπελεύσεται	=?	כי לעמת

כֹּל *1* *100%*

5:15	*כָּל*־עֻמַּת שֶׁבָּא כֵּן יֵלֵךְ	ὥσπερ *γὰρ* παρεγένετο οὕτως καὶ ἀπελεύσεται	=?	כי לעמת

γαστήρ *Occurrences: 2*

בֶּטֶן *2* *100%*

5:14	כַּאֲשֶׁר יָצָא *מִבֶּטֶן* אִמּוֹ עָרוֹם	καθὼς ἐξῆλθεν *ἀπὸ γαστρὸς* μητρὸς αὐτοῦ γυμνός
11:5	כַּעֲצָמִים *בְּבֶטֶן* הַמְּלֵאָה	ὡς ὀστᾶ *ἐν γαστρὶ* τῆς κυοφορούσης

γέ *Occurrences: 59*

גַּם	*14*	*24%*
- - -	*1*	
καί + γέ	*44*	
גַּם	*43*	*74%*
אַף	*1*	*2%*

- - - *1*

3:18	שְׁהֶם־בְּהֵמָה הֵמָּה לָהֶם	ὅτι αὐτοὶ κτήνη εἰσὶν *καί γε* αὐτοῖς

גַּם *14* *24%*

1:11	*וְגַם* לָאַחֲרֹנִים שֶׁיִּהְיוּ	*καί γε* τοῖς ἐσχάτοις γενομένοις
3:13	*וְגַם* כָּל־הָאָדָם שֶׁיֹּאכַל וְשָׁתָה	*καί γε* πᾶς ὁ ἄνθρωπος ὃς φάγεται καὶ πίεται
5:15	*וְגַם*־זֹה רָעָה חוֹלָה	*καί γε* τοῦτο πονηρὰ ἀρρωστία
6:3	*וְגַם*־קְבוּרָה לֹא־הָיְתָה לּוֹ	*καί γε* ταφὴ οὐκ ἐγένετο αὐτῷ
6:7	*וְגַם*־הַנֶּפֶשׁ לֹא תִמָּלֵא	*καί γε* ἡ ψυχὴ οὐ πληρωθήσεται
7:6	כֵּן שְׂחֹק הַכְּסִיל *וְגַם*־זֶה הָבֶל	οὕτως γέλως τῶν ἀφρόνων *καί γε* τοῦτο ματαιότης
7:18	*וְגַם*־מִזֶּה אַל־תַּנַּח אֶת־יָדֶךָ	*καί γε* ἀπὸ τούτου μὴ ἀνῇς τὴν χεῖρά σου
8:17	*וְגַם* אִם־יֹאמַר הֶחָכָם לָדַעַת	*καί γε* ὅσα ἂν εἴπῃ ὁ σοφὸς τοῦ γνῶναι
9:3	*וְגַם* לֵב בְּנֵי־הָאָדָם מָלֵא־רָע	*καί γε* καρδία υἱῶν τοῦ ἀνθρώπου ἐπληρώθη πονηροῦ
9:11	*וְגַם* לֹא לַחֲכָמִים לֶחֶם	*καί γε* οὐ τοῖς σοφοῖς ἄρτος
9:11	*וְגַם* לֹא לַנְּבֹנִים עֹשֶׁר	*καί γε* οὐ τοῖς συνετοῖς πλοῦτος
9:11	*וְגַם* לֹא לַיֹּדְעִים חֵן	*καί γε* οὐ τοῖς γινώσκουσιν χάρις
10:3	*וְגַם*־בַּדֶּרֶךְ *כְּשֶׁהַסָּכָל **כְּשֶׁסָּכָל הֹלֵךְ	*καί γε* ἐν ὁδῷ ὅταν ἄφρων πορεύηται
11:2	תֶּן־חֵלֶק לְשִׁבְעָה *וְגַם* לִשְׁמוֹנָה	δὸς μερίδα τοῖς ἑπτὰ *καί γε* τοῖς ὀκτώ

καί + γέ *44*

אַף *1* *2%*

2:9	*אַף* חָכְמָתִי עָמְדָה לִּי	*καί γε* σοφία μου ἐστάθη μοι

גַּם *43* *74%*

1:17	יָדַעְתִּי *שֶׁגַּם*־זֶה הוּא רַעְיוֹן רוּחַ	ἔγνων ὅτι *καί γε* τοῦτ᾽ ἔστιν προαίρεσις πνεύματος
2:1	וְהִנֵּה *גַם*־הוּא הָבֶל	καὶ ἰδοὺ *καί γε* τοῦτο ματαιότης
2:7	*גַּם* מִקְנֶה בָקָר וָצֹאן הַרְבֵּה	*καί γε* κτῆσις βουκολίου καὶ ποιμνίου πολλὴ
2:8	כָּנַסְתִּי לִי *גַּם*־כֶּסֶף וְזָהָב	συνήγαγόν μοι *καί γε* ἀργύριον καὶ χρυσίον
2:14	וְיָדַעְתִּי *גַם*־אָנִי	καὶ ἔγνων *καί γε* ἐγὼ
2:15	*גַּם*־אֲנִי יִקְרֵנִי	*καί γε* ἐμοὶ συναντήσεταί μοι
2:15	*שֶׁגַּם*־זֶה הָבֶל	ὅτι *καί γε* τοῦτο ματαιότης
2:19	*גַּם*־זֶה הָבֶל	*καί γε* τοῦτο ματαιότης
2:21	*גַּם*־זֶה הֶבֶל וְרָעָה רַבָּה	*καί γε* τοῦτο ματαιότης καὶ πονηρία μεγάλη
2:23	*גַּם*־בַּלַּיְלָה לֹא־שָׁכַב לִבּוֹ	*καί γε* ἐν νυκτὶ οὐ κοιμᾶται ἡ καρδία αὐτοῦ

2:23	גַּם־זֶה הֶבֶל הוּא	*καί γε* τοῦτο ματαιότης ἐστίν
2:24	גַּם־זֹה רָאִיתִי אָנִי	*καί γε* τοῦτο εἶδον ἐγὼ
2:26	גַּם־זֶה הֶבֶל	ὅτι *καί γε* τοῦτο ματαιότης
3:11	גַּם אֶת־הָעֹלָם נָתַן בְּלִבָּם	*καί γε* σὺν τὸν αἰῶνα ἔδωκεν ἐν καρδίᾳ αὐτῶν
4:4	גַּם־זֶה הֶבֶל וּרְעוּת רוּחַ	*καί γε* τοῦτο ματαιότης καὶ προαίρεσις πνεύματος
4:8	גַּם בֵּן וָאָח אֵין־לוֹ	*καί γε* υἱὸς καὶ ἀδελφὸς οὐκ ἔστιν αὐτῷ
4:8	גַּם־*עֵינָיו **עֵינוֹ לֹא־תִשְׂבַּע עֹשֶׁר	*καί γε* ὀφθαλμὸς αὐτοῦ οὐκ ἐμπίπλαται πλούτου
4:8	גַּם בֵּן וָאָח אֵין־לוֹ	*καί γε* υἱὸς καὶ ἀδελφὸς οὐκ ἔστιν αὐτῷ
4:11	גַּם אִם־יִשְׁכְּבוּ שְׁנַיִם וְחַם לָהֶם	*καί γε* ἐὰν κοιμηθῶσιν δύο καὶ θέρμη αὐτοῖς
4:14	כִּי גַם בְּמַלְכוּתוֹ נוֹלַד רָשׁ	ὅτι *καί γε* ἐν βασιλείᾳ αὐτοῦ ἐγεννήθη πένης
4:16	גַּם הָאַחֲרוֹנִים לֹא יִשְׂמְחוּ־בוֹ	*καί γε* οἱ ἔσχατοι οὐκ εὐφρανθήσονται ἐν αὐτῷ
4:16	כִּי־גַם־זֶה הֶבֶל	ὅτι *καί γε* τοῦτο ματαιότης
5:9	גַּם־זֶה הָבֶל	*καί γε* τοῦτο ματαιότης
5:16	גַּם כָּל־יָמָיו בַּחֹשֶׁךְ יֹאכֵל	*καί γε* πᾶσαι αἱ ἡμέραι αὐτοῦ ἐν σκότει καὶ πένθει
5:18	גַּם כָּל־הָאָדָם אֲשֶׁר נָתַן־לוֹ הָאֱלֹהִים	*καί γε* πᾶς ὁ ἄνθρωπος ᾧ ἔδωκεν αὐτῷ ὁ θεὸς
6:5	גַּם־שֶׁמֶשׁ לֹא־רָאָה וְלֹא יָדָע	*καί γε* ἥλιον οὐκ εἶδεν καὶ οὐκ ἔγνω
6:9	גַּם־זֶה הֶבֶל וּרְעוּת רוּחַ	*καί γε* τοῦτο ματαιότης καὶ προαίρεσις πνεύματος
7:14	גַּם אֶת־זֶה לְעֻמַּת־זֶה	*καί γε* σὺν τοῦτο σύμφωνον τούτῳ
7:21	גַּם לְכָל־הַדְּבָרִים אֲשֶׁר יְדַבֵּרוּ	*καί γε* εἰς πάντας τοὺς λόγους οὓς λαλήσουσιν
7:22	אֲשֶׁר גַּם־*אַתְּ **אַתָּה קִלַּלְתָּ אֲחֵרִים	ὅπως *καί γε* σὺ κατηράσω ἑτέρους
8:10	גַּם־זֶה הָבֶל	*καί γε* τοῦτο ματαιότης
8:12	כִּי גַּם־יוֹדֵעַ אָנִי	ὅτι *καί γε* γινώσκω ἐγὼ
8:14	אָמַרְתִּי שֶׁגַּם־זֶה הָבֶל	εἶπα *ὅτι καί γε* τοῦτο ματαιότης
8:16	כִּי גַם בַּיּוֹם וּבַלַּיְלָה	ὅτι *καί γε* ἐν ἡμέρᾳ καὶ ἐν νυκτὶ
9:1	גַּם־אַהֲבָה גַּם־שִׂנְאָה אֵין יוֹדֵעַ	*καί γε* ἀγάπην καί γε μῖσος οὐκ ἔστιν εἰδὼς
9:1	גַּם־אַהֲבָה גַּם־שִׂנְאָה אֵין יוֹדֵעַ	καί γε ἀγάπην *καί γε* μῖσος οὐκ ἔστιν εἰδὼς
9:6	גַּם אַהֲבָתָם גַּם־שִׂנְאָתָם	*καί γε* ἀγάπη αὐτῶν καί γε μῖσος αὐτῶν
9:6	גַּם אַהֲבָתָם גַּם־שִׂנְאָתָם	καί γε ἀγάπη αὐτῶν *καί γε* μῖσος αὐτῶν
9:6	גַּם־קִנְאָתָם כְּבָר אָבָדָה	*καί γε* ζῆλος αὐτῶν ἤδη ἀπώλετο
9:12	כִּי גַּם לֹא־יֵדַע הָאָדָם אֶת־עִתּוֹ	ὅτι *καί γε* οὐκ ἔγνω ὁ ἄνθρωπος τὸν καιρὸν αὐτοῦ
9:13	גַּם־זֹה רָאִיתִי חָכְמָה תַּחַת הַשָּׁמֶשׁ	*καί γε* τοῦτο εἶδον σοφίαν ὑπὸ τὸν ἥλιον
10:20	גַּם בְּמַדָּעֲךָ מֶלֶךְ אַל־תְּקַלֵּל	*καί γε* ἐν συνειδήσει σου βασιλέα μὴ καταράσῃ
12:5	גַּם מִגָּבֹהַּ יִרָאוּ וְחַתְחַתִּים בַּדֶּרֶךְ	*καί γε* ἀπὸ ὕψους ὄψονται καὶ θάμβοι ἐν τῇ ὁδῷ

γελάω *Occurrences: 1*

שָׂחַק	*1*	*100%*
3:4	עֵת לִבְכּוֹת וְעֵת לִשְׂחוֹק	καιρὸς τοῦ κλαῦσαι καὶ καιρὸς *τοῦ γελάσαι*

γέλως *Occurrences: 4*

שְׂחוֹק	*4*	*100%*
2:2	לִשְׂחוֹק אָמַרְתִּי מְהוֹלָל	*τῷ γέλωτι* εἶπα περιφορὰν {c παραφορὰν}
7:3	טוֹב כַּעַס מִשְּׂחֹק	ἀγαθὸν θυμὸς *ὑπὲρ γέλωτα*
7:6	כֵּן שְׂחֹק הַכְּסִיל וְגַם־זֶה הָבֶל	οὕτως *γέλως* τῶν ἀφρόνων καί γε τοῦτο ματαιότης
10:19	לִשְׂחוֹק עֹשִׂים לֶחֶם	*εἰς γέλωτα* ποιοῦσιν ἄρτον

γενεά *Occurrences: 2*

דּוֹר	*2*	*100%*
1:4	דּוֹר הֹלֵךְ וְדוֹר בָּא	*γενεὰ* πορεύεται καὶ γενεὰ ἔρχεται
1:4	דּוֹר הֹלֵךְ וְדוֹר בָּא	γενεὰ πορεύεται καὶ *γενεὰ* ἔρχεται

γένεσις *Occurrences: 1*

יָלַד	*1*	*100%*
7:1	וְיוֹם הַמָּוֶת מִיּוֹם הִוָּלְדוֹ	καὶ ἡμέρα τοῦ θανάτου ὑπὲρ ἡμέραν *γενέσεως αὐτοῦ*

γένημα *Occurrences: 1*

תְּבוּאָה	*1*	*100%*
5:9	וּמִי־אֹהֵב בֶּהָמוֹן לֹא *תְבוּאָה*	καὶ τίς ἠγάπησεν ἐν πλήθει αὐτῶν *γένημα*

γεννάω *Occurrences: 3*

יָלַד	*3*	*100%*
4:14	כִּי גַּם בְּמַלְכוּתוֹ נוֹלַד רָשׁ	ὅτι καί γε ἐν βασιλείᾳ αὐτοῦ *ἐγεννήθη* πένης
5:13	וְהוֹלִיד בֵּן וְאֵין בְּיָדוֹ	καὶ *ἐγέννησεν* υἱόν καὶ οὐκ ἔστιν ἐν χειρὶ αὐτοῦ
6:3	אִם־יוֹלִיד אִישׁ מֵאָה וְשָׁנִים רַבּוֹת יִחְיֶה	ἐὰν *γεννήσῃ* ἀνὴρ ἑκατὸν καὶ ἔτη πολλὰ ζήσεται

γῆ *Occurrences: 12*

אֶרֶץ	*12*	*100%*
1:4	וְהָאָרֶץ לְעוֹלָם עֹמָדֶת	καὶ *ἡ γῆ* εἰς τὸν αἰῶνα ἕστηκεν
3:21	הַיֹּרֶדֶת הִיא לְמַטָּה *לָאָרֶץ*	εἰ καταβαίνει αὐτὸ κάτω *εἰς γῆν*
5:1	כִּי הָאֱלֹהִים בַּשָּׁמַיִם וְאַתָּה עַל־*הָאָרֶץ*	ὅτι ὁ θεὸς ἐν τῷ οὐρανῷ καὶ σὺ ἐπὶ *τῆς γῆς*
5:8	וְיִתְרוֹן *אֶרֶץ* בַּכֹּל *הִיא **הוּא	καὶ περισσεία *γῆς* ἐν παντί ἐστι
7:20	כִּי אָדָם אֵין צַדִּיק *בָּאָרֶץ*	ὅτι ἄνθρωπος οὐκ ἔστιν δίκαιος *ἐν τῇ γῇ*
8:14	יֶשׁ־הֶבֶל אֲשֶׁר נַעֲשָׂה עַל־*הָאָרֶץ*	ἔστιν ματαιότης ἣ πεποίηται ἐπὶ *τῆς γῆς*
8:16	אֶת־הָעִנְיָן אֲשֶׁר נַעֲשָׂה עַל־*הָאָרֶץ*	τὸν περισπασμὸν τὸν πεποιημένον ἐπὶ *τῆς γῆς*
10:7	וְשָׂרִים הֹלְכִים כַּעֲבָדִים עַל־*הָאָרֶץ*	καὶ ἄρχοντας πορευομένους ὡς δούλους ἐπὶ *τῆς γῆς*
10:17	אַשְׁרֵיךְ *אֶרֶץ* שֶׁמַּלְכֵּךְ בֶּן־חוֹרִים	μακαρία σύ *γῆ* ἧς ὁ βασιλεύς σου υἱὸς ἐλευθέρων
11:2	כִּי לֹא תֵדַע מַה־יִּהְיֶה רָעָה עַל־*הָאָרֶץ*	ὅτι οὐ γινώσκεις τί ἔσται πονηρὸν ἐπὶ *τὴν γῆν*
11:3	עַל־*הָאָרֶץ* יָרִיקוּ	ἐπὶ *τὴν γῆν* ἐκχέουσιν
12:7	וְיָשֹׁב הֶעָפָר עַל־*הָאָרֶץ* כְּשֶׁהָיָה	καὶ ἐπιστρέψῃ ὁ χοῦς ἐπὶ *τὴν γῆν* ὡς ἦν

γίγνομαι *Occurrences: 32*

הָיָה	*28*	*88%*
עָשָׂה	*3*	*9%*
הָוָה	*1*	*3%*

הָוָה	*1*	*3%*
2:22	כִּי מֶה־*הֹוֶה* לָאָדָם בְּכָל־עֲמָלוֹ	ὅτι τί *γίνεται* τῷ ἀνθρώπῳ ἐν παντὶ μόχθῳ αὐτοῦ
הָיָה	*28*	*88%*
1:9	מַה־*שֶּׁהָיָה* הוּא שֶׁיִּהְיֶה	τί τὸ *γεγονός* αὐτὸ τὸ γενησόμενον
1:9	מַה־שֶּׁהָיָה הוּא *שֶׁיִּהְיֶה*	τί τὸ γεγονός αὐτὸ *τὸ γενησόμενον*
1:10	כְּבָר *הָיָה* לְעֹלָמִים אֲשֶׁר הָיָה	ἤδη *γέγονεν* ἐν τοῖς αἰῶσιν τοῖς γενομένοις
1:10	לְעֹלָמִים אֲשֶׁר *הָיָה* מִלְּפָנֵנוּ	ἐν τοῖς αἰῶσιν τοῖς *γενομένοις* ἀπὸ ἔμπροσθεν ἡμῶν
1:11	וְגַם לָאַחֲרֹנִים *שֶׁיִּהְיוּ*	καί γε τοῖς ἐσχάτοις *γενομένοις*
1:11	עִם *שֶׁיִּהְיוּ* לָאַחֲרֹנָה	μετὰ *τῶν γενησομένων* εἰς τὴν ἐσχάτην
1:12	אֲנִי קֹהֶלֶת *הָיִיתִי* מֶלֶךְ	ἐγὼ ἐκκλησιαστὴς *ἐγενόμην* βασιλεὺς
1:16	עַל כָּל־אֲשֶׁר־*הָיָה* לְפָנַי עַל־יְרוּשָׁלָם	ἐπὶ πᾶσιν οἳ *ἐγένοντο* ἔμπροσθέν μου ἐν Ιερουσαλημ
2:7	וּבְנֵי־בַיִת *הָיָה* לִי	καὶ οἰκογενεῖς *ἐγένοντό* μοι
2:7	וְצֹאן הַרְבֵּה *הָיָה* לִי	καὶ ποιμνίου πολλὴ *ἐγένετό* μοι
2:7	מִכֹּל *שֶׁהָיוּ* לְפָנַי	ὑπὲρ πάντας *τοὺς γενομένους* ἔμπροσθέν μου
2:9	מִכֹּל *שֶׁהָיָה* לְפָנַי	παρὰ πάντας *τοὺς γενομένους* ἔμπροσθέν μου
2:10	וְזֶה־*הָיָה* חֶלְקִי מִכָּל־עֲמָלִי	καὶ τοῦτο *ἐγένετο* μερίς μου ἀπὸ παντὸς μόχθου μου
2:18	שֶׁאַנִּיחֶנּוּ לָאָדָם *שֶׁיִּהְיֶה* אַחֲרָי	ὅτι ἀφίω αὐτὸν τῷ ἀνθρώπῳ *τῷ γινομένῳ* μετ' ἐμέ
3:15	מַה־*שֶּׁהָיָה* כְּבָר הוּא	*τὸ γενόμενον* ἤδη ἐστίν
3:15	וַאֲשֶׁר *לִהְיוֹת* כְּבָר הָיָה	καὶ ὅσα τοῦ *γίνεσθαι* ἤδη γέγονεν
3:15	וַאֲשֶׁר לִהְיוֹת כְּבָר *הָיָה*	καὶ ὅσα τοῦ γίνεσθαι ἤδη *γέγονεν*
3:20	הַכֹּל *הָיָה* מִן־הֶעָפָר	τὰ πάντα *ἐγένετο* ἀπὸ τοῦ χοός
3:22	כִּי מִי יְבִיאֶנּוּ לִרְאוֹת בְּמֶה *שֶּׁיִּהְיֶה*	ὅτι τίς ἄξει αὐτὸν τοῦ ἰδεῖν *ἐν ᾧ ἐὰν γένηται*
4:3	אֵת אֲשֶׁר־עֲדֶן לֹא *הָיָה*	ὅστις οὔπω *ἐγένετο*
4:16	לְכֹל אֲשֶׁר־*הָיָה* לִפְנֵיהֶם	τοῖς πᾶσιν ὅσοι *ἐγένοντο* ἔμπροσθεν αὐτῶν
6:3	וְגַם־קְבוּרָה לֹא־*הָיְתָה* לוֹ	καί γε ταφὴ οὐκ *ἐγένετο* αὐτῷ

6:10	מַה־שֶּׁהָיָה כְּבָר נִקְרָא שְׁמוֹ	εἴ τι *ἐγένετο* ἤδη κέκληται ὄνομα αὐτοῦ
7:10	אַל־תֹּאמַר מֶה הָיָה	μὴ εἴπῃς τί *ἐγένετο*
7:16	אַל־תְּהִי צַדִּיק הַרְבֵּה וְאַל־תִּתְחַכַּם יוֹתֵר	μὴ *γίνου* δίκαιος πολὺ καὶ μὴ σοφίζου περισσά
7:17	אַל־תִּרְשַׁע הַרְבֵּה וְאַל־תְּהִי סָכָל	μὴ ἀσεβήσῃς πολὺ καὶ μὴ *γίνου* σκληρός
10:14	לֹא־יֵדַע הָאָדָם מַה־שֶּׁיִּהְיֶה	οὐκ ἔγνω ὁ ἄνθρωπος τί *τὸ γενόμενον*
12:9	וְיֹתֵר שֶׁהָיָה קֹהֶלֶת חָכָם	καὶ περισσὸν *ὅτι ἐγένετο* ἐκκλησιαστὴς σοφός
עָשָׂה	3	9%
1:13	עַל כָּל־אֲשֶׁר נַעֲשָׂה תַּחַת הַשָּׁמָיִם	περὶ πάντων τῶν *γινομένων* ὑπὸ τὸν οὐρανόν
4:1	אֶת־כָּל־הָעֲשֻׁקִים אֲשֶׁר נַעֲשִׂים	σὺν πάσας τὰς συκοφαντίας τὰς *γινομένας*
8:11	אֲשֶׁר אֵין־נַעֲשָׂה פִתְגָם	ὅτι οὐκ ἔστιν *γινομένη* ἀντίρρησις

γίγνομαι/παρα *Occurrences: 2*

בּוֹא	2	*100%*
5:2	כִּי בָּא הַחֲלוֹם בְּרֹב עִנְיָן	ὅτι *παραγίνεται* ἐνύπνιον ἐν πλήθει περισπασμοῦ
5:15	כָּל־עֻמַּת שֶׁבָּא כֵּן יֵלֵךְ	ὥσπερ γὰρ *παρεγένετο* οὕτως καὶ ἀπελεύσεται

γιγνώσκω *Occurrences: 27*

יָדַע	27	*100%*
1:17	וָאֶתְּנָה לִבִּי לָדַעַת חָכְמָה	καὶ ἔδωκα καρδίαν μου *τοῦ γνῶναι* σοφίαν
1:17	יָדַעְתִּי שֶׁגַּם־זֶה הוּא רַעְיוֹן רוּחַ	*ἔγνων* ὅτι καί γε τοῦτ' ἔστιν προαίρεσις πνεύματος
2:14	וְיָדַעְתִּי גַם־אָנִי	*καὶ ἔγνων* καί γε ἐγώ
3:12	יָדַעְתִּי כִּי אֵין טוֹב בָּם	*ἔγνων* ὅτι οὐκ ἔστιν ἀγαθὸν ἐν αὐτοῖς
3:14	יָדַעְתִּי כִּי כָּל־אֲשֶׁר יַעֲשֶׂה הָאֱלֹהִים	*ἔγνων* ὅτι παντα ὅσα ἐποίησεν ὁ θεός
4:13	אֲשֶׁר לֹא־יָדַע לְהִזָּהֵר עוֹד	ὃς οὐκ *ἔγνω* τοῦ προσέχειν ἔτι
6:5	גַּם־שֶׁמֶשׁ לֹא־רָאָה וְלֹא יָדָע	καί γε ἥλιον οὐκ εἶδεν καὶ οὐκ *ἔγνω*
6:10	וְנוֹדָע אֲשֶׁר־הוּא אָדָם	*καὶ ἐγνώσθη* ὅ ἐστιν ἄνθρωπος
7:25	לָדַעַת וְלָתוּר וּבַקֵּשׁ	*τοῦ γνῶναι* καὶ τοῦ κατασκέψασθαι καὶ ζητῆσαι
7:25	וְלָדַעַת רֶשַׁע כֶּסֶל	*καὶ τοῦ γνῶναι* ἀσεβοῦς ἀφροσύνην
8:5	שׁוֹמֵר מִצְוָה לֹא יֵדַע דָּבָר רָע	ὁ φυλάσσων ἐντολὴν οὐ *γνώσεται* ῥῆμα πονηρόν
8:5	וְעֵת וּמִשְׁפָּט יֵדַע לֵב חָכָם	καὶ καιρὸν κρίσεως *γινώσκει* καρδία σοφοῦ
8:7	כִּי־אֵינֶנּוּ יֹדֵעַ מַה־שֶּׁיִּהְיֶה	ὅτι οὐκ ἔστιν *γινώσκων* τί τὸ ἐσόμενον
8:12	כִּי גַּם־יוֹדֵעַ אָנִי	ὅτι καί γε *γινώσκω* ἐγώ
8:16	כַּאֲשֶׁר נָתַתִּי אֶת־לִבִּי לָדַעַת חָכְמָה	ἐν οἷς ἔδωκα τὴν καρδίαν μου *τοῦ γνῶναι* σοφίαν
8:17	וְגַם אִם־יֹאמַר הֶחָכָם לָדַעַת	καί γε ὅσα ἂν εἴπῃ ὁ σοφὸς *τοῦ γνῶναι*
9:5	כִּי הַחַיִּים יוֹדְעִים שֶׁיָּמֻתוּ	ὅτι οἱ ζῶντες *γνώσονται* ὅτι ἀποθανοῦνται
9:5	וְהַמֵּתִים אֵינָם יוֹדְעִים מְאוּמָה	καὶ οἱ νεκροὶ οὐκ εἰσιν *γινώσκοντες* οὐδέν
9:11	וְגַם לֹא לַיֹּדְעִים חֵן	καί γε οὐ *τοῖς γινώσκουσιν* χάρις
9:12	כִּי גַּם לֹא־יֵדַע הָאָדָם אֶת־עִתּוֹ	ὅτι καί γε οὐκ *ἔγνω* ὁ ἄνθρωπος τὸν καιρὸν αὐτοῦ
10:14	לֹא־יֵדַע הָאָדָם מַה־שֶּׁיִּהְיֶה	οὐκ *ἔγνω* ὁ ἄνθρωπος τί τὸ γενόμενον
10:15	אֲשֶׁר לֹא־יָדַע לָלֶכֶת אֶל־עִיר	ὃς οὐκ *ἔγνω* τοῦ πορευθῆναι εἰς πόλιν
11:2	כִּי לֹא תֵדַע מַה־יִּהְיֶה רָעָה עַל־הָאָרֶץ	ὅτι οὐ *γινώσκεις* τί ἔσται πονηρὸν ἐπὶ τὴν γῆν
11:5	כַּאֲשֶׁר אֵינְךָ יוֹדֵעַ מַה־דֶּרֶךְ הָרוּחַ	ἐν οἷς οὐκ ἔστιν *γινώσκων* τίς ἡ ὁδὸς τοῦ πνεύματος
11:5	כָּכָה לֹא תֵדַע אֶת־מַעֲשֵׂה הָאֱלֹהִים	οὕτως οὐ *γνώσῃ* τὰ ποιήματα τοῦ θεοῦ
11:6	כִּי אֵינְךָ יוֹדֵעַ אֵי זֶה יִכְשַׁר הֲזֶה אוֹ־זֶה	ὅτι *οὐ γινώσκεις* ποῖον στοιχήσει ἢ τοῦτο ἢ τοῦτο
11:9	וְדָע כִּי עַל־כָּל־אֵלֶּה	*καὶ γνῶθι* ὅτι ἐπὶ πᾶσι τούτοις

γλυκύς *Occurrences: 2*

מָתוֹק	2	*100%*
5:11	מְתוּקָה שְׁנַת הָעֹבֵד	*γλυκὺς* ὕπνος τοῦ δούλου
11:7	וּמָתוֹק הָאוֹר וְטוֹב לַעֵינַיִם	*καὶ γλυκὺ* τὸ φῶς καὶ ἀγαθὸν τοῖς ὀφθαλμοῖς

γνῶσις *Occurrences: 10*

דַּעַת	*8*	*80%*
כַּעַס	*1*	*10%*
רָעָה	*1*	*10%*

דַּעַת	*8*	*80%*		
1:16	וְלִבִּי רָאָה הַרְבֵּה חָכְמָה *וָדָעַת*	καὶ καρδία μου εἶδεν πολλὰ σοφίαν *καὶ γνῶσιν*		
1:17	*וְדַעַת* הוֹלֵלוֹת וְשִׂכְלוּת	*καὶ γνῶσιν* παραβολὰς καὶ ἐπιστήμην		
[1:18]	כִּי בְּרֹב חָכְמָה רָב־*כָּעַס*	ὅτι ἐν πλήθει σοφίας πλῆθος *γνώσεως*	=;	דעת
1:18	וְיוֹסִיף *דַּעַת* יוֹסִיף מַכְאוֹב	καὶ ὁ προστιθεὶς *γνῶσιν* προσθήσει ἄλγημα		
2:21	בְּחָכְמָה *וּבְדַעַת* וּבְכִשְׁרוֹן	ἐν σοφίᾳ *καὶ ἐν γνώσει* καὶ ἐν ἀνδρείᾳ		
2:26	נָתַן חָכְמָה *וְדַעַת* וְשִׂמְחָה	ἔδωκεν σοφίαν *καὶ γνῶσιν* καὶ εὐφροσύνην		
7:12	וְיִתְרוֹן *דַּעַת* הַחָכְמָה	καὶ περισσεία *γνώσεως* τῆς σοφίας		
[8:6]	כִּי־*רָעַת* הָאָדָם רַבָּה עָלָיו	ὅτι *γνῶσις* τοῦ ἀνθρώπου πολλὴ ἐπ' αὐτόν	=.rd	דעת
9:10	כִּי אֵין מַעֲשֶׂה וְחֶשְׁבּוֹן *וְדַעַת*	ὅτι οὐκ ἔστιν ποίημα καὶ λογισμὸς *καὶ γνῶσις*		
12:9	עוֹד לִמַּד־*דַּעַת* אֶת־הָעָם	ἔτι ἐδίδαξεν *γνῶσιν* σὺν τὸν λαόν		
כַּעַס	*1*	*10%*		
1:18	כִּי בְּרֹב חָכְמָה רָב־*כָּעַס*	ὅτι ἐν πλήθει σοφίας πλῆθος *γνώσεως*	=;	דעת
רָעָה	*1*	*10%*		
8:6	כִּי־*רָעַת* הָאָדָם רַבָּה עָלָיו	ὅτι *γνῶσις* τοῦ ἀνθρώπου πολλὴ ἐπ' αὐτόν	=.rd	דעת

γράφω *Occurrences: 1*

כָּתַב	*1*	*100%*
12:10	*וְכָתוּב* יֹשֶׁר דִּבְרֵי אֱמֶת	*καὶ γεγραμμένον* εὐθύτητος λόγους ἀληθείας

γυμνός *Occurrences: 1*

עָרוֹם	*1*	*100%*
5:14	כַּאֲשֶׁר יָצָא מִבֶּטֶן אִמּוֹ *עָרוֹם*	καθὼς ἐξῆλθεν ἀπὸ γαστρὸς μητρὸς αὐτοῦ *γυμνός*

γυνή *Occurrences: 3*

אִשָּׁה	*3*	*100%*
7:26	אֶת־*הָאִשָּׁה* אֲשֶׁר־הִיא מְצוֹדִים	σὺν τὴν *γυναῖκα* ἥτις ἐστὶν θηρεύματα
7:28	*וְאִשָּׁה* בְכָל־אֵלֶּה לֹא מָצָאתִי	*καὶ γυναῖκα* ἐν πᾶσι τούτοις οὐχ εὗρον
9:9	רְאֵה חַיִּים עִם־*אִשָּׁה* אֲשֶׁר־אָהַבְתָּ	ἰδὲ ζωὴν μετὰ *γυναικός* ἧς ἠγάπησας

Δ

δάκνω *Occurrences: 2*

נָשַׁךְ 2 *100%*
10:8 וּפֹרֵץ גָּדֵר *יִשְּׁכֶנּוּ* נָחָשׁ καὶ καθαιροῦντα φραγμόν *δήξεται αὐτὸν* ὄφις
10:11 אִם־*יִשֹּׁךְ* הַנָּחָשׁ בְּלוֹא־לָחַשׁ ἐὰν *δάκῃ* ὁ ὄφις ἐν οὐ ψιθυρισμῷ

δάκρυον *Occurrences: 1*

דִּמְעָה 1 *100%*
4:1 וְהִנֵּה *דִּמְעַת* הָעֲשֻׁקִים καὶ ἰδοὺ *δάκρυον* τῶν συκοφαντουμένων

Δαυιδ *Occurrences: 1*

דָּוִד 1 *100%*
1:1 דִּבְרֵי קֹהֶלֶת בֶּן־*דָּוִד* ῥήματα ἐκκλησιαστοῦ υἱοῦ *Δαυιδ*

δείκνυμι *Occurrences: 2*

רָאָה 2 *100%*
2:24 שֶׁיֹּאכַל וְשָׁתָה *וְהֶרְאָה* אֶת־נַפְשׁוֹ ὃ φάγεται καὶ ὃ πίεται *καὶ ὃ δείξει* τῇ ψυχῇ αὐτοῦ
3:18 לְבָרָם הָאֱלֹהִים *וְלִרְאוֹת* ὅτι διακρινεῖ αὐτοὺς ὁ θεός *καὶ τοῦ δεῖξαι* =v

δέκα *Occurrences: 1*

עֶשֶׂר 1 *100%*
7:19 *מֵעֲשָׂרָה* שַׁלִּיטִים אֲשֶׁר הָיוּ בָּעִיר ὑπὲρ *δέκα* ἐξουσιάζοντας τοὺς ὄντας ἐν τῇ πόλει

δεξιός *Occurrences: 1*

יָמִין 1 *100%*
10:2 לֵב חָכָם *לִימִינוֹ* καρδία σοφοῦ *εἰς δεξιὸν αὐτοῦ*

δέσμιος *Occurrences: 1*

אָסַר 1 *100%*
4:14 כִּי־מִבֵּית *הָסוּרִים* יָצָא ὅτι ἐξ οἴκου *τῶν δεσμίων* ἐξελεύσεται = האסורים

δεσμός *Occurrences: 1*

אֵסוּר 1 *100%*
7:26 וַחֲרָמִים לִבָּהּ *אֲסוּרִים* יָדֶיהָ καὶ σαγῆναι καρδία αὐτῆς *δεσμοὶ* χεῖρες αὐτῆς

δεῦρο *Occurrences: 2*

הָלַךְ 2 *100%*
2:1 אָמַרְתִּי אֲנִי בְּלִבִּי *לְכָה*־נָּא εἶπον ἐγὼ ἐν καρδίᾳ μου *δεῦρο* δὴ
9:7 *לֵךְ* אֱכֹל בְּשִׂמְחָה לַחְמֶךָ *δεῦρο* φάγε ἐν εὐφροσύνῃ ἄρτον σου

δεύτερος *Occurrences: 3*

שֵׁנִי 3 *100%*
4:8 יֵשׁ אֶחָד וְאֵין *שֵׁנִי* ἔστιν εἷς καὶ οὐκ ἔστιν *δεύτερος*
4:10 וְאֵין *שֵׁנִי* לַהֲקִימוֹ καὶ μὴ *ᾖ δεύτερος* τοῦ ἐγεῖραι αὐτόν
4:15 תַּחַת הַשָּׁמֶשׁ עִם הַיֶּלֶד *הַשֵּׁנִי* ὑπὸ τὸν ἥλιον μετὰ τοῦ νεανίσκου *τοῦ δευτέρου*

δή *Occurrences: 1*

נָא 1 *100%*
2:1 אָמַרְתִּי אֲנִי בְּלִבִּי לְכָה־*נָּא* εἶπον ἐγὼ ἐν καρδίᾳ μου δεῦρο *δή*

διά *Occurrences: 1*

עַל	*1*	*100%*
8:11	עַל־כֵּן מָלֵא לֵב בְּנֵי־הָאָדָם	διὰ τοῦτο ἐπληροφορήθη καρδία υἱῶν τοῦ ἀνθρώπου

διδάσκω *Occurrences: 1*

לָמַד	*1*	*100%*
12:9	עוֹד *לִמַּד־דַּעַת* אֶת־הָעָם	ἔτι *ἐδίδαξεν* γνῶσιν σὺν τὸν λαόν

δίδωμι *Occurrences: 23*

נָתַן	*23*	*100%*
1:13	*וְנָתַתִּי* אֶת־לִבִּי לִדְרוֹשׁ	καὶ *ἔδωκα* τὴν καρδίαν μου τοῦ ἐκζητῆσαι
1:13	הוּא עִנְיַן רָע *נָתַן* אֱלֹהִים	ὅτι περισπασμὸν πονηρὸν *ἔδωκεν* ὁ θεὸς
1:17	*וָאֶתְּנָה* לִבִּי לָדַעַת חָכְמָה	καὶ *ἔδωκα* καρδίαν μου τοῦ γνῶναι σοφίαν
2:21	*יִתְּנֶנּוּ* חֶלְקוֹ	*δώσει αὐτῷ* μερίδα αὐτοῦ
2:26	*נָתַן* חָכְמָה וְדַעַת וְשִׂמְחָה	*ἔδωκεν* σοφίαν καὶ γνῶσιν καὶ εὐφροσύνην
2:26	וְלַחוֹטֶא *נָתַן* עִנְיָן	καὶ τῷ ἁμαρτάνοντι *ἔδωκεν* περισπασμὸν
2:26	*לָתֵת* לְטוֹב לִפְנֵי הָאֱלֹהִים	τοῦ *δοῦναι* τῷ ἀγαθῷ πρὸ προσώπου τοῦ θεοῦ
3:10	רָאִיתִי אֶת־הָעִנְיָן אֲשֶׁר *נָתַן* אֱלֹהִים	εἶδον σὺν τὸν περισπασμόν ὃν *ἔδωκεν* ὁ θεὸς
3:11	גַּם אֶת־הָעֹלָם *נָתַן* בְּלִבָּם	καί γε σὺν τὸν αἰῶνα *ἔδωκεν* ἐν καρδίᾳ αὐτῶν
5:5	אַל־*תִּתֵּן* אֶת־פִּיךָ לַחֲטִיא	μὴ *δῷς* τὸ στόμα σου τοῦ ἐξαμαρτῆσαι
5:17	יְמֵי־חַיָּו אֲשֶׁר־*נָתַן*־לוֹ הָאֱלֹהִים	ἡμερῶν ζωῆς αὐτοῦ ὧν *ἔδωκεν* αὐτῷ ὁ θεός
5:18	גַּם כָּל־הָאָדָם אֲשֶׁר *נָתַן*־לוֹ הָאֱלֹהִים	καί γε πᾶς ὁ ἄνθρωπος ᾧ *ἔδωκεν* αὐτῷ ὁ θεὸς
6:2	אִישׁ אֲשֶׁר *יִתֶּן*־לוֹ הָאֱלֹהִים עֹשֶׁר	ἀνήρ ᾧ *δώσει* αὐτῷ ὁ θεὸς πλοῦτον
7:2	וְהַחַי *יִתֵּן* אֶל־לִבּוֹ	καὶ ὁ ζῶν *δώσει* εἰς καρδίαν αὐτοῦ
8:9	*וְנָתוֹן* אֶת־לִבִּי לְכָל־מַעֲשֶׂה	καὶ *ἔδωκα* τὴν καρδίαν μου εἰς πᾶν ποίημα
8:15	יְמֵי חַיָּיו אֲשֶׁר־*נָתַן*־לוֹ הָאֱלֹהִים	ἡμέρας ζωῆς αὐτοῦ ὅσας *ἔδωκεν* αὐτῷ ὁ θεὸς
8:16	כַּאֲשֶׁר *נָתַתִּי* אֶת־לִבִּי לָדַעַת חָכְמָה	ἐν οἷς *ἔδωκα* τὴν καρδίαν μου τοῦ γνῶναι σοφίαν
9:1	כִּי אֶת־כָּל־זֶה *נָתַתִּי* אֶל־לִבִּי	ὅτι σὺν πᾶν τοῦτο *ἔδωκα* εἰς καρδίαν μου
9:9	אֲשֶׁר *נָתַן*־לְךָ תַּחַת הַשֶּׁמֶשׁ	τὰς *δοθείσας* σοι ὑπὸ τὸν ἥλιον
10:6	*נִתַּן* הַסֶּכֶל בַּמְּרוֹמִים רַבִּים	*ἐδόθη* ὁ ἄφρων ἐν ὕψεσι μεγάλοις
11:2	*תֶּן*־חֵלֶק לְשִׁבְעָה וְגַם לִשְׁמוֹנָה	*δὸς* μερίδα τοῖς ἑπτὰ καί γε τοῖς ὀκτώ
12:7	תָּשׁוּב אֶל־הָאֱלֹהִים אֲשֶׁר *נְתָנָהּ*	ἐπιστρέψῃ πρὸς τὸν θεόν ὃς *ἔδωκεν αὐτό*
12:11	*נִתְּנוּ* מֵרֹעֶה אֶחָד	*ἐδόθησαν* ἐκ ποιμένος ἑνὸς

δίδωμι/ἀπο *Occurrences: 3*

שָׁלַם	*3*	*100%*
5:3	אַל־תְּאַחֵר *לְשַׁלְּמוֹ*	μὴ χρονίσῃς τοῦ *ἀποδοῦναι αὐτήν*
5:3	אֵת אֲשֶׁר־תִּדֹּר *שַׁלֵּם*	σὺν ὅσα ἐὰν εὔξῃ *ἀπόδος*
5:4	מִשֶּׁתִּדּוֹר וְלֹא *תְשַׁלֵּם*	ἢ τὸ εὔξασθαί σε καὶ μὴ *ἀποδοῦναι*

δίκαιος *Occurrences: 10*

צַדִּיק	*8*	*80%*
צֶדֶק	*2*	*20%*

צַדִּיק	*8*	*80%*
3:17	אֶת־*הַצַּדִּיק* וְאֶת־הָרָשָׁע יִשְׁפֹּט הָאֱלֹהִים	σὺν *τὸν δίκαιον* καὶ σὺν τὸν ἀσεβῆ κρινεῖ ὁ θεός
7:15	יֵשׁ *צַדִּיק* אֹבֵד בְּצִדְקוֹ	ἔστιν *δίκαιος* ἀπολλύμενος ἐν δικαίῳ αὐτοῦ
7:16	אַל־תְּהִי *צַדִּיק* הַרְבֵּה וְאַל־תִּתְחַכַּם יוֹתֵר	μὴ γίνου *δίκαιος* πολὺ καὶ μὴ σοφίζου περισσά
7:20	כִּי אָדָם אֵין *צַדִּיק* בָּאָרֶץ	ὅτι ἄνθρωπος οὐκ ἔστιν *δίκαιος* ἐν τῇ γῇ
8:14	אֲשֶׁר יֵשׁ *צַדִּיקִים*	ὅτι εἰσὶ *δίκαιοι*
8:14	שֶׁמַּגִּיעַ אֲלֵהֶם כְּמַעֲשֵׂה *הַצַּדִּיקִים*	ὅτι φθάνει πρὸς αὐτοὺς ὡς ποίημα *τῶν δικαίων*
9:1	אֲשֶׁר *הַצַּדִּיקִים* וְהַחֲכָמִים וַעֲבָדֵיהֶם	ὡς *οἱ δίκαιοι* καὶ οἱ σοφοὶ καὶ ἐργασίαι αὐτῶν
9:2	מִקְרֶה אֶחָד *לַצַּדִּיק* וְלָרָשָׁע	συνάντημα ἓν *τῷ δικαίῳ* καὶ τῷ ἀσεβεῖ

צֶדֶק 2 20%
3:16 וּמְקוֹם הַצֶּדֶק שָׁמָּה הָרָשַׁע καὶ τόπον *τοῦ δικαίου* ἐκεῖ ὁ ἀσεβής =v
7:15 יֵשׁ צַדִּיק אֹבֵד בְּצִדְקוֹ ἔστιν δίκαιος ἀπολλύμενος *ἐν δικαίῳ αὐτοῦ*

δικαιοσύνη *Occurrences: 1*

צֶדֶק 1 100%
5:7 וְגֵזֶל מִשְׁפָּט וָצֶדֶק תִּרְאֶה בַמְּדִינָה καὶ ἁρπαγὴν κρίματος *καὶ δικαιοσύνης* ἴδῃς ἐν χώρᾳ

διότι *Occurrences: 2*

מָה	*1*	*100%*
- - -	*1*	

- - - 1
2:15 - - - *διότι* ἄφρων ἐκ περισσεύματος λαλεῖ

מָה 1 100%
6:8 מַה־לֶּעָנִי יוֹדֵעַ לַהֲלֹךְ נֶגֶד הַחַיִּים *διότι* ὁ πένης οἶδεν πορευθῆναι κατέναντι τῆς ζωῆς =%p-

διώκω *Occurrences: 1*

רָדַף 1 100%
3:15 וְהָאֱלֹהִים יְבַקֵּשׁ אֶת־נִרְדָּף καὶ ὁ θεὸς ζητήσει *τὸν διωκόμενον*

δόκωσις *Occurrences: 1*

מְקָרֶה 1 100%
10:18 בַּעֲצַלְתַּיִם יִמַּךְ הַמְּקָרֶה ἐν ὀκνηρίαις ταπεινωθήσεται *ἡ δόκωσις*

δόμα *Occurrences: 3*

מַתַּת	*2*	*67%*
נָתַן	*1*	*33%*

מַתַּת 2 67%
3:13 מַתַּת אֱלֹהִים הִיא *δόμα* θεοῦ ἐστιν
[4:17] מִתֵּת הַכְּסִילִים זָבַח *ὑπὲρ δόμα* τῶν ἀφρόνων θυσία σου = ממתת
5:18 זֹה מַתַּת אֱלֹהִים הִיא τοῦτο *δόμα* θεοῦ ἐστιν

נָתַן 1 33%
4:17 מִתֵּת הַכְּסִילִים זָבַח *ὑπὲρ δόμα* τῶν ἀφρόνων θυσία σου = ממתת

δόξα *Occurrences: 2*

כָּבוֹד 2 100%
6:2 עֹשֶׁר וּנְכָסִים וְכָבוֹד πλοῦτον καὶ ὑπάρχοντα *καὶ δόξαν*
10:1 יָקָר מְעַט מֵחָכְמָה מִכָּבוֹד סִכְלוּת מְעָט τίμιον ὀλίγον σοφίας *ὑπὲρ δόξαν* ἀφροσύνης μεγάλης

δοῦλος *Occurrences: 5*

עֶבֶד	*4*	*80%*
עָבַד	*1*	*20%*

עָבַד 1 20%
5:11 מְתוּקָה שְׁנַת הָעֹבֵד γλυκὺς ὕπνος *τοῦ δούλου* =v

עֶבֶד 4 80%
2:7 קָנִיתִי עֲבָדִים וּשְׁפָחוֹת ἐκτησάμην *δούλους* καὶ παιδίσκας
7:21 אֲשֶׁר לֹא־תִשְׁמַע אֶת־עַבְדְּךָ מְקַלְלֶךָ ὅπως μὴ ἀκούσῃς *τοῦ δούλου σου* καταρωμένου σε
10:7 רָאִיתִי עֲבָדִים עַל־סוּסִים εἶδον *δούλους* ἐφ' ἵππους
10:7 וְשָׂרִים הֹלְכִים כַּעֲבָדִים עַל־הָאָרֶץ καὶ ἄρχοντας πορευομένους *ὡς δούλους* ἐπὶ τῆς γῆς

δράξ *Occurrences: 2*

כַּף	*1*	*50%*
δύο + δράξ	*1*	
חֹפֶן	*1*	*50%*

כַּף	*1*	*50%*	
4:6	טוֹב מְלֹא כַף נָחַת	ἀγαθὸν πλήρωμα *δρακὸς* ἀναπαύσεως	
δύο + δράξ	*1*		
חֹפֶן	*1*	*50%*	
4:6	מִמְּלֹא חָפְנַיִם עָמָל	ὑπὲρ πλήρωμα *δύο δρακῶν* μόχθου	

δρόμος *Occurrences: 1*

מֵרוֹץ	*1*	*100%*	
9:11	כִּי לֹא לַקַּלִּים הַמֵּרוֹץ	ὅτι οὐ τοῖς κούφοις ὁ *δρόμος*	

δρυμός *Occurrences: 1*

יַעַר	*1*	*100%*	
2:6	לְהַשְׁקוֹת מֵהֶם יַעַר צוֹמֵחַ עֵצִים	τοῦ ποτίσαι ἀπ' αὐτῶν *δρυμὸν* βλαστῶντα ξύλα	

δύναμαι *Occurrences: 7*

יָכֹל	*7*	*100%*	
1:8	לֹא־יוּכַל אִישׁ לְדַבֵּר	οὐ *δυνήσεται* ἀνὴρ τοῦ λαλεῖν	
1:15	מְעֻוָּת לֹא־יוּכַל לִתְקֹן	διεστραμμένον οὐ *δυνήσεται* τοῦ ἐπικοσμηθῆναι	
1:15	וְחֶסְרוֹן לֹא־יוּכַל לְהִמָּנוֹת	καὶ ὑστέρημα οὐ *δυνήσεται* τοῦ ἀριθμηθῆναι	
6:10	וְלֹא־יוּכַל לָדִין עִם *שֶׁהתַּקִּיף **שֶׁתַּקִּיף	καὶ οὐ *δυνήσεται* τοῦ κριθῆναι μετὰ τοῦ ἰσχυροῦ	
7:13	כִּי מִי יוּכַל לְתַקֵּן	ὅτι τίς *δυνήσεται* τοῦ κοσμῆσαι	
8:17	כִּי לֹא יוּכַל הָאָדָם לִמְצוֹא	ὅτι οὐ *δυνήσεται* ἄνθρωπος τοῦ εὑρεῖν	
8:17	לֹא יוּכַל לִמְצֹא	οὐ *δυνήσεται* τοῦ εὑρεῖν	

δύναμις *Occurrences: 5*

גְּבוּרָה	*2*	*40%*
חַיִל	*2*	*40%*
כֹּחַ	*1*	*20%*

גְּבוּרָה	*2*	*40%*	
9:16	וְאָמַרְתִּי אָנִי טוֹבָה חָכְמָה *מִגְּבוּרָה*	καὶ εἶπα ἐγὼ ἀγαθὴ σοφία *ὑπὲρ δύναμιν*	
10:17	*בִּגְבוּרָה* וְלֹא בַשְּׁתִי	*ἐν δυνάμει* καὶ οὐκ αἰσχυνθήσονται	
חַיִל	*2*	*40%*	
10:10	*וַחֲיָלִים* יְגַבֵּר	*καὶ δυνάμεις* δυναμώσει	
12:3	וְהִתְעַוְּתוּ אַנְשֵׁי *הֶחָיִל*	καὶ διαστραφῶσιν ἄνδρες *τῆς δυνάμεως*	
כֹּחַ	*1*	*20%*	
9:10	*בְּכֹחֲךָ* עֲשֵׂה	*ὡς ἡ δύναμίς σου* ποίησον	=%p

δυναμόω *Occurrences: 1*

גָּבַר	*1*	*100%*	
10:10	וַחֲיָלִים *יְגַבֵּר*	καὶ δυνάμεις *δυναμώσει*	

δυνατός *Occurrences: 1*

גִּבּוֹר	*1*	*100%*	
9:11	וְלֹא *לַגִּבּוֹרִים* הַמִּלְחָמָה	καὶ οὐ *τοῖς δυνατοῖς* ὁ πόλεμος	

δύο *Occurrences: 6*

שְׁנַיִם	*5*	*83%*
δύο + δράξ	*1*	
חֹפֶן	*1*	*17%*

שְׁנַיִם	*5*	*83%*	
4:3	וְטוֹב *מִשְּׁנֵיהֶם*	καὶ ἀγαθὸς *ὑπὲρ τοὺς δύο τούτους*	
4:9	טוֹבִים *הַשְּׁנַיִם* מִן־הָאֶחָד	ἀγαθοὶ *οἱ δύο* ὑπὲρ τὸν ἕνα	
4:11	גַּם אִם־יִשְׁכְּבוּ *שְׁנַיִם* וְחַם לָהֶם	καί γε ἐὰν κοιμηθῶσιν *δύο* καὶ θέρμη αὐτοῖς	
4:12	*הַשְּׁנַיִם* יַעַמְדוּ נֶגְדּוֹ	*οἱ δύο* στήσονται κατέναντι αὐτοῦ	
11:6	וְאִם־*שְׁנֵיהֶם* כְּאֶחָד טוֹבִים	καὶ ἐὰν *τὰ δύο* ἐπὶ τὸ αὐτὸ ἀγαθά	
δύο + δράξ	*1*		
חֹפֶן	*1*	*17%*	
4:6	מִמְּלֹא *חָפְנַיִם* עָמָל	ὑπὲρ πλήρωμα *δύο δρακῶν* μόχθου	

δύω *Occurrences: 1*

בּוֹא	*1*	*100%*
1:5	וְזָרַח הַשֶּׁמֶשׁ *וּבָא* הַשָּׁמֶשׁ	καὶ ἀνατέλλει ὁ ἥλιος *καὶ δύνει* ὁ ἥλιος

E

ἐάν		Occurrences: 21	
אִם		15	71%
שֶׁ		1	5%
ὅς + ἐάν		4	
אֲשֶׁר		2	10%
שֶׁ		2	10%
ὅσος + ἐάν		1	
אֲשֶׁר		1	5%

אִם		15	71%
4:10	כִּי אִם־יִפֹּלוּ הָאֶחָד יָקִים אֶת־חֲבֵרוֹ		ὅτι ἐὰν πέσωσιν ὁ εἷς ἐγερεῖ τὸν μέτοχον αὐτοῦ
4:11	גַּם אִם־יִשְׁכְּבוּ שְׁנַיִם וְחַם לָהֶם		καί γε ἐὰν κοιμηθῶσιν δύο καὶ θέρμη αὐτοῖς
4:12	וְאִם־יִתְקְפוֹ הָאֶחָד		καὶ ἐὰν ἐπικραταιωθῇ ὁ εἷς
5:7	אִם־עֹשֶׁק רָשׁ וְגֵזֶל מִשְׁפָּט		ἐὰν συκοφαντίαν πένητος καὶ ἁρπαγὴν κρίματος
6:3	אִם־יוֹלִיד אִישׁ מֵאָה וְשָׁנִים רַבּוֹת יִחְיֶה		ἐὰν γεννήσῃ ἀνὴρ ἑκατὸν καὶ ἔτη πολλὰ ζήσεται
10:4	אִם־רוּחַ הַמּוֹשֵׁל תַּעֲלֶה עָלֶיךָ		ἐὰν πνεῦμα τοῦ ἐξουσιάζοντος ἀναβῇ ἐπὶ σέ
10:10	אִם־קֵהָה הַבַּרְזֶל וְהוּא לֹא־פָנִים קִלְקַל		ἐὰν ἐκπέσῃ τὸ σιδήριον καὶ αὐτὸς πρόσωπον ἐτάραξεν
10:11	אִם־יִשֹּׁךְ הַנָּחָשׁ בְּלוֹא־לָחַשׁ		ἐὰν δάκῃ ὁ ὄφις ἐν οὐ ψιθυρισμῷ
11:3	אִם־יִמָּלְאוּ הֶעָבִים גֶּשֶׁם		ἐὰν πληρωθῶσιν τὰ νέφη ὑετοῦ
11:3	וְאִם־יִפּוֹל עֵץ בַּדָּרוֹם וְאִם בַּצָּפוֹן		καὶ ἐὰν πέσῃ ξύλον ἐν τῷ νότῳ καὶ ἐὰν ἐν τῷ βορρᾷ
11:3	וְאִם־יִפּוֹל עֵץ בַּדָּרוֹם וְאִם בַּצָּפוֹן		καὶ ἐὰν πέσῃ ξύλον ἐν τῷ νότῳ καὶ ἐὰν ἐν τῷ βορρᾷ
11:6	וְאִם־שְׁנֵיהֶם כְּאֶחָד טוֹבִים		καὶ ἐὰν τὰ δύο ἐπὶ τὸ αὐτὸ ἀγαθά
11:8	כִּי אִם־שָׁנִים הַרְבֵּה יִחְיֶה הָאָדָם		ὅτι καὶ ἐὰν ἔτη πολλὰ ζήσεται ὁ ἄνθρωπος
12:14	אִם־טוֹב וְאִם־רָע		ἐὰν ἀγαθὸν καὶ ἐὰν πονηρόν
12:14	אִם־טוֹב וְאִם־רָע		ἐὰν ἀγαθὸν καὶ ἐὰν πονηρόν

שֶׁ		1	5%
3:22	כִּי מִי יְבִיאֶנּוּ לִרְאוֹת בְּמֶה שֶׁיִּהְיֶה		ὅτι τίς ἄξει αὐτὸν τοῦ ἰδεῖν ἐν ᾧ ἐὰν γένηται

ὅς + ἐάν		4	
אֲשֶׁר		2	10%
4:17	שְׁמֹר *רַגְלֶיךָ **רַגְלְךָ כַּאֲשֶׁר תֵּלֵךְ אֶל־בֵּית		φύλαξον πόδα σου ἐν ᾧ ἐὰν πορεύῃ εἰς οἶκον =%p
8:3	כִּי כָּל־אֲשֶׁר יַחְפֹּץ יַעֲשֶׂה		ὅτι πᾶν ὃ ἐὰν θελήσῃ ποιήσει

שֶׁ		2	10%
5:17	בְּכָל־עֲמָלוֹ שֶׁיַּעֲמֹל		ἐν παντὶ μόχθῳ αὐτοῦ ᾧ ἐὰν μοχθῇ
12:3	בַּיּוֹם שֶׁיָּזֻעוּ שֹׁמְרֵי הַבַּיִת		ἐν ἡμέρᾳ ᾗ ἐὰν σαλευθῶσιν φύλακες τῆς οἰκίας

ὅσος + ἐάν		1	
אֲשֶׁר		1	5%
5:3	אֵת אֲשֶׁר־תִּדֹּר שַׁלֵּם		σὺν ὅσα ἐὰν εὔξῃ ἀπόδος

ἐγγύς		Occurrences: 1	
קָרוֹב		1	100%
4:17	תֵּלֵךְ אֶל־בֵּית הָאֱלֹהִים וְקָרוֹב לִשְׁמֹעַ		πορεύῃ εἰς οἶκον τοῦ θεοῦ καὶ ἐγγὺς τοῦ ἀκούειν

ἐγείρω		Occurrences: 2	
קוּם		2	100%
4:10	כִּי אִם־יִפֹּלוּ הָאֶחָד יָקִים אֶת־חֲבֵרוֹ		ὅτι ἐὰν πέσωσιν ὁ εἷς ἐγερεῖ τὸν μέτοχον αὐτοῦ
4:10	וְאֵין שֵׁנִי לַהֲקִימוֹ		καὶ μὴ ᾖ δεύτερος τοῦ ἐγεῖραι αὐτόν

ἔγκοπος		Occurrences: 1	
יָגֵעַ		1	100%
1:8	כָּל־הַדְּבָרִים יְגֵעִים		πάντες οἱ λόγοι ἔγκοποι

ἐγώ *Occurrences: 81*

־י	*41*	*51%*
אֲנִי	*28*	*35%*
לְ + ־י	*10*	*12%*
־נו	*1*	*1%*
- - -	*1*	

- - -	*1*			
9:1	וְלָבוּר אֶת־כָּל־זֶה	*καὶ καρδία μου* σὺν πᾶν εἶδεν τοῦτο	=.wy	ולבי
אֲנִי	*28*	*35%*		
1:12	אֲנִי קֹהֶלֶת הָיִיתִי מֶלֶךְ	*ἐγὼ* ἐκκλησιαστὴς ἐγενόμην βασιλεὺς		
1:16	דִּבַּרְתִּי אֲנִי עִם־לִבִּי לֵאמֹר	ἐλάλησα *ἐγὼ* ἐν καρδίᾳ μου τῷ λέγειν		
1:16	אֲנִי הִנֵּה הִגְדַּלְתִּי וְהוֹסַפְתִּי חָכְמָה	*ἐγὼ* ἰδοὺ ἐμεγαλύνθην καὶ προσέθηκα σοφίαν		
2:1	אָמַרְתִּי אֲנִי בְּלִבִּי לְכָה־נָּא	εἶπον *ἐγὼ* ἐν καρδίᾳ μου δεῦρο δὴ		
2:11	וּפָנִיתִי אֲנִי בְּכָל־מַעֲשַׂי	καὶ ἐπέβλεψα *ἐγὼ* ἐν πᾶσιν ποιήμασίν μου		
2:12	וּפָנִיתִי אֲנִי לִרְאוֹת חָכְמָה	καὶ ἐπέβλεψα *ἐγὼ* τοῦ ἰδεῖν σοφίαν		
2:13	וְרָאִיתִי אָנִי שֶׁיֵּשׁ יִתְרוֹן לַחָכְמָה	καὶ εἶδον *ἐγὼ* ὅτι ἔστιν περισσεία τῇ σοφίᾳ		
2:14	וְיָדַעְתִּי גַם־אָנִי	καὶ ἔγνων καί γε *ἐγὼ*		
2:15	וְאָמַרְתִּי אֲנִי בְּלִבִּי	καὶ εἶπα *ἐγὼ* ἐν καρδίᾳ μου		
2:15	גַּם־אֲנִי יִקְרֵנִי	καί γε *ἐμοὶ* συναντήσεταί μοι		
2:15	וְלָמָּה חָכַמְתִּי אֲנִי אָז יוֹתֵר	καὶ ἵνα τί ἐσοφισάμην *ἐγὼ* τότε περισσὸν		
2:18	וְשָׂנֵאתִי אֲנִי אֶת־כָּל־עֲמָלִי	καὶ ἐμίσησα *ἐγὼ* σὺν πάντα μόχθον μου		
2:18	עֲמָלִי שֶׁאֲנִי עָמֵל תַּחַת הַשָּׁמֶשׁ	μόχθον μου ὃν *ἐγὼ* μοχθῶ ὑπὸ τὸν ἥλιον		
2:20	וְסַבּוֹתִי אֲנִי לְיַאֵשׁ אֶת־לִבִּי	καὶ ἐπέστρεψα *ἐγὼ* τοῦ ἀποτάξασθαι τῇ καρδίᾳ μου		
2:24	גַּם־זֹה רָאִיתִי אָנִי	καί γε τοῦτο εἶδον *ἐγὼ*		
3:17	אָמַרְתִּי אֲנִי בְּלִבִּי	εἶπα *ἐγὼ* ἐν καρδίᾳ μου		
3:18	אָמַרְתִּי אֲנִי בְּלִבִּי	ἐκεῖ εἶπα *ἐγὼ* ἐν καρδίᾳ μου		
4:1	וְשַׁבְתִּי אֲנִי וָאֶרְאֶה	καὶ ἐπέστρεψα *ἐγὼ* καὶ εἶδον		
4:2	וְשַׁבֵּחַ אֲנִי אֶת־הַמֵּתִים	καὶ ἐπῄνεσα *ἐγὼ* σὺν τοὺς τεθνηκότας		
4:4	וְרָאִיתִי אֲנִי אֶת־כָּל־עָמָל	καὶ εἶδον *ἐγὼ* σὺν πάντα τὸν μόχθον		
4:7	וְשַׁבְתִּי אֲנִי וָאֶרְאֶה הֶבֶל	καὶ ἐπέστρεψα *ἐγὼ* καὶ εἶδον ματαιότητα		
4:8	וּלְמִי אֲנִי עָמֵל וּמְחַסֵּר אֶת־נַפְשִׁי	καὶ τίνι *ἐγὼ* μοχθῶ καὶ στερίσκω τὴν ψυχήν μου		
5:17	הִנֵּה אֲשֶׁר־רָאִיתִי אָנִי טוֹב אֲשֶׁר־יָפֶה	ἰδοὺ ὃ εἶδον *ἐγὼ* ἀγαθόν ὅ ἐστιν καλόν		
7:25	סַבּוֹתִי אֲנִי וְלִבִּי	ἐκύκλωσα *ἐγὼ* καὶ ἡ καρδία μου		
7:26	וּמוֹצֶא אֲנִי מַר מִמָּוֶת	καὶ εὑρίσκω *ἐγὼ* πικρότερον ὑπὲρ θάνατον		
8:12	כִּי גַּם־יוֹדֵעַ אָנִי	ὅτι καί γε γινώσκω *ἐγὼ*		
8:15	וְשִׁבַּחְתִּי אֲנִי אֶת־הַשִּׂמְחָה	καὶ ἐπῄνεσα *ἐγὼ* σὺν τὴν εὐφροσύνην		
9:16	וְאָמַרְתִּי אָנִי טוֹבָה חָכְמָה מִגְּבוּרָה	καὶ εἶπα *ἐγὼ* ἀγαθὴ σοφία ὑπὲρ δύναμιν		
־י	*41*	*51%*		
1:13	וְנָתַתִּי אֶת־לִבִּי לִדְרוֹשׁ	καὶ ἔδωκα *τὴν καρδίαν μου* τοῦ ἐκζητῆσαι		
1:16	דִּבַּרְתִּי אֲנִי עִם־לִבִּי לֵאמֹר	ἐλάλησα ἐγὼ ἐν *καρδίᾳ μου* τῷ λέγειν		
1:16	עַל כָּל־אֲשֶׁר־הָיָה לְפָנַי עַל־יְרוּשָׁלָ͏ִם	ἐπὶ πᾶσιν οἳ ἐγένοντο *ἔμπροσθέν μου* ἐν Ιερουσαλημ		
1:16	וְלִבִּי רָאָה הַרְבֵּה חָכְמָה וָדָעַת	*καὶ καρδία μου* εἶδεν πολλά σοφίαν καὶ γνῶσιν		
1:17	וָאֶתְּנָה לִבִּי לָדַעַת חָכְמָה	καὶ ἔδωκα *καρδίαν μου* τοῦ γνῶναι σοφίαν		
2:1	אָמַרְתִּי אֲנִי בְּלִבִּי לְכָה־נָּא	εἶπον ἐγὼ *ἐν καρδίᾳ μου* δεῦρο δὴ		
2:3	תַּרְתִּי בְלִבִּי	κατεσκεψάμην *ἐν καρδίᾳ μου*		
2:3	לִמְשׁוֹךְ בַּיַּיִן אֶת־בְּשָׂרִי	τοῦ ἑλκύσαι εἰς οἶνον *τὴν σάρκα μου*		
2:3	וְלִבִּי נֹהֵג בַּחָכְמָה	*καὶ καρδία μου* ὡδήγησεν ἐν σοφίᾳ		
2:4	הִגְדַּלְתִּי מַעֲשָׂי	ἐμεγάλυνα *ποίημά μου*		
2:7	מִכֹּל שֶׁהָיוּ לְפָנַי	ὑπὲρ πάντας τοὺς γενομένους *ἔμπροσθέν μου*		
2:9	מִכֹּל שֶׁהָיָה לְפָנַי	παρὰ πάντας τοὺς γενομένους *ἔμπροσθέν μου*		
2:9	אַף *חָכְמָתִי* עָמְדָה לִּי	καί γε *σοφία μου* ἐστάθη μοι		
2:10	וְכֹל אֲשֶׁר שָׁאֲלוּ עֵינַי	καὶ πᾶν ὃ ᾔτησαν *οἱ ὀφθαλμοί μου*		
2:10	לֹא־מָנַעְתִּי אֶת־לִבִּי	οὐκ ἀπεκώλυσα *τὴν καρδίαν μου*		
2:10	כִּי־לִבִּי שָׂמֵחַ מִכָּל־עֲמָלִי	ὅτι *καρδία μου* εὐφράνθη ἐν παντὶ μόχθῳ μου		
2:10	כִּי־לִבִּי שָׂמֵחַ מִכָּל־עֲמָלִי	ὅτι καρδία μου εὐφράνθη ἐν παντὶ *μόχθῳ μου*		

2:10	וְזֶה־הָיָה *חֶלְקִי* מִכָּל־עֲמָלִי	καὶ τοῦτο ἐγένετο *μερίς μου* ἀπὸ παντὸς μόχθου μου		
2:10	וְזֶה־הָיָה חֶלְקִי מִכָּל־*עֲמָלִי*	καὶ τοῦτο ἐγένετο μερίς μου ἀπὸ παντὸς *μόχθου μου*		
2:11	וּפָנִיתִי אֲנִי בְּכָל־*מַעֲשַׂי*	καὶ ἐπέβλεψα ἐγὼ ἐν πᾶσιν *ποιήμασίν μου*		
2:11	מַעֲשַׂי שֶׁעָשׂוּ *יָדַי*	ποιήμασίν μου οἷς ἐποίησαν *αἱ χεῖρές μου*		
2:15	וְאָמַרְתִּי אֲנִי *בְּלִבִּי*	καὶ εἶπα ἐγὼ *ἐν καρδίᾳ μου*		
2:15	גַּם־אֲנִי *יִקְרֵנִי*	καί γε ἐμοὶ *συναντήσεταί μοι*		
2:15	וְדִבַּרְתִּי *בְלִבִּי*	ἐλάλησα *ἐν καρδίᾳ μου*		
2:17	כִּי רַע *עָלַי* הַמַּעֲשֶׂה שֶׁנַּעֲשָׂה	ὅτι πονηρὸν *ἐπ ' ἐμὲ* τὸ ποίημα τὸ πεποιημένον		
2:18	וְשָׂנֵאתִי אֲנִי אֶת־כָּל־*עֲמָלִי*	καὶ ἐμίσησα ἐγὼ σὺν πάντα *μόχθον μου*		
2:18	שֶׁאַנִּיחֶנּוּ לָאָדָם שֶׁיִּהְיֶה *אַחֲרָי*	ὅτι ἀφίω αὐτὸν τῷ ἀνθρώπῳ τῷ γινομένῳ *μετ ' ἐμὲ*		
2:19	וְיִשְׁלַט בְּכָל־*עֲמָלִי*	καὶ ἐξουσιάζεται ἐν παντὶ *μόχθῳ μου*		
2:20	וְסַבּוֹתִי אֲנִי לְיַאֵשׁ אֶת־*לִבִּי*	καὶ ἐπέστρεψα ἐγὼ τοῦ ἀποτάξασθαι *τῇ καρδίᾳ μου*		
3:17	אָמַרְתִּי אֲנִי *בְּלִבִּי*	εἶπα ἐγὼ *ἐν καρδίᾳ μου*		
3:18	אָמַרְתִּי אֲנִי *בְּלִבִּי*	ἐκεῖ εἶπα ἐγὼ *ἐν καρδίᾳ μου*		
4:8	וּלְמִי אֲנִי עָמֵל וּמְחַסֵּר אֶת־*נַפְשִׁי*	καὶ τίνι ἐγὼ μοχθῶ καὶ στερίσκω *τὴν ψυχήν μου*		
7:15	אֶת־הַכֹּל רָאִיתִי בִּימֵי *הֶבְלִי*	σὺν τὰ πάντα εἶδον ἐν ἡμέραις *ματαιότητός μου*		
7:23	אָמַרְתִּי אֶחְכָּמָה וְהִיא רְחוֹקָה *מִמֶּנִּי*	εἶπα σοφισθήσομαι [καὶ αὐτὴ ἐμακρύνθη *ἀπ' ἐμοῦ*]	[24]	
7:25	סַבּוֹתִי אֲנִי *וְלִבִּי*	ἐκύκλωσα ἐγώ *καὶ ἡ καρδία μου*		
7:28	אֲשֶׁר עוֹד־בִּקְשָׁה *נַפְשִׁי* וְלֹא מָצָאתִי	ὃν ἔτι ἐζήτησεν *ἡ ψυχή μου* καὶ οὐχ εὗρον		
8:9	וְנָתוֹן אֶת־*לִבִּי* לְכָל־מַעֲשֶׂה	καὶ ἔδωκα *τὴν καρδίαν μου* εἰς πᾶν ποίημα		
8:16	כַּאֲשֶׁר נָתַתִּי אֶת־*לִבִּי* לָדַעַת חָכְמָה	ἐν οἷς ἔδωκα *τὴν καρδίαν μου* τοῦ γνῶναι σοφίαν		
9:1	כִּי אֶת־כָּל־זֶה נָתַתִּי אֶל־*לִבִּי*	ὅτι σὺν πᾶν τοῦτο ἔδωκα εἰς *καρδίαν μου*		
[9:1]	*וְלָבוּר* אֶת־כָּל־זֶה	*καὶ καρδία μου* σὺν πᾶν εἶδεν τοῦτο	=.wy	ולבי
9:13	וּגְדוֹלָה הִיא *אֵלָי*	καὶ μεγάλη ἐστὶν *πρός με*		
12:12	וְיֹתֵר *מֵהֵמָּה* בְּנִי הִזָּהֵר	[καὶ περισσὸν *ἐξ αὐτῶν*] υἱέ μου φύλαξαι		
־נוּ	*1*	*1%*		
1:10	לְעֹלָמִים אֲשֶׁר הָיָה *מִלְּפָנֵנוּ*	ἐν τοῖς αἰῶσιν τοῖς γενομένοις *ἀπὸ ἔμπροσθεν ἡμῶν*		
לְ + ־ִי	*10*	*12%*		
2:4	בָּנִיתִי *לִי* בָּתִּים	ᾠκοδόμησά *μοι* οἴκους		
2:4	נָטַעְתִּי *לִי* כְּרָמִים	ἐφύτευσά *μοι* ἀμπελῶνας		
2:5	עָשִׂיתִי *לִי* גַּנּוֹת וּפַרְדֵּסִים	ἐποίησά *μοι* κήπους καὶ παραδείσους		
2:6	עָשִׂיתִי *לִי* בְּרֵכוֹת מָיִם	ἐποίησά *μοι* κολυμβήθρας ὑδάτων		
2:7	וּבְנֵי־בַיִת הָיָה *לִי*	καὶ οἰκογενεῖς ἐγένοντό *μοι*		
2:7	וְצֹאן הַרְבֵּה הָיָה *לִי*	καὶ ποιμνίου πολλὴ ἐγένετό *μοι*		
2:8	כָּנַסְתִּי *לִי* גַּם־כֶּסֶף וְזָהָב	συνήγαγόν *μοι* καί γε ἀργύριον καὶ χρυσίον		
2:8	עָשִׂיתִי *לִי* שָׁרִים וְשָׁרוֹת	ἐποίησά *μοι* ᾄδοντας καὶ ᾀδούσας		
2:9	אַף חָכְמָתִי עָמְדָה *לִּי*	καί γε σοφία μου ἐστάθη *μοι*		
12:1	אֵין־*לִי* בָהֶם חֵפֶץ	οὐκ ἔστιν *μοι* ἐν αὐτοῖς θέλημα		

εἰ *Occurrences: 10*

הֲ	*3*	*30%*
אִם	*2*	*20%*
אִלּוּ	*1*	*10%*
כִּי	*1*	*10%*
εἰ + μή	*2*	
אִם	*1*	*10%*
מִן	*1*	*10%*
εἰ + τις	*1*	
מָה + שֶׁ	*1*	*10%*

אִלּוּ	*1*	*10%*
6:6	*וְאִלּוּ* חָיָה אֶלֶף שָׁנִים פַּעֲמַיִם	*καὶ εἰ* ἔζησεν χιλίων ἐτῶν καθόδους
אִם	2	*20%*
5:11	*אִם*־מְעַט וְאִם־הַרְבֵּה יֹאכֵל	*εἰ* ὀλίγον καὶ εἰ πολὺ φάγεται
5:11	אִם־מְעַט *וְאִם*־הַרְבֵּה יֹאכֵל	εἰ ὀλίγον *καὶ εἰ* πολὺ φάγεται

הֲ	*3*	*30%*
2:19	וּמִי יוֹדֵעַ הֶחָכָם יִהְיֶה אוֹ סָכָל	καὶ τίς οἶδεν *εἰ σοφὸς* ἔσται ἢ ἄφρων
3:21	הָעֹלָה הִיא לְמָעְלָה	*εἰ ἀναβαίνει* αὐτὸ εἰς ἄνω
3:21	הַיֹּרֶדֶת הִיא לְמַטָּה לָאָרֶץ	*εἰ καταβαίνει* αὐτὸ κάτω εἰς γῆν
כִּי	*1*	*10%*
3:12	כִּי אִם־לִשְׂמוֹחַ וְלַעֲשׂוֹת טוֹב	*εἰ* μὴ τοῦ εὐφρανθῆναι καὶ τοῦ ποιεῖν ἀγαθὸν
εἰ + μή	*2*	
אִם	*1*	*10%*
8:15	כִּי אִם־לֶאֱכוֹל וְלִשְׁתּוֹת	ὅτι *εἰ μὴ* τοῦ φαγεῖν καὶ τοῦ πιεῖν
מִן	*1*	*10%*
3:22	מֵאֲשֶׁר יִשְׂמַח הָאָדָם	*εἰ μὴ* ὃ εὐφρανθήσεται ὁ ἄνθρωπος
εἰ + τις	*1*	
מָה + שֶׁ	*1*	*10%*
6:10	מַה־שֶּׁהָיָה כְּבָר נִקְרָא שְׁמוֹ	*εἴ τι ἐγένετο* ἤδη κέκληται ὄνομα αὐτοῦ

εἰμί *Occurrences: 93*

הָיָה	*18*	*19%*
יֵשׁ	*15*	*16%*
הוּא	*9*	*10%*
הִיא	*8*	*9%*
הָוָה	*1*	*1%*
הֵם	*1*	*1%*
οὐ + εἰμί	*40*	
אַיִן	*40*	*43%*
μή + εἰμί	*1*	
אַיִן	*1*	*1%*
ὅς + εἰμί	*1*	
אֲשֶׁר	*1*	*1%*

הוּא	*9*	*10%*
1:10	יֵשׁ דָּבָר שֶׁיֹּאמַר רְאֵה־זֶה חָדָשׁ הוּא	ὃς λαλήσει καὶ ἐρεῖ ἰδὲ τοῦτο καινόν *ἐστιν*
1:17	יָדַעְתִּי שֶׁגַּם־זֶה הוּא רַעְיוֹן רוּחַ	ἔγνων ὅτι καί γε τοῦτ' *ἔστιν* προαίρεσις πνεύματος
2:23	גַּם־זֶה הֶבֶל הוּא	καί γε τοῦτο ματαιότης *ἐστίν*
3:15	מַה־שֶּׁהָיָה כְּבָר הוּא	τὸ γενόμενον ἤδη *ἐστίν*
4:8	הֶבֶל וְעִנְיַן רָע הוּא	ματαιότης καὶ περισπασμὸς πονηρός *ἐστιν*
5:8	וְיִתְרוֹן אֶרֶץ בַּכֹּל *הִיא **הוּא	καὶ περισσεία γῆς ἐν παντί *ἐστι*
6:2	זֶה הֶבֶל וָחֳלִי רָע הוּא	τοῦτο ματαιότης καὶ ἀρρωστία πονηρά *ἐστιν*
6:10	וְנוֹדָע אֲשֶׁר־הוּא אָדָם	καὶ ἐγνώσθη ὅ *ἐστιν* ἄνθρωπος
10:3	וְאָמַר לַכֹּל סָכָל הוּא	καὶ ἃ λογιεῖται πάντα ἀφροσύνη *ἐστίν*
הָוָה	*1*	*1%*
11:3	מְקוֹם שֶׁיִּפּוֹל הָעֵץ שָׁם יְהוּא	τόπῳ οὗ πεσεῖται τὸ ξύλον ἐκεῖ *ἔσται*
הִיא	*8*	*9%*
2:24	כִּי מִיַּד הָאֱלֹהִים הִיא	ὅτι ἀπὸ χειρὸς τοῦ θεοῦ *ἐστιν*
3:13	מַתַּת אֱלֹהִים הִיא	δόμα θεοῦ *ἐστιν*
5:5	לִפְנֵי הַמַּלְאָךְ כִּי שְׁגָגָה הִיא	πρὸ προσώπου τοῦ θεοῦ ὅτι ἄγνοιά *ἐστιν*
5:8	וְיִתְרוֹן אֶרֶץ בַּכֹּל *הִיא **הוּא	καὶ περισσεία γῆς ἐν παντί *ἐστι*
5:18	זֹה מַתַּת אֱלֹהִים הִיא	τοῦτο δόμα θεοῦ *ἐστιν*
6:1	וְרַבָּה הִיא עַל־הָאָדָם	καὶ πολλή *ἐστιν* ἐπὶ τὸν ἄνθρωπον
7:26	אֶת־הָאִשָּׁה אֲשֶׁר־הִיא מְצוֹדִים	σὺν τὴν γυναῖκα ἥτις *ἐστὶν* θηρεύματα
9:13	וּגְדוֹלָה הִיא אֵלָי	καὶ μεγάλη *ἐστὶν* πρός με
הָיָה	*18*	*19%*
1:11	לֹא־יִהְיֶה לָהֶם זִכָּרוֹן	οὐκ *ἔσται* αὐτοῖς μνήμη
2:19	וּמִי יוֹדֵעַ הֶחָכָם יִהְיֶה אוֹ סָכָל	καὶ τίς οἶδεν εἰ σοφὸς *ἔσται* ἢ ἄφρων
3:14	הוּא יִהְיֶה לְעוֹלָם	αὐτὰ *ἔσται* εἰς τὸν αἰῶνα
5:1	עַל־כֵּן יִהְיוּ דְבָרֶיךָ מְעַטִּים	ἐπὶ τούτῳ *ἔστωσαν* οἱ λόγοι σου ὀλίγοι
6:3	וְרַב שֶׁיִּהְיוּ יְמֵי־שָׁנָיו	καὶ πλῆθος ὅ τι *ἔσονται* ἡμέραι ἐτῶν αὐτοῦ

6:12	אֲשֶׁר מִי־יַגִּיד לָאָדָם מַה־יִּהְיֶה	ὅτι τίς ἀπαγγελεῖ τῷ ἀνθρώπῳ τί *ἔσται*
7:10	שֶׁהַיָּמִים הָרִאשֹׁנִים הָיוּ טוֹבִים מֵאֵלֶּה	ὅτι αἱ ἡμέραι αἱ πρότεραι *ἦσαν* ἀγαθαὶ ὑπὲρ ταύτας
7:19	מֵעֲשָׂרָה שַׁלִּיטִים אֲשֶׁר הָיוּ בָּעִיר	ὑπὲρ δέκα ἐξουσιάζοντας τοὺς *ὄντας* ἐν τῇ πόλει
7:24	רָחוֹק מַה־שֶּׁהָיָה וְעָמֹק עָמֹק מִי יִמְצָאֶנּוּ	μακρὰν ὑπὲρ ὃ *ἦν* καὶ βαθὺ βάθος τίς εὑρήσει αὐτό
8:7	כִּי־אֵינֶנּוּ יֹדֵעַ מַה־שֶּׁיִּהְיֶה	ὅτι οὐκ ἔστιν γινώσκων τί *τὸ ἐσόμενον*
8:7	כִּי כַּאֲשֶׁר יִהְיֶה מִי יַגִּיד לוֹ	ὅτι καθὼς *ἔσται* τίς ἀναγγελεῖ αὐτῷ
8:12	אֲשֶׁר יִהְיֶה־טּוֹב לְיִרְאֵי הָאֱלֹהִים	ὅτι *ἔσται* ἀγαθὸν τοῖς φοβουμένοις τὸν θεόν
8:13	וְטוֹב לֹא־יִהְיֶה לָרָשָׁע	καὶ ἀγαθὸν οὐκ *ἔσται* τῷ ἀσεβεῖ
9:8	בְּכָל־עֵת יִהְיוּ בְגָדֶיךָ לְבָנִים	ἐν παντὶ καιρῷ *ἔστωσαν* ἱμάτιά σου λευκά
10:14	וַאֲשֶׁר יִהְיֶה מֵאַחֲרָיו	καὶ τί τὸ *ἐσόμενον* ὀπίσω αὐτοῦ
11:2	כִּי לֹא תֵדַע מַה־יִּהְיֶה רָעָה עַל־הָאָרֶץ	ὅτι οὐ γινώσκεις τί *ἔσται* πονηρὸν ἐπὶ τὴν γῆν
11:8	כִּי־הַרְבֵּה יִהְיוּ כָּל־שֶׁבָּא הָבֶל	ὅτι πολλαὶ *ἔσονται* πᾶν τὸ ἐρχόμενον ματαιότης
12:7	וְיָשֹׁב הֶעָפָר עַל־הָאָרֶץ כְּשֶׁהָיָה	καὶ ἐπιστρέψῃ ὁ χοῦς ἐπὶ τὴν γῆν *ὡς ἦν*
הֵם	*1*	*1%*
3:18	שְׁהֶם־בְּהֵמָה הֵמָּה לָהֶם	ὅτι αὐτοὶ κτήνη *εἰσὶν* καί γε αὐτοῖς
יֵשׁ	*15*	*16%*
2:13	וְרָאִיתִי אָנִי שֶׁיֵּשׁ יִתְרוֹן לַחָכְמָה	καὶ εἶδον ἐγὼ *ὅτι ἔστιν* περισσεία τῇ σοφίᾳ
2:21	כִּי־יֵשׁ אָדָם שֶׁעֲמָלוֹ בְּחָכְמָה	ὅτι *ἔστιν* ἄνθρωπος οὗ μόχθος αὐτοῦ ἐν σοφίᾳ
4:8	יֵשׁ אֶחָד וְאֵין שֵׁנִי	*ἔστιν* εἷς καὶ οὐκ ἔστιν δεύτερος
4:9	אֲשֶׁר יֵשׁ־לָהֶם שָׂכָר טוֹב בַּעֲמָלָם	οἷς *ἔστιν* αὐτοῖς μισθὸς ἀγαθὸς ἐν μόχθῳ αὐτῶν
5:12	יֵשׁ רָעָה חוֹלָה רָאִיתִי תַּחַת הַשָּׁמֶשׁ	*ἔστιν* ἀρρωστία ἣν εἶδον ὑπὸ τὸν ἥλιον
6:1	יֵשׁ רָעָה אֲשֶׁר רָאִיתִי תַּחַת הַשָּׁמֶשׁ	*ἔστιν* πονηρία ἣν εἶδον ὑπὸ τὸν ἥλιον
6:11	כִּי יֵשׁ־דְּבָרִים הַרְבֵּה מַרְבִּים הָבֶל	ὅτι *εἰσὶν* λόγοι πολλοὶ πληθύνοντες ματαιότητα
7:15	יֵשׁ צַדִּיק אֹבֵד בְּצִדְקוֹ	*ἔστιν* δίκαιος ἀπολλύμενος ἐν δικαίῳ αὐτοῦ
7:15	וְיֵשׁ רָשָׁע מַאֲרִיךְ בְּרָעָתוֹ	*καὶ ἔστιν* ἀσεβὴς μένων ἐν κακίᾳ αὐτοῦ
8:6	כִּי לְכָל־חֵפֶץ יֵשׁ עֵת וּמִשְׁפָּט	ὅτι παντὶ πράγματι *ἔστιν* καιρὸς καὶ κρίσις
8:14	יֶשׁ־הֶבֶל אֲשֶׁר נַעֲשָׂה עַל־הָאָרֶץ	*ἔστιν* ματαιότης ἣ πεποίηται ἐπὶ τῆς γῆς
8:14	אֲשֶׁר יֵשׁ צַדִּיקִים	ὅτι *εἰσὶ* δίκαιοι
8:14	וְיֵשׁ רְשָׁעִים שֶׁמַּגִּיעַ אֲלֵהֶם	*καὶ εἰσὶν* ἀσεβεῖς ὅτι φθάνει πρὸς αὐτοὺς
9:4	יֵשׁ בִּטָּחוֹן כִּי־לְכֶלֶב חַי הוּא טוֹב	*ἔστιν* ἐλπίς ὅτι ὁ κύων ὁ ζῶν αὐτὸς ἀγαθὸς
10:5	יֵשׁ רָעָה רָאִיתִי תַּחַת הַשָּׁמֶשׁ כִּשְׁגָגָה	*ἔστιν* πονηρία ἣν εἶδον ὑπὸ τὸν ἥλιον ὡς ἀκούσιον
μή + εἰμί	*1*	
אַיִן	*1*	*1%*
4:10	וְאֵין שֵׁנִי לַהֲקִימוֹ	καὶ μὴ *ᾖ δεύτερος* τοῦ ἐγεῖραι αὐτόν
ὅς + εἰμί	*1*	
אֲשֶׁר	*1*	*1%*
5:17	הִנֵּה אֲשֶׁר־רָאִיתִי אָנִי טוֹב אֲשֶׁר־יָפֶה	ἰδοὺ ὃ εἶδον ἐγὼ ἀγαθόν *ὅ ἐστιν* καλόν
οὐ + εἰμί	*40*	
אַיִן	*40*	*43%*
1:7	וְהַיָּם אֵינֶנּוּ מָלֵא	καὶ ἡ θάλασσα *οὐκ ἔσται* ἐμπιμπλαμένη
1:9	וְאֵין כָּל־חָדָשׁ תַּחַת הַשָּׁמֶשׁ	*καὶ οὐκ ἔστιν* πᾶν πρόσφατον ὑπὸ τὸν ἥλιον
1:11	אֵין זִכְרוֹן לָרִאשֹׁנִים	*οὐκ ἔστιν* μνήμη τοῖς πρώτοις
2:11	וְאֵין יִתְרוֹן תַּחַת הַשָּׁמֶשׁ	*καὶ οὐκ ἔστιν* περισσεία ὑπὸ τὸν ἥλιον
2:16	כִּי אֵין זִכְרוֹן לֶחָכָם עִם־הַכְּסִיל	ὅτι *οὐκ ἔστιν* μνήμη τοῦ σοφοῦ μετὰ τοῦ ἄφρονος
2:24	אֵין־טוֹב בָּאָדָם	*οὐκ ἔστιν* ἀγαθὸν ἐν ἀνθρώπῳ
3:12	יָדַעְתִּי כִּי אֵין טוֹב בָּם	ἔγνων ὅτι *οὐκ ἔστιν* ἀγαθὸν ἐν αὐτοῖς
3:14	עָלָיו אֵין לְהוֹסִיף	ἐπ' αὐτῷ *οὐκ ἔστιν* προσθεῖναι
3:14	וּמִמֶּנּוּ אֵין לִגְרֹעַ	καὶ ἀπ' αὐτοῦ *οὐκ ἔστιν* ἀφελεῖν
3:22	וְרָאִיתִי כִּי אֵין טוֹב	καὶ εἶδον ὅτι *οὐκ ἔστιν* ἀγαθὸν
4:1	וְאֵין לָהֶם מְנַחֵם	*καὶ οὐκ ἔστιν* αὐτοῖς παρακαλῶν
4:1	וְאֵין לָהֶם מְנַחֵם	*καὶ οὐκ ἔστιν* αὐτοῖς παρακαλῶν
4:8	יֵשׁ אֶחָד וְאֵין שֵׁנִי	ἔστιν εἷς *καὶ οὐκ ἔστιν* δεύτερος
4:8	גַּם בֵּן וָאָח אֵין־לוֹ	καί γε υἱὸς καὶ ἀδελφὸς *οὐκ ἔστιν* αὐτῷ
4:8	וְאֵין קֵץ לְכָל־עֲמָלוֹ	καὶ *οὐκ ἔστιν* περασμὸς τῷ παντὶ *μόχθῳ αὐτοῦ*
4:16	אֵין־קֵץ לְכָל־הָעָם	*οὐκ ἔστιν* περασμὸς τῷ παντὶ λαῷ
4:17	כִּי־אֵינָם יוֹדְעִים לַעֲשׂוֹת רָע	ὅτι *οὔκ εἰσιν* εἰδότες τοῦ ποιῆσαι κακόν

5:3	כִּי *אֵין* חֵפֶץ בַּכְּסִילִים	ὅτι *οὐκ ἔστιν* θέλημα ἐν ἄφροσιν
5:11	*אֵינֶנּוּ* מַנִּיחַ לוֹ לִישׁוֹן	*οὐκ ἔστιν* ἀφίων αὐτὸν τοῦ ὑπνῶσαι
5:13	וְהוֹלִיד בֵּן וְ*אֵין* בְּיָדוֹ	καὶ ἐγέννησεν υἱόν *καὶ οὐκ ἔστιν* ἐν χειρὶ αὐτοῦ
6:2	וְ*אֵינֶנּוּ* חָסֵר לְנַפְשׁוֹ	*καὶ οὐκ ἔστιν* ὑστερῶν τῇ ψυχῇ αὐτοῦ
7:20	כִּי אָדָם *אֵין* צַדִּיק בָּאָרֶץ	ὅτι ἄνθρωπος *οὐκ ἔστιν* δίκαιος ἐν τῇ γῇ
8:7	כִּי־*אֵינֶנּוּ* יֹדֵעַ מַה־שֶּׁיִּהְיֶה	ὅτι *οὐκ ἔστιν* γινώσκων τί τὸ ἐσόμενον
8:8	*אֵין* אָדָם שַׁלִּיט בָּרוּחַ	*οὐκ ἔστιν* ἄνθρωπος ἐξουσιάζων ἐν πνεύματι
8:8	וְ*אֵין* שִׁלְטוֹן בְּיוֹם הַמָּוֶת	*καὶ οὐκ ἔστιν* ἐξουσία ἐν ἡμέρᾳ τοῦ θανάτου
8:8	וְ*אֵין* מִשְׁלַחַת בַּמִּלְחָמָה	*καὶ οὐκ ἔστιν* ἀποστολὴ ἐν τῷ πολέμῳ
8:11	אֲשֶׁר *אֵין*־נַעֲשָׂה פִתְגָם	ὅτι *οὐκ ἔστιν* γινομένη ἀντίρρησις
8:13	אֲשֶׁר *אֵינֶנּוּ* יָרֵא מִלִּפְנֵי אֱלֹהִים	ὃς *οὐκ ἔστιν* φοβούμενος ἀπὸ προσώπου τοῦ θεοῦ
8:15	אֲשֶׁר *אֵין*־טוֹב לָאָדָם תַּחַת הַשֶּׁמֶשׁ	ὅτι *οὐκ ἔστιν* ἀγαθὸν τῷ ἀνθρώπῳ ὑπὸ τὸν ἥλιον
8:16	שֵׁנָה בְּעֵינָיו *אֵינֶנּוּ* רֹאֶה	ὕπνον ἐν ὀφθαλμοῖς αὐτοῦ *οὐκ ἔστιν* βλέπων
9:1	גַּם־אַהֲבָה גַּם־שִׂנְאָה *אֵין* יוֹדֵעַ	καί γε ἀγάπην καί γε μῖσος *οὐκ ἔστιν* εἰδὼς
9:5	וְהַמֵּתִים *אֵינָם* יוֹדְעִים מְאוּמָה	καὶ οἱ νεκροὶ *οὔκ εἰσιν* γινώσκοντες οὐδέν
9:5	וְ*אֵין*־עוֹד לָהֶם שָׂכָר	*καὶ οὐκ ἔστιν* αὐτοῖς ἔτι μισθός
9:6	וְחֵלֶק *אֵין*־לָהֶם עוֹד לְעוֹלָם	καὶ μερὶς *οὐκ ἔστιν* αὐτοῖς ἔτι εἰς αἰῶνα
9:10	כִּי *אֵין* מַעֲשֶׂה וְחֶשְׁבּוֹן וְדַעַת	ὅτι *οὐκ ἔστιν* ποίημα καὶ λογισμὸς καὶ γνῶσις
9:16	וּדְבָרָיו *אֵינָם* נִשְׁמָעִים	καὶ λόγοι αὐτοῦ *οὔκ εἰσιν* ἀκουόμενοι
10:11	וְ*אֵין* יִתְרוֹן לְבַעַל הַלָּשׁוֹן	*καὶ οὐκ ἔστιν* περισσεία τῷ ἐπᾴδοντι
11:5	כַּאֲשֶׁר *אֵינְךָ* יוֹדֵעַ מַה־דֶּרֶךְ הָרוּחַ	ἐν οἷς *οὐκ ἔστιν* γινώσκων τίς ἡ ὁδὸς τοῦ πνεύματος
12:1	*אֵין*־לִי בָהֶם חֵפֶץ	*οὐκ ἔστιν* μοι ἐν αὐτοῖς θέλημα
12:12	עֲשׂוֹת סְפָרִים הַרְבֵּה *אֵין* קֵץ	ποιῆσαι βιβλία πολλά *οὐκ ἔστιν* περασμός

εἰμί/συν/προς	*Occurrences: 1*	
לָוָה	*1*	*100%*
8:15	וְהוּא *יִלְוֶנּוּ* בַעֲמָלוֹ	καὶ αὐτὸ *συμπροσέσται αὐτῷ* ἐν μόχθῳ αὐτοῦ

εἶπον	*Occurrences: 18*	
אָמַר	*18*	*100%*
1:2	הֲבֵל הֲבָלִים *אָמַר* קֹהֶלֶת	ματαιότης ματαιοτήτων *εἶπεν* ὁ ἐκκλησιαστής
1:10	יֵשׁ דָּבָר *שֶׁיֹּאמַר* רְאֵה־זֶה חָדָשׁ הוּא	ὃς λαλήσει *καὶ ἐρεῖ* ἰδὲ τοῦτο καινόν ἐστιν
2:1	*אָמַרְתִּי* אֲנִי בְּלִבִּי לְכָה־נָּא	*εἶπον* ἐγὼ ἐν καρδίᾳ μου δεῦρο δὴ
2:2	לִשְׂחוֹק *אָמַרְתִּי* מְהוֹלָל	τῷ γέλωτι *εἶπα* περιφορὰν {c παραφορὰν}
2:15	*וְאָמַרְתִּי* אֲנִי בְּלִבִּי	*καὶ εἶπα* ἐγὼ ἐν καρδίᾳ μου
3:17	*אָמַרְתִּי* אֲנִי בְּלִבִּי	*εἶπα* ἐγὼ ἐν καρδίᾳ μου
3:18	*אָמַרְתִּי* אֲנִי בְּלִבִּי	ἐκεῖ *εἶπα* ἐγὼ ἐν καρδίᾳ μου
5:5	וְאַל־*תֹּאמַר* לִפְנֵי הַמַּלְאָךְ	καὶ μὴ *εἴπῃς* πρὸ προσώπου τοῦ θεοῦ
6:3	*אָמַרְתִּי* טוֹב מִמֶּנּוּ הַנָּפֶל	*εἶπα* ἀγαθὸν ὑπὲρ αὐτὸν τὸ ἔκτρωμα
7:10	אַל־*תֹּאמַר* מֶה הָיָה	μὴ *εἴπῃς* τί ἐγένετο
7:23	*אָמַרְתִּי* אֶחְכָּמָה וְהִיא רְחוֹקָה מִמֶּנִּי	*εἶπα* σοφισθήσομαι [καὶ αὐτὴ ἐμακρύνθη ἀπ' ἐμοῦ]
7:27	רְאֵה זֶה מָצָאתִי *אָמְרָה* קֹהֶלֶת	ἰδὲ τοῦτο εὗρον *εἶπεν* ὁ ἐκκλησιαστής
8:4	וּמִי *יֹאמַר*־לוֹ מַה־תַּעֲשֶׂה	καὶ τίς *ἐρεῖ* αὐτῷ τί ποιήσεις
8:14	*אָמַרְתִּי* שֶׁגַּם־זֶה הָבֶל	*εἶπα* ὅτι καί γε τοῦτο ματαιότης
8:17	וְגַם אִם־*יֹאמַר* הֶחָכָם לָדַעַת	καί γε ὅσα ἂν *εἴπῃ* ὁ σοφὸς τοῦ γνῶναι
9:16	*וְאָמַרְתִּי* אָנִי טוֹבָה חָכְמָה מִגְּבוּרָה	*καὶ εἶπα* ἐγὼ ἀγαθὴ σοφία ὑπὲρ δύναμιν
12:1	וְהִגִּיעוּ שָׁנִים אֲשֶׁר *תֹּאמַר*	καὶ φθάσωσιν ἔτη ἐν οἷς *ἐρεῖς*
12:8	הֲבֵל הֲבָלִים *אָמַר* הַקּוֹהֶלֶת	ματαιότης ματαιοτήτων *εἶπεν* ὁ ἐκκλησιαστής

εἰρήνη	*Occurrences: 1*	
שָׁלוֹם	*1*	*100%*
3:8	עֵת מִלְחָמָה וְעֵת *שָׁלוֹם*	καιρὸς πολέμου καὶ καιρὸς *εἰρήνης*

εἰς *Occurrences: 33*

ל	*18*	*56%*
אל	*13*	*41%*
ב	*1*	*3%*
- - -	*1*	

- - -	*1*	
8:10	וּבְכֵן רָאִיתִי רְשָׁעִים קְבֻרִים וָבָאוּ	καὶ τότε εἶδον ἀσεβεῖς *εἰς* τάφους εἰσαχθέντας=ν
אֶל	*13*	*41%*
1:5	וְאֶל־מְקוֹמוֹ שׁוֹאֵף	*καὶ εἰς* τὸν τόπον αὐτοῦ ἕλκει
1:7	כָּל־הַנְּחָלִים הֹלְכִים אֶל־הַיָּם	πάντες οἱ χείμαρροι πορεύονται *εἰς* τὴν θάλασσαν
1:7	אֶל־מְקוֹם שֶׁהַנְּחָלִים הֹלְכִים	*εἰς* τόπον οὗ οἱ χείμαρροι πορεύονται
3:20	הַכֹּל הוֹלֵךְ אֶל־מָקוֹם אֶחָד	τὰ πάντα πορεύεται *εἰς* τόπον ἕνα
3:20	וְהַכֹּל שָׁב אֶל־הֶעָפָר	καὶ τὰ πάντα ἐπιστρέφει *εἰς* τὸν χοῦν
4:17	כַּאֲשֶׁר תֵּלֵךְ אֶל־בֵּית הָאֱלֹהִים	ἐν ᾧ ἐὰν πορεύῃ *εἰς* οἶκον τοῦ θεοῦ
6:6	הֲלֹא אֶל־מָקוֹם אֶחָד הַכֹּל הוֹלֵךְ	μὴ οὐκ *εἰς* τόπον ἕνα τὰ πάντα πορεύεται
7:2	טוֹב לָלֶכֶת אֶל־בֵּית־אֵבֶל	ἀγαθὸν πορευθῆναι *εἰς* οἶκον πένθους
7:2	מִלֶּכֶת אֶל־בֵּית מִשְׁתֶּה	ἢ ὅτι πορευθῆναι *εἰς* οἶκον πότου
7:2	וְהַחַי יִתֵּן אֶל־לִבּוֹ	καὶ ὁ ζῶν δώσει *εἰς* καρδίαν αὐτοῦ
9:1	כִּי אֶת־כָּל־זֶה נָתַתִּי אֶל־לִבִּי	ὅτι σὺν πᾶν τοῦτο ἔδωκα *εἰς* καρδίαν μου
10:15	אֲשֶׁר לֹא־יָדַע לָלֶכֶת אֶל־עִיר	ὃς οὐκ ἔγνω τοῦ πορευθῆναι *εἰς* πόλιν
12:5	כִּי־הֹלֵךְ הָאָדָם אֶל־בֵּית עוֹלָמוֹ	ὅτι ἐπορεύθη ὁ ἄνθρωπος *εἰς* οἶκον αἰῶνος αὐτοῦ
בְּ	*1*	*3%*
2:3	לִמְשׁוֹךְ בַּיַּיִן אֶת־בְּשָׂרִי	τοῦ ἑλκύσαι *εἰς οἶνον* τὴν σάρκα μου
לְ	*18*	*56%*
1:4	וְהָאָרֶץ לְעוֹלָם עֹמָדֶת	καὶ ἡ γῆ *εἰς τὸν αἰῶνα* ἕστηκεν
1:11	עִם שֶׁיִּהְיוּ לָאַחֲרֹנָה	μετὰ τῶν γενησομένων *εἰς τὴν ἐσχάτην*
2:16	זִכְרוֹן לֶחָכָם עִם־הַכְּסִיל לְעוֹלָם	μνήμη τοῦ σοφοῦ μετὰ τοῦ ἄφρονος *εἰς αἰῶνα*
3:14	הוּא יִהְיֶה לְעוֹלָם	αὐτὰ ἔσται *εἰς τὸν αἰῶνα*
3:21	הָעֹלָה הִיא לְמָעְלָה	εἰ ἀναβαίνει αὐτὸ *εἰς ἄνω*
3:21	הַיֹּרֶדֶת הִיא לְמַטָּה לָאָרֶץ	εἰ καταβαίνει αὐτὸ κάτω *εἰς γῆν*
5:12	שָׁמוּר לִבְעָלָיו לְרָעָתוֹ	φυλασσόμενον τῷ παρ' αὐτοῦ *εἰς κακίαν* αὐτοῦ
5:15	וּמַה־יִּתְרוֹן לוֹ שֶׁיַּעֲמֹל לָרוּחַ	καὶ τίς περισσεία αὐτῷ ᾗ μοχθεῖ *εἰς ἄνεμον*
6:7	כָּל־עֲמַל הָאָדָם לְפִיהוּ	πᾶς μόχθος τοῦ ἀνθρώπου *εἰς στόμα* αὐτοῦ
7:21	גַּם לְכָל־הַדְּבָרִים אֲשֶׁר יְדַבֵּרוּ	καί γε *εἰς πάντας* τοὺς λόγους οὓς λαλήσουσιν
8:9	וְנָתוֹן אֶת־לִבִּי לְכָל־מַעֲשֶׂה	καὶ ἔδωκα τὴν καρδίαν μου *εἰς πᾶν* ποίημα
9:6	וְחֵלֶק אֵין־לָהֶם עוֹד לְעוֹלָם	καὶ μερὶς οὐκ ἔστιν αὐτοῖς ἔτι *εἰς αἰῶνα*
9:12	בְּנֵי הָאָדָם לְעֵת רָעָה	οἱ υἱοὶ τοῦ ἀνθρώπου *εἰς καιρὸν* πονηρόν
10:2	לֵב חָכָם לִימִינוֹ	καρδία σοφοῦ *εἰς δεξιὸν αὐτοῦ*
10:2	וְלֵב כְּסִיל לִשְׂמֹאלוֹ	καὶ καρδία ἄφρονος *εἰς ἀριστερὸν αὐτοῦ*
10:19	לִשְׂחוֹק עֹשִׂים לֶחֶם	*εἰς γέλωτα* ποιοῦσιν ἄρτον
11:6	וְלָעֶרֶב אַל־תַּנַּח יָדֶךָ	καὶ *εἰς ἑσπέραν* μὴ ἀφέτω ἡ χείρ σου
12:4	וְיָקוּם לְקוֹל הַצִּפּוֹר	καὶ ἀναστήσεται *εἰς φωνὴν* τοῦ στρουθίου

εἷς *Occurrences: 18*

אֶחָד	*18*	*100%*
2:14	שֶׁמִּקְרֶה אֶחָד יִקְרֶה אֶת־כֻּלָּם	ὅτι συνάντημα *ἓν* συναντήσεται τοῖς πᾶσιν αὐτοῖς
3:19	וּמִקְרֶה הַבְּהֵמָה וּמִקְרֶה אֶחָד לָהֶם	καὶ συνάντημα τοῦ κτήνους συνάντημα *ἓν* αὐτοῖς
3:19	וְרוּחַ אֶחָד לַכֹּל	καὶ πνεῦμα *ἓν* τοῖς πᾶσιν
3:20	הַכֹּל הוֹלֵךְ אֶל־מָקוֹם אֶחָד	τὰ πάντα πορεύεται εἰς τόπον *ἕνα*
4:8	יֵשׁ אֶחָד וְאֵין שֵׁנִי	ἔστιν *εἷς* καὶ οὐκ ἔστιν δεύτερος
4:9	טוֹבִים הַשְּׁנַיִם מִן־הָאֶחָד	ἀγαθοὶ οἱ δύο ὑπὲρ *τὸν ἕνα*
4:10	כִּי אִם־יִפֹּלוּ הָאֶחָד יָקִים אֶת־חֲבֵרוֹ	ὅτι ἐὰν πέσωσιν *ὁ εἷς* ἐγερεῖ τὸν μέτοχον αὐτοῦ
4:10	וְאִילוֹ הָאֶחָד שֶׁיִּפּוֹל	καὶ οὐαὶ αὐτῷ *τῷ ἑνί* ὅταν πέσῃ
4:11	וּלְאֶחָד אֵיךְ יֵחָם	*καὶ ὁ εἷς* πῶς θερμανθῇ

4:12	וְאִם־יִתְקְפוֹ הָאֶחָד	καὶ ἐὰν ἐπικραταιωθῇ ὁ εἷς	
6:6	הֲלֹא אֶל־מָקוֹם אֶחָד הַכֹּל הוֹלֵךְ	μὴ οὐκ εἰς τόπον ἕνα τὰ πάντα πορεύεται	
7:27	אַחַת לְאַחַת לִמְצֹא חֶשְׁבּוֹן	μία τῇ μιᾷ τοῦ εὑρεῖν λογισμόν	
7:27	אַחַת לְאַחַת לִמְצֹא חֶשְׁבּוֹן	μία τῇ μιᾷ τοῦ εὑρεῖν λογισμόν	
7:28	אָדָם אֶחָד מֵאֶלֶף מָצָאתִי	ἄνθρωπον ἕνα ἀπὸ χιλίων εὗρον	
9:2	מִקְרֶה אֶחָד לַצַּדִּיק וְלָרָשָׁע	συνάντημα ἓν τῷ δικαίῳ καὶ τῷ ἀσεβεῖ	
9:3	כִּי־מִקְרֶה אֶחָד לַכֹּל	ὅτι συνάντημα ἓν τοῖς πᾶσιν	
9:18	וְחוֹטֶא אֶחָד יְאַבֵּד טוֹבָה הַרְבֵּה	καὶ ἁμαρτάνων εἷς ἀπολέσει ἀγαθωσύνην πολλήν	
12:11	נִתְּנוּ מֵרֹעֶה אֶחָד	ἐδόθησαν ἐκ ποιμένος ἑνός	

ἐκ *Occurrences: 5*

מִן	4	100%
- - -	1	

- - -	1		
2:15	- - -	διότι ἄφρων ἐκ περισσεύματος λαλεῖ	
מִן	4	100%	
4:14	כִּי־מִבֵּית הָסוּרִים יָצָא	ὅτι ἐξ οἴκου τῶν δεσμίων ἐξελεύσεται	
8:10	וּמִמְּקוֹם קָדוֹשׁ יְהַלֵּכוּ	καὶ ἐκ τόπου ἁγίου ἐπορεύθησαν	
12:11	נִתְּנוּ מֵרֹעֶה אֶחָד	ἐδόθησαν ἐκ ποιμένος ἑνός	
12:12	וְיֹתֵר מֵהֵמָּה בְּנִי הִזָּהֵר	[καὶ περισσὸν ἐξ αὐτῶν] υἱέ μου φύλαξαι	[11]

ἑκατόν *Occurrences: 1*

מֵאָה	1	100%	
6:3	אִם־יוֹלִיד אִישׁ מֵאָה וְשָׁנִים רַבּוֹת יִחְיֶה	ἐὰν γεννήσῃ ἀνὴρ ἑκατὸν καὶ ἔτη πολλὰ ζήσεται	

ἐκεῖ *Occurrences: 7*

שָׁם	7	100%	
1:5	זוֹרֵחַ הוּא שָׁם	[ἀνατέλλων αὐτὸς ἐκεῖ]	[6]
1:7	שָׁם הֵם שָׁבִים לָלָכֶת	ἐκεῖ αὐτοὶ ἐπιστρέφουσιν τοῦ πορευθῆναι	
3:16	מְקוֹם הַמִּשְׁפָּט שָׁמָּה הָרֶשַׁע	τόπον τῆς κρίσεως ἐκεῖ ὁ ἀσεβής	
3:16	וּמְקוֹם הַצֶּדֶק שָׁמָּה הָרָשַׁע	καὶ τόπον τοῦ δικαίου ἐκεῖ ὁ ἀσεβής	
3:17	וְעַל כָּל־הַמַּעֲשֶׂה שָׁם	καὶ ἐπὶ παντὶ τῷ ποιήματι [ἐκεῖ]	[18]
9:10	וְחָכְמָה בִּשְׁאוֹל אֲשֶׁר אַתָּה הֹלֵךְ שָׁמָּה	καὶ σοφία ἐν ᾅδῃ ὅπου σὺ πορεύῃ ἐκεῖ	
11:3	מְקוֹם שֶׁיִּפּוֹל הָעֵץ שָׁם יְהוּא	τόπῳ οὗ πεσεῖται τὸ ξύλον ἐκεῖ ἔσται	

ἐκεῖνος *Occurrences: 2*

הַ + הוּא	2	100%	
5:13	וְאָבַד הָעֹשֶׁר הַהוּא בְּעִנְיַן	καὶ ἀπολεῖται ὁ πλοῦτος ἐκεῖνος ἐν περισπασμῷ	
9:15	לֹא זָכַר אֶת־הָאִישׁ הַמִּסְכֵּן הַהוּא	οὐκ ἐμνήσθη σὺν τοῦ ἀνδρὸς τοῦ πένητος ἐκείνου	

ἐκκλησιαστής *Occurrences: 7*

קֹהֶלֶת	7	100%	
1:1	דִּבְרֵי קֹהֶלֶת בֶּן־דָּוִד	ῥήματα ἐκκλησιαστοῦ υἱοῦ Δαυιδ	
1:2	הֲבֵל הֲבָלִים אָמַר קֹהֶלֶת	ματαιότης ματαιοτήτων εἶπεν ὁ ἐκκλησιαστής	
1:12	אֲנִי קֹהֶלֶת הָיִיתִי מֶלֶךְ	ἐγὼ ἐκκλησιαστὴς ἐγενόμην βασιλεὺς	
7:27	רְאֵה זֶה מָצָאתִי אָמְרָה קֹהֶלֶת	ἰδὲ τοῦτο εὗρον εἶπεν ὁ ἐκκλησιαστής	
12:8	הֲבֵל הֲבָלִים אָמַר הַקּוֹהֶלֶת	ματαιότης ματαιοτήτων εἶπεν ὁ ἐκκλησιαστής	
12:9	וְיֹתֵר שֶׁהָיָה קֹהֶלֶת חָכָם	καὶ περισσὸν ὅτι ἐγένετο ἐκκλησιαστὴς σοφός	
12:10	בִּקֵּשׁ קֹהֶלֶת לִמְצֹא	ἐζήτησεν ἐκκλησιαστὴς τοῦ εὑρεῖν	

ἔκτρωμα *Occurrences: 1*

נֵפֶל	1	100%	
6:3	אָמַרְתִּי טוֹב מִמֶּנּוּ הַנָּפֶל	εἶπα ἀγαθὸν ὑπὲρ αὐτὸν τὸ ἔκτρωμα	

ἔλαιον *Occurrences: 3*

שֶׁמֶן		*3*	*100%*
	7:1	טוֹב שֵׁם מִשֶּׁמֶן טוֹב	ἀγαθὸν ὄνομα *ὑπὲρ ἔλαιον* ἀγαθὸν
	9:8	*וְשֶׁמֶן* עַל־רֹאשְׁךָ אַל־יֶחְסָר	καὶ *ἔλαιον* ἐπὶ κεφαλήν σου μὴ ὑστερησάτω
	10:1	זְבוּבֵי מָוֶת יַבְאִישׁ יַבִּיעַ *שֶׁמֶן*	μυῖαι θανατοῦσαι σαπριοῦσιν σκευασίαν *ἐλαίου*

ἐλεύθερος *Occurrences: 1*

חוֹרִים		*1*	*100%*
	10:17	אַשְׁרֵיךְ אֶרֶץ שֶׁמַּלְכֵּךְ בֶּן־*חוֹרִים*	μακαρία σύ γῆ ἧς ὁ βασιλεύς σου υἱὸς *ἐλευθέρων*

ἕλκω *Occurrences: 2*

מָשַׁךְ	*1*	*50%*
שָׁאַף	*1*	*50%*

מָשַׁךְ		*1*	*50%*
	2:3	*לִמְשׁוֹךְ* בַּיַּיִן אֶת־בְּשָׂרִי	τοῦ *ἑλκύσαι* εἰς οἶνον τὴν σάρκα μου
שָׁאַף		*1*	*50%*
	1:5	וְאֶל־מְקוֹמוֹ *שׁוֹאֵף*	καὶ εἰς τὸν τόπον αὐτοῦ *ἕλκει*

ἐλπίς *Occurrences: 1*

בִּטָּחוֹן		*1*	*100%*
	9:4	יֵשׁ *בִּטָּחוֹן* כִּי־לְכֶלֶב חַי הוּא טוֹב	ἔστιν *ἐλπίς* ὅτι ὁ κύων ὁ ζῶν αὐτὸς ἀγαθὸς

ἔμπροσθεν *Occurrences: 5*

לְ + פָּנֶה		*5*	*100%*
	1:10	לְעֹלָמִים אֲשֶׁר הָיָה *מִלְּפָנֵנוּ*	ἐν τοῖς αἰῶσιν τοῖς γενομένοις *ἀπὸ ἔμπροσθεν ἡμῶν*
	1:16	עַל כָּל־אֲשֶׁר־הָיָה *לְפָנַי* עַל־יְרוּשָׁלָםִ	ἐπὶ πᾶσιν οἳ ἐγένοντο *ἔμπροσθέν μου* ἐν Ιερουσαλημ
	2:7	מִכֹּל שֶׁהָיוּ *לְפָנַי*	ὑπὲρ πάντας τοὺς γενομένους *ἔμπροσθέν μου*
	2:9	מִכֹּל שֶׁהָיָה *לְפָנַי*	παρὰ πάντας τοὺς γενομένους *ἔμπροσθέν μου*
	4:16	לְכֹל אֲשֶׁר־הָיָה *לִפְנֵיהֶם*	τοῖς πᾶσιν ὅσοι ἐγένοντο *ἔμπροσθεν αὐτῶν*

ἐν *Occurrences: 160*

בְּ	*147*	*92%*
כְּ	*5*	*3%*
לְ	*2*	*1%*
מִן	*2*	*1%*
עַל	*2*	*1%*
עִם	*1*	*1%*
- - -	*1*	

- - -		*1*	
	12:1	וְהִגִּיעוּ שָׁנִים אֲשֶׁר תֹּאמַר	καὶ φθάσωσιν ἔτη *ἐν* οἷς ἐρεῖς
בְּ		*147*	*92%*
	1:1	מֶלֶךְ *בִּירוּשָׁלָםִ*	βασιλέως Ισραηλ *ἐν Ιερουσαλημ*
	1:3	מַה־יִּתְרוֹן לָאָדָם *בְּכָל*־עֲמָלוֹ	τίς περισσεία τῷ ἀνθρώπῳ *ἐν παντὶ* μόχθῳ αὐτοῦ
	1:12	הָיִיתִי מֶלֶךְ עַל־יִשְׂרָאֵל *בִּירוּשָׁלָםִ*	ἐγενόμην βασιλεὺς ἐπὶ Ισραηλ *ἐν Ιερουσαλημ*
	1:13	וְלָתוּר *בַּחָכְמָה*	καὶ τοῦ κατασκέψασθαι *ἐν τῇ σοφίᾳ*
	1:13	לִבְנֵי הָאָדָם לַעֲנוֹת *בּוֹ*	τοῖς υἱοῖς τοῦ ἀνθρώπου τοῦ περισπᾶσθαι *ἐν αὐτῷ*
	1:18	כִּי *בְּרֹב* חָכְמָה רָב־כָּעַס	ὅτι *ἐν πλήθει* σοφίας πλῆθος γνώσεως
	2:1	אָמַרְתִּי אֲנִי *בְּלִבִּי* לְכָה־נָּא	εἶπον ἐγὼ *ἐν καρδίᾳ μου* δεῦρο δὴ
	2:1	אֲנַסְּכָה *בְשִׂמְחָה* וּרְאֵה בְטוֹב	πειράσω σε *ἐν εὐφροσύνῃ* καὶ ἰδὲ ἐν ἀγαθῷ
	2:1	אֲנַסְּכָה בְשִׂמְחָה וּרְאֵה *בְטוֹב*	πειράσω σε ἐν εὐφροσύνῃ καὶ ἰδὲ *ἐν ἀγαθῷ*
	2:3	תַּרְתִּי *בְלִבִּי*	κατεσκεψάμην *ἐν καρδίᾳ μου*
	2:3	וְלִבִּי נֹהֵג *בַּחָכְמָה*	καὶ καρδία μου ὡδήγησεν *ἐν σοφίᾳ*

2:5	וְנָטַעְתִּי בָהֶם עֵץ כָּל־פֶּרִי	καὶ ἐφύτευσα *ἐν αὐτοῖς* ξύλον πᾶν καρποῦ
2:7	לְפָנַי בִּירוּשָׁלָםִ	ἔμπροσθέν μου *ἐν Ιερουσαλημ*
2:9	לְפָנַי בִּירוּשָׁלָםִ	ἔμπροσθέν μου *ἐν Ιερουσαλημ*
2:11	וּפָנִיתִי אֲנִי בְּכָל־מַעֲשַׂי	καὶ ἐπέβλεψα ἐγὼ *ἐν πᾶσιν* ποιήμασίν μου
2:11	וּבֶעָמָל שֶׁעָמַלְתִּי לַעֲשׂוֹת	*καὶ ἐν μόχθῳ* ᾧ ἐμόχθησα τοῦ ποιεῖν
2:14	הֶחָכָם עֵינָיו בְּרֹאשׁוֹ	τοῦ σοφοῦ οἱ ὀφθαλμοὶ αὐτοῦ *ἐν κεφαλῇ αὐτοῦ*
2:14	וְהַכְּסִיל בַּחֹשֶׁךְ הוֹלֵךְ	καὶ ὁ ἄφρων *ἐν σκότει* πορεύεται
2:15	וְאָמַרְתִּי אֲנִי בְּלִבִּי	καὶ εἶπα ἐγὼ *ἐν καρδίᾳ μου*
2:15	וְדִבַּרְתִּי בְלִבִּי	ἐλάλησα *ἐν καρδίᾳ μου*
2:19	וְיִשְׁלַט בְּכָל־עֲמָלִי	καὶ ἐξουσιάζεται *ἐν παντὶ* μόχθῳ μου
2:21	כִּי־יֵשׁ אָדָם שֶׁעֲמָלוֹ בְּחָכְמָה	ὅτι ἔστιν ἄνθρωπος οὗ μόχθος αὐτοῦ *ἐν σοφίᾳ*
2:21	בְּחָכְמָה וּבְדַעַת וּבְכִשְׁרוֹן	*ἐν σοφίᾳ* καὶ ἐν γνώσει καὶ ἐν ἀνδρείᾳ
2:21	בְּחָכְמָה וּבְדַעַת וּבְכִשְׁרוֹן	ἐν σοφίᾳ *καὶ ἐν γνώσει* καὶ ἐν ἀνδρείᾳ
2:21	וּלְאָדָם שֶׁלֹּא עָמַל־בּוֹ	καὶ ἄνθρωπος ὃς οὐκ ἐμόχθησεν *ἐν αὐτῷ*
2:22	כִּי מֶה־הֹוֶה לָאָדָם בְּכָל־עֲמָלוֹ	ὅτι τί γίνεται τῷ ἀνθρώπῳ *ἐν παντὶ* μόχθῳ αὐτοῦ
2:22	וּבְרַעְיוֹן לִבּוֹ	*καὶ ἐν προαιρέσει* καρδίας αὐτοῦ
2:23	גַּם־בַּלַּיְלָה לֹא־שָׁכַב לִבּוֹ	καί γε *ἐν νυκτὶ* οὐ κοιμᾶται ἡ καρδία αὐτοῦ
2:24	אֵין־טוֹב בָּאָדָם	οὐκ ἔστιν ἀγαθὸν *ἐν ἀνθρώπῳ*
2:24	וְהֶרְאָה אֶת־נַפְשׁוֹ טוֹב בַּעֲמָלוֹ	καὶ ὃ δείξει τῇ ψυχῇ αὐτοῦ ἀγαθὸν *ἐν μόχθῳ αὐτοῦ*
3:9	מַה־יִּתְרוֹן הָעוֹשֶׂה בַּאֲשֶׁר הוּא עָמֵל	τίς περισσεία τοῦ ποιοῦντος *ἐν οἷς* αὐτὸς μοχθεῖ
3:10	לִבְנֵי הָאָדָם לַעֲנוֹת בּוֹ	τοῖς υἱοῖς τοῦ ἀνθρώπου τοῦ περισπᾶσθαι *ἐν αὐτῷ*
3:11	אֶת־הַכֹּל עָשָׂה יָפֶה בְעִתּוֹ	σὺν τὰ πάντα ἐποίησεν καλὰ *ἐν καιρῷ αὐτοῦ*
3:11	גַּם אֶת־הָעֹלָם נָתַן בְּלִבָּם	καί γε σὺν τὸν αἰῶνα ἔδωκεν *ἐν καρδίᾳ αὐτῶν*
3:12	יָדַעְתִּי כִּי אֵין טוֹב בָּם	ἔγνων ὅτι οὐκ ἔστιν ἀγαθὸν *ἐν αὐτοῖς*
3:12	וְלַעֲשׂוֹת טוֹב בְּחַיָּיו	καὶ τοῦ ποιεῖν ἀγαθὸν *ἐν ζωῇ αὐτοῦ*
3:13	וְרָאָה טוֹב בְּכָל־עֲמָלוֹ	καὶ ἴδῃ ἀγαθὸν *ἐν παντὶ* μόχθῳ αὐτοῦ
3:17	אָמַרְתִּי אֲנִי בְּלִבִּי	εἶπα ἐγὼ *ἐν καρδίᾳ μου*
3:18	אָמַרְתִּי אֲנִי בְּלִבִּי	ἐκεῖ εἶπα ἐγὼ *ἐν καρδίᾳ μου*
3:22	יִשְׂמַח הָאָדָם בְּמַעֲשָׂיו	εὐφρανθήσεται ὁ ἄνθρωπος *ἐν ποιήμασιν αὐτοῦ*
3:22	כִּי מִי יְבִיאֶנּוּ לִרְאוֹת בְּמֶה שֶׁיִּהְיֶה	ὅτι τίς ἄξει αὐτὸν τοῦ ἰδεῖν *ἐν ᾧ ἐὰν γένηται*
4:9	אֲשֶׁר יֵשׁ־לָהֶם שָׂכָר טוֹב בַּעֲמָלָם	οἷς ἔστιν αὐτοῖς μισθὸς ἀγαθὸς *ἐν μόχθῳ αὐτῶν*
4:14	כִּי גַּם בְּמַלְכוּתוֹ נוֹלַד רָשׁ	ὅτι καί γε *ἐν βασιλείᾳ αὐτοῦ* ἐγεννήθη πένης
4:16	גַּם הָאַחֲרוֹנִים לֹא יִשְׂמְחוּ־בוֹ	καί γε οἱ ἔσχατοι οὐκ εὐφρανθήσονται *ἐν αὐτῷ*
5:1	כִּי הָאֱלֹהִים בַּשָּׁמַיִם וְאַתָּה עַל־הָאָרֶץ	ὅτι ὁ θεὸς *ἐν τῷ οὐρανῷ* καὶ σὺ ἐπὶ τῆς γῆς
5:2	כִּי בָּא הַחֲלוֹם בְּרֹב עִנְיָן	ὅτι παραγίνεται ἐνύπνιον *ἐν πλήθει* περισπασμοῦ
5:2	וְקוֹל כְּסִיל בְּרֹב דְּבָרִים	καὶ φωνὴ ἄφρονος *ἐν πλήθει* λόγων
5:3	כִּי אֵין חֵפֶץ בַּכְּסִילִים	ὅτι οὐκ ἔστιν θέλημα *ἐν ἄφροσιν*
5:6	כִּי בְרֹב חֲלֹמוֹת וַהֲבָלִים	ὅτι *ἐν πλήθει* ἐνυπνίων καὶ ματαιότητες
5:7	וְגֵזֶל מִשְׁפָּט וָצֶדֶק תִּרְאֶה בַמְּדִינָה	καὶ ἁρπαγὴν κρίματος καὶ δικαιοσύνης ἴδῃς *ἐν χώρᾳ*
5:8	וְיִתְרוֹן אֶרֶץ בַּכֹּל *הִיא **הוּא	καὶ περισσεία γῆς *ἐν παντί* ἐστι
5:9	וּמִי־אֹהֵב בֶּהָמוֹן לֹא תְבוּאָה	καὶ τίς ἠγάπησεν *ἐν πλήθει αὐτῶν* γένημα
5:10	בִּרְבוֹת הַטּוֹבָה	*ἐν πλήθει* τῆς ἀγαθωσύνης
5:13	וְאָבַד הָעֹשֶׁר הַהוּא בְּעִנְיַן	καὶ ἀπολεῖται ὁ πλοῦτος ἐκεῖνος *ἐν περισπασμῷ*
5:13	וְהוֹלִיד בֵּן וְאֵין בְּיָדוֹ	καὶ ἐγέννησεν υἱόν καὶ οὐκ ἔστιν *ἐν χειρὶ αὐτοῦ*
5:14	וּמְאוּמָה לֹא־יִשָּׂא בַעֲמָלוֹ	καὶ οὐδὲν οὐ λήμψεται *ἐν μόχθῳ αὐτοῦ*
5:14	שֶׁיֹּלֵךְ בְּיָדוֹ	ἵνα πορευθῇ *ἐν χειρὶ αὐτοῦ*
5:16	גַּם כָּל־יָמָיו בַּחֹשֶׁךְ יֹאכֵל	καί γε πᾶσαι αἱ ἡμέραι αὐτοῦ *ἐν σκότει* καὶ πένθει
5:17	בְּכָל־עֲמָלוֹ שֶׁיַּעֲמֹל	*ἐν παντὶ* μόχθῳ αὐτοῦ ᾧ ἐὰν μοχθῇ
5:18	וְלִשְׂמֹחַ בַּעֲמָלוֹ	καὶ τοῦ εὐφρανθῆναι *ἐν μόχθῳ αὐτοῦ*
5:19	מַעֲנֶה בְּשִׂמְחַת לִבּוֹ	περισπᾷ αὐτὸν *ἐν εὐφροσύνῃ* καρδίας αὐτοῦ
6:4	כִּי־בַהֶבֶל בָּא וּבַחֹשֶׁךְ יֵלֵךְ	ὅτι *ἐν ματαιότητι* ἦλθεν καὶ ἐν σκότει πορεύεται
6:4	כִּי־בַהֶבֶל בָּא וּבַחֹשֶׁךְ יֵלֵךְ	ὅτι ἐν ματαιότητι ἦλθεν *καὶ ἐν σκότει* πορεύεται
6:4	וּבַחֹשֶׁךְ שְׁמוֹ יְכֻסֶּה	*καὶ ἐν σκότει* ὄνομα αὐτοῦ καλυφθήσεται
6:12	כִּי מִי־יוֹדֵעַ מַה־טּוֹב לָאָדָם בַּחַיִּים	ὅτι τίς οἶδεν τί ἀγαθὸν τῷ ἀνθρώπῳ *ἐν τῇ ζωῇ*
7:3	כִּי־בְרֹעַ פָּנִים יִיטַב לֵב	ὅτι *ἐν κακίᾳ* προσώπου ἀγαθυνθήσεται καρδία
7:4	לֵב חֲכָמִים בְּבֵית אֵבֶל	καρδία σοφῶν *ἐν οἴκῳ πένθους*
7:4	וְלֵב כְּסִילִים בְּבֵית שִׂמְחָה	καὶ καρδία ἀφρόνων *ἐν οἴκῳ* εὐφροσύνης

7:9	אַל־תְּבַהֵל *בְּרוּחֲךָ* לִכְעוֹס	μὴ σπεύσῃς *ἐν πνεύματί σου* τοῦ θυμοῦσθαι
7:9	כִּי כַעַס *בְּחֵיק* כְּסִילִים יָנוּחַ	ὅτι θυμὸς *ἐν κόλπῳ* ἀφρόνων ἀναπαύσεται
7:12	כִּי *בְּצֵל* הַחָכְמָה בְּצֵל הַכָּסֶף	ὅτι *ἐν σκιᾷ αὐτῆς* ἡ σοφία ὡς σκιὰ τοῦ ἀργυρίου
7:14	*בְּיוֹם* טוֹבָה הֱיֵה בְטוֹב	*ἐν ἡμέρᾳ* ἀγαθωσύνης ζῆθι ἐν ἀγαθῷ
7:14	בְּיוֹם טוֹבָה הֱיֵה *בְטוֹב*	ἐν ἡμέρᾳ ἀγαθωσύνης ζῆθι *ἐν ἀγαθῷ*
7:14	*וּבְיוֹם* רָעָה רְאֵה	*καὶ ἐν ἡμέρᾳ* κακίας ἰδέ
7:15	אֶת־הַכֹּל רָאִיתִי *בִּימֵי* הֶבְלִי	σὺν τὰ πάντα εἶδον *ἐν ἡμέραις* ματαιότητός μου
7:15	יֵשׁ צַדִּיק אֹבֵד *בְּצִדְקוֹ*	ἔστιν δίκαιος ἀπολλύμενος *ἐν δικαίῳ αὐτοῦ*
7:15	וְיֵשׁ רָשָׁע מַאֲרִיךְ *בְּרָעָתוֹ*	καὶ ἔστιν ἀσεβὴς μένων *ἐν κακίᾳ αὐτοῦ*
7:17	לָמָּה תָמוּת *בְּלֹא עִתֶּךָ*	ἵνα μὴ ἀποθάνῃς *ἐν οὐ καιρῷ* σου
7:18	טוֹב אֲשֶׁר תֶּאֱחֹז *בָּזֶה*	ἀγαθὸν τὸ ἀντέχεσθαί σε *ἐν τούτῳ*
7:19	מֵעֲשָׂרָה שַׁלִּיטִים אֲשֶׁר הָיוּ *בָּעִיר*	ὑπὲρ δέκα ἐξουσιάζοντας τοὺς ὄντας *ἐν τῇ πόλει*
7:20	כִּי אָדָם אֵין צַדִּיק *בָּאָרֶץ*	ὅτι ἄνθρωπος οὐκ ἔστιν δίκαιος *ἐν τῇ γῇ*
7:23	כָּל־זֹה נִסִּיתִי *בַחָכְמָה*	πάντα ταῦτα ἐπείρασα *ἐν τῇ σοφίᾳ*
7:26	וְחוֹטֵא יִלָּכֶד *בָּהּ*	καὶ ἁμαρτάνων συλλημφθήσεται *ἐν αὐτῇ*
7:28	וְאִשָּׁה *בְכָל־אֵלֶּה* לֹא מָצָאתִי	καὶ γυναῖκα *ἐν πᾶσι τούτοις* οὐχ εὗρον
8:3	אַל־תַּעֲמֹד *בְּדָבָר* רָע	μὴ στῇς *ἐν λόγῳ* πονηρῷ
8:8	אֵין אָדָם שַׁלִּיט *בָּרוּחַ*	οὐκ ἔστιν ἄνθρωπος ἐξουσιάζων *ἐν πνεύματι*
8:8	וְאֵין שִׁלְטוֹן *בְּיוֹם* הַמָּוֶת	καὶ οὐκ ἔστιν ἐξουσία *ἐν ἡμέρᾳ* τοῦ θανάτου
8:8	וְאֵין מִשְׁלַחַת *בַּמִּלְחָמָה*	καὶ οὐκ ἔστιν ἀποστολὴ *ἐν τῷ πολέμῳ*
8:9	עֵת אֲשֶׁר שָׁלַט הָאָדָם *בְּאָדָם*	τὰ ὅσα ἐξουσιάσατο ὁ ἄνθρωπος *ἐν ἀνθρώπῳ*
8:10	וְיִשְׁתַּכְּחוּ *בָעִיר* אֲשֶׁר כֵּן־עָשׂוּ	καὶ ἐπῃνέθησαν *ἐν τῇ πόλει* ὅτι οὕτως ἐποίησαν
8:11	*בָּהֶם* לַעֲשׂוֹת רָע	*ἐν αὐτοῖς* τοῦ ποιῆσαι τὸ πονηρόν
8:15	וְהוּא יִלְוֶנּוּ *בַעֲמָלוֹ*	καὶ αὐτὸ συμπροσέσται αὐτῷ *ἐν μόχθῳ αὐτοῦ*
8:16	כִּי גַם *בַּיּוֹם* וּבַלַּיְלָה	ὅτι καί γε *ἐν ἡμέρᾳ* καὶ ἐν νυκτὶ
8:16	כִּי גַם בַּיּוֹם *וּבַלַּיְלָה*	ὅτι καί γε ἐν ἡμέρᾳ *καὶ ἐν νυκτὶ*
8:16	שֵׁנָה *בְּעֵינָיו* אֵינֶנּוּ רֹאֶה	ὕπνον *ἐν ὀφθαλμοῖς αὐτοῦ* οὐκ ἔστιν βλέπων
9:1	וַעֲבָדֵיהֶם *בְּיַד* הָאֱלֹהִים	καὶ ἐργασίαι αὐτῶν *ἐν χειρὶ* τοῦ θεοῦ
9:3	זֶה רָע *בְּכֹל* אֲשֶׁר־נַעֲשָׂה תַּחַת הַשֶּׁמֶשׁ	τοῦτο πονηρὸν *ἐν παντὶ* πεποιημένῳ ὑπὸ τὸν ἥλιον
9:3	וְהוֹלֵלוֹת *בִּלְבָבָם* בְּחַיֵּיהֶם	καὶ περιφέρεια *ἐν καρδίᾳ αὐτῶν* ἐν ζωῇ αὐτῶν
9:3	וְהוֹלֵלוֹת בִּלְבָבָם *בְּחַיֵּיהֶם*	καὶ περιφέρεια ἐν καρδίᾳ αὐτῶν *ἐν ζωῇ αὐτῶν*
9:6	*בְּכֹל* אֲשֶׁר־נַעֲשָׂה תַּחַת הַשָּׁמֶשׁ	*ἐν παντὶ* τῷ πεποιημένῳ ὑπὸ τὸν ἥλιον
9:7	לֵךְ אֱכֹל *בְּשִׂמְחָה* לַחְמֶךָ	δεῦρο φάγε *ἐν εὐφροσύνῃ* ἄρτον σου
9:7	וּשְׁתֵה *בְלֶב*־טוֹב יֵינֶךָ	καὶ πίε *ἐν καρδίᾳ* ἀγαθῇ οἶνόν σου
9:8	*בְּכָל־עֵת* יִהְיוּ בְגָדֶיךָ לְבָנִים	*ἐν παντὶ* καιρῷ ἔστωσαν ἱμάτιά σου λευκά
9:9	כִּי הוּא חֶלְקְךָ *בַּחַיִּים*	ὅτι αὐτὸ μερίς σου *ἐν τῇ ζωῇ* σου
9:9	*וּבַעֲמָלְךָ* אֲשֶׁר־אַתָּה עָמֵל תַּחַת הַשָּׁמֶשׁ	*καὶ ἐν τῷ μόχθῳ σου* ᾧ σὺ μοχθεῖς ὑπὸ τὸν ἥλιον
9:10	וְחָכְמָה *בִּשְׁאוֹל* אֲשֶׁר אַתָּה הֹלֵךְ שָׁמָּה	καὶ σοφία *ἐν ᾅδῃ* ὅπου σὺ πορεύῃ ἐκεῖ
9:12	כַּדָּגִים שֶׁנֶּאֱחָזִים *בִּמְצוֹדָה* רָעָה	ὡς οἱ ἰχθύες οἱ θηρευόμενοι *ἐν ἀμφιβλήστρῳ* κακῷ
9:12	וְכַצִּפֳּרִים הָאֲחֻזוֹת *בַּפָּח*	καὶ ὡς ὄρνεα τὰ θηρευόμενα *ἐν παγίδι*
9:14	עִיר קְטַנָּה וַאֲנָשִׁים *בָּהּ* מְעָט	πόλις μικρὰ καὶ ἄνδρες *ἐν αὐτῇ* ὀλίγοι
9:15	וּמָצָא *בָהּ* אִישׁ מִסְכֵּן חָכָם	καὶ εὕρῃ *ἐν αὐτῇ* ἄνδρα πένητα σοφόν
9:15	וּמִלַּט־הוּא אֶת־הָעִיר *בְּחָכְמָתוֹ*	καὶ διασώσει αὐτὸς τὴν πόλιν *ἐν τῇ σοφίᾳ αὐτοῦ*
9:17	דִּבְרֵי חֲכָמִים *בְּנַחַת* נִשְׁמָעִים	λόγοι σοφῶν *ἐν ἀναπαύσει* ἀκούονται
9:17	מִזַּעֲקַת מוֹשֵׁל *בַּכְּסִילִים*	ὑπὲρ κραυγὴν ἐξουσιαζόντων *ἐν ἀφροσύναις*
10:3	וְגַם־*בַּדֶּרֶךְ* *כשהסכל **כְּשֶׁסָּכָל הֹלֵךְ	καί γε *ἐν ὁδῷ* ὅταν ἄφρων πορεύηται
10:6	נִתַּן הַסֶּכֶל *בַּמְּרוֹמִים* רַבִּים	ἐδόθη ὁ ἄφρων *ἐν ὕψεσι* μεγάλοις
10:6	וַעֲשִׁירִים *בַּשֵּׁפֶל* יֵשֵׁבוּ	καὶ πλούσιοι *ἐν ταπεινῷ* καθήσονται
10:8	חֹפֵר גּוּמָּץ *בּוֹ* יִפּוֹל	ὁ ὀρύσσων βόθρον *ἐν αὐτῷ* ἐμπεσεῖται
10:9	מַסִּיעַ אֲבָנִים יֵעָצֵב *בָּהֶם*	ἐξαίρων λίθους διαπονηθήσεται *ἐν αὐτοῖς*
10:9	בּוֹקֵעַ עֵצִים יִסָּכֶן *בָּם*	σχίζων ξύλα κινδυνεύσει *ἐν αὐτοῖς*
10:11	אִם־יִשֹּׁךְ הַנָּחָשׁ *בְּלוֹא־לָחַשׁ*	ἐὰν δάκῃ ὁ ὄφις *ἐν οὐ ψιθυρισμῷ*
10:16	וְשָׂרַיִךְ *בַּבֹּקֶר* יֹאכֵלוּ	καὶ οἱ ἄρχοντές σου *ἐν πρωίᾳ* ἐσθίουσιν
10:17	*בִּגְבוּרָה* וְלֹא בַשְּׁתִי	*ἐν δυνάμει* καὶ οὐκ αἰσχυνθήσονται
10:18	*בַּעֲצַלְתַּיִם* יִמַּךְ הַמְּקָרֶה	*ἐν ὀκνηρίαις* ταπεινωθήσεται ἡ δόκωσις
10:18	*וּבְשִׁפְלוּת* יָדַיִם יִדְלֹף הַבָּיִת	*καὶ ἐν ἀργίᾳ* χειρῶν στάξει ἡ οἰκία
10:20	גַּם *בְּמַדָּעֲךָ* מֶלֶךְ אַל־תְּקַלֵּל	καί γε *ἐν συνειδήσει σου* βασιλέα μὴ καταράσῃ

10:20	וּבְחַדְרֵי מִשְׁכָּבְךָ אַל־תְּקַלֵּל	*καὶ ἐν ταμιείοις* κοιτώνων σου μὴ καταράσῃ	
11:1	כִּי־בְרֹב הַיָּמִים תִּמְצָאֶנּוּ	ὅτι *ἐν πλήθει* τῶν ἡμερῶν εὑρήσεις αὐτόν	
11:3	וְאִם־יִפּוֹל עֵץ בַּדָּרוֹם וְאִם בַּצָּפוֹן	καὶ ἐὰν πέσῃ ξύλον *ἐν τῷ νότῳ* καὶ ἐὰν ἐν τῷ βορρᾷ	
11:3	וְאִם־יִפּוֹל עֵץ בַּדָּרוֹם וְאִם בַּצָּפוֹן	καὶ ἐὰν πέσῃ ξύλον ἐν τῷ νότῳ καὶ ἐὰν *ἐν τῷ βορρᾷ*	
11:4	וְרֹאֶה בֶעָבִים לֹא יִקְצוֹר	καὶ βλέπων *ἐν ταῖς νεφέλαις* οὐ θερίσει	
11:5	כַּעֲצָמִים בְּבֶטֶן הַמְּלֵאָה	ὡς ὀστᾶ *ἐν γαστρὶ* τῆς κυοφορούσης	
11:6	בַּבֹּקֶר זְרַע אֶת־זַרְעֶךָ	*ἐν πρωίᾳ* σπεῖρον τὸ σπέρμα σου	
11:8	בְּכֻלָּם יִשְׂמָח	*ἐν πᾶσιν αὐτοῖς* εὐφρανθήσεται	
11:9	שְׂמַח בָּחוּר בְּיַלְדוּתֶיךָ	εὐφραίνου νεανίσκε *ἐν νεότητί σου*	
11:9	בִּימֵי בְחוּרוֹתֶךָ	*ἐν ἡμέραις* νεότητός σου	
11:9	וְהַלֵּךְ בְּדַרְכֵי לִבְּךָ	καὶ περιπάτει *ἐν ὁδοῖς* καρδίας σου	
11:9	וּבְמַרְאֵי עֵינֶיךָ	*καὶ ἐν ὁράσει* ὀφθαλμῶν σου	
11:9	עַל־כָּל־אֵלֶּה יְבִיאֲךָ הָאֱלֹהִים בַּמִּשְׁפָּט	ἐπὶ πᾶσι τούτοις ἄξει σε ὁ θεὸς *ἐν κρίσει*	
12:1	בִּימֵי בְּחוּרֹתֶיךָ	*ἐν ἡμέραις* νεότητός σου	
12:1	אֵין־לִי בָהֶם חֵפֶץ	οὐκ ἔστιν μοι *ἐν αὐτοῖς* θέλημα	
12:3	בַּיּוֹם שֶׁיָּזֻעוּ שֹׁמְרֵי הַבַּיִת	*ἐν ἡμέρᾳ* ᾗ ἐὰν σαλευθῶσιν φύλακες τῆς οἰκίας	
12:3	וְחָשְׁכוּ הָרֹאוֹת בָּאֲרֻבּוֹת	καὶ σκοτάσουσιν αἱ βλέπουσαι *ἐν ταῖς ὀπαῖς*	
12:4	וְסֻגְּרוּ דְלָתַיִם בַּשּׁוּק	καὶ κλείσουσιν θύρας *ἐν ἀγορᾷ*	
12:4	בִּשְׁפַל קוֹל הַטַּחֲנָה	*ἐν ἀσθενείᾳ* φωνῆς τῆς ἀληθούσης	
12:5	גַּם מִגָּבֹהַּ יִרָאוּ וְחַתְחַתִּים בַּדֶּרֶךְ	καί γε ἀπὸ ὕψους ὄψονται καὶ θάμβοι *ἐν τῇ ὁδῷ*	
12:5	וְסָבְבוּ בַשּׁוּק הַסֹּפְדִים	καὶ ἐκύκλωσαν *ἐν ἀγορᾷ* οἱ κοπτόμενοι	
12:14	כִּי אֶת־כָּל־מַעֲשֶׂה הָאֱלֹהִים יָבִא בְמִשְׁפָּט	ὅτι σὺν πᾶν τὸ ποίημα ὁ θεὸς ἄξει *ἐν κρίσει*	
כְּ	5	3%	
4:17	שְׁמֹר *רַגְלֶיךָ **רַגְלְךָ כַּאֲשֶׁר תֵּלֵךְ אֶל־בֵּית	φύλαξον πόδα σου *ἐν ᾧ ἐὰν* πορεύῃ εἰς οἶκον	=%p
6:12	וְיַעֲשֵׂם כַּצֵּל	καὶ ἐποίησεν αὐτὰς *ἐν σκιᾷ*	=%p
8:13	וְלֹא־יַאֲרִיךְ יָמִים כַּצֵּל	καὶ οὐ μακρυνεῖ ἡμέρας *ἐν σκιᾷ*	=%p
8:16	כַּאֲשֶׁר נָתַתִּי אֶת־לִבִּי לָדַעַת חָכְמָה	*ἐν οἷς* ἔδωκα τὴν καρδίαν μου τοῦ γνῶναι σοφίαν	=%p
11:5	כַּאֲשֶׁר אֵינְךָ יוֹדֵעַ מַה־דֶּרֶךְ הָרוּחַ	*ἐν οἷς* οὐκ ἔστιν γινώσκων τίς ἡ ὁδὸς τοῦ πνεύματος	=%p
לְ	2	1%	
1:10	כְּבָר הָיָה לְעֹלָמִים אֲשֶׁר הָיָה	ἤδη γέγονεν *ἐν τοῖς αἰῶσιν* τοῖς γενομένοις	
9:2	הַכֹּל כַּאֲשֶׁר לַכֹּל	ματαιότης *ἐν τοῖς πᾶσιν*	
מִן	2	1%	
2:10	כִּי־לִבִּי שָׂמֵחַ מִכָּל־עֲמָלִי	ὅτι καρδία μου εὐφράνθη *ἐν παντὶ* μόχθῳ μου	=%p
7:10	כִּי לֹא מֵחָכְמָה שָׁאַלְתָּ עַל־זֶה	ὅτι οὐκ *ἐν σοφίᾳ* ἐπηρώτησας περὶ τούτου	=%p
עַל	2	1%	
1:16	עַל כָּל־אֲשֶׁר־הָיָה לְפָנַי עַל־יְרוּשָׁלִָם	ἐπὶ πᾶσιν οἳ ἐγένοντο ἔμπροσθέν μου *ἐν* Ιερουσαλημ	
12:14	עַל כָּל־נֶעְלָם	*ἐν* παντὶ παρεωραμένῳ	
עִם	1	1%	
1:16	דִּבַּרְתִּי אֲנִי עִם־לִבִּי לֵאמֹר	ἐλάλησα ἐγὼ *ἐν* καρδίᾳ μου τῷ λέγειν	

ἐντολή *Occurrences: 2*

מִצְוָה	2	100%
8:5	שׁוֹמֵר מִצְוָה לֹא יֵדַע דָּבָר רָע	ὁ φυλάσσων *ἐντολὴν* οὐ γνώσεται ῥῆμα πονηρόν
12:13	אֶת־הָאֱלֹהִים יְרָא וְאֶת־מִצְוֹתָיו שְׁמוֹר	τὸν θεὸν φοβοῦ καὶ τὰς *ἐντολὰς αὐτοῦ* φύλασσε

ἔντριτος *Occurrences: 1*

שָׁלַשׁ	1	100%
4:12	וְהַחוּט הַמְשֻׁלָּשׁ	καὶ τὸ σπαρτίον *τὸ ἔντριτον*

ἐντρύφημα *Occurrences: 1*

תַּעֲנוּג	1	100%
2:8	וְתַעֲנוּגֹת בְּנֵי הָאָדָם	καὶ *ἐντρυφήματα* υἱῶν τοῦ ἀνθρώπου

ἐνύπνιον *Occurrences: 2*

חֲלוֹם		2	100%
5:2	כִּי בָּא הַחֲלוֹם בְּרֹב עִנְיָן		ὅτι παραγίνεται *ἐνύπνιον* ἐν πλήθει περισπασμοῦ
5:6	כִּי בְרֹב חֲלֹמוֹת וַהֲבָלִים		ὅτι ἐν πλήθει *ἐνυπνίων* καὶ ματαιότητες

ἐξουσία *Occurrences: 1*

שִׁלְטוֹן		1	100%
8:8	וְאֵין שִׁלְטוֹן בְּיוֹם הַמָּוֶת		καὶ οὐκ ἔστιν *ἐξουσία* ἐν ἡμέρᾳ τοῦ θανάτου

ἐξουσιάζω *Occurrences: 10*

שָׁלַט	4	40%
שַׁלִּיט	3	30%
מָשַׁל	2	20%
שִׁלְטוֹן	1	10%

מָשַׁל		2	20%
9:17	מִזַּעֲקַת מוֹשֵׁל בַּכְּסִילִים		ὑπὲρ κραυγὴν *ἐξουσιαζόντων* ἐν ἀφροσύναις
10:4	אִם־רוּחַ הַמּוֹשֵׁל תַּעֲלֶה עָלֶיךָ		ἐὰν πνεῦμα τοῦ *ἐξουσιάζοντος* ἀναβῇ ἐπὶ σέ
שָׁלַט		4	40%
2:19	וְיִשְׁלַט בְּכָל־עֲמָלִי		καὶ *ἐξουσιάζεται* ἐν παντὶ μόχθῳ μου
5:18	וְהִשְׁלִיטוֹ לֶאֱכֹל מִמֶּנּוּ		καὶ *ἐξουσίασεν* αὐτὸν τοῦ φαγεῖν ἀπ' αὐτοῦ
6:2	וְלֹא־יַשְׁלִיטֶנּוּ הָאֱלֹהִים לֶאֱכֹל		καὶ οὐκ *ἐξουσιάσει* αὐτῷ ὁ θεὸς τοῦ φαγεῖν
8:9	עֵת אֲשֶׁר שָׁלַט הָאָדָם בְּאָדָם		τὰ ὅσα *ἐξουσιάσατο* ὁ ἄνθρωπος ἐν ἀνθρώπῳ
שִׁלְטוֹן		1	10%
8:4	בַּאֲשֶׁר דְּבַר־מֶלֶךְ שִׁלְטוֹן		καθὼς λαλεῖ βασιλεὺς *ἐξουσιάζων*
שַׁלִּיט		3	30%
7:19	מֵעֲשָׂרָה שַׁלִּיטִים אֲשֶׁר הָיוּ בָּעִיר		ὑπὲρ δέκα *ἐξουσιάζοντας* τοὺς ὄντας ἐν τῇ πόλει
8:8	אֵין אָדָם שַׁלִּיט בָּרוּחַ		οὐκ ἔστιν ἄνθρωπος *ἐξουσιάζων* ἐν πνεύματι
10:5	שֶׁיֹּצָא מִלִּפְנֵי הַשַּׁלִּיט		ὃ ἐξῆλθεν ἀπὸ προσώπου τοῦ *ἐξουσιάζοντος*

ἐπάνω *Occurrences: 1*

מִן + עַל		1	100%
5:7	כִּי גָבֹהַּ מֵעַל גָּבֹהַּ שֹׁמֵר		ὅτι ὑψηλὸς *ἐπάνω* ὑψηλοῦ φυλάξαι

ἐπί *Occurrences: 33*

עַל	29	88%
אֶל	2	6%
בְּ	1	3%
כְּ	1	3%

אֶל		2	6%
9:14	וּבָא־אֵלֶיהָ מֶלֶךְ גָּדוֹל		καὶ ἔλθῃ *ἐπ'* αὐτὴν βασιλεὺς μέγας
12:6	וְנָרֹץ הַגַּלְגַּל אֶל־הַבּוֹר		καὶ συντροχάσῃ ὁ τροχὸς *ἐπὶ* τὸν λάκκον
בְּ		1	3%
2:3	וְלֶאֱחֹז בְּסִכְלוּת		καὶ τοῦ κρατῆσαι *ἐπ' ἀφροσύνῃ*
כְּ		1	3%
11:6	וְאִם־שְׁנֵיהֶם כְּאֶחָד טוֹבִים		καὶ ἐὰν τὰ δύο *ἐπὶ τὸ αὐτὸ* ἀγαθά
עַל		29	88%
1:6	וְעַל־סְבִיבֹתָיו שָׁב הָרוּחַ		καὶ *ἐπὶ* κύκλους αὐτοῦ ἐπιστρέφει τὸ πνεῦμα
1:12	הָיִיתִי מֶלֶךְ עַל־יִשְׂרָאֵל בִּירוּשָׁלִָם		ἐγενόμην βασιλεὺς *ἐπὶ* Ισραηλ ἐν Ιερουσαλημ
1:16	עַל כָּל־אֲשֶׁר־הָיָה לְפָנַי עַל־יְרוּשָׁלִָם		*ἐπὶ* πᾶσιν οἳ ἐγένοντο ἔμπροσθέν μου ἐν Ιερουσαλημ
2:17	כִּי רַע עָלַי הַמַּעֲשֶׂה שֶׁנַּעֲשָׂה		ὅτι πονηρὸν *ἐπ' ἐμὲ* τὸ ποίημα τὸ πεποιημένον
2:20	עַל כָּל־הֶעָמָל שֶׁעָמַלְתִּי תַּחַת הַשָּׁמֶשׁ		*ἐπὶ* παντὶ τῷ μόχθῳ ᾧ ἐμόχθησα ὑπὸ τὸν ἥλιον
3:14	עָלָיו אֵין לְהוֹסִיף		*ἐπ'* αὐτῷ οὐκ ἔστιν προσθεῖναι

3:17	וְעַל כָּל־הַמַּעֲשֶׂה שָׁם	*καὶ ἐπὶ* παντὶ τῷ ποιήματι [ἐκεῖ]
5:1	אַל־תְּבַהֵל עַל־פִּיךָ	μὴ σπεῦδε *ἐπὶ* στόματί σου
5:1	כִּי הָאֱלֹהִים בַּשָּׁמַיִם וְאַתָּה עַל־הָאָרֶץ	ὅτι ὁ θεὸς ἐν τῷ οὐρανῷ καὶ σὺ *ἐπὶ* τῆς γῆς
5:1	עַל־כֵּן יִהְיוּ דְבָרֶיךָ מְעַטִּים	*ἐπὶ* τούτῳ ἔστωσαν οἱ λόγοι σου ὀλίγοι
5:5	לָמָּה יִקְצֹף הָאֱלֹהִים עַל־קוֹלֶךָ	ἵνα μὴ ὀργισθῇ ὁ θεὸς *ἐπὶ* φωνῇ σου
5:7	אַל־תִּתְמַהּ עַל־הַחֵפֶץ	μὴ θαυμάσῃς *ἐπὶ* τῷ πράγματι
5:7	וּגְבֹהִים *עֲלֵיהֶם*	καὶ ὑψηλοὶ *ἐπ᾽ αὐτούς*
6:1	וְרַבָּה הִיא עַל־הָאָדָם	καὶ πολλή ἐστιν *ἐπὶ* τὸν ἄνθρωπον
8:6	כִּי־רָעַת הָאָדָם רַבָּה עָלָיו	ὅτι γνῶσις τοῦ ἀνθρώπου πολλὴ *ἐπ᾽ αὐτόν*
8:14	יֶשׁ־הֶבֶל אֲשֶׁר נַעֲשָׂה עַל־הָאָרֶץ	ἔστιν ματαιότης ἣ πεποίηται *ἐπὶ* τῆς γῆς
8:16	אֶת־הָעִנְיָן אֲשֶׁר נַעֲשָׂה עַל־הָאָרֶץ	τὸν περισπασμὸν τὸν πεποιημένον *ἐπὶ* τῆς γῆς
9:8	וְשֶׁמֶן עַל־רֹאשְׁךָ אַל־יֶחְסָר	καὶ ἔλαιον *ἐπὶ* κεφαλήν σου μὴ ὑστερησάτω
9:12	כְּשֶׁתִּפּוֹל *עֲלֵיהֶם* פִּתְאֹם	ὅταν ἐπιπέσῃ *ἐπ᾽ αὐτοὺς* ἄφνω
9:14	וּבָא־אֵלֶיהָ מֶלֶךְ גָּדוֹל	καὶ ἔλθῃ *ἐπ᾽ αὐτὴν* βασιλεὺς μέγας
10:4	אִם־רוּחַ הַמּוֹשֵׁל תַּעֲלֶה עָלֶיךָ	ἐὰν πνεῦμα τοῦ ἐξουσιάζοντος ἀναβῇ *ἐπὶ σέ*
10:7	רָאִיתִי עֲבָדִים עַל־סוּסִים	εἶδον δούλους *ἐφ᾽ ἵππους*
10:7	וְשָׂרִים הֹלְכִים כַּעֲבָדִים עַל־הָאָרֶץ	καὶ ἄρχοντας πορευομένους ὡς δούλους *ἐπὶ* τῆς γῆς
11:1	שַׁלַּח לַחְמְךָ עַל־פְּנֵי הַמָּיִם	ἀπόστειλον τὸν ἄρτον σου *ἐπὶ πρόσωπον* τοῦ ὕδατος
11:2	כִּי לֹא תֵדַע מַה־יִּהְיֶה רָעָה עַל־הָאָרֶץ	ὅτι οὐ γινώσκεις τί ἔσται πονηρὸν *ἐπὶ* τὴν γῆν
11:3	עַל־הָאָרֶץ יָרִיקוּ	*ἐπὶ* τὴν γῆν ἐκχέουσιν
11:9	וְדָע כִּי עַל־כָּל־אֵלֶּה	καὶ γνῶθι ὅτι *ἐπὶ* πᾶσι τούτοις
12:6	וְתִשָּׁבֶר כַּד עַל־הַמַּבּוּעַ	καὶ συντριβῇ ὑδρία *ἐπὶ* τὴν πηγήν
12:7	וְיָשֹׁב הֶעָפָר עַל־הָאָרֶץ כְּשֶׁהָיָה	καὶ ἐπιστρέψῃ ὁ χοῦς *ἐπὶ* τὴν γῆν ὡς ἦν

ἐπιστήμη *Occurrences: 1*

סִכְלוּת	*1*	*100%*
1:17	וְדַעַת הוֹלֵלוֹת *וְשִׂכְלוּת*	καὶ γνῶσιν παραβολὰς *καὶ ἐπιστήμην*

ἐπιτίμησις *Occurrences: 1*

גְּעָרָה	*1*	*100%*
7:5	טוֹב לִשְׁמֹעַ *גַּעֲרַת* חָכָם	ἀγαθὸν τὸ ἀκοῦσαι *ἐπιτίμησιν* σοφοῦ

ἑπτά *Occurrences: 1*

שֶׁבַע	*1*	*100%*
11:2	תֶּן־חֵלֶק *לְשִׁבְעָה* וְגַם לִשְׁמוֹנָה	δὸς μερίδα *τοῖς ἑπτὰ* καί γε τοῖς ὀκτώ

ἐργάζομαι *Occurrences: 1*

עָבַד	*1*	*100%*
5:8	מֶלֶךְ לְשָׂדֶה *נֶעֱבָד*	βασιλεὺς τοῦ ἀγροῦ *εἰργασμένου*

ἐργασία *Occurrences: 1*

עֲבַד	*1*	*100%*
9:1	אֲשֶׁר הַצַּדִּיקִים וְהַחֲכָמִים *וַעֲבָדֵיהֶם*	ὡς οἱ δίκαιοι καὶ οἱ σοφοὶ *καὶ ἐργασίαι αὐτῶν*

ἔρχομαι *Occurrences: 6*

בּוֹא	*6*	*100%*
1:4	דּוֹר הֹלֵךְ וְדוֹר *בָּא*	γενεὰ πορεύεται καὶ γενεὰ *ἔρχεται*
2:16	בְּשֶׁכְּבָר הַיָּמִים *הַבָּאִים*	καθότι ἤδη αἱ ἡμέραι *αἱ ἐρχόμεναι*
6:4	כִּי־בַהֶבֶל *בָּא* וּבַחֹשֶׁךְ יֵלֵךְ	ὅτι ἐν ματαιότητι *ἦλθεν* καὶ ἐν σκότει πορεύεται
9:14	*וּבָא*־אֵלֶיהָ מֶלֶךְ גָּדוֹל	*καὶ ἔλθῃ* ἐπ᾽ α ὐτὴν βασιλεὺς μέγας
11:8	כִּי־הַרְבֵּה יִהְיוּ כָּל־*שֶׁבָּא* הָבֶל	ὅτι πολλαὶ ἔσονται πᾶν *τὸ ἐρχόμενον* ματαιότης
12:1	עַד לֹא־*יָבֹאוּ* יְמֵי הָרָעָה	ἕως ὅτου μὴ *ἔλθωσιν* ἡμέραι τῆς κακίας

ἔρχομαι/ἀπο   Occurrences: 1

הָלַךְ   1   100%
5:15   כָּל־עֻמַּת שֶׁבָּא כֵּן יֵלֵךְ   ὥσπερ γὰρ παρεγένετο οὕτως καὶ ἀπελεύσεται

ἔρχομαι/ἐκ   Occurrences: 4

יָצָא   4   100%
4:14   כִּי־מִבֵּית הָסוּרִים יָצָא   ὅτι ἐξ οἴκου τῶν δεσμίων ἐξελεύσεται
5:14   כַּאֲשֶׁר יָצָא מִבֶּטֶן אִמּוֹ עָרוֹם   καθὼς ἐξῆλθεν ἀπὸ γαστρὸς μητρὸς αὐτοῦ γυμνός
7:18   כִּי־יְרֵא אֱלֹהִים יֵצֵא אֶת־כֻּלָּם   ὅτι φοβούμενος τὸν θεὸν ἐξελεύσεται τὰ πάντα
10:5   שֶׁיֹּצָא מִלִּפְנֵי הַשַּׁלִּיט   ὃ ἐξῆλθεν ἀπὸ προσώπου τοῦ ἐξουσιάζοντος

ἔρχομαι/ἐπι   Occurrences: 1

בּוֹא   1   100%
2:12   כִּי מֶה הָאָדָם שֶׁיָּבוֹא   ὅτι τίς ὁ ἄνθρωπος ὃς ἐπελεύσεται

ἐρωτάω/ἐπι   Occurrences: 1

שָׁאַל   1   100%
7:10   כִּי לֹא מֵחָכְמָה שָׁאַלְתָּ עַל־זֶה   ὅτι οὐκ ἐν σοφίᾳ ἐπηρώτησας περὶ τούτου

ἐσθίω   Occurrences: 14

אָכַל   14   100%
2:24   שֶׁיֹּאכַל וְשָׁתָה וְהֶרְאָה אֶת־נַפְשׁוֹ   ὃ φάγεται καὶ ὃ πίεται καὶ ὃ δείξει τῇ ψυχῇ αὐτοῦ
2:25   כִּי מִי יֹאכַל וּמִי יָחוּשׁ חוּץ מִמֶּנִּי   ὅτι τίς φάγεται καὶ τίς φείσεται πάρεξ αὐτοῦ
3:13   וְגַם כָּל־הָאָדָם שֶׁיֹּאכַל וְשָׁתָה   καί γε πᾶς ὁ ἄνθρωπος ὃς φάγεται καὶ πίεται
4:5   וְאֹכֵל אֶת־בְּשָׂרוֹ   καὶ ἔφαγεν τὰς σάρκας αὐτοῦ
5:10   רַבּוּ אוֹכְלֶיהָ   ἐπληθύνθησαν ἔσθοντες αὐτήν
5:11   אִם־מְעַט וְאִם־הַרְבֵּה יֹאכֵל   εἰ ὀλίγον καὶ εἰ πολὺ φάγεται
5:17   לֶאֱכוֹל־וְלִשְׁתּוֹת וְלִרְאוֹת   τοῦ φαγεῖν καὶ τοῦ πιεῖν καὶ τοῦ ἰδεῖν
5:18   וְהִשְׁלִיטוֹ לֶאֱכֹל מִמֶּנּוּ   καὶ ἐξουσίασεν αὐτὸν τοῦ φαγεῖν ἀπ' αὐτοῦ
6:2   וְלֹא־יַשְׁלִיטֶנּוּ הָאֱלֹהִים לֶאֱכֹל   καὶ οὐκ ἐξουσιάσει αὐτῷ ὁ θεὸς τοῦ φαγεῖν
6:2   כִּי אִישׁ נָכְרִי יֹאכְלֶנּוּ   ὅτι ἀνὴρ ξένος φάγεται αὐτόν
8:15   כִּי אִם־לֶאֱכוֹל וְלִשְׁתּוֹת   ὅτι εἰ μὴ τοῦ φαγεῖν καὶ τοῦ πιεῖν
9:7   לֵךְ אֱכֹל בְּשִׂמְחָה לַחְמֶךָ   δεῦρο φάγε ἐν εὐφροσύνῃ ἄρτον σου
10:16   וְשָׂרַיִךְ בַּבֹּקֶר יֹאכֵלוּ   καὶ οἱ ἄρχοντές σου ἐν πρωίᾳ ἐσθίουσιν
10:17   וְשָׂרַיִךְ בָּעֵת יֹאכֵלוּ   καὶ οἱ ἄρχοντές σου πρὸς καιρὸν φάγονται

ἑσπέρα   Occurrences: 1

עֶרֶב   1   100%
11:6   וְלָעֶרֶב אַל־תַּנַּח יָדֶךָ   καὶ εἰς ἑσπέραν μὴ ἀφέτω ἡ χείρ σου

ἔσχατος   Occurrences: 5

| אַחֲרוֹן | 3 | 60% |
| אַחֲרִית | 2 | 40% |

אַחֲרוֹן   3   60%
1:11   וְגַם לָאַחֲרֹנִים שֶׁיִּהְיוּ   καί γε τοῖς ἐσχάτοις γενομένοις
1:11   עִם שֶׁיִּהְיוּ לָאַחֲרֹנָה   μετὰ τῶν γενησομένων εἰς τὴν ἐσχάτην
4:16   גַּם הָאַחֲרוֹנִים לֹא יִשְׂמְחוּ־בוֹ   καί γε οἱ ἔσχατοι οὐκ εὐφρανθήσονται ἐν αὐτῷ

אַחֲרִית   2   40%
7:8   טוֹב אַחֲרִית דָּבָר מֵרֵאשִׁיתוֹ   ἀγαθὴ ἐσχάτη λόγων ὑπὲρ ἀρχὴν αὐτοῦ
10:13   וְאַחֲרִית פִּיהוּ הוֹלֵלוּת רָעָה   καὶ ἐσχάτη στόματος αὐτοῦ περιφέρεια πονηρά

ἑταῖρος *Occurrences: 1*

רֵעַ	*1*	*100%*
4:4	כִּי הִיא קִנְאַת־אִישׁ *מֵרֵעֵהוּ*	ὅτι αὐτὸ ζῆλος ἀνδρὸς *ἀπὸ τοῦ ἑταίρου αὐτοῦ*

ἕτερος *Occurrences: 1*

אַחֵר	*1*	*100%*
7:22	אֲשֶׁר גַּם־*אַתָּ **אַתָּה קִלַּלְתָּ *אֲחֵרִים*	ὅπως καί γε σὺ κατηράσω *ἑτέρους*

ἔτι *Occurrences: 6*

עוֹד	*6*	*100%*
3:16	וְעוֹד רָאִיתִי תַּחַת הַשָּׁמֶשׁ	*καὶ ἔτι* εἶδον ὑπὸ τὸν ἥλιον
4:13	אֲשֶׁר לֹא־יָדַע לְהִזָּהֵר עוֹד	ὃς οὐκ ἔγνω τοῦ προσέχειν *ἔτι*
7:28	אֲשֶׁר עוֹד־בִּקְשָׁה נַפְשִׁי וְלֹא מָצָאתִי	ὃν *ἔτι* ἐζήτησεν ἡ ψυχή μου καὶ οὐχ εὗρον
9:5	וְאֵין־עוֹד לָהֶם שָׂכָר	καὶ οὐκ ἔστιν αὐτοῖς *ἔτι* μισθός =~
9:6	וְחֵלֶק אֵין־לָהֶם עוֹד לְעוֹלָם	καὶ μερὶς οὐκ ἔστιν αὐτοῖς *ἔτι* εἰς αἰῶνα
12:9	עוֹד לִמַּד־דַּעַת אֶת־הָעָם	*ἔτι* ἐδίδαξεν γνῶσιν σὺν τὸν λαόν

ἔτος *Occurrences: 5*

שָׁנָה	*5*	*100%*
6:3	אִם־יוֹלִיד אִישׁ מֵאָה *וְשָׁנִים* רַבּוֹת יִחְיֶה	ἐὰν γεννήσῃ ἀνὴρ ἑκατὸν *καὶ ἔτη* πολλὰ ζήσεται
6:3	וְרַב שֶׁיִּהְיוּ יְמֵי־*שָׁנָיו*	καὶ πλῆθος ὅ τι ἔσονται ἡμέραι *ἐτῶν αὐτοῦ*
6:6	וְאִלּוּ חָיָה אֶלֶף *שָׁנִים* פַּעֲמַיִם	καὶ εἰ ἔζησεν χιλίων *ἐτῶν* καθόδους
11:8	כִּי אִם־*שָׁנִים* הַרְבֵּה יִחְיֶה הָאָדָם	ὅτι καὶ ἐὰν *ἔτη* πολλὰ ζήσεται ὁ ἄνθρωπος
12:1	וְהִגִּיעוּ *שָׁנִים* אֲשֶׁר תֹּאמַר	καὶ φθάσωσιν *ἔτη* ἐν οἷς ἐρεῖς

εὐδοκέω *Occurrences: 1*

רָצָה	*1*	*100%*
9:7	כִּי כְבָר *רָצָה* הָאֱלֹהִים אֶת־מַעֲשֶׂיךָ	ὅτι ἤδη *εὐδόκησεν* ὁ θεὸς τὰ ποιήματά σου

εὐθής *Occurrences: 1*

יָשָׁר	*1*	*100%*
7:29	אֲשֶׁר עָשָׂה הָאֱלֹהִים אֶת־הָאָדָם *יָשָׁר*	ὃ ἐποίησεν ὁ θεὸς σὺν τὸν ἄνθρωπον *εὐθῆ*

εὐθύτης *Occurrences: 1*

יֹשֶׁר	*1*	*100%*
12:10	וְכָתוּב *יֹשֶׁר* דִּבְרֵי אֱמֶת	καὶ γεγραμμένον *εὐθύτητος* λόγους ἀληθείας

εὑρίσκω *Occurrences: 17*

מָצָא	*17*	*100%*
3:11	מִבְּלִי אֲשֶׁר לֹא־*יִמְצָא* הָאָדָם אֶת־הַמַּעֲשֶׂה	ὅπως μὴ *εὕρῃ* ὁ ἄνθρωπος τὸ ποίημα
7:14	שֶׁלֹּא *יִמְצָא* הָאָדָם אַחֲרָיו מְאוּמָה	ἵνα μὴ *εὕρῃ* ὁ ἄνθρωπος ὀπίσω αὐτοῦ μηδέν
7:24	רָחוֹק מַה־שֶּׁהָיָה וְעָמֹק עָמֹק מִי *יִמְצָאֶנּוּ*	μακρὰν ὑπὲρ ὃ ἦν καὶ βαθὺ βάθος τίς *εὑρήσει αὐτό*
7:26	*וּמוֹצֶא* אֲנִי מַר מִמָּוֶת	*καὶ εὑρίσκω* ἐγὼ πικρότερον ὑπὲρ θάνατον
7:27	רְאֵה זֶה *מָצָאתִי* אָמְרָה קֹהֶלֶת	ἰδὲ τοῦτο *εὗρον* εἶπεν ὁ ἐκκλησιαστής
7:27	אַחַת לְאַחַת *לִמְצֹא* חֶשְׁבּוֹן	μία τῇ μιᾷ *τοῦ εὑρεῖν* λογισμόν
7:28	אֲשֶׁר עוֹד־בִּקְשָׁה נַפְשִׁי וְלֹא *מָצָאתִי*	ὃν ἔτι ἐζήτησεν ἡ ψυχή μου καὶ οὐχ *εὗρον*
7:28	אָדָם אֶחָד מֵאֶלֶף *מָצָאתִי*	ἄνθρωπον ἕνα ἀπὸ χιλίων *εὗρον*
7:28	וְאִשָּׁה בְכָל־אֵלֶּה לֹא *מָצָאתִי*	καὶ γυναῖκα ἐν πᾶσι τούτοις οὐχ *εὗρον*
7:29	לְבַד רְאֵה־זֶה *מָצָאתִי*	πλὴν ἰδὲ τοῦτο *εὗρον*
8:17	כִּי לֹא יוּכַל הָאָדָם *לִמְצוֹא*	ὅτι οὐ δυνήσεται ἄνθρωπος *τοῦ εὑρεῖν*
8:17	לְבַקֵּשׁ וְלֹא *יִמְצָא*	τοῦ ζητῆσαι καὶ οὐχ *εὑρήσει*
8:17	לֹא יוּכַל *לִמְצֹא*	οὐ δυνήσεται *τοῦ εὑρεῖν*
9:10	כֹּל אֲשֶׁר *תִּמְצָא* יָדְךָ לַעֲשׂוֹת	πάντα ὅσα ἂν *εὕρῃ* ἡ χείρ σου τοῦ ποιῆσαι
9:15	*וּמָצָא* בָהּ אִישׁ מִסְכֵּן חָכָם	*καὶ εὕρῃ* ἐν αὐτῇ ἄνδρα πένητα σοφόν

11:1	כִּי־בְרֹב הַיָּמִים *תִּמְצָאֶנּוּ*	ὅτι ἐν πλήθει τῶν ἡμερῶν *εὑρήσεις αὐτόν*
12:10	בִּקֵּשׁ קֹהֶלֶת *לִמְצֹא*	ἐζήτησεν ἐκκλησιαστὴς *τοῦ εὑρεῖν*

εὐτονία *Occurrences: 1*

מַתָּנָה	*1*	*100%*
7:7	וִיאַבֵּד אֶת־לֵב *מַתָּנָה*	καὶ ἀπόλλυσι τὴν καρδίαν *εὐτονίας αὐτοῦ*

εὐφραίνω *Occurrences: 9*

שָׂמַח	*8*	*89%*
שָׂמֵחַ	*1*	*11%*

שָׂמַח	*8*	*89%*
3:12	כִּי אִם־*לִשְׂמוֹחַ* וְלַעֲשׂוֹת טוֹב	εἰ μὴ *τοῦ εὐφρανθῆναι* καὶ τοῦ ποιεῖν ἀγαθὸν
3:22	מֵאֲשֶׁר *יִשְׂמַח* הָאָדָם	εἰ μὴ ὃ *εὐφρανθήσεται* ὁ ἄνθρωπος
4:16	גַּם הָאַחֲרוֹנִים לֹא *יִשְׂמְחוּ*־בוֹ	καί γε οἱ ἔσχατοι οὐκ *εὐφρανθήσονται* ἐν αὐτῷ
5:18	*וְלִשְׂמֹחַ* בַּעֲמָלוֹ	*καὶ τοῦ εὐφρανθῆναι* ἐν μόχθῳ αὐτοῦ
8:15	לֶאֱכוֹל וְלִשְׁתּוֹת *וְלִשְׂמוֹחַ*	τοῦ φαγεῖν καὶ τοῦ πιεῖν *καὶ τοῦ εὐφρανθῆναι*
10:19	וְיַיִן *יְשַׂמַּח* חַיִּים	καὶ οἶνος *εὐφραίνει* ζῶντας
11:8	בְּכֻלָּם *יִשְׂמָח*	ἐν πᾶσιν αὐτοῖς *εὐφρανθήσεται*
11:9	*שְׂמַח* בָּחוּר בְּיַלְדוּתֶיךָ	*εὐφραίνου* νεανίσκε ἐν νεότητί σου
שָׂמֵחַ	*1*	*11%*
2:10	כִּי־לִבִּי *שָׂמֵחַ* מִכָּל־עֲמָלִי	ὅτι καρδία μου *εὐφράνθη* ἐν παντὶ μόχθῳ μου

εὐφροσύνη *Occurrences: 8*

שִׂמְחָה	*8*	*100%*
2:1	אֲנַסְּכָה *בְשִׂמְחָה* וּרְאֵה בְטוֹב	πειράσω σε *ἐν εὐφροσύνῃ* καὶ ἰδὲ ἐν ἀγαθῷ
2:2	*וּלְשִׂמְחָה* מַה־זֹּה עֹשָׂה	*καὶ τῇ εὐφροσύνῃ* τί τοῦτο ποιεῖς
2:10	אֶת־לִבִּי *מִכָּל־שִׂמְחָה*	τὴν καρδίαν μου *ἀπὸ πάσης εὐφροσύνης*
2:26	נָתַן חָכְמָה וְדַעַת *וְשִׂמְחָה*	ἔδωκεν σοφίαν καὶ γνῶσιν *καὶ εὐφροσύνην*
5:19	מַעֲנֶה *בְּשִׂמְחַת* לִבּוֹ	περισπᾷ αὐτὸν *ἐν εὐφροσύνῃ* καρδίας αὐτοῦ
7:4	וְלֵב כְּסִילִים בְּבֵית *שִׂמְחָה*	καὶ καρδία ἀφρόνων ἐν οἴκῳ *εὐφροσύνης*
8:15	וְשִׁבַּחְתִּי אֲנִי *אֶת־הַשִּׂמְחָה*	καὶ ἐπῄνεσα ἐγὼ σὺν *τὴν εὐφροσύνην*
9:7	לֵךְ אֱכֹל *בְּשִׂמְחָה* לַחְמֶךָ	δεῦρο φάγε *ἐν εὐφροσύνῃ* ἄρτον σου

εὐχή *Occurrences: 1*

נֶדֶר	*1*	*100%*
5:3	כַּאֲשֶׁר תִּדֹּר *נֶדֶר* לֵאלֹהִים	καθὼς ἂν εὔξῃ *εὐχὴν* τῷ θεῷ

εὔχομαι *Occurrences: 4*

נדר	*4*	*100%*
5:3	כַּאֲשֶׁר *תִּדֹּר* נֶדֶר לֵאלֹהִים	καθὼς ἂν *εὔξῃ* εὐχὴν τῷ θεῷ
5:3	אֵת אֲשֶׁר־*תִּדֹּר* שַׁלֵּם	σὺν ὅσα ἐὰν *εὔξῃ* ἀπόδος
5:4	טוֹב אֲשֶׁר לֹא־*תִדֹּר* *מִשֶּׁתִּדּוֹר*	ἀγαθὸν τὸ μὴ *εὔξασθαί σε* ἢ τὸ εὔξασθαί σε
5:4	*מִשֶּׁתִּדּוֹר* וְלֹא תְשַׁלֵּם	*ἢ τὸ εὔξασθαί σε* καὶ μὴ ἀποδοῦναι

ἔχω *Occurrences: 1*

בַּעַל	*1*	*100%*
10:20	*וּבַעַל* *הַכְּנָפַיִם **כנפים יַגֵּיד דָּבָר	*καὶ ὁ ἔχων* τὰς πτέρυγας ἀπαγγελεῖ λόγον

ἔχω/ἀντι *Occurrences: 1*

אחז	*1*	*100%*
7:18	טוֹב אֲשֶׁר *תֶּאֱחֹז* בָּזֶה	ἀγαθὸν τὸ *ἀντέχεσθαί σε* ἐν τούτῳ

ἔχω/προς Occurrences: 1

זָהַר		1	100%
4:13		אֲשֶׁר לֹא־יָדַע לְהִזָּהֵר עוֹד	ὃς οὐκ ἔγνω τοῦ *προσέχειν* ἔτι

ἕως Occurrences: 5

עַד	4	80%
ἕως + ὁ + νῦν	1	
עֲדֶן	1	20%

עַד		4	80%
2:3		עַד אֲשֶׁר־אֶרְאֶה אֵי־זֶה טוֹב	*ἕως* οὗ ἴδω ποῖον τὸ ἀγαθὸν
12:1		עַד לֹא־יָבֹאוּ יְמֵי הָרָעָה	*ἕως* ὅτου μὴ ἔλθωσιν ἡμέραι τῆς κακίας
12:2		עַד אֲשֶׁר לֹא־תֶחְשַׁךְ הַשֶּׁמֶשׁ	*ἕως* οὗ μὴ σκοτισθῇ ὁ ἥλιος
12:6		עַד אֲשֶׁר לֹא־*יֵרָחֵק **יֵרָתֵק חֶבֶל הַכֶּסֶף	*ἕως* ὅτου μὴ ἀνατραπῇ σχοινίον τοῦ ἀργυρίου
ἕως + ὁ + νῦν		1	
עֲדֶן		1	20%
4:2		אֲשֶׁר הֵמָּה חַיִּים עֲדֶנָה	ὅσοι αὐτοὶ ζῶσιν *ἕως τοῦ νῦν*

Z

ζάω — *Occurrences: 12*

חַי	*8*	*67%*
חָיָה	*3*	*25%*
הָיָה	*1*	*8%*

הָיָה	*1*	*8%*		
7:14	בְּיוֹם טוֹבָה *הֱיֵה* בְטוֹב	ἐν ἡμέρᾳ ἀγαθωσύνης *ζῆθι* ἐν ἀγαθῷ	=.hx	חיה
חַי	*8*	*67%*		
4:2	שֶׁכְּבָר מֵתוּ מִן־*הַחַיִּים*	τοὺς ἤδη ἀποθανόντας ὑπὲρ *τοὺς ζῶντας*		
4:2	אֲשֶׁר הֵמָּה *חַיִּים* עֲדֶנָה	ὅσοι αὐτοὶ *ζῶσιν* ἕως τοῦ νῦν		
4:15	רָאִיתִי אֶת־כָּל־*הַחַיִּים* הַמְהַלְּכִים	εἶδον σὺν πάντας *τοὺς ζῶντας* τοὺς περιπατοῦντας		
7:2	*וְהַחַי* יִתֵּן אֶל־לִבּוֹ	*καὶ ὁ ζῶν* δώσει εἰς καρδίαν αὐτοῦ		
9:4	כִּי־מִי אֲשֶׁר *יְבֻחַר **יְחֻבַּר אֶל כָּל־*הַחַיִּים*	ὅτι τίς ὃς κοινωνεῖ πρὸς πάντας *τοὺς ζῶντας*		
9:4	יֵשׁ בִּטָּחוֹן כִּי־לְכֶלֶב *חַי* הוּא טוֹב	ἔστιν ἐλπίς ὅτι ὁ κύων *ὁ ζῶν* αὐτὸς ἀγαθὸς		
9:5	כִּי *הַחַיִּים* יוֹדְעִים שֶׁיָּמֻתוּ	ὅτι *οἱ ζῶντες* γνώσονται ὅτι ἀποθανοῦνται		
10:19	וְיַיִן יְשַׂמַּח *חַיִּים*	καὶ οἶνος εὐφραίνει *ζῶντας*		
חָיָה	*3*	*25%*		
6:3	אִם־יוֹלִיד אִישׁ מֵאָה וְשָׁנִים רַבּוֹת *יִחְיֶה*	ἐὰν γεννήσῃ ἀνὴρ ἑκατὸν καὶ ἔτη πολλὰ *ζήσεται*		
6:6	וְאִלּוּ *חָיָה* אֶלֶף שָׁנִים פַּעֲמַיִם	καὶ εἰ *ἔζησεν* χιλίων ἐτῶν καθόδους		
[7:14]	בְּיוֹם טוֹבָה *הֱיֵה* בְטוֹב	ἐν ἡμέρᾳ ἀγαθωσύνης *ζῆθι* ἐν ἀγαθῷ	=.hx	חיה
11:8	כִּי אִם־שָׁנִים הַרְבֵּה *יִחְיֶה* הָאָדָם	ὅτι καὶ ἐὰν ἔτη πολλὰ *ζήσεται* ὁ ἄνθρωπος		

ζῆλος — *Occurrences: 2*

קִנְאָה	*2*	*100%*
4:4	כִּי הִיא *קִנְאַת*־אִישׁ מֵרֵעֵהוּ	ὅτι αὐτὸ *ζῆλος* ἀνδρὸς ἀπὸ τοῦ ἑταίρου αὐτοῦ
9:6	גַּם־*קִנְאָתָם* כְּבָר אָבָדָה	καί γε *ζῆλος αὐτῶν* ἤδη ἀπώλετο

ζητέω — *Occurrences: 7*

בָּקַשׁ	*7*	*100%*
3:6	עֵת *לְבַקֵּשׁ* וְעֵת לְאַבֵּד	καιρὸς τοῦ *ζητῆσαι* καὶ καιρὸς τοῦ ἀπολέσαι
3:15	וְהָאֱלֹהִים *יְבַקֵּשׁ* אֶת־נִרְדָּף	καὶ ὁ θεὸς *ζητήσει* τὸν διωκόμενον
7:25	לָדַעַת וְלָתוּר *וּבַקֵּשׁ*	τοῦ γνῶναι καὶ τοῦ κατασκέψασθαι *καὶ ζητῆσαι*
7:28	אֲשֶׁר עוֹד־*בִּקְשָׁה* נַפְשִׁי וְלֹא מָצָאתִי	ὃν ἔτι *ἐζήτησεν* ἡ ψυχή μου καὶ οὐχ εὗρον
7:29	וְהֵמָּה *בִקְשׁוּ* חִשְּׁבֹנוֹת רַבִּים	καὶ αὐτοὶ *ἐζήτησαν* λογισμοὺς πολλούς
8:17	בְּשֶׁל אֲשֶׁר יַעֲמֹל הָאָדָם *לְבַקֵּשׁ*	ὅσα ἂν μοχθήσῃ ὁ ἄνθρωπος *τοῦ ζητῆσαι*
12:10	*בִּקֵּשׁ* קֹהֶלֶת לִמְצֹא	*ἐζήτησεν* ἐκκλησιαστὴς τοῦ εὑρεῖν

ζητέω/ἐκ — *Occurrences: 1*

דָּרַשׁ	*1*	*100%*
1:13	וְנָתַתִּי אֶת־לִבִּי *לִדְרוֹשׁ*	καὶ ἔδωκα τὴν καρδίαν μου τοῦ *ἐκζητῆσαι*

ζωή — *Occurrences: 13*

חַיִּים	*13*	*100%*
2:3	תַּחַת הַשָּׁמַיִם מִסְפַּר יְמֵי *חַיֵּיהֶם*	ὑπὸ τὸν ἥλιον ἀριθμὸν ἡμερῶν *ζωῆς αὐτῶν*
2:17	וְשָׂנֵאתִי *אֶת־הַחַיִּים*	καὶ ἐμίσησα σὺν *τὴν ζωήν*
3:12	וְלַעֲשׂוֹת טוֹב *בְּחַיָּיו*	καὶ τοῦ ποιεῖν ἀγαθὸν *ἐν ζωῇ αὐτοῦ*
5:17	תַּחַת־הַשֶּׁמֶשׁ מִסְפַּר יְמֵי־*חַיָּו*	ὑπὸ τὸν ἥλιον ἀριθμὸν ἡμερῶν *ζωῆς αὐτοῦ*
5:19	יִזְכֹּר אֶת־יְמֵי *חַיָּיו*	μνησθήσεται τὰς ἡμέρας *τῆς ζωῆς αὐτοῦ*
6:8	מַה־לֶּעָנִי יוֹדֵעַ לַהֲלֹךְ נֶגֶד *הַחַיִּים*	διότι ὁ πένης οἶδεν πορευθῆναι κατέναντι *τῆς ζωῆς*
6:12	כִּי מִי־יוֹדֵעַ מַה־טּוֹב לָאָדָם *בַּחַיִּים*	ὅτι τίς οἶδεν τί ἀγαθὸν τῷ ἀνθρώπῳ *ἐν τῇ ζωῇ*
6:12	מִסְפַּר יְמֵי־*חַיֵּי* הֶבְלוֹ	ἀριθμὸν ἡμερῶν *ζωῆς* ματαιότητος αὐτοῦ
8:15	יְמֵי *חַיָּיו* אֲשֶׁר־נָתַן־לוֹ הָאֱלֹהִים	ἡμέρας *ζωῆς αὐτοῦ* ὅσας ἔδωκεν αὐτῷ ὁ θεὸς

9:3	וְהוֹלֵלוֹת בִּלְבָבָם בְּחַיֵּיהֶם	καὶ περιφέρεια ἐν καρδίᾳ αὐτῶν ἐν ζωῇ αὐτῶν
9:9	רְאֵה חַיִּים עִם־אִשָּׁה אֲשֶׁר־אָהַבְתָּ	ἰδὲ ζωὴν μετὰ γυναικός ἧς ἠγάπησας
9:9	כָּל־יְמֵי חַיֵּי הֶבְלֶךָ	πάσας ἡμέρας ζωῆς ματαιότητός σου
9:9	כִּי הוּא חֶלְקְךָ בַּחַיִּים	ὅτι αὐτὸ μερίς σου ἐν τῇ ζωῇ σου

ζωοποιέω   *Occurrences: 1*

חָיָה   1   *100%*

7:12	תְּחַיֶּה בְעָלֶיהָ	ζωοποιήσει τὸν παρ' αὐτῆς

H

ἤ — Occurrences: 6

אוֹ	2	33%
הֲ	1	17%
מִן	1	17%
ἀλλά + ἤ	1	
אִם	1	17%
ἤ + ὅτι	1	
מִן	1	17%

אוֹ	2	33%	
2:19	וּמִי יוֹדֵעַ הֶחָכָם יִהְיֶה אוֹ סָכָל	καὶ τίς οἶδεν εἰ σοφὸς ἔσται ἢ ἄφρων	
11:6	כִּי אֵינְךָ יוֹדֵעַ אֵי זֶה יִכְשָׁר הֲזֶה אוֹ־זֶה	ὅτι οὐ γινώσκεις ποῖον στοιχήσει ἢ τοῦτο ἢ τοῦτο	
הֲ	1	17%	
11:6	כִּי אֵינְךָ יוֹדֵעַ אֵי זֶה יִכְשָׁר הֲזֶה אוֹ־זֶה	ὅτι οὐ γινώσκεις ποῖον στοιχήσει ἢ τοῦτο ἢ τοῦτο	
מִן	1	17%	
5:4	טוֹב אֲשֶׁר לֹא־תִדֹּר מִשֶּׁתִּדּוֹר	ἀγαθὸν τὸ μὴ εὔξασθαί σε ἢ τὸ εὔξασθαί σε	
ἀλλά + ἤ	1		
אִם	1	17%	
5:10	כִּי אִם־*רְאִית **רְאוּת עֵינָיו	ὅτι ἀλλ' ἢ τοῦ ὁρᾶν ὀφθαλμοῖς αὐτοῦ	
ἤ + ὅτι	1		
מִן	1	17%	
7:2	מִלֶּכֶת אֶל־בֵּית מִשְׁתֶּה	ἢ ὅτι πορευθῆναι εἰς οἶκον πότου	

ἤδη — Occurrences: 8

כְּבָר	8	100%	
1:10	כְּבָר הָיָה לְעֹלָמִים אֲשֶׁר הָיָה	ἤδη γέγονεν ἐν τοῖς αἰῶσιν τοῖς γενομένοις	
2:16	בְּשֶׁכְּבָר הַיָּמִים הַבָּאִים	καθότι ἤδη αἱ ἡμέραι αἱ ἐρχόμεναι	
3:15	מַה־שֶּׁהָיָה כְּבָר הוּא	τὸ γενόμενον ἤδη ἐστίν	
3:15	וַאֲשֶׁר לִהְיוֹת כְּבָר הָיָה	καὶ ὅσα τοῦ γίνεσθαι ἤδη γέγονεν	
4:2	שֶׁכְּבָר מֵתוּ מִן־הַחַיִּים	τοὺς ἤδη ἀποθανόντας ὑπὲρ τοὺς ζῶντας	
6:10	מַה־שֶּׁהָיָה כְּבָר נִקְרָא שְׁמוֹ	εἴ τι ἐγένετο ἤδη κέκληται ὄνομα αὐτοῦ	
9:6	גַּם־קִנְאָתָם כְּבָר אָבָדָה	καί γε ζῆλος αὐτῶν ἤδη ἀπώλετο	
9:7	כִּי כְבָר רָצָה הָאֱלֹהִים אֶת־מַעֲשֶׂיךָ	ὅτι ἤδη εὐδόκησεν ὁ θεὸς τὰ ποιήματά σου	

ἥδυσμα — Occurrences: 1

רֹקֵחַ	1	100%	
10:1	יַבְאִישׁ יַבִּיעַ שֶׁמֶן רוֹקֵחַ	σαπριοῦσιν σκευασίαν ἐλαίου ἡδύσματος	=v

ἥκω — Occurrences: 1

בּוֹא	1	100%	
5:14	יָשׁוּב לָלֶכֶת כְּשֶׁבָּא	ἐπιστρέψει τοῦ πορευθῆναι ὡς ἥκει	

ἥλιος — Occurrences: 36

שֶׁמֶשׁ	35	97%
שָׁמַיִם	1	3%

שָׁמַיִם	1	3%	
2:3	תַּחַת הַשָּׁמַיִם מִסְפַּר יְמֵי חַיֵּיהֶם	ὑπὸ τὸν ἥλιον ἀριθμὸν ἡμερῶν ζωῆς αὐτῶν	=השמש
שֶׁמֶשׁ	35	97%	
1:3	בְּכָל־עֲמָלוֹ שֶׁיַּעֲמֹל תַּחַת הַשָּׁמֶשׁ	ἐν παντὶ μόχθῳ αὐτοῦ ᾧ μοχθεῖ ὑπὸ τὸν ἥλιον	
1:5	וְזָרַח הַשֶּׁמֶשׁ וּבָא הַשָּׁמֶשׁ	καὶ ἀνατέλλει ὁ ἥλιος καὶ δύνει ὁ ἥλιος	
1:5	וְזָרַח הַשֶּׁמֶשׁ וּבָא הַשָּׁמֶשׁ	καὶ ἀνατέλλει ὁ ἥλιος καὶ δύνει ὁ ἥλιος	

1:9	וְאֵין כָּל־חָדָשׁ תַּחַת *הַשָּׁמֶשׁ*	καὶ οὐκ ἔστιν πᾶν πρόσφατον ὑπὸ *τὸν ἥλιον*	
1:14	הַמַּעֲשִׂים שֶׁנַּעֲשׂוּ תַּחַת *הַשָּׁמֶשׁ*	τὰ ποιήματα τὰ πεποιημένα ὑπὸ *τὸν ἥλιον*	
[2:3]	תַּחַת *הַשָּׁמַיִם* מִסְפַּר יְמֵי חַיֵּיהֶם	ὑπὸ *τὸν ἥλιον* ἀριθμὸν ἡμερῶν ζωῆς αὐτῶν	השמש=
2:11	וְאֵין יִתְרוֹן תַּחַת *הַשָּׁמֶשׁ*	καὶ οὐκ ἔστιν περισσεία ὑπὸ *τὸν ἥλιον*	
2:17	הַמַּעֲשֶׂה שֶׁנַּעֲשָׂה תַּחַת *הַשָּׁמֶשׁ*	τὸ ποίημα τὸ πεποιημένον ὑπὸ *τὸν ἥλιον*	
2:18	עֲמָלִי שֶׁאֲנִי עָמֵל תַּחַת *הַשָּׁמֶשׁ*	μόχθον μου ὃν ἐγὼ μοχθῶ ὑπὸ *τὸν ἥλιον*	
2:19	שֶׁעָמַלְתִּי וְשֶׁחָכַמְתִּי תַּחַת *הַשָּׁמֶשׁ*	ᾧ ἐμόχθησα καὶ ᾧ ἐσοφισάμην ὑπὸ *τὸν ἥλιον*	
2:20	עַל כָּל־הֶעָמָל שֶׁעָמַלְתִּי תַּחַת *הַשָּׁמֶשׁ*	ἐπὶ παντὶ τῷ μόχθῳ ᾧ ἐμόχθησα ὑπὸ *τὸν ἥλιον*	
2:22	שֶׁהוּא עָמֵל תַּחַת *הַשָּׁמֶשׁ*	ᾧ αὐτὸς μοχθεῖ ὑπὸ *τὸν ἥλιον*	
3:16	וְעוֹד רָאִיתִי תַּחַת *הַשָּׁמֶשׁ*	καὶ ἔτι εἶδον ὑπὸ *τὸν ἥλιον*	
4:1	הָעֲשֻׁקִים אֲשֶׁר נַעֲשִׂים תַּחַת *הַשָּׁמֶשׁ*	τὰς συκοφαντίας τὰς γινομένας ὑπὸ *τὸν ἥλιον*	
4:3	אֲשֶׁר נַעֲשָׂה תַּחַת *הַשָּׁמֶשׁ*	τὸ πεποιημένον ὑπὸ *τὸν ἥλιον*	
4:7	וָאֶרְאֶה הֶבֶל תַּחַת *הַשָּׁמֶשׁ*	καὶ εἶδον ματαιότητα ὑπὸ *τὸν ἥλιον*	
4:15	תַּחַת *הַשָּׁמֶשׁ* עִם הַיֶּלֶד הַשֵּׁנִי	ὑπὸ *τὸν ἥλιον* μετὰ τοῦ νεανίσκου τοῦ δευτέρου	
5:12	יֵשׁ רָעָה חוֹלָה רָאִיתִי תַּחַת *הַשָּׁמֶשׁ*	ἔστιν ἀρρωστία ἣν εἶδον ὑπὸ *τὸν ἥλιον*	
5:17	תַּחַת־*הַשֶּׁמֶשׁ* מִסְפַּר יְמֵי־חַיָּו	ὑπὸ *τὸν ἥλιον* ἀριθμὸν ἡμερῶν ζωῆς αὐτοῦ	
6:1	יֵשׁ רָעָה אֲשֶׁר רָאִיתִי תַּחַת *הַשָּׁמֶשׁ*	ἔστιν πονηρία ἣν εἶδον ὑπὸ *τὸν ἥλιον*	
6:5	גַּם־*שֶׁמֶשׁ* לֹא־רָאָה וְלֹא יָדָע	καί γε *ἥλιον* οὐκ εἶδεν καὶ οὐκ ἔγνω	
6:12	מַה־יִּהְיֶה אַחֲרָיו תַּחַת *הַשָּׁמֶשׁ*	τί ἔσται ὀπίσω αὐτοῦ ὑπὸ *τὸν ἥλιον*	
7:11	וְיֹתֵר לְרֹאֵי *הַשָּׁמֶשׁ*	καὶ περισσεία τοῖς θεωροῦσιν *τὸν ἥλιον*	
8:9	לְכָל־מַעֲשֶׂה אֲשֶׁר נַעֲשָׂה תַּחַת *הַשָּׁמֶשׁ*	εἰς πᾶν ποίημα ὃ πεποίηται ὑπὸ *τὸν ἥλιον*	
8:15	אֲשֶׁר אֵין־טוֹב לָאָדָם תַּחַת *הַשֶּׁמֶשׁ*	ὅτι οὐκ ἔστιν ἀγαθὸν τῷ ἀνθρώπῳ ὑπὸ *τὸν ἥλιον*	
8:15	אֲשֶׁר־נָתַן־לוֹ הָאֱלֹהִים תַּחַת *הַשָּׁמֶשׁ*	ὅσας ἔδωκεν αὐτῷ ὁ θεὸς ὑπὸ *τὸν ἥλιον*	
8:17	אֶת־הַמַּעֲשֶׂה אֲשֶׁר נַעֲשָׂה תַחַת־*הַשֶּׁמֶשׁ*	σὺν τὸ ποίημα τὸ πεποιημένον ὑπὸ *τὸν ἥλιον*	
9:3	זֶה רָע בְּכֹל אֲשֶׁר־נַעֲשָׂה תַּחַת *הַשֶּׁמֶשׁ*	τοῦτο πονηρὸν ἐν παντὶ πεποιημένῳ ὑπὸ *τὸν ἥλιον*	
9:6	בְּכֹל אֲשֶׁר־נַעֲשָׂה תַּחַת *הַשָּׁמֶשׁ*	ἐν παντὶ τῷ πεποιημένῳ ὑπὸ *τὸν ἥλιον*	
9:9	אֲשֶׁר נָתַן־לְךָ תַּחַת *הַשֶּׁמֶשׁ*	τὰς δοθείσας σοι ὑπὸ *τὸν ἥλιον*	
9:9	וּבַעֲמָלְךָ אֲשֶׁר־אַתָּה עָמֵל תַּחַת *הַשָּׁמֶשׁ*	καὶ ἐν τῷ μόχθῳ σου ᾧ σὺ μοχθεῖς ὑπὸ *τὸν ἥλιον*	
9:11	שַׁבְתִּי וְרָאֹה תַחַת־*הַשֶּׁמֶשׁ*	ἐπέστρεψα καὶ εἶδον ὑπὸ *τὸν ἥλιον*	
9:13	גַּם־זֹה רָאִיתִי חָכְמָה תַּחַת *הַשָּׁמֶשׁ*	καί γε τοῦτο εἶδον σοφίαν ὑπὸ *τὸν ἥλιον*	
10:5	יֵשׁ רָעָה רָאִיתִי תַּחַת *הַשָּׁמֶשׁ* כִּשְׁגָגָה	ἔστιν πονηρία ἣν εἶδον ὑπὸ *τὸν ἥλιον* ὡς ἀκούσιον	
11:7	לִרְאוֹת אֶת־*הַשָּׁמֶשׁ*	τοῦ βλέπειν σὺν *τὸν ἥλιον*	
12:2	עַד אֲשֶׁר לֹא־תֶחְשַׁךְ *הַשֶּׁמֶשׁ*	ἕως οὗ μὴ σκοτισθῇ *ὁ ἥλιος*	

ἧλος *Occurrences: 1*

מַשְׂמֵר	*1*	*100%*
12:11	וּ*כְמַשְׂמְרוֹת* נְטוּעִים	*καὶ ὡς ἧλοι* πεφυτευμένοι

ἡμέρα *Occurrences: 26*

יוֹם	*26*	*100%*
2:3	תַּחַת הַשָּׁמַיִם מִסְפַּר *יְמֵי* חַיֵּיהֶם	ὑπὸ τὸν ἥλιον ἀριθμὸν *ἡμερῶν* ζωῆς αὐτῶν
2:16	בְּשֶׁכְּבָר *הַיָּמִים* הַבָּאִים	καθότι ἤδη *αἱ ἡμέραι* αἱ ἐρχόμεναι
2:23	כִּי כָל־*יָמָיו* מַכְאֹבִים	ὅτι πᾶσαι *αἱ ἡμέραι αὐτοῦ* ἀλγημάτων
5:16	גַּם כָּל־*יָמָיו* בַּחֹשֶׁךְ יֹאכֵל	καί γε πᾶσαι *αἱ ἡμέραι αὐτοῦ* ἐν σκότει καὶ πένθει
5:17	תַּחַת־הַשֶּׁמֶשׁ מִסְפַּר *יְמֵי*־חַיָּו	ὑπὸ τὸν ἥλιον ἀριθμὸν *ἡμερῶν* ζωῆς αὐτοῦ
5:19	כִּי לֹא הַרְבֵּה יִזְכֹּר אֶת־*יְמֵי*	ὅτι οὐ πολλὰ μνησθήσεται *τὰς ἡμέρας*
6:3	וְרַב שֶׁיִּהְיוּ *יְמֵי*־שָׁנָיו	καὶ πλῆθος ὅ τι ἔσονται *ἡμέραι* ἐτῶν αὐτοῦ
6:12	מִסְפַּר *יְמֵי*־חַיֵּי הֶבְלוֹ	ἀριθμὸν *ἡμερῶν* ζωῆς ματαιότητος αὐτοῦ
7:1	*וְיוֹם* הַמָּוֶת מִיּוֹם הִוָּלְדוֹ	*καὶ ἡμέρα* τοῦ θανάτου ὑπὲρ ἡμέραν γενέσεως αὐτοῦ
7:1	וְיוֹם הַמָּוֶת *מִיּוֹם* הִוָּלְדוֹ	καὶ ἡμέρα τοῦ θανάτου *ὑπὲρ ἡμέραν* γενέσεως αὐτοῦ
7:10	*שֶׁהַיָּמִים* הָרִאשֹׁנִים הָיוּ טוֹבִים מֵאֵלֶּה	*ὅτι αἱ ἡμέραι* αἱ πρότεραι ἦσαν ἀγαθαὶ ὑπὲρ ταύτας
7:14	*בְּיוֹם* טוֹבָה הֱיֵה בְטוֹב	*ἐν ἡμέρᾳ* ἀγαθωσύνης ζῆθι ἐν ἀγαθῷ
7:14	*וּבְיוֹם* רָעָה רְאֵה	*καὶ ἐν ἡμέρᾳ* κακίας ἰδέ
7:15	אֶת־הַכֹּל רָאִיתִי *בִּימֵי* הֶבְלִי	σὺν τὰ πάντα εἶδον *ἐν ἡμέραις* ματαιότητός μου
8:8	וְאֵין שִׁלְטוֹן *בְּיוֹם* הַמָּוֶת	καὶ οὐκ ἔστιν ἐξουσία *ἐν ἡμέρᾳ* τοῦ θανάτου
8:13	וְלֹא־יַאֲרִיךְ *יָמִים* כַּצֵּל	καὶ οὐ μακρυνεῖ *ἡμέρας* ἐν σκιᾷ

8:15	יְמֵי חַיָּיו אֲשֶׁר־נָתַן־לוֹ הָאֱלֹהִים	ἡμέρας ζωῆς αὐτοῦ ὅσας ἔδωκεν αὐτῷ ὁ θεὸς
8:16	כִּי גַם בַּיּוֹם וּבַלַּיְלָה	ὅτι καί γε ἐν ἡμέρᾳ καὶ ἐν νυκτὶ
9:9	כָּל־יְמֵי חַיֵּי הֶבְלֶךָ	πάσας ἡμέρας ζωῆς ματαιότητός σου
9:9	כֹּל יְמֵי הֶבְלֶךָ	πάσας ἡμέρας ματαιότητός σου
11:1	כִּי־בְרֹב הַיָּמִים תִּמְצָאֶנּוּ	ὅτι ἐν πλήθει τῶν ἡμερῶν εὑρήσεις αὐτόν
11:8	וְיִזְכֹּר אֶת־יְמֵי הַחֹשֶׁךְ	καὶ μνησθήσεται τὰς ἡμέρας τοῦ σκότους
11:9	בִּימֵי בְחוּרוֹתֶךָ	ἐν ἡμέραις νεότητός σου
12:1	בִּימֵי בְּחוּרֹתֶיךָ	ἐν ἡμέραις νεότητός σου
12:1	עַד לֹא־יָבֹאוּ יְמֵי הָרָעָה	ἕως ὅτου μὴ ἔλθωσιν ἡμέραι τῆς κακίας
12:3	בַּיּוֹם שֶׁיָּזֻעוּ שֹׁמְרֵי הַבַּיִת	ἐν ἡμέρᾳ ᾗ ἐὰν σαλευθῶσιν φύλακες τῆς οἰκίας.

Θ

θάλασσα — *Occurrences: 2*

יָם	2	*100%*
1:7	*כָּל־הַנְּחָלִים הֹלְכִים אֶל־הַיָּם*	πάντες οἱ χείμαρροι πορεύονται εἰς *τὴν θάλασσαν*
1:7	*וְהַיָּם* אֵינֶנּוּ מָלֵא	*καὶ ἡ θάλασσα* οὐκ ἔσται ἐμπιμπλαμένη

θάμβος — *Occurrences: 1*

חַתְחַת	1	*100%*
12:5	גַּם מִגָּבֹהַּ יִרָאוּ *וְחַתְחַתִּים* בַּדֶּרֶךְ	καί γε ἀπὸ ὕψους ὄψονται *καὶ θάμβοι* ἐν τῇ ὁδῷ

θάνατος — *Occurrences: 5*

מָוֶת	5	*100%*
3:19	*כְּמוֹת* זֶה כֵּן מוֹת זֶה	*ὡς ὁ θάνατος* τούτου οὕτως ὁ θάνατος τούτου
3:19	כְּמוֹת זֶה כֵּן *מוֹת* זֶה	ὡς ὁ θάνατος τούτου οὕτως *ὁ θάνατος* τούτου
7:1	וְיוֹם *הַמָּוֶת* מִיּוֹם הִוָּלְדוֹ	καὶ ἡμέρα *τοῦ θανάτου* ὑπὲρ ἡμέραν γενέσεως αὐτοῦ
7:26	וּמוֹצֶא אֲנִי מַר *מִמָּוֶת*	καὶ εὑρίσκω ἐγὼ πικρότερον *ὑπὲρ θάνατον*
8:8	וְאֵין שִׁלְטוֹן בְּיוֹם *הַמָּוֶת*	καὶ οὐκ ἔστιν ἐξουσία ἐν ἡμέρᾳ *τοῦ θανάτου*

θανατόω — *Occurrences: 1*

מָוֶת	1	*100%*
10:1	זְבוּבֵי *מָוֶת* יַבְאִישׁ יַבִּיעַ שֶׁמֶן	μυῖαι *θανατοῦσαι* σαπριοῦσιν σκευασίαν ἐλαίου

θαυμάζω — *Occurrences: 1*

תָּמַה	1	*100%*
5:7	אַל־*תִּתְמַהּ* עַל־הַחֵפֶץ	μὴ *θαυμάσῃς* ἐπὶ τῷ πράγματι

θέλημα — *Occurrences: 3*

חֵפֶץ	3	*100%*
5:3	כִּי אֵין *חֵפֶץ* בַּכְּסִילִים	ὅτι οὐκ ἔστιν *θέλημα* ἐν ἄφροσιν
12:1	אֵין־לִי בָהֶם *חֵפֶץ*	οὐκ ἔστιν μοι ἐν αὐτοῖς *θέλημα*
12:10	לִמְצֹא דִּבְרֵי־*חֵפֶץ*	τοῦ εὑρεῖν λόγους *θελήματος*

θέλω — *Occurrences: 1*

חָפֵץ	1	*100%*
8:3	כִּי כָּל־אֲשֶׁר *יַחְפֹּץ* יַעֲשֶׂה	ὅτι πᾶν ὃ ἐὰν *θελήσῃ* ποιήσει

θεός — *Occurrences: 42*

אֱלֹהִים	*40*	*98%*
מַלְאָךְ	*1*	*2%*
- - -	*1*	

- - -	1	
7:13	אֵת אֲשֶׁר עִוְּתוֹ	ὃν ἂν *ὁ θεὸς* διαστρέψῃ αὐτόν
אֱלֹהִים	*40*	*98%*
1:13	הוּא עִנְיַן רָע נָתַן *אֱלֹהִים*	ὅτι περισπασμὸν πονηρὸν ἔδωκεν *ὁ θεὸς*
2:24	כִּי מִיַּד *הָאֱלֹהִים* הִיא	ὅτι ἀπὸ χειρὸς *τοῦ θεοῦ* ἐστιν
2:26	לָתֵת לְטוֹב לִפְנֵי *הָאֱלֹהִים*	τοῦ δοῦναι τῷ ἀγαθῷ πρὸ προσώπου *τοῦ θεοῦ*
3:10	רָאִיתִי אֶת־הָעִנְיָן אֲשֶׁר נָתַן *אֱלֹהִים*	εἶδον σὺν τὸν περισπασμὸν ὃν ἔδωκεν *ὁ θεὸς*
3:11	אֲשֶׁר־עָשָׂה *הָאֱלֹהִים* מֵרֹאשׁ וְעַד־סוֹף	ὃ ἐποίησεν *ὁ θεὸς* ἀπ' ἀρχῆς καὶ μέχρι τέλους
3:13	מַתַּת *אֱלֹהִים* הִיא	δόμα *θεοῦ* ἐστιν
3:14	יָדַעְתִּי כִּי כָּל־אֲשֶׁר יַעֲשֶׂה *הָאֱלֹהִים*	ἔγνων ὅτι παντα ὅσα ἐποίησεν *ὁ θεός*
3:14	*וְהָאֱלֹהִים* עָשָׂה שֶׁיִּרְאוּ	*καὶ ὁ θεὸς* ἐποίησεν ἵνα φοβηθῶσιν
3:15	*וְהָאֱלֹהִים* יְבַקֵּשׁ אֶת־נִרְדָּף	*καὶ ὁ θεὸς* ζητήσει τὸν διωκόμενον

3:17	אֶת־הַצַּדִּיק וְאֶת־הָרָשָׁע יִשְׁפֹּט *הָאֱלֹהִים*	σὺν τὸν δίκαιον καὶ σὺν τὸν ἀσεβῆ κρινεῖ *ὁ θεός*	
3:18	לְבָרָם *הָאֱלֹהִים* וְלִרְאוֹת	ὅτι διακρινεῖ αὐτοὺς *ὁ θεός* καὶ τοῦ δεῖξαι	
4:17	תֵּלֵךְ אֶל־בֵּית *הָאֱלֹהִים* וְקָרוֹב לִשְׁמֹעַ	πορεύῃ εἰς οἶκον *τοῦ θεοῦ* καὶ ἐγγὺς τοῦ ἀκούειν	
5:1	לְהוֹצִיא דָבָר לִפְנֵי *הָאֱלֹהִים*	τοῦ ἐξενέγκαι λόγον πρὸ προσώπου *τοῦ θεοῦ*	
5:1	כִּי *הָאֱלֹהִים* בַּשָּׁמַיִם וְאַתָּה עַל־הָאָרֶץ	ὅτι *ὁ θεὸς* ἐν τῷ οὐρανῷ καὶ σὺ ἐπὶ τῆς γῆς	
5:3	כַּאֲשֶׁר תִּדֹּר נֶדֶר *לֵאלֹהִים*	καθὼς ἂν εὔξῃ εὐχὴν *τῷ θεῷ*	
[5:5]	וְאַל־תֹּאמַר לִפְנֵי *הַמַּלְאָךְ*	καὶ μὴ εἴπῃς πρὸ προσώπου *τοῦ θεοῦ*	=?האלהים
5:5	לָמָּה יִקְצֹף *הָאֱלֹהִים* עַל־קוֹלֶךָ	ἵνα μὴ ὀργισθῇ *ὁ θεὸς* ἐπὶ φωνῇ σου	
5:6	כִּי אֶת־*הָאֱלֹהִים* יְרָא	ὅτι σὺν *τὸν θεὸν* φοβοῦ	
5:17	יְמֵי־חַיָּו אֲשֶׁר־נָתַן־לוֹ *הָאֱלֹהִים*	ἡμερῶν ζωῆς αὐτοῦ ὧν ἔδωκεν αὐτῷ *ὁ θεός*	
5:18	גַּם כָּל־הָאָדָם אֲשֶׁר נָתַן־לוֹ *הָאֱלֹהִים*	καί γε πᾶς ὁ ἄνθρωπος ᾧ ἔδωκεν αὐτῷ *ὁ θεὸς*	
5:18	זֹה מַתַּת *אֱלֹהִים* הִיא	τοῦτο δόμα *θεοῦ* ἐστιν	
5:19	כִּי *הָאֱלֹהִים* מַעֲנֶה	ὅτι *ὁ θεὸς* περισπᾷ αὐτὸν	
6:2	אִישׁ אֲשֶׁר יִתֶּן־לוֹ *הָאֱלֹהִים* עֹשֶׁר	ἀνήρ ᾧ δώσει αὐτῷ *ὁ θεὸς* πλοῦτον	
6:2	וְלֹא־יַשְׁלִיטֶנּוּ *הָאֱלֹהִים* לֶאֱכֹל	καὶ οὐκ ἐξουσιάσει αὐτῷ *ὁ θεὸς* τοῦ φαγεῖν	
7:13	רְאֵה אֶת־מַעֲשֵׂה *הָאֱלֹהִים*	ἰδὲ τὰ ποιήματα *τοῦ θεοῦ*	
7:14	עָשָׂה *הָאֱלֹהִים* עַל־דִּבְרַת	ἐποίησεν *ὁ θεὸς* περὶ λαλιᾶς	
7:18	כִּי־יְרֵא *אֱלֹהִים* יֵצֵא אֶת־כֻּלָּם	ὅτι φοβούμενος *τὸν θεὸν* ἐξελεύσεται τὰ πάντα	
7:26	טוֹב לִפְנֵי *הָאֱלֹהִים* יִמָּלֵט	ἀγαθὸς πρὸ προσώπου *τοῦ θεοῦ* ἐξαιρεθήσεται	
7:29	אֲשֶׁר עָשָׂה *הָאֱלֹהִים* אֶת־הָאָדָם יָשָׁר	ὃ ἐποίησεν *ὁ θεὸς* σὺν τὸν ἄνθρωπον εὐθῆ	
8:2	וְעַל דִּבְרַת שְׁבוּעַת *אֱלֹהִים*	καὶ περὶ λόγου ὅρκου *θεοῦ*	
8:12	אֲשֶׁר יִהְיֶה־טּוֹב לְיִרְאֵי *הָאֱלֹהִים*	ὅτι ἔσται ἀγαθὸν τοῖς φοβουμένοις *τὸν θεόν*	
8:13	אֲשֶׁר אֵינֶנּוּ יָרֵא מִלִּפְנֵי *אֱלֹהִים*	ὃς οὐκ ἔστιν φοβούμενος ἀπὸ προσώπου *τοῦ θεοῦ*	
8:15	יְמֵי חַיָּיו אֲשֶׁר־נָתַן־לוֹ *הָאֱלֹהִים*	ἡμέρας ζωῆς αὐτοῦ ὅσας ἔδωκεν αὐτῷ *ὁ θεός*	
8:17	וְרָאִיתִי אֶת־כָּל־מַעֲשֵׂה *הָאֱלֹהִים*	καὶ εἶδον σὺν πάντα τὰ ποιήματα *τοῦ θεοῦ*	
9:1	וַעֲבָדֵיהֶם בְּיַד *הָאֱלֹהִים*	καὶ ἐργασίαι αὐτῶν ἐν χειρὶ *τοῦ θεοῦ*	
9:7	כִּי כְבָר רָצָה *הָאֱלֹהִים* אֶת־מַעֲשֶׂיךָ	ὅτι ἤδη εὐδόκησεν *ὁ θεὸς* τὰ ποιήματά σου	
11:5	כָּכָה לֹא תֵדַע אֶת־מַעֲשֵׂה *הָאֱלֹהִים*	οὕτως οὐ γνώσῃ τὰ ποιήματα *τοῦ θεοῦ*	
11:9	עַל־כָּל־אֵלֶּה יְבִיאֲךָ *הָאֱלֹהִים* בַּמִּשְׁפָּט	ἐπὶ πᾶσι τούτοις ἄξει σε *ὁ θεὸς* ἐν κρίσει	
12:7	וְהָרוּחַ תָּשׁוּב אֶל־*הָאֱלֹהִים*	καὶ τὸ πνεῦμα ἐπιστρέψῃ πρὸς *τὸν θεόν*	
12:13	אֶת־*הָאֱלֹהִים* יְרָא וְאֶת־מִצְוֹתָיו שְׁמוֹר	*τὸν θεὸν* φοβοῦ καὶ τὰς ἐντολὰς αὐτοῦ φύλασσε	
12:14	כִּי אֶת־כָּל־מַעֲשֶׂה *הָאֱלֹהִים* יָבִא בְמִשְׁפָּט	ὅτι σὺν πᾶν τὸ ποίημα *ὁ θεὸς* ἄξει ἐν κρίσει	
מַלְאָךְ	*1*	*2%*	
5:5	וְאַל־תֹּאמַר לִפְנֵי *הַמַּלְאָךְ*	καὶ μὴ εἴπῃς πρὸ προσώπου *τοῦ θεοῦ*	=?האלהים

θερίζω *Occurrences: 1*

קָצַר	*1*	*100%*	
11:4	וְרֹאֶה בֶעָבִים לֹא *יִקְצוֹר*	καὶ βλέπων ἐν ταῖς νεφέλαις οὐ *θερίσει*	

θερμαίνω *Occurrences: 1*

חָמַם	*1*	*100%*	
4:11	וּלְאֶחָד אֵיךְ *יֵחָם*	καὶ ὁ εἷς πῶς *θερμανθῇ*	

θέρμη *Occurrences: 1*

חָמַם	*1*	*100%*	
4:11	גַּם אִם־יִשְׁכְּבוּ שְׁנַיִם *וְחַם* לָהֶם	καί γε ἐὰν κοιμηθῶσιν δύο *καὶ θέρμη* αὐτοῖς	

θεωρέω *Occurrences: 1*

רָאָה	*1*	*100%*	
7:11	וְיֹתֵר *לְרֹאֵי* הַשָּׁמֶשׁ	καὶ περισσεία *τοῖς θεωροῦσιν* τὸν ἥλιον	

θήρευμα *Occurrences: 1*

מָצוֹד	*1*	*100%*	
7:26	אֶת־הָאִשָּׁה אֲשֶׁר־הִיא *מְצוֹדִים*	σὺν τὴν γυναῖκα ἥτις ἐστὶν *θηρεύματα*	

θηρεύω *Occurrences: 2*

אָחַז 2 *100%*
9:12 כַּדָּגִים *שֶׁנֶּאֱחָזִים* בִּמְצוֹדָה רָעָה — ὡς οἱ ἰχθύες *οἱ θηρευόμενοι* ἐν ἀμφιβλήστρῳ κακῷ
9:12 וְכַצִּפֳּרִים *הָאֲחֻזוֹת* בַּפָּח — καὶ ὡς ὄρνεα *τὰ θηρευόμενα* ἐν παγίδι

θλίβω/συν *Occurrences: 1*

רָצַץ 1 *100%*
12:6 *וְתָרֻץ* גֻּלַּת הַזָּהָב — καὶ *συνθλιβῇ* ἀνθέμιον τοῦ χρυσίου

θνήσκω *Occurrences: 1*

מוּת 1 *100%*
4:2 וְשַׁבֵּחַ אֲנִי אֶת־*הַמֵּתִים* — καὶ ἐπῄνεσα ἐγὼ σὺν τοὺς *τεθνηκότας*

θνήσκω/ἀπο *Occurrences: 5*

מוּת 5 *100%*
2:16 וְאֵיךְ *יָמוּת* הֶחָכָם עִם־הַכְּסִיל — καὶ πῶς *ἀποθανεῖται* ὁ σοφὸς μετὰ τοῦ ἄφρονος
3:2 עֵת לָלֶדֶת וְעֵת *לָמוּת* — καιρὸς τοῦ τεκεῖν καὶ καιρὸς *τοῦ ἀποθανεῖν*
4:2 שֶׁכְּבָר *מֵתוּ* מִן־הַחַיִּים — τοὺς ἤδη *ἀποθανόντας* ὑπὲρ τοὺς ζῶντας
7:17 לָמָּה *תָמוּת* בְּלֹא עִתֶּךָ — ἵνα μὴ *ἀποθάνῃς* ἐν οὐ καιρῷ σου
9:5 כִּי הַחַיִּים יוֹדְעִים *שֶׁיָּמֻתוּ* — ὅτι οἱ ζῶντες γνώσονται ὅτι *ἀποθανοῦνται*

θυγάτηρ *Occurrences: 1*

בַּת 1 *100%*
12:4 וְיִשַּׁחוּ כָּל־*בְּנוֹת* — καὶ ταπεινωθήσονται πᾶσαι *αἱ θυγατέρες*

θυμέω/ἐπι *Occurrences: 1*

אָוָה 1 *100%*
6:2 מִכֹּל אֲשֶׁר־*יִתְאַוֶּה* — ἀπὸ πάντων ὧν *ἐπιθυμήσει*

θυμός *Occurrences: 5*

כַּעַס	*4*	*80%*
כָּעַס	*1*	*20%*

כָּעַס 1 *20%*
5:16 *וְכָעַס* הַרְבֵּה וְחָלְיוֹ וָקָצֶף — *καὶ θυμῷ* πολλῷ καὶ ἀρρωστίᾳ καὶ χόλῳ =v

כַּעַס 4 *80%*
2:23 מַכְאֹבִים *וָכַעַס* עִנְיָנוֹ — ἀλγημάτων *καὶ θυμοῦ* περισπασμὸς αὐτοῦ
7:3 טוֹב *כַּעַס* מִשְּׂחֹק — ἀγαθὸν *θυμὸς* ὑπὲρ γέλωτα
7:9 כִּי *כַעַס* בְּחֵיק כְּסִילִים יָנוּחַ — ὅτι *θυμὸς* ἐν κόλπῳ ἀφρόνων ἀναπαύσεται
11:10 וְהָסֵר *כַּעַס* מִלִּבֶּךָ — καὶ ἀπόστησον *θυμὸν* ἀπὸ καρδίας σου

θυμόω *Occurrences: 1*

כָּעַס 1 *100%*
7:9 אַל־תְּבַהֵל בְּרוּחֲךָ *לִכְעוֹס* — μὴ σπεύσῃς ἐν πνεύματί σου *τοῦ θυμοῦσθαι*

θύρα *Occurrences: 1*

דֶּלֶת 1 *100%*
12:4 וְסֻגְּרוּ *דְלָתַיִם* בַּשּׁוּק — καὶ κλείσουσιν *θύρας* ἐν ἀγορᾷ

θυσία *Occurrences: 1*

זֶבַח 1 *100%*
4:17 מִתֵּת הַכְּסִילִים *זָבַח* — ὑπὲρ δόμα τῶν ἀφρόνων *θυσία σου*

θυσιάζω		*Occurrences: 2*	
זָבַח		2	*100%*
9:2	וְלַזֹּבֵחַ וְלַאֲשֶׁר אֵינֶנּוּ זֹבֵחַ		*καὶ τῷ θυσιάζοντι* καὶ τῷ μὴ θυσιάζοντι
9:2	וְלַזֹּבֵחַ וְלַאֲשֶׁר אֵינֶנּוּ זֹבֵחַ		καὶ τῷ θυσιάζοντι καὶ τῷ μὴ *θυσιάζοντι*

I

ἴαμα *Occurrences: 1*

מַרְפֵּא	*1*	*100%*
10:4	כִּי מַרְפֵּא יַנִּיחַ חֲטָאִים גְּדוֹלִים	ὅτι *ἴαμα* καταπαύσει ἁμαρτίας μεγάλας

ἰάομαι *Occurrences: 1*

רָפָא	*1*	*100%*
3:3	עֵת לַהֲרוֹג וְעֵת לִרְפּוֹא	καιρὸς τοῦ ἀποκτεῖναι καὶ καιρὸς *τοῦ ἰάσασθαι*

ἰδού *Occurrences: 6*

הִנֵּה	*6*	*100%*
1:14	וְהִנֵּה הַכֹּל הֶבֶל	*καὶ ἰδοὺ* τὰ πάντα ματαιότης
1:16	אֲנִי הִנֵּה הִגְדַּלְתִּי וְהוֹסַפְתִּי חָכְמָה	ἐγὼ *ἰδοὺ* ἐμεγαλύνθην καὶ προσέθηκα σοφίαν
2:1	וְהִנֵּה גַם־הוּא הָבֶל	*καὶ ἰδοὺ* καί γε τοῦτο ματαιότης
2:11	וְהִנֵּה הַכֹּל הֶבֶל	*καὶ ἰδοὺ* τὰ πάντα ματαιότης
4:1	וְהִנֵּה דִּמְעַת הָעֲשֻׁקִים	*καὶ ἰδοὺ* δάκρυον τῶν συκοφαντουμένων
5:17	הִנֵּה אֲשֶׁר־רָאִיתִי אָנִי טוֹב אֲשֶׁר־יָפֶה	*ἰδοὺ* ὃ εἶδον ἐγὼ ἀγαθόν ὅ ἐστιν καλόν

Ιερουσαλημ *Occurrences: 5*

יְרוּשָׁלַםִ	*5*	*100%*
1:1	מֶלֶךְ בִּירוּשָׁלָםִ	βασιλέως Ισραηλ *ἐν Ιερουσαλημ*
1:12	הָיִיתִי מֶלֶךְ עַל־יִשְׂרָאֵל בִּירוּשָׁלָםִ	ἐγενόμην βασιλεὺς ἐπὶ Ισραηλ *ἐν Ιερουσαλημ*
1:16	עַל כָּל־אֲשֶׁר־הָיָה לְפָנַי עַל־יְרוּשָׁלָםִ	ἐπὶ πᾶσιν οἳ ἐγένοντο ἔμπροσθέν μου ἐν *Ιερουσαλημ*
2:7	לְפָנַי בִּירוּשָׁלָםִ	ἔμπροσθέν μου *ἐν Ιερουσαλημ*
2:9	לְפָנַי בִּירוּשָׁלָםִ	ἔμπροσθέν μου *ἐν Ιερουσαλημ*

ἵημι/ἀνα *Occurrences: 1*

נוּחַ	*1*	*100%*
7:18	וְגַם־מִזֶּה אַל־תַּנַּח אֶת־יָדֶךָ	καί γε ἀπὸ τούτου μὴ *ἀνῇς* τὴν χεῖρά σου

ἵημι/ἀπο *Occurrences: 4*

נוּחַ	*4*	*100%*
2:18	שֶׁאַנִּיחֶנּוּ לָאָדָם שֶׁיִּהְיֶה אַחֲרָי	ὅτι *ἀφίω αὐτὸν* τῷ ἀνθρώπῳ τῷ γινομένῳ μετ' ἐμέ
5:11	אֵינֶנּוּ מַנִּיחַ לוֹ לִישׁוֹן	οὐκ ἔστιν *ἀφίων* αὐτὸν τοῦ ὑπνῶσαι
10:4	מְקוֹמְךָ אַל־תַּנַּח	τόπον σου μὴ *ἀφῇς*
11:6	וְלָעֶרֶב אַל־תַּנַּח יָדֶךָ	καὶ εἰς ἑσπέραν μὴ *ἀφέτω* ἡ χείρ σου

ἵημι/κατα *Occurrences: 1*

יָשַׁב	*1*	*100%*
10:6	וַעֲשִׁירִים בַּשֵּׁפֶל יֵשֵׁבוּ	καὶ πλούσιοι ἐν ταπεινῷ *καθήσονται*

ἱμάτιον *Occurrences: 1*

בֶּגֶד	*1*	*100%*
9:8	בְּכָל־עֵת יִהְיוּ בְגָדֶיךָ לְבָנִים	ἐν παντὶ καιρῷ ἔστωσαν *ἱμάτιά σου* λευκά

ἵνα *Occurrences: 6*

שֶׁ	*3*	*50%*
לְ	*1*	*17%*
ἵνα + μή	*2*	
לְ + מָה	*2*	*33%*

לְ *1* *12%*
2:15 וְלָמָּה חָכַמְתִּי אֲנִי אָז יוֹתֵר καὶ *ἵνα τί* ἐσοφισάμην ἐγὼ τότε περισσὸν

שֶׁ *3* *38%*
3:14 וְהָאֱלֹהִים עָשָׂה שֶׁיִּרְאוּ καὶ ὁ θεὸς ἐποίησεν *ἵνα φοβηθῶσιν*
5:14 שֶׁיֹּלֵךְ בְּיָדוֹ *ἵνα πορευθῇ* ἐν χειρὶ αὐτοῦ =v
7:14 שֶׁלֹּא יִמְצָא הָאָדָם אַחֲרָיו מְאוּמָה *ἵνα μὴ* εὕρῃ ὁ ἄνθρωπος ὀπίσω αὐτοῦ μηδέν

ἵνα + μή *2*
לְ + מָה *2* *25%*
5:5 לָמָּה יִקְצֹף הָאֱלֹהִים עַל־קוֹלֶךָ *ἵνα μὴ* ὀργισθῇ ὁ θεὸς ἐπὶ φωνῇ σου
7:17 לָמָּה תָמוּת בְּלֹא עִתֶּךָ *ἵνα μὴ* ἀποθάνῃς ἐν οὐ καιρῷ σου

ἵππος *Occurrences: 1*

סוּס *1* *100%*
10:7 רָאִיתִי עֲבָדִים עַל־סוּסִים εἶδον δούλους ἐφ' *ἵππους*

Ισραηλ *Occurrences: 2*

יִשְׂרָאֵל	*1*	*100%*
- - -	*1*	

- - - *1*
1:1 מֶלֶךְ בִּירוּשָׁלָםִ βασιλέως *Ισραηλ* ἐν Ιερουσαλημ =:ישראל
יִשְׂרָאֵל *1* *100%*
[1:1] מֶלֶךְ בִּירוּשָׁלָםִ βασιλέως *Ισραηλ* ἐν Ιερουσαλημ =:ישראל
1:12 הָיִיתִי מֶלֶךְ עַל־יִשְׂרָאֵל בִּירוּשָׁלָםִ ἐγενόμην βασιλεὺς ἐπὶ *Ισραηλ* ἐν Ιερουσαλημ

ἵστημι *Occurrences: 5*

עָמַד *5* *100%*
1:4 וְהָאָרֶץ לְעוֹלָם עֹמָדֶת καὶ ἡ γῆ εἰς τὸν αἰῶνα *ἕστηκεν*
2:9 אַף חָכְמָתִי עָמְדָה לִּי καί γε σοφία μου *ἐστάθη* μοι
4:12 הַשְּׁנַיִם יַעַמְדוּ נֶגְדּוֹ οἱ δύο *στήσονται* κατέναντι αὐτοῦ
4:15 אֲשֶׁר יַעֲמֹד תַּחְתָּיו ὃς *στήσεται* ἀντ' αὐτοῦ
8:3 אַל־תַּעֲמֹד בְּדָבָר רָע μὴ *στῇς* ἐν λόγῳ πονηρῷ

ἵστημι/ἀνα *Occurrences: 1*

קוּם *1* *100%*
12:4 וְיָקוּם לְקוֹל הַצִּפּוֹר καὶ *ἀναστήσεται* εἰς φωνὴν τοῦ στρουθίου

ἵστημι/ἀπο *Occurrences: 1*

סוּר *1* *100%*
11:10 וְהָסֵר כַּעַס מִלִּבֶּךָ καὶ *ἀπόστησον* θυμὸν ἀπὸ καρδίας σου

ἰσχυρός *Occurrences: 1*

תַּקִּיף *1* *100%*
6:10 וְלֹא־יוּכַל לָדִין עִם *שֶׁהתַּקִּיף **שֶׁתַּקִּיף καὶ οὐ δυνήσεται τοῦ κριθῆναι μετὰ *τοῦ ἰσχυροῦ*

ἰσχύς *Occurrences: 1*

כֹּחַ *1* *100%*
4:1 וּמִיַּד עֹשְׁקֵיהֶם כֹּחַ καὶ ἀπὸ χειρὸς συκοφαντούντων αὐτοὺς *ἰσχύς*

ἰχθύς   Occurrences: 1

דָּג   1   100%
9:12   כַּדָּגִים שֶׁנֶּאֱחָזִים בִּמְצוֹדָה רָעָה   ὡς οἱ ἰχθύες οἱ θηρευόμενοι ἐν ἀμφιβλήστρῳ κακῷ

ἰχνιάζω/ἐκ   Occurrences: 1

חָקַר   1   100%
12:9   וְאִזֵּן וְחִקֵּר תִּקֵּן מְשָׁלִים הַרְבֵּה   καὶ οὖς ἐξιχνιάσεται κόσμιον παραβολῶν [πολλὰ]

K

καθαρός *Occurrences: 1*

טָהוֹר	1	100%	
9:2	וְלַטָּהוֹר וְלַטָּמֵא	καὶ τῷ καθαρῷ καὶ τῷ ἀκαθάρτῳ	

κάθοδος *Occurrences: 2*

פַּעַם	2	100%	
6:6	וְאִלּוּ חָיָה אֶלֶף שָׁנִים פַּעֲמַיִם	καὶ εἰ ἔζησεν χιλίων ἐτῶν καθόδους	=v
7:22	כִּי גַּם־פְּעָמִים רַבּוֹת יָדַע לִבֶּךָ	καὶ καθόδους πλειστάκις πολλὰς κακώσει καρδίαν σου	=d

καθότι *Occurrences: 2*

בְּ + אֲשֶׁר	1	50%
בְּ + שֶׁ	1	50%

בְּ + אֲשֶׁר	1	50%	
7:2	בַּאֲשֶׁר הוּא סוֹף כָּל־הָאָדָם	καθότι τοῦτο τέλος παντὸς τοῦ ἀνθρώπου	
בְּ + שֶׁ	1	50%	
2:16	בְּשֶׁכְּבָר הַיָּמִים הַבָּאִים	καθότι ἤδη αἱ ἡμέραι αἱ ἐρχόμεναι	

καθώς *Occurrences: 5*

כְּ + אֲשֶׁר	3	60%
בְּ + אֲשֶׁר	1	20%
καθώς + ἄν	1	
כְּ + אֲשֶׁר	1	20%

בְּ + אֲשֶׁר	1	20%	
8:4	בַּאֲשֶׁר דְּבַר־מֶלֶךְ שִׁלְטוֹן	καθὼς λαλεῖ βασιλεὺς ἐξουσιάζων	=%p
כְּ + אֲשֶׁר	3	60%	
5:14	כַּאֲשֶׁר יָצָא מִבֶּטֶן אִמּוֹ עָרוֹם	καθὼς ἐξῆλθεν ἀπὸ γαστρὸς μητρὸς αὐτοῦ γυμνός	
8:7	כִּי כַּאֲשֶׁר יִהְיֶה מִי יַגִּיד לוֹ	ὅτι καθὼς ἔσται τίς ἀναγγελεῖ αὐτῷ	
9:2	הַנִּשְׁבָּע כַּאֲשֶׁר שְׁבוּעָה יָרֵא	ὡς ὁ ὀμνύων καθὼς ὁ τὸν ὅρκον φοβούμενος	
καθώς + ἄν	1		
כְּ + אֲשֶׁר	1	20%	
5:3	כַּאֲשֶׁר תִּדֹּר נֶדֶר לֵאלֹהִים	καθὼς ἂν εὔξῃ εὐχὴν τῷ θεῷ	

καί *Occurrences: 411*

וְ	356	88%
- - -	8	
גַּם	1	1%
שֶׁ	1	1%
καί + γε	44	
אַף	1	1%
גַּם	43	11%
οὕτως + καὶ	1	
כֵּן	1	1%

- - -	8		
1:8	לֹא־תִשְׂבַּע עַיִן לִרְאוֹת	καὶ οὐκ ἐμπλησθήσεται ὀφθαλμὸς τοῦ ὁρᾶν	
3:18	שְׁהֶם־בְּהֵמָה הֵמָּה לָהֶם	ὅτι αὐτοὶ κτήνη εἰσὶν καί γε αὐτοῖς	
3:21	מִי יוֹדֵעַ רוּחַ בְּנֵי הָאָדָם	καὶ τίς οἶδεν πνεῦμα υἱῶν τοῦ ἀνθρώπου	
5:16	גַּם כָּל־יָמָיו בַּחֹשֶׁךְ יֹאכֵל	καί γε πᾶσαι αἱ ἡμέραι αὐτοῦ ἐν σκότει καὶ πένθει	=.kb.yw ואבל
7:25	רֶשַׁע כֶּסֶל וְהַסִּכְלוּת הוֹלֵלוֹת	ἀσεβοῦς ἀφροσύνην καὶ σκληρίαν καὶ περιφοράν	
8:9	אֶת־כָּל־זֶה רָאִיתִי	καὶ σὺν πᾶν τοῦτο εἶδον	
9:2	לַטּוֹב	τῷ ἀγαθῷ καὶ τῷ κακῷ	=ולרע

11:8	כִּי אִם־שָׁנִים הַרְבֵּה יִחְיֶה הָאָדָם	ὅτι *καὶ ἐὰν* ἔτη πολλὰ ζήσεται ὁ ἄνθρωπος	
גַּם	*1*	*1%*	
7:22	כִּי גַם־פְּעָמִים רַבּוֹת יָדַע לִבֶּךָ	*καὶ* καθόδους πολλὰς κακώσει καρδίαν σου	
וְ	*356*	*88%*	
1:4	דּוֹר הֹלֵךְ וְדוֹר בָּא	γενεὰ πορεύεται *καὶ γενεὰ* ἔρχεται	
1:4	וְהָאָרֶץ לְעוֹלָם עֹמָדֶת	*καὶ ἡ γῆ* εἰς τὸν αἰῶνα ἕστηκεν	
1:5	וְזָרַח הַשֶּׁמֶשׁ וּבָא הַשָּׁמֶשׁ	*καὶ ἀνατέλλει* ὁ ἥλιος καὶ δύνει ὁ ἥλιος	
1:5	וְזָרַח הַשֶּׁמֶשׁ וּבָא הַשָּׁמֶשׁ	καὶ ἀνατέλλει ὁ ἥλιος *καὶ δύνει* ὁ ἥλιος	
1:5	וְאֶל־מְקוֹמוֹ שׁוֹאֵף	*καὶ εἰς* τὸν τόπον αὐτοῦ ἕλκει	
1:6	הוֹלֵךְ אֶל־דָּרוֹם וְסוֹבֵב אֶל־צָפוֹן	πορεύεται πρὸς νότον *καὶ κυκλοῖ* πρὸς βορρᾶν	
1:6	וְעַל־סְבִיבֹתָיו שָׁב הָרוּחַ	*καὶ ἐπὶ* κύκλους αὐτοῦ ἐπιστρέφει τὸ πνεῦμα	
1:7	וְהַיָּם אֵינֶנּוּ מָלֵא	*καὶ ἡ θάλασσα* οὐκ ἔσται ἐμπιμπλαμένη	
1:8	וְלֹא־תִמָּלֵא אֹזֶן מִשְּׁמֹעַ	*καὶ οὐ* πληρωθήσεται οὖς ἀπὸ ἀκροάσεως	
1:9	וּמַה־שֶּׁנַּעֲשָׂה הוּא שֶׁיֵּעָשֶׂה	*καὶ τί* τὸ πεποιημένον αὐτὸ τὸ ποιηθησόμενον	
1:9	וְאֵין כָּל־חָדָשׁ תַּחַת הַשָּׁמֶשׁ	*καὶ οὐκ ἔστιν* πᾶν πρόσφατον ὑπὸ τὸν ἥλιον	
1:11	וְגַם לָאַחֲרֹנִים שֶׁיִּהְיוּ	*καί γε* τοῖς ἐσχάτοις γενομένοις	
1:13	וְנָתַתִּי אֶת־לִבִּי לִדְרוֹשׁ	*καὶ ἔδωκα* τὴν καρδίαν μου τοῦ ἐκζητῆσαι	
1:13	וְלָתוּר בַּחָכְמָה	*καὶ τοῦ κατασκέψασθαι* ἐν τῇ σοφίᾳ	
1:14	וְהִנֵּה הַכֹּל הֶבֶל	*καὶ ἰδοὺ* τὰ πάντα ματαιότης	
1:14	הַכֹּל הֶבֶל וּרְעוּת רוּחַ	τὰ πάντα ματαιότης *καὶ προαίρεσις* πνεύματος	
1:15	וְחֶסְרוֹן לֹא־יוּכַל לְהִמָּנוֹת	*καὶ ὑστέρημα* οὐ δυνήσεται τοῦ ἀριθμηθῆναι	
1:16	אֲנִי הִנֵּה הִגְדַּלְתִּי וְהוֹסַפְתִּי חָכְמָה	ἐγὼ ἰδοὺ ἐμεγαλύνθην *καὶ προσέθηκα* σοφίαν	
1:16	וְלִבִּי רָאָה הַרְבֵּה חָכְמָה וָדָעַת	*καὶ καρδία μου* εἶδεν πολλά σοφίαν καὶ γνῶσιν	
1:16	וְלִבִּי רָאָה הַרְבֵּה חָכְמָה וָדָעַת	καὶ καρδία μου εἶδεν πολλά σοφίαν *καὶ γνῶσιν*	
1:17	וָאֶתְּנָה לִבִּי לָדַעַת חָכְמָה	*καὶ ἔδωκα* καρδίαν μου τοῦ γνῶναι σοφίαν	
1:17	וְדַעַת הוֹלֵלוֹת וְשִׂכְלוּת	*καὶ γνῶσιν* παραβολὰς καὶ ἐπιστήμην	
1:17	וְדַעַת הוֹלֵלוֹת וְשִׂכְלוּת	καὶ γνῶσιν παραβολὰς *καὶ ἐπιστήμην*	
1:18	וְיוֹסִיף דַּעַת יוֹסִיף מַכְאוֹב	*καὶ ὁ προστιθεὶς* γνῶσιν προσθήσει ἄλγημα	
2:1	אֲנַסְּכָה בְשִׂמְחָה וּרְאֵה בְטוֹב	πειράσω σε ἐν εὐφροσύνῃ *καὶ ἰδὲ* ἐν ἀγαθῷ	
2:1	וְהִנֵּה גַם־הוּא הָבֶל	*καὶ ἰδοὺ* καί γε τοῦτο ματαιότης	
2:2	וּלְשִׂמְחָה מַה־זֹּה עֹשָׂה	*καὶ τῇ εὐφροσύνῃ* τί τοῦτο ποιεῖς	
2:3	וְלִבִּי נֹהֵג בַּחָכְמָה	*καὶ καρδία μου* ὡδήγησεν ἐν σοφίᾳ	
2:3	וְלֶאֱחֹז בְּסִכְלוּת	*καὶ τοῦ κρατῆσαι* ἐπ᾽ ἀφροσύνῃ	
2:5	עָשִׂיתִי לִי גַּנּוֹת וּפַרְדֵּסִים	ἐποίησά μοι κήπους *καὶ παραδείσους*	
2:5	וְנָטַעְתִּי בָהֶם עֵץ כָּל־פֶּרִי	*καὶ ἐφύτευσα* ἐν αὐτοῖς ξύλον πᾶν καρποῦ	
2:7	קָנִיתִי עֲבָדִים וּשְׁפָחוֹת	ἐκτησάμην δούλους *καὶ παιδίσκας*	
2:7	וּבְנֵי־בַיִת הָיָה לִי	*καὶ οἰκογενεῖς* ἐγένοντό μοι	
2:7	גַּם מִקְנֶה בָקָר וָצֹאן הַרְבֵּה	καί γε κτῆσις βουκολίου *καὶ ποιμνίου* πολλὴ	
2:8	כָּנַסְתִּי לִי גַּם־כֶּסֶף וְזָהָב	συνήγαγόν μοι καί γε ἀργύριον *καὶ χρυσίον*	
2:8	וּסְגֻלַּת מְלָכִים וְהַמְּדִינוֹת	*καὶ περιουσιασμοὺς* βασιλέων καὶ τῶν χωρῶν	
2:8	וּסְגֻלַּת מְלָכִים וְהַמְּדִינוֹת	καὶ περιουσιασμοὺς βασιλέων *καὶ τῶν χωρῶν*	
2:8	עָשִׂיתִי לִי שָׁרִים וְשָׁרוֹת	ἐποίησά μοι ᾄδοντας *καὶ ᾀδούσας*	
2:8	וְתַעֲנוּגֹת בְּנֵי הָאָדָם	*καὶ ἐντρυφήματα* υἱῶν τοῦ ἀνθρώπου	
2:8	שִׁדָּה וְשִׁדּוֹת	οἰνοχόον *καὶ οἰνοχόας*	=v
2:9	וְגָדַלְתִּי וְהוֹסַפְתִּי	*καὶ ἐμεγαλύνθην* καὶ προσέθηκα	
2:9	וְגָדַלְתִּי וְהוֹסַפְתִּי	καὶ ἐμεγαλύνθην *καὶ προσέθηκα*	
2:10	וְכֹל אֲשֶׁר שָׁאֲלוּ עֵינַי	*καὶ πᾶν* ὃ ᾔτησαν οἱ ὀφθαλμοί μου	
2:10	וְזֶה־הָיָה חֶלְקִי מִכָּל־עֲמָלִי	*καὶ τοῦτο* ἐγένετο μερίς μου ἀπὸ παντὸς μόχθου μου	
2:11	וּפָנִיתִי אֲנִי בְּכָל־מַעֲשַׂי	*καὶ ἐπέβλεψα* ἐγὼ ἐν πᾶσιν ποιήμασίν μου	
2:11	וּבֶעָמָל שֶׁעָמַלְתִּי לַעֲשׂוֹת	*καὶ ἐν μόχθῳ* ᾧ ἐμόχθησα τοῦ ποιεῖν	
2:11	וְהִנֵּה הַכֹּל הֶבֶל	*καὶ ἰδοὺ* τὰ πάντα ματαιότης	
2:11	הַכֹּל הֶבֶל וּרְעוּת רוּחַ	τὰ πάντα ματαιότης *καὶ προαίρεσις* πνεύματος	
2:11	וְאֵין יִתְרוֹן תַּחַת הַשָּׁמֶשׁ	*καὶ οὐκ ἔστιν* περισσεία ὑπὸ τὸν ἥλιον	
2:12	וּפָנִיתִי אֲנִי לִרְאוֹת חָכְמָה	*καὶ ἐπέβλεψα* ἐγὼ τοῦ ἰδεῖν σοφίαν	
2:12	חָכְמָה וְהוֹלֵלוֹת וְסִכְלוּת	σοφίαν *καὶ περιφορὰν* καὶ ἀφροσύνην	
2:12	חָכְמָה וְהוֹלֵלוֹת וְסִכְלוּת	σοφίαν καὶ περιφορὰν *καὶ ἀφροσύνην*	

2:13	וְרָאִיתִי אָנִי שֶׁיֵּשׁ יִתְרוֹן לַחָכְמָה	*καὶ εἶδον* ἐγὼ ὅτι ἔστιν περισσεία τῇ σοφίᾳ	
2:14	וְהַכְּסִיל בַּחֹשֶׁךְ הוֹלֵךְ	*καὶ ὁ ἄφρων* ἐν σκότει πορεύεται	
2:14	וְיָדַעְתִּי גַם־אָנִי	*καὶ ἔγνων* καί γε ἐγὼ	
2:15	וְאָמַרְתִּי אֲנִי בְּלִבִּי	*καὶ εἶπα* ἐγὼ ἐν καρδίᾳ μου	
2:15	וְלָמָּה חָכַמְתִּי אֲנִי אָז יוֹתֵר	*καὶ ἵνα τί* ἐσοφισάμην ἐγὼ τότε περισσὸν	
2:16	וְאֵיךְ יָמוּת הֶחָכָם עִם־הַכְּסִיל	*καὶ πῶς* ἀποθανεῖται ὁ σοφὸς μετὰ τοῦ ἄφρονος	
2:17	וְשָׂנֵאתִי אֶת־הַחַיִּים	*καὶ ἐμίσησα* σὺν τὴν ζωήν	
2:17	כִּי־הַכֹּל הֶבֶל וּרְעוּת רוּחַ	ὅτι τὰ πάντα ματαιότης *καὶ προαίρεσις* πνεύματος	
2:18	וְשָׂנֵאתִי אֲנִי אֶת־כָּל־עֲמָלִי	*καὶ ἐμίσησα* ἐγὼ σὺν πάντα μόχθον μου	
2:19	וּמִי יוֹדֵעַ הֶחָכָם יִהְיֶה אוֹ סָכָל	*καὶ τίς* οἶδεν εἰ σοφὸς ἔσται ἢ ἄφρων	
2:19	וְיִשְׁלַט בְּכָל־עֲמָלִי	*καὶ ἐξουσιάζεται* ἐν παντὶ μόχθῳ μου	
2:19	שֶׁעָמַלְתִּי וְשֶׁחָכַמְתִּי תַּחַת הַשָּׁמֶשׁ	ᾧ ἐμόχθησα *καὶ ᾧ ἐσοφισάμην* ὑπὸ τὸν ἥλιον	
2:20	וְסַבּוֹתִי אֲנִי לְיַאֵשׁ אֶת־לִבִּי	*καὶ ἐπέστρεψα* ἐγὼ τοῦ ἀποτάξασθαι τῇ καρδίᾳ μου	
2:21	בְּחָכְמָה וּבְדַעַת וּבְכִשְׁרוֹן	ἐν σοφίᾳ *καὶ ἐν γνώσει* καὶ ἐν ἀνδρείᾳ	
2:21	בְּחָכְמָה וּבְדַעַת וּבְכִשְׁרוֹן	ἐν σοφίᾳ καὶ ἐν γνώσει *καὶ ἐν ἀνδρείᾳ*	
2:21	וּלְאָדָם שֶׁלֹּא עָמַל־בּוֹ	*καὶ ἄνθρωπος* ὃς οὐκ ἐμόχθησεν ἐν αὐτῷ	
2:21	גַּם־זֶה הֶבֶל וְרָעָה רַבָּה	καί γε τοῦτο ματαιότης *καὶ πονηρία* μεγάλη	
2:22	וּבְרַעְיוֹן לִבּוֹ	*καὶ ἐν προαιρέσει* καρδίας αὐτοῦ	
2:23	מַכְאֹבִים וָכַעַס עִנְיָנוֹ	ἀλγημάτων *καὶ θυμοῦ* περισπασμὸς αὐτοῦ	
2:24	שֶׁיֹּאכַל וְשָׁתָה וְהֶרְאָה אֶת־נַפְשׁוֹ	ὃ φάγεται *καὶ ὃ πίεται* καὶ ὃ δείξει τῇ ψυχῇ αὐτοῦ	
2:24	וְהֶרְאָה אֶת־נַפְשׁוֹ טוֹב בַּעֲמָלוֹ	*καὶ ὃ δείξει* τῇ ψυχῇ αὐτοῦ ἀγαθὸν ἐν μόχθῳ αὐτοῦ	
2:25	כִּי מִי יֹאכַל וּמִי יָחוּשׁ חוּץ מִמֶּנִּי	ὅτι τίς φάγεται *καὶ τίς* φείσεται πάρεξ αὐτοῦ	
2:26	נָתַן חָכְמָה וָדַעַת וְשִׂמְחָה	ἔδωκεν σοφίαν *καὶ γνῶσιν* καὶ εὐφροσύνην	
2:26	נָתַן חָכְמָה וָדַעַת וְשִׂמְחָה	ἔδωκεν σοφίαν καὶ γνῶσιν *καὶ εὐφροσύνην*	
2:26	וְלַחוֹטֶא נָתַן עִנְיָן	*καὶ τῷ ἁμαρτάνοντι* ἔδωκεν περισπασμὸν	
2:26	לֶאֱסוֹף וְלִכְנוֹס	τοῦ προσθεῖναι *καὶ τοῦ συναγαγεῖν*	
2:26	הֶבֶל וּרְעוּת רוּחַ	ματαιότης *καὶ προαίρεσις* πνεύματος	
3:1	לַכֹּל זְמָן וְעֵת לְכָל־חֵפֶץ	τοῖς πᾶσιν χρόνος *καὶ καιρὸς* τῷ παντὶ πράγματι	
3:2	עֵת לָלֶדֶת וְעֵת לָמוּת	καιρὸς τοῦ τεκεῖν *καὶ καιρὸς* τοῦ ἀποθανεῖν	
3:2	עֵת לָטַעַת וְעֵת לַעֲקוֹר	καιρὸς τοῦ φυτεῦσαι *καὶ καιρὸς* τοῦ ἐκτῖλαι	
3:3	עֵת לַהֲרוֹג וְעֵת לִרְפּוֹא	καιρὸς τοῦ ἀποκτεῖναι *καὶ καιρὸς* τοῦ ἰάσασθαι	
3:3	עֵת לִפְרוֹץ וְעֵת לִבְנוֹת	καιρὸς τοῦ καθελεῖν *καὶ καιρὸς* τοῦ οἰκοδομῆσαι	
3:4	עֵת לִבְכּוֹת וְעֵת לִשְׂחוֹק	καιρὸς τοῦ κλαῦσαι *καὶ καιρὸς* τοῦ γελάσαι	
3:4	עֵת סְפוֹד וְעֵת רְקוֹד	καιρὸς τοῦ κόψασθαι *καὶ καιρὸς* τοῦ ὀρχήσασθαι	
3:5	וְעֵת כְּנוֹס אֲבָנִים	*καὶ καιρὸς* τοῦ συναγαγεῖν λίθους	
3:5	עֵת לַחֲבוֹק וְעֵת לִרְחֹק	καιρὸς τοῦ περιλαβεῖν *καὶ καιρὸς* τοῦ μακρυνθῆναι	
3:6	עֵת לְבַקֵּשׁ וְעֵת לְאַבֵּד	καιρὸς τοῦ ζητῆσαι *καὶ καιρὸς* τοῦ ἀπολέσαι	
3:6	עֵת לִשְׁמוֹר וְעֵת לְהַשְׁלִיךְ	καιρὸς τοῦ φυλάξαι *καὶ καιρὸς* τοῦ ἐκβαλεῖν	
3:7	עֵת לִקְרוֹעַ וְעֵת לִתְפּוֹר	καιρὸς τοῦ ῥῆξαι *καὶ καιρὸς* τοῦ ῥάψαι	
3:7	עֵת לַחֲשׁוֹת וְעֵת לְדַבֵּר	καιρὸς τοῦ σιγᾶν *καὶ καιρὸς* τοῦ λαλεῖν	
3:8	עֵת לֶאֱהֹב וְעֵת לִשְׂנֹא	καιρὸς τοῦ φιλῆσαι *καὶ καιρὸς* τοῦ μισῆσαι	
3:8	עֵת מִלְחָמָה וְעֵת שָׁלוֹם	καιρὸς πολέμου *καὶ καιρὸς* εἰρήνης	
3:11	אֲשֶׁר־עָשָׂה הָאֱלֹהִים מֵרֹאשׁ וְעַד־סוֹף	ὃ ἐποίησεν ὁ θεός ἀπ᾽ ἀρχῆς *καὶ μέχρι* τέλους	
3:12	כִּי אִם־לִשְׂמוֹחַ וְלַעֲשׂוֹת טוֹב	εἰ μὴ τοῦ εὐφρανθῆναι *καὶ τοῦ ποιεῖν* ἀγαθὸν	
3:13	וְגַם כָּל־הָאָדָם שֶׁיֹּאכַל וְשָׁתָה	*καί γε* πᾶς ὁ ἄνθρωπος ὃς φάγεται καὶ πίεται	
3:13	וְגַם כָּל־הָאָדָם שֶׁיֹּאכַל וְשָׁתָה	καί γε πᾶς ὁ ἄνθρωπος ὃς φάγεται *καὶ πίεται*	
3:13	וְרָאָה טוֹב בְּכָל־עֲמָלוֹ	*καὶ ἴδῃ* ἀγαθὸν ἐν παντὶ μόχθῳ αὐτοῦ	
3:14	וּמִמֶּנּוּ אֵין לִגְרֹעַ	*καὶ ἀπ᾽ αὐτοῦ* οὐκ ἔστιν ἀφελεῖν	
3:14	וְהָאֱלֹהִים עָשָׂה שֶׁיִּרְאוּ	*καὶ ὁ θεὸς* ἐποίησεν ἵνα φοβηθῶσιν	
3:15	וַאֲשֶׁר לִהְיוֹת כְּבָר הָיָה	*καὶ ὅσα* τοῦ γίνεσθαι ἤδη γέγονεν	
3:15	וְהָאֱלֹהִים יְבַקֵּשׁ אֶת־נִרְדָּף	*καὶ ὁ θεὸς* ζητήσει τὸν διωκόμενον	
3:16	וְעוֹד רָאִיתִי תַּחַת הַשָּׁמֶשׁ	*καὶ ἔτι* εἶδον ὑπὸ τὸν ἥλιον	
3:16	וּמְקוֹם הַצֶּדֶק שָׁמָּה הָרֶשַׁע	*καὶ τόπον* τοῦ δικαίου ἐκεῖ ὁ ἀσεβής	
3:17	אֶת־הַצַּדִּיק וְאֶת־הָרָשָׁע יִשְׁפֹּט הָאֱלֹהִים	σὺν τὸν δίκαιον *καὶ σὺν* τὸν ἀσεβῆ κρινεῖ ὁ θεός	
3:17	וְעַל כָּל־הַמַּעֲשֶׂה שָׁם	*καὶ ἐπὶ* παντὶ τῷ ποιήματι [ἐκεῖ]	
3:18	לְבָרָם הָאֱלֹהִים וְלִרְאוֹת	ὅτι διακρινεῖ αὐτοὺς ὁ θεός *καὶ τοῦ δεῖξαι*	=v
3:19	וּמִקְרֶה הַבְּהֵמָה וּמִקְרֶה אֶחָד לָהֶם	*καὶ συνάντημα* τοῦ κτήνους συνάντημα ἓν αὐτοῖς	

3:19	וְרוּחַ אֶחָד לַכֹּל	καὶ πνεῦμα ἓν τοῖς πᾶσιν	
3:19	וּמוֹתַר הָאָדָם מִן־הַבְּהֵמָה	καὶ τί ἐπερίσσευσεν ὁ ἄνθρωπος παρὰ τὸ κτῆνος	ומה יתר =?.s
3:20	וְהַכֹּל שָׁב אֶל־הֶעָפָר	καὶ τὰ πάντα ἐπιστρέφει εἰς τὸν χοῦν	
3:21	וְרוּחַ הַבְּהֵמָה	καὶ πνεῦμα τοῦ κτήνους	
3:22	וְרָאִיתִי כִּי אֵין טוֹב	καὶ εἶδον ὅτι οὐκ ἔστιν ἀγαθὸν	
4:1	וְשַׁבְתִּי אֲנִי וָאֶרְאֶה	καὶ ἐπέστρεψα ἐγὼ καὶ εἶδον	
4:1	וְשַׁבְתִּי אֲנִי וָאֶרְאֶה	καὶ ἐπέστρεψα ἐγὼ καὶ εἶδον	
4:1	וְהִנֵּה דִּמְעַת הָעֲשֻׁקִים	καὶ ἰδοὺ δάκρυον τῶν συκοφαντουμένων	
4:1	וְאֵין לָהֶם מְנַחֵם	καὶ οὐκ ἔστιν αὐτοῖς παρακαλῶν	
4:1	וּמִיַּד עֹשְׁקֵיהֶם כֹּחַ	καὶ ἀπὸ χειρὸς συκοφαντούντων αὐτοὺς ἰσχύς	
4:1	וְאֵין לָהֶם מְנַחֵם	καὶ οὐκ ἔστιν αὐτοῖς παρακαλῶν	
4:2	וְשַׁבֵּחַ אֲנִי אֶת־הַמֵּתִים	καὶ ἐπῄνεσα ἐγὼ σὺν τοὺς τεθνηκότας	
4:3	וְטוֹב מִשְּׁנֵיהֶם	καὶ ἀγαθὸς ὑπὲρ τοὺς δύο τούτους	
4:4	וְרָאִיתִי אֲנִי אֶת־כָּל־עָמָל	καὶ εἶδον ἐγὼ σὺν πάντα τὸν μόχθον	
4:4	וְאֵת כָּל־כִּשְׁרוֹן הַמַּעֲשֶׂה	καὶ σὺν πᾶσαν ἀνδρείαν τοῦ ποιήματος	
4:4	גַּם־זֶה הֶבֶל וּרְעוּת רוּחַ	καί γε τοῦτο ματαιότης καὶ προαίρεσις πνεύματος	
4:5	וְאֹכֵל אֶת־בְּשָׂרוֹ	καὶ ἔφαγεν τὰς σάρκας αὐτοῦ	
4:6	חָפְנַיִם עָמָל וּרְעוּת רוּחַ	δύο δρακῶν μόχθου καὶ προαιρέσεως πνεύματος	
4:7	וְשַׁבְתִּי אֲנִי וָאֶרְאֶה הֶבֶל	καὶ ἐπέστρεψα ἐγὼ καὶ εἶδον ματαιότητα	
4:7	וָאֶרְאֶה הֶבֶל תַּחַת הַשָּׁמֶשׁ	καὶ εἶδον ματαιότητα ὑπὸ τὸν ἥλιον	
4:8	יֵשׁ אֶחָד וְאֵין שֵׁנִי	ἔστιν εἷς καὶ οὐκ ἔστιν δεύτερος	
4:8	גַּם בֵּן וָאָח אֵין־לוֹ	καί γε υἱὸς καὶ ἀδελφὸς οὐκ ἔστιν αὐτῷ	
4:8	וְאֵין קֵץ לְכָל־עֲמָלוֹ	καὶ οὐκ ἔστιν περασμὸς τῷ παντὶ μόχθῳ αὐτοῦ	
4:8	וּלְמִי אֲנִי עָמֵל וּמְחַסֵּר אֶת־נַפְשִׁי	καὶ τίνι ἐγὼ μοχθῶ καὶ στερίσκω τὴν ψυχήν μου	
4:8	וּמְחַסֵּר אֶת־נַפְשִׁי מִטּוֹבָה	καὶ στερίσκω τὴν ψυχήν μου ἀπὸ ἀγαθωσύνης	
4:8	גַּם־זֶה הֶבֶל וְעִנְיַן רָע	καί γε τοῦτο ματαιότης καὶ περισπασμὸς πονηρός	
4:10	וְאִילוֹ הָאֶחָד שֶׁיִּפּוֹל	καὶ οὐαὶ αὐτῷ τῷ ἑνί ὅταν πέσῃ	ואי לו =.s
4:10	וְאֵין שֵׁנִי לַהֲקִימוֹ	καὶ μὴ ᾖ δεύτερος τοῦ ἐγεῖραι αὐτόν	
4:11	גַּם אִם־יִשְׁכְּבוּ שְׁנַיִם וְחַם לָהֶם	καί γε ἐὰν κοιμηθῶσιν δύο καὶ θέρμη αὐτοῖς	
4:11	וּלְאֶחָד אֵיךְ יֵחָם	καὶ ὁ εἷς πῶς θερμανθῇ	
4:12	וְאִם־יִתְקְפוֹ הָאֶחָד	καὶ ἐὰν ἐπικραταιωθῇ ὁ εἷς	
4:12	וְהַחוּט הַמְשֻׁלָּשׁ	καὶ τὸ σπαρτίον τὸ ἔντριτον	
4:13	טוֹב יֶלֶד מִסְכֵּן וְחָכָם	ἀγαθὸς παῖς πένης καὶ σοφὸς	
4:13	מִמֶּלֶךְ זָקֵן וּכְסִיל	ὑπὲρ βασιλέα πρεσβύτερον καὶ ἄφρονα	
4:16	גַּם־זֶה הֶבֶל וְרַעְיוֹן רוּחַ	καί γε τοῦτο ματαιότης καὶ προαίρεσις πνεύματος	
4:17	תֵּלֵךְ אֶל־בֵּית הָאֱלֹהִים וְקָרוֹב לִשְׁמֹעַ	πορεύῃ εἰς οἶκον τοῦ θεοῦ καὶ ἐγγὺς τοῦ ἀκούειν	
5:1	וְלִבְּךָ אַל־יְמַהֵר	καὶ καρδία σου μὴ ταχυνάτω	
5:1	כִּי הָאֱלֹהִים בַּשָּׁמַיִם וְאַתָּה עַל־הָאָרֶץ	ὅτι ὁ θεὸς ἐν τῷ οὐρανῷ καὶ σὺ ἐπὶ τῆς γῆς	
5:2	וְקוֹל כְּסִיל בְּרֹב דְּבָרִים	καὶ φωνὴ ἄφρονος ἐν πλήθει λόγων	
5:4	מִשֶּׁתִּדּוֹר וְלֹא תְשַׁלֵּם	ἢ τὸ εὔξασθαί σε καὶ μὴ ἀποδοῦναι	
5:5	וְאַל־תֹּאמַר לִפְנֵי הַמַּלְאָךְ	καὶ μὴ εἴπῃς πρὸ προσώπου τοῦ θεοῦ	
5:5	וְחִבֵּל אֶת־מַעֲשֵׂה יָדֶיךָ	καὶ διαφθείρῃ τὰ ποιήματα χειρῶν σου	
5:6	כִּי בְרֹב חֲלֹמוֹת וַהֲבָלִים	ὅτι ἐν πλήθει ἐνυπνίων καὶ ματαιότητες	
5:6	וַהֲבָלִים וּדְבָרִים הַרְבֵּה	καὶ ματαιότητες καὶ λόγοι πολλοί	
5:7	אִם־עֹשֶׁק רָשׁ וְגֵזֶל מִשְׁפָּט	ἐὰν συκοφαντίαν πένητος καὶ ἁρπαγὴν κρίματος	
5:7	וְגֵזֶל מִשְׁפָּט וָצֶדֶק תִּרְאֶה בַמְּדִינָה	καὶ ἁρπαγὴν κρίματος καὶ δικαιοσύνης ἴδῃς ἐν χώρᾳ	
5:7	וּגְבֹהִים עֲלֵיהֶם	καὶ ὑψηλοὶ ἐπ' αὐτούς	
5:8	וְיִתְרוֹן אֶרֶץ בַּכֹּל *היא **הוּא	καὶ περισσεία γῆς ἐν παντί ἐστι	
5:9	וּמִי־אֹהֵב בֶּהָמוֹן לֹא תְבוּאָה	καὶ τίς ἠγάπησεν ἐν πλήθει αὐτῶν γένημα	
5:10	וּמַה־כִּשְׁרוֹן לִבְעָלֶיהָ	καὶ τί ἀνδρεία τῷ παρ' αὐτῆς	
5:11	אִם־מְעַט וְאִם־הַרְבֵּה יֹאכֵל	εἰ ὀλίγον καὶ εἰ πολὺ φάγεται	
5:11	וְהַשָּׂבָע לֶעָשִׁיר	καὶ τῷ ἐμπλησθέντι τοῦ πλουτῆσαι	
5:13	וְאָבַד הָעֹשֶׁר הַהוּא בְּעִנְיַן	καὶ ἀπολεῖται ὁ πλοῦτος ἐκεῖνος ἐν περισπασμῷ	
5:13	וְהוֹלִיד בֵּן וְאֵין בְּיָדוֹ	καὶ ἐγέννησεν υἱόν καὶ οὐκ ἔστιν ἐν χειρὶ αὐτοῦ	
5:13	וְאֵין בְּיָדוֹ מְאוּמָה	καὶ οὐκ ἔστιν ἐν χειρὶ αὐτοῦ οὐδέν	
5:14	וּמְאוּמָה לֹא־יִשָּׂא בַעֲמָלוֹ	καὶ οὐδὲν οὐ λήμψεται ἐν μόχθῳ αὐτοῦ	
5:15	וְגַם־זֹה רָעָה חוֹלָה	καί γε τοῦτο πονηρὰ ἀρρωστία	

5:15	וּמַה־יִּתְרוֹן לוֹ שֶׁיַּעֲמֹל לָרוּחַ	*καὶ τίς* περισσεία αὐτῷ ᾗ μοχθεῖ εἰς ἄνεμον
5:16	וְכָעַס הַרְבֵּה וְחָלְיוֹ וָקָצֶף	*καὶ θυμῷ* πολλῷ καὶ ἀρρωστίᾳ καὶ χόλῳ
5:16	וְכָעַס הַרְבֵּה וְחָלְיוֹ וָקָצֶף	καὶ θυμῷ πολλῷ *καὶ ἀρρωστίᾳ* καὶ χόλῳ
5:16	וְכָעַס הַרְבֵּה וְחָלְיוֹ וָקָצֶף	καὶ θυμῷ πολλῷ καὶ ἀρρωστίᾳ *καὶ χόλῳ*
5:17	לֶאֱכוֹל־וְלִשְׁתּוֹת וְלִרְאוֹת	τοῦ φαγεῖν *καὶ τοῦ πιεῖν* καὶ τοῦ ἰδεῖν
5:17	וְלִרְאוֹת טוֹבָה	*καὶ τοῦ ἰδεῖν* ἀγαθωσύνην
5:18	עֹשֶׁר וּנְכָסִים	πλοῦτον *καὶ ὑπάρχοντα*
5:18	וְהִשְׁלִיטוֹ לֶאֱכֹל מִמֶּנּוּ	*καὶ ἐξουσίασεν αὐτὸν* τοῦ φαγεῖν ἀπ᾽ αὐτοῦ
5:18	וְלָשֵׂאת אֶת־חֶלְקוֹ	*καὶ τοῦ λαβεῖν* τὸ μέρος αὐτοῦ
5:18	וְלִשְׂמֹחַ בַּעֲמָלוֹ	*καὶ τοῦ εὐφρανθῆναι* ἐν μόχθῳ αὐτοῦ
6:1	וְרַבָּה הִיא עַל־הָאָדָם	*καὶ πολλή* ἐστιν ἐπὶ τὸν ἄνθρωπον
6:2	עֹשֶׁר וּנְכָסִים וְכָבוֹד	πλοῦτον *καὶ ὑπάρχοντα* καὶ δόξαν
6:2	עֹשֶׁר וּנְכָסִים וְכָבוֹד	πλοῦτον καὶ ὑπάρχοντα *καὶ δόξαν*
6:2	וְאֵינֶנּוּ חָסֵר לְנַפְשׁוֹ	*καὶ οὐκ ἔστιν* ὑστερῶν τῇ ψυχῇ αὐτοῦ
6:2	וְלֹא־יַשְׁלִיטֶנּוּ הָאֱלֹהִים לֶאֱכֹל	*καὶ οὐκ* ἐξουσιάσει αὐτῷ ὁ θεὸς τοῦ φαγεῖν
6:2	זֶה הֶבֶל וָחֳלִי רָע הוּא	τοῦτο ματαιότης *καὶ ἀρρωστία* πονηρά ἐστιν
6:3	אִם־יוֹלִיד אִישׁ מֵאָה וְשָׁנִים רַבּוֹת יִחְיֶה	ἐὰν γεννήσῃ ἀνὴρ ἑκατὸν *καὶ ἔτη* πολλὰ ζήσεται
6:3	וְרַב שֶׁיִּהְיוּ יְמֵי־שָׁנָיו	*καὶ πλῆθος* ὅ τι ἔσονται ἡμέραι ἐτῶν αὐτοῦ
6:3	וְנַפְשׁוֹ לֹא־תִשְׂבַּע	*καὶ ψυχὴ* αὐτοῦ οὐκ ἐμπλησθήσεται
6:3	וְגַם־קְבוּרָה לֹא־הָיְתָה לּוֹ	*καί γε* ταφὴ οὐκ ἐγένετο αὐτῷ
6:4	כִּי־בַהֶבֶל בָּא וּבַחֹשֶׁךְ יֵלֵךְ	ὅτι ἐν ματαιότητι ἦλθεν *καὶ ἐν σκότει* πορεύεται
6:4	וּבַחֹשֶׁךְ שְׁמוֹ יְכֻסֶּה	*καὶ ἐν σκότει* ὄνομα αὐτοῦ καλυφθήσεται
6:5	גַּם־שֶׁמֶשׁ לֹא־רָאָה וְלֹא יָדָע	καί γε ἥλιον οὐκ εἶδεν *καὶ οὐκ* ἔγνω
6:6	וְאִלּוּ חָיָה אֶלֶף שָׁנִים פַּעֲמַיִם	*καὶ εἰ* ἔζησεν χιλίων ἐτῶν καθόδους
6:6	וְטוֹבָה לֹא רָאָה	*καὶ ἀγαθωσύνην* οὐκ εἶδεν
6:7	וְגַם־הַנֶּפֶשׁ לֹא תִמָּלֵא	*καί γε* ἡ ψυχὴ οὐ πληρωθήσεται
6:9	גַּם־זֶה הֶבֶל וּרְעוּת רוּחַ	καί γε τοῦτο ματαιότης *καὶ προαίρεσις* πνεύματος
6:10	וְנוֹדָע אֲשֶׁר־הוּא אָדָם	*καὶ ἐγνώσθη* ὅ ἐστιν ἄνθρωπος
6:10	וְלֹא־יוּכַל לָדִין עִם *שֶׁהתַּקִּיף **שֶׁתַּקִּיף	*καὶ* οὐ δυνήσεται τοῦ κριθῆναι μετὰ τοῦ ἰσχυροῦ
6:12	וְיַעֲשֵׂם כַּצֵּל	*καὶ ἐποίησεν* αὐτὰς ἐν σκιᾷ
7:1	וְיוֹם הַמָּוֶת מִיּוֹם הִוָּלְדוֹ	*καὶ ἡμέρα* τοῦ θανάτου ὑπὲρ ἡμέραν γενέσεως αὐτοῦ
7:2	וְהַחַי יִתֵּן אֶל־לִבּוֹ	*καὶ ὁ ζῶν* δώσει εἰς καρδίαν αὐτοῦ
7:4	וְלֵב כְּסִילִים בְּבֵית שִׂמְחָה	*καὶ καρδία* ἀφρόνων ἐν οἴκῳ εὐφροσύνης
7:6	כֵּן שְׂחֹק הַכְּסִיל וְגַם־זֶה הָבֶל	οὕτως γέλως τῶν ἀφρόνων *καί γε* τοῦτο ματαιότης
7:7	וִיאַבֵּד אֶת־לֵב מַתָּנָה	*καὶ ἀπόλλυσι* τὴν καρδίαν εὐτονίας αὐτοῦ
7:11	וְיֹתֵר לְרֹאֵי הַשָּׁמֶשׁ	*καὶ περισσεία* τοῖς θεωροῦσιν τὸν ἥλιον
7:12	וְיִתְרוֹן דַּעַת הַחָכְמָה	*καὶ περισσεία* γνώσεως τῆς σοφίας
7:14	וּבְיוֹם רָעָה רְאֵה	*καὶ ἐν ἡμέρᾳ* κακίας ἰδέ
7:15	וְיֵשׁ רָשָׁע מַאֲרִיךְ בְּרָעָתוֹ	*καὶ ἔστιν* ἀσεβὴς μένων ἐν κακίᾳ αὐτοῦ
7:16	אַל־תְּהִי צַדִּיק הַרְבֵּה וְאַל־תִּתְחַכַּם יוֹתֵר	μὴ γίνου δίκαιος πολὺ *καὶ μὴ* σοφίζου περισσά
7:17	אַל־תִּרְשַׁע הַרְבֵּה וְאַל־תְּהִי סָכָל	μὴ ἀσεβήσῃς πολὺ *καὶ μὴ* γίνου σκληρός
7:18	וְגַם־מִזֶּה אַל־תַּנַּח אֶת־יָדֶךָ	*καί γε* ἀπὸ τούτου μὴ ἀνῇς τὴν χεῖρά σου
7:20	אֲשֶׁר יַעֲשֶׂה־טּוֹב וְלֹא יֶחֱטָא	ὃς ποιήσει ἀγαθὸν *καὶ οὐχ* ἁμαρτήσεται
7:23	אָמַרְתִּי אֶחְכָּמָה וְהִיא רְחוֹקָה מִמֶּנִּי	εἶπα σοφισθήσομαι [*καὶ αὐτὴ* ἐμακρύνθη ἀπ᾽ ἐμοῦ] [24]
7:24	רָחוֹק מַה־שֶּׁהָיָה וְעָמֹק עָמֹק מִי יִמְצָאֶנּוּ	μακρὰν ὑπὲρ ὃ ἦν *καὶ βαθὺ* βάθος τίς εὑρήσει αὐτό
7:25	סַבּוֹתִי אֲנִי וְלִבִּי	ἐκύκλωσα ἐγὼ *καὶ ἡ καρδία μου*
7:25	לָדַעַת וְלָתוּר וּבַקֵּשׁ	τοῦ γνῶναι *καὶ τοῦ κατασκέψασθαι* καὶ ζητῆσαι
7:25	לָתוּר וּבַקֵּשׁ חָכְמָה וְחֶשְׁבּוֹן	τοῦ κατασκέψασθαι *καὶ ζητῆσαι* σοφίαν καὶ ψῆφον
7:25	לָתוּר וּבַקֵּשׁ חָכְמָה וְחֶשְׁבּוֹן	τοῦ κατασκέψασθαι καὶ ζητῆσαι σοφίαν *καὶ ψῆφον*
7:25	וְלָדַעַת רֶשַׁע כֶּסֶל	*καὶ τοῦ γνῶναι* ἀσεβοῦς ἀφροσύνην
7:25	רֶשַׁע כֶּסֶל וְהַסִּכְלוּת הוֹלֵלוֹת	ἀσεβοῦς ἀφροσύνην *καὶ σκληρίαν* καὶ περιφοράν
7:26	וּמוֹצֶא אֲנִי מַר מִמָּוֶת	*καὶ* εὑρίσκω ἐγὼ πικρότερον ὑπὲρ θάνατον
7:26	וַחֲרָמִים לִבָּהּ אֲסוּרִים יָדֶיהָ	*καὶ σαγῆναι* καρδία αὐτῆς δεσμοὶ χεῖρες αὐτῆς
7:26	וְחוֹטֵא יִלָּכֶד בָּהּ	*καὶ ἁμαρτάνων* συλλημφθήσεται ἐν αὐτῇ
7:28	אֲשֶׁר עוֹד־בִּקְשָׁה נַפְשִׁי וְלֹא מָצָאתִי	ὃν ἔτι ἐζήτησεν ἡ ψυχή μου *καὶ οὐχ* εὗρον
7:28	וְאִשָּׁה בְכָל־אֵלֶּה לֹא מָצָאתִי	*καὶ γυναῖκα* ἐν πᾶσι τούτοις οὐχ εὗρον
7:29	וְהֵמָּה בִקְשׁוּ חִשְּׁבֹנוֹת רַבִּים	*καὶ αὐτοὶ* ἐζήτησαν λογισμοὺς πολλούς

8:1	מִי כְּהֶחָכָם וּמִי יוֹדֵעַ פֵּשֶׁר דָּבָר	τίς οἶδεν σοφούς καὶ τίς οἶδεν λύσιν ῥήματος	
8:1	וְעֹז פָּנָיו יְשֻׁנֶּא	καὶ ἀναιδὴς προσώπῳ αὐτοῦ μισηθήσεται	
8:2	וְעַל דִּבְרַת שְׁבוּעַת אֱלֹהִים	καὶ περὶ λόγου ὅρκου θεοῦ	
8:4	וּמִי יֹאמַר־לוֹ מַה־תַּעֲשֶׂה	καὶ τίς ἐρεῖ αὐτῷ τί ποιήσεις	
8:5	וְעֵת וּמִשְׁפָּט יֵדַע לֵב חָכָם	καὶ καιρὸν κρίσεως γινώσκει καρδία σοφοῦ	
8:6	כִּי לְכָל־חֵפֶץ יֵשׁ עֵת וּמִשְׁפָּט	ὅτι παντὶ πράγματι ἔστιν καιρὸς καὶ κρίσις	
8:8	וְאֵין שִׁלְטוֹן בְּיוֹם הַמָּוֶת	καὶ οὐκ ἔστιν ἐξουσία ἐν ἡμέρᾳ τοῦ θανάτου	
8:8	וְאֵין מִשְׁלַחַת בַּמִּלְחָמָה	καὶ οὐκ ἔστιν ἀποστολὴ ἐν τῷ πολέμῳ	
8:8	וְלֹא־יְמַלֵּט רֶשַׁע אֶת־בְּעָלָיו	καὶ οὐ διασώσει ἀσέβεια τὸν παρ' αὐτῆς	
8:9	וְנָתוֹן אֶת־לִבִּי לְכָל־מַעֲשֶׂה	καὶ ἔδωκα τὴν καρδίαν μου εἰς πᾶν ποίημα	
8:10	וּבְכֵן רָאִיתִי רְשָׁעִים קְבֻרִים וָבָאוּ	καὶ τότε εἶδον ἀσεβεῖς εἰς τάφους εἰσαχθέντας	
8:10	וּמִמְּקוֹם קָדוֹשׁ יְהַלֵּכוּ	καὶ ἐκ τόπου ἁγίου ἐπορεύθησαν	
8:10	וְיִשְׁתַּכְּחוּ בָעִיר אֲשֶׁר כֵּן־עָשׂוּ	καὶ ἐπῃνέθησαν ἐν τῇ πόλει ὅτι οὕτως ἐποίησαν	=.kb וישתבחו
8:12	וּמַאֲרִיךְ לוֹ	καὶ ἀπὸ μακρότητος αὐτῷ	=v
8:13	וְטוֹב לֹא־יִהְיֶה לָרָשָׁע	καὶ ἀγαθὸν οὐκ ἔσται τῷ ἀσεβεῖ	
8:13	וְלֹא־יַאֲרִיךְ יָמִים כַּצֵּל	καὶ οὐ μακρυνεῖ ἡμέρας ἐν σκιᾷ	
8:14	וְיֵשׁ רְשָׁעִים שֶׁמַּגִּיעַ אֲלֵהֶם	καὶ εἰσὶν ἀσεβεῖς ὅτι φθάνει πρὸς αὐτοὺς	
8:15	וְשִׁבַּחְתִּי אֲנִי אֶת־הַשִּׂמְחָה	καὶ ἐπῄνεσα ἐγὼ σὺν τὴν εὐφροσύνην	
8:15	כִּי אִם־לֶאֱכוֹל וְלִשְׁתּוֹת	ὅτι εἰ μὴ τοῦ φαγεῖν καὶ τοῦ πιεῖν	
8:15	לֶאֱכוֹל וְלִשְׁתּוֹת וְלִשְׂמוֹחַ	τοῦ φαγεῖν καὶ τοῦ πιεῖν καὶ τοῦ εὐφρανθῆναι	
8:15	וְהוּא יִלְוֶנּוּ בַעֲמָלוֹ	καὶ αὐτὸ συμπροσέσται αὐτῷ ἐν μόχθῳ αὐτοῦ	
8:16	וְלִרְאוֹת אֶת־הָעִנְיָן אֲשֶׁר נַעֲשָׂה	καὶ τοῦ ἰδεῖν τὸν περισπασμὸν τὸν πεποιημένον	
8:16	כִּי גַם בַּיּוֹם וּבַלַּיְלָה	ὅτι καί γε ἐν ἡμέρᾳ καὶ ἐν νυκτὶ	
8:17	וְרָאִיתִי אֶת־כָּל־מַעֲשֵׂה הָאֱלֹהִים	καὶ εἶδον σὺν πάντα τὰ ποιήματα τοῦ θεοῦ	
8:17	לְבַקֵּשׁ וְלֹא יִמְצָא	τοῦ ζητῆσαι καὶ οὐχ εὑρήσει	
8:17	וְגַם אִם־יֹאמַר הֶחָכָם לָדַעַת	καί γε ὅσα ἂν εἴπῃ ὁ σοφὸς τοῦ γνῶναι	
9:1	וְלָבוּר אֶת־כָּל־זֶה	καὶ καρδία μου σὺν πᾶν εἶδεν τοῦτο	=.wy ולבי
9:1	אֲשֶׁר הַצַּדִּיקִים וְהַחֲכָמִים וַעֲבָדֵיהֶם	ὡς οἱ δίκαιοι καὶ οἱ σοφοὶ καὶ ἐργασίαι αὐτῶν	
9:1	וַעֲבָדֵיהֶם בְּיַד הָאֱלֹהִים	καὶ ἐργασίαι αὐτῶν ἐν χειρὶ τοῦ θεοῦ	
9:2	מִקְרֶה אֶחָד לַצַּדִּיק וְלָרָשָׁע	συνάντημα ἓν τῷ δικαίῳ καὶ τῷ ἀσεβεῖ	
9:2	וְלַטָּהוֹר וְלַטָּמֵא	καὶ τῷ καθαρῷ καὶ τῷ ἀκαθάρτῳ	
9:2	וְלַטָּהוֹר וְלַטָּמֵא	καὶ τῷ καθαρῷ καὶ τῷ ἀκαθάρτῳ	
9:2	וְלַזֹּבֵחַ וְלַאֲשֶׁר אֵינֶנּוּ זֹבֵחַ	καὶ τῷ θυσιάζοντι καὶ τῷ μὴ θυσιάζοντι	
9:2	וְלַזֹּבֵחַ וְלַאֲשֶׁר אֵינֶנּוּ זֹבֵחַ	καὶ τῷ θυσιάζοντι καὶ τῷ μὴ θυσιάζοντι	
9:3	וְגַם לֵב בְּנֵי־הָאָדָם מָלֵא־רָע	καί γε καρδία υἱῶν τοῦ ἀνθρώπου ἐπληρώθη πονηροῦ	
9:3	וְהוֹלֵלוֹת בִּלְבָבָם בְּחַיֵּיהֶם	καὶ περιφέρεια ἐν καρδίᾳ αὐτῶν ἐν ζωῇ αὐτῶν	
9:3	וְאַחֲרָיו אֶל־הַמֵּתִים	καὶ ὀπίσω αὐτῶν πρὸς τοὺς νεκρούς	
9:5	וְהַמֵּתִים אֵינָם יוֹדְעִים מְאוּמָה	καὶ οἱ νεκροὶ οὐκ εἰσιν γινώσκοντες οὐδέν	
9:5	וְאֵין־עוֹד לָהֶם שָׂכָר	καὶ οὐκ ἔστιν αὐτοῖς ἔτι μισθός	
9:6	וְחֵלֶק אֵין־לָהֶם עוֹד לְעוֹלָם	καὶ μερὶς οὐκ ἔστιν αὐτοῖς ἔτι εἰς αἰῶνα	
9:7	וּשְׁתֵה בְלֶב־טוֹב יֵינֶךָ	καὶ πίε ἐν καρδίᾳ ἀγαθῇ οἶνόν σου	
9:8	וְשֶׁמֶן עַל־רֹאשְׁךָ אַל־יֶחְסָר	καὶ ἔλαιον ἐπὶ κεφαλήν σου μὴ ὑστερησάτω	
9:9	וּבַעֲמָלְךָ אֲשֶׁר־אַתָּה עָמֵל תַּחַת הַשָּׁמֶשׁ	καὶ ἐν τῷ μόχθῳ σου ᾧ σὺ μοχθεῖς ὑπὸ τὸν ἥλιον	
9:10	כִּי אֵין מַעֲשֶׂה וְחֶשְׁבּוֹן וְדַעַת	ὅτι οὐκ ἔστιν ποίημα καὶ λογισμὸς καὶ γνῶσις	
9:10	כִּי אֵין מַעֲשֶׂה וְחֶשְׁבּוֹן וְדַעַת	ὅτι οὐκ ἔστιν ποίημα καὶ λογισμὸς καὶ γνῶσις	
9:10	וְחָכְמָה בִּשְׁאוֹל אֲשֶׁר אַתָּה הֹלֵךְ שָׁמָּה	καὶ σοφία ἐν ᾅδῃ ὅπου σὺ πορεύῃ ἐκεῖ	
9:11	שַׁבְתִּי וְרָאֹה תַחַת־הַשֶּׁמֶשׁ	ἐπέστρεψα καὶ εἶδον ὑπὸ τὸν ἥλιον	
9:11	וְלֹא לַגִּבּוֹרִים הַמִּלְחָמָה	καὶ οὐ τοῖς δυνατοῖς ὁ πόλεμος	
9:11	וְגַם לֹא לַחֲכָמִים לֶחֶם	καί γε οὐ τοῖς σοφοῖς ἄρτος	
9:11	וְגַם לֹא לַנְּבֹנִים עֹשֶׁר	καί γε οὐ τοῖς συνετοῖς πλοῦτος	
9:11	וְגַם לֹא לַיֹּדְעִים חֵן	καί γε οὐ τοῖς γινώσκουσιν χάρις	
9:11	כִּי־עֵת וָפֶגַע יִקְרֶה	ὅτι καιρὸς καὶ ἀπάντημα συναντήσεται	
9:12	וְכַצִּפֳּרִים הָאֲחֻזוֹת בַּפָּח	καὶ ὡς ὄρνεα τὰ θηρευόμενα ἐν παγίδι	
9:13	וּגְדוֹלָה הִיא אֵלָי	καὶ μεγάλη ἐστὶν πρός με	
9:14	עִיר קְטַנָּה וַאֲנָשִׁים בָּהּ מְעָט	πόλις μικρὰ καὶ ἄνδρες ἐν αὐτῇ ὀλίγοι	
9:14	וּבָא־אֵלֶיהָ מֶלֶךְ גָּדוֹל	καὶ ἔλθῃ ἐπ' αὐτὴν βασιλεὺς μέγας	
9:14	מֶלֶךְ גָּדוֹל וְסָבַב אֹתָהּ	βασιλεὺς μέγας καὶ κυκλώσῃ αὐτὴν	

9:14	וּבָנָה עָלֶיהָ מְצוֹדִים גְּדֹלִים	καὶ *οἰκοδομήσῃ* ἐπ' αὐτὴν χάρακας μεγάλους
9:15	וּמָצָא בָהּ אִישׁ מִסְכֵּן חָכָם	καὶ *εὕρῃ* ἐν αὐτῇ ἄνδρα πένητα σοφόν
9:15	וּמִלַּט־הוּא אֶת־הָעִיר בְּחָכְמָתוֹ	καὶ *διασώσει* αὐτὸς τὴν πόλιν ἐν τῇ σοφίᾳ αὐτοῦ
9:15	וְאָדָם לֹא זָכַר אֶת־הָאִישׁ	καὶ *ἄνθρωπος* οὐκ ἐμνήσθη σὺν τοῦ ἀνδρὸς
9:16	וְאָמַרְתִּי אָנִי טוֹבָה חָכְמָה מִגְּבוּרָה	καὶ *εἶπα* ἐγώ ἀγαθὴ σοφία ὑπὲρ δύναμιν
9:16	וְחָכְמַת הַמִּסְכֵּן בְּזוּיָה	καὶ *σοφία* τοῦ πένητος ἐξουδενωμένη
9:16	וּדְבָרָיו אֵינָם נִשְׁמָעִים	καὶ *λόγοι αὐτοῦ* οὐκ εἰσιν ἀκουόμενοι
9:18	וְחוֹטֶא אֶחָד יְאַבֵּד טוֹבָה הַרְבֵּה	καὶ *ἁμαρτάνων* εἷς ἀπολέσει ἀγαθωσύνην πολλήν
10:2	וְלֵב כְּסִיל לִשְׂמֹאלוֹ	καὶ *καρδία* ἄφρονος εἰς ἀριστερὸν αὐτοῦ
10:3	וְגַם־בַּדֶּרֶךְ *כְּשֶׁהַסָּכָל **כְּשֶׁסָּכָל הֹלֵךְ	*καί γε* ἐν ὁδῷ ὅταν ἄφρων πορεύηται
10:3	וְאָמַר לַכֹּל סָכָל הוּא	καὶ *ἃ λογιεῖται* πάντα ἀφροσύνη ἐστίν
10:6	וַעֲשִׁירִים בַּשֵּׁפֶל יֵשֵׁבוּ	καὶ *πλούσιοι* ἐν ταπεινῷ καθήσονται
10:7	וְשָׂרִים הֹלְכִים כַּעֲבָדִים עַל־הָאָרֶץ	καὶ *ἄρχοντας* πορευομένους ὡς δούλους ἐπὶ τῆς γῆς
10:8	וּפֹרֵץ גָּדֵר יִשְּׁכֶנּוּ נָחָשׁ	καὶ *καθαιροῦντα* φραγμόν δήξεται αὐτὸν ὄφις
10:10	אִם־קֵהָה הַבַּרְזֶל וְהוּא לֹא־פָנִים קִלְקַל	ἐὰν ἐκπέσῃ τὸ σιδήριον *καὶ αὐτὸς* πρόσωπον ἐτάραξεν
10:10	וַחֲיָלִים יְגַבֵּר	καὶ *δυνάμεις* δυναμώσει
10:10	וְיִתְרוֹן *הַכְשֵׁיר **הכשר חָכְמָה	καὶ *περισσεία* τοῦ ἀνδρείου σοφία
10:11	וְאֵין יִתְרוֹן לְבַעַל הַלָּשׁוֹן	καὶ *οὐκ ἔστιν* περισσεία τῷ ἐπᾴδοντι
10:12	וְשִׂפְתוֹת כְּסִיל תְּבַלְּעֶנּוּ	καὶ *χείλη* ἄφρονος καταποντιοῦσιν αὐτόν
10:13	וְאַחֲרִית פִּיהוּ הוֹלֵלוּת רָעָה	καὶ *ἐσχάτη* στόματος αὐτοῦ περιφέρεια πονηρά
10:14	וְהַסָּכָל יַרְבֶּה דְבָרִים	καὶ *ὁ ἄφρων* πληθύνει λόγους
10:14	וַאֲשֶׁר יִהְיֶה מֵאַחֲרָיו	καὶ *τί τὸ* ἐσόμενον ὀπίσω αὐτοῦ
10:16	וְשָׂרַיִךְ בַּבֹּקֶר יֹאכֵלוּ	καὶ *οἱ ἄρχοντές* σου ἐν πρωίᾳ ἐσθίουσιν
10:17	וְשָׂרַיִךְ בָּעֵת יֹאכֵלוּ	καὶ *οἱ ἄρχοντές σου* πρὸς καιρὸν φάγονται
10:17	בִּגְבוּרָה וְלֹא בַשְּׁתִי	ἐν δυνάμει *καὶ οὐκ* αἰσχυνθήσονται
10:18	וּבְשִׁפְלוּת יָדַיִם יִדְלֹף הַבָּיִת	καὶ *ἐν ἀργίᾳ* χειρῶν στάξει ἡ οἰκία
10:19	וְיַיִן יְשַׂמַּח חַיִּים	καὶ *οἶνος* εὐφραίνει ζῶντας
10:19	וְהַכֶּסֶף יַעֲנֶה אֶת־הַכֹּל	καὶ *τοῦ ἀργυρίου* ἐπακούσεται σὺν τὰ πάντα
10:20	וּבְחַדְרֵי מִשְׁכָּבְךָ אַל־תְּקַלֵּל	καὶ *ἐν ταμιείοις* κοιτώνων σου μὴ καταράσῃ
10:20	וּבַעַל *הַכְּנָפַיִם **כנפים יַגִּיד דָּבָר	καὶ *ὁ ἔχων* τὰς πτέρυγας ἀπαγγελεῖ λόγον
11:2	תֶּן־חֵלֶק לְשִׁבְעָה וְגַם לִשְׁמוֹנָה	δὸς μερίδα τοῖς ἑπτὰ *καί γε* τοῖς ὀκτώ
11:3	וְאִם־יִפּוֹל עֵץ בַּדָּרוֹם וְאִם בַּצָּפוֹן	καὶ *ἐὰν* πέσῃ ξύλον ἐν τῷ νότῳ καὶ ἐὰν ἐν τῷ βορρᾷ
11:3	וְאִם־יִפּוֹל עֵץ בַּדָּרוֹם וְאִם בַּצָּפוֹן	καὶ ἐὰν πέσῃ ξύλον ἐν τῷ νότῳ *καὶ ἐὰν* ἐν τῷ βορρᾷ
11:4	וְרֹאֶה בֶעָבִים לֹא יִקְצוֹר	καὶ *βλέπων* ἐν ταῖς νεφέλαις οὐ θερίσει
11:6	וְלָעֶרֶב אַל־תַּנַּח יָדֶךָ	καὶ *εἰς ἑσπέραν* μὴ ἀφέτω ἡ χείρ σου
11:6	וְאִם־שְׁנֵיהֶם כְּאֶחָד טוֹבִים	καὶ *ἐὰν* τὰ δύο ἐπὶ τὸ αὐτὸ ἀγαθά
11:7	וּמָתוֹק הָאוֹר וְטוֹב לַעֵינַיִם	καὶ *γλυκὺ* τὸ φῶς καὶ ἀγαθὸν τοῖς ὀφθαλμοῖς
11:7	וּמָתוֹק הָאוֹר וְטוֹב לַעֵינַיִם	καὶ γλυκὺ τὸ φῶς *καὶ ἀγαθὸν* τοῖς ὀφθαλμοῖς
11:8	וְיִזְכֹּר אֶת־יְמֵי הַחֹשֶׁךְ	καὶ *μνησθήσεται* τὰς ἡμέρας τοῦ σκότους
11:9	וִיטִיבְךָ לִבְּךָ	καὶ *ἀγαθυνάτω σε* ἡ καρδία σου
11:9	וְהַלֵּךְ בְּדַרְכֵי לִבְּךָ	καὶ *περιπάτει* ἐν ὁδοῖς καρδίας σου
11:9	וּבְמַרְאֵי עֵינֶיךָ	καὶ *ἐν ὁράσει* ὀφθαλμῶν σου
11:9	וְדָע כִּי עַל־כָּל־אֵלֶּה	καὶ *γνῶθι* ὅτι ἐπὶ πᾶσι τούτοις
11:10	וְהָסֵר כַּעַס מִלִּבֶּךָ	καὶ *ἀπόστησον* θυμὸν ἀπὸ καρδίας σου
11:10	וְהַעֲבֵר רָעָה מִבְּשָׂרֶךָ	καὶ *παράγαγε* πονηρίαν ἀπὸ σαρκός σου
11:10	כִּי־הַיַּלְדוּת וְהַשַּׁחֲרוּת הָבֶל	ὅτι ἡ νεότης *καὶ ἡ* ἄνοια ματαιότης
12:1	זְכֹר אֶת־בּוֹרְאֶיךָ	καὶ *μνήσθητι* τοῦ κτίσαντός σε
12:1	וְהִגִּיעוּ שָׁנִים אֲשֶׁר תֹּאמַר	καὶ *φθάσωσιν* ἔτη ἐν οἷς ἐρεῖς
12:2	וְהָאוֹר וְהַיָּרֵחַ וְהַכּוֹכָבִים	καὶ *τὸ φῶς* καὶ ἡ σελήνη καὶ οἱ ἀστέρες
12:2	וְהָאוֹר וְהַיָּרֵחַ וְהַכּוֹכָבִים	καὶ τὸ φῶς *καὶ ἡ σελήνη* καὶ οἱ ἀστέρες
12:2	וְהָאוֹר וְהַיָּרֵחַ וְהַכּוֹכָבִים	καὶ τὸ φῶς καὶ ἡ σελήνη *καὶ οἱ ἀστέρες*
12:2	וְשָׁבוּ הֶעָבִים אַחַר הַגָּשֶׁם	καὶ *ἐπιστρέψωσιν* τὰ νέφη ὀπίσω τοῦ ὑετοῦ
12:3	וְהִתְעַוְּתוּ אַנְשֵׁי הֶחָיִל	καὶ *διαστραφῶσιν* ἄνδρες τῆς δυνάμεως
12:3	וּבָטְלוּ הַטֹּחֲנוֹת כִּי מִעֵטוּ	καὶ *ἤργησαν* αἱ ἀλήθουσαι ὅτι ὠλιγώθησαν
12:3	וְחָשְׁכוּ הָרֹאוֹת בָּאֲרֻבּוֹת	καὶ *σκοτάσουσιν* αἱ βλέπουσαι ἐν ταῖς ὀπαῖς
12:4	וְסֻגְּרוּ דְלָתַיִם בַּשּׁוּק	καὶ *κλείσουσιν* θύρας ἐν ἀγορᾷ
12:4	וְיָקוּם לְקוֹל הַצִּפּוֹר	καὶ *ἀναστήσεται* εἰς φωνὴν τοῦ στρουθίου

12:4	וְיִשַּׁחוּ כָּל־בְּנוֹת	*καὶ ταπεινωθήσονται* πᾶσαι αἱ θυγατέρες	
12:5	גַּם מִגָּבֹהַּ יִרָאוּ *וְחַתְחַתִּים* בַּדֶּרֶךְ	καί γε ἀπὸ ὕψους ὄψονται *καὶ θάμβοι* ἐν τῇ ὁδῷ	
12:5	וְיָנֵאץ הַשָּׁקֵד וְיִסְתַּבֵּל הֶחָגָב	*καὶ ἀνθήσῃ* τὸ ἀμύγδαλον καὶ παχυνθῇ ἡ ἀκρίς	
12:5	וְיָנֵאץ הַשָּׁקֵד וְיִסְתַּבֵּל הֶחָגָב	καὶ ἀνθήσῃ τὸ ἀμύγδαλον *καὶ παχυνθῇ* ἡ ἀκρίς	
12:5	וְתָפֵר הָאֲבִיּוֹנָה	*καὶ διασκεδασθῇ* ἡ κάππαρις	
12:5	וְסָבְבוּ בַשּׁוּק הַסֹּפְדִים	*καὶ ἐκύκλωσαν* ἐν ἀγορᾷ οἱ κοπτόμενοι	
12:6	וְתָרֻץ גֻּלַּת הַזָּהָב	*καὶ συνθλιβῇ* ἀνθέμιον τοῦ χρυσίου	
12:6	וְתִשָּׁבֶר כַּד עַל־הַמַּבּוּעַ	*καὶ συντριβῇ* ὑδρία ἐπὶ τὴν πηγήν	
12:6	וְנָרֹץ הַגַּלְגַּל אֶל־הַבּוֹר	*καὶ συντροχάσῃ* ὁ τροχὸς ἐπὶ τὸν λάκκον	
12:7	וְיָשֹׁב הֶעָפָר עַל־הָאָרֶץ כְּשֶׁהָיָה	*καὶ ἐπιστρέψῃ* ὁ χοῦς ἐπὶ τὴν γῆν ὡς ἦν	
12:7	וְהָרוּחַ תָּשׁוּב אֶל־הָאֱלֹהִים	*καὶ τὸ πνεῦμα* ἐπιστρέψῃ πρὸς τὸν θεόν	
12:9	וְיֹתֵר שֶׁהָיָה קֹהֶלֶת חָכָם	*καὶ περισσὸν* ὅτι ἐγένετο ἐκκλησιαστὴς σοφός	
12:9	וְאִזֵּן וְחִקֵּר תִּקֵּן מְשָׁלִים הַרְבֵּה	*καὶ οὓς* ἐξιχνιάσεται κόσμιον παραβολῶν [πολλὰ]	=@
12:10	וְכָתוּב יֹשֶׁר דִּבְרֵי אֱמֶת	*καὶ γεγραμμένον* εὐθύτητος λόγους ἀληθείας	
12:11	וּכְמַשְׂמְרוֹת נְטוּעִים	*καὶ ὡς ἧλοι* πεφυτευμένοι	
12:12	וְיֹתֵר מֵהֵמָּה בְּנִי הִזָּהֵר	[*καὶ περισσὸν* ἐξ αὐτῶν] υἱέ μου φύλαξαι	[11]
12:12	וְלַהַג הַרְבֵּה יְגִעַת בָּשָׂר	*καὶ μελέτη* πολλὴ κόπωσις σαρκός	
12:13	אֶת־הָאֱלֹהִים יְרָא וְאֶת־מִצְוֹתָיו שְׁמוֹר	τὸν θεὸν φοβοῦ *καὶ τὰς ἐντολὰς αὐτοῦ* φύλασσε	
12:14	אִם־טוֹב וְאִם־רָע	ἐὰν ἀγαθὸν *καὶ ἐὰν* πονηρόν	
שֶׁ	*1*	*1%*	
1:10	יֵשׁ דָּבָר שֶׁיֹּאמַר רְאֵה־זֶה חָדָשׁ הוּא	ὃς λαλήσει *καὶ ἐρεῖ* ἰδὲ τοῦτο καινόν ἐστιν	
καί + γε	*44*		
אַף	*1*	*1%*	
2:9	אַף חָכְמָתִי עָמְדָה לִּי	*καί γε* σοφία μου ἐστάθη μοι	
גַּם	*43*	*11%*	
1:17	יָדַעְתִּי שֶׁגַּם־זֶה הוּא רַעְיוֹן רוּחַ	ἔγνων *ὅτι καί γε* τοῦτ' ἔστιν προαίρεσις πνεύματος	
2:1	וְהִנֵּה גַם־הוּא הָבֶל	καὶ ἰδοὺ *καί γε* τοῦτο ματαιότης	
2:7	גַּם מִקְנֶה בָקָר וָצֹאן הַרְבֵּה	*καί γε* κτῆσις βουκολίου καὶ ποιμνίου πολλὴ	
2:8	כָּנַסְתִּי לִי גַּם־כֶּסֶף וְזָהָב	συνήγαγόν μοι *καί γε* ἀργύριον καὶ χρυσίον	
2:14	וְיָדַעְתִּי גַם־אָנִי	καὶ ἔγνων *καί γε* ἐγὼ	
2:15	גַּם־אֲנִי יִקְרֵנִי	*καί γε* ἐμοὶ συναντήσεταί μοι	
2:15	שֶׁגַּם־זֶה הָבֶל	*ὅτι καί γε* τοῦτο ματαιότης	
2:19	גַּם־זֶה הָבֶל	*καί γε* τοῦτο ματαιότης	
2:21	גַּם־זֶה הֶבֶל וְרָעָה רַבָּה	*καί γε* τοῦτο ματαιότης καὶ πονηρία μεγάλη	
2:23	גַּם־בַּלַּיְלָה לֹא־שָׁכַב לִבּוֹ	*καί γε* ἐν νυκτὶ οὐ κοιμᾶται ἡ καρδία αὐτοῦ	
2:23	גַּם־זֶה הֶבֶל הוּא	*καί γε* τοῦτο ματαιότης ἐστίν	
2:24	גַּם־זֹה רָאִיתִי אָנִי	*καί γε* τοῦτο εἶδον ἐγὼ	
2:26	גַּם־זֶה הֶבֶל	*ὅτι καί γε* τοῦτο ματαιότης	
3:11	גַּם אֶת־הָעֹלָם נָתַן בְּלִבָּם	*καί γε* σὺν τὸν αἰῶνα ἔδωκεν ἐν καρδίᾳ αὐτῶν	
4:4	גַּם־זֶה הֶבֶל וּרְעוּת רוּחַ	*καί γε* τοῦτο ματαιότης καὶ προαίρεσις πνεύματος	
4:8	גַּם בֵּן וָאָח אֵין־לוֹ	*καί γε* υἱὸς καὶ ἀδελφὸς οὐκ ἔστιν αὐτῷ	
4:8	גַּם־*עֵינָיו **עֵינוֹ לֹא־תִשְׂבַּע עֹשֶׁר	*καί γε* ὀφθαλμὸς αὐτοῦ οὐκ ἐμπίπλαται πλούτου	
4:8	גַּם־זֶה הֶבֶל וְעִנְיַן רָע	*καί γε* τοῦτο ματαιότης καὶ περισπασμὸς πονηρός	
4:11	גַּם אִם־יִשְׁכְּבוּ שְׁנַיִם וְחַם לָהֶם	*καί γε* ἐὰν κοιμηθῶσιν δύο καὶ θέρμη αὐτοῖς	
4:14	כִּי גַּם בְּמַלְכוּתוֹ נוֹלַד רָשׁ	ὅτι *καί γε* ἐν βασιλείᾳ αὐτοῦ ἐγεννήθη πένης	
4:16	גַּם הָאַחֲרוֹנִים לֹא יִשְׂמְחוּ־בוֹ	*καί γε* οἱ ἔσχατοι οὐκ εὐφρανθήσονται ἐν αὐτῷ	
4:16	כִּי־גַם־זֶה הֶבֶל	ὅτι *καί γε* τοῦτο ματαιότης	
5:9	גַּם־זֶה הָבֶל	*καί γε* τοῦτο ματαιότης	
5:16	גַּם כָּל־יָמָיו בַּחֹשֶׁךְ יֹאכֵל	*καί γε* πᾶσαι αἱ ἡμέραι αὐτοῦ ἐν σκότει καὶ πένθει	
5:18	גַּם כָּל־הָאָדָם אֲשֶׁר נָתַן־לוֹ הָאֱלֹהִים	*καί γε* πᾶς ὁ ἄνθρωπος ᾧ ἔδωκεν αὐτῷ ὁ θεὸς	
6:5	גַּם־שֶׁמֶשׁ לֹא־רָאָה וְלֹא יָדָע	*καί γε* ἥλιον οὐκ εἶδεν καὶ οὐκ ἔγνω	
6:9	גַּם־זֶה הֶבֶל וּרְעוּת רוּחַ	*καί γε* τοῦτο ματαιότης καὶ προαίρεσις πνεύματος	
7:14	גַּם אֶת־זֶה לְעֻמַּת־זֶה	*καί γε* σὺν τοῦτο σύμφωνον τούτῳ	
7:21	גַּם לְכָל־הַדְּבָרִים אֲשֶׁר יְדַבֵּרוּ	*καί γε* εἰς πάντας τοὺς λόγους οὓς λαλήσουσιν	
7:22	אֲשֶׁר גַּם־*אַתָּ **אַתָּה קִלַּלְתָּ אֲחֵרִים	ὅπως *καί γε* σὺ κατηράσω ἑτέρους	
8:10	גַּם־זֶה הָבֶל	*καί γε* τοῦτο ματαιότης	

8:12	כִּי גַם־יוֹדֵעַ אָנִי	ὅτι *καί γε* γινώσκω ἐγὼ
8:14	אָמַרְתִּי שֶׁגַּם־זֶה הָבֶל	εἶπα ὅτι *καί γε* τοῦτο ματαιότης
8:16	כִּי גַם בַּיּוֹם וּבַלַּיְלָה	ὅτι *καί γε* ἐν ἡμέρᾳ καὶ ἐν νυκτὶ
9:1	גַּם־אַהֲבָה גַם־שִׂנְאָה אֵין יוֹדֵעַ	*καί γε* ἀγάπην καί γε μῖσος οὐκ ἔστιν εἰδὼς
9:1	גַּם־אַהֲבָה גַם־שִׂנְאָה אֵין יוֹדֵעַ	καί γε ἀγάπην *καί γε* μῖσος οὐκ ἔστιν εἰδὼς
9:6	גַּם אַהֲבָתָם גַּם־שִׂנְאָתָם	*καί γε* ἀγάπη αὐτῶν καί γε μῖσος αὐτῶν
9:6	גַּם אַהֲבָתָם גַּם־שִׂנְאָתָם	καί γε ἀγάπη αὐτῶν *καί γε* μῖσος αὐτῶν
9:6	גַּם־קִנְאָתָם כְּבָר אָבָדָה	*καί γε* ζῆλος αὐτῶν ἤδη ἀπώλετο
9:12	כִּי גַּם לֹא־יֵדַע הָאָדָם אֶת־עִתּוֹ	ὅτι *καί γε* οὐκ ἔγνω ὁ ἄνθρωπος τὸν καιρὸν αὐτοῦ
9:13	גַּם־זֹה רָאִיתִי חָכְמָה תַּחַת הַשָּׁמֶשׁ	*καί γε* τοῦτο εἶδον σοφίαν ὑπὸ τὸν ἥλιον
10:20	גַּם בְּמַדָּעֲךָ מֶלֶךְ אַל־תְּקַלֵּל	*καί γε* ἐν συνειδήσει σου βασιλέα μὴ καταράσῃ
12:5	גַּם מִגָּבֹהַּ יִרָאוּ וְחַתְחַתִּים בַּדֶּרֶךְ	*καί γε* ἀπὸ ὕψους ὄψονται καὶ θάμβοι ἐν τῇ ὁδῷ
οὔτως + καὶ	*1*	
כֵּן	*1*	*1%*
5:15	כָּל־עֻמַּת {...שֶׁ}בָּא כֵּן יֵלֵךְ	ὥσπερ γὰρ παρεγένετο *οὔτως καὶ* ἀπελεύσεται
καινός	*Occurrences: 1*	
חָדָשׁ	*1*	*100%*
1:10	יֵשׁ דָּבָר שֶׁיֹּאמַר רְאֵה־זֶה חָדָשׁ הוּא	ὃς λαλήσει καὶ ἐρεῖ ἰδὲ τοῦτο *καινόν* ἐστιν
καιρός	*Occurrences: 39*	
עֵת	*39*	*100%*
3:1	לַכֹּל זְמָן וְעֵת לְכָל־חֵפֶץ	τοῖς πᾶσιν χρόνος *καὶ καιρὸς* τῷ παντὶ πράγματι
3:2	עֵת לָלֶדֶת וְעֵת לָמוּת	*καιρὸς* τοῦ τεκεῖν καὶ καιρὸς τοῦ ἀποθανεῖν
3:2	עֵת לָלֶדֶת וְעֵת לָמוּת	καιρὸς τοῦ τεκεῖν *καὶ καιρὸς* τοῦ ἀποθανεῖν
3:2	עֵת לָטַעַת וְעֵת לַעֲקוֹר	*καιρὸς* τοῦ φυτεῦσαι καὶ καιρὸς τοῦ ἐκτῖλαι
3:2	עֵת לָטַעַת וְעֵת לַעֲקוֹר	καιρὸς τοῦ φυτεῦσαι *καὶ καιρὸς* τοῦ ἐκτῖλαι
3:3	עֵת לַהֲרוֹג וְעֵת לִרְפּוֹא	*καιρὸς* τοῦ ἀποκτεῖναι καὶ καιρὸς τοῦ ἰάσασθαι
3:3	עֵת לַהֲרוֹג וְעֵת לִרְפּוֹא	καιρὸς τοῦ ἀποκτεῖναι *καὶ καιρὸς* τοῦ ἰάσασθαι
3:3	עֵת לִפְרוֹץ וְעֵת לִבְנוֹת	*καιρὸς* τοῦ καθελεῖν καὶ καιρὸς τοῦ οἰκοδομῆσαι
3:3	עֵת לִפְרוֹץ וְעֵת לִבְנוֹת	καιρὸς τοῦ καθελεῖν *καὶ καιρὸς* τοῦ οἰκοδομῆσαι
3:4	עֵת לִבְכּוֹת וְעֵת לִשְׂחוֹק	*καιρὸς* τοῦ κλαῦσαι καὶ καιρὸς τοῦ γελάσαι
3:4	עֵת לִבְכּוֹת וְעֵת לִשְׂחוֹק	καιρὸς τοῦ κλαῦσαι *καὶ καιρὸς* τοῦ γελάσαι
3:4	עֵת סְפוֹד וְעֵת רְקוֹד	*καιρὸς* τοῦ κόψασθαι καὶ καιρὸς τοῦ ὀρχήσασθαι
3:4	עֵת סְפוֹד וְעֵת רְקוֹד	καιρὸς τοῦ κόψασθαι *καὶ καιρὸς* τοῦ ὀρχήσασθαι
3:5	עֵת לְהַשְׁלִיךְ אֲבָנִים	*καιρὸς* τοῦ βαλεῖν λίθους
3:5	וְעֵת כְּנוֹס אֲבָנִים	*καὶ καιρὸς* τοῦ συναγαγεῖν λίθους
3:5	עֵת לַחֲבוֹק וְעֵת לִרְחֹק	*καιρὸς* τοῦ περιλαβεῖν καὶ καιρὸς τοῦ μακρυνθῆναι
3:5	וְעֵת לִרְחֹק מֵחַבֵּק	*καὶ καιρὸς* τοῦ μακρυνθῆναι ἀπὸ περιλήμψεως
3:6	עֵת לְבַקֵּשׁ וְעֵת לְאַבֵּד	*καιρὸς* τοῦ ζητῆσαι καὶ καιρὸς τοῦ ἀπολέσαι
3:6	עֵת לְבַקֵּשׁ וְעֵת לְאַבֵּד	καιρὸς τοῦ ζητῆσαι *καὶ καιρὸς* τοῦ ἀπολέσαι
3:6	עֵת לִשְׁמוֹר וְעֵת לְהַשְׁלִיךְ	*καιρὸς* τοῦ φυλάξαι καὶ καιρὸς τοῦ ἐκβαλεῖν
3:6	עֵת לִשְׁמוֹר וְעֵת לְהַשְׁלִיךְ	καιρὸς τοῦ φυλάξαι *καὶ καιρὸς* τοῦ ἐκβαλεῖν
3:7	עֵת לִקְרוֹעַ וְעֵת לִתְפּוֹר	*καιρὸς* τοῦ ῥῆξαι καὶ καιρὸς τοῦ ῥάψαι
3:7	עֵת לִקְרוֹעַ וְעֵת לִתְפּוֹר	καιρὸς τοῦ ῥῆξαι *καὶ καιρὸς* τοῦ ῥάψαι
3:7	עֵת לַחֲשׁוֹת וְעֵת לְדַבֵּר	*καιρὸς* τοῦ σιγᾶν καὶ καιρὸς τοῦ λαλεῖν
3:7	עֵת לַחֲשׁוֹת וְעֵת לְדַבֵּר	καιρὸς τοῦ σιγᾶν *καὶ καιρὸς* τοῦ λαλεῖν
3:8	עֵת לֶאֱהֹב וְעֵת לִשְׂנֹא	*καιρὸς* τοῦ φιλῆσαι καὶ καιρὸς τοῦ μισῆσαι
3:8	עֵת לֶאֱהֹב וְעֵת לִשְׂנֹא	καιρὸς τοῦ φιλῆσαι *καὶ καιρὸς* τοῦ μισῆσαι
3:8	עֵת מִלְחָמָה וְעֵת שָׁלוֹם	*καιρὸς* πολέμου καὶ καιρὸς εἰρήνης
3:8	עֵת מִלְחָמָה וְעֵת שָׁלוֹם	καιρὸς πολέμου *καὶ καιρὸς* εἰρήνης
3:11	אֶת־הַכֹּל עָשָׂה יָפֶה בְעִתּוֹ	σὺν τὰ πάντα ἐποίησεν καλὰ *ἐν καιρῷ αὐτοῦ*
3:17	כִּי־עֵת לְכָל־חֵפֶץ	ὅτι *καιρὸς* τῷ παντὶ πράγματι
7:17	לָמָּה תָמוּת בְּלֹא עִתֶּךָ	ἵνα μὴ ἀποθάνῃς ἐν οὐ *καιρῷ σου*
8:5	וְעֵת וּמִשְׁפָּט יֵדַע לֵב חָכָם	*καὶ καιρὸν* κρίσεως γινώσκει καρδία σοφοῦ
8:6	כִּי לְכָל־חֵפֶץ יֵשׁ עֵת וּמִשְׁפָּט	ὅτι παντὶ πράγματι ἔστιν *καιρὸς* καὶ κρίσις

9:8	בְּכָל־*עֵת* יִהְיוּ בְגָדֶיךָ לְבָנִים	ἐν παντὶ *καιρῷ* ἔστωσαν ἱμάτιά σου λευκά		
9:11	כִּי־*עֵת* וָפֶגַע יִקְרֶה	ὅτι *καιρὸς* καὶ ἀπάντημα συναντήσεται		
9:12	כִּי גַּם לֹא־יֵדַע הָאָדָם *אֶת־עִתּוֹ*	ὅτι καί γε οὐκ ἔγνω ὁ ἄνθρωπος *τὸν καιρὸν αὐτοῦ*		
9:12	בְּנֵי הָאָדָם *לְעֵת* רָעָה	οἱ υἱοὶ τοῦ ἀνθρώπου *εἰς καιρὸν* πονηρόν		
10:17	וְשָׂרַיִךְ *בָּעֵת* יֹאכֵלוּ	καὶ οἱ ἄρχοντές σου *πρὸς καιρὸν* φάγονται		

κακία *Occurrences: 5*

רָעָה	*4*	*80%*
רֹעַ	*1*	*20%*

רֹעַ	*1*	*20%*		
7:3	כִּי־בְרֹעַ פָּנִים יִיטַב לֵב	ὅτι ἐν *κακίᾳ* προσώπου ἀγαθυνθήσεται καρδία		
רָעָה	*4*	*80%*		
5:12	שָׁמוּר לִבְעָלָיו *לְרָעָתוֹ*	φυλασσόμενον τῷ παρ' αὐτοῦ *εἰς κακίαν αὐτοῦ*		
7:14	וּבְיוֹם *רָעָה* רְאֵה	καὶ ἐν ἡμέρᾳ *κακίας* ἰδέ		
7:15	וְיֵשׁ רָשָׁע מַאֲרִיךְ *בְּרָעָתוֹ*	καὶ ἔστιν ἀσεβὴς μένων *ἐν κακίᾳ αὐτοῦ*		
12:1	עַד לֹא־יָבֹאוּ יְמֵי *הָרָעָה*	ἕως ὅτου μὴ ἔλθωσιν ἡμέραι *τῆς κακίας*		

κακός *Occurrences: 3*

רַע	*2*	*100%*
- - -	*1*	

- - -	*1*			
9:2	לַטּוֹב	τῷ ἀγαθῷ *καὶ τῷ κακῷ*	=	ולרע
רַע	*2*	*100%*		
4:17	כִּי־אֵינָם יוֹדְעִים לַעֲשׂוֹת *רָע*	ὅτι οὐκ εἰσιν εἰδότες τοῦ ποιῆσαι *κακόν*		
[9:2]	לַטּוֹב	τῷ ἀγαθῷ *καὶ τῷ κακῷ*	=	ולרע
9:12	כַּדָּגִים שֶׁנֶּאֱחָזִים בִּמְצוֹדָה *רָעָה*	ὡς οἱ ἰχθύες οἱ θηρευόμενοι ἐν ἀμφιβλήστρῳ *κακῷ*		

κακόω *Occurrences: 2*

יָדַע	*1*	*50%*
רַע	*1*	*50%*
[רָעַע]	*1*	

יָדַע	*1*	*50%*		
7:22	כִּי גַּם־פְּעָמִים רַבּוֹת *יָדַע* לִבֶּךָ	καὶ καθόδους πολλὰς *κακώσει* καρδίαν σου	=d.dr	ירע
רַע	*1*	*50%*		
8:9	הָאָדָם בְּאָדָם *לְרַע* לוֹ	ὁ ἄνθρωπος ἐν ἀνθρώπῳ *τοῦ κακῶσαι* αὐτόν	=v	
[רָעַע]	*1*			
7:22	כִּי גַּם־פְּעָמִים רַבּוֹת *יָדַע* לִבֶּךָ	καὶ καθόδους πολλὰς *κακώσει* καρδίαν σου	=d.dr	ירע

καλέω *Occurrences: 1*

קָרָא	*1*	*100%*		
6:10	מַה־שֶּׁהָיָה כְּבָר *נִקְרָא* שְׁמוֹ	εἴ τι ἐγένετο ἤδη *κέκληται* ὄνομα αὐτοῦ		

καλέω/παρα *Occurrences: 2*

נָחַם	*2*	*100%*		
4:1	וְאֵין לָהֶם *מְנַחֵם*	καὶ οὐκ ἔστιν αὐτοῖς *παρακαλῶν*		
4:1	וְאֵין לָהֶם *מְנַחֵם*	καὶ οὐκ ἔστιν αὐτοῖς *παρακαλῶν*		

καλός *Occurrences: 2*

יָפֶה	*2*	*100%*		
3:11	אֶת־הַכֹּל עָשָׂה *יָפֶה* בְעִתּוֹ	σὺν τὰ πάντα ἐποίησεν *καλὰ* ἐν καιρῷ αὐτοῦ		
5:17	הִנֵּה אֲשֶׁר־רָאִיתִי אָנִי טוֹב *אֲשֶׁר־יָפֶה*	ἰδοὺ ὃ εἶδον ἐγὼ ἀγαθόν ὅ ἐστιν *καλόν*		

καλύπτω *Occurrences: 1*

כָּסָה	*1*	*100%*		
6:4	וּבַחֹשֶׁךְ שְׁמוֹ *יְכֻסֶּה*	καὶ ἐν σκότει ὄνομα αὐτοῦ *καλυφθήσεται*		

κάππαρις *Occurrences: 1*

אֲבִיּוֹנָה	*1*	*100%*		
12:5	וְתָפֵר *הָאֲבִיּוֹנָה*	καὶ διασκεδασθῇ *ἡ κάππαρις*		

καρδία *Occurrences: 43*

לֵב	*41*	*95%*
לְ + בור	*1*	*2%*
לֵבָב	*1*	*2%*

לְ + בור	*1*	2%		
9:1	*וְ*לָבוּר אֶת־כָּל־זֶה	*καὶ καρδία μου* σὺν πᾶν εἶδεν τοῦτο	=.wy	ולבי
לֵב	*41*	*95%*		
1:13	וְנָתַתִּי אֶת־*לִבִּי* לִדְרוֹשׁ	καὶ ἔδωκα *τὴν καρδίαν μου* τοῦ ἐκζητῆσαι		
1:16	דִּבַּרְתִּי אֲנִי עִם־*לִבִּי* לֵאמֹר	ἐλάλησα ἐγὼ ἐν *καρδίᾳ μου* τῷ λέγειν		
1:16	*וְלִבִּי* רָאָה הַרְבֵּה חָכְמָה וָדָעַת	*καὶ καρδία μου* εἶδεν πολλὰ σοφίαν καὶ γνῶσιν		
1:17	וָאֶתְּנָה *לִבִּי* לָדַעַת חָכְמָה	καὶ ἔδωκα *καρδίαν μου* τοῦ γνῶναι σοφίαν		
2:1	אָמַרְתִּי אֲנִי *בְּלִבִּי* לְכָה־נָּא	εἶπον ἐγὼ *ἐν καρδίᾳ μου* δεῦρο δὴ		
2:3	תַּרְתִּי *בְלִבִּי*	κατεσκεψάμην *ἐν καρδίᾳ μου*		
2:3	*וְלִבִּי* נֹהֵג בַּחָכְמָה	*καὶ καρδία μου* ὡδήγησεν ἐν σοφίᾳ		
2:10	לֹא־מָנַעְתִּי אֶת־*לִבִּי*	οὐκ ἀπεκώλυσα *τὴν καρδίαν μου*		
2:10	כִּי־*לִבִּי* שָׂמֵחַ מִכָּל־עֲמָלִי	ὅτι *καρδία μου* εὐφράνθη ἐν παντὶ μόχθῳ μου		
2:15	וְאָמַרְתִּי אֲנִי *בְּלִבִּי*	καὶ εἶπα ἐγὼ *ἐν καρδίᾳ μου*		
2:15	וְדִבַּרְתִּי *בְלִבִּי*	ἐλάλησα *ἐν καρδίᾳ μου*		
2:20	וְסַבּוֹתִי אֲנִי לְיַאֵשׁ אֶת־*לִבִּי*	καὶ ἐπέστρεψα ἐγὼ τοῦ ἀποτάξασθαι *τῇ καρδίᾳ μου*		
2:22	וּבְרַעְיוֹן *לִבּוֹ*	καὶ ἐν προαιρέσει *καρδίας αὐτοῦ*		
2:23	גַּם־בַּלַּיְלָה לֹא־שָׁכַב *לִבּוֹ*	καί γε ἐν νυκτὶ οὐ κοιμᾶται *ἡ καρδία αὐτοῦ*		
3:11	גַּם אֶת־הָעֹלָם נָתַן *בְּלִבָּם*	καί γε σὺν τὸν αἰῶνα ἔδωκεν *ἐν καρδίᾳ αὐτῶν*		
3:17	אָמַרְתִּי אֲנִי *בְּלִבִּי*	εἶπα ἐγὼ *ἐν καρδίᾳ μου*		
3:18	אָמַרְתִּי אֲנִי *בְּלִבִּי*	ἐκεῖ εἶπα ἐγὼ *ἐν καρδίᾳ μου*		
5:1	*וְלִבְּךָ* אַל־יְמַהֵר	*καὶ καρδία σου* μὴ ταχυνάτω		
5:19	מַעֲנֶה בְּשִׂמְחַת *לִבּוֹ*	περισπᾷ αὐτὸν ἐν εὐφροσύνῃ *καρδίας αὐτοῦ*		
7:2	וְהַחַי יִתֵּן אֶל־*לִבּוֹ*	καὶ ὁ ζῶν δώσει εἰς *καρδίαν αὐτοῦ*		
7:3	כִּי־בְרֹעַ פָּנִים יִיטַב *לֵב*	ὅτι ἐν κακίᾳ προσώπου ἀγαθυνθήσεται *καρδία*		
7:4	*לֵב* חֲכָמִים בְּבֵית אֵבֶל	*καρδία* σοφῶν ἐν οἴκῳ πένθους		
7:4	*וְלֵב* כְּסִילִים בְּבֵית שִׂמְחָה	*καὶ καρδία* ἀφρόνων ἐν οἴκῳ εὐφροσύνης		
7:7	וִיאַבֵּד אֶת־*לֵב* מַתָּנָה	καὶ ἀπόλλυσι *τὴν καρδίαν* εὐτονίας αὐτοῦ		
7:21	אַל־תִּתֵּן *לִבֶּךָ*	μὴ θῇς *καρδίαν σου*		
7:22	כִּי גַּם־פְּעָמִים רַבּוֹת יָדַע *לִבֶּךָ*	καὶ καθόδους πολλὰς κακώσει *καρδίαν σου*	=d	
7:25	סַבּוֹתִי אֲנִי *וְלִבִּי*	ἐκύκλωσα ἐγὼ *καὶ ἡ καρδία μου*		
7:26	וַחֲרָמִים *לִבָּהּ* אֲסוּרִים יָדֶיהָ	καὶ σαγῆναι *καρδία αὐτῆς* δεσμοὶ χεῖρες αὐτῆς		
8:5	וְעֵת וּמִשְׁפָּט יֵדַע *לֵב* חָכָם	καὶ καιρὸν κρίσεως γινώσκει *καρδία* σοφοῦ		
8:9	וְנָתוֹן אֶת־*לִבִּי* לְכָל־מַעֲשֶׂה	καὶ ἔδωκα *τὴν καρδίαν μου* εἰς πᾶν ποίημα		
8:11	עַל־כֵּן מָלֵא *לֵב* בְּנֵי־הָאָדָם	διὰ τοῦτο ἐπληροφορήθη *καρδία* υἱῶν τοῦ ἀνθρώπου		
8:16	כַּאֲשֶׁר נָתַתִּי אֶת־*לִבִּי* לָדַעַת חָכְמָה	ἐν οἷς ἔδωκα *τὴν καρδίαν μου* τοῦ γνῶναι σοφίαν		
9:1	כִּי אֶת־כָּל־זֶה נָתַתִּי אֶל־*לִבִּי*	ὅτι σὺν πᾶν τοῦτο ἔδωκα εἰς *καρδίαν μου*		
[9:1]	*וְ*לָבוּר אֶת־כָּל־זֶה	*καὶ καρδία μου* σὺν πᾶν εἶδεν τοῦτο	=.wy	ולבי
9:3	וְגַם *לֵב* בְּנֵי־הָאָדָם מָלֵא־רָע	καί γε *καρδία* υἱῶν τοῦ ἀνθρώπου ἐπληρώθη πονηροῦ		
9:7	וּשְׁתֵה *בְלֶב*־טוֹב יֵינֶךָ	καὶ πίε *ἐν καρδίᾳ* ἀγαθῇ οἶνόν σου		
10:2	*לֵב* חָכָם לִימִינוֹ	*καρδία* σοφοῦ εἰς δεξιὸν αὐτοῦ		
10:2	*וְלֵב* כְּסִיל לִשְׂמֹאלוֹ	*καὶ καρδία* ἄφρονος εἰς ἀριστερὸν αὐτοῦ		
10:3	*לִבּוֹ* חָסֵר	*καρδία αὐτοῦ* ὑστερήσει		

11:9	וִיטִיבְךָ לִבְּךָ	καὶ ἀγαθυνάτω σε *ἡ καρδία σου*
11:9	וְהַלֵּךְ בְּדַרְכֵי לִבְּךָ	καὶ περιπάτει ἐν ὁδοῖς *καρδίας σου*
11:10	וְהָסֵר כַּעַס מִלִּבֶּךָ	καὶ ἀπόστησον θυμὸν *ἀπὸ καρδίας σου*
לֵבָב	*1*	*2%*
9:3	וְהוֹלֵלוֹת בִּלְבָבָם בְּחַיֵּיהֶם	καὶ περιφέρεια *ἐν καρδίᾳ αὐτῶν* ἐν ζωῇ αὐτῶν
καρπός	*Occurrences: 1*	
פְּרִי	*1*	*100%*
2:5	וְנָטַעְתִּי בָהֶם עֵץ כָּל־פֶּרִי	καὶ ἐφύτευσα ἐν αὐτοῖς ξύλον πᾶν *καρποῦ*
κατέναντι	*Occurrences: 2*	
נֶגֶד	*2*	*100%*
4:12	הַשְּׁנַיִם יַעַמְדוּ נֶגְדּוֹ	οἱ δύο στήσονται *κατέναντι αὐτοῦ*
6:8	מַה־לֶּעָנִי יוֹדֵעַ לַהֲלֹךְ נֶגֶד הַחַיִּים	διότι ὁ πένης οἶδεν πορευθῆναι *κατέναντι* τῆς ζωῆς
κάτω	*Occurrences: 1*	
לְ + מַטָּה	*1*	*100%*
3:21	הַיֹּרֶדֶת הִיא לְמַטָּה לָאָרֶץ	εἰ καταβαίνει αὐτὸ *κάτω* εἰς γῆν
κεφαλή	*Occurrences: 2*	
ראשׁ	*2*	*100%*
2:14	הֶחָכָם עֵינָיו בְּרֹאשׁוֹ	τοῦ σοφοῦ οἱ ὀφθαλμοὶ αὐτοῦ *ἐν κεφαλῇ αὐτοῦ*
9:8	וְשֶׁמֶן עַל־רֹאשְׁךָ אַל־יֶחְסָר	καὶ ἔλαιον ἐπὶ *κεφαλήν σου* μὴ ὑστερησάτω
κῆπος	*Occurrences: 1*	
גַּנָּה	*1*	*100%*
2:5	עָשִׂיתִי לִי גַּנּוֹת וּפַרְדֵּסִים	ἐποίησά μοι *κήπους* καὶ παραδείσους
κινδυνεύω	*Occurrences: 1*	
סָכַן	*1*	*100%*
10:9	בּוֹקֵעַ עֵצִים יִסָּכֶן בָּם	σχίζων ξύλα *κινδυνεύσει* ἐν αὐτοῖς
κλαίω	*Occurrences: 1*	
בָּכָה	*1*	*100%*
3:4	עֵת לִבְכּוֹת וְעֵת לִשְׂחוֹק	καιρὸς τοῦ *κλαῦσαι* καὶ καιρὸς τοῦ γελάσαι
κλείω	*Occurrences: 1*	
סָגַר	*1*	*100%*
12:4	וְסֻגְּרוּ דְלָתַיִם בַּשּׁוּק	καὶ *κλείσουσιν* θύρας ἐν ἀγορᾷ
κληροδοσία	*Occurrences: 1*	
נַחֲלָה	*1*	*100%*
7:11	טוֹבָה חָכְמָה עִם־נַחֲלָה	ἀγαθὴ σοφία μετὰ *κληροδοσίας*
κοιμάω	*Occurrences: 2*	
שָׁכַב	*2*	*100%*
2:23	גַּם־בַּלַּיְלָה לֹא־שָׁכַב לִבּוֹ	καί γε ἐν νυκτὶ οὐ *κοιμᾶται* ἡ καρδία αὐτοῦ
4:11	גַּם אִם־יִשְׁכְּבוּ שְׁנַיִם וְחַם לָהֶם	καί γε ἐὰν *κοιμηθῶσιν* δύο καὶ θέρμη αὐτοῖς

κοινωνέω *Occurrences: 1*

בָּחַר	*1*	*100%*
חָבַר	*1*	*100%*

בָּחַר *1* *100%*
9:4 כִּי־מִי אֲשֶׁר *יְבֻחַר **יְחֻבַּר אֶל כָּל־הַחַיִּים ὅτι τίς ὃς *κοινωνεῖ* πρὸς πάντας τοὺς ζῶντας **

חָבַר *1* *100%*
9:4 כִּי־מִי אֲשֶׁר *יִבְחַר **יְחֻבַּר אֶל כָּל־הַחַיִּים ὅτι τίς ὃς *κοινωνεῖ* πρὸς πάντας τοὺς ζῶντας **

κοιτών *Occurrences: 1*

מִשְׁכָּב *1* *100%*
10:20 וּבְחַדְרֵי *מִשְׁכָּבְךָ* אַל־תְּקַלֵּל καὶ ἐν ταμιείοις *κοιτώνων σου* μὴ καταράσῃ

κόλπος *Occurrences: 1*

חֵיק *1* *100%*
7:9 כִּי כַעַס *בְּחֵיק* כְּסִילִים יָנוּחַ ὅτι θυμὸς *ἐν κόλπῳ* ἀφρόνων ἀναπαύσεται

κολυμβήθρα *Occurrences: 1*

בְּרֵכָה *1* *100%*
2:6 עָשִׂיתִי לִי *בְּרֵכוֹת* מָיִם ἐποίησά μοι *κολυμβήθρας* ὑδάτων

κοπόω *Occurrences: 1*

יָגַע *1* *100%*
10:15 עֲמַל הַכְּסִילִים *תְּיַגְּעֶנּוּ* μόχθος τῶν ἀφρόνων *κοπώσει αὐτούς*

κόπτω *Occurrences: 2*

סָפַד *2* *100%*
3:4 עֵת *סְפוֹד* וְעֵת רְקוֹד καιρὸς τοῦ *κόψασθαι* καὶ καιρὸς τοῦ ὀρχήσασθαι
12:5 וְסָבְבוּ בַשּׁוּק *הַסֹּפְדִים* καὶ ἐκύκλωσαν ἐν ἀγορᾷ *οἱ κοπτόμενοι*

κόπωσις *Occurrences: 1*

יְגִעָה *1* *100%*
12:12 וְלַהַג הַרְבֵּה *יְגִעַת* בָּשָׂר καὶ μελέτη πολλὴ *κόπωσις* σαρκός

κοσμέω *Occurrences: 1*

תָּקַן *1* *100%*
7:13 כִּי מִי יוּכַל *לְתַקֵּן* ὅτι τίς δυνήσεται *τοῦ κοσμῆσαι*

κοσμέω/ἐπι *Occurrences: 1*

תָּקַן *1* *100%*
1:15 מְעֻוָּת לֹא־יוּכַל *לִתְקֹן* διεστραμμένον οὐ δυνήσεται *τοῦ ἐπικοσμηθῆναι*

κόσμιον *Occurrences: 1*

תָּקַן *1* *100%*
12:9 וְאִזֵּן וְחִקֵּר *תִּקֵּן* מְשָׁלִים הַרְבֵּה καὶ οὖς ἐξιχνιάσεται *κόσμιον* παραβολῶν [πολλά]

κοῦφος *Occurrences: 1*

קַל *1* *100%*
9:11 כִּי לֹא *לַקַּלִּים* הַמֵּרוֹץ ὅτι οὐ *τοῖς κούφοις* ὁ δρόμος

κραταιόω/ἐπι *Occurrences: 1*

תָּקַף *1* *100%*
4:12 וְאִם־*יִתְקְפוֹ* הָאֶחָד καὶ ἐὰν *ἐπικραταιωθῇ* ὁ εἷς

κρατέω	*Occurrences: 1*	
אָחַז	*1*	*100%*
2:3	וְלֶאֱחֹז בְּסִכְלוּת	καὶ *τοῦ κρατῆσαι* ἐπ' ἀφροσύνῃ
κραυγή	*Occurrences: 1*	
זְעָקָה	*1*	*100%*
9:17	*מִזַּעֲקַת* מוֹשֵׁל בַּכְּסִילִים	ὑπὲρ *κραυγὴν* ἐξουσιαζόντων ἐν ἀφροσύναις
κρίμα	*Occurrences: 1*	
מִשְׁפָּט	*1*	*100%*
5:7	אִם־עֹשֶׁק רָשׁ וְגֵזֶל *מִשְׁפָּט*	ἐὰν συκοφαντίαν πένητος καὶ ἁρπαγὴν *κρίματος*
κρίνω	*Occurrences: 2*	

דִּין	*1*	*50%*
שָׁפַט	*1*	*50%*

דִּין	*1*	*50%*
6:10	וְלֹא־יוּכַל *לָדִין* עִם *שֶׁהַתַּקִּיף **שֶׁתַּקִּיף	καὶ οὐ δυνήσεται *τοῦ κριθῆναι* μετὰ τοῦ ἰσχυροῦ
שָׁפַט	*1*	*50%*
3:17	אֶת־הַצַּדִּיק וְאֶת־הָרָשָׁע *יִשְׁפֹּט* הָאֱלֹהִים	σὺν τὸν δίκαιον καὶ σὺν τὸν ἀσεβῆ *κρινεῖ* ὁ θεός
κρίνω/δια	*Occurrences: 1*	
בָּרַר	*1*	*100%*
3:18	*לְבָרָם* הָאֱלֹהִים וְלִרְאוֹת	*ὅτι διακρινεῖ αὐτοὺς* ὁ θεός καὶ τοῦ δεῖξαι
κρίσις	*Occurrences: 5*	
מִשְׁפָּט	*5*	*100%*
3:16	מְקוֹם *הַמִּשְׁפָּט* שָׁמָּה הָרֶשַׁע	τόπον *τῆς κρίσεως* ἐκεῖ ὁ ἀσεβής
8:5	וְעֵת *וּמִשְׁפָּט* יֵדַע לֵב חָכָם	καὶ καιρὸν *κρίσεως* γινώσκει καρδία σοφοῦ
8:6	כִּי לְכָל־חֵפֶץ יֵשׁ עֵת *וּמִשְׁפָּט*	ὅτι παντὶ πράγματι ἔστιν καιρὸς *καὶ κρίσις*
11:9	עַל־כָּל־אֵלֶּה יְבִיאֲךָ הָאֱלֹהִים *בַּמִּשְׁפָּט*	ἐπὶ πᾶσι τούτοις ἄξει σε ὁ θεὸς *ἐν κρίσει*
12:14	כִּי אֶת־כָּל־מַעֲשֶׂה הָאֱלֹהִים יָבִא *בְמִשְׁפָּט*	ὅτι σὺν πᾶν τὸ ποίημα ὁ θεὸς ἄξει *ἐν κρίσει*
κτάομαι	*Occurrences: 1*	
קָנָה	*1*	*100%*
2:7	*קָנִיתִי* עֲבָדִים וּשְׁפָחוֹת	*ἐκτησάμην* δούλους καὶ παιδίσκας
κτείνω/ἀπο	*Occurrences: 1*	
הָרַג	*1*	*100%*
3:3	עֵת *לַהֲרוֹג* וְעֵת לִרְפּוֹא	καιρὸς *τοῦ ἀποκτεῖναι* καὶ καιρὸς τοῦ ἰάσασθαι
κτῆνος	*Occurrences: 4*	
בְּהֵמָה	*4*	*100%*
3:18	שְׁהֶם־*בְּהֵמָה* הֵמָּה לָהֶם	ὅτι αὐτοὶ *κτήνη* εἰσὶν καί γε αὐτοῖς
3:19	וּמִקְרֶה *הַבְּהֵמָה* וּמִקְרֶה אֶחָד לָהֶם	καὶ συνάντημα *τοῦ κτήνους* συνάντημα ἓν αὐτοῖς
3:19	וּמוֹתַר הָאָדָם מִן־*הַבְּהֵמָה*	καὶ τί ἐπερίσσευσεν ὁ ἄνθρωπος παρὰ *τὸ κτῆνος*
3:21	וְרוּחַ *הַבְּהֵמָה*	καὶ πνεῦμα *τοῦ κτήνους*
κτῆσις	*Occurrences: 1*	
מִקְנֶה	*1*	*100%*
2:7	גַּם *מִקְנֶה* בָקָר וָצֹאן הַרְבֵּה	καί γε *κτῆσις* βουκολίου καὶ ποιμνίου πολλὴ

κτίζω		*Occurrences: 1*	
בָּרָא		*1*	*100%*
12:1	זְכֹר אֶת־בּוֹרְאֶיךָ		καὶ μνήσθητι *τοῦ κτίσαντός σε*
κύκλος		*Occurrences: 1*	
סָבִיב		*1*	*100%*
1:6	וְעַל־סְבִיבֹתָיו שָׁב הָרוּחַ		καὶ ἐπὶ *κύκλους αὐτοῦ* ἐπιστρέφει τὸ πνεῦμα
κυκλόω		*Occurrences: 6*	
סָבַב		*6*	*100%*
1:6	הוֹלֵךְ אֶל־דָּרוֹם וְסוֹבֵב אֶל־צָפוֹן		πορεύεται πρὸς νότον *καὶ κυκλοῖ* πρὸς βορρᾶν
1:6	סוֹבֵב סֹבֵב הוֹלֵךְ הָרוּחַ		*κυκλοῖ* κυκλῶν πορεύεται τὸ πνεῦμα
1:6	סוֹבֵב סֹבֵב הוֹלֵךְ הָרוּחַ		κυκλοῖ *κυκλῶν* πορεύεται τὸ πνεῦμα
7:25	סַבּוֹתִי אֲנִי וְלִבִּי		*ἐκύκλωσα* ἐγὼ καὶ ἡ καρδία μου
9:14	מֶלֶךְ גָּדוֹל וְסָבַב אֹתָהּ		βασιλεὺς μέγας *καὶ κυκλώσῃ* αὐτὴν
12:5	וְסָבְבוּ בַשּׁוּק הַסֹּפְדִים		*καὶ ἐκύκλωσαν* ἐν ἀγορᾷ οἱ κοπτόμενοι
κυοφορέω		*Occurrences: 1*	
מָלֵא		*1*	*100%*
11:5	כַּעֲצָמִים בְּבֶטֶן הַמְּלֵאָה		ὡς ὀστᾶ ἐν γαστρὶ *τῆς κυοφορούσης*
κύων		*Occurrences: 1*	
כֶּלֶב		*1*	*100%*
9:4	יֵשׁ בִּטָּחוֹן כִּי־לְכֶלֶב חַי הוּא טוֹב		ἔστιν ἐλπίς ὅτι *ὁ κύων* ὁ ζῶν αὐτὸς ἀγαθὸς
κωλύω		*Occurrences: 1*	
כָּלָא		*1*	*100%*
8:8	לִכְלוֹא אֶת־הָרוּחַ		*τοῦ κωλῦσαι* σὺν τὸ πνεῦμα
κωλύω/ἀπο		*Occurrences: 1*	
מָנַע		*1*	*100%*
2:10	לֹא־מָנַעְתִּי אֶת־לִבִּי		οὐκ *ἀπεκώλυσα* τὴν καρδίαν μου

Λ

λάκκος	Occurrences: 1	
בּוֹר	1	100%
12:6	וְנָרֻץ הַגַּלְגַּל אֶל־הַבּוֹר	καὶ συντροχάσῃ ὁ τροχὸς ἐπὶ *τὸν λάκκον*

λαλέω	Occurrences: 8	
דָּבַר	5	71%
דָּבָר	2	29%
- - -	1	

- - -	1	
2:15	- - -	διότι ἄφρων ἐκ περισσεύματος *λαλεῖ*
דָּבַר	5	71%
1:8	לֹא־יוּכַל אִישׁ לְדַבֵּר	οὐ δυνήσεται ἀνὴρ *τοῦ λαλεῖν*
1:16	דִּבַּרְתִּי אֲנִי עִם־לִבִּי לֵאמֹר	*ἐλάλησα* ἐγὼ ἐν καρδίᾳ μου τῷ λέγειν
2:15	וְדִבַּרְתִּי בְלִבִּי	*ἐλάλησα* ἐν καρδίᾳ μου
3:7	עֵת לַחֲשׁוֹת וְעֵת לְדַבֵּר	καιρὸς τοῦ σιγᾶν καὶ καιρὸς *τοῦ λαλεῖν*
7:21	גַּם לְכָל־הַדְּבָרִים אֲשֶׁר יְדַבֵּרוּ	καί γε εἰς πάντας τοὺς λόγους οὓς *λαλήσουσιν*
דָּבָר	2	29%
1:10	יֵשׁ דָּבָר שֶׁיֹּאמַר רְאֵה־זֶה חָדָשׁ הוּא	ὃς *λαλήσει* καὶ ἐρεῖ ἰδὲ τοῦτο καινόν ἐστιν
8:4	בַּאֲשֶׁר דְּבַר־מֶלֶךְ שִׁלְטוֹן	καθὼς *λαλεῖ* βασιλεὺς ἐξουσιάζων =v

λαλιά	Occurrences: 2	
דִּבְרָה	2	100%
3:18	עַל־דִּבְרַת בְּנֵי הָאָדָם	περὶ *λαλιᾶς* υἱῶν τοῦ ἀνθρώπου
7:14	עָשָׂה הָאֱלֹהִים עַל־דִּבְרַת	ἐποίησεν ὁ θεὸς *περὶ λαλιᾶς*

λαμβάνω	Occurrences: 2	
נָשָׂא	2	100%
5:14	וּמְאוּמָה לֹא־יִשָּׂא בַעֲמָלוֹ	καὶ οὐδὲν οὐ *λήμψεται* ἐν μόχθῳ αὐτοῦ
5:18	וְלָשֵׂאת אֶת־חֶלְקוֹ	καὶ *τοῦ λαβεῖν* τὸ μέρος αὐτοῦ

λαμβάνω/περι	Occurrences: 2	
חָבַק	2	100%
3:5	עֵת לַחֲבוֹק וְעֵת לִרְחֹק	καιρὸς *τοῦ περιλαβεῖν* καὶ καιρὸς τοῦ μακρυνθῆναι
4:5	הַכְּסִיל חֹבֵק אֶת־יָדָיו	ὁ ἄφρων *περιέλαβεν* τὰς χεῖρας αὐτοῦ

λαμβάνω/συν	Occurrences: 1	
לָכַד	1	100%
7:26	וְחוֹטֵא יִלָּכֶד בָּהּ	καὶ ἁμαρτάνων *συλλημφθήσεται* ἐν αὐτῇ

λανθάνω/ἐπι	Occurrences: 2	
שָׁכַח	2	100%
2:16	הַכֹּל נִשְׁכָּח	τὰ πάντα *ἐπελήσθη*
9:5	כִּי נִשְׁכַּח זִכְרָם	ὅτι *ἐπελήσθη* ἡ μνήμη αὐτῶν

λαός	Occurrences: 2	
עַם	2	100%
4:16	אֵין־קֵץ לְכָל־הָעָם	οὐκ ἔστιν περασμὸς τῷ παντὶ *λαῷ*
12:9	עוֹד לִמַּד־דַּעַת אֶת־הָעָם	ἔτι ἐδίδαξεν γνῶσιν σὺν *τὸν λαόν*

λέβης *Occurrences: 1*

סִיר *1* *100%*
7:6 כִּי כְקוֹל הַסִּירִים תַּחַת הַסִּיר ὅτι ὡς φωνὴ τῶν ἀκανθῶν ὑπὸ *τὸν λέβητα*

λέγω *Occurrences: 1*

אָמַר *1* *100%*
1:16 דִּבַּרְתִּי אֲנִי עִם־לִבִּי לֵאמֹר ἐλάλησα ἐγὼ ἐν καρδίᾳ μου *τῷ λέγειν*

λευκός *Occurrences: 1*

לָבָן *1* *100%*
9:8 בְּכָל־עֵת יִהְיוּ בְגָדֶיךָ לְבָנִים ἐν παντὶ καιρῷ ἔστωσαν ἱμάτιά σου *λευκά*

λέων *Occurrences: 1*

אַרְיֵה *1* *100%*
9:4 הוּא טוֹב מִן־הָאַרְיֵה הַמֵּת αὐτὸς ἀγαθὸς ὑπὲρ *τὸν λέοντα* τὸν νεκρόν

λίθος *Occurrences: 3*

אֶבֶן *3* *100%*
3:5 עֵת לְהַשְׁלִיךְ אֲבָנִים καιρὸς τοῦ βαλεῖν *λίθους*
3:5 וְעֵת כְּנוֹס אֲבָנִים καὶ καιρὸς τοῦ συναγαγεῖν *λίθους*
10:9 מַסִּיעַ אֲבָנִים יֵעָצֵב בָּהֶם ἐξαίρων *λίθους* διαπονηθήσεται ἐν αὐτοῖς

λογίζομαι *Occurrences: 1*

אָמַר *1* *100%*
10:3 וְאָמַר לַכֹּל סָכָל הוּא *καὶ ἃ λογιεῖται* πάντα ἀφροσύνη ἐστίν

λογισμός *Occurrences: 3*

חֶשְׁבּוֹן	*2*	*67%*
חִשָּׁבוֹן	*1*	*33%*

חִשָּׁבוֹן *1* *33%*
7:29 וְהֵמָּה בִקְשׁוּ חִשְּׁבֹנוֹת רַבִּים καὶ αὐτοὶ ἐζήτησαν *λογισμοὺς* πολλούς

חֶשְׁבּוֹן *2* *67%*
7:27 אַחַת לְאַחַת לִמְצֹא חֶשְׁבּוֹן μία τῇ μιᾷ τοῦ εὑρεῖν *λογισμόν*
9:10 כִּי אֵין מַעֲשֶׂה וְחֶשְׁבּוֹן וְדַעַת ὅτι οὐκ ἔστιν ποίημα *καὶ λογισμὸς* καὶ γνῶσις

λόγος *Occurrences: 20*

דָּבָר	*19*	*95%*
דִּבְרָה	*1*	*5%*

דָּבָר *19* *95%*
1:8 כָּל־הַדְּבָרִים יְגֵעִים πάντες *οἱ λόγοι* ἔγκοποι
5:1 לְהוֹצִיא דָבָר לִפְנֵי הָאֱלֹהִים τοῦ ἐξενέγκαι *λόγον* πρὸ προσώπου τοῦ θεοῦ
5:1 עַל־כֵּן יִהְיוּ דְבָרֶיךָ מְעַטִּים ἐπὶ τούτῳ ἔστωσαν *οἱ λόγοι σου* ὀλίγοι
5:2 וְקוֹל כְּסִיל בְּרֹב דְּבָרִים καὶ φωνὴ ἄφρονος ἐν πλήθει *λόγων*
5:6 וַהֲבָלִים וּדְבָרִים הַרְבֵּה καὶ ματαιότητες *καὶ λόγοι* πολλοί
6:11 כִּי יֵשׁ־דְּבָרִים הַרְבֵּה מַרְבִּים הָבֶל ὅτι εἰσὶν *λόγοι* πολλοὶ πληθύνοντες ματαιότητα
7:8 טוֹב אַחֲרִית דָּבָר מֵרֵאשִׁיתוֹ ἀγαθὴ ἐσχάτη *λόγων* ὑπὲρ ἀρχὴν αὐτοῦ
7:21 גַּם לְכָל־הַדְּבָרִים אֲשֶׁר יְדַבֵּרוּ καί γε εἰς πάντας *τοὺς λόγους* οὓς λαλήσουσιν
8:3 אַל־תַּעֲמֹד בְּדָבָר רָע μὴ στῇς *ἐν λόγῳ* πονηρῷ
9:16 וּדְבָרָיו אֵינָם נִשְׁמָעִים *καὶ λόγοι αὐτοῦ* οὐκ εἰσιν ἀκουόμενοι
9:17 דִּבְרֵי חֲכָמִים בְּנַחַת נִשְׁמָעִים *λόγοι* σοφῶν ἐν ἀναπαύσει ἀκούονται
10:12 דִּבְרֵי פִי־חָכָם חֵן *λόγοι* στόματος σοφοῦ χάρις
10:13 תְּחִלַּת דִּבְרֵי־פִיהוּ סִכְלוּת ἀρχὴ *λόγων* στόματος αὐτοῦ ἀφροσύνη

10:14	וְהַסָּכָל יַרְבֶּה דְבָרִים	καὶ ὁ ἄφρων πληθύνει *λόγους*
10:20	וּבַעַל *הַכְּנָפַיִם **כנפים יַגֵּיד דָּבָר	καὶ ὁ ἔχων τὰς πτέρυγας ἀπαγγελεῖ *λόγον*
12:10	לִמְצֹא דִּבְרֵי־חֵפֶץ	τοῦ εὑρεῖν *λόγους* θελήματος
12:10	וְכָתוּב יֹשֶׁר דִּבְרֵי אֱמֶת	καὶ γεγραμμένον εὐθύτητος *λόγους* ἀληθείας
12:11	דִּבְרֵי חֲכָמִים כַּדָּרְבֹנוֹת	*λόγοι* σοφῶν ὡς τὰ βούκεντρα
12:13	סוֹף דָּבָר הַכֹּל נִשְׁמָע	τέλος *λόγου* τὸ πᾶν ἀκούεται
דִּבְרָה	*1*	*5%*
8:2	וְעַל דִּבְרַת שְׁבוּעַת אֱלֹהִים	καὶ περὶ *λόγου* ὅρκου θεοῦ

λύσις	*Occurrences: 1*	
פֵּשֶׁר	*1*	*100%*
8:1	מִי כְּהֶחָכָם וּמִי יוֹדֵעַ פֵּשֶׁר דָּבָר	τίς οἶδεν σοφούς καὶ τίς οἶδεν *λύσιν* ῥήματος

M

μακάριος *Occurrences: 1*

אַשְׁרֵי		*1*	*100%*	
10:17	אַשְׁרֵיךְ אֶרֶץ שֶׁמַּלְכֵּךְ בֶּן־חוֹרִים		*μακαρία σύ* γῆ ἧς ὁ βασιλεύς σου υἱὸς ἐλευθέρων	

μακρόθυμος *Occurrences: 1*

אֶרֶךְ + רוּחַ		*1*	*100%*	
7:8	טוֹב *אֶרֶךְ־רוּחַ* מִגְּבַהּ־רוּחַ		ἀγαθὸν *μακρόθυμος* ὑπὲρ ὑψηλὸν πνεύματι	

μακρός *Occurrences: 1*

רָחוֹק		*1*	*100%*	
7:24	*רָחוֹק* מַה־שֶּׁהָיָה וְעָמֹק עָמֹק מִי יִמְצָאֶנּוּ		*μακρὰν* ὑπὲρ ὃ ἦν καὶ βαθὺ βάθος τίς εὑρήσει αὐτό	

μακρότης *Occurrences: 1*

אָרַךְ		*1*	*100%*	
8:12	וּמַאֲרִיךְ לוֹ		καὶ *ἀπὸ μακρότητος* αὐτῷ	=v

μακρύνω *Occurrences: 3*

אָרַךְ	*1*	*33%*
רָחוֹק	*1*	*33%*
רָחַק	*1*	*33%*

אָרַךְ		*1*	*33%*	
8:13	וְלֹא־יַאֲרִיךְ יָמִים כַּצֵּל		καὶ οὐ *μακρυνεῖ* ἡμέρας ἐν σκιᾷ	
רָחוֹק		*1*	*33%*	
7:23	אָמַרְתִּי אֶחְכָּמָה וְהִיא *רְחוֹקָה* מִמֶּנִּי		εἶπα σοφισθήσομαι [καὶ αὐτὴ *ἐμακρύνθη* ἀπ' ἐμοῦ]	[24]
רָחַק		*1*	*33%*	
3:5	עֵת לַחֲבוֹק וְעֵת *לִרְחֹק*		καιρὸς τοῦ περιλαβεῖν καὶ καιρὸς *τοῦ μακρυνθῆναι*	

ματαιότης *Occurrences: 39*

הֶבֶל	*38*	*97%*
הַ + כֹּל	*1*	*3%*

הֶבֶל		*38*	*97%*	
1:2	*הֲבֵל* הֲבָלִים אָמַר קֹהֶלֶת		*ματαιότης* ματαιοτήτων εἶπεν ὁ ἐκκλησιαστής	
1:2	הֲבֵל *הֲבָלִים* אָמַר קֹהֶלֶת		ματαιότης *ματαιοτήτων* εἶπεν ὁ ἐκκλησιαστής	
1:2	*הֲבֵל* הֲבָלִים הַכֹּל הָבֶל		*ματαιότης* ματαιοτήτων τὰ πάντα ματαιότης	
1:2	הֲבֵל *הֲבָלִים* הַכֹּל הָבֶל		ματαιότης *ματαιοτήτων* τὰ πάντα ματαιότης	
1:2	הֲבֵל הֲבָלִים הַכֹּל *הָבֶל*		ματαιότης ματαιοτήτων τὰ πάντα *ματαιότης*	
1:14	וְהִנֵּה הַכֹּל *הֶבֶל*		καὶ ἰδοὺ τὰ πάντα *ματαιότης*	
2:1	וְהִנֵּה גַם־הוּא *הָבֶל*		καὶ ἰδοὺ καί γε τοῦτο *ματαιότης*	
2:11	וְהִנֵּה הַכֹּל *הֶבֶל*		καὶ ἰδοὺ τὰ πάντα *ματαιότης*	
2:15	שֶׁגַּם־זֶה *הָבֶל*		ὅτι καί γε τοῦτο *ματαιότης*	
2:17	כִּי־הַכֹּל *הֶבֶל* וּרְעוּת רוּחַ		ὅτι τὰ πάντα *ματαιότης* καὶ προαίρεσις πνεύματος	
2:19	גַּם־זֶה *הָבֶל*		καί γε τοῦτο *ματαιότης*	
2:21	גַּם־זֶה *הֶבֶל* וְרָעָה רַבָּה		καί γε τοῦτο *ματαιότης* καὶ πονηρία μεγάλη	
2:23	גַּם־זֶה *הֶבֶל* הוּא		καί γε τοῦτο *ματαιότης* ἐστίν	
2:26	גַּם־זֶה *הֶבֶל*		ὅτι καί γε τοῦτο *ματαιότης*	
3:19	אֵין כִּי הַכֹּל *הָבֶל*		οὐδέν ὅτι τὰ πάντα *ματαιότης*	
4:4	גַּם־זֶה *הֶבֶל* וּרְעוּת רוּחַ		καί γε τοῦτο *ματαιότης* καὶ προαίρεσις πνεύματος	
4:7	וְשַׁבְתִּי אֲנִי וָאֶרְאֶה *הֶבֶל*		καὶ ἐπέστρεψα ἐγὼ καὶ εἶδον *ματαιότητα*	
4:8	גַּם־זֶה *הֶבֶל* וְעִנְיַן רָע		καί γε τοῦτο *ματαιότης* καὶ περισπασμὸς πονηρός	
4:16	כִּי־גַם־זֶה *הָבֶל*		ὅτι καί γε τοῦτο *ματαιότης*	

5:6	כִּי בְרֹב חֲלֹמוֹת *וַהֲבָלִים*	ὅτι ἐν πλήθει ἐνυπνίων *καὶ ματαιότητες*		
5:9	גַּם־זֶה *הָבֶל*	καί γε τοῦτο *ματαιότης*		
6:2	זֶה *הֶבֶל* וָחֳלִי רָע הוּא	τοῦτο *ματαιότης* καὶ ἀρρωστία πονηρά ἐστιν		
6:4	כִּי־*בַהֶבֶל* בָּא וּבַחֹשֶׁךְ יֵלֵךְ	ὅτι ἐν *ματαιότητι* ἦλθεν καὶ ἐν σκότει πορεύεται		
6:9	גַּם־זֶה *הֶבֶל* וּרְעוּת רוּחַ	καί γε τοῦτο *ματαιότης* καὶ προαίρεσις πνεύματος		
6:11	כִּי יֵשׁ־דְּבָרִים הַרְבֵּה מַרְבִּים *הָבֶל*	ὅτι εἰσὶν λόγοι πολλοὶ πληθύνοντες *ματαιότητα*		
6:12	מִסְפַּר יְמֵי־חַיֵּי *הֶבְלוֹ*	ἀριθμὸν ἡμερῶν ζωῆς *ματαιότητος αὐτοῦ*		
7:6	כֵּן שְׂחֹק הַכְּסִיל וְגַם־זֶה *הָבֶל*	οὕτως γέλως τῶν ἀφρόνων καί γε τοῦτο *ματαιότης*		
7:15	אֶת־הַכֹּל רָאִיתִי בִּימֵי *הֶבְלִי*	σὺν τὰ πάντα εἶδον ἐν ἡμέραις *ματαιότητός μου*		
8:10	גַּם־זֶה *הָבֶל*	καί γε τοῦτο *ματαιότης*		
8:14	יֶשׁ־*הֶבֶל* אֲשֶׁר נַעֲשָׂה עַל־הָאָרֶץ	ἔστιν *ματαιότης* ἣ πεποίηται ἐπὶ τῆς γῆς		
8:14	אָמַרְתִּי שֶׁגַּם־זֶה *הָבֶל*	εἶπα ὅτι καί γε τοῦτο *ματαιότης*		
[9:2]	*הַכֹּל* כַּאֲשֶׁר לַכֹּל	*ματαιότης* ἐν τοῖς πᾶσιν	=;.kb	הבל
9:9	כָּל־יְמֵי חַיֵּי *הֶבְלֶךָ*	πάσας ἡμέρας ζωῆς *ματαιότητός σου*		
9:9	כֹּל יְמֵי *הֶבְלֶךָ*	πάσας ἡμέρας *ματαιότητός σου*		
11:8	כִּי־הַרְבֵּה יִהְיוּ כָּל־שֶׁבָּא *הָבֶל*	ὅτι πολλαὶ ἔσονται πᾶν τὸ ἐρχόμενον *ματαιότης*		
11:10	כִּי־הַיַּלְדוּת וְהַשַּׁחֲרוּת *הָבֶל*	ὅτι ἡ νεότης καὶ ἡ ἄνοια *ματαιότης*		
12:8	*הֲבֵל* הֲבָלִים אָמַר הַקּוֹהֶלֶת	*ματαιότης* ματαιοτήτων εἶπεν ὁ ἐκκλησιαστής		
12:8	הֲבֵל *הֲבָלִים* אָמַר הַקּוֹהֶלֶת	ματαιότης *ματαιοτήτων* εἶπεν ὁ ἐκκλησιαστής		
12:8	הַכֹּל *הָבֶל*	τὰ πάντα *ματαιότης*		

הַ + כֹּל	*1*	*3%*		
9:2	*הַכֹּל* כַּאֲשֶׁר לַכֹּל	*ματαιότης* ἐν τοῖς πᾶσιν	=.kb	=;הבל

μεγαλύνω *Occurrences: 3*

גָּדַל	*3*	*100%*
1:16	אֲנִי הִנֵּה *הִגְדַּלְתִּי* וְהוֹסַפְתִּי חָכְמָה	ἐγὼ ἰδοὺ *ἐμεγαλύνθην* καὶ προσέθηκα σοφίαν
2:4	*הִגְדַּלְתִּי* מַעֲשָׂי	*ἐμεγάλυνα* ποίημά μου
2:9	*וְגָדַלְתִּי* וְהוֹסַפְתִּי	καὶ *ἐμεγαλύνθην* καὶ προσέθηκα

μέγας *Occurrences: 7*

גָּדוֹל	*4*	*57%*
רַב	*2*	*29%*
מְעַט	*1*	*14%*

גָּדוֹל	*4*	*57%*	
9:13	*וּגְדוֹלָה* הִיא אֵלָי	καὶ *μεγάλη* ἐστὶν πρός με	
9:14	וּבָא־אֵלֶיהָ מֶלֶךְ *גָּדוֹל*	καὶ ἔλθῃ ἐπ' αὐτὴν βασιλεὺς *μέγας*	
9:14	וּבָנָה עָלֶיהָ מְצוֹדִים *גְּדֹלִים*	καὶ οἰκοδομήσῃ ἐπ' αὐτὴν χάρακας *μεγάλους*	
10:4	כִּי מַרְפֵּא יַנִּיחַ חֲטָאִים *גְּדוֹלִים*	ὅτι ἴαμα καταπαύσει ἁμαρτίας *μεγάλας*	
מְעַט	*1*	*14%*	
10:1	יָקָר מֵעַט מֵחָכְמָה מִכָּבוֹד סִכְלוּת *מְעָט*	τίμιον ὀλίγον σοφίας ὑπὲρ δόξαν ἀφροσύνης *μεγάλης*	=;מעט
רַב	*2*	*29%*	
2:21	גַּם־זֶה הֶבֶל וְרָעָה *רַבָּה*	καί γε τοῦτο ματαιότης καὶ πονηρία *μεγάλη*	
10:6	נִתַּן הַסֶּכֶל בַּמְּרוֹמִים *רַבִּים*	ἐδόθη ὁ ἄφρων ἐν ὕψεσι *μεγάλοις*	

μελέτη *Occurrences: 1*

לַהַג	*1*	*100%*
12:12	*וְלַהַג* הַרְבֵּה יְגִעַת בָּשָׂר	καὶ *μελέτη* πολλὴ κόπωσις σαρκός

μένω *Occurrences: 1*

אָרַךְ	*1*	*100%*
7:15	וְיֵשׁ רָשָׁע *מַאֲרִיךְ* בְּרָעָתוֹ	καὶ ἔστιν ἀσεβὴς *μένων* ἐν κακίᾳ αὐτοῦ

μερίς *Occurrences: 7*

חֵלֶק	7	*100%*
2:10	וְזֶה־הָיָה חֶלְקִי מִכָּל־עֲמָלִי	καὶ τοῦτο ἐγένετο *μερίς μου* ἀπὸ παντὸς μόχθου μου
2:21	יִתְּנֶנּוּ חֶלְקוֹ	δώσει αὐτῷ *μερίδα αὐτοῦ*
3:22	כִּי־הוּא חֶלְקוֹ	ὅτι αὐτὸ *μερὶς αὐτοῦ*
5:17	כִּי־הוּא חֶלְקוֹ	ὅτι αὐτὸ *μερὶς αὐτοῦ*
9:6	וְחֵלֶק אֵין־לָהֶם עוֹד לְעוֹלָם	καὶ *μερὶς* οὐκ ἔστιν αὐτοῖς ἔτι εἰς αἰῶνα
9:9	כִּי הוּא חֶלְקְךָ בַּחַיִּים	ὅτι αὐτὸ *μερίς σου* ἐν τῇ ζωῇ σου
11:2	תֶּן־חֵלֶק לְשִׁבְעָה וְגַם לִשְׁמוֹנָה	δὸς *μερίδα* τοῖς ἑπτὰ καί γε τοῖς ὀκτώ

μέρος *Occurrences: 1*

חֵלֶק	1	*100%*
5:18	וְלָשֵׂאת אֶת־חֶלְקוֹ	καὶ τοῦ λαβεῖν *τὸ μέρος αὐτοῦ*

μετά *Occurrences: 9*

עִם	7	78%
אַחֲרֵי	2	22%

אַחֲרֵי	2	*22%*
2:18	שֶׁאַנִּיחֶנּוּ לָאָדָם שֶׁיִּהְיֶה אַחֲרָי	ὅτι ἀφίω αὐτὸν τῷ ἀνθρώπῳ τῷ γινομένῳ *μετ᾽ ἐμέ*
3:22	בְּמֶה שֶׁיִּהְיֶה אַחֲרָיו	ἐν ᾧ ἐὰν γένηται *μετ᾽ αὐτόν*
עִם	7	*78%*
1:11	עִם שֶׁיִּהְיוּ לָאַחֲרֹנָה	*μετὰ* τῶν γενησομένων εἰς τὴν ἐσχάτην
2:16	כִּי אֵין זִכְרוֹן לֶחָכָם עִם־הַכְּסִיל	ὅτι οὐκ ἔστιν μνήμη τοῦ σοφοῦ *μετὰ* τοῦ ἄφρονος
2:16	וְאֵיךְ יָמוּת הֶחָכָם עִם־הַכְּסִיל	καὶ πῶς ἀποθανεῖται ὁ σοφὸς *μετὰ* τοῦ ἄφρονος
4:15	תַּחַת הַשָּׁמֶשׁ עִם הַיֶּלֶד הַשֵּׁנִי	ὑπὸ τὸν ἥλιον *μετὰ* τοῦ νεανίσκου τοῦ δευτέρου
6:10	וְלֹא־יוּכַל לָדִין עִם *שֶׁהַתַּקִּיף **שֶׁתַּקִּיף	καὶ οὐ δυνήσεται τοῦ κριθῆναι *μετὰ* τοῦ ἰσχυροῦ
7:11	טוֹבָה חָכְמָה עִם־נַחֲלָה	ἀγαθὴ σοφία *μετὰ* κληροδοσίας
9:9	רְאֵה חַיִּים עִם־אִשָּׁה אֲשֶׁר־אָהַבְתָּ	ἰδὲ ζωὴν *μετὰ* γυναικός ἧς ἠγάπησας

μέτοχος *Occurrences: 1*

חָבֵר	1	*100%*
4:10	כִּי אִם־יִפֹּלוּ הָאֶחָד יָקִים אֶת־חֲבֵרוֹ	ὅτι ἐὰν πέσωσιν ὁ εἷς ἐγερεῖ *τὸν μέτοχον αὐτοῦ*

μέχρι *Occurrences: 1*

עַד	1	*100%*
3:11	אֲשֶׁר־עָשָׂה הָאֱלֹהִים מֵרֹאשׁ וְעַד־סוֹף	ὃ ἐποίησεν ὁ θεός ἀπ' ἀρχῆς *καὶ μέχρι* τέλους

μή *Occurrences: 37*

אַל	21	57%
לֹא	7	19%
אַיִן	1	3%
אִם	1	3%
הֲ	1	3%
מִן + בְּלִי + לֹא	1	3%
εἰ + μή	2	
מִן	1	3%
אִם	1	3%
ἵνα + μή	2	
לְ + מָה	2	5%
μή + εἰμί	1	
אַיִן	1	3%

אַיִן	1	*3%*
9:2	וְלַזֹּבֵחַ וְלַאֲשֶׁר אֵינֶנּוּ זֹבֵחַ	καὶ τῷ θυσιάζοντι καὶ τῷ *μὴ* θυσιάζοντι

אַל	*21*	*57%*	
5:1	אַל־תְּבַהֵל עַל־פִּיךָ	*μὴ* σπεῦδε ἐπὶ στόματί σου	
5:1	וְלִבְּךָ אַל־יְמַהֵר	καὶ καρδία σου *μὴ* ταχυνάτω	
5:3	אַל־תְּאַחֵר לְשַׁלְּמוֹ	*μὴ* χρονίσῃς τοῦ ἀποδοῦναι αὐτήν	
5:5	אַל־תִּתֵּן אֶת־פִּיךָ לַחֲטִיא	*μὴ* δῷς τὸ στόμα σου τοῦ ἐξαμαρτῆσαι	
5:5	וְאַל־תֹּאמַר לִפְנֵי הַמַּלְאָךְ	*καὶ μὴ* εἴπῃς πρὸ προσώπου τοῦ θεοῦ	
5:7	אַל־תִּתְמַהּ עַל־הַחֵפֶץ	*μὴ* θαυμάσῃς ἐπὶ τῷ πράγματι	
7:9	אַל־תְּבַהֵל בְּרוּחֲךָ לִכְעוֹס	*μὴ* σπεύσῃς ἐν πνεύματί σου τοῦ θυμοῦσθαι	
7:10	אַל־תֹּאמַר מֶה הָיָה	*μὴ* εἴπῃς τί ἐγένετο	
7:16	אַל־תְּהִי צַדִּיק הַרְבֵּה וְאַל־תִּתְחַכַּם יוֹתֵר	*μὴ* γίνου δίκαιος πολὺ καὶ μὴ σοφίζου περισσά	
7:16	אַל־תְּהִי צַדִּיק הַרְבֵּה וְאַל־תִּתְחַכַּם יוֹתֵר	μὴ γίνου δίκαιος πολὺ καὶ *μὴ* σοφίζου περισσά	
7:17	אַל־תִּרְשַׁע הַרְבֵּה וְאַל־תְּהִי סָכָל	*μὴ* ἀσεβήσῃς πολὺ καὶ μὴ γίνου σκληρός	
7:17	אַל־תִּרְשַׁע הַרְבֵּה וְאַל־תְּהִי סָכָל	μὴ ἀσεβήσῃς πολὺ καὶ *μὴ* γίνου σκληρός	
7:18	וְגַם־מִזֶּה אַל־תַּנַּח אֶת־יָדֶךָ	καί γε ἀπὸ τούτου *μὴ* ἀνῇς τὴν χεῖρά σου	
7:21	אַל־תִּתֵּן לִבֶּךָ	*μὴ* θῇς καρδίαν σου	
8:3	אַל־תִּבָּהֵל מִפָּנָיו תֵּלֵךְ	[*μὴ* σπουδάσῃς] ἀπὸ προσώπου αὐτοῦ πορεύσῃ	[2]
8:3	אַל־תַּעֲמֹד בְּדָבָר רָע	*μὴ* στῇς ἐν λόγῳ πονηρῷ	
9:8	וְשֶׁמֶן עַל־רֹאשְׁךָ אַל־יֶחְסָר	καὶ ἔλαιον ἐπὶ κεφαλήν σου *μὴ* ὑστερησάτω	
10:4	מְקוֹמְךָ אַל־תַּנַּח	τόπον σου *μὴ* ἀφῇς	
10:20	גַּם בְּמַדָּעֲךָ מֶלֶךְ אַל־תְּקַלֵּל	καί γε ἐν συνειδήσει σου βασιλέα *μὴ* καταράσῃ	
10:20	וּבְחַדְרֵי מִשְׁכָּבְךָ אַל־תְּקַלֵּל	καὶ ἐν ταμιείοις κοιτώνων σου *μὴ* καταράσῃ	
11:6	וְלָעֶרֶב אַל־תַּנַּח יָדֶךָ	καὶ εἰς ἑσπέραν *μὴ* ἀφέτω ἡ χείρ σου	
אִם	*1*	*3%*	
3:12	כִּי אִם־לִשְׂמוֹחַ וְלַעֲשׂוֹת טוֹב	*εἰ μὴ* τοῦ εὐφρανθῆναι καὶ τοῦ ποιεῖν ἀγαθὸν	
הֲ	*1*	*3%*	
6:6	הֲלֹא אֶל־מָקוֹם אֶחָד הַכֹּל הוֹלֵךְ	*μὴ οὐκ* εἰς τόπον ἕνα τὰ πάντα πορεύεται	
לֹא	*7*	*19%*	
5:4	טוֹב אֲשֶׁר לֹא־תִדֹּר מִשֶּׁתִּדּוֹר	ἀγαθὸν τὸ *μὴ* εὔξασθαί σε ἢ τὸ εὔξασθαί σε	
5:4	מִשֶּׁתִּדּוֹר וְלֹא תְשַׁלֵּם	ἢ τὸ εὔξασθαί σε *καὶ μὴ* ἀποδοῦναι	
7:14	שֶׁלֹּא יִמְצָא הָאָדָם אַחֲרָיו מְאוּמָה	*ἵνα μὴ* εὕρῃ ὁ ἄνθρωπος ὀπίσω αὐτοῦ μηδέν	
7:21	אֲשֶׁר לֹא־תִשְׁמַע אֶת־עַבְדְּךָ מְקַלְלֶךָ	ὅπως *μὴ ἀκούσῃς* τοῦ δούλου σου καταρωμένου σε	
12:1	עַד לֹא־יָבֹאוּ יְמֵי הָרָעָה	ἕως ὅτου *μὴ* ἔλθωσιν ἡμέραι τῆς κακίας	
12:2	עַד אֲשֶׁר לֹא־תֶחְשַׁךְ הַשֶּׁמֶשׁ	ἕως οὗ *μὴ* σκοτισθῇ ὁ ἥλιος	
12:6	עַד אֲשֶׁר לֹא*־יֵרָחֵק לֹא־**יֵרָתֵק חֶבֶל הַכֶּסֶף	ἕως ὅτου *μὴ* ἀνατραπῇ σχοινίον τοῦ ἀργυρίου	
מִן + בְּלִי + לֹא	*1*	*3%*	
3:11	מִבְּלִי אֲשֶׁר לֹא־יִמְצָא הָאָדָם אֶת־הַמַּעֲשֶׂה	*ὅπως μὴ* εὕρῃ ὁ ἄνθρωπος τὸ ποίημα	
εἰ + μή	2		
אִם	*1*	*3%*	
8:15	כִּי אִם־לֶאֱכוֹל וְלִשְׁתּוֹת	ὅτι *εἰ μὴ* τοῦ φαγεῖν καὶ τοῦ πιεῖν	
מִן	*1*	*3%*	
3:22	מֵאֲשֶׁר יִשְׂמַח הָאָדָם	*εἰ μὴ* ὃ εὐφρανθήσεται ὁ ἄνθρωπος	
ἵνα + μή	2		
לְ + מָה	2	*5%*	
5:5	לָמָּה יִקְצֹף הָאֱלֹהִים עַל־קוֹלֶךָ	*ἵνα μὴ* ὀργισθῇ ὁ θεὸς ἐπὶ φωνῇ σου	
7:17	לָמָּה תָמוּת בְּלֹא עִתֶּךָ	*ἵνα μὴ* ἀποθάνῃς ἐν οὐ καιρῷ σου	
μή + εἰμί	*1*		
אַיִן	*1*	*3%*	
4:10	וְאֵין שֵׁנִי לַהֲקִימוֹ	*καὶ μὴ ᾖ* δεύτερος τοῦ ἐγεῖραι αὐτόν	

μηδείς *Occurrences: 1*

מְאוּמָה	*1*	*100%*	
7:14	שֶׁלֹּא יִמְצָא הָאָדָם אַחֲרָיו *מְאוּמָה*	ἵνα μὴ εὕρῃ ὁ ἄνθρωπος ὀπίσω αὐτοῦ *μηδέν*	

μήποτε *Occurrences: 1*

לְ + מָה	*1*	*100%*		
7:16	לָ*מָּה* תִּשּׁוֹמֵם	*μήποτε* ἐκπλαγῇς		

μήτηρ *Occurrences: 1*

אֵם	*1*	*100%*		
5:14	כַּאֲשֶׁר יָצָא מִבֶּטֶן *אִמּוֹ* עָרוֹם	καθὼς ἐξῆλθεν ἀπὸ γαστρὸς *μητρὸς αὐτοῦ* γυμνός		

μικρός *Occurrences: 1*

קָטָן	*1*	*100%*		
9:14	עִיר *קְטַנָּה* וַאֲנָשִׁים בָּהּ מְעָט	πόλις *μικρὰ* καὶ ἄνδρες ἐν αὐτῇ ὀλίγοι		

μιμνήσκω *Occurrences: 4*

זָכַר	*4*	*100%*		
5:19	כִּי לֹא הַרְבֵּה *יִזְכֹּר* אֶת־יְמֵי	ὅτι οὐ πολλὰ *μνησθήσεται* τὰς ἡμέρας		
9:15	וְאָדָם לֹא *זָכַר* אֶת־הָאִישׁ	καὶ ἄνθρωπος οὐκ *ἐμνήσθη* σὺν τοῦ ἀνδρὸς		
11:8	*וְיִזְכֹּר* אֶת־יְמֵי הַחֹשֶׁךְ	*καὶ μνησθήσεται* τὰς ἡμέρας τοῦ σκότους		
12:1	*זְכֹר* אֶת־בּוֹרְאֶיךָ	*καὶ μνήσθητι* τοῦ κτίσαντός σε		

μισέω *Occurrences: 4*

שָׂנֵא	*3*	*75%*
שָׂנָה	*1*	*25%*

שָׂנֵא	*3*	*75%*		
2:17	*וְשָׂנֵאתִי* אֶת־הַחַיִּים	*καὶ ἐμίσησα* σὺν τὴν ζωήν		
2:18	*וְשָׂנֵאתִי* אֲנִי אֶת־כָּל־עֲמָלִי	*καὶ ἐμίσησα* ἐγὼ σὺν πάντα μόχθον μου		
3:8	עֵת לֶאֱהֹב וְעֵת *לִשְׂנֹא*	καιρὸς τοῦ φιλῆσαι καὶ καιρὸς *τοῦ μισῆσαι*		
[8:1]	וְעֹז פָּנָיו *יְשֻׁנֶּא*	καὶ ἀναιδὴς προσώπῳ αὐτοῦ *μισηθήσεται*	=@=vs	שנא
שָׂנָה	*1*	*25%*		
8:1	וְעֹז פָּנָיו *יְשֻׁנֶּא*	καὶ ἀναιδὴς προσώπῳ αὐτοῦ *μισηθήσεται*	=@=vs	שנא

μισθός *Occurrences: 2*

שָׂכָר	*2*	*100%*		
4:9	אֲשֶׁר יֵשׁ־לָהֶם *שָׂכָר* טוֹב בַּעֲמָלָם	οἷς ἔστιν αὐτοῖς *μισθὸς* ἀγαθὸς ἐν μόχθῳ αὐτῶν		
9:5	וְאֵין־עוֹד לָהֶם *שָׂכָר*	καὶ οὐκ ἔστιν αὐτοῖς ἔτι *μισθός*		

μῖσος *Occurrences: 2*

שִׂנְאָה	*2*	*100%*		
9:1	גַּם־אַהֲבָה גַם־*שִׂנְאָה* אֵין יוֹדֵעַ	καί γε ἀγάπην καί γε *μῖσος* οὐκ ἔστιν εἰδὼς		
9:6	גַּם אַהֲבָתָם גַּם־*שִׂנְאָתָם*	καί γε ἀγάπη αὐτῶν καί γε *μῖσος αὐτῶν*		

μνήμη *Occurrences: 4*

זִכָּרוֹן	*3*	*75%*
זֵכֶר	*1*	*25%*

זֵכֶר	*1*	*25%*		
9:5	כִּי נִשְׁכַּח *זִכְרָם*	ὅτι ἐπελήσθη *ἡ μνήμη αὐτῶν*		
זִכָּרוֹן	*3*	*75%*		
1:11	אֵין *זִכְרוֹן* לָרִאשֹׁנִים	οὐκ ἔστιν *μνήμη* τοῖς πρώτοις		
1:11	לֹא־יִהְיֶה לָהֶם *זִכָּרוֹן*	οὐκ ἔσται αὐτοῖς *μνήμη*		
2:16	כִּי אֵין *זִכְרוֹן* לֶחָכָם עִם־הַכְּסִיל	ὅτι οὐκ ἔστιν *μνήμη* τοῦ σοφοῦ μετὰ τοῦ ἄφρονος		

μοχθέω *Occurrences: 13*

עָמַל	*13*	*100%*
1:3	בְּכָל־עֲמָלוֹ שֶׁיַּעֲמֹל תַּחַת הַשָּׁמֶשׁ	ἐν παντὶ μόχθῳ αὐτοῦ *ᾧ μοχθεῖ* ὑπὸ τὸν ἥλιον
2:11	וּבֶעָמָל שֶׁעָמַלְתִּי לַעֲשׂוֹת	καὶ ἐν μόχθῳ *ᾧ ἐμόχθησα* τοῦ ποιεῖν
2:18	עֲמָלִי שֶׁאֲנִי עָמֵל תַּחַת הַשָּׁמֶשׁ	μόχθον μου ὃν ἐγὼ *μοχθῶ* ὑπὸ τὸν ἥλιον
2:19	שֶׁעָמַלְתִּי וְשֶׁחָכַמְתִּי תַּחַת הַשָּׁמֶשׁ	*ᾧ ἐμόχθησα* καὶ ᾧ ἐσοφισάμην ὑπὸ τὸν ἥλιον
2:20	עַל כָּל־הֶעָמָל שֶׁעָמַלְתִּי תַּחַת הַשָּׁמֶשׁ	ἐπὶ παντὶ τῷ μόχθῳ *ᾧ ἐμόχθησα* ὑπὸ τὸν ἥλιον
2:21	וּלְאָדָם שֶׁלֹּא עָמַל־בּוֹ	καὶ ἄνθρωπος ὃς οὐκ *ἐμόχθησεν* ἐν αὐτῷ
2:22	שֶׁהוּא עָמֵל תַּחַת הַשָּׁמֶשׁ	ᾧ αὐτὸς *μοχθεῖ* ὑπὸ τὸν ἥλιον
3:9	מַה־יִּתְרוֹן הָעוֹשֶׂה בַּאֲשֶׁר הוּא עָמֵל	τίς περισσεία τοῦ ποιοῦντος ἐν οἷς αὐτὸς *μοχθεῖ*
4:8	וּלְמִי אֲנִי עָמֵל וּמְחַסֵּר אֶת־נַפְשִׁי	καὶ τίνι ἐγὼ *μοχθῶ* καὶ στερίσκω τὴν ψυχήν μου
5:15	וּמַה־יִּתְרוֹן לוֹ שֶׁיַּעֲמֹל לָרוּחַ	καὶ τίς περισσεία αὐτῷ *ᾗ μοχθεῖ* εἰς ἄνεμον
5:17	בְּכָל־עֲמָלוֹ שֶׁיַּעֲמֹל	ἐν παντὶ μόχθῳ αὐτοῦ *ᾧ ἐὰν μοχθῇ*
8:17	בְּשֶׁל אֲשֶׁר יַעֲמֹל הָאָדָם לְבַקֵּשׁ	ὅσα ἂν *μοχθήσῃ* ὁ ἄνθρωπος τοῦ ζητῆσαι
9:9	וּבַעֲמָלְךָ אֲשֶׁר־אַתָּה עָמֵל תַּחַת הַשָּׁמֶשׁ	καὶ ἐν τῷ μόχθῳ σου ᾧ σὺ *μοχθεῖς* ὑπὸ τὸν ἥλιον

μόχθος *Occurrences: 22*

עָמָל	*22*	*100%*
1:3	מַה־יִּתְרוֹן לָאָדָם בְּכָל־עֲמָלוֹ	τίς περισσεία τῷ ἀνθρώπῳ ἐν παντὶ *μόχθῳ αὐτοῦ*
2:10	כִּי־לִבִּי שָׂמֵחַ מִכָּל־עֲמָלִי	ὅτι καρδία μου εὐφράνθη ἐν παντὶ *μόχθῳ μου*
2:10	וְזֶה־הָיָה חֶלְקִי מִכָּל־עֲמָלִי	καὶ τοῦτο ἐγένετο μερίς μου ἀπὸ παντὸς *μόχθου μου*
2:11	וּבֶעָמָל שֶׁעָמַלְתִּי לַעֲשׂוֹת	*καὶ ἐν μόχθῳ* ᾧ ἐμόχθησα τοῦ ποιεῖν
2:18	וְשָׂנֵאתִי אֲנִי אֶת־כָּל־עֲמָלִי	καὶ ἐμίσησα ἐγὼ σὺν πάντα *μόχθον μου*
2:19	וְיִשְׁלַט בְּכָל־עֲמָלִי	καὶ ἐξουσιάζεται ἐν παντὶ *μόχθῳ μου*
2:20	עַל כָּל־הֶעָמָל שֶׁעָמַלְתִּי תַּחַת הַשָּׁמֶשׁ	ἐπὶ παντὶ *τῷ μόχθῳ* ᾧ ἐμόχθησα ὑπὸ τὸν ἥλιον
2:21	כִּי־יֵשׁ אָדָם שֶׁעֲמָלוֹ בְּחָכְמָה	ὅτι ἔστιν ἄνθρωπος οὗ *μόχθος αὐτοῦ* ἐν σοφίᾳ
2:22	כִּי מֶה־הֹוֶה לָאָדָם בְּכָל־עֲמָלוֹ	ὅτι τί γίνεται τῷ ἀνθρώπῳ ἐν παντὶ *μόχθῳ αὐτοῦ*
2:24	וְהֶרְאָה אֶת־נַפְשׁוֹ טוֹב בַּעֲמָלוֹ	καὶ ὃ δείξει τῇ ψυχῇ αὐτοῦ ἀγαθὸν *ἐν μόχθῳ αὐτοῦ*
3:13	וְרָאָה טוֹב בְּכָל־עֲמָלוֹ	καὶ ἴδῃ ἀγαθὸν ἐν παντὶ *μόχθῳ αὐτοῦ*
4:4	וְרָאִיתִי אֲנִי אֶת־כָּל־עָמָל	καὶ εἶδον ἐγὼ σὺν πάντα *τὸν μόχθον*
4:6	מִמְּלֹא חָפְנַיִם עָמָל	ὑπὲρ πλήρωμα δύο δρακῶν *μόχθου*
4:8	וְאֵין קֵץ לְכָל־עֲמָלוֹ	καὶ οὐκ ἔστιν περασμὸς τῷ παντὶ *μόχθῳ αὐτοῦ*
4:9	אֲשֶׁר יֵשׁ־לָהֶם שָׂכָר טוֹב בַּעֲמָלָם	οἷς ἔστιν αὐτοῖς μισθὸς ἀγαθὸς *ἐν μόχθῳ αὐτῶν*
5:14	וּמְאוּמָה לֹא־יִשָּׂא בַעֲמָלוֹ	καὶ οὐδὲν οὐ λήμψεται *ἐν μόχθῳ αὐτοῦ*
5:17	בְּכָל־עֲמָלוֹ שֶׁיַּעֲמֹל	ἐν παντὶ *μόχθῳ αὐτοῦ* ᾧ ἐὰν μοχθῇ
5:18	וְלִשְׂמֹחַ בַּעֲמָלוֹ	καὶ τοῦ εὐφρανθῆναι *ἐν μόχθῳ αὐτοῦ*
6:7	כָּל־עֲמַל הָאָדָם לְפִיהוּ	πᾶς *μόχθος* τοῦ ἀνθρώπου εἰς στόμα αὐτοῦ
8:15	וְהוּא יִלְוֶנּוּ בַעֲמָלוֹ	καὶ αὐτὸ συμπροσέσται αὐτῷ *ἐν μόχθῳ αὐτοῦ*
9:9	וּבַעֲמָלְךָ אֲשֶׁר־אַתָּה עָמֵל תַּחַת הַשָּׁמֶשׁ	*καὶ ἐν τῷ μόχθῳ σου* ᾧ σὺ μοχθεῖς ὑπὸ τὸν ἥλιον
10:15	עֲמַל הַכְּסִילִים תְּיַגְּעֶנּוּ	*μόχθος* τῶν ἀφρόνων κοπώσει αὐτούς

μυῖα *Occurrences: 1*

זְבוּב	*1*	*100%*
10:1	*זְבוּבֵי* מָוֶת יַבְאִישׁ יַבִּיעַ שֶׁמֶן	*μυῖαι* θανατοῦσαι σαπριοῦσιν σκευασίαν ἐλαίου

N

νεανίσκος *Occurrences: 2*

בָּחוּר	*1*	*50%*
יֶלֶד	*1*	*50%*

בָּחוּר *1* *50%*
11:9 שְׂמַח בָּחוּר בְּיַלְדוּתֶיךָ εὐφραίνου *νεανίσκε* ἐν νεότητί σου

יֶלֶד *1* *50%*
4:15 תַּחַת הַשָּׁמֶשׁ עִם הַיֶּלֶד הַשֵּׁנִי ὑπὸ τὸν ἥλιον μετὰ *τοῦ νεανίσκου* τοῦ δευτέρου

νεκρός *Occurrences: 3*

מוּת *3* *100%*
9:3 וְאַחֲרָיו אֶל־*הַמֵּתִים* καὶ ὀπίσω αὐτῶν πρὸς *τοὺς νεκρούς*
9:4 הוּא טוֹב מִן־הָאַרְיֵה *הַמֵּת* αὐτὸς ἀγαθὸς ὑπὲρ τὸν λέοντα *τὸν νεκρόν*
9:5 *וְהַמֵּתִים* אֵינָם יוֹדְעִים מְאוּמָה *καὶ οἱ νεκροὶ* οὔκ εἰσιν γινώσκοντες οὐδέν

νέος *Occurrences: 1*

נַעַר *1* *100%*
10:16 אִי־לָךְ אֶרֶץ שֶׁמַּלְכֵּךְ *נָעַר* οὐαί σοι πόλις ἧς ὁ βασιλεύς σου *νεώτερος*

νεότης *Occurrences: 4*

בְּחוּרוֹת	2	*50%*
יַלְדוּת	2	*50%*

בְּחוּרוֹת 2 *50%*
11:9 בִּימֵי *בְחוּרוֹתֶךָ* ἐν ἡμέραις *νεότητός σου*
12:1 בִּימֵי *בְּחוּרֹתֶיךָ* ἐν ἡμέραις *νεότητός σου*

יַלְדוּת 2 *50%*
11:9 שְׂמַח בָּחוּר *בְּיַלְדוּתֶיךָ* εὐφραίνου νεανίσκε *ἐν νεότητί σου*
11:10 כִּי־*הַיַּלְדוּת* וְהַשַּׁחֲרוּת הָבֶל ὅτι *ἡ νεότης* καὶ ἡ ἄνοια ματαιότης

νεφέλη *Occurrences: 1*

עָב *1* *100%*
11:4 וְרֹאֶה *בֶעָבִים* לֹא יִקְצוֹר καὶ βλέπων *ἐν ταῖς νεφέλαις* οὐ θερίσει

νέφος *Occurrences: 2*

עָב 2 *100%*
11:3 אִם־יִמָּלְאוּ *הֶעָבִים* גֶּשֶׁם ἐὰν πληρωθῶσιν *τὰ νέφη* ὑετοῦ
12:2 וְשָׁבוּ *הֶעָבִים* אַחַר הַגָּשֶׁם καὶ ἐπιστρέψωσιν *τὰ νέφη* ὀπίσω τοῦ ὑετοῦ

νότος *Occurrences: 2*

דָּרוֹם 2 *100%*
1:6 הוֹלֵךְ אֶל־*דָּרוֹם* וְסוֹבֵב אֶל־צָפוֹן πορεύεται πρὸς *νότον* καὶ κυκλοῖ πρὸς βορρᾶν
11:3 וְאִם־יִפּוֹל עֵץ *בַּדָּרוֹם* וְאִם בַּצָּפוֹן καὶ ἐὰν πέσῃ ξύλον *ἐν τῷ νότῳ* καὶ ἐὰν ἐν τῷ βορρᾷ

νῦν *Occurrences: 1*

ἕως + ὁ + νῦν *1*
עֲדֶן *1* *100%*
4:2 אֲשֶׁר הֵמָּה חַיִּים *עֲדֶנָה* ὅσοι αὐτοὶ ζῶσιν *ἕως τοῦ νῦν*

νύξ *Occurrences: 2*

לַיְלָה 2 *100%*
2:23 גַּם־*בַּלַּיְלָה* לֹא־שָׁכַב לִבּוֹ καί γε *ἐν νυκτὶ* οὐ κοιμᾶται ἡ καρδία αὐτοῦ
8:16 כִּי גַם בַּיּוֹם *וּבַלַּיְלָה* ὅτι καί γε ἐν ἡμέρᾳ *καὶ ἐν νυκτὶ*

Ξ

ξένος	*Occurrences: 1*	
נָכְרִי	*1*	*100%*
6:2	כִּי אִישׁ נָכְרִי יֹאכְלֶנּוּ	ὅτι ἀνὴρ *ξένος* φάγεται αὐτόν

ξύλον	*Occurrences: 5*	
עֵץ	*5*	*100%*
2:5	וְנָטַעְתִּי בָהֶם עֵץ כָּל־פֶּרִי	καὶ ἐφύτευσα ἐν αὐτοῖς *ξύλον* πᾶν καρποῦ
2:6	לְהַשְׁקוֹת מֵהֶם יַעַר צוֹמֵחַ עֵצִים	τοῦ ποτίσαι ἀπ' αὐτῶν δρυμὸν βλαστῶντα *ξύλα*
10:9	בּוֹקֵעַ עֵצִים יִסָּכֶן בָּם	σχίζων *ξύλα* κινδυνεύσει ἐν αὐτοῖς
11:3	וְאִם־יִפּוֹל עֵץ בַּדָּרוֹם וְאִם בַּצָּפוֹן	καὶ ἐὰν πέσῃ *ξύλον* ἐν τῷ νότῳ καὶ ἐὰν ἐν τῷ βορρᾷ
11:3	מְקוֹם שֶׁיִּפּוֹל הָעֵץ שָׁם יְהוּא	τόπῳ οὗ πεσεῖται τὸ *ξύλον* ἐκεῖ ἔσται

O

ὁ *Occurrences: 583*

הַ	*286*	*57%*
לְ	*148*	*29%*
---	*84*	
אֵת	*33*	*7%*
שֶׁ	*18*	*4%*
אֲשֶׁר	*11*	*3%*
עֵת	*1*	*1%*
מָה + שֶׁ	*1*	*1%*
לְ + אֲשֶׁר	*1*	*1%*
ἕως + ὁ + νῦν	*1*	
עֶדֶן	*1*	*1%*
ὁ + παρά	*1*	
בַּעַל	*1*	*1%*
τίς + ὁ	*1*	
אֲשֶׁר	*1*	*1%*

- - - *84*

1:2	הֲבֵל הֲבָלִים אָמַר קֹהֶלֶת	ματαιότης ματαιοτήτων εἶπεν *ὁ ἐκκλησιαστής*	
1:4	וְהָאָרֶץ לְעוֹלָם עֹמָדֶת	καὶ ἡ γῆ *εἰς τὸν αἰῶνα* ἕστηκεν	
1:5	וְאֶל־מְקוֹמוֹ שׁוֹאֵף	καὶ εἰς *τὸν τόπον αὐτοῦ* ἕλκει	
1:10	כְּבָר הָיָה לְעֹלָמִים אֲשֶׁר הָיָה	ἤδη γέγονεν *ἐν τοῖς αἰῶσιν* τοῖς γενομένοις	
1:11	עִם שֶׁיִּהְיוּ לָאַחֲרֹנָה	μετὰ τῶν γενησομένων *εἰς τὴν ἐσχάτην*	
1:13	וְלָתוּר בַּחָכְמָה	καὶ τοῦ κατασκέψασθαι *ἐν τῇ σοφίᾳ*	
1:13	הוּא עִנְיַן רָע נָתַן אֱלֹהִים	ὅτι περισπασμὸν πονηρὸν ἔδωκεν *ὁ θεὸς*	
1:18	וְיוֹסִיף דַּעַת יוֹסִיף מַכְאוֹב	*καὶ ὁ προστιθεὶς* γνῶσιν προσθήσει ἄλγημα	
2:3	עַד אֲשֶׁר־אֶרְאֶה אֵי־זֶה טוֹב	ἕως οὗ ἴδω ποῖον *τὸ ἀγαθὸν*	
2:10	וְכֹל אֲשֶׁר שָׁאֲלוּ עֵינַי	καὶ πᾶν ὃ ᾔτησαν *οἱ ὀφθαλμοί μου*	
2:11	מַעֲשַׂי שֶׁעָשׂוּ יָדַי	ποιήμασίν μου οἷς ἐποίησαν *αἱ χεῖρές μου*	
2:14	הֶחָכָם עֵינָיו בְּרֹאשׁוֹ	τοῦ σοφοῦ *οἱ ὀφθαλμοὶ αὐτοῦ* ἐν κεφαλῇ αὐτοῦ	
2:23	כִּי כָל־יָמָיו מַכְאֹבִים	ὅτι πᾶσαι *αἱ ἡμέραι αὐτοῦ* ἀλγημάτων	
2:23	גַּם־בַּלַּיְלָה לֹא־שָׁכַב לִבּוֹ	καί γε ἐν νυκτὶ οὐ κοιμᾶται *ἡ καρδία αὐτοῦ*	
3:4	עֵת סְפוֹד וְעֵת רְקוֹד	καιρὸς *τοῦ κόψασθαι* καὶ καιρὸς τοῦ ὀρχήσασθαι	
3:4	עֵת סְפוֹד וְעֵת רְקוֹד	καιρὸς τοῦ κόψασθαι καὶ καιρὸς *τοῦ ὀρχήσασθαι*	
3:5	וְעֵת כְּנוֹס אֲבָנִים	καὶ καιρὸς *τοῦ συναγαγεῖν* λίθους	
3:10	רָאִיתִי אֶת־הָעִנְיָן אֲשֶׁר נָתַן אֱלֹהִים	εἶδον σὺν τὸν περισπασμόν ὃν ἔδωκεν *ὁ θεὸς*	
3:14	הוּא יִהְיֶה לְעוֹלָם	αὐτὰ ἔσται *εἰς τὸν αἰῶνα*	
3:19	כְּמוֹת זֶה כֵּן מוֹת זֶה	*ὡς ὁ θάνατος* τούτου οὕτως *ὁ θάνατος* τούτου	
4:3	וְטוֹב מִשְּׁנֵיהֶם	καὶ ἀγαθὸς *ὑπὲρ τοὺς δύο τούτους*	
4:4	וְרָאִיתִי אֲנִי אֶת־כָּל־עָמָל	καὶ εἶδον ἐγὼ σὺν πάντα *τὸν μόχθον*	
4:4	כִּי הִיא קִנְאַת־אִישׁ מֵרֵעֵהוּ	ὅτι αὐτὸ ζῆλος ἀνδρὸς *ἀπὸ τοῦ ἑταίρου αὐτοῦ*	
5:1	כִּי הָאֱלֹהִים בַּשָּׁמַיִם וְאַתָּה עַל־הָאָרֶץ	ὅτι ὁ θεὸς *ἐν τῷ οὐρανῷ* καὶ σὺ ἐπὶ τῆς γῆς	
5:1	עַל־כֵּן יִהְיוּ דְבָרֶיךָ מְעַטִּים	ἐπὶ τούτῳ ἔστωσαν *οἱ λόγοι σου* ὀλίγοι	
5:10	כִּי אִם־*רְאִית **רְאוּת עֵינָיו	ὅτι ἀλλ᾽ ἢ *τοῦ ὁρᾶν* ὀφθαλμοῖς αὐτοῦ	**
5:16	גַּם כָּל־יָמָיו בַּחֹשֶׁךְ יֹאכֵל	καί γε πᾶσαι *αἱ ἡμέραι αὐτοῦ* ἐν σκότει καὶ πένθει	
5:19	יִזְכֹּר אֶת־יְמֵי חַיָּיו	μνησθήσεται τὰς ἡμέρας *τῆς ζωῆς αὐτοῦ*	
6:12	כִּי מִי־יוֹדֵעַ מַה־טּוֹב לָאָדָם בַּחַיִּים	ὅτι τίς οἶδεν τί ἀγαθὸν τῷ ἀνθρώπῳ *ἐν τῇ ζωῇ*	
7:13	אֵת אֲשֶׁר עִוְּתוֹ	ὃν ἂν *ὁ θεὸς* διαστρέψῃ αὐτόν	
7:18	כִּי־יְרֵא אֱלֹהִים יֵצֵא אֶת־כֻּלָּם	ὅτι φοβούμενος *τὸν θεὸν* ἐξελεύσεται τὰ πάντα	
7:19	מֵעֲשָׂרָה שַׁלִּיטִים אֲשֶׁר הָיוּ בָּעִיר	ὑπὲρ δέκα ἐξουσιάζοντας τοὺς ὄντας *ἐν τῇ πόλει*	
7:23	כָּל־זֹה נִסִּיתִי בַחָכְמָה	πάντα ταῦτα ἐπείρασα *ἐν τῇ σοφίᾳ*	
7:25	סַבּוֹתִי אֲנִי וְלִבִּי	ἐκύκλωσα ἐγώ *καὶ ἡ καρδία μου*	
7:27	רְאֵה זֶה מָצָאתִי אָמְרָה קֹהֶלֶת	ἰδὲ τοῦτο εὗρον εἶπεν *ὁ ἐκκλησιαστής*	
7:28	אֲשֶׁר עוֹד־בִּקְשָׁה נַפְשִׁי וְלֹא מָצָאתִי	ὃν ἔτι ἐζήτησεν *ἡ ψυχή μου* καὶ οὐχ εὗρον	

8:5	שׁוֹמֵר מִצְוָה לֹא יֵדַע דָּבָר רָע	*ὁ φυλάσσων* ἐντολὴν οὐ γνώσεται ῥῆμα πονηρόν		
8:8	וְאֵין מִשְׁלַחַת בַּמִּלְחָמָה	καὶ οὐκ ἔστιν ἀποστολὴ *ἐν τῷ πολέμῳ*		
8:10	וְיִשְׁתַּכְּחוּ בָעִיר אֲשֶׁר כֵּן־עָשׂוּ	καὶ ἐπῃνέθησαν *ἐν τῇ πόλει* ὅτι οὕτως ἐποίησαν		
8:11	מַעֲשֵׂה הָרָעָה מְהֵרָה	*ἀπὸ τῶν ποιούντων* τὸ πονηρὸν ταχύ	=.hy	מעשי
8:11	בָּהֶם לַעֲשׂוֹת רָע	ἐν αὐτοῖς τοῦ ποιῆσαι *τὸ πονηρόν*		
8:12	אֲשֶׁר חֹטֶא עֹשֶׂה רָע מְאַת	ὃς ἥμαρτεν ἐποίησεν *τὸ πονηρὸν* ἀπὸ τότε		
8:13	אֲשֶׁר אֵינֶנּוּ יָרֵא מִלִּפְנֵי אֱלֹהִים	ὃς οὐκ ἔστιν φοβούμενος ἀπὸ προσώπου *τοῦ θεοῦ*		
8:17	וְרָאִיתִי אֶת־כָּל־מַעֲשֵׂה הָאֱלֹהִים	καὶ εἶδον σὺν πάντα *τὰ ποιήματα* τοῦ θεοῦ		
9:2	הַכֹּל כַּאֲשֶׁר לַכֹּל	ματαιότης *ἐν τοῖς πᾶσιν*		
9:2	לַטּוֹב	τῷ ἀγαθῷ *καὶ τῷ κακῷ*	=	ולרע
9:2	כַּטּוֹב כַּחֹטֶא	ὡς *ὁ ἀγαθός* ὡς ὁ ἁμαρτάνων		
9:2	כַּטּוֹב כַּחֹטֶא	ὡς ὁ ἀγαθός ὡς *ὁ ἁμαρτάνων*		
9:2	הַנִּשְׁבָּע כַּאֲשֶׁר שְׁבוּעָה יָרֵא	ὡς ὁ ὀμνύων καθὼς *ὁ τὸν ὅρκον* φοβούμενος		
9:4	יֵשׁ בִּטָּחוֹן כִּי־לְכֶלֶב חַי הוּא טוֹב	ἔστιν ἐλπίς ὅτι ὁ κύων *ὁ ζῶν* αὐτὸς ἀγαθὸς		
9:5	כִּי נִשְׁכַּח זִכְרָם	ὅτι ἐπελήσθη *ἡ μνήμη αὐτῶν*		
9:9	כִּי הוּא חֶלְקְךָ בַּחַיִּים	ὅτι αὐτὸ μερίς σου *ἐν τῇ ζωῇ σου*		
9:9	וּבַעֲמָלְךָ אֲשֶׁר־אַתָּה עָמֵל תַּחַת הַשָּׁמֶשׁ	*καὶ ἐν τῷ μόχθῳ σου* ᾧ σὺ μοχθεῖς ὑπὸ τὸν ἥλιον		
9:10	כֹּל אֲשֶׁר תִּמְצָא יָדְךָ לַעֲשׂוֹת	πάντα ὅσα ἂν εὕρῃ *ἡ χείρ σου* τοῦ ποιῆσαι		
9:10	בְּכֹחֲךָ עֲשֵׂה	*ὡς ἡ δύναμίς σου* ποίησον	=%p	
9:12	כַּדָּגִים שֶׁנֶּאֱחָזִים בִּמְצוֹדָה רָעָה	*ὡς οἱ ἰχθύες* οἱ θηρευόμενοι ἐν ἀμφιβλήστρῳ κακῷ		
9:12	כָּהֵם יוּקָשִׁים בְּנֵי הָאָדָם	ὡς αὐτὰ παγιδεύονται *οἱ υἱοὶ* τοῦ ἀνθρώπου		
9:15	וּמִלַּט־הוּא אֶת־הָעִיר בְּחָכְמָתוֹ	καὶ διασώσει αὐτὸς τὴν πόλιν *ἐν τῇ σοφίᾳ αὐτοῦ*		
10:8	חֹפֵר גּוּמָּץ בּוֹ יִפּוֹל	*ὁ ὀρύσσων* βόθρον ἐν αὐτῷ ἐμπεσεῖται		
10:10	וְיִתְרוֹן *הַכְשֵׁיר **הכשר חָכְמָה	καὶ περισσεία *τοῦ ἀνδρείου* σοφία	=	הכשר
10:16	אִי־לָךְ אֶרֶץ שֶׁמַּלְכֵּךְ נָעַר	οὐαί σοι πόλις *ἧς ὁ βασιλεύς σου* νεώτερος		
10:16	וְשָׂרַיִךְ בַּבֹּקֶר יֹאכֵלוּ	*καὶ οἱ ἄρχοντές σου* ἐν πρωίᾳ ἐσθίουσιν		
10:17	אַשְׁרֵיךְ אֶרֶץ שֶׁמַּלְכֵּךְ בֶּן־חוֹרִים	μακαρία σύ γῆ *ἧς ὁ βασιλεύς σου* υἱὸς ἐλευθέρων		
10:17	וְשָׂרַיִךְ בָּעֵת יֹאכֵלוּ	*καὶ οἱ ἄρχοντές σου* πρὸς καιρὸν φάγονται		
10:20	וּבַעַל *הַכְּנָפַיִם **כנפים יַגִּיד דָּבָר	*καὶ ὁ ἔχων* τὰς πτέρυγας ἀπαγγελεῖ λόγον		
11:1	שַׁלַּח לַחְמְךָ עַל־פְּנֵי הַמָּיִם	ἀπόστειλον *τὸν ἄρτον σου* ἐπὶ πρόσωπον τοῦ ὕδατος		
11:3	וְאִם־יִפּוֹל עֵץ בַּדָּרוֹם וְאִם בַּצָּפוֹן	καὶ ἐὰν πέσῃ ξύλον *ἐν τῷ νότῳ* καὶ ἐὰν ἐν τῷ βορρᾷ		
11:3	וְאִם־יִפּוֹל עֵץ בַּדָּרוֹם וְאִם בַּצָּפוֹן	καὶ ἐὰν πέσῃ ξύλον ἐν τῷ νότῳ καὶ ἐὰν *ἐν τῷ βορρᾷ*		
11:4	וְרֹאֶה בֶעָבִים לֹא יִקְצוֹר	καὶ βλέπων *ἐν ταῖς νεφέλαις* οὐ θερίσει		
11:5	כַּאֲשֶׁר אֵינְךָ יוֹדֵעַ מַה־דֶּרֶךְ הָרוּחַ	ἐν οἷς οὐκ ἔστιν γινώσκων τίς *ἡ ὁδὸς* τοῦ πνεύματος		
11:6	וְלָעֶרֶב אַל־תַּנַּח יָדֶךָ	καὶ εἰς ἑσπέραν μὴ ἀφέτω *ἡ χείρ σου*		
11:6	וְאִם־שְׁנֵיהֶם כְּאֶחָד טוֹבִים	καὶ ἐὰν *τὰ δύο* ἐπὶ *τὸ αὐτὸ* ἀγαθά		
11:9	וִיטִיבְךָ לִבְּךָ	καὶ ἀγαθυνάτω σε *ἡ καρδία σου*		
12:3	וְחָשְׁכוּ הָרֹאוֹת בָּאֲרֻבּוֹת	καὶ σκοτάσουσιν αἱ βλέπουσαι *ἐν ταῖς ὀπαῖς*		
12:4	וְיִשַּׁחוּ כָּל־בְּנוֹת	καὶ ταπεινωθήσονται πᾶσαι *αἱ θυγατέρες*		
12:5	גַּם מִגָּבֹהַּ יִרָאוּ וְחַתְחַתִּים בַּדֶּרֶךְ	καί γε ἀπὸ ὕψους ὄψονται καὶ θάμβοι *ἐν τῇ ὁδῷ*		
12:11	דִּבְרֵי חֲכָמִים כַּדָּרְבֹנוֹת	λόγοι σοφῶν *ὡς τὰ βούκεντρα*		
12:11	בַּעֲלֵי אֲסֻפּוֹת	οἳ παρὰ *τῶν συναγμάτων*		
12:14	כִּי אֶת־כָּל־מַעֲשֶׂה הָאֱלֹהִים יָבִא בְמִשְׁפָּט	ὅτι σὺν πᾶν *τὸ ποίημα* ὁ θεὸς ἄξει ἐν κρίσει		
אֲשֶׁר	*11*	*3%*		
1:10	כְּבָר הָיָה לְעֹלָמִים אֲשֶׁר הָיָה	ἤδη γέγονεν ἐν τοῖς αἰῶσιν τοῖς γενομένοις		
1:13	עַל כָּל־אֲשֶׁר נַעֲשָׂה תַּחַת הַשָּׁמָיִם	περὶ πάντων τῶν γινομένων ὑπὸ τὸν οὐρανόν		
4:1	אֶת־כָּל־הָעֲשֻׁקִים אֲשֶׁר נַעֲשִׂים	σὺν πάσας τὰς συκοφαντίας τὰς γινομένας		
4:3	אֲשֶׁר נַעֲשָׂה תַּחַת הַשָּׁמֶשׁ	τὸ πεποιημένον ὑπὸ τὸν ἥλιον		
5:4	טוֹב אֲשֶׁר לֹא־תִדֹּר מִשֶּׁתִּדּוֹר	ἀγαθὸν τὸ μὴ εὔξασθαί σε ἢ τὸ εὔξασθαί σε		
7:18	טוֹב אֲשֶׁר תֶּאֱחֹז בָּזֶה	ἀγαθὸν τὸ ἀντέχεσθαί σε ἐν τούτῳ		
7:19	מֵעֲשָׂרָה שַׁלִּיטִים אֲשֶׁר הָיוּ בָּעִיר	ὑπὲρ δέκα ἐξουσιάζοντας τοὺς ὄντας ἐν τῇ πόλει		
8:16	וְלִרְאוֹת אֶת־הָעִנְיָן אֲשֶׁר נַעֲשָׂה	καὶ τοῦ ἰδεῖν τὸν περισπασμὸν τὸν πεποιημένον		
8:17	אֶת־הַמַּעֲשֶׂה אֲשֶׁר נַעֲשָׂה תַחַת־הַשֶּׁמֶשׁ	σὺν τὸ ποίημα τὸ πεποιημένον ὑπὸ τὸν ἥλιον		
9:6	בְּכֹל אֲשֶׁר־נַעֲשָׂה תַּחַת הַשָּׁמֶשׁ	ἐν παντὶ τῷ πεποιημένῳ ὑπὸ τὸν ἥλιον		
9:9	אֲשֶׁר נָתַן־לְךָ תַּחַת הַשֶּׁמֶשׁ	τὰς δοθείσας σοι ὑπὸ τὸν ἥλιον		

אֶת	33	7%	
1:13	וְנָתַתִּי אֶת־לִבִּי לִדְרוֹשׁ	καὶ ἔδωκα *τὴν καρδίαν μου* τοῦ ἐκζητῆσαι	
2:3	לִמְשׁוֹךְ בַּיַּיִן אֶת־בְּשָׂרִי	τοῦ ἑλκύσαι εἰς οἶνον *τὴν σάρκα μου*	
2:10	לֹא־מָנַעְתִּי אֶת־לִבִּי	οὐκ ἀπεκώλυσα *τὴν καρδίαν μου*	
2:12	אֵת אֲשֶׁר־כְּבָר עָשׂוּהוּ	*τὰ ὅσα* ἐποίησεν αὐτήν	
2:14	שֶׁמִּקְרֶה אֶחָד יִקְרֶה אֶת־כֻּלָּם	ὅτι συνάντημα ἓν συναντήσεται *τοῖς πᾶσιν αὐτοῖς*	
2:20	וְסַבּוֹתִי אֲנִי לְיַאֵשׁ אֶת־לִבִּי	καὶ ἐπέστρεψα ἐγὼ τοῦ ἀποτάξασθαι *τῇ καρδίᾳ μου*	
2:24	שֶׁיֹּאכַל וְשָׁתָה וְהֶרְאָה אֶת־נַפְשׁוֹ	ὃ φάγεται καὶ ὃ πίεται καὶ ὃ δείξει *τῇ ψυχῇ αὐτοῦ*	
3:15	וְהָאֱלֹהִים יְבַקֵּשׁ אֶת־נִרְדָּף	καὶ ὁ θεὸς ζητήσει *τὸν διωκόμενον*	
4:5	הַכְּסִיל חֹבֵק אֶת־יָדָיו	ὁ ἄφρων περιέλαβεν *τὰς χεῖρας αὐτοῦ*	
4:5	וְאֹכֵל אֶת־בְּשָׂרוֹ	καὶ ἔφαγεν *τὰς σάρκας αὐτοῦ*	
4:8	וּלְמִי אֲנִי עָמֵל וּמְחַסֵּר אֶת־נַפְשִׁי	καὶ τίνι ἐγὼ μοχθῶ καὶ στερίσκω *τὴν ψυχήν μου*	
4:10	כִּי אִם־יִפֹּלוּ הָאֶחָד יָקִים אֶת־חֲבֵרוֹ	ὅτι ἐὰν πέσωσιν ὁ εἷς ἐγερεῖ *τὸν μέτοχον αὐτοῦ*	
5:5	אַל־תִּתֵּן אֶת־פִּיךָ לַחֲטִיא	μὴ δῷς *τὸ στόμα σου* τοῦ ἐξαμαρτῆσαι	
5:5	לַחֲטִיא אֶת־בְּשָׂרֶךָ	τοῦ ἐξαμαρτῆσαι *τὴν σάρκα σου*	
5:5	וְחִבֵּל אֶת־מַעֲשֵׂה יָדֶיךָ	καὶ διαφθείρῃ *τὰ ποιήματα* χειρῶν σου	
5:18	וְלָשֵׂאת אֶת־חֶלְקוֹ	καὶ τοῦ λαβεῖν *τὸ μέρος αὐτοῦ*	
5:19	כִּי לֹא הַרְבֵּה יִזְכֹּר אֶת־יְמֵי	ὅτι οὐ πολλὰ μνησθήσεται *τὰς ἡμέρας*	
7:7	וִיאַבֵּד אֶת־לֵב מַתָּנָה	καὶ ἀπόλλυσι *τὴν καρδίαν* εὐτονίας αὐτοῦ	
7:13	רְאֵה אֶת־מַעֲשֵׂה הָאֱלֹהִים	ἰδὲ *τὰ ποιήματα* τοῦ θεοῦ	
7:18	וְגַם־מִזֶּה אַל־תַּנַּח אֶת־יָדֶךָ	καί γε ἀπὸ τούτου μὴ ἀνῇς *τὴν χεῖρά σου*	
7:18	כִּי־יְרֵא אֱלֹהִים יֵצֵא אֶת־כֻּלָּם	ὅτι φοβούμενος τὸν θεὸν ἐξελεύσεται *τὰ πάντα*	
7:21	אֲשֶׁר לֹא־תִשְׁמַע אֶת־עַבְדְּךָ מְקַלְלֶךָ	ὅπως μὴ ἀκούσῃς *τοῦ δούλου σου* καταρωμένου σε	
8:8	וְלֹא־יְמַלֵּט רֶשַׁע אֶת־בְּעָלָיו	καὶ οὐ διασώσει ἀσέβεια *τὸν παρ ' αὐτῆς*	
8:9	וְנָתוֹן אֶת־לִבִּי לְכָל־מַעֲשֶׂה	καὶ ἔδωκα *τὴν καρδίαν μου* εἰς πᾶν ποίημα	
[8:9]	עֵת אֲשֶׁר שָׁלַט הָאָדָם בְּאָדָם	*τὰ ὅσα* ἐξουσιάσατο ὁ ἄνθρωπος ἐν ἀνθρώπῳ	=.() את אשר
8:16	כַּאֲשֶׁר נָתַתִּי אֶת־לִבִּי לָדַעַת חָכְמָה	ἐν οἷς ἔδωκα *τὴν καρδίαν μου* τοῦ γνῶναι σοφίαν	
9:7	כִּי כְבָר רָצָה הָאֱלֹהִים אֶת־מַעֲשֶׂיךָ	ὅτι ἤδη εὐδόκησεν ὁ θεὸς *τὰ ποιήματά σου*	
9:11	יִקְרֶה אֶת־כֻּלָּם	συναντήσεται *τοῖς πᾶσιν αὐτοῖς*	
9:12	כִּי גַּם לֹא־יֵדַע הָאָדָם אֶת־עִתּוֹ	ὅτι καί γε οὐκ ἔγνω ὁ ἄνθρωπος *τὸν καιρὸν αὐτοῦ*	
11:5	כָּכָה לֹא תֵדַע אֶת־מַעֲשֵׂה הָאֱלֹהִים	οὕτως οὐ γνώσῃ *τὰ ποιήματα* τοῦ θεοῦ	
11:6	בַּבֹּקֶר זְרַע אֶת־זַרְעֶךָ	ἐν πρωίᾳ σπεῖρον *τὸ σπέρμα σου*	
11:8	וְיִזְכֹּר אֶת־יְמֵי הַחֹשֶׁךְ	καὶ μνησθήσεται *τὰς ἡμέρας* τοῦ σκότους	
12:1	וּזְכֹר אֶת־בּוֹרְאֶיךָ	καὶ μνήσθητι *τοῦ κτίσαντός σε*	
12:13	אֶת־הָאֱלֹהִים יְרָא וְאֶת־מִצְוֹתָיו שְׁמוֹר	τὸν θεὸν φοβοῦ *καὶ τὰς ἐντολὰς αὐτοῦ* φύλασσε	
הַ	286	57%	
1:2	הֲבֵל הֲבָלִים הַכֹּל הָבֶל	ματαιότης ματαιοτήτων *τὰ πάντα* ματαιότης	
1:3	בְּכָל־עֲמָלוֹ שֶׁיַּעֲמֹל תַּחַת הַשָּׁמֶשׁ	ἐν παντὶ μόχθῳ αὐτοῦ ᾧ μοχθεῖ ὑπὸ *τὸν ἥλιον*	
1:4	וְהָאָרֶץ לְעוֹלָם עֹמָדֶת	*καὶ ἡ γῆ* εἰς τὸν αἰῶνα ἕστηκεν	
1:5	וְזָרַח הַשֶּׁמֶשׁ וּבָא הַשָּׁמֶשׁ	καὶ ἀνατέλλει *ὁ ἥλιος* καὶ δύνει ὁ ἥλιος	
1:5	וְזָרַח הַשֶּׁמֶשׁ וּבָא הַשָּׁמֶשׁ	καὶ ἀνατέλλει ὁ ἥλιος καὶ δύνει *ὁ ἥλιος*	
1:6	סוֹבֵב סֹבֵב הוֹלֵךְ הָרוּחַ	κυκλοῖ κυκλῶν πορεύεται *τὸ πνεῦμα*	
1:6	וְעַל־סְבִיבֹתָיו שָׁב הָרוּחַ	καὶ ἐπὶ κύκλους αὐτοῦ ἐπιστρέφει *τὸ πνεῦμα*	
1:7	כָּל־הַנְּחָלִים הֹלְכִים אֶל־הַיָּם	πάντες *οἱ χείμαρροι* πορεύονται εἰς τὴν θάλασσαν	
1:7	כָּל־הַנְּחָלִים הֹלְכִים אֶל־הַיָּם	πάντες οἱ χείμαρροι πορεύονται εἰς *τὴν θάλασσαν*	
1:7	וְהַיָּם אֵינֶנּוּ מָלֵא	*καὶ ἡ θάλασσα* οὐκ ἔσται ἐμπιμπλαμένη	
1:7	אֶל־מְקוֹם שֶׁהַנְּחָלִים הֹלְכִים	εἰς τόπον *οὗ οἱ χείμαρροι* πορεύονται	
1:8	כָּל־הַדְּבָרִים יְגֵעִים	πάντες *οἱ λόγοι* ἔγκοποι	
1:9	וְאֵין כָּל־חָדָשׁ תַּחַת הַשָּׁמֶשׁ	καὶ οὐκ ἔστιν πᾶν πρόσφατον ὑπὸ *τὸν ἥλιον*	
1:13	עַל כָּל־אֲשֶׁר נַעֲשָׂה תַּחַת הַשָּׁמָיִם	περὶ πάντων τῶν γινομένων ὑπὸ *τὸν οὐρανόν*	
1:13	לִבְנֵי הָאָדָם לַעֲנוֹת בּוֹ	τοῖς υἱοῖς *τοῦ ἀνθρώπου* τοῦ περισπᾶσθαι ἐν αὐτῷ	
1:14	רָאִיתִי אֶת־כָּל־הַמַּעֲשִׂים שֶׁנַּעֲשׂוּ	εἶδον σὺν πάντα *τὰ ποιήματα* τὰ πεποιημένα	
1:14	הַמַּעֲשִׂים שֶׁנַּעֲשׂוּ תַּחַת הַשָּׁמֶשׁ	τὰ ποιήματα τὰ πεποιημένα ὑπὸ *τὸν ἥλιον*	
1:14	וְהִנֵּה הַכֹּל הֶבֶל	καὶ ἰδοὺ *τὰ πάντα* ματαιότης	
2:3	טוֹב לִבְנֵי הָאָדָם אֲשֶׁר יַעֲשׂוּ	τὸ ἀγαθὸν τοῖς υἱοῖς *τοῦ ἀνθρώπου* ὃ ποιήσουσιν	
2:3	תַּחַת הַשָּׁמַיִם מִסְפַּר יְמֵי חַיֵּיהֶם	ὑπὸ *τὸν ἥλιον* ἀριθμὸν ἡμερῶν ζωῆς αὐτῶν	=השמש

2:8	וּסְגֻלַּת מְלָכִים *וְהַמְּדִינוֹת*	καὶ περιουσιασμοὺς βασιλέων *καὶ τῶν χωρῶν*	
2:8	וְתַעֲנוּגֹת בְּנֵי *הָאָדָם*	καὶ ἐντρυφήματα υἱῶν *τοῦ ἀνθρώπου*	
2:11	וְהִנֵּה *הַכֹּל* הֶבֶל	καὶ ἰδοὺ *τὰ πάντα* ματαιότης	
2:11	וְאֵין יִתְרוֹן תַּחַת *הַשָּׁמֶשׁ*	καὶ οὐκ ἔστιν περισσεία ὑπὸ *τὸν ἥλιον*	
2:12	כִּי מֶה *הָאָדָם* שֶׁיָּבוֹא	ὅτι τίς *ὁ ἄνθρωπος* ὃς ἐπελεύσεται	
2:12	הָאָדָם שֶׁיָּבוֹא אַחֲרֵי *הַמֶּלֶךְ*	ὁ ἄνθρωπος ὃς ἐπελεύσεται ὀπίσω *τῆς βουλῆς*	=@a
2:13	יֵשׁ יִתְרוֹן לַחָכְמָה *מִן־הַסִּכְלוּת*	ἔστιν περισσεία τῇ σοφίᾳ ὑπὲρ *τὴν ἀφροσύνην*	
2:13	כִּיתְרוֹן *הָאוֹר* מִן־הַחֹשֶׁךְ	ὡς περισσεία *τοῦ φωτὸς* ὑπὲρ τὸ σκότος	
2:13	כִּיתְרוֹן הָאוֹר *מִן־הַחֹשֶׁךְ*	ὡς περισσεία τοῦ φωτὸς ὑπὲρ *τὸ σκότος*	
2:14	*הֶחָכָם* עֵינָיו בְּרֹאשׁוֹ	*τοῦ σοφοῦ* οἱ ὀφθαλμοὶ αὐτοῦ ἐν κεφαλῇ αὐτοῦ	
2:14	*וְהַכְּסִיל* בַּחֹשֶׁךְ הוֹלֵךְ	*καὶ ὁ ἄφρων* ἐν σκότει πορεύεται	
2:15	כְּמִקְרֵה *הַכְּסִיל*	ὡς συνάντημα *τοῦ ἄφρονος*	
2:16	כִּי אֵין זִכְרוֹן לֶחָכָם *עִם־הַכְּסִיל*	ὅτι οὐκ ἔστιν μνήμη τοῦ σοφοῦ μετὰ *τοῦ ἄφρονος*	
2:16	בְּשֶׁכְּבָר *הַיָּמִים* הַבָּאִים	καθότι ἤδη *αἱ ἡμέραι* αἱ ἐρχόμεναι	
2:16	בְּשֶׁכְּבָר הַיָּמִים *הַבָּאִים*	καθότι ἤδη αἱ ἡμέραι *αἱ ἐρχόμεναι*	
2:16	*הַכֹּל* נִשְׁכָּח	*τὰ πάντα* ἐπελήσθη	
2:16	וְאֵיךְ יָמוּת *הֶחָכָם* עִם־הַכְּסִיל	καὶ πῶς ἀποθανεῖται *ὁ σοφὸς* μετὰ τοῦ ἄφρονος	
2:16	וְאֵיךְ יָמוּת הֶחָכָם *עִם־הַכְּסִיל*	καὶ πῶς ἀποθανεῖται ὁ σοφὸς μετὰ *τοῦ ἄφρονος*	
2:17	וְשָׂנֵאתִי *אֶת־הַחַיִּים*	καὶ ἐμίσησα σὺν *τὴν ζωήν*	
2:17	כִּי רַע עָלַי *הַמַּעֲשֶׂה* שֶׁנַּעֲשָׂה	ὅτι πονηρὸν ἐπ' ἐμὲ *τὸ ποίημα* τὸ πεποιημένον	
2:17	הַמַּעֲשֶׂה שֶׁנַּעֲשָׂה תַּחַת *הַשָּׁמֶשׁ*	τὸ ποίημα τὸ πεποιημένον ὑπὸ *τὸν ἥλιον*	
2:17	כִּי־*הַכֹּל* הֶבֶל וּרְעוּת רוּחַ	ὅτι *τὰ πάντα* ματαιότης καὶ προαίρεσις πνεύματος	
2:18	עֲמָלִי שֶׁאֲנִי עָמֵל תַּחַת *הַשָּׁמֶשׁ*	μόχθον μου ὃν ἐγὼ μοχθῶ ὑπὸ *τὸν ἥλιον*	
2:19	שֶׁעָמַלְתִּי וְשֶׁחָכַמְתִּי תַּחַת *הַשָּׁמֶשׁ*	ᾧ ἐμόχθησα καὶ ᾧ ἐσοφισάμην ὑπὸ *τὸν ἥλιον*	
2:20	עַל כָּל־*הֶעָמָל* שֶׁעָמַלְתִּי תַּחַת הַשָּׁמֶשׁ	ἐπὶ παντὶ *τῷ μόχθῳ* ᾧ ἐμόχθησα ὑπὸ τὸν ἥλιον	
2:20	עַל כָּל־הֶעָמָל שֶׁעָמַלְתִּי תַּחַת *הַשָּׁמֶשׁ*	ἐπὶ παντὶ τῷ μόχθῳ ᾧ ἐμόχθησα ὑπὸ *τὸν ἥλιον*	
2:22	שֶׁהוּא עָמֵל תַּחַת *הַשָּׁמֶשׁ*	ᾧ αὐτὸς μοχθεῖ ὑπὸ *τὸν ἥλιον*	
2:24	כִּי מִיַּד *הָאֱלֹהִים* הִיא	ὅτι ἀπὸ χειρὸς *τοῦ θεοῦ* ἐστιν	
2:26	לָתֵת לְטוֹב לִפְנֵי *הָאֱלֹהִים*	τοῦ δοῦναι τῷ ἀγαθῷ πρὸ προσώπου *τοῦ θεοῦ*	
3:1	וְעֵת לְכָל־חֵפֶץ תַּחַת *הַשָּׁמָיִם*	καὶ καιρὸς τῷ παντὶ πράγματι ὑπὸ *τὸν οὐρανόν*	
3:9	מַה־יִּתְרוֹן *הָעוֹשֶׂה* בַּאֲשֶׁר הוּא עָמֵל	τίς περισσεία *τοῦ ποιοῦντος* ἐν οἷς αὐτὸς μοχθεῖ	
3:10	רָאִיתִי *אֶת־הָעִנְיָן* אֲשֶׁר נָתַן אֱלֹהִים	εἶδον σὺν *τὸν περισπασμόν* ὃν ἔδωκεν ὁ θεὸς	
3:10	לִבְנֵי *הָאָדָם* לַעֲנוֹת בּוֹ	τοῖς υἱοῖς *τοῦ ἀνθρώπου* τοῦ περισπᾶσθαι ἐν αὐτῷ	
3:11	*אֶת־הַכֹּל* עָשָׂה יָפֶה בְעִתּוֹ	σὺν *τὰ πάντα* ἐποίησεν καλὰ ἐν καιρῷ αὐτοῦ	
3:11	גַּם *אֶת־הָעֹלָם* נָתַן בְּלִבָּם	καί γε σὺν *τὸν αἰῶνα* ἔδωκεν ἐν καρδίᾳ αὐτῶν	
3:11	מִבְּלִי אֲשֶׁר לֹא־יִמְצָא *הָאָדָם* אֶת־הַמַּעֲשֶׂה	ὅπως μὴ εὕρῃ *ὁ ἄνθρωπος* τὸ ποίημα	
3:11	מִבְּלִי אֲשֶׁר לֹא־יִמְצָא הָאָדָם *אֶת־הַמַּעֲשֶׂה*	ὅπως μὴ εὕρῃ ὁ ἄνθρωπος *τὸ ποίημα*	
3:11	אֲשֶׁר־עָשָׂה *הָאֱלֹהִים* מֵרֹאשׁ וְעַד־סוֹף	ὃ ἐποίησεν *ὁ θεός* ἀπ' ἀρχῆς καὶ μέχρι τέλους	
3:13	וְגַם כָּל־*הָאָדָם* שֶׁיֹּאכַל וְשָׁתָה	καί γε πᾶς *ὁ ἄνθρωπος* ὃς φάγεται καὶ πίεται	
3:14	יָדַעְתִּי כִּי כָּל־אֲשֶׁר יַעֲשֶׂה *הָאֱלֹהִים*	ἔγνων ὅτι παντα ὅσα ἐποίησεν *ὁ θεός*	
3:14	*וְהָאֱלֹהִים* עָשָׂה שֶׁיִּרְאוּ	*καὶ ὁ θεὸς* ἐποίησεν ἵνα φοβηθῶσιν	
3:15	*וְהָאֱלֹהִים* יְבַקֵּשׁ אֶת־נִרְדָּף	*καὶ ὁ θεὸς* ζητήσει τὸν διωκόμενον	
3:16	וְעוֹד רָאִיתִי תַּחַת *הַשָּׁמֶשׁ*	καὶ ἔτι εἶδον ὑπὸ *τὸν ἥλιον*	
3:16	מְקוֹם *הַמִּשְׁפָּט* שָׁמָּה הָרֶשַׁע	τόπον *τῆς κρίσεως* ἐκεῖ ὁ ἀσεβής	
3:16	מְקוֹם הַמִּשְׁפָּט שָׁמָּה *הָרֶשַׁע*	τόπον τῆς κρίσεως ἐκεῖ *ὁ ἀσεβής*	=v
3:16	וּמְקוֹם *הַצֶּדֶק* שָׁמָּה הָרָשַׁע	καὶ τόπον *τοῦ δικαίου* ἐκεῖ ὁ ἀσεβής	
3:16	וּמְקוֹם הַצֶּדֶק שָׁמָּה *הָרָשַׁע*	καὶ τόπον τοῦ δικαίου ἐκεῖ *ὁ ἀσεβής*	
3:17	*אֶת־הַצַּדִּיק* וְאֶת־הָרָשָׁע יִשְׁפֹּט הָאֱלֹהִים	σὺν *τὸν δίκαιον* καὶ σὺν τὸν ἀσεβῆ κρινεῖ ὁ θεός	
3:17	אֶת־הַצַּדִּיק *וְאֶת־הָרָשָׁע* יִשְׁפֹּט הָאֱלֹהִים	σὺν τὸν δίκαιον καὶ σὺν *τὸν ἀσεβῆ* κρινεῖ ὁ θεός	
3:17	אֶת־הַצַּדִּיק וְאֶת־הָרָשָׁע יִשְׁפֹּט *הָאֱלֹהִים*	σὺν τὸν δίκαιον καὶ σὺν τὸν ἀσεβῆ κρινεῖ *ὁ θεός*	
3:17	וְעַל כָּל־*הַמַּעֲשֶׂה* שָׁם	καὶ ἐπὶ παντὶ *τῷ ποιήματι* [ἐκεῖ]	
3:18	עַל־דִּבְרַת בְּנֵי *הָאָדָם*	περὶ λαλιᾶς υἱῶν *τοῦ ἀνθρώπου*	
3:18	לְבָרָם *הָאֱלֹהִים* וְלִרְאוֹת	ὅτι διακρινεῖ αὐτοὺς *ὁ θεός* καὶ τοῦ δεῖξαι	
3:19	כִּי מִקְרֶה בְנֵי־*הָאָדָם*	ὅτι συνάντημα υἱῶν *τοῦ ἀνθρώπου*	
3:19	וּמִקְרֶה *הַבְּהֵמָה* וּמִקְרֶה אֶחָד לָהֶם	καὶ συνάντημα *τοῦ κτήνους* συνάντημα ἓν αὐτοῖς	
3:19	וּמוֹתַר *הָאָדָם* מִן־הַבְּהֵמָה	καὶ τί ἐπερίσσευσεν *ὁ ἄνθρωπος* παρὰ τὸ κτῆνος	
3:19	וּמוֹתַר הָאָדָם *מִן־הַבְּהֵמָה*	καὶ τί ἐπερίσσευσεν ὁ ἄνθρωπος παρὰ *τὸ κτῆνος*	

3:19	אַיִן כִּי *הַכֹּל* הָבֶל	οὐδέν ὅτι *τὰ πάντα* ματαιότης	
3:20	*הַכֹּל* הוֹלֵךְ אֶל־מָקוֹם אֶחָד	*τὰ πάντα* πορεύεται εἰς τόπον ἕνα	
3:20	*הַכֹּל* הָיָה מִן־הֶעָפָר	*τὰ πάντα* ἐγένετο ἀπὸ τοῦ χοός	
3:20	הַכֹּל הָיָה מִן־*הֶעָפָר*	τὰ πάντα ἐγένετο ἀπὸ *τοῦ χοός*	
3:20	*וְהַכֹּל* שָׁב אֶל־הֶעָפָר	*καὶ τὰ πάντα* ἐπιστρέφει εἰς τὸν χοῦν	
3:20	וְהַכֹּל שָׁב אֶל־*הֶעָפָר*	καὶ τὰ πάντα ἐπιστρέφει εἰς *τὸν χοῦν*	
3:21	מִי יוֹדֵעַ רוּחַ בְּנֵי *הָאָדָם*	καὶ τίς οἶδεν πνεῦμα υἱῶν *τοῦ ἀνθρώπου*	
3:21	וְרוּחַ *הַבְּהֵמָה*	καὶ πνεῦμα *τοῦ κτήνους*	
3:22	מֵאֲשֶׁר יִשְׂמַח *הָאָדָם*	εἰ μὴ ὃ εὐφρανθήσεται *ὁ ἄνθρωπος*	
4:1	אֶת־כָּל־*הָעֲשֻׁקִים* אֲשֶׁר נַעֲשִׂים	σὺν πάσας *τὰς συκοφαντίας* τὰς γινομένας	
4:1	הָעֲשֻׁקִים אֲשֶׁר נַעֲשִׂים תַּחַת *הַשָּׁמֶשׁ*	τὰς συκοφαντίας τὰς γινομένας ὑπὸ *τὸν ἥλιον*	
4:1	וְהִנֵּה דִּמְעַת *הָעֲשֻׁקִים*	καὶ ἰδοὺ δάκρυον *τῶν συκοφαντουμένων*	
4:2	וְשַׁבֵּחַ אֲנִי אֶת־*הַמֵּתִים*	καὶ ἐπῄνεσα ἐγὼ σὺν *τοὺς τεθνηκότας*	
4:2	שֶׁכְּבָר מֵתוּ מִן־*הַחַיִּים*	τοὺς ἤδη ἀποθανόντας ὑπὲρ *τοὺς ζῶντας*	
4:3	אֲשֶׁר לֹא־רָאָה אֶת־*הַמַּעֲשֶׂה* הָרָע	ὃς οὐκ εἶδεν σὺν *τὸ ποίημα* τὸ πονηρὸν	
4:3	אֲשֶׁר לֹא־רָאָה אֶת־הַמַּעֲשֶׂה *הָרָע*	ὃς οὐκ εἶδεν σὺν τὸ ποίημα *τὸ πονηρὸν*	
4:3	אֲשֶׁר נַעֲשָׂה תַּחַת *הַשָּׁמֶשׁ*	τὸ πεποιημένον ὑπὸ *τὸν ἥλιον*	
4:4	וְאֵת כָּל־כִּשְׁרוֹן *הַמַּעֲשֶׂה*	καὶ σὺν πᾶσαν ἀνδρείαν *τοῦ ποιήματος*	
4:5	*הַכְּסִיל* חֹבֵק אֶת־יָדָיו	*ὁ ἄφρων* περιέλαβεν τὰς χεῖρας αὐτοῦ	
4:7	וָאֶרְאֶה הֶבֶל תַּחַת *הַשָּׁמֶשׁ*	καὶ εἶδον ματαιότητα ὑπὸ *τὸν ἥλιον*	
4:9	טוֹבִים *הַשְּׁנַיִם* מִן־הָאֶחָד	ἀγαθοὶ *οἱ δύο* ὑπὲρ τὸν ἕνα	
4:9	טוֹבִים הַשְּׁנַיִם מִן־*הָאֶחָד*	ἀγαθοὶ οἱ δύο ὑπὲρ *τὸν ἕνα*	
4:10	כִּי אִם־יִפֹּלוּ *הָאֶחָד* יָקִים אֶת־חֲבֵרוֹ	ὅτι ἐὰν πέσωσιν *ὁ εἷς* ἐγερεῖ τὸν μέτοχον αὐτοῦ	
4:10	וְאִילוֹ *הָאֶחָד* שֶׁיִּפּוֹל	καὶ οὐαὶ αὐτῷ *τῷ ἑνί* ὅταν πέσῃ	
4:12	וְאִם־יִתְקְפוֹ *הָאֶחָד*	καὶ ἐὰν ἐπικραταιωθῇ *ὁ εἷς*	
4:12	*הַשְּׁנַיִם* יַעַמְדוּ נֶגְדּוֹ	*οἱ δύο* στήσονται κατέναντι αὐτοῦ	
4:12	*וְהַחוּט* הַמְשֻׁלָּשׁ	*καὶ τὸ σπαρτίον* τὸ ἔντριτον	
4:12	וְהַחוּט *הַמְשֻׁלָּשׁ*	καὶ τὸ σπαρτίον *τὸ ἔντριτον*	
4:14	כִּי־מִבֵּית *הָסוּרִים* יָצָא	ὅτι ἐξ οἴκου *τῶν δεσμίων* ἐξελεύσεται	=האסורים
4:15	רָאִיתִי אֶת־כָּל־*הַחַיִּים* הַמְהַלְּכִים	εἶδον σὺν πάντας *τοὺς ζῶντας* τοὺς περιπατοῦντας	
4:15	רָאִיתִי אֶת־כָּל־הַחַיִּים *הַמְהַלְּכִים*	εἶδον σὺν πάντας τοὺς ζῶντας *τοὺς περιπατοῦντας*	
4:15	תַּחַת *הַשָּׁמֶשׁ* עִם הַיֶּלֶד הַשֵּׁנִי	ὑπὸ *τὸν ἥλιον* μετὰ τοῦ νεανίσκου τοῦ δευτέρου	
4:15	תַּחַת הַשָּׁמֶשׁ עִם *הַיֶּלֶד* הַשֵּׁנִי	ὑπὸ τὸν ἥλιον μετὰ *τοῦ νεανίσκου* τοῦ δευτέρου	
4:15	תַּחַת הַשָּׁמֶשׁ עִם הַיֶּלֶד *הַשֵּׁנִי*	ὑπὸ τὸν ἥλιον μετὰ τοῦ νεανίσκου *τοῦ δευτέρου*	
4:16	גַּם *הָאַחֲרוֹנִים* לֹא יִשְׂמְחוּ־בוֹ	καί γε *οἱ ἔσχατοι* οὐκ εὐφρανθήσονται ἐν αὐτῷ	
4:17	תֵּלֵךְ אֶל־בֵּית *הָאֱלֹהִים* וְקָרוֹב לִשְׁמֹעַ	πορεύῃ εἰς οἶκον *τοῦ θεοῦ* καὶ ἐγγὺς τοῦ ἀκούειν	
4:17	מִתֵּת *הַכְּסִילִים* זָבַח	ὑπὲρ δόμα *τῶν ἀφρόνων* θυσία σου	
5:1	לְהוֹצִיא דָבָר לִפְנֵי *הָאֱלֹהִים*	τοῦ ἐξενέγκαι λόγον πρὸ προσώπου *τοῦ θεοῦ*	
5:1	כִּי *הָאֱלֹהִים* בַּשָּׁמַיִם וְאַתָּה עַל־הָאָרֶץ	ὅτι *ὁ θεὸς* ἐν τῷ οὐρανῷ καὶ σὺ ἐπὶ τῆς γῆς	
5:1	כִּי הָאֱלֹהִים בַּשָּׁמַיִם וְאַתָּה עַל־*הָאָרֶץ*	ὅτι ὁ θεὸς ἐν τῷ οὐρανῷ καὶ σὺ ἐπὶ *τῆς γῆς*	
5:5	וְאַל־תֹּאמַר לִפְנֵי *הַמַּלְאָךְ*	καὶ μὴ εἴπῃς πρὸ προσώπου *τοῦ θεοῦ*	=האלהים?
5:5	לָמָּה יִקְצֹף *הָאֱלֹהִים* עַל־קוֹלֶךָ	ἵνα μὴ ὀργισθῇ *ὁ θεὸς* ἐπὶ φωνῇ σου	
5:6	כִּי אֶת־*הָאֱלֹהִים* יְרָא	ὅτι σὺν *τὸν θεὸν* φοβοῦ	
5:7	אַל־תִּתְמַהּ עַל־*הַחֵפֶץ*	μὴ θαυμάσῃς ἐπὶ *τῷ πράγματι*	
5:10	בִּרְבוֹת *הַטּוֹבָה*	ἐν πλήθει *τῆς ἀγαθωσύνης*	
5:11	מְתוּקָה שְׁנַת *הָעֹבֵד*	γλυκὺς ὕπνος *τοῦ δούλου*	=v
5:11	*וְהַשָּׂבָע* לֶעָשִׁיר	*καὶ τῷ ἐμπλησθέντι* τοῦ πλουτῆσαι	
5:12	יֵשׁ רָעָה חוֹלָה רָאִיתִי תַּחַת *הַשָּׁמֶשׁ*	ἔστιν ἀρρωστία ἣν εἶδον ὑπὸ *τὸν ἥλιον*	
5:13	וְאָבַד *הָעֹשֶׁר* הַהוּא בְּעִנְיַן	καὶ ἀπολεῖται *ὁ πλοῦτος* ἐκεῖνος ἐν περισπασμῷ	
5:17	תַּחַת־*הַשֶּׁמֶשׁ* מִסְפַּר יְמֵי־חַיָּו	ὑπὸ *τὸν ἥλιον* ἀριθμὸν ἡμερῶν ζωῆς αὐτοῦ	
5:17	יְמֵי־חַיָּו אֲשֶׁר־נָתַן־לוֹ *הָאֱלֹהִים*	ἡμερῶν ζωῆς αὐτοῦ ὧν ἔδωκεν αὐτῷ *ὁ θεός*	
5:18	גַּם כָּל־*הָאָדָם* אֲשֶׁר נָתַן־לוֹ הָאֱלֹהִים	καί γε πᾶς *ὁ ἄνθρωπος* ᾧ ἔδωκεν αὐτῷ ὁ θεὸς	
5:18	גַּם כָּל־הָאָדָם אֲשֶׁר נָתַן־לוֹ *הָאֱלֹהִים*	καί γε πᾶς ὁ ἄνθρωπος ᾧ ἔδωκεν αὐτῷ *ὁ θεὸς*	
5:19	כִּי *הָאֱלֹהִים* מַעֲנֶה	ὅτι *ὁ θεὸς* περισπᾷ αὐτὸν	
6:1	יֵשׁ רָעָה אֲשֶׁר רָאִיתִי תַּחַת *הַשָּׁמֶשׁ*	ἔστιν πονηρία ἣν εἶδον ὑπὸ *τὸν ἥλιον*	
6:1	וְרַבָּה הִיא עַל־*הָאָדָם*	καὶ πολλή ἐστιν ἐπὶ *τὸν ἄνθρωπον*	
6:2	אִישׁ אֲשֶׁר יִתֶּן־לוֹ *הָאֱלֹהִים* עֹשֶׁר	ἀνήρ ᾧ δώσει αὐτῷ *ὁ θεὸς* πλοῦτον	

6:2	וְלֹא־יַשְׁלִיטֶנּוּ *הָאֱלֹהִים* לֶאֱכֹל	καὶ οὐκ ἐξουσιάσει αὐτῷ *ὁ θεὸς* τοῦ φαγεῖν
6:3	לֹא־תִשְׂבַּע *מִן־הַטּוֹבָה*	οὐκ ἐμπλησθήσεται ἀπὸ *τῆς ἀγαθωσύνης*
6:3	אָמַרְתִּי טוֹב מִמֶּנּוּ *הַנָּפֶל*	εἶπα ἀγαθὸν ὑπὲρ αὐτὸν *τὸ ἔκτρωμα*
6:6	הֲלֹא אֶל־מָקוֹם אֶחָד *הַכֹּל* הוֹלֵךְ	μὴ οὐκ εἰς τόπον ἕνα *τὰ πάντα* πορεύεται
6:7	כָּל־עֲמַל *הָאָדָם* לְפִיהוּ	πᾶς μόχθος *τοῦ ἀνθρώπου* εἰς στόμα αὐτοῦ
6:7	וְגַם־*הַנֶּפֶשׁ* לֹא תִמָּלֵא	καί γε *ἡ ψυχὴ* οὐ πληρωθήσεται
6:8	כִּי מַה־יּוֹתֵר לֶחָכָם *מִן־הַכְּסִיל*	ὅτι τίς περισσεία τῷ σοφῷ ὑπὲρ *τὸν ἄφρονα*
6:8	מַה־לֶּעָנִי יוֹדֵעַ לַהֲלֹךְ נֶגֶד *הַחַיִּים*	διότι ὁ πένης οἶδεν πορευθῆναι κατέναντι *τῆς ζωῆς*
6:12	מַה־יִּהְיֶה אַחֲרָיו תַּחַת *הַשָּׁמֶשׁ*	τί ἔσται ὀπίσω αὐτοῦ ὑπὸ *τὸν ἥλιον*
7:1	וְיוֹם *הַמָּוֶת* מִיּוֹם הִוָּלְדוֹ	καὶ ἡμέρα *τοῦ θανάτου* ὑπὲρ ἡμέραν γενέσεως αὐτοῦ
7:2	בַּאֲשֶׁר הוּא סוֹף *כָּל־הָאָדָם*	καθότι τοῦτο τέλος παντὸς *τοῦ ἀνθρώπου*
7:2	*וְהַחַי* יִתֵּן אֶל־לִבּוֹ	*καὶ ὁ ζῶν* δώσει εἰς καρδίαν αὐτοῦ
7:6	כִּי כְקוֹל *הַסִּירִים* תַּחַת הַסִּיר	ὅτι ὡς φωνὴ *τῶν ἀκανθῶν* ὑπὸ τὸν λέβητα
7:6	כִּי כְקוֹל הַסִּירִים תַּחַת *הַסִּיר*	ὅτι ὡς φωνὴ τῶν ἀκανθῶν ὑπὸ *τὸν λέβητα*
7:6	כֵּן שְׂחֹק *הַכְּסִיל* וְגַם־זֶה הָבֶל	οὕτως γέλως *τῶν ἀφρόνων* καί γε τοῦτο ματαιότης
7:7	כִּי *הָעֹשֶׁק* יְהוֹלֵל חָכָם	ὅτι *ἡ συκοφαντία* περιφέρει σοφὸν
7:10	*שֶׁהַיָּמִים* הָרִאשֹׁנִים הָיוּ טוֹבִים מֵאֵלֶּה	ὅτι *αἱ ἡμέραι* αἱ πρότεραι ἦσαν ἀγαθαὶ ὑπὲρ ταύτας
7:10	שֶׁהַיָּמִים *הָרִאשֹׁנִים* הָיוּ טוֹבִים מֵאֵלֶּה	ὅτι αἱ ἡμέραι *αἱ πρότεραι* ἦσαν ἀγαθαὶ ὑπὲρ ταύτας
7:11	וְיֹתֵר לְרֹאֵי *הַשָּׁמֶשׁ*	καὶ περισσεία τοῖς θεωροῦσιν *τὸν ἥλιον*
7:12	כִּי בְּצֵל *הַחָכְמָה* בְּצֵל הַכָּסֶף	ὅτι ἐν σκιᾷ αὐτῆς *ἡ σοφία* ὡς σκιὰ τοῦ ἀργυρίου
7:12	כִּי בְּצֵל הַחָכְמָה בְּצֵל *הַכָּסֶף*	ὅτι ἐν σκιᾷ αὐτῆς ἡ σοφία ὡς σκιὰ *τοῦ ἀργυρίου*
7:12	וְיִתְרוֹן דַּעַת *הַחָכְמָה*	καὶ περισσεία γνώσεως *τῆς σοφίας*
7:13	רְאֵה אֶת־מַעֲשֵׂה *הָאֱלֹהִים*	ἰδὲ τὰ ποιήματα *τοῦ θεοῦ*
7:14	עָשָׂה *הָאֱלֹהִים* עַל־דִּבְרַת	ἐποίησεν *ὁ θεὸς* περὶ λαλιᾶς
7:14	שֶׁלֹּא יִמְצָא *הָאָדָם* אַחֲרָיו מְאוּמָה	ἵνα μὴ εὕρῃ *ὁ ἄνθρωπος* ὀπίσω αὐτοῦ μηδέν
7:15	אֶת־*הַכֹּל* רָאִיתִי בִּימֵי הֶבְלִי	σὺν *τὰ πάντα* εἶδον ἐν ἡμέραις ματαιότητός μου
7:19	*הַחָכְמָה* תָּעֹז לֶחָכָם	*ἡ σοφία* βοηθήσει τῷ σοφῷ
7:21	גַּם *לְכָל־הַדְּבָרִים* אֲשֶׁר יְדַבֵּרוּ	καί γε εἰς πάντας *τοὺς λόγους* οὓς λαλήσουσιν
7:26	אֶת־*הָאִשָּׁה* אֲשֶׁר־הִיא מְצוֹדִים	σὺν *τὴν γυναῖκα* ἥτις ἐστὶν θηρεύματα
7:26	טוֹב לִפְנֵי *הָאֱלֹהִים* יִמָּלֵט	ἀγαθὸς πρὸ προσώπου *τοῦ θεοῦ* ἐξαιρεθήσεται
7:29	אֲשֶׁר עָשָׂה *הָאֱלֹהִים* אֶת־הָאָדָם יָשָׁר	ὃ ἐποίησεν *ὁ θεὸς* σὺν τὸν ἄνθρωπον εὐθῆ
7:29	אֲשֶׁר עָשָׂה הָאֱלֹהִים אֶת־*הָאָדָם* יָשָׁר	ὃ ἐποίησεν ὁ θεὸς σὺν *τὸν ἄνθρωπον* εὐθῆ
8:6	כִּי־רָעַת *הָאָדָם* רַבָּה עָלָיו	ὅτι γνῶσις *τοῦ ἀνθρώπου* πολλὴ ἐπ' αὐτόν
8:8	לִכְלוֹא אֶת־*הָרוּחַ*	τοῦ κωλῦσαι σὺν *τὸ πνεῦμα*
8:8	וְאֵין שִׁלְטוֹן בְּיוֹם *הַמָּוֶת*	καὶ οὐκ ἔστιν ἐξουσία ἐν ἡμέρᾳ *τοῦ θανάτου*
8:9	לְכָל־מַעֲשֶׂה אֲשֶׁר נַעֲשָׂה תַּחַת *הַשָּׁמֶשׁ*	εἰς πᾶν ποίημα ὃ πεποίηται ὑπὸ *τὸν ἥλιον*
8:9	עֵת אֲשֶׁר שָׁלַט *הָאָדָם* בְּאָדָם	τὰ ὅσα ἐξουσιάσατο *ὁ ἄνθρωπος* ἐν ἀνθρώπῳ
8:11	מַעֲשֵׂה *הָרָעָה* מְהֵרָה	ἀπὸ τῶν ποιούντων *τὸ πονηρὸν* ταχύ
8:11	עַל־כֵּן מָלֵא לֵב *בְּנֵי־הָאָדָם*	διὰ τοῦτο ἐπληροφορήθη καρδία υἱῶν *τοῦ ἀνθρώπου*
8:12	אֲשֶׁר יִהְיֶה־טּוֹב לְיִרְאֵי *הָאֱלֹהִים*	ὅτι ἔσται ἀγαθὸν τοῖς φοβουμένοις *τὸν θεόν*
8:14	יֶשׁ־הֶבֶל אֲשֶׁר נַעֲשָׂה *עַל־הָאָרֶץ*	ἔστιν ματαιότης ἣ πεποίηται ἐπὶ *τῆς γῆς*
8:14	אֲשֶׁר מַגִּיעַ אֲלֵהֶם כְּמַעֲשֵׂה *הָרְשָׁעִים*	ὅτι φθάνει πρὸς αὐτοὺς ὡς ποίημα *τῶν ἀσεβῶν*
8:14	שֶׁמַּגִּיעַ אֲלֵהֶם כְּמַעֲשֵׂה *הַצַּדִּיקִים*	ὅτι φθάνει πρὸς αὐτοὺς ὡς ποίημα *τῶν δικαίων*
8:15	וְשִׁבַּחְתִּי אֲנִי אֶת־*הַשִּׂמְחָה*	καὶ ἐπῄνεσα ἐγὼ σὺν *τὴν εὐφροσύνην*
8:15	אֲשֶׁר אֵין־טוֹב לָאָדָם תַּחַת *הַשָּׁמֶשׁ*	ὅτι οὐκ ἔστιν ἀγαθὸν τῷ ἀνθρώπῳ ὑπὸ *τὸν ἥλιον*
8:15	יְמֵי חַיָּיו אֲשֶׁר־נָתַן־לוֹ *הָאֱלֹהִים*	ἡμέρας ζωῆς αὐτοῦ ὅσας ἔδωκεν αὐτῷ *ὁ θεός*
8:15	אֲשֶׁר־נָתַן־לוֹ הָאֱלֹהִים תַּחַת *הַשָּׁמֶשׁ*	ὅσας ἔδωκεν αὐτῷ ὁ θεὸς ὑπὸ *τὸν ἥλιον*
8:16	וְלִרְאוֹת אֶת־*הָעִנְיָן* אֲשֶׁר נַעֲשָׂה	καὶ τοῦ ἰδεῖν *τὸν περισπασμὸν* τὸν πεποιημένον
8:16	אֶת־הָעִנְיָן אֲשֶׁר נַעֲשָׂה *עַל־הָאָרֶץ*	τὸν περισπασμὸν τὸν πεποιημένον ἐπὶ *τῆς γῆς*
8:17	וְרָאִיתִי אֶת־כָּל־מַעֲשֵׂה *הָאֱלֹהִים*	καὶ εἶδον σὺν πάντα τὰ ποιήματα *τοῦ θεοῦ*
8:17	אֶת־*הַמַּעֲשֶׂה* אֲשֶׁר נַעֲשָׂה תַחַת־הַשֶּׁמֶשׁ	σὺν *τὸ ποίημα* τὸ πεποιημένον ὑπὸ τὸν ἥλιον
8:17	אֶת־הַמַּעֲשֶׂה אֲשֶׁר נַעֲשָׂה תַחַת־*הַשֶּׁמֶשׁ*	σὺν τὸ ποίημα τὸ πεποιημένον ὑπὸ *τὸν ἥλιον*
8:17	בְּשֶׁל אֲשֶׁר יַעֲמֹל *הָאָדָם* לְבַקֵּשׁ	ὅσα ἂν μοχθήσῃ *ὁ ἄνθρωπος* τοῦ ζητῆσαι
8:17	וְגַם אִם־יֹאמַר *הֶחָכָם* לָדַעַת	καί γε ὅσα ἂν εἴπῃ *ὁ σοφὸς* τοῦ γνῶναι
9:1	אֲשֶׁר *הַצַּדִּיקִים* וְהַחֲכָמִים וַעֲבָדֵיהֶם	ὡς *οἱ δίκαιοι* καὶ οἱ σοφοὶ καὶ ἐργασίαι αὐτῶν
9:1	אֲשֶׁר הַצַּדִּיקִים *וְהַחֲכָמִים* וַעֲבָדֵיהֶם	ὡς οἱ δίκαιοι καὶ *οἱ σοφοὶ* καὶ ἐργασίαι αὐτῶν
9:1	וַעֲבָדֵיהֶם בְּיַד *הָאֱלֹהִים*	καὶ ἐργασίαι αὐτῶν ἐν χειρὶ *τοῦ θεοῦ*

9:1	אֵין יוֹדֵעַ *הָאָדָם*	οὐκ ἔστιν εἰδὼς *ὁ ἄνθρωπος*	
9:1	*הַכֹּל* לִפְנֵיהֶם	*τὰ πάντα* πρὸ προσώπου αὐτῶν	
9:2	*הַנִּשְׁבָּע* כַּאֲשֶׁר שְׁבוּעָה יָרֵא	*ὡς ὁ ὀμνύων* καθὼς ὁ τὸν ὅρκον φοβούμενος	=%p
9:3	זֶה רָע בְּכֹל אֲשֶׁר־נַעֲשָׂה תַּחַת *הַשֶּׁמֶשׁ*	τοῦτο πονηρὸν ἐν παντὶ πεποιημένῳ ὑπὸ *τὸν ἥλιον*	
9:3	וְגַם לֵב *בְּנֵי־הָאָדָם* מָלֵא־רָע	καί γε καρδία υἱῶν *τοῦ ἀνθρώπου* ἐπληρώθη πονηροῦ	
9:3	וְאַחֲרָיו אֶל־*הַמֵּתִים*	καὶ ὀπίσω αὐτῶν πρὸς *τοὺς νεκρούς*	
9:4	כִּי־מִי אֲשֶׁר *יְבֻחַר **יְחֻבַּר אֶל *כָּל־הַחַיִּים*	ὅτι τίς ὃς κοινωνεῖ πρὸς πάντας *τοὺς ζῶντας*	
9:4	הוּא טוֹב *מִן־הָאַרְיֵה* הַמֵּת	αὐτὸς ἀγαθὸς ὑπὲρ *τὸν λέοντα* τὸν νεκρόν	
9:4	הוּא טוֹב מִן־הָאַרְיֵה *הַמֵּת*	αὐτὸς ἀγαθὸς ὑπὲρ τὸν λέοντα *τὸν νεκρόν*	
9:5	כִּי *הַחַיִּים* יוֹדְעִים שֶׁיָּמֻתוּ	ὅτι *οἱ ζῶντες* γνώσονται ὅτι ἀποθανοῦνται	
9:5	*וְהַמֵּתִים* אֵינָם יוֹדְעִים מְאוּמָה	*καὶ οἱ νεκροὶ* οὐκ εἰσιν γινώσκοντες οὐδέν	
9:6	בְּכֹל אֲשֶׁר־נַעֲשָׂה תַּחַת *הַשָּׁמֶשׁ*	ἐν παντὶ τῷ πεποιημένῳ ὑπὸ *τὸν ἥλιον*	
9:7	כִּי כְבָר רָצָה *הָאֱלֹהִים* אֶת־מַעֲשֶׂיךָ	ὅτι ἤδη εὐδόκησεν *ὁ θεὸς* τὰ ποιήματά σου	
9:9	אֲשֶׁר נָתַן־לְךָ תַּחַת *הַשֶּׁמֶשׁ*	τὰς δοθείσας σοι ὑπὸ *τὸν ἥλιον*	
9:9	וּבַעֲמָלְךָ אֲשֶׁר־אַתָּה עָמֵל תַּחַת *הַשָּׁמֶשׁ*	καὶ ἐν τῷ μόχθῳ σου ᾧ σὺ μοχθεῖς ὑπὸ *τὸν ἥλιον*	
9:11	שַׁבְתִּי וְרָאֹה *תַחַת־הַשֶּׁמֶשׁ*	ἐπέστρεψα καὶ εἶδον ὑπὸ *τὸν ἥλιον*	
9:11	כִּי לֹא לַקַּלִּים *הַמֵּרוֹץ*	ὅτι οὐ τοῖς κούφοις *ὁ δρόμος*	
9:11	וְלֹא לַגִּבּוֹרִים *הַמִּלְחָמָה*	καὶ οὐ τοῖς δυνατοῖς *ὁ πόλεμος*	
9:12	כִּי גַּם לֹא־יֵדַע *הָאָדָם* אֶת־עִתּוֹ	ὅτι καί γε οὐκ ἔγνω *ὁ ἄνθρωπος* τὸν καιρὸν αὐτοῦ	
9:12	וְכַצִּפֳּרִים *הָאֲחֻזוֹת* בַּפָּח	καὶ ὡς ὄρνεα *τὰ θηρευόμενα* ἐν παγίδι	
9:12	כָּהֵם יוּקָשִׁים בְּנֵי *הָאָדָם*	ὡς αὐτὰ παγιδεύονται οἱ υἱοὶ *τοῦ ἀνθρώπου*	
9:13	גַּם־זֹה רָאִיתִי חָכְמָה תַּחַת *הַשָּׁמֶשׁ*	καί γε τοῦτο εἶδον σοφίαν ὑπὸ *τὸν ἥλιον*	
9:15	וּמִלַּט־הוּא *אֶת־הָעִיר* בְּחָכְמָתוֹ	καὶ διασώσει αὐτὸς *τὴν πόλιν* ἐν τῇ σοφίᾳ αὐτοῦ	
9:15	וְאָדָם לֹא זָכַר *אֶת־הָאִישׁ*	καὶ ἄνθρωπος οὐκ ἐμνήσθη σὺν *τοῦ ἀνδρὸς*	
9:15	לֹא זָכַר אֶת־הָאִישׁ *הַמִּסְכֵּן* הַהוּא	οὐκ ἐμνήσθη σὺν τοῦ ἀνδρὸς *τοῦ πένητος* ἐκείνου	
9:16	וְחָכְמַת *הַמִּסְכֵּן* בְּזוּיָה	καὶ σοφία *τοῦ πένητος* ἐξουδενωμένη	
10:4	אִם־רוּחַ *הַמּוֹשֵׁל* תַּעֲלֶה עָלֶיךָ	ἐὰν πνεῦμα *τοῦ ἐξουσιάζοντος* ἀναβῇ ἐπὶ σέ	
10:5	יֵשׁ רָעָה רָאִיתִי תַּחַת *הַשָּׁמֶשׁ* כִּשְׁגָגָה	ἔστιν πονηρία ἣν εἶδον ὑπὸ *τὸν ἥλιον* ὡς ἀκούσιον	
10:5	שֶׁיֹּצָא מִלִּפְנֵי *הַשַּׁלִּיט*	ὃ ἐξῆλθεν ἀπὸ προσώπου *τοῦ ἐξουσιάζοντος*	
10:6	נִתַּן *הַסֶּכֶל* בַּמְּרוֹמִים רַבִּים	ἐδόθη *ὁ ἄφρων* ἐν ὕψεσι μεγάλοις	=v
10:7	וְשָׂרִים הֹלְכִים כַּעֲבָדִים *עַל־הָאָרֶץ*	καὶ ἄρχοντας πορευομένους ὡς δούλους ἐπὶ *τῆς γῆς*	
10:10	אִם־קֵהָה *הַבַּרְזֶל* וְהוּא לֹא־פָנִים קִלְקַל	ἐὰν ἐκπέσῃ *τὸ σιδήριον* καὶ αὐτὸς πρόσωπον ἐτάραξεν	
10:11	אִם־יִשֹּׁךְ *הַנָּחָשׁ* בְּלוֹא־לָחַשׁ	ἐὰν δάκῃ *ὁ ὄφις* ἐν οὐ ψιθυρισμῷ	
10:14	*וְהַסָּכָל* יַרְבֶּה דְבָרִים	*καὶ ὁ ἄφρων* πληθύνει λόγους	
10:14	לֹא־יֵדַע *הָאָדָם* מַה־שֶּׁיִּהְיֶה	οὐκ ἔγνω *ὁ ἄνθρωπος* τί τὸ γενόμενον	
10:15	עֲמַל *הַכְּסִילִים* תְּיַגְּעֶנּוּ	μόχθος *τῶν ἀφρόνων* κοπώσει αὐτούς	
10:18	בַּעֲצַלְתַּיִם יִמַּךְ *הַמְּקָרֶה*	ἐν ὀκνηρίαις ταπεινωθήσεται *ἡ δόκωσις*	
10:18	וּבְשִׁפְלוּת יָדַיִם יִדְלֹף *הַבָּיִת*	καὶ ἐν ἀργίᾳ χειρῶν στάξει *ἡ οἰκία*	
10:19	*וְהַכֶּסֶף* יַעֲנֶה אֶת־הַכֹּל	*καὶ τοῦ ἀργυρίου* ἐπακούσεται σὺν τὰ πάντα	
10:19	וְהַכֶּסֶף יַעֲנֶה *אֶת־הַכֹּל*	καὶ τοῦ ἀργυρίου ἐπακούσεται σὺν *τὰ πάντα*	
10:20	כִּי עוֹף *הַשָּׁמַיִם* יוֹלִיךְ אֶת־הַקּוֹל	ὅτι πετεινὸν *τοῦ οὐρανοῦ* ἀποίσει σὺν τὴν φωνήν	
10:20	כִּי עוֹף הַשָּׁמַיִם יוֹלִיךְ *אֶת־הַקּוֹל*	ὅτι πετεινὸν τοῦ οὐρανοῦ ἀποίσει σὺν *τὴν φωνήν*	
10:20	וּבַעַל **הַכְּנָפַיִם* **כנפים יַגֵּיד דָּבָר	καὶ ὁ ἔχων *τὰς πτέρυγας* ἀπαγγελεῖ λόγον	*
11:1	שַׁלַּח לַחְמְךָ עַל־פְּנֵי *הַמָּיִם*	ἀπόστειλον τὸν ἄρτον σου ἐπὶ πρόσωπον *τοῦ ὕδατος*	
11:1	כִּי־בְרֹב *הַיָּמִים* תִּמְצָאֶנּוּ	ὅτι ἐν πλήθει *τῶν ἡμερῶν* εὑρήσεις αὐτόν	
11:2	כִּי לֹא תֵדַע מַה־יִּהְיֶה רָעָה *עַל־הָאָרֶץ*	ὅτι οὐ γινώσκεις τί ἔσται πονηρὸν ἐπὶ *τὴν γῆν*	
11:3	אִם־יִמָּלְאוּ *הֶעָבִים* גֶּשֶׁם	ἐὰν πληρωθῶσιν *τὰ νέφη* ὑετοῦ	
11:3	*עַל־הָאָרֶץ* יָרִיקוּ	ἐπὶ *τὴν γῆν* ἐκχέουσιν	
11:3	מְקוֹם שֶׁיִּפּוֹל *הָעֵץ* שָׁם יְהוּא	τόπῳ οὗ πεσεῖται *τὸ ξύλον* ἐκεῖ ἔσται	
11:5	כַּאֲשֶׁר אֵינְךָ יוֹדֵעַ מַה־דֶּרֶךְ *הָרוּחַ*	ἐν οἷς οὐκ ἔστιν γινώσκων τίς ἡ ὁδὸς *τοῦ πνεύματος*	
11:5	כַּעֲצָמִים בְּבֶטֶן *הַמְּלֵאָה*	ὡς ὀστᾶ ἐν γαστρὶ *τῆς κυοφορούσης*	
11:5	כָּכָה לֹא תֵדַע אֶת־מַעֲשֵׂה *הָאֱלֹהִים*	οὕτως οὐ γνώσῃ τὰ ποιήματα *τοῦ θεοῦ*	
11:5	אֶת־מַעֲשֵׂה הָאֱלֹהִים אֲשֶׁר יַעֲשֶׂה *אֶת־הַכֹּל*	τὰ ποιήματα τοῦ θεοῦ ὅσα ποιήσει σὺν *τὰ πάντα*	
11:7	וּמָתוֹק *הָאוֹר* וְטוֹב לַעֵינַיִם	καὶ γλυκὺ *τὸ φῶς* καὶ ἀγαθὸν τοῖς ὀφθαλμοῖς	
11:7	לִרְאוֹת *אֶת־הַשָּׁמֶשׁ*	τοῦ βλέπειν σὺν *τὸν ἥλιον*	
11:8	כִּי אִם־שָׁנִים הַרְבֵּה יִחְיֶה *הָאָדָם*	ὅτι καὶ ἐὰν ἔτη πολλὰ ζήσεται *ὁ ἄνθρωπος*	
11:8	וְיִזְכֹּר אֶת־יְמֵי *הַחֹשֶׁךְ*	καὶ μνησθήσεται τὰς ἡμέρας *τοῦ σκότους*	

11:9	עַל־כָּל־אֵלֶּה יְבִיאֲךָ *הָאֱלֹהִים* בַּמִּשְׁפָּט	ἐπὶ πᾶσι τούτοις ἄξει σε *ὁ θεὸς* ἐν κρίσει
11:10	כִּי־*הַיַּלְדוּת* וְהַשַּׁחֲרוּת הָבֶל	ὅτι *ἡ νεότης* καὶ ἡ ἄνοια ματαιότης
11:10	כִּי־הַיַּלְדוּת *וְהַשַּׁחֲרוּת* הָבֶל	ὅτι ἡ νεότης *καὶ ἡ ἄνοια* ματαιότης
12:1	עַד לֹא־יָבֹאוּ יְמֵי *הָרָעָה*	ἕως ὅτου μὴ ἔλθωσιν ἡμέραι *τῆς κακίας*
12:2	עַד אֲשֶׁר לֹא־תֶחְשַׁךְ *הַשֶּׁמֶשׁ*	ἕως οὗ μὴ σκοτισθῇ *ὁ ἥλιος*
12:2	*וְהָאוֹר* וְהַיָּרֵחַ וְהַכּוֹכָבִים	*καὶ τὸ φῶς* καὶ ἡ σελήνη καὶ οἱ ἀστέρες
12:2	וְהָאוֹר *וְהַיָּרֵחַ* וְהַכּוֹכָבִים	καὶ τὸ φῶς *καὶ ἡ σελήνη* καὶ οἱ ἀστέρες
12:2	וְהָאוֹר וְהַיָּרֵחַ *וְהַכּוֹכָבִים*	καὶ τὸ φῶς καὶ ἡ σελήνη *καὶ οἱ ἀστέρες*
12:2	וְשָׁבוּ *הֶעָבִים* אַחַר הַגָּשֶׁם	καὶ ἐπιστρέψωσιν *τὰ νέφη* ὀπίσω τοῦ ὑετοῦ
12:2	וְשָׁבוּ הֶעָבִים אַחַר *הַגָּשֶׁם*	καὶ ἐπιστρέψωσιν τὰ νέφη ὀπίσω *τοῦ ὑετοῦ*
12:3	בַּיּוֹם שֶׁיָּזֻעוּ שֹׁמְרֵי *הַבַּיִת*	ἐν ἡμέρᾳ ᾗ ἐὰν σαλευθῶσιν φύλακες *τῆς οἰκίας*
12:3	וְהִתְעַוְּתוּ אַנְשֵׁי *הֶחָיִל*	καὶ διαστραφῶσιν ἄνδρες *τῆς δυνάμεως*
12:3	וּבָטְלוּ *הַטֹּחֲנוֹת* כִּי מִעֵטוּ	καὶ ἤργησαν *αἱ ἀλήθουσαι* ὅτι ὠλιγώθησαν
12:3	וְחָשְׁכוּ *הָרֹאוֹת* בָּאֲרֻבּוֹת	καὶ σκοτάσουσιν *αἱ βλέπουσαι* ἐν ταῖς ὀπαῖς
12:4	בִּשְׁפַל קוֹל *הַטַּחֲנָה*	ἐν ἀσθενείᾳ φωνῆς *τῆς ἀληθούσης*
12:4	וְיָקוּם לְקוֹל *הַצִּפּוֹר*	καὶ ἀναστήσεται εἰς φωνὴν *τοῦ στρουθίου*
12:4	כָּל־בְּנוֹת *הַשִּׁיר*	πᾶσαι αἱ θυγατέρες *τοῦ ᾄσματος*
12:5	וְיָנֵאץ *הַשָּׁקֵד* וְיִסְתַּבֵּל הֶחָגָב	καὶ ἀνθήσῃ *τὸ ἀμύγδαλον* καὶ παχυνθῇ ἡ ἀκρίς
12:5	וְיָנֵאץ הַשָּׁקֵד וְיִסְתַּבֵּל *הֶחָגָב*	καὶ ἀνθήσῃ τὸ ἀμύγδαλον καὶ παχυνθῇ *ἡ ἀκρίς*
12:5	וְתָפֵר *הָאֲבִיּוֹנָה*	καὶ διασκεδασθῇ *ἡ κάππαρις*
12:5	כִּי־הֹלֵךְ *הָאָדָם* אֶל־בֵּית עוֹלָמוֹ	ὅτι ἐπορεύθη *ὁ ἄνθρωπος* εἰς οἶκον αἰῶνος αὐτοῦ
12:5	וְסָבְבוּ בַשּׁוּק *הַסֹּפְדִים*	καὶ ἐκύκλωσαν ἐν ἀγορᾷ *οἱ κοπτόμενοι*
12:6	עַד אֲשֶׁר לֹא־*יֵרָחֵק **יֵרָתֵק חֶבֶל הַכֶּסֶף	ἕως ὅτου μὴ ἀνατραπῇ σχοινίον *τοῦ ἀργυρίου*
12:6	וְתָרֻץ גֻּלַּת *הַזָּהָב*	καὶ συνθλιβῇ ἀνθέμιον *τοῦ χρυσίου*
12:6	וְתִשָּׁבֶר כַּד עַל־*הַמַּבּוּעַ*	καὶ συντριβῇ ὑδρία ἐπὶ *τὴν πηγήν*
12:6	וְנָרֹץ *הַגַּלְגַּל* אֶל־הַבּוֹר	καὶ συντροχάσῃ *ὁ τροχὸς* ἐπὶ τὸν λάκκον
12:6	וְנָרֹץ הַגַּלְגַּל אֶל־*הַבּוֹר*	καὶ συντροχάσῃ ὁ τροχὸς ἐπὶ *τὸν λάκκον*
12:7	וְיָשֹׁב *הֶעָפָר* עַל־הָאָרֶץ כְּשֶׁהָיָה	καὶ ἐπιστρέψῃ *ὁ χοῦς* ἐπὶ τὴν γῆν ὡς ἦν
12:7	וְיָשֹׁב הֶעָפָר עַל־*הָאָרֶץ* כְּשֶׁהָיָה	καὶ ἐπιστρέψῃ ὁ χοῦς ἐπὶ *τὴν γῆν* ὡς ἦν
12:7	*וְהָרוּחַ* תָּשׁוּב אֶל־הָאֱלֹהִים	*καὶ τὸ πνεῦμα* ἐπιστρέψῃ πρὸς τὸν θεόν
12:7	תָּשׁוּב אֶל־*הָאֱלֹהִים* אֲשֶׁר נְתָנָהּ	ἐπιστρέψῃ πρὸς *τὸν θεόν* ὃς ἔδωκεν αὐτό
12:8	הֲבֵל הֲבָלִים אָמַר *הַקּוֹהֶלֶת*	ματαιότης ματαιοτήτων εἶπεν *ὁ ἐκκλησιαστής*
12:8	*הַכֹּל* הָבֶל	*τὰ πάντα* ματαιότης
12:9	עוֹד לִמַּד־דַּעַת אֶת־*הָעָם*	ἔτι ἐδίδαξεν γνῶσιν σὺν *τὸν λαόν*
12:13	סוֹף דָּבָר *הַכֹּל* נִשְׁמָע	τέλος λόγου *τὸ πᾶν* ἀκούεται
12:13	אֶת־*הָאֱלֹהִים* יְרָא וְאֶת־מִצְוֹתָיו שְׁמוֹר	*τὸν θεὸν* φοβοῦ καὶ τὰς ἐντολὰς αὐτοῦ φύλασσε
12:13	כִּי־זֶה כָּל־*הָאָדָם*	ὅτι τοῦτο πᾶς *ὁ ἄνθρωπος*
12:14	כִּי אֶת־כָּל־מַעֲשֶׂה *הָאֱלֹהִים* יָבִא בְמִשְׁפָּט	ὅτι σὺν πᾶν τὸ ποίημα *ὁ θεὸς* ἄξει ἐν κρίσει
ל	*148*	*29%*
1:3	מַה־יִּתְרוֹן *לָאָדָם* בְּכָל־עֲמָלוֹ	τίς περισσεία *τῷ ἀνθρώπῳ* ἐν παντὶ μόχθῳ αὐτοῦ
1:7	שָׁם הֵם שָׁבִים *לָלָכֶת*	ἐκεῖ αὐτοὶ ἐπιστρέφουσιν *τοῦ πορευθῆναι*
1:8	לֹא־יוּכַל אִישׁ *לְדַבֵּר*	οὐ δυνήσεται ἀνὴρ *τοῦ λαλεῖν*
1:8	לֹא־תִשְׂבַּע עַיִן *לִרְאוֹת*	καὶ οὐκ ἐμπλησθήσεται ὀφθαλμὸς *τοῦ ὁρᾶν*
1:11	אֵין זִכְרוֹן *לָרִאשֹׁנִים*	οὐκ ἔστιν μνήμη *τοῖς πρώτοις*
1:11	וְגַם *לָאַחֲרֹנִים* שֶׁיִּהְיוּ	καί γε *τοῖς ἐσχάτοις* γενομένοις
1:13	וְנָתַתִּי אֶת־לִבִּי *לִדְרוֹשׁ*	καὶ ἔδωκα τὴν καρδίαν μου *τοῦ ἐκζητῆσαι*
1:13	*וְלָתוּר* בַּחָכְמָה	*καὶ τοῦ κατασκέψασθαι* ἐν τῇ σοφίᾳ
1:13	*לִבְנֵי* הָאָדָם לַעֲנוֹת בּוֹ	*τοῖς υἱοῖς* τοῦ ἀνθρώπου τοῦ περισπᾶσθαι ἐν αὐτῷ
1:13	לִבְנֵי הָאָדָם *לַעֲנוֹת* בּוֹ	τοῖς υἱοῖς τοῦ ἀνθρώπου *τοῦ περισπᾶσθαι* ἐν αὐτῷ
1:15	מְעֻוָּת לֹא־יוּכַל *לִתְקֹן*	διεστραμμένον οὐ δυνήσεται *τοῦ ἐπικοσμηθῆναι*
1:15	וְחֶסְרוֹן לֹא־יוּכַל *לְהִמָּנוֹת*	καὶ ὑστέρημα οὐ δυνήσεται *τοῦ ἀριθμηθῆναι*
1:16	דִּבַּרְתִּי אֲנִי עִם־לִבִּי *לֵאמֹר*	ἐλάλησα ἐγὼ ἐν καρδίᾳ μου *τῷ λέγειν*
1:17	וָאֶתְּנָה לִבִּי *לָדַעַת* חָכְמָה	καὶ ἔδωκα καρδίαν μου *τοῦ γνῶναι* σοφίαν
2:2	*לִשְׂחוֹק* אָמַרְתִּי מְהוֹלָל	*τῷ γέλωτι* εἶπα περιφορὰν {c παραφορὰν}
2:2	*וּלְשִׂמְחָה* מַה־זֹּה עֹשָׂה	*καὶ τῇ εὐφροσύνῃ* τί τοῦτο ποιεῖς
2:3	*לִמְשׁוֹךְ* בַּיַּיִן אֶת־בְּשָׂרִי	*τοῦ ἑλκύσαι* εἰς οἶνον τὴν σάρκα μου

2:3	וְלֶאֱחֹז בְּסִכְלוּת	*καὶ τοῦ κρατῆσαι* ἐπ' ἀφροσύνῃ	
2:3	טוֹב לִבְנֵי הָאָדָם אֲשֶׁר יַעֲשׂוּ	τὸ ἀγαθὸν *τοῖς υἱοῖς* τοῦ ἀνθρώπου ὃ ποιήσουσιν	
2:6	לְהַשְׁקוֹת מֵהֶם יַעַר צוֹמֵחַ עֵצִים	*τοῦ ποτίσαι* ἀπ' αὐτῶν δρυμὸν βλαστῶντα ξύλα	
2:11	וּבֶעָמָל שֶׁעָמַלְתִּי לַעֲשׂוֹת	καὶ ἐν μόχθῳ ᾧ ἐμόχθησα *τοῦ ποιεῖν*	
2:12	וּפָנִיתִי אֲנִי לִרְאוֹת חָכְמָה	καὶ ἐπέβλεψα ἐγὼ *τοῦ ἰδεῖν* σοφίαν	
2:13	וְרָאִיתִי אָנִי שֶׁיֵּשׁ יִתְרוֹן לַחָכְמָה	καὶ εἶδον ἐγὼ ὅτι ἔστιν περισσεία *τῇ σοφίᾳ*	
2:16	כִּי אֵין זִכְרוֹן לֶחָכָם עִם־הַכְּסִיל	ὅτι οὐκ ἔστιν μνήμη *τοῦ σοφοῦ* μετὰ τοῦ ἄφρονος	
2:18	שֶׁאַנִּיחֶנּוּ לָאָדָם שֶׁיִּהְיֶה אַחֲרָי	ὅτι ἀφίω αὐτὸν *τῷ ἀνθρώπῳ* τῷ γινομένῳ μετ' ἐμέ	
2:20	וְסַבּוֹתִי אֲנִי לְיַאֵשׁ אֶת־לִבִּי	καὶ ἐπέστρεψα ἐγὼ *τοῦ ἀποτάξασθαι* τῇ καρδίᾳ μου	
2:22	כִּי מֶה־הֹוֶה לָאָדָם בְּכָל־עֲמָלוֹ	ὅτι τί γίνεται *τῷ ἀνθρώπῳ* ἐν παντὶ μόχθῳ αὐτοῦ	
2:26	כִּי לְאָדָם שֶׁטּוֹב לְפָנָיו	ὅτι *τῷ ἀνθρώπῳ* τῷ ἀγαθῷ πρὸ προσώπου αὐτοῦ	
2:26	וְלַחוֹטֶא נָתַן עִנְיָן	*καὶ τῷ ἁμαρτάνοντι* ἔδωκεν περισπασμὸν	
2:26	לֶאֱסוֹף וְלִכְנוֹס	*τοῦ προσθεῖναι* καὶ τοῦ συναγαγεῖν	
2:26	לֶאֱסוֹף וְלִכְנוֹס	τοῦ προσθεῖναι *καὶ τοῦ συναγαγεῖν*	
2:26	לָתֵת לְטוֹב לִפְנֵי הָאֱלֹהִים	*τοῦ δοῦναι* τῷ ἀγαθῷ πρὸ προσώπου τοῦ θεοῦ	
2:26	לָתֵת לְטוֹב לִפְנֵי הָאֱלֹהִים	τοῦ δοῦναι *τῷ ἀγαθῷ* πρὸ προσώπου τοῦ θεοῦ	
3:1	לַכֹּל זְמָן וְעֵת לְכָל־חֵפֶץ	*τοῖς πᾶσιν* χρόνος καὶ καιρὸς τῷ παντὶ πράγματι	
3:1	וְעֵת לְכָל־חֵפֶץ תַּחַת הַשָּׁמָיִם	καὶ καιρὸς *τῷ παντὶ* πράγματι ὑπὸ τὸν οὐρανόν	
3:2	עֵת לָלֶדֶת וְעֵת לָמוּת	καιρὸς *τοῦ τεκεῖν* καὶ καιρὸς τοῦ ἀποθανεῖν	
3:2	עֵת לָלֶדֶת וְעֵת לָמוּת	καιρὸς τοῦ τεκεῖν καὶ καιρὸς *τοῦ ἀποθανεῖν*	
3:2	עֵת לָטַעַת וְעֵת לַעֲקוֹר	καιρὸς *τοῦ φυτεῦσαι* καὶ καιρὸς τοῦ ἐκτῖλαι	
3:2	וְעֵת לַעֲקוֹר נָטוּעַ	καὶ καιρὸς *τοῦ ἐκτῖλαι* πεφυτευμένον	
3:3	עֵת לַהֲרוֹג וְעֵת לִרְפּוֹא	καιρὸς *τοῦ ἀποκτεῖναι* καὶ καιρὸς τοῦ ἰάσασθαι	
3:3	עֵת לַהֲרוֹג וְעֵת לִרְפּוֹא	καιρὸς τοῦ ἀποκτεῖναι καὶ καιρὸς *τοῦ ἰάσασθαι*	
3:3	עֵת לִפְרוֹץ וְעֵת לִבְנוֹת	καιρὸς *τοῦ καθελεῖν* καὶ καιρὸς τοῦ οἰκοδομῆσαι	
3:3	עֵת לִפְרוֹץ וְעֵת לִבְנוֹת	καιρὸς τοῦ καθελεῖν καὶ καιρὸς *τοῦ οἰκοδομῆσαι*	
3:4	עֵת לִבְכּוֹת וְעֵת לִשְׂחוֹק	καιρὸς *τοῦ κλαῦσαι* καὶ καιρὸς τοῦ γελάσαι	
3:4	עֵת לִבְכּוֹת וְעֵת לִשְׂחוֹק	καιρὸς τοῦ κλαῦσαι καὶ καιρὸς *τοῦ γελάσαι*	
3:5	עֵת לְהַשְׁלִיךְ אֲבָנִים	καιρὸς *τοῦ βαλεῖν* λίθους	
3:5	עֵת לַחֲבוֹק וְעֵת לִרְחֹק	καιρὸς *τοῦ περιλαβεῖν* καὶ καιρὸς τοῦ μακρυνθῆναι	
3:5	וְעֵת לִרְחֹק מֵחַבֵּק	καὶ καιρὸς *τοῦ μακρυνθῆναι* ἀπὸ περιλήμψεως	
3:6	עֵת לְבַקֵּשׁ וְעֵת לְאַבֵּד	καιρὸς *τοῦ ζητῆσαι* καὶ καιρὸς τοῦ ἀπολέσαι	
3:6	עֵת לְבַקֵּשׁ וְעֵת לְאַבֵּד	καιρὸς τοῦ ζητῆσαι καὶ καιρὸς *τοῦ ἀπολέσαι*	
3:6	עֵת לִשְׁמוֹר וְעֵת לְהַשְׁלִיךְ	καιρὸς *τοῦ φυλάξαι* καὶ καιρὸς τοῦ ἐκβαλεῖν	
3:6	עֵת לִשְׁמוֹר וְעֵת לְהַשְׁלִיךְ	καιρὸς τοῦ φυλάξαι καὶ καιρὸς *τοῦ ἐκβαλεῖν*	
3:7	עֵת לִקְרוֹעַ וְעֵת לִתְפּוֹר	καιρὸς *τοῦ ῥῆξαι* καὶ καιρὸς τοῦ ῥάψαι	
3:7	עֵת לִקְרוֹעַ וְעֵת לִתְפּוֹר	καιρὸς τοῦ ῥῆξαι καὶ καιρὸς *τοῦ ῥάψαι*	
3:7	עֵת לַחֲשׁוֹת וְעֵת לְדַבֵּר	καιρὸς *τοῦ σιγᾶν* καὶ καιρὸς τοῦ λαλεῖν	
3:7	עֵת לַחֲשׁוֹת וְעֵת לְדַבֵּר	καιρὸς τοῦ σιγᾶν καὶ καιρὸς *τοῦ λαλεῖν*	
3:8	עֵת לֶאֱהֹב וְעֵת לִשְׂנֹא	καιρὸς *τοῦ φιλῆσαι* καὶ καιρὸς τοῦ μισῆσαι	
3:8	עֵת לֶאֱהֹב וְעֵת לִשְׂנֹא	καιρὸς τοῦ φιλῆσαι καὶ καιρὸς *τοῦ μισῆσαι*	
3:10	לִבְנֵי הָאָדָם לַעֲנוֹת בּוֹ	*τοῖς υἱοῖς* τοῦ ἀνθρώπου τοῦ περισπᾶσθαι ἐν αὐτῷ	
3:10	לִבְנֵי הָאָדָם לַעֲנוֹת בּוֹ	τοῖς υἱοῖς τοῦ ἀνθρώπου *τοῦ περισπᾶσθαι* ἐν αὐτῷ	
3:12	כִּי אִם־לִשְׂמוֹחַ וְלַעֲשׂוֹת טוֹב	εἰ μὴ *τοῦ εὐφρανθῆναι* καὶ τοῦ ποιεῖν ἀγαθὸν	
3:12	וְלַעֲשׂוֹת טוֹב בְּחַיָּיו	*καὶ τοῦ ποιεῖν* ἀγαθὸν ἐν ζωῇ αὐτοῦ	
3:15	וַאֲשֶׁר לִהְיוֹת כְּבָר הָיָה	καὶ ὅσα *τοῦ γίνεσθαι* ἤδη γέγονεν	
3:17	כִּי־עֵת לְכָל־חֵפֶץ	ὅτι καιρὸς *τῷ παντὶ* πράγματι	
3:18	לְבָרָם הָאֱלֹהִים וְלִרְאוֹת	ὅτι διακρινεῖ αὐτοὺς ὁ θεός *καὶ τοῦ δεῖξαι*	=v
3:19	וְרוּחַ אֶחָד לַכֹּל	καὶ πνεῦμα ἓν *τοῖς πᾶσιν*	
3:22	כִּי מִי יְבִיאֶנּוּ לִרְאוֹת בְּמֶה שֶׁיִּהְיֶה	ὅτι τίς ἄξει αὐτὸν *τοῦ ἰδεῖν* ἐν ᾧ ἐὰν γένηται	
4:8	וְאֵין קֵץ לְכָל־עֲמָלוֹ	καὶ οὐκ ἔστιν περασμὸς *τῷ παντὶ* μόχθῳ αὐτοῦ	
4:10	וְאֵין שֵׁנִי לַהֲקִימוֹ	καὶ μὴ ᾖ δεύτερος *τοῦ ἐγεῖραι αὐτόν*	
4:11	וּלְאֶחָד אֵיךְ יֵחָם	*καὶ ὁ εἷς* πῶς θερμανθῇ	
4:13	אֲשֶׁר לֹא־יָדַע לְהִזָּהֵר עוֹד	ὃς οὐκ ἔγνω *τοῦ προσέχειν* ἔτι	
4:14	יָצָא לִמְלֹךְ	ἐξελεύσεται *τοῦ βασιλεῦσαι*	
4:16	אֵין־קֵץ לְכָל־הָעָם	οὐκ ἔστιν περασμὸς *τῷ παντὶ* λαῷ	
4:16	לְכֹל אֲשֶׁר־הָיָה לִפְנֵיהֶם	*τοῖς πᾶσιν* ὅσοι ἐγένοντο ἔμπροσθεν αὐτῶν	

4:17	תֵּלֵךְ אֶל־בֵּית הָאֱלֹהִים וְקָרוֹב *לִשְׁמֹעַ*	πορεύῃ εἰς οἶκον τοῦ θεοῦ καὶ ἐγγὺς *τοῦ ἀκούειν*	
4:17	כִּי־אֵינָם יוֹדְעִים *לַעֲשׂוֹת* רָע	ὅτι οὐκ εἰσιν εἰδότες *τοῦ ποιῆσαι* κακόν	
5:1	*לְהוֹצִיא* דָבָר לִפְנֵי הָאֱלֹהִים	*τοῦ ἐξενέγκαι* λόγον πρὸ προσώπου τοῦ θεοῦ	
5:3	כַּאֲשֶׁר תִּדֹּר נֶדֶר *לֵאלֹהִים*	καθὼς ἂν εὔξῃ εὐχὴν *τῷ θεῷ*	
5:3	אַל־תְּאַחֵר *לְשַׁלְּמוֹ*	μὴ χρονίσῃς *τοῦ ἀποδοῦναι αὐτήν*	
5:5	אַל־תִּתֵּן אֶת־פִּיךָ *לַחֲטִיא*	μὴ δῷς τὸ στόμα σου *τοῦ ἐξαμαρτῆσαι*	
5:8	מֶלֶךְ *לְשָׂדֶה* נֶעֱבָד	βασιλεὺς *τοῦ ἀγροῦ* εἰργασμένου	
5:10	וּמַה־כִּשְׁרוֹן *לִבְעָלֶיהָ*	καὶ τί ἀνδρεία *τῷ παρ' αὐτῆς*	
5:11	וְהַשָּׂבָע *לֶעָשִׁיר*	καὶ τῷ ἐμπλησθέντι *τοῦ πλουτῆσαι*	
5:11	אֵינֶנּוּ מַנִּיחַ לוֹ *לִישׁוֹן*	οὐκ ἔστιν ἀφίων αὐτὸν *τοῦ ὑπ' ὑπνῶσαι*	
5:12	עֹשֶׁר שָׁמוּר *לִבְעָלָיו*	πλοῦτον φυλασσόμενον *τῷ παρ' αὐτῆς*	
5:14	יָשׁוּב *לָלֶכֶת* כְּשֶׁבָּא	ἐπιστρέψει *τοῦ πορευθῆναι* ὡς ἥκει	
5:17	*לֶאֱכוֹל*־וְלִשְׁתּוֹת וְלִרְאוֹת	*τοῦ φαγεῖν* καὶ τοῦ πιεῖν καὶ τοῦ ἰδεῖν	
5:17	לֶאֱכוֹל־*וְלִשְׁתּוֹת* וְלִרְאוֹת	τοῦ φαγεῖν *καὶ τοῦ πιεῖν* καὶ τοῦ ἰδεῖν	
5:17	לֶאֱכוֹל־וְלִשְׁתּוֹת *וְלִרְאוֹת*	τοῦ φαγεῖν καὶ τοῦ πιεῖν *καὶ τοῦ ἰδεῖν*	
5:18	וְהִשְׁלִיטוֹ *לֶאֱכֹל* מִמֶּנּוּ	καὶ ἐξουσίασεν αὐτὸν *τοῦ φαγεῖν* ἀπ' αὐτοῦ	
5:18	*וְלָשֵׂאת* אֶת־חֶלְקוֹ	*καὶ τοῦ λαβεῖν* τὸ μέρος αὐτοῦ	
5:18	*וְלִשְׂמֹחַ* בַּעֲמָלוֹ	*καὶ τοῦ εὐφρανθῆναι* ἐν μόχθῳ αὐτοῦ	
6:2	וְאֵינֶנּוּ חָסֵר *לְנַפְשׁוֹ*	καὶ οὐκ ἔστιν ὑστερῶν *τῇ ψυχῇ αὐτοῦ*	
6:2	וְלֹא־יַשְׁלִיטֶנּוּ הָאֱלֹהִים *לֶאֱכֹל*	καὶ οὐκ ἐξουσιάσει αὐτῷ ὁ θεὸς *τοῦ φαγεῖν*	
6:8	כִּי מַה־יּוֹתֵר *לֶחָכָם* מִן־הַכְּסִיל	ὅτι τίς περισσεία *τῷ σοφῷ* ὑπὲρ τὸν ἄφρονα	
6:8	*מַה־לֶּעָנִי* יוֹדֵעַ לַהֲלֹךְ נֶגֶד הַחַיִּים	διότι *ὁ πένης* οἶδεν πορευθῆναι κατέναντι τῆς ζωῆς	=%p-
6:10	וְלֹא־יוּכַל לָדִין עִם *שֶׁהתַּקִּיף **שֶׁתַּקִּיף	καὶ οὐ δυνήσεται *τοῦ κριθῆναι* μετὰ τοῦ ἰσχυροῦ	
6:11	מַה־יֹּתֵר *לָאָדָם*	τί περισσὸν *τῷ ἀνθρώπῳ*	
6:12	כִּי מִי־יוֹדֵעַ מַה־טּוֹב *לָאָדָם* בַּחַיִּים	ὅτι τίς οἶδεν τί ἀγαθὸν *τῷ ἀνθρώπῳ* ἐν τῇ ζωῇ	
6:12	אֲשֶׁר מִי־יַגִּיד *לָאָדָם* מַה־יִּהְיֶה	ὅτι τίς ἀπαγγελεῖ *τῷ ἀνθρώπῳ* τί ἔσται	
7:5	טוֹב *לִשְׁמֹעַ* גַּעֲרַת חָכָם	ἀγαθὸν *τὸ ἀκοῦσαι* ἐπιτίμησιν σοφοῦ	
7:9	אַל־תְּבַהֵל בְּרוּחֲךָ *לִכְעוֹס*	μὴ σπεύσῃς ἐν πνεύματί σου *τοῦ θυμοῦσθαι*	
7:11	וְיֹתֵר *לְרֹאֵי* הַשָּׁמֶשׁ	καὶ περισσεία *τοῖς θεωροῦσιν* τὸν ἥλιον	
7:13	כִּי מִי יוּכַל *לְתַקֵּן*	ὅτι τίς δυνήσεται *τοῦ κοσμῆσαι*	
7:19	הַחָכְמָה תָּעֹז *לֶחָכָם*	ἡ σοφία βοηθήσει *τῷ σοφῷ*	
7:25	*לָדַעַת* וְלָתוּר וּבַקֵּשׁ	*τοῦ γνῶναι* καὶ τοῦ κατασκέψασθαι καὶ ζητῆσαι	
7:25	לָדַעַת *וְלָתוּר* וּבַקֵּשׁ	τοῦ γνῶναι *καὶ τοῦ κατασκέψασθαι* καὶ ζητῆσαι	
7:25	*וְלָדַעַת* רֶשַׁע כֶּסֶל	*καὶ τοῦ γνῶναι* ἀσεβοῦς ἀφροσύνην	
7:27	אַחַת *לְאַחַת* לִמְצֹא חֶשְׁבּוֹן	μία *τῇ μιᾷ* τοῦ εὑρεῖν λογισμόν	
7:27	אַחַת לְאַחַת *לִמְצֹא* חֶשְׁבּוֹן	μία τῇ μιᾷ *τοῦ εὑρεῖν* λογισμόν	
8:8	*לִכְלוֹא* אֶת־הָרוּחַ	*τοῦ κωλῦσαι* σὺν τὸ πνεῦμα	
8:9	הָאָדָם בְּאָדָם *לְרַע* לוֹ	ὁ ἄνθρωπος ἐν ἀνθρώπῳ *τοῦ κακῶσαι* αὐτόν	=v
8:11	בָּהֶם *לַעֲשׂוֹת* רָע	ἐν αὐτοῖς *τοῦ ποιῆσαι* τὸ πονηρόν	
8:12	אֲשֶׁר יִהְיֶה־טּוֹב *לְיִרְאֵי* הָאֱלֹהִים	ὅτι ἔσται ἀγαθὸν *τοῖς φοβουμένοις* τὸν θεόν	
8:13	וְטוֹב לֹא־יִהְיֶה *לָרָשָׁע*	καὶ ἀγαθὸν οὐκ ἔσται *τῷ ἀσεβεῖ*	
8:15	אֲשֶׁר אֵין־טוֹב *לָאָדָם* תַּחַת הַשֶּׁמֶשׁ	ὅτι οὐκ ἔστιν ἀγαθὸν *τῷ ἀνθρώπῳ* ὑπὸ τὸν ἥλιον	
8:15	כִּי אִם־*לֶאֱכוֹל* וְלִשְׁתּוֹת	ὅτι εἰ μὴ *τοῦ φαγεῖν* καὶ τοῦ πιεῖν	
8:15	לֶאֱכוֹל *וְלִשְׁתּוֹת* וְלִשְׂמוֹחַ	τοῦ φαγεῖν *καὶ τοῦ πιεῖν* καὶ τοῦ εὐφρανθῆναι	
8:15	לֶאֱכוֹל וְלִשְׁתּוֹת *וְלִשְׂמוֹחַ*	τοῦ φαγεῖν καὶ τοῦ πιεῖν *καὶ τοῦ εὐφρανθῆναι*	
8:16	כַּאֲשֶׁר נָתַתִּי אֶת־לִבִּי *לָדַעַת* חָכְמָה	ἐν οἷς ἔδωκα τὴν καρδίαν μου *τοῦ γνῶναι* σοφίαν	
8:16	*וְלִרְאוֹת* אֶת־הָעִנְיָן אֲשֶׁר נַעֲשָׂה	*καὶ τοῦ ἰδεῖν* τὸν περισπασμὸν τὸν πεποιημένον	
8:17	כִּי לֹא יוּכַל הָאָדָם *לִמְצוֹא*	ὅτι οὐ δυνήσεται ἄνθρωπος *τοῦ εὑρεῖν*	
8:17	בְּשֶׁל אֲשֶׁר יַעֲמֹל הָאָדָם *לְבַקֵּשׁ*	ὅσα ἂν μοχθήσῃ ὁ ἄνθρωπος *τοῦ ζητῆσαι*	
8:17	וְגַם אִם־יֹאמַר הֶחָכָם *לָדַעַת*	καί γε ὅσα ἂν εἴπῃ ὁ σοφὸς *τοῦ γνῶναι*	
8:17	לֹא יוּכַל *לִמְצֹא*	οὐ δυνήσεται *τοῦ εὑρεῖν*	
9:2	מִקְרֶה אֶחָד *לַצַּדִּיק* וְלָרָשָׁע	συνάντημα ἓν *τῷ δικαίῳ* καὶ τῷ ἀσεβεῖ	
9:2	מִקְרֶה אֶחָד לַצַּדִּיק *וְלָרָשָׁע*	συνάντημα ἓν τῷ δικαίῳ *καὶ τῷ ἀσεβεῖ*	
9:2	*לַטּוֹב*	*τῷ ἀγαθῷ* καὶ τῷ κακῷ	
[9:2]	*לַטּוֹב*	τῷ ἀγαθῷ *καὶ τῷ κακῷ*	=ולרע
9:2	*וְלַטָּהוֹר* וְלַטָּמֵא	*καὶ τῷ καθαρῷ* καὶ τῷ ἀκαθάρτῳ	
9:2	וְלַטָּהוֹר *וְלַטָּמֵא*	καὶ τῷ καθαρῷ *καὶ τῷ ἀκαθάρτῳ*	

9:2	וְלַזֹּבֵחַ וְלַאֲשֶׁר אֵינֶנּוּ זֹבֵחַ	*καὶ τῷ θυσιάζοντι* καὶ τῷ μὴ θυσιάζοντι	
9:3	כִּי־מִקְרֶה אֶחָד לַכֹּל	ὅτι συνάντημα ἓν *τοῖς πᾶσιν*	
9:4	יֵשׁ בִּטָּחוֹן כִּי־לְכֶלֶב חַי הוּא טוֹב	ἔστιν ἐλπίς ὅτι *ὁ κύων* ὁ ζῶν αὐτὸς ἀγαθὸς	
9:10	כֹּל אֲשֶׁר תִּמְצָא יָדְךָ לַעֲשׂוֹת	πάντα ὅσα ἂν εὕρῃ ἡ χείρ σου *τοῦ ποιῆσαι*	
9:11	כִּי לֹא לַקַּלִּים הַמֵּרוֹץ	ὅτι οὐ *τοῖς κούφοις* ὁ δρόμος	
9:11	וְלֹא לַגִּבּוֹרִים הַמִּלְחָמָה	καὶ οὐ *τοῖς δυνατοῖς* ὁ πόλεμος	
9:11	וְגַם לֹא לַחֲכָמִים לֶחֶם	καί γε οὐ *τοῖς σοφοῖς* ἄρτος	
9:11	וְגַם לֹא לַנְּבֹנִים עֹשֶׁר	καί γε οὐ *τοῖς συνετοῖς* πλοῦτος	
9:11	וְגַם לֹא לַיֹּדְעִים חֵן	καί γε οὐ *τοῖς γινώσκουσιν* χάρις	
10:11	וְאֵין יִתְרוֹן לְבַעַל הַלָּשׁוֹן	καὶ οὐκ ἔστιν περισσεία *τῷ ἐπᾴδοντι*	
10:15	אֲשֶׁר לֹא־יָדַע לָלֶכֶת אֶל־עִיר	ὃς οὐκ ἔγνω *τοῦ πορευθῆναι* εἰς πόλιν	
11:2	תֶּן־חֵלֶק לְשִׁבְעָה וְגַם לִשְׁמוֹנָה	δὸς μερίδα *τοῖς ἑπτὰ* καί γε τοῖς ὀκτώ	
11:2	תֶּן־חֵלֶק לְשִׁבְעָה וְגַם לִשְׁמוֹנָה	δὸς μερίδα τοῖς ἑπτὰ καί γε *τοῖς ὀκτώ*	
11:7	וּמָתוֹק הָאוֹר וְטוֹב לַעֵינַיִם	καὶ γλυκὺ τὸ φῶς καὶ ἀγαθὸν *τοῖς ὀφθαλμοῖς*	
11:7	לִרְאוֹת אֶת־הַשָּׁמֶשׁ	*τοῦ βλέπειν* σὺν τὸν ἥλιον	
12:10	בִּקֵּשׁ קֹהֶלֶת לִמְצֹא	ἐζήτησεν ἐκκλησιαστὴς *τοῦ εὑρεῖν*	
לְ + אֲשֶׁר	*1*	*1%*	
9:2	וְלַזֹּבֵחַ וְלַאֲשֶׁר אֵינֶנּוּ זֹבֵחַ	καὶ τῷ θυσιάζοντι *καὶ τῷ* μὴ θυσιάζοντι	
מָה + שֶׁ	*1*	*1%*	
3:15	מַה־שֶּׁהָיָה כְּבָר הוּא	*τὸ γενόμενον* ἤδη ἐστίν	
עֵת	*1*	*1%*	
8:9	עֵת אֲשֶׁר שָׁלַט הָאָדָם בְּאָדָם	*τὰ ὅσα* ἐξουσιάσατο ὁ ἄνθρωπος ἐν ἀνθρώπῳ	=.() =את אשר
שֶׁ	*18*	*4%*	
1:9	מַה־שֶּׁהָיָה הוּא שֶׁיִּהְיֶה	τί *τὸ γεγονός* αὐτὸ τὸ γενησόμενον	
1:9	מַה־שֶּׁהָיָה הוּא שֶׁיִּהְיֶה	τί τὸ γεγονός αὐτὸ *τὸ γενησόμενον*	
1:9	וּמַה־שֶּׁנַּעֲשָׂה הוּא שֶׁיֵּעָשֶׂה	καὶ τί *τὸ πεποιημένον* αὐτὸ τὸ ποιηθησόμενον	
1:9	וּמַה־שֶּׁנַּעֲשָׂה הוּא שֶׁיֵּעָשֶׂה	καὶ τί τὸ πεποιημένον αὐτὸ *τὸ ποιηθησόμενον*	
1:11	עִם שֶׁיִּהְיוּ לָאַחֲרֹנָה	μετὰ *τῶν γενησομένων* εἰς τὴν ἐσχάτην	
1:14	רָאִיתִי אֶת־כָּל־הַמַּעֲשִׂים שֶׁנַּעֲשׂוּ	εἶδον σὺν πάντα τὰ ποιήματα *τὰ πεποιημένα*	
2:7	מִכֹּל שֶׁהָיוּ לְפָנַי	ὑπὲρ πάντας *τοὺς γενομένους* ἔμπροσθέν μου	
2:9	מִכֹּל שֶׁהָיָה לְפָנַי	παρὰ πάντας *τοὺς γενομένους* ἔμπροσθέν μου	
2:17	כִּי רַע עָלַי הַמַּעֲשֶׂה שֶׁנַּעֲשָׂה	ὅτι πονηρὸν ἐπ' ἐμὲ τὸ ποίημα *τὸ πεποιημένον*	
2:18	שֶׁאַנִּיחֶנּוּ לָאָדָם שֶׁיִּהְיֶה אַחֲרָי	ὅτι ἀφίω αὐτὸν τῷ ἀνθρώπῳ *τῷ γινομένῳ* μετ' ἐμέ	
2:26	כִּי לְאָדָם שֶׁטּוֹב לְפָנָיו	ὅτι τῷ ἀνθρώπῳ *τῷ ἀγαθῷ* πρὸ προσώπου αὐτοῦ	
4:2	שֶׁכְּבָר מֵתוּ מִן־הַחַיִּים	*τοὺς ἤδη* ἀποθανόντας ὑπὲρ τοὺς ζῶντας	
5:4	טוֹב אֲשֶׁר לֹא־תִדֹּר מִשֶּׁתִּדּוֹר	ἀγαθὸν τὸ μὴ εὔξασθαί σε ἢ *τὸ εὔξασθαί σε*	
6:10 שֶׁתַּקִּיף**	וְלֹא־יוּכַל לָדִין עִם *שֶׁהתַּקִּיף	καὶ οὐ δυνήσεται τοῦ κριθῆναι μετὰ *τοῦ ἰσχυροῦ*	
8:7	כִּי־אֵינֶנּוּ יֹדֵעַ מַה־שֶּׁיִּהְיֶה	ὅτι οὐκ ἔστιν γινώσκων τί *τὸ ἐσόμενον*	
9:12	כַּדָּגִים שֶׁנֶּאֱחָזִים בִּמְצוֹדָה רָעָה	ὡς οἱ ἰχθύες *οἱ θηρευόμενοι* ἐν ἀμφιβλήστρῳ κακῷ	
10:14	לֹא־יֵדַע הָאָדָם מַה־שֶּׁיִּהְיֶה	οὐκ ἔγνω ὁ ἄνθρωπος τί *τὸ γενόμενον*	
11:8	כִּי־הַרְבֵּה יִהְיוּ כָּל־שֶׁבָּא הָבֶל	ὅτι πολλαὶ ἔσονται πᾶν *τὸ ἐρχόμενον* ματαιότης	
ἕως + ὁ + νῦν	*1*		
עֲדֶן	*1*	*1%*	
4:2	אֲשֶׁר הֵמָּה חַיִּים עֲדֶנָה	ὅσοι αὐτοὶ ζῶσιν *ἕως τοῦ νῦν*	
ὁ + παρά	*1*		
בַּעַל	*1*	*1%*	
7:12	תְּחַיֶּה בְעָלֶיהָ	ζωοποιήσει *τὸν παρ ' αὐτῆς*	
τίς + ὁ	*1*		
אֲשֶׁר	*1*	*1%*	
10:14	וַאֲשֶׁר יִהְיֶה מֵאַחֲרָיו	καὶ *τί τὸ* ἐσόμενον ὀπίσω αὐτοῦ	
ὁδηγέω	*Occurrences: 1*		
נָהַג	*1*	*100%*	
2:3	וְלִבִּי נֹהֵג בַּחָכְמָה	καὶ καρδία μου *ὡδήγησεν* ἐν σοφίᾳ	

ὁδός   Occurrences: 4

דֶּרֶךְ   4   100%
10:3   וְגַם־בַּדֶּרֶךְ *כְּשֶׁהַסָּכָל **כְּשֶׁסָּכָל הֹלֵךְ   καί γε ἐν ὁδῷ ὅταν ἄφρων πορεύηται
11:5   כַּאֲשֶׁר אֵינְךָ יוֹדֵעַ מַה־דֶּרֶךְ הָרוּחַ   ἐν οἷς οὐκ ἔστιν γινώσκων τίς ἡ ὁδὸς τοῦ πνεύματος
11:9   וְהַלֵּךְ בְּדַרְכֵי לִבְּךָ   καὶ περιπάτει ἐν ὁδοῖς καρδίας σου
12:5   גַּם מִגָּבֹהַּ יִרָאוּ וְחַתְחַתִּים בַּדֶּרֶךְ   καί γε ἀπὸ ὕψους ὄψονται καὶ θάμβοι ἐν τῇ ὁδῷ

οἶδα   Occurrences: 6

| יָדַע | 5 | 100% |
| --- | 1 | |

- - -   1
8:1   מִי כְּהֶחָכָם וּמִי יוֹדֵעַ פֵּשֶׁר דָּבָר   τίς οἶδεν σοφούς καὶ τίς οἶδεν λύσιν ῥήματος   =;?יודע
יָדַע   5   100%
2:19   וּמִי יוֹדֵעַ הֶחָכָם יִהְיֶה אוֹ סָכָל   καὶ τίς οἶδεν εἰ σοφὸς ἔσται ἢ ἄφρων
3:21   מִי יוֹדֵעַ רוּחַ בְּנֵי הָאָדָם   καὶ τίς οἶδεν πνεῦμα υἱῶν τοῦ ἀνθρώπου
6:8   מַה־לֶּעָנִי יוֹדֵעַ לַהֲלֹךְ נֶגֶד הַחַיִּים   διότι ὁ πένης οἶδεν πορευθῆναι κατέναντι τῆς ζωῆς
6:12   כִּי מִי־יוֹדֵעַ מַה־טּוֹב לָאָדָם בַּחַיִּים   ὅτι τίς οἶδεν τί ἀγαθὸν τῷ ἀνθρώπῳ ἐν τῇ ζωῇ
[8:1] מִי כְּהֶחָכָם וּמִי יוֹדֵעַ פֵּשֶׁר דָּבָר   τίς οἶδεν σοφούς καὶ τίς οἶδεν λύσιν ῥήματος   =;?יודע
8:1   מִי כְּהֶחָכָם וּמִי יוֹדֵעַ פֵּשֶׁר דָּבָר   τίς οἶδεν σοφούς καὶ τίς οἶδεν λύσιν ῥήματος

οἰκία   Occurrences: 2

בַּיִת   2   100%
10:18 וּבְשִׁפְלוּת יָדַיִם יִדְלֹף הַבָּיִת   καὶ ἐν ἀργίᾳ χειρῶν στάξει ἡ οἰκία
12:3   בַּיּוֹם שֶׁיָּזֻעוּ שֹׁמְרֵי הַבַּיִת   ἐν ἡμέρᾳ ᾗ ἐὰν σαλευθῶσιν φύλακες τῆς οἰκίας

οἰκογενής   Occurrences: 1

בֵּן + בַּיִת   1   100%
2:7   וּבְנֵי־בַיִת הָיָה לִי   καὶ οἰκογενεῖς ἐγένοντό μοι

οἰκοδομέω   Occurrences: 3

בָּנָה   3   100%
2:4   בָּנִיתִי לִי בָּתִּים   ᾠκοδόμησά μοι οἴκους
3:3   עֵת לִפְרוֹץ וְעֵת לִבְנוֹת   καιρὸς τοῦ καθελεῖν καὶ καιρὸς τοῦ οἰκοδομῆσαι
9:14   וּבָנָה עָלֶיהָ מְצוֹדִים גְּדֹלִים   καὶ οἰκοδομήσῃ ἐπ' αὐτὴν χάρακας μεγάλους

οἶκος   Occurrences: 8

בַּיִת   8   100%
2:4   בָּנִיתִי לִי בָּתִּים   ᾠκοδόμησά μοι οἴκους
4:14   כִּי־מִבֵּית הָסוּרִים יָצָא   ὅτι ἐξ οἴκου τῶν δεσμίων ἐξελεύσεται
4:17   כַּאֲשֶׁר תֵּלֵךְ אֶל־בֵּית הָאֱלֹהִים   ἐν ᾧ ἐὰν πορεύῃ εἰς οἶκον τοῦ θεοῦ
7:2   טוֹב לָלֶכֶת אֶל־בֵּית־אֵבֶל   ἀγαθὸν πορευθῆναι εἰς οἶκον πένθους
7:2   מִלֶּכֶת אֶל־בֵּית מִשְׁתֶּה   ἢ ὅτι πορευθῆναι εἰς οἶκον πότου
7:4   לֵב חֲכָמִים בְּבֵית אֵבֶל   καρδία σοφῶν ἐν οἴκῳ πένθους
7:4   וְלֵב כְּסִילִים בְּבֵית שִׂמְחָה   καὶ καρδία ἀφρόνων ἐν οἴκῳ εὐφροσύνης
12:5   כִּי־הֹלֵךְ הָאָדָם אֶל־בֵּית עוֹלָמוֹ   ὅτι ἐπορεύθη ὁ ἄνθρωπος εἰς οἶκον αἰῶνος αὐτοῦ

οἶνος   Occurrences: 3

יַיִן   3   100%
2:3   לִמְשׁוֹךְ בַּיַּיִן אֶת־בְּשָׂרִי   τοῦ ἑλκύσαι εἰς οἶνον τὴν σάρκα μου
9:7   וּשְׁתֵה בְלֶב־טוֹב יֵינֶךָ   καὶ πίε ἐν καρδίᾳ ἀγαθῇ οἶνόν σου
10:19 וְיַיִן יְשַׂמַּח חַיִּים   καὶ οἶνος εὐφραίνει ζῶντας

οἰνοχόος *Occurrences: 2*

שִׁדָּה 2 *100%*

2:8 שִׁדָּה וְשִׁדּוֹת *οἰνοχόον* καὶ οἰνοχόας =v

2:8 שִׁדָּה וְשִׁדּוֹת οἰνοχόον καὶ *οἰνοχόας* =v

ὀκνηρία *Occurrences: 1*

עֲצַלְתַּיִם *1* *100%*

10:18 בַּעֲצַלְתַּיִם יִמַּךְ הַמְּקָרֶה ἐν *ὀκνηρίαις* ταπεινωθήσεται ἡ δόκωσις

ὀκτώ *Occurrences: 1*

שְׁמֹנֶה *1* *100%*

11:2 תֶּן־חֵלֶק לְשִׁבְעָה וְגַם לִשְׁמוֹנָה δὸς μερίδα τοῖς ἑπτὰ καί γε *τοῖς ὀκτώ*

ὀλίγος *Occurrences: 4*

מְעַט	*3*	*100%*
- - -	*1*	

- - - *1*

10:1 יָקָר מעט מֵחָכְמָה מִכָּבוֹד סִכְלוּת מְעָט τίμιον *ὀλίγον* σοφίας ὑπὲρ δόξαν ἀφροσύνης μεγάλης =;מעט

מְעַט *3* *100%*

5:1 עַל־כֵּן יִהְיוּ דְבָרֶיךָ מְעַטִּים ἐπὶ τούτῳ ἔστωσαν οἱ λόγοι σου *ὀλίγοι*

5:11 אִם־מְעַט וְאִם־הַרְבֵּה יֹאכֵל εἰ *ὀλίγον* καὶ εἰ πολὺ φάγεται

9:14 עִיר קְטַנָּה וַאֲנָשִׁים בָּהּ מְעָט πόλις μικρὰ καὶ ἄνδρες ἐν αὐτῇ *ὀλίγοι*

[10:1] יָקָר מעט מֵחָכְמָה מִכָּבוֹד סִכְלוּת מְעָט τίμιον *ὀλίγον* σοφίας ὑπὲρ δόξαν ἀφροσύνης μεγάλης =; מעט

ὀλιγόω *Occurrences: 1*

מָעַט *1* *100%*

12:3 וּבָטְלוּ הַטֹּחֲנוֹת כִּי מִעֵטוּ καὶ ἤργησαν αἱ ἀλήθουσαι ὅτι *ὠλιγώθησαν*

ὄλλυμι/ἀπο *Occurrences: 6*

אָבַד *6* *100%*

3:6 עֵת לְבַקֵּשׁ וְעֵת לְאַבֵּד καιρὸς τοῦ ζητῆσαι καὶ καιρὸς *τοῦ ἀπολέσαι*

5:13 וְאָבַד הָעֹשֶׁר הַהוּא בְּעִנְיַן *καὶ ἀπολεῖται* ὁ πλοῦτος ἐκεῖνος ἐν περισπασμῷ

7:7 וִיאַבֵּד אֶת־לֵב מַתָּנָה καὶ *ἀπόλλυσι* τὴν καρδίαν εὐτονίας αὐτοῦ

7:15 יֵשׁ צַדִּיק אֹבֵד בְּצִדְקוֹ ἔστιν δίκαιος *ἀπολλύμενος* ἐν δικαίῳ αὐτοῦ

9:6 גַּם־קִנְאָתָם כְּבָר אָבָדָה καί γε ζῆλος αὐτῶν ἤδη *ἀπώλετο*

9:18 וְחוֹטֶא אֶחָד יְאַבֵּד טוֹבָה הַרְבֵּה καὶ ἁμαρτάνων εἷς *ἀπολέσει* ἀγαθωσύνην πολλήν

ὀμνύω *Occurrences: 1*

שָׁבַע *1* *100%*

9:2 הַנִּשְׁבָּע כַּאֲשֶׁר שְׁבוּעָה יָרֵא ὡς ὁ *ὀμνύων* καθὼς ὁ τὸν ὅρκον φοβούμενος =%p

ὄνομα *Occurrences: 3*

שֵׁם *3* *100%*

6:4 וּבַחֹשֶׁךְ שְׁמוֹ יְכֻסֶּה καὶ ἐν σκότει *ὄνομα αὐτοῦ* καλυφθήσεται

6:10 מַה־שֶּׁהָיָה כְּבָר נִקְרָא שְׁמוֹ εἴ τι ἐγένετο ἤδη κέκληται *ὄνομα αὐτοῦ*

7:1 טוֹב שֵׁם מִשֶּׁמֶן טוֹב ἀγαθὸν *ὄνομα* ὑπὲρ ἔλαιον ἀγαθὸν

ὀπή *Occurrences: 1*

אֲרֻבָּה *1* *100%*

12:3 וְחָשְׁכוּ הָרֹאוֹת בָּאֲרֻבּוֹת καὶ σκοτάσουσιν αἱ βλέπουσαι *ἐν ταῖς ὀπαῖς*

ὀπίσω *Occurrences: 6*

אַחֲרֵי	4	67%
אַחַר	1	17%
מִן + אַחֲרֵי	1	17%

אַחַר	1	17%	
12:2	וְשָׁבוּ הֶעָבִים אַחַר הַגָּשֶׁם	καὶ ἐπιστρέψωσιν τὰ νέφη *ὀπίσω* τοῦ ὑετοῦ	
אַחֲרֵי	4	67%	
2:12	הָאָדָם שֶׁיָּבוֹא אַחֲרֵי הַמֶּלֶךְ	ὁ ἄνθρωπος ὃς ἐπελεύσεται *ὀπίσω* τῆς βουλῆς	
6:12	מַה־יִּהְיֶה אַחֲרָיו תַּחַת הַשָּׁמֶשׁ	τί ἔσται *ὀπίσω αὐτοῦ* ὑπὸ τὸν ἥλιον	
7:14	שֶׁלֹּא יִמְצָא הָאָדָם אַחֲרָיו מְאוּמָה	ἵνα μὴ εὕρῃ ὁ ἄνθρωπος *ὀπίσω αὐτοῦ* μηδέν	
9:3	וְאַחֲרָיו אֶל־הַמֵּתִים	*καὶ ὀπίσω αὐτῶν* πρὸς τοὺς νεκρούς	
מִן + אַחֲרֵי	1	17%	
10:14	וַאֲשֶׁר יִהְיֶה מֵאַחֲרָיו	καὶ τί τὸ ἐσόμενον *ὀπίσω αὐτοῦ*	

ὅπου *Occurrences: 1*

אֲשֶׁר	1	100%	
9:10	וְחָכְמָה בִּשְׁאוֹל אֲשֶׁר אַתָּה הֹלֵךְ שָׁמָּה	καὶ σοφία ἐν ᾄδῃ *ὅπου* σὺ πορεύῃ ἐκεῖ	

ὅπως *Occurrences: 4*

אֲשֶׁר	4	100%	
3:11	מִבְּלִי אֲשֶׁר לֹא־יִמְצָא הָאָדָם אֶת־הַמַּעֲשֶׂה	*ὅπως* μὴ εὕρῃ ὁ ἄνθρωπος τὸ ποίημα	
7:21	אֲשֶׁר לֹא־תִשְׁמַע אֶת־עַבְדְּךָ מְקַלְלֶךָ	*ὅπως* μὴ ἀκούσῃς τοῦ δούλου σου καταρωμένου σε	
7:22	אֲשֶׁר גַּם־*אַתְּ **אַתָּה קִלַּלְתָּ אֲחֵרִים	*ὅπως* καί γε σὺ κατηράσω ἑτέρους	
8:12	אֲשֶׁר יִירְאוּ מִלְּפָנָיו	*ὅπως* φοβῶνται ἀπὸ προσώπου αὐτοῦ	

ὅραμα *Occurrences: 1*

מַרְאֶה	1	100%	
6:9	טוֹב מַרְאֵה עֵינַיִם מֵהֲלָךְ־נָפֶשׁ	ἀγαθὸν *ὅραμα* ὀφθαλμῶν ὑπὲρ πορευόμενον ψυχῇ	

ὅρασις *Occurrences: 1*

מַרְאֶה	1	100%	
11:9	וּבְמַרְאֵי עֵינֶיךָ	*καὶ ἐν ὁράσει* ὀφθαλμῶν σου	

ὁράω *Occurrences: 45*

רָאָה	40	87%
יָדַע	2	4%
זֶה	1	2%
יָרֵא	1	2%
ראית/רְאוּת	1	2%

זֶה	1	2%		
9:1	וְלָבוּר אֶת־כָּל־זֶה	καὶ καρδία μου σὺν πᾶν *εἶδεν τοῦτο*	=?d	=?חזה
יָדַע	2	4%		
4:17	כִּי־אֵינָם יוֹדְעִים לַעֲשׂוֹת רָע	ὅτι οὐκ εἰσιν *εἰδότες* τοῦ ποιῆσαι κακόν		
9:1	גַּם־אַהֲבָה גַּם־שִׂנְאָה אֵין יוֹדֵעַ	καί γε ἀγάπην καί γε μῖσος οὐκ ἔστιν *εἰδώς*		
יָרֵא	1	2%		
12:5	גַּם מִגָּבֹהַּ יִרָאוּ וְחַתְחַתִּים בַּדֶּרֶךְ	καί γε ἀπὸ ὕψους *ὄψονται* καὶ θάμβοι ἐν τῇ ὁδῷ	=v	=@ראה
רָאָה	40	87%		
1:8	לֹא־תִשְׂבַּע עַיִן לִרְאוֹת	καὶ οὐκ ἐμπλησθήσεται ὀφθαλμὸς τοῦ *ὁρᾶν*		
1:10	יֵשׁ דָּבָר שֶׁיֹּאמַר רְאֵה־זֶה חָדָשׁ הוּא	ὃς λαλήσει καὶ ἐρεῖ *ἰδὲ* τοῦτο καινόν ἐστιν		
1:14	רָאִיתִי אֶת־כָּל־הַמַּעֲשִׂים שֶׁנַּעֲשׂוּ	*εἶδον* σὺν πάντα τὰ ποιήματα τὰ πεποιημένα		
1:16	וְלִבִּי רָאָה הַרְבֵּה חָכְמָה וָדָעַת	καὶ καρδία μου *εἶδεν* πολλά σοφίαν καὶ γνῶσιν		
2:1	אֲנַסְּכָה בְשִׂמְחָה וּרְאֵה בְטוֹב	πειράσω σε ἐν εὐφροσύνῃ *καὶ ἰδὲ* ἐν ἀγαθῷ		

2:3 עַד אֲשֶׁר־אֶרְאֶה אֵי־זֶה טוֹב ἕως οὗ *ἴδω* ποῖον τὸ ἀγαθὸν
2:12 וּפָנִיתִי אֲנִי לִרְאוֹת חָכְמָה καὶ ἐπέβλεψα ἐγὼ *τοῦ ἰδεῖν* σοφίαν
2:13 וְרָאִיתִי אָנִי שֶׁיֵּשׁ יִתְרוֹן לַחָכְמָה *καὶ εἶδον* ἐγὼ ὅτι ἔστιν περισσεία τῇ σοφίᾳ
2:24 גַּם־זֹה רָאִיתִי אָנִי καί γε τοῦτο *εἶδον* ἐγὼ
3:10 רָאִיתִי אֶת־הָעִנְיָן אֲשֶׁר נָתַן אֱלֹהִים *εἶδον* σὺν τὸν περισπασμόν ὃν ἔδωκεν ὁ θεὸς
3:13 וְרָאָה טוֹב בְּכָל־עֲמָלוֹ *καὶ ἴδῃ* ἀγαθὸν ἐν παντὶ μόχθῳ αὐτοῦ
3:16 וְעוֹד רָאִיתִי תַּחַת הַשָּׁמֶשׁ καὶ ἔτι *εἶδον* ὑπὸ τὸν ἥλιον
3:22 וְרָאִיתִי כִּי אֵין טוֹב *καὶ εἶδον* ὅτι οὐκ ἔστιν ἀγαθὸν
3:22 כִּי מִי יְבִיאֶנּוּ לִרְאוֹת בְּמֶה שֶׁיִּהְיֶה ὅτι τίς ἄξει αὐτὸν *τοῦ ἰδεῖν* ἐν ᾧ ἐὰν γένηται
4:1 וְשַׁבְתִּי אֲנִי וָאֶרְאֶה καὶ ἐπέστρεψα ἐγὼ *καὶ εἶδον*
4:3 אֲשֶׁר לֹא־רָאָה אֶת־הַמַּעֲשֶׂה הָרָע ὃς οὐκ *εἶδεν* σὺν τὸ ποίημα τὸ πονηρὸν
4:4 וְרָאִיתִי אֲנִי אֶת־כָּל־עָמָל *καὶ εἶδον* ἐγὼ σὺν πάντα τὸν μόχθον
4:7 וְשַׁבְתִּי אֲנִי וָאֶרְאֶה הֶבֶל καὶ ἐπέστρεψα ἐγὼ *καὶ εἶδον* ματαιότητα
4:15 רָאִיתִי אֶת־כָּל־הַחַיִּים הַמְהַלְּכִים *εἶδον* σὺν πάντας τοὺς ζῶντας τοὺς περιπατοῦντας
5:7 וְגֵזֶל מִשְׁפָּט וָצֶדֶק תִּרְאֶה בַמְּדִינָה καὶ ἁρπαγὴν κρίματος καὶ δικαιοσύνης *ἴδῃς* ἐν χώρᾳ
5:12 יֵשׁ רָעָה חוֹלָה רָאִיתִי תַּחַת הַשָּׁמֶשׁ ἔστιν ἀρρωστία ἣν *εἶδον* ὑπὸ τὸν ἥλιον
5:17 הִנֵּה אֲשֶׁר־רָאִיתִי אָנִי טוֹב אֲשֶׁר־יָפֶה ἰδοὺ ὃ *εἶδον* ἐγὼ ἀγαθόν ὅ ἐστιν καλόν
5:17 לֶאֱכוֹל־וְלִשְׁתּוֹת וְלִרְאוֹת τοῦ φαγεῖν καὶ τοῦ πιεῖν *καὶ τοῦ ἰδεῖν*
6:1 יֵשׁ רָעָה אֲשֶׁר רָאִיתִי תַּחַת הַשָּׁמֶשׁ ἔστιν πονηρία ἣν *εἶδον* ὑπὸ τὸν ἥλιον
6:5 גַּם־שֶׁמֶשׁ לֹא־רָאָה וְלֹא יָדָע καί γε ἥλιον οὐκ *εἶδεν* καὶ οὐκ ἔγνω
6:6 וְטוֹבָה לֹא רָאָה καὶ ἀγαθωσύνην οὐκ *εἶδεν*
7:13 רְאֵה אֶת־מַעֲשֵׂה הָאֱלֹהִים *ἰδὲ* τὰ ποιήματα τοῦ θεοῦ
7:14 וּבְיוֹם רָעָה רְאֵה καὶ ἐν ἡμέρᾳ κακίας *ἰδέ*
7:15 אֶת־הַכֹּל רָאִיתִי בִּימֵי הֶבְלִי σὺν τὰ πάντα *εἶδον* ἐν ἡμέραις ματαιότητός μου
7:27 רְאֵה זֶה מָצָאתִי אָמְרָה קֹהֶלֶת *ἰδὲ* τοῦτο εὗρον εἶπεν ὁ ἐκκλησιαστής
7:29 לְבַד רְאֵה־זֶה מָצָאתִי πλὴν *ἰδὲ* τοῦτο εὗρον
8:9 אֶת־כָּל־זֶה רָאִיתִי καὶ σὺν πᾶν τοῦτο *εἶδον*
8:10 וּבְכֵן רָאִיתִי רְשָׁעִים קְבֻרִים וָבָאוּ καὶ τότε *εἶδον* ἀσεβεῖς {ρεὶς} τάφους εἰσαχθέντας
8:16 וְלִרְאוֹת אֶת־הָעִנְיָן אֲשֶׁר נַעֲשָׂה *καὶ τοῦ ἰδεῖν* τὸν περισπασμὸν τὸν πεποιημένον
8:17 וְרָאִיתִי אֶת־כָּל־מַעֲשֵׂה הָאֱלֹהִים *καὶ εἶδον* σὺν πάντα τὰ ποιήματα τοῦ θεοῦ
9:9 רְאֵה חַיִּים עִם־אִשָּׁה אֲשֶׁר־אָהַבְתָּ *ἰδὲ* ζωὴν μετὰ γυναικός ἧς ἠγάπησας
9:11 שַׁבְתִּי וְרָאֹה תַחַת־הַשֶּׁמֶשׁ ἐπέστρεψα *καὶ εἶδον* ὑπὸ τὸν ἥλιον
9:13 גַּם־זֹה רָאִיתִי חָכְמָה תַּחַת הַשָּׁמֶשׁ καί γε τοῦτο *εἶδον* σοφίαν ὑπὸ τὸν ἥλιον
10:5 יֵשׁ רָעָה רָאִיתִי תַּחַת הַשָּׁמֶשׁ כִּשְׁגָגָה ἔστιν πονηρία ἣν *εἶδον* ὑπὸ τὸν ἥλιον ὡς ἀκούσιον
10:7 רָאִיתִי עֲבָדִים עַל־סוּסִים *εἶδον* δούλους ἐφ' ἵππους
[12:5] גַּם מִגָּבֹהַּ יִרָאוּ וְחַתְחַתִּים בַּדֶּרֶךְ καί γε ἀπὸ ὕψους *ὄψονται* καὶ θάμβοι ἐν τῇ ὁδῷ =v =@ראה

ראית/רְאוּת *1* *2%*
5:10 כִּי אִם־*רְאִית **רְאוּת עֵינָיו ὅτι ἀλλ' ἢ *τοῦ ὁρᾶν* ὀφθαλμοῖς αὐτοῦ **

ὁράω/παρα *Occurrences: 1*

עָלַם *1* *100%*
12:14 עַל כָּל־נֶעְלָם ἐν παντὶ *παρεωραμένῳ*

ὀργίζω *Occurrences: 1*

קָצַף *1* *100%*
5:5 לָמָּה יִקְצֹף הָאֱלֹהִים עַל־קוֹלֶךָ ἵνα μὴ *ὀργισθῇ* ὁ θεὸς ἐπὶ φωνῇ σου

ὅρκος *Occurrences: 2*

שְׁבוּעָה *2* *100%*
8:2 וְעַל דִּבְרַת שְׁבוּעַת אֱלֹהִים καὶ περὶ λόγου *ὅρκου* θεοῦ
9:2 הַנִּשְׁבָּע כַּאֲשֶׁר שְׁבוּעָה יָרֵא ὡς ὁ ὀμνύων καθὼς *ὁ τὸν ὅρκον* φοβούμενος

ὄρνεον *Occurrences: 1*

צִפּוֹר *1* *100%*
9:12 וְכַצִּפֳּרִים הָאֲחֻזוֹת בַּפָּח *καὶ ὡς ὄρνεα* τὰ θηρευόμενα ἐν παγίδι

ὀρύσσω	*Occurrences: 1*	
חֹפֵר	*1*	*100%*
10:8	חֹפֵר גּוּמָּץ בּוֹ יִפּוֹל	ὁ *ὀρύσσων* βόθρον ἐν αὐτῷ ἐμπεσεῖται
ὀρχέομαι	*Occurrences: 1*	
רְקֹד	*1*	*100%*
3:4	עֵת סְפוֹד וְעֵת רְקוֹד	καιρὸς τοῦ κόψασθαι καὶ καιρὸς *τοῦ ὀρχήσασθαι*
ὅς	*Occurrences: 70*	

אֲשֶׁר	*36*	*51%*
שֶׁ	*20*	*29%*
- - -	*5*	
יֵשׁ	*1*	*2%*
מָה	*1*	*2%*
ὅς + ἐάν	*4*	
אֲשֶׁר	*2*	*3%*
שֶׁ	*2*	*3%*
ὅς + ἄν	*1*	
אֲשֶׁר	*1*	*2%*
ὅς + εἰμί	*1*	
אֲשֶׁר	*1*	*2%*
ὅς + παρά	*1*	
בַּעַל	*1*	*2%*
ὅς + τις	*1*	
שֶׁ	*1*	*2%*

- - -	*5*	
2:24	שֶׁיֹּאכַל *וְשָׁתָה* וְהֶרְאָה אֶת־נַפְשׁוֹ	ὃ φάγεται *καὶ ὃ πίεται* καὶ ὃ δείξει τῇ ψυχῇ αὐτοῦ
2:24	*וְהֶרְאָה* אֶת־נַפְשׁוֹ טוֹב בַּעֲמָלוֹ	*καὶ ὃ δείξει* τῇ ψυχῇ αὐτοῦ ἀγαθὸν ἐν μόχθῳ αὐτοῦ
5:12	יֵשׁ רָעָה חוֹלָה רָאִיתִי תַּחַת הַשָּׁמֶשׁ	ἔστιν ἀρρωστία ἣν *εἶδον* ὑπὸ τὸν ἥλιον
10:3	וְאָמַר לַכֹּל סָכָל הוּא	*καὶ ἃ λογιεῖται* πάντα ἀφροσύνη ἐστίν
10:5	יֵשׁ רָעָה רָאִיתִי תַּחַת הַשָּׁמֶשׁ כִּשְׁגָגָה	ἔστιν πονηρία ἣν εἶδον ὑπὸ τὸν ἥλιον ὡς ἀκούσιον
אֲשֶׁר	*36*	*51%*
1:16	עַל כָּל־אֲשֶׁר־*הָיָה* לְפָנַי עַל־יְרוּשָׁלִָם	ἐπὶ πᾶσιν *οἳ ἐγένοντο* ἔμπροσθέν μου ἐν Ιερουσαλημ
2:3	עַד אֲשֶׁר־אֶרְאֶה אֵי־זֶה טוֹב	ἕως *οὗ* ἴδω ποῖον τὸ ἀγαθὸν
2:3	טוֹב לִבְנֵי הָאָדָם אֲשֶׁר יַעֲשׂוּ	τὸ ἀγαθὸν τοῖς υἱοῖς τοῦ ἀνθρώπου *ὃ* ποιήσουσιν
2:10	וְכֹל אֲשֶׁר שָׁאֲלוּ עֵינַי	καὶ πᾶν *ὃ* ᾔτησαν οἱ ὀφθαλμοί μου
3:9	מַה־יִּתְרוֹן הָעוֹשֶׂה בַּאֲשֶׁר הוּא עָמֵל	τίς περισσεία τοῦ ποιοῦντος *ἐν οἷς* αὐτὸς μοχθεῖ
3:10	רָאִיתִי אֶת־הָעִנְיָן אֲשֶׁר נָתַן אֱלֹהִים	εἶδον σὺν τὸν περισπασμόν *ὃν* ἔδωκεν ὁ θεὸς
3:11	אֲשֶׁר־עָשָׂה הָאֱלֹהִים מֵרֹאשׁ וְעַד־סוֹף	*ὃ* ἐποίησεν ὁ θεός ἀπ' ἀρχῆς καὶ μέχρι τέλους
3:22	מֵאֲשֶׁר יִשְׂמַח הָאָדָם	*εἰ μὴ ὃ* εὐφρανθήσεται ὁ ἄνθρωπος
4:3	אֲשֶׁר לֹא־רָאָה אֶת־הַמַּעֲשֶׂה הָרָע	*ὃς* οὐκ εἶδεν σὺν τὸ ποίημα τὸ πονηρὸν
4:9	אֲשֶׁר יֵשׁ־לָהֶם שָׂכָר טוֹב בַּעֲמָלָם	*οἷς* ἔστιν αὐτοῖς μισθὸς ἀγαθὸς ἐν μόχθῳ αὐτῶν
4:13	אֲשֶׁר לֹא־יָדַע לְהִזָּהֵר עוֹד	*ὃς* οὐκ ἔγνω τοῦ προσέχειν ἔτι
4:15	אֲשֶׁר יַעֲמֹד תַּחְתָּיו	*ὃς* στήσεται ἀντ' αὐτοῦ
5:17	הִנֵּה אֲשֶׁר־רָאִיתִי אָנִי טוֹב אֲשֶׁר־יָפֶה	ἰδοὺ *ὃ* εἶδον ἐγὼ ἀγαθόν *ὅ* ἐστιν καλόν
5:17	יְמֵי־חַיָּו אֲשֶׁר־נָתַן־לוֹ הָאֱלֹהִים	ἡμερῶν ζωῆς αὐτοῦ *ὧν* ἔδωκεν αὐτῷ ὁ θεός
5:18	גַּם כָּל־הָאָדָם אֲשֶׁר נָתַן־לוֹ הָאֱלֹהִים	καί γε πᾶς ὁ ἄνθρωπος *ᾧ* ἔδωκεν αὐτῷ ὁ θεὸς
6:1	יֵשׁ רָעָה אֲשֶׁר רָאִיתִי תַּחַת הַשָּׁמֶשׁ	ἔστιν πονηρία *ἣν* εἶδον ὑπὸ τὸν ἥλιον
6:2	אִישׁ אֲשֶׁר יִתֶּן־לוֹ הָאֱלֹהִים עֹשֶׁר	ἀνήρ *ᾧ* δώσει αὐτῷ ὁ θεὸς πλοῦτον
6:2	מִכֹּל אֲשֶׁר־יִתְאַוֶּה	ἀπὸ πάντων *ὧν* ἐπιθυμήσει
6:10	וְנוֹדָע אֲשֶׁר־הוּא אָדָם	καὶ ἐγνώσθη *ὅ* ἐστιν ἄνθρωπος
7:20	אֲשֶׁר יַעֲשֶׂה־טּוֹב וְלֹא יֶחֱטָא	*ὃς* ποιήσει ἀγαθὸν καὶ οὐχ ἁμαρτήσεται
7:21	גַּם לְכָל־הַדְּבָרִים אֲשֶׁר יְדַבֵּרוּ	καί γε εἰς πάντας τοὺς λόγους *οὓς* λαλήσουσιν
7:28	אֲשֶׁר עוֹד־בִּקְשָׁה נַפְשִׁי וְלֹא מָצָאתִי	*ὃν* ἔτι ἐζήτησεν ἡ ψυχή μου καὶ οὐχ εὗρον
7:29	אֲשֶׁר עָשָׂה הָאֱלֹהִים אֶת־הָאָדָם יָשָׁר	*ὃ* ἐποίησεν ὁ θεὸς σὺν τὸν ἄνθρωπον εὐθῆ

8:9	לְכָל־מַעֲשֶׂה אֲשֶׁר נַעֲשָׂה תַּחַת הַשָּׁמֶשׁ	εἰς πᾶν ποίημα *ὃ* πεποίηται ὑπὸ τὸν ἥλιον	
8:12	אֲשֶׁר חֹטֶא עֹשֶׂה רָע מְאַת	*ὃς* ἥμαρτεν ἐποίησεν τὸ πονηρὸν ἀπὸ τότε	
8:13	אֲשֶׁר אֵינֶנּוּ יָרֵא מִלִּפְנֵי אֱלֹהִים	ὃς οὐκ ἔστιν φοβούμενος ἀπὸ προσώπου τοῦ θεοῦ	
8:14	יֶשׁ־הֶבֶל אֲשֶׁר נַעֲשָׂה עַל־הָאָרֶץ	ἔστιν ματαιότης *ἣ* πεποίηται ἐπὶ τῆς γῆς	
8:16	כַּאֲשֶׁר נָתַתִּי אֶת־לִבִּי לָדַעַת חָכְמָה	*ἐν οἷς* ἔδωκα τὴν καρδίαν μου τοῦ γνῶναι σοφίαν	=%p
9:4	כִּי־מִי אֲשֶׁר *יִבָּחֵר **יְחֻבַּר אֶל כָּל־הַחַיִּים	ὅτι τίς *ὃς* κοινωνεῖ πρὸς πάντας τοὺς ζῶντας	
9:9	רְאֵה חַיִּים עִם־אִשָּׁה אֲשֶׁר־אָהַבְתָּ	ἰδὲ ζωὴν μετὰ γυναικός *ἧς* ἠγάπησας	
9:9	וּבַעֲמָלְךָ אֲשֶׁר־אַתָּה עָמֵל תַּחַת הַשָּׁמֶשׁ	καὶ ἐν τῷ μόχθῳ σου *ᾧ* σὺ μοχθεῖς ὑπὸ τὸν ἥλιον	
10:15	אֲשֶׁר לֹא־יָדַע לָלֶכֶת אֶל־עִיר	*ὃς* οὐκ ἔγνω τοῦ πορευθῆναι εἰς πόλιν	
11:5	כַּאֲשֶׁר אֵינְךָ יוֹדֵעַ מַה־דֶּרֶךְ הָרוּחַ	*ἐν οἷς* οὐκ ἔστιν γινώσκων τίς ἡ ὁδὸς τοῦ πνεύματος	=%p
12:1	וְהִגִּיעוּ שָׁנִים אֲשֶׁר תֹּאמַר	καὶ φθάσωσιν ἔτη *ἐν οἷς* ἐρεῖς	
12:2	עַד אֲשֶׁר לֹא־תֶחְשַׁךְ הַשֶּׁמֶשׁ	*ἕως οὗ* μὴ σκοτισθῇ ὁ ἥλιος	
12:7	תָּשׁוּב אֶל־הָאֱלֹהִים אֲשֶׁר נְתָנָהּ	ἐπιστρέψῃ πρὸς τὸν θεόν *ὃς* ἔδωκεν αὐτό	
יֵשׁ	*1*	*2%*	
1:10	יֵשׁ דָּבָר שֶׁיֹּאמַר רְאֵה־זֶה חָדָשׁ הוּא	*ὃς* λαλήσει καὶ ἐρεῖ ἰδὲ τοῦτο καινόν ἐστιν	
מָה	*1*	*2%*	
3:22	כִּי מִי יְבִיאֶנּוּ לִרְאוֹת *בְּמֶה* שֶׁיִּהְיֶה	ὅτι τίς ἄξει αὐτὸν τοῦ ἰδεῖν *ἐν ᾧ ἐὰν γένηται*	
שֶׁ	*20*	*29%*	
1:3	בְּכָל־עֲמָלוֹ *שֶׁיַּעֲמֹל* תַּחַת הַשָּׁמֶשׁ	ἐν παντὶ μόχθῳ αὐτοῦ *ᾧ μοχθεῖ* ὑπὸ τὸν ἥλιον	
1:7	אֶל־מְקוֹם *שֶׁהַנְּחָלִים* הֹלְכִים	εἰς τόπον *οὗ οἱ χείμαρροι* πορεύονται	
2:11	מַעֲשַׂי *שֶׁעָשׂוּ* יָדַי	ποιήμασίν μου *οἷς ἐποίησαν* αἱ χεῖρές μου	
2:11	וּבֶעָמָל *שֶׁעָמַלְתִּי* לַעֲשׂוֹת	καὶ ἐν μόχθῳ *ᾧ ἐμόχθησα* τοῦ ποιεῖν	
2:12	כִּי מֶה הָאָדָם *שֶׁיָּבוֹא*	ὅτι τίς ὁ ἄνθρωπος *ὃς ἐπελεύσεται*	
2:18	עֲמָלִי *שֶׁאֲנִי* עָמֵל תַּחַת הַשָּׁמֶשׁ	μόχθον μου *ὃν ἐγὼ* μοχθῶ ὑπὸ τὸν ἥλιον	
2:19	*שֶׁעָמַלְתִּי* וְשֶׁחָכַמְתִּי תַּחַת הַשָּׁמֶשׁ	*ᾧ ἐμόχθησα* καὶ ᾧ ἐσοφισάμην ὑπὸ τὸν ἥλιον	
2:19	שֶׁעָמַלְתִּי *וְשֶׁחָכַמְתִּי* תַּחַת הַשָּׁמֶשׁ	ᾧ ἐμόχθησα *καὶ ᾧ ἐσοφισάμην* ὑπὸ τὸν ἥλιον	
2:20	עַל כָּל־הֶעָמָל *שֶׁעָמַלְתִּי* תַּחַת הַשָּׁמֶשׁ	ἐπὶ παντὶ τῷ μόχθῳ *ᾧ ἐμόχθησα* ὑπὸ τὸν ἥλιον	
2:21	כִּי־יֵשׁ אָדָם *שֶׁעֲמָלוֹ* בְּחָכְמָה	ὅτι ἔστιν ἄνθρωπος *οὗ μόχθος αὐτοῦ* ἐν σοφίᾳ	
2:21	וּלְאָדָם *שֶׁלֹּא* עָמַל־בּוֹ	καὶ ἄνθρωπος *ὃς οὐκ* ἐμόχθησεν ἐν αὐτῷ	
2:22	*שֶׁהוּא* עָמֵל תַּחַת הַשָּׁמֶשׁ	*ᾧ αὐτὸς* μοχθεῖ ὑπὸ τὸν ἥλιον	
2:24	*שֶׁיֹּאכַל* וְשָׁתָה וְהֶרְאָה אֶת־נַפְשׁוֹ	*ὃ φάγεται* καὶ ὃ πίεται καὶ ὃ δείξει τῇ ψυχῇ αὐτοῦ	
3:13	וְגַם כָּל־הָאָדָם *שֶׁיֹּאכַל* וְשָׁתָה	καί γε πᾶς ὁ ἄνθρωπος *ὃς φάγεται* καὶ πίεται	
5:15	וּמַה־יִּתְרוֹן לוֹ *שֶׁיַּעֲמֹל* לָרוּחַ	καὶ τίς περισσεία αὐτῷ *ᾧ μοχθεῖ* εἰς ἄνεμον	
7:24	רָחוֹק *מַה־שֶּׁהָיָה* וְעָמֹק עָמֹק מִי יִמְצָאֶנּוּ	μακρὰν *ὑπὲρ ὃ ἦν* καὶ βαθὺ βάθος τίς εὑρήσει αὐτό	=משהיה
10:5	*שֶׁיֹּצָא* מִלִּפְנֵי הַשַּׁלִּיט	*ὃ ἐξῆλθεν* ἀπὸ προσώπου τοῦ ἐξουσιάζοντος	
10:16	אִי־לָךְ אֶרֶץ *שֶׁמַּלְכֵּךְ* נָעַר	οὐαί σοι πόλις *ἧς ὁ βασιλεύς* σου νεώτερος	
10:17	אַשְׁרֵיךְ אֶרֶץ *שֶׁמַּלְכֵּךְ* בֶּן־חוֹרִים	μακαρία σύ γῆ *ἧς ὁ βασιλεύς σου* υἱὸς ἐλευθέρων	
11:3	מְקוֹם *שֶׁיִּפּוֹל* הָעֵץ שָׁם יְהוּא	τόπῳ *οὗ πεσεῖται* τὸ ξύλον ἐκεῖ ἔσται	
ὅς + ἄν	*1*		
אֲשֶׁר	*1*	*2%*	
7:13	אֵת *אֲשֶׁר* עִוְּתוֹ	*ὃν ἂν* ὁ θεὸς διαστρέψῃ αὐτόν	
ὅς + ἐάν	*4*		
אֲשֶׁר	*2*	*3%*	
4:17	שְׁמֹר *רַגְלֶיךָ **רַגְלְךָ *כַּאֲשֶׁר* תֵּלֵךְ אֶל־בֵּית	φύλαξον πόδα σου *ἐν ᾧ ἐὰν* πορεύῃ εἰς οἶκον	=%p
8:3	כִּי כָּל־*אֲשֶׁר* יַחְפֹּץ יַעֲשֶׂה	ὅτι πᾶν *ὃ ἐὰν* θελήσῃ ποιήσει	
שֶׁ	*2*	*3%*	
5:17	בְּכָל־עֲמָלוֹ *שֶׁיַּעֲמֹל*	ἐν παντὶ μόχθῳ αὐτοῦ *ᾧ ἐὰν μοχθῇ*	
12:3	בַּיּוֹם *שֶׁיָּזֻעוּ* שֹׁמְרֵי הַבַּיִת	ἐν ἡμέρᾳ *ᾗ ἐὰν σαλευθῶσιν* φύλακες τῆς οἰκίας	
ὅς + εἰμί	*1*		
אֲשֶׁר	*1*	*2%*	
5:17	הִנֵּה אֲשֶׁר־רָאִיתִי אֲנִי טוֹב *אֲשֶׁר־יָפֶה*	ἰδοὺ ὃ εἶδον ἐγὼ ἀγαθόν *ὅ ἐστιν* καλόν	
ὅς + παρά	*1*		
בַּעַל	*1*	*2%*	
12:11	*בַּעֲלֵי* אֲסֻפּוֹת	*οἱ παρὰ* τῶν συναγμάτων	

ὅς + τις		1		
שֶׁ		1	2%	
6:3	וְרַב שֶׁיִּהְיוּ יְמֵי־שָׁנָיו		καὶ πλῆθος ὅ τι ἔσονται ἡμέραι ἐτῶν αὐτοῦ	

ὅσος *Occurrences: 12*

אֲשֶׁר	8	67%
ὅσος + ἄν	3	
אִם	1	8%
אֲשֶׁר	1	8%
בְּ + שֶׁל + אֲשֶׁר	1	8%
ὅσος + ἐάν	1	
אֲשֶׁר	1	8%

אֲשֶׁר		8	67%	
2:12	אֵת אֲשֶׁר־כְּבָר עָשׂוּהוּ		τὰ ὅσα ἐποίησεν αὐτήν	
3:14	יָדַעְתִּי כִּי כָּל־אֲשֶׁר יַעֲשֶׂה הָאֱלֹהִים		ἔγνων ὅτι παντα ὅσα ἐποίησεν ὁ θεός	
3:15	וַאֲשֶׁר לִהְיוֹת כְּבָר הָיָה		καὶ ὅσα τοῦ γίνεσθαι ἤδη γέγονεν	
4:2	אֲשֶׁר הֵמָּה חַיִּים עֲדֶנָה		ὅσοι αὐτοὶ ζῶσιν ἕως τοῦ νῦν	
4:16	לְכֹל אֲשֶׁר־הָיָה לִפְנֵיהֶם		τοῖς πᾶσιν ὅσοι ἐγένοντο ἔμπροσθεν αὐτῶν	
8:9	עֵת אֲשֶׁר שָׁלַט הָאָדָם בְּאָדָם		τὰ ὅσα ἐξουσιάσατο ὁ ἄνθρωπος ἐν ἀνθρώπῳ	את אשר= ().=
8:15	יְמֵי חַיָּיו אֲשֶׁר־נָתַן־לוֹ הָאֱלֹהִים		ἡμέρας ζωῆς αὐτοῦ ὅσας ἔδωκεν αὐτῷ ὁ θεὸς	
11:5	אֶת־מַעֲשֵׂה הָאֱלֹהִים אֲשֶׁר יַעֲשֶׂה אֶת־הַכֹּל		τὰ ποιήματα τοῦ θεοῦ ὅσα ποιήσει σὺν τὰ πάντα	
ὅσος + ἄν		3		
אִם		1	8%	
8:17	וְגַם אִם־יֹאמַר הֶחָכָם לָדַעַת		καί γε ὅσα ἂν εἴπῃ ὁ σοφὸς τοῦ γνῶναι	
אֲשֶׁר		1	8%	
9:10	כֹּל אֲשֶׁר תִּמְצָא יָדְךָ לַעֲשׂוֹת		πάντα ὅσα ἂν εὕρῃ ἡ χείρ σου τοῦ ποιῆσαι	
בְּ + שֶׁל + אֲשֶׁר		1	8%	
8:17	בְּשֶׁל אֲשֶׁר יַעֲמֹל הָאָדָם לְבַקֵּשׁ		ὅσα ἂν μοχθήσῃ ὁ ἄνθρωπος τοῦ ζητῆσαι	
ὅσος + ἐάν		1		
אֲשֶׁר		1	8%	
5:3	אֵת אֲשֶׁר־תִּדֹּר שַׁלֵּם		σὺν ὅσα ἐὰν εὔξῃ ἀπόδος	

ὅστις *Occurrences: 4*

אֲשֶׁר		4	100%	
4:3	אֵת אֲשֶׁר־עֲדֶן לֹא הָיָה		ὅστις οὔπω ἐγένετο	
7:26	אֶת־הָאִשָּׁה אֲשֶׁר־הִיא מְצוֹדִים		σὺν τὴν γυναῖκα ἥτις ἐστὶν θηρεύματα	
12:1	עַד אֲשֶׁר לֹא־יָבֹאוּ יְמֵי הָרָעָה		ἕως ὅτου μὴ ἔλθωσιν ἡμέραι τῆς κακίας	
12:6	עַד אֲשֶׁר לֹא־*יִרָחֵק **יֵרָתֵק חֶבֶל הַכֶּסֶף		ἕως ὅτου μὴ ἀνατραπῇ σχοινίον τοῦ ἀργυρίου	

ὀστοῦν *Occurrences: 1*

עֶצֶם		1	100%	
11:5	כַּעֲצָמִים בְּבֶטֶן הַמְּלֵאָה		ὡς ὀστᾶ ἐν γαστρὶ τῆς κυοφορούσης	

ὅταν *Occurrences: 3*

כְּ + שֶׁ	2	66%
שֶׁ	1	33%

כְּ + שֶׁ		2	66%	
9:12	כְּשֶׁתִּפּוֹל עֲלֵיהֶם פִּתְאֹם		ὅταν ἐπιπέσῃ ἐπ' αὐτοὺς ἄφνω	
10:3	וְגַם־בַּדֶּרֶךְ *כְּשֶׁהַסָּכָל **כְּשֶׁסָּכָל הֹלֵךְ		καί γε ἐν ὁδῷ ὅταν ἄφρων πορεύηται	**
שֶׁ		1	33%	
4:10	וְאִילוֹ הָאֶחָד שֶׁיִּפּוֹל		καὶ οὐαὶ αὐτῷ τῷ ἑνί ὅταν πέσῃ	

ὅτι *Occurrences: 108*

כִּי	*86*	*80%*
שֶׁ	*11*	*10%*
אֲשֶׁר	*7*	*7%*
הוא	*1*	*1%*
לְ	*1*	*1%*
---	*1*	
ἤ + ὅτι	*1*	
מִן	*1*	*1%*

- - -	*1*	
2:26	גַּם־*זֶה* הֶבֶל	ὅτι *καί γε* τοῦτο ματαιότης
אֲשֶׁר	*7*	*7%*
6:12	אֲשֶׁר מִי־יַגִּיד לָאָדָם מַה־יִּהְיֶה	ὅτι τίς ἀπαγγελεῖ τῷ ἀνθρώπῳ τί ἔσται
8:10	וְיִשְׁתַּכְּחוּ בָעִיר אֲשֶׁר כֵּן־עָשׂוּ	καὶ ἐπῃνέθησαν ἐν τῇ πόλει ὅτι οὕτως ἐποίησαν
8:11	אֲשֶׁר אֵין־נַעֲשָׂה פִתְגָם	ὅτι οὐκ ἔστιν γινομένη ἀντίρρησις
8:12	אֲשֶׁר יִהְיֶה־טּוֹב לְיִרְאֵי הָאֱלֹהִים	ὅτι ἔσται ἀγαθὸν τοῖς φοβουμένοις τὸν θεόν
8:14	אֲשֶׁר יֵשׁ צַדִּיקִים	ὅτι εἰσὶ δίκαιοι
8:14	אֲשֶׁר מַגִּיעַ אֲלֵהֶם כְּמַעֲשֵׂה הָרְשָׁעִים	ὅτι φθάνει πρὸς αὐτοὺς ὡς ποίημα τῶν ἀσεβῶν
8:15	אֲשֶׁר אֵין־טוֹב לָאָדָם תַּחַת הַשֶּׁמֶשׁ	ὅτι οὐκ ἔστιν ἀγαθὸν τῷ ἀνθρώπῳ ὑπὸ τὸν ἥλιον
הוא	*1*	*1%*
1:13	*הוא* עִנְיַן רָע נָתַן אֱלֹהִים	ὅτι περισπασμὸν πονηρὸν ἔδωκεν ὁ θεὸς
כִּי	*86*	*80%*
1:18	כִּי בְּרֹב חָכְמָה רָב־כָּעַס	ὅτι ἐν πλήθει σοφίας πλῆθος γνώσεως
2:10	כִּי־לִבִּי שָׂמֵחַ מִכָּל־עֲמָלִי	ὅτι καρδία μου εὐφράνθη ἐν παντὶ μόχθῳ μου
2:12	כִּי מֶה הָאָדָם שֶׁיָּבוֹא	ὅτι τίς ὁ ἄνθρωπος ὃς ἐπελεύσεται
2:16	כִּי אֵין זִכְרוֹן לֶחָכָם עִם־הַכְּסִיל	ὅτι οὐκ ἔστιν μνήμη τοῦ σοφοῦ μετὰ τοῦ ἄφρονος
2:17	כִּי רַע עָלַי הַמַּעֲשֶׂה שֶׁנַּעֲשָׂה	ὅτι πονηρὸν ἐπ' ἐμὲ τὸ ποίημα τὸ πεποιημένον
2:17	כִּי־הַכֹּל הֶבֶל וּרְעוּת רוּחַ	ὅτι τὰ πάντα ματαιότης καὶ προαίρεσις πνεύματος
2:21	כִּי־יֵשׁ אָדָם שֶׁעֲמָלוֹ בְּחָכְמָה	ὅτι ἔστιν ἄνθρωπος οὗ μόχθος αὐτοῦ ἐν σοφίᾳ
2:22	כִּי מֶה־הֹוֶה לָאָדָם בְּכָל־עֲמָלוֹ	ὅτι τί γίνεται τῷ ἀνθρώπῳ ἐν παντὶ μόχθῳ αὐτοῦ
2:23	כִּי כָל־יָמָיו מַכְאֹבִים	ὅτι πᾶσαι αἱ ἡμέραι αὐτοῦ ἀλγημάτων
2:24	כִּי מִיַּד הָאֱלֹהִים הִיא	ὅτι ἀπὸ χειρὸς τοῦ θεοῦ ἐστιν
2:25	כִּי מִי יֹאכַל וּמִי יָחוּשׁ חוּץ מִמֶּנִּי	ὅτι τίς φάγεται καὶ τίς φείσεται πάρεξ αὐτοῦ
2:26	כִּי לְאָדָם שֶׁטּוֹב לְפָנָיו	ὅτι τῷ ἀνθρώπῳ τῷ ἀγαθῷ πρὸ προσώπου αὐτοῦ
3:12	יָדַעְתִּי כִּי אֵין טוֹב בָּם	ἔγνων ὅτι οὐκ ἔστιν ἀγαθὸν ἐν αὐτοῖς
3:14	יָדַעְתִּי כִּי כָּל־אֲשֶׁר יַעֲשֶׂה הָאֱלֹהִים	ἔγνων ὅτι παντα ὅσα ἐποίησεν ὁ θεός
3:17	כִּי־*עֵת* לְכָל־חֵפֶץ	ὅτι καιρὸς τῷ παντὶ πράγματι
3:19	כִּי מִקְרֶה בְנֵי־הָאָדָם	ὅτι συνάντημα υἱῶν τοῦ ἀνθρώπου
3:19	אָיִן כִּי הַכֹּל הָבֶל	οὐδέν ὅτι τὰ πάντα ματαιότης
3:22	וְרָאִיתִי כִּי אֵין טוֹב	καὶ εἶδον ὅτι οὐκ ἔστιν ἀγαθὸν
3:22	כִּי־*הוא* חֶלְקוֹ	ὅτι αὐτὸ μερὶς αὐτοῦ
3:22	כִּי מִי יְבִיאֶנּוּ לִרְאוֹת בְּמֶה שֶׁיִּהְיֶה	ὅτι τίς ἄξει αὐτὸν τοῦ ἰδεῖν ἐν ᾧ ἐὰν γένηται
4:4	כִּי הִיא קִנְאַת־אִישׁ מֵרֵעֵהוּ	ὅτι αὐτὸ ζῆλος ἀνδρὸς ἀπὸ τοῦ ἑταίρου αὐτοῦ
4:10	כִּי אִם־יִפֹּלוּ הָאֶחָד יָקִים אֶת־חֲבֵרוֹ	ὅτι ἐὰν πέσωσιν ὁ εἷς ἐγερεῖ τὸν μέτοχον αὐτοῦ
4:14	כִּי־*מִבֵּית* הָסוּרִים יָצָא	ὅτι ἐξ οἴκου τῶν δεσμίων ἐξελεύσεται
4:14	כִּי גַּם בְּמַלְכוּתוֹ נוֹלַד רָשׁ	ὅτι καί γε ἐν βασιλείᾳ αὐτοῦ ἐγεννήθη πένης
4:16	כִּי־גַם־*זֶה* הֶבֶל	ὅτι καί γε τοῦτο ματαιότης
4:17	כִּי־*אֵינָם* יוֹדְעִים לַעֲשׂוֹת רָע	ὅτι οὐκ εἰσιν εἰδότες τοῦ ποιῆσαι κακόν
5:1	כִּי הָאֱלֹהִים בַּשָּׁמַיִם וְאַתָּה עַל־הָאָרֶץ	ὅτι ὁ θεὸς ἐν τῷ οὐρανῷ καὶ σὺ ἐπὶ τῆς γῆς
5:2	כִּי בָּא הַחֲלוֹם בְּרֹב עִנְיָן	ὅτι παραγίνεται ἐνύπνιον ἐν πλήθει περισπασμοῦ
5:3	כִּי אֵין חֵפֶץ בַּכְּסִילִים	ὅτι οὐκ ἔστιν θέλημα ἐν ἄφροσιν
5:5	לִפְנֵי הַמַּלְאָךְ כִּי שְׁגָגָה הִיא	πρὸ προσώπου τοῦ θεοῦ ὅτι ἄγνοιά ἐστιν
5:6	כִּי בְרֹב חֲלֹמוֹת וַהֲבָלִים	ὅτι ἐν πλήθει ἐνυπνίων καὶ ματαιότητες
5:6	כִּי אֶת־הָאֱלֹהִים יְרָא	ὅτι σὺν τὸν θεὸν φοβοῦ

5:7	כִּי גָבֹהַּ מֵעַל גָּבֹהַּ שֹׁמֵר	ὅτι ὑψηλὸς ἐπάνω ὑψηλοῦ φυλάξαι
5:10	כִּי אִם־*רְאִית **רְאוּת עֵינָיו	ὅτι ἀλλ' ἢ τοῦ ὁρᾶν ὀφθαλμοῖς αὐτοῦ
5:17	כִּי־הוּא חֶלְקוֹ	ὅτι αὐτὸ μερὶς αὐτοῦ
5:19	כִּי לֹא הַרְבֵּה יִזְכֹּר אֶת־יְמֵי	ὅτι οὐ πολλὰ μνησθήσεται τὰς ἡμέρας
5:19	כִּי הָאֱלֹהִים מַעֲנֶה	ὅτι ὁ θεὸς περισπᾷ αὐτὸν
6:2	כִּי אִישׁ נָכְרִי יֹאכְלֶנּוּ	ὅτι ἀνὴρ ξένος φάγεται αὐτόν
6:4	כִּי־בַהֶבֶל בָּא וּבַחֹשֶׁךְ יֵלֵךְ	ὅτι ἐν ματαιότητι ἦλθεν καὶ ἐν σκότει πορεύεται
6:8	כִּי מַה־יּוֹתֵר לֶחָכָם מִן־הַכְּסִיל	ὅτι τίς περισσεία τῷ σοφῷ ὑπὲρ τὸν ἄφρονα
6:11	כִּי יֵשׁ־דְּבָרִים הַרְבֵּה מַרְבִּים הָבֶל	ὅτι εἰσὶν λόγοι πολλοὶ πληθύνοντες ματαιότητα
6:12	כִּי מִי־יוֹדֵעַ מַה־טּוֹב לָאָדָם בַּחַיִּים	ὅτι τίς οἶδεν τί ἀγαθὸν τῷ ἀνθρώπῳ ἐν τῇ ζωῇ
7:3	כִּי־בְרֹעַ פָּנִים יִיטַב לֵב	ὅτι ἐν κακίᾳ προσώπου ἀγαθυνθήσεται καρδία
7:6	כִּי כְקוֹל הַסִּירִים תַּחַת הַסִּיר	ὅτι ὡς φωνὴ τῶν ἀκανθῶν ὑπὸ τὸν λέβητα
7:7	כִּי הָעֹשֶׁק יְהוֹלֵל חָכָם	ὅτι ἡ συκοφαντία περιφέρει σοφὸν
7:9	כִּי כַעַס בְּחֵיק כְּסִילִים יָנוּחַ	ὅτι θυμὸς ἐν κόλπῳ ἀφρόνων ἀναπαύσεται
7:10	כִּי לֹא מֵחָכְמָה שָׁאַלְתָּ עַל־זֶה	ὅτι οὐκ ἐν σοφίᾳ ἐπηρώτησας περὶ τούτου
7:12	כִּי בְּצֵל הַחָכְמָה בְּצֵל הַכָּסֶף	ὅτι ἐν σκιᾷ αὐτῆς ἡ σοφία ὡς σκιὰ τοῦ ἀργυρίου
7:13	כִּי מִי יוּכַל לְתַקֵּן	ὅτι τίς δυνήσεται τοῦ κοσμῆσαι
7:18	כִּי־יְרֵא אֱלֹהִים יֵצֵא אֶת־כֻּלָּם	ὅτι φοβούμενος τὸν θεὸν ἐξελεύσεται τὰ πάντα
7:20	כִּי אָדָם אֵין צַדִּיק בָּאָרֶץ	ὅτι ἄνθρωπος οὐκ ἔστιν δίκαιος ἐν τῇ γῇ
7:22	כִּי גַּם־פְּעָמִים רַבּוֹת יָדַע לִבֶּךָ	ὅτι πλειστάκις πονηρεύσεταί σε
8:3	כִּי כָּל־אֲשֶׁר יַחְפֹּץ יַעֲשֶׂה	ὅτι πᾶν ὃ ἐὰν θελήσῃ ποιήσει
8:6	כִּי לְכָל־חֵפֶץ יֵשׁ עֵת וּמִשְׁפָּט	ὅτι παντὶ πράγματι ἔστιν καιρὸς καὶ κρίσις
8:6	כִּי־רָעַת הָאָדָם רַבָּה עָלָיו	ὅτι γνῶσις τοῦ ἀνθρώπου πολλὴ ἐπ' αὐτόν
8:7	כִּי־אֵינֶנּוּ יֹדֵעַ מַה־שֶּׁיִּהְיֶה	ὅτι οὐκ ἔστιν γινώσκων τί τὸ ἐσόμενον
8:7	כִּי כַּאֲשֶׁר יִהְיֶה מִי יַגִּיד לוֹ	ὅτι καθὼς ἔσται τίς ἀναγγελεῖ αὐτῷ
8:12	כִּי גַּם־יוֹדֵעַ אָנִי	ὅτι καί γε γινώσκω ἐγὼ
8:15	כִּי אִם־לֶאֱכוֹל וְלִשְׁתּוֹת	ὅτι εἰ μὴ τοῦ φαγεῖν καὶ τοῦ πιεῖν
8:16	כִּי גַם בַּיּוֹם וּבַלַּיְלָה	ὅτι καί γε ἐν ἡμέρᾳ καὶ ἐν νυκτὶ
8:17	כִּי לֹא יוּכַל הָאָדָם לִמְצוֹא	ὅτι οὐ δυνήσεται ἄνθρωπος τοῦ εὑρεῖν
9:1	כִּי אֶת־כָּל־זֶה נָתַתִּי אֶל־לִבִּי	ὅτι σὺν πᾶν τοῦτο ἔδωκα εἰς καρδίαν μου
9:3	כִּי־מִקְרֶה אֶחָד לַכֹּל	ὅτι συνάντημα ἓν τοῖς πᾶσιν
9:4	כִּי־מִי אֲשֶׁר *יְבֻחַר **יְחֻבַּר אֶל כָּל־הַחַיִּים	ὅτι τίς ὃς κοινωνεῖ πρὸς πάντας τοὺς ζῶντας
9:4	יֵשׁ בִּטָּחוֹן כִּי־לְכֶלֶב חַי הוּא טוֹב	ἔστιν ἐλπίς ὅτι ὁ κύων ὁ ζῶν αὐτὸς ἀγαθὸς
9:5	כִּי הַחַיִּים יוֹדְעִים שֶׁיָּמֻתוּ	ὅτι οἱ ζῶντες γνώσονται ὅτι ἀποθανοῦνται
9:5	כִּי נִשְׁכַּח זִכְרָם	ὅτι ἐπελήσθη ἡ μνήμη αὐτῶν
9:7	כִּי כְבָר רָצָה הָאֱלֹהִים אֶת־מַעֲשֶׂיךָ	ὅτι ἤδη εὐδόκησεν ὁ θεὸς τὰ ποιήματά σου
9:9	כִּי הוּא חֶלְקְךָ בַּחַיִּים	ὅτι αὐτὸ μερίς σου ἐν τῇ ζωῇ σου
9:10	כִּי אֵין מַעֲשֶׂה וְחֶשְׁבּוֹן וְדַעַת	ὅτι οὐκ ἔστιν ποίημα καὶ λογισμὸς καὶ γνῶσις
9:11	כִּי לֹא לַקַּלִּים הַמֵּרוֹץ	ὅτι οὐ τοῖς κούφοις ὁ δρόμος
9:11	כִּי־עֵת וָפֶגַע יִקְרֶה	ὅτι καιρὸς καὶ ἀπάντημα συναντήσεται
9:12	כִּי גַּם לֹא־יֵדַע הָאָדָם אֶת־עִתּוֹ	ὅτι καί γε οὐκ ἔγνω ὁ ἄνθρωπος τὸν καιρὸν αὐτοῦ
10:4	כִּי מַרְפֵּא יַנִּיחַ חֲטָאִים גְּדוֹלִים	ὅτι ἴαμα καταπαύσει ἁμαρτίας μεγάλας
10:20	כִּי עוֹף הַשָּׁמַיִם יוֹלִיךְ אֶת־הַקּוֹל	ὅτι πετεινὸν τοῦ οὐρανοῦ ἀποίσει σὺν τὴν φωνήν
11:1	כִּי־בְרֹב הַיָּמִים תִּמְצָאֶנּוּ	ὅτι ἐν πλήθει τῶν ἡμερῶν εὑρήσεις αὐτόν
11:2	כִּי לֹא תֵדַע מַה־יִּהְיֶה רָעָה עַל־הָאָרֶץ	ὅτι οὐ γινώσκεις τί ἔσται πονηρὸν ἐπὶ τὴν γῆν
11:6	כִּי אֵינְךָ יוֹדֵעַ אֵי זֶה יִכְשָׁר הֲזֶה אוֹ־זֶה	ὅτι οὐ γινώσκεις ποῖον στοιχήσει ἢ τοῦτο ἢ τοῦτο
11:8	כִּי אִם־שָׁנִים הַרְבֵּה יִחְיֶה הָאָדָם	ὅτι καὶ ἐὰν ἔτη πολλὰ ζήσεται ὁ ἄνθρωπος
11:8	כִּי־הַרְבֵּה יִהְיוּ כָּל־שֶׁבָּא הָבֶל	ὅτι πολλαὶ ἔσονται πᾶν τὸ ἐρχόμενον ματαιότης
11:9	וְדָע כִּי עַל־כָּל־אֵלֶּה	καὶ γνῶθι ὅτι ἐπὶ πᾶσι τούτοις
11:10	כִּי־הַיַּלְדוּת וְהַשַּׁחֲרוּת הָבֶל	ὅτι ἡ νεότης καὶ ἡ ἄνοια ματαιότης
12:3	וּבָטְלוּ הַטֹּחֲנוֹת כִּי מִעֵטוּ	καὶ ἤργησαν αἱ ἀλήθουσαι ὅτι ὠλιγώθησαν
12:5	כִּי־הֹלֵךְ הָאָדָם אֶל־בֵּית עוֹלָמוֹ	ὅτι ἐπορεύθη ὁ ἄνθρωπος εἰς οἶκον αἰῶνος αὐτοῦ
12:13	כִּי־זֶה כָּל־הָאָדָם	ὅτι τοῦτο πᾶς ὁ ἄνθρωπος
12:14	כִּי אֶת־כָּל־מַעֲשֶׂה הָאֱלֹהִים יָבִא בְמִשְׁפָּט	ὅτι σὺν πᾶν τὸ ποίημα ὁ θεὸς ἄξει ἐν κρίσει
לְ	*1*	*1%*
3:18	לְבָרָם הָאֱלֹהִים וְלִרְאוֹת	*ὅτι διακρινεῖ αὐτοὺς* ὁ θεός καὶ τοῦ δεῖξαι

שֶׁ	*11*	*10%*
1:17	יָדַעְתִּי שֶׁגַּם־זֶה הוּא רַעְיוֹן רוּחַ	ἔγνων *ὅτι καί γε* τοῦτ' ἔστιν προαίρεσις πνεύματος
2:13	וְרָאִיתִי אָנִי שֶׁיֵּשׁ יִתְרוֹן לַחָכְמָה	καὶ εἶδον ἐγὼ *ὅτι ἔστιν* περισσεία τῇ σοφίᾳ
2:14	שֶׁמִּקְרֶה אֶחָד יִקְרֶה אֶת־כֻּלָּם	*ὅτι συνάντημα* ἓν συναντήσεται τοῖς πᾶσιν αὐτοῖς
2:15	שֶׁגַּם־זֶה הָבֶל	*ὅτι καί γε* τοῦτο ματαιότης
2:18	שֶׁאַנִּיחֶנּוּ לָאָדָם שֶׁיִּהְיֶה אַחֲרָי	*ὅτι ἀφίω αὐτὸν* τῷ ἀνθρώπῳ τῷ γινομένῳ μετ' ἐμέ
3:18	שְׁהֶם־בְּהֵמָה הֵמָּה לָהֶם	*ὅτι αὐτοὶ* κτήνη εἰσὶν καί γε αὐτοῖς
7:10	שֶׁהַיָּמִים הָרִאשֹׁנִים הָיוּ טוֹבִים מֵאֵלֶּה	*ὅτι αἱ ἡμέραι* αἱ πρότεραι ἦσαν ἀγαθαὶ ὑπὲρ ταύτας
8:14	וְיֵשׁ רְשָׁעִים שֶׁמַּגִּיעַ אֲלֵהֶם	καὶ εἰσὶν ἀσεβεῖς *ὅτι* φθάνει πρὸς αὐτοὺς
8:14	אָמַרְתִּי שֶׁגַּם־זֶה הָבֶל	εἶπα *ὅτι καί γε* τοῦτο ματαιότης
9:5	כִּי הַחַיִּים יוֹדְעִים שֶׁיָּמֻתוּ	ὅτι οἱ ζῶντες γνώσονται *ὅτι ἀποθανοῦνται*
12:9	וְיֹתֵר שֶׁהָיָה קֹהֶלֶת חָכָם	καὶ περισσὸν *ὅτι ἐγένετο* ἐκκλησιαστὴς σοφός
ἤ + ὅτι	*1*	
מִן	*1*	*1%*
7:2	מִלֶּכֶת אֶל־בֵּית מִשְׁתֶּה	*ἢ ὅτι* πορευθῆναι εἰς οἶκον πότου

οὐ *Occurrences: 95*

לֹא	*54*	*57%*
אַיִן	*1*	*1%*
οὐ + εἰμί	*40*	
אַיִן	*40*	*42%*

אַיִן	*1*	*1%*
11:6	כִּי אֵינְךָ יוֹדֵעַ אֵי זֶה יִכְשַׁר הֲזֶה אוֹ־זֶה	ὅτι *οὐ γινώσκεις* ποῖον στοιχήσει ἢ τοῦτο ἢ τοῦτο
לֹא	*54*	*57%*
1:8	לֹא־יוּכַל אִישׁ לְדַבֵּר	*οὐ* δυνήσεται ἀνὴρ τοῦ λαλεῖν
1:8	לֹא־תִשְׂבַּע עַיִן לִרְאוֹת	*καὶ οὐκ* ἐμπλησθήσεται ὀφθαλμὸς τοῦ ὁρᾶν
1:8	וְלֹא־תִמָּלֵא אֹזֶן מִשְּׁמֹעַ	*καὶ οὐ* πληρωθήσεται οὖς ἀπὸ ἀκροάσεως
1:11	אֵין זִכְרוֹן לָרִאשֹׁנִים	*οὐκ ἔστιν* μνήμη τοῖς πρώτοις
1:15	מְעֻוָּת לֹא־יוּכַל לִתְקֹן	διεστραμμένον *οὐ* δυνήσεται τοῦ ἐπικοσμηθῆναι
1:15	וְחֶסְרוֹן לֹא־יוּכַל לְהִמָּנוֹת	καὶ ὑστέρημα *οὐ* δυνήσεται τοῦ ἀριθμηθῆναι
2:10	לֹא אָצַלְתִּי מֵהֶם	*οὐχ* ὑφεῖλον ἀπ' αὐτῶν
2:10	לֹא־מָנַעְתִּי אֶת־לִבִּי	*οὐκ* ἀπεκώλυσα τὴν καρδίαν μου
2:21	וּלְאָדָם שֶׁלֹּא עָמַל־בּוֹ	καὶ ἄνθρωπος *ὃς οὐκ* ἐμόχθησεν ἐν αὐτῷ
2:23	גַּם־בַּלַּיְלָה לֹא־שָׁכַב לִבּוֹ	καί γε ἐν νυκτὶ *οὐ* κοιμᾶται ἡ καρδία αὐτοῦ
4:3	אֲשֶׁר לֹא־רָאָה אֶת־הַמַּעֲשֶׂה הָרָע	ὃς *οὐκ* εἶδεν σὺν τὸ ποίημα τὸ πονηρὸν
4:8	גַּם־*עֵינָיו **עֵינוֹ לֹא־תִשְׂבַּע עֹשֶׁר	καί γε ὀφθαλμὸς αὐτοῦ *οὐκ* ἐμπίπλαται πλούτου
4:12	לֹא בִמְהֵרָה יִנָּתֵק	*οὐ* ταχέως ἀπορραγήσεται
4:13	אֲשֶׁר לֹא־יָדַע לְהִזָּהֵר עוֹד	ὃς *οὐκ* ἔγνω τοῦ προσέχειν ἔτι
4:16	גַּם הָאַחֲרוֹנִים לֹא יִשְׂמְחוּ־בוֹ	καί γε οἱ ἔσχατοι *οὐκ* εὐφρανθήσονται ἐν αὐτῷ
5:9	אֹהֵב כֶּסֶף לֹא־יִשְׂבַּע כֶּסֶף	ἀγαπῶν ἀργύριον *οὐ* πλησθήσεται ἀργυρίου
5:14	וּמְאוּמָה לֹא־יִשָּׂא בַעֲמָלוֹ	καὶ *οὐδὲν* οὐ λήμψεται ἐν μόχθῳ αὐτοῦ
5:19	כִּי לֹא הַרְבֵּה יִזְכֹּר אֶת־יְמֵי	ὅτι *οὐ* πολλὰ μνησθήσεται τὰς ἡμέρας
6:2	וְלֹא־יַשְׁלִיטֶנּוּ הָאֱלֹהִים לֶאֱכֹל	καὶ *οὐκ* ἐξουσιάσει αὐτῷ ὁ θεὸς τοῦ φαγεῖν
6:3	וְנַפְשׁוֹ לֹא־תִשְׂבַּע	καὶ ψυχὴ αὐτοῦ *οὐκ* ἐμπλησθήσεται
6:3	וְגַם־קְבוּרָה לֹא־הָיְתָה לּוֹ	καί γε ταφὴ *οὐκ* ἐγένετο αὐτῷ
6:5	גַּם־שֶׁמֶשׁ לֹא־רָאָה וְלֹא יָדָע	καί γε ἥλιον *οὐκ* εἶδεν καὶ οὐκ ἔγνω
6:5	גַּם־שֶׁמֶשׁ לֹא־רָאָה וְלֹא יָדָע	καί γε ἥλιον οὐκ εἶδεν *καὶ οὐκ* ἔγνω
6:6	וְטוֹבָה לֹא רָאָה	καὶ ἀγαθωσύνην *οὐκ* εἶδεν
6:6	הֲלֹא אֶל־מָקוֹם אֶחָד הַכֹּל הוֹלֵךְ	*μὴ οὐκ* εἰς τόπον ἕνα τὰ πάντα πορεύεται
6:7	וְגַם־הַנֶּפֶשׁ לֹא תִמָּלֵא	καί γε ἡ ψυχὴ *οὐ* πληρωθήσεται
6:10	וְלֹא־יוּכַל לָדִין עִם *שֶׁהתַּקִּיף **שֶׁתַּקִּיף	*καὶ οὐ* δυνήσεται τοῦ κριθῆναι μετὰ τοῦ ἰσχυροῦ
7:10	כִּי לֹא מֵחָכְמָה שָׁאַלְתָּ עַל־זֶה	ὅτι *οὐκ* ἐν σοφίᾳ ἐπηρώτησας περὶ τούτου
7:17	לָמָּה תָמוּת בְּלֹא עִתֶּךָ	ἵνα μὴ ἀποθάνῃς *ἐν οὐ* καιρῷ σου
7:20	אֲשֶׁר יַעֲשֶׂה־טּוֹב וְלֹא יֶחֱטָא	ὃς ποιήσει ἀγαθὸν *καὶ οὐχ* ἁμαρτήσεται

7:28	אֲשֶׁר עוֹד־בִּקְשָׁה נַפְשִׁי וְלֹא מָצָאתִי	ὃν ἔτι ἐζήτησεν ἡ ψυχή μου *καὶ οὐχ* εὗρον
7:28	וְאִשָּׁה בְכָל־אֵלֶּה לֹא מָצָאתִי	καὶ γυναῖκα ἐν πᾶσι τούτοις *οὐχ* εὗρον
8:5	שׁוֹמֵר מִצְוָה לֹא יֵדַע דָּבָר רָע	ὁ φυλάσσων ἐντολὴν *οὐ* γνώσεται ῥῆμα πονηρόν
8:8	וְלֹא־יְמַלֵּט רֶשַׁע אֶת־בְּעָלָיו	καὶ *οὐ* διασώσει ἀσέβεια τὸν παρ' αὐτῆς
8:13	וְטוֹב לֹא־יִהְיֶה לָרָשָׁע	καὶ ἀγαθὸν *οὐκ* ἔσται τῷ ἀσεβεῖ
8:13	וְלֹא־יַאֲרִיךְ יָמִים כַּצֵּל	*καὶ οὐ* μακρυνεῖ ἡμέρας ἐν σκιᾷ
8:17	כִּי לֹא יוּכַל הָאָדָם לִמְצוֹא	ὅτι *οὐ* δυνήσεται ἄνθρωπος τοῦ εὑρεῖν
8:17	לְבַקֵּשׁ וְלֹא יִמְצָא	τοῦ ζητῆσαι *καὶ οὐχ* εὑρήσει
8:17	לֹא יוּכַל לִמְצֹא	*οὐ* δυνήσεται τοῦ εὑρεῖν
9:11	כִּי לֹא לַקַּלִּים הַמֵּרוֹץ	ὅτι *οὐ* τοῖς κούφοις ὁ δρόμος
9:11	וְלֹא לַגִּבּוֹרִים הַמִּלְחָמָה	*καὶ οὐ* τοῖς δυνατοῖς ὁ πόλεμος
9:11	וְגַם לֹא לַחֲכָמִים לֶחֶם	καί γε *οὐ* τοῖς σοφοῖς ἄρτος
9:11	וְגַם לֹא לַנְּבֹנִים עֹשֶׁר	καί γε *οὐ* τοῖς συνετοῖς πλοῦτος
9:11	וְגַם לֹא לַיֹּדְעִים חֵן	καί γε *οὐ* τοῖς γινώσκουσιν χάρις
9:12	כִּי גַּם לֹא־יֵדַע הָאָדָם אֶת־עִתּוֹ	ὅτι καί γε *οὐκ* ἔγνω ὁ ἄνθρωπος τὸν καιρὸν αὐτοῦ
9:15	וְאָדָם לֹא זָכַר אֶת־הָאִישׁ	καὶ ἄνθρωπος *οὐκ* ἐμνήσθη σὺν τοῦ ἀνδρὸς
10:11	אִם־יִשֹּׁךְ הַנָּחָשׁ בְּלוֹא־לָחַשׁ	ἐὰν δάκῃ ὁ ὄφις *ἐν οὐ* ψιθυρισμῷ
10:14	לֹא־יֵדַע הָאָדָם מַה־שֶּׁיִּהְיֶה	*οὐκ* ἔγνω ὁ ἄνθρωπος τί τὸ γενόμενον
10:15	אֲשֶׁר לֹא־יָדַע לָלֶכֶת אֶל־עִיר	ὃς *οὐκ* ἔγνω τοῦ πορευθῆναι εἰς πόλιν
10:17	בִּגְבוּרָה וְלֹא בַשְּׁתִי	ἐν δυνάμει *καὶ οὐκ* αἰσχυνθήσονται
11:2	כִּי לֹא תֵדַע מַה־יִּהְיֶה רָעָה עַל־הָאָרֶץ	ὅτι *οὐ* γινώσκεις τί ἔσται πονηρὸν ἐπὶ τὴν γῆν
11:4	שֹׁמֵר רוּחַ לֹא יִזְרָע	τηρῶν ἄνεμον *οὐ* σπερεῖ
11:4	וְרֹאֶה בֶעָבִים לֹא יִקְצוֹר	καὶ βλέπων ἐν ταῖς νεφέλαις *οὐ* θερίσει
11:5	כָּכָה לֹא תֵדַע אֶת־מַעֲשֵׂה הָאֱלֹהִים	οὕτως *οὐ* γνώσῃ τὰ ποιήματα τοῦ θεοῦ
οὐ + εἰμί	*40*	
אַיִן	*40*	*42%*
1:7	וְהַיָּם אֵינֶנּוּ מָלֵא	καὶ ἡ θάλασσα *οὐκ ἔσται* ἐμπιμπλαμένη
1:9	וְאֵין כָּל־חָדָשׁ תַּחַת הַשָּׁמֶשׁ	*καὶ οὐκ ἔστιν* πᾶν πρόσφατον ὑπὸ τὸν ἥλιον
1:11	אֵין זִכְרוֹן לָרִאשֹׁנִים	*οὐκ ἔστιν* μνήμη τοῖς πρώτοις
2:11	וְאֵין יִתְרוֹן תַּחַת הַשָּׁמֶשׁ	*καὶ οὐκ ἔστιν* περισσεία ὑπὸ τὸν ἥλιον
2:16	כִּי אֵין זִכְרוֹן לֶחָכָם עִם־הַכְּסִיל	ὅτι *οὐκ ἔστιν* μνήμη τοῦ σοφοῦ μετὰ τοῦ ἄφρονος
2:24	אֵין־טוֹב בָּאָדָם	*οὐκ ἔστιν* ἀγαθὸν ἐν ἀνθρώπῳ
3:12	יָדַעְתִּי כִּי אֵין טוֹב בָּם	ἔγνων ὅτι *οὐκ ἔστιν* ἀγαθὸν ἐν αὐτοῖς
3:14	עָלָיו אֵין לְהוֹסִיף	ἐπ' αὐτῷ *οὐκ ἔστιν* προσθεῖναι
3:14	וּמִמֶּנּוּ אֵין לִגְרֹעַ	καὶ ἀπ' αὐτοῦ *οὐκ ἔστιν* ἀφελεῖν
3:22	וְרָאִיתִי כִּי אֵין טוֹב	καὶ εἶδον ὅτι *οὐκ ἔστιν* ἀγαθὸν
4:1	וְאֵין לָהֶם מְנַחֵם	*καὶ οὐκ ἔστιν* αὐτοῖς παρακαλῶν
4:1	וְאֵין לָהֶם מְנַחֵם	*καὶ οὐκ ἔστιν* αὐτοῖς παρακαλῶν
4:8	יֵשׁ אֶחָד וְאֵין שֵׁנִי	ἔστιν εἷς *καὶ οὐκ ἔστιν* δεύτερος
4:8	גַּם בֵּן וָאָח אֵין־לוֹ	καί γε υἱὸς καὶ ἀδελφὸς *οὐκ ἔστιν* αὐτῷ
4:8	וְאֵין קֵץ לְכָל־עֲמָלוֹ	*καὶ οὐκ* ἔστιν περασμὸς τῷ παντὶ μόχθῳ αὐτοῦ
4:16	אֵין־קֵץ לְכָל־הָעָם	*οὐκ ἔστιν* περασμὸς τῷ παντὶ λαῷ
4:17	כִּי־אֵינָם יוֹדְעִים לַעֲשׂוֹת רָע	ὅτι *οὐκ εἰσιν* εἰδότες τοῦ ποιῆσαι κακόν
5:3	כִּי אֵין חֵפֶץ בַּכְּסִילִים	ὅτι *οὐκ ἔστιν* θέλημα ἐν ἄφροσιν
5:11	אֵינֶנּוּ מַנִּיחַ לוֹ לִישׁוֹן	*οὐκ ἔστιν* ἀφίων αὐτὸν τοῦ ὑπνῶσαι
5:13	וְהוֹלִיד בֵּן וְאֵין בְּיָדוֹ	καὶ ἐγέννησεν υἱόν *καὶ οὐκ ἔστιν* ἐν χειρὶ αὐτοῦ
6:2	וְאֵינֶנּוּ חָסֵר לְנַפְשׁוֹ	*καὶ οὐκ ἔστιν* ὑστερῶν τῇ ψυχῇ αὐτοῦ
7:20	כִּי אָדָם אֵין צַדִּיק בָּאָרֶץ	ὅτι ἄνθρωπος *οὐκ ἔστιν* δίκαιος ἐν τῇ γῇ
8:7	כִּי־אֵינֶנּוּ יֹדֵעַ מַה־שֶּׁיִּהְיֶה	ὅτι *οὐκ ἔστιν* γινώσκων τί τὸ ἐσόμενον
8:8	אֵין אָדָם שַׁלִּיט בָּרוּחַ	*οὐκ ἔστιν* ἄνθρωπος ἐξουσιάζων ἐν πνεύματι
8:8	וְאֵין שִׁלְטוֹן בְּיוֹם הַמָּוֶת	*καὶ οὐκ ἔστιν* ἐξουσία ἐν ἡμέρᾳ τοῦ θανάτου
8:8	וְאֵין מִשְׁלַחַת בַּמִּלְחָמָה	*καὶ οὐκ ἔστιν* ἀποστολὴ ἐν τῷ πολέμῳ
8:11	אֲשֶׁר אֵין־נַעֲשָׂה פִתְגָם	ὅτι *οὐκ ἔστιν* γινομένη ἀντίρρησις
8:13	אֲשֶׁר אֵינֶנּוּ יָרֵא מִלִּפְנֵי אֱלֹהִים	ὃς *οὐκ ἔστιν* φοβούμενος ἀπὸ προσώπου τοῦ θεοῦ
8:15	אֲשֶׁר אֵין־טוֹב לָאָדָם תַּחַת הַשֶּׁמֶשׁ	ὅτι *οὐκ ἔστιν* ἀγαθὸν τῷ ἀνθρώπῳ ὑπὸ τὸν ἥλιον
8:16	שֵׁנָה בְּעֵינָיו אֵינֶנּוּ רֹאֶה	ὕπνον ἐν ὀφθαλμοῖς αὐτοῦ *οὐκ ἔστιν* βλέπων
9:1	גַּם־אַהֲבָה גַּם־שִׂנְאָה אֵין יוֹדֵעַ	καί γε ἀγάπην καί γε μῖσος *οὐκ ἔστιν* εἰδὼς

9:5	וְהַמֵּתִים אֵינָם יוֹדְעִים מְאוּמָה	καὶ οἱ νεκροὶ *οὔκ εἰσιν* γινώσκοντες οὐδέν		
9:5	וְאֵין־עוֹד לָהֶם שָׂכָר	*καὶ οὐκ ἔστιν* αὐτοῖς ἔτι μισθός		
9:6	וְחֵלֶק אֵין־לָהֶם עוֹד לְעוֹלָם	καὶ μερὶς *οὐκ ἔστιν* αὐτοῖς ἔτι εἰς αἰῶνα		
9:10	כִּי אֵין מַעֲשֶׂה וְחֶשְׁבּוֹן וְדַעַת	ὅτι *οὐκ ἔστιν* ποίημα καὶ λογισμὸς καὶ γνῶσις		
9:16	וּדְבָרָיו אֵינָם נִשְׁמָעִים	καὶ λόγοι αὐτοῦ *οὔκ εἰσιν* ἀκουόμενοι		
10:11	וְאֵין יִתְרוֹן לְבַעַל הַלָּשׁוֹן	*καὶ οὐκ ἔστιν* περισσεία τῷ ἐπᾴδοντι		
11:5	כַּאֲשֶׁר אֵינְךָ יוֹדֵעַ מַה־דֶּרֶךְ הָרוּחַ	ἐν οἷς *οὐκ ἔστιν* γινώσκων τίς ἡ ὁδὸς τοῦ πνεύματος		
12:1	אֵין־לִי בָהֶם חֵפֶץ	*οὐκ ἔστιν* μοι ἐν αὐτοῖς θέλημα		
12:12	עֲשׂוֹת סְפָרִים הַרְבֵּה אֵין קֵץ	ποιῆσαι βιβλία πολλὰ *οὐκ ἔστιν* περασμός		

οὐαί *Occurrences: 2*

אִי	2	*100%*		
4:10	וְאִילוֹ הָאֶחָד שֶׁיִּפּוֹל	καὶ *οὐαὶ* αὐτῷ τῷ ἑνί ὅταν πέσῃ	=.s	ואי לו
10:16	אִי־לָךְ אֶרֶץ שֶׁמַּלְכֵּךְ נָעַר	*οὐαί* σοι πόλις ἧς ὁ βασιλεύς σου νεώτερος		

οὐδείς *Occurrences: 4*

מְאוּמָה	*3*	*75%*
אַיִן	*1*	*25%*

אַיִן	1	*25%*
3:19	אָיִן כִּי הַכֹּל הָבֶל	*οὐδέν* ὅτι τὰ πάντα ματαιότης
מְאוּמָה	3	*75%*
5:13	וְאֵין בְּיָדוֹ *מְאוּמָה*	καὶ οὐκ ἔστιν ἐν χειρὶ αὐτοῦ *οὐδέν*
5:14	וּ*מְאוּמָה* לֹא־יִשָּׂא בַעֲמָלוֹ	*καὶ οὐδὲν* οὐ λήμψεται ἐν μόχθῳ αὐτοῦ
9:5	וְהַמֵּתִים אֵינָם יוֹדְעִים *מְאוּמָה*	καὶ οἱ νεκροὶ οὔκ εἰσιν γινώσκοντες *οὐδέν*

οὐδενόω/ἐκ *Occurrences: 1*

בָּזָה	1	*100%*
9:16	וְחָכְמַת הַמִּסְכֵּן *בְּזוּיָה*	καὶ σοφία τοῦ πένητος *ἐξουδενωμένη*

οὔπω *Occurrences: 1*

עֲדֶן + לֹא	1	*100%*
4:3	אֵת אֲשֶׁר־*עֲדֶן לֹא* הָיָה	ὅστις *οὔπω* ἐγένετο

οὐρανός *Occurrences: 4*

שָׁמַיִם	4	*100%*
1:13	עַל כָּל־אֲשֶׁר נַעֲשָׂה תַּחַת *הַשָּׁמָיִם*	περὶ πάντων τῶν γινομένων ὑπὸ *τὸν οὐρανόν*
3:1	וְעֵת לְכָל־חֵפֶץ תַּחַת *הַשָּׁמָיִם*	καὶ καιρὸς τῷ παντὶ πράγματι ὑπὸ *τὸν οὐρανόν*
5:1	כִּי הָאֱלֹהִים *בַּשָּׁמַיִם* וְאַתָּה עַל־הָאָרֶץ	ὅτι ὁ θεὸς *ἐν τῷ οὐρανῷ* καὶ σὺ ἐπὶ τῆς γῆς
10:20	כִּי עוֹף *הַשָּׁמַיִם* יוֹלִיךְ אֶת־הַקּוֹל	ὅτι πετεινὸν *τοῦ οὐρανοῦ* ἀποίσει σὺν τὴν φωνήν

οὖς *Occurrences: 2*

אָזֵן	*1*	*50%*
אֹזֶן	*1*	*50%*

אָזֵן	1	*50%*	
12:9	וְאִזֵּן וְחִקֵּר תִּקֵּן מְשָׁלִים הַרְבֵּה	*καὶ οὖς* ἐξιχνιάσεται κόσμιον παραβολῶν [πολλὰ]	=@
אֹזֶן	1	*50%*	
1:8	וְלֹא־תִמָּלֵא *אֹזֶן* מִשְּׁמֹעַ	καὶ οὐ πληρωθήσεται *οὖς* ἀπὸ ἀκροάσεως	

109 Greek-Hebrew Concordance

οὗτος *Occurrences: 49*

זֶה	34	69%
זֹה	6	12%
אֵלֶּה	3	6%
הוּא	2	4%
כֵּן	2	4%
לְ + זֶה	1	2%
הֵם־	1	2%

אֵלֶּה	3	6%		
7:10	שֶׁהַיָּמִים הָרִאשֹׁנִים הָיוּ טוֹבִים מֵאֵלֶּה	ὅτι αἱ ἡμέραι αἱ πρότεραι ἦσαν ἀγαθαὶ *ὑπὲρ ταύτας*		
7:28	וְאִשָּׁה בְכָל־אֵלֶּה לֹא מָצָאתִי	καὶ γυναῖκα ἐν πᾶσι *τούτοις* οὐχ εὗρον		
11:9	וְדָע כִּי עַל־כָּל־אֵלֶּה	καὶ γνῶθι ὅτι ἐπὶ πᾶσι *τούτοις*		
הוּא	2	4%		
2:1	וְהִנֵּה גַם־הוּא הָבֶל	καὶ ἰδοὺ καί γε *τοῦτο* ματαιότης		
7:2	בַּאֲשֶׁר הוּא סוֹף כָּל־הָאָדָם	καθότι *τοῦτο* τέλος παντὸς τοῦ ἀνθρώπου		
זֶה	34	69%		
1:10	יֵשׁ דָּבָר שֶׁיֹּאמַר רְאֵה־זֶה חָדָשׁ הוּא	ὃς λαλήσει καὶ ἐρεῖ ἰδὲ *τοῦτο* καινόν ἐστιν		
1:17	יָדַעְתִּי שֶׁגַּם־זֶה הוּא רַעְיוֹן רוּחַ	ἔγνων ὅτι καί γε *τοῦτ'* ἔστιν προαίρεσις πνεύματος		
2:10	וְזֶה־הָיָה חֶלְקִי מִכָּל־עֲמָלִי	*καὶ τοῦτο* ἐγένετο μερίς μου ἀπὸ παντὸς μόχθου μου		
2:15	שֶׁגַּם־זֶה הָבֶל	ὅτι καί γε *τοῦτο* ματαιότης		
2:19	גַּם־זֶה הָבֶל	καί γε *τοῦτο* ματαιότης		
2:21	גַּם־זֶה הֶבֶל וְרָעָה רַבָּה	καί γε *τοῦτο* ματαιότης καὶ πονηρία μεγάλη		
2:23	גַּם־זֶה הֶבֶל הוּא	καί γε *τοῦτο* ματαιότης ἐστίν		
2:26	גַּם־זֶה הֶבֶל	ὅτι καί γε *τοῦτο* ματαιότης		
3:19	כְּמוֹת זֶה כֵּן מוֹת זֶה	ὡς ὁ θάνατος *τούτου* οὕτως ὁ θάνατος τούτου		
3:19	כְּמוֹת זֶה כֵּן מוֹת זֶה	ὡς ὁ θάνατος τούτου οὕτως ὁ θάνατος *τούτου*		
4:4	גַּם־זֶה הֶבֶל וּרְעוּת רוּחַ	καί γε *τοῦτο* ματαιότης καὶ προαίρεσις πνεύματος		
4:8	גַּם־זֶה הֶבֶל וְעִנְיַן רָע	καί γε *τοῦτο* ματαιότης καὶ περισπασμὸς πονηρός		
4:16	כִּי־גַם־זֶה הֶבֶל	ὅτι καί γε *τοῦτο* ματαιότης		
5:9	גַּם־זֶה הָבֶל	καί γε *τοῦτο* ματαιότης		
6:2	זֶה הֶבֶל וָחֳלִי רָע הוּא	*τοῦτο* ματαιότης καὶ ἀρρωστία πονηρά ἐστιν		
6:5	נַחַת לָזֶה מִזֶּה	ἀνάπαυσις τούτῳ *ὑπὲρ τοῦτον*		
6:9	גַּם־זֶה הֶבֶל וּרְעוּת רוּחַ	καί γε *τοῦτο* ματαιότης καὶ προαίρεσις πνεύματος		
7:6	כֵּן שְׂחֹק הַכְּסִיל וְגַם־זֶה הָבֶל	οὕτως γέλως τῶν ἀφρόνων καί γε *τοῦτο* ματαιότης		
7:10	כִּי לֹא מֵחָכְמָה שָׁאַלְתָּ עַל־זֶה	ὅτι οὐκ ἐν σοφίᾳ ἐπηρώτησας περὶ *τούτου*		
7:14	גַּם אֶת־זֶה לְעֻמַּת־זֶה	καί γε σὺν *τοῦτο* σύμφωνον τούτῳ		
7:14	גַּם אֶת־זֶה לְעֻמַּת־זֶה	καί γε σὺν τοῦτο σύμφωνον *τούτῳ*		
7:18	טוֹב אֲשֶׁר תֶּאֱחֹז בָּזֶה	ἀγαθὸν τὸ ἀντέχεσθαί σε *ἐν τούτῳ*		
7:18	וְגַם־מִזֶּה אַל־תַּנַּח אֶת־יָדֶךָ	καί γε *ἀπὸ τούτου* μὴ ἀνῇς τὴν χεῖρά σου		
7:27	רְאֵה זֶה מָצָאתִי אָמְרָה קֹהֶלֶת	ἰδὲ *τοῦτο* εὗρον εἶπεν ὁ ἐκκλησιαστής		
7:29	לְבַד רְאֵה־זֶה מָצָאתִי	πλὴν ἰδὲ *τοῦτο* εὗρον		
8:9	אֶת־כָּל־זֶה רָאִיתִי	καὶ σὺν πᾶν *τοῦτο* εἶδον		
8:10	גַּם־זֶה הָבֶל	καί γε *τοῦτο* ματαιότης		
8:14	אָמַרְתִּי שֶׁגַּם־זֶה הָבֶל	εἶπα ὅτι καί γε *τοῦτο* ματαιότης		
9:1	כִּי אֶת־כָּל־זֶה נָתַתִּי אֶל־לִבִּי	ὅτι σὺν πᾶν *τοῦτο* ἔδωκα εἰς καρδίαν μου		
9:1	וְלָבוּר אֶת־כָּל־זֶה	καὶ καρδία μου σὺν πᾶν *εἶδεν* τοῦτο	=?d	חזה
9:3	זֶה רָע בְּכֹל אֲשֶׁר־נַעֲשָׂה תַּחַת הַשֶּׁמֶשׁ	*τοῦτο* πονηρὸν ἐν παντὶ πεποιημένῳ ὑπὸ τὸν ἥλιον		
11:6	כִּי אֵינְךָ יוֹדֵעַ אֵי זֶה יִכְשָׁר הֲזֶה אוֹ־זֶה	ὅτι οὐ γινώσκεις ποῖον στοιχήσει ἢ *τοῦτο* ἢ τοῦτο		
11:6	כִּי אֵינְךָ יוֹדֵעַ אֵי זֶה יִכְשָׁר הֲזֶה אוֹ־זֶה	ὅτι οὐ γινώσκεις ποῖον στοιχήσει ἢ τοῦτο ἢ *τοῦτο*		
12:13	כִּי־זֶה כָּל־הָאָדָם	ὅτι *τοῦτο* πᾶς ὁ ἄνθρωπος		
זֹה	6	12%		
2:2	וּלְשִׂמְחָה מַה־זֹּה עֹשָׂה	καὶ τῇ εὐφροσύνῃ τί *τοῦτο* ποιεῖς		
2:24	גַּם־זֹה רָאִיתִי אָנִי	καί γε *τοῦτο* εἶδον ἐγώ		
5:15	וְגַם־זֹה רָעָה חוֹלָה	καί γε *τοῦτο* πονηρὰ ἀρρωστία		

CATSS Basic Tools — Ecclesiastes 110

5:18	*זֹה* מַתַּת אֱלֹהִים הִיא	*τοῦτο* δόμα θεοῦ ἐστιν
7:23	כָּל־*זֹה* נִסִּיתִי בַחָכְמָה	πάντα *ταῦτα* ἐπείρασα ἐν τῇ σοφίᾳ
9:13	גַּם־*זֹה* רָאִיתִי חָכְמָה תַּחַת הַשָּׁמֶשׁ	καί γε *τοῦτο* εἶδον σοφίαν ὑπὸ τὸν ἥλιον
כֵּן	*2*	*4%*
5:1	עַל־*כֵּן* יִהְיוּ דְבָרֶיךָ מְעַטִּים	ἐπὶ *τούτῳ* ἔστωσαν οἱ λόγοι σου ὀλίγοι
8:11	עַל־*כֵּן* מָלֵא לֵב בְּנֵי־הָאָדָם	διὰ *τοῦτο* ἐπληροφορήθη καρδία υἱῶν τοῦ ἀνθρώπου
לְ + זֶה	*1*	*2%*
6:5	נַחַת *לָזֶה* מִזֶּה	ἀνάπαυσις *τούτῳ* ὑπὲρ τοῦτον
־הֶם	*1*	*2%*
4:3	וְטוֹב *מִשְּׁנֵיהֶם*	καὶ ἀγαθὸς *ὑπὲρ τοὺς δύο τούτους*
οὕτως	*Occurrences: 5*	

כֵּן	*4*	*80%*
כָּכָה	*1*	*20%*

כָּכָה	*1*	*20%*
11:5	*כָּכָה* לֹא תֵדַע אֶת־מַעֲשֵׂה הָאֱלֹהִים	*οὕτως* οὐ γνώσῃ τὰ ποιήματα τοῦ θεοῦ
כֵּן	*4*	*80%*
3:19	כְּמוֹת זֶה *כֵּן* מוֹת זֶה	ὡς ὁ θάνατος τούτου *οὕτως* ὁ θάνατος τούτου
5:15	כָּל־עֻמַּת בָּא *כֵּן* יֵלֵךְ	ὥσπερ γὰρ παρεγένετο *οὕτως καὶ* ἀπελεύσεται
7:6	*כֵּן* שְׂחֹק הַכְּסִיל וְגַם־זֶה הָבֶל	*οὕτως* γέλως τῶν ἀφρόνων καί γε τοῦτο ματαιότης
8:10	וְיִשְׁתַּכְּחוּ בָעִיר אֲשֶׁר *כֵּן*־עָשׂוּ	καὶ ἐπῃνέθησαν ἐν τῇ πόλει ὅτι *οὕτως* ἐποίησαν
ὀφθαλμός	*Occurrences: 9*	
עַיִן	*9*	*100%*
1:8	לֹא־תִשְׂבַּע *עַיִן* לִרְאוֹת	καὶ οὐκ ἐμπλησθήσεται *ὀφθαλμὸς* τοῦ ὁρᾶν
2:10	וְכֹל אֲשֶׁר שָׁאֲלוּ *עֵינַי*	καὶ πᾶν ὃ ᾔτησαν *οἱ ὀφθαλμοί μου*
2:14	הֶחָכָם *עֵינָיו* בְּרֹאשׁוֹ	τοῦ σοφοῦ *οἱ ὀφθαλμοὶ αὐτοῦ* ἐν κεφαλῇ αὐτοῦ
4:8	גַּם־*עֵינָיו **עֵינוֹ* לֹא־תִשְׂבַּע עֹשֶׁר	καί γε *ὀφθαλμὸς αὐτοῦ* οὐκ ἐμπίπλαται πλούτου **
5:10	כִּי אִם־*רְאִית **רְאוּת *עֵינָיו*	ὅτι ἀλλ᾽ ἢ τοῦ ὁρᾶν *ὀφθαλμοῖς αὐτοῦ*
6:9	טוֹב מַרְאֵה *עֵינַיִם* מֵהֲלָךְ־נָפֶשׁ	ἀγαθὸν ὅραμα *ὀφθαλμῶν* ὑπὲρ πορευόμενον ψυχῇ
8:16	שֵׁנָה *בְּעֵינָיו* אֵינֶנּוּ רֹאֶה	ὕπνον *ἐν ὀφθαλμοῖς αὐτοῦ* οὐκ ἔστιν βλέπων
11:7	וּמָתוֹק הָאוֹר וְטוֹב *לַעֵינַיִם*	καὶ γλυκὺ τὸ φῶς καὶ ἀγαθὸν *τοῖς ὀφθαλμοῖς*
11:9	וּבְמַרְאֵי *עֵינֶיךָ*	καὶ ἐν ὁράσει *ὀφθαλμῶν σου*
ὄφις	*Occurrences: 2*	
נָחָשׁ	*2*	*100%*
10:8	וּפֹרֵץ גָּדֵר יִשְּׁכֶנּוּ *נָחָשׁ*	καὶ καθαιροῦντα φραγμὸν δήξεται αὐτὸν *ὄφις*
10:11	אִם־יִשֹּׁךְ *הַנָּחָשׁ* בְּלוֹא־לָחַשׁ	ἐὰν δάκῃ *ὁ ὄφις* ἐν οὐ ψιθυρισμῷ

Π

παγιδεύω *Occurrences: 1*

יָקֹשׁ	*1*	*100%*
9:12	כָּהֵם יוּקָשִׁים בְּנֵי הָאָדָם	ὡς αὐτὰ *παγιδεύονται* οἱ υἱοὶ τοῦ ἀνθρώπου

παγίς *Occurrences: 1*

פַּח	*1*	*100%*
9:12	וְכַצִּפֳּרִים הָאֲחֻזוֹת בַּפָּח	καὶ ὡς ὄρνεα τὰ θηρευόμενα *ἐν παγίδι*

παιδίσκη *Occurrences: 1*

שִׁפְחָה	*1*	*100%*
2:7	קָנִיתִי עֲבָדִים וּשְׁפָחוֹת	ἐκτησάμην δούλους *καὶ παιδίσκας*

παῖς *Occurrences: 1*

יֶלֶד	*1*	*100%*
4:13	טוֹב יֶלֶד מִסְכֵּן וְחָכָם	ἀγαθὸς *παῖς* πένης καὶ σοφὸς

παρά *Occurrences: 7*

בַּעַל	*3*	*43%*
מִן	*2*	*29%*
ὁ + παρά	*1*	
בַּעַל	*1*	*14%*
ὅς + παρά	*1*	
בַּעַל	*1*	*14%*

בַּעַל	*2*	*43%*
5:10	וּמַה־כִּשְׁרוֹן לִבְעָלֶיהָ	καὶ τί ἀνδρεία *τῷ παρ ' αὐτῆς*
5:12	עֹשֶׁר שָׁמוּר לִבְעָלָיו	πλοῦτον φυλασσόμενον *τῷ παρ ' αὐτοῦ*
8:8	וְלֹא־יְמַלֵּט רֶשַׁע אֶת־בְּעָלָיו	καὶ οὐ διασώσει ἀσέβεια *τὸν παρ ' αὐτῆς*
מִן	*2*	*29%*
2:9	מִכֹּל שֶׁהָיָה לְפָנַי	*παρὰ* πάντας τοὺς γενομένους ἔμπροσθέν μου
3:19	וּמוֹתַר הָאָדָם מִן־הַבְּהֵמָה	καὶ τί ἐπερίσσευσεν ὁ ἄνθρωπος *παρὰ* τὸ κτῆνος
ὁ + παρά	*1*	
בַּעַל	*1*	*14%*
7:12	תְּחַיֶּה בְעָלֶיהָ	ζωοποιήσει *τὸν παρ ' αὐτῆς*
ὅς + παρά	*1*	
בַּעַל	*1*	*14%*
12:11	בַּעֲלֵי אֲסֻפּוֹת	*οἳ παρὰ* τῶν συναγμάτων

παραβολή *Occurrences: 2*

הוֹלֵלוֹת	*1*	*50%*
מָשָׁל	*1*	*50%*

הוֹלֵלוֹת	*1*	*50%*
1:17	וְדַעַת הוֹלֵלוֹת וְשִׂכְלוּת	καὶ γνῶσιν *παραβολὰς* καὶ ἐπιστήμην
מָשָׁל	*1*	*50%*
12:9	וְאִזֵּן וְחִקֵּר תִּקֵּן מְשָׁלִים הַרְבֵּה	καὶ οὖς ἐξιχνιάσεται κόσμιον *παραβολῶν* [πολλὰ]

παράδεισος *Occurrences: 1*

פַּרְדֵּס	*1*	*100%*
2:5	עָשִׂיתִי לִי גַּנּוֹת וּפַרְדֵּסִים	ἐποίησά μοι κήπους *καὶ παραδείσους*

πάρεξ *Occurrences: 1*

חוּץ + מִן		1	100%
2:25	כִּי מִי יֹאכַל וּמִי יָחוּשׁ *חוּץ מִמֶּנִּי*		ὅτι τίς φάγεται καὶ τίς φείσεται *πάρεξ αὐτοῦ*

πᾶς *Occurrences: 89*

כֹּל	*87*	*98%*
לְ + כֹּל	*2*	*2%*

כֹּל		*87*	*98%*
1:2	הֲבֵל הֲבָלִים *הַכֹּל* הָבֶל		ματαιότης ματαιοτήτων *τὰ πάντα* ματαιότης
1:3	מַה־יִּתְרוֹן לָאָדָם *בְּכָל*־עֲמָלוֹ		τίς περισσεία τῷ ἀνθρώπῳ *ἐν παντὶ* μόχθῳ αὐτοῦ
1:7	*כָּל*־הַנְּחָלִים הֹלְכִים אֶל־הַיָּם		*πάντες* οἱ χείμαρροι πορεύονται εἰς τὴν θάλασσαν
1:8	*כָּל*־הַדְּבָרִים יְגֵעִים		*πάντες* οἱ λόγοι ἔγκοποι
1:9	וְאֵין *כָּל*־חָדָשׁ תַּחַת הַשָּׁמֶשׁ		καὶ οὐκ ἔστιν *πᾶν* πρόσφατον ὑπὸ τὸν ἥλιον
1:13	עַל *כָּל*־אֲשֶׁר נַעֲשָׂה תַּחַת הַשָּׁמָיִם		περὶ *πάντων* τῶν γινομένων ὑπὸ τὸν οὐρανόν
1:14	רָאִיתִי אֶת־*כָּל*־*הַמַּעֲשִׂים* שֶׁנַּעֲשׂוּ		εἶδον σὺν *πάντα* τὰ ποιήματα τὰ πεποιημένα
1:14	וְהִנֵּה *הַכֹּל* הֶבֶל		καὶ ἰδοὺ *τὰ πάντα* ματαιότης
1:16	עַל *כָּל*־אֲשֶׁר־הָיָה לְפָנַי עַל־יְרוּשָׁלָ‍ִם		ἐπὶ *πᾶσιν* οἳ ἐγένοντο ἔμπροσθέν μου ἐν Ιερουσαλημ
2:5	וְנָטַעְתִּי בָהֶם עֵץ *כָּל*־פֶּרִי		καὶ ἐφύτευσα ἐν αὐτοῖς ξύλον *πᾶν* καρποῦ
2:7	*מִכֹּל* שֶׁהָיוּ לְפָנַי		*ὑπὲρ πάντας* τοὺς γενομένους ἔμπροσθέν μου
2:9	*מִכֹּל* שֶׁהָיָה לְפָנַי		*παρὰ πάντας* τοὺς γενομένους ἔμπροσθέν μου
2:10	*וְכֹל* אֲשֶׁר שָׁאֲלוּ עֵינַי		*καὶ πᾶν* ὃ ᾔτησαν οἱ ὀφθαλμοί μου
2:10	אֶת־לִבִּי *מִכָּל*־שִׂמְחָה		τὴν καρδίαν μου *ἀπὸ πάσης* εὐφροσύνης
2:10	כִּי־לִבִּי שָׂמֵחַ *מִכָּל*־עֲמָלִי		ὅτι καρδία μου εὐφράνθη *ἐν παντὶ* μόχθῳ μου
2:10	וְזֶה־הָיָה חֶלְקִי *מִכָּל*־עֲמָלִי		καὶ τοῦτο ἐγένετο μερίς μου *ἀπὸ παντὸς* μόχθου μου
2:11	וּפָנִיתִי אֲנִי *בְּכָל*־מַעֲשַׂי		καὶ ἐπέβλεψα ἐγὼ *ἐν πᾶσιν* ποιήμασίν μου
2:11	וְהִנֵּה *הַכֹּל* הֶבֶל		καὶ ἰδοὺ *τὰ πάντα* ματαιότης
2:14	שֶׁמִּקְרֶה אֶחָד יִקְרֶה אֶת־*כֻּלָּם*		ὅτι συνάντημα ἓν συναντήσεται *τοῖς πᾶσιν αὐτοῖς*
2:16	*הַכֹּל* נִשְׁכָּח		*τὰ πάντα* ἐπελήσθη
2:17	כִּי־*הַכֹּל* הֶבֶל וּרְעוּת רוּחַ		ὅτι *τὰ πάντα* ματαιότης καὶ προαίρεσις πνεύματος
2:18	וְשָׂנֵאתִי אֲנִי אֶת־*כָּל*־עֲמָלִי		καὶ ἐμίσησα ἐγὼ σὺν *πάντα* μόχθον μου
2:19	וְיִשְׁלַט *בְּכָל*־עֲמָלִי		καὶ ἐξουσιάζεται *ἐν παντὶ* μόχθῳ μου
2:20	עַל *כָּל*־הֶעָמָל שֶׁעָמַלְתִּי תַּחַת הַשָּׁמֶשׁ		ἐπὶ *παντὶ* τῷ μόχθῳ ᾧ ἐμόχθησα ὑπὸ τὸν ἥλιον
2:22	כִּי מֶה־הֹוֶה לָאָדָם *בְּכָל*־עֲמָלוֹ		ὅτι τί γίνεται τῷ ἀνθρώπῳ *ἐν παντὶ* μόχθῳ αὐτοῦ
2:23	כִּי *כָל*־יָמָיו מַכְאֹבִים		ὅτι *πᾶσαι* αἱ ἡμέραι αὐτοῦ ἀλγημάτων
3:1	*לַכֹּל* זְמָן וְעֵת לְכָל־חֵפֶץ		*τοῖς πᾶσιν* χρόνος καὶ καιρὸς τῷ παντὶ πράγματι
3:1	וְעֵת *לְכָל*־*חֵפֶץ* תַּחַת הַשָּׁמָיִם		καὶ καιρὸς *τῷ παντὶ* πράγματι ὑπὸ τὸν οὐρανόν
3:11	אֶת־*הַכֹּל* עָשָׂה יָפֶה בְעִתּוֹ		σὺν *τὰ πάντα* ἐποίησεν καλὰ ἐν καιρῷ αὐτοῦ
3:13	וְגַם *כָּל*־*הָאָדָם* שֶׁיֹּאכַל וְשָׁתָה		καί γε *πᾶς* ὁ ἄνθρωπος ὃς φάγεται καὶ πίεται
3:13	וְרָאָה טוֹב *בְּכָל*־עֲמָלוֹ		καὶ ἴδῃ ἀγαθὸν *ἐν παντὶ* μόχθῳ αὐτοῦ
3:14	יָדַעְתִּי כִּי *כָּל*־אֲשֶׁר יַעֲשֶׂה הָאֱלֹהִים		ἔγνων ὅτι *παντα* ὅσα ἐποίησεν ὁ θεός
3:17	כִּי־עֵת *לְכָל*־חֵפֶץ		ὅτι καιρὸς *τῷ παντὶ* πράγματι
3:17	וְעַל *כָּל*־*הַמַּעֲשֶׂה* שָׁם		καὶ ἐπὶ *παντὶ* τῷ ποιήματι [ἐκεῖ]
3:19	וְרוּחַ אֶחָד *לַכֹּל*		καὶ πνεῦμα ἓν *τοῖς πᾶσιν*
3:19	אָיִן כִּי *הַכֹּל* הָבֶל		οὐδέν ὅτι *τὰ πάντα* ματαιότης
3:20	*הַכֹּל* הוֹלֵךְ אֶל־מָקוֹם אֶחָד		*τὰ πάντα* πορεύεται εἰς τόπον ἕνα
3:20	*הַכֹּל* הָיָה מִן־הֶעָפָר		*τὰ πάντα* ἐγένετο ἀπὸ τοῦ χοός
3:20	*וְהַכֹּל* שָׁב אֶל־הֶעָפָר		*καὶ τὰ πάντα* ἐπιστρέφει εἰς τὸν χοῦν
4:1	אֶת־*כָּל*־הָעֲשֻׁקִים אֲשֶׁר נַעֲשִׂים		σὺν *πάσας* τὰς συκοφαντίας τὰς γινομένας
4:4	וְרָאִיתִי אֲנִי אֶת־*כָּל*־עָמָל		καὶ εἶδον ἐγὼ σὺν *πάντα* τὸν μόχθον
4:4	וְאֵת *כָּל*־כִּשְׁרוֹן הַמַּעֲשֶׂה		καὶ σὺν *πᾶσαν* ἀνδρείαν τοῦ ποιήματος
4:8	וְאֵין קֵץ *לְכָל*־עֲמָלוֹ		καὶ οὐκ ἔστιν περασμὸς *τῷ παντὶ* μόχθῳ αὐτοῦ
4:15	רָאִיתִי אֶת־*כָּל*־*הַחַיִּים* הַמְהַלְּכִים		εἶδον σὺν *πάντας* τοὺς ζῶντας τοὺς περιπατοῦντας
4:16	אֵין־קֵץ *לְכָל*־הָעָם		οὐκ ἔστιν περασμὸς *τῷ παντὶ* λαῷ
4:16	*לְכֹל* אֲשֶׁר־הָיָה לִפְנֵיהֶם		*τοῖς πᾶσιν* ὅσοι ἐγένοντο ἔμπροσθεν αὐτῶν

5:8	וְיִתְרוֹן אֶרֶץ *בַּכֹּל* *הִיא **הוּא	καὶ περισσεία γῆς *ἐν παντί* ἐστι
5:16	גַּם *כָּל*־יָמָיו בַּחֹשֶׁךְ יֹאכֵל	καί γε *πᾶσαι* αἱ ἡμέραι αὐτοῦ ἐν σκότει καὶ πένθει
5:17	*בְּכָל*־עֲמָלוֹ שֶׁיַּעֲמֹל	*ἐν παντὶ* μόχθῳ αὐτοῦ ᾧ ἐὰν μοχθῇ
5:18	גַּם *כָּל*־הָאָדָם אֲשֶׁר נָתַן־לוֹ הָאֱלֹהִים	καί γε *πᾶς* ὁ ἄνθρωπος ᾧ ἔδωκεν αὐτῷ ὁ θεὸς
6:2	*מִכֹּל* אֲשֶׁר־יִתְאַוֶּה	*ἀπὸ πάντων* ὧν ἐπιθυμήσει
6:6	הֲלֹא אֶל־מָקוֹם אֶחָד *הַכֹּל* הוֹלֵךְ	μὴ οὐκ εἰς τόπον ἕνα *τὰ πάντα* πορεύεται
6:7	*כָּל*־עֲמַל הָאָדָם לְפִיהוּ	*πᾶς* μόχθος τοῦ ἀνθρώπου εἰς στόμα αὐτοῦ
7:2	בַּאֲשֶׁר הוּא סוֹף *כָּל*־הָאָדָם	καθότι τοῦτο τέλος *παντὸς* τοῦ ἀνθρώπου
7:15	אֶת־*הַכֹּל* רָאִיתִי בִּימֵי הֶבְלִי	σὺν *τὰ πάντα* εἶδον ἐν ἡμέραις ματαιότητός μου
7:18	כִּי־יְרֵא אֱלֹהִים יֵצֵא אֶת־*כֻּלָּם*	ὅτι φοβούμενος τὸν θεὸν ἐξελεύσεται *τὰ πάντα*
7:21	גַּם *לְכָל*־הַדְּבָרִים אֲשֶׁר יְדַבֵּרוּ	καί γε *εἰς πάντας* τοὺς λόγους οὓς λαλήσουσιν
7:23	*כָּל*־זֹה נִסִּיתִי בַחָכְמָה	*πάντα* ταῦτα ἐπείρασα ἐν τῇ σοφίᾳ
7:28	וְאִשָּׁה *בְכָל*־אֵלֶּה לֹא מָצָאתִי	καὶ γυναῖκα *ἐν πᾶσι* τούτοις οὐχ εὗρον
8:3	כִּי *כָּל*־אֲשֶׁר יַחְפֹּץ יַעֲשֶׂה	ὅτι *πᾶν* ὃ ἐὰν θελήσῃ ποιήσει
8:9	אֶת־*כָּל*־זֶה רָאִיתִי	καὶ σὺν *πᾶν* τοῦτο εἶδον
8:9	וְנָתוֹן אֶת־לִבִּי *לְכָל*־מַעֲשֶׂה	καὶ ἔδωκα τὴν καρδίαν μου *εἰς πᾶν* ποίημα
8:17	וְרָאִיתִי אֶת־*כָּל*־מַעֲשֵׂה הָאֱלֹהִים	καὶ εἶδον σὺν *πάντα* τὰ ποιήματα τοῦ θεοῦ
9:1	כִּי אֶת־*כָּל*־זֶה נָתַתִּי אֶל־לִבִּי	ὅτι σὺν *πᾶν* τοῦτο ἔδωκα εἰς καρδίαν μου
9:1	וְלָבוּר אֶת־*כָּל*־זֶה	καὶ καρδία μου σὺν *πᾶν* εἶδεν τοῦτο
9:1	*הַכֹּל* לִפְנֵיהֶם	*τὰ πάντα* πρὸ προσώπου αὐτῶν
9:2	הַכֹּל כַּאֲשֶׁר *לַכֹּל*	ματαιότης *ἐν τοῖς πᾶσιν*
9:3	זֶה רָע *בְּכֹל* אֲשֶׁר־נַעֲשָׂה תַּחַת הַשֶּׁמֶשׁ	τοῦτο πονηρὸν *ἐν παντὶ* πεποιημένῳ ὑπὸ τὸν ἥλιον
9:3	כִּי־מִקְרֶה אֶחָד *לַכֹּל*	ὅτι συνάντημα ἓν *τοῖς πᾶσιν*
9:4	כִּי־מִי אֲשֶׁר *יְבֻחַר **יְחֻבַּר אֶל *כָּל*־הַחַיִּים	ὅτι τίς ὃς κοινωνεῖ πρὸς *πάντας* τοὺς ζῶντας
9:6	*בְּכֹל* אֲשֶׁר־נַעֲשָׂה תַּחַת הַשָּׁמֶשׁ	*ἐν παντὶ* τῷ πεποιημένῳ ὑπὸ τὸν ἥλιον
9:8	*בְּכָל*־עֵת יִהְיוּ בְגָדֶיךָ לְבָנִים	*ἐν παντὶ* καιρῷ ἔστωσαν ἱμάτιά σου λευκά
9:9	*כָּל*־יְמֵי חַיֵּי הֶבְלֶךָ	*πάσας* ἡμέρας ζωῆς ματαιότητός σου
9:9	*כֹּל* יְמֵי הֶבְלֶךָ	*πάσας* ἡμέρας ματαιότητός σου
9:10	*כֹּל* אֲשֶׁר תִּמְצָא יָדְךָ לַעֲשׂוֹת	*πάντα* ὅσα ἂν εὕρῃ ἡ χείρ σου τοῦ ποιῆσαι
9:11	יִקְרֶה אֶת־*כֻּלָּם*	συναντήσεται *τοῖς πᾶσιν αὐτοῖς*
10:19	וְהַכֶּסֶף יַעֲנֶה אֶת־*הַכֹּל*	καὶ τοῦ ἀργυρίου ἐπακούσεται σὺν *τὰ πάντα*
11:5	אֶת־מַעֲשֵׂה הָאֱלֹהִים אֲשֶׁר יַעֲשֶׂה אֶת־*הַכֹּל*	τὰ ποιήματα τοῦ θεοῦ ὅσα ποιήσει σὺν *τὰ πάντα*
11:8	*בְּכֻלָּם* יִשְׂמָח	*ἐν πᾶσιν αὐτοῖς* εὐφρανθήσεται
11:8	כִּי־הַרְבֵּה יִהְיוּ *כָּל*־שֶׁבָּא הָבֶל	ὅτι πολλαὶ ἔσονται *πᾶν* τὸ ἐρχόμενον ματαιότης
11:9	וְדָע כִּי עַל־*כָּל*־אֵלֶּה	καὶ γνῶθι ὅτι ἐπὶ *πᾶσι* τούτοις
12:4	וְיִשַּׁחוּ *כָּל*־בְּנוֹת	καὶ ταπεινωθήσονται *πᾶσαι* αἱ θυγατέρες
12:8	*הַכֹּל* הָבֶל	*τὰ πάντα* ματαιότης
12:13	סוֹף דָּבָר *הַכֹּל* נִשְׁמָע	τέλος λόγου *τὸ πᾶν* ἀκούεται
12:13	כִּי־זֶה *כָּל*־הָאָדָם	ὅτι τοῦτο *πᾶς* ὁ ἄνθρωπος
12:14	כִּי אֶת־*כָּל*־מַעֲשֶׂה הָאֱלֹהִים יָבִא בְמִשְׁפָּט	ὅτι σὺν *πᾶν* τὸ ποίημα ὁ θεὸς ἄξει ἐν κρίσει
12:14	עַל *כָּל*־נֶעְלָם	*ἐν παντὶ* παρεωραμένῳ
לְ + כֹּל	2	*2%*
8:6	כִּי *לְכָל*־חֵפֶץ יֵשׁ עֵת וּמִשְׁפָּט	ὅτι *παντὶ* πράγματι ἔστιν καιρὸς καὶ κρίσις
10:3	וְאָמַר *לַכֹּל* סָכָל הוּא	καὶ ἃ λογιεῖται *πάντα* ἀφροσύνη ἐστίν

πατέω/περι *Occurrences: 2*

הָלַךְ	2	*100%*
4:15	רָאִיתִי אֶת־כָּל־הַחַיִּים *הַמְהַלְּכִים*	εἶδον σὺν πάντας τοὺς ζῶντας *τοὺς περιπατοῦντας*
11:9	*וְהַלֵּךְ* בְּדַרְכֵי לִבְּךָ	*καὶ περιπάτει* ἐν ὁδοῖς καρδίας σου

παύω/ἀνα *Occurrences: 1*

נוּחַ	*1*	*100%*
7:9	כִּי כַעַס בְּחֵיק כְּסִילִים *יָנוּחַ*	ὅτι θυμὸς ἐν κόλπῳ ἀφρόνων *ἀναπαύσεται*

παύω/κατα *Occurrences: 1*

נוּחַ	*1*	*100%*	
10:4	כִּי מַרְפֵּא יַנִּיחַ חֲטָאִים גְּדוֹלִים	ὅτι ἴαμα *καταπαύσει* ἁμαρτίας μεγάλας	

παχύνω *Occurrences: 1*

סָבַל	*1*	*100%*	
12:5	וְיָנֵאץ הַשָּׁקֵד וְיִסְתַּבֵּל הֶחָגָב	καὶ ἀνθήσῃ τὸ ἀμύγδαλον *καὶ παχυνθῇ* ἡ ἀκρίς	

πειράζω *Occurrences: 2*

נָסָה	*2*	*100%*	
2:1	אֲנַסְּכָה בְשִׂמְחָה וּרְאֵה בְטוֹב	*πειράσω* σε ἐν εὐφροσύνῃ καὶ ἰδὲ ἐν ἀγαθῷ	
7:23	כָּל־זֹה נִסִּיתִי בַחָכְמָה	πάντα ταῦτα *ἐπείρασα* ἐν τῇ σοφίᾳ	

πένης *Occurrences: 7*

מִסְכֵּן	*4*	*57%*
רָשׁ	*2*	*29%*
עָנִי	*1*	*14%*

מִסְכֵּן	*4*	*57%*	
4:13	טוֹב יֶלֶד מִסְכֵּן וְחָכָם	ἀγαθὸς παῖς *πένης* καὶ σοφὸς	
9:15	וּמָצָא בָהּ אִישׁ מִסְכֵּן חָכָם	καὶ εὕρῃ ἐν αὐτῇ ἄνδρα *πένητα* σοφόν	
9:15	לֹא זָכַר אֶת־הָאִישׁ הַמִּסְכֵּן הַהוּא	οὐκ ἐμνήσθη σὺν τοῦ ἀνδρὸς *τοῦ πένητος* ἐκείνου	
9:16	וְחָכְמַת הַמִּסְכֵּן בְּזוּיָה	καὶ σοφία *τοῦ πένητος* ἐξουδενωμένη	
עָנִי	*1*	*14%*	
6:8	מַה־לֶּעָנִי יוֹדֵעַ לַהֲלֹךְ נֶגֶד הַחַיִּים	διότι ὁ *πένης* οἶδεν πορευθῆναι κατέναντι τῆς ζωῆς	=%p-
רָשׁ	2	*29%*	
4:14	כִּי גַּם בְּמַלְכוּתוֹ נוֹלַד רָשׁ	ὅτι καί γε ἐν βασιλείᾳ αὐτοῦ ἐγεννήθη *πένης*	
5:7	אִם־עֹשֶׁק רָשׁ וְגֵזֶל מִשְׁפָּט	ἐὰν συκοφαντίαν *πένητος* καὶ ἁρπαγὴν κρίματος	

πένθος *Occurrences: 3*

אֵבֶל	*2*	*67%*
אָכַל	*1*	*33%*

אֵבֶל	2	*67%*	
[5:16]	גַּם כָּל־יָמָיו בַּחֹשֶׁךְ יֹאכֵל	καί γε πᾶσαι αἱ ἡμέραι αὐτοῦ ἐν σκότει *καὶ πένθει*	=.kb.yw ואבל
7:2	טוֹב לָלֶכֶת אֶל־בֵּית־אֵבֶל	ἀγαθὸν πορευθῆναι εἰς οἶκον *πένθους*	
7:4	לֵב חֲכָמִים בְּבֵית אֵבֶל	καρδία σοφῶν ἐν οἴκῳ *πένθους*	
אָכַל	*1*	*33%*	
5:16	גַּם כָּל־יָמָיו בַּחֹשֶׁךְ יֹאכֵל	καί γε πᾶσαι αἱ ἡμέραι αὐτοῦ ἐν σκότει *καὶ πένθει*	=.kb.yw ואבל

περασμός *Occurrences: 3*

קֵץ	*3*	*100%*	
4:8	וְאֵין קֵץ לְכָל־עֲמָלוֹ	καὶ οὐκ ἔστιν *περασμὸς* τῷ παντὶ μόχθῳ αὐτοῦ	
4:16	אֵין־קֵץ לְכָל־הָעָם	οὐκ ἔστιν *περασμὸς* τῷ παντὶ λαῷ	
12:12	עֲשׂוֹת סְפָרִים הַרְבֵּה אֵין קֵץ	ποιῆσαι βιβλία πολλά οὐκ ἔστιν *περασμός*	

περί *Occurrences: 5*

עַל	*5*	*100%*	
1:13	עַל כָּל־אֲשֶׁר נַעֲשָׂה תַּחַת הַשָּׁמָיִם	*περὶ* πάντων τῶν γινομένων ὑπὸ τὸν οὐρανόν	
3:18	עַל־דִּבְרַת בְּנֵי הָאָדָם	*περὶ* λαλιᾶς υἱῶν τοῦ ἀνθρώπου	
7:10	כִּי לֹא מֵחָכְמָה שָׁאַלְתָּ עַל־זֶה	ὅτι οὐκ ἐν σοφίᾳ ἐπηρώτησας *περὶ* τούτου	
7:14	עָשָׂה הָאֱלֹהִים עַל־דִּבְרַת	ἐποίησεν ὁ θεὸς *περὶ* λαλιᾶς	
8:2	וְעַל דִּבְרַת שְׁבוּעַת אֱלֹהִים	*καὶ περὶ* λόγου ὅρκου θεοῦ	

περίλημψις *Occurrences: 1*

חָבַק	*1*	*100%*
3:5	וְעֵת לִרְחֹק מֵחַבֵּק	καὶ καιρὸς τοῦ μακρυνθῆναι *ἀπὸ περιλήμψεως*

περιουσιασμός *Occurrences: 1*

סְגֻלָּה	*1*	*100%*
2:8	וּסְגֻלַּת מְלָכִים וְהַמְּדִינוֹת	*καὶ περιουσιασμοὺς* βασιλέων καὶ τῶν χωρῶν

περισπασμός *Occurrences: 8*

עִנְיָן	*8*	*100%*
1:13	הוּא עִנְיַן רָע נָתַן אֱלֹהִים	ὅτι *περισπασμὸν* πονηρὸν ἔδωκεν ὁ θεὸς
2:23	מַכְאֹבִים וָכַעַס עִנְיָנוֹ	ἀλγημάτων καὶ θυμοῦ *περισπασμὸς αὐτοῦ*
2:26	וְלַחוֹטֶא נָתַן עִנְיָן	καὶ τῷ ἁμαρτάνοντι ἔδωκεν *περισπασμὸν*
3:10	רָאִיתִי אֶת־*הָעִנְיָן* אֲשֶׁר נָתַן אֱלֹהִים	εἶδον σὺν *τὸν περισπασμόν* ὃν ἔδωκεν ὁ θεὸς
4:8	גַּם־זֶה הֶבֶל *וְעִנְיַן* רָע	καί γε τοῦτο ματαιότης *καὶ περισπασμὸς* πονηρός
5:2	כִּי בָּא הַחֲלוֹם בְּרֹב *עִנְיָן*	ὅτι παραγίνεται ἐνύπνιον ἐν πλήθει *περισπασμοῦ*
5:13	וְאָבַד הָעֹשֶׁר הַהוּא *בְּעִנְיַן*	καὶ ἀπολεῖται ὁ πλοῦτος ἐκεῖνος *ἐν περισπασμῷ*
8:16	וְלִרְאוֹת אֶת־*הָעִנְיָן* אֲשֶׁר נַעֲשָׂה	καὶ τοῦ ἰδεῖν *τὸν περισπασμὸν* τὸν πεποιημένον

περισσεία *Occurrences: 12*

יִתְרוֹן	*10*	*83%*
יוֹתֵר	*2*	*17%*

יוֹתֵר	*2*	*17%*
6:8	כִּי מַה־*יּוֹתֵר* לֶחָכָם מִן־הַכְּסִיל	ὅτι τίς *περισσεία* τῷ σοφῷ ὑπὲρ τὸν ἄφρονα
7:11	*וְיֹתֵר* לְרֹאֵי הַשָּׁמֶשׁ	*καὶ περισσεία* τοῖς θεωροῦσιν τὸν ἥλιον
יִתְרוֹן	*10*	*83%*
1:3	מַה־*יִּתְרוֹן* לָאָדָם בְּכָל־עֲמָלוֹ	τίς *περισσεία* τῷ ἀνθρώπῳ ἐν παντὶ μόχθῳ αὐτοῦ
2:11	וְאֵין *יִתְרוֹן* תַּחַת הַשָּׁמֶשׁ	καὶ οὐκ ἔστιν *περισσεία* ὑπὸ τὸν ἥλιον
2:13	וְרָאִיתִי אָנִי שֶׁיֵּשׁ *יִתְרוֹן* לַחָכְמָה	καὶ εἶδον ἐγὼ ὅτι ἔστιν *περισσεία* τῇ σοφίᾳ
2:13	*כִּיתְרוֹן* הָאוֹר מִן־הַחֹשֶׁךְ	*ὡς περισσεία* τοῦ φωτὸς ὑπὲρ τὸ ~~σκότος~~
3:9	מַה־*יִּתְרוֹן* הָעוֹשֶׂה בַּאֲשֶׁר הוּא עָמֵל	τίς *περισσεία* τοῦ ποιοῦντος ἐν οἷς αὐτὸς μοχθεῖ
5:8	*וְיִתְרוֹן* אֶרֶץ בַּכֹּל *היא **הוא	*καὶ περισσεία* γῆς ἐν παντί ἐστι
5:15	וּמַה־*יִּתְרוֹן* לוֹ שֶׁיַּעֲמֹל לָרוּחַ	καὶ τίς *περισσεία* αὐτῷ ᾗ μοχθεῖ εἰς ἄνεμον
7:12	*וְיִתְרוֹן* דַּעַת הַחָכְמָה	*καὶ περισσεία* γνώσεως τῆς σοφίας
10:10	*וְיִתְרוֹן* *הַכְשֵׁיר **הכשר חָכְמָה	*καὶ περισσεία* τοῦ ἀνδρείου σοφία
10:11	וְאֵין *יִתְרוֹן* לְבַעַל הַלָּשׁוֹן	καὶ οὐκ ἔστιν *περισσεία* τῷ ἐπᾴδοντι

περίσσευμα *Occurrences: 1*

- - -	*1*	
2:15	- - -	διότι ἄφρων *ἐκ περισσεύματος* λαλεῖ

περισσεύω *Occurrences: 1*

מוֹתָר	*1*	*100%*
[יָתַר]	*1*	

[יָתַר]	*1*			
[3:19]	וּמוֹתַר הָאָדָם מִן־הַבְּהֵמָה	*καὶ τί ἐπερίσσευσεν* ὁ ἄνθρωπος παρὰ τὸ κτῆνος	=?.s	ומה יתר
מוֹתָר	*1*	*100%*		
3:19	וּמוֹתַר הָאָדָם מִן־הַבְּהֵמָה	*καὶ τί ἐπερίσσευσεν* ὁ ἄνθρωπος παρὰ τὸ κτῆνος	=?.s	ומה יתר

περισσός *Occurrences: 5*

יוֹתֵר	*5*	*100%*
2:15	וְלָמָּה חָכַמְתִּי אֲנִי אָז יוֹתֵר	καὶ ἵνα τί ἐσοφισάμην ἐγὼ τότε *περισσὸν*

6:11 מַה־יֹּתֵר לָאָדָם — τί *περισσὸν* τῷ ἀνθρώπῳ
7:16 אַל־תְּהִי צַדִּיק הַרְבֵּה וְאַל־תִּתְחַכַּם יוֹתֵר — μὴ γίνου δίκαιος πολὺ καὶ μὴ σοφίζου *περισσά*
12:9 וְיֹתֵר שֶׁהָיָה קֹהֶלֶת חָכָם — *καὶ περισσὸν* ὅτι ἐγένετο ἐκκλησιαστὴς σοφός
12:12 וְיֹתֵר מֵהֵמָּה בְּנִי הִזָּהֵר — [*καὶ περισσὸν* ἐξ αὐτῶν] υἱέ μου φύλαξαι [11]

περιφέρεια *Occurrences: 2*

הוֹלֵלוֹת	*1*	*50%*
הוֹלֵלוֹת	*1*	*50%*

הוֹלֵלוֹת *1* *50%*
9:3 וְהוֹלֵלוֹת בִּלְבָבָם בְּחַיֵּיהֶם — *καὶ περιφέρεια* ἐν καρδίᾳ αὐτῶν ἐν ζωῇ αὐτῶν

הוֹלֵלוֹת *1* *50%*
10:13 וְאַחֲרִית פִּיהוּ *הוֹלֵלוּת* רָעָה — καὶ ἐσχάτη στόματος αὐτοῦ *περιφέρεια* πονηρά

περιφορά *Occurrences: 3*

הוֹלֵלוֹת	*2*	*67%*
הֹלֵל	*1*	*33%*

הוֹלֵלוֹת 2 *67%*
2:12 חָכְמָה *וְהוֹלֵלוֹת* וְסִכְלוּת — σοφίαν *καὶ περιφορὰν* καὶ ἀφροσύνην
7:25 רֶשַׁע כֶּסֶל וְהַסִּכְלוּת *הוֹלֵלוֹת* — ἀσεβοῦς ἀφροσύνην καὶ σκληρίαν *καὶ περιφοράν*

הֹלֵל 1 *33%*
2:2 לִשְׂחוֹק אָמַרְתִּי *מְהוֹלָל* — τῷ γέλωτι εἶπα *περιφορὰν* {c παραφορὰν}

πετεινόν *Occurrences: 1*

עוֹף 1 *100%*
10:20 כִּי עוֹף הַשָּׁמַיִם יוֹלִיךְ אֶת־הַקּוֹל — ὅτι *πετεινὸν* τοῦ οὐρανοῦ ἀποίσει σὺν τὴν φωνήν

πηγή *Occurrences: 1*

מַבּוּעַ 1 *100%*
12:6 וְתִשָּׁבֶר כַּד עַל־הַמַּבּוּעַ — καὶ συντριβῇ ὑδρία ἐπὶ *τὴν πηγήν*

πικρός *Occurrences: 1*

מַר 1 *100%*
7:26 וּמוֹצֶא אֲנִי מַר מִמָּוֶת — καὶ εὑρίσκω ἐγὼ *πικρότερον* ὑπὲρ θάνατον

πίμπλημι *Occurrences: 1*

שָׂבַע 1 *100%*
5:9 אֹהֵב כֶּסֶף לֹא־יִשְׂבַּע כֶּסֶף — ἀγαπῶν ἀργύριον οὐ *πλησθήσεται* ἀργυρίου

πίμπλημι/ἐν *Occurrences: 5*

שָׂבַע	*3*	*60%*
מָלֵא	*1*	*20%*
שָׂבָע	*1*	*20%*

מָלֵא 1 *20%*
1:7 וְהַיָּם אֵינֶנּוּ מָלֵא — καὶ ἡ θάλασσα οὐκ ἔσται *ἐμπιμπλαμένη*

שָׂבַע 3 *60%*
1:8 לֹא־תִשְׂבַּע עַיִן לִרְאוֹת — καὶ οὐκ *ἐμπλησθήσεται* ὀφθαλμὸς τοῦ ὁρᾶν
4:8 גַּם־*עֵינָיו **עֵינוֹ לֹא־תִשְׂבַּע עֹשֶׁר — καί γε ὀφθαλμὸς αὐτοῦ οὐκ *ἐμπίπλαται* πλούτου
6:3 וְנַפְשׁוֹ לֹא־תִשְׂבַּע — καὶ ψυχὴ αὐτοῦ οὐκ *ἐμπλησθήσεται*

שָׂבָע 1 *20%*
5:11 וְהַשָּׂבָע לֶעָשִׁיר — καὶ τῷ *ἐμπλησθέντι* τοῦ πλουτῆσαι

πίνω *Occurrences: 5*

שָׁתָה	5	100%
2:24	שֶׁיֹּאכַל *וְשָׁתָה* וְהֶרְאָה אֶת־נַפְשׁוֹ	ὃ φάγεται *καὶ ὃ πίεται* καὶ ὃ δείξει τῇ ψυχῇ αὐτοῦ
3:13	וְגַם כָּל־הָאָדָם שֶׁיֹּאכַל *וְשָׁתָה*	καί γε πᾶς ὁ ἄνθρωπος ὃς φάγεται *καὶ πίεται*
5:17	לֶאֱכוֹל־*וְלִשְׁתּוֹת* וְלִרְאוֹת	τοῦ φαγεῖν *καὶ τοῦ πιεῖν* καὶ τοῦ ἰδεῖν
8:15	כִּי אִם־לֶאֱכוֹל *וְלִשְׁתּוֹת*	ὅτι εἰ μὴ τοῦ φαγεῖν *καὶ τοῦ πιεῖν*
9:7	*וּשֲׁתֵה* בְלֶב־טוֹב יֵינֶךָ	*καὶ πίε* ἐν καρδίᾳ ἀγαθῇ οἶνόν σου

πίπτω *Occurrences: 4*

נָפַל	4	100%
4:10	כִּי אִם־*יִפֹּלוּ* הָאֶחָד יָקִים אֶת־חֲבֵרוֹ	ὅτι ἐὰν *πέσωσιν* ὁ εἷς ἐγερεῖ τὸν μέτοχον αὐτοῦ
4:10	וְאִילוֹ הָאֶחָד *שֶׁיִּפּוֹל*	καὶ οὐαὶ αὐτῷ τῷ ἑνί *ὅταν πέσῃ*
11:3	וְאִם־*יִפּוֹל* עֵץ בַּדָּרוֹם וְאִם בַּצָּפוֹן	καὶ ἐὰν *πέσῃ* ξύλον ἐν τῷ νότῳ καὶ ἐὰν ἐν τῷ βορρᾷ
11:3	מְקוֹם *שֶׁיִּפּוֹל* הָעֵץ שָׁם יְהוּא	τόπῳ *οὗ πεσεῖται* τὸ ξύλον ἐκεῖ ἔσται

πίπτω/ἐκ *Occurrences: 1*

קָהָה	1	100%
10:10	אִם־*קֵהָה* הַבַּרְזֶל וְהוּא לֹא־פָנִים קִלְקַל	ἐὰν *ἐκπέσῃ* τὸ σιδήριον καὶ αὐτὸς πρόσωπον ἐτάραξεν

πίπτω/ἐν *Occurrences: 1*

נָפַל	1	100%
10:8	חֹפֵר גּוּמָּץ בּוֹ *יִפּוֹל*	ὁ ὀρύσσων βόθρον ἐν αὐτῷ *ἐμπεσεῖται*

πίπτω/ἐπι *Occurrences: 1*

נָפַל	1	100%
9:12	*כְּשֶׁתִּפּוֹל* עֲלֵיהֶם פִּתְאֹם	*ὅταν ἐπιπέσῃ* ἐπ' αὐτοὺς ἄφνω

πλειστάκις *Occurrences: 1*

פַּעַם + רַב	1	100%	
7:22	כִּי גַם־*פְּעָמִים רַבּוֹת* יָדַע לִבֶּךָ	ὅτι *πλειστάκις* πονηρεύσεταί σε	=d

πλῆθος *Occurrences: 9*

רֹב	6	67%
הָמוֹן	1	11%
רַב	1	11%
רָבָה	1	11%

הָמוֹן	1	11%
5:9	וּמִי־אֹהֵב *בֶּהָמוֹן* לֹא תְבוּאָה	καὶ τίς ἠγάπησεν *ἐν πλήθει αὐτῶν* γένημα

רַב	1	11%
6:3	*וְרַב* שֶׁיִּהְיוּ יְמֵי־שָׁנָיו	*καὶ πλῆθος* ὅ τι ἔσονται ἡμέραι ἐτῶν αὐτοῦ

רֹב	6	67%
1:18	כִּי *בְּרֹב* חָכְמָה רָב־כָּעַס	ὅτι *ἐν πλήθει* σοφίας πλῆθος γνώσεως
1:18	כִּי בְּרֹב חָכְמָה *רָב*־כָּעַס	ὅτι ἐν πλήθει σοφίας *πλῆθος* γνώσεως
5:2	כִּי בָּא הַחֲלוֹם *בְּרֹב* עִנְיָן	ὅτι παραγίνεται ἐνύπνιον *ἐν πλήθει* περισπασμοῦ
5:2	וְקוֹל כְּסִיל *בְּרֹב* דְּבָרִים	καὶ φωνὴ ἄφρονος *ἐν πλήθει* λόγων
5:6	כִּי *בְרֹב* חֲלֹמוֹת וַהֲבָלִים	ὅτι *ἐν πλήθει* ἐνυπνίων καὶ ματαιότητες
11:1	כִּי־*בְרֹב* הַיָּמִים תִּמְצָאֶנּוּ	ὅτι *ἐν πλήθει* τῶν ἡμερῶν εὑρήσεις αὐτόν

רָבָה	1	11%
5:10	*בִּרְבוֹת* הַטּוֹבָה	*ἐν πλήθει* τῆς ἀγαθωσύνης

πληθύνω *Occurrences: 3*

רָבָה	2	67%
רָבַב	1	33%

רָבַב	1	33%
5:10	רַבּוּ אוֹכְלֶיהָ	*ἐπληθύνθησαν* ἔσθοντες αὐτήν
רָבָה	2	67%
6:11	כִּי יֵשׁ־דְּבָרִים הַרְבֵּה מַרְבִּים הָבֶל	ὅτι εἰσὶν λόγοι πολλοὶ *πληθύνοντες* ματαιότητα
10:14	וְהַסָּכָל יַרְבֶּה דְבָרִים	καὶ ὁ ἄφρων *πληθύνει* λόγους

πλήν *Occurrences: 1*

לְ + בַּד	1	100%
7:29	לְבַד רְאֵה־זֶה מָצָאתִי	*πλὴν* ἰδὲ τοῦτο εὗρον

πληροφορέω *Occurrences: 1*

מָלֵא	1	100%
8:11	עַל־כֵּן מָלֵא לֵב בְּנֵי־הָאָדָם	διὰ τοῦτο *ἐπληροφορήθη* καρδία υἱῶν τοῦ ἀνθρώπου

πληρόω *Occurrences: 4*

מָלֵא	3	75%
1:8	וְלֹא־תִמָּלֵא אֹזֶן מִשְּׁמֹעַ	καὶ οὐ *πληρωθήσεται* οὖς ἀπὸ ἀκροάσεως
6:7	וְגַם־הַנֶּפֶשׁ לֹא תִמָּלֵא	καί γε ἡ ψυχὴ οὐ *πληρωθήσεται*
11:3	אִם־יִמָּלְאוּ הֶעָבִים גֶּשֶׁם	ἐὰν *πληρωθῶσιν* τὰ νέφη ὑετοῦ
מָלֵא	1	25%
9:3	וְגַם לֵב בְּנֵי־הָאָדָם מָלֵא־רָע	καί γε καρδία υἱῶν τοῦ ἀνθρώπου *ἐπληρώθη* πονηροῦ

πλήρωμα *Occurrences: 2*

מְלֹא	2	100%
4:6	טוֹב מְלֹא כַף נָחַת	ἀγαθὸν *πλήρωμα* δρακὸς ἀναπαύσεως
4:6	מִמְּלֹא חָפְנַיִם עָמָל	ὑπὲρ *πλήρωμα* δύο δρακῶν μόχθου

πλήσσω/ἐκ *Occurrences: 1*

שָׁמֵם	1	100%
7:16	לָמָּה תִּשּׁוֹמֵם	μήποτε *ἐκπλαγῇς*

πλούσιος *Occurrences: 2*

עָשִׁיר	2	100%
10:6	וַעֲשִׁירִים בַּשֵּׁפֶל יֵשֵׁבוּ	καὶ *πλούσιοι* ἐν ταπεινῷ καθήσονται
10:20	בְחַדְרֵי מִשְׁכָּבְךָ אַל־תְּקַלֵּל עָשִׁיר	ἐν ταμιείοις κοιτώνων σου μὴ καταράσῃ *πλούσιον*

πλουτέω *Occurrences: 1*

עָשִׁיר	1	100%
5:11	וְהַשָּׂבָע לֶעָשִׁיר	καὶ τῷ ἐμπλησθέντι *τοῦ πλουτῆσαι*

πλοῦτος *Occurrences: 6*

עֹשֶׁר	6	100%
4:8	גַּם־*עֵינָיו **עֵינוֹ לֹא־תִשְׂבַּע עֹשֶׁר	καί γε ὀφθαλμὸς αὐτοῦ οὐκ ἐμπίπλαται *πλούτου*
5:12	עֹשֶׁר שָׁמוּר לִבְעָלָיו	*πλοῦτον* φυλασσόμενον τῷ παρ' αὐτοῦ
5:13	וְאָבַד הָעֹשֶׁר הַהוּא בְּעִנְיַן	καὶ ἀπολεῖται *ὁ πλοῦτος* ἐκεῖνος ἐν περισπασμῷ
5:18	עֹשֶׁר וּנְכָסִים	*πλοῦτον* καὶ ὑπάρχοντα
6:2	אִישׁ אֲשֶׁר יִתֶּן־לוֹ הָאֱלֹהִים עֹשֶׁר	ἀνὴρ ᾧ δώσει αὐτῷ ὁ θεὸς *πλοῦτον*
9:11	וְגַם לֹא לַנְּבֹנִים עֹשֶׁר	καί γε οὐ τοῖς συνετοῖς *πλοῦτος*

πνεῦμα *Occurrences: 21*

רוּחַ	*21*	*100%*
1:6	סוֹבֵב סֹבֵב הוֹלֵךְ *הָרוּחַ*	κυκλοῖ κυκλῶν πορεύεται *τὸ πνεῦμα*
1:6	וְעַל־סְבִיבֹתָיו שָׁב *הָרוּחַ*	καὶ ἐπὶ κύκλους αὐτοῦ ἐπιστρέφει *τὸ πνεῦμα*
1:14	הַכֹּל הֶבֶל וּרְעוּת *רוּחַ*	τὰ πάντα ματαιότης καὶ προαίρεσις *πνεύματος*
1:17	יָדַעְתִּי שֶׁגַּם־זֶה הוּא רַעְיוֹן *רוּחַ*	ἔγνων ὅτι καί γε τοῦτ' ἔστιν προαίρεσις *πνεύματος*
2:11	הַכֹּל הֶבֶל וּרְעוּת *רוּחַ*	τὰ πάντα ματαιότης καὶ προαίρεσις *πνεύματος*
2:17	כִּי־הַכֹּל הֶבֶל וּרְעוּת *רוּחַ*	ὅτι τὰ πάντα ματαιότης καὶ προαίρεσις *πνεύματος*
2:26	הֶבֶל וּרְעוּת *רוּחַ*	ματαιότης καὶ προαίρεσις *πνεύματος*
3:19	*וְרוּחַ* אֶחָד לַכֹּל	*καὶ πνεῦμα* ἓν τοῖς πᾶσιν
3:21	מִי יוֹדֵעַ *רוּחַ* בְּנֵי הָאָדָם	καὶ τίς οἶδεν *πνεῦμα* υἱῶν τοῦ ἀνθρώπου
3:21	*וְרוּחַ* הַבְּהֵמָה	*καὶ πνεῦμα* τοῦ κτήνους
4:4	גַּם־זֶה הֶבֶל וּרְעוּת *רוּחַ*	καί γε τοῦτο ματαιότης καὶ προαίρεσις *πνεύματος*
4:6	חָפְנַיִם עָמָל וּרְעוּת *רוּחַ*	δύο δρακῶν μόχθου καὶ προαιρέσεως *πνεύματος*
4:16	גַּם־זֶה הֶבֶל וְרַעְיוֹן *רוּחַ*	καί γε τοῦτο ματαιότης καὶ προαίρεσις *πνεύματος*
6:9	גַּם־זֶה הֶבֶל וּרְעוּת *רוּחַ*	καί γε τοῦτο ματαιότης καὶ προαίρεσις *πνεύματος*
7:8	טוֹב אֶרֶךְ־רוּחַ *מִגְּבַהּ־רוּחַ*	ἀγαθὸν μακρόθυμος ὑπὲρ ὑψηλὸν *πνεύματι*
7:9	אַל־תְּבַהֵל *בְּרוּחֲךָ* לִכְעוֹס	μὴ σπεύσῃς *ἐν πνεύματί σου* τοῦ θυμοῦσθαι
8:8	אֵין אָדָם שַׁלִּיט *בָּרוּחַ*	οὐκ ἔστιν ἄνθρωπος ἐξουσιάζων *ἐν πνεύματι*
8:8	לִכְלוֹא *אֶת־הָרוּחַ*	τοῦ κωλῦσαι σὺν *τὸ πνεῦμα*
10:4	אִם־*רוּחַ* הַמּוֹשֵׁל תַּעֲלֶה עָלֶיךָ	ἐὰν *πνεῦμα* τοῦ ἐξουσιάζοντος ἀναβῇ ἐπὶ σέ
11:5	כַּאֲשֶׁר אֵינְךָ יוֹדֵעַ מַה־דֶּרֶךְ *הָרוּחַ*	ἐν οἷς οὐκ ἔστιν γινώσκων τίς ἡ ὁδὸς *τοῦ πνεύματος*
12:7	*וְהָרוּחַ* תָּשׁוּב אֶל־הָאֱלֹהִים	*καὶ τὸ πνεῦμα* ἐπιστρέψῃ πρὸς τὸν θεόν

ποιέω *Occurrences: 40*

עָשָׂה	*40*	*100%*
ἀπό + ποιέω	*1*	
מַעֲשֶׂה	*1*	*2%*

עָשָׂה	*40*	*100%*
1:9	וּמַה־*שֶּׁנַּעֲשָׂה* הוּא שֶׁיֵּעָשֶׂה	καὶ τί τὸ *πεποιημένον* αὐτὸ τὸ ποιηθησόμενον
1:9	וּמַה־שֶּׁנַּעֲשָׂה הוּא *שֶׁיֵּעָשֶׂה*	καὶ τί τὸ πεποιημένον αὐτὸ *τὸ ποιηθησόμενον*
1:14	רָאִיתִי אֶת־כָּל־הַמַּעֲשִׂים *שֶׁנַּעֲשׂוּ*	εἶδον σὺν πάντα τὰ ποιήματα *τὰ πεποιημένα*
2:2	וּלְשִׂמְחָה מַה־זֹּה *עֹשָׂה*	καὶ τῇ εὐφροσύνῃ τί τοῦτο *ποιεῖς*
2:3	טוֹב לִבְנֵי הָאָדָם אֲשֶׁר *יַעֲשׂוּ*	τὸ ἀγαθὸν τοῖς υἱοῖς τοῦ ἀνθρώπου ὃ *ποιήσουσιν*
2:5	*עָשִׂיתִי* לִי גַּנּוֹת וּפַרְדֵּסִים	*ἐποίησά* μοι κήπους καὶ παραδείσους
2:6	*עָשִׂיתִי* לִי בְּרֵכוֹת מָיִם	*ἐποίησά* μοι κολυμβήθρας ὑδάτων
2:8	*עָשִׂיתִי* לִי שָׁרִים וְשָׁרוֹת	*ἐποίησά* μοι ᾄδοντας καὶ ᾀδούσας
2:11	מַעֲשַׂי *שֶׁעָשׂוּ* יָדַי	ποιήμασίν μου οἷς *ἐποίησαν* αἱ χεῖρές μου
2:11	וּבֶעָמָל שֶׁעָמַלְתִּי *לַעֲשׂוֹת*	καὶ ἐν μόχθῳ ᾧ ἐμόχθησα *τοῦ ποιεῖν*
2:12	אֵת אֲשֶׁר־כְּבָר *עָשׂוּהוּ*	τὰ ὅσα *ἐποίησεν αὐτήν*
2:17	כִּי רַע עָלַי הַמַּעֲשֶׂה *שֶׁנַּעֲשָׂה*	ὅτι πονηρὸν ἐπ' ἐμὲ τὸ ποίημα *τὸ πεποιημένον*
3:9	מַה־יִּתְרוֹן *הָעוֹשֶׂה* בַּאֲשֶׁר הוּא עָמֵל	τίς περισσεία *τοῦ ποιοῦντος* ἐν οἷς αὐτὸς μοχθεῖ
3:11	אֶת־הַכֹּל *עָשָׂה* יָפֶה בְעִתּוֹ	σὺν τὰ πάντα *ἐποίησεν* καλὰ ἐν καιρῷ αὐτοῦ
3:11	אֲשֶׁר־*עָשָׂה* הָאֱלֹהִים מֵרֹאשׁ וְעַד־סוֹף	ὃ *ἐποίησεν* ὁ θεός ἀπ' ἀρχῆς καὶ μέχρι τέλους
3:12	כִּי אִם־לִשְׂמוֹחַ *וְלַעֲשׂוֹת* טוֹב	εἰ μὴ τοῦ εὐφρανθῆναι *καὶ τοῦ ποιεῖν* ἀγαθὸν
3:14	יָדַעְתִּי כִּי כָּל־אֲשֶׁר *יַעֲשֶׂה* הָאֱלֹהִים	ἔγνων ὅτι παντα ὅσα *ἐποίησεν* ὁ θεός
3:14	וְהָאֱלֹהִים *עָשָׂה* שֶׁיִּרְאוּ	καὶ ὁ θεὸς *ἐποίησεν* ἵνα φοβηθῶσιν
4:3	אֲשֶׁר *נַעֲשָׂה* תַּחַת הַשָּׁמֶשׁ	τὸ *πεποιημένον* ὑπὸ τὸν ἥλιον
4:17	כִּי־אֵינָם יוֹדְעִים *לַעֲשׂוֹת* רָע	ὅτι οὐκ εἰσιν εἰδότες *τοῦ ποιῆσαι* κακόν
6:12	*וְיַעֲשֵׂם* כַּצֵּל	*καὶ ἐποίησεν αὐτὰς* ἐν σκιᾷ
7:14	*עָשָׂה* הָאֱלֹהִים עַל־דִּבְרַת	*ἐποίησεν* ὁ θεὸς περὶ λαλιᾶς
7:20	אֲשֶׁר *יַעֲשֶׂה*־טּוֹב וְלֹא יֶחֱטָא	ὃς *ποιήσει* ἀγαθὸν καὶ οὐχ ἁμαρτήσεται
7:29	אֲשֶׁר *עָשָׂה* הָאֱלֹהִים אֶת־הָאָדָם יָשָׁר	ὃ *ἐποίησεν* ὁ θεὸς σὺν τὸν ἄνθρωπον εὐθῆ
8:3	כִּי כָּל־אֲשֶׁר יַחְפֹּץ *יַעֲשֶׂה*	ὅτι πᾶν ὃ ἐὰν θελήσῃ *ποιήσει*
8:4	וּמִי יֹאמַר־לוֹ *מַה־תַּעֲשֶׂה*	καὶ τίς ἐρεῖ αὐτῷ τί *ποιήσεις*

8:9	לְכָל־מַעֲשֶׂה אֲשֶׁר *נַעֲשָׂה* תַּחַת הַשָּׁמֶשׁ	εἰς πᾶν ποίημα ὃ *πεποίηται* ὑπὸ τὸν ἥλιον		
8:10	וְיִשְׁתַּכְּחוּ בָעִיר אֲשֶׁר כֵּן־*עָשׂוּ*	καὶ ἐπῃνέθησαν ἐν τῇ πόλει ὅτι οὕτως *ἐποίησαν*		
[8:11]	*מַעֲשֵׂה* הָרָעָה מְהֵרָה	*ἀπὸ τῶν ποιούντων* τὸ πονηρὸν ταχύ	=.hy	מעשי
8:11	בָּהֶם *לַעֲשׂוֹת* רָע	ἐν αὐτοῖς *τοῦ ποιῆσαι* τὸ πονηρόν		
8:12	אֲשֶׁר חֹטֶא *עֹשֶׂה* רָע מְאַת	ὃς ἥμαρτεν *ἐποίησεν* τὸ πονηρὸν ἀπὸ τότε		
8:14	יֶשׁ־הֶבֶל אֲשֶׁר *נַעֲשָׂה* עַל־הָאָרֶץ	ἔστιν ματαιότης ἣ *πεποίηται* ἐπὶ τῆς γῆς		
8:16	וְלִרְאוֹת אֶת־הָעִנְיָן אֲשֶׁר *נַעֲשָׂה*	καὶ τοῦ ἰδεῖν τὸν περισπασμὸν τὸν *πεποιημένον*		
8:17	אֶת־הַמַּעֲשֶׂה אֲשֶׁר *נַעֲשָׂה* תַחַת־הַשֶּׁמֶשׁ	σὺν τὸ ποίημα τὸ *πεποιημένον* ὑπὸ τὸν ἥλιον		
9:3	זֶה רָע בְּכֹל אֲשֶׁר־*נַעֲשָׂה* תַּחַת הַשֶּׁמֶשׁ	τοῦτο πονηρὸν ἐν παντὶ *πεποιημένῳ* ὑπὸ τὸν ἥλιον		
9:6	בְּכֹל אֲשֶׁר־*נַעֲשָׂה* תַּחַת הַשָּׁמֶשׁ	ἐν παντὶ τῷ *πεποιημένῳ* ὑπὸ τὸν ἥλιον		
9:10	כֹּל אֲשֶׁר תִּמְצָא יָדְךָ *לַעֲשׂוֹת*	πάντα ὅσα ἂν εὕρῃ ἡ χείρ σου *τοῦ ποιῆσαι*		
9:10	בְּכֹחֲךָ *עֲשֵׂה*	ὡς ἡ δύναμίς σου *ποίησον*		
10:19	לִשְׂחוֹק *עֹשִׂים* לֶחֶם	εἰς γέλωτα *ποιοῦσιν* ἄρτον		
11:5	אֶת־מַעֲשֵׂה הָאֱלֹהִים אֲשֶׁר *יַעֲשֶׂה* אֶת־הַכֹּל	τὰ ποιήματα τοῦ θεοῦ ὅσα *ποιήσει* σὺν τὰ πάντα		
12:12	*עֲשׂוֹת* סְפָרִים הַרְבֵּה אֵין קֵץ	*ποιῆσαι* βιβλία πολλά οὐκ ἔστιν περασμός		
ἀπό + ποιέω	*1*			
מַעֲשֶׂה	*1*	*2%*		
8:11	*מַעֲשֵׂה* הָרָעָה מְהֵרָה	*ἀπὸ τῶν ποιούντων* τὸ πονηρὸν ταχύ	=.hy	מעשי

ποίημα *Occurrences: 20*

מַעֲשֶׂה	*20*	*100%*
1:14	רָאִיתִי אֶת־כָּל־*הַמַּעֲשִׂים* שֶׁנַּעֲשׂוּ	εἶδον σὺν πάντα *τὰ ποιήματα* τὰ πεποιημένα
2:4	הִגְדַּלְתִּי *מַעֲשָׂי*	ἐμεγάλυνα *ποίημά μου*
2:11	וּפָנִיתִי אֲנִי בְּכָל־*מַעֲשַׂי*	καὶ ἐπέβλεψα ἐγὼ ἐν πᾶσιν *ποιήμασίν μου*
2:17	כִּי רַע עָלַי *הַמַּעֲשֶׂה* שֶׁנַּעֲשָׂה	ὅτι πονηρὸν ἐπ' ἐμὲ *τὸ ποίημα* τὸ πεποιημένον
3:11	מִבְּלִי אֲשֶׁר לֹא־יִמְצָא הָאָדָם אֶת־*הַמַּעֲשֶׂה*	ὅπως μὴ εὕρῃ ὁ ἄνθρωπος *τὸ ποίημα*
3:17	וְעַל כָּל־*הַמַּעֲשֶׂה* שָׁם	καὶ ἐπὶ παντὶ *τῷ ποιήματι* [ἐκεῖ]
3:22	יִשְׂמַח הָאָדָם *בְּמַעֲשָׂיו*	εὐφρανθήσεται ὁ ἄνθρωπος *ἐν ποιήμασιν αὐτοῦ*
4:3	אֲשֶׁר לֹא־רָאָה אֶת־*הַמַּעֲשֶׂה* הָרָע	ὃς οὐκ εἶδεν σὺν *τὸ ποίημα* τὸ πονηρὸν
4:4	וְאֵת כָּל־כִּשְׁרוֹן *הַמַּעֲשֶׂה*	καὶ σὺν πᾶσαν ἀνδρείαν *τοῦ ποιήματος*
5:5	וְחִבֵּל אֶת־*מַעֲשֵׂה* יָדֶיךָ	καὶ διαφθείρῃ *τὰ ποιήματα* χειρῶν σου
7:13	רְאֵה אֶת־*מַעֲשֵׂה* הָאֱלֹהִים	ἰδὲ *τὰ ποιήματα* τοῦ θεοῦ
8:9	וְנָתוֹן אֶת־לִבִּי לְכָל־*מַעֲשֶׂה*	καὶ ἔδωκα τὴν καρδίαν μου εἰς πᾶν *ποίημα*
8:14	אֲשֶׁר מַגִּיעַ אֲלֵהֶם *כְּמַעֲשֵׂה* הָרְשָׁעִים	ὅτι φθάνει πρὸς αὐτοὺς *ὡς ποίημα* τῶν ἀσεβῶν
8:14	שֶׁמַּגִּיעַ אֲלֵהֶם *כְּמַעֲשֵׂה* הַצַּדִּיקִים	ὅτι φθάνει πρὸς αὐτοὺς *ὡς ποίημα* τῶν δικαίων
8:17	וְרָאִיתִי אֶת־כָּל־*מַעֲשֵׂה* הָאֱלֹהִים	καὶ εἶδον σὺν πάντα *τὰ ποιήματα* τοῦ θεοῦ
8:17	אֶת־*הַמַּעֲשֶׂה* אֲשֶׁר נַעֲשָׂה תַחַת־הַשֶּׁמֶשׁ	σὺν *τὸ ποίημα* τὸ πεποιημένον ὑπὸ τὸν ἥλιον
9:7	כִּי כְבָר רָצָה הָאֱלֹהִים אֶת־*מַעֲשֶׂיךָ*	ὅτι ἤδη εὐδόκησεν ὁ θεὸς *τὰ ποιήματά σου*
9:10	כִּי אֵין *מַעֲשֶׂה* וְחֶשְׁבּוֹן וְדַעַת	ὅτι οὐκ ἔστιν *ποίημα* καὶ λογισμὸς καὶ γνῶσις
11:5	כָּכָה לֹא תֵדַע אֶת־*מַעֲשֵׂה* הָאֱלֹהִים	οὕτως οὐ γνώσῃ *τὰ ποιήματα* τοῦ θεοῦ
12:14	כִּי אֶת־כָּל־*מַעֲשֶׂה* הָאֱלֹהִים יָבִא בְמִשְׁפָּט	ὅτι σὺν πᾶν *τὸ ποίημα* ὁ θεὸς ἄξει ἐν κρίσει

ποιμήν *Occurrences: 1*

רָעָה	*1*	*100%*
12:11	נִתְּנוּ *מֵרֹעֶה* אֶחָד	ἐδόθησαν *ἐκ ποιμένος* ἑνὸς

ποίμνιον *Occurrences: 1*

צֹאן	*1*	*100%*
2:7	גַּם מִקְנֶה בָקָר *וָצֹאן* הַרְבֵּה	καί γε κτῆσις βουκολίου *καὶ ποιμνίου* πολλὴ

ποῖος *Occurrences: 2*

אֵי + זֶה	*2*	*100%*
2:3	עַד אֲשֶׁר־אֶרְאֶה *אֵי־זֶה* טוֹב	ἕως οὗ ἴδω *ποῖον* τὸ ἀγαθὸν
11:6	כִּי אֵינְךָ יוֹדֵעַ *אֵי זֶה* יִכְשַׁר הֲזֶה אוֹ־זֶה	ὅτι οὐ γινώσκεις *ποῖον* στοιχήσει ἢ τοῦτο ἢ τοῦτο

πόλεμος *Occurrences: 4*

מִלְחָמָה	*3*	*75%*
קְרָב	*1*	*25%*

מִלְחָמָה *3* *75%*

3:8	עֵת *מִלְחָמָה* וְעֵת שָׁלוֹם	καιρὸς *πολέμου* καὶ καιρὸς εἰρήνης	
8:8	וְאֵין מִשְׁלַחַת *בַּמִּלְחָמָה*	καὶ οὐκ ἔστιν ἀποστολὴ *ἐν τῷ πολέμῳ*	
9:11	וְלֹא לַגִּבּוֹרִים *הַמִּלְחָמָה*	καὶ οὐ τοῖς δυνατοῖς *ὁ πόλεμος*	

קְרָב *1* *25%*

9:18	טוֹבָה חָכְמָה מִכְּלֵי *קְרָב*	ἀγαθὴ σοφία ὑπὲρ σκεύη *πολέμου*	

πόλις *Occurrences: 6*

עִיר	*5*	*83%*
אֶרֶץ	*1*	*17%*

אֶרֶץ *1* *17%*

10:16	אִי־לָךְ *אֶרֶץ* שֶׁמַּלְכֵּךְ נָעַר	οὐαί σοι *πόλις* ἧς ὁ βασιλεύς σου νεώτερος	=עיר

עִיר *5* *83%*

7:19	מֵעֲשָׂרָה שַׁלִּיטִים אֲשֶׁר הָיוּ *בָּעִיר*	ὑπὲρ δέκα ἐξουσιάζοντας τοὺς ὄντας *ἐν τῇ πόλει*	
8:10	וְיִשְׁתַּכְּחוּ *בָעִיר* אֲשֶׁר כֵּן־עָשׂוּ	καὶ ἐπῃνέθησαν *ἐν τῇ πόλει* ὅτι οὕτως ἐποίησαν	
9:14	*עִיר* קְטַנָּה וַאֲנָשִׁים בָּהּ מְעָט	*πόλις* μικρὰ καὶ ἄνδρες ἐν αὐτῇ ὀλίγοι	
9:15	וּמִלַּט־הוּא *אֶת־הָעִיר* בְּחָכְמָתוֹ	καὶ διασώσει αὐτὸς *τὴν πόλιν* ἐν τῇ σοφίᾳ αὐτοῦ	
10:15	אֲשֶׁר לֹא־יָדַע לָלֶכֶת *אֶל־עִיר*	ὃς οὐκ ἔγνω τοῦ πορευθῆναι εἰς *πόλιν*	
[10:16]	אִי־לָךְ *אֶרֶץ* שֶׁמַּלְכֵּךְ נָעַר	οὐαί σοι *πόλις* ἧς ὁ βασιλεύς σου νεώτερος	=עיר

πολύς *Occurrences: 20*

הַרְבֵּה	*15*	*75%*
רַב	*5*	*25%*

הַרְבֵּה *15* *75%*

1:16	וְלִבִּי רָאָה *הַרְבֵּה* חָכְמָה וָדָעַת	καὶ καρδία μου εἶδεν *πολλά* σοφίαν καὶ γνῶσιν	
2:7	גַּם מִקְנֶה בָקָר וָצֹאן *הַרְבֵּה*	καί γε κτῆσις βουκολίου καὶ ποιμνίου *πολλὴ*	
5:6	וַהֲבָלִים וּדְבָרִים *הַרְבֵּה*	καὶ ματαιότητες καὶ λόγοι *πολλοί*	
5:11	אִם־מְעַט וְאִם־*הַרְבֵּה* יֹאכֵל	εἰ ὀλίγον καὶ εἰ *πολὺ* φάγεται	
5:16	וְכָעַס *הַרְבֵּה* וְחָלְיוֹ וָקָצֶף	καὶ θυμῷ *πολλῷ* καὶ ἀρρωστίᾳ καὶ χόλῳ	
5:19	כִּי לֹא *הַרְבֵּה* יִזְכֹּר אֶת־יְמֵי	ὅτι οὐ *πολλὰ* μνησθήσεται τὰς ἡμέρας	
6:11	כִּי יֵשׁ־דְּבָרִים *הַרְבֵּה* מַרְבִּים הָבֶל	ὅτι εἰσὶν λόγοι *πολλοὶ* πληθύνοντες ματαιότητα	
7:16	אַל־תְּהִי צַדִּיק *הַרְבֵּה* וְאַל־תִּתְחַכַּם יוֹתֵר	μὴ γίνου δίκαιος *πολὺ* καὶ μὴ σοφίζου περισσά	
7:17	אַל־תִּרְשַׁע *הַרְבֵּה* וְאַל־תְּהִי סָכָל	μὴ ἀσεβήσῃς *πολὺ* καὶ μὴ γίνου σκληρός	
9:18	וְחוֹטֶא אֶחָד יְאַבֵּד טוֹבָה *הַרְבֵּה*	καὶ ἁμαρτάνων εἷς ἀπολέσει ἀγαθωσύνην *πολλήν*	
11:8	כִּי אִם־שָׁנִים *הַרְבֵּה* יִחְיֶה הָאָדָם	ὅτι καὶ ἐὰν ἔτη *πολλὰ* ζήσεται ὁ ἄνθρωπος	
11:8	כִּי־*הַרְבֵּה* יִהְיוּ כָּל־שֶׁבָּא הָבֶל	ὅτι *πολλαὶ* ἔσονται πᾶν τὸ ἐρχόμενον ματαιότης	
12:9	וְאִזֵּן וְחִקֵּר תִּקֵּן מְשָׁלִים *הַרְבֵּה*	καὶ οὖς ἐξιχνιάσεται κόσμιον παραβολῶν [*πολλὰ*]	[10]
12:12	עֲשׂוֹת סְפָרִים *הַרְבֵּה* אֵין קֵץ	ποιῆσαι βιβλία *πολλά* οὐκ ἔστιν περασμός	
12:12	וְלַהַג *הַרְבֵּה* יְגִעַת בָּשָׂר	καὶ μελέτη *πολλὴ* κόπωσις σαρκός	

רַב *5* *25%*

6:1	*וְרַבָּה* הִיא עַל־הָאָדָם	*καὶ πολλή* ἐστιν ἐπὶ τὸν ἄνθρωπον	
6:3	אִם־יוֹלִיד אִישׁ מֵאָה וְשָׁנִים *רַבּוֹת* יִחְיֶה	ἐὰν γεννήσῃ ἀνὴρ ἑκατὸν καὶ ἔτη *πολλὰ* ζήσεται	
7:22	כִּי גַּם־פְּעָמִים *רַבּוֹת* יָדַע לִבֶּךָ	καὶ καθόδους *πολλὰς* κακώσει καρδίαν σου	=d
7:29	וְהֵמָּה בִקְשׁוּ חִשְּׁבֹנוֹת *רַבִּים*	καὶ αὐτοὶ ἐζήτησαν λογισμοὺς *πολλούς*	
8:6	כִּי־רָעַת הָאָדָם *רַבָּה* עָלָיו	ὅτι γνῶσις τοῦ ἀνθρώπου *πολλὴ* ἐπ' αὐτόν	

πονέω/δια *Occurrences: 1*

עָצַב *1* *100%*

10:9	מַסִּיעַ אֲבָנִים *יֵעָצֵב* בָּהֶם	ἐξαίρων λίθους *διαπονηθήσεται* ἐν αὐτοῖς	

πονηρεύομαι *Occurrences: 1*

יָדַע	*1*	*100%*
[רָעַע]	*1*	

יָדַע	*1*	*100%*		
7:22	כִּי גַם־פְּעָמִים רַבּוֹת יָדַע לִבֶּךָ	ὅτι πλειστάκις *πονηρεύσεταί* σε	=d.dr	ירע
[רָעַע]	*1*			
[7:22]	כִּי גַם־פְּעָמִים רַבּוֹת יָדַע לִבֶּךָ	ὅτι πλειστάκις *πονηρεύσεταί* σε	=d.dr	ירע

πονηρία *Occurrences: 4*

רָעָה	*4*	*100%*
2:21	גַּם־זֶה הֶבֶל וְרָעָה רַבָּה	καί γε τοῦτο ματαιότης *καὶ πονηρία* μεγάλη
6:1	יֵשׁ רָעָה אֲשֶׁר רָאִיתִי תַּחַת הַשָּׁמֶשׁ	ἔστιν *πονηρία* ἣν εἶδον ὑπὸ τὸν ἥλιον
10:5	יֵשׁ רָעָה רָאִיתִי תַּחַת הַשָּׁמֶשׁ כִּשְׁגָגָה	ἔστιν *πονηρία* ἣν εἶδον ὑπὸ τὸν ἥλιον ὡς ἀκούσιον
11:10	וְהַעֲבֵר רָעָה מִבְּשָׂרֶךָ	καὶ παράγαγε *πονηρίαν* ἀπὸ σαρκός σου

πονηρός *Occurrences: 18*

רַע	*14*	*72%*
רָעָה	*4*	*28%*

רַע	*14*	*72%*
1:13	הוּא עִנְיַן רָע נָתַן אֱלֹהִים	ὅτι περισπασμὸν *πονηρὸν* ἔδωκεν ὁ θεὸς
2:17	כִּי רַע עָלַי הַמַּעֲשֶׂה שֶׁנַּעֲשָׂה	ὅτι *πονηρὸν* ἐπ' ἐμὲ τὸ ποίημα τὸ πεποιημένον
4:3	אֲשֶׁר לֹא־רָאָה אֶת־הַמַּעֲשֶׂה הָרָע	ὃς οὐκ εἶδεν σὺν τὸ ποίημα *τὸ πονηρὸν*
4:8	גַּם־זֶה הֶבֶל וְעִנְיַן רָע	καί γε τοῦτο ματαιότης καὶ περισπασμὸς *πονηρός*
5:13	הָעֹשֶׁר הַהוּא בְּעִנְיַן רָע	ὁ πλοῦτος ἐκεῖνος ἐν περισπασμῷ *πονηρῷ*
6:2	זֶה הֶבֶל וָחֳלִי רָע הוּא	τοῦτο ματαιότης καὶ ἀρρωστία *πονηρά* ἐστιν
8:3	אַל־תַּעֲמֹד בְּדָבָר רָע	μὴ στῇς ἐν λόγῳ *πονηρῷ*
8:5	שׁוֹמֵר מִצְוָה לֹא יֵדַע דָּבָר רָע	ὁ φυλάσσων ἐντολὴν οὐ γνώσεται ῥῆμα *πονηρόν*
8:11	מַעֲשֵׂה הָרָעָה מְהֵרָה	ἀπὸ τῶν ποιούντων *τὸ πονηρὸν* ταχύ
8:12	אֲשֶׁר חֹטֶא עֹשֶׂה רָע מְאַת	ὃς ἥμαρτεν ἐποίησεν *τὸ πονηρὸν* ἀπὸ τότε
9:3	זֶה רָע בְּכֹל אֲשֶׁר־נַעֲשָׂה תַּחַת הַשֶּׁמֶשׁ	τοῦτο *πονηρὸν* ἐν παντὶ πεποιημένῳ ὑπὸ τὸν ἥλιον
9:3	וְגַם לֵב בְּנֵי־הָאָדָם מָלֵא־רָע	καί γε καρδία υἱῶν τοῦ ἀνθρώπου ἐπληρώθη *πονηροῦ*
10:13	וְאַחֲרִית פִּיהוּ הוֹלֵלוּת רָעָה	καὶ ἐσχάτη στόματος αὐτοῦ περιφέρεια *πονηρά*
12:14	אִם־טוֹב וְאִם־רָע	ἐὰν ἀγαθὸν καὶ ἐὰν *πονηρόν*
רָעָה	*4*	*28%*
5:15	וְגַם־זֹה רָעָה חוֹלָה	καί γε τοῦτο *πονηρὰ* ἀρρωστία
8:11	מַעֲשֵׂה הָרָעָה מְהֵרָה	ἀπὸ τῶν ποιούντων *τὸ πονηρὸν* ταχύ
9:12	בְּנֵי הָאָדָם לְעֵת רָעָה	οἱ υἱοὶ τοῦ ἀνθρώπου εἰς καιρὸν *πονηρόν*
11:2	כִּי לֹא תֵדַע מַה־יִּהְיֶה רָעָה עַל־הָאָרֶץ	ὅτι οὐ γινώσκεις τί ἔσται *πονηρὸν* ἐπὶ τὴν γῆν

ποντίζω/κατα *Occurrences: 1*

בָּלַע	*1*	*100%*
10:12	וְשִׂפְתוֹת כְּסִיל תְּבַלְּעֶנּוּ	καὶ χείλη ἄφρονος *καταποντιοῦσιν αὐτόν*

πορεύομαι *Occurrences: 24*

הָלַךְ	*24*	*100%*
1:4	דּוֹר הֹלֵךְ וְדוֹר בָּא	γενεὰ *πορεύεται* καὶ γενεὰ ἔρχεται
1:6	הוֹלֵךְ אֶל־דָּרוֹם וְסוֹבֵב אֶל־צָפוֹן	*πορεύεται* πρὸς νότον καὶ κυκλοῖ πρὸς βορρᾶν
1:6	סוֹבֵב סֹבֵב הוֹלֵךְ הָרוּחַ	κυκλοῖ κυκλῶν *πορεύεται* τὸ πνεῦμα
1:7	כָּל־הַנְּחָלִים הֹלְכִים אֶל־הַיָּם	πάντες οἱ χείμαρροι *πορεύονται* εἰς τὴν θάλασσαν
1:7	אֶל־מְקוֹם שֶׁהַנְּחָלִים הֹלְכִים	εἰς τόπον οὗ οἱ χείμαρροι *πορεύονται*
1:7	שָׁם הֵם שָׁבִים לָלָכֶת	ἐκεῖ αὐτοὶ ἐπιστρέφουσιν *τοῦ πορευθῆναι*
2:14	וְהַכְּסִיל בַּחֹשֶׁךְ הוֹלֵךְ	καὶ ὁ ἄφρων ἐν σκότει *πορεύεται*
3:20	הַכֹּל הוֹלֵךְ אֶל־מָקוֹם אֶחָד	τὰ πάντα *πορεύεται* εἰς τόπον ἕνα

4:17	שְׁמֹר *רַגְלֶיךָ **רַגְלְךָ כַּאֲשֶׁר תֵּלֵךְ אֶל־בֵּית		φύλαξον πόδα σου ἐν ᾧ ἐὰν πορεύῃ εἰς οἶκον
5:14	יָשׁוּב לָלֶכֶת כְּשֶׁבָּא		ἐπιστρέψει τοῦ πορευθῆναι ὡς ἥκει
5:14	שֶׁיֹּלֵךְ בְּיָדוֹ		ἵνα πορευθῇ ἐν χειρὶ αὐτοῦ =v
6:4	כִּי־בַהֶבֶל בָּא וּבַחֹשֶׁךְ יֵלֵךְ		ὅτι ἐν ματαιότητι ἦλθεν καὶ ἐν σκότει πορεύεται
6:6	הֲלֹא אֶל־מָקוֹם אֶחָד הַכֹּל הוֹלֵךְ		μὴ οὐκ εἰς τόπον ἕνα τὰ πάντα πορεύεται
6:8	מַה־לֶּעָנִי יוֹדֵעַ לַהֲלֹךְ נֶגֶד הַחַיִּים		διότι ὁ πένης οἶδεν πορευθῆναι κατέναντι τῆς ζωῆς
6:9	טוֹב מַרְאֵה עֵינַיִם מֵהֲלָךְ־נָפֶשׁ		ἀγαθὸν ὅραμα ὀφθαλμῶν ὑπὲρ πορευόμενον ψυχῇ =v
7:2	טוֹב לָלֶכֶת אֶל־בֵּית־אֵבֶל		ἀγαθὸν πορευθῆναι εἰς οἶκον πένθους
7:2	מִלֶּכֶת אֶל־בֵּית מִשְׁתֶּה		ἢ ὅτι πορευθῆναι εἰς οἶκον πότου
8:3	אַל־תִּבָּהֵל מִפָּנָיו תֵּלֵךְ		[μὴ σπουδάσῃς] ἀπὸ προσώπου αὐτοῦ πορεύσῃ
8:10	וּמִמְּקוֹם קָדוֹשׁ יְהַלֵּכוּ		καὶ ἐκ τόπου ἁγίου ἐπορεύθησαν
9:10	וְחָכְמָה בִּשְׁאוֹל אֲשֶׁר אַתָּה הֹלֵךְ שָׁמָּה		καὶ σοφία ἐν ᾅδῃ ὅπου σὺ πορεύῃ ἐκεῖ
10:3	וְגַם־בַּדֶּרֶךְ *כְּשֶׁהַסָּכָל **כְּשֶׁסָּכָל הֹלֵךְ		καί γε ἐν ὁδῷ ὅταν ἄφρων πορεύηται
10:7	וְשָׂרִים הֹלְכִים כַּעֲבָדִים עַל־הָאָרֶץ		καὶ ἄρχοντας πορευομένους ὡς δούλους ἐπὶ τῆς γῆς
10:15	אֲשֶׁר לֹא־יָדַע לָלֶכֶת אֶל־עִיר		ὃς οὐκ ἔγνω τοῦ πορευθῆναι εἰς πόλιν
12:5	כִּי־הֹלֵךְ הָאָדָם אֶל־בֵּית עוֹלָמוֹ		ὅτι ἐπορεύθη ὁ ἄνθρωπος εἰς οἶκον αἰῶνος αὐτοῦ

ποτίζω *Occurrences: 1*

שָׁקָה   1   100%

2:6	לְהַשְׁקוֹת מֵהֶם יַעַר צוֹמֵחַ עֵצִים	τοῦ ποτίσαι ἀπ' αὐτῶν δρυμὸν βλαστῶντα ξύλα

πότος *Occurrences: 1*

מִשְׁתֶּה   1   100%

7:2	מִלֶּכֶת אֶל־בֵּית מִשְׁתֶּה	ἢ ὅτι πορευθῆναι εἰς οἶκον πότου

πούς *Occurrences: 1*

רֶגֶל   1   100%

4:17	שְׁמֹר *רַגְלֶיךָ **רַגְלְךָ כַּאֲשֶׁר תֵּלֵךְ אֶל־בֵּית	φύλαξον πόδα σου ἐν ᾧ ἐὰν πορεύῃ εἰς οἶκον *

πρᾶγμα *Occurrences: 4*

חֵפֶץ   4   100%

3:1	לַכֹּל זְמָן וְעֵת לְכָל־חֵפֶץ	τοῖς πᾶσιν χρόνος καὶ καιρὸς τῷ παντὶ πράγματι
3:17	כִּי־עֵת לְכָל־חֵפֶץ	ὅτι καιρὸς τῷ παντὶ πράγματι
5:7	אַל־תִּתְמַהּ עַל־הַחֵפֶץ	μὴ θαυμάσῃς ἐπὶ τῷ πράγματι
8:6	כִּי לְכָל־חֵפֶץ יֵשׁ עֵת וּמִשְׁפָּט	ὅτι παντὶ πράγματι ἔστιν καιρὸς καὶ κρίσις

πρεσβύτερος *Occurrences: 1*

זָקֵן   1   100%

4:13	מִמֶּלֶךְ זָקֵן וּכְסִיל	ὑπὲρ βασιλέα πρεσβύτερον καὶ ἄφρονα

πρό *Occurrences: 6*

לְ   6   100%

2:26	כִּי לְאָדָם שֶׁטּוֹב לְפָנָיו	ὅτι τῷ ἀνθρώπῳ τῷ ἀγαθῷ πρὸ προσώπου αὐτοῦ
2:26	לָתֵת לְטוֹב לִפְנֵי הָאֱלֹהִים	τοῦ δοῦναι τῷ ἀγαθῷ πρὸ προσώπου τοῦ θεοῦ
5:1	לְהוֹצִיא דָבָר לִפְנֵי הָאֱלֹהִים	τοῦ ἐξενέγκαι λόγον πρὸ προσώπου τοῦ θεοῦ
5:5	וְאַל־תֹּאמַר לִפְנֵי הַמַּלְאָךְ	καὶ μὴ εἴπῃς πρὸ προσώπου τοῦ θεοῦ
7:26	טוֹב לִפְנֵי הָאֱלֹהִים יִמָּלֵט	ἀγαθὸς πρὸ προσώπου τοῦ θεοῦ ἐξαιρεθήσεται
9:1	הַכֹּל לִפְנֵיהֶם	τὰ πάντα πρὸ προσώπου αὐτῶν

προαίρεσις *Occurrences: 10*

רְעוּת	7	70%
רַעְיוֹן	3	30%

רְעוּת   7   70%

1:14	הַכֹּל הֶבֶל וּרְעוּת רוּחַ	τὰ πάντα ματαιότης καὶ προαίρεσις πνεύματος

2:11	הַכֹּל הֶבֶל וּרְעוּת רוּחַ	τὰ πάντα ματαιότης *καὶ προαίρεσις* πνεύματος
2:17	כִּי־הַכֹּל הֶבֶל וּרְעוּת רוּחַ	ὅτι τὰ πάντα ματαιότης *καὶ προαίρεσις* πνεύματος
2:26	הֶבֶל וּרְעוּת רוּחַ	ματαιότης *καὶ προαίρεσις* πνεύματος
4:4	גַּם־זֶה הֶבֶל וּרְעוּת רוּחַ	καί γε τοῦτο ματαιότης *καὶ προαίρεσις* πνεύματος
4:6	חָפְנַיִם עָמָל וּרְעוּת רוּחַ	δύο δρακῶν μόχθου *καὶ προαιρέσεως* πνεύματος
6:9	גַּם־זֶה הֶבֶל וּרְעוּת רוּחַ	καί γε τοῦτο ματαιότης *καὶ προαίρεσις* πνεύματος
רַעְיוֹן	*3*	*30%*
1:17	יָדַעְתִּי שֶׁגַּם־זֶה הוּא רַעְיוֹן רוּחַ	ἔγνων ὅτι καί γε τοῦτ' ἔστιν *προαίρεσις* πνεύματος
2:22	וּבְרַעְיוֹן לִבּוֹ	*καὶ ἐν προαιρέσει* καρδίας αὐτοῦ
4:16	גַּם־זֶה הֶבֶל וְרַעְיוֹן רוּחַ	καί γε τοῦτο ματαιότης *καὶ προαίρεσις* πνεύματος

πρός *Occurrences: 9*

אֶל	*8*	*89%*
בְּ	*1*	*11%*

אֶל	*8*	*89%*
1:6	הוֹלֵךְ אֶל־דָּרוֹם וְסוֹבֵב אֶל־צָפוֹן	πορεύεται *πρὸς* νότον καὶ κυκλοῖ πρὸς βορρᾶν
1:6	הוֹלֵךְ אֶל־דָּרוֹם וְסוֹבֵב אֶל־צָפוֹן	πορεύεται πρὸς νότον καὶ κυκλοῖ *πρὸς* βορρᾶν
8:14	אֲשֶׁר מַגִּיעַ אֲלֵהֶם כְּמַעֲשֵׂה הָרְשָׁעִים	ὅτι φθάνει *πρὸς αὐτοὺς* ὡς ποίημα τῶν ἀσεβῶν
8:14	וְיֵשׁ רְשָׁעִים שֶׁמַּגִּיעַ אֲלֵהֶם	καὶ εἰσὶν ἀσεβεῖς ὅτι φθάνει *πρὸς αὐτοὺς*
9:3	וְאַחֲרָיו אֶל־הַמֵּתִים	καὶ ὀπίσω αὐτῶν *πρὸς* τοὺς νεκρούς
9:4	כִּי־מִי אֲשֶׁר *יְבֻחַר **יְחֻבַּר אֶל כָּל־הַחַיִּים	ὅτι τίς ὃς κοινωνεῖ *πρὸς* πάντας τοὺς ζῶντας
9:13	וּגְדוֹלָה הִיא אֵלָי	καὶ μεγάλη ἐστὶν *πρός με*
12:7	וְהָרוּחַ תָּשׁוּב אֶל־הָאֱלֹהִים	καὶ τὸ πνεῦμα ἐπιστρέψῃ *πρὸς* τὸν θεόν
בְּ	*1*	*11%*
10:17	וְשָׂרַיִךְ בָּעֵת יֹאכֵלוּ	καὶ οἱ ἄρχοντές σου *πρὸς καιρὸν* φάγονται

πρόσφατος *Occurrences: 1*

חָדָשׁ	*1*	*100%*
1:9	וְאֵין כָּל־חָדָשׁ תַּחַת הַשָּׁמֶשׁ	καὶ οὐκ ἔστιν πᾶν *πρόσφατον* ὑπὸ τὸν ἥλιον

πρόσωπον *Occurrences: 16*

פָּנֶה	*12*	*75%*
לְ + פָּנֶה	*4*	*25%*

לְ + פָּנֶה	*4*	*25%*
3:14	שֶׁיִּרְאוּ מִלְּפָנָיו	ἵνα φοβηθῶσιν *ἀπὸ προσώπου αὐτοῦ*
8:12	אֲשֶׁר יִירְאוּ מִלְּפָנָיו	ὅπως φοβῶνται *ἀπὸ προσώπου αὐτοῦ*
8:13	אֲשֶׁר אֵינֶנּוּ יָרֵא מִלִּפְנֵי אֱלֹהִים	ὃς οὐκ ἔστιν φοβούμενος *ἀπὸ προσώπου* τοῦ θεοῦ
10:5	שֶׁיֹּצָא מִלִּפְנֵי הַשַּׁלִּיט	ὃ ἐξῆλθεν *ἀπὸ προσώπου* τοῦ ἐξουσιάζοντος
פָּנֶה	*12*	*75%*
2:26	כִּי לְאָדָם שֶׁטּוֹב לְפָנָיו	ὅτι τῷ ἀνθρώπῳ τῷ ἀγαθῷ *πρὸ προσώπου* αὐτοῦ
2:26	לָתֵת לְטוֹב לִפְנֵי הָאֱלֹהִים	τοῦ δοῦναι τῷ ἀγαθῷ *πρὸ προσώπου* τοῦ θεοῦ
5:1	לְהוֹצִיא דָבָר לִפְנֵי הָאֱלֹהִים	τοῦ ἐξενέγκαι λόγον *πρὸ προσώπου* τοῦ θεοῦ
5:5	וְאַל־תֹּאמַר לִפְנֵי הַמַּלְאָךְ	καὶ μὴ εἴπῃς *πρὸ προσώπου* τοῦ θεοῦ
7:3	כִּי־בְרֹעַ פָּנִים יִיטַב לֵב	ὅτι ἐν κακίᾳ *προσώπου* ἀγαθυνθήσεται καρδία
7:26	טוֹב לִפְנֵי הָאֱלֹהִים יִמָּלֵט	ἀγαθὸς *πρὸ προσώπου* τοῦ θεοῦ ἐξαιρεθήσεται
8:1	חָכְמַת אָדָם תָּאִיר פָּנָיו	σοφία ἀνθρώπου φωτιεῖ *πρόσωπον* αὐτοῦ
8:1	וְעֹז פָּנָיו יְשֻׁנֶּא	καὶ ἀναιδὴς *προσώπῳ* αὐτοῦ μισηθήσεται
8:3	אַל־תִּבָּהֵל מִפָּנָיו תֵּלֵךְ	[μὴ σπουδάσῃς] *ἀπὸ προσώπου* αὐτοῦ πορεύσῃ
9:1	הַכֹּל לִפְנֵיהֶם	τὰ πάντα *πρὸ προσώπου* αὐτῶν
10:10	אִם־קֵהָה הַבַּרְזֶל וְהוּא לֹא־פָנִים קִלְקַל	ἐὰν ἐκπέσῃ τὸ σιδήριον καὶ αὐτὸς *πρόσωπον* ἐτάραξεν
11:1	שַׁלַּח לַחְמְךָ עַל־פְּנֵי הַמָּיִם	ἀπόστειλον τὸν ἄρτον σου *ἐπὶ πρόσωπον* τοῦ ὕδατος

πρότερος	*Occurrences: 1*		
ראשׁון	*1*	*100%*	
7:10	שֶׁהַיָּמִים *הָרִאשֹׁנִים* הָיוּ טוֹבִים מֵאֵלֶּה	ὅτι αἱ ἡμέραι *αἱ πρότεραι* ἦσαν ἀγαθαὶ ὑπὲρ ταύτας	
πρωΐα	*Occurrences: 2*		
בֹּקֶר	*2*	*100%*	
10:16	וְשָׂרַיִךְ *בַּבֹּקֶר* יֹאכֵלוּ	καὶ οἱ ἄρχοντές σου *ἐν πρωΐᾳ* ἐσθίουσιν	
11:6	*בַּבֹּקֶר* זְרַע אֶת־זַרְעֶךָ	*ἐν πρωΐᾳ* σπεῖρον τὸ σπέρμα σου	
πρῶτος	*Occurrences: 1*		
ראשׁון	*1*	*100%*	
1:11	אֵין זִכְרוֹן *לָרִאשֹׁנִים*	οὐκ ἔστιν μνήμη *τοῖς πρώτοις*	
πτέρυξ	*Occurrences: 1*		
כָּנָף	*1*	*100%*	
10:20	וּבַעַל **הַכְּנָפַיִם* **כנפים יַגֵּיד דָּבָר	καὶ ὁ ἔχων *τὰς πτέρυγας* ἀπαγγελεῖ λόγον	*
πῶς	*Occurrences: 2*		
אֵיךְ	*2*	*100%*	
2:16	*וְאֵיךְ* יָמוּת הֶחָכָם עִם־הַכְּסִיל	*καὶ πῶς* ἀποθανεῖται ὁ σοφὸς μετὰ τοῦ ἄφρονος	
4:11	וּלְאֶחָד *אֵיךְ* יֵחָם	καὶ ὁ εἷς *πῶς* θερμανθῇ	

Ρ

ῥάπτω	*Occurrences: 1*	
תָּפַר	*1*	*100%*
3:7	עֵת לִקְרוֹעַ וְעֵת לִתְפּוֹר	καιρὸς τοῦ ῥῆξαι καὶ καιρὸς *τοῦ ῥάψαι*
ῥήγνυμι	*Occurrences: 1*	
קָרַע	*1*	*100%*
3:7	עֵת לִקְרוֹעַ וְעֵת לִתְפּוֹר	καιρὸς *τοῦ ῥῆξαι* καὶ καιρὸς τοῦ ῥάψαι
ῥήγνυμι/ἀπο	*Occurrences: 1*	
נָתַק	*1*	*100%*
4:12	לֹא בִמְהֵרָה יִנָּתֵק	οὐ ταχέως *ἀπορραγήσεται*
ῥῆμα	*Occurrences: 3*	
דָּבָר	*3*	*100%*
1:1	דִּבְרֵי קֹהֶלֶת בֶּן־דָּוִד	*ῥήματα* ἐκκλησιαστοῦ υἱοῦ Δαυιδ
8:1	מִי כְּהֶחָכָם וּמִי יוֹדֵעַ פֵּשֶׁר דָּבָר	τίς οἶδεν σοφούς καὶ τίς οἶδεν λύσιν *ῥήματος*
8:5	שׁוֹמֵר מִצְוָה לֹא יֵדַע דָּבָר רָע	ὁ φυλάσσων ἐντολὴν οὐ γνώσεται *ῥῆμα* πονηρόν

Σ

σαγήνη   Occurrences: 1

חֵרֶם   1   100%
7:26   וַחֲרָמִים לִבָּהּ אֲסוּרִים יָדֶיהָ   καὶ σαγῆναι καρδία αὐτῆς δεσμοὶ χεῖρες αὐτῆς

σαλεύω   Occurrences: 1

זוּעַ   1   100%
12:3   בַּיּוֹם שֶׁיָּזֻעוּ שֹׁמְרֵי הַבַּיִת   ἐν ἡμέρᾳ ᾗ ἐὰν σαλευθῶσιν φύλακες τῆς οἰκίας

σαπρίζω   Occurrences: 1

בָּאַשׁ   1   100%
10:1   זְבוּבֵי מָוֶת יַבְאִישׁ יַבִּיעַ שֶׁמֶן   μυῖαι θανατοῦσαι σαπριοῦσιν σκευασίαν ἐλαίου

σάρξ   Occurrences: 5

בָּשָׂר   5   100%
2:3   לִמְשׁוֹךְ בַּיַּיִן אֶת־בְּשָׂרִי   τοῦ ἑλκύσαι εἰς οἶνον τὴν σάρκα μου
4:5   וְאֹכֵל אֶת־בְּשָׂרוֹ   καὶ ἔφαγεν τὰς σάρκας αὐτοῦ
5:5   לַחֲטִיא אֶת־בְּשָׂרֶךָ   τοῦ ἐξαμαρτῆσαι τὴν σάρκα σου
11:10   וְהַעֲבֵר רָעָה מִבְּשָׂרֶךָ   καὶ παράγαγε πονηρίαν ἀπὸ σαρκός σου
12:12   וְלַהַג הַרְבֵּה יְגִעַת בָּשָׂר   καὶ μελέτη πολλὴ κόπωσις σαρκός

σελήνη   Occurrences: 1

יָרֵחַ   1   100%
12:2   וְהָאוֹר וְהַיָּרֵחַ וְהַכּוֹכָבִים   καὶ τὸ φῶς καὶ ἡ σελήνη καὶ οἱ ἀστέρες

σιγάω   Occurrences: 1

חָשָׁה   1   100%
3:7   עֵת לַחֲשׁוֹת וְעֵת לְדַבֵּר   καιρὸς τοῦ σιγᾶν καὶ καιρὸς τοῦ λαλεῖν

σιδήριον   Occurrences: 1

בַּרְזֶל   1   100%
10:10   אִם־קֵהָה הַבַּרְזֶל וְהוּא לֹא־פָנִים קִלְקַל   ἐὰν ἐκπέσῃ τὸ σιδήριον καὶ αὐτὸς πρόσωπον ἐτάραξεν

σκεδάννυμι/δια   Occurrences: 1

פָּרַר   1   100%
12:5   וְתָפֵר הָאֲבִיּוֹנָה   καὶ διασκεδασθῇ ἡ κάππαρις

σκέπτομαι/κατα   Occurrences: 3

תּוּר   3   100%
1:13   וְלָתוּר בַּחָכְמָה   καὶ τοῦ κατασκέψασθαι ἐν τῇ σοφίᾳ
2:3   תַּרְתִּי בְלִבִּי   κατεσκεψάμην ἐν καρδίᾳ μου
7:25   לָדַעַת וְלָתוּר וּבַקֵּשׁ   τοῦ γνῶναι καὶ τοῦ κατασκέψασθαι καὶ ζητῆσαι

σκευασία   Occurrences: 1

נָבַע   1   100%
[גָּבִיעַ]   1

[גָּבִיעַ]   1
[10:1] זְבוּבֵי מָוֶת יַבְאִישׁ יַבִּיעַ שֶׁמֶן   μυῖαι θανατοῦσαι σαπριοῦσιν σκευασίαν ἐλαίου   =?.yg   גביע
נָבַע   1   100%
10:1   זְבוּבֵי מָוֶת יַבְאִישׁ יַבִּיעַ שֶׁמֶן   μυῖαι θανατοῦσαι σαπριοῦσιν σκευασίαν ἐλαίου   =?.yg   גביע

σκεῦος	*Occurrences: 1*		
כְּלִי	*1*	*100%*	
9:18	טוֹבָה חָכְמָה *מִכְּלֵי* קְרָב	ἀγαθὴ σοφία *ὑπὲρ σκεύη* πολέμου	

σκιά	*Occurrences: 4*		
צֵל	*4*	*100%*	
6:12	וְיַעֲשֵׂם *כַּצֵּל*	καὶ ἐποίησεν αὐτὰς *ἐν σκιᾷ*	=%p
7:12	כִּי *בְּצֵל* הַחָכְמָה בְּצֵל הַכָּסֶף	ὅτι *ἐν σκιᾷ αὐτῆς* ἡ σοφία ὡς σκιὰ τοῦ ἀργυρίου	
7:12	כִּי בְּצֵל הַחָכְמָה *בְּצֵל* הַכָּסֶף	ὅτι ἐν σκιᾷ *αὐτῆς* ἡ σοφία *ὡς σκιὰ* τοῦ ἀργυρίου	=%p
8:13	וְלֹא־יַאֲרִיךְ יָמִים *כַּצֵּל*	καὶ οὐ μακρυνεῖ ἡμέρας *ἐν σκιᾷ*	=%p

σκληρία	*Occurrences: 1*		
סִכְלוּת	*1*	*100%*	
7:25	רֶשַׁע כֶּסֶל *וְהַסִּכְלוּת* הוֹלֵלוֹת	ἀσεβοῦς ἀφροσύνην *καὶ σκληρίαν* καὶ περιφοράν	

σκληρός	*Occurrences: 1*		
סָכָל	*1*	*100%*	
7:17	אַל־תִּרְשַׁע הַרְבֵּה וְאַל־תְּהִי *סָכָל*	μὴ ἀσεβήσῃς πολὺ καὶ μὴ γίνου *σκληρός*	

σκοτάζω	*Occurrences: 1*		
חָשַׁךְ	*1*	*100%*	
12:3	*וְחָשְׁכוּ* הָרֹאוֹת בָּאֲרֻבּוֹת	*καὶ σκοτάσουσιν* αἱ βλέπουσαι ἐν ταῖς ὀπαῖς	

σκοτίζω	*Occurrences: 1*		
חָשַׁךְ	*1*	*100%*	
12:2	עַד אֲשֶׁר לֹא־*תֶחְשַׁךְ* הַשֶּׁמֶשׁ	ἕως οὗ μὴ *σκοτισθῇ* ὁ ἥλιος	

σκότος	*Occurrences: 6*		
חֹשֶׁךְ	*6*	*100%*	
2:13	כִּיתְרוֹן הָאוֹר *מִן־הַחֹשֶׁךְ*	ὡς περισσεία τοῦ φωτὸς ὑπὲρ *τὸ σκότος*	
2:14	וְהַכְּסִיל *בַּחֹשֶׁךְ* הוֹלֵךְ	καὶ ὁ ἄφρων *ἐν σκότει* πορεύεται	
5:16	גַּם כָּל־יָמָיו *בַּחֹשֶׁךְ* יֹאכֵל	καί γε πᾶσαι αἱ ἡμέραι αὐτοῦ *ἐν σκότει* καὶ πένθει	
6:4	כִּי־בַהֶבֶל בָּא *וּבַחֹשֶׁךְ* יֵלֵךְ	ὅτι ἐν ματαιότητι ἦλθεν *καὶ ἐν σκότει* πορεύεται	
6:4	*וּבַחֹשֶׁךְ* שְׁמוֹ יְכֻסֶּה	*καὶ ἐν σκότει* ὄνομα αὐτοῦ καλυφθήσεται	
11:8	וְיִזְכֹּר אֶת־יְמֵי *הַחֹשֶׁךְ*	καὶ μνησθήσεται τὰς ἡμέρας *τοῦ σκότους*	

σοφία	*Occurrences: 28*		
חָכְמָה	*28*	*100%*	
1:13	וְלָתוּר *בַּחָכְמָה*	καὶ τοῦ κατασκέψασθαι *ἐν τῇ σοφίᾳ*	
1:16	אֲנִי הִנֵּה הִגְדַּלְתִּי וְהוֹסַפְתִּי *חָכְמָה*	ἐγὼ ἰδοὺ ἐμεγαλύνθην καὶ προσέθηκα *σοφίαν*	
1:16	וְלִבִּי רָאָה הַרְבֵּה *חָכְמָה* וָדָעַת	καὶ καρδία μου εἶδεν πολλά *σοφίαν* καὶ γνῶσιν	
1:17	וָאֶתְּנָה לִבִּי לָדַעַת *חָכְמָה*	καὶ ἔδωκα καρδίαν μου τοῦ γνῶναι *σοφίαν*	
1:18	כִּי בְּרֹב *חָכְמָה* רָב־כָּעַס	ὅτι ἐν πλήθει *σοφίας* πλῆθος γνώσεως	
2:3	וְלִבִּי נֹהֵג *בַּחָכְמָה*	καὶ καρδία μου ὡδήγησεν *ἐν σοφίᾳ*	
2:9	אַף *חָכְמָתִי* עָמְדָה לִּי	καί γε *σοφία μου* ἐστάθη μοι	
2:12	וּפָנִיתִי אֲנִי לִרְאוֹת *חָכְמָה*	καὶ ἐπέβλεψα ἐγὼ τοῦ ἰδεῖν *σοφίαν*	
2:13	וְרָאִיתִי אָנִי שֶׁיֵּשׁ יִתְרוֹן *לַחָכְמָה*	καὶ εἶδον ἐγὼ ὅτι ἔστιν περισσεία *τῇ σοφίᾳ*	
2:21	כִּי־יֵשׁ אָדָם שֶׁעֲמָלוֹ *בְּחָכְמָה*	ὅτι ἔστιν ἄνθρωπος οὗ μόχθος αὐτοῦ *ἐν σοφίᾳ*	
2:26	נָתַן *חָכְמָה* וְדַעַת וְשִׂמְחָה	ἔδωκεν *σοφίαν* καὶ γνῶσιν καὶ εὐφροσύνην	
7:10	כִּי לֹא *מֵחָכְמָה* שָׁאַלְתָּ עַל־זֶה	ὅτι οὐκ *ἐν σοφίᾳ* ἐπηρώτησας περὶ τούτου	=%p
7:11	טוֹבָה *חָכְמָה* עִם־נַחֲלָה	ἀγαθὴ *σοφία* μετὰ κληροδοσίας	
7:12	כִּי בְּצֵל *הַחָכְמָה* בְּצֵל הַכָּסֶף	ὅτι ἐν σκιᾷ αὐτῆς *ἡ σοφία* ὡς σκιὰ τοῦ ἀργυρίου	
7:12	וְיִתְרוֹן דַּעַת *הַחָכְמָה*	καὶ περισσεία γνώσεως *τῆς σοφίας*	
7:19	*הַחָכְמָה* תָּעֹז לֶחָכָם	*ἡ σοφία* βοηθήσει τῷ σοφῷ	

7:23	כָּל־זֹה נִסִּיתִי *בַחָכְמָה*	πάντα ταῦτα ἐπείρασα *ἐν τῇ σοφίᾳ*		
7:25	לָתוּר וּבַקֵּשׁ *חָכְמָה* וְחֶשְׁבּוֹן	τοῦ κατασκέψασθαι καὶ ζητῆσαι *σοφίαν* καὶ ψῆφον		
8:1	*חָכְמַת* אָדָם תָּאִיר פָּנָיו	*σοφία* ἀνθρώπου φωτιεῖ πρόσωπον αὐτοῦ		
8:16	כַּאֲשֶׁר נָתַתִּי אֶת־לִבִּי לָדַעַת *חָכְמָה*	ἐν οἷς ἔδωκα τὴν καρδίαν μου τοῦ γνῶναι *σοφίαν*		
9:10	*וְחָכְמָה* בִּשְׁאוֹל אֲשֶׁר אַתָּה הֹלֵךְ שָׁמָּה	*καὶ σοφία* ἐν ᾅδῃ ὅπου σὺ πορεύῃ ἐκεῖ		
9:13	גַּם־זֹה רָאִיתִי *חָכְמָה* תַּחַת הַשָּׁמֶשׁ	καί γε τοῦτο εἶδον *σοφίαν* ὑπὸ τὸν ἥλιον		
9:15	וּמִלַּט־הוּא אֶת־הָעִיר *בְּחָכְמָתוֹ*	καὶ διασώσει αὐτὸς τὴν πόλιν *ἐν τῇ σοφίᾳ αὐτοῦ*		
9:16	וְאָמַרְתִּי אָנִי טוֹבָה *חָכְמָה* מִגְּבוּרָה	καὶ εἶπα ἐγὼ ἀγαθὴ *σοφία* ὑπὲρ δύναμιν		
9:16	*וְחָכְמַת* הַמִּסְכֵּן בְּזוּיָה	*καὶ σοφία* τοῦ πένητος ἐξουδενωμένη		
9:18	טוֹבָה *חָכְמָה* מִכְּלֵי קְרָב	ἀγαθὴ *σοφία* ὑπὲρ σκεύη πολέμου		
10:1	יָקָר *מֵחָכְמָה* מִכָּבוֹד סִכְלוּת מְעָט	τίμιον ὀλίγον *σοφίας* ὑπὲρ δόξαν ἀφροσύνης μεγάλης	=%p-	
10:10	וְיִתְרוֹן *הַכְשֵׁיר **הכשר *חָכְמָה*	καὶ περισσεία τοῦ ἀνδρείου *σοφία*		
σοφίζω	*Occurrences: 4*			
חָכַם	4	*100%*		
2:15	וְלָמָּה *חָכַמְתִּי* אֲנִי אָז יוֹתֵר	καὶ ἵνα τί *ἐσοφισάμην* ἐγὼ τότε περισσὸν		
2:19	שֶׁעָמַלְתִּי *וְשֶׁחָכַמְתִּי* תַּחַת הַשָּׁמֶשׁ	ᾧ ἐμόχθησα *καὶ ᾧ ἐσοφισάμην* ὑπὸ τὸν ἥλιον		
7:16	אַל־תְּהִי צַדִּיק הַרְבֵּה וְאַל־*תִּתְחַכַּם* יוֹתֵר	μὴ γίνου δίκαιος πολὺ καὶ μὴ *σοφίζου* περισσά		
7:23	אָמַרְתִּי *אֶחְכָּמָה* וְהִיא רְחוֹקָה מִמֶּנִּי	εἶπα *σοφισθήσομαι* [καὶ αὐτὴ ἐμακρύνθη ἀπ' ἐμοῦ]		
σοφός	*Occurrences: 21*			
חָכָם	21	*100%*		
2:14	*הֶחָכָם* עֵינָיו בְּרֹאשׁוֹ	*τοῦ σοφοῦ* οἱ ὀφθαλμοὶ αὐτοῦ ἐν κεφαλῇ αὐτοῦ		
2:16	כִּי אֵין זִכְרוֹן *לֶחָכָם* עִם־הַכְּסִיל	ὅτι οὐκ ἔστιν μνήμη *τοῦ σοφοῦ* μετὰ τοῦ ἄφρονος		
2:16	וְאֵיךְ יָמוּת *הֶחָכָם* עִם־הַכְּסִיל	καὶ πῶς ἀποθανεῖται *ὁ σοφὸς* μετὰ τοῦ ἄφρονος		
2:19	וּמִי יוֹדֵעַ *הֶחָכָם* יִהְיֶה אוֹ סָכָל	καὶ τίς οἶδεν *εἰ σοφὸς* ἔσται ἢ ἄφρων		
4:13	טוֹב יֶלֶד מִסְכֵּן *וְחָכָם*	ἀγαθὸς παῖς πένης *καὶ σοφὸς*		
6:8	כִּי מַה־יּוֹתֵר *לֶחָכָם* מִן־הַכְּסִיל	ὅτι τίς περισσεία *τῷ σοφῷ* ὑπὲρ τὸν ἄφρονα		
7:4	לֵב *חֲכָמִים* בְּבֵית אֵבֶל	καρδία *σοφῶν* ἐν οἴκῳ πένθους		
7:5	טוֹב לִשְׁמֹעַ גַּעֲרַת *חָכָם*	ἀγαθὸν τὸ ἀκοῦσαι ἐπιτίμησιν *σοφοῦ*		
7:7	כִּי הָעֹשֶׁק יְהוֹלֵל *חָכָם*	ὅτι ἡ συκοφαντία περιφέρει *σοφὸν*		
7:19	הַחָכְמָה תָּעֹז *לֶחָכָם*	ἡ σοφία βοηθήσει *τῷ σοφῷ*		
8:1	מִי *כְּהֶחָכָם* וּמִי יוֹדֵעַ פֵּשֶׁר דָּבָר	τίς *οἶδεν σοφοὺς* καὶ τίς οἶδεν λύσιν ῥήματος	=;?	יודע
8:5	וְעֵת וּמִשְׁפָּט יֵדַע לֵב *חָכָם*	καὶ καιρὸν κρίσεως γινώσκει καρδία *σοφοῦ*		
8:17	וְגַם אִם־יֹאמַר *הֶחָכָם* לָדַעַת	καί γε ὅσα ἂν εἴπῃ *ὁ σοφὸς* τοῦ γνῶναι		
9:1	אֲשֶׁר הַצַּדִּיקִים *וְהַחֲכָמִים* וַעֲבָדֵיהֶם	ὡς οἱ δίκαιοι *καὶ οἱ σοφοὶ* καὶ ἐργασίαι αὐτῶν		
9:11	וְגַם לֹא *לַחֲכָמִים* לֶחֶם	καί γε οὐ *τοῖς σοφοῖς* ἄρτος		
9:15	וּמָצָא בָהּ אִישׁ מִסְכֵּן *חָכָם*	καὶ εὕρῃ ἐν αὐτῇ ἄνδρα πένητα *σοφόν*		
9:17	דִּבְרֵי *חֲכָמִים* בְּנַחַת נִשְׁמָעִים	λόγοι *σοφῶν* ἐν ἀναπαύσει ἀκούονται		
10:2	לֵב *חָכָם* לִימִינוֹ	καρδία *σοφοῦ* εἰς δεξιὸν αὐτοῦ		
10:12	דִּבְרֵי פִי־*חָכָם* חֵן	λόγοι στόματος *σοφοῦ* χάρις		
12:9	וְיֹתֵר שֶׁהָיָה קֹהֶלֶת *חָכָם*	καὶ περισσὸν ὅτι ἐγένετο ἐκκλησιαστὴς *σοφός*		
12:11	דִּבְרֵי *חֲכָמִים* כַּדָּרְבֹנוֹת	λόγοι *σοφῶν* ὡς τὰ βούκεντρα		
σπαρτίον	*Occurrences: 1*			
חוּט	1	*100%*		
4:12	*וְהַחוּט* הַמְשֻׁלָּשׁ	*καὶ τὸ σπαρτίον* τὸ ἔντριτον		
σπάω/περι	*Occurrences: 3*			
עָנָה	3	*100%*		
1:13	לִבְנֵי הָאָדָם *לַעֲנוֹת* בּוֹ	τοῖς υἱοῖς τοῦ ἀνθρώπου *τοῦ περισπᾶσθαι* ἐν αὐτῷ		
3:10	לִבְנֵי הָאָדָם *לַעֲנוֹת* בּוֹ	τοῖς υἱοῖς τοῦ ἀνθρώπου *τοῦ περισπᾶσθαι* ἐν αὐτῷ		
5:19	כִּי הָאֱלֹהִים *מַעֲנֶה*	ὅτι ὁ θεὸς *περισπᾷ* αὐτὸν		

σπείρω *Occurrences: 2*

זָרַע	2	*100%*
11:4	שֹׁמֵר רוּחַ לֹא יִזְרָע	τηρῶν ἄνεμον οὐ *σπερεῖ*
11:6	בַּבֹּקֶר זְרַע אֶת־זַרְעֶךָ	ἐν πρωίᾳ *σπεῖρον* τὸ σπέρμα σου

σπέρμα *Occurrences: 1*

זֶרַע	1	*100%*
11:6	בַּבֹּקֶר זְרַע אֶת־זַרְעֶךָ	ἐν πρωίᾳ σπεῖρον *τὸ σπέρμα σου*

σπεύδω *Occurrences: 2*

בָּהַל	2	*100%*
5:1	אַל־תְּבַהֵל עַל־פִּיךָ	μὴ *σπεῦδε* ἐπὶ στόματί σου
7:9	אַל־תְּבַהֵל בְּרוּחֲךָ לִכְעוֹס	μὴ *σπεύσῃς* ἐν πνεύματί σου τοῦ θυμοῦσθαι

σπουδάζω *Occurrences: 1*

בָּהַל	1	*100%*	
8:3	אַל־תִּבָּהֵל מִפָּנָיו תֵּלֵךְ	[μὴ *σπουδάσῃς*] ἀπὸ προσώπου αὐτοῦ πορεύσῃ	[8:2]

στάζω *Occurrences: 1*

דָּלַף	1	*100%*
10:18	וּבְשִׁפְלוּת יָדַיִם יִדְלֹף הַבָּיִת	καὶ ἐν ἀργίᾳ χειρῶν *στάξει* ἡ οἰκία

στέλλω/ἀπο *Occurrences: 1*

שָׁלַח	1	*100%*
11:1	שַׁלַּח לַחְמְךָ עַל־פְּנֵי הַמָּיִם	*ἀπόστειλον* τὸν ἄρτον σου ἐπὶ πρόσωπον τοῦ ὕδατος

στερίσκω *Occurrences: 1*

חָסֵר	1	*100%*
4:8	וּלְמִי אֲנִי עָמֵל וּמְחַסֵּר אֶת־נַפְשִׁי	καὶ τίνι ἐγὼ μοχθῶ *καὶ στερίσκω* τὴν ψυχήν μου

στοιχέω *Occurrences: 1*

כָּשֵׁר	1	*100%*
11:6	כִּי אֵינְךָ יוֹדֵעַ אֵי זֶה יִכְשַׁר הֲזֶה אוֹ־זֶה	ὅτι οὐ γινώσκεις ποῖον *στοιχήσει* ἢ τοῦτο ἢ τοῦτο

στόμα *Occurrences: 7*

פֶּה	7	*100%*
5:1	אַל־תְּבַהֵל עַל־פִּיךָ	μὴ σπεῦδε ἐπὶ *στόματί σου*
5:5	אַל־תִּתֵּן אֶת־פִּיךָ לַחֲטִיא	μὴ δῷς *τὸ στόμα σου* τοῦ ἐξαμαρτῆσαι
6:7	כָּל־עֲמַל הָאָדָם לְפִיהוּ	πᾶς μόχθος τοῦ ἀνθρώπου *εἰς στόμα αὐτοῦ*
8:2	אֲנִי פִּי־מֶלֶךְ שְׁמוֹר	*στόμα* βασιλέως φύλαξον
10:12	דִּבְרֵי פִי־חָכָם חֵן	λόγοι *στόματος* σοφοῦ χάρις
10:13	תְּחִלַּת דִּבְרֵי־פִיהוּ סִכְלוּת	ἀρχὴ λόγων *στόματος αὐτοῦ* ἀφροσύνη
10:13	וְאַחֲרִית פִּיהוּ הוֹלֵלוּת רָעָה	καὶ ἐσχάτη *στόματος αὐτοῦ* περιφέρεια πονηρά

στρέφω/δια *Occurrences: 3*

עָוַת	3	*100%*
1:15	מְעֻוָּת לֹא־יוּכַל לִתְקֹן	*διεστραμμένον* οὐ δυνήσεται τοῦ ἐπικοσμηθῆναι
7:13	אֵת אֲשֶׁר עִוְּתוֹ	ὃν ἂν ὁ θεὸς *διαστρέψῃ αὐτόν*
12:3	וְהִתְעַוְּתוּ אַנְשֵׁי הֶחָיִל	*καὶ διαστραφῶσιν* ἄνδρες τῆς δυνάμεως

στρέφω/ἐπι *Occurrences: 11*

שׁוּב	*10*	*91%*
סָבַב	*1*	*9%*

סָבַב	*1*	*9%*
2:20	וְסַבּוֹתִי אֲנִי לְיַאֵשׁ אֶת־לִבִּי	*καὶ ἐπέστρεψα* ἐγὼ τοῦ ἀποτάξασθαι τῇ καρδίᾳ μου
שׁוּב	*10*	*91%*
1:6	וְעַל־סְבִיבֹתָיו שָׁב הָרוּחַ	καὶ ἐπὶ κύκλους αὐτοῦ *ἐπιστρέφει* τὸ πνεῦμα
1:7	שָׁם הֵם שָׁבִים לָלָכֶת	ἐκεῖ αὐτοὶ *ἐπιστρέφουσιν* τοῦ πορευθῆναι
3:20	וְהַכֹּל שָׁב אֶל־הֶעָפָר	καὶ τὰ πάντα *ἐπιστρέφει* εἰς τὸν χοῦν
4:1	וְשַׁבְתִּי אֲנִי וָאֶרְאֶה	*καὶ ἐπέστρεψα* ἐγὼ καὶ εἶδον
4:7	וְשַׁבְתִּי אֲנִי וָאֶרְאֶה הֶבֶל	*καὶ ἐπέστρεψα* ἐγὼ καὶ εἶδον ματαιότητα
5:14	יָשׁוּב לָלֶכֶת כְּשֶׁבָּא	*ἐπιστρέψει* τοῦ πορευθῆναι ὡς ἥκει
9:11	שַׁבְתִּי וְרָאֹה תַחַת־הַשֶּׁמֶשׁ	*ἐπέστρεψα* καὶ εἶδον ὑπὸ τὸν ἥλιον
12:2	וְשָׁבוּ הֶעָבִים אַחַר הַגָּשֶׁם	*καὶ ἐπιστρέψωσιν* τὰ νέφη ὀπίσω τοῦ ὑετοῦ
12:7	וְיָשֹׁב הֶעָפָר עַל־הָאָרֶץ כְּשֶׁהָיָה	*καὶ ἐπιστρέψῃ* ὁ χοῦς ἐπὶ τὴν γῆν ὡς ἦν
12:7	וְהָרוּחַ תָּשׁוּב אֶל־הָאֱלֹהִים	καὶ τὸ πνεῦμα *ἐπιστρέψῃ* πρὸς τὸν θεόν

στρουθίον *Occurrences: 1*

צִפּוֹר	*1*	*100%*
12:4	וְיָקוּם לְקוֹל הַצִּפּוֹר	καὶ ἀναστήσεται εἰς φωνὴν *τοῦ στρουθίου*

σύ *Occurrences: 62*

ךָ־	*45*	*80%*
- - -	*5*	
ךָ־	*5*	*9%*
אַתָּה	*4*	*7%*
לְ + ךָ־	*1*	*2%*
לְ + ךָ־	*1*	*2%*
לֵב + ךָ־	*1*	*2%*

- - -	*5*	
4:17	מִתֵּת הַכְּסִילִים זָבַח	ὑπὲρ δόμα τῶν ἀφρόνων *θυσία σου*
5:4	טוֹב אֲשֶׁר לֹא־תִדֹּר מִשֶּׁתִּדּוֹר	ἀγαθὸν τὸ μὴ *εὔξασθαί σε* ἢ τὸ εὔξασθαί σε
5:4	מִשֶּׁתִּדּוֹר וְלֹא תְשַׁלֵּם	*ἢ τὸ εὔξασθαί σε* καὶ μὴ ἀποδοῦναι
7:18	טוֹב אֲשֶׁר תֶּאֱחֹז בָּזֶה	ἀγαθὸν τὸ *ἀντέχεσθαί σε* ἐν τούτῳ
9:9	כִּי הוּא חֶלְקְךָ בַּחַיִּים	ὅτι αὐτὸ μερίς σου *ἐν τῇ ζωῇ σου*
אַתָּה	*4*	*7%*
5:1	כִּי הָאֱלֹהִים בַּשָּׁמַיִם וְאַתָּה עַל־הָאָרֶץ	ὅτι ὁ θεὸς ἐν τῷ οὐρανῷ *καὶ σὺ* ἐπὶ τῆς γῆς
7:22	אֲשֶׁר גַּם־*אַתְּ **אַתָּה קִלַּלְתָּ אֲחֵרִים	ὅπως καί γε σὺ κατηράσω ἑτέρους
9:9	וּבַעֲמָלְךָ אֲשֶׁר־אַתָּה עָמֵל תַּחַת הַשָּׁמֶשׁ	καὶ ἐν τῷ μόχθῳ σου ᾧ σὺ μοχθεῖς ὑπὸ τὸν ἥλιον
9:10	וְחָכְמָה בִּשְׁאוֹל אֲשֶׁר אַתָּה הֹלֵךְ שָׁמָּה	καὶ σοφία ἐν ᾅδῃ ὅπου σὺ πορεύῃ ἐκεῖ
ךָ־	*45*	*80%*
2:1	אֲנַסְּכָה בְשִׂמְחָה וּרְאֵה בְטוֹב	*πειράσω σε* ἐν εὐφροσύνῃ καὶ ἰδὲ ἐν ἀγαθῷ
4:17	שְׁמֹר *רַגְלֶיךָ **רַגְלְךָ כַּאֲשֶׁר תֵּלֵךְ אֶל־בֵּית	φύλαξον *πόδα σου* ἐν ᾧ ἐὰν πορεύῃ εἰς οἶκον *
5:1	אַל־תְּבַהֵל עַל־פִּיךָ	μὴ σπεῦδε ἐπὶ *στόματί σου*
5:1	וְלִבְּךָ אַל־יְמַהֵר	*καὶ καρδία σου* μὴ ταχυνάτω
5:1	עַל־כֵּן יִהְיוּ דְבָרֶיךָ מְעַטִּים	ἐπὶ τούτῳ ἔστωσαν *οἱ λόγοι σου* ὀλίγοι
5:5	אַל־תִּתֵּן אֶת־פִּיךָ לַחֲטִיא	μὴ δῷς *τὸ στόμα σου* τοῦ ἐξαμαρτῆσαι
5:5	לַחֲטִיא אֶת־בְּשָׂרֶךָ	τοῦ ἐξαμαρτῆσαι *τὴν σάρκα σου*
5:5	לָמָּה יִקְצֹף הָאֱלֹהִים עַל־קוֹלֶךָ	ἵνα μὴ ὀργισθῇ ὁ θεὸς ἐπὶ *φωνῇ σου*
5:5	וְחִבֵּל אֶת־מַעֲשֵׂה יָדֶיךָ	καὶ διαφθείρῃ τὰ ποιήματα *χειρῶν σου*
7:9	אַל־תְּבַהֵל בְּרוּחֲךָ לִכְעוֹס	μὴ σπεύσῃς *ἐν πνεύματί σου* τοῦ θυμοῦσθαι
7:17	לָמָּה תָמוּת בְּלֹא עִתֶּךָ	ἵνα μὴ ἀποθάνῃς ἐν οὐ *καιρῷ σου*
7:18	וְגַם־מִזֶּה אַל־תַּנַּח אֶת־יָדֶךָ	καί γε ἀπὸ τούτου μὴ ἀνῇς *τὴν χεῖρά σου*

7:21	אַל־תִּתֵּן לִבֶּךָ	μὴ θῇς *καρδίαν σου*	
7:21	אֲשֶׁר לֹא־תִשְׁמַע אֶת־עַבְדְּךָ מְקַלְלֶךָ	ὅπως μὴ ἀκούσῃς *τοῦ δούλου σου* καταρωμένου σε	
7:21	אֲשֶׁר לֹא־תִשְׁמַע אֶת־עַבְדְּךָ מְקַלְלֶךָ	ὅπως μὴ ἀκούσῃς τοῦ δούλου σου *καταρωμένου σε*	
7:22	כִּי גַּם־פְּעָמִים רַבּוֹת יָדַע לִבֶּךָ	καὶ καθόδους πολλὰς κακώσει *καρδίαν σου*	=d
9:7	לֵךְ אֱכֹל בְּשִׂמְחָה לַחְמֶךָ	δεῦρο φάγε ἐν εὐφροσύνῃ *ἄρτον σου*	
9:7	וּשְׁתֵה בְלֶב־טוֹב יֵינֶךָ	καὶ πίε ἐν καρδίᾳ ἀγαθῇ *οἶνόν σου*	
9:7	כִּי כְבָר רָצָה הָאֱלֹהִים אֶת־מַעֲשֶׂיךָ	ὅτι ἤδη εὐδόκησεν ὁ θεὸς *τὰ ποιήματά σου*	
9:8	בְּכָל־עֵת יִהְיוּ בְגָדֶיךָ לְבָנִים	ἐν παντὶ καιρῷ ἔστωσαν *ἱμάτιά σου* λευκά	
9:8	וְשֶׁמֶן עַל־רֹאשְׁךָ אַל־יֶחְסָר	καὶ ἔλαιον ἐπὶ *κεφαλήν σου* μὴ ὑστερησάτω	
9:9	כָּל־יְמֵי חַיֵּי הֶבְלֶךָ	πάσας ἡμέρας ζωῆς *ματαιότητός σου*	
9:9	כֹּל יְמֵי הֶבְלֶךָ	πάσας ἡμέρας *ματαιότητός σου*	
9:9	כִּי הוּא חֶלְקְךָ בַּחַיִּים	ὅτι αὐτὸ *μερίς σου* ἐν τῇ ζωῇ σου	
9:9	וּבַעֲמָלְךָ אֲשֶׁר־אַתָּה עָמֵל תַּחַת הַשָּׁמֶשׁ	καὶ ἐν *τῷ μόχθῳ σου* ᾧ σὺ μοχθεῖς ὑπὸ τὸν ἥλιον	
9:10	כֹּל אֲשֶׁר תִּמְצָא יָדְךָ לַעֲשׂוֹת	πάντα ὅσα ἂν εὕρῃ *ἡ χείρ σου* τοῦ ποιῆσαι	
9:10	בְּכֹחֲךָ עֲשֵׂה	*ὡς ἡ δύναμίς σου* ποίησον	=%p
10:4	אִם־רוּחַ הַמּוֹשֵׁל תַּעֲלֶה עָלֶיךָ	ἐὰν πνεῦμα τοῦ ἐξουσιάζοντος ἀναβῇ *ἐπὶ σέ*	
10:4	מְקוֹמְךָ אַל־תַּנַּח	*τόπον σου* μὴ ἀφῇς	
10:20	גַּם בְּמַדָּעֲךָ מֶלֶךְ אַל־תְּקַלֵּל	καί γε *ἐν συνειδήσει σου* βασιλέα μὴ καταράσῃ	
10:20	וּבְחַדְרֵי מִשְׁכָּבְךָ אַל־תְּקַלֵּל	καὶ ἐν ταμιείοις *κοιτώνων σου* μὴ καταράσῃ	
11:1	שַׁלַּח לַחְמְךָ עַל־פְּנֵי הַמָּיִם	ἀπόστειλον *τὸν ἄρτον σου* ἐπὶ πρόσωπον τοῦ ὕδατος	
11:6	בַּבֹּקֶר זְרַע אֶת־זַרְעֶךָ	ἐν πρωίᾳ σπεῖρον *τὸ σπέρμα σου*	
11:6	וְלָעֶרֶב אַל־תַּנַּח יָדֶךָ	καὶ εἰς ἑσπέραν μὴ ἀφέτω *ἡ χείρ σου*	
11:9	שְׂמַח בָּחוּר בְּיַלְדוּתֶיךָ	εὐφραίνου νεανίσκε *ἐν νεότητί σου*	
11:9	וִיטִיבְךָ לִבְּךָ	*καὶ ἀγαθυνάτω σε* ἡ καρδία σου	
11:9	וִיטִיבְךָ לִבְּךָ	καὶ ἀγαθυνάτω σε *ἡ καρδία σου*	
11:9	בִּימֵי בְחוּרוֹתֶךָ	ἐν ἡμέραις *νεότητός σου*	
11:9	וְהַלֵּךְ בְּדַרְכֵי לִבְּךָ	καὶ περιπάτει ἐν ὁδοῖς *καρδίας σου*	
11:9	וּבְמַרְאֵי עֵינֶיךָ	καὶ ἐν ὁράσει *ὀφθαλμῶν σου*	
11:9	עַל־כָּל־אֵלֶּה יְבִיאֲךָ הָאֱלֹהִים בַּמִּשְׁפָּט	ἐπὶ πᾶσι τούτοις *ἄξει σε* ὁ θεὸς ἐν κρίσει	
11:10	וְהָסֵר כַּעַס מִלִּבֶּךָ	καὶ ἀπόστησον θυμὸν *ἀπὸ καρδίας σου*	
11:10	וְהַעֲבֵר רָעָה מִבְּשָׂרֶךָ	καὶ παράγαγε πονηρίαν *ἀπὸ σαρκός σου*	
12:1	וּזְכֹר אֶת־בּוֹרְאֶיךָ	καὶ μνήσθητι τοῦ *κτίσαντός σε*	
12:1	בִּימֵי בְּחוּרֹתֶיךָ	ἐν ἡμέραις *νεότητός σου*	
ךְ־	5	*9%*	
10:16	אִי־לָךְ אֶרֶץ שֶׁמַּלְכֵּךְ נָעַר	οὐαί σοι πόλις ἧς *ὁ βασιλεύς σου* νεώτερος	
10:16	וְשָׂרַיִךְ בַּבֹּקֶר יֹאכֵלוּ	καὶ *οἱ ἄρχοντές σου* ἐν πρωίᾳ ἐσθίουσιν	
10:17	אַשְׁרֵיךְ אֶרֶץ שֶׁמַּלְכֵּךְ בֶּן־חוֹרִים	*μακαρία σύ* γῆ ἧς ὁ βασιλεύς σου υἱὸς ἐλευθέρων	
10:17	אַשְׁרֵיךְ אֶרֶץ שֶׁמַּלְכֵּךְ בֶּן־חוֹרִים	μακαρία σύ γῆ ἧς *ὁ βασιλεύς σου* υἱὸς ἐλευθέρων	
10:17	וְשָׂרַיִךְ בָּעֵת יֹאכֵלוּ	καὶ *οἱ ἄρχοντές σου* πρὸς καιρὸν φάγονται	
לְ + ךָ־	*1*	*2%*	
9:9	אֲשֶׁר נָתַן־לְךָ תַּחַת הַשָּׁמֶשׁ	τὰς δοθείσας σοι ὑπὸ τὸν ἥλιον	
לְ + ךְ־	*1*	*2%*	
10:16	אִי־לָךְ אֶרֶץ שֶׁמַּלְכֵּךְ נָעַר	οὐαί σοι πόλις ἧς ὁ βασιλεύς σου νεώτερος	
לֵב + ךָ־	*1*	*2%*	
7:22	כִּי גַּם־פְּעָמִים רַבּוֹת יָדַע לִבֶּךָ	ὅτι πλειστάκις πονηρεύσεταί *σε*	=d

συκοφαντέω *Occurrences: 2*

עָשַׁק	2	*100%*	
4:1	וְהִנֵּה דִּמְעַת הָעֲשֻׁקִים	καὶ ἰδοὺ δάκρυον *τῶν συκοφαντουμένων*	
4:1	וּמִיַּד עֹשְׁקֵיהֶם כֹּחַ	καὶ ἀπὸ χειρὸς *συκοφαντούντων αὐτοὺς* ἰσχύς	

συκοφαντία *Occurrences: 3*

עֹשֶׁק	2	67%
עֲשׁוּקִים	1	33%

עֲשׁוּקִים	1	33%
4:1	אֶת־כָּל־הָעֲשֻׁקִים אֲשֶׁר נַעֲשִׂים	σὺν πάσας τὰς συκοφαντίας τὰς γινομένας
עֹשֶׁק	2	67%
5:7	אִם־עֹשֶׁק רָשׁ וְגֵזֶל מִשְׁפָּט	ἐὰν συκοφαντίαν πένητος καὶ ἁρπαγὴν κρίματος
7:7	כִּי הָעֹשֶׁק יְהוֹלֵל חָכָם	ὅτι ἡ συκοφαντία περιφέρει σοφὸν

σύμφωνος *Occurrences: 1*

לְ + עֻמָּה	1	100%
7:14	גַּם אֶת־זֶה לְעֻמַּת־זֶה	καί γε σὺν τοῦτο σύμφωνον τούτῳ

σύν *Occurrences: 34*

אֵת	34	100%
1:14	רָאִיתִי אֶת־כָּל־הַמַּעֲשִׂים שֶׁנַּעֲשׂוּ	εἶδον σὺν πάντα τὰ ποιήματα τὰ πεποιημένα
2:17	וְשָׂנֵאתִי אֶת־הַחַיִּים	καὶ ἐμίσησα σὺν τὴν ζωήν
2:18	וְשָׂנֵאתִי אֲנִי אֶת־כָּל־עֲמָלִי	καὶ ἐμίσησα ἐγὼ σὺν πάντα μόχθον μου
3:10	רָאִיתִי אֶת־הָעִנְיָן אֲשֶׁר נָתַן אֱלֹהִים	εἶδον σὺν τὸν περισπασμόν ὃν ἔδωκεν ὁ θεὸς
3:11	אֶת־הַכֹּל עָשָׂה יָפֶה בְעִתּוֹ	σὺν τὰ πάντα ἐποίησεν καλὰ ἐν καιρῷ αὐτοῦ
3:11	גַּם אֶת־הָעֹלָם נָתַן בְּלִבָּם	καί γε σὺν τὸν αἰῶνα ἔδωκεν ἐν καρδίᾳ αὐτῶν
3:17	אֶת־הַצַּדִּיק וְאֶת־הָרָשָׁע יִשְׁפֹּט הָאֱלֹהִים	σὺν τὸν δίκαιον καὶ σὺν τὸν ἀσεβῆ κρινεῖ ὁ θεός
3:17	אֶת־הַצַּדִּיק וְאֶת־הָרָשָׁע יִשְׁפֹּט הָאֱלֹהִים	σὺν τὸν δίκαιον καὶ σὺν τὸν ἀσεβῆ κρινεῖ ὁ θεός
4:1	אֶת־כָּל־הָעֲשֻׁקִים אֲשֶׁר נַעֲשִׂים	σὺν πάσας τὰς συκοφαντίας τὰς γινομένας
4:2	וְשַׁבֵּחַ אֲנִי אֶת־הַמֵּתִים	καὶ ἐπῄνεσα ἐγὼ σὺν τοὺς τεθνηκότας
4:3	אֲשֶׁר לֹא־רָאָה אֶת־הַמַּעֲשֶׂה הָרָע	ὃς οὐκ εἶδεν σὺν τὸ ποίημα τὸ πονηρὸν
4:4	וְרָאִיתִי אֲנִי אֶת־כָּל־עָמָל	καὶ εἶδον ἐγὼ σὺν πάντα τὸν μόχθον
4:4	וְאֵת כָּל־כִּשְׁרוֹן הַמַּעֲשֶׂה	καὶ σὺν πᾶσαν ἀνδρείαν τοῦ ποιήματος
4:15	רָאִיתִי אֶת־כָּל־הַחַיִּים הַמְהַלְּכִים	εἶδον σὺν πάντας τοὺς ζῶντας τοὺς περιπατοῦντας
5:3	אֵת אֲשֶׁר־תִּדֹּר שַׁלֵּם	σὺν ὅσα ἐὰν εὔξῃ ἀπόδος
5:6	כִּי אֶת־הָאֱלֹהִים יְרָא	ὅτι σὺν τὸν θεὸν φοβοῦ
7:14	גַּם אֶת־זֶה לְעֻמַּת־זֶה	καί γε σὺν τοῦτο σύμφωνον τούτῳ
7:15	אֶת־הַכֹּל רָאִיתִי בִּימֵי הֶבְלִי	σὺν τὰ πάντα εἶδον ἐν ἡμέραις ματαιότητός μου
7:26	אֶת־הָאִשָּׁה אֲשֶׁר־הִיא מְצוֹדִים	σὺν τὴν γυναῖκα ἥτις ἐστὶν θηρεύματα
7:29	אֲשֶׁר עָשָׂה הָאֱלֹהִים אֶת־הָאָדָם יָשָׁר	ὃ ἐποίησεν ὁ θεὸς σὺν τὸν ἄνθρωπον εὐθῆ
8:8	לִכְלוֹא אֶת־הָרוּחַ	τοῦ κωλῦσαι σὺν τὸ πνεῦμα
8:9	אֶת־כָּל־זֶה רָאִיתִי	καὶ σὺν πᾶν τοῦτο εἶδον
8:15	וְשִׁבַּחְתִּי אֲנִי אֶת־הַשִּׂמְחָה	καὶ ἐπῄνεσα ἐγὼ σὺν τὴν εὐφροσύνην
8:17	וְרָאִיתִי אֶת־כָּל־מַעֲשֵׂה הָאֱלֹהִים	καὶ εἶδον σὺν πάντα τὰ ποιήματα τοῦ θεοῦ
8:17	אֶת־הַמַּעֲשֶׂה אֲשֶׁר נַעֲשָׂה תַחַת־הַשֶּׁמֶשׁ	σὺν τὸ ποίημα τὸ πεποιημένον ὑπὸ τὸν ἥλιον
9:1	כִּי אֶת־כָּל־זֶה נָתַתִּי אֶל־לִבִּי	ὅτι σὺν πᾶν τοῦτο ἔδωκα εἰς καρδίαν μου
9:1	וְלָבוּר אֶת־כָּל־זֶה	καὶ καρδία μου σὺν πᾶν εἶδεν τοῦτο
9:15	וְאָדָם לֹא זָכַר אֶת־הָאִישׁ	καὶ ἄνθρωπος οὐκ ἐμνήσθη σὺν τοῦ ἀνδρὸς
10:19	וְהַכֶּסֶף יַעֲנֶה אֶת־הַכֹּל	καὶ τοῦ ἀργυρίου ἐπακούσεται σὺν τὰ πάντα
10:20	כִּי עוֹף הַשָּׁמַיִם יוֹלִיךְ אֶת־הַקּוֹל	ὅτι πετεινὸν τοῦ οὐρανοῦ ἀποίσει σὺν τὴν φωνήν
11:5	אֶת־מַעֲשֵׂה הָאֱלֹהִים אֲשֶׁר יַעֲשֶׂה אֶת־הַכֹּל	τὰ ποιήματα τοῦ θεοῦ ὅσα ποιήσει σὺν τὰ πάντα
11:7	לִרְאוֹת אֶת־הַשָּׁמֶשׁ	τοῦ βλέπειν σὺν τὸν ἥλιον
12:9	עוֹד לִמַּד־דַּעַת אֶת־הָעָם	ἔτι ἐδίδαξεν γνῶσιν σὺν τὸν λαόν
12:14	כִּי אֶת־כָּל־מַעֲשֶׂה הָאֱלֹהִים יָבִא בְמִשְׁפָּט	ὅτι σὺν πᾶν τὸ ποίημα ὁ θεὸς ἄξει ἐν κρίσει

σύναγμα *Occurrences: 1*

אֲסֻפָּה	1	100%
12:11	בַּעֲלֵי אֲסֻפּוֹת	οἱ παρὰ τῶν συναγμάτων

συνάντημα	*Occurrences: 7*	
מִקְרֶה	7	*100%*
2:14	שֶׁמִּקְרֶה אֶחָד יִקְרֶה אֶת־כֻּלָּם	ὅτι *συνάντημα* ἓν συναντήσεται τοῖς πᾶσιν αὐτοῖς
2:15	כְּמִקְרֵה הַכְּסִיל	ὡς *συνάντημα* τοῦ ἄφρονος
3:19	כִּי מִקְרֶה בְנֵי־הָאָדָם	ὅτι *συνάντημα* υἱῶν τοῦ ἀνθρώπου
3:19	וּמִקְרֶה הַבְּהֵמָה וּמִקְרֶה אֶחָד לָהֶם	καὶ *συνάντημα* τοῦ κτήνους συνάντημα ἓν αὐτοῖς
3:19	וּמִקְרֶה הַבְּהֵמָה וּמִקְרֶה אֶחָד לָהֶם	καὶ συνάντημα τοῦ κτήνους *συνάντημα* ἓν αὐτοῖς
9:2	מִקְרֶה אֶחָד לַצַּדִּיק וְלָרָשָׁע	*συνάντημα* ἓν τῷ δικαίῳ καὶ τῷ ἀσεβεῖ
9:3	כִּי־מִקְרֶה אֶחָד לַכֹּל	ὅτι *συνάντημα* ἓν τοῖς πᾶσιν

συνείδησις	*Occurrences: 1*	
מַדָּע	*1*	*100%*
10:20	גַּם בְּמַדָּעֲךָ מֶלֶךְ אַל־תְּקַלֵּל	καί γε *ἐν συνειδήσει σου* βασιλέα μὴ καταράσῃ

συνετός	*Occurrences: 1*	
בִּין	*1*	*100%*
9:11	וְגַם לֹא לַנְּבֹנִים עֹשֶׁר	καί γε οὐ *τοῖς συνετοῖς* πλοῦτος

σχίζω	*Occurrences: 1*	
בָּקַע	*1*	*100%*
10:9	בּוֹקֵעַ עֵצִים יִסָּכֶן בָּם	*σχίζων* ξύλα κινδυνεύσει ἐν αὐτοῖς

σχοινίον	*Occurrences: 1*	
חֶבֶל	*1*	*100%*
12:6	עַד אֲשֶׁר לֹא־*יֵרָחֵק **יֵרָתֵק חֶבֶל הַכֶּסֶף	ἕως ὅτου μὴ ἀνατραπῇ *σχοινίον* τοῦ ἀργυρίου

σώζω/δια	*Occurrences: 2*	
מָלַט	2	*100%*
8:8	וְלֹא־יְמַלֵּט רֶשַׁע אֶת־בְּעָלָיו	καὶ οὐ *διασώσει* ἀσέβεια τὸν παρ' αὐτῆς
9:15	וּמִלַּט־הוּא אֶת־הָעִיר בְּחָכְמָתוֹ	καὶ *διασώσει* αὐτὸς τὴν πόλιν ἐν τῇ σοφίᾳ αὐτοῦ

T

ταμιεῖον *Occurrences: 1*

חֶדֶר 1 *100%*
10:20 וּבְחַדְרֵי מִשְׁכָּבְךָ אַל־תְּקַלֵּל *καὶ ἐν ταμιείοις* κοιτώνων σου μὴ καταράσῃ

ταπεινός *Occurrences: 1*

שֵׁפֶל 1 *100%*
10:6 וַעֲשִׁירִים בַּשֵּׁפֶל יֵשֵׁבוּ καὶ πλούσιοι *ἐν ταπεινῷ* καθήσονται

ταπεινόω *Occurrences: 2*

מָכַךְ	*1*	*50%*
שָׁחַח	*1*	*50%*

מָכַךְ 1 *50%*
10:18 בַּעֲצַלְתַּיִם יִמַּךְ הַמְּקָרֶה ἐν ὀκνηρίαις *ταπεινωθήσεται* ἡ δόκωσις

שָׁחַח 1 *50%*
12:4 וְיִשַּׁחוּ כָּל־בְּנוֹת *καὶ ταπεινωθήσονται* πᾶσαι αἱ θυγατέρες

ταράσσω *Occurrences: 1*

קָלַל 1 *100%*
10:10 אִם־קֵהָה הַבַּרְזֶל וְהוּא לֹא־פָנִים קִלְקַל ἐὰν ἐκπέσῃ τὸ σιδήριον καὶ αὐτὸς πρόσωπον *ἐτάραξεν*

τάσσω/ἀπο *Occurrences: 1*

יָאַשׁ 1 *100%*
2:20 וְסַבּוֹתִי אֲנִי לְיַאֵשׁ אֶת־לִבִּי καὶ ἐπέστρεψα ἐγὼ τοῦ *ἀποτάξασθαι* τῇ καρδίᾳ μου

ταφή *Occurrences: 1*

קְבוּרָה 1 *100%*
6:3 וְגַם־קְבוּרָה לֹא־הָיְתָה לּוֹ καί γε *ταφὴ* οὐκ ἐγένετο αὐτῷ

τάφος *Occurrences: 1*

קֶבֶר 1 *100%*
8:10 וּבְכֵן רָאִיתִי רְשָׁעִים קְבֻרִים וָבָאוּ καὶ τότε εἶδον ἀσεβεῖς εἰς *τάφους* εἰσαχθέντας =v

ταχέως *Occurrences: 1*

בְּ + מְהֵרָה 1 *100%*
4:12 לֹא בִמְהֵרָה יִנָּתֵק οὐ *ταχέως* ἀπορραγήσεται

ταχύνω *Occurrences: 1*

מָהַר 1 *100%*
5:1 וְלִבְּךָ אַל־יְמַהֵר καὶ καρδία σου μὴ *ταχυνάτω*

ταχύς *Occurrences: 1*

מְהֵרָה 1 *100%*
8:11 מַעֲשֵׂה הָרָעָה מְהֵרָה ἀπὸ τῶν ποιούντων τὸ πονηρὸν *ταχύ*

τέλλω/ἀνα *Occurrences: 2*

זָרַח 2 *100%*
1:5 וְזָרַח הַשֶּׁמֶשׁ וּבָא הַשָּׁמֶשׁ καὶ *ἀνατέλλει* ὁ ἥλιος καὶ δύνει ὁ ἥλιος
1:5 זוֹרֵחַ הוּא שָׁם [*ἀνατέλλων* αὐτὸς ἐκεῖ] [6]

τέλος *Occurrences: 3*

סוֹף *3* *100%*
3:11 אֲשֶׁר־עָשָׂה הָאֱלֹהִים מֵרֹאשׁ וְעַד־סוֹף ὃ ἐποίησεν ὁ θεός ἀπ' ἀρχῆς καὶ μέχρι *τέλους*
7:2 בַּאֲשֶׁר הוּא סוֹף כָּל־הָאָדָם καθότι τοῦτο *τέλος* παντὸς τοῦ ἀνθρώπου
12:13 סוֹף דָּבָר הַכֹּל נִשְׁמָע *τέλος* λόγου τὸ πᾶν ἀκούεται

τηρέω *Occurrences: 1*

שָׁמַר *1* *100%*
11:4 שֹׁמֵר רוּחַ לֹא יִזְרָע *τηρῶν* ἄνεμον οὐ σπερεῖ

τίθημι *Occurrences: 1*

נָתַן *1* *100%*
7:21 אַל־תִּתֵּן לִבֶּךָ μὴ *θῇς* καρδίαν σου

τίθημι/προς *Occurrences: 6*

יָסַף	*5*	*83%*
אָסַף	*1*	*17%*

אָסַף *1* *17%*
2:26 לֶאֱסוֹף וְלִכְנוֹס *τοῦ προσθεῖναι* καὶ τοῦ συναγαγεῖν

יָסַף *5* *83%*
1:16 אֲנִי הִנֵּה הִגְדַּלְתִּי וְהוֹסַפְתִּי חָכְמָה ἐγὼ ἰδοὺ ἐμεγαλύνθην *καὶ προσέθηκα* σοφίαν
1:18 וְיוֹסִיף דַּעַת יוֹסִיף מַכְאוֹב *καὶ ὁ προστιθεὶς* γνῶσιν προσθήσει ἄλγημα
1:18 וְיוֹסִיף דַּעַת יוֹסִיף מַכְאוֹב καὶ ὁ προστιθεὶς γνῶσιν *προσθήσει* ἄλγημα
2:9 וְגָדַלְתִּי וְהוֹסַפְתִּי καὶ ἐμεγαλύνθην *καὶ προσέθηκα*
3:14 עָלָיו אֵין לְהוֹסִיף ἐπ' αὐτῷ οὐκ ἔστιν *προσθεῖναι*

τίκτω *Occurrences: 1*

יָלַד *1* *100%*
3:2 עֵת לָלֶדֶת וְעֵת לָמוּת καιρὸς *τοῦ τεκεῖν* καὶ καιρὸς τοῦ ἀποθανεῖν

τίλλω/ἐκ *Occurrences: 1*

עָקַר *1* *100%*
3:2 עֵת לָטַעַת וְעֵת לַעֲקוֹר καιρὸς τοῦ φυτεῦσαι καὶ καιρὸς *τοῦ ἐκτῖλαι*

τίμιος *Occurrences: 1*

יָקָר *1* *100%*
10:1 יָקָר מֵחָכְמָה מִכָּבוֹד סִכְלוּת מְעָט *τίμιον* ὀλίγον σοφίας ὑπὲρ δόξαν ἀφροσύνης μεγάλης

τις *Occurrences: 2*

εἰ + τις	*1*	
מָה + שֶׁ	*1*	*50%*
ὅς + τις	*1*	
שֶׁ	*1*	*50%*

εἰ + τις *1*
מָה + שֶׁ *1* *50%*
6:10 מַה־שֶּׁהָיָה כְּבָר נִקְרָא שְׁמוֹ *εἴ τι* ἐγένετο ἤδη κέκληται ὄνομα αὐτοῦ
ὅς + τις *1*
שֶׁ *1* *50%*
6:3 וְרַב שֶׁיִּהְיוּ יְמֵי־שָׁנָיו καὶ πλῆθος *ὅ τι* ἔσονται ἡμέραι ἐτῶν αὐτοῦ

τίς		Occurrences: 38	
מָה	20	53%
מִי	16	42%
לְ + מִי	1	3%
τίς + ὁ	1	
אֲשֶׁר	1	3%

לְ + מִי		1	3%
4:8	וּלְמִי אֲנִי עָמֵל וּמְחַסֵּר אֶת־נַפְשִׁי	καὶ τίνι ἐγὼ μοχθῶ καὶ στερίσκω τὴν ψυχήν μου	

מָה		20	53%		
1:3	מַה־יִּתְרוֹן לָאָדָם בְּכָל־עֲמָלוֹ	τίς περισσεία τῷ ἀνθρώπῳ ἐν παντὶ μόχθῳ αὐτοῦ		
1:9	מַה־שֶּׁהָיָה הוּא שֶׁיִּהְיֶה	τί τὸ γεγονός αὐτὸ τὸ γενησόμενον		
1:9	וּמַה־שֶּׁנַּעֲשָׂה הוּא שֶׁיֵּעָשֶׂה	καὶ τί τὸ πεποιημένον αὐτὸ τὸ ποιηθησόμενον		
2:2	וּלְשִׂמְחָה מַה־זֹּה עֹשָׂה	καὶ τῇ εὐφροσύνῃ τί τοῦτο ποιεῖς		
2:12	כִּי מֶה הָאָדָם שֶׁיָּבוֹא	ὅτι τίς ὁ ἄνθρωπος ὃς ἐπελεύσεται	=	מִי
2:15	וְלָמָּה חָכַמְתִּי אֲנִי אָז יוֹתֵר	καὶ ἵνα τί ἐσοφισάμην ἐγὼ τότε περισσόν		
2:22	כִּי מֶה־הֹוֶה לָאָדָם בְּכָל־עֲמָלוֹ	ὅτι τί γίνεται τῷ ἀνθρώπῳ ἐν παντὶ μόχθῳ αὐτοῦ		
3:9	מַה־יִּתְרוֹן הָעוֹשֶׂה בַּאֲשֶׁר הוּא עָמֵל	τίς περισσεία τοῦ ποιοῦντος ἐν οἷς αὐτὸς μοχθεῖ		
[3:19]	וּמוֹתַר הָאָדָם מִן־הַבְּהֵמָה	καὶ τί ἐπερίσσευσεν ὁ ἄνθρωπος παρὰ τὸ κτῆνος	=?.s	וּמַה יֹתֵר
5:10	וּמַה־כִּשְׁרוֹן לִבְעָלֶיהָ	καὶ τί ἀνδρεία τῷ παρ' αὐτῆς		
5:15	וּמַה־יִּתְרוֹן לוֹ שֶׁיַּעֲמֹל לָרוּחַ	καὶ τίς περισσεία αὐτῷ ᾗ μοχθεῖ εἰς ἄνεμον		
6:8	כִּי מַה־יּוֹתֵר לֶחָכָם מִן־הַכְּסִיל	ὅτι τίς περισσεία τῷ σοφῷ ὑπὲρ τὸν ἄφρονα		
6:11	מַה־יֹּתֵר לָאָדָם	τί περισσὸν τῷ ἀνθρώπῳ		
6:12	כִּי מִי־יוֹדֵעַ מַה־טּוֹב לָאָדָם בַּחַיִּים	ὅτι τίς οἶδεν τί ἀγαθὸν τῷ ἀνθρώπῳ ἐν τῇ ζωῇ		
6:12	אֲשֶׁר מִי־יַגִּיד לָאָדָם מַה־יִּהְיֶה	ὅτι τίς ἀπαγγελεῖ τῷ ἀνθρώπῳ τί ἔσται		
7:10	אַל־תֹּאמַר מֶה הָיָה	μὴ εἴπῃς τί ἐγένετο		
8:4	וּמִי יֹאמַר־לוֹ מַה־תַּעֲשֶׂה	καὶ τίς ἐρεῖ αὐτῷ τί ποιήσεις		
8:7	כִּי־אֵינֶנּוּ יֹדֵעַ מַה־שֶּׁיִּהְיֶה	ὅτι οὐκ ἔστιν γινώσκων τί τὸ ἐσόμενον		
10:14	לֹא־יֵדַע הָאָדָם מַה־שֶּׁיִּהְיֶה	οὐκ ἔγνω ὁ ἄνθρωπος τί τὸ γενόμενον		
11:2	כִּי לֹא תֵדַע מַה־יִּהְיֶה רָעָה עַל־הָאָרֶץ	ὅτι οὐ γινώσκεις τί ἔσται πονηρὸν ἐπὶ τὴν γῆν		
11:5	כַּאֲשֶׁר אֵינְךָ יוֹדֵעַ מַה־דֶּרֶךְ הָרוּחַ	ἐν οἷς οὐκ ἔστιν γινώσκων τίς ἡ ὁδὸς τοῦ πνεύματος		

מִי		16	42%		
[2:12]	כִּי מֶה הָאָדָם שֶׁיָּבוֹא	ὅτι τίς ὁ ἄνθρωπος ὃς ἐπελεύσεται	=	מִי
2:19	וּמִי יוֹדֵעַ הֶחָכָם יִהְיֶה אוֹ סָכָל	καὶ τίς οἶδεν εἰ σοφὸς ἔσται ἢ ἄφρων		
2:25	כִּי מִי יֹאכַל וּמִי יָחוּשׁ חוּץ מִמֶּנִּי	ὅτι τίς φάγεται καὶ τίς φείσεται πάρεξ αὐτοῦ		
2:25	כִּי מִי יֹאכַל וּמִי יָחוּשׁ חוּץ מִמֶּנִּי	ὅτι τίς φάγεται καὶ τίς φείσεται πάρεξ αὐτοῦ		
3:21	מִי יוֹדֵעַ רוּחַ בְּנֵי הָאָדָם	καὶ τίς οἶδεν πνεῦμα υἱῶν τοῦ ἀνθρώπου		
3:22	כִּי מִי יְבִיאֶנּוּ לִרְאוֹת בְּמֶה שֶׁיִּהְיֶה	ὅτι τίς ἄξει αὐτὸν τοῦ ἰδεῖν ἐν ᾧ ἐὰν γένηται		
5:9	וּמִי־אֹהֵב בֶּהָמוֹן לֹא תְבוּאָה	καὶ τίς ἠγάπησεν ἐν πλήθει αὐτῶν γένημα		
6:12	כִּי מִי־יוֹדֵעַ מַה־טּוֹב לָאָדָם בַּחַיִּים	ὅτι τίς οἶδεν τί ἀγαθὸν τῷ ἀνθρώπῳ ἐν τῇ ζωῇ		
6:12	אֲשֶׁר מִי־יַגִּיד לָאָדָם מַה־יִּהְיֶה	ὅτι τίς ἀπαγγελεῖ τῷ ἀνθρώπῳ τί ἔσται		
7:13	כִּי מִי יוּכַל לְתַקֵּן	ὅτι τίς δυνήσεται τοῦ κοσμῆσαι		
7:24	רָחוֹק מַה־שֶּׁהָיָה וְעָמֹק עָמֹק מִי יִמְצָאֶנּוּ	μακρὰν ὑπὲρ ὃ ἦν καὶ βαθὺ βάθος τίς εὑρήσει αὐτό		
8:1	מִי כְּהֶחָכָם וּמִי יוֹדֵעַ פֵּשֶׁר דָּבָר	τίς οἶδεν σοφούς καὶ τίς οἶδεν λύσιν ῥήματος		
8:1	מִי כְּהֶחָכָם וּמִי יוֹדֵעַ פֵּשֶׁר דָּבָר	τίς οἶδεν σοφούς καὶ τίς οἶδεν λύσιν ῥήματος		
8:4	וּמִי יֹאמַר־לוֹ מַה־תַּעֲשֶׂה	καὶ τίς ἐρεῖ αὐτῷ τί ποιήσεις		
8:7	כִּי כַּאֲשֶׁר יִהְיֶה מִי יַגִּיד לוֹ	ὅτι καθὼς ἔσται τίς ἀναγγελεῖ αὐτῷ		
9:4	כִּי־מִי אֲשֶׁר *יְבֻחַר **יְחֻבַּר אֶל כָּל־הַחַיִּים	ὅτι τίς ὃς κοινωνεῖ πρὸς πάντας τοὺς ζῶντας		
10:14	מִי יַגִּיד לוֹ	τίς ἀναγγελεῖ αὐτῷ		

τίς + ὁ		1		

אֲשֶׁר		1	3%
10:14	וַאֲשֶׁר יִהְיֶה מֵאַחֲרָיו	καὶ τί τὸ ἐσόμενον ὀπίσω αὐτοῦ	

τόπος *Occurrences: 9*

מָקוֹם 9 *100%*

1:5 וְאֶל־מְקוֹמוֹ שׁוֹאֵף καὶ εἰς τὸν *τόπον* αὐτοῦ ἕλκει

1:7 אֶל־מְקוֹם שֶׁהַנְּחָלִים הֹלְכִים εἰς *τόπον* οὗ οἱ χείμαρροι πορεύονται

3:16 מְקוֹם הַמִּשְׁפָּט שָׁמָּה הָרֶשַׁע *τόπον* τῆς κρίσεως ἐκεῖ ὁ ἀσεβής

3:16 וּמְקוֹם הַצֶּדֶק שָׁמָּה הָרָשַׁע καὶ *τόπον* τοῦ δικαίου ἐκεῖ ὁ ἀσεβής

3:20 הַכֹּל הוֹלֵךְ אֶל־מָקוֹם אֶחָד τὰ πάντα πορεύεται εἰς *τόπον* ἕνα

6:6 הֲלֹא אֶל־מָקוֹם אֶחָד הַכֹּל הוֹלֵךְ μὴ οὐκ εἰς *τόπον* ἕνα τὰ πάντα πορεύεται

8:10 וּמִמְּקוֹם קָדוֹשׁ יְהַלֵּכוּ καὶ ἐκ *τόπου* ἁγίου ἐπορεύθησαν

10:4 מְקוֹמְךָ אַל־תַּנַּח *τόπον* σου μὴ ἀφῇς

11:3 מְקוֹם שֶׁיִּפּוֹל הָעֵץ שָׁם יְהוּא *τόπῳ* οὗ πεσεῖται τὸ ξύλον ἐκεῖ ἔσται

τότε *Occurrences: 3*

אָז	*1*	*33%*
בְּ + כֵּן	*1*	*33%*
ἀπό + τότε	*1*	
מֵאָה	*1*	*33%*

אָז *1* *33%*

2:15 וְלָמָּה חָכַמְתִּי אֲנִי אָז יוֹתֵר καὶ ἵνα τί ἐσοφισάμην ἐγὼ *τότε* περισσὸν

[8:12] אֲשֶׁר חֹטֶא עֹשֶׂה רָע *מְאַת* ὃς ἥμαρτεν ἐποίησεν τὸ πονηρὸν *ἀπὸ τότε* = מאז

בְּ + כֵּן *1* *33%*

8:10 וּבְכֵן רָאִיתִי רְשָׁעִים קְבֻרִים וָבָאוּ καὶ *τότε* εἶδον ἀσεβεῖς τάφους εἰσαχθέντας

ἀπό + τότε *1*

מֵאָה *1* *33%*

8:12 אֲשֶׁר חֹטֶא עֹשֶׂה רָע *מְאַת* ὃς ἥμαρτεν ἐποίησεν τὸ πονηρὸν *ἀπὸ τότε* = מאז

τρέπω/ἀνα *Occurrences: 1*

רָחַק	*1*	*100%*
רָתַק	*1*	*100%*
[נָתַק]	*1*	

[נָתַק] *1*

עַד אֲשֶׁר לֹא־*יֵרָחֵק* **יֵרָתֵק* חֶבֶל הַכֶּסֶף[12:6] ἕως ὅτου μὴ *ἀνατραπῇ* σχοινίον τοῦ ἀργυρίου =r נתק

רָחַק *1* *100%*

12:6 עַד אֲשֶׁר לֹא־*יֵרָחֵק* **יֵרָתֵק חֶבֶל הַכֶּסֶף ἕως ὅτου μὴ *ἀνατραπῇ* σχοινίον τοῦ ἀργυρίου =r נתק

רָתַק *1* *100%*

12:6 עַד אֲשֶׁר לֹא־*יִרָחֵק **יֵרָתֵק* חֶבֶל הַכֶּסֶף ἕως ὅτου μὴ *ἀνατραπῇ* σχοινίον τοῦ ἀργυρίου =r נתק

τρίβω/συν *Occurrences: 1*

שָׁבַר *1* *100%*

12:6 וְתִשָּׁבֶר כַּד עַל־הַמַּבּוּעַ καὶ *συντριβῇ* ὑδρία ἐπὶ τὴν πηγήν

τροχάζω/συν *Occurrences: 1*

רָצַץ *1* *100%*

12:6 וְנָרֹץ הַגַּלְגַּל אֶל־הַבּוֹר καὶ *συντροχάσῃ* ὁ τροχὸς ἐπὶ τὸν λάκκον

τροχός *Occurrences: 1*

גַּלְגַּל *1* *100%*

12:6 וְנָרֹץ הַגַּלְגַּל אֶל־הַבּוֹר καὶ συντροχάσῃ *ὁ τροχὸς* ἐπὶ τὸν λάκκον

Υ

ὑδρία *Occurrences: 1*

כַּד	*1*	*100%*
12:6	וְתִשָּׁבֶר כַּד עַל־הַמַּבּוּעַ	καὶ συντριβῇ *ὑδρία* ἐπὶ τὴν πηγήν

ὕδωρ *Occurrences: 2*

מַיִם	*2*	*100%*
2:6	עָשִׂיתִי לִי בְּרֵכוֹת מָיִם	ἐποίησά μοι κολυμβήθρας *ὑδάτων*
11:1	שַׁלַּח לַחְמְךָ עַל־פְּנֵי הַמָּיִם	ἀπόστειλον τὸν ἄρτον σου ἐπὶ πρόσωπον *τοῦ ὕδατος*

ὑετός *Occurrences: 2*

גֶּשֶׁם	*2*	*100%*
11:3	אִם־יִמָּלְאוּ הֶעָבִים גֶּשֶׁם	ἐὰν πληρωθῶσιν τὰ νέφη *ὑετοῦ*
12:2	וְשָׁבוּ הֶעָבִים אַחַר הַגָּשֶׁם	καὶ ἐπιστρέψωσιν τὰ νέφη ὀπίσω *τοῦ ὑετοῦ*

υἱός *Occurrences: 15*

בֵּן	*15*	*100%*
1:1	דִּבְרֵי קֹהֶלֶת בֶּן־דָּוִד	ῥήματα ἐκκλησιαστοῦ *υἱοῦ* Δαυιδ
1:13	לִבְנֵי הָאָדָם לַעֲנוֹת בּוֹ	*τοῖς υἱοῖς* τοῦ ἀνθρώπου τοῦ περισπᾶσθαι ἐν αὐτῷ
2:3	טוֹב לִבְנֵי הָאָדָם אֲשֶׁר יַעֲשׂוּ	τὸ ἀγαθὸν *τοῖς υἱοῖς* τοῦ ἀνθρώπου ὃ ποιήσουσιν
2:8	וְתַעֲנוּגֹת בְּנֵי הָאָדָם	καὶ ἐντρυφήματα *υἱῶν* τοῦ ἀνθρώπου
3:10	לִבְנֵי הָאָדָם לַעֲנוֹת בּוֹ	*τοῖς υἱοῖς* τοῦ ἀνθρώπου τοῦ περισπᾶσθαι ἐν αὐτῷ
3:18	עַל־דִּבְרַת בְּנֵי הָאָדָם	περὶ λαλιᾶς *υἱῶν* τοῦ ἀνθρώπου
3:19	כִּי מִקְרֶה בְנֵי־הָאָדָם	ὅτι συνάντημα *υἱῶν* τοῦ ἀνθρώπου
3:21	מִי יוֹדֵעַ רוּחַ בְּנֵי הָאָדָם	καὶ τίς οἶδεν πνεῦμα *υἱῶν* τοῦ ἀνθρώπου
4:8	גַּם בֵּן וָאָח אֵין־לוֹ	καί γε *υἱὸς* καὶ ἀδελφὸς οὐκ ἔστιν αὐτῷ
5:13	וְהוֹלִיד בֵּן וְאֵין בְּיָדוֹ	καὶ ἐγέννησεν *υἱόν* καὶ οὐκ ἔστιν ἐν χειρὶ αὐτοῦ
8:11	עַל־כֵּן מָלֵא לֵב בְּנֵי־הָאָדָם	διὰ τοῦτο ἐπληροφορήθη καρδία *υἱῶν* τοῦ ἀνθρώπου
9:3	וְגַם לֵב בְּנֵי־הָאָדָם מָלֵא־רָע	καί γε καρδία *υἱῶν* τοῦ ἀνθρώπου ἐπληρώθη πονηροῦ
9:12	כָּהֵם יוּקָשִׁים בְּנֵי הָאָדָם	ὡς αὐτὰ παγιδεύονται *οἱ υἱοὶ* τοῦ ἀνθρώπου
10:17	אַשְׁרֵיךְ אֶרֶץ שֶׁמַּלְכֵּךְ בֶּן־חוֹרִים	μακαρία σύ γῆ ἧς ὁ βασιλεύς σου *υἱὸς* ἐλευθέρων
12:12	וְיֹתֵר מֵהֵמָּה בְּנִי הִזָּהֵר	[καὶ περισσὸν ἐξ αὐτῶν] *υἱέ μου* φύλαξαι

ὑπέρ *Occurrences: 29*

מִן	*28*	*97%*
מָה	*1*	*3%*

מָה	*1*	*3%*		
7:24	רָחוֹק מַה־שֶּׁהָיָה וְעָמֹק עָמֹק מִי יִמְצָאֶנּוּ משהיה	μακρὰν *ὑπὲρ ὃ ἦν* καὶ βαθὺ βάθος τίς εὑρήσει αὐτό	=	
מִן	*28*	*97%*		
2:7	מִכֹּל שֶׁהָיוּ לְפָנַי	*ὑπὲρ πάντας* τοὺς γενομένους ἔμπροσθέν μου		
2:13	יֵשׁ יִתְרוֹן לַחָכְמָה מִן־הַסִּכְלוּת	ἔστιν περισσεία τῇ σοφίᾳ *ὑπὲρ* τὴν ἀφροσύνην		
2:13	כִּיתְרוֹן הָאוֹר מִן־הַחֹשֶׁךְ	ὡς περισσεία τοῦ φωτὸς *ὑπὲρ* τὸ σκότος		
4:2	שֶׁכְּבָר מֵתוּ מִן־הַחַיִּים	τοὺς ἤδη ἀποθανόντας *ὑπὲρ* τοὺς ζῶντας		
4:3	וְטוֹב מִשְּׁנֵיהֶם	καὶ ἀγαθὸς *ὑπὲρ τοὺς δύο τούτους*		
4:6	מִמְּלֹא חָפְנַיִם עָמָל	*ὑπὲρ πλήρωμα* δύο δρακῶν μόχθου		
4:9	טוֹבִים הַשְּׁנַיִם מִן־הָאֶחָד	ἀγαθοὶ οἱ δύο *ὑπὲρ* τὸν ἕνα		
4:13	מִמֶּלֶךְ זָקֵן וּכְסִיל	*ὑπὲρ βασιλέα* πρεσβύτερον καὶ ἄφρονα		
4:17	מִתֵּת הַכְּסִילִים זָבַח	*ὑπὲρ δόμα* τῶν ἀφρόνων θυσία σου	=	ממתת
6:3	אָמַרְתִּי טוֹב מִמֶּנּוּ הַנָּפֶל	εἶπα ἀγαθὸν *ὑπὲρ αὐτὸν* τὸ ἔκτρωμα		
6:5	נַחַת לָזֶה מִזֶּה	ἀνάπαυσις τούτῳ *ὑπὲρ τοῦτον*		
6:8	כִּי מַה־יּוֹתֵר לֶחָכָם מִן־הַכְּסִיל	ὅτι τίς περισσεία τῷ σοφῷ *ὑπὲρ* τὸν ἄφρονα		

6:9	טוֹב מַרְאֵה עֵינַיִם מֵהֲלָךְ־נָפֶשׁ	ἀγαθὸν ὅραμα ὀφθαλμῶν *ὑπὲρ πορευόμενον* ψυχῇ	=v
6:10	לָדִין עִם *שֶׁהתַּקִּיף **שֶׁתַּקִּיף *מִמֶּנּוּ*	τοῦ κριθῆναι μετὰ τοῦ ἰσχυροῦ *ὑπὲρ αὐτόν*	
7:1	טוֹב שֵׁם *מִשֶּׁמֶן* טוֹב	ἀγαθὸν ὄνομα *ὑπὲρ ἔλαιον* ἀγαθόν	
7:1	וְיוֹם הַמָּוֶת *מִיּוֹם* הִוָּלְדוֹ	καὶ ἡμέρα τοῦ θανάτου *ὑπὲρ ἡμέραν* γενέσεως αὐτοῦ	
7:3	טוֹב כַּעַס *מִשְּׂחֹק*	ἀγαθὸν θυμὸς *ὑπὲρ γέλωτα*	
7:5	*מֵאִישׁ* שֹׁמֵעַ שִׁיר כְּסִילִים	*ὑπὲρ ἄνδρα* ἀκούοντα ᾆσμα ἀφρόνων	
7:8	טוֹב אַחֲרִית דָּבָר *מֵרֵאשִׁיתוֹ*	ἀγαθὴ ἐσχάτη λόγων *ὑπὲρ ἀρχὴν αὐτοῦ*	
7:8	טוֹב אֶרֶךְ־רוּחַ *מִגְּבַהּ־רוּחַ*	ἀγαθὸν μακρόθυμος *ὑπὲρ* ὑψηλὸν πνεύματι	
7:10	שֶׁהַיָּמִים הָרִאשֹׁנִים הָיוּ טוֹבִים *מֵאֵלֶּה*	ὅτι αἱ ἡμέραι αἱ πρότεραι ἦσαν ἀγαθαὶ *ὑπὲρ ταύτας*	
7:19	*מֵעֲשָׂרָה* שַׁלִּיטִים אֲשֶׁר הָיוּ בָּעִיר	*ὑπὲρ δέκα* ἐξουσιάζοντας τοὺς ὄντας ἐν τῇ πόλει	
[7:24]	רָחוֹק *מַה־שֶּׁהָיָה* וְעָמֹק עָמֹק מִי יִמְצָאֶנּוּ משהיה	μακρὰν *ὑπὲρ ὃ ἦν* καὶ βαθὺ βάθος τίς εὑρήσει αὐτό	=
7:26	וּמוֹצֶא אֲנִי מַר *מִמָּוֶת*	καὶ εὑρίσκω ἐγὼ πικρότερον *ὑπὲρ θάνατον*	
9:4	הוּא טוֹב *מִן־הָאַרְיֵה* הַמֵּת	αὐτὸς ἀγαθὸς *ὑπὲρ* τὸν λέοντα τὸν νεκρόν	
9:16	וְאָמַרְתִּי אָנִי טוֹבָה חָכְמָה *מִגְּבוּרָה*	καὶ εἶπα ἐγὼ ἀγαθὴ σοφία *ὑπὲρ δύναμιν*	
9:17	*מִזַּעֲקַת* מוֹשֵׁל בַּכְּסִילִים	*ὑπὲρ κραυγὴν* ἐξουσιαζόντων ἐν ἀφροσύναις	
9:18	טוֹבָה חָכְמָה *מִכְּלֵי* קְרָב	ἀγαθὴ σοφία *ὑπὲρ σκεύη* πολέμου	
10:1	יָקָר מֵחָכְמָה *מִכָּבוֹד* סִכְלוּת מְעָט	τίμιον ὀλίγον σοφίας *ὑπὲρ δόξαν* ἀφροσύνης μεγάλης	

ὕπνος *Occurrences: 2*

שֵׁנָה	2	*100%*
5:11	מְתוּקָה *שְׁנַת* הָעֹבֵד	γλυκὺς *ὕπνος* τοῦ δούλου
8:16	*שֵׁנָה* בְּעֵינָיו אֵינֶנּוּ רֹאֶה	*ὕπνον* ἐν ὀφθαλμοῖς αὐτοῦ οὐκ ἔστιν βλέπων

ὑπνόω *Occurrences: 1*

יָשֵׁן	*1*	*100%*
5:11	אֵינֶנּוּ מַנִּיחַ לוֹ *לִישׁוֹן*	οὐκ ἔστιν ἀφίων αὐτὸν *τοῦ ὑπνῶσαι*

ὑπό *Occurrences: 33*

תַּחַת	*33*	*100%*
1:3	בְּכָל־עֲמָלוֹ שֶׁיַּעֲמֹל *תַּחַת* הַשָּׁמֶשׁ	ἐν παντὶ μόχθῳ αὐτοῦ ᾧ μοχθεῖ *ὑπὸ* τὸν ἥλιον
1:9	וְאֵין כָּל־חָדָשׁ *תַּחַת* הַשָּׁמֶשׁ	καὶ οὐκ ἔστιν πᾶν πρόσφατον *ὑπὸ* τὸν ἥλιον
1:13	עַל כָּל־אֲשֶׁר נַעֲשָׂה *תַּחַת* הַשָּׁמָיִם	περὶ πάντων τῶν γινομένων *ὑπὸ* τὸν οὐρανόν
1:14	הַמַּעֲשִׂים שֶׁנַּעֲשׂוּ *תַּחַת* הַשָּׁמֶשׁ	τὰ ποιήματα τὰ πεποιημένα *ὑπὸ* τὸν ἥλιον
2:3	*תַּחַת* הַשָּׁמַיִם מִסְפַּר יְמֵי חַיֵּיהֶם	*ὑπὸ* τὸν ἥλιον ἀριθμὸν ἡμερῶν ζωῆς αὐτῶν
2:11	וְאֵין יִתְרוֹן *תַּחַת* הַשָּׁמֶשׁ	καὶ οὐκ ἔστιν περισσεία *ὑπὸ* τὸν ἥλιον
2:17	הַמַּעֲשֶׂה שֶׁנַּעֲשָׂה *תַּחַת* הַשָּׁמֶשׁ	τὸ ποίημα τὸ πεποιημένον *ὑπὸ* τὸν ἥλιον
2:18	עֲמָלִי שֶׁאֲנִי עָמֵל *תַּחַת* הַשָּׁמֶשׁ	μόχθον μου ὃν ἐγὼ μοχθῶ *ὑπὸ* τὸν ἥλιον
2:19	שֶׁעָמַלְתִּי וְשֶׁחָכַמְתִּי *תַּחַת* הַשָּׁמֶשׁ	ᾧ ἐμόχθησα καὶ ᾧ ἐσοφισάμην *ὑπὸ* τὸν ἥλιον
2:20	עַל כָּל־הֶעָמָל שֶׁעָמַלְתִּי *תַּחַת* הַשָּׁמֶשׁ	ἐπὶ παντὶ τῷ μόχθῳ ᾧ ἐμόχθησα *ὑπὸ* τὸν ἥλιον
2:22	שֶׁהוּא עָמֵל *תַּחַת* הַשָּׁמֶשׁ	ᾧ αὐτὸς μοχθεῖ *ὑπὸ* τὸν ἥλιον
3:1	וְעֵת לְכָל־חֵפֶץ *תַּחַת* הַשָּׁמָיִם	καὶ καιρὸς τῷ παντὶ πράγματι *ὑπὸ* τὸν οὐρανόν
3:16	וְעוֹד רָאִיתִי *תַּחַת* הַשָּׁמֶשׁ	καὶ ἔτι εἶδον *ὑπὸ* τὸν ἥλιον
4:1	הָעֲשֻׁקִים אֲשֶׁר נַעֲשִׂים *תַּחַת* הַשָּׁמֶשׁ	τὰς συκοφαντίας τὰς γινομένας *ὑπὸ* τὸν ἥλιον
4:3	אֲשֶׁר נַעֲשָׂה *תַּחַת* הַשָּׁמֶשׁ	τὸ πεποιημένον *ὑπὸ* τὸν ἥλιον
4:7	וָאֶרְאֶה הֶבֶל *תַּחַת* הַשָּׁמֶשׁ	καὶ εἶδον ματαιότητα *ὑπὸ* τὸν ἥλιον
4:15	*תַּחַת* הַשָּׁמֶשׁ עִם הַיֶּלֶד הַשֵּׁנִי	*ὑπὸ* τὸν ἥλιον μετὰ τοῦ νεανίσκου τοῦ δευτέρου
5:12	יֵשׁ רָעָה חוֹלָה רָאִיתִי *תַּחַת* הַשָּׁמֶשׁ	ἔστιν ἀρρωστία ἣν εἶδον *ὑπὸ* τὸν ἥλιον
5:17	*תַּחַת*־הַשֶּׁמֶשׁ מִסְפַּר יְמֵי־חַיָּו	*ὑπὸ* τὸν ἥλιον ἀριθμὸν ἡμερῶν ζωῆς αὐτοῦ
6:1	יֵשׁ רָעָה אֲשֶׁר רָאִיתִי *תַּחַת* הַשָּׁמֶשׁ	ἔστιν πονηρία ἣν εἶδον *ὑπὸ* τὸν ἥλιον
6:12	מַה־יִּהְיֶה אַחֲרָיו *תַּחַת* הַשָּׁמֶשׁ	τί ἔσται ὀπίσω αὐτοῦ *ὑπὸ* τὸν ἥλιον
7:6	כִּי כְקוֹל הַסִּירִים *תַּחַת* הַסִּיר	ὅτι ὡς φωνὴ τῶν ἀκανθῶν *ὑπὸ* τὸν λέβητα
8:9	לְכָל־מַעֲשֶׂה אֲשֶׁר נַעֲשָׂה *תַּחַת* הַשָּׁמֶשׁ	εἰς πᾶν ποίημα ὃ πεποίηται *ὑπὸ* τὸν ἥλιον
8:15	אֲשֶׁר אֵין־טוֹב לָאָדָם *תַּחַת* הַשָּׁמֶשׁ	ὅτι οὐκ ἔστιν ἀγαθὸν τῷ ἀνθρώπῳ *ὑπὸ* τὸν ἥλιον
8:15	אֲשֶׁר־נָתַן־לוֹ הָאֱלֹהִים *תַּחַת* הַשָּׁמֶשׁ	ὅσας ἔδωκεν αὐτῷ ὁ θεὸς *ὑπὸ* τὸν ἥλιον
8:17	אֶת־הַמַּעֲשֶׂה אֲשֶׁר נַעֲשָׂה *תַּחַת־הַשֶּׁמֶשׁ*	σὺν τὸ ποίημα τὸ πεποιημένον *ὑπὸ* τὸν ἥλιον

9:3	זֶה רָע בְּכֹל אֲשֶׁר־נַעֲשָׂה *תַּחַת* הַשֶּׁמֶשׁ	τοῦτο πονηρὸν ἐν παντὶ πεποιημένῳ *ὑπὸ* τὸν ἥλιον
9:6	בְּכֹל אֲשֶׁר־נַעֲשָׂה *תַּחַת* הַשָּׁמֶשׁ	ἐν παντὶ τῷ πεποιημένῳ *ὑπὸ* τὸν ἥλιον
9:9	אֲשֶׁר נָתַן־לְךָ *תַּחַת* הַשֶּׁמֶשׁ	τὰς δοθείσας σοι *ὑπὸ* τὸν ἥλιον
9:9	וּבַעֲמָלְךָ אֲשֶׁר־אַתָּה עָמֵל *תַּחַת* הַשָּׁמֶשׁ	καὶ ἐν τῷ μόχθῳ σου ᾧ σὺ μοχθεῖς *ὑπὸ* τὸν ἥλιον
9:11	שַׁבְתִּי וְרָאֹה *תַחַת*־הַשֶּׁמֶשׁ	ἐπέστρεψα καὶ εἶδον *ὑπὸ* τὸν ἥλιον
9:13	גַּם־זֹה רָאִיתִי חָכְמָה *תַּחַת* הַשָּׁמֶשׁ	καί γε τοῦτο εἶδον σοφίαν *ὑπὸ* τὸν ἥλιον
10:5	יֵשׁ רָעָה רָאִיתִי *תַּחַת* הַשָּׁמֶשׁ כִּשְׁגָגָה	ἔστιν πονηρία ἣν εἶδον *ὑπὸ* τὸν ἥλιον ὡς ἀκούσιον

ὑστερέω *Occurrences: 3*

חָסֵר	*2*	*67%*
חָסַר	*1*	*33%*

חָסַר	*1*	*33%*
9:8	וְשֶׁמֶן עַל־רֹאשְׁךָ אַל־*יֶחְסָר*	καὶ ἔλαιον ἐπὶ κεφαλήν σου μὴ *ὑστερησάτω*
חָסֵר	*2*	*67%*
6:2	וְאֵינֶנּוּ *חָסֵר* לְנַפְשׁוֹ	καὶ οὐκ ἔστιν *ὑστερῶν* τῇ ψυχῇ αὐτοῦ
10:3	לִבּוֹ *חָסֵר*	καρδία αὐτοῦ *ὑστερήσει*

ὑστέρημα *Occurrences: 1*

חֶסְרוֹן	*1*	*100%*
1:15	*וְחֶסְרוֹן* לֹא־יוּכַל לְהִמָּנוֹת	καὶ *ὑστέρημα* οὐ δυνήσεται τοῦ ἀριθμηθῆναι

ὑψηλός *Occurrences: 4*

גָּבֹהַּ	*4*	*100%*
5:7	כִּי *גָבֹהַּ* מֵעַל גָּבֹהַּ שֹׁמֵר	ὅτι *ὑψηλὸς* ἐπάνω ὑψηλοῦ φυλάξαι
5:7	כִּי גָבֹהַּ מֵעַל *גָּבֹהַּ* שֹׁמֵר	ὅτι ὑψηλὸς ἐπάνω *ὑψηλοῦ* φυλάξαι
5:7	*וּגְבֹהִים* עֲלֵיהֶם	καὶ *ὑψηλοὶ* ἐπ' αὐτούς
7:8	טוֹב אֶרֶךְ־רוּחַ *מִגְּבַהּ*־רוּחַ	ἀγαθὸν μακρόθυμος *ὑπὲρ ὑψηλὸν* πνεύματι

ὕψος *Occurrences: 2*

גָּבֹהַּ	*1*	*50%*
מָרוֹם	*1*	*50%*

גָּבֹהַּ	*1*	*50%*
12:5	גַּם *מִגָּבֹהַּ* יִרָאוּ וְחַתְחַתִּים בַּדֶּרֶךְ	καί γε *ἀπὸ ὕψους* ὄψονται καὶ θάμβοι ἐν τῇ ὁδῷ
מָרוֹם	*1*	*50%*
10:6	נִתַּן הַסֶּכֶל *בַּמְּרוֹמִים* רַבִּים	ἐδόθη ὁ ἄφρων *ἐν ὕψεσι* μεγάλοις

Φ

φείδομαι *Occurrences: 1*

חוש	*1*	*100%*
[חוש]	*1*	

[חוש] *1*
[2:25] כִּי מִי יֹאכַל וּמִי יָחוּשׁ חוּץ מִמֶּנִּי ὅτι τίς φάγεται καὶ τίς *φείσεται* πάρεξ αὐτοῦ =@=vs חוש

חוש *1* *100%*
2:25 כִּי מִי יֹאכַל וּמִי יָחוּשׁ חוּץ מִמֶּנִּי ὅτι τίς φάγεται καὶ τίς *φείσεται* πάρεξ αὐτοῦ =@=vs חוש

φέρω/ἀπο *Occurrences: 1*

הָלַךְ *1* *100%*
10:20 כִּי עוֹף הַשָּׁמַיִם יוֹלִיךְ אֶת־הַקּוֹל ὅτι πετεινὸν τοῦ οὐρανοῦ *ἀποίσει* σὺν τὴν φωνήν

φέρω/ἐκ *Occurrences: 1*

יָצָא *1* *100%*
5:1 לְהוֹצִיא דָבָר לִפְנֵי הָאֱלֹהִים τοῦ *ἐξενέγκαι* λόγον πρὸ προσώπου τοῦ θεοῦ

φέρω/περι *Occurrences: 1*

הָלַל *1* *100%*
7:7 כִּי הָעֹשֶׁק יְהוֹלֵל חָכָם ὅτι ἡ συκοφαντία *περιφέρει* σοφὸν

φθάνω *Occurrences: 3*

נָגַע *3* *100%*
8:14 אֲשֶׁר מַגִּיעַ אֲלֵהֶם כְּמַעֲשֵׂה הָרְשָׁעִים ὅτι *φθάνει* πρὸς αὐτοὺς ὡς ποίημα τῶν ἀσεβῶν
8:14 וְיֵשׁ רְשָׁעִים שֶׁמַּגִּיעַ אֲלֵהֶם καὶ εἰσὶν ἀσεβεῖς ὅτι *φθάνει* πρὸς αὐτοὺς
12:1 וְהִגִּיעוּ שָׁנִים אֲשֶׁר תֹּאמַר καὶ *φθάσωσιν* ἔτη ἐν οἷς ἐρεῖς

φθείρω/δια *Occurrences: 1*

חָבַל *1* *100%*
5:5 וְחִבֵּל אֶת־מַעֲשֵׂה יָדֶיךָ καὶ *διαφθείρῃ* τὰ ποιήματα χειρῶν σου

φιλέω *Occurrences: 1*

אָהַב *1* *100%*
3:8 עֵת לֶאֱהֹב וְעֵת לִשְׂנֹא καιρὸς τοῦ *φιλῆσαι* καὶ καιρὸς τοῦ μισῆσαι

φοβέω *Occurrences: 8*

יָרֵא *8* *100%*
3:14 וְהָאֱלֹהִים עָשָׂה שֶׁיִּרְאוּ καὶ ὁ θεὸς ἐποίησεν *ἵνα φοβηθῶσιν*
5:6 כִּי אֶת־הָאֱלֹהִים יְרָא ὅτι σὺν τὸν θεὸν *φοβοῦ*
7:18 כִּי־יְרֵא אֱלֹהִים יֵצֵא אֶת־כֻּלָּם ὅτι *φοβούμενος* τὸν θεὸν ἐξελεύσεται τὰ πάντα
8:12 אֲשֶׁר יִהְיֶה־טּוֹב לְיִרְאֵי הָאֱלֹהִים ὅτι ἔσται ἀγαθὸν *τοῖς φοβουμένοις* τὸν θεόν
8:12 אֲשֶׁר יִירְאוּ מִלְּפָנָיו ὅπως *φοβῶνται* ἀπὸ προσώπου αὐτοῦ
8:13 אֲשֶׁר אֵינֶנּוּ יָרֵא מִלִּפְנֵי אֱלֹהִים ὃς οὐκ ἔστιν *φοβούμενος* ἀπὸ προσώπου τοῦ θεοῦ
9:2 הַנִּשְׁבָּע כַּאֲשֶׁר שְׁבוּעָה יָרֵא ὡς ὁ ὀμνύων καθὼς ὁ τὸν ὅρκον *φοβούμενος*
12:13 אֶת־הָאֱלֹהִים יְרָא וְאֶת־מִצְוֹתָיו שְׁמוֹר τὸν θεὸν *φοβοῦ* καὶ τὰς ἐντολὰς αὐτοῦ φύλασσε

φραγμός *Occurrences: 1*

גָּדֵר *1* *100%*
10:8 וּפֹרֵץ גָּדֵר יִשְּׁכֶנּוּ נָחָשׁ καὶ καθαιροῦντα *φραγμόν* δήξεται αὐτὸν ὄφις

φύλαξ *Occurrences: 1*

שָׁמַר		*1*	*100%*
12:3	בַּיּוֹם שֶׁיָּזֻעוּ שֹׁמְרֵי הַבַּיִת		ἐν ἡμέρᾳ ᾗ ἐὰν σαλευθῶσιν *φύλακες* τῆς οἰκίας

φυλάσσω *Occurrences: 8*

שָׁמַר	*7*	*88%*
זָהַר	*1*	*12%*

זָהַר		*1*	*12%*
12:12	וְיֹתֵר מֵהֵמָּה בְּנִי הִזָּהֵר		[καὶ περισσὸν ἐξ αὐτῶν] υἱέ μου *φύλαξαι*
שָׁמַר		*7*	*88%*
3:6	עֵת לִשְׁמוֹר וְעֵת לְהַשְׁלִיךְ		καιρὸς τοῦ *φυλάξαι* καὶ καιρὸς τοῦ ἐκβαλεῖν
4:17	שְׁמֹר *רַגְלֶיךָ **רַגְלְךָ כַּאֲשֶׁר תֵּלֵךְ אֶל־בֵּית		*φύλαξον* πόδα σου ἐν ᾧ ἐὰν πορεύῃ εἰς οἶκον
5:7	כִּי גָבֹהַּ מֵעַל גָּבֹהַּ שֹׁמֵר		ὅτι ὑψηλὸς ἐπάνω ὑψηλοῦ *φυλάξαι*
5:12	עֹשֶׁר שָׁמוּר לִבְעָלָיו		πλοῦτον *φυλασσόμενον* τῷ παρ' αὐτοῦ
8:2	אֲנִי פִּי־מֶלֶךְ שְׁמוֹר		στόμα βασιλέως *φύλαξον*
8:5	שׁוֹמֵר מִצְוָה לֹא יֵדַע דָּבָר רָע		ὁ *φυλάσσων* ἐντολὴν οὐ γνώσεται ῥῆμα πονηρόν
12:13	אֶת־הָאֱלֹהִים יְרָא וְאֶת־מִצְוֹתָיו שְׁמוֹר		τὸν θεὸν φοβοῦ καὶ τὰς ἐντολὰς αὐτοῦ *φύλασσε*

φυτεύω *Occurrences: 5*

נָטַע		*5*	*100%*
2:4	נָטַעְתִּי לִי כְּרָמִים		*ἐφύτευσά* μοι ἀμπελῶνας
2:5	וְנָטַעְתִּי בָהֶם עֵץ כָּל־פֶּרִי		καὶ *ἐφύτευσα* ἐν αὐτοῖς ξύλον πᾶν καρποῦ
3:2	עֵת לָטַעַת וְעֵת לַעֲקוֹר		καιρὸς τοῦ *φυτεῦσαι* καὶ καιρὸς τοῦ ἐκτῖλαι
3:2	וְעֵת לַעֲקוֹר נָטוּעַ		καὶ καιρὸς τοῦ ἐκτῖλαι *πεφυτευμένον*
12:11	וּכְמַשְׂמְרוֹת נְטוּעִים		καὶ ὡς ἧλοι *πεφυτευμένοι*

φωνή *Occurrences: 6*

קוֹל		*6*	*100%*
5:2	וְקוֹל כְּסִיל בְּרֹב דְּבָרִים		καὶ *φωνὴ* ἄφρονος ἐν πλήθει λόγων
5:5	לָמָּה יִקְצֹף הָאֱלֹהִים עַל־קוֹלֶךָ		ἵνα μὴ ὀργισθῇ ὁ θεὸς ἐπὶ *φωνῇ* σου
7:6	כִּי כְקוֹל הַסִּירִים תַּחַת הַסִּיר		ὅτι *ὡς φωνὴ* τῶν ἀκανθῶν ὑπὸ τὸν λέβητα
10:20	כִּי עוֹף הַשָּׁמַיִם יוֹלִיךְ אֶת־הַקּוֹל		ὅτι πετεινὸν τοῦ οὐρανοῦ ἀποίσει σὺν *τὴν φωνήν*
12:4	בִּשְׁפַל קוֹל הַטַּחֲנָה		ἐν ἀσθενείᾳ *φωνῆς* τῆς ἀληθούσης
12:4	וְיָקוּם לְקוֹל הַצִּפּוֹר		καὶ ἀναστήσεται *εἰς φωνὴν* τοῦ στρουθίου

φῶς *Occurrences: 3*

אוֹר		*3*	*100%*
2:13	כִּיתְרוֹן הָאוֹר מִן־הַחֹשֶׁךְ		ὡς περισσεία τοῦ *φωτὸς* ὑπὲρ τὸ σκότος
11:7	וּמָתוֹק הָאוֹר וְטוֹב לַעֵינַיִם		καὶ γλυκὺ *τὸ φῶς* καὶ ἀγαθὸν τοῖς ὀφθαλμοῖς
12:2	וְהָאוֹר וְהַיָּרֵחַ וְהַכּוֹכָבִים		*καὶ τὸ φῶς* καὶ ἡ σελήνη καὶ οἱ ἀστέρες

φωτίζω *Occurrences: 1*

אוֹר		*1*	*100%*
8:1	חָכְמַת אָדָם תָּאִיר פָּנָיו		σοφία ἀνθρώπου *φωτιεῖ* πρόσωπον αὐτοῦ

X

χάραξ *Occurrences: 1*

מָצוֹד	*1*	*100%*
[מָצוֹר]	*1*	

מָצוֹד	*1*	*100%*		
9:14	וּבָנָה עָלֶיהָ *מְצוֹדִים* גְּדֹלִים	καὶ οἰκοδομήσῃ ἐπ᾽ αὐτὴν *χάρακας* μεγάλους	=.dr	מצורים
[מָצוֹר]	*1*			
[9:14]	וּבָנָה עָלֶיהָ *מְצוֹדִים* גְּדֹלִים	καὶ οἰκοδομήσῃ ἐπ᾽ αὐτὴν *χάρακας* μεγάλους	=.dr	מצורים

χάρις *Occurrences: 2*

חֵן	*2*	*100%*
9:11	וְגַם לֹא לַיֹּדְעִים *חֵן*	καί γε οὐ τοῖς γινώσκουσιν *χάρις*
10:12	דִּבְרֵי פִי־חָכָם *חֵן*	λόγοι στόματος σοφοῦ *χάρις*

χεῖλος *Occurrences: 1*

שָׂפָה	*1*	*100%*
10:12	*וְשִׂפְתוֹת* כְּסִיל תְּבַלְּעֶנּוּ	*καὶ χείλη* ἄφρονος καταποντιοῦσιν αὐτόν

χειμάρρους *Occurrences: 2*

נַחַל	*2*	*100%*
1:7	כָּל־*הַנְּחָלִים* הֹלְכִים אֶל־הַיָּם	πάντες *οἱ χείμαρροι* πορεύονται εἰς τὴν θάλασσαν
1:7	אֶל־מְקוֹם *שֶׁהַנְּחָלִים* הֹלְכִים	εἰς τόπον *οὗ οἱ χείμαρροι* πορεύονται

χείρ *Occurrences: 13*

יָד	*13*	*100%*
2:11	מַעֲשַׂי שֶׁעָשׂוּ *יָדַי*	ποιήμασίν μου οἷς ἐποίησαν *αἱ χεῖρές μου*
2:24	כִּי *מִיַּד* הָאֱלֹהִים הִיא	ὅτι *ἀπὸ χειρὸς* τοῦ θεοῦ ἐστιν
4:1	*וּמִיַּד* עֹשְׁקֵיהֶם כֹּחַ	*καὶ ἀπὸ χειρὸς* συκοφαντούντων αὐτοὺς ἰσχύς
4:5	הַכְּסִיל חֹבֵק אֶת־*יָדָיו*	ὁ ἄφρων περιέλαβεν *τὰς χεῖρας αὐτοῦ*
5:5	וְחִבֵּל אֶת־מַעֲשֵׂה *יָדֶיךָ*	καὶ διαφθείρῃ τὰ ποιήματα *χειρῶν σου*
5:13	וְהוֹלִיד בֵּן וְאֵין *בְּיָדוֹ*	καὶ ἐγέννησεν υἱόν καὶ οὐκ ἔστιν *ἐν χειρὶ αὐτοῦ*
5:14	שֶׁיֹּלֵךְ *בְּיָדוֹ*	ἵνα πορευθῇ *ἐν χειρὶ αὐτοῦ*
7:18	וְגַם־מִזֶּה אַל־תַּנַּח אֶת־*יָדֶךָ*	καί γε ἀπὸ τούτου μὴ ἀνῇς *τὴν χεῖρά σου*
7:26	וַחֲרָמִים לִבָּהּ אֲסוּרִים *יָדֶיהָ*	καὶ σαγῆναι καρδία αὐτῆς δεσμοὶ *χεῖρες αὐτῆς*
9:1	וַעֲבָדֵיהֶם *בְּיַד* הָאֱלֹהִים	καὶ ἐργασίαι αὐτῶν *ἐν χειρὶ* τοῦ θεοῦ
9:10	כֹּל אֲשֶׁר תִּמְצָא *יָדְךָ* לַעֲשׂוֹת	πάντα ὅσα ἂν εὕρῃ *ἡ χείρ σου* τοῦ ποιῆσαι
10:18	וּבְשִׁפְלוּת *יָדַיִם* יִדְלֹף הַבָּיִת	καὶ ἐν ἀργίᾳ *χειρῶν* στάξει ἡ οἰκία
11:6	וְלָעֶרֶב אַל־תַּנַּח *יָדֶךָ*	καὶ εἰς ἑσπέραν μὴ ἀφέτω *ἡ χείρ σου*

χέω/ἐκ *Occurrences: 1*

ריק	*1*	*100%*
11:3	עַל־הָאָרֶץ *יָרִיקוּ*	ἐπὶ τὴν γῆν *ἐκχέουσιν*

χίλιοι *Occurrences: 2*

אֶלֶף	*2*	*100%*
6:6	וְאִלּוּ חָיָה *אֶלֶף* שָׁנִים פַּעֲמַיִם	καὶ εἰ ἔζησεν *χιλίων* ἐτῶν καθόδους
7:28	אָדָם אֶחָד *מֵאֶלֶף* מָצָאתִי	ἄνθρωπον ἕνα *ἀπὸ χιλίων* εὗρον

χόλος *Occurrences: 1*

קֶצֶף	*1*	*100%*
5:16	וְכָעַס הַרְבֵּה וְחָלְיוֹ *וָקָצֶף*	καὶ θυμῷ πολλῷ καὶ ἀρρωστίᾳ *καὶ χόλῳ*

χοῦς   Occurrences: 3

עָפָר   3   100%
3:20   הַכֹּל הָיָה מִן־הֶעָפָר   τὰ πάντα ἐγένετο ἀπὸ τοῦ χοός
3:20   וְהַכֹּל שָׁב אֶל־הֶעָפָר   καὶ τὰ πάντα ἐπιστρέφει εἰς τὸν χοῦν
12:7   וְיָשֹׁב הֶעָפָר עַל־הָאָרֶץ כְּשֶׁהָיָה   καὶ ἐπιστρέψῃ ὁ χοῦς ἐπὶ τὴν γῆν ὡς ἦν

χρονίζω   Occurrences: 1

אָחַר   1   100%
5:3   אַל־תְּאַחֵר לְשַׁלְּמוֹ   μὴ χρονίσῃς τοῦ ἀποδοῦναι αὐτήν

χρόνος   Occurrences: 1

זְמָן   1   100%
3:1   לַכֹּל זְמָן וְעֵת לְכָל־חֵפֶץ   τοῖς πᾶσιν χρόνος καὶ καιρὸς τῷ παντὶ πράγματι

χρυσίον   Occurrences: 2

זָהָב   2   100%
2:8   כָּנַסְתִּי לִי גַּם־כֶּסֶף וְזָהָב   συνήγαγόν μοι καί γε ἀργύριον καὶ χρυσίον
12:6   וְתָרֻץ גֻּלַּת הַזָּהָב   καὶ συνθλιβῇ ἀνθέμιον τοῦ χρυσίου

χώρα   Occurrences: 2

מְדִינָה   2   100%
2:8   וּסְגֻלַּת מְלָכִים וְהַמְּדִינוֹת   καὶ περιουσιασμοὺς βασιλέων καὶ τῶν χωρῶν
5:7   וְגֵזֶל מִשְׁפָּט וָצֶדֶק תִּרְאֶה בַמְּדִינָה καὶ ἁρπαγὴν κρίματος καὶ δικαιοσύνης ἴδῃς ἐν χώρᾳ

Ψ

ψῆφος   Occurrences: 1

חֶשְׁבּוֹן   1   100%
7:25   לָתוּר וּבַקֵּשׁ חָכְמָה וְחֶשְׁבּוֹן   τοῦ κατασκέψασθαι καὶ ζητῆσαι σοφίαν καὶ ψῆφον

ψιθυρισμός   Occurrences: 1

לַחַשׁ   1   100%
10:11   אִם־יִשֹּׁךְ הַנָּחָשׁ בְּלוֹא־לָחַשׁ   ἐὰν δάκῃ ὁ ὄφις ἐν οὐ ψιθυρισμῷ

ψυχή   Occurrences: 7

נֶפֶשׁ   7   100%
2:24   שֶׁיֹּאכַל וְשָׁתָה וְהֶרְאָה אֶת־נַפְשׁוֹ   ὃ φάγεται καὶ ὃ πίεται καὶ ὃ δείξει τῇ ψυχῇ αὐτοῦ
4:8   וּלְמִי אֲנִי עָמֵל וּמְחַסֵּר אֶת־נַפְשִׁי   καὶ τίνι ἐγὼ μοχθῶ καὶ στερίσκω τὴν ψυχήν μου
6:2   וְאֵינֶנּוּ חָסֵר לְנַפְשׁוֹ   καὶ οὐκ ἔστιν ὑστερῶν τῇ ψυχῇ αὐτοῦ
6:3   וְנַפְשׁוֹ לֹא־תִשְׂבַּע   καὶ ψυχὴ αὐτοῦ οὐκ ἐμπλησθήσεται
6:7   וְגַם־הַנֶּפֶשׁ לֹא תִמָּלֵא   καί γε ἡ ψυχὴ οὐ πληρωθήσεται
6:9   טוֹב מַרְאֵה עֵינַיִם מֵהֲלָךְ־נָפֶשׁ   ἀγαθὸν ὅραμα ὀφθαλμῶν ὑπὲρ πορευόμενον ψυχῇ
7:28   אֲשֶׁר עוֹד־בִּקְשָׁה נַפְשִׁי וְלֹא מָצָאתִי   ὃν ἔτι ἐζήτησεν ἡ ψυχή μου καὶ οὐχ εὗρον

Ω

ὡς *Occurrences: 22*

כְּ	*16*	*76%*
בְּ	*2*	*10%*
כְּ + שֶׁ	*2*	*10%*
אֲשֶׁר	*1*	*5%*
- - -	*1*	

- - - *1*

9:2 הַנִּשְׁבָּע כַּאֲשֶׁר שְׁבוּעָה יָרֵא — *ὡς* ὁ *ὀμνύων* καθὼς ὁ τὸν ὅρκον φοβούμενος =%p

אֲשֶׁר *1* *5%*

9:1 אֲשֶׁר הַצַּדִּיקִים וְהַחֲכָמִים וַעֲבָדֵיהֶם — *ὡς* οἱ δίκαιοι καὶ οἱ σοφοὶ καὶ ἐργασίαι αὐτῶν

בְּ *2* *10%*

7:12 כִּי בְּצֵל הַחָכְמָה בְּצֵל הַכָּסֶף — ὅτι ἐν σκιᾷ αὐτῆς ἡ σοφία *ὡς σκιὰ* τοῦ ἀργυρίου =%p

9:10 *בְּכֹחֲךָ* עֲשֵׂה — *ὡς ἡ δύναμίς σου* ποίησον =%p

כְּ *16* *76%*

2:13 *כִּיתְרוֹן* הָאוֹר מִן־הַחֹשֶׁךְ — *ὡς περισσεία* τοῦ φωτὸς ὑπὲρ τὸ σκότος

2:15 *כְּמִקְרֵה* הַכְּסִיל — *ὡς συνάντημα* τοῦ ἄφρονος

3:19 *כְּמוֹת* זֶה כֵּן מוֹת זֶה — *ὡς ὁ θάνατος* τούτου οὕτως ὁ θάνατος τούτου

7:6 כִּי *כְקוֹל* הַסִּירִים תַּחַת הַסִּיר — ὅτι *ὡς φωνὴ* τῶν ἀκανθῶν ὑπὸ τὸν λέβητα

8:14 אֲשֶׁר מַגִּיעַ אֲלֵהֶם *כְּמַעֲשֵׂה* הָרְשָׁעִים — ὅτι φθάνει πρὸς αὐτοὺς *ὡς ποίημα* τῶν ἀσεβῶν

8:14 שֶׁמַּגִּיעַ אֲלֵהֶם *כְּמַעֲשֵׂה* הַצַּדִּיקִים — ὅτι φθάνει πρὸς αὐτοὺς *ὡς ποίημα* τῶν δικαίων

9:2 *כַּטּוֹב* כַּחֹטֶא — *ὡς ὁ ἀγαθός* ὡς ὁ ἁμαρτάνων

9:2 כַּטּוֹב *כַּחֹטֶא* — ὡς ὁ ἀγαθός *ὡς ὁ ἁμαρτάνων*

9:12 *כַּדָּגִים* שֶׁנֶּאֱחָזִים בִּמְצוֹדָה רָעָה — *ὡς οἱ ἰχθύες* οἱ θηρευόμενοι ἐν ἀμφιβλήστρῳ κακῷ

9:12 *וְכַצִּפֳּרִים* הָאֲחֻזוֹת בַּפָּח — *καὶ ὡς ὄρνεα* τὰ θηρευόμενα ἐν παγίδι

9:12 *כָּהֵם* יוּקָשִׁים בְּנֵי הָאָדָם — *ὡς αὐτὰ* παγιδεύονται οἱ υἱοὶ τοῦ ἀνθρώπου

10:5 יֵשׁ רָעָה רָאִיתִי תַּחַת הַשָּׁמֶשׁ *כִּשְׁגָגָה* — ἔστιν πονηρία ἣν εἶδον ὑπὸ τὸν ἥλιον *ὡς ἀκούσιον*

10:7 וְשָׂרִים הֹלְכִים *כַּעֲבָדִים* עַל־הָאָרֶץ — καὶ ἄρχοντας πορευομένους *ὡς δούλους* ἐπὶ τῆς γῆς

11:5 *כַּעֲצָמִים* בְּבֶטֶן הַמְּלֵאָה — *ὡς ὀστᾶ* ἐν γαστρὶ τῆς κυοφορούσης

12:11 דִּבְרֵי חֲכָמִים *כַּדָּרְבֹנוֹת* — λόγοι σοφῶν *ὡς τὰ βούκεντρα*

12:11 *וּכְמַשְׂמְרוֹת* נְטוּעִים — *καὶ ὡς ἧλοι* πεφυτευμένοι

כְּ + שֶׁ *2* *10%*

5:14 יָשׁוּב לָלֶכֶת *כְּשֶׁבָּא* — ἐπιστρέψει τοῦ πορευθῆναι *ὡς ἥκει*

12:7 וְיָשֹׁב הֶעָפָר עַל־הָאָרֶץ *כְּשֶׁהָיָה* — καὶ ἐπιστρέψῃ ὁ χοῦς ἐπὶ τὴν γῆν *ὡς ἦν*

ὥσπερ *Occurrences: 1*

עֻמָּה + שֶׁ	*1*	*100%*
[לְ + עֻמָּה + שֶׁ]	*1*	

[לְ + עֻמָּה + שֶׁ] *1*

5:15 *כָּל־עֻמַּת* שֶׁבָּא כֵּן יֵלֵךְ כי לעמת — *ὥσπερ γὰρ* παρεγένετο οὕτως καὶ ἀπελεύσεται =?

עֻמָּה + שֶׁ *1* *100%*

5:15 *כָּל־עֻמַּת* שֶׁבָּא כֵּן יֵלֵךְ כי לעמת — *ὥσπερ γὰρ* παρεγένετο οὕτως καὶ ἀπελεύσεται =?

Hebrew-Greek Concordance

א

אָבַד — *Occurrences: 6*

ὄλλυμι/ἀπο	6	*100%*
3:6	עֵת לְבַקֵּשׁ וְעֵת לְאַבֵּד	καιρὸς τοῦ ζητῆσαι καὶ καιρὸς *τοῦ ἀπολέσαι*
5:13	וְאָבַד הָעֹשֶׁר הַהוּא בְּעִנְיַן	*καὶ ἀπολεῖται* ὁ πλοῦτος ἐκεῖνος ἐν περισπασμῷ
7:7	וִיאַבֵּד אֶת־לֵב מַתָּנָה	*καὶ ἀπόλλυσι* τὴν καρδίαν εὐτονίας αὐτοῦ
7:15	יֵשׁ צַדִּיק אֹבֵד בְּצִדְקוֹ	ἔστιν δίκαιος *ἀπολλύμενος* ἐν δικαίῳ αὐτοῦ
9:6	גַּם־קִנְאָתָם כְּבָר אָבָדָה	καί γε ζῆλος αὐτῶν ἤδη *ἀπώλετο*
9:18	וְחוֹטֶא אֶחָד יְאַבֵּד טוֹבָה הַרְבֵּה	καὶ ἁμαρτάνων εἷς *ἀπολέσει* ἀγαθωσύνην πολλήν

אֲבִיּוֹנָה — *Occurrences: 1*

κάππαρις	1	*100%*
12:5	וְתָפֵר הָאֲבִיּוֹנָה	καὶ διασκεδασθῇ *ἡ κάππαρις*

אֵבֶל — *Occurrences: 2*

πένθος	2	*100%*	
[5:16]	גַּם כָּל־יָמָיו בַּחֹשֶׁךְ יֹאכֵל	καί γε πᾶσαι αἱ ἡμέραι αὐτοῦ ἐν σκότει *καὶ πένθει*	=.kb.yw ואבל
7:2	טוֹב לָלֶכֶת אֶל־בֵּית־אֵבֶל	ἀγαθὸν πορευθῆναι εἰς οἶκον *πένθους*	
7:4	לֵב חֲכָמִים בְּבֵית אֵבֶל	καρδία σοφῶν ἐν οἴκῳ *πένθους*	

אֶבֶן — *Occurrences: 3*

λίθος	3	*100%*
3:5	עֵת לְהַשְׁלִיךְ אֲבָנִים	καιρὸς τοῦ βαλεῖν *λίθους*
3:5	וְעֵת כְּנוֹס אֲבָנִים	καὶ καιρὸς τοῦ συναγαγεῖν *λίθους*
10:9	מַסִּיעַ אֲבָנִים יֵעָצֵב בָּהֶם	ἐξαίρων *λίθους* διαπονηθήσεται ἐν αὐτοῖς

אָדָם — *Occurrences: 49*

ἄνθρωπος	49	*100%*
1:3	מַה־יִּתְרוֹן לָאָדָם בְּכָל־עֲמָלוֹ	τίς περισσεία *τῷ ἀνθρώπῳ* ἐν παντὶ μόχθῳ αὐτοῦ
1:13	לִבְנֵי הָאָדָם לַעֲנוֹת בּוֹ	τοῖς υἱοῖς *τοῦ ἀνθρώπου* τοῦ περισπᾶσθαι ἐν αὐτῷ
2:3	טוֹב לִבְנֵי הָאָדָם אֲשֶׁר יַעֲשׂוּ	τὸ ἀγαθὸν τοῖς υἱοῖς *τοῦ ἀνθρώπου* ὃ ποιήσουσιν
2:8	וְתַעֲנוּגֹת בְּנֵי הָאָדָם	καὶ ἐντρυφήματα υἱῶν *τοῦ ἀνθρώπου*
2:12	כִּי מֶה הָאָדָם שֶׁיָּבוֹא	ὅτι τίς *ὁ ἄνθρωπος* ὃς ἐπελεύσεται
2:18	שֶׁאַנִּיחֶנּוּ לָאָדָם שֶׁיִּהְיֶה אַחֲרָי	ὅτι ἀφίω αὐτὸν *τῷ ἀνθρώπῳ* τῷ γινομένῳ μετ' ἐμέ
2:21	כִּי־יֵשׁ אָדָם שֶׁעֲמָלוֹ בְּחָכְמָה	ὅτι ἔστιν *ἄνθρωπος* οὗ μόχθος αὐτοῦ ἐν σοφίᾳ
2:21	וּלְאָדָם שֶׁלֹּא עָמַל־בּוֹ	*καὶ ἄνθρωπος* ὃς οὐκ ἐμόχθησεν ἐν αὐτῷ
2:22	כִּי מֶה־הֹוֶה לָאָדָם בְּכָל־עֲמָלוֹ	ὅτι τί γίνεται *τῷ ἀνθρώπῳ* ἐν παντὶ μόχθῳ αὐτοῦ
2:24	אֵין־טוֹב בָּאָדָם	οὐκ ἔστιν ἀγαθὸν *ἐν ἀνθρώπῳ*
2:26	כִּי לְאָדָם שֶׁטּוֹב לְפָנָיו	ὅτι *τῷ ἀνθρώπῳ* τῷ ἀγαθῷ πρὸ προσώπου αὐτοῦ
3:10	לִבְנֵי הָאָדָם לַעֲנוֹת בּוֹ	τοῖς υἱοῖς *τοῦ ἀνθρώπου* τοῦ περισπᾶσθαι ἐν αὐτῷ
3:11	מִבְּלִי אֲשֶׁר לֹא־יִמְצָא הָאָדָם אֶת־הַמַּעֲשֶׂה	ὅπως μὴ εὕρῃ *ὁ ἄνθρωπος* τὸ ποίημα
3:13	וְגַם כָּל־הָאָדָם שֶׁיֹּאכַל וְשָׁתָה	καί γε πᾶς *ὁ ἄνθρωπος* ὃς φάγεται καὶ πίεται
3:18	עַל־דִּבְרַת בְּנֵי הָאָדָם	περὶ λαλιᾶς υἱῶν *τοῦ ἀνθρώπου*
3:19	כִּי מִקְרֶה בְנֵי־הָאָדָם	ὅτι συνάντημα υἱῶν *τοῦ ἀνθρώπου*
3:19	וּמוֹתַר הָאָדָם מִן־הַבְּהֵמָה	καὶ τί ἐπερίσσευσεν *ὁ ἄνθρωπος* παρὰ τὸ κτῆνος
3:21	מִי יוֹדֵעַ רוּחַ בְּנֵי הָאָדָם	καὶ τίς οἶδεν πνεῦμα υἱῶν *τοῦ ἀνθρώπου*
3:22	מֵאֲשֶׁר יִשְׂמַח הָאָדָם	εἰ μὴ ὃ εὐφρανθήσεται *ὁ ἄνθρωπος*
5:18	גַּם כָּל־הָאָדָם אֲשֶׁר נָתַן־לוֹ הָאֱלֹהִים	καί γε πᾶς *ὁ ἄνθρωπος* ᾧ ἔδωκεν αὐτῷ ὁ θεὸς
6:1	וְרַבָּה הִיא עַל־הָאָדָם	καὶ πολλή ἐστιν ἐπὶ *τὸν ἄνθρωπον*
6:7	כָּל־עֲמַל הָאָדָם לְפִיהוּ	πᾶς μόχθος *τοῦ ἀνθρώπου* εἰς στόμα αὐτοῦ
6:10	וְנוֹדָע אֲשֶׁר־הוּא אָדָם	καὶ ἐγνώσθη ὅ ἐστιν *ἄνθρωπος*
6:11	מַה־יֹּתֵר לָאָדָם	τί περισσὸν *τῷ ἀνθρώπῳ*

6:12	כִּי מִי־יוֹדֵעַ מַה־טּוֹב *לָאָדָם* בַּחַיִּים	ὅτι τίς οἶδεν τί ἀγαθὸν *τῷ ἀνθρώπῳ* ἐν τῇ ζωῇ
6:12	אֲשֶׁר מִי־יַגִּיד *לָאָדָם* מַה־יִּהְיֶה	ὅτι τίς ἀπαγγελεῖ *τῷ ἀνθρώπῳ* τί ἔσται
7:2	בַּאֲשֶׁר הוּא סוֹף *כָּל־הָאָדָם*	καθότι τοῦτο τέλος παντὸς *τοῦ ἀνθρώπου*
7:14	שֶׁלֹּא יִמְצָא *הָאָדָם* אַחֲרָיו מְאוּמָה	ἵνα μὴ εὕρῃ *ὁ ἄνθρωπος* ὀπίσω αὐτοῦ μηδέν
7:20	כִּי *אָדָם* אֵין צַדִּיק בָּאָרֶץ	ὅτι *ἄνθρωπος* οὐκ ἔστιν δίκαιος ἐν τῇ γῇ
7:28	*אָדָם* אֶחָד מֵאֶלֶף מָצָאתִי	*ἄνθρωπον* ἕνα ἀπὸ χιλίων εὗρον
7:29	אֲשֶׁר עָשָׂה הָאֱלֹהִים *אֶת־הָאָדָם* יָשָׁר	ὃ ἐποίησεν ὁ θεὸς σὺν *τὸν ἄνθρωπον* εὐθῆ
8:1	חָכְמַת *אָדָם* תָּאִיר פָּנָיו	σοφία *ἀνθρώπου* φωτιεῖ πρόσωπον αὐτοῦ
8:6	כִּי־רָעַת *הָאָדָם* רַבָּה עָלָיו	ὅτι γνῶσις *τοῦ ἀνθρώπου* πολλὴ ἐπ' αὐτόν
8:8	אֵין *אָדָם* שַׁלִּיט בָּרוּחַ	οὐκ ἔστιν *ἄνθρωπος* ἐξουσιάζων ἐν πνεύματι
8:9	עֵת אֲשֶׁר שָׁלַט *הָאָדָם* בְּאָדָם	τὰ ὅσα ἐξουσιάσατο *ὁ ἄνθρωπος* ἐν ἀνθρώπῳ
8:9	הָאָדָם *בְּאָדָם* לְרַע לוֹ	ὁ ἄνθρωπος *ἐν ἀνθρώπῳ* τοῦ κακῶσαι αὐτόν
8:11	עַל־כֵּן מָלֵא לֵב *בְּנֵי־הָאָדָם*	διὰ τοῦτο ἐπληροφορήθη καρδία υἱῶν *τοῦ ἀνθρώπου*
8:15	אֲשֶׁר אֵין־טוֹב *לָאָדָם* תַּחַת הַשֶּׁמֶשׁ	ὅτι οὐκ ἔστιν ἀγαθὸν *τῷ ἀνθρώπῳ* ὑπὸ τὸν ἥλιον
8:17	כִּי לֹא יוּכַל *הָאָדָם* לִמְצוֹא	ὅτι οὐ δυνήσεται *ἄνθρωπος* τοῦ εὑρεῖν
8:17	בְּשֶׁל אֲשֶׁר יַעֲמֹל *הָאָדָם* לְבַקֵּשׁ	ὅσα ἂν μοχθήσῃ *ὁ ἄνθρωπος* τοῦ ζητῆσαι
9:1	אֵין יוֹדֵעַ *הָאָדָם*	οὐκ ἔστιν εἰδὼς *ὁ ἄνθρωπος*
9:3	וְגַם לֵב *בְּנֵי־הָאָדָם* מָלֵא־רָע	καί γε καρδία υἱῶν *τοῦ ἀνθρώπου* ἐπληρώθη πονηροῦ
9:12	כִּי גַּם לֹא־יֵדַע *הָאָדָם* אֶת־עִתּוֹ	ὅτι καί γε οὐκ ἔγνω *ὁ ἄνθρωπος* τὸν καιρὸν αὐτοῦ
9:12	כָּהֵם יוּקָשִׁים בְּנֵי *הָאָדָם*	ὡς αὐτὰ παγιδεύονται οἱ υἱοὶ *τοῦ ἀνθρώπου*
9:15	*וְאָדָם* לֹא זָכַר אֶת־הָאִישׁ	*καὶ ἄνθρωπος* οὐκ ἐμνήσθη σὺν τοῦ ἀνδρὸς
10:14	לֹא־יֵדַע *הָאָדָם* מַה־שֶּׁיִּהְיֶה	οὐκ ἔγνω *ὁ ἄνθρωπος* τί τὸ γενόμενον
11:8	כִּי אִם־שָׁנִים הַרְבֵּה יִחְיֶה *הָאָדָם*	ὅτι καὶ ἐὰν ἔτη πολλὰ ζήσεται *ὁ ἄνθρωπος*
12:5	כִּי־הֹלֵךְ *הָאָדָם* אֶל־בֵּית עוֹלָמוֹ	ὅτι ἐπορεύθη *ὁ ἄνθρωπος* εἰς οἶκον αἰῶνος αὐτοῦ
12:13	כִּי־זֶה *כָּל־הָאָדָם*	ὅτι τοῦτο πᾶς *ὁ ἄνθρωπος*

אָהֵב *Occurrences: 4*

ἀγαπάω	*3*	*75%*
φιλέω	*1*	*25%*

ἀγαπάω	*3*	*75%*
5:9	*אֹהֵב* כֶּסֶף לֹא־יִשְׂבַּע כֶּסֶף	*ἀγαπῶν* ἀργύριον οὐ πλησθήσεται ἀργυρίου
5:9	וּמִי־*אֹהֵב* בֶּהָמוֹן לֹא תְבוּאָה	καὶ τίς *ἠγάπησεν* ἐν πλήθει αὐτῶν γένημα
9:9	רְאֵה חַיִּים עִם־אִשָּׁה אֲשֶׁר־*אָהַבְתָּ*	ἰδὲ ζωὴν μετὰ γυναικός ἧς *ἠγάπησας*
φιλέω	*1*	*25%*
3:8	עֵת *לֶאֱהֹב* וְעֵת לִשְׂנֹא	καιρὸς τοῦ *φιλῆσαι* καὶ καιρὸς τοῦ μισῆσαι

אַהֲבָה *Occurrences: 2*

ἀγάπη	*2*	*100%*
9:1	גַּם־*אַהֲבָה* גַּם־שִׂנְאָה אֵין יוֹדֵעַ	καί γε *ἀγάπην* καί γε μῖσος οὐκ ἔστιν εἰδὼς
9:6	גַּם *אַהֲבָתָם* גַּם־שִׂנְאָתָם	καί γε *ἀγάπη* αὐτῶν καί γε μῖσος αὐτῶν

אוֹ *Occurrences: 2*

ἤ	*2*	*100%*
2:19	וּמִי יוֹדֵעַ הֶחָכָם יִהְיֶה *אוֹ* סָכָל	καὶ τίς οἶδεν εἰ σοφὸς ἔσται *ἢ* ἄφρων
11:6	כִּי אֵינְךָ יוֹדֵעַ אֵי זֶה יִכְשָׁר הֲזֶה *אוֹ־זֶה*	ὅτι οὐ γινώσκεις ποῖον στοιχήσει *ἢ* τοῦτο ἢ τοῦτο

אָוָה *Occurrences: 1*

θυμέω/ἐπι	*1*	*100%*
6:2	מִכֹּל אֲשֶׁר־*יִתְאַוֶּה*	ἀπὸ πάντων ὧν *ἐπιθυμήσει*

אוֹר *Occurrences: 1*

φωτίζω	*1*	*100%*
8:1	חָכְמַת אָדָם *תָּאִיר* פָּנָיו	σοφία ἀνθρώπου *φωτιεῖ* πρόσωπον αὐτοῦ

אוֹר *Occurrences: 3*

φῶς	*3*	*100%*		
2:13	כִּיתְרוֹן הָאוֹר מִן־הַחֹשֶׁךְ	ὡς περισσεία *τοῦ φωτὸς* ὑπὲρ τὸ σκότος		
11:7	וּמָתוֹק הָאוֹר וְטוֹב לַעֵינַיִם	καὶ γλυκὺ *τὸ φῶς* καὶ ἀγαθὸν τοῖς ὀφθαλμοῖς		
12:2	וְהָאוֹר וְהַיָּרֵחַ וְהַכּוֹכָבִים	*καὶ τὸ φῶς* καὶ ἡ σελήνη καὶ οἱ ἀστέρες		

אָז *Occurrences: 1*

τότε	*1*	*100%*		
2:15	וְלָמָּה חָכַמְתִּי אֲנִי אָז יוֹתֵר	καὶ ἵνα τί ἐσοφισάμην ἐγὼ *τότε* περισσὸν		
[8:12]	אֲשֶׁר חֹטֶא עֹשֶׂה רָע מְאַת	ὃς ἥμαρτεν ἐποίησεν τὸ πονηρὸν ἀπὸ *τότε*	=	מאז

אָזֵן *Occurrences: 1*

οὖς	*1*	*100%*		
12:9	וְאִזֵּן וְחִקֵּר תִּקֵּן מְשָׁלִים הַרְבֵּה	*καὶ οὖς* ἐξιχνιάσεται κόσμιον παραβολῶν [πολλὰ]	=@	

אֹזֶן *Occurrences: 1*

οὖς	*1*	*100%*		
1:8	וְלֹא־תִמָּלֵא אֹזֶן מִשְּׁמֹעַ	καὶ οὐ πληρωθήσεται *οὖς* ἀπὸ ἀκροάσεως		

אָח *Occurrences: 1*

ἀδελφός	*1*	*100%*		
4:8	גַּם בֵּן וָאָח אֵין־לוֹ	καί γε υἱὸς *καὶ ἀδελφὸς* οὐκ ἔστιν αὐτῷ		

אֶחָד *Occurrences: 19*

εἷς	*18*	*95%*
αὐτός	*1*	*5%*

αὐτός	*1*	*5%*
11:6	וְאִם־שְׁנֵיהֶם כְּאֶחָד טוֹבִים	καὶ ἐὰν τὰ δύο *ἐπὶ τὸ αὐτὸ* ἀγαθά
εἷς	*18*	*95%*
2:14	שֶׁמִּקְרֶה אֶחָד יִקְרֶה אֶת־כֻּלָּם	ὅτι συνάντημα *ἓν* συναντήσεται τοῖς πᾶσιν αὐτοῖς
3:19	וּמִקְרֶה הַבְּהֵמָה וּמִקְרֶה אֶחָד לָהֶם	καὶ συνάντημα τοῦ κτήνους συνάντημα *ἓν* αὐτοῖς
3:19	וְרוּחַ אֶחָד לַכֹּל	καὶ πνεῦμα *ἓν* τοῖς πᾶσιν
3:20	הַכֹּל הוֹלֵךְ אֶל־מָקוֹם אֶחָד	τὰ πάντα πορεύεται εἰς τόπον *ἕνα*
4:8	יֵשׁ אֶחָד וְאֵין שֵׁנִי	ἔστιν *εἷς* καὶ οὐκ ἔστιν δεύτερος
4:9	טוֹבִים הַשְּׁנַיִם מִן־הָאֶחָד	ἀγαθοὶ οἱ δύο ὑπὲρ *τὸν ἕνα*
4:10	כִּי אִם־יִפֹּלוּ הָאֶחָד יָקִים אֶת־חֲבֵרוֹ	ὅτι ἐὰν πέσωσιν *ὁ εἷς* ἐγερεῖ τὸν μέτοχον αὐτοῦ
4:10	וְאִילוֹ הָאֶחָד שֶׁיִּפּוֹל	καὶ οὐαὶ αὐτῷ *τῷ ἑνί* ὅταν πέσῃ
4:11	וּלְאֶחָד אֵיךְ יֵחָם	*καὶ ὁ εἷς* πῶς θερμανθῇ
4:12	וְאִם־יִתְקְפוֹ הָאֶחָד	καὶ ἐὰν ἐπικραταιωθῇ *ὁ εἷς*
6:6	הֲלֹא אֶל־מָקוֹם אֶחָד הַכֹּל הוֹלֵךְ	μὴ οὐκ εἰς τόπον *ἕνα* τὰ πάντα πορεύεται
7:27	אַחַת לְאַחַת לִמְצֹא חֶשְׁבּוֹן	*μία* τῇ μιᾷ τοῦ εὑρεῖν λογισμόν
7:27	אַחַת לְאַחַת לִמְצֹא חֶשְׁבּוֹן	μία *τῇ μιᾷ* τοῦ εὑρεῖν λογισμόν
7:28	אָדָם אֶחָד מֵאֶלֶף מָצָאתִי	ἄνθρωπον *ἕνα* ἀπὸ χιλίων εὗρον
9:2	מִקְרֶה אֶחָד לַצַּדִּיק וְלָרָשָׁע	συνάντημα *ἓν* τῷ δικαίῳ καὶ τῷ ἀσεβεῖ
9:3	כִּי־מִקְרֶה אֶחָד לַכֹּל	ὅτι συνάντημα *ἓν* τοῖς πᾶσιν
9:18	וְחוֹטֶא אֶחָד יְאַבֵּד טוֹבָה הַרְבֵּה	καὶ ἁμαρτάνων *εἷς* ἀπολέσει ἀγαθωσύνην πολλήν
12:11	נִתְּנוּ מֵרֹעֶה אֶחָד	ἐδόθησαν ἐκ ποιμένος *ἑνός*

אָחַז *Occurrences: 4*

θηρεύω	*2*	*50%*
ἔχω/ἀντι	*1*	*25%*
κρατέω	*1*	*25%*

ἔχω/ἀντι	*1*		*25%*
7:18		טוֹב אֲשֶׁר *תֶּאֱחֹז* בָּזֶה	ἀγαθὸν τὸ *ἀντέχεσθαί σε* ἐν τούτῳ
θηρεύω	*2*		*50%*
9:12		כַּדָּגִים *שֶׁנֶּאֱחָזִים* בִּמְצוֹדָה רָעָה	ὡς οἱ ἰχθύες *οἱ θηρευόμενοι* ἐν ἀμφιβλήστρῳ κακῷ
9:12		וְכַצִּפֳּרִים *הָאֲחֻזוֹת* בַּפָּח	καὶ ὡς ὄρνεα *τὰ θηρευόμενα* ἐν παγίδι
κρατέω	*1*		*25%*
2:3		*וְלֶאֱחֹז* בְּסִכְלוּת	*καὶ τοῦ κρατῆσαι* ἐπ' ἀφροσύνῃ

אָחַר *Occurrences: 1*

χρονίζω	*1*		*100%*
5:3		אַל־*תְּאַחֵר* לְשַׁלְּמוֹ	μὴ *χρονίσῃς* τοῦ ἀποδοῦναι αὐτήν

אַחַר *Occurrences: 1*

ὀπίσω	*1*		*100%*
12:2		וְשָׁבוּ הֶעָבִים *אַחַר* הַגָּשֶׁם	καὶ ἐπιστρέψωσιν τὰ νέφη *ὀπίσω* τοῦ ὑετοῦ

אַחֵר *Occurrences: 1*

ἕτερος	*1*		*100%*
7:22		אֲשֶׁר גַּם־*אַתְּ **אַתָּה קִלַּלְתָּ *אֲחֵרִים*	ὅπως καί γε σὺ κατηράσω *ἑτέρους*

אַחֲרוֹן *Occurrences: 3*

ἔσχατος	*3*		*100%*
1:11		וְגַם *לָאַחֲרֹנִים* שֶׁיִּהְיוּ	καί γε *τοῖς ἐσχάτοις* γενομένοις
1:11		עִם שֶׁיִּהְיוּ *לָאַחֲרֹנָה*	μετὰ τῶν γενησομένων *εἰς τὴν ἐσχάτην*
4:16		גַּם *הָאַחֲרוֹנִים* לֹא יִשְׂמְחוּ־בוֹ	καί γε *οἱ ἔσχατοι* οὐκ εὐφρανθήσονται ἐν αὐτῷ

אַחֲרֵי *Occurrences: 7*

ὀπίσω	*4*	*57%*
μετά	*2*	*29%*
מִן + אַחֲרֵי	*1*	
ὀπίσω	*1*	*14%*

μετά	*2*		*29%*
2:18		שֶׁאַנִּיחֶנּוּ לָאָדָם שֶׁיִּהְיֶה *אַחֲרָי*	ὅτι ἀφίω αὐτὸν τῷ ἀνθρώπῳ τῷ γινομένῳ *μετ' ἐμέ*
3:22		בְּמֶה שֶׁיִּהְיֶה *אַחֲרָיו*	ἐν ᾧ ἐὰν γένηται *μετ' αὐτόν*
ὀπίσω	*4*		*57%*
2:12		הָאָדָם שֶׁיָּבוֹא *אַחֲרֵי* הַמֶּלֶךְ	ὁ ἄνθρωπος ὃς ἐπελεύσεται *ὀπίσω* τῆς βουλῆς
6:12		מַה־יִּהְיֶה *אַחֲרָיו* תַּחַת הַשָּׁמֶשׁ	τί ἔσται *ὀπίσω αὐτοῦ* ὑπὸ τὸν ἥλιον
7:14		שֶׁלֹּא יִמְצָא הָאָדָם *אַחֲרָיו* מְאוּמָה	ἵνα μὴ εὕρῃ ὁ ἄνθρωπος *ὀπίσω αὐτοῦ* μηδέν
9:3		*וְאַחֲרָיו* אֶל־הַמֵּתִים	καὶ *ὀπίσω αὐτῶν* πρὸς τοὺς νεκρούς
מִן + אַחֲרֵי	*1*		
ὀπίσω	*1*		*14%*
10:14		וַאֲשֶׁר יִהְיֶה *מֵאַחֲרָיו*	καὶ τί τὸ ἐσόμενον *ὀπίσω* αὐτοῦ

אַחֲרִית *Occurrences: 2*

ἔσχατος	*2*		*100%*
7:8		טוֹב *אַחֲרִית* דָּבָר מֵרֵאשִׁיתוֹ	ἀγαθὴ *ἐσχάτη* λόγων ὑπὲρ ἀρχὴν αὐτοῦ
10:13		*וְאַחֲרִית* פִּיהוּ הוֹלֵלוּת רָעָה	καὶ *ἐσχάτη* στόματος αὐτοῦ περιφέρεια πονηρά

אִי *Occurrences: 2*

οὐαί	2	*100%*		
4:10	וְאִילוֹ הָאֶחָד שֶׁיִּפּוֹל	καὶ *οὐαὶ αὐτῷ* τῷ ἑνί ὅταν πέσῃ	=.s	לו
ואי				
10:16	אִי־לָךְ אֶרֶץ שֶׁמַּלְכֵּךְ נָעַר	*οὐαί* σοι πόλις ἧς ὁ βασιλεύς σου νεώτερος		

אֵי *Occurrences: 2*

אֵי + *זֶה*	2	
ποῖος	2	*100%*
2:3	עַד אֲשֶׁר־אֶרְאֶה אֵי־*זֶה* טוֹב	ἕως οὗ ἴδω *ποῖον* τὸ ἀγαθὸν
11:6	כִּי אֵינְךָ יוֹדֵעַ אֵי *זֶה* יִכְשַׁר הֲזֶה אוֹ־זֶה	ὅτι οὐ γινώσκεις *ποῖον* στοιχήσει ἢ τοῦτο ἢ τοῦτο

אֵיךְ *Occurrences: 2*

πῶς	2	*100%*
2:16	וְאֵיךְ יָמוּת הֶחָכָם עִם־הַכְּסִיל	καὶ *πῶς* ἀποθανεῖται ὁ σοφὸς μετὰ τοῦ ἄφρονος
4:11	וּלְאֶחָד אֵיךְ יֵחָם	καὶ ὁ εἷς *πῶς* θερμανθῇ

אַיִן *Occurrences: 44*

οὐ + εἰμί	*40*	*89%*
μή	*1*	*2%*
μή + εἰμί	*1*	*2%*
οὐ	*1*	*2%*
οὐδείς	*1*	*2%*

μή	*1*	*2%*
9:2	וְלַזֹּבֵחַ וְלַאֲשֶׁר *אֵינֶנּוּ* זֹבֵחַ	καὶ τῷ θυσιάζοντι καὶ τῷ *μὴ* θυσιάζοντι
μή + εἰμί	*1*	*2%*
4:10	*וְאֵין* שֵׁנִי לַהֲקִימוֹ	*καὶ μὴ ᾖ* δεύτερος τοῦ ἐγεῖραι αὐτόν
οὐ	*1*	*2%*
11:6	כִּי *אֵינְךָ* יוֹדֵעַ אֵי זֶה יִכְשַׁר הֲזֶה אוֹ־זֶה	ὅτι *οὐ* γινώσκεις ποῖον στοιχήσει ἢ τοῦτο ἢ τοῦτο
οὐ + εἰμί	*40*	*89%*
1:7	וְהַיָּם *אֵינֶנּוּ* מָלֵא	καὶ ἡ θάλασσα *οὐκ ἔσται* ἐμπιμπλαμένη
1:9	*וְאֵין* כָּל־חָדָשׁ תַּחַת הַשָּׁמֶשׁ	*καὶ οὐκ ἔστιν* πᾶν πρόσφατον ὑπὸ τὸν ἥλιον
1:11	*אֵין* זִכְרוֹן לָרִאשֹׁנִים	*οὐκ ἔστιν* μνήμη τοῖς πρώτοις
2:11	*וְאֵין* יִתְרוֹן תַּחַת הַשָּׁמֶשׁ	*καὶ οὐκ ἔστιν* περισσεία ὑπὸ τὸν ἥλιον
2:16	כִּי *אֵין* זִכְרוֹן לֶחָכָם עִם־הַכְּסִיל	ὅτι *οὐκ ἔστιν* μνήμη τοῦ σοφοῦ μετὰ τοῦ ἄφρονος
2:24	*אֵין*־טוֹב בָּאָדָם	*οὐκ ἔστιν* ἀγαθὸν ἐν ἀνθρώπῳ
3:12	יָדַעְתִּי כִּי *אֵין* טוֹב בָּם	ἔγνων ὅτι *οὐκ ἔστιν* ἀγαθὸν ἐν αὐτοῖς
3:14	עָלָיו *אֵין* לְהוֹסִיף	ἐπ' αὐτῷ *οὐκ ἔστιν* προσθεῖναι
3:14	וּמִמֶּנּוּ *אֵין* לִגְרֹעַ	καὶ ἀπ' αὐτοῦ *οὐκ ἔστιν* ἀφελεῖν
3:22	וְרָאִיתִי כִּי *אֵין* טוֹב	καὶ εἶδον ὅτι *οὐκ ἔστιν* ἀγαθὸν
4:1	*וְאֵין* לָהֶם מְנַחֵם	*καὶ οὐκ ἔστιν* αὐτοῖς παρακαλῶν
4:1	*וְאֵין* לָהֶם מְנַחֵם	*καὶ οὐκ ἔστιν* αὐτοῖς παρακαλῶν
4:8	יֵשׁ אֶחָד *וְאֵין* שֵׁנִי	ἔστιν εἷς *καὶ οὐκ ἔστιν* δεύτερος
4:8	גַּם בֵּן וָאָח *אֵין*־לוֹ	καί γε υἱὸς καὶ ἀδελφὸς *οὐκ ἔστιν* αὐτῷ
4:8	*וְאֵין* קֵץ לְכָל־עֲמָלוֹ	καὶ *οὐκ ἔστιν* περασμὸς τῷ παντὶ *μόχθῳ αὐτοῦ*
4:16	*אֵין*־קֵץ לְכָל־הָעָם	*οὐκ ἔστιν* περασμὸς τῷ παντὶ λαῷ
4:17	כִּי־*אֵינָם* יוֹדְעִים לַעֲשׂוֹת רָע	ὅτι *οὐκ εἰσιν* εἰδότες τοῦ ποιῆσαι κακόν
5:3	כִּי *אֵין* חֵפֶץ בַּכְּסִילִים	ὅτι *οὐκ ἔστιν* θέλημα ἐν ἄφροσιν
5:11	*אֵינֶנּוּ* מַנִּיחַ לוֹ לִישׁוֹן	*οὐκ ἔστιν* ἀφίων αὐτὸν τοῦ ὑπνῶσαι
5:13	וְהוֹלִיד בֵּן *וְאֵין* בְּיָדוֹ	καὶ ἐγέννησεν υἱόν *καὶ οὐκ ἔστιν* ἐν χειρὶ αὐτοῦ
6:2	*וְאֵינֶנּוּ* חָסֵר לְנַפְשׁוֹ	*καὶ οὐκ ἔστιν* ὑστερῶν τῇ ψυχῇ αὐτοῦ
7:20	כִּי אָדָם *אֵין* צַדִּיק בָּאָרֶץ	ὅτι ἄνθρωπος *οὐκ ἔστιν* δίκαιος ἐν τῇ γῇ
8:7	כִּי־*אֵינֶנּוּ* יֹדֵעַ מַה־שֶּׁיִּהְיֶה	ὅτι *οὐκ ἔστιν* γινώσκων τί τὸ ἐσόμενον
8:8	*אֵין* אָדָם שַׁלִּיט בָּרוּחַ	*οὐκ ἔστιν* ἄνθρωπος ἐξουσιάζων ἐν πνεύματι

8:8	וְאֵין שִׁלְטוֹן בְּיוֹם הַמָּוֶת	*καὶ οὐκ ἔστιν* ἐξουσία ἐν ἡμέρᾳ τοῦ θανάτου	
8:8	וְאֵין מִשְׁלַחַת בַּמִּלְחָמָה	*καὶ οὐκ ἔστιν* ἀποστολὴ ἐν τῷ πολέμῳ	
8:11	אֲשֶׁר אֵין־נַעֲשָׂה פִתְגָם	ὅτι *οὐκ ἔστιν* γινομένη ἀντίρρησις	
8:13	אֲשֶׁר אֵינֶנּוּ יָרֵא מִלִּפְנֵי אֱלֹהִים	ὃς *οὐκ ἔστιν* φοβούμενος ἀπὸ προσώπου τοῦ θεοῦ	
8:15	אֲשֶׁר אֵין־טוֹב לָאָדָם תַּחַת הַשֶּׁמֶשׁ	ὅτι *οὐκ ἔστιν* ἀγαθὸν τῷ ἀνθρώπῳ ὑπὸ τὸν ἥλιον	
8:16	שֵׁנָה בְּעֵינָיו אֵינֶנּוּ רֹאֶה	ὕπνον ἐν ὀφθαλμοῖς αὐτοῦ *οὐκ ἔστιν* βλέπων	
9:1	גַּם־אַהֲבָה גַּם־שִׂנְאָה אֵין יוֹדֵעַ	καί γε ἀγάπην καί γε μῖσος *οὐκ ἔστιν* εἰδώς	
9:5	וְהַמֵּתִים אֵינָם יוֹדְעִים מְאוּמָה	καὶ οἱ νεκροὶ *οὔκ εἰσιν* γινώσκοντες οὐδέν	
9:5	וְאֵין־עוֹד לָהֶם שָׂכָר	*καὶ οὐκ ἔστιν* αὐτοῖς ἔτι μισθός	
9:6	וְחֵלֶק אֵין־לָהֶם עוֹד לְעוֹלָם	καὶ μερὶς *οὐκ ἔστιν* αὐτοῖς ἔτι εἰς αἰῶνα	
9:10	כִּי אֵין מַעֲשֶׂה וְחֶשְׁבּוֹן וְדַעַת	ὅτι *οὐκ ἔστιν* ποίημα καὶ λογισμὸς καὶ γνῶσις	
9:16	וּדְבָרָיו אֵינָם נִשְׁמָעִים	καὶ λόγοι αὐτοῦ *οὔκ εἰσιν* ἀκουόμενοι	
10:11	וְאֵין יִתְרוֹן לְבַעַל הַלָּשׁוֹן	*καὶ οὐκ ἔστιν* περισσεία τῷ ἐπᾴδοντι	
11:5	כַּאֲשֶׁר אֵינְךָ יוֹדֵעַ מַה־דֶּרֶךְ הָרוּחַ	ἐν οἷς *οὐκ ἔστιν* γινώσκων τίς ἡ ὁδὸς τοῦ πνεύματος	
12:1	אֵין־לִי בָהֶם חֵפֶץ	*οὐκ ἔστιν* μοι ἐν αὐτοῖς θέλημα	
12:12	עֲשׂוֹת סְפָרִים הַרְבֵּה אֵין קֵץ	ποιῆσαι βιβλία πολλά *οὐκ ἔστιν* περασμός	
οὐδείς	*1*	*2%*	
3:19	אָיִן כִּי הַכֹּל הָבֶל	*οὐδέν* ὅτι τὰ πάντα ματαιότης	

אִישׁ *Occurrences: 10*

ἀνήρ	*10*	*100%*	
1:8	לֹא־יוּכַל אִישׁ לְדַבֵּר	οὐ δυνήσεται *ἀνὴρ* τοῦ λαλεῖν	
4:4	כִּי הִיא קִנְאַת־אִישׁ מֵרֵעֵהוּ	ὅτι αὐτὸ ζῆλος *ἀνδρὸς* ἀπὸ τοῦ ἑταίρου αὐτοῦ	
6:2	אִישׁ אֲשֶׁר יִתֶּן־לוֹ הָאֱלֹהִים עֹשֶׁר	*ἀνήρ* ᾧ δώσει αὐτῷ ὁ θεὸς πλοῦτον	
6:2	כִּי אִישׁ נָכְרִי יֹאכֲלֶנּוּ	ὅτι *ἀνὴρ* ξένος φάγεται αὐτόν	
6:3	אִם־יוֹלִיד אִישׁ מֵאָה וְשָׁנִים רַבּוֹת יִחְיֶה	ἐὰν γεννήσῃ *ἀνὴρ* ἑκατὸν καὶ ἔτη πολλὰ ζήσεται	
7:5	מֵאִישׁ שֹׁמֵעַ שִׁיר כְּסִילִים	*ὑπὲρ ἄνδρα* ἀκούοντα ᾆσμα ἀφρόνων	
9:14	עִיר קְטַנָּה וַאֲנָשִׁים בָּהּ מְעָט	πόλις μικρὰ *καὶ ἄνδρες* ἐν αὐτῇ ὀλίγοι	
9:15	וּמָצָא בָהּ אִישׁ מִסְכֵּן חָכָם	καὶ εὕρῃ ἐν αὐτῇ *ἄνδρα* πένητα σοφόν	
9:15	וְאָדָם לֹא זָכַר אֶת־הָאִישׁ	καὶ ἄνθρωπος οὐκ ἐμνήσθη σὺν *τοῦ ἀνδρός*	
12:3	וְהִתְעַוְּתוּ אַנְשֵׁי הֶחָיִל	καὶ διαστραφῶσιν *ἄνδρες* τῆς δυνάμεως	

אָכַל *Occurrences: 15*

ἐσθίω	*14*	*93%*
πένθος	*1*	*7%*

ἐσθίω	*14*	*93%*	
2:24	שֶׁיֹּאכַל וְשָׁתָה וְהֶרְאָה אֶת־נַפְשׁוֹ	*ὃ φάγεται* καὶ ὃ πίεται καὶ ὃ δείξει τῇ ψυχῇ αὐτοῦ	
2:25	כִּי מִי יֹאכַל וּמִי יָחוּשׁ חוּץ מִמֶּנִּי	ὅτι τίς *φάγεται* καὶ τίς φείσεται πάρεξ αὐτοῦ	
3:13	וְגַם כָּל־הָאָדָם שֶׁיֹּאכַל וְשָׁתָה	καί γε πᾶς ὁ ἄνθρωπος *ὃς φάγεται* καὶ πίεται	
4:5	וְאֹכֵל אֶת־בְּשָׂרוֹ	*καὶ ἔφαγεν* τὰς σάρκας αὐτοῦ	
5:10	רַבּוּ אוֹכְלֶיהָ	ἐπληθύνθησαν *ἔσθοντες αὐτήν*	
5:11	אִם־מְעַט וְאִם־הַרְבֵּה יֹאכֵל	εἰ ὀλίγον καὶ εἰ πολὺ *φάγεται*	
5:17	לֶאֱכוֹל־וְלִשְׁתּוֹת וְלִרְאוֹת	*τοῦ φαγεῖν* καὶ τοῦ πιεῖν καὶ τοῦ ἰδεῖν	
5:18	וְהִשְׁלִיטוֹ לֶאֱכֹל מִמֶּנּוּ	καὶ ἐξουσίασεν αὐτὸν *τοῦ φαγεῖν* ἀπ᾽ αὐτοῦ	
6:2	וְלֹא־יַשְׁלִיטֶנּוּ הָאֱלֹהִים לֶאֱכֹל	καὶ οὐκ ἐξουσιάσει αὐτῷ ὁ θεὸς *τοῦ φαγεῖν*	
6:2	כִּי אִישׁ נָכְרִי יֹאכֲלֶנּוּ	ὅτι ἀνὴρ ξένος *φάγεται αὐτόν*	
8:15	כִּי אִם־לֶאֱכוֹל וְלִשְׁתּוֹת	ὅτι εἰ μὴ *τοῦ φαγεῖν* καὶ τοῦ πιεῖν	
9:7	לֵךְ אֱכֹל בְּשִׂמְחָה לַחְמֶךָ	δεῦρο *φάγε* ἐν εὐφροσύνῃ ἄρτον σου	
10:16	וְשָׂרַיִךְ בַּבֹּקֶר יֹאכֵלוּ	καὶ οἱ ἄρχοντές σου ἐν πρωίᾳ *ἐσθίουσιν*	
10:17	וְשָׂרַיִךְ בָּעֵת יֹאכֵלוּ	καὶ οἱ ἄρχοντές σου πρὸς καιρὸν *φάγονται*	
πένθος	*1*	*7%*	
5:16	גַּם כָּל־יָמָיו בַּחֹשֶׁךְ יֹאכֵל	καί γε πᾶσαι αἱ ἡμέραι αὐτοῦ ἐν σκότει *καὶ πένθει*	=.kb.yw ואבל

אֶל *Occurrences: 23*

εἰς	*13*	*57%*
πρός	*8*	*35%*
ἐπί	*2*	*9%*

εἰς	*13*	*57%*	
1:5	וְאֶל־*מְקוֹמוֹ* שׁוֹאֵף	καὶ *εἰς* τὸν τόπον αὐτοῦ ἕλκει	
1:7	כָּל־הַנְּחָלִים הֹלְכִים אֶל־*הַיָּם*	πάντες οἱ χείμαρροι πορεύονται *εἰς* τὴν θάλασσαν	
1:7	אֶל־*מְקוֹם* שֶׁהַנְּחָלִים הֹלְכִים	*εἰς* τόπον οὗ οἱ χείμαρροι πορεύονται	
3:20	הַכֹּל הוֹלֵךְ אֶל־*מָקוֹם* אֶחָד	τὰ πάντα πορεύεται *εἰς* τόπον ἕνα	
3:20	וְהַכֹּל שָׁב אֶל־*הֶעָפָר*	καὶ τὰ πάντα ἐπιστρέφει *εἰς* τὸν χοῦν	
4:17	כַּאֲשֶׁר תֵּלֵךְ אֶל־*בֵּית* הָאֱלֹהִים	ἐν ᾧ ἐὰν πορεύῃ *εἰς* οἶκον τοῦ θεοῦ	
6:6	הֲלֹא אֶל־*מָקוֹם* אֶחָד הַכֹּל הוֹלֵךְ	μὴ οὐκ *εἰς* τόπον ἕνα τὰ πάντα πορεύεται	
7:2	טוֹב לָלֶכֶת אֶל־*בֵּית*־אֵבֶל	ἀγαθὸν πορευθῆναι *εἰς* οἶκον πένθους	
7:2	מִלֶּכֶת אֶל־*בֵּית* מִשְׁתֶּה	ἢ ὅτι πορευθῆναι *εἰς* οἶκον πότου	
7:2	וְהַחַי יִתֵּן אֶל־*לִבּוֹ*	καὶ ὁ ζῶν δώσει *εἰς* καρδίαν αὐτοῦ	
9:1	כִּי אֶת־כָּל־זֶה נָתַתִּי אֶל־*לִבִּי*	ὅτι σὺν πᾶν τοῦτο ἔδωκα *εἰς* καρδίαν μου	
10:15	אֲשֶׁר לֹא־יָדַע לָלֶכֶת אֶל־*עִיר*	ὃς οὐκ ἔγνω τοῦ πορευθῆναι *εἰς* πόλιν	
12:5	כִּי־הֹלֵךְ הָאָדָם אֶל־*בֵּית* עוֹלָמוֹ	ὅτι ἐπορεύθη ὁ ἄνθρωπος *εἰς* οἶκον αἰῶνος αὐτοῦ	
ἐπί	*2*	*9%*	
9:14	וּבָא־*אֵלֶיהָ* מֶלֶךְ גָּדוֹל	καὶ ἔλθῃ *ἐπ' αὐτὴν* βασιλεὺς μέγας	
12:6	וְנָרֹץ הַגַּלְגַּל אֶל־*הַבּוֹר*	καὶ συντροχάσῃ ὁ τροχὸς *ἐπὶ* τὸν λάκκον	
πρός	*8*	*35%*	
1:6	הוֹלֵךְ אֶל־דָּרוֹם וְסוֹבֵב אֶל־צָפוֹן	πορεύεται *πρὸς* νότον καὶ κυκλοῖ πρὸς βορρᾶν	
1:6	הוֹלֵךְ אֶל־דָּרוֹם וְסוֹבֵב אֶל־צָפוֹן	πορεύεται πρὸς νότον καὶ κυκλοῖ *πρὸς* βορρᾶν	
8:14	אֲשֶׁר מַגִּיעַ *אֲלֵהֶם* כְּמַעֲשֵׂה הָרְשָׁעִים	ὅτι φθάνει *πρὸς αὐτοὺς* ὡς ποίημα τῶν ἀσεβῶν	
8:14	וְיֵשׁ רְשָׁעִים שֶׁמַּגִּיעַ *אֲלֵהֶם*	καὶ εἰσὶν ἀσεβεῖς ὅτι φθάνει *πρὸς αὐτοὺς*	
9:3	וְאַחֲרָיו אֶל־*הַמֵּתִים*	καὶ ὀπίσω αὐτῶν *πρὸς* τοὺς νεκρούς	
9:4	כִּי־מִי אֲשֶׁר *יְבֻחַר **יְחֻבַּר אֶל כָּל־הַחַיִּים	ὅτι τίς ὃς κοινωνεῖ *πρὸς* πάντας τοὺς ζῶντας	
9:13	וּגְדוֹלָה הִיא *אֵלָי*	καὶ μεγάλη ἐστὶν *πρός με*	
12:7	וְהָרוּחַ תָּשׁוּב אֶל־*הָאֱלֹהִים*	καὶ τὸ πνεῦμα ἐπιστρέψῃ *πρὸς* τὸν θεόν	

אַל *Occurrences: 21*

μή	*21*	*100%*	
5:1	אַל־*תְּבַהֵל* עַל־פִּיךָ	*μὴ* σπεῦδε ἐπὶ στόματί σου	
5:1	וְלִבְּךָ אַל־*יְמַהֵר*	καὶ καρδία σου *μὴ* ταχυνάτω	
5:3	אַל־*תְּאַחֵר* לְשַׁלְּמוֹ	*μὴ* χρονίσῃς τοῦ ἀποδοῦναι αὐτήν	
5:5	אַל־*תִּתֵּן* אֶת־פִּיךָ לַחֲטִיא	*μὴ* δῷς τὸ στόμα σου τοῦ ἐξαμαρτῆσαι	
5:5	וְאַל־*תֹּאמַר* לִפְנֵי הַמַּלְאָךְ	*καὶ μὴ* εἴπῃς πρὸ προσώπου τοῦ θεοῦ	
5:7	אַל־*תִּתְמַהּ* עַל־הַחֵפֶץ	*μὴ* θαυμάσῃς ἐπὶ τῷ πράγματι	
7:9	אַל־*תְּבַהֵל* בְּרוּחֲךָ לִכְעוֹס	*μὴ* σπεύσῃς ἐν πνεύματί σου τοῦ θυμοῦσθαι	
7:10	אַל־*תֹּאמַר* מֶה הָיָה	*μὴ* εἴπῃς τί ἐγένετο	
7:16	אַל־תְּהִי צַדִּיק הַרְבֵּה וְאַל־תִּתְחַכַּם יוֹתֵר	*μὴ* γίνου δίκαιος πολὺ καὶ μὴ σοφίζου περισσά	
7:16	אַל־תְּהִי צַדִּיק הַרְבֵּה וְאַל־תִּתְחַכַּם יוֹתֵר	μὴ γίνου δίκαιος πολὺ *καὶ μὴ* σοφίζου περισσά	
7:17	אַל־תִּרְשַׁע הַרְבֵּה וְאַל־תְּהִי סָכָל	*μὴ* ἀσεβήσῃς πολὺ καὶ μὴ γίνου σκληρός	
7:17	אַל־תִּרְשַׁע הַרְבֵּה וְאַל־תְּהִי סָכָל	μὴ ἀσεβήσῃς πολὺ *καὶ μὴ* γίνου σκληρός	
7:18	וְגַם־מִזֶּה אַל־*תַּנַּח* אֶת־יָדֶךָ	καί γε ἀπὸ τούτου *μὴ* ἀνῇς τὴν χεῖρά σου	
7:21	אַל־*תִּתֵּן* לִבֶּךָ	*μὴ* θῇς καρδίαν σου	
8:3	אַל־*תִּבָּהֵל* מִפָּנָיו תֵּלֵךְ	[*μὴ* σπουδάσῃς] ἀπὸ προσώπου αὐτοῦ πορεύσῃ	[2]
8:3	אַל־*תַּעֲמֹד* בְּדָבָר רָע	*μὴ* στῇς ἐν λόγῳ πονηρῷ	
9:8	וְשֶׁמֶן עַל־רֹאשְׁךָ אַל־*יֶחְסָר*	καὶ ἔλαιον ἐπὶ κεφαλήν σου *μὴ* ὑστερησάτω	
10:4	מְקוֹמְךָ אַל־*תַּנַּח*	τόπον σου *μὴ* ἀφῇς	
10:20	גַּם בְּמַדָּעֲךָ מֶלֶךְ אַל־*תְּקַלֵּל*	καί γε ἐν συνειδήσει σου βασιλέα *μὴ* καταράσῃ	
10:20	וּבְחַדְרֵי מִשְׁכָּבְךָ אַל־*תְּקַלֵּל*	καὶ ἐν ταμιείοις κοιτώνων σου *μὴ* καταράσῃ	
11:6	וְלָעֶרֶב אַל־*תַּנַּח* יָדֶךָ	καὶ εἰς ἑσπέραν *μὴ* ἀφέτω ἡ χείρ σου	

אֵלֶּה *Occurrences: 3*

οὗτος	*3*	*100%*		
7:10	שֶׁהַיָּמִים הָרִאשֹׁנִים הָיוּ טוֹבִים *מֵאֵלֶּה*	ὅτι αἱ ἡμέραι αἱ πρότεραι ἦσαν ἀγαθαὶ *ὑπὲρ ταύτας*		
7:28	וְאִשָּׁה בְכָל־*אֵלֶּה* לֹא מָצָאתִי	καὶ γυναῖκα ἐν πᾶσι *τούτοις* οὐχ εὗρον		
11:9	וְדָע כִּי עַל־כָּל־*אֵלֶּה*	καὶ γνῶθι ὅτι ἐπὶ πᾶσι *τούτοις*		

אֱלֹהִים *Occurrences: 40*

θεός	*40*	*100%*		
1:13	הוּא עִנְיַן רָע נָתַן *אֱלֹהִים*	ὅτι περισπασμὸν πονηρὸν ἔδωκεν *ὁ θεὸς*		
2:24	כִּי מִיַּד *הָאֱלֹהִים* הִיא	ὅτι ἀπὸ χειρὸς *τοῦ θεοῦ* ἐστιν		
2:26	לָתֵת לְטוֹב לִפְנֵי *הָאֱלֹהִים*	τοῦ δοῦναι τῷ ἀγαθῷ πρὸ προσώπου *τοῦ θεοῦ*		
3:10	רָאִיתִי אֶת־הָעִנְיָן אֲשֶׁר נָתַן *אֱלֹהִים*	εἶδον σὺν τὸν περισπασμόν ὃν ἔδωκεν *ὁ θεὸς*		
3:11	אֲשֶׁר־עָשָׂה *הָאֱלֹהִים* מֵרֹאשׁ וְעַד־סוֹף	ὃ ἐποίησεν *ὁ θεός* ἀπ' ἀρχῆς καὶ μέχρι τέλους		
3:13	מַתַּת *אֱלֹהִים* הִיא	δόμα *θεοῦ* ἐστιν		
3:14	יָדַעְתִּי כִּי כָּל־אֲשֶׁר יַעֲשֶׂה *הָאֱלֹהִים*	ἔγνων ὅτι παντα ὅσα ἐποίησεν *ὁ θεός*		
3:14	*וְהָאֱלֹהִים* עָשָׂה שֶׁיִּרְאוּ	καὶ *ὁ θεὸς* ἐποίησεν ἵνα φοβηθῶσιν		
3:15	*וְהָאֱלֹהִים* יְבַקֵּשׁ אֶת־נִרְדָּף	*καὶ ὁ θεὸς* ζητήσει τὸν διωκόμενον		
3:17	אֶת־הַצַּדִּיק וְאֶת־הָרָשָׁע יִשְׁפֹּט *הָאֱלֹהִים*	σὺν τὸν δίκαιον καὶ σὺν τὸν ἀσεβῆ κρινεῖ *ὁ θεός*		
3:18	לְבָרָם *הָאֱלֹהִים* וְלִרְאוֹת	ὅτι διακρινεῖ αὐτοὺς *ὁ θεός* καὶ τοῦ δεῖξαι		
4:17	תֵּלֵךְ אֶל־בֵּית *הָאֱלֹהִים* וְקָרוֹב לִשְׁמֹעַ	πορεύῃ εἰς οἶκον *τοῦ θεοῦ* καὶ ἐγγὺς τοῦ ἀκούειν		
5:1	לְהוֹצִיא דָבָר לִפְנֵי *הָאֱלֹהִים*	τοῦ ἐξενέγκαι λόγον πρὸ προσώπου *τοῦ θεοῦ*		
5:1	כִּי *הָאֱלֹהִים* בַּשָּׁמַיִם וְאַתָּה עַל־הָאָרֶץ	ὅτι *ὁ θεὸς* ἐν τῷ οὐρανῷ καὶ σὺ ἐπὶ τῆς γῆς		
5:3	כַּאֲשֶׁר תִּדֹּר נֶדֶר *לֵאלֹהִים*	καθὼς ἂν εὔξῃ εὐχὴν *τῷ θεῷ*		
[5:5]	וְאַל־תֹּאמַר לִפְנֵי *הַמַּלְאָךְ*	καὶ μὴ εἴπῃς πρὸ προσώπου *τοῦ θεοῦ*	=?	האלהים
5:5	לָמָּה יִקְצֹף *הָאֱלֹהִים* עַל־קוֹלֶךָ	ἵνα μὴ ὀργισθῇ *ὁ θεὸς* ἐπὶ φωνῇ σου		
5:6	כִּי אֶת־*הָאֱלֹהִים* יְרָא	ὅτι σὺν *τὸν θεὸν* φοβοῦ		
5:17	יְמֵי־חַיָּו אֲשֶׁר־נָתַן־לוֹ *הָאֱלֹהִים*	ἡμερῶν ζωῆς αὐτοῦ ὧν ἔδωκεν αὐτῷ *ὁ θεός*		
5:18	גַּם כָּל־הָאָדָם אֲשֶׁר נָתַן־לוֹ *הָאֱלֹהִים*	καί γε πᾶς ὁ ἄνθρωπος ᾧ ἔδωκεν αὐτῷ *ὁ θεὸς*		
5:18	זֹה מַתַּת *אֱלֹהִים* הִיא	τοῦτο δόμα *θεοῦ* ἐστιν		
5:19	כִּי *הָאֱלֹהִים* מַעֲנֶה	ὅτι *ὁ θεὸς* περισπᾷ αὐτὸν		
6:2	אִישׁ אֲשֶׁר יִתֶּן־לוֹ *הָאֱלֹהִים* עֹשֶׁר	ἀνήρ ᾧ δώσει αὐτῷ *ὁ θεὸς* πλοῦτον		
6:2	וְלֹא־יַשְׁלִיטֶנּוּ *הָאֱלֹהִים* לֶאֱכֹל	καὶ οὐκ ἐξουσιάσει αὐτῷ *ὁ θεὸς* τοῦ φαγεῖν		
7:13	רְאֵה אֶת־מַעֲשֵׂה *הָאֱלֹהִים*	ἰδὲ τὰ ποιήματα *τοῦ θεοῦ*		
7:14	עָשָׂה *הָאֱלֹהִים* עַל־דִּבְרַת	ἐποίησεν *ὁ θεὸς* περὶ λαλιᾶς		
7:18	כִּי־יְרֵא *אֱלֹהִים* יֵצֵא אֶת־כֻּלָּם	ὅτι φοβούμενος *τὸν θεὸν* ἐξελεύσεται τὰ πάντα		
7:26	טוֹב לִפְנֵי *הָאֱלֹהִים* יִמָּלֵט	ἀγαθὸς πρὸ προσώπου *τοῦ θεοῦ* ἐξαιρεθήσεται		
7:29	אֲשֶׁר עָשָׂה *הָאֱלֹהִים* אֶת־הָאָדָם יָשָׁר	ὃ ἐποίησεν *ὁ θεὸς* σὺν τὸν ἄνθρωπον εὐθῆ		
8:2	וְעַל דִּבְרַת שְׁבוּעַת *אֱלֹהִים*	καὶ περὶ λόγου ὅρκου *θεοῦ*		
8:12	אֲשֶׁר יִהְיֶה־טּוֹב לְיִרְאֵי *הָאֱלֹהִים*	ὅτι ἔσται ἀγαθὸν τοῖς φοβουμένοις *τὸν θεόν*		
8:13	אֲשֶׁר אֵינֶנּוּ יָרֵא מִלִּפְנֵי *אֱלֹהִים*	ὃς οὐκ ἔστιν φοβούμενος ἀπὸ προσώπου *τοῦ θεοῦ*		
8:15	יְמֵי חַיָּיו אֲשֶׁר־נָתַן־לוֹ *הָאֱלֹהִים*	ἡμέρας ζωῆς αὐτοῦ ὅσας ἔδωκεν αὐτῷ *ὁ θεὸς*		
8:17	וְרָאִיתִי אֶת־כָּל־מַעֲשֵׂה *הָאֱלֹהִים*	καὶ εἶδον σὺν πάντα τὰ ποιήματα *τοῦ θεοῦ*		
9:1	וַעֲבָדֵיהֶם בְּיַד *הָאֱלֹהִים*	καὶ ἐργασίαι αὐτῶν ἐν χειρὶ *τοῦ θεοῦ*		
9:7	כִּי כְבָר רָצָה *הָאֱלֹהִים* אֶת־מַעֲשֶׂיךָ	ὅτι ἤδη εὐδόκησεν *ὁ θεὸς* τὰ ποιήματά σου		
11:5	כָּכָה לֹא תֵדַע אֶת־מַעֲשֵׂה *הָאֱלֹהִים*	οὕτως οὐ γνώσῃ τὰ ποιήματα *τοῦ θεοῦ*		
11:9	עַל־כָּל־אֵלֶּה יְבִיאֲךָ *הָאֱלֹהִים* בַּמִּשְׁפָּט	ἐπὶ πᾶσι τούτοις ἄξει σε *ὁ θεὸς* ἐν κρίσει		
12:7	וְהָרוּחַ תָּשׁוּב אֶל־*הָאֱלֹהִים*	καὶ τὸ πνεῦμα ἐπιστρέψῃ πρὸς *τὸν θεόν*		
12:13	אֶת־*הָאֱלֹהִים* יְרָא וְאֶת־מִצְוֹתָיו שְׁמוֹר	*τὸν θεὸν* φοβοῦ καὶ τὰς ἐντολὰς αὐτοῦ φύλασσε		
12:14	כִּי אֶת־כָּל־מַעֲשֶׂה *הָאֱלֹהִים* יָבִא בְמִשְׁפָּט	ὅτι σὺν πᾶν τὸ ποίημα *ὁ θεὸς* ἄξει ἐν κρίσει		

אִלּוּ *Occurrences: 1*

εἰ	*1*	*100%*		
6:6	*וְאִלּוּ* חָיָה אֶלֶף שָׁנִים פַּעֲמַיִם	καὶ *εἰ* ἔζησεν χιλίων ἐτῶν καθόδους		

אֶלֶף

Occurrences: 2

χίλιοι		2	100%
6:6	וְאִלּוּ חָיָה אֶלֶף שָׁנִים פַּעֲמַיִם		καὶ εἰ ἔζησεν χιλίων ἐτῶν καθόδους
7:28	אָדָם אֶחָד מֵאֶלֶף מָצָאתִי		ἄνθρωπον ἕνα ἀπὸ χιλίων εὗρον

אִם

Occurrences: 21

ἐάν	15	71%
εἰ	2	10%
ἀλλά + ἤ	1	5%
εἰ + μή	1	5%
μή	1	5%
ὅσος + ἄν	1	5%

ἀλλά + ἤ		1	5%
5:10	כִּי אִם־*רְאִית **רְאוּת עֵינָיו		ὅτι ἀλλ' ἢ τοῦ ὁρᾶν ὀφθαλμοῖς αὐτοῦ
ἐάν		15	71%
4:10	כִּי אִם־יִפֹּלוּ הָאֶחָד יָקִים אֶת־חֲבֵרוֹ		ὅτι ἐὰν πέσωσιν ὁ εἷς ἐγερεῖ τὸν μέτοχον αὐτοῦ
4:11	גַּם אִם־יִשְׁכְּבוּ שְׁנַיִם וְחַם לָהֶם		καί γε ἐὰν κοιμηθῶσιν δύο καὶ θέρμη αὐτοῖς
4:12	וְאִם־יִתְקְפוֹ הָאֶחָד		καὶ ἐὰν ἐπικραταιωθῇ ὁ εἷς
5:7	אִם־עֹשֶׁק רָשׁ וְגֵזֶל מִשְׁפָּט		ἐὰν συκοφαντίαν πένητος καὶ ἁρπαγὴν κρίματος
6:3	אִם־יוֹלִיד אִישׁ מֵאָה וְשָׁנִים רַבּוֹת יִחְיֶה		ἐὰν γεννήσῃ ἀνὴρ ἑκατὸν καὶ ἔτη πολλὰ ζήσεται
10:4	אִם־רוּחַ הַמּוֹשֵׁל תַּעֲלֶה עָלֶיךָ		ἐὰν πνεῦμα τοῦ ἐξουσιάζοντος ἀναβῇ ἐπὶ σέ
10:10	אִם־קֵהָה הַבַּרְזֶל וְהוּא לֹא־פָנִים קִלְקַל		ἐὰν ἐκπέσῃ τὸ σιδήριον καὶ αὐτὸς πρόσωπον ἐτάραξεν
10:11	אִם־יִשֹּׁךְ הַנָּחָשׁ בְּלוֹא־לָחַשׁ		ἐὰν δάκῃ ὁ ὄφις ἐν οὐ ψιθυρισμῷ
11:3	אִם־יִמָּלְאוּ הֶעָבִים גֶּשֶׁם		ἐὰν πληρωθῶσιν τὰ νέφη ὑετοῦ
11:3	וְאִם־יִפּוֹל עֵץ בַּדָּרוֹם וְאִם בַּצָּפוֹן		καὶ ἐὰν πέσῃ ξύλον ἐν τῷ νότῳ καὶ ἐὰν ἐν τῷ βορρᾷ
11:3	וְאִם־יִפּוֹל עֵץ בַּדָּרוֹם וְאִם בַּצָּפוֹן		καὶ ἐὰν πέσῃ ξύλον ἐν τῷ νότῳ καὶ ἐὰν ἐν τῷ βορρᾷ
11:6	וְאִם־שְׁנֵיהֶם כְּאֶחָד טוֹבִים		καὶ ἐὰν τὰ δύο ἐπὶ τὸ αὐτὸ ἀγαθά
11:8	כִּי אִם־שָׁנִים הַרְבֵּה יִחְיֶה הָאָדָם		ὅτι καὶ ἐὰν ἔτη πολλὰ ζήσεται ὁ ἄνθρωπος
12:14	אִם־טוֹב וְאִם־רָע		ἐὰν ἀγαθὸν καὶ ἐὰν πονηρόν
12:14	אִם־טוֹב וְאִם־רָע		ἐὰν ἀγαθὸν καὶ ἐὰν πονηρόν
εἰ		2	10%
5:11	אִם־מְעַט וְאִם־הַרְבֵּה יֹאכֵל		εἰ ὀλίγον καὶ εἰ πολὺ φάγεται
5:11	אִם־מְעַט וְאִם־הַרְבֵּה יֹאכֵל		εἰ ὀλίγον καὶ εἰ πολὺ φάγεται
εἰ + μή		1	5%
8:15	כִּי אִם־לֶאֱכוֹל וְלִשְׁתּוֹת		ὅτι εἰ μὴ τοῦ φαγεῖν καὶ τοῦ πιεῖν
μή		1	5%
3:12	כִּי אִם־לִשְׂמוֹחַ וְלַעֲשׂוֹת טוֹב		εἰ μὴ τοῦ εὐφρανθῆναι καὶ τοῦ ποιεῖν ἀγαθὸν
ὅσος + ἄν		1	5%
8:17	וְגַם אִם־יֹאמַר הֶחָכָם לָדַעַת		καί γε ὅσα ἂν εἴπῃ ὁ σοφὸς τοῦ γνῶναι

אֵם

Occurrences: 1

μήτηρ		1	100%
5:14	כַּאֲשֶׁר יָצָא מִבֶּטֶן אִמּוֹ עָרוֹם		καθὼς ἐξῆλθεν ἀπὸ γαστρὸς μητρὸς αὐτοῦ γυμνός

אָמַר

Occurrences: 20

εἶπον	18	90%
λέγω	1	5%
λογίζομαι	1	5%

εἶπον		18	90%
1:2	הֲבֵל הֲבָלִים אָמַר קֹהֶלֶת		ματαιότης ματαιοτήτων εἶπεν ὁ ἐκκλησιαστής
1:10	יֵשׁ דָּבָר שֶׁיֹּאמַר רְאֵה־זֶה חָדָשׁ הוּא		ὃς λαλήσει καὶ ἐρεῖ ἰδὲ τοῦτο καινόν ἐστιν
2:1	אָמַרְתִּי אֲנִי בְּלִבִּי לְכָה־נָּא		εἶπον ἐγὼ ἐν καρδίᾳ μου δεῦρο δὴ
2:2	לִשְׂחוֹק אָמַרְתִּי מְהוֹלָל		τῷ γέλωτι εἶπα περιφορὰν {c παραφορὰν}
2:15	וְאָמַרְתִּי אֲנִי בְּלִבִּי		καὶ εἶπα ἐγὼ ἐν καρδίᾳ μου

3:17	אָמַרְתִּי אֲנִי בְּלִבִּי	*εἶπα* ἐγὼ ἐν καρδίᾳ μου
3:18	אָמַרְתִּי אֲנִי בְּלִבִּי	ἐκεῖ *εἶπα* ἐγὼ ἐν καρδίᾳ μου
5:5	וְאַל־תֹּאמַר לִפְנֵי הַמַּלְאָךְ	καὶ μὴ *εἴπῃς* πρὸ προσώπου τοῦ θεοῦ
6:3	אָמַרְתִּי טוֹב מִמֶּנּוּ הַנָּפֶל	*εἶπα* ἀγαθὸν ὑπὲρ αὐτὸν τὸ ἔκτρωμα
7:10	אַל־תֹּאמַר מֶה הָיָה	μὴ *εἴπῃς* τί ἐγένετο
7:23	אָמַרְתִּי אֶחְכָּמָה וְהִיא רְחוֹקָה מִמֶּנִּי	*εἶπα* σοφισθήσομαι [καὶ αὐτὴ ἐμακρύνθη ἀπ' ἐμοῦ]
7:27	רְאֵה זֶה מָצָאתִי *אָמְרָה* קֹהֶלֶת	ἰδὲ τοῦτο εὗρον *εἶπεν* ὁ ἐκκλησιαστής
8:4	וּמִי יֹאמַר־לוֹ מַה־תַּעֲשֶׂה	καὶ τίς *ἐρεῖ* αὐτῷ τί ποιήσεις
8:14	אָמַרְתִּי שֶׁגַּם־זֶה הָבֶל	*εἶπα* ὅτι καί γε τοῦτο ματαιότης
8:17	וְגַם אִם־יֹאמַר הֶחָכָם לָדַעַת	καί γε ὅσα ἂν *εἴπῃ* ὁ σοφὸς τοῦ γνῶναι
9:16	וְאָמַרְתִּי אָנִי טוֹבָה חָכְמָה מִגְּבוּרָה	*καὶ εἶπα* ἐγώ ἀγαθὴ σοφία ὑπὲρ δύναμιν
12:1	וְהִגִּיעוּ שָׁנִים אֲשֶׁר תֹּאמַר	καὶ φθάσωσιν ἔτη ἐν οἷς *ἐρεῖς*
12:8	הֲבֵל הֲבָלִים אָמַר הַקּוֹהֶלֶת	ματαιότης ματαιοτήτων *εἶπεν* ὁ ἐκκλησιαστής
λέγω	*1*	*5%*
1:16	דִּבַּרְתִּי אֲנִי עִם־לִבִּי לֵאמֹר	ἐλάλησα ἐγὼ ἐν καρδίᾳ μου *τῷ λέγειν*
λογίζομαι	*1*	*5%*
10:3	וְאָמַר לַכֹּל סָכָל הוּא	*καὶ ἃ λογιεῖται* πάντα ἀφροσύνη ἐστίν

אֱמֶת *Occurrences: 1*

ἀλήθεια	*1*	*100%*
12:10	וְכָתוּב יֹשֶׁר דִּבְרֵי *אֱמֶת*	καὶ γεγραμμένον εὐθύτητος λόγους *ἀληθείας*

אֲנִי *Occurrences: 29*

ἐγώ	*28*	*100%*
- - -	*1*	

- - -	*1*	
8:2	אֲנִי פִּי־מֶלֶךְ שְׁמוֹר	στόμα βασιλέως φύλαξον
ἐγώ	*28*	*100%*
1:12	אֲנִי קֹהֶלֶת הָיִיתִי מֶלֶךְ	*ἐγὼ* ἐκκλησιαστὴς ἐγενόμην βασιλεὺς
1:16	דִּבַּרְתִּי אֲנִי עִם־לִבִּי לֵאמֹר	ἐλάλησα *ἐγὼ* ἐν καρδίᾳ μου τῷ λέγειν
1:16	אֲנִי הִנֵּה הִגְדַּלְתִּי וְהוֹסַפְתִּי חָכְמָה	*ἐγὼ* ἰδοὺ ἐμεγαλύνθην καὶ προσέθηκα σοφίαν
2:1	אָמַרְתִּי אֲנִי בְּלִבִּי לְכָה־נָּא	εἶπον *ἐγὼ* ἐν καρδίᾳ μου δεῦρο δὴ
2:11	וּפָנִיתִי אֲנִי בְּכָל־מַעֲשַׂי	καὶ ἐπέβλεψα *ἐγὼ* ἐν πᾶσιν ποιήμασίν μου
2:12	וּפָנִיתִי אֲנִי לִרְאוֹת חָכְמָה	καὶ ἐπέβλεψα *ἐγὼ* τοῦ ἰδεῖν σοφίαν
2:13	וְרָאִיתִי אָנִי שֶׁיֵּשׁ יִתְרוֹן לַחָכְמָה	καὶ εἶδον *ἐγὼ* ὅτι ἔστιν περισσεία τῇ σοφίᾳ
2:14	וְיָדַעְתִּי גַם־אָנִי	καὶ ἔγνων καί γε *ἐγὼ*
2:15	וְאָמַרְתִּי אֲנִי בְּלִבִּי	καὶ εἶπα *ἐγὼ* ἐν καρδίᾳ μου
2:15	גַּם־אֲנִי יִקְרֵנִי	καί γε *ἐμοὶ* συναντήσεταί μοι
2:15	וְלָמָּה חָכַמְתִּי אֲנִי אָז יוֹתֵר	*καὶ* ἵνα τί ἐσοφισάμην *ἐγὼ* τότε περισσὸν
2:18	וְשָׂנֵאתִי אֲנִי אֶת־כָּל־עֲמָלִי	καὶ ἐμίσησα *ἐγὼ* σὺν πάντα μόχθον μου
2:18	עֲמָלִי שֶׁאֲנִי עָמֵל תַּחַת הַשָּׁמֶשׁ	μόχθον μου ὃν *ἐγὼ* μοχθῶ ὑπὸ τὸν ἥλιον
2:20	וְסַבּוֹתִי אֲנִי לְיַאֵשׁ אֶת־לִבִּי	καὶ ἐπέστρεψα *ἐγὼ* τοῦ ἀποτάξασθαι τῇ καρδίᾳ μου
2:24	גַּם־זֹה רָאִיתִי אָנִי	καί γε τοῦτο εἶδον *ἐγὼ*
3:17	אָמַרְתִּי אֲנִי בְּלִבִּי	εἶπα *ἐγὼ* ἐν καρδίᾳ μου
3:18	אָמַרְתִּי אֲנִי בְּלִבִּי	ἐκεῖ εἶπα *ἐγὼ* ἐν καρδίᾳ μου
4:1	וְשַׁבְתִּי אֲנִי וָאֶרְאֶה	καὶ ἐπέστρεψα *ἐγὼ* καὶ εἶδον
4:2	וְשַׁבֵּחַ אֲנִי אֶת־הַמֵּתִים	καὶ ἐπῄνεσα *ἐγὼ* σὺν τοὺς τεθνηκότας
4:4	וְרָאִיתִי אֲנִי אֶת־כָּל־עָמָל	καὶ εἶδον *ἐγὼ* σὺν πάντα τὸν μόχθον
4:7	וְשַׁבְתִּי אֲנִי וָאֶרְאֶה הֶבֶל	καὶ ἐπέστρεψα *ἐγὼ* καὶ εἶδον ματαιότητα
4:8	וּלְמִי אֲנִי עָמֵל וּמְחַסֵּר אֶת־נַפְשִׁי	καὶ τίνι *ἐγὼ* μοχθῶ καὶ στερίσκω τὴν ψυχήν μου
5:17	הִנֵּה אֲשֶׁר־רָאִיתִי אָנִי טוֹב אֲשֶׁר־יָפֶה	ἰδοὺ ὃ εἶδον *ἐγὼ* ἀγαθόν ὅ ἐστιν καλόν
7:25	סַבּוֹתִי אֲנִי וְלִבִּי	ἐκύκλωσα *ἐγώ* καὶ ἡ καρδία μου
7:26	וּמוֹצֶא אֲנִי מַר מִמָּוֶת	καὶ εὑρίσκω *ἐγὼ* πικρότερον ὑπὲρ θάνατον
8:12	כִּי גַּם־יוֹדֵעַ אָנִי	ὅτι καί γε γινώσκω *ἐγὼ*
8:15	וְשִׁבַּחְתִּי אֲנִי אֶת־הַשִּׂמְחָה	καὶ ἐπῄνεσα *ἐγὼ* σὺν τὴν εὐφροσύνην

9:16 וְאָמַרְתִּי אָנִי טוֹבָה חָכְמָה מִגְּבוּרָה καὶ εἶπα *ἐγώ* ἀγαθὴ σοφία ὑπὲρ δύναμιν

אֵסוּר *Occurrences: 1*

δεσμός *1* *100%*
7:26 וַחֲרָמִים לִבָּהּ אֲסוּרִים יָדֶיהָ καὶ σαγῆναι καρδία αὐτῆς *δεσμοὶ* χεῖρες αὐτῆς

אָסַף *Occurrences: 1*

τίθημι/προς *1* *100%*
2:26 לֶאֱסוֹף וְלִכְנוֹס τοῦ *προσθεῖναι* καὶ τοῦ συναγαγεῖν

אֲסֻפָּה *Occurrences: 1*

σύναγμα *1* *100%*
12:11 בַּעֲלֵי *אֲסֻפּוֹת* οἳ παρὰ *τῶν συναγμάτων*

אָסַר *Occurrences: 1*

δέσμιος *1* *100%*
4:14 כִּי־מִבֵּית הָסוּרִים יָצָא ὅτι ἐξ οἴκου *τῶν δεσμίων* ἐξελεύσεται = האסורים

אַף *Occurrences: 2*

καί + γέ *1* *50%*
2:9 אַף חָכְמָתִי עָמְדָה לִּי *καί γε* σοφία μου ἐστάθη μοι

אָצַל *Occurrences: 1*

αἱρέω/ὑπο *1* *100%*
2:10 לֹא אָצַלְתִּי מֵהֶם οὐχ *ὑφεῖλον* ἀπ' αὐτῶν

אֲרֻבָּה *Occurrences: 1*

ὀπή *1* *100%*
12:3 וְחָשְׁכוּ הָרֹאוֹת בָּאֲרֻבּוֹת καὶ σκοτάσουσιν αἱ βλέπουσαι *ἐν ταῖς ὀπαῖς*

אַרְיֵה *Occurrences: 1*

λέων *1* *100%*
9:4 הוּא טוֹב מִן־הָאַרְיֵה הַמֵּת αὐτὸς ἀγαθὸς ὑπὲρ *τὸν λέοντα* τὸν νεκρόν

אָרַךְ *Occurrences: 3*

μακρύνω	*1*	*33%*
μακρότης	*1*	*33%*
μένω	*1*	*33%*

μακρότης *1* *33%*
8:12 וּמַאֲרִיךְ לוֹ καὶ *ἀπὸ μακρότητος* αὐτῷ =v
μακρύνω *1* *33%*
8:13 וְלֹא־יַאֲרִיךְ יָמִים כַּצֵּל καὶ οὐ *μακρυνεῖ* ἡμέρας ἐν σκιᾷ
μένω *1* *33%*
7:15 וְיֵשׁ רָשָׁע מַאֲרִיךְ בְּרָעָתוֹ καὶ ἔστιν ἀσεβὴς *μένων* ἐν κακίᾳ αὐτοῦ

אָרֵךְ *Occurrences: 1*

אֶרֶךְ + רוּחַ *1*
μακρόθυμος *1* *100%*
7:8 טוֹב אֶרֶךְ־רוּחַ מִגְּבַהּ־רוּחַ ἀγαθὸν *μακρόθυμος* ὑπὲρ ὑψηλὸν πνεύματι

אֶרֶץ *Occurrences: 13*

γῆ	*12*	*92%*
πόλις	*1*	*8%*

γῆ	*12*	*92%*		
1:4	וְהָאָרֶץ לְעוֹלָם עֹמָדֶת	καὶ ἡ *γῆ* εἰς τὸν αἰῶνα ἕστηκεν		
3:21	הַיֹּרֶדֶת הִיא לְמַטָּה לָאָרֶץ	εἰ καταβαίνει αὐτὸ κάτω *εἰς γῆν*		
5:1	כִּי הָאֱלֹהִים בַּשָּׁמַיִם וְאַתָּה עַל־הָאָרֶץ	ὅτι ὁ θεὸς ἐν τῷ οὐρανῷ καὶ σὺ ἐπὶ *τῆς γῆς*		
5:8	וְיִתְרוֹן אֶרֶץ בַּכֹּל *הִיא **הוּא	καὶ περισσεία *γῆς* ἐν παντί ἐστι		
7:20	כִּי אָדָם אֵין צַדִּיק בָּאָרֶץ	ὅτι ἄνθρωπος οὐκ ἔστιν δίκαιος *ἐν τῇ γῇ*		
8:14	יֶשׁ־הֶבֶל אֲשֶׁר נַעֲשָׂה עַל־הָאָרֶץ	ἔστιν ματαιότης ἣ πεποίηται ἐπὶ *τῆς γῆς*		
8:16	אֶת־הָעִנְיָן אֲשֶׁר נַעֲשָׂה עַל־הָאָרֶץ	τὸν περισπασμὸν τὸν πεποιημένον ἐπὶ *τῆς γῆς*		
10:7	וְשָׂרִים הֹלְכִים כַּעֲבָדִים עַל־הָאָרֶץ	καὶ ἄρχοντας πορευομένους ὡς δούλους ἐπὶ *τῆς γῆς*		
10:17	אַשְׁרֵיךְ אֶרֶץ שֶׁמַּלְכֵּךְ בֶּן־חוֹרִים	μακαρία σύ *γῆ* ἧς ὁ βασιλεύς σου υἱὸς ἐλευθέρων		
11:2	כִּי לֹא תֵדַע מַה־יִּהְיֶה רָעָה עַל־הָאָרֶץ	ὅτι οὐ γινώσκεις τί ἔσται πονηρὸν ἐπὶ *τὴν γῆν*		
11:3	עַל־הָאָרֶץ יָרִיקוּ	ἐπὶ *τὴν γῆν* ἐκχέουσιν		
12:7	וְיָשֹׁב הֶעָפָר עַל־הָאָרֶץ כְּשֶׁהָיָה	καὶ ἐπιστρέψῃ ὁ χοῦς ἐπὶ *τὴν γῆν* ὡς ἦν		
πόλις	*1*	*8%*		
10:16	אִי־לָךְ אֶרֶץ שֶׁמַּלְכֵּךְ נָעַר	οὐαί σοι *πόλις* ἧς ὁ βασιλεύς σου νεώτερος	=	עיר

אִשָּׁה *Occurrences: 3*

γυνή	*3*	*100%*
7:26	אֶת־הָאִשָּׁה אֲשֶׁר־הִיא מְצוֹדִים	σὺν *τὴν γυναῖκα* ἥτις ἐστὶν θηρεύματα
7:28	וְאִשָּׁה בְכָל־אֵלֶּה לֹא מָצָאתִי	*καὶ γυναῖκα* ἐν πᾶσι τούτοις οὐχ εὗρον
9:9	רְאֵה חַיִּים עִם־אִשָּׁה אֲשֶׁר־אָהַבְתָּ	ἰδὲ ζωὴν μετὰ *γυναικός* ἧς ἠγάπησας

אֲשֶׁר *Occurrences: 89*

ὅς	*36*	*40%*
ὁ	*11*	*12%*
ὅσος	*8*	*9%*
ὅτι	*7*	*8%*
ὅπως	*4*	*5%*
ὅστις	*4*	*5%*
ὅς + ἐάν	*2*	*2%*
- - -	*2*	
ὅπου	*1*	*1%*
ὅς + ἄν	*1*	*1%*
ὅς + εἰμί	*1*	*1%*
ὅσος + ἄν	*1*	*1%*
ὅσος + ἐάν	*1*	*1%*
τίς + ὁ	*1*	*1%*
ὡς	*1*	*1%*
כְּ + אֲשֶׁר	*4*	
καθώς	*3*	*3%*
καθώς + ἄν	*1*	*1%*
בְּ + אֲשֶׁר	*2*	
καθότι	*1*	*1%*
καθώς	*1*	*1%*
בְּ + שֶׁל + אֲשֶׁר	*1*	
ὅσος + ἄν	*1*	*1%*
לְ + אֲשֶׁר	*1*	
ὁ	*1*	*1%*

- - -	*2*	
9:2	הַכֹּל כַּאֲשֶׁר לַכֹּל	ματαιότης ἐν τοῖς πᾶσιν
9:3	זֶה רָע בְּכֹל אֲשֶׁר־נַעֲשָׂה תַּחַת הַשָּׁמֶשׁ	τοῦτο πονηρὸν ἐν παντὶ πεποιημένῳ ὑπὸ τὸν ἥλιον
ὁ	*11*	*12%*
1:10	כְּבָר הָיָה לְעֹלָמִים אֲשֶׁר הָיָה	ἤδη γέγονεν ἐν τοῖς αἰῶσιν *τοῖς* γενομένοις
1:13	עַל כָּל־אֲשֶׁר נַעֲשָׂה תַּחַת הַשָּׁמָיִם	περὶ πάντων *τῶν* γινομένων ὑπὸ τὸν οὐρανόν

4:1	אֶת־כָּל־הָעֲשֻׁקִים אֲשֶׁר נַעֲשִׂים	σὺν πάσας *τὰς* συκοφαντίας τὰς γινομένας	
4:3	אֲשֶׁר נַעֲשָׂה תַּחַת הַשָּׁמֶשׁ	*τὸ* πεποιημένον ὑπὸ τὸν ἥλιον	
5:4	טוֹב אֲשֶׁר לֹא־תִדֹּר מִשֶּׁתִּדּוֹר	ἀγαθὸν *τὸ* μὴ εὔξασθαί σε ἢ τὸ εὔξασθαί σε	
7:18	טוֹב אֲשֶׁר תֶּאֱחֹז בָּזֶה	ἀγαθὸν *τὸ* ἀντέχεσθαί σε ἐν τούτῳ	
7:19	מֵעֲשָׂרָה שַׁלִּיטִים אֲשֶׁר הָיוּ בָּעִיר	ὑπὲρ δέκα ἐξουσιάζοντας *τοὺς* ὄντας ἐν τῇ πόλει	
8:16	וְלִרְאוֹת אֶת־הָעִנְיָן אֲשֶׁר נַעֲשָׂה	καὶ τοῦ ἰδεῖν τὸν περισπασμὸν *τὸν* πεποιημένον	
8:17	אֶת־הַמַּעֲשֶׂה אֲשֶׁר נַעֲשָׂה תַחַת־הַשֶּׁמֶשׁ	σὺν *τὸ* ποίημα τὸ πεποιημένον ὑπὸ τὸν ἥλιον	
9:6	בְּכֹל אֲשֶׁר־נַעֲשָׂה תַּחַת הַשָּׁמֶשׁ	ἐν παντὶ *τῷ* πεποιημένῳ ὑπὸ τὸν ἥλιον	
9:9	אֲשֶׁר נָתַן־לְךָ תַּחַת הַשֶּׁמֶשׁ	*τὰς* δοθείσας σοι ὑπὸ τὸν ἥλιον	
ὅπου	*1*	*1%*	
9:10	וְחָכְמָה בִּשְׁאוֹל אֲשֶׁר אַתָּה הֹלֵךְ שָׁמָּה	καὶ σοφία ἐν ᾅδῃ *ὅπου* σὺ πορεύῃ ἐκεῖ	
ὅπως	*4*	*5%*	
3:11	מִבְּלִי אֲשֶׁר לֹא־יִמְצָא הָאָדָם אֶת־הַמַּעֲשֶׂה	*ὅπως μὴ* εὕρῃ ὁ ἄνθρωπος τὸ ποίημα	
7:21	אֲשֶׁר לֹא־תִשְׁמַע אֶת־עַבְדְּךָ מְקַלְלֶךָ	*ὅπως* μὴ ἀκούσῃς τοῦ δούλου σου καταρωμένου σε	
7:22	אֲשֶׁר גַּם־*אַתְּ **אַתָּה קִלַּלְתָּ אֲחֵרִים	*ὅπως* καί γε σὺ κατηράσω ἑτέρους	
8:12	אֲשֶׁר יִירְאוּ מִלְּפָנָיו	*ὅπως* φοβῶνται ἀπὸ προσώπου αὐτοῦ	
ὅς	*36*	*40%*	
1:16	עַל כָּל־אֲשֶׁר־הָיָה לְפָנַי עַל־יְרוּשָׁלִָם	ἐπὶ πᾶσιν *οἳ* ἐγένοντο ἔμπροσθέν μου ἐν Ιερουσαλημ	
2:3	עַד אֲשֶׁר־אֶרְאֶה אֵי־זֶה טוֹב	ἕως *οὗ* ἴδω ποῖον τὸ ἀγαθὸν	
2:3	טוֹב לִבְנֵי הָאָדָם אֲשֶׁר יַעֲשׂוּ	τὸ ἀγαθὸν τοῖς υἱοῖς τοῦ ἀνθρώπου *ὃ* ποιήσουσιν	
2:10	וְכֹל אֲשֶׁר שָׁאֲלוּ עֵינַי	καὶ πᾶν *ὃ* ᾔτησαν οἱ ὀφθαλμοί μου	
3:9	מַה־יִּתְרוֹן הָעוֹשֶׂה בַּאֲשֶׁר הוּא עָמֵל	τίς περισσεία τοῦ ποιοῦντος *ἐν οἷς* αὐτὸς μοχθεῖ	
3:10	רָאִיתִי אֶת־הָעִנְיָן אֲשֶׁר נָתַן אֱלֹהִים	εἶδον σὺν τὸν περισπασμόν *ὃν* ἔδωκεν ὁ θεὸς	
3:11	אֲשֶׁר־עָשָׂה הָאֱלֹהִים מֵרֹאשׁ וְעַד־סוֹף	*ὃ* ἐποίησεν ὁ θεὸς ἀπ᾽ ἀρχῆς καὶ μέχρι τέλους	
3:22	מֵאֲשֶׁר יִשְׂמַח הָאָדָם	*εἰ μὴ ὃ* εὐφρανθήσεται ὁ ἄνθρωπος	
4:3	אֲשֶׁר לֹא־רָאָה אֶת־הַמַּעֲשֶׂה הָרָע	*ὃς* οὐκ εἶδεν *σὺν* τὸ ποίημα τὸ πονηρὸν	
4:9	אֲשֶׁר יֵשׁ־לָהֶם שָׂכָר טוֹב בַּעֲמָלָם	*οἷς* ἔστιν αὐτοῖς μισθὸς ἀγαθὸς ἐν μόχθῳ αὐτῶν	
4:13	אֲשֶׁר לֹא־יָדַע לְהִזָּהֵר עוֹד	*ὃς* οὐκ ἔγνω τοῦ προσέχειν ἔτι	
4:15	אֲשֶׁר יַעֲמֹד תַּחְתָּיו	*ὃς* στήσεται ἀντ᾽ αὐτοῦ	
5:17	הִנֵּה אֲשֶׁר־רָאִיתִי אָנִי טוֹב אֲשֶׁר־יָפֶה	ἰδοὺ *ὃ* εἶδον ἐγὼ ἀγαθόν ὅ ἐστιν καλόν	
5:17	יְמֵי־חַיָּו אֲשֶׁר־נָתַן־לוֹ הָאֱלֹהִים	ἡμερῶν ζωῆς αὐτοῦ *ὧν* ἔδωκεν αὐτῷ ὁ θεός	
5:18	גַּם כָּל־הָאָדָם אֲשֶׁר נָתַן־לוֹ הָאֱלֹהִים	καί γε πᾶς ὁ ἄνθρωπος *ᾧ* ἔδωκεν αὐτῷ ὁ θεὸς	
6:1	יֵשׁ רָעָה אֲשֶׁר רָאִיתִי תַּחַת הַשָּׁמֶשׁ	ἔστιν πονηρία *ἣν* εἶδον ὑπὸ τὸν ἥλιον	
6:2	אִישׁ אֲשֶׁר יִתֶּן־לוֹ הָאֱלֹהִים עֹשֶׁר	ἀνήρ *ᾧ* δώσει αὐτῷ ὁ θεὸς πλοῦτον	
6:2	מִכֹּל אֲשֶׁר־יִתְאַוֶּה	ἀπὸ πάντων *ὧν* ἐπιθυμήσει	
6:10	וְנוֹדָע אֲשֶׁר־הוּא אָדָם	καὶ ἐγνώσθη *ὅ* ἐστιν ἄνθρωπος	
7:20	אֲשֶׁר יַעֲשֶׂה־טּוֹב וְלֹא יֶחֱטָא	*ὃς* ποιήσει ἀγαθὸν καὶ οὐχ ἁμαρτήσεται	
7:21	גַּם לְכָל־הַדְּבָרִים אֲשֶׁר יְדַבֵּרוּ	καί γε εἰς πάντας τοὺς λόγους *οὓς* λαλήσουσιν	
7:28	אֲשֶׁר עוֹד־בִּקְשָׁה נַפְשִׁי וְלֹא מָצָאתִי	*ὃν* ἔτι ἐζήτησεν ἡ ψυχή μου καὶ οὐχ εὗρον	
7:29	אֲשֶׁר עָשָׂה הָאֱלֹהִים אֶת־הָאָדָם יָשָׁר	*ὃ* ἐποίησεν ὁ θεὸς σὺν τὸν ἄνθρωπον εὐθῆ	
8:9	לְכָל־מַעֲשֶׂה אֲשֶׁר נַעֲשָׂה תַּחַת הַשָּׁמֶשׁ	εἰς πᾶν ποίημα *ὃ* πεποίηται ὑπὸ τὸν ἥλιον	
8:12	אֲשֶׁר חֹטֶא עֹשֶׂה רָע מְאַת	*ὃς* ἥμαρτεν ἐποίησεν τὸ πονηρὸν ἀπὸ τότε	
8:13	אֲשֶׁר אֵינֶנּוּ יָרֵא מִלִּפְנֵי אֱלֹהִים	*ὃς* οὐκ ἔστιν φοβούμενος ἀπὸ προσώπου τοῦ θεοῦ	
8:14	יֶשׁ־הֶבֶל אֲשֶׁר נַעֲשָׂה עַל־הָאָרֶץ	ἔστιν ματαιότης *ἣ* πεποίηται ἐπὶ τῆς γῆς	
8:16	כַּאֲשֶׁר נָתַתִּי אֶת־לִבִּי לָדַעַת חָכְמָה	*ἐν οἷς* ἔδωκα τὴν καρδίαν μου τοῦ γνῶναι σοφίαν	=%p
9:4	כִּי־מִי אֲשֶׁר *יְבֻחַר **יְחֻבַּר אֶל כָּל־הַחַיִּים	ὅτι τίς *ὃς* κοινωνεῖ πρὸς πάντας τοὺς ζῶντας	
9:9	רְאֵה חַיִּים עִם־אִשָּׁה אֲשֶׁר־אָהַבְתָּ	ἰδὲ ζωὴν μετὰ γυναικός *ἧς* ἠγάπησας	
9:9	וּבַעֲמָלְךָ אֲשֶׁר־אַתָּה עָמֵל תַּחַת הַשָּׁמֶשׁ	καὶ ἐν τῷ μόχθῳ σου *ᾧ* σὺ μοχθεῖς ὑπὸ τὸν ἥλιον	
10:15	אֲשֶׁר לֹא־יָדַע לָלֶכֶת אֶל־עִיר	*ὃς* οὐκ ἔγνω τοῦ πορευθῆναι εἰς πόλιν	
11:5	כַּאֲשֶׁר אֵינְךָ יוֹדֵעַ מַה־דֶּרֶךְ הָרוּחַ	*ἐν οἷς* οὐκ ἔστιν γινώσκων τίς ἡ ὁδὸς τοῦ πνεύματος	=%p
12:1	וְהִגִּיעוּ שָׁנִים אֲשֶׁר תֹּאמַר	καὶ φθάσωσιν ἔτη ἐν *οἷς* ἐρεῖς	
12:2	עַד אֲשֶׁר לֹא־תֶחְשַׁךְ הַשֶּׁמֶשׁ	ἕως *οὗ* μὴ σκοτισθῇ ὁ ἥλιος	
12:7	תָּשׁוּב אֶל־הָאֱלֹהִים אֲשֶׁר נְתָנָהּ	ἐπιστρέψῃ πρὸς τὸν θεόν *ὃς* ἔδωκεν αὐτό	
ὅς + ἄν	*1*	*1%*	
7:13	אֵת אֲשֶׁר עִוְּתוֹ	*ὃν ἂν* ὁ θεὸς διαστρέψῃ αὐτόν	

ὅς + ἐάν		2	2%		
4:17	שְׁמֹר *רַגְלְיךָ **רַגְלְךָ כַּאֲשֶׁר תֵּלֵךְ אֶל־בֵּית		φύλαξον πόδα σου ἐν ᾧ ἐάν πορεύῃ εἰς οἶκον	=%p	
8:3	כִּי כָּל־אֲשֶׁר יַחְפֹּץ יַעֲשֶׂה		ὅτι πᾶν ὃ ἐὰν θελήσῃ ποιήσει		
ὅς + εἰμί		1	1%		
5:17	הִנֵּה אֲשֶׁר־רָאִיתִי אָנִי טוֹב אֲשֶׁר־יָפֶה		ἰδοὺ ὃ εἶδον ἐγὼ ἀγαθόν ὅ ἐστιν καλόν		
ὅσος		8	9%		
2:12	אֵת אֲשֶׁר־כְּבָר עָשׂוּהוּ		τὰ ὅσα ἐποίησεν αὐτήν		
3:14	יָדַעְתִּי כִּי כָּל־אֲשֶׁר יַעֲשֶׂה הָאֱלֹהִים		ἔγνων ὅτι παντα ὅσα ἐποίησεν ὁ θεός		
3:15	וַאֲשֶׁר לִהְיוֹת כְּבָר הָיָה		καὶ ὅσα τοῦ γίνεσθαι ἤδη γέγονεν		
4:2	אֲשֶׁר הֵמָּה חַיִּים עֲדֶנָה		ὅσοι αὐτοὶ ζῶσιν ἕως τοῦ νῦν		
4:16	לְכֹל אֲשֶׁר־הָיָה לִפְנֵיהֶם		τοῖς πᾶσιν ὅσοι ἐγένοντο ἔμπροσθεν αὐτῶν		
8:9	עֵת אֲשֶׁר שָׁלַט הָאָדָם בְּאָדָם		τὰ ὅσα ἐξουσιάσατο ὁ ἄνθρωπος ἐν ἀνθρώπῳ	=.()	אשר
את					
8:15	יְמֵי חַיָּיו אֲשֶׁר־נָתַן־לוֹ הָאֱלֹהִים		ἡμέρας ζωῆς αὐτοῦ ὅσας ἔδωκεν αὐτῷ ὁ θεὸς		
11:5	אֶת־מַעֲשֵׂה הָאֱלֹהִים אֲשֶׁר יַעֲשֶׂה אֶת־הַכֹּל		τὰ ποιήματα τοῦ θεοῦ ὅσα ποιήσει σὺν τὰ πάντα		
ὅσος + ἄν		1	1%		
9:10	כֹּל אֲשֶׁר תִּמְצָא יָדְךָ לַעֲשׂוֹת		πάντα ὅσα ἄν εὕρῃ ἡ χείρ σου τοῦ ποιῆσαι		
ὅσος + ἐάν		1	1%		
5:3	אֵת אֲשֶׁר־תִּדֹּר שַׁלֵּם		σὺν ὅσα ἐὰν εὔξῃ ἀπόδος		
ὅστις		4	5%		
4:3	אֵת אֲשֶׁר־עֲדֶן לֹא הָיָה		ὅστις οὔπω ἐγένετο		
7:26	אֶת־הָאִשָּׁה אֲשֶׁר־הִיא מְצוֹדִים		σὺν τὴν γυναῖκα ἥτις ἐστὶν θηρεύματα		
12:1	עַד אֲשֶׁר לֹא־יָבֹאוּ יְמֵי הָרָעָה		ἕως ὅτου μὴ ἔλθωσιν ἡμέραι τῆς κακίας		
12:6	עַד אֲשֶׁר לֹא־*יִרָחֵק **יֵרָתֵק חֶבֶל הַכֶּסֶף		ἕως ὅτου μὴ ἀνατραπῇ σχοινίον τοῦ ἀργυρίου		
ὅτι		7	8%		
6:12	אֲשֶׁר מִי־יַגִּיד לָאָדָם מַה־יִּהְיֶה		ὅτι τίς ἀπαγγελεῖ τῷ ἀνθρώπῳ τί ἔσται		
8:10	וְיִשְׁתַּכְּחוּ בָעִיר אֲשֶׁר כֵּן־עָשׂוּ		καὶ ἐπῃνέθησαν ἐν τῇ πόλει ὅτι οὕτως ἐποίησαν		
8:11	אֲשֶׁר אֵין־נַעֲשָׂה פִתְגָם		ὅτι οὐκ ἔστιν γινομένη ἀντίρρησις		
8:12	אֲשֶׁר יִהְיֶה־טּוֹב לְיִרְאֵי הָאֱלֹהִים		ὅτι ἔσται ἀγαθὸν τοῖς φοβουμένοις τὸν θεόν		
8:14	אֲשֶׁר יֵשׁ צַדִּיקִים		ὅτι εἰσὶ δίκαιοι		
8:14	אֲשֶׁר מַגִּיעַ אֲלֵהֶם כְּמַעֲשֵׂה הָרְשָׁעִים		ὅτι φθάνει πρὸς αὐτοὺς ὡς ποίημα τῶν ἀσεβῶν		
8:15	אֲשֶׁר אֵין־טוֹב לָאָדָם תַּחַת הַשֶּׁמֶשׁ		ὅτι οὐκ ἔστιν ἀγαθὸν τῷ ἀνθρώπῳ ὑπὸ τὸν ἥλιον		
τίς + ὁ		1	1%		
10:14	וַאֲשֶׁר יִהְיֶה מֵאַחֲרָיו		καὶ τί τὸ ἐσόμενον ὀπίσω αὐτοῦ		
ὡς		1	1%		
9:1	אֲשֶׁר הַצַּדִּיקִים וְהַחֲכָמִים וַעֲבָדֵיהֶם		ὡς οἱ δίκαιοι καὶ οἱ σοφοὶ καὶ ἐργασίαι αὐτῶν		
בְּ + אֲשֶׁר		2			
καθότι		1	1%		
7:2	בַּאֲשֶׁר הוּא סוֹף כָּל־הָאָדָם		καθότι τοῦτο τέλος παντὸς τοῦ ἀνθρώπου		
καθώς		1	1%		
8:4	בַּאֲשֶׁר דְּבַר־מֶלֶךְ שִׁלְטוֹן		καθὼς λαλεῖ βασιλεὺς ἐξουσιάζων	=%p	
בְּ + שֶׁל + אֲשֶׁר		1			
ὅσος + ἄν		1	1%		
8:17	בְּשֶׁל אֲשֶׁר יַעֲמֹל הָאָדָם לְבַקֵּשׁ		ὅσα ἄν μοχθήσῃ ὁ ἄνθρωπος τοῦ ζητῆσαι		
כְּ + אֲשֶׁר		4			
καθώς		3	3%		
5:14	כַּאֲשֶׁר יָצָא מִבֶּטֶן אִמּוֹ עָרוֹם		καθὼς ἐξῆλθεν ἀπὸ γαστρὸς μητρὸς αὐτοῦ γυμνός		
8:7	כִּי כַּאֲשֶׁר יִהְיֶה מִי יַגִּיד לוֹ		ὅτι καθὼς ἔσται τίς ἀναγγελεῖ αὐτῷ		
9:2	הַנִּשְׁבָּע כַּאֲשֶׁר שְׁבוּעָה יָרֵא		ὡς ὁ ὀμνύων καθὼς ὁ τὸν ὅρκον φοβούμενος		
καθώς + ἄν		1	1%		
5:3	כַּאֲשֶׁר תִּדֹּר נֶדֶר לֵאלֹהִים		καθὼς ἄν εὔξῃ εὐχὴν τῷ θεῷ		
לְ + אֲשֶׁר		1			
ὁ		1	1%		
9:2	וְלַזֹּבֵחַ וְלַאֲשֶׁר אֵינֶנּוּ זֹבֵחַ		καὶ τῷ θυσιάζοντι καὶ τῷ μὴ θυσιάζοντι		

אַשְׁרֵי *Occurrences: 1*

μακάριος	*1*	*100%*
10:17	אַשְׁרֵיךְ אֶרֶץ שֶׁמַּלְכֵּךְ בֶּן־חוֹרִים	*μακαρία σύ* γῆ ἧς ὁ βασιλεύς σου υἱὸς ἐλευθέρων

אֵת *Occurrences: 74*

σύν	*34*	*50%*
ὁ	*33*	*49%*
- - -	*6*	
אֵת + ־ָה	*1*	
αὐτός	*1*	*1%*

- - -	*6*		
3:11	מִבְּלִי אֲשֶׁר לֹא־יִמְצָא הָאָדָם *אֶת־הַמַּעֲשֶׂה*	ὅπως μὴ εὕρῃ ὁ ἄνθρωπος *τὸ ποίημα*	
4:3	*אֵת* אֲשֶׁר־עֲדֶן לֹא הָיָה	*ὅστις* οὔπω ἐγένετο	
7:13	*אֵת* אֲשֶׁר עִוְּתוֹ	*ὃν ἂν* ὁ θεὸς διαστρέψῃ αὐτόν	
8:16	וְלִרְאוֹת *אֶת־הָעִנְיָן* אֲשֶׁר נַעֲשָׂה	καὶ τοῦ ἰδεῖν *τὸν περισπασμὸν* τὸν πεποιημένον	
9:15	וּמִלַּט־הוּא *אֶת־הָעִיר* בְּחָכְמָתוֹ	καὶ διασώσει αὐτὸς *τὴν πόλιν* ἐν τῇ σοφίᾳ αὐτοῦ	
12:13	*אֶת־הָאֱלֹהִים* יְרָא וְאֶת־מִצְוֹתָיו שְׁמוֹר	*τὸν θεὸν* φοβοῦ καὶ τὰς ἐντολὰς αὐτοῦ φύλασσε	
ὁ	*33*	*49%*	
1:13	וְנָתַתִּי *אֶת־לִבִּי* לִדְרוֹשׁ	καὶ ἔδωκα *τὴν καρδίαν μου* τοῦ ἐκζητῆσαι	
2:3	לִמְשׁוֹךְ בַּיַּיִן *אֶת־בְּשָׂרִי*	τοῦ ἑλκύσαι εἰς οἶνον *τὴν σάρκα μου*	
2:10	לֹא־מָנַעְתִּי *אֶת־לִבִּי*	οὐκ ἀπεκώλυσα *τὴν καρδίαν μου*	
2:12	*אֵת* אֲשֶׁר־כְּבָר עָשׂוּהוּ	*τὰ ὅσα* ἐποίησεν αὐτήν	
2:14	שֶׁמִּקְרֶה אֶחָד יִקְרֶה *אֶת־כֻּלָּם*	ὅτι συνάντημα ἓν συναντήσεται *τοῖς πᾶσιν αὐτοῖς*	
2:20	וְסַבּוֹתִי אֲנִי לְיַאֵשׁ *אֶת־לִבִּי*	καὶ ἐπέστρεψα ἐγὼ τοῦ ἀποτάξασθαι *τῇ καρδίᾳ μου*	
2:24	שֶׁיֹּאכַל וְשָׁתָה וְהֶרְאָה *אֶת־נַפְשׁוֹ*	ὃ φάγεται καὶ ὃ πίεται καὶ ὃ δείξει *τῇ ψυχῇ αὐτοῦ*	
3:15	וְהָאֱלֹהִים יְבַקֵּשׁ *אֶת־נִרְדָּף*	καὶ ὁ θεὸς ζητήσει *τὸν διωκόμενον*	
4:5	הַכְּסִיל חֹבֵק *אֶת־יָדָיו*	ὁ ἄφρων περιέλαβεν *τὰς χεῖρας αὐτοῦ*	
4:5	וְאֹכֵל *אֶת־בְּשָׂרוֹ*	καὶ ἔφαγεν *τὰς σάρκας αὐτοῦ*	
4:8	וּלְמִי אֲנִי עָמֵל וּמְחַסֵּר *אֶת־נַפְשִׁי*	καὶ τίνι ἐγὼ μοχθῶ καὶ στερίσκω *τὴν ψυχήν μου*	
4:10	כִּי אִם־יִפֹּלוּ הָאֶחָד יָקִים *אֶת־חֲבֵרוֹ*	ὅτι ἐὰν πέσωσιν ὁ εἷς ἐγερεῖ *τὸν μέτοχον αὐτοῦ*	
5:5	אַל־תִּתֵּן *אֶת־פִּיךָ* לַחֲטִיא	μὴ δῷς *τὸ στόμα σου* τοῦ ἐξαμαρτῆσαι	
5:5	לַחֲטִיא *אֶת־בְּשָׂרֶךָ*	τοῦ ἐξαμαρτῆσαι *τὴν σάρκα σου*	
5:5	וְחִבֵּל *אֶת־מַעֲשֵׂה* יָדֶיךָ	καὶ διαφθείρῃ *τὰ ποιήματα* χειρῶν σου	
5:18	וְלָשֵׂאת *אֶת־חֶלְקוֹ*	καὶ τοῦ λαβεῖν *τὸ μέρος αὐτοῦ*	
5:19	כִּי לֹא הַרְבֵּה יִזְכֹּר *אֶת־יְמֵי*	ὅτι οὐ πολλὰ μνησθήσεται *τὰς ἡμέρας*	
7:7	וִיאַבֵּד *אֶת־לֵב* מַתָּנָה	καὶ ἀπόλλυσι *τὴν καρδίαν* εὐτονίας αὐτοῦ	
7:13	רְאֵה *אֶת־מַעֲשֵׂה* הָאֱלֹהִים	ἰδὲ *τὰ ποιήματα* τοῦ θεοῦ	
7:18	וְגַם־מִזֶּה אַל־תַּנַּח *אֶת־יָדֶךָ*	καί γε ἀπὸ τούτου μὴ ἀνῇς *τὴν χεῖρά σου*	
7:18	כִּי־יְרֵא אֱלֹהִים יֵצֵא *אֶת־כֻּלָּם*	ὅτι φοβούμενος τὸν θεὸν ἐξελεύσεται *τὰ πάντα*	
7:21	אֲשֶׁר לֹא־תִשְׁמַע *אֶת־עַבְדְּךָ* מְקַלְלֶךָ	ὅπως μὴ ἀκούσῃς *τοῦ δούλου σου* καταρωμένου σε	
8:8	וְלֹא־יְמַלֵּט רֶשַׁע *אֶת־בְּעָלָיו*	καὶ οὐ διασώσει ἀσέβεια *τὸν παρ' αὐτῆς*	
8:9	וְנָתוֹן *אֶת־לִבִּי* לְכָל־מַעֲשֶׂה	καὶ ἔδωκα *τὴν καρδίαν μου* εἰς πᾶν ποίημα	
[8:9]	*עֵת* אֲשֶׁר שָׁלַט הָאָדָם בְּאָדָם	*τὰ ὅσα* ἐξουσιάσατο ὁ ἄνθρωπος ἐν ἀνθρώπῳ	=.() את אשר
8:16	כַּאֲשֶׁר נָתַתִּי *אֶת־לִבִּי* לָדַעַת חָכְמָה	ἐν οἷς ἔδωκα *τὴν καρδίαν μου* τοῦ γνῶναι σοφίαν	
9:7	כִּי כְבָר רָצָה הָאֱלֹהִים *אֶת־מַעֲשֶׂיךָ*	ὅτι ἤδη εὐδόκησεν ὁ θεὸς *τὰ ποιήματά σου*	
9:11	יִקְרֶה *אֶת־כֻּלָּם*	συναντήσεται *τοῖς πᾶσιν αὐτοῖς*	
9:12	כִּי גַּם לֹא־יֵדַע הָאָדָם *אֶת־עִתּוֹ*	ὅτι καί γε οὐκ ἔγνω ὁ ἄνθρωπος *τὸν καιρὸν αὐτοῦ*	
11:5	כָּכָה לֹא תֵדַע *אֶת־מַעֲשֵׂה* הָאֱלֹהִים	οὕτως οὐ γνώσῃ *τὰ ποιήματα* τοῦ θεοῦ	
11:6	בַּבֹּקֶר זְרַע *אֶת־זַרְעֶךָ*	ἐν πρωίᾳ σπεῖρον *τὸ σπέρμα σου*	
11:8	וְיִזְכֹּר *אֶת־יְמֵי* הַחֹשֶׁךְ	καὶ μνησθήσεται *τὰς ἡμέρας* τοῦ σκότους	
12:1	וּזְכֹר *אֶת־בּוֹרְאֶיךָ*	καὶ μνήσθητι *τοῦ κτίσαντός σε*	
12:13	אֶת־הָאֱלֹהִים יְרָא *וְאֶת־מִצְוֹתָיו* שְׁמוֹר	τὸν θεὸν φοβοῦ *καὶ τὰς ἐντολὰς αὐτοῦ* φύλασσε	
σύν	*34*	*50%*	
1:14	רָאִיתִי *אֶת־כָּל־הַמַּעֲשִׂים* שֶׁנַּעֲשׂוּ	εἶδον *σὺν* πάντα τὰ ποιήματα τὰ πεποιημένα	
2:17	וְשָׂנֵאתִי *אֶת־הַחַיִּים*	καὶ ἐμίσησα *σὺν* τὴν ζωήν	

2:18	וְשָׂנֵאתִי אֲנִי אֶת־כָּל־עֲמָלִי	καὶ ἐμίσησα ἐγὼ σὺν πάντα μόχθον μου
3:10	רָאִיתִי אֶת־הָעִנְיָן אֲשֶׁר נָתַן אֱלֹהִים	εἶδον σὺν τὸν περισπασμόν ὃν ἔδωκεν ὁ θεὸς
3:11	אֶת־הַכֹּל עָשָׂה יָפֶה בְעִתּוֹ	σὺν τὰ πάντα ἐποίησεν καλὰ ἐν καιρῷ αὐτοῦ
3:11	גַּם אֶת־הָעֹלָם נָתַן בְּלִבָּם	καί γε σὺν τὸν αἰῶνα ἔδωκεν ἐν καρδίᾳ αὐτῶν
3:17	אֶת־הַצַּדִּיק וְאֶת־הָרָשָׁע יִשְׁפֹּט הָאֱלֹהִים	σὺν τὸν δίκαιον καὶ σὺν τὸν ἀσεβῆ κρινεῖ ὁ θεός
3:17	אֶת־הַצַּדִּיק וְאֶת־הָרָשָׁע יִשְׁפֹּט הָאֱלֹהִים	σὺν τὸν δίκαιον καὶ σὺν τὸν ἀσεβῆ κρινεῖ ὁ θεός
4:1	אֶת־כָּל־הָעֲשֻׁקִים אֲשֶׁר נַעֲשִׂים	σὺν πάσας τὰς συκοφαντίας τὰς γινομένας
4:2	וְשַׁבֵּחַ אֲנִי אֶת־הַמֵּתִים	καὶ ἐπῄνεσα ἐγὼ σὺν τοὺς τεθνηκότας
4:3	אֲשֶׁר לֹא־רָאָה אֶת־הַמַּעֲשֶׂה הָרָע	ὃς οὐκ εἶδεν σὺν τὸ ποίημα τὸ πονηρὸν
4:4	וְרָאִיתִי אֲנִי אֶת־כָּל־עָמָל	καὶ εἶδον ἐγὼ σὺν πάντα τὸν μόχθον
4:4	וְאֵת כָּל־כִּשְׁרוֹן הַמַּעֲשֶׂה	καὶ σὺν πᾶσαν ἀνδρείαν τοῦ ποιήματος
4:15	רָאִיתִי אֶת־כָּל־הַחַיִּים הַמְהַלְּכִים	εἶδον σὺν πάντας τοὺς ζῶντας τοὺς περιπατοῦντας
5:3	אֵת אֲשֶׁר־תִּדֹּר שַׁלֵּם	σὺν ὅσα ἐὰν εὔξῃ ἀπόδος
5:6	כִּי אֶת־הָאֱלֹהִים יְרָא	ὅτι σὺν τὸν θεὸν φοβοῦ
7:14	גַּם אֶת־זֶה לְעֻמַּת־זֶה	καί γε σὺν τοῦτο σύμφωνον τούτῳ
7:15	אֶת־הַכֹּל רָאִיתִי בִּימֵי הֶבְלִי	σὺν τὰ πάντα εἶδον ἐν ἡμέραις ματαιότητός μου
7:26	אֶת־הָאִשָּׁה אֲשֶׁר־הִיא מְצוֹדִים	σὺν τὴν γυναῖκα ἥτις ἐστὶν θηρεύματα
7:29	אֲשֶׁר עָשָׂה הָאֱלֹהִים אֶת־הָאָדָם יָשָׁר	ὃ ἐποίησεν ὁ θεὸς σὺν τὸν ἄνθρωπον εὐθῆ
8:8	לִכְלוֹא אֶת־הָרוּחַ	τοῦ κωλῦσαι σὺν τὸ πνεῦμα
8:9	אֶת־כָּל־זֶה רָאִיתִי	καὶ σὺν πᾶν τοῦτο εἶδον
8:15	וְשִׁבַּחְתִּי אֲנִי אֶת־הַשִּׂמְחָה	καὶ ἐπῄνεσα ἐγὼ σὺν τὴν εὐφροσύνην
8:17	וְרָאִיתִי אֶת־כָּל־מַעֲשֵׂה הָאֱלֹהִים	καὶ εἶδον σὺν πάντα τὰ ποιήματα τοῦ θεοῦ
8:17	אֶת־הַמַּעֲשֶׂה אֲשֶׁר נַעֲשָׂה תַחַת־הַשֶּׁמֶשׁ	σὺν τὸ ποίημα τὸ πεποιημένον ὑπὸ τὸν ἥλιον
9:1	כִּי אֶת־כָּל־זֶה נָתַתִּי אֶל־לִבִּי	ὅτι σὺν πᾶν τοῦτο ἔδωκα εἰς καρδίαν μου
9:1	וְלָבוּר אֶת־כָּל־זֶה	καὶ καρδία μου σὺν πᾶν εἶδεν τοῦτο
9:15	וְאָדָם לֹא זָכַר אֶת־הָאִישׁ	καὶ ἄνθρωπος οὐκ ἐμνήσθη σὺν τοῦ ἀνδρὸς
10:19	וְהַכֶּסֶף יַעֲנֶה אֶת־הַכֹּל	καὶ τοῦ ἀργυρίου ἐπακούσεται σὺν τὰ πάντα
10:20	כִּי עוֹף הַשָּׁמַיִם יוֹלִיךְ אֶת־הַקּוֹל	ὅτι πετεινὸν τοῦ οὐρανοῦ ἀποίσει σὺν τὴν φωνήν
11:5	אֶת־מַעֲשֵׂה הָאֱלֹהִים אֲשֶׁר יַעֲשֶׂה אֶת־הַכֹּל	τὰ ποιήματα τοῦ θεοῦ ὅσα ποιήσει σὺν τὰ πάντα
11:7	לִרְאוֹת אֶת־הַשָּׁמֶשׁ	τοῦ βλέπειν σὺν τὸν ἥλιον
12:9	עוֹד לִמַּד־דַּעַת אֶת־הָעָם	ἔτι ἐδίδαξεν γνῶσιν σὺν τὸν λαόν
12:14	כִּי אֶת־כָּל־מַעֲשֶׂה הָאֱלֹהִים יָבִא בְמִשְׁפָּט	ὅτι σὺν πᾶν τὸ ποίημα ὁ θεὸς ἄξει ἐν κρίσει

אֵת + ־ָה	*1*	
αὐτός	*1*	*1%*
9:14	מֶלֶךְ גָּדוֹל וְסָבַב אֹתָהּ	βασιλεὺς μέγας καὶ κυκλώσῃ *αὐτὴν*

אַתָּה *Occurrences: 4*

σύ	*4*	*100%*
5:1	כִּי הָאֱלֹהִים בַּשָּׁמַיִם וְאַתָּה עַל־הָאָרֶץ	ὅτι ὁ θεὸς ἐν τῷ οὐρανῷ καὶ σὺ ἐπὶ τῆς γῆς
7:22	אֲשֶׁר גַּם־*אַתָּ **אַתָּה קִלַּלְתָּ אֲחֵרִים	ὅπως καί γε σὺ κατηράσω ἑτέρους
9:9	וּבַעֲמָלְךָ אֲשֶׁר־אַתָּה עָמֵל תַּחַת הַשָּׁמֶשׁ	καὶ ἐν τῷ μόχθῳ σου ᾧ σὺ μοχθεῖς ὑπὸ τὸν ἥλιον
9:10	וְחָכְמָה בִּשְׁאוֹל אֲשֶׁר אַתָּה הֹלֵךְ שָׁמָּה	καὶ σοφία ἐν ᾅδῃ ὅπου σὺ πορεύῃ ἐκεῖ

בּ

בְּ	*Occurrences: 159*	
ἐν	*147*	*92%*
ὡς	*2*	*1%*
εἰς	*1*	*1%*
ἐπί	*1*	*1%*
πρός	*1*	*1%*
בְּ + אֲשֶׁר	*2*	
καθότι	*1*	*1%*
καθώς	*1*	*1%*
בְּ + כֵּן	*1*	
τότε	*1*	*1%*
בְּ + מְהֵרָה	*1*	
ταχέως	*1*	*1%*
בְּ + שֶׁ	*1*	
καθότι	*1*	*1%*
בְּ + שֶׁל + אֲשֶׁר	*1*	
ὅσος + ἄν	*1*	*1%*
בְּ + שְׁתִי	*1*	
αἰσχύνω	*1*	*1%*

εἰς		*1*	*1%*
2:3	לִמְשׁוֹךְ בַּיַּיִן אֶת־בְּשָׂרִי		τοῦ ἑλκύσαι *εἰς οἶνον* τὴν σάρκα μου
ἐν		*147*	*92%*
1:1	מֶלֶךְ בִּירוּשָׁלָֽם		βασιλέως Ισραηλ *ἐν Ιερουσαλημ*
1:3	מַה־יִּתְרוֹן לָאָדָם בְּכָל־עֲמָלוֹ		τίς περισσεία τῷ ἀνθρώπῳ *ἐν παντὶ* μόχθῳ αὐτοῦ
1:12	הָיִיתִי מֶלֶךְ עַל־יִשְׂרָאֵל בִּירוּשָׁלָֽם		ἐγενόμην βασιλεὺς ἐπὶ Ισραηλ *ἐν Ιερουσαλημ*
1:13	וְלָתוּר בַּחָכְמָה		καὶ τοῦ κατασκέψασθαι *ἐν τῇ σοφίᾳ*
1:13	לִבְנֵי הָאָדָם לַעֲנוֹת בּֽוֹ		τοῖς υἱοῖς τοῦ ἀνθρώπου τοῦ περισπᾶσθαι *ἐν αὐτῷ*
1:18	כִּי בְּרֹב חָכְמָה רָב־כָּעַס		ὅτι *ἐν πλήθει* σοφίας πλῆθος γνώσεως
2:1	אָמַרְתִּי אֲנִי בְּלִבִּי לְכָה־נָּא		εἶπον ἐγὼ *ἐν καρδίᾳ μου* δεῦρο δὴ
2:1	אֲנַסְּכָה בְשִׂמְחָה וּרְאֵה בְטוֹב		πειράσω σε *ἐν εὐφροσύνῃ* καὶ ἰδὲ ἐν ἀγαθῷ
2:1	אֲנַסְּכָה בְשִׂמְחָה וּרְאֵה בְטוֹב		πειράσω σε ἐν εὐφροσύνῃ καὶ ἰδὲ *ἐν ἀγαθῷ*
2:3	תַּרְתִּי בְלִבִּי		κατεσκεψάμην *ἐν καρδίᾳ μου*
2:3	וְלִבִּי נֹהֵג בַּחָכְמָה		καὶ καρδία μου ὡδήγησεν *ἐν σοφίᾳ*
2:5	וְנָטַעְתִּי בָהֶם עֵץ כָּל־פֶּרִי		καὶ ἐφύτευσα *ἐν αὐτοῖς* ξύλον πᾶν καρποῦ
2:7	לְפָנַי בִּירוּשָׁלָֽם		ἔμπροσθέν μου *ἐν Ιερουσαλημ*
2:9	לְפָנַי בִּירוּשָׁלָֽם		ἔμπροσθέν μου *ἐν Ιερουσαλημ*
2:11	וּפָנִיתִי אֲנִי בְּכָל־מַעֲשַׂי		καὶ ἐπέβλεψα ἐγὼ *ἐν πᾶσιν* ποιήμασίν μου
2:11	וּבֶעָמָל שֶׁעָמַלְתִּי לַעֲשׂוֹת		*καὶ ἐν μόχθῳ* ᾧ ἐμόχθησα τοῦ ποιεῖν
2:14	הֶחָכָם עֵינָיו בְּרֹאשׁוֹ		τοῦ σοφοῦ οἱ ὀφθαλμοὶ αὐτοῦ *ἐν κεφαλῇ αὐτοῦ*
2:14	וְהַכְּסִיל בַּחֹשֶׁךְ הוֹלֵךְ		καὶ ὁ ἄφρων *ἐν σκότει* πορεύεται
2:15	וְאָמַרְתִּי אֲנִי בְּלִבִּי		καὶ εἶπα ἐγὼ *ἐν καρδίᾳ μου*
2:15	וְדִבַּרְתִּי בְלִבִּי		ἐλάλησα *ἐν καρδίᾳ μου*
2:19	וְיִשְׁלַט בְּכָל־עֲמָלִי		καὶ ἐξουσιάζεται *ἐν παντὶ* μόχθῳ μου
2:21	כִּי־יֵשׁ אָדָם שֶׁעֲמָלוֹ בְּחָכְמָה		ὅτι ἔστιν ἄνθρωπος οὗ μόχθος αὐτοῦ *ἐν σοφίᾳ*
2:21	בְּחָכְמָה וּבְדַעַת וּבְכִשְׁרוֹן		ἐν σοφίᾳ *καὶ ἐν γνώσει* καὶ ἐν ἀνδρείᾳ
2:21	בְּחָכְמָה וּבְדַעַת וּבְכִשְׁרוֹן		ἐν σοφίᾳ καὶ ἐν γνώσει *καὶ ἐν ἀνδρείᾳ*
2:21	וּלְאָדָם שֶׁלֹּא עָמַל־בּוֹ		καὶ ἄνθρωπος ὃς οὐκ ἐμόχθησεν *ἐν αὐτῷ*
2:22	כִּי מֶה־הֹוֶה לָאָדָם בְּכָל־עֲמָלוֹ		ὅτι τί γίνεται τῷ ἀνθρώπῳ *ἐν παντὶ* μόχθῳ αὐτοῦ
2:22	וּבְרַעְיוֹן לִבּוֹ		*καὶ ἐν προαιρέσει* καρδίας αὐτοῦ
2:23	גַּם־בַּלַּיְלָה לֹא־שָׁכַב לִבּוֹ		καί γε *ἐν νυκτὶ* οὐ κοιμᾶται ἡ καρδία αὐτοῦ
2:24	אֵין־טוֹב בָּאָדָם		οὐκ ἔστιν ἀγαθὸν *ἐν ἀνθρώπῳ*
2:24	וְהֶרְאָה אֶת־נַפְשׁוֹ טוֹב בַּעֲמָלוֹ		καὶ ὃ δείξει τῇ ψυχῇ αὐτοῦ ἀγαθὸν *ἐν μόχθῳ αὐτοῦ*
3:9	מַה־יִּתְרוֹן הָעוֹשֶׂה בַּאֲשֶׁר הוּא עָמֵל		τίς περισσεία τοῦ ποιοῦντος *ἐν οἷς* αὐτὸς μοχθεῖ
3:10	לִבְנֵי הָאָדָם לַעֲנוֹת בּֽוֹ		τοῖς υἱοῖς τοῦ ἀνθρώπου τοῦ περισπᾶσθαι *ἐν αὐτῷ*

3:11	אֶת־הַכֹּל עָשָׂה יָפֶה *בְעִתּוֹ*	σὺν τὰ πάντα ἐποίησεν καλὰ *ἐν καιρῷ αὐτοῦ*
3:11	גַּם אֶת־הָעֹלָם נָתַן *בְּלִבָּם*	καί γε σὺν τὸν αἰῶνα ἔδωκεν *ἐν καρδίᾳ αὐτῶν*
3:12	יָדַעְתִּי כִּי אֵין טוֹב *בָּם*	ἔγνων ὅτι οὐκ ἔστιν ἀγαθὸν *ἐν αὐτοῖς*
3:12	וְלַעֲשׂוֹת טוֹב *בְּחַיָּיו*	καὶ τοῦ ποιεῖν ἀγαθὸν *ἐν ζωῇ αὐτοῦ*
3:13	וְרָאָה טוֹב *בְּכָל־עֲמָלוֹ*	καὶ ἴδῃ ἀγαθὸν *ἐν παντὶ* μόχθῳ αὐτοῦ
3:17	אָמַרְתִּי אֲנִי *בְּלִבִּי*	εἶπα ἐγὼ *ἐν καρδίᾳ μου*
3:18	אָמַרְתִּי אֲנִי *בְּלִבִּי*	ἐκεῖ εἶπα ἐγὼ *ἐν καρδίᾳ μου*
3:22	יִשְׂמַח הָאָדָם *בְּמַעֲשָׂיו*	εὐφρανθήσεται ὁ ἄνθρωπος *ἐν ποιήμασιν αὐτοῦ*
3:22	כִּי מִי יְבִיאֶנּוּ לִרְאוֹת *בְּמֶה* שֶׁיִּהְיֶה	ὅτι τίς ἄξει αὐτὸν τοῦ ἰδεῖν *ἐν ᾧ ἐὰν γένηται*
4:9	אֲשֶׁר יֵשׁ־לָהֶם שָׂכָר טוֹב *בַּעֲמָלָם*	οἷς ἔστιν αὐτοῖς μισθὸς ἀγαθὸς *ἐν μόχθῳ αὐτῶν*
4:14	כִּי גַּם *בְּמַלְכוּתוֹ* נוֹלַד רָשׁ	ὅτι καί γε *ἐν βασιλείᾳ αὐτοῦ* ἐγεννήθη πένης
4:16	גַּם הָאַחֲרוֹנִים לֹא *יִשְׂמְחוּ־בוֹ*	καί γε οἱ ἔσχατοι οὐκ εὐφρανθήσονται *ἐν αὐτῷ*
5:1	כִּי הָאֱלֹהִים *בַּשָּׁמַיִם* וְאַתָּה עַל־הָאָרֶץ	ὅτι ὁ θεὸς *ἐν τῷ οὐρανῷ* καὶ σὺ ἐπὶ τῆς γῆς
5:2	כִּי בָּא הַחֲלוֹם *בְּרֹב* עִנְיָן	ὅτι παραγίνεται ἐνύπνιον *ἐν πλήθει* περισπασμοῦ
5:2	וְקוֹל כְּסִיל *בְּרֹב* דְּבָרִים	καὶ φωνὴ ἄφρονος *ἐν πλήθει* λόγων
5:3	כִּי אֵין חֵפֶץ *בַּכְּסִילִים*	ὅτι οὐκ ἔστιν θέλημα *ἐν ἄφροσιν*
5:6	כִּי *בְרֹב* חֲלֹמוֹת וַהֲבָלִים	ὅτι *ἐν πλήθει* ἐνυπνίων καὶ ματαιότητες
5:7	וְגֵזֶל מִשְׁפָּט וָצֶדֶק תִּרְאֶה *בַמְּדִינָה*	καὶ ἁρπαγὴν κρίματος καὶ δικαιοσύνης ἴδῃς *ἐν χώρᾳ*
5:8	וְיִתְרוֹן אֶרֶץ *בַּכֹּל* *היא **הוא	καὶ περισσεία γῆς *ἐν παντί* ἐστι
5:9	וּמִי־אֹהֵב *בֶּהָמוֹן* לֹא תְבוּאָה	καὶ τίς ἠγάπησεν *ἐν πλήθει αὐτῶν* γένημα
5:10	*בִּרְבוֹת* הַטּוֹבָה	*ἐν πλήθει* τῆς ἀγαθωσύνης
5:13	וְאָבַד הָעֹשֶׁר הַהוּא *בְּעִנְיַן*	καὶ ἀπολεῖται ὁ πλοῦτος ἐκεῖνος *ἐν περισπασμῷ*
5:13	וְהוֹלִיד בֵּן וְאֵין *בְּיָדוֹ*	καὶ ἐγέννησεν υἱόν καὶ οὐκ ἔστιν *ἐν χειρὶ αὐτοῦ*
5:14	וּמְאוּמָה לֹא־יִשָּׂא *בַעֲמָלוֹ*	καὶ οὐδὲν οὐ λήμψεται *ἐν μόχθῳ αὐτοῦ*
5:14	שֶׁיֹּלֵךְ *בְּיָדוֹ*	ἵνα πορευθῇ *ἐν χειρὶ αὐτοῦ*
5:16	גַּם כָּל־יָמָיו *בַּחֹשֶׁךְ* יֹאכֵל	καί γε πᾶσαι αἱ ἡμέραι αὐτοῦ *ἐν σκότει* καὶ πένθει
5:17	*בְּכָל־עֲמָלוֹ* שֶׁיַּעֲמֹל	*ἐν παντὶ* μόχθῳ αὐτοῦ ᾧ ἐὰν μοχθῇ
5:18	וְלִשְׂמֹחַ *בַּעֲמָלוֹ*	καὶ τοῦ εὐφρανθῆναι *ἐν μόχθῳ αὐτοῦ*
5:19	מַעֲנֶה *בְּשִׂמְחַת* לִבּוֹ	περισπᾷ αὐτὸν *ἐν εὐφροσύνῃ* καρδίας αὐτοῦ
6:4	כִּי־*בַהֶבֶל* בָּא וּבַחֹשֶׁךְ יֵלֵךְ	ὅτι *ἐν ματαιότητι* ἦλθεν καὶ ἐν σκότει πορεύεται
6:4	כִּי־בַהֶבֶל בָּא *וּבַחֹשֶׁךְ* יֵלֵךְ	ὅτι ἐν ματαιότητι ἦλθεν *καὶ ἐν σκότει* πορεύεται
6:4	*וּבַחֹשֶׁךְ* שְׁמוֹ יְכֻסֶּה	*καὶ ἐν σκότει* ὄνομα αὐτοῦ καλυφθήσεται
6:12	כִּי מִי־יוֹדֵעַ מַה־טּוֹב לָאָדָם *בַּחַיִּים*	ὅτι τίς οἶδεν τί ἀγαθὸν τῷ ἀνθρώπῳ *ἐν τῇ ζωῇ*
7:3	כִּי־*בְרֹעַ* פָּנִים יִיטַב לֵב	ὅτι *ἐν κακίᾳ* προσώπου ἀγαθυνθήσεται καρδία
7:4	לֵב חֲכָמִים *בְּבֵית* אֵבֶל	καρδία σοφῶν *ἐν οἴκῳ* πένθους
7:4	וְלֵב כְּסִילִים *בְּבֵית* שִׂמְחָה	καὶ καρδία ἀφρόνων *ἐν οἴκῳ* εὐφροσύνης
7:9	אַל־תְּבַהֵל *בְּרוּחֲךָ* לִכְעוֹס	μὴ σπεύσῃς *ἐν πνεύματί σου* τοῦ θυμοῦσθαι
7:9	כִּי כַעַס *בְּחֵיק* כְּסִילִים יָנוּחַ	ὅτι θυμὸς *ἐν κόλπῳ* ἀφρόνων ἀναπαύσεται
7:12	כִּי *בְּצֵל* הַחָכְמָה *בְּצֵל* הַכָּסֶף	ὅτι *ἐν σκιᾷ αὐτῆς* ἡ σοφία ὡς σκιὰ τοῦ ἀργυρίου
7:14	*בְּיוֹם* טוֹבָה הֱיֵה בְטוֹב	*ἐν ἡμέρᾳ* ἀγαθωσύνης ζῆθι ἐν ἀγαθῷ
7:14	בְּיוֹם טוֹבָה הֱיֵה *בְטוֹב*	ἐν ἡμέρᾳ ἀγαθωσύνης ζῆθι *ἐν ἀγαθῷ*
7:14	*וּבְיוֹם* רָעָה רְאֵה	*καὶ ἐν ἡμέρᾳ* κακίας ἰδέ
7:15	אֶת־הַכֹּל רָאִיתִי *בִּימֵי* הֶבְלִי	σὺν τὰ πάντα εἶδον *ἐν ἡμέραις* ματαιότητός μου
7:15	יֵשׁ צַדִּיק אֹבֵד *בְּצִדְקוֹ*	ἔστιν δίκαιος ἀπολλύμενος *ἐν δικαίῳ αὐτοῦ*
7:15	וְיֵשׁ רָשָׁע מַאֲרִיךְ *בְּרָעָתוֹ*	καὶ ἔστιν ἀσεβὴς μένων *ἐν κακίᾳ αὐτοῦ*
7:17	לָמָּה תָמוּת *בְּלֹא* עִתֶּךָ	ἵνα μὴ ἀποθάνῃς *ἐν οὐ* καιρῷ σου
7:18	טוֹב אֲשֶׁר תֶּאֱחֹז *בָּזֶה*	ἀγαθὸν τὸ ἀντέχεσθαί σε *ἐν τούτῳ*
7:19	מֵעֲשָׂרָה שַׁלִּיטִים אֲשֶׁר הָיוּ *בָּעִיר*	ὑπὲρ δέκα ἐξουσιάζοντας τοὺς ὄντας *ἐν τῇ πόλει*
7:20	כִּי אָדָם אֵין צַדִּיק *בָּאָרֶץ*	ὅτι ἄνθρωπος οὐκ ἔστιν δίκαιος *ἐν τῇ γῇ*
7:23	כָּל־זֹה נִסִּיתִי *בַחָכְמָה*	πάντα ταῦτα ἐπείρασα *ἐν τῇ σοφίᾳ*
7:26	וַחֲרָמִים *לִבָּהּ* אֲסוּרִים יָדֶיהָ	*καὶ* σαγῆναι καρδία αὐτῆς δεσμοὶ χεῖρες αὐτῆς
7:28	וְאִשָּׁה *בְכָל־אֵלֶּה* לֹא מָצָאתִי	καὶ γυναῖκα *ἐν πᾶσι* τούτοις οὐχ εὗρον
8:3	אַל־תַּעֲמֹד *בְּדָבָר* רָע	μὴ στῇς *ἐν λόγῳ* πονηρῷ
8:8	אֵין אָדָם שַׁלִּיט *בָּרוּחַ*	οὐκ ἔστιν ἄνθρωπος ἐξουσιάζων *ἐν πνεύματι*
8:8	וְאֵין שִׁלְטוֹן *בְּיוֹם* הַמָּוֶת	καὶ οὐκ ἔστιν ἐξουσία *ἐν ἡμέρᾳ* τοῦ θανάτου
8:8	וְאֵין מִשְׁלַחַת *בַּמִּלְחָמָה*	καὶ οὐκ ἔστιν ἀποστολὴ *ἐν τῷ πολέμῳ*
8:9	עֵת אֲשֶׁר שָׁלַט הָאָדָם *בְּאָדָם*	τὰ ὅσα ἐξουσιάσατο ὁ ἄνθρωπος *ἐν ἀνθρώπῳ*

8:10	וְיִשְׁתַּכְּחוּ בָעִיר אֲשֶׁר כֵּן־עָשׂוּ	καὶ ἐπηνέθησαν *ἐν τῇ πόλει* ὅτι οὕτως ἐποίησαν
8:11	בָּהֶם לַעֲשׂוֹת רָע	*ἐν αὐτοῖς* τοῦ ποιῆσαι τὸ πονηρόν
8:15	וְהוּא יִלְוֶנּוּ בַעֲמָלוֹ	καὶ αὐτὸ συμπροσέσται αὐτῷ *ἐν μόχθῳ αὐτοῦ*
8:16	כִּי גַם בַּיּוֹם וּבַלַּיְלָה	ὅτι καί γε *ἐν ἡμέρᾳ* καὶ ἐν νυκτὶ
8:16	כִּי גַם בַּיּוֹם וּבַלַּיְלָה	ὅτι καί γε ἐν ἡμέρᾳ *καὶ ἐν νυκτὶ*
8:16	שֵׁנָה בְּעֵינָיו אֵינֶנּוּ רֹאֶה	ὕπνον *ἐν ὀφθαλμοῖς αὐτοῦ* οὐκ ἔστιν βλέπων
9:1	וַעֲבָדֵיהֶם בְּיַד הָאֱלֹהִים	καὶ ἐργασίαι αὐτῶν *ἐν χειρὶ* τοῦ θεοῦ
9:3	זֶה רָע בְּכֹל אֲשֶׁר־נַעֲשָׂה תַּחַת הַשֶּׁמֶשׁ	τοῦτο πονηρὸν *ἐν παντὶ* πεποιημένῳ ὑπὸ τὸν ἥλιον
9:3	וְהוֹלֵלוֹת בִּלְבָבָם בְּחַיֵּיהֶם	καὶ περιφέρεια *ἐν καρδίᾳ αὐτῶν* ἐν ζωῇ αὐτῶν
9:3	וְהוֹלֵלוֹת בִּלְבָבָם בְּחַיֵּיהֶם	καὶ περιφέρεια ἐν καρδίᾳ αὐτῶν *ἐν ζωῇ αὐτῶν*
9:6	בְּכֹל אֲשֶׁר־נַעֲשָׂה תַּחַת הַשָּׁמֶשׁ	*ἐν παντὶ* τῷ πεποιημένῳ ὑπὸ τὸν ἥλιον
9:7	לֵךְ אֱכֹל בְּשִׂמְחָה לַחְמֶךָ	δεῦρο φάγε *ἐν εὐφροσύνῃ* ἄρτον σου
9:7	וּשְׁתֵה בְלֶב־טוֹב יֵינֶךָ	καὶ πίε *ἐν καρδίᾳ* ἀγαθῇ οἶνόν σου
9:8	בְּכָל־עֵת יִהְיוּ בְגָדֶיךָ לְבָנִים	*ἐν παντὶ* καιρῷ ἔστωσαν ἱμάτιά σου λευκά
9:9	כִּי הוּא חֶלְקְךָ בַּחַיִּים	ὅτι αὐτὸ μερίς σου *ἐν τῇ ζωῇ σου*
9:9	וּבַעֲמָלְךָ אֲשֶׁר־אַתָּה עָמֵל תַּחַת הַשָּׁמֶשׁ	*καὶ ἐν τῷ μόχθῳ σου* ᾧ σὺ μοχθεῖς ὑπὸ τὸν ἥλιον
9:10	וְחָכְמָה בִּשְׁאוֹל אֲשֶׁר אַתָּה הֹלֵךְ שָׁמָּה	καὶ σοφία *ἐν ᾅδῃ* ὅπου σὺ πορεύῃ ἐκεῖ
9:12	כַּדָּגִים שֶׁנֶּאֱחָזִים בִּמְצוֹדָה רָעָה	ὡς οἱ ἰχθύες οἱ θηρευόμενοι *ἐν ἀμφιβλήστρῳ* κακῷ
9:12	וְכַצִּפֳּרִים הָאֲחֻזוֹת בַּפָּח	καὶ ὡς ὄρνεα τὰ θηρευόμενα *ἐν παγίδι*
9:14	עִיר קְטַנָּה וַאֲנָשִׁים בָּהּ מְעָט	πόλις μικρὰ καὶ ἄνδρες *ἐν αὐτῇ* ὀλίγοι
9:15	וּמָצָא בָהּ אִישׁ מִסְכֵּן חָכָם	καὶ εὕρῃ *ἐν αὐτῇ* ἄνδρα πένητα σοφόν
9:15	וּמִלַּט־הוּא אֶת־הָעִיר בְּחָכְמָתוֹ	καὶ διασώσει αὐτὸς τὴν πόλιν *ἐν τῇ σοφίᾳ αὐτοῦ*
9:17	דִּבְרֵי חֲכָמִים בְּנַחַת נִשְׁמָעִים	λόγοι σοφῶν *ἐν ἀναπαύσει* ἀκούονται
9:17	מִזַּעֲקַת מוֹשֵׁל בַּכְּסִילִים	ὑπὲρ κραυγὴν ἐξουσιαζόντων *ἐν ἀφροσύναις*
10:3	וְגַם־בַּדֶּרֶךְ *כשהסכל **כְּשֶׁסָּכָל הֹלֵךְ	καί γε *ἐν ὁδῷ* ὅταν ἄφρων πορεύηται
10:6	נִתַּן הַסֶּכֶל בַּמְּרוֹמִים רַבִּים	ἐδόθη ὁ ἄφρων *ἐν ὕψεσι* μεγάλοις
10:6	וַעֲשִׁירִים בַּשֵּׁפֶל יֵשֵׁבוּ	καὶ πλούσιοι *ἐν ταπεινῷ* καθήσονται
10:8	חֹפֵר גּוּמָּץ בּוֹ יִפּוֹל	ὁ ὀρύσσων βόθρον *ἐν αὐτῷ* ἐμπεσεῖται
10:9	מַסִּיעַ אֲבָנִים יֵעָצֵב בָּהֶם	ἐξαίρων λίθους διαπονηθήσεται *ἐν αὐτοῖς*
10:9	בּוֹקֵעַ עֵצִים יִסָּכֶן בָּם	σχίζων ξύλα κινδυνεύσει *ἐν αὐτοῖς*
10:11	אִם־יִשֹּׁךְ הַנָּחָשׁ בְּלוֹא־לָחַשׁ	ἐὰν δάκῃ ὁ ὄφις *ἐν οὐ* ψιθυρισμῷ
10:16	וְשָׂרַיִךְ בַּבֹּקֶר יֹאכֵלוּ	καὶ οἱ ἄρχοντές σου *ἐν πρωίᾳ* ἐσθίουσιν
10:17	בִּגְבוּרָה וְלֹא בַשְּׁתִי	*ἐν δυνάμει* καὶ οὐκ αἰσχυνθήσονται
10:18	בַּעֲצַלְתַּיִם יִמַּךְ הַמְּקָרֶה	*ἐν ὀκνηρίαις* ταπεινωθήσεται ἡ δόκωσις
10:18	וּבְשִׁפְלוּת יָדַיִם יִדְלֹף הַבָּיִת	*καὶ ἐν ἀργίᾳ* χειρῶν στάξει ἡ οἰκία
10:20	גַּם בְּמַדָּעֲךָ מֶלֶךְ אַל־תְּקַלֵּל	καί γε *ἐν συνειδήσει σου* βασιλέα μὴ καταράσῃ
10:20	וּבְחַדְרֵי מִשְׁכָּבְךָ אַל־תְּקַלֵּל	*καὶ ἐν ταμιείοις* κοιτώνων σου μὴ καταράσῃ
11:1	כִּי־בְרֹב הַיָּמִים תִּמְצָאֶנּוּ	ὅτι *ἐν πλήθει* τῶν ἡμερῶν εὑρήσεις αὐτόν
11:3	וְאִם־יִפּוֹל עֵץ בַּדָּרוֹם וְאִם בַּצָּפוֹן	καὶ ἐὰν πέσῃ ξύλον *ἐν τῷ νότῳ* καὶ ἐὰν ἐν τῷ βορρᾷ
11:3	וְאִם־יִפּוֹל עֵץ בַּדָּרוֹם וְאִם בַּצָּפוֹן	καὶ ἐὰν πέσῃ ξύλον ἐν τῷ νότῳ καὶ ἐὰν *ἐν τῷ βορρᾷ*
11:4	וְרֹאֶה בֶעָבִים לֹא יִקְצוֹר	καὶ βλέπων *ἐν ταῖς νεφέλαις* οὐ θερίσει
11:5	כַּעֲצָמִים בְּבֶטֶן הַמְּלֵאָה	ὡς ὀστᾶ *ἐν γαστρὶ* τῆς κυοφορούσης
11:6	בַּבֹּקֶר זְרַע אֶת־זַרְעֶךָ	*ἐν πρωίᾳ* σπεῖρον τὸ σπέρμα σου
11:8	בְּכֻלָּם יִשְׂמָח	*ἐν πᾶσιν αὐτοῖς* εὐφρανθήσεται
11:9	שְׂמַח בָּחוּר בְּיַלְדוּתֶיךָ	εὐφραίνου νεανίσκε *ἐν νεότητί σου*
11:9	בִּימֵי בְחוּרוֹתֶךָ	*ἐν ἡμέραις* νεότητός σου
11:9	וְהַלֵּךְ בְּדַרְכֵי לִבְּךָ	καὶ περιπάτει *ἐν ὁδοῖς* καρδίας σου
11:9	וּבְמַרְאֵי עֵינֶיךָ	*καὶ ἐν ὁράσει* ὀφθαλμῶν σου
11:9	עַל־כָּל־אֵלֶּה יְבִיאֲךָ הָאֱלֹהִים בַּמִּשְׁפָּט	ἐπὶ πᾶσι τούτοις ἄξει σε ὁ θεὸς *ἐν κρίσει*
12:1	בִּימֵי בְּחוּרֹתֶיךָ	*ἐν ἡμέραις* νεότητός σου
12:1	אֵין־לִי בָהֶם חֵפֶץ	οὐκ ἔστιν μοι *ἐν αὐτοῖς* θέλημα
12:3	בַּיּוֹם שֶׁיָּזֻעוּ שֹׁמְרֵי הַבַּיִת	*ἐν ἡμέρᾳ* ᾗ ἐὰν σαλευθῶσιν φύλακες τῆς οἰκίας
12:3	וְחָשְׁכוּ הָרֹאוֹת בָּאֲרֻבּוֹת	καὶ σκοτάσουσιν αἱ βλέπουσαι *ἐν ταῖς ὀπαῖς*
12:4	וְסֻגְּרוּ דְלָתַיִם בַּשּׁוּק	καὶ κλείσουσιν θύρας *ἐν ἀγορᾷ*
12:4	בִּשְׁפַל קוֹל הַטַּחֲנָה	*ἐν ἀσθενείᾳ* φωνῆς τῆς ἀληθούσης
12:5	גַּם מִגָּבֹהַּ יִרָאוּ וְחַתְחַתִּים בַּדֶּרֶךְ	καί γε ἀπὸ ὕψους ὄψονται καὶ θάμβοι *ἐν τῇ ὁδῷ*
12:5	וְסָבְבוּ בַשּׁוּק הַסֹּפְדִים	καὶ ἐκύκλωσαν *ἐν ἀγορᾷ* οἱ κοπτόμενοι

12:14	כִּי אֶת־כָּל־מַעֲשֶׂה הָאֱלֹהִים יָבִא בְמִשְׁפָּט		ὅτι σὺν πᾶν τὸ ποίημα ὁ θεὸς ἄξει *ἐν κρίσει*		
ἐπί		*1*	*1%*		
2:3	וְלֶאֱחֹז בְּסִכְלוּת		καὶ τοῦ κρατῆσαι *ἐπ' ἀφροσύνῃ*		
πρός		*1*	*1%*		
10:17	וְשָׂרַיִךְ בָּעֵת יֹאכֵלוּ		καὶ οἱ ἄρχοντές σου *πρὸς καιρὸν* φάγονται		
ὡς		*2*	*1%*		
7:12	כִּי בְּצֵל הַחָכְמָה בְּצֵל הַכָּסֶף		ὅτι ἐν σκιᾷ αὐτῆς ἡ σοφία *ὡς σκιὰ* τοῦ ἀργυρίου	=%p	
9:10	בְּכֹחֲךָ עֲשֵׂה		*ὡς ἡ δύναμίς* σου ποίησον	=%p	
בְּ + אֲשֶׁר		*2*			
καθότι		*1*	*1%*		
7:2	בַּאֲשֶׁר הוּא סוֹף כָּל־הָאָדָם		*καθότι* τοῦτο τέλος παντὸς τοῦ ἀνθρώπου		
καθώς		*1*	*1%*		
8:4	בַּאֲשֶׁר דְּבַר־מֶלֶךְ שִׁלְטוֹן		*καθὼς λαλεῖ βασιλεὺς* ἐξουσιάζων	=%p	
בְּ + כֵּן		*1*			
τότε		*1*	*1%*		
8:10	וּבְכֵן רָאִיתִי רְשָׁעִים קְבֻרִים וָבָאוּ		καὶ *τότε* εἶδον ἀσεβεῖς τάφους εἰσαχθέντας		
בְּ + מְהֵרָה		*1*			
ταχέως		*1*	*1%*		
4:12	לֹא בִמְהֵרָה יִנָּתֵק		οὐ *ταχέως* ἀπορραγήσεται		
בְּ + שֶׁ		*1*			
καθότι		*1*	*1%*		
2:16	בְּשֶׁכְּבָר הַיָּמִים הַבָּאִים		*καθότι ἤδη αἱ* ἡμέραι αἱ ἐρχόμεναι		
בְּ + שֶׁל + אֲשֶׁר		*1*			
ὅσος + ἄν		*1*	*1%*		
8:17	בְּשֶׁל אֲשֶׁר יַעֲמֹל הָאָדָם לְבַקֵּשׁ		*ὅσα ἂν μοχθήσῃ* ὁ ἄνθρωπος τοῦ ζητῆσαι		
בְּ + שְׁתִי		*1*			
αἰσχύνω		*1*	*1%*		
10:17	בִּגְבוּרָה וְלֹא בַשְּׁתִי		*ἐν δυνάμει καὶ* οὐκ αἰσχυνθήσονται	=@	בוש

בָּאַשׁ *Occurrences: 1*

σαπρίζω		*1*	*100%*
10:1	זְבוּבֵי מָוֶת יַבְאִישׁ יַבִּיעַ שֶׁמֶן		μυῖαι θανατοῦσαι *σαπριοῦσιν* σκευασίαν ἐλαίου

בֶּגֶד *Occurrences: 1*

ἱμάτιον		*1*	*100%*
9:8	בְּכָל־עֵת יִהְיוּ בְגָדֶיךָ לְבָנִים		ἐν παντὶ καιρῷ ἔστωσαν *ἱμάτιά σου* λευκά

בַּד *Occurrences: 1*

לְ + בַּד		*1*	
πλήν		*1*	*100%*
7:29	לְבַד רְאֵה־זֶה מָצָאתִי		*πλὴν ἰδὲ* τοῦτο εὗρον

בָּהַל *Occurrences: 3*

σπεύδω	*2*	*67%*
σπουδάζω	*1*	*33%*

σπεύδω		*2*	*67%*	
5:1	אַל־תְּבַהֵל עַל־פִּיךָ		μὴ *σπεῦδε* ἐπὶ στόματί σου	
7:9	אַל־תְּבַהֵל בְּרוּחֲךָ לִכְעוֹס		μὴ *σπεύσῃς* ἐν πνεύματί σου τοῦ θυμοῦσθαι	
σπουδάζω		*1*	*33%*	
8:3	אַל־תִּבָּהֵל מִפָּנָיו תֵּלֵךְ		[μὴ *σπουδάσῃς*] ἀπὸ προσώπου αὐτοῦ πορεύσῃ	[2]

בְּהֵמָה *Occurrences: 4*

κτῆνος		*4*	*100%*
3:18	שְׁהֶם־בְּהֵמָה הֵמָּה לָהֶם		ὅτι αὐτοὶ *κτήνη* εἰσὶν καί γε αὐτοῖς

3:19	וּמִקְרֶה *הַבְּהֵמָה* וּמִקְרֶה אֶחָד לָהֶם	καὶ συνάντημα *τοῦ κτήνους* συνάντημα ἓν αὐτοῖς	
3:19	וּמוֹתַר הָאָדָם *מִן־הַבְּהֵמָה*	καὶ τί ἐπερίσσευσεν ὁ ἄνθρωπος παρὰ *τὸ κτῆνος*	
3:21	וְרוּחַ *הַבְּהֵמָה*	καὶ πνεῦμα *τοῦ κτήνους*	

בּוֹא *Occurrences: 15*

ἔρχομαι	*6*	*40%*
ἄγω	*3*	*20%*
γίγνομαι/παρα	*2*	*13%*
ἄγω/εἰς	*1*	*7%*
δύω	*1*	*7%*
ἔρχομαι/ἐπι	*1*	*7%*
ἥκω	*1*	*7%*

ἄγω	*3*	*20%*	
3:22	כִּי מִי יְבִיאֶנּוּ לִרְאוֹת בְּמָה שֶׁיִּהְיֶה	ὅτι τίς *ἄξει αὐτὸν* τοῦ ἰδεῖν ἐν ᾧ ἐὰν γένηται	
11:9	עַל־כָּל־אֵלֶּה יְבִיאֲךָ הָאֱלֹהִים בַּמִּשְׁפָּט	ἐπὶ πᾶσι τούτοις *ἄξει σε* ὁ θεὸς ἐν κρίσει	
12:14	כִּי אֶת־כָּל־מַעֲשֶׂה הָאֱלֹהִים יָבִא בְמִשְׁפָּט	ὅτι σὺν πᾶν τὸ ποίημα ὁ θεὸς *ἄξει* ἐν κρίσει	
ἄγω/εἰς	*1*	*7%*	
8:10	וּבְכֵן רָאִיתִי רְשָׁעִים קְבֻרִים וָבָאוּ	καὶ τότε εἶδον ἀσεβεῖς εἰς τάφους *εἰσαχθέντας*	=%vap
γίγνομαι/παρα	*2*	*13%*	
5:2	כִּי בָּא הַחֲלוֹם בְּרֹב עִנְיָן	ὅτι *παραγίνεται* ἐνύπνιον ἐν πλήθει περισπασμοῦ	
5:15	כָּל־עֻמַּת בָּא כֵּן יֵלֵךְ	ὥσπερ γὰρ *παρεγένετο* οὕτως καὶ ἀπελεύσεται	
δύω	*1*	*7%*	
1:5	וְזָרַח הַשֶּׁמֶשׁ וּבָא הַשָּׁמֶשׁ	καὶ ἀνατέλλει ὁ ἥλιος *καὶ δύνει* ὁ ἥλιος	
ἔρχομαι	*6*	*40%*	
1:4	דּוֹר הֹלֵךְ וְדוֹר בָּא	γενεὰ πορεύεται καὶ γενεὰ *ἔρχεται*	
2:16	בְּשֶׁכְּבָר *הַיָּמִים הַבָּאִים*	καθότι ἤδη αἱ ἡμέραι *αἱ ἐρχόμεναι*	
6:4	כִּי־בַהֶבֶל בָּא וּבַחֹשֶׁךְ יֵלֵךְ	ὅτι ἐν ματαιότητι *ἦλθεν* καὶ ἐν σκότει πορεύεται	
9:14	וּבָא־אֵלֶיהָ מֶלֶךְ גָּדוֹל	*καὶ ἔλθῃ* ἐπ' αὐτὴν βασιλεὺς μέγας	
11:8	כִּי־הַרְבֵּה יִהְיוּ כָּל־שֶׁבָּא הָבֶל	ὅτι πολλαὶ ἔσονται πᾶν *τὸ ἐρχόμενον* ματαιότης	
12:1	עַד לֹא־יָבֹאוּ יְמֵי הָרָעָה	ἕως ὅτου μὴ *ἔλθωσιν* ἡμέραι τῆς κακίας	
ἔρχομαι/ἐπι	*1*	*7%*	
2:12	כִּי מֶה הָאָדָם שֶׁיָּבוֹא	ὅτι τίς ὁ ἄνθρωπος *ὃς ἐπελεύσεται*	
ἥκω	*1*	*7%*	
5:14	יָשׁוּב לָלֶכֶת כְּשֶׁבָּא	ἐπιστρέψει τοῦ πορευθῆναι *ὡς ἥκει*	

בּוּר *Occurrences: 1*

לְ + בּוּר	*1*			
καρδία	*1*	*100%*		
9:1	וְלָבוּר אֶת־כָּל־זֶה	*καὶ καρδία μου* σὺν πᾶν εἶδεν τοῦτο	=.wy	ולבי

בּוֹר *Occurrences: 1*

λάκκος	*1*	*100%*	
12:6	וְנָרֹץ הַגַּלְגַּל אֶל־הַבּוֹר	καὶ συντροχάσῃ ὁ τροχὸς ἐπὶ *τὸν λάκκον*	

[בּוֹשׁ] *[Occurrences: 1]*

αἰσχύνω	*1*			
[10:17]	בִּגְבוּרָה וְלֹא בַשְּׁתִי	ἐν δυνάμει καὶ οὐκ *αἰσχυνθήσονται*	=@	בוש

בָּזָה *Occurrences: 1*

οὐδενόω/ἐκ	*1*	*100%*	
9:16	וְחָכְמַת הַמִּסְכֵּן *בְּזוּיָה*	καὶ σοφία τοῦ πένητος *ἐξουδενωμένη*	

בָּחוּר *Occurrences: 1*

νεανίσκος	*1*	*100%*	
11:9	שְׂמַח בָּחוּר בְּיַלְדוּתֶיךָ	εὐφραίνου *νεανίσκε* ἐν νεότητί σου	

בְּחוּרוֹת *Occurrences: 2*

νεότης	2	100%	
11:9	בִּימֵי בְחוּרוֹתֶךָ	ἐν ἡμέραις *νεότητός* σου	
12:1	בִּימֵי בְחוּרֹתֶיךָ	ἐν ἡμέραις *νεότητός* σου	

בָּחַר *Occurrences: 1*

κοινωνέω	1	100%	
9:4	כִּי־מִי אֲשֶׁר *יבחר **יְחֻבַּר אֶל כָּל־הַחַיִּים	ὅτι τίς ὃς *κοινωνεῖ* πρὸς πάντας τοὺς ζῶντας	**

בִּטָּחוֹן *Occurrences: 1*

ἐλπίς	1	100%	
9:4	יֵשׁ בִּטָּחוֹן כִּי־לְכֶלֶב חַי הוּא טוֹב	ἔστιν *ἐλπίς* ὅτι ὁ κύων ὁ ζῶν αὐτὸς ἀγαθὸς	

בָּטֵל *Occurrences: 1*

ἀργέω	1	100%	
12:3	וּבָטְלוּ הַטֹּחֲנוֹת כִּי מִעֵטוּ	καὶ *ἤργησαν* αἱ ἀλήθουσαι ὅτι ὠλιγώθησαν	

בֶּטֶן *Occurrences: 2*

γαστήρ	2	100%	
5:14	כַּאֲשֶׁר יָצָא מִבֶּטֶן אִמּוֹ עָרוֹם	καθὼς ἐξῆλθεν *ἀπὸ γαστρὸς* μητρὸς αὐτοῦ γυμνός	
11:5	כַּעֲצָמִים בְּבֶטֶן הַמְּלֵאָה	ὡς ὀστᾶ *ἐν γαστρὶ* τῆς κυοφορούσης	

בִּין *Occurrences: 1*

συνετός	1	100%	
9:11	וְגַם לֹא לַנְּבֹנִים עֹשֶׁר	καί γε οὐ *τοῖς συνετοῖς* πλοῦτος	

בַּיִת *Occurrences: 11*

οἶκος	*8*	*73%*
οἰκία	*2*	*18%*
בֵּן + בַּיִת	*1*	
οἰκογενής	*1*	*9%*

οἰκία	2	*18%*	
10:18	וּבְשִׁפְלוּת יָדַיִם יִדְלֹף הַבָּיִת	καὶ ἐν ἀργίᾳ χειρῶν στάξει *ἡ οἰκία*	
12:3	בַּיּוֹם שֶׁיָּזֻעוּ שֹׁמְרֵי הַבַּיִת	ἐν ἡμέρᾳ ᾗ ἐὰν σαλευθῶσιν φύλακες *τῆς οἰκίας*	
οἶκος	8	*73%*	
2:4	בָּנִיתִי לִי בָּתִּים	ᾠκοδόμησά μοι *οἴκους*	
4:14	כִּי־מִבֵּית הָסוּרִים יָצָא	ὅτι *ἐξ οἴκου* τῶν δεσμίων ἐξελεύσεται	
4:17	כַּאֲשֶׁר תֵּלֵךְ אֶל־בֵּית הָאֱלֹהִים	ἐν ᾧ ἐὰν πορεύῃ εἰς *οἶκον* τοῦ θεοῦ	
7:2	טוֹב לָלֶכֶת אֶל־בֵּית־אֵבֶל	ἀγαθὸν πορευθῆναι εἰς *οἶκον* πένθους	
7:2	מִלֶּכֶת אֶל־בֵּית מִשְׁתֶּה	ἢ ὅτι πορευθῆναι εἰς *οἶκον* πότου	
7:4	לֵב חֲכָמִים בְּבֵית אֵבֶל	καρδία σοφῶν *ἐν οἴκῳ* πένθους	
7:4	וְלֵב כְּסִילִים בְּבֵית שִׂמְחָה	καὶ καρδία ἀφρόνων *ἐν οἴκῳ* εὐφροσύνης	
12:5	כִּי־הֹלֵךְ הָאָדָם אֶל־בֵּית עוֹלָמוֹ	ὅτι ἐπορεύθη ὁ ἄνθρωπος εἰς *οἶκον* αἰῶνος αὐτοῦ	
בֵּן + בַּיִת	1		
οἰκογενής	1	*9%*	
2:7	וּבְנֵי־בַיִת הָיָה לִי	καὶ *οἰκογενεῖς* ἐγένοντό μοι	

בָּכָה *Occurrences: 1*

κλαίω	1	100%	
3:4	עֵת לִבְכּוֹת וְעֵת לִשְׂחוֹק	καιρὸς τοῦ *κλαῦσαι* καὶ καιρὸς τοῦ γελάσαι	

בְּלִי *Occurrences: 1*

מִן + בְּלִי + לֹא *1*
μή *1* *100%*
3:11 מִבְּלִי אֲשֶׁר לֹא־יִמְצָא הָאָדָם אֶת־הַמַּעֲשֶׂה — ὅπως *μὴ* εὕρῃ ὁ ἄνθρωπος τὸ ποίημα

בָּלַע *Occurrences: 1*

ποντίζω/κατα *1* *100%*
10:12 וְשִׂפְתוֹת כְּסִיל *תְּבַלְּעֶנּוּ* — καὶ χείλη ἄφρονος *καταποντιοῦσιν αὐτόν*

בֵּן *Occurrences: 16*

υἱός	*15*	*94%*
בֵּן + בַּיִת	*1*	
οἰκογενής	*1*	*6%*

υἱός *15* *94%*
1:1 דִּבְרֵי קֹהֶלֶת *בֶּן*־דָּוִד — ῥήματα ἐκκλησιαστοῦ *υἱοῦ* Δαυιδ
1:13 *לִבְנֵי* הָאָדָם לַעֲנוֹת בּוֹ — *τοῖς υἱοῖς* τοῦ ἀνθρώπου τοῦ περισπᾶσθαι ἐν αὐτῷ
2:3 טוֹב *לִבְנֵי* הָאָדָם אֲשֶׁר יַעֲשׂוּ — τὸ ἀγαθὸν *τοῖς υἱοῖς* τοῦ ἀνθρώπου ὃ ποιήσουσιν
2:8 וְתַעֲנוּגֹת *בְּנֵי* הָאָדָם — καὶ ἐντρυφήματα *υἱῶν* τοῦ ἀνθρώπου
3:10 *לִבְנֵי* הָאָדָם לַעֲנוֹת בּוֹ — *τοῖς υἱοῖς* τοῦ ἀνθρώπου τοῦ περισπᾶσθαι ἐν αὐτῷ
3:18 עַל־דִּבְרַת *בְּנֵי* הָאָדָם — περὶ λαλιᾶς *υἱῶν* τοῦ ἀνθρώπου
3:19 כִּי מִקְרֶה *בְנֵי־הָאָדָם* — ὅτι συνάντημα *υἱῶν* τοῦ ἀνθρώπου
3:21 מִי יוֹדֵעַ רוּחַ *בְּנֵי* הָאָדָם — καὶ τίς οἶδεν πνεῦμα *υἱῶν* τοῦ ἀνθρώπου
4:8 גַּם *בֵּן* וָאָח אֵין־לוֹ — καί γε *υἱὸς* καὶ ἀδελφὸς οὐκ ἔστιν αὐτῷ
5:13 וְהוֹלִיד *בֵּן* וְאֵין בְּיָדוֹ — καὶ ἐγέννησεν *υἱόν* καὶ οὐκ ἔστιν ἐν χειρὶ αὐτοῦ
8:11 עַל־כֵּן מָלֵא לֵב *בְּנֵי־הָאָדָם* — διὰ τοῦτο ἐπληροφορήθη καρδία *υἱῶν* τοῦ ἀνθρώπου
9:3 וְגַם לֵב *בְּנֵי־הָאָדָם* מָלֵא־רָע — καί γε καρδία *υἱῶν* τοῦ ἀνθρώπου ἐπληρώθη πονηροῦ
9:12 כָּהֵם יוּקָשִׁים *בְּנֵי* הָאָדָם — ὡς αὐτὰ παγιδεύονται *οἱ υἱοὶ* τοῦ ἀνθρώπου
10:17 אַשְׁרֵיךְ אֶרֶץ שֶׁמַּלְכֵּךְ *בֶּן*־חוֹרִים — μακαρία σύ γῆ ἧς ὁ βασιλεύς σου *υἱὸς* ἐλευθέρων
12:12 וְיֹתֵר מֵהֵמָּה *בְּנִי* הִזָּהֵר — [καὶ περισσὸν ἐξ αὐτῶν] *υἱέ μου* φύλαξαι

בֵּן + בַּיִת *1*
οἰκογενής *1* *6%*
2:7 *וּבְנֵי־בַיִת* הָיָה לִי — καὶ *οἰκογενεῖς* ἐγένοντό μοι

בָּנָה *Occurrences: 3*

οἰκοδομέω *3* *100%*
2:4 *בָּנִיתִי* לִי בָּתִּים — *ᾠκοδόμησά* μοι οἴκους
3:3 עֵת לִפְרוֹץ וְעֵת *לִבְנוֹת* — καιρὸς τοῦ καθελεῖν καὶ καιρὸς *τοῦ οἰκοδομῆσαι*
9:14 *וּבָנָה* עָלֶיהָ מְצוֹדִים גְּדֹלִים — καὶ *οἰκοδομήσῃ* ἐπ' αὐτὴν χάρακας μεγάλους

בַּעַל *Occurrences: 7*

παρά	*3*	*43%*
ἔχω	*1*	*14%*
ὁ + παρά	*1*	*14%*
ὅς + παρά	*1*	*14%*
בַּעַל + לָשׁוֹן	*1*	
ᾄδω/ἐπι	*1*	*14%*

ἔχω *1* *14%*
10:20 *וּבַעַל* *הכנפים **כְּנָפַיִם יַגֵּיד דָּבָר — καὶ *ὁ ἔχων* τὰς πτέρυγας ἀπαγγελεῖ λόγον

ὁ + παρά *1* *14%*
7:12 תְּחַיֶּה *בְעָלֶיהָ* — ζωοποιήσει *τὸν παρ' αὐτῆς*

ὅς + παρά *1* *14%*
12:11 *בַּעֲלֵי* אֲסֻפּוֹת — *οἳ παρὰ* τῶν συναγμάτων

παρά *3* *43%*
5:10 וּמַה־כִּשְׁרוֹן *לִבְעָלֶיהָ* — καὶ τί ἀνδρεία *τῷ παρ' αὐτῆς*
5:12 עֹשֶׁר שָׁמוּר *לִבְעָלָיו* — πλοῦτον φυλασσόμενον *τῷ παρ' αὐτοῦ*
8:8 וְלֹא־יְמַלֵּט רֶשַׁע אֶת־*בְּעָלָיו* — καὶ οὐ διασώσει ἀσέβεια *τὸν παρ' αὐτῆς*

בַּעַל + לָשׁוֹן		*1*	
ᾄδω/ἐπι		*1*	*14%*
10:11	וְאֵין יִתְרוֹן לְבַעַל הַלָּשׁוֹן		καὶ οὐκ ἔστιν περισσεία τῷ *ἐπᾴδοντι*
בָּקַע		*Occurrences: 1*	
σχίζω		*1*	*100%*
10:9	*בּוֹקֵעַ* עֵצִים יִסָּכֶן בָּם		*σχίζων* ξύλα κινδυνεύσει ἐν αὐτοῖς
בָּקָר		*Occurrences: 1*	
βουκόλιον		*1*	*100%*
2:7	גַּם מִקְנֶה *בָקָר* וָצֹאן הַרְבֵּה		καί γε κτῆσις *βουκολίου* καὶ ποιμνίου πολλὴ
בֹּקֶר		*Occurrences: 2*	
πρωΐα		*2*	*100%*
10:16	וְשָׂרַיִךְ *בַּבֹּקֶר* יֹאכֵלוּ		καὶ οἱ ἄρχοντές σου *ἐν πρωΐᾳ* ἐσθίουσιν
11:6	*בַּבֹּקֶר* זְרַע אֶת־זַרְעֶךָ		*ἐν πρωΐᾳ* σπεῖρον τὸ σπέρμα σου
בָּקַשׁ		*Occurrences: 7*	
ζητέω		*7*	*100%*
3:6	עֵת *לְבַקֵּשׁ* וְעֵת לְאַבֵּד		καιρὸς τοῦ *ζητῆσαι* καὶ καιρὸς τοῦ ἀπολέσαι
3:15	וְהָאֱלֹהִים *יְבַקֵּשׁ* אֶת־נִרְדָּף		καὶ ὁ θεὸς *ζητήσει* τὸν διωκόμενον
7:25	לָדַעַת וְלָתוּר *וּבַקֵּשׁ*		τοῦ γνῶναι καὶ τοῦ κατασκέψασθαι *καὶ ζητῆσαι*
7:28	אֲשֶׁר עוֹד־*בִּקְשָׁה* נַפְשִׁי וְלֹא מָצָאתִי		ὃν ἔτι *ἐζήτησεν* ἡ ψυχή μου καὶ οὐχ εὗρον
7:29	וְהֵמָּה *בִקְשׁוּ* חִשְּׁבֹנוֹת רַבִּים		καὶ αὐτοὶ *ἐζήτησαν* λογισμοὺς πολλούς
8:17	בְּשֶׁל אֲשֶׁר יַעֲמֹל הָאָדָם *לְבַקֵּשׁ*		ὅσα ἂν μοχθήσῃ ὁ ἄνθρωπος *τοῦ ζητῆσαι*
12:10	*בִּקֵּשׁ* קֹהֶלֶת לִמְצֹא		*ἐζήτησεν* ἐκκλησιαστὴς τοῦ εὑρεῖν
בָּרָא		*Occurrences: 1*	
κτίζω		*1*	*100%*
12:1	וּזְכֹר אֶת־*בּוֹרְאֶיךָ*		καὶ μνήσθητι *τοῦ κτίσαντός σε*
בַּרְזֶל		*Occurrences: 1*	
σιδήριον		*1*	*100%*
10:10	אִם־קֵהָה *הַבַּרְזֶל* וְהוּא לֹא־פָנִים קִלְקַל		ἐὰν ἐκπέσῃ *τὸ σιδήριον* καὶ αὐτὸς πρόσωπον ἐτάραξεν
בְּרֵכָה		*Occurrences: 1*	
κολυμβήθρα		*1*	*100%*
2:6	עָשִׂיתִי לִי *בְּרֵכוֹת* מָיִם		ἐποίησά μοι *κολυμβήθρας* ὑδάτων
בָּרַר		*Occurrences: 1*	
κρίνω/δια		*1*	*100%*
3:18	*לְבָרָם* הָאֱלֹהִים וְלִרְאוֹת		*ὅτι διακρινεῖ αὐτοὺς* ὁ θεός καὶ τοῦ δεῖξαι
בָּשָׂר		*Occurrences: 5*	
σάρξ		*5*	*100%*
2:3	לִמְשׁוֹךְ בַּיַּיִן אֶת־*בְּשָׂרִי*		τοῦ ἑλκύσαι εἰς οἶνον *τὴν σάρκα μου*
4:5	וְאֹכֵל אֶת־*בְּשָׂרוֹ*		καὶ ἔφαγεν *τὰς σάρκας αὐτοῦ*
5:5	לַחֲטִיא אֶת־*בְּשָׂרֶךָ*		τοῦ ἐξαμαρτῆσαι *τὴν σάρκα σου*
11:10	וְהַעֲבֵר רָעָה *מִבְּשָׂרֶךָ*		καὶ παράγαγε πονηρίαν *ἀπὸ σαρκός σου*
12:12	וְלַהַג הַרְבֵּה יְגִעַת *בָּשָׂר*		καὶ μελέτη πολλὴ κόπωσις *σαρκός*
בַּת		*Occurrences: 1*	
θυγάτηρ		*1*	*100%*
12:4	וְיִשַּׁחוּ כָּל־*בְּנוֹת*		καὶ ταπεινωθήσονται πᾶσαι *αἱ θυγατέρες*

ג

גָּבֹהַּ *Occurrences: 5*

ὑψηλός	*4*	*80%*
ὕψος	*1*	*20%*

ὑψηλός	*4*	*80%*
5:7	כִּי גָבֹהַּ מֵעַל גָּבֹהַּ שֹׁמֵר	ὅτι *ὑψηλὸς* ἐπάνω ὑψηλοῦ φυλάξαι
5:7	כִּי גָבֹהַּ מֵעַל גָּבֹהַּ שֹׁמֵר	ὅτι ὑψηλὸς ἐπάνω *ὑψηλοῦ* φυλάξαι
5:7	וּגְבֹהִים עֲלֵיהֶם	*καὶ ὑψηλοὶ* ἐπ' αὐτούς
7:8	טוֹב אֶרֶךְ־רוּחַ מִגְּבַהּ־רוּחַ	ἀγαθὸν μακρόθυμος *ὑπὲρ ὑψηλὸν* πνεύματι
ὕψος	*1*	*20%*
12:5	גַּם מִגָּבֹהַּ יִרָאוּ וְחַתְחַתִּים בַּדֶּרֶךְ	καί γε *ἀπὸ ὕψους* ὄψονται καὶ θάμβοι ἐν τῇ ὁδῷ

גִּבּוֹר *Occurrences: 1*

δυνατός	*1*	*100%*
9:11	וְלֹא לַגִּבּוֹרִים הַמִּלְחָמָה	καὶ οὐ *τοῖς δυνατοῖς* ὁ πόλεμος

גְּבוּרָה *Occurrences: 2*

δύναμις	*2*	*100%*
9:16	וְאָמַרְתִּי אָנִי טוֹבָה חָכְמָה מִגְּבוּרָה	καὶ εἶπα ἐγὼ ἀγαθὴ σοφία *ὑπὲρ δύναμιν*
10:17	בִּגְבוּרָה וְלֹא בַשְּׁתִי	*ἐν δυνάμει* καὶ οὐκ αἰσχυνθήσονται

[גָּבִיעַ] *[Occurrences: 1]*

σκευασία	*1*			
[10:1]	זְבוּבֵי מָוֶת יַבְאִישׁ יַבִּיעַ שֶׁמֶן	μυῖαι θανατοῦσαι σαπριοῦσιν *σκευασίαν* ἐλαίου	=?.yg	גביע

גָּבַר *Occurrences: 1*

δυναμόω	*1*	*100%*
10:10	וַחֲיָלִים יְגַבֵּר	καὶ δυνάμεις *δυναμώσει*

גָּדוֹל *Occurrences: 4*

μέγας	*4*	*100%*
9:13	וּגְדוֹלָה הִיא אֵלָי	*καὶ μεγάλη* ἐστὶν πρός με
9:14	וּבָא־אֵלֶיהָ מֶלֶךְ גָּדוֹל	καὶ ἔλθῃ ἐπ' αὐτὴν βασιλεὺς *μέγας*
9:14	וּבָנָה עָלֶיהָ מְצוֹדִים גְּדֹלִים	καὶ οἰκοδομήσῃ ἐπ' αὐτὴν χάρακας *μεγάλους*
10:4	כִּי מַרְפֵּא יַנִּיחַ חֲטָאִים גְּדוֹלִים	ὅτι ἴαμα καταπαύσει ἁμαρτίας *μεγάλας*

גָּדַל *Occurrences: 3*

μεγαλύνω	*3*	*100%*
1:16	אֲנִי הִנֵּה הִגְדַּלְתִּי וְהוֹסַפְתִּי חָכְמָה	ἐγὼ ἰδοὺ *ἐμεγαλύνθην* καὶ προσέθηκα σοφίαν
2:4	הִגְדַּלְתִּי מַעֲשָׂי	*ἐμεγάλυνα* ποίημά μου
2:9	וְגָדַלְתִּי וְהוֹסַפְתִּי	*καὶ ἐμεγαλύνθην* καὶ προσέθηκα

גָּדֵר *Occurrences: 1*

φραγμός	*1*	*100%*
10:8	וּפֹרֵץ גָּדֵר יִשְּׁכֶנּוּ נָחָשׁ	καὶ καθαιροῦντα *φραγμὸν* δήξεται αὐτὸν ὄφις

גּוּמָּץ *Occurrences: 1*

βόθρος	*1*	*100%*
10:8	חֹפֵר גּוּמָּץ בּוֹ יִפּוֹל	ὁ ὀρύσσων *βόθρον* ἐν αὐτῷ ἐμπεσεῖται

גָּזֵל *Occurrences: 1*

ἁρπαγή	1	100%
5:7	אִם־עֹשֶׁק רָשׁ וְגֵזֶל מִשְׁפָּט	ἐὰν συκοφαντίαν πένητος *καὶ ἁρπαγὴν* κρίματος

גַּלְגַּל *Occurrences: 1*

τροχός	1	100%
12:6	וְנָרֹץ הַגַּלְגַּל אֶל־הַבּוֹר	καὶ συντροχάσῃ *ὁ τροχὸς* ἐπὶ τὸν λάκκον

גֻּלָּה *Occurrences: 1*

ἀνθέμιον	1	100%
12:6	וְתָרֻץ גֻּלַּת הַזָּהָב	καὶ συνθλιβῇ *ἀνθέμιον* τοῦ χρυσίου

גַּם *Occurrences: 58*

καί + γε	43	74%
γέ	14	24%
καί	1	2%

γε	14	24%
1:11	וְגַם לָאַחֲרֹנִים שֶׁיִּהְיוּ	*καί γε* τοῖς ἐσχάτοις γενομένοις
3:13	וְגַם כָּל־הָאָדָם שֶׁיֹּאכַל וְשָׁתָה	*καί γε* πᾶς ὁ ἄνθρωπος ὃς φάγεται καὶ πίεται
5:15	וְגַם־זֹה רָעָה חוֹלָה	*καί γε* τοῦτο πονηρὰ ἀρρωστία
6:3	וְגַם־קְבוּרָה לֹא־הָיְתָה לּוֹ	*καί γε* ταφὴ οὐκ ἐγένετο αὐτῷ
6:7	וְגַם־הַנֶּפֶשׁ לֹא תִמָּלֵא	*καί γε* ἡ ψυχὴ οὐ πληρωθήσεται
7:6	כֵּן שְׂחֹק הַכְּסִיל וְגַם־זֶה הָבֶל	οὕτως γέλως τῶν ἀφρόνων *καί γε* τοῦτο ματαιότης
7:18	וְגַם־מִזֶּה אַל־תַּנַּח אֶת־יָדֶךָ	*καί γε* ἀπὸ τούτου μὴ ἀνῇς τὴν χεῖρά σου
8:17	וְגַם אִם־יֹאמַר הֶחָכָם לָדַעַת	*καί γε* ὅσα ἂν εἴπῃ ὁ σοφὸς τοῦ γνῶναι
9:3	וְגַם לֵב בְּנֵי־הָאָדָם מָלֵא־רָע	*καί γε* καρδία υἱῶν τοῦ ἀνθρώπου ἐπληρώθη πονηροῦ
9:11	וְגַם לֹא לַחֲכָמִים לֶחֶם	*καί γε* οὐ τοῖς σοφοῖς ἄρτος
9:11	וְגַם לֹא לַנְּבֹנִים עֹשֶׁר	*καί γε* οὐ τοῖς συνετοῖς πλοῦτος
9:11	וְגַם לֹא לַיֹּדְעִים חֵן	*καί γε* οὐ τοῖς γινώσκουσιν χάρις
10:3	וְגַם־בַּדֶּרֶךְ *כשהסכל **כְּשֶׁסָּכָל הֹלֵךְ	*καί γε* ἐν ὁδῷ ὅταν ἄφρων πορεύηται
11:2	תֶּן־חֵלֶק לְשִׁבְעָה וְגַם לִשְׁמוֹנָה	δὸς μερίδα τοῖς ἑπτὰ *καί γε* τοῖς ὀκτώ
καί	1	2%
7:22	כִּי גַּם־פְּעָמִים רַבּוֹת יָדַע לִבֶּךָ	καθόδους πολλὰς κακώσει καρδίαν σου
καί + γε	43	74%
1:17	יָדַעְתִּי שֶׁגַּם־זֶה הוּא רַעְיוֹן רוּחַ	ἔγνων ὅτι *καί γε* τοῦτ' ἔστιν προαίρεσις πνεύματος
2:1	וְהִנֵּה גַם־הוּא הָבֶל	καὶ ἰδοὺ *καί γε* τοῦτο ματαιότης
2:7	גַּם מִקְנֶה בָקָר וָצֹאן הַרְבֵּה	*καί γε* κτῆσις βουκολίου καὶ ποιμνίου πολλὴ
2:8	כָּנַסְתִּי לִי גַּם־כֶּסֶף וְזָהָב	συνήγαγόν μοι *καί γε* ἀργύριον καὶ χρυσίον
2:14	וְיָדַעְתִּי גַם־אָנִי	καὶ ἔγνων *καί γε* ἐγὼ
2:15	גַּם־אֲנִי יִקְרֵנִי	*καί γε* ἐμοὶ συναντήσεταί μοι
2:15	שֶׁגַּם־זֶה הָבֶל	ὅτι *καί γε* τοῦτο ματαιότης
2:19	גַּם־זֶה הָבֶל	*καί γε* τοῦτο ματαιότης
2:21	גַּם־זֶה הֶבֶל וְרָעָה רַבָּה	*καί γε* τοῦτο ματαιότης καὶ πονηρία μεγάλη
2:23	גַּם־בַּלַּיְלָה לֹא־שָׁכַב לִבּוֹ	*καί γε* ἐν νυκτὶ οὐ κοιμᾶται ἡ καρδία αὐτοῦ
2:23	גַּם־זֶה הֶבֶל הוּא	*καί γε* τοῦτο ματαιότης ἐστίν
2:24	גַּם־זֹה רָאִיתִי אָנִי	*καί γε* τοῦτο εἶδον ἐγὼ
2:26	גַּם־זֶה הֶבֶל	ὅτι *καί γε* τοῦτο ματαιότης
3:11	גַּם אֶת־הָעֹלָם נָתַן בְּלִבָּם	*καί γε* σὺν τὸν αἰῶνα ἔδωκεν ἐν καρδίᾳ αὐτῶν
4:4	גַּם־זֶה הֶבֶל וּרְעוּת רוּחַ	*καί γε* τοῦτο ματαιότης καὶ προαίρεσις πνεύματος
4:8	גַּם בֵּן וָאָח אֵין־לוֹ	*καί γε* υἱὸς καὶ ἀδελφὸς οὐκ ἔστιν αὐτῷ
4:8	גַּם־*עינו **עֵינָיו לֹא־תִשְׂבַּע עֹשֶׁר	*καί γε* ὀφθαλμὸς αὐτοῦ οὐκ ἐμπίπλαται πλούτου
4:8	גַּם־זֶה הֶבֶל וְעִנְיַן רָע	*καί γε* τοῦτο ματαιότης καὶ περισπασμὸς πονηρός
4:11	גַּם אִם־יִשְׁכְּבוּ שְׁנַיִם וְחַם לָהֶם	*καί γε* ἐὰν κοιμηθῶσιν δύο καὶ θέρμη αὐτοῖς
4:14	כִּי גַּם בְּמַלְכוּתוֹ נוֹלַד רָשׁ	ὅτι *καί γε* ἐν βασιλείᾳ αὐτοῦ ἐγεννήθη πένης

4:16	גַּם הָאַחֲרוֹנִים לֹא יִשְׂמְחוּ־בוֹ	*καί γε* οἱ ἔσχατοι οὐκ εὐφρανθήσονται ἐν αὐτῷ
4:16	כִּי־גַם־זֶה הֶבֶל	ὅτι *καί γε* τοῦτο ματαιότης
5:9	גַּם־זֶה הָבֶל	*καί γε* τοῦτο ματαιότης
5:16	גַּם כָּל־יָמָיו בַּחֹשֶׁךְ יֹאכֵל	*καί γε* πᾶσαι αἱ ἡμέραι αὐτοῦ ἐν σκότει καὶ πένθει
5:18	גַּם כָּל־הָאָדָם אֲשֶׁר נָתַן־לוֹ הָאֱלֹהִים	*καί γε* πᾶς ὁ ἄνθρωπος ᾧ ἔδωκεν αὐτῷ ὁ θεὸς
6:5	גַּם־שֶׁמֶשׁ לֹא־רָאָה וְלֹא יָדָע	*καί γε* ἥλιον οὐκ εἶδεν καὶ οὐκ ἔγνω
6:9	גַּם־זֶה הֶבֶל וּרְעוּת רוּחַ	*καί γε* τοῦτο ματαιότης καὶ προαίρεσις πνεύματος
7:14	גַּם אֶת־זֶה לְעֻמַּת־זֶה	*καί γε* σὺν τοῦτο σύμφωνον τούτῳ
7:21	גַּם לְכָל־הַדְּבָרִים אֲשֶׁר יְדַבֵּרוּ	*καί γε* εἰς πάντας τοὺς λόγους οὓς λαλήσουσιν
7:22	אֲשֶׁר גַּם־*את **אַתָּה קִלַּלְתָּ אֲחֵרִים	ὅπως *καί γε* σὺ κατηράσω ἑτέρους
8:10	גַּם־זֶה הָבֶל	*καί γε* τοῦτο ματαιότης
8:12	כִּי גַּם־יוֹדֵעַ אָנִי	ὅτι *καί γε* γινώσκω ἐγὼ
8:14	אָמַרְתִּי שֶׁגַּם־זֶה הָבֶל	εἶπα *ὅτι καί γε* τοῦτο ματαιότης
8:16	כִּי גַם בַּיּוֹם וּבַלַּיְלָה	ὅτι *καί γε* ἐν ἡμέρᾳ καὶ ἐν νυκτὶ
9:1	גַּם־אַהֲבָה גַּם־שִׂנְאָה אֵין יוֹדֵעַ	*καί γε* ἀγάπην καί γε μῖσος οὐκ ἔστιν εἰδὼς
9:1	גַּם־אַהֲבָה גַּם־שִׂנְאָה אֵין יוֹדֵעַ	καί γε ἀγάπην *καί γε* μῖσος οὐκ ἔστιν εἰδὼς
9:6	גַּם אַהֲבָתָם גַּם־שִׂנְאָתָם	*καί γε* ἀγάπη αὐτῶν καί γε μῖσος αὐτῶν
9:6	גַּם אַהֲבָתָם גַּם־שִׂנְאָתָם	καί γε ἀγάπη αὐτῶν *καί γε* μῖσος αὐτῶν
9:6	גַּם־קִנְאָתָם כְּבָר אָבָדָה	*καί γε* ζῆλος αὐτῶν ἤδη ἀπώλετο
9:12	כִּי גַּם לֹא־יֵדַע הָאָדָם אֶת־עִתּוֹ	ὅτι *καί γε* οὐκ ἔγνω ὁ ἄνθρωπος τὸν καιρὸν αὐτοῦ
9:13	גַּם־זֹה רָאִיתִי חָכְמָה תַּחַת הַשָּׁמֶשׁ	*καί γε* τοῦτο εἶδον σοφίαν ὑπὸ τὸν ἥλιον
10:20	גַּם בְּמַדָּעֲךָ מֶלֶךְ אַל־תְּקַלֵּל	*καί γε* ἐν συνειδήσει σου βασιλέα μὴ καταράσῃ
12:5	גַּם מִגָּבֹהַּ יִרָאוּ וְחַתְחַתִּים בַּדֶּרֶךְ	*καί γε* ἀπὸ ὕψους ὄψονται καὶ θάμβοι ἐν τῇ ὁδῷ

גַּנָּה *Occurrences: 1*

κῆπος	*1*	*100%*
2:5	עָשִׂיתִי לִי גַּנּוֹת וּפַרְדֵּסִים	ἐποίησά μοι *κήπους* καὶ παραδείσους

גְּעָרָה *Occurrences: 1*

ἐπιτίμησις	*1*	*100%*
7:5	טוֹב לִשְׁמֹעַ גַּעֲרַת חָכָם	ἀγαθὸν τὸ ἀκοῦσαι *ἐπιτίμησιν* σοφοῦ

גָּרַע *Occurrences: 1*

αἱρέω/ἀπο	*1*	*100%*
3:14	וּמִמֶּנּוּ אֵין לִגְרֹעַ	καὶ ἀπ' αὐτοῦ οὐκ ἔστιν *ἀφελεῖν*

גֶּשֶׁם *Occurrences: 2*

ὑετός	*2*	*100%*
11:3	אִם־יִמָּלְאוּ הֶעָבִים גֶּשֶׁם	ἐὰν πληρωθῶσιν τὰ νέφη *ὑετοῦ*
12:2	וְשָׁבוּ הֶעָבִים אַחַר הַגָּשֶׁם	καὶ ἐπιστρέψωσιν τὰ νέφη ὀπίσω *τοῦ ὑετοῦ*

ד

דָּבַר — *Occurrences: 5*

λαλέω	5	*100%*
1:8	לֹא־יוּכַל אִישׁ לְדַבֵּר	οὐ δυνήσεται ἀνὴρ *τοῦ λαλεῖν*
1:16	דִּבַּרְתִּי אֲנִי עִם־לִבִּי לֵאמֹר	*ἐλάλησα* ἐγὼ ἐν καρδίᾳ μου τῷ λέγειν
2:15	וְדִבַּרְתִּי בְלִבִּי	*ἐλάλησα* ἐν καρδίᾳ μου
3:7	עֵת לַחֲשׁוֹת וְעֵת לְדַבֵּר	καιρὸς τοῦ σιγᾶν καὶ καιρὸς *τοῦ λαλεῖν*
7:21	גַּם לְכָל־הַדְּבָרִים אֲשֶׁר יְדַבֵּרוּ	καί γε εἰς πάντας τοὺς λόγους οὓς *λαλήσουσιν*

דָּבָר — *Occurrences: 24*

λόγος	*19*	*79%*
ῥῆμα	*3*	*12%*
λαλέω	*2*	*8%*

λαλέω	2	*8%*	
1:10	יֵשׁ דָּבָר שֶׁיֹּאמַר רְאֵה־זֶה חָדָשׁ הוּא	ὃς *λαλήσει* καὶ ἐρεῖ ἰδὲ τοῦτο καινόν ἐστιν	
8:4	בַּאֲשֶׁר דְּבַר־מֶלֶךְ שִׁלְטוֹן	καθὼς *λαλεῖ* βασιλεὺς ἐξουσιάζων	=v
λόγος	*19*	*79%*	
1:8	כָּל־הַדְּבָרִים יְגֵעִים	πάντες *οἱ λόγοι* ἔγκοποι	
5:1	לְהוֹצִיא דָבָר לִפְנֵי הָאֱלֹהִים	τοῦ ἐξενέγκαι *λόγον* πρὸ προσώπου τοῦ θεοῦ	
5:1	עַל־כֵּן יִהְיוּ דְבָרֶיךָ מְעַטִּים	ἐπὶ τούτῳ ἔστωσαν *οἱ λόγοι σου* ὀλίγοι	
5:2	וְקוֹל כְּסִיל בְּרֹב דְּבָרִים	καὶ φωνὴ ἄφρονος ἐν πλήθει *λόγων*	
5:6	וַהֲבָלִים וּדְבָרִים הַרְבֵּה	καὶ ματαιότητες *καὶ λόγοι* πολλοί	
6:11	כִּי יֵשׁ־דְּבָרִים הַרְבֵּה מַרְבִּים הָבֶל	ὅτι εἰσὶν *λόγοι* πολλοὶ πληθύνοντες ματαιότητα	
7:8	טוֹב אַחֲרִית דָּבָר מֵרֵאשִׁיתוֹ	ἀγαθὴ ἐσχάτη *λόγων* ὑπὲρ ἀρχὴν αὐτοῦ	
7:21	גַּם לְכָל־הַדְּבָרִים אֲשֶׁר יְדַבֵּרוּ	καί γε εἰς πάντας *τοὺς λόγους* οὓς λαλήσουσιν	
8:3	אַל־תַּעֲמֹד בְּדָבָר רָע	μὴ στῇς *ἐν λόγῳ* πονηρῷ	
9:16	וּדְבָרָיו אֵינָם נִשְׁמָעִים	*καὶ λόγοι αὐτοῦ* οὐκ εἰσιν ἀκουόμενοι	
9:17	דִּבְרֵי חֲכָמִים בְּנַחַת נִשְׁמָעִים	*λόγοι* σοφῶν ἐν ἀναπαύσει ἀκούονται	
10:12	דִּבְרֵי פִי־חָכָם חֵן	*λόγοι* στόματος σοφοῦ χάρις	
10:13	תְּחִלַּת דִּבְרֵי־פִיהוּ סִכְלוּת	ἀρχὴ *λόγων* στόματος αὐτοῦ ἀφροσύνη	
10:14	וְהַסָּכָל יַרְבֶּה דְבָרִים	καὶ ὁ ἄφρων πληθύνει *λόγους*	
10:20	וּבַעַל *הכנפים **כְּנָפַיִם יַגֵּיד דָּבָר	καὶ ὁ ἔχων τὰς πτέρυγας ἀπαγγελεῖ *λόγον*	
12:10	לִמְצֹא דִּבְרֵי־חֵפֶץ	τοῦ εὑρεῖν *λόγους* θελήματος	
12:10	וְכָתוּב יֹשֶׁר דִּבְרֵי אֱמֶת	καὶ γεγραμμένον εὐθύτητος *λόγους* ἀληθείας	
12:11	דִּבְרֵי חֲכָמִים כַּדָּרְבֹנוֹת	*λόγοι* σοφῶν ὡς τὰ βούκεντρα	
12:13	סוֹף דָּבָר הַכֹּל נִשְׁמָע	τέλος *λόγου* τὸ πᾶν ἀκούεται	
ῥῆμα	*3*	*12%*	
1:1	דִּבְרֵי קֹהֶלֶת בֶּן־דָּוִד	*ῥήματα* ἐκκλησιαστοῦ υἱοῦ Δαυιδ	
8:1	מִי כְּהֶחָכָם וּמִי יוֹדֵעַ פֵּשֶׁר דָּבָר	τίς οἶδεν σοφούς καὶ τίς οἶδεν λύσιν *ῥήματος*	
8:5	שׁוֹמֵר מִצְוָה לֹא יֵדַע דָּבָר רָע	ὁ φυλάσσων ἐντολὴν οὐ γνώσεται *ῥῆμα* πονηρόν	

דִּבְרָה — *Occurrences: 3*

λαλιά	*2*	*67%*
λόγος	*1*	*33%*

λαλιά	*2*	*67%*
3:18	עַל־דִּבְרַת בְּנֵי הָאָדָם	περὶ *λαλιᾶς* υἱῶν τοῦ ἀνθρώπου
7:14	עָשָׂה הָאֱלֹהִים עַל־דִּבְרַת	ἐποίησεν ὁ θεὸς *περὶ λαλιᾶς*
λόγος	*1*	*33%*
8:2	וְעַל דִּבְרַת שְׁבוּעַת אֱלֹהִים	καὶ περὶ *λόγου* ὅρκου θεοῦ

דָּג *Occurrences: 1*

ἰχθύς	*1*	*100%*		
9:12	כַּדָּגִים שֶׁנֶּאֱחָזִים בִּמְצוֹדָה רָעָה	ὡς *οἱ ἰχθύες* οἱ θηρευόμενοι ἐν ἀμφιβλήστρῳ κακῷ		

דָּוִד *Occurrences: 1*

Δαυιδ	*1*	*100%*		
1:1	דִּבְרֵי קֹהֶלֶת בֶּן־דָּוִד	ῥήματα ἐκκλησιαστοῦ υἱοῦ *Δαυιδ*		

דּוֹר *Occurrences: 2*

γενεά	*2*	*100%*		
1:4	דּוֹר הֹלֵךְ וְדוֹר בָּא	*γενεὰ* πορεύεται καὶ γενεὰ ἔρχεται		
1:4	דּוֹר הֹלֵךְ וְדוֹר בָּא	γενεὰ πορεύεται *καὶ γενεὰ* ἔρχεται		

דִּין *Occurrences: 1*

κρίνω	*1*	*100%*		
6:10	וְלֹא־יוּכַל לָדִין עִם *שֶׁהַתַּקִּיף **שֶׁתַּקִּיף	καὶ οὐ δυνήσεται *τοῦ κριθῆναι* μετὰ τοῦ ἰσχυροῦ		

דָּלַף *Occurrences: 1*

στάζω	*1*	*100%*		
10:18	וּבְשִׁפְלוּת יָדַיִם יִדְלֹף הַבָּיִת	καὶ ἐν ἀργίᾳ χειρῶν *στάξει* ἡ οἰκία		

דֶּלֶת *Occurrences: 1*

θύρα	*1*	*100%*		
12:4	וְסֻגְּרוּ דְלָתַיִם בַּשּׁוּק	καὶ κλείσουσιν *θύρας* ἐν ἀγορᾷ		

דִּמְעָה *Occurrences: 1*

δάκρυον	*1*	*100%*		
4:1	וְהִנֵּה דִּמְעַת הָעֲשֻׁקִים	καὶ ἰδοὺ *δάκρυον* τῶν συκοφαντουμένων		

דַּעַת *Occurrences: 8*

γνῶσις	*8*	*100%*		
1:16	וְלִבִּי רָאָה הַרְבֵּה חָכְמָה וָדָעַת	καὶ καρδία μου εἶδεν πολλὰ σοφίαν *καὶ γνῶσιν*		
1:17	וְדַעַת הוֹלֵלוֹת וְשִׂכְלוּת	*καὶ γνῶσιν* παραβολὰς καὶ ἐπιστήμην		
[1:18]	כִּי בְּרֹב חָכְמָה רָב־כָּעַס	ὅτι ἐν πλήθει σοφίας πλῆθος *γνώσεως*	=;	דעת
1:18	וְיוֹסִיף דַּעַת יוֹסִיף מַכְאוֹב	καὶ ὁ προστιθεὶς *γνῶσιν* προσθήσει ἄλγημα		
2:21	בְּחָכְמָה וּבְדַעַת וּבְכִשְׁרוֹן	ἐν σοφίᾳ *καὶ ἐν γνώσει* καὶ ἐν ἀνδρείᾳ		
2:26	נָתַן חָכְמָה וְדַעַת וְשִׂמְחָה	ἔδωκεν σοφίαν *καὶ γνῶσιν* καὶ εὐφροσύνην		
7:12	וְיִתְרוֹן דַּעַת הַחָכְמָה	καὶ περισσεία *γνώσεως* τῆς σοφίας		
[8:6]	כִּי־דַעַת הָאָדָם רַבָּה עָלָיו	ὅτι *γνῶσις* τοῦ ἀνθρώπου πολλὴ ἐπ' αὐτόν	=.rd	דעת
9:10	כִּי אֵין מַעֲשֶׂה וְחֶשְׁבּוֹן וְדַעַת	ὅτι οὐκ ἔστιν ποίημα καὶ λογισμὸς *καὶ γνῶσις*		
12:9	עוֹד לִמַּד־דַּעַת אֶת־הָעָם	ἔτι ἐδίδαξεν *γνῶσιν* σὺν τὸν λαόν		

דָּרְבָן *Occurrences: 1*

βούκεντρον	*1*	*100%*		
12:11	דִּבְרֵי חֲכָמִים כַּדָּרְבֹנוֹת	λόγοι σοφῶν *ὡς τὰ βούκεντρα*		

דָּרוֹם *Occurrences: 2*

νότος	*2*	*100%*		
1:6	הוֹלֵךְ אֶל־דָּרוֹם וְסוֹבֵב אֶל־צָפוֹן	πορεύεται πρὸς *νότον* καὶ κυκλοῖ πρὸς βορρᾶν		
11:3	וְאִם־יִפּוֹל עֵץ בַּדָּרוֹם וְאִם בַּצָּפוֹן	καὶ ἐὰν πέσῃ ξύλον *ἐν τῷ νότῳ* καὶ ἐὰν ἐν τῷ βορρᾷ		

דֶּ֫רֶךְ		*Occurrences: 4*	
ὁδός		*4*	*100%*
10:3	וְגַם־בַּדֶּרֶךְ *כשהסכל **כְּשֶׁסָּכָל הֹלֵךְ		καί γε *ἐν ὁδῷ* ὅταν ἄφρων πορεύηται
11:5	כַּאֲשֶׁר אֵינְךָ יוֹדֵעַ מַה־דֶּרֶךְ הָרוּחַ		ἐν οἷς οὐκ ἔστιν γινώσκων τίς *ἡ ὁδὸς* τοῦ πνεύματος
11:9	וְהַלֵּךְ בְּדַרְכֵי לִבְּךָ		καὶ περιπάτει *ἐν ὁδοῖς* καρδίας σου
12:5	גַּם מִגָּבֹהַּ יִרָאוּ וְחַתְחַתִּים בַּדֶּרֶךְ		καί γε ἀπὸ ὕψους ὄψονται καὶ θάμβοι *ἐν τῇ ὁδῷ*
דָּרַשׁ		*Occurrences: 1*	
ζητέω/ἐκ		*1*	*100%*
1:13	וְנָתַתִּי אֶת־לִבִּי לִדְרוֹשׁ		καὶ ἔδωκα τὴν καρδίαν μου *τοῦ ἐκζητῆσαι*

ה

הַ

Occurrences: 296

ὁ	286	98%
- - -	7	
הַ + הוּא	2	
ἐκεῖνος	2	1%
הַ + כֹּל	1	
ματαιότης	1	1%

- - -	7			
4:16	אֵין־קֵץ לְכָל־הָעָם	οὐκ ἔστιν περασμὸς τῷ παντὶ λαῷ		
5:2	כִּי בָּא הַחֲלוֹם בְּרֹב עִנְיָן	ὅτι παραγίνεται ἐνύπνιον ἐν πλήθει περισπασμοῦ		
7:25	רֶשַׁע כֶּסֶל וְהַסִּכְלוּת הוֹלֵלוֹת	ἀσεβοῦς ἀφροσύνην καὶ σκληρίαν καὶ περιφοράν		
8:1	מִי כְּהֶחָכָם וּמִי יוֹדֵעַ פֵּשֶׁר דָּבָר	τίς οἶδεν σοφοὺς καὶ τίς οἶδεν λύσιν ῥήματος	=;?	יודע
8:17	כִּי לֹא יוּכַל הָאָדָם לִמְצוֹא	ὅτι οὐ δυνήσεται ἄνθρωπος τοῦ εὑρεῖν		
10:3	וְגַם־בַּדֶּרֶךְ כְּשֶׁהַסָּכָל הֹלֵךְ	καί γε ἐν ὁδῷ ὅταν ἄφρων πορεύηται		
10:11	וְאֵין יִתְרוֹן לְבַעַל הַלָּשׁוֹן	καὶ οὐκ ἔστιν περισσεία τῷ ἐπᾴδοντι		
ὁ	286	98%		
1:2	הֲבֵל הֲבָלִים הַכֹּל הָבֶל	ματαιότης ματαιοτήτων τὰ πάντα ματαιότης		
1:3	בְּכָל־עֲמָלוֹ שֶׁיַּעֲמֹל תַּחַת הַשָּׁמֶשׁ	ἐν παντὶ μόχθῳ αὐτοῦ ᾧ μοχθεῖ ὑπὸ τὸν ἥλιον		
1:4	וְהָאָרֶץ לְעוֹלָם עֹמָדֶת	καὶ ἡ γῆ εἰς τὸν αἰῶνα ἕστηκεν		
1:5	וְזָרַח הַשֶּׁמֶשׁ וּבָא הַשָּׁמֶשׁ	καὶ ἀνατέλλει ὁ ἥλιος καὶ δύνει ὁ ἥλιος		
1:5	וְזָרַח הַשֶּׁמֶשׁ וּבָא הַשָּׁמֶשׁ	καὶ ἀνατέλλει ὁ ἥλιος καὶ δύνει ὁ ἥλιος		
1:6	סוֹבֵב סֹבֵב הוֹלֵךְ הָרוּחַ	κυκλοῖ κυκλῶν πορεύεται τὸ πνεῦμα		
1:6	וְעַל־סְבִיבֹתָיו שָׁב הָרוּחַ	καὶ ἐπὶ κύκλους αὐτοῦ ἐπιστρέφει τὸ πνεῦμα		
1:7	כָּל־הַנְּחָלִים הֹלְכִים אֶל־הַיָּם	πάντες οἱ χείμαρροι πορεύονται εἰς τὴν θάλασσαν		
1:7	כָּל־הַנְּחָלִים הֹלְכִים אֶל־הַיָּם	πάντες οἱ χείμαρροι πορεύονται εἰς τὴν θάλασσαν		
1:7	וְהַיָּם אֵינֶנּוּ מָלֵא	καὶ ἡ θάλασσα οὐκ ἔσται ἐμπιμπλαμένη		
1:7	אֶל־מְקוֹם שֶׁהַנְּחָלִים הֹלְכִים	εἰς τόπον οὗ οἱ χείμαρροι πορεύονται		
1:8	כָּל־הַדְּבָרִים יְגֵעִים	πάντες οἱ λόγοι ἔγκοποι		
1:9	וְאֵין כָּל־חָדָשׁ תַּחַת הַשָּׁמֶשׁ	καὶ οὐκ ἔστιν πᾶν πρόσφατον ὑπὸ τὸν ἥλιον		
1:13	עַל כָּל־אֲשֶׁר נַעֲשָׂה תַּחַת הַשָּׁמָיִם	περὶ πάντων τῶν γινομένων ὑπὸ τὸν οὐρανόν		
1:13	לִבְנֵי הָאָדָם לַעֲנוֹת בּוֹ	τοῖς υἱοῖς τοῦ ἀνθρώπου τοῦ περισπᾶσθαι ἐν αὐτῷ		
1:14	רָאִיתִי אֶת־כָּל־הַמַּעֲשִׂים שֶׁנַּעֲשׂוּ	εἶδον σὺν πάντα τὰ ποιήματα τὰ πεποιημένα		
1:14	הַמַּעֲשִׂים שֶׁנַּעֲשׂוּ תַּחַת הַשָּׁמֶשׁ	τὰ ποιήματα τὰ πεποιημένα ὑπὸ τὸν ἥλιον		
1:14	וְהִנֵּה הַכֹּל הֶבֶל	καὶ ἰδοὺ τὰ πάντα ματαιότης		
2:3	טוֹב לִבְנֵי הָאָדָם אֲשֶׁר יַעֲשׂוּ	τὸ ἀγαθὸν τοῖς υἱοῖς τοῦ ἀνθρώπου ὃ ποιήσουσιν		
2:3	תַּחַת הַשָּׁמַיִם מִסְפַּר יְמֵי חַיֵּיהֶם	ὑπὸ τὸν ἥλιον ἀριθμὸν ἡμερῶν ζωῆς αὐτῶν	=	השמש
2:8	וּסְגֻלַּת מְלָכִים וְהַמְּדִינוֹת	καὶ περιουσιασμοὺς βασιλέων καὶ τῶν χωρῶν		
2:8	וְתַעֲנוּגֹת בְּנֵי הָאָדָם	καὶ ἐντρυφήματα υἱῶν τοῦ ἀνθρώπου		
2:11	וְהִנֵּה הַכֹּל הֶבֶל	καὶ ἰδοὺ τὰ πάντα ματαιότης		
2:11	וְאֵין יִתְרוֹן תַּחַת הַשָּׁמֶשׁ	καὶ οὐκ ἔστιν περισσεία ὑπὸ τὸν ἥλιον		
2:12	כִּי מֶה הָאָדָם שֶׁיָּבוֹא	ὅτι τίς ὁ ἄνθρωπος ὃς ἐπελεύσεται		
2:12	הָאָדָם שֶׁיָּבוֹא אַחֲרֵי הַמֶּלֶךְ	ὁ ἄνθρωπος ὃς ἐπελεύσεται ὀπίσω τῆς βουλῆς	=@a	
2:13	יֵשׁ יִתְרוֹן לַחָכְמָה מִן־הַסִּכְלוּת	ἔστιν περισσεία τῇ σοφίᾳ ὑπὲρ τὴν ἀφροσύνην		
2:13	כִּיתְרוֹן הָאוֹר מִן־הַחֹשֶׁךְ	ὡς περισσεία τοῦ φωτὸς ὑπὲρ τὸ σκότος		
2:13	כִּיתְרוֹן הָאוֹר מִן־הַחֹשֶׁךְ	ὡς περισσεία τοῦ φωτὸς ὑπὲρ τὸ σκότος		
2:14	הֶחָכָם עֵינָיו בְּרֹאשׁוֹ	τοῦ σοφοῦ οἱ ὀφθαλμοὶ αὐτοῦ ἐν κεφαλῇ αὐτοῦ		
2:14	וְהַכְּסִיל בַּחֹשֶׁךְ הוֹלֵךְ	καὶ ὁ ἄφρων ἐν σκότει πορεύεται		
2:15	כְּמִקְרֵה הַכְּסִיל	ὡς συνάντημα τοῦ ἄφρονος		
2:16	כִּי אֵין זִכְרוֹן לֶחָכָם עִם־הַכְּסִיל	ὅτι οὐκ ἔστιν μνήμη τοῦ σοφοῦ μετὰ τοῦ ἄφρονος		
2:16	בְּשֶׁכְּבָר הַיָּמִים הַבָּאִים	καθότι ἤδη αἱ ἡμέραι αἱ ἐρχόμεναι		
2:16	בְּשֶׁכְּבָר הַיָּמִים הַבָּאִים	καθότι ἤδη αἱ ἡμέραι αἱ ἐρχόμεναι		
2:16	הַכֹּל נִשְׁכָּח	τὰ πάντα ἐπελήσθη		

2:16	וְאֵיךְ יָמוּת הֶחָכָם עִם־הַכְּסִיל	καὶ πῶς ἀποθανεῖται *ὁ σοφὸς* μετὰ τοῦ ἄφρονος	
2:16	וְאֵיךְ יָמוּת הֶחָכָם עִם־הַכְּסִיל	καὶ πῶς ἀποθανεῖται ὁ σοφὸς μετὰ *τοῦ ἄφρονος*	
2:17	וְשָׂנֵאתִי אֶת־הַחַיִּים	καὶ ἐμίσησα σὺν *τὴν ζωήν*	
2:17	כִּי רַע עָלַי הַמַּעֲשֶׂה שֶׁנַּעֲשָׂה	ὅτι πονηρὸν ἐπ' ἐμὲ *τὸ ποίημα* τὸ πεποιημένον	
2:17	הַמַּעֲשֶׂה שֶׁנַּעֲשָׂה תַּחַת הַשָּׁמֶשׁ	τὸ ποίημα τὸ πεποιημένον ὑπὸ *τὸν ἥλιον*	
2:17	כִּי־הַכֹּל הֶבֶל וּרְעוּת רוּחַ	ὅτι *τὰ πάντα* ματαιότης καὶ προαίρεσις πνεύματος	
2:18	עֲמָלִי שֶׁאֲנִי עָמֵל תַּחַת הַשָּׁמֶשׁ	μόχθον μου ὃν ἐγὼ μοχθῶ ὑπὸ *τὸν ἥλιον*	
2:19	שֶׁעָמַלְתִּי וְשֶׁחָכַמְתִּי תַּחַת הַשָּׁמֶשׁ	ᾧ ἐμόχθησα καὶ ᾧ ἐσοφισάμην ὑπὸ *τὸν ἥλιον*	
2:20	עַל כָּל־הֶעָמָל שֶׁעָמַלְתִּי תַּחַת הַשָּׁמֶשׁ	ἐπὶ παντὶ *τῷ μόχθῳ* ᾧ ἐμόχθησα ὑπὸ τὸν ἥλιον	
2:20	עַל כָּל־הֶעָמָל שֶׁעָמַלְתִּי תַּחַת הַשָּׁמֶשׁ	ἐπὶ παντὶ τῷ μόχθῳ ᾧ ἐμόχθησα ὑπὸ *τὸν ἥλιον*	
2:22	שֶׁהוּא עָמֵל תַּחַת הַשָּׁמֶשׁ	ᾧ αὐτὸς μοχθεῖ ὑπὸ *τὸν ἥλιον*	
2:24	כִּי מִיַּד הָאֱלֹהִים הִיא	ὅτι ἀπὸ χειρὸς *τοῦ θεοῦ* ἐστιν	
2:26	לָתֵת לְטוֹב לִפְנֵי הָאֱלֹהִים	τοῦ δοῦναι τῷ ἀγαθῷ πρὸ προσώπου *τοῦ θεοῦ*	
3:1	וְעֵת לְכָל־חֵפֶץ תַּחַת הַשָּׁמָיִם	καὶ καιρὸς τῷ παντὶ πράγματι ὑπὸ *τὸν οὐρανόν*	
3:9	מַה־יִּתְרוֹן הָעוֹשֶׂה בַּאֲשֶׁר הוּא עָמֵל	τίς περισσεία *τοῦ ποιοῦντος* ἐν οἷς αὐτὸς μοχθεῖ	
3:10	רָאִיתִי אֶת־הָעִנְיָן אֲשֶׁר נָתַן אֱלֹהִים	εἶδον σὺν *τὸν περισπασμόν* ὃν ἔδωκεν ὁ θεὸς	
3:10	לִבְנֵי הָאָדָם לַעֲנוֹת בּוֹ	τοῖς υἱοῖς *τοῦ ἀνθρώπου* τοῦ περισπᾶσθαι ἐν αὐτῷ	
3:11	אֶת־הַכֹּל עָשָׂה יָפֶה בְעִתּוֹ	σὺν *τὰ πάντα* ἐποίησεν καλὰ ἐν καιρῷ αὐτοῦ	
3:11	גַּם אֶת־הָעֹלָם נָתַן בְּלִבָּם	καί γε σὺν *τὸν αἰῶνα* ἔδωκεν ἐν καρδίᾳ αὐτῶν	
3:11	מִבְּלִי אֲשֶׁר לֹא־יִמְצָא הָאָדָם אֶת־הַמַּעֲשֶׂה	ὅπως μὴ εὕρῃ *ὁ ἄνθρωπος* τὸ ποίημα	
3:11	מִבְּלִי אֲשֶׁר לֹא־יִמְצָא הָאָדָם אֶת־הַמַּעֲשֶׂה	ὅπως μὴ εὕρῃ ὁ ἄνθρωπος *τὸ ποίημα*	
3:11	אֲשֶׁר־עָשָׂה הָאֱלֹהִים מֵרֹאשׁ וְעַד־סוֹף	ὃ ἐποίησεν *ὁ θεός* ἀπ' ἀρχῆς καὶ μέχρι τέλους	
3:13	וְגַם כָּל־הָאָדָם שֶׁיֹּאכַל וְשָׁתָה	καί γε πᾶς *ὁ ἄνθρωπος* ὃς φάγεται καὶ πίεται	
3:14	יָדַעְתִּי כִּי כָּל־אֲשֶׁר יַעֲשֶׂה הָאֱלֹהִים	ἔγνων ὅτι παντα ὅσα ἐποίησεν *ὁ θεός*	
3:14	וְהָאֱלֹהִים עָשָׂה שֶׁיִּרְאוּ	*καὶ ὁ θεὸς* ἐποίησεν ἵνα φοβηθῶσιν	
3:15	וְהָאֱלֹהִים יְבַקֵּשׁ אֶת־נִרְדָּף	*καὶ ὁ θεὸς* ζητήσει τὸν διωκόμενον	
3:16	וְעוֹד רָאִיתִי תַּחַת הַשָּׁמֶשׁ	καὶ ἔτι εἶδον ὑπὸ *τὸν ἥλιον*	
3:16	מְקוֹם הַמִּשְׁפָּט שָׁמָּה הָרֶשַׁע	τόπον *τῆς κρίσεως* ἐκεῖ ὁ ἀσεβής	
3:16	מְקוֹם הַמִּשְׁפָּט שָׁמָּה הָרֶשַׁע	τόπον τῆς κρίσεως ἐκεῖ *ὁ ἀσεβής*	
3:16	וּמְקוֹם הַצֶּדֶק שָׁמָּה הָרָשַׁע	καὶ τόπον *τοῦ δικαίου* ἐκεῖ ὁ ἀσεβής	=v
3:16	וּמְקוֹם הַצֶּדֶק שָׁמָּה הָרָשַׁע	καὶ τόπον τοῦ δικαίου ἐκεῖ *ὁ ἀσεβής*	
3:17	אֶת־הַצַּדִּיק וְאֶת־הָרָשָׁע יִשְׁפֹּט הָאֱלֹהִים	σὺν *τὸν δίκαιον* καὶ σὺν τὸν ἀσεβῆ κρινεῖ ὁ θεός	
3:17	אֶת־הַצַּדִּיק וְאֶת־הָרָשָׁע יִשְׁפֹּט הָאֱלֹהִים	σὺν τὸν δίκαιον καὶ σὺν *τὸν ἀσεβῆ* κρινεῖ ὁ θεός	
3:17	אֶת־הַצַּדִּיק וְאֶת־הָרָשָׁע יִשְׁפֹּט הָאֱלֹהִים	σὺν τὸν δίκαιον καὶ σὺν τὸν ἀσεβῆ κρινεῖ *ὁ θεός*	
3:17	וְעַל כָּל־הַמַּעֲשֶׂה שָׁם	καὶ ἐπὶ παντὶ *τῷ ποιήματι* [ἐκεῖ]	
3:18	עַל־דִּבְרַת בְּנֵי הָאָדָם	περὶ λαλιᾶς υἱῶν *τοῦ ἀνθρώπου*	
3:18	לְבָרָם הָאֱלֹהִים וְלִרְאוֹת	ὅτι διακρινεῖ αὐτοὺς *ὁ θεός* καὶ τοῦ δεῖξαι	
3:19	כִּי מִקְרֶה בְנֵי־הָאָדָם	ὅτι συνάντημα υἱῶν *τοῦ ἀνθρώπου*	
3:19	וּמִקְרֶה הַבְּהֵמָה וּמִקְרֶה אֶחָד לָהֶם	καὶ συνάντημα *τοῦ κτήνους* συνάντημα ἓν αὐτοῖς	
3:19	וּמוֹתַר הָאָדָם מִן־הַבְּהֵמָה	καὶ τί ἐπερίσσευσεν *ὁ ἄνθρωπος* παρὰ τὸ κτῆνος	
3:19	וּמוֹתַר הָאָדָם מִן־הַבְּהֵמָה	καὶ τί ἐπερίσσευσεν ὁ ἄνθρωπος παρὰ *τὸ κτῆνος*	
3:19	אָיִן כִּי הַכֹּל הָבֶל	οὐδέν ὅτι *τὰ πάντα* ματαιότης	
3:20	הַכֹּל הוֹלֵךְ אֶל־מָקוֹם אֶחָד	*τὰ πάντα* πορεύεται εἰς τόπον ἕνα	
3:20	הַכֹּל הָיָה מִן־הֶעָפָר	*τὰ πάντα* ἐγένετο ἀπὸ τοῦ χοός	
3:20	הַכֹּל הָיָה מִן־הֶעָפָר	τὰ πάντα ἐγένετο ἀπὸ *τοῦ χοός*	
3:20	וְהַכֹּל שָׁב אֶל־הֶעָפָר	καὶ *τὰ πάντα* ἐπιστρέφει εἰς τὸν χοῦν	
3:20	וְהַכֹּל שָׁב אֶל־הֶעָפָר	καὶ τὰ πάντα ἐπιστρέφει εἰς *τὸν χοῦν*	
3:21	מִי יוֹדֵעַ רוּחַ בְּנֵי הָאָדָם	καὶ τίς οἶδεν πνεῦμα υἱῶν *τοῦ ἀνθρώπου*	
3:21	וְרוּחַ הַבְּהֵמָה	καὶ πνεῦμα *τοῦ κτήνους*	
3:22	מֵאֲשֶׁר יִשְׂמַח הָאָדָם	εἰ μὴ ὃ εὐφρανθήσεται *ὁ ἄνθρωπος*	
4:1	אֶת־כָּל־הָעֲשֻׁקִים אֲשֶׁר נַעֲשִׂים	σὺν πάσας *τὰς συκοφαντίας* τὰς γινομένας	
4:1	הָעֲשֻׁקִים אֲשֶׁר נַעֲשִׂים תַּחַת הַשָּׁמֶשׁ	τὰς συκοφαντίας τὰς γινομένας ὑπὸ *τὸν ἥλιον*	
4:1	וְהִנֵּה דִּמְעַת הָעֲשֻׁקִים	καὶ ἰδοὺ δάκρυον *τῶν συκοφαντουμένων*	
4:2	וְשַׁבֵּחַ אֲנִי אֶת־הַמֵּתִים	καὶ ἐπῄνεσα ἐγὼ σὺν *τοὺς τεθνηκότας*	
4:2	שֶׁכְּבָר מֵתוּ מִן־הַחַיִּים	τοὺς ἤδη ἀποθανόντας ὑπὲρ *τοὺς ζῶντας*	
4:3	אֲשֶׁר לֹא־רָאָה אֶת־הַמַּעֲשֶׂה הָרָע	ὃς οὐκ εἶδεν σὺν *τὸ ποίημα* τὸ πονηρὸν	
4:3	אֲשֶׁר לֹא־רָאָה אֶת־הַמַּעֲשֶׂה הָרָע	ὃς οὐκ εἶδεν σὺν τὸ ποίημα *τὸ πονηρὸν*	

4:3	אֲשֶׁר נַעֲשָׂה תַּחַת *הַשָּׁמֶשׁ*	τὸ πεποιημένον ὑπὸ *τὸν ἥλιον*		
4:4	וְאֵת כָּל־כִּשְׁרוֹן *הַמַּעֲשֶׂה*	καὶ σὺν πᾶσαν ἀνδρείαν *τοῦ ποιήματος*		
4:5	*הַכְּסִיל* חֹבֵק אֶת־יָדָיו	*ὁ ἄφρων* περιέλαβεν τὰς χεῖρας αὐτοῦ		
4:7	וְאָרְאֶה הֶבֶל תַּחַת *הַשָּׁמֶשׁ*	καὶ εἶδον ματαιότητα ὑπὸ *τὸν ἥλιον*		
4:9	טוֹבִים *הַשְּׁנַיִם* מִן־הָאֶחָד	ἀγαθοὶ *οἱ δύο* ὑπὲρ τὸν ἕνα		
4:9	טוֹבִים הַשְּׁנַיִם מִן־*הָאֶחָד*	ἀγαθοὶ οἱ δύο ὑπὲρ *τὸν ἕνα*		
4:10	כִּי אִם־יִפֹּלוּ *הָאֶחָד* יָקִים אֶת־חֲבֵרוֹ	ὅτι ἐὰν πέσωσιν *ὁ εἷς* ἐγερεῖ τὸν μέτοχον αὐτοῦ		
4:10	וְאִילוֹ *הָאֶחָד* שֶׁיִּפּוֹל	καὶ οὐαὶ αὐτῷ *τῷ ἑνί* ὅταν πέσῃ		
4:12	וְאִם־יִתְקְפוֹ *הָאֶחָד*	καὶ ἐὰν ἐπικραταιωθῇ *ὁ εἷς*		
4:12	*הַשְּׁנַיִם* יַעַמְדוּ נֶגְדּוֹ	*οἱ δύο* στήσονται κατέναντι αὐτοῦ		
4:12	*וְהַחוּט* הַמְשֻׁלָּשׁ	*καὶ τὸ σπαρτίον* τὸ ἔντριτον		
4:12	וְהַחוּט *הַמְשֻׁלָּשׁ*	καὶ τὸ σπαρτίον *τὸ ἔντριτον*		
4:14	כִּי־מִבֵּית *הָסוּרִים* יָצָא	ὅτι ἐξ οἴκου *τῶν δεσμίων* ἐξελεύσεται	=	האסורים
4:15	רָאִיתִי אֶת־כָּל־*הַחַיִּים* הַמְהַלְּכִים	εἶδον σὺν πάντας *τοὺς ζῶντας* τοὺς περιπατοῦντας		
4:15	רָאִיתִי אֶת־כָּל־הַחַיִּים *הַמְהַלְּכִים*	εἶδον σὺν πάντας τοὺς ζῶντας *τοὺς περιπατοῦντας*		
4:15	תַּחַת *הַשֶּׁמֶשׁ* עִם הַיֶּלֶד הַשֵּׁנִי	ὑπὸ *τὸν ἥλιον* μετὰ τοῦ νεανίσκου τοῦ δευτέρου		
4:15	תַּחַת הַשָּׁמֶשׁ עִם *הַיֶּלֶד* הַשֵּׁנִי	ὑπὸ τὸν ἥλιον μετὰ *τοῦ νεανίσκου* τοῦ δευτέρου		
4:15	תַּחַת הַשָּׁמֶשׁ עִם הַיֶּלֶד *הַשֵּׁנִי*	ὑπὸ τὸν ἥλιον μετὰ τοῦ νεανίσκου *τοῦ δευτέρου*		
4:16	גַּם *הָאַחֲרוֹנִים* לֹא יִשְׂמְחוּ־בוֹ	καί γε *οἱ ἔσχατοι* οὐκ εὐφρανθήσονται ἐν αὐτῷ		
4:17	תֵּלֵךְ אֶל־בֵּית *הָאֱלֹהִים* וְקָרוֹב לִשְׁמֹעַ	πορεύῃ εἰς οἶκον *τοῦ θεοῦ* καὶ ἐγγὺς τοῦ ἀκούειν		
4:17	מִתֵּת *הַכְּסִילִים* זָבַח	ὑπὲρ δόμα *τῶν ἀφρόνων* θυσία σου		
5:1	לְהוֹצִיא דָבָר לִפְנֵי *הָאֱלֹהִים*	τοῦ ἐξενέγκαι λόγον πρὸ προσώπου *τοῦ θεοῦ*		
5:1	כִּי *הָאֱלֹהִים* בַּשָּׁמַיִם וְאַתָּה עַל־הָאָרֶץ	ὅτι *ὁ θεὸς* ἐν τῷ οὐρανῷ καὶ σὺ ἐπὶ τῆς γῆς		
5:1	כִּי הָאֱלֹהִים בַּשָּׁמַיִם וְאַתָּה עַל־*הָאָרֶץ*	ὅτι ὁ θεὸς ἐν τῷ οὐρανῷ καὶ σὺ ἐπὶ *τῆς γῆς*		
5:5	וְאַל־תֹּאמַר לִפְנֵי *הַמַּלְאָךְ*	καὶ μὴ εἴπῃς πρὸ προσώπου *τοῦ θεοῦ*	=?	האלהים
5:5	לָמָּה יִקְצֹף *הָאֱלֹהִים* עַל־קוֹלֶךָ	ἵνα μὴ ὀργισθῇ *ὁ θεὸς* ἐπὶ φωνῇ σου		
5:6	כִּי *אֶת־הָאֱלֹהִים* יְרָא	ὅτι σὺν *τὸν θεὸν* φοβοῦ		
5:7	אַל־תִּתְמַהּ עַל־*הַחֵפֶץ*	μὴ θαυμάσῃς ἐπὶ *τῷ πράγματι*		
5:10	בִּרְבוֹת *הַטּוֹבָה*	ἐν πλήθει *τῆς ἀγαθωσύνης*		
5:11	מְתוּקָה שְׁנַת *הָעֹבֵד*	γλυκὺς ὕπνος *τοῦ δούλου*	=v	
5:11	*וְהַשָּׂבָע* לֶעָשִׁיר	*καὶ τῷ ἐμπλησθέντι* τοῦ πλουτῆσαι		
5:12	יֵשׁ רָעָה חוֹלָה רָאִיתִי תַּחַת *הַשָּׁמֶשׁ*	ἔστιν ἀρρωστία ἣν εἶδον ὑπὸ *τὸν ἥλιον*		
5:13	וְאָבַד *הָעֹשֶׁר* הַהוּא בְּעִנְיַן	καὶ ἀπολεῖται *ὁ πλοῦτος* ἐκεῖνος ἐν περισπασμῷ		
5:17	*תַּחַת־הַשֶּׁמֶשׁ* מִסְפַּר יְמֵי־חַיָּו	ὑπὸ *τὸν ἥλιον* ἀριθμὸν ἡμερῶν ζωῆς αὐτοῦ		
5:17	יְמֵי־חַיָּו אֲשֶׁר־נָתַן־לוֹ *הָאֱלֹהִים*	ἡμερῶν ζωῆς αὐτοῦ ὧν ἔδωκεν αὐτῷ *ὁ θεός*		
5:18	גַּם כָּל־*הָאָדָם* אֲשֶׁר נָתַן־לוֹ הָאֱלֹהִים	καί γε πᾶς *ὁ ἄνθρωπος* ᾧ ἔδωκεν αὐτῷ ὁ θεὸς		
5:18	גַּם כָּל־הָאָדָם אֲשֶׁר נָתַן־לוֹ *הָאֱלֹהִים*	καί γε πᾶς ὁ ἄνθρωπος ᾧ ἔδωκεν αὐτῷ *ὁ θεὸς*		
5:19	כִּי *הָאֱלֹהִים* מַעֲנֶה	ὅτι *ὁ θεὸς* περισπᾷ αὐτὸν		
6:1	יֵשׁ רָעָה אֲשֶׁר רָאִיתִי תַּחַת *הַשָּׁמֶשׁ*	ἔστιν πονηρία ἣν εἶδον ὑπὸ *τὸν ἥλιον*		
6:1	וְרַבָּה הִיא עַל־*הָאָדָם*	καὶ πολλή ἐστιν ἐπὶ *τὸν ἄνθρωπον*		
6:2	אִישׁ אֲשֶׁר יִתֶּן־לוֹ *הָאֱלֹהִים* עֹשֶׁר	ἀνήρ ᾧ δώσει αὐτῷ *ὁ θεὸς* πλοῦτον		
6:2	וְלֹא־יַשְׁלִיטֶנּוּ *הָאֱלֹהִים* לֶאֱכֹל	καὶ οὐκ ἐξουσιάσει αὐτῷ *ὁ θεὸς* τοῦ φαγεῖν		
6:3	לֹא־תִשְׂבַּע *מִן־הַטּוֹבָה*	οὐκ ἐμπλησθήσεται ἀπὸ *τῆς ἀγαθωσύνης*		
6:3	אָמַרְתִּי טוֹב מִמֶּנּוּ *הַנָּפֶל*	εἶπα ἀγαθὸν ὑπὲρ αὐτὸν *τὸ ἔκτρωμα*		
6:6	הֲלֹא אֶל־מָקוֹם אֶחָד *הַכֹּל* הוֹלֵךְ	μὴ οὐκ εἰς τόπον ἕνα *τὰ πάντα* πορεύεται		
6:7	כָּל־עֲמַל *הָאָדָם* לְפִיהוּ	πᾶς μόχθος *τοῦ ἀνθρώπου* εἰς στόμα αὐτοῦ		
6:7	*וְגַם־הַנֶּפֶשׁ* לֹא תִמָּלֵא	καί γε *ἡ ψυχὴ* οὐ πληρωθήσεται		
6:8	כִּי מַה־יּוֹתֵר לֶחָכָם *מִן־הַכְּסִיל*	ὅτι τίς περισσεία τῷ σοφῷ ὑπὲρ *τὸν ἄφρονα*		
6:8	מַה־לֶּעָנִי יוֹדֵעַ לַהֲלֹךְ נֶגֶד *הַחַיִּים*	διότι ὁ πένης οἶδεν πορευθῆναι κατέναντι *τῆς ζωῆς*		
6:12	מַה־יִּהְיֶה אַחֲרָיו תַּחַת *הַשָּׁמֶשׁ*	τί ἔσται ὀπίσω αὐτοῦ ὑπὸ *τὸν ἥλιον*		
7:1	וְיוֹם *הַמָּוֶת* מִיּוֹם הִוָּלְדוֹ	καὶ ἡμέρα *τοῦ θανάτου* ὑπὲρ ἡμέραν γενέσεως αὐτοῦ		
7:2	בַּאֲשֶׁר הוּא סוֹף *כָּל־הָאָדָם*	καθότι τοῦτο τέλος παντὸς *τοῦ ἀνθρώπου*		
7:2	*וְהַחַי* יִתֵּן אֶל־לִבּוֹ	*καὶ ὁ ζῶν* δώσει εἰς καρδίαν αὐτοῦ		
7:6	כִּי כְקוֹל *הַסִּירִים* תַּחַת הַסִּיר	ὅτι ὡς φωνὴ *τῶν ἀκανθῶν* ὑπὸ τὸν λέβητα		
7:6	כִּי כְקוֹל הַסִּירִים תַּחַת *הַסִּיר*	ὅτι ὡς φωνὴ τῶν ἀκανθῶν ὑπὸ *τὸν λέβητα*		
7:6	כֵּן שְׂחֹק *הַכְּסִיל* וְגַם־זֶה הָבֶל	οὕτως γέλως *τῶν ἀφρόνων* καί γε τοῦτο ματαιότης		
7:7	כִּי *הָעֹשֶׁק* יְהוֹלֵל חָכָם	ὅτι *ἡ συκοφαντία* περιφέρει σοφὸν		

7:10	שֶׁהַיָּמִים הָרִאשֹׁנִים הָיוּ טוֹבִים מֵאֵלֶּה	ὅτι *αἱ ἡμέραι* αἱ πρότεραι ἦσαν ἀγαθαὶ ὑπὲρ ταύτας	
7:10	שֶׁהַיָּמִים הָרִאשֹׁנִים הָיוּ טוֹבִים מֵאֵלֶּה	ὅτι αἱ ἡμέραι *αἱ πρότεραι* ἦσαν ἀγαθαὶ ὑπὲρ ταύτας	
7:11	וְיֹתֵר לְרֹאֵי הַשָּׁמֶשׁ	καὶ περισσεία τοῖς θεωροῦσιν *τὸν ἥλιον*	
7:12	כִּי בְּצֵל הַחָכְמָה בְּצֵל הַכָּסֶף	ὅτι ἐν σκιᾷ αὐτῆς *ἡ σοφία* ὡς σκιὰ τοῦ ἀργυρίου	
7:12	כִּי בְּצֵל הַחָכְמָה בְּצֵל הַכָּסֶף	ὅτι ἐν σκιᾷ αὐτῆς ἡ σοφία ὡς σκιὰ *τοῦ ἀργυρίου*	
7:12	וְיִתְרוֹן דַּעַת הַחָכְמָה	καὶ περισσεία γνώσεως *τῆς σοφίας*	
7:13	רְאֵה אֶת־מַעֲשֵׂה הָאֱלֹהִים	ἰδὲ τὰ ποιήματα *τοῦ θεοῦ*	
7:14	עָשָׂה הָאֱלֹהִים עַל־דִּבְרַת	ἐποίησεν *ὁ θεὸς* περὶ λαλιᾶς	
7:14	שֶׁלֹּא יִמְצָא הָאָדָם אַחֲרָיו מְאוּמָה	ἵνα μὴ εὕρῃ *ὁ ἄνθρωπος* ὀπίσω αὐτοῦ μηδέν	
7:15	אֶת־הַכֹּל רָאִיתִי בִּימֵי הֶבְלִי	σὺν *τὰ πάντα* εἶδον ἐν ἡμέραις ματαιότητός μου	
7:19	הַחָכְמָה תָּעֹז לֶחָכָם	*ἡ σοφία* βοηθήσει τῷ σοφῷ	
7:21	גַּם לְכָל־הַדְּבָרִים אֲשֶׁר יְדַבֵּרוּ	καί γε εἰς πάντας *τοὺς λόγους* οὓς λαλήσουσιν	
7:26	אֶת־הָאִשָּׁה אֲשֶׁר־הִיא מְצוֹדִים	σὺν *τὴν γυναῖκα* ἥτις ἐστὶν θηρεύματα	
7:26	טוֹב לִפְנֵי הָאֱלֹהִים יִמָּלֵט	ἀγαθὸς πρὸ προσώπου *τοῦ θεοῦ* ἐξαιρεθήσεται	
7:29	אֲשֶׁר עָשָׂה הָאֱלֹהִים אֶת־הָאָדָם יָשָׁר	ὃ ἐποίησεν *ὁ θεὸς* σὺν τὸν ἄνθρωπον εὐθῆ	
7:29	אֲשֶׁר עָשָׂה הָאֱלֹהִים אֶת־הָאָדָם יָשָׁר	ὃ ἐποίησεν ὁ θεὸς σὺν *τὸν ἄνθρωπον* εὐθῆ	
8:6	כִּי־רָעַת הָאָדָם רַבָּה עָלָיו	ὅτι γνῶσις *τοῦ ἀνθρώπου* πολλὴ ἐπ' αὐτόν	
8:8	לִכְלוֹא אֶת־הָרוּחַ	τοῦ κωλῦσαι σὺν *τὸ πνεῦμα*	
8:8	וְאֵין שִׁלְטוֹן בְּיוֹם הַמָּוֶת	καὶ οὐκ ἔστιν ἐξουσία ἐν ἡμέρᾳ *τοῦ θανάτου*	
8:9	לְכָל־מַעֲשֶׂה אֲשֶׁר נַעֲשָׂה תַּחַת הַשָּׁמֶשׁ	εἰς πᾶν ποίημα ὃ πεποίηται ὑπὸ *τὸν ἥλιον*	
8:9	עֵת אֲשֶׁר שָׁלַט הָאָדָם בְּאָדָם	τὰ ὅσα ἐξουσιάσατο *ὁ ἄνθρωπος* ἐν ἀνθρώπῳ	
8:11	מַעֲשֵׂה הָרָעָה מְהֵרָה	ἀπὸ τῶν ποιούντων *τὸ πονηρὸν* ταχύ	
8:11	עַל־כֵּן מָלֵא לֵב בְּנֵי־הָאָדָם	διὰ τοῦτο ἐπληροφορήθη καρδία υἱῶν *τοῦ ἀνθρώπου*	
8:12	אֲשֶׁר יִהְיֶה־טּוֹב לְיִרְאֵי הָאֱלֹהִים	ὅτι ἔσται ἀγαθὸν τοῖς φοβουμένοις *τὸν θεόν*	
8:14	יֶשׁ־הֶבֶל אֲשֶׁר נַעֲשָׂה עַל־הָאָרֶץ	ἔστιν ματαιότης ἣ πεποίηται ἐπὶ *τῆς γῆς*	
8:14	אֲשֶׁר מַגִּיעַ אֲלֵהֶם כְּמַעֲשֵׂה הָרְשָׁעִים	ὅτι φθάνει πρὸς αὐτοὺς ὡς ποίημα *τῶν ἀσεβῶν*	
8:14	שֶׁמַּגִּיעַ אֲלֵהֶם כְּמַעֲשֵׂה הַצַּדִּיקִים	ὅτι φθάνει πρὸς αὐτοὺς ὡς ποίημα *τῶν δικαίων*	
8:15	וְשִׁבַּחְתִּי אֲנִי אֶת־הַשִּׂמְחָה	καὶ ἐπῄνεσα ἐγὼ σὺν *τὴν εὐφροσύνην*	
8:15	אֲשֶׁר אֵין־טוֹב לָאָדָם תַּחַת הַשֶּׁמֶשׁ	ὅτι οὐκ ἔστιν ἀγαθὸν τῷ ἀνθρώπῳ ὑπὸ *τὸν ἥλιον*	
8:15	יְמֵי חַיָּיו אֲשֶׁר־נָתַן־לוֹ הָאֱלֹהִים	ἡμέρας ζωῆς αὐτοῦ ὅσας ἔδωκεν αὐτῷ *ὁ θεὸς*	
8:15	אֲשֶׁר־נָתַן־לוֹ הָאֱלֹהִים תַּחַת הַשָּׁמֶשׁ	ὅσας ἔδωκεν αὐτῷ ὁ θεὸς ὑπὸ *τὸν ἥλιον*	
8:16	וְלִרְאוֹת אֶת־הָעִנְיָן אֲשֶׁר נַעֲשָׂה	καὶ τοῦ ἰδεῖν *τὸν περισπασμὸν* τὸν πεποιημένον	
8:16	אֶת־הָעִנְיָן אֲשֶׁר נַעֲשָׂה עַל־הָאָרֶץ	τὸν περισπασμὸν τὸν πεποιημένον ἐπὶ *τῆς γῆς*	
8:17	וְרָאִיתִי אֶת־כָּל־מַעֲשֵׂה הָאֱלֹהִים	καὶ εἶδον σὺν πάντα τὰ ποιήματα *τοῦ θεοῦ*	
8:17	אֶת־הַמַּעֲשֶׂה אֲשֶׁר נַעֲשָׂה תַחַת־הַשֶּׁמֶשׁ	σὺν *τὸ ποίημα* τὸ πεποιημένον ὑπὸ τὸν ἥλιον	
8:17	אֶת־הַמַּעֲשֶׂה אֲשֶׁר נַעֲשָׂה תַחַת־הַשֶּׁמֶשׁ	σὺν τὸ ποίημα τὸ πεποιημένον ὑπὸ *τὸν ἥλιον*	
8:17	בְּשֶׁל אֲשֶׁר יַעֲמֹל הָאָדָם לְבַקֵּשׁ	ὅσα ἂν μοχθήσῃ *ὁ ἄνθρωπος* τοῦ ζητῆσαι	
8:17	וְגַם אִם־יֹאמַר הֶחָכָם לָדַעַת	καί γε ὅσα ἂν εἴπῃ *ὁ σοφὸς* τοῦ γνῶναι	
9:1	אֲשֶׁר הַצַּדִּיקִים וְהַחֲכָמִים וַעֲבָדֵיהֶם	ὡς *οἱ δίκαιοι* καὶ οἱ σοφοὶ καὶ ἐργασίαι αὐτῶν	
9:1	אֲשֶׁר הַצַּדִּיקִים וְהַחֲכָמִים וַעֲבָדֵיהֶם	ὡς οἱ δίκαιοι *καὶ οἱ σοφοὶ* καὶ ἐργασίαι αὐτῶν	
9:1	וַעֲבָדֵיהֶם בְּיַד הָאֱלֹהִים	καὶ ἐργασίαι αὐτῶν ἐν χειρὶ *τοῦ θεοῦ*	
9:1	אֵין יוֹדֵעַ הָאָדָם	οὐκ ἔστιν εἰδὼς *ὁ ἄνθρωπος*	
9:1	הַכֹּל לִפְנֵיהֶם	*τὰ πάντα* πρὸ προσώπου αὐτῶν	
9:2	הַנִּשְׁבָּע כַּאֲשֶׁר שְׁבוּעָה יָרֵא	ὡς *ὁ ὀμνύων* καθὼς ὁ τὸν ὅρκον φοβούμενος	=%p
9:3	זֶה רָע בְּכֹל אֲשֶׁר־נַעֲשָׂה תַּחַת הַשֶּׁמֶשׁ	τοῦτο πονηρὸν ἐν παντὶ πεποιημένῳ ὑπὸ *τὸν ἥλιον*	
9:3	וְגַם לֵב בְּנֵי־הָאָדָם מָלֵא־רָע	καί γε καρδία υἱῶν *τοῦ ἀνθρώπου* ἐπληρώθη πονηροῦ	
9:3	וְאַחֲרָיו אֶל־הַמֵּתִים	καὶ ὀπίσω αὐτῶν πρὸς *τοὺς νεκρούς*	
9:4	כִּי־מִי אֲשֶׁר *יבחר **יְחֻבַּר אֶל כָּל־הַחַיִּים	ὅτι τίς ὃς κοινωνεῖ πρὸς πάντας *τοὺς ζῶντας*	
9:4	הוּא טוֹב מִן־הָאַרְיֵה הַמֵּת	αὐτὸς ἀγαθὸς ὑπὲρ *τὸν λέοντα* τὸν νεκρόν	
9:4	הוּא טוֹב מִן־הָאַרְיֵה הַמֵּת	αὐτὸς ἀγαθὸς ὑπὲρ τὸν λέοντα *τὸν νεκρόν*	
9:5	כִּי הַחַיִּים יוֹדְעִים שֶׁיָּמֻתוּ	ὅτι *οἱ ζῶντες* γνώσονται ὅτι ἀποθανοῦνται	
9:5	וְהַמֵּתִים אֵינָם יוֹדְעִים מְאוּמָה	*καὶ οἱ νεκροὶ* οὐκ εἰσιν γινώσκοντες οὐδέν	
9:6	בְּכֹל אֲשֶׁר־נַעֲשָׂה תַּחַת הַשָּׁמֶשׁ	ἐν παντὶ τῷ πεποιημένῳ ὑπὸ *τὸν ἥλιον*	
9:7	כִּי כְבָר רָצָה הָאֱלֹהִים אֶת־מַעֲשֶׂיךָ	ὅτι ἤδη εὐδόκησεν *ὁ θεὸς* τὰ ποιήματά σου	
9:9	אֲשֶׁר נָתַן־לְךָ תַּחַת הַשֶּׁמֶשׁ	τὰς δοθείσας σοι ὑπὸ *τὸν ἥλιον*	
9:9	וּבַעֲמָלְךָ אֲשֶׁר־אַתָּה עָמֵל תַּחַת הַשָּׁמֶשׁ	καὶ ἐν τῷ μόχθῳ σου ᾧ σὺ μοχθεῖς ὑπὸ *τὸν ἥλιον*	
9:11	שַׁבְתִּי וְרָאֹה תַחַת־הַשֶּׁמֶשׁ	ἐπέστρεψα καὶ εἶδον ὑπὸ *τὸν ἥλιον*	

9:11	כִּי לֹא לַקַּלִּים הַמֵּרוֹץ	ὅτι οὐ τοῖς κούφοις *ὁ δρόμος*	
9:11	וְלֹא לַגִּבּוֹרִים הַמִּלְחָמָה	καὶ οὐ τοῖς δυνατοῖς *ὁ πόλεμος*	
9:12	כִּי גַּם לֹא־יֵדַע הָאָדָם אֶת־עִתּוֹ	ὅτι καί γε οὐκ ἔγνω *ὁ ἄνθρωπος* τὸν καιρὸν αὐτοῦ	
9:12	וְכַצִּפֳּרִים הָאֲחֻזוֹת בַּפָּח	καὶ ὡς ὄρνεα *τὰ θηρευόμενα* ἐν παγίδι	
9:12	כָּהֵם יוּקָשִׁים בְּנֵי הָאָדָם	ὡς αὐτὰ παγιδεύονται οἱ υἱοὶ *τοῦ ἀνθρώπου*	
9:13	גַּם־זֹה רָאִיתִי חָכְמָה תַּחַת הַשָּׁמֶשׁ	καί γε τοῦτο εἶδον σοφίαν ὑπὸ *τὸν ἥλιον*	
9:15	וּמִלַּט־הוּא אֶת־הָעִיר בְּחָכְמָתוֹ	καὶ διασώσει αὐτὸς *τὴν πόλιν* ἐν τῇ σοφίᾳ αὐτοῦ	
9:15	וְאָדָם לֹא זָכַר אֶת־הָאִישׁ	καὶ ἄνθρωπος οὐκ ἐμνήσθη σὺν *τοῦ ἀνδρὸς*	
9:15	לֹא זָכַר אֶת־הָאִישׁ הַמִּסְכֵּן הַהוּא	οὐκ ἐμνήσθη σὺν τοῦ ἀνδρὸς *τοῦ πένητος* ἐκείνου	
9:16	וְחָכְמַת הַמִּסְכֵּן בְּזוּיָה	καὶ σοφία *τοῦ πένητος* ἐξουδενωμένη	
10:4	אִם־רוּחַ הַמּוֹשֵׁל תַּעֲלֶה עָלֶיךָ	ἐὰν πνεῦμα *τοῦ ἐξουσιάζοντος* ἀναβῇ ἐπὶ σέ	
10:5	יֵשׁ רָעָה רָאִיתִי תַּחַת הַשָּׁמֶשׁ כִּשְׁגָגָה	ἔστιν πονηρία ἣν εἶδον ὑπὸ *τὸν ἥλιον* ὡς ἀκούσιον	
10:5	שֶׁיֹּצָא מִלִּפְנֵי הַשַּׁלִּיט	ὃ ἐξῆλθεν ἀπὸ προσώπου *τοῦ ἐξουσιάζοντος*	
10:6	נִתַּן הַסֶּכֶל בַּמְּרוֹמִים רַבִּים	ἐδόθη *ὁ ἄφρων* ἐν ὕψεσι μεγάλοις	=v
10:7	וְשָׂרִים הֹלְכִים כַּעֲבָדִים עַל־הָאָרֶץ	καὶ ἄρχοντας πορευομένους ὡς δούλους ἐπὶ *τῆς γῆς*	
10:10	אִם־קֵהָה הַבַּרְזֶל וְהוּא לֹא־פָנִים קִלְקַל	ἐὰν ἐκπέσῃ *τὸ σιδήριον* καὶ αὐτὸς πρόσωπον ἐτάραξεν	
10:11	אִם־יִשֹּׁךְ הַנָּחָשׁ בְּלוֹא־לָחַשׁ	ἐὰν δάκῃ *ὁ ὄφις* ἐν οὐ ψιθυρισμῷ	
10:14	וְהַסָּכָל יַרְבֶּה דְבָרִים	*καὶ ὁ ἄφρων* πληθύνει λόγους	
10:14	לֹא־יֵדַע הָאָדָם מַה־שֶּׁיִּהְיֶה	οὐκ ἔγνω *ὁ ἄνθρωπος* τί τὸ γενόμενον	
10:15	עֲמַל הַכְּסִילִים תְּיַגְּעֶנּוּ	μόχθος *τῶν ἀφρόνων* κοπώσει αὐτούς	
10:18	בַּעֲצַלְתַּיִם יִמַּךְ הַמְּקָרֶה	ἐν ὀκνηρίαις ταπεινωθήσεται *ἡ δόκωσις*	
10:18	וּבְשִׁפְלוּת יָדַיִם יִדְלֹף הַבָּיִת	καὶ ἐν ἀργίᾳ χειρῶν στάξει *ἡ οἰκία*	
10:19	וְהַכֶּסֶף יַעֲנֶה אֶת־הַכֹּל	*καὶ τοῦ ἀργυρίου* ἐπακούσεται σὺν τὰ πάντα	
10:19	וְהַכֶּסֶף יַעֲנֶה אֶת־הַכֹּל	καὶ τοῦ ἀργυρίου ἐπακούσεται σὺν *τὰ πάντα*	
10:20	כִּי עוֹף הַשָּׁמַיִם יוֹלִיךְ אֶת־הַקּוֹל	ὅτι πετεινὸν *τοῦ οὐρανοῦ* ἀποίσει σὺν τὴν φωνήν	
10:20	כִּי עוֹף הַשָּׁמַיִם יוֹלִיךְ אֶת־הַקּוֹל	ὅτι πετεινὸν τοῦ οὐρανοῦ ἀποίσει σὺν *τὴν φωνήν*	
10:20	וּבַעַל *הכנפים **כְּנָפַיִם יַגֵּיד דָּבָר	καὶ ὁ ἔχων *τὰς πτέρυγας* ἀπαγγελεῖ λόγον	*
11:1	שַׁלַּח לַחְמְךָ עַל־פְּנֵי הַמָּיִם	ἀπόστειλον τὸν ἄρτον σου ἐπὶ πρόσωπον *τοῦ ὕδατος*	
11:1	כִּי־בְרֹב הַיָּמִים תִּמְצָאֶנּוּ	ὅτι ἐν πλήθει *τῶν ἡμερῶν* εὑρήσεις αὐτόν	
11:2	כִּי לֹא תֵדַע מַה־יִּהְיֶה רָעָה עַל־הָאָרֶץ	ὅτι οὐ γινώσκεις τί ἔσται πονηρὸν ἐπὶ *τὴν γῆν*	
11:3	אִם־יִמָּלְאוּ הֶעָבִים גֶּשֶׁם	ἐὰν πληρωθῶσιν *τὰ νέφη* ὑετοῦ	
11:3	עַל־הָאָרֶץ יָרִיקוּ	ἐπὶ *τὴν γῆν* ἐκχέουσιν	
11:3	מְקוֹם שֶׁיִּפּוֹל הָעֵץ שָׁם יְהוּא	τόπῳ οὗ πεσεῖται *τὸ ξύλον* ἐκεῖ ἔσται	
11:5	כַּאֲשֶׁר אֵינְךָ יוֹדֵעַ מַה־דֶּרֶךְ הָרוּחַ	ἐν οἷς οὐκ ἔστιν γινώσκων τίς ἡ ὁδὸς *τοῦ πνεύματος*	
11:5	כַּעֲצָמִים בְּבֶטֶן הַמְּלֵאָה	ὡς ὀστᾶ ἐν γαστρὶ *τῆς κυοφορούσης*	
11:5	כָּכָה לֹא תֵדַע אֶת־מַעֲשֵׂה הָאֱלֹהִים	οὕτως οὐ γνώσῃ τὰ ποιήματα *τοῦ θεοῦ*	
11:5	אֶת־מַעֲשֵׂה הָאֱלֹהִים אֲשֶׁר יַעֲשֶׂה אֶת־הַכֹּל	τὰ ποιήματα τοῦ θεοῦ ὅσα ποιήσει σὺν *τὰ πάντα*	
11:7	וּמָתוֹק הָאוֹר וְטוֹב לַעֵינַיִם	καὶ γλυκὺ *τὸ φῶς* καὶ ἀγαθὸν τοῖς ὀφθαλμοῖς	
11:7	לִרְאוֹת אֶת־הַשָּׁמֶשׁ	τοῦ βλέπειν σὺν *τὸν ἥλιον*	
11:8	כִּי אִם־שָׁנִים הַרְבֵּה יִחְיֶה הָאָדָם	ὅτι καὶ ἐὰν ἔτη πολλὰ ζήσεται *ὁ ἄνθρωπος*	
11:8	וְיִזְכֹּר אֶת־יְמֵי הַחֹשֶׁךְ	καὶ μνησθήσεται τὰς ἡμέρας *τοῦ σκότους*	
11:9	עַל־כָּל־אֵלֶּה יְבִיאֲךָ הָאֱלֹהִים בַּמִּשְׁפָּט	ἐπὶ πᾶσι τούτοις ἄξει σε *ὁ θεὸς* ἐν κρίσει	
11:10	כִּי־הַיַּלְדוּת וְהַשַּׁחֲרוּת הָבֶל	ὅτι *ἡ νεότης* καὶ ἡ ἄνοια ματαιότης	
11:10	כִּי־הַיַּלְדוּת וְהַשַּׁחֲרוּת הָבֶל	ὅτι ἡ νεότης *καὶ ἡ ἄνοια* ματαιότης	
12:1	עַד לֹא־יָבֹאוּ יְמֵי הָרָעָה	ἕως ὅτου μὴ ἔλθωσιν ἡμέραι *τῆς κακίας*	
12:2	עַד אֲשֶׁר לֹא־תֶחְשַׁךְ הַשֶּׁמֶשׁ	ἕως οὗ μὴ σκοτισθῇ *ὁ ἥλιος*	
12:2	וְהָאוֹר וְהַיָּרֵחַ וְהַכּוֹכָבִים	*καὶ τὸ φῶς* καὶ ἡ σελήνη καὶ οἱ ἀστέρες	
12:2	וְהָאוֹר וְהַיָּרֵחַ וְהַכּוֹכָבִים	καὶ τὸ φῶς *καὶ ἡ σελήνη* καὶ οἱ ἀστέρες	
12:2	וְהָאוֹר וְהַיָּרֵחַ וְהַכּוֹכָבִים	καὶ τὸ φῶς καὶ ἡ σελήνη *καὶ οἱ ἀστέρες*	
12:2	וְשָׁבוּ הֶעָבִים אַחַר הַגָּשֶׁם	καὶ ἐπιστρέψωσιν *τὰ νέφη* ὀπίσω τοῦ ὑετοῦ	
12:2	וְשָׁבוּ הֶעָבִים אַחַר הַגָּשֶׁם	καὶ ἐπιστρέψωσιν τὰ νέφη ὀπίσω *τοῦ ὑετοῦ*	
12:3	בַּיּוֹם שֶׁיָּזֻעוּ שֹׁמְרֵי הַבַּיִת	ἐν ἡμέρᾳ ᾗ ἐὰν σαλευθῶσιν φύλακες *τῆς οἰκίας*	
12:3	וְהִתְעַוְּתוּ אַנְשֵׁי הֶחָיִל	καὶ διαστραφῶσιν ἄνδρες *τῆς δυνάμεως*	
12:3	וּבָטְלוּ הַטֹּחֲנוֹת כִּי מִעֵטוּ	καὶ ἤργησαν *αἱ ἀλήθουσαι* ὅτι ὠλιγώθησαν	
12:3	וְחָשְׁכוּ הָרֹאוֹת בָּאֲרֻבּוֹת	καὶ σκοτάσουσιν *αἱ βλέπουσαι* ἐν ταῖς ὀπαῖς	
12:4	בִּשְׁפַל קוֹל הַטַּחֲנָה	ἐν ἀσθενείᾳ φωνῆς *τῆς ἀληθούσης*	
12:4	וְיָקוּם לְקוֹל הַצִּפּוֹר	καὶ ἀναστήσεται εἰς φωνὴν *τοῦ στρουθίου*	

12:4 כָּל־בְּנוֹת *הַשִּׁיר* πᾶσαι αἱ θυγατέρες *τοῦ ᾄσματος*
12:5 וְיָנֵאץ *הַשָּׁקֵד* וְיִסְתַּבֵּל הֶחָגָב καὶ ἀνθήσῃ *τὸ ἀμύγδαλον* καὶ παχυνθῇ ἡ ἀκρίς
12:5 וְיָנֵאץ הַשָּׁקֵד וְיִסְתַּבֵּל *הֶחָגָב* καὶ ἀνθήσῃ τὸ ἀμύγδαλον καὶ παχυνθῇ *ἡ ἀκρίς*
12:5 וְתָפֵר *הָאֲבִיּוֹנָה* καὶ διασκεδασθῇ *ἡ κάππαρις*
12:5 כִּי־הֹלֵךְ *הָאָדָם* אֶל־בֵּית עוֹלָמוֹ ὅτι ἐπορεύθη *ὁ ἄνθρωπος* εἰς οἶκον αἰῶνος αὐτοῦ
12:5 וְסָבְבוּ בַשּׁוּק *הַסֹּפְדִים* καὶ ἐκύκλωσαν ἐν ἀγορᾷ *οἱ κοπτόμενοι*
12:6 עַד אֲשֶׁר לֹא־*ירחק **יֵרָתֵק חֶבֶל *הַכֶּסֶף* ἕως ὅτου μὴ ἀνατραπῇ σχοινίον *τοῦ ἀργυρίου*
12:6 וְתָרֻץ גֻּלַּת *הַזָּהָב* καὶ συνθλιβῇ ἀνθέμιον *τοῦ χρυσίου*
12:6 וְתִשָּׁבֶר כַּד *עַל־הַמַּבּוּעַ* καὶ συντριβῇ ὑδρία ἐπὶ *τὴν πηγήν*
12:6 וְנָרֹץ *הַגַּלְגַּל* אֶל־הַבּוֹר καὶ συντροχάσῃ *ὁ τροχὸς* ἐπὶ τὸν λάκκον
12:6 וְנָרֹץ הַגַּלְגַּל *אֶל־הַבּוֹר* καὶ συντροχάσῃ ὁ τροχὸς ἐπὶ *τὸν λάκκον*
12:7 וְיָשֹׁב *הֶעָפָר* עַל־הָאָרֶץ כְּשֶׁהָיָה καὶ ἐπιστρέψῃ *ὁ χοῦς* ἐπὶ τὴν γῆν ὡς ἦν
12:7 וְיָשֹׁב הֶעָפָר *עַל־הָאָרֶץ* כְּשֶׁהָיָה καὶ ἐπιστρέψῃ ὁ χοῦς ἐπὶ *τὴν γῆν* ὡς ἦν
12:7 *וְהָרוּחַ* תָּשׁוּב אֶל־הָאֱלֹהִים *καὶ τὸ πνεῦμα* ἐπιστρέψῃ πρὸς τὸν θεόν
12:7 תָּשׁוּב *אֶל־הָאֱלֹהִים* אֲשֶׁר נְתָנָהּ ἐπιστρέψῃ πρὸς *τὸν θεόν* ὃς ἔδωκεν αὐτό
12:8 הֲבֵל הֲבָלִים אָמַר *הַקּוֹהֶלֶת* ματαιότης ματαιοτήτων εἶπεν *ὁ ἐκκλησιαστής*
12:8 *הַכֹּל* הָבֶל *τὰ πάντα* ματαιότης
12:9 עוֹד לִמַּד־דַּעַת *אֶת־הָעָם* ἔτι ἐδίδαξεν γνῶσιν σὺν *τὸν λαόν*
12:13 סוֹף דָּבָר *הַכֹּל* נִשְׁמָע τέλος λόγου *τὸ πᾶν* ἀκούεται
12:13 *אֶת־הָאֱלֹהִים* יְרָא וְאֶת־מִצְוֹתָיו שְׁמוֹר *τὸν θεὸν* φοβοῦ καὶ τὰς ἐντολὰς αὐτοῦ φύλασσε
12:13 כִּי־זֶה כָּל־*הָאָדָם* ὅτι τοῦτο πᾶς *ὁ ἄνθρωπος*
12:14 כִּי אֶת־כָּל־מַעֲשֶׂה *הָאֱלֹהִים* יָבִא בְמִשְׁפָּט ὅτι σὺν πᾶν τὸ ποίημα *ὁ θεὸς* ἄξει ἐν κρίσει

הַ + הוּא *2*

ἐκεῖνος *2* *1%*

5:13 וְאָבַד הָעֹשֶׁר *הַהוּא* בְּעִנְיַן καὶ ἀπολεῖται ὁ πλοῦτος *ἐκεῖνος* ἐν περισπασμῷ
9:15 לֹא זָכַר אֶת־הָאִישׁ הַמִּסְכֵּן *הַהוּא* οὐκ ἐμνήσθη σὺν τοῦ ἀνδρὸς τοῦ πένητος *ἐκείνου*

הַ + כֹּל *1*

ματαιότης *1* *1%*

9:2 *הַכֹּל* כַּאֲשֶׁר לַכֹּל *ματαιότης* ἐν τοῖς πᾶσιν =;.kb הבל

הֲ *Occurrences: 5*

εἰ	*3*	*60%*
ἤ	*1*	*20%*
μή	*1*	*20%*

εἰ *3* *60%*

2:19 וּמִי יוֹדֵעַ *הֶחָכָם* יִהְיֶה אוֹ סָכָל καὶ τίς οἶδεν *εἰ σοφὸς* ἔσται ἢ ἄφρων
3:21 *הָעֹלָה* הִיא לְמָעְלָה *εἰ ἀναβαίνει* αὐτὸ εἰς ἄνω
3:21 *הַיֹּרֶדֶת* הִיא לְמַטָּה לָאָרֶץ *εἰ καταβαίνει* αὐτὸ κάτω εἰς γῆν

ἤ *1* *20%*

11:6 כִּי אֵינְךָ יוֹדֵעַ אֵי זֶה יִכְשַׁר *הֲזֶה* אוֹ־זֶה ὅτι οὐ γινώσκεις ποῖον στοιχήσει *ἢ τοῦτο* ἢ τοῦτο

μή *1* *20%*

6:6 *הֲלֹא* אֶל־מָקוֹם אֶחָד הַכֹּל הוֹלֵךְ *μὴ* οὐκ εἰς τόπον ἕνα τὰ πάντα πορεύεται

הֶבֶל *Occurrences: 38*

ματαιότης *38* *100%*

1:2 *הֲבֵל* הֲבָלִים אָמַר קֹהֶלֶת *ματαιότης* ματαιοτήτων εἶπεν ὁ ἐκκλησιαστής
1:2 הֲבֵל *הֲבָלִים* אָמַר קֹהֶלֶת ματαιότης *ματαιοτήτων* εἶπεν ὁ ἐκκλησιαστής
1:2 *הֲבֵל* הֲבָלִים הַכֹּל הָבֶל *ματαιότης* ματαιοτήτων τὰ πάντα ματαιότης
1:2 הֲבֵל *הֲבָלִים* הַכֹּל הָבֶל ματαιότης *ματαιοτήτων* τὰ πάντα ματαιότης
1:2 הֲבֵל הֲבָלִים הַכֹּל *הָבֶל* ματαιότης ματαιοτήτων τὰ πάντα *ματαιότης*
1:14 וְהִנֵּה הַכֹּל *הֶבֶל* καὶ ἰδοὺ τὰ πάντα *ματαιότης*
2:1 וְהִנֵּה גַם־הוּא *הָבֶל* καὶ ἰδοὺ καί γε τοῦτο *ματαιότης*
2:11 וְהִנֵּה הַכֹּל *הֶבֶל* καὶ ἰδοὺ τὰ πάντα *ματαιότης*
2:15 שֶׁגַּם־זֶה *הָבֶל* ὅτι καί γε τοῦτο *ματαιότης*
2:17 כִּי־הַכֹּל *הֶבֶל* וּרְעוּת רוּחַ ὅτι τὰ πάντα *ματαιότης* καὶ προαίρεσις πνεύματος

2:19	גַּם־זֶה הָבֶל	καί γε τοῦτο *ματαιότης*		
2:21	גַּם־זֶה הֶבֶל וְרָעָה רַבָּה	καί γε τοῦτο *ματαιότης* καὶ πονηρία μεγάλη		
2:23	גַּם־זֶה הֶבֶל הוּא	καί γε τοῦτο *ματαιότης* ἐστίν		
2:26	גַּם־זֶה הָבֶל	ὅτι καί γε τοῦτο *ματαιότης*		
3:19	אָיִן כִּי הַכֹּל הָבֶל	οὐδέν ὅτι τὰ πάντα *ματαιότης*		
4:4	גַּם־זֶה הֶבֶל וּרְעוּת רוּחַ	καί γε τοῦτο *ματαιότης* καὶ προαίρεσις πνεύματος		
4:7	וְשַׁבְתִּי אֲנִי וָאֶרְאֶה הֶבֶל	καὶ ἐπέστρεψα ἐγὼ καὶ εἶδον *ματαιότητα*		
4:8	גַּם־זֶה הֶבֶל וְעִנְיַן רָע	καί γε τοῦτο *ματαιότης* καὶ περισπασμὸς πονηρός		
4:16	כִּי־גַם־זֶה הֶבֶל	ὅτι καί γε τοῦτο *ματαιότης*		
5:6	כִּי בְרֹב חֲלֹמוֹת וַהֲבָלִים	ὅτι ἐν πλήθει ἐνυπνίων *καὶ ματαιότητες*		
5:9	גַּם־זֶה הָבֶל	καί γε τοῦτο *ματαιότης*		
6:2	זֶה הֶבֶל וָחֳלִי רָע הוּא	τοῦτο *ματαιότης* καὶ ἀρρωστία πονηρά ἐστιν		
6:4	כִּי־בַהֶבֶל בָּא וּבַחֹשֶׁךְ יֵלֵךְ	ὅτι *ἐν ματαιότητι* ἦλθεν καὶ ἐν σκότει πορεύεται		
6:9	גַּם־זֶה הֶבֶל וּרְעוּת רוּחַ	καί γε τοῦτο *ματαιότης* καὶ προαίρεσις πνεύματος		
6:11	כִּי יֵשׁ־דְּבָרִים הַרְבֵּה מַרְבִּים הָבֶל	ὅτι εἰσὶν λόγοι πολλοὶ πληθύνοντες *ματαιότητα*		
6:12	מִסְפַּר יְמֵי־חַיֵּי הֶבְלוֹ	ἀριθμὸν ἡμερῶν ζωῆς *ματαιότητος* αὐτοῦ		
7:6	כֵּן שְׂחֹק הַכְּסִיל וְגַם־זֶה הָבֶל	οὕτως γέλως τῶν ἀφρόνων καί γε τοῦτο *ματαιότης*		
7:15	אֶת־הַכֹּל רָאִיתִי בִּימֵי הֶבְלִי	σὺν τὰ πάντα εἶδον ἐν ἡμέραις *ματαιότητός* μου		
8:10	גַּם־זֶה הָבֶל	καί γε τοῦτο *ματαιότης*		
8:14	יֶשׁ־הֶבֶל אֲשֶׁר נַעֲשָׂה עַל־הָאָרֶץ	ἔστιν *ματαιότης* ἣ πεποίηται ἐπὶ τῆς γῆς		
8:14	אָמַרְתִּי שֶׁגַּם־זֶה הָבֶל	εἶπα ὅτι καί γε τοῦτο *ματαιότης*		
[9:2]	הַכֹּל כַּאֲשֶׁר לַכֹּל	*ματαιότης* ἐν τοῖς πᾶσιν	=;.kb	הבל
9:9	כָּל־יְמֵי חַיֵּי הֶבְלֶךָ	πάσας ἡμέρας ζωῆς *ματαιότητός σου*		
9:9	כֹּל יְמֵי הֶבְלֶךָ	πάσας ἡμέρας *ματαιότητός σου*		
11:8	כִּי־הַרְבֵּה יִהְיוּ כָּל־שֶׁבָּא הָבֶל	ὅτι πολλαὶ ἔσονται πᾶν τὸ ἐρχόμενον *ματαιότης*		
11:10	כִּי־הַיַּלְדוּת וְהַשַּׁחֲרוּת הָבֶל	ὅτι ἡ νεότης καὶ ἡ ἄνοια *ματαιότης*		
12:8	הֲבֵל הֲבָלִים אָמַר הַקּוֹהֶלֶת	*ματαιότης* ματαιοτήτων εἶπεν ὁ ἐκκλησιαστής		
12:8	הֲבֵל הֲבָלִים אָמַר הַקּוֹהֶלֶת	ματαιότης *ματαιοτήτων* εἶπεν ὁ ἐκκλησιαστής		
12:8	הַכֹּל הָבֶל	τὰ πάντα *ματαιότης*		

הוא *Occurrences: 27*

αὐτός	*13*	*48%*
εἰμί	*9*	*33%*
οὗτος	*2*	*7%*
ὅτι	*1*	*4%*
הַ + הוּא	*2*	
ἐκεῖνος	*2*	*7%*

αὐτός *13* *48%*

1:5	זוֹרֵחַ *הוּא* שָׁם	[ἀνατέλλων *αὐτὸς* ἐκεῖ]	[6]
1:9	מַה־שֶּׁהָיָה *הוּא* שֶׁיִּהְיֶה	τί τὸ γεγονός *αὐτὸ* τὸ γενησόμενον	
1:9	וּמַה־שֶּׁנַּעֲשָׂה *הוּא* שֶׁיֵּעָשֶׂה	καὶ τί τὸ πεποιημένον *αὐτὸ* τὸ ποιηθησόμενον	
2:22	שֶׁ*הוּא* עָמֵל תַּחַת הַשָּׁמֶשׁ	ᾧ *αὐτὸς* μοχθεῖ ὑπὸ τὸν ἥλιον	
3:9	מַה־יִּתְרוֹן הָעוֹשֶׂה בַּאֲשֶׁר *הוּא* עָמֵל	τίς περισσεία τοῦ ποιοῦντος ἐν οἷς *αὐτὸς* μοχθεῖ	
3:14	*הוּא* יִהְיֶה לְעוֹלָם	*αὐτὰ* ἔσται εἰς τὸν αἰῶνα	
3:22	כִּי־*הוּא* חֶלְקוֹ	ὅτι *αὐτὸ* μερὶς αὐτοῦ	
5:17	כִּי־*הוּא* חֶלְקוֹ	ὅτι *αὐτὸ* μερὶς αὐτοῦ	
8:15	וְ*הוּא* יִלְוֶנּוּ בַעֲמָלוֹ	*καὶ αὐτὸ* συμπροσέσται αὐτῷ ἐν μόχθῳ αὐτοῦ	
9:4	יֵשׁ בִּטָּחוֹן כִּי־לְכֶלֶב חַי *הוּא* טוֹב	ἔστιν ἐλπίς ὅτι ὁ κύων ὁ ζῶν *αὐτὸς* ἀγαθὸς	
9:9	כִּי *הוּא* חֶלְקְךָ בַּחַיִּים	ὅτι *αὐτὸ* μερίς σου ἐν τῇ ζωῇ σου	
9:15	וּמִלַּט־*הוּא* אֶת־הָעִיר בְּחָכְמָתוֹ	καὶ διασώσει *αὐτὸς* τὴν πόλιν ἐν τῇ σοφίᾳ αὐτοῦ	
10:10	אִם־קֵהָה הַבַּרְזֶל וְ*הוּא* לֹא־פָנִים קִלְקַל	ἐὰν ἐκπέσῃ τὸ σιδήριον *καὶ αὐτὸς* πρόσωπον ἐτάραξεν	

εἰμί *9* *33%*

1:10	יֵשׁ דָּבָר שֶׁיֹּאמַר רְאֵה־זֶה חָדָשׁ *הוּא*	ὃς λαλήσει καὶ ἐρεῖ ἰδὲ τοῦτο καινόν *ἐστιν*
1:17	יָדַעְתִּי שֶׁגַּם־זֶה *הוּא* רַעְיוֹן רוּחַ	ἔγνων ὅτι καί γε τοῦτ' *ἔστιν* προαίρεσις πνεύματος
2:23	גַּם־זֶה הֶבֶל *הוּא*	καί γε τοῦτο ματαιότης *ἐστίν*
3:15	מַה־שֶּׁהָיָה כְּבָר *הוּא*	τὸ γενόμενον ἤδη *ἐστίν*

4:8	הֶבֶל וְעִנְיַן רָע *הוּא*	ματαιότης καὶ περισπασμὸς πονηρός *ἐστιν*	
5:8	וְיִתְרוֹן אֶרֶץ בַּכֹּל *היא **הוּא*	καὶ περισσεία γῆς ἐν παντί *ἐστι*	
6:2	זֶה הֶבֶל וָחֳלִי רָע *הוּא*	τοῦτο ματαιότης καὶ ἀρρωστία πονηρά *ἐστιν*	
6:10	וְנוֹדָע אֲשֶׁר־*הוּא* אָדָם	καὶ ἐγνώσθη ὅ *ἐστιν* ἄνθρωπος	
10:3	וְאָמַר לַכֹּל סָכָל *הוּא*	καὶ ἃ λογιεῖται πάντα ἀφροσύνη *ἐστίν*	
ὅτι	*1*	*4%*	
1:13	*הוּא* עִנְיַן רָע נָתַן אֱלֹהִים	*ὅτι* περισπασμὸν πονηρὸν ἔδωκεν ὁ θεὸς	
οὗτος	2	*7%*	
2:1	וְהִנֵּה גַם־*הוּא* הָבֶל	καὶ ἰδοὺ καί γε *τοῦτο* ματαιότης	
7:2	בַּאֲשֶׁר *הוּא* סוֹף כָּל־הָאָדָם	καθότι *τοῦτο* τέλος παντὸς τοῦ ἀνθρώπου	
הַ + הוּא	2		
ἐκεῖνος	2	*7%*	
5:13	וְאָבַד הָעֹשֶׁר *הַהוּא* בְּעִנְיַן	καὶ ἀπολεῖται ὁ πλοῦτος *ἐκεῖνος* ἐν περισπασμῷ	
9:15	לֹא זָכַר אֶת־הָאִישׁ הַמִּסְכֵּן *הַהוּא*	οὐκ ἐμνήσθη σὺν τοῦ ἀνδρὸς τοῦ πένητος *ἐκείνου*	

הָוָה *Occurrences: 2*

γίγνομαι	*1*	*50%*
εἰμί	*1*	*50%*

γίγνομαι	*1*	*50%*
2:22	כִּי *מֶה־הֹוֶה* לָאָדָם בְּכָל־עֲמָלוֹ	ὅτι τί *γίνεται* τῷ ἀνθρώπῳ ἐν παντὶ μόχθῳ αὐτοῦ
εἰμί	*1*	*50%*
11:3	מְקוֹם שֶׁיִּפּוֹל הָעֵץ שָׁם *יְהוּא*	τόπῳ οὗ πεσεῖται τὸ ξύλον ἐκεῖ *ἔσται*

הוֹלֵלוֹת *Occurrences: 4*

περιφορά	*2*	*50%*
παραβολή	*1*	*25%*
περιφέρεια	*1*	*25%*

παραβολή	*1*	*25%*
1:17	וְדַעַת *הוֹלֵלוֹת* וְשִׂכְלוּת	καὶ γνῶσιν *παραβολὰς* καὶ ἐπιστήμην
περιφέρεια	*1*	*25%*
9:3	*וְהוֹלֵלוֹת* בִּלְבָבָם בְּחַיֵּיהֶם	*καὶ περιφέρεια* ἐν καρδίᾳ αὐτῶν ἐν ζωῇ αὐτῶν
περιφορά	*2*	*50%*
2:12	חָכְמָה *וְהוֹלֵלוֹת* וְסִכְלוּת	σοφίαν *καὶ περιφορὰν* καὶ ἀφροσύνην
7:25	רֶשַׁע כֶּסֶל וְהַסִּכְלוּת *הוֹלֵלוֹת*	ἀσεβοῦς ἀφροσύνην καὶ σκληρίαν *καὶ περιφοράν*

הוֹלֵלוּת *Occurrences: 1*

περιφέρεια	*1*	*100%*
10:13	וְאַחֲרִית פִּיהוּ *הוֹלֵלוּת* רָעָה	καὶ ἐσχάτη στόματος αὐτοῦ *περιφέρεια* πονηρά

הִיא *Occurrences: 12*

εἰμί	*8*	*67%*
αὐτός	*4*	*33%*

αὐτός	*4*	*33%*	
3:21	הָעֹלָה *הִיא* לְמָעְלָה	εἰ ἀναβαίνει *αὐτὸ* εἰς ἄνω	
3:21	הַיֹּרֶדֶת *הִיא* לְמַטָּה לָאָרֶץ	εἰ καταβαίνει *αὐτὸ* κάτω εἰς γῆν	
4:4	כִּי *הִיא* קִנְאַת־אִישׁ מֵרֵעֵהוּ	ὅτι *αὐτὸ* ζῆλος ἀνδρὸς ἀπὸ τοῦ ἑταίρου αὐτοῦ	
7:23	אָמַרְתִּי אֶחְכָּמָה *וְהִיא* רְחוֹקָה מִמֶּנִּי	εἶπα σοφισθήσομαι [*καὶ αὐτὴ* ἐμακρύνθη ἀπ' ἐμοῦ]	[24]
εἰμί	*8*	*67%*	
2:24	כִּי מִיַּד הָאֱלֹהִים *הִיא*	ὅτι ἀπὸ χειρὸς τοῦ θεοῦ *ἐστιν*	
3:13	מַתַּת אֱלֹהִים *הִיא*	δόμα θεοῦ *ἐστιν*	
5:5	לִפְנֵי הַמַּלְאָךְ כִּי שְׁגָגָה *הִיא*	πρὸ προσώπου τοῦ θεοῦ ὅτι ἄγνοιά *ἐστιν*	
5:8	וְיִתְרוֹן אֶרֶץ בַּכֹּל *היא **הוּא*	καὶ περισσεία γῆς ἐν παντί *ἐστι*	
5:18	זֹה מַתַּת אֱלֹהִים *הִיא*	τοῦτο δόμα θεοῦ *ἐστιν*	
6:1	וְרַבָּה *הִיא* עַל־הָאָדָם	καὶ πολλή *ἐστιν* ἐπὶ τὸν ἄνθρωπον	

7:26	אֶת־הָאִשָּׁה אֲשֶׁר־*הִיא* מְצוֹדִים	σὺν τὴν γυναῖκα ἥτις *ἐστὶν* θηρεύματα
9:13	וּגְדוֹלָה *הִיא* אֵלָי	καὶ μεγάλη *ἐστὶν* πρός με

הָיָה *Occurrences: 47*

γίγνομαι	*28*	*60%*
εἰμί	*18*	*38%*
ζάω	*1*	*2%*

γίγνομαι	*28*	*60%*
1:9	מַה־*שֶּׁהָיָה* הוּא שֶׁיִּהְיֶה	τί *τὸ γεγονός* αὐτὸ τὸ γενησόμενον
1:9	מַה־שֶּׁהָיָה הוּא *שֶׁיִּהְיֶה*	τί τὸ γεγονός αὐτὸ *τὸ γενησόμενον*
1:10	כְּבָר *הָיָה* לְעֹלָמִים אֲשֶׁר הָיָה	ἤδη *γέγονεν* ἐν τοῖς αἰῶσιν τοῖς γενομένοις
1:10	לְעֹלָמִים אֲשֶׁר *הָיָה* מִלְּפָנֵנוּ	ἐν τοῖς αἰῶσιν τοῖς *γενομένοις* ἀπὸ ἔμπροσθεν ἡμῶν
1:11	וְגַם לָאַחֲרֹנִים *שֶׁיִּהְיוּ*	καί γε τοῖς ἐσχάτοις *γενομένοις*
1:11	עִם *שֶׁיִּהְיוּ* לָאַחֲרֹנָה	μετὰ *τῶν γενησομένων* εἰς τὴν ἐσχάτην
1:12	אֲנִי קֹהֶלֶת *הָיִיתִי* מֶלֶךְ	ἐγὼ ἐκκλησιαστὴς *ἐγενόμην* βασιλεὺς
1:16	עַל כָּל־אֲשֶׁר־*הָיָה* לְפָנַי עַל־יְרוּשָׁלָםִ	ἐπὶ πᾶσιν οἳ *ἐγένοντο* ἔμπροσθέν μου ἐν Ιερουσαλημ
2:7	וּבְנֵי־בַיִת *הָיָה* לִי	καὶ οἰκογενεῖς *ἐγένοντό* μοι
2:7	וְצֹאן הַרְבֵּה *הָיָה* לִי	καὶ ποιμνίου πολλὴ *ἐγένετό* μοι
2:7	מִכֹּל *שֶׁהָיוּ* לְפָנַי	ὑπὲρ πάντας *τοὺς γενομένους* ἔμπροσθέν μου
2:9	מִכֹּל *שֶׁהָיָה* לְפָנַי	παρὰ πάντας *τοὺς γενομένους* ἔμπροσθέν μου
2:10	*וְזֶה־הָיָה* חֶלְקִי מִכָּל־עֲמָלִי	καὶ τοῦτο *ἐγένετο* μερίς μου ἀπὸ παντὸς μόχθου μου
2:18	שֶׁאַנִּיחֶנּוּ לָאָדָם *שֶׁיִּהְיֶה* אַחֲרָי	ὅτι ἀφίω αὐτὸν τῷ ἀνθρώπῳ *τῷ γινομένῳ* μετ' ἐμέ
3:15	*מַה־שֶּׁהָיָה* כְּבָר הוּא	*τὸ γενόμενον* ἤδη ἐστίν
3:15	וַאֲשֶׁר *לִהְיוֹת* כְּבָר הָיָה	καὶ ὅσα *τοῦ γίνεσθαι* ἤδη γέγονεν
3:15	וַאֲשֶׁר לִהְיוֹת כְּבָר *הָיָה*	καὶ ὅσα τοῦ γίνεσθαι ἤδη *γέγονεν*
3:20	הַכֹּל *הָיָה* מִן־הֶעָפָר	τὰ πάντα *ἐγένετο* ἀπὸ τοῦ χοός
3:22	כִּי מִי יְבִיאֶנּוּ לִרְאוֹת בְּמֶה *שֶׁיִּהְיֶה*	ὅτι τίς ἄξει αὐτὸν τοῦ ἰδεῖν *ἐν ᾧ ἐὰν γένηται*
4:3	אֵת אֲשֶׁר־עֲדֶן לֹא *הָיָה*	ὅστις οὔπω *ἐγένετο*
4:16	לְכֹל אֲשֶׁר־*הָיָה* לִפְנֵיהֶם	τοῖς πᾶσιν ὅσοι *ἐγένοντο* ἔμπροσθεν αὐτῶν
6:3	וְגַם־קְבוּרָה לֹא־*הָיְתָה* לּוֹ	καί γε ταφὴ οὐκ *ἐγένετο* αὐτῷ
6:10	*מַה־שֶּׁהָיָה* כְּבָר נִקְרָא שְׁמוֹ	εἴ τι *ἐγένετο* ἤδη κέκληται ὄνομα αὐτοῦ
7:10	אַל־תֹּאמַר מֶה *הָיָה*	μὴ εἴπῃς τί *ἐγένετο*
7:16	אַל־*תְּהִי* צַדִּיק הַרְבֵּה וְאַל־תִּתְחַכַּם יוֹתֵר	μὴ *γίνου* δίκαιος πολὺ καὶ μὴ σοφίζου περισσά
7:17	אַל־תִּרְשַׁע הַרְבֵּה וְאַל־*תְּהִי* סָכָל	μὴ ἀσεβήσῃς πολὺ καὶ μὴ *γίνου* σκληρός
10:14	לֹא־יֵדַע הָאָדָם *מַה־שֶּׁיִּהְיֶה*	οὐκ ἔγνω ὁ ἄνθρωπος τί *τὸ γενόμενον*
12:9	וְיֹתֵר *שֶׁהָיָה* קֹהֶלֶת חָכָם	καὶ περισσὸν *ὅτι ἐγένετο* ἐκκλησιαστὴς σοφός
εἰμί	*18*	*38%*
1:11	לֹא־*יִהְיֶה* לָהֶם זִכָּרוֹן	οὐκ *ἔσται* αὐτοῖς μνήμη
2:19	וּמִי יוֹדֵעַ הֶחָכָם *יִהְיֶה* אוֹ סָכָל	καὶ τίς οἶδεν εἰ σοφὸς *ἔσται* ἢ ἄφρων
3:14	הוּא *יִהְיֶה* לְעוֹלָם	αὐτὰ *ἔσται* εἰς τὸν αἰῶνα
5:1	עַל־כֵּן *יִהְיוּ* דְבָרֶיךָ מְעַטִּים	ἐπὶ τούτῳ *ἔστωσαν* οἱ λόγοι σου ὀλίγοι
6:3	וְרַב *שֶׁיִּהְיוּ* יְמֵי־שָׁנָיו	καὶ πλῆθος *ὅ τι ἔσονται* ἡμέραι ἐτῶν αὐτοῦ
6:12	אֲשֶׁר מִי־יַגִּיד לָאָדָם *מַה־יִּהְיֶה*	ὅτι τίς ἀπαγγελεῖ τῷ ἀνθρώπῳ τί *ἔσται*
7:10	שֶׁהַיָּמִים הָרִאשֹׁנִים *הָיוּ* טוֹבִים מֵאֵלֶּה	ὅτι αἱ ἡμέραι αἱ πρότεραι *ἦσαν* ἀγαθαὶ ὑπὲρ ταύτας
7:19	מֵעֲשָׂרָה שַׁלִּיטִים אֲשֶׁר *הָיוּ* בָּעִיר	ὑπὲρ δέκα ἐξουσιάζοντας τοὺς *ὄντας* ἐν τῇ πόλει
7:24	רָחוֹק *מַה־הָיָה* וְעָמֹק עָמֹק מִי יִמְצָאֶנּוּ	μακρὰν ὑπὲρ ὃ *ἦν* καὶ βαθὺ βάθος τίς εὑρήσει αὐτό
8:7	כִּי־אֵינֶנּוּ יֹדֵעַ *מַה־שֶּׁיִּהְיֶה*	ὅτι οὐκ ἔστιν γινώσκων τί *τὸ ἐσόμενον*
8:7	כִּי כַּאֲשֶׁר *יִהְיֶה* מִי יַגִּיד לוֹ	ὅτι καθὼς *ἔσται* τίς ἀναγγελεῖ αὐτῷ
8:12	אֲשֶׁר *יִהְיֶה*־טּוֹב לְיִרְאֵי הָאֱלֹהִים	ὅτι *ἔσται* ἀγαθὸν τοῖς φοβουμένοις τὸν θεόν
8:13	וְטוֹב לֹא־*יִהְיֶה* לָרָשָׁע	καὶ ἀγαθὸν οὐκ *ἔσται* τῷ ἀσεβεῖ
9:8	בְּכָל־עֵת *יִהְיוּ* בְגָדֶיךָ לְבָנִים	ἐν παντὶ καιρῷ *ἔστωσαν* ἱμάτιά σου λευκά
10:14	וַאֲשֶׁר *יִהְיֶה* מֵאַחֲרָיו	καὶ τί τὸ *ἐσόμενον* ὀπίσω αὐτοῦ
11:2	כִּי לֹא תֵדַע *מַה־יִּהְיֶה* רָעָה עַל־הָאָרֶץ	ὅτι οὐ γινώσκεις τί *ἔσται* πονηρὸν ἐπὶ τὴν γῆν
11:8	כִּי־הַרְבֵּה *יִהְיוּ* כָּל־שֶׁבָּא הָבֶל	ὅτι πολλαὶ *ἔσονται* πᾶν τὸ ἐρχόμενον ματαιότης
12:7	וְיָשֹׁב הֶעָפָר עַל־הָאָרֶץ *כְּשֶׁהָיָה*	καὶ ἐπιστρέψῃ ὁ χοῦς ἐπὶ τὴν γῆν *ὡς ἦν*

ζάω	*1*	2%		
7:14	בְּיוֹם טוֹבָה הֱיֵה בְטוֹב	ἐν ἡμέρᾳ ἀγαθωσύνης *ζῆθι* ἐν ἀγαθῷ	=.hx	חיה

הָלַךְ *Occurrences: 30*

πορεύομαι	*24*	*80%*
δεῦρο	*2*	*7%*
πατέω/περι	*2*	*7%*
ἔρχομαι/ἀπο	*1*	*3%*
φέρω/ἀπο	*1*	*3%*

δεῦρο	*2*	*7%*	
2:1	אָמַרְתִּי אֲנִי בְּלִבִּי *לְכָה־נָּא*	εἶπον ἐγὼ ἐν καρδίᾳ μου *δεῦρο* δὴ	
9:7	*לֵךְ* אֱכֹל בְּשִׂמְחָה לַחְמֶךָ	*δεῦρο* φάγε ἐν εὐφροσύνῃ ἄρτον σου	
ἔρχομαι/ἀπο	*1*	*3%*	
5:15	כָּל־עֻמַּת שֶׁבָּא כֵּן *יֵלֵךְ*	ὥσπερ γὰρ παρεγένετο οὕτως *καὶ ἀπελεύσεται*	
πατέω/περι	*2*	*7%*	
4:15	רָאִיתִי אֶת־כָּל־הַחַיִּים *הַמְהַלְּכִים*	εἶδον σὺν πάντας τοὺς ζῶντας *τοὺς περιπατοῦντας*	
11:9	*וְהַלֵּךְ* בְּדַרְכֵי לִבְּךָ	*καὶ περιπάτει* ἐν ὁδοῖς καρδίας σου	
πορεύομαι	*24*	*80%*	
1:4	דּוֹר *הֹלֵךְ* וְדוֹר בָּא	γενεὰ *πορεύεται* καὶ γενεὰ ἔρχεται	
1:6	*הוֹלֵךְ* אֶל־דָּרוֹם וְסוֹבֵב אֶל־צָפוֹן	*πορεύεται* πρὸς νότον καὶ κυκλοῖ πρὸς βορρᾶν	
1:6	סוֹבֵב סֹבֵב *הוֹלֵךְ* הָרוּחַ	κυκλοῖ κυκλῶν *πορεύεται* τὸ πνεῦμα	
1:7	כָּל־הַנְּחָלִים *הֹלְכִים* אֶל־הַיָּם	πάντες οἱ χείμαρροι *πορεύονται* εἰς τὴν θάλασσαν	
1:7	אֶל־מְקוֹם שֶׁהַנְּחָלִים *הֹלְכִים*	εἰς τόπον οὗ οἱ χείμαρροι *πορεύονται*	
1:7	שָׁם הֵם שָׁבִים *לָלָכֶת*	ἐκεῖ αὐτοὶ ἐπιστρέφουσιν *τοῦ πορευθῆναι*	
2:14	וְהַכְּסִיל בַּחֹשֶׁךְ *הוֹלֵךְ*	καὶ ὁ ἄφρων ἐν σκότει *πορεύεται*	
3:20	הַכֹּל *הוֹלֵךְ* אֶל־מָקוֹם אֶחָד	τὰ πάντα *πορεύεται* εἰς τόπον ἕνα	
4:17	שְׁמֹר *רגליך **רַגְלְךָ כַּאֲשֶׁר *תֵּלֵךְ* אֶל־בֵּית	φύλαξον πόδα σου ἐν ᾧ ἐὰν *πορεύῃ* εἰς οἶκον	
5:14	יָשׁוּב *לָלֶכֶת* כְּשֶׁבָּא	ἐπιστρέψει *τοῦ πορευθῆναι* ὡς ἥκει	
5:14	*שֶׁיֹּלֵךְ* בְּיָדוֹ	*ἵνα πορευθῇ* ἐν χειρὶ αὐτοῦ	=v
6:4	כִּי־בַהֶבֶל בָּא וּבַחֹשֶׁךְ *יֵלֵךְ*	ὅτι ἐν ματαιότητι ἦλθεν καὶ ἐν σκότει *πορεύεται*	
6:6	הֲלֹא אֶל־מָקוֹם אֶחָד הַכֹּל *הוֹלֵךְ*	μὴ οὐκ εἰς τόπον ἕνα τὰ πάντα *πορεύεται*	
6:8	מַה־לֶּעָנִי יוֹדֵעַ *לַהֲלֹךְ* נֶגֶד הַחַיִּים	διότι ὁ πένης οἶδεν *πορευθῆναι* κατέναντι τῆς ζωῆς	
6:9	טוֹב מַרְאֵה עֵינַיִם *מֵהֲלָךְ־נָפֶשׁ*	ἀγαθὸν ὅραμα ὀφθαλμῶν *ὑπὲρ πορευόμενον* ψυχῇ	=v
7:2	טוֹב *לָלֶכֶת* אֶל־בֵּית־אֵבֶל	ἀγαθὸν *πορευθῆναι* εἰς οἶκον πένθους	
7:2	*מִלֶּכֶת* אֶל־בֵּית מִשְׁתֶּה	*ἢ ὅτι πορευθῆναι* εἰς οἶκον πότου	
8:3	אַל־תִּבָּהֵל מִפָּנָיו *תֵּלֵךְ*	[μὴ σπουδάσῃς] ἀπὸ προσώπου αὐτοῦ *πορεύσῃ*	
8:10	וּמִמְּקוֹם קָדוֹשׁ *יְהַלֵּכוּ*	καὶ ἐκ τόπου ἁγίου *ἐπορεύθησαν*	
9:10	וְחָכְמָה בִּשְׁאוֹל אֲשֶׁר אַתָּה *הֹלֵךְ* שָׁמָּה	καὶ σοφία ἐν ᾅδῃ ὅπου σὺ *πορεύῃ* ἐκεῖ	
10:3	וְגַם־בַּדֶּרֶךְ *כשהסכל **כְּשֶׁסָּכָל *הֹלֵךְ*	καί γε ἐν ὁδῷ ὅταν ἄφρων *πορεύηται*	
10:7	וְשָׂרִים *הֹלְכִים* כַּעֲבָדִים עַל־הָאָרֶץ	καὶ ἄρχοντας *πορευομένους* ὡς δούλους ἐπὶ τῆς γῆς	
10:15	אֲשֶׁר לֹא־יָדַע *לָלֶכֶת* אֶל־עִיר	ὃς οὐκ ἔγνω *τοῦ πορευθῆναι* εἰς πόλιν	
12:5	כִּי־*הֹלֵךְ* הָאָדָם אֶל־בֵּית עוֹלָמוֹ	ὅτι *ἐπορεύθη* ὁ ἄνθρωπος εἰς οἶκον αἰῶνος αὐτοῦ	
φέρω/ἀπο	*1*	*3%*	
10:20	כִּי עוֹף הַשָּׁמַיִם *יוֹלִיךְ* אֶת־הַקּוֹל	ὅτι πετεινὸν τοῦ οὐρανοῦ *ἀποίσει* σὺν τὴν φωνήν	

הָלַל *Occurrences: 2*

περιφορά	*1*	*50%*
φέρω/περι	*1*	*50%*

περιφορά	*1*	*50%*
2:2	לִשְׂחוֹק אָמַרְתִּי *מְהוֹלָל*	τῷ γέλωτι εἶπα *περιφορὰν* {c παραφορὰν}
φέρω/περι	*1*	*50%*
7:7	כִּי הָעֹשֶׁק *יְהוֹלֵל* חָכָם	ὅτι ἡ συκοφαντία *περιφέρει* σοφὸν

הֵם *Occurrences: 6*

αὐτός	*5*	*83%*
εἰμί	*1*	*17%*

αὐτός	*5*	*83%*	
1:7	שָׁם הֵם שָׁבִים לָלָכֶת	ἐκεῖ *αὐτοὶ* ἐπιστρέφουσιν τοῦ πορευθῆναι	
3:18	שְׁהֶם־בְּהֵמָה הֵמָּה לָהֶם	ὅτι *αὐτοὶ* κτήνη εἰσὶν καί γε αὐτοῖς	
4:2	אֲשֶׁר הֵמָּה חַיִּים עֲדֶנָה	ὅσοι *αὐτοὶ* ζῶσιν ἕως τοῦ νῦν	
7:29	וְהֵמָּה בִקְשׁוּ חִשְּׁבֹנוֹת רַבִּים	*καὶ αὐτοὶ* ἐζήτησαν λογισμοὺς πολλούς	
12:12	וְיֹתֵר מֵהֵמָּה בְּנִי הִזָּהֵר	[καὶ περισσὸν *ἐξ αὐτῶν*] υἱέ μου φύλαξαι	[11]
εἰμί	*1*	*17%*	
3:18	שְׁהֶם־בְּהֵמָה הֵמָּה לָהֶם	ὅτι αὐτοὶ κτήνη *εἰσὶν* καί γε αὐτοῖς	

הָמוֹן *Occurrences: 1*

πλῆθος	*1*	*100%*
5:9	וּמִי־אֹהֵב בֶּהָמוֹן לֹא תְבוּאָה	καὶ τίς ἠγάπησεν *ἐν πλήθει αὐτῶν* γένημα

הִנֵּה *Occurrences: 6*

ἰδού	*6*	*100%*
1:14	וְהִנֵּה הַכֹּל הֶבֶל	*καὶ ἰδοὺ* τὰ πάντα ματαιότης
1:16	אֲנִי הִנֵּה הִגְדַּלְתִּי וְהוֹסַפְתִּי חָכְמָה	ἐγὼ *ἰδοὺ* ἐμεγαλύνθην καὶ προσέθηκα σοφίαν
2:1	וְהִנֵּה גַם־הוּא הָבֶל	*καὶ ἰδοὺ* καί γε τοῦτο ματαιότης
2:11	וְהִנֵּה הַכֹּל הֶבֶל	*καὶ ἰδοὺ* τὰ πάντα ματαιότης
4:1	וְהִנֵּה דִּמְעַת הָעֲשֻׁקִים	*καὶ ἰδοὺ* δάκρυον τῶν συκοφαντουμένων
5:17	הִנֵּה אֲשֶׁר־רָאִיתִי אָנִי טוֹב אֲשֶׁר־יָפֶה	*ἰδοὺ* ὃ εἶδον ἐγὼ ἀγαθόν ὅ ἐστιν καλόν

הַרְבֵּה *Occurrences: 15*

πολύς	*15*	*100%*	
1:16	וְלִבִּי רָאָה הַרְבֵּה חָכְמָה וָדָעַת	καὶ καρδία μου εἶδεν *πολλά* σοφίαν καὶ γνῶσιν	
2:7	גַּם מִקְנֶה בָקָר וָצֹאן הַרְבֵּה	καί γε κτῆσις βουκολίου καὶ ποιμνίου *πολλή*	
5:6	וַהֲבָלִים וּדְבָרִים הַרְבֵּה	καὶ ματαιότητες καὶ λόγοι *πολλοί*	
5:11	אִם־מְעַט וְאִם־הַרְבֵּה יֹאכֵל	εἰ ὀλίγον καὶ εἰ *πολὺ* φάγεται	
5:16	וְכָעַס הַרְבֵּה וְחָלְיוֹ וָקָצֶף	καὶ θυμῷ *πολλῷ* καὶ ἀρρωστίᾳ καὶ χόλῳ	
5:19	כִּי לֹא הַרְבֵּה יִזְכֹּר אֶת־יְמֵי	ὅτι οὐ *πολλὰ* μνησθήσεται τὰς ἡμέρας	
6:11	כִּי יֵשׁ־דְּבָרִים הַרְבֵּה מַרְבִּים הָבֶל	ὅτι εἰσὶν λόγοι *πολλοὶ* πληθύνοντες ματαιότητα	
7:16	אַל־תְּהִי צַדִּיק הַרְבֵּה וְאַל־תִּתְחַכַּם יוֹתֵר	μὴ γίνου δίκαιος *πολὺ* καὶ μὴ σοφίζου περισσά	
7:17	אַל־תִּרְשַׁע הַרְבֵּה וְאַל־תְּהִי סָכָל	μὴ ἀσεβήσῃς *πολὺ* καὶ μὴ γίνου σκληρός	
9:18	וְחוֹטֶא אֶחָד יְאַבֵּד טוֹבָה הַרְבֵּה	καὶ ἁμαρτάνων εἷς ἀπολέσει ἀγαθωσύνην *πολλήν*	
11:8	כִּי אִם־שָׁנִים הַרְבֵּה יִחְיֶה הָאָדָם	ὅτι καὶ ἐὰν ἔτη *πολλὰ* ζήσεται ὁ ἄνθρωπος	
11:8	כִּי־הַרְבֵּה יִהְיוּ כָּל־שֶׁבָּא הָבֶל	ὅτι *πολλαὶ* ἔσονται πᾶν τὸ ἐρχόμενον ματαιότης	
12:9	וְאִזֵּן וְחִקֵּר תִּקֵּן מְשָׁלִים הַרְבֵּה	καὶ οὖς ἐξιχνιάσεται κόσμιον παραβολῶν [*πολλὰ*]	[10]
12:12	עֲשׂוֹת סְפָרִים הַרְבֵּה אֵין קֵץ	ποιῆσαι βιβλία *πολλά* οὐκ ἔστιν περασμός	
12:12	וְלַהַג הַרְבֵּה יְגִעַת בָּשָׂר	καὶ μελέτη *πολλὴ* κόπωσις σαρκός	

הָרַג *Occurrences: 1*

κτείνω/ἀπο	*1*	*100%*
3:3	עֵת לַהֲרוֹג וְעֵת לִרְפּוֹא	καιρὸς τοῦ *ἀποκτεῖναι* καὶ καιρὸς τοῦ ἰάσασθαι

ו

ו *Occurrences: 361*

καί	*356*	*100%*
- - -	5	

- - -	*5*		
2:15	וְדִבַּרְתִּי בְּלִבִּי	ἐλάλησα ἐν καρδίᾳ μου	
3:19	וּמִקְרֶה הַבְּהֵמָה וּמִקְרֶה אֶחָד לָהֶם	καὶ συνάντημα τοῦ κτήνους συνάντημα ἓν αὐτοῖς	
8:5	וְעֵת וּמִשְׁפָּט יֵדַע לֵב חָכָם	καὶ καιρὸν κρίσεως γινώσκει καρδία σοφοῦ	
8:10	וּבְכֵן רָאִיתִי רְשָׁעִים קְבֻרִים וָבָאוּ	καὶ τότε εἶδον ἀσεβεῖς εἰς τάφους εἰσαχθέντας	=%vap
12:9	וְאִזֵּן וְחִקֵּר תִּקֵּן מְשָׁלִים הַרְבֵּה	καὶ οὖς ἐξιχνιάσεται κόσμιον παραβολῶν [πολλὰ]	
καί	*356*	*100%*	
1:4	דּוֹר הֹלֵךְ וְדוֹר בָּא	γενεὰ πορεύεται *καὶ γενεὰ* ἔρχεται	
1:4	וְהָאָרֶץ לְעוֹלָם עֹמָדֶת	*καὶ ἡ γῆ* εἰς τὸν αἰῶνα ἕστηκεν	
1:5	וְזָרַח הַשֶּׁמֶשׁ וּבָא הַשָּׁמֶשׁ	*καὶ ἀνατέλλει* ὁ ἥλιος καὶ δύνει ὁ ἥλιος	
1:5	וְזָרַח הַשֶּׁמֶשׁ וּבָא הַשָּׁמֶשׁ	καὶ ἀνατέλλει ὁ ἥλιος *καὶ δύνει* ὁ ἥλιος	
1:5	וְאֶל־מְקוֹמוֹ שׁוֹאֵף	*καὶ εἰς* τὸν τόπον αὐτοῦ ἕλκει	
1:6	הוֹלֵךְ אֶל־דָּרוֹם וְסוֹבֵב אֶל־צָפוֹן	πορεύεται πρὸς νότον *καὶ κυκλοῖ* πρὸς βορρᾶν	
1:6	וְעַל־סְבִיבֹתָיו שָׁב הָרוּחַ	*καὶ ἐπὶ* κύκλους αὐτοῦ ἐπιστρέφει τὸ πνεῦμα	
1:7	וְהַיָּם אֵינֶנּוּ מָלֵא	*καὶ ἡ θάλασσα* οὐκ ἔσται ἐμπιμπλαμένη	
1:8	וְלֹא־תִמָּלֵא אֹזֶן מִשְּׁמֹעַ	*καὶ οὐ* πληρωθήσεται οὖς ἀπὸ ἀκροάσεως	
1:9	וּמַה־שֶּׁנַּעֲשָׂה הוּא שֶׁיֵּעָשֶׂה	*καὶ τί* τὸ πεποιημένον αὐτὸ τὸ ποιηθησόμενον	
1:9	וְאֵין כָּל־חָדָשׁ תַּחַת הַשָּׁמֶשׁ	*καὶ οὐκ ἔστιν* πᾶν πρόσφατον ὑπὸ τὸν ἥλιον	
1:11	וְגַם לָאַחֲרֹנִים שֶׁיִּהְיוּ	*καί γε* τοῖς ἐσχάτοις γενομένοις	
1:13	וְנָתַתִּי אֶת־לִבִּי לִדְרוֹשׁ	*καὶ ἔδωκα* τὴν καρδίαν μου τοῦ ἐκζητῆσαι	
1:13	וְלָתוּר בַּחָכְמָה	*καὶ τοῦ κατασκέψασθαι* ἐν τῇ σοφίᾳ	
1:14	וְהִנֵּה הַכֹּל הֶבֶל	*καὶ ἰδοὺ* τὰ πάντα ματαιότης	
1:14	הַכֹּל הֶבֶל וּרְעוּת רוּחַ	τὰ πάντα ματαιότης *καὶ προαίρεσις* πνεύματος	
1:15	וְחֶסְרוֹן לֹא־יוּכַל לְהִמָּנוֹת	*καὶ ὑστέρημα* οὐ δυνήσεται τοῦ ἀριθμηθῆναι	
1:16	אֲנִי הִנֵּה הִגְדַּלְתִּי וְהוֹסַפְתִּי חָכְמָה	ἐγὼ ἰδοὺ ἐμεγαλύνθην *καὶ προσέθηκα* σοφίαν	
1:16	וְלִבִּי רָאָה הַרְבֵּה חָכְמָה וָדָעַת	*καὶ καρδία μου* εἶδεν πολλά σοφίαν καὶ γνῶσιν	
1:16	וְלִבִּי רָאָה הַרְבֵּה חָכְמָה וָדָעַת	καὶ καρδία μου εἶδεν πολλά σοφίαν *καὶ γνῶσιν*	
1:17	וָאֶתְּנָה לִבִּי לָדַעַת חָכְמָה	*καὶ ἔδωκα* καρδίαν μου τοῦ γνῶναι σοφίαν	
1:17	וְדַעַת הוֹלֵלוֹת וְשִׂכְלוּת	*καὶ γνῶσιν* παραβολὰς καὶ ἐπιστήμην	
1:17	וְדַעַת הוֹלֵלוֹת וְשִׂכְלוּת	καὶ γνῶσιν παραβολὰς *καὶ ἐπιστήμην*	
1:18	וְיוֹסִיף דַּעַת יוֹסִיף מַכְאוֹב	*καὶ ὁ προστιθεὶς* γνῶσιν προσθήσει ἄλγημα	
2:1	אֲנַסְּכָה בְשִׂמְחָה וּרְאֵה בְטוֹב	πειράσω σε ἐν εὐφροσύνῃ *καὶ ἰδὲ* ἐν ἀγαθῷ	
2:1	וְהִנֵּה גַם־הוּא הָבֶל	*καὶ ἰδοὺ* καί γε τοῦτο ματαιότης	
2:2	וּלְשִׂמְחָה מַה־זֹּה עֹשָׂה	*καὶ τῇ εὐφροσύνῃ* τί τοῦτο ποιεῖς	
2:3	וְלִבִּי נֹהֵג בַּחָכְמָה	*καὶ καρδία μου* ὡδήγησεν ἐν σοφίᾳ	
2:3	וְלֶאֱחֹז בְּסִכְלוּת	*καὶ τοῦ κρατῆσαι* ἐπ' ἀφροσύνῃ	
2:5	עָשִׂיתִי לִי גַּנּוֹת וּפַרְדֵּסִים	ἐποίησά μοι κήπους *καὶ παραδείσους*	
2:5	וְנָטַעְתִּי בָהֶם עֵץ כָּל־פֶּרִי	*καὶ ἐφύτευσα* ἐν αὐτοῖς ξύλον πᾶν καρποῦ	
2:7	קָנִיתִי עֲבָדִים וּשְׁפָחוֹת	ἐκτησάμην δούλους *καὶ παιδίσκας*	
2:7	וּבְנֵי־בַיִת הָיָה לִי	*καὶ οἰκογενεῖς* ἐγένοντό μοι	
2:7	גַּם מִקְנֶה בָקָר וָצֹאן הַרְבֵּה	καί γε κτῆσις βουκολίου *καὶ ποιμνίου* πολλὴ	
2:8	כָּנַסְתִּי לִי גַּם־כֶּסֶף וְזָהָב	συνήγαγόν μοι καί γε ἀργύριον *καὶ χρυσίον*	
2:8	וּסְגֻלַּת מְלָכִים וְהַמְּדִינוֹת	*καὶ περιουσιασμοὺς* βασιλέων καὶ τῶν χωρῶν	
2:8	וּסְגֻלַּת מְלָכִים וְהַמְּדִינוֹת	καὶ περιουσιασμοὺς βασιλέων *καὶ τῶν χωρῶν*	
2:8	עָשִׂיתִי לִי שָׁרִים וְשָׁרוֹת	ἐποίησά μοι ᾄδοντας *καὶ ᾀδούσας*	
2:8	וְתַעֲנוּגֹת בְּנֵי הָאָדָם	*καὶ ἐντρυφήματα* υἱῶν τοῦ ἀνθρώπου	
2:8	שִׁדָּה וְשִׁדּוֹת	οἰνοχόον *καὶ οἰνοχόας*	=v
2:9	וְגָדַלְתִּי וְהוֹסַפְתִּי	*καὶ ἐμεγαλύνθην* καὶ προσέθηκα	
2:9	וְגָדַלְתִּי וְהוֹסַפְתִּי	καὶ ἐμεγαλύνθην *καὶ προσέθηκα*	

2:10	וְכֹל אֲשֶׁר שָׁאֲלוּ עֵינַי	καὶ πᾶν ὃ ᾔτησαν οἱ ὀφθαλμοί μου
2:10	וְזֶה־הָיָה חֶלְקִי מִכָּל־עֲמָלִי	*καὶ τοῦτο* ἐγένετο μερίς μου ἀπὸ παντὸς μόχθου μου
2:11	וּפָנִיתִי אֲנִי בְּכָל־מַעֲשַׂי	*καὶ ἐπέβλεψα* ἐγὼ ἐν πᾶσιν ποιήμασίν μου
2:11	וּבֶעָמָל שֶׁעָמַלְתִּי לַעֲשׂוֹת	*καὶ ἐν μόχθῳ* ᾧ ἐμόχθησα τοῦ ποιεῖν
2:11	וְהִנֵּה הַכֹּל הֶבֶל	*καὶ ἰδοὺ* τὰ πάντα ματαιότης
2:11	הַכֹּל הֶבֶל וּרְעוּת רוּחַ	τὰ πάντα ματαιότης *καὶ προαίρεσις* πνεύματος
2:11	וְאֵין יִתְרוֹן תַּחַת הַשָּׁמֶשׁ	*καὶ οὐκ ἔστιν* περισσεία ὑπὸ τὸν ἥλιον
2:12	וּפָנִיתִי אֲנִי לִרְאוֹת חָכְמָה	*καὶ ἐπέβλεψα* ἐγὼ τοῦ ἰδεῖν σοφίαν
2:12	חָכְמָה וְהוֹלֵלוֹת וְסִכְלוּת	σοφίαν *καὶ περιφορὰν* καὶ ἀφροσύνην
2:12	חָכְמָה וְהוֹלֵלוֹת וְסִכְלוּת	σοφίαν καὶ περιφορὰν *καὶ ἀφροσύνην*
2:13	וְרָאִיתִי אָנִי שֶׁיֵּשׁ יִתְרוֹן לַחָכְמָה	*καὶ εἶδον* ἐγὼ ὅτι ἔστιν περισσεία τῇ σοφίᾳ
2:14	וְהַכְּסִיל בַּחֹשֶׁךְ הוֹלֵךְ	*καὶ ὁ ἄφρων* ἐν σκότει πορεύεται
2:14	וְיָדַעְתִּי גַם־אָנִי	*καὶ ἔγνων* καί γε ἐγὼ
2:15	וְאָמַרְתִּי אֲנִי בְּלִבִּי	*καὶ εἶπα* ἐγὼ ἐν καρδίᾳ μου
2:15	וְלָמָּה חָכַמְתִּי אֲנִי אָז יוֹתֵר	*καὶ ἵνα τί* ἐσοφισάμην ἐγὼ τότε περισσὸν
2:16	וְאֵיךְ יָמוּת הֶחָכָם עִם־הַכְּסִיל	*καὶ πῶς* ἀποθανεῖται ὁ σοφὸς μετὰ τοῦ ἄφρονος
2:17	וְשָׂנֵאתִי אֶת־הַחַיִּים	*καὶ ἐμίσησα* σὺν τὴν ζωήν
2:17	כִּי־הַכֹּל הֶבֶל וּרְעוּת רוּחַ	ὅτι τὰ πάντα ματαιότης *καὶ προαίρεσις* πνεύματος
2:18	וְשָׂנֵאתִי אֲנִי אֶת־כָּל־עֲמָלִי	*καὶ ἐμίσησα* ἐγὼ σὺν πάντα μόχθον μου
2:19	וּמִי יוֹדֵעַ הֶחָכָם יִהְיֶה אוֹ סָכָל	*καὶ τίς* οἶδεν εἰ σοφὸς ἔσται ἢ ἄφρων
2:19	וְיִשְׁלַט בְּכָל־עֲמָלִי	*καὶ ἐξουσιάζεται* ἐν παντὶ μόχθῳ μου
2:19	שֶׁעָמַלְתִּי וְשֶׁחָכַמְתִּי תַּחַת הַשָּׁמֶשׁ	ᾧ ἐμόχθησα *καὶ ᾧ ἐσοφισάμην* ὑπὸ τὸν ἥλιον
2:20	וְסַבּוֹתִי אֲנִי לְיַאֵשׁ אֶת־לִבִּי	*καὶ ἐπέστρεψα* ἐγὼ τοῦ ἀποτάξασθαι τῇ καρδίᾳ μου
2:21	בְּחָכְמָה וּבְדַעַת וּבְכִשְׁרוֹן	ἐν σοφίᾳ *καὶ ἐν γνώσει* καὶ ἐν ἀνδρείᾳ
2:21	בְּחָכְמָה וּבְדַעַת וּבְכִשְׁרוֹן	ἐν σοφίᾳ καὶ ἐν γνώσει *καὶ ἐν ἀνδρείᾳ*
2:21	וּלְאָדָם שֶׁלֹּא עָמַל־בּוֹ	*καὶ ἄνθρωπος* ὃς οὐκ ἐμόχθησεν ἐν αὐτῷ
2:21	גַּם־זֶה הֶבֶל וְרָעָה רַבָּה	καί γε τοῦτο ματαιότης *καὶ πονηρία* μεγάλη
2:22	וּבְרַעְיוֹן לִבּוֹ	*καὶ ἐν προαιρέσει* καρδίας αὐτοῦ
2:23	מַכְאֹבִים וָכַעַס עִנְיָנוֹ	ἀλγημάτων *καὶ θυμοῦ* περισπασμὸς αὐτοῦ
2:24	שֶׁיֹּאכַל וְשָׁתָה וְהֶרְאָה אֶת־נַפְשׁוֹ	ὃ φάγεται *καὶ ὃ πίεται* καὶ ὃ δείξει τῇ ψυχῇ αὐτοῦ
2:24	וְהֶרְאָה אֶת־נַפְשׁוֹ טוֹב בַּעֲמָלוֹ	*καὶ ὃ δείξει* τῇ ψυχῇ αὐτοῦ ἀγαθὸν ἐν μόχθῳ αὐτοῦ
2:25	כִּי מִי יֹאכַל וּמִי יָחוּשׁ חוּץ מִמֶּנִּי	ὅτι τίς φάγεται *καὶ τίς* φείσεται πάρεξ αὐτοῦ
2:26	נָתַן חָכְמָה וָדַעַת וְשִׂמְחָה	ἔδωκεν σοφίαν *καὶ γνῶσιν* καὶ εὐφροσύνην
2:26	נָתַן חָכְמָה וָדַעַת וְשִׂמְחָה	ἔδωκεν σοφίαν καὶ γνῶσιν *καὶ εὐφροσύνην*
2:26	וְלַחוֹטֶא נָתַן עִנְיָן	*καὶ τῷ ἁμαρτάνοντι* ἔδωκεν περισπασμὸν
2:26	לֶאֱסוֹף וְלִכְנוֹס	τοῦ προσθεῖναι *καὶ τοῦ συναγαγεῖν*
2:26	הֶבֶל וּרְעוּת רוּחַ	ματαιότης *καὶ προαίρεσις* πνεύματος
3:1	לַכֹּל זְמָן וְעֵת לְכָל־חֵפֶץ	τοῖς πᾶσιν χρόνος *καὶ καιρὸς* τῷ παντὶ πράγματι
3:2	עֵת לָלֶדֶת וְעֵת לָמוּת	καιρὸς τοῦ τεκεῖν *καὶ καιρὸς* τοῦ ἀποθανεῖν
3:2	עֵת לָטַעַת וְעֵת לַעֲקוֹר	καιρὸς τοῦ φυτεῦσαι *καὶ καιρὸς* τοῦ ἐκτῖλαι
3:3	עֵת לַהֲרוֹג וְעֵת לִרְפּוֹא	καιρὸς τοῦ ἀποκτεῖναι *καὶ καιρὸς* τοῦ ἰάσασθαι
3:3	עֵת לִפְרוֹץ וְעֵת לִבְנוֹת	καιρὸς τοῦ καθελεῖν *καὶ καιρὸς* τοῦ οἰκοδομῆσαι
3:4	עֵת לִבְכּוֹת וְעֵת לִשְׂחוֹק	καιρὸς τοῦ κλαῦσαι *καὶ καιρὸς* τοῦ γελάσαι
3:4	עֵת סְפוֹד וְעֵת רְקוֹד	καιρὸς τοῦ κόψασθαι *καὶ καιρὸς* τοῦ ὀρχήσασθαι
3:5	וְעֵת כְּנוֹס אֲבָנִים	*καὶ καιρὸς* τοῦ συναγαγεῖν λίθους
3:5	עֵת לַחֲבוֹק וְעֵת לִרְחֹק	καιρὸς τοῦ περιλαβεῖν *καὶ καιρὸς* τοῦ μακρυνθῆναι
3:6	עֵת לְבַקֵּשׁ וְעֵת לְאַבֵּד	καιρὸς τοῦ ζητῆσαι *καὶ καιρὸς* τοῦ ἀπολέσαι
3:6	עֵת לִשְׁמוֹר וְעֵת לְהַשְׁלִיךְ	καιρὸς τοῦ φυλάξαι *καὶ καιρὸς* τοῦ ἐκβαλεῖν
3:7	עֵת לִקְרוֹעַ וְעֵת לִתְפּוֹר	καιρὸς τοῦ ῥῆξαι *καὶ καιρὸς* τοῦ ῥάψαι
3:7	עֵת לַחֲשׁוֹת וְעֵת לְדַבֵּר	καιρὸς τοῦ σιγᾶν *καὶ καιρὸς* τοῦ λαλεῖν
3:8	עֵת לֶאֱהֹב וְעֵת לִשְׂנֹא	καιρὸς τοῦ φιλῆσαι *καὶ καιρὸς* τοῦ μισῆσαι
3:8	עֵת מִלְחָמָה וְעֵת שָׁלוֹם	καιρὸς πολέμου *καὶ καιρὸς* εἰρήνης
3:11	אֲשֶׁר־עָשָׂה הָאֱלֹהִים מֵרֹאשׁ וְעַד־סוֹף	ὃ ἐποίησεν ὁ θεός ἀπ᾽ ἀρχῆς *καὶ μέχρι* τέλους
3:12	כִּי אִם־לִשְׂמוֹחַ וְלַעֲשׂוֹת טוֹב	εἰ μὴ τοῦ εὐφρανθῆναι *καὶ τοῦ ποιεῖν* ἀγαθὸν
3:13	וְגַם כָּל־הָאָדָם שֶׁיֹּאכַל וְשָׁתָה	*καί γε* πᾶς ὁ ἄνθρωπος ὃς φάγεται καὶ πίεται
3:13	וְגַם כָּל־הָאָדָם שֶׁיֹּאכַל וְשָׁתָה	καί γε πᾶς ὁ ἄνθρωπος ὃς φάγεται *καὶ πίεται*
3:13	וְרָאָה טוֹב בְּכָל־עֲמָלוֹ	*καὶ ἴδῃ* ἀγαθὸν ἐν παντὶ μόχθῳ αὐτοῦ

3:14	וּמִמֶּנּוּ אֵין לִגְרֹעַ	*καὶ ἀπ'* αὐτοῦ οὐκ ἔστιν ἀφελεῖν		
3:14	וְהָאֱלֹהִים עָשָׂה שֶׁיִּרְאוּ	*καὶ ὁ θεὸς* ἐποίησεν ἵνα φοβηθῶσιν		
3:15	וַאֲשֶׁר לִהְיוֹת כְּבָר הָיָה	*καὶ ὅσα* τοῦ γίνεσθαι ἤδη γέγονεν		
3:15	וְהָאֱלֹהִים יְבַקֵּשׁ אֶת־נִרְדָּף	*καὶ ὁ θεὸς* ζητήσει τὸν διωκόμενον		
3:16	וְעוֹד רָאִיתִי תַּחַת הַשָּׁמֶשׁ	*καὶ ἔτι* εἶδον ὑπὸ τὸν ἥλιον		
3:16	וּמְקוֹם הַצֶּדֶק שָׁמָּה הָרֶשַׁע	*καὶ τόπον* τοῦ δικαίου ἐκεῖ ὁ ἀσεβής		
3:17	אֶת־הַצַּדִּיק וְאֶת־הָרָשָׁע יִשְׁפֹּט הָאֱלֹהִים	σὺν τὸν δίκαιον *καὶ σὺν* τὸν ἀσεβῆ κρινεῖ ὁ θεός		
3:17	וְעַל כָּל־הַמַּעֲשֶׂה שָׁם	*καὶ ἐπὶ* παντὶ τῷ ποιήματι [ἐκεῖ]		
3:18	לְבָרָם הָאֱלֹהִים וְלִרְאוֹת	ὅτι διακρινεῖ αὐτοὺς ὁ θεός *καὶ τοῦ δεῖξαι*	=v	
3:19	וּמִקְרֶה הַבְּהֵמָה וּמִקְרֶה אֶחָד לָהֶם	*καὶ συνάντημα* τοῦ κτήνους συνάντημα ἓν αὐτοῖς		
3:19	וְרוּחַ אֶחָד לַכֹּל	*καὶ πνεῦμα* ἓν τοῖς πᾶσιν		
3:19	וּמוֹתַר הָאָדָם מִן־הַבְּהֵמָה	*καὶ τί ἐπερίσσευσεν* ὁ ἄνθρωπος παρὰ τὸ κτῆνος	=?.s	ומה יתר
3:20	וְהַכֹּל שָׁב אֶל־הֶעָפָר	*καὶ τὰ πάντα* ἐπιστρέφει εἰς τὸν χοῦν		
3:21	וְרוּחַ הַבְּהֵמָה	*καὶ πνεῦμα* τοῦ κτήνους		
3:22	וְרָאִיתִי כִּי אֵין טוֹב	*καὶ εἶδον* ὅτι οὐκ ἔστιν ἀγαθὸν		
4:1	וְשַׁבְתִּי אֲנִי וָאֶרְאֶה	*καὶ ἐπέστρεψα* ἐγὼ καὶ εἶδον		
4:1	וְשַׁבְתִּי אֲנִי וָאֶרְאֶה	καὶ ἐπέστρεψα ἐγὼ *καὶ εἶδον*		
4:1	וְהִנֵּה דִּמְעַת הָעֲשֻׁקִים	*καὶ ἰδοὺ* δάκρυον τῶν συκοφαντουμένων		
4:1	וְאֵין לָהֶם מְנַחֵם	*καὶ οὐκ ἔστιν* αὐτοῖς παρακαλῶν		
4:1	וּמִיַּד עֹשְׁקֵיהֶם כֹּחַ	*καὶ ἀπὸ χειρὸς* συκοφαντούντων αὐτοὺς ἰσχύς		
4:1	וְאֵין לָהֶם מְנַחֵם	*καὶ οὐκ ἔστιν* αὐτοῖς παρακαλῶν		
4:2	וְשַׁבֵּחַ אֲנִי אֶת־הַמֵּתִים	*καὶ ἐπῄνεσα* ἐγὼ σὺν τοὺς τεθνηκότας		
4:3	וְטוֹב מִשְּׁנֵיהֶם	*καὶ ἀγαθὸς* ὑπὲρ τοὺς δύο τούτους		
4:4	וְרָאִיתִי אֲנִי אֶת־כָּל־עָמָל	*καὶ εἶδον* ἐγὼ σὺν πάντα τὸν μόχθον		
4:4	וְאֵת כָּל־כִּשְׁרוֹן הַמַּעֲשֶׂה	*καὶ σὺν* πᾶσαν ἀνδρείαν τοῦ ποιήματος		
4:4	גַּם־זֶה הֶבֶל וּרְעוּת רוּחַ	καί γε τοῦτο ματαιότης *καὶ προαίρεσις* πνεύματος		
4:5	וְאֹכֵל אֶת־בְּשָׂרוֹ	*καὶ ἔφαγεν* τὰς σάρκας αὐτοῦ		
4:6	חָפְנַיִם עָמָל וּרְעוּת רוּחַ	δύο δρακῶν μόχθου *καὶ προαιρέσεως* πνεύματος		
4:7	וְשַׁבְתִּי אֲנִי וָאֶרְאֶה הֶבֶל	*καὶ ἐπέστρεψα* ἐγὼ καὶ εἶδον ματαιότητα		
4:7	וָאֶרְאֶה הֶבֶל תַּחַת הַשָּׁמֶשׁ	*καὶ εἶδον* ματαιότητα ὑπὸ τὸν ἥλιον		
4:8	יֵשׁ אֶחָד וְאֵין שֵׁנִי	ἔστιν εἷς *καὶ οὐκ ἔστιν* δεύτερος		
4:8	גַּם בֵּן וָאָח אֵין־לוֹ	καί γε υἱὸς *καὶ ἀδελφὸς* οὐκ ἔστιν αὐτῷ		
4:8	וְאֵין קֵץ לְכָל־עֲמָלוֹ	*καὶ* οὐκ ἔστιν περασμὸς τῷ παντὶ μόχθῳ *αὐτοῦ*		
4:8	וּלְמִי אֲנִי עָמֵל וּמְחַסֵּר אֶת־נַפְשִׁי	*καὶ τίνι* ἐγὼ μοχθῶ καὶ στερίσκω τὴν ψυχήν μου		
4:8	וּמְחַסֵּר אֶת־נַפְשִׁי מִטּוֹבָה	*καὶ στερίσκω* τὴν ψυχήν μου ἀπὸ ἀγαθωσύνης		
4:8	גַּם־זֶה הֶבֶל וְעִנְיַן רָע	καί γε τοῦτο ματαιότης *καὶ περισπασμὸς* πονηρός		
4:10	וְאִילוֹ הָאֶחָד שֶׁיִּפּוֹל	*καὶ οὐαὶ αὐτῷ* τῷ ἑνί ὅταν πέσῃ	=.s	ואי לו
4:10	וְאֵין שֵׁנִי לַהֲקִימוֹ	*καὶ μὴ ᾖ* δεύτερος τοῦ ἐγεῖραι αὐτόν		
4:11	גַּם אִם־יִשְׁכְּבוּ שְׁנַיִם וְחַם לָהֶם	καί γε ἐὰν κοιμηθῶσιν δύο *καὶ θέρμη* αὐτοῖς		
4:11	וּלְאֶחָד אֵיךְ יֵחָם	*καὶ ὁ εἷς* πῶς θερμανθῇ		
4:12	וְאִם־יִתְקְפוֹ הָאֶחָד	*καὶ ἐὰν* ἐπικραταιωθῇ ὁ εἷς		
4:12	וְהַחוּט הַמְשֻׁלָּשׁ	*καὶ τὸ σπαρτίον* τὸ ἔντριτον		
4:13	טוֹב יֶלֶד מִסְכֵּן וְחָכָם	ἀγαθὸς παῖς πένης *καὶ σοφὸς*		
4:13	מִמֶּלֶךְ זָקֵן וּכְסִיל	ὑπὲρ βασιλέα πρεσβύτερον *καὶ ἄφρονα*		
4:16	גַּם־זֶה הֶבֶל וְרַעְיוֹן רוּחַ	καί γε τοῦτο ματαιότης *καὶ προαίρεσις* πνεύματος		
4:17	תֵּלֵךְ אֶל־בֵּית הָאֱלֹהִים וְקָרוֹב לִשְׁמֹעַ	πορεύῃ εἰς οἶκον τοῦ θεοῦ *καὶ ἐγγὺς* τοῦ ἀκούειν		
5:1	וְלִבְּךָ אַל־יְמַהֵר	*καὶ καρδία σου* μὴ ταχυνάτω		
5:1	כִּי הָאֱלֹהִים בַּשָּׁמַיִם וְאַתָּה עַל־הָאָרֶץ	ὅτι ὁ θεὸς ἐν τῷ οὐρανῷ *καὶ σὺ* ἐπὶ τῆς γῆς		
5:2	וְקוֹל כְּסִיל בְּרֹב דְּבָרִים	*καὶ φωνὴ* ἄφρονος ἐν πλήθει λόγων		
5:4	מִשֶּׁתִּדּוֹר וְלֹא תְשַׁלֵּם	ἢ τὸ εὔξασθαί σε *καὶ μὴ* ἀποδοῦναι		
5:5	וְאַל־תֹּאמַר לִפְנֵי הַמַּלְאָךְ	*καὶ μὴ* εἴπῃς πρὸ προσώπου τοῦ θεοῦ		
5:5	וְחִבֵּל אֶת־מַעֲשֵׂה יָדֶיךָ	*καὶ διαφθείρῃ* τὰ ποιήματα χειρῶν σου		
5:6	כִּי בְרֹב חֲלֹמוֹת וַהֲבָלִים	ὅτι ἐν πλήθει ἐνυπνίων *καὶ ματαιότητες*		
5:6	וַהֲבָלִים וּדְבָרִים הַרְבֵּה	καὶ ματαιότητες *καὶ λόγοι* πολλοί		
5:7	אִם־עֹשֶׁק רָשׁ וְגֵזֶל מִשְׁפָּט	ἐὰν συκοφαντίαν πένητος *καὶ ἁρπαγὴν* κρίματος		
5:7	וְגֵזֶל מִשְׁפָּט וָצֶדֶק תִּרְאֶה בַמְּדִינָה	καὶ ἁρπαγὴν κρίματος *καὶ δικαιοσύνης* ἴδῃς ἐν χώρᾳ		
5:7	וּגְבֹהִים עֲלֵיהֶם	*καὶ ὑψηλοὶ* ἐπ' αὐτούς		

5:8	וְיִתְרוֹן אֶרֶץ בַּכֹּל *הִיא **הוּא	*καὶ περισσεία* γῆς ἐν παντί ἐστι
5:9	וּמִי־אֹהֵב בֶּהָמוֹן לֹא תְבוּאָה	*καὶ τίς* ἠγάπησεν ἐν πλήθει αὐτῶν γένημα
5:10	וּמַה־כִּשְׁרוֹן לִבְעָלֶיהָ	*καὶ τί* ἀνδρεία τῷ παρ' αὐτῆς
5:11	אִם־מְעַט וְאִם־הַרְבֵּה יֹאכֵל	εἰ ὀλίγον *καὶ εἰ* πολὺ φάγεται
5:11	וְהַשָּׂבָע לֶעָשִׁיר	*καὶ τῷ ἐμπλησθέντι* τοῦ πλουτῆσαι
5:13	וְאָבַד הָעֹשֶׁר הַהוּא בְּעִנְיַן	*καὶ ἀπολεῖται* ὁ πλοῦτος ἐκεῖνος ἐν περισπασμῷ
5:13	וְהוֹלִיד בֵּן וְאֵין בְּיָדוֹ	*καὶ ἐγέννησεν* υἱόν καὶ οὐκ ἔστιν ἐν χειρὶ αὐτοῦ
5:13	וְאֵין בְּיָדוֹ מְאוּמָה	*καὶ οὐκ ἔστιν* ἐν χειρὶ αὐτοῦ οὐδέν
5:14	וּמְאוּמָה לֹא־יִשָּׂא בַעֲמָלוֹ	*καὶ οὐδὲν* οὐ λήμψεται ἐν μόχθῳ αὐτοῦ
5:15	וְגַם־זֹה רָעָה חוֹלָה	*καί γε* τοῦτο πονηρὰ ἀρρωστία
5:15	וּמַה־יִּתְרוֹן לוֹ שֶׁיַּעֲמֹל לָרוּחַ	*καὶ τίς* περισσεία αὐτῷ ᾗ μοχθεῖ εἰς ἄνεμον
5:16	וְכָעַס הַרְבֵּה וְחָלְיוֹ וָקָצֶף	*καὶ θυμῷ* πολλῷ καὶ ἀρρωστίᾳ καὶ χόλῳ
5:16	וְכָעַס הַרְבֵּה וְחָלְיוֹ וָקָצֶף	καὶ θυμῷ πολλῷ *καὶ ἀρρωστίᾳ* καὶ χόλῳ
5:16	וְכָעַס הַרְבֵּה וְחָלְיוֹ וָקָצֶף	καὶ θυμῷ πολλῷ καὶ ἀρρωστίᾳ *καὶ χόλῳ*
5:17	לֶאֱכוֹל־וְלִשְׁתּוֹת וְלִרְאוֹת	τοῦ φαγεῖν *καὶ τοῦ πιεῖν* καὶ τοῦ ἰδεῖν
5:17	וְלִרְאוֹת טוֹבָה	*καὶ τοῦ ἰδεῖν* ἀγαθωσύνην
5:18	עֹשֶׁר וּנְכָסִים	πλοῦτον *καὶ ὑπάρχοντα*
5:18	וְהִשְׁלִיטוֹ לֶאֱכֹל מִמֶּנּוּ	*καὶ ἐξουσίασεν αὐτὸν* τοῦ φαγεῖν ἀπ' αὐτοῦ
5:18	וְלָשֵׂאת אֶת־חֶלְקוֹ	*καὶ τοῦ λαβεῖν* τὸ μέρος αὐτοῦ
5:18	וְלִשְׂמֹחַ בַּעֲמָלוֹ	*καὶ τοῦ εὐφρανθῆναι* ἐν μόχθῳ αὐτοῦ
6:1	וְרַבָּה הִיא עַל־הָאָדָם	*καὶ πολλή* ἐστιν ἐπὶ τὸν ἄνθρωπον
6:2	עֹשֶׁר וּנְכָסִים וְכָבוֹד	πλοῦτον *καὶ ὑπάρχοντα* καὶ δόξαν
6:2	עֹשֶׁר וּנְכָסִים וְכָבוֹד	πλοῦτον καὶ ὑπάρχοντα *καὶ δόξαν*
6:2	וְאֵינֶנּוּ חָסֵר לְנַפְשׁוֹ	*καὶ οὐκ ἔστιν* ὑστερῶν τῇ ψυχῇ αὐτοῦ
6:2	וְלֹא־יַשְׁלִיטֶנּוּ הָאֱלֹהִים לֶאֱכֹל	*καὶ οὐκ* ἐξουσιάσει αὐτῷ ὁ θεὸς τοῦ φαγεῖν
6:2	זֶה הֶבֶל וָחֳלִי רָע הוּא	τοῦτο ματαιότης *καὶ ἀρρωστία* πονηρά ἐστιν
6:3	אִם־יוֹלִיד אִישׁ מֵאָה וְשָׁנִים רַבּוֹת יִחְיֶה	ἐὰν γεννήσῃ ἀνὴρ ἑκατὸν *καὶ ἔτη* πολλὰ ζήσεται
6:3	וְרַב שֶׁיִּהְיוּ יְמֵי־שָׁנָיו	*καὶ πλῆθος* ὅ τι ἔσονται ἡμέραι ἐτῶν αὐτοῦ
6:3	וְנַפְשׁוֹ לֹא־תִשְׂבַּע	*καὶ ψυχὴ αὐτοῦ* οὐκ ἐμπλησθήσεται
6:3	וְגַם־קְבוּרָה לֹא־הָיְתָה לּוֹ	*καί γε* ταφὴ οὐκ ἐγένετο αὐτῷ
6:4	כִּי־בַהֶבֶל בָּא וּבַחֹשֶׁךְ יֵלֵךְ	ὅτι ἐν ματαιότητι ἦλθεν *καὶ ἐν σκότει* πορεύεται
6:4	וּבַחֹשֶׁךְ שְׁמוֹ יְכֻסֶּה	*καὶ ἐν σκότει* ὄνομα αὐτοῦ καλυφθήσεται
6:5	גַּם־שֶׁמֶשׁ לֹא־רָאָה וְלֹא יָדָע	καί γε ἥλιον οὐκ εἶδεν *καὶ οὐκ* ἔγνω
6:6	וְאִלּוּ חָיָה אֶלֶף שָׁנִים פַּעֲמַיִם	*καὶ εἰ* ἔζησεν χιλίων ἐτῶν καθόδους
6:6	וְטוֹבָה לֹא רָאָה	*καὶ ἀγαθωσύνην* οὐκ εἶδεν
6:7	וְגַם־הַנֶּפֶשׁ לֹא תִמָּלֵא	*καί γε* ἡ ψυχὴ οὐ πληρωθήσεται
6:9	גַּם־זֶה הֶבֶל וּרְעוּת רוּחַ	καί γε τοῦτο ματαιότης *καὶ προαίρεσις* πνεύματος
6:10	וְנוֹדָע אֲשֶׁר־הוּא אָדָם	*καὶ ἐγνώσθη* ὅ ἐστιν ἄνθρωπος
6:10	וְלֹא־יוּכַל לָדִין עִם *שֶׁהתַּקִּיף **שֶׁתַּקִּיף	*καὶ οὐ* δυνήσεται τοῦ κριθῆναι μετὰ τοῦ ἰσχυροῦ
6:12	וְיַעֲשֵׂם כַּצֵּל	*καὶ ἐποίησεν αὐτὰς* ἐν σκιᾷ
7:1	וְיוֹם הַמָּוֶת מִיּוֹם הִוָּלְדוֹ	*καὶ ἡμέρα* τοῦ θανάτου ὑπὲρ ἡμέραν γενέσεως αὐτοῦ
7:2	וְהַחַי יִתֵּן אֶל־לִבּוֹ	*καὶ ὁ ζῶν* δώσει εἰς καρδίαν αὐτοῦ
7:4	וְלֵב כְּסִילִים בְּבֵית שִׂמְחָה	*καὶ καρδία* ἀφρόνων ἐν οἴκῳ εὐφροσύνης
7:6	כֵּן שְׂחֹק הַכְּסִיל וְגַם־זֶה הָבֶל	οὕτως γέλως τῶν ἀφρόνων *καί γε* τοῦτο ματαιότης
7:7	וִיאַבֵּד אֶת־לֵב מַתָּנָה	*καὶ ἀπόλλυσι* τὴν καρδίαν εὐτονίας αὐτοῦ
7:11	וְיֹתֵר לְרֹאֵי הַשָּׁמֶשׁ	*καὶ περισσεία* τοῖς θεωροῦσιν τὸν ἥλιον
7:12	וְיִתְרוֹן דַּעַת הַחָכְמָה	*καὶ περισσεία* γνώσεως τῆς σοφίας
7:14	וּבְיוֹם רָעָה רְאֵה	*καὶ ἐν ἡμέρᾳ* κακίας ἰδέ
7:15	וְיֵשׁ רָשָׁע מַאֲרִיךְ בְּרָעָתוֹ	*καὶ ἔστιν* ἀσεβὴς μένων ἐν κακίᾳ αὐτοῦ
7:16	אַל־תְּהִי צַדִּיק הַרְבֵּה וְאַל־תִּתְחַכַּם יוֹתֵר	μὴ γίνου δίκαιος πολὺ *καὶ μὴ* σοφίζου περισσά
7:17	אַל־תִּרְשַׁע הַרְבֵּה וְאַל־תְּהִי סָכָל	μὴ ἀσεβήσῃς πολὺ *καὶ μὴ* γίνου σκληρός
7:18	וְגַם־מִזֶּה אַל־תַּנַּח אֶת־יָדֶךָ	*καί γε* ἀπὸ τούτου μὴ ἀνῇς τὴν χεῖρά σου
7:20	אֲשֶׁר יַעֲשֶׂה־טּוֹב וְלֹא יֶחֱטָא	ὃς ποιήσει ἀγαθὸν *καὶ οὐχ* ἁμαρτήσεται
7:23	אָמַרְתִּי אֶחְכָּמָה וְהִיא רְחוֹקָה מִמֶּנִּי	εἶπα σοφισθήσομαι [*καὶ αὐτὴ* ἐμακρύνθη ἀπ' ἐμοῦ] [24]
7:24	רָחוֹק מַה־שֶּׁהָיָה וְעָמֹק עָמֹק מִי יִמְצָאֶנּוּ	μακρὰν ὑπὲρ ὃ ἦν *καὶ βαθὺ* βάθος τίς εὑρήσει αὐτό
7:25	סַבּוֹתִי אֲנִי וְלִבִּי	ἐκύκλωσα ἐγὼ *καὶ ἡ καρδία* μου
7:25	לָדַעַת וְלָתוּר וּבַקֵּשׁ	τοῦ γνῶναι *καὶ τοῦ κατασκέψασθαι* καὶ ζητῆσαι

7:25	לָתוּר וּבַקֵּשׁ חָכְמָה וְחֶשְׁבּוֹן	τοῦ κατασκέψασθαι καὶ ζητῆσαι σοφίαν καὶ ψῆφον	
7:25	לָתוּר וּבַקֵּשׁ חָכְמָה וְחֶשְׁבּוֹן	τοῦ κατασκέψασθαι καὶ ζητῆσαι σοφίαν καὶ ψῆφον	
7:25	וְלָדַעַת רֶשַׁע כֶּסֶל	καὶ τοῦ γνῶναι ἀσεβοῦς ἀφροσύνην	
7:25	רֶשַׁע כֶּסֶל וְהַסִּכְלוּת הוֹלֵלוֹת	ἀσεβοῦς ἀφροσύνην καὶ σκληρίαν καὶ περιφοράν	
7:26	וּמוֹצֶא אֲנִי מַר מִמָּוֶת	καὶ εὑρίσκω ἐγὼ πικρότερον ὑπὲρ θάνατον	
7:26	וַחֲרָמִים לִבָּהּ אֲסוּרִים יָדֶיהָ	καὶ σαγῆναι καρδία αὐτῆς δεσμοὶ χεῖρες αὐτῆς	
7:26	וְחוֹטֵא יִלָּכֶד בָּהּ	καὶ ἁμαρτάνων συλλημφθήσεται ἐν αὐτῇ	
7:28	אֲשֶׁר עוֹד־בִּקְשָׁה נַפְשִׁי וְלֹא מָצָאתִי	ὃν ἔτι ἐζήτησεν ἡ ψυχή μου καὶ οὐχ εὗρον	
7:28	וְאִשָּׁה בְכָל־אֵלֶּה לֹא מָצָאתִי	καὶ γυναῖκα ἐν πᾶσι τούτοις οὐχ εὗρον	
7:29	וְהֵמָּה בִקְשׁוּ חִשְּׁבֹנוֹת רַבִּים	καὶ αὐτοὶ ἐζήτησαν λογισμοὺς πολλούς	
8:1	מִי כְּהֶחָכָם וּמִי יוֹדֵעַ פֵּשֶׁר דָּבָר	τίς οἶδεν σοφούς καὶ τίς οἶδεν λύσιν ῥήματος	
8:1	וְעֹז פָּנָיו יְשֻׁנֶּא	καὶ ἀναιδὴς προσώπῳ αὐτοῦ μισηθήσεται	
8:2	וְעַל דִּבְרַת שְׁבוּעַת אֱלֹהִים	καὶ περὶ λόγου ὅρκου θεοῦ	
8:4	וּמִי יֹאמַר־לוֹ מַה־תַּעֲשֶׂה	καὶ τίς ἐρεῖ αὐτῷ τί ποιήσεις	
8:5	וְעֵת וּמִשְׁפָּט יֵדַע לֵב חָכָם	καὶ καιρὸν κρίσεως γινώσκει καρδία σοφοῦ	
8:6	כִּי לְכָל־חֵפֶץ יֵשׁ עֵת וּמִשְׁפָּט	ὅτι παντὶ πράγματι ἔστιν καιρὸς καὶ κρίσις	
8:8	וְאֵין שִׁלְטוֹן בְּיוֹם הַמָּוֶת	καὶ οὐκ ἔστιν ἐξουσία ἐν ἡμέρᾳ τοῦ θανάτου	
8:8	וְאֵין מִשְׁלַחַת בַּמִּלְחָמָה	καὶ οὐκ ἔστιν ἀποστολὴ ἐν τῷ πολέμῳ	
8:8	וְלֹא־יְמַלֵּט רֶשַׁע אֶת־בְּעָלָיו	καὶ οὐ διασώσει ἀσέβεια τὸν παρ᾽ αὐτῆς	
8:9	וְנָתוֹן אֶת־לִבִּי לְכָל־מַעֲשֶׂה	καὶ ἔδωκα τὴν καρδίαν μου εἰς πᾶν ποίημα	
8:10	וּבְכֵן רָאִיתִי רְשָׁעִים קְבֻרִים וָבָאוּ	καὶ τότε εἶδον ἀσεβεῖς τάφους εἰσαχθέντας	
8:10	וּמִמְּקוֹם קָדוֹשׁ יְהַלֵּכוּ	καὶ ἐκ τόπου ἁγίου ἐπορεύθησαν	
8:10	וְיִשְׁתַּכְּחוּ בָעִיר אֲשֶׁר כֵּן־עָשׂוּ	καὶ ἐπῃνέθησαν ἐν τῇ πόλει ὅτι οὕτως ἐποίησαν	=.kb וישתבחו
8:12	וּמַאֲרִיךְ לוֹ	καὶ ἀπὸ μακρότητος αὐτῷ	=v
8:13	וְטוֹב לֹא־יִהְיֶה לָרָשָׁע	καὶ ἀγαθὸν οὐκ ἔσται τῷ ἀσεβεῖ	
8:13	וְלֹא־יַאֲרִיךְ יָמִים כַּצֵּל	καὶ οὐ μακρυνεῖ ἡμέρας ἐν σκιᾷ	
8:14	וְיֵשׁ רְשָׁעִים שֶׁמַּגִּיעַ אֲלֵהֶם	καὶ εἰσὶν ἀσεβεῖς ὅτι φθάνει πρὸς αὐτοὺς	
8:15	וְשִׁבַּחְתִּי אֲנִי אֶת־הַשִּׂמְחָה	καὶ ἐπῄνεσα ἐγὼ σὺν τὴν εὐφροσύνην	
8:15	כִּי אִם־לֶאֱכוֹל וְלִשְׁתּוֹת	ὅτι εἰ μὴ τοῦ φαγεῖν καὶ τοῦ πιεῖν	
8:15	לֶאֱכוֹל וְלִשְׁתּוֹת וְלִשְׂמוֹחַ	τοῦ φαγεῖν καὶ τοῦ πιεῖν καὶ τοῦ εὐφρανθῆναι	
8:15	וְהוּא יִלְוֶנּוּ בַעֲמָלוֹ	καὶ αὐτὸ συμπροσέσται αὐτῷ ἐν μόχθῳ αὐτοῦ	
8:16	וְלִרְאוֹת אֶת־הָעִנְיָן אֲשֶׁר נַעֲשָׂה	καὶ τοῦ ἰδεῖν τὸν περισπασμὸν τὸν πεποιημένον	
8:16	כִּי גַם בַּיּוֹם וּבַלַּיְלָה	ὅτι καί γε ἐν ἡμέρᾳ καὶ ἐν νυκτὶ	
8:17	וְרָאִיתִי אֶת־כָּל־מַעֲשֵׂה הָאֱלֹהִים	καὶ εἶδον σὺν πάντα τὰ ποιήματα τοῦ θεοῦ	
8:17	לְבַקֵּשׁ וְלֹא יִמְצָא	τοῦ ζητῆσαι καὶ οὐχ εὑρήσει	
8:17	וְגַם אִם־יֹאמַר הֶחָכָם לָדַעַת	καί γε ὅσα ἂν εἴπῃ ὁ σοφὸς τοῦ γνῶναι	
9:1	וְלָבוּר אֶת־כָּל־זֶה	καὶ καρδία μου σὺν πᾶν εἶδεν τοῦτο	=.wy ולבי
9:1	אֲשֶׁר הַצַּדִּיקִים וְהַחֲכָמִים וַעֲבָדֵיהֶם	ὡς οἱ δίκαιοι καὶ οἱ σοφοὶ καὶ ἐργασίαι αὐτῶν	
9:1	וַעֲבָדֵיהֶם בְּיַד הָאֱלֹהִים	καὶ ἐργασίαι αὐτῶν ἐν χειρὶ τοῦ θεοῦ	
9:2	מִקְרֶה אֶחָד לַצַּדִּיק וְלָרָשָׁע	συνάντημα ἓν τῷ δικαίῳ καὶ τῷ ἀσεβεῖ	
9:2	וְלַטָּהוֹר וְלַטָּמֵא	καὶ τῷ καθαρῷ καὶ τῷ ἀκαθάρτῳ	
9:2	וְלַטָּהוֹר וְלַטָּמֵא	καὶ τῷ καθαρῷ καὶ τῷ ἀκαθάρτῳ	
9:2	וְלַזֹּבֵחַ וְלַאֲשֶׁר אֵינֶנּוּ זֹבֵחַ	καὶ τῷ θυσιάζοντι καὶ τῷ μὴ θυσιάζοντι	
9:2	וְלַזֹּבֵחַ וְלַאֲשֶׁר אֵינֶנּוּ זֹבֵחַ	καὶ τῷ θυσιάζοντι καὶ τῷ μὴ θυσιάζοντι	
9:3	וְגַם לֵב בְּנֵי־הָאָדָם מָלֵא־רָע	καί γε καρδία υἱῶν τοῦ ἀνθρώπου ἐπληρώθη πονηροῦ	
9:3	וְהוֹלֵלוֹת בִּלְבָבָם בְּחַיֵּיהֶם	καὶ περιφέρεια ἐν καρδίᾳ αὐτῶν ἐν ζωῇ αὐτῶν	
9:3	וְאַחֲרָיו אֶל־הַמֵּתִים	καὶ ὀπίσω αὐτῶν πρὸς τοὺς νεκρούς	
9:5	וְהַמֵּתִים אֵינָם יוֹדְעִים מְאוּמָה	καὶ οἱ νεκροὶ οὐκ εἰσιν γινώσκοντες οὐδέν	
9:5	וְאֵין־עוֹד לָהֶם שָׂכָר	καὶ οὐκ ἔστιν αὐτοῖς ἔτι μισθός	
9:6	וְחֵלֶק אֵין־לָהֶם עוֹד לְעוֹלָם	καὶ μερὶς οὐκ ἔστιν αὐτοῖς ἔτι εἰς αἰῶνα	
9:7	וּשֲׁתֵה בְלֶב־טוֹב יֵינֶךָ	καὶ πίε ἐν καρδίᾳ ἀγαθῇ οἶνόν σου	
9:8	וְשֶׁמֶן עַל־רֹאשְׁךָ אַל־יֶחְסָר	καὶ ἔλαιον ἐπὶ κεφαλήν σου μὴ ὑστερησάτω	
9:9	וּבַעֲמָלְךָ אֲשֶׁר־אַתָּה עָמֵל תַּחַת הַשָּׁמֶשׁ	καὶ ἐν τῷ μόχθῳ σου ᾧ σὺ μοχθεῖς ὑπὸ τὸν ἥλιον	
9:10	כִּי אֵין מַעֲשֶׂה וְחֶשְׁבּוֹן וְדַעַת	ὅτι οὐκ ἔστιν ποίημα καὶ λογισμὸς καὶ γνῶσις	
9:10	כִּי אֵין מַעֲשֶׂה וְחֶשְׁבּוֹן וְדַעַת	ὅτι οὐκ ἔστιν ποίημα καὶ λογισμὸς καὶ γνῶσις	
9:10	וְחָכְמָה בִּשְׁאוֹל אֲשֶׁר אַתָּה הֹלֵךְ שָׁמָּה	καὶ σοφία ἐν ᾅδῃ ὅπου σὺ πορεύῃ ἐκεῖ	
9:11	שַׁבְתִּי וְרָאֹה תַחַת־הַשֶּׁמֶשׁ	ἐπέστρεψα καὶ εἶδον ὑπὸ τὸν ἥλιον	

9:11	וְלֹא לַגִּבּוֹרִים הַמִּלְחָמָה	*καὶ οὐ* τοῖς δυνατοῖς ὁ πόλεμος
9:11	וְגַם לֹא לַחֲכָמִים לֶחֶם	*καί γε* οὐ τοῖς σοφοῖς ἄρτος
9:11	וְגַם לֹא לַנְּבֹנִים עֹשֶׁר	*καί γε* οὐ τοῖς συνετοῖς πλοῦτος
9:11	וְגַם לֹא לַיֹּדְעִים חֵן	*καί γε* οὐ τοῖς γινώσκουσιν χάρις
9:11	כִּי־עֵת וָפֶגַע יִקְרֶה	ὅτι καιρὸς *καὶ ἀπάντημα* συναντήσεται
9:12	וְכַצִּפֳּרִים הָאֲחֻזוֹת בַּפָּח	*καὶ ὡς ὄρνεα* τὰ θηρευόμενα ἐν παγίδι
9:13	וּגְדוֹלָה הִיא אֵלָי	*καὶ μεγάλη* ἐστὶν πρός με
9:14	עִיר קְטַנָּה וַאֲנָשִׁים בָּהּ מְעָט	πόλις μικρὰ *καὶ ἄνδρες* ἐν αὐτῇ ὀλίγοι
9:14	וּבָא־אֵלֶיהָ מֶלֶךְ גָּדוֹל	*καὶ ἔλθῃ* ἐπ' αὐτὴν βασιλεὺς μέγας
9:14	מֶלֶךְ גָּדוֹל וְסָבַב אֹתָהּ	βασιλεὺς μέγας *καὶ κυκλώσῃ* αὐτὴν
9:14	וּבָנָה עָלֶיהָ מְצוֹדִים גְּדֹלִים	*καὶ οἰκοδομήσῃ* ἐπ' αὐτὴν χάρακας μεγάλους
9:15	וּמָצָא בָהּ אִישׁ מִסְכֵּן חָכָם	*καὶ εὕρῃ* ἐν αὐτῇ ἄνδρα πένητα σοφόν
9:15	וּמִלַּט־הוּא אֶת־הָעִיר בְּחָכְמָתוֹ	*καὶ διασώσει* αὐτὸς τὴν πόλιν ἐν τῇ σοφίᾳ αὐτοῦ
9:15	וְאָדָם לֹא זָכַר אֶת־הָאִישׁ	*καὶ ἄνθρωπος* οὐκ ἐμνήσθη σὺν τοῦ ἀνδρὸς
9:16	וְאָמַרְתִּי אָנִי טוֹבָה חָכְמָה מִגְּבוּרָה	*καὶ εἶπα* ἐγώ ἀγαθὴ σοφία ὑπὲρ δύναμιν
9:16	וְחָכְמַת הַמִּסְכֵּן בְּזוּיָה	*καὶ σοφία* τοῦ πένητος ἐξουδενωμένη
9:16	וּדְבָרָיו אֵינָם נִשְׁמָעִים	*καὶ λόγοι αὐτοῦ* οὐκ εἰσιν ἀκουόμενοι
9:18	וְחוֹטֶא אֶחָד יְאַבֵּד טוֹבָה הַרְבֵּה	*καὶ ἁμαρτάνων* εἷς ἀπολέσει ἀγαθωσύνην πολλήν
10:2	וְלֵב כְּסִיל לִשְׂמֹאלוֹ	*καὶ καρδία* ἄφρονος εἰς ἀριστερὸν αὐτοῦ
10:3	וְגַם־בַּדֶּרֶךְ *כשהסכל **כְּשֶׁסָּכָל הֹלֵךְ	*καί γε* ἐν ὁδῷ ὅταν ἄφρων πορεύηται
10:3	וְאָמַר לַכֹּל סָכָל הוּא	*καὶ ἃ λογιεῖται* πάντα ἀφροσύνη ἐστίν
10:6	וַעֲשִׁירִים בַּשֵּׁפֶל יֵשֵׁבוּ	*καὶ πλούσιοι* ἐν ταπεινῷ καθήσονται
10:7	וְשָׂרִים הֹלְכִים כַּעֲבָדִים עַל־הָאָרֶץ	*καὶ ἄρχοντας* πορευομένους ὡς δούλους ἐπὶ τῆς γῆς
10:8	וּפֹרֵץ גָּדֵר יִשְּׁכֶנּוּ נָחָשׁ	*καὶ καθαιροῦντα* φραγμόν δήξεται αὐτὸν ὄφις
10:10	אִם־קֵהָה הַבַּרְזֶל וְהוּא לֹא־פָנִים קִלְקַל	ἐὰν ἐκπέσῃ τὸ σιδήριον *καὶ αὐτὸς* πρόσωπον ἐτάραξεν
10:10	וַחֲיָלִים יְגַבֵּר	*καὶ δυνάμεις* δυναμώσει
10:10	וְיִתְרוֹן *הכשיר **הַכְשֵׁר חָכְמָה	*καὶ περισσεία* τοῦ ἀνδρείου σοφία
10:11	וְאֵין יִתְרוֹן לְבַעַל הַלָּשׁוֹן	*καὶ οὐκ ἔστιν* περισσεία τῷ ἐπᾴδοντι
10:12	וְשִׂפְתוֹת כְּסִיל תְּבַלְּעֶנּוּ	*καὶ χείλη* ἄφρονος καταποντιοῦσιν αὐτόν
10:13	וְאַחֲרִית פִּיהוּ הוֹלֵלוּת רָעָה	*καὶ ἐσχάτη* στόματος αὐτοῦ περιφέρεια πονηρά
10:14	וְהַסָּכָל יַרְבֶּה דְבָרִים	*καὶ ὁ ἄφρων* πληθύνει λόγους
10:14	וַאֲשֶׁר יִהְיֶה מֵאַחֲרָיו	*καὶ τί τὸ* ἐσόμενον ὀπίσω αὐτοῦ
10:16	וְשָׂרַיִךְ בַּבֹּקֶר יֹאכֵלוּ	*καὶ οἱ ἄρχοντές σου* ἐν πρωίᾳ ἐσθίουσιν
10:17	וְשָׂרַיִךְ בָּעֵת יֹאכֵלוּ	*καὶ οἱ ἄρχοντές σου* πρὸς καιρὸν φάγονται
10:17	בִּגְבוּרָה וְלֹא בַשְּׁתִי	ἐν δυνάμει *καὶ οὐκ* αἰσχυνθήσονται
10:18	וּבְשִׁפְלוּת יָדַיִם יִדְלֹף הַבָּיִת	*καὶ ἐν ἀργίᾳ* χειρῶν στάξει ἡ οἰκία
10:19	וְיַיִן יְשַׂמַּח חַיִּים	*καὶ οἶνος* εὐφραίνει ζῶντας
10:19	וְהַכֶּסֶף יַעֲנֶה אֶת־הַכֹּל	*καὶ τοῦ ἀργυρίου* ἐπακούσεται σὺν τὰ πάντα
10:20	וּבְחַדְרֵי מִשְׁכָּבְךָ אַל־תְּקַלֵּל	*καὶ ἐν ταμιείοις* κοιτώνων σου μὴ καταράσῃ
10:20	וּבַעַל *הכנפים **כְּנָפַיִם יַגֵּיד דָּבָר	*καὶ ὁ ἔχων* τὰς πτέρυγας ἀπαγγελεῖ λόγον
11:2	תֶּן־חֵלֶק לְשִׁבְעָה וְגַם לִשְׁמוֹנָה	δὸς μερίδα τοῖς ἑπτὰ *καί γε* τοῖς ὀκτώ
11:3	וְאִם־יִפּוֹל עֵץ בַּדָּרוֹם וְאִם בַּצָּפוֹן	*καὶ ἐὰν πέσῃ* ξύλον ἐν τῷ νότῳ καὶ ἐὰν ἐν τῷ βορρᾷ
11:3	וְאִם־יִפּוֹל עֵץ בַּדָּרוֹם וְאִם בַּצָּפוֹן	καὶ ἐὰν πέσῃ ξύλον ἐν τῷ νότῳ *καὶ ἐὰν* ἐν τῷ βορρᾷ
11:4	וְרֹאֶה בֶעָבִים לֹא יִקְצוֹר	*καὶ βλέπων* ἐν ταῖς νεφέλαις οὐ θερίσει
11:6	וְלָעֶרֶב אַל־תַּנַּח יָדֶךָ	*καὶ εἰς ἑσπέραν* μὴ ἀφέτω ἡ χείρ σου
11:6	וְאִם־שְׁנֵיהֶם כְּאֶחָד טוֹבִים	*καὶ ἐὰν* τὰ δύο ἐπὶ τὸ αὐτὸ ἀγαθά
11:7	וּמָתוֹק הָאוֹר וְטוֹב לַעֵינַיִם	*καὶ γλυκὺ* τὸ φῶς καὶ ἀγαθὸν τοῖς ὀφθαλμοῖς
11:7	וּמָתוֹק הָאוֹר וְטוֹב לַעֵינַיִם	καὶ γλυκὺ τὸ φῶς *καὶ ἀγαθὸν* τοῖς ὀφθαλμοῖς
11:8	וְיִזְכֹּר אֶת־יְמֵי הַחֹשֶׁךְ	*καὶ μνησθήσεται* τὰς ἡμέρας τοῦ σκότους
11:9	וִיטִיבְךָ לִבְּךָ	*καὶ ἀγαθυνάτω σε* ἡ καρδία σου
11:9	וְהַלֵּךְ בְּדַרְכֵי לִבְּךָ	*καὶ περιπάτει* ἐν ὁδοῖς καρδίας σου
11:9	וּבְמַרְאֵי עֵינֶיךָ	*καὶ ἐν ὁράσει* ὀφθαλμῶν σου
11:9	וְדָע כִּי עַל־כָּל־אֵלֶּה	*καὶ γνῶθι* ὅτι ἐπὶ πᾶσι τούτοις
11:10	וְהָסֵר כַּעַס מִלִּבֶּךָ	*καὶ ἀπόστησον* θυμὸν ἀπὸ καρδίας σου
11:10	וְהַעֲבֵר רָעָה מִבְּשָׂרֶךָ	*καὶ παράγαγε* πονηρίαν ἀπὸ σαρκός σου
11:10	כִּי־הַיַּלְדוּת וְהַשַּׁחֲרוּת הָבֶל	ὅτι ἡ νεότης *καὶ ἡ ἄνοια* ματαιότης
12:1	וּזְכֹר אֶת־בּוֹרְאֶיךָ	*καὶ μνήσθητι* τοῦ κτίσαντός σε

12:1	*וְהִגִּיעוּ* שָׁנִים אֲשֶׁר תֹּאמַר	*καὶ φθάσωσιν* ἔτη ἐν οἷς ἐρεῖς	
12:2	*וְהָאוֹר* וְהַיָּרֵחַ וְהַכּוֹכָבִים	*καὶ τὸ φῶς* καὶ ἡ σελήνη καὶ οἱ ἀστέρες	
12:2	וְהָאוֹר *וְהַיָּרֵחַ* וְהַכּוֹכָבִים	καὶ τὸ φῶς *καὶ ἡ σελήνη* καὶ οἱ ἀστέρες	
12:2	וְהָאוֹר וְהַיָּרֵחַ *וְהַכּוֹכָבִים*	καὶ τὸ φῶς καὶ ἡ σελήνη *καὶ οἱ ἀστέρες*	
12:2	*וְשָׁבוּ* הֶעָבִים אַחַר הַגָּשֶׁם	*καὶ ἐπιστρέψωσιν* τὰ νέφη ὀπίσω τοῦ ὑετοῦ	
12:3	*וְהִתְעַוְּתוּ* אַנְשֵׁי הֶחָיִל	*καὶ διαστραφῶσιν* ἄνδρες τῆς δυνάμεως	
12:3	*וּבָטְלוּ* הַטֹּחֲנוֹת כִּי מִעֵטוּ	*καὶ ἤργησαν* αἱ ἀλήθουσαι ὅτι ὠλιγώθησαν	
12:3	*וְחָשְׁכוּ* הָרֹאוֹת בָּאֲרֻבּוֹת	*καὶ σκοτάσουσιν* αἱ βλέπουσαι ἐν ταῖς ὀπαῖς	
12:4	*וְסֻגְּרוּ* דְלָתַיִם בַּשּׁוּק	*καὶ κλείσουσιν* θύρας ἐν ἀγορᾷ	
12:4	*וְיָקוּם* לְקוֹל הַצִּפּוֹר	*καὶ ἀναστήσεται* εἰς φωνὴν τοῦ στρουθίου	
12:4	*וְיִשַּׁחוּ* כָּל־בְּנוֹת	*καὶ ταπεινωθήσονται* πᾶσαι αἱ θυγατέρες	
12:5	גַּם מִגָּבֹהַּ יִרָאוּ *וְחַתְחַתִּים* בַּדֶּרֶךְ	καί γε ἀπὸ ὕψους ὄψονται *καὶ θάμβοι* ἐν τῇ ὁδῷ	
12:5	*וְיָנֵאץ* הַשָּׁקֵד וְיִסְתַּבֵּל הֶחָגָב	*καὶ ἀνθήσῃ* τὸ ἀμύγδαλον καὶ παχυνθῇ ἡ ἀκρίς	
12:5	וְיָנֵאץ הַשָּׁקֵד *וְיִסְתַּבֵּל* הֶחָגָב	καὶ ἀνθήσῃ τὸ ἀμύγδαλον *καὶ παχυνθῇ* ἡ ἀκρίς	
12:5	*וְתָפֵר* הָאֲבִיּוֹנָה	*καὶ διασκεδασθῇ* ἡ κάππαρις	
12:5	*וְסָבְבוּ* בַשּׁוּק הַסֹּפְדִים	*καὶ ἐκύκλωσαν* ἐν ἀγορᾷ οἱ κοπτόμενοι	
12:6	*וְתָרֻץ* גֻּלַּת הַזָּהָב	*καὶ συνθλιβῇ* ἀνθέμιον τοῦ χρυσίου	
12:6	*וְתִשָּׁבֶר* כַּד עַל־הַמַּבּוּעַ	*καὶ συντριβῇ* ὑδρία ἐπὶ τὴν πηγήν	
12:6	*וְנָרֹץ* הַגַּלְגַּל אֶל־הַבּוֹר	*καὶ συντροχάσῃ* ὁ τροχὸς ἐπὶ τὸν λάκκον	
12:7	*וְיָשֹׁב* הֶעָפָר עַל־הָאָרֶץ כְּשֶׁהָיָה	*καὶ ἐπιστρέψῃ* ὁ χοῦς ἐπὶ τὴν γῆν ὡς ἦν	
12:7	*וְהָרוּחַ* תָּשׁוּב אֶל־הָאֱלֹהִים	*καὶ τὸ πνεῦμα* ἐπιστρέψῃ πρὸς τὸν θεόν	
12:9	*וְיֹתֵר* שֶׁהָיָה קֹהֶלֶת חָכָם	*καὶ περισσὸν* ὅτι ἐγένετο ἐκκλησιαστὴς σοφός	
12:9	*וְאִזֵּן* וְחִקֵּר תִּקֵּן מְשָׁלִים הַרְבֵּה	*καὶ οὖς* ἐξιχνιάσεται κόσμιον παραβολῶν [πολλὰ]	=@
12:10	*וְכָתוּב* יֹשֶׁר דִּבְרֵי אֱמֶת	*καὶ γεγραμμένον* εὐθύτητος λόγους ἀληθείας	
12:11	*וּכְמַשְׂמְרוֹת* נְטוּעִים	*καὶ ὡς* ἧλοι πεφυτευμένοι	
12:12	*וְיֹתֵר* מֵהֵמָּה בְּנִי הִזָּהֵר	[*καὶ περισσὸν* ἐξ αὐτῶν] υἱέ μου φύλαξαι	[11]
12:12	*וְלַהַג* הַרְבֵּה יְגִעַת בָּשָׂר	*καὶ μελέτη* πολλὴ κόπωσις σαρκός	
12:13	אֶת־הָאֱלֹהִים יְרָא *וְאֶת־מִצְוֹתָיו* שְׁמוֹר	τὸν θεὸν φοβοῦ *καὶ τὰς ἐντολὰς* αὐτοῦ φύλασσε	
12:14	אִם־טוֹב *וְאִם־רָע*	ἐὰν ἀγαθὸν *καὶ ἐὰν* πονηρόν	

ז

זְבוּב *Occurrences: 1*

μυῖα	1	*100%*
10:1	*זְבוּבֵי* מָוֶת יַבְאִישׁ יַבִּיעַ שֶׁמֶן	*μυῖαι* θανατοῦσαι σαπριοῦσιν σκευασίαν ἐλαίου

זָבַח *Occurrences: 2*

θυσιάζω	2	*100%*
9:2	*וְלַזֹּבֵחַ* וְלַאֲשֶׁר אֵינֶנּוּ זֹבֵחַ	καὶ τῷ *θυσιάζοντι* καὶ τῷ μὴ θυσιάζοντι
9:2	וְלַזֹּבֵחַ וְלַאֲשֶׁר אֵינֶנּוּ *זֹבֵחַ*	καὶ τῷ θυσιάζοντι καὶ τῷ μὴ *θυσιάζοντι*

זֶבַח *Occurrences: 1*

θυσία	1	*100%*
4:17	מִתֵּת הַכְּסִילִים *זָבַח*	ὑπὲρ δόμα τῶν ἀφρόνων *θυσία σου*

זֶה *Occurrences: 37*

οὗτος	*34*	*92%*
ὁράω	*1*	*2%*
אִי + זֶה	*2*	
ποῖος	*2*	*5%*
לְ + זֶה	*1*	
οὗτος	*1*	*2%*

ὁράω	1	*2%*		
9:1	וְלָבוּר אֶת־כָּל־*זֶה*	καὶ καρδία μου σὺν πᾶν *εἶδεν* τοῦτο	=?d	חזה
οὗτος	*34*	*92%*		
1:10	יֵשׁ דָּבָר שֶׁיֹּאמַר *רְאֵה־זֶה* חָדָשׁ הוּא	ὃς λαλήσει καὶ ἐρεῖ ἰδὲ *τοῦτο* καινόν ἐστιν		
1:17	יָדַעְתִּי שֶׁגַּם־*זֶה* הוּא רַעְיוֹן רוּחַ	ἔγνων ὅτι καί γε *τοῦτ'* ἔστιν προαίρεσις πνεύματος		
2:10	*וְזֶה*־הָיָה חֶלְקִי מִכָּל־עֲמָלִי	καὶ *τοῦτο* ἐγένετο μερίς μου ἀπὸ παντὸς μόχθου μου		
2:15	שֶׁגַּם־*זֶה* הָבֶל	ὅτι καί γε *τοῦτο* ματαιότης		
2:19	גַּם־*זֶה* הָבֶל	καί γε *τοῦτο* ματαιότης		
2:21	גַּם־*זֶה* הֶבֶל וְרָעָה רַבָּה	καί γε *τοῦτο* ματαιότης καὶ πονηρία μεγάλη		
2:23	גַּם־*זֶה* הֶבֶל הוּא	καί γε *τοῦτο* ματαιότης ἐστίν		
2:26	גַּם־*זֶה* הֶבֶל	ὅτι καί γε *τοῦτο* ματαιότης		
3:19	כְּמוֹת *זֶה* כֵּן מוֹת זֶה	ὡς ὁ θάνατος *τούτου* οὕτως ὁ θάνατος τούτου		
3:19	כְּמוֹת זֶה כֵּן מוֹת *זֶה*	ὡς ὁ θάνατος τούτου οὕτως ὁ θάνατος *τούτου*		
4:4	גַּם־*זֶה* הֶבֶל וּרְעוּת רוּחַ	καί γε *τοῦτο* ματαιότης καὶ προαίρεσις πνεύματος		
4:8	גַּם־*זֶה* הֶבֶל וְעִנְיַן רָע	καί γε *τοῦτο* ματαιότης καὶ περισπασμὸς πονηρός		
4:16	כִּי־גַם־*זֶה* הֶבֶל	ὅτι καί γε *τοῦτο* ματαιότης		
5:9	גַּם־*זֶה* הָבֶל	καί γε *τοῦτο* ματαιότης		
6:2	*זֶה* הֶבֶל וָחֳלִי רָע הוּא	*τοῦτο* ματαιότης καὶ ἀρρωστία πονηρά ἐστιν		
6:5	נַחַת לָזֶה *מִזֶּה*	ἀνάπαυσις τούτῳ *ὑπὲρ τοῦτον*		
6:9	גַּם־*זֶה* הֶבֶל וּרְעוּת רוּחַ	καί γε *τοῦτο* ματαιότης καὶ προαίρεσις πνεύματος		
7:6	כֵּן שְׂחֹק הַכְּסִיל וְגַם־*זֶה* הָבֶל	οὕτως γέλως τῶν ἀφρόνων καί γε *τοῦτο* ματαιότης		
7:10	כִּי לֹא מֵחָכְמָה שָׁאַלְתָּ *עַל־זֶה*	ὅτι οὐκ ἐν σοφίᾳ ἐπηρώτησας περὶ *τούτου*		
7:14	גַּם אֶת־*זֶה* לְעֻמַּת־זֶה	καί γε σὺν *τοῦτο* σύμφωνον τούτῳ		
7:14	גַּם אֶת־זֶה *לְעֻמַּת־זֶה*	καί γε σὺν τοῦτο σύμφωνον *τούτῳ*		
7:18	טוֹב אֲשֶׁר תֶּאֱחֹז *בָּזֶה*	ἀγαθὸν τὸ ἀντέχεσθαί σε *ἐν τούτῳ*		
7:18	וְגַם־*מִזֶּה* אַל־תַּנַּח אֶת־יָדֶךָ	καί γε *ἀπὸ τούτου* μὴ ἀνῇς τὴν χεῖρά σου		
7:27	רְאֵה *זֶה* מָצָאתִי אָמְרָה קֹהֶלֶת	ἰδὲ *τοῦτο* εὗρον εἶπεν ὁ ἐκκλησιαστής		
7:29	לְבַד רְאֵה־*זֶה* מָצָאתִי	πλὴν ἰδὲ *τοῦτο* εὗρον		
8:9	אֶת־כָּל־*זֶה* רָאִיתִי	καὶ σὺν πᾶν *τοῦτο* εἶδον		
8:10	גַּם־*זֶה* הָבֶל	καί γε *τοῦτο* ματαιότης		
8:14	אָמַרְתִּי שֶׁגַּם־*זֶה* הָבֶל	εἶπα ὅτι καί γε *τοῦτο* ματαιότης		

9:1	כִּי אֶת־כָּל־*זֶה* נָתַתִּי אֶל־לִבִּי	ὅτι σὺν πᾶν *τοῦτο* ἔδωκα εἰς καρδίαν μου		
9:1	וְלָבוּר אֶת־כָּל־*זֶה*	καὶ καρδία μου σὺν πᾶν εἶδεν *τοῦτο*	=?d	חזה
9:3	*זֶה* רָע בְּכֹל אֲשֶׁר־נַעֲשָׂה תַּחַת הַשֶּׁמֶשׁ	*τοῦτο* πονηρὸν ἐν παντὶ πεποιημένῳ ὑπὸ τὸν ἥλιον		
11:6	כִּי אֵינְךָ יוֹדֵעַ אֵי זֶה יִכְשַׁר *הֲזֶה* אוֹ־זֶה	ὅτι οὐ γινώσκεις ποῖον στοιχήσει ἢ *τοῦτο* ἢ τοῦτο		
11:6	כִּי אֵינְךָ יוֹדֵעַ אֵי זֶה יִכְשַׁר הֲזֶה אוֹ־*זֶה*	ὅτι οὐ γινώσκεις ποῖον στοιχήσει ἢ τοῦτο ἢ *τοῦτο*		
12:13	כִּי־*זֶה* כָּל־הָאָדָם	ὅτι *τοῦτο* πᾶς ὁ ἄνθρωπος		

אֵי + זֶה 2

ποῖος 2 5%

2:3	עַד אֲשֶׁר־אֶרְאֶה אֵי־*זֶה* טוֹב	ἕως οὗ ἴδω ποῖον τὸ ἀγαθὸν
11:6	כִּי אֵינְךָ יוֹדֵעַ אֵי *זֶה* יִכְשַׁר הֲזֶה אוֹ־זֶה	ὅτι οὐ γινώσκεις *ποῖον* στοιχήσει ἢ τοῦτο ἢ τοῦτο

לְ + זֶה 1

οὗτος 1 2%

6:5	נַחַת *לָזֶה* מִזֶּה	ἀνάπαυσις τούτῳ ὑπὲρ *τοῦτον*

זֹה Occurrences: 6

οὗτος 6 100%

2:2	וּלְשִׂמְחָה מַה־*זֹּה* עֹשָׂה	καὶ τῇ εὐφροσύνῃ τί *τοῦτο* ποιεῖς
2:24	גַּם־*זֹה* רָאִיתִי אָנִי	καί γε *τοῦτο* εἶδον ἐγὼ
5:15	וְגַם־*זֹה* רָעָה חוֹלָה	καί γε *τοῦτο* πονηρὰ ἀρρωστία
5:18	*זֹה* מַתַּת אֱלֹהִים הִיא	*τοῦτο* δόμα θεοῦ ἐστιν
7:23	כָּל־*זֹה* נִסִּיתִי בַחָכְמָה	πάντα *ταῦτα* ἐπείρασα ἐν τῇ σοφίᾳ
9:13	גַּם־*זֹה* רָאִיתִי חָכְמָה תַּחַת הַשָּׁמֶשׁ	καί γε *τοῦτο* εἶδον σοφίαν ὑπὸ τὸν ἥλιον

זָהָב Occurrences: 2

χρυσίον 2 100%

2:8	כָּנַסְתִּי לִי גַּם־כֶּסֶף *וְזָהָב*	συνήγαγόν μοι καί γε ἀργύριον *καὶ χρυσίον*
12:6	וְתָרֻץ גֻּלַּת *הַזָּהָב*	καὶ συνθλιβῇ ἀνθέμιον *τοῦ χρυσίου*

זָהַר Occurrences: 2

ἔχω/προς	*1*	*50%*
φυλάσσω	*1*	*50%*

ἔχω/προς 1 50%

4:13	אֲשֶׁר לֹא־יָדַע *לְהִזָּהֵר* עוֹד	ὃς οὐκ ἔγνω *τοῦ προσέχειν* ἔτι

φυλάσσω 1 50%

12:12	וְיֹתֵר מֵהֵמָּה בְּנִי *הִזָּהֵר*	[καὶ περισσὸν ἐξ αὐτῶν] υἱέ μου *φύλαξαι*

זוּעַ Occurrences: 1

σαλεύω 1 100%

12:3	בַּיּוֹם *שֶׁיָּזֻעוּ* שֹׁמְרֵי הַבַּיִת	ἐν ἡμέρᾳ ᾗ *ἐὰν σαλευθῶσιν* φύλακες τῆς οἰκίας

זָכַר Occurrences: 4

μιμνήσκω 4 100%

5:19	כִּי לֹא הַרְבֵּה *יִזְכֹּר* אֶת־יְמֵי	ὅτι οὐ πολλὰ *μνησθήσεται* τὰς ἡμέρας
9:15	וְאָדָם לֹא *זָכַר* אֶת־הָאִישׁ	καὶ ἄνθρωπος οὐκ *ἐμνήσθη* σὺν τοῦ ἀνδρὸς
11:8	*וְיִזְכֹּר* אֶת־יְמֵי הַחֹשֶׁךְ	*καὶ μνησθήσεται* τὰς ἡμέρας τοῦ σκότους
12:1	*וּזְכֹר* אֶת־בּוֹרְאֶיךָ	*καὶ μνήσθητι* τοῦ κτίσαντός σε

זֵכֶר Occurrences: 1

μνήμη 1 100%

9:5	כִּי נִשְׁכַּח *זִכְרָם*	ὅτι ἐπελήσθη *ἡ μνήμη αὐτῶν*

זִכָּרוֹן Occurrences: 3

μνήμη 3 100%

1:11	אֵין *זִכְרוֹן* לָרִאשֹׁנִים	οὐκ ἔστιν *μνήμη* τοῖς πρώτοις

1:11	לֹא־יִהְיֶה לָהֶם זִכָּרוֹן	οὐκ ἔσται αὐτοῖς μνήμη	
2:16	כִּי אֵין זִכְרוֹן לֶחָכָם עִם־הַכְּסִיל	ὅτι οὐκ ἔστιν μνήμη τοῦ σοφοῦ μετὰ τοῦ ἄφρονος	

זְמָן *Occurrences: 1*

χρόνος   1   *100%*

| 3:1 | לַכֹּל זְמָן וְעֵת לְכָל־חֵפֶץ | τοῖς πᾶσιν χρόνος καὶ καιρὸς τῷ παντὶ πράγματι |

זְעָקָה *Occurrences: 1*

κραυγή   1   *100%*

| 9:17 | מִזַּעֲקַת מוֹשֵׁל בַּכְּסִילִים | ὑπὲρ κραυγὴν ἐξουσιαζόντων ἐν ἀφροσύναις |

זָקֵן *Occurrences: 1*

πρεσβύτερος   1   *100%*

| 4:13 | מִמֶּלֶךְ זָקֵן וּכְסִיל | ὑπὲρ βασιλέα πρεσβύτερον καὶ ἄφρονα |

זָרַח *Occurrences: 2*

τέλλω/ἀνα   2   *100%*

| 1:5 | וְזָרַח הַשֶּׁמֶשׁ וּבָא הַשָּׁמֶשׁ | καὶ ἀνατέλλει ὁ ἥλιος καὶ δύνει ὁ ἥλιος | |
| 1:5 | זוֹרֵחַ הוּא שָׁם | [ἀνατέλλων αὐτὸς ἐκεῖ] | [6] |

זָרַע *Occurrences: 2*

σπείρω   2   *100%*

| 11:4 | שֹׁמֵר רוּחַ לֹא יִזְרָע | τηρῶν ἄνεμον οὐ σπερεῖ |
| 11:6 | בַּבֹּקֶר זְרַע אֶת־זַרְעֶךָ | ἐν πρωίᾳ σπεῖρον τὸ σπέρμα σου |

זֶרַע *Occurrences: 1*

σπέρμα   1   *100%*

| 11:6 | בַּבֹּקֶר זְרַע אֶת־זַרְעֶךָ | ἐν πρωίᾳ σπεῖρον τὸ σπέρμα σου |

ח

חָבַל *Occurrences: 1*

φθείρω/δια 1 100%

5:5 וְחִבֵּל אֶת־מַעֲשֵׂה יָדֶיךָ καὶ *διαφθείρῃ* τὰ ποιήματα χειρῶν σου

חֶבֶל *Occurrences: 1*

σχοινίον 1 100%

12:6 עַד אֲשֶׁר לֹא־*יֵרָחֵק **יֵרָתֵק חֶבֶל הַכֶּסֶף ἕως ὅτου μὴ ἀνατραπῇ *σχοινίον* τοῦ ἀργυρίου

חָבַק *Occurrences: 3*

λαμβάνω/περι	2	67%
περίλημψις	1	33%

λαμβάνω/περι 2 67%

3:5 עֵת לַחֲבוֹק וְעֵת לִרְחֹק καιρὸς τοῦ *περιλαβεῖν* καὶ καιρὸς τοῦ μακρυνθῆναι

4:5 הַכְּסִיל חֹבֵק אֶת־יָדָיו ὁ ἄφρων *περιέλαβεν* τὰς χεῖρας αὐτοῦ

περίλημψις 1 33%

3:5 וְעֵת לִרְחֹק מֵחַבֵּק καὶ καιρὸς τοῦ μακρυνθῆναι *ἀπὸ περιλήμψεως*

חָבַר *Occurrences: 1*

κοινωνέω 1 100%

9:4 כִּי־מִי אֲשֶׁר *יְבֻחַר **יְחֻבַּר אֶל כָּל־הַחַיִּים ὅτι τίς ὃς *κοινωνεῖ* πρὸς πάντας τοὺς ζῶντας **

חָבֵר *Occurrences: 1*

μέτοχος 1 100%

4:10 כִּי אִם־יִפֹּלוּ הָאֶחָד יָקִים אֶת־חֲבֵרוֹ ὅτι ἐὰν πέσωσιν ὁ εἷς ἐγερεῖ *τὸν μέτοχον* αὐτοῦ

חָגָב *Occurrences: 1*

ἀκρίς 1 100%

12:5 וְיָנֵאץ הַשָּׁקֵד וְיִסְתַּבֵּל הֶחָגָב καὶ ἀνθήσῃ τὸ ἀμύγδαλον καὶ παχυνθῇ *ἡ ἀκρίς*

חֶדֶר *Occurrences: 1*

ταμιεῖον 1 100%

10:20 וּבְחַדְרֵי מִשְׁכָּבְךָ אַל־תְּקַלֵּל καὶ *ἐν ταμιείοις* κοιτώνων σου μὴ καταράσῃ

חָדָשׁ *Occurrences: 2*

καινός	1	50%
πρόσφατος	1	50%

καινός 1 50%

1:10 יֵשׁ דָּבָר שֶׁיֹּאמַר רְאֵה־זֶה חָדָשׁ הוּא ὃς λαλήσει καὶ ἐρεῖ ἰδὲ τοῦτο *καινόν* ἐστιν

πρόσφατος 1 50%

1:9 וְאֵין כָּל־חָדָשׁ תַּחַת הַשָּׁמֶשׁ καὶ οὐκ ἔστιν πᾶν *πρόσφατον* ὑπὸ τὸν ἥλιον

חוּט *Occurrences: 1*

σπαρτίον 1 100%

4:12 וְהַחוּט הַמְשֻׁלָּשׁ καὶ τὸ *σπαρτίον* τὸ ἔντριτον

חוּץ *Occurrences: 1*

חוּץ + מִן 1

πάρεξ 1 100%

2:25 כִּי מִי יֹאכַל וּמִי יָחוּשׁ חוּץ מִמֶּנִּי ὅτι τίς φάγεται καὶ τίς φείσεται *πάρεξ* αὐτοῦ

חוֹרִים [*Occurrences: 1*]

ἐλεύθερος	*1*	*100%*		
10:17	אַשְׁרֵיךְ אֶרֶץ שֶׁמַּלְכֵּךְ *בֶּן־חוֹרִים*	μακαρία σύ γῆ ἧς ὁ βασιλεύς σου υἱὸς *ἐλευθέρων*		

[חוּשׁ] *Occurrences: 1*

φείδομαι	*1*			
[2:25]	כִּי מִי יֹאכַל וּמִי *יָחוּשׁ* חוּץ מִמֶּנִּי	ὅτι τίς φάγεται καὶ τίς *φείσεται* πάρεξ αὐτοῦ	=@=vs	חוש

חוּשׁ *Occurrences: 1*

φείδομαι	*1*	*100%*		
2:25	כִּי מִי יֹאכַל וּמִי *יָחוּשׁ* חוּץ מִמֶּנִּי	ὅτι τίς φάγεται καὶ τίς *φείσεται* πάρεξ αὐτοῦ	=@=vs	חוש

חָטָא *Occurrences: 7*

ἁμαρτάνω	*6*	*86%*
ἁμαρτάνω/ἐκ	*1*	*14%*

ἁμαρτάνω	*6*	*86%*
2:26	*וְלַחוֹטֶא* נָתַן עִנְיָן	καὶ τῷ *ἁμαρτάνοντι* ἔδωκεν περισπασμὸν
7:20	אֲשֶׁר יַעֲשֶׂה־טּוֹב וְלֹא *יֶחֱטָא*	ὃς ποιήσει ἀγαθὸν καὶ οὐχ *ἁμαρτήσεται*
7:26	*וְחוֹטֵא* יִלָּכֶד בָּהּ	καὶ *ἁμαρτάνων* συλλημφθήσεται ἐν αὐτῇ
8:12	אֲשֶׁר *חֹטֶא* עֹשֶׂה רָע מְאַת	ὃς *ἥμαρτεν* ἐποίησεν τὸ πονηρὸν ἀπὸ τότε
9:2	כַּטּוֹב *כַּחֹטֶא*	ὡς ὁ ἀγαθός *ὡς ὁ ἁμαρτάνων*
9:18	*וְחוֹטֶא* אֶחָד יְאַבֵּד טוֹבָה הַרְבֵּה	καὶ *ἁμαρτάνων* εἷς ἀπολέσει ἀγαθωσύνην πολλήν
ἁμαρτάνω/ἐκ	*1*	*14%*
5:5	אַל־תִּתֵּן אֶת־פִּיךָ *לַחֲטִיא*	μὴ δῷς τὸ στόμα σου *τοῦ ἐξαμαρτῆσαι*

חֵטְא *Occurrences: 1*

ἁμαρτία	*1*	*100%*
10:4	כִּי מַרְפֵּא יַנִּיחַ *חֲטָאִים* גְּדוֹלִים	ὅτι ἴαμα καταπαύσει *ἁμαρτίας* μεγάλας

חַי *Occurrences: 8*

ζάω	*8*	*100%*
4:2	שֶׁכְּבָר מֵתוּ *מִן־הַחַיִּים*	τοὺς ἤδη ἀποθανόντας ὑπὲρ *τοὺς ζῶντας*
4:2	אֲשֶׁר הֵמָּה *חַיִּים* עֲדֶנָה	ὅσοι αὐτοὶ *ζῶσιν* ἕως τοῦ νῦν
4:15	רָאִיתִי אֶת־כָּל־*הַחַיִּים* הַמְהַלְּכִים	εἶδον σὺν πάντας *τοὺς ζῶντας* τοὺς περιπατοῦντας
7:2	*וְהַחַי* יִתֵּן אֶל־לִבּוֹ	*καὶ ὁ ζῶν* δώσει εἰς καρδίαν αὐτοῦ
9:4	כִּי־מִי אֲשֶׁר *יְבֻחַר **יְחֻבַּר אֶל כָּל־*הַחַיִּים*	ὅτι τίς ὃς κοινωνεῖ πρὸς πάντας *τοὺς ζῶντας*
9:4	יֵשׁ בִּטָּחוֹן כִּי־לְכֶלֶב *חַי* הוּא טוֹב	ἔστιν ἐλπίς ὅτι ὁ κύων *ὁ ζῶν* αὐτὸς ἀγαθὸς
9:5	כִּי *הַחַיִּים* יוֹדְעִים שֶׁיָּמֻתוּ	ὅτι *οἱ ζῶντες* γνώσονται ὅτι ἀποθανοῦνται
10:19	וְיַיִן יְשַׂמַּח *חַיִּים*	καὶ οἶνος εὐφραίνει *ζῶντας*

חָיָה *Occurrences: 4*

ζάω	*3*	*75%*
ζωοποιέω	*1*	*25%*

ζάω	*3*	*75%*		
6:3	אִם־יוֹלִיד אִישׁ מֵאָה וְשָׁנִים רַבּוֹת *יִחְיֶה*	ἐὰν γεννήσῃ ἀνὴρ ἑκατὸν καὶ ἔτη πολλὰ *ζήσεται*		
6:6	וְאִלּוּ *חָיָה* אֶלֶף שָׁנִים פַּעֲמַיִם	καὶ εἰ *ἔζησεν* χιλίων ἐτῶν καθόδους		
[7:14]	בְּיוֹם טוֹבָה *הֱיֵה* בְטוֹב	ἐν ἡμέρᾳ ἀγαθωσύνης *ζῆθι* ἐν ἀγαθῷ	=.hx	חיה
11:8	כִּי אִם־שָׁנִים הַרְבֵּה *יִחְיֶה* הָאָדָם	ὅτι καὶ ἐὰν ἔτη πολλὰ *ζήσεται* ὁ ἄνθρωπος		
ζωοποιέω	*1*	*25%*		
7:12	*תְּחַיֶּה* בְעָלֶיהָ	*ζωοποιήσει* τὸν παρ' αὐτῆς		

חַיִּים *Occurrences: 13*

ζωή	*13*	*100%*
2:3	תַּחַת הַשָּׁמַיִם מִסְפַּר יְמֵי *חַיֵּיהֶם*	ὑπὸ τὸν ἥλιον ἀριθμὸν ἡμερῶν *ζωῆς αὐτῶν*
2:17	וְשָׂנֵאתִי *אֶת־הַחַיִּים*	καὶ ἐμίσησα σὺν *τὴν ζωήν*
3:12	וְלַעֲשׂוֹת טוֹב *בְּחַיָּיו*	καὶ τοῦ ποιεῖν ἀγαθὸν *ἐν ζωῇ αὐτοῦ*
5:17	תַּחַת־הַשֶּׁמֶשׁ מִסְפַּר *יְמֵי־חַיָּו*	ὑπὸ τὸν ἥλιον ἀριθμὸν ἡμερῶν *ζωῆς αὐτοῦ*
5:19	יִזְכֹּר אֶת־יְמֵי *חַיָּיו*	μνησθήσεται τὰς ἡμέρας *τῆς ζωῆς αὐτοῦ*
6:8	מַה־לֶּעָנִי יוֹדֵעַ לַהֲלֹךְ נֶגֶד *הַחַיִּים*	διότι ὁ πένης οἶδεν πορευθῆναι κατέναντι *τῆς ζωῆς*
6:12	כִּי מִי־יוֹדֵעַ מַה־טּוֹב לָאָדָם *בַּחַיִּים*	ὅτι τίς οἶδεν τί ἀγαθὸν τῷ ἀνθρώπῳ *ἐν τῇ ζωῇ*
6:12	מִסְפַּר יְמֵי־*חַיֵּי* הֶבְלוֹ	ἀριθμὸν ἡμερῶν *ζωῆς* ματαιότητος αὐτοῦ
8:15	יְמֵי *חַיָּיו* אֲשֶׁר־נָתַן־לוֹ הָאֱלֹהִים	ἡμέρας *ζωῆς αὐτοῦ* ὅσας ἔδωκεν αὐτῷ ὁ θεὸς
9:3	וְהוֹלֵלוֹת בִּלְבָבָם *בְּחַיֵּיהֶם*	καὶ περιφέρεια ἐν καρδίᾳ αὐτῶν *ἐν ζωῇ αὐτῶν*
9:9	רְאֵה *חַיִּים* עִם־אִשָּׁה אֲשֶׁר־אָהַבְתָּ	ἰδὲ *ζωὴν* μετὰ γυναικός ἧς ἠγάπησας
9:9	כָּל־יְמֵי *חַיֵּי* הֶבְלֶךָ	πάσας ἡμέρας *ζωῆς* ματαιότητός σου
9:9	כִּי הוּא חֶלְקְךָ *בַּחַיִּים*	ὅτι αὐτὸ μερίς σου *ἐν τῇ ζωῇ σου*

חַיִל *Occurrences: 2*

δύναμις	*2*	*100%*
10:10	*וַחֲיָלִים* יְגַבֵּר	*καὶ δυνάμεις* δυναμώσει
12:3	וְהִתְעַוְּתוּ אַנְשֵׁי *הֶחָיִל*	καὶ διαστραφῶσιν ἄνδρες *τῆς δυνάμεως*

חֵיק *Occurrences: 1*

κόλπος	*1*	*100%*
7:9	כִּי כַעַס *בְּחֵיק* כְּסִילִים יָנוּחַ	ὅτι θυμὸς *ἐν κόλπῳ* ἀφρόνων ἀναπαύσεται

חָכַם *Occurrences: 4*

σοφίζω	*4*	*100%*
2:15	וְלָמָּה *חָכַמְתִּי* אֲנִי אָז יוֹתֵר	καὶ ἵνα τί *ἐσοφισάμην* ἐγὼ τότε περισσὸν
2:19	שֶׁעָמַלְתִּי *וְשֶׁחָכַמְתִּי* תַּחַת הַשָּׁמֶשׁ	ᾧ ἐμόχθησα *καὶ ᾧ ἐσοφισάμην* ὑπὸ τὸν ἥλιον
7:16	אַל־תְּהִי צַדִּיק הַרְבֵּה וְאַל־*תִּתְחַכַּם* יוֹתֵר	μὴ γίνου δίκαιος πολὺ καὶ μὴ *σοφίζου* περισσά
7:23	אָמַרְתִּי *אֶחְכָּמָה* וְהִיא רְחוֹקָה מִמֶּנִּי	εἶπα *σοφισθήσομαι* [καὶ αὐτὴ ἐμακρύνθη ἀπ' ἐμοῦ]

חָכָם *Occurrences: 21*

σοφός	*21*	*100%*		
2:14	*הֶחָכָם* עֵינָיו בְּרֹאשׁוֹ	*τοῦ σοφοῦ* οἱ ὀφθαλμοὶ αὐτοῦ ἐν κεφαλῇ αὐτοῦ		
2:16	כִּי אֵין זִכְרוֹן *לֶחָכָם* עִם־הַכְּסִיל	ὅτι οὐκ ἔστιν μνήμη *τοῦ σοφοῦ* μετὰ τοῦ ἄφρονος		
2:16	וְאֵיךְ יָמוּת *הֶחָכָם* עִם־הַכְּסִיל	καὶ πῶς ἀποθανεῖται *ὁ σοφὸς* μετὰ τοῦ ἄφρονος		
2:19	וּמִי יוֹדֵעַ *הֶחָכָם* יִהְיֶה אוֹ סָכָל	καὶ τίς οἶδεν *εἰ σοφὸς* ἔσται ἢ ἄφρων		
4:13	טוֹב יֶלֶד מִסְכֵּן *וְחָכָם*	ἀγαθὸς παῖς πένης *καὶ σοφὸς*		
6:8	כִּי מַה־יּוֹתֵר *לֶחָכָם* מִן־הַכְּסִיל	ὅτι τίς περισσεία *τῷ σοφῷ* ὑπὲρ τὸν ἄφρονα		
7:4	לֵב *חֲכָמִים* בְּבֵית אֵבֶל	καρδία σοφῶν ἐν οἴκῳ πένθους		
7:5	טוֹב לִשְׁמֹעַ גַּעֲרַת *חָכָם*	ἀγαθὸν τὸ ἀκοῦσαι ἐπιτίμησιν *σοφοῦ*		
7:7	כִּי הָעֹשֶׁק יְהוֹלֵל *חָכָם*	ὅτι ἡ συκοφαντία περιφέρει *σοφόν*		
7:19	הַחָכְמָה תָּעֹז *לֶחָכָם*	ἡ σοφία βοηθήσει *τῷ σοφῷ*		
8:1	מִי *כְּהֶחָכָם* וּמִי יוֹדֵעַ פֵּשֶׁר דָּבָר	τίς *οἶδεν σοφούς* καὶ τίς οἶδεν λύσιν ῥήματος	=;?	יודע
8:5	וְעֵת וּמִשְׁפָּט יֵדַע לֵב *חָכָם*	καὶ καιρὸν κρίσεως γινώσκει καρδία *σοφοῦ*		
8:17	וְגַם אִם־יֹאמַר *הֶחָכָם* לָדַעַת	καί γε ὅσα ἂν εἴπῃ *ὁ σοφὸς* τοῦ γνῶναι		
9:1	אֲשֶׁר הַצַּדִּיקִים *וְהַחֲכָמִים* וַעֲבָדֵיהֶם	ὡς οἱ δίκαιοι *καὶ οἱ σοφοὶ* καὶ ἐργασίαι αὐτῶν		
9:11	וְגַם לֹא *לַחֲכָמִים* לֶחֶם	καί γε οὐ *τοῖς σοφοῖς* ἄρτος		
9:15	וּמָצָא בָהּ אִישׁ מִסְכֵּן *חָכָם*	καὶ εὗρῃ ἐν αὐτῇ ἄνδρα πένητα *σοφόν*		
9:17	דִּבְרֵי *חֲכָמִים* בְּנַחַת נִשְׁמָעִים	λόγοι *σοφῶν* ἐν ἀναπαύσει ἀκούονται		
10:2	לֵב *חָכָם* לִימִינוֹ	καρδία *σοφοῦ* εἰς δεξιὸν αὐτοῦ		
10:12	דִּבְרֵי פִי־*חָכָם* חֵן	λόγοι στόματος *σοφοῦ* χάρις		
12:9	וְיֹתֵר שֶׁהָיָה קֹהֶלֶת *חָכָם*	καὶ περισσὸν ὅτι ἐγένετο ἐκκλησιαστὴς *σοφός*		

12:11	דִּבְרֵי *חֲכָמִים* כַּדָּרְבֹנוֹת	λόγοι *σοφῶν* ὡς τὰ βούκεντρα	

חָכְמָה — *Occurrences: 28*

σοφία	*28*	*100%*	
1:13	וְלָתוּר *בַּחָכְמָה*	καὶ τοῦ κατασκέψασθαι *ἐν τῇ σοφίᾳ*	
1:16	אֲנִי הִנֵּה הִגְדַּלְתִּי וְהוֹסַפְתִּי *חָכְמָה*	ἐγὼ ἰδοὺ ἐμεγαλύνθην καὶ προσέθηκα *σοφίαν*	
1:16	וְלִבִּי רָאָה הַרְבֵּה *חָכְמָה* וָדָעַת	καὶ καρδία μου εἶδεν πολλά *σοφίαν* καὶ γνῶσιν	
1:17	וָאֶתְּנָה לִבִּי לָדַעַת *חָכְמָה*	καὶ ἔδωκα καρδίαν μου τοῦ γνῶναι *σοφίαν*	
1:18	כִּי בְּרֹב *חָכְמָה* רָב־כָּעַס	ὅτι ἐν πλήθει *σοφίας* πλῆθος γνώσεως	
2:3	וְלִבִּי נֹהֵג *בַּחָכְמָה*	καὶ καρδία μου ὡδήγησεν *ἐν σοφίᾳ*	
2:9	אַף *חָכְמָתִי* עָמְדָה לִּי	καί γε *σοφία μου* ἐστάθη μοι	
2:12	וּפָנִיתִי אֲנִי לִרְאוֹת *חָכְמָה*	καὶ ἐπέβλεψα ἐγὼ τοῦ ἰδεῖν *σοφίαν*	
2:13	וְרָאִיתִי אָנִי שֶׁיֵּשׁ יִתְרוֹן *לַחָכְמָה*	καὶ εἶδον ἐγὼ ὅτι ἔστιν περισσεία *τῇ σοφίᾳ*	
2:21	כִּי־יֵשׁ אָדָם שֶׁעֲמָלוֹ *בְּחָכְמָה*	ὅτι ἔστιν ἄνθρωπος οὗ μόχθος αὐτοῦ *ἐν σοφίᾳ*	
2:26	נָתַן *חָכְמָה* וְדַעַת וְשִׂמְחָה	ἔδωκεν *σοφίαν* καὶ γνῶσιν καὶ εὐφροσύνην	
7:10	כִּי לֹא *מֵחָכְמָה* שָׁאַלְתָּ עַל־זֶה	ὅτι οὐκ *ἐν σοφίᾳ* ἐπηρώτησας περὶ τούτου	=%p
7:11	טוֹבָה *חָכְמָה* עִם־נַחֲלָה	ἀγαθὴ *σοφία* μετὰ κληροδοσίας	
7:12	כִּי בְּצֵל *הַחָכְמָה* בְּצֵל הַכָּסֶף	ὅτι ἐν σκιᾷ αὐτῆς *ἡ σοφία* ὡς σκιὰ τοῦ ἀργυρίου	
7:12	וְיִתְרוֹן דַּעַת *הַחָכְמָה*	καὶ περισσεία γνώσεως *τῆς σοφίας*	
7:19	*הַחָכְמָה* תָּעֹז לֶחָכָם	*ἡ σοφία* βοηθήσει τῷ σοφῷ	
7:23	כָּל־זֹה נִסִּיתִי *בַחָכְמָה*	πάντα ταῦτα ἐπείρασα *ἐν τῇ σοφίᾳ*	
7:25	לָתוּר וּבַקֵּשׁ *חָכְמָה* וְחֶשְׁבּוֹן	τοῦ κατασκέψασθαι καὶ ζητῆσαι *σοφίαν* καὶ ψῆφον	
8:1	*חָכְמַת* אָדָם תָּאִיר פָּנָיו	*σοφία* ἀνθρώπου φωτιεῖ πρόσωπον αὐτοῦ	
8:16	כַּאֲשֶׁר נָתַתִּי אֶת־לִבִּי לָדַעַת *חָכְמָה*	ἐν οἷς ἔδωκα τὴν καρδίαν μου τοῦ γνῶναι *σοφίαν*	
9:10	*וְחָכְמָה* בִּשְׁאוֹל אֲשֶׁר אַתָּה הֹלֵךְ שָׁמָּה	*καὶ σοφία* ἐν ᾅδῃ ὅπου σὺ πορεύῃ ἐκεῖ	
9:13	גַּם־זֹה רָאִיתִי *חָכְמָה* תַּחַת הַשָּׁמֶשׁ	καί γε τοῦτο εἶδον *σοφίαν* ὑπὸ τὸν ἥλιον	
9:15	וּמִלַּט־הוּא אֶת־הָעִיר *בְּחָכְמָתוֹ*	καὶ διασώσει αὐτὸς τὴν πόλιν *ἐν τῇ σοφίᾳ αὐτοῦ*	
9:16	וְאָמַרְתִּי אָנִי טוֹבָה *חָכְמָה* מִגְּבוּרָה	καὶ εἶπα ἐγὼ ἀγαθὴ *σοφία* ὑπὲρ δύναμιν	
9:16	*וְחָכְמַת* הַמִּסְכֵּן בְּזוּיָה	*καὶ σοφία* τοῦ πένητος ἐξουδενωμένη	
9:18	טוֹבָה *חָכְמָה* מִכְּלֵי קְרָב	ἀγαθὴ *σοφία* ὑπὲρ σκεύη πολέμου	
10:1	יָקָר *מֵחָכְמָה* מִכָּבוֹד סִכְלוּת מְעָט	τίμιον ὀλίγον *σοφίας* ὑπὲρ δόξαν ἀφροσύνης μεγάλης	=%p-
10:10	וְיִתְרוֹן *הַכְשֵׁיר **הכשר *חָכְמָה*	καὶ περισσεία τοῦ ἀνδρείου *σοφία*	

חָלָה — *Occurrences: 2*

ἀρρωστία	2	*100%*	
5:12	יֵשׁ רָעָה *חוֹלָה* רָאִיתִי תַּחַת הַשָּׁמֶשׁ	ἔστιν *ἀρρωστία* ἣν εἶδον ὑπὸ τὸν ἥλιον	
5:15	וְגַם־זֹה רָעָה *חוֹלָה*	καί γε τοῦτο πονηρὰ *ἀρρωστία*	

חֲלוֹם — *Occurrences: 2*

ἐνύπνιον	2	*100%*	
5:2	כִּי בָּא *הַחֲלוֹם* בְּרֹב עִנְיָן	ὅτι παραγίνεται *ἐνύπνιον* ἐν πλήθει περισπασμοῦ	
5:6	כִּי בְרֹב *חֲלֹמוֹת* וַהֲבָלִים	ὅτι ἐν πλήθει *ἐνυπνίων* καὶ ματαιότητες	

חֳלִי — *Occurrences: 2*

ἀρρωστία	2	*100%*	
5:16	וְכָעַס הַרְבֵּה *וָחָלְיוֹ* וָקָצֶף	καὶ θυμῷ πολλῷ *καὶ ἀρρωστίᾳ* καὶ χόλῳ	
6:2	זֶה הֶבֶל *וָחֳלִי* רָע הוּא	τοῦτο ματαιότης *καὶ ἀρρωστία* πονηρά ἐστιν	

חֵלֶק — *Occurrences: 8*

μερίς	*7*	*88%*
μέρος	*1*	*12%*

μερίς	*7*	*88%*	
2:10	וְזֶה־הָיָה *חֶלְקִי* מִכָּל־עֲמָלִי	καὶ τοῦτο ἐγένετο *μερίς μου* ἀπὸ παντὸς μόχθου μου	
2:21	יִתְּנֶנּוּ *חֶלְקוֹ*	δώσει αὐτῷ *μερίδα αὐτοῦ*	
3:22	כִּי־הוּא *חֶלְקוֹ*	ὅτι αὐτὸ *μερὶς αὐτοῦ*	

5:17 כִּי־הוּא חֶלְקוֹ ὅτι αὐτὸ *μερὶς* αὐτοῦ
9:6 וְחֵלֶק אֵין־לָהֶם עוֹד לְעוֹלָם *καὶ μερὶς* οὐκ ἔστιν αὐτοῖς ἔτι εἰς αἰῶνα
9:9 כִּי הוּא חֶלְקְךָ בַּחַיִּים ὅτι αὐτὸ *μερίς* σου ἐν τῇ ζωῇ σου
11:2 תֶּן־חֵלֶק לְשִׁבְעָה וְגַם לִשְׁמוֹנָה δὸς *μερίδα* τοῖς ἑπτὰ καί γε τοῖς ὀκτώ

μέρος *1* *12%*
5:18 וְלָשֵׂאת אֶת־חֶלְקוֹ καὶ τοῦ λαβεῖν τὸ *μέρος* αὐτοῦ

חָמַם *Occurrences: 2*

θερμαίνω	*1*	*50%*
θέρμη	*1*	*50%*

θερμαίνω *1* *50%*
4:11 וּלְאֶחָד אֵיךְ יֵחָם καὶ ὁ εἷς πῶς *θερμανθῇ*

θέρμη *1* *50%*
4:11 גַּם אִם־יִשְׁכְּבוּ שְׁנַיִם וְחַם לָהֶם καί γε ἐὰν κοιμηθῶσιν δύο *καὶ θέρμη* αὐτοῖς

חֵן *Occurrences: 2*

χάρις *2* *100%*
9:11 וְגַם לֹא לַיֹּדְעִים חֵן καί γε οὐ τοῖς γινώσκουσιν *χάρις*
10:12 דִּבְרֵי פִי־חָכָם חֵן λόγοι στόματος σοφοῦ *χάρις*

חָסֵר *Occurrences: 2*

στερίσκω	*1*	*50%*
ὑστερέω	*1*	*50%*

στερίσκω *1* *50%*
4:8 וּלְמִי אֲנִי עָמֵל וּמְחַסֵּר אֶת־נַפְשִׁי καὶ τίνι ἐγὼ μοχθῶ *καὶ στερίσκω* τὴν ψυχήν μου

ὑστερέω *1* *50%*
9:8 וְשֶׁמֶן עַל־רֹאשְׁךָ אַל־יֶחְסָר καὶ ἔλαιον ἐπὶ κεφαλήν σου μὴ *ὑστερησάτω*

חָסֵר *Occurrences: 2*

ὑστερέω *2* *100%*
6:2 וְאֵינֶנּוּ חָסֵר לְנַפְשׁוֹ καὶ οὐκ ἔστιν *ὑστερῶν* τῇ ψυχῇ αὐτοῦ
10:3 לִבּוֹ חָסֵר καρδία αὐτοῦ *ὑστερήσει*

חֶסְרוֹן *Occurrences: 1*

ὑστέρημα *1* *100%*
1:15 וְחֶסְרוֹן לֹא־יוּכַל לְהִמָּנוֹת καὶ *ὑστέρημα* οὐ δυνήσεται τοῦ ἀριθμηθῆναι

חֹפֶן *Occurrences: 1*

δύο + δράξ *1* *100%*
4:6 מִמְּלֹא חָפְנַיִם עָמָל ὑπὲρ πλήρωμα *δύο δρακῶν* μόχθου

חָפֵץ *Occurrences: 1*

θέλω *1* *100%*
8:3 כִּי כָּל־אֲשֶׁר יַחְפֹּץ יַעֲשֶׂה ὅτι πᾶν ὃ ἐὰν *θελήσῃ* ποιήσει

חֵפֶץ *Occurrences: 7*

πρᾶγμα	*4*	*57%*
θέλημα	*3*	*43%*

θέλημα *3* *43%*
5:3 כִּי אֵין חֵפֶץ בַּכְּסִילִים ὅτι οὐκ ἔστιν *θέλημα* ἐν ἄφροσιν
12:1 אֵין־לִי בָהֶם חֵפֶץ οὐκ ἔστιν μοι ἐν αὐτοῖς *θέλημα*
12:10 לִמְצֹא דִּבְרֵי־חֵפֶץ τοῦ εὑρεῖν λόγους *θελήματος*

πρᾶγμα *4* *57%*
3:1 לַכֹּל זְמָן וְעֵת לְכָל־חֵפֶץ τοῖς πᾶσιν χρόνος καὶ καιρὸς τῷ παντὶ *πράγματι*
3:17 כִּי־עֵת לְכָל־חֵפֶץ ὅτι καιρὸς τῷ παντὶ *πράγματι*
5:7 אַל־תִּתְמַהּ עַל־הַחֵפֶץ μὴ θαυμάσῃς ἐπὶ τῷ *πράγματι*

8:6	כִּי לְכָל־חֵפֶץ יֵשׁ עֵת וּמִשְׁפָּט		ὅτι παντὶ πράγματι ἔστιν καιρὸς καὶ κρίσις

חָפַר　　Occurrences: 1

ὀρύσσω		1	100%
10:8	חֹפֵר גּוּמָּץ בּוֹ יִפּוֹל		ὁ ὀρύσσων βόθρον ἐν αὐτῷ ἐμπεσεῖται

חָקַר　　Occurrences: 1

ἰχνιάζω/ἐκ		1	100%
12:9	וְאִזֵּן וְחִקֵּר תִּקֵּן מְשָׁלִים הַרְבֵּה		καὶ οὖς ἐξιχνιάσεται κόσμιον παραβολῶν [πολλὰ]

חֵרֶם　　Occurrences: 1

σαγήνη		1	100%
7:26	וַחֲרָמִים לִבָּהּ אֲסוּרִים יָדֶיהָ		καὶ σαγῆναι καρδία αὐτῆς δεσμοὶ χεῖρες αὐτῆς

חִשָּׁבוֹן　　Occurrences: 1

λογισμός		1	100%
7:29	וְהֵמָּה בִקְשׁוּ חִשְּׁבֹנוֹת רַבִּים		καὶ αὐτοὶ ἐζήτησαν λογισμοὺς πολλούς

חֶשְׁבּוֹן　　Occurrences: 3

λογισμός	2	67%
ψῆφος	1	33%

λογισμός		2	67%
7:27	אַחַת לְאַחַת לִמְצֹא חֶשְׁבּוֹן		μία τῇ μιᾷ τοῦ εὑρεῖν λογισμόν
9:10	כִּי אֵין מַעֲשֶׂה וְחֶשְׁבּוֹן וְדַעַת		ὅτι οὐκ ἔστιν ποίημα καὶ λογισμὸς καὶ γνῶσις
ψῆφος		1	33%
7:25	לָתוּר וּבַקֵּשׁ חָכְמָה וְחֶשְׁבּוֹן		τοῦ κατασκέψασθαι καὶ ζητῆσαι σοφίαν καὶ ψῆφον

חָשָׁה　　Occurrences: 1

σιγάω		1	100%
3:7	עֵת לַחֲשׁוֹת וְעֵת לְדַבֵּר		καιρὸς τοῦ σιγᾶν καὶ καιρὸς τοῦ λαλεῖν

חָשַׁךְ　　Occurrences: 2

σκοτάζω	1	50%
σκοτίζω	1	50%

σκοτάζω		1	50%
12:3	וְחָשְׁכוּ הָרֹאוֹת בָּאֲרֻבּוֹת		καὶ σκοτάσουσιν αἱ βλέπουσαι ἐν ταῖς ὀπαῖς
σκοτίζω		1	50%
12:2	עַד אֲשֶׁר לֹא־תֶחְשַׁךְ הַשֶּׁמֶשׁ		ἕως οὗ μὴ σκοτισθῇ ὁ ἥλιος

חֹשֶׁךְ　　Occurrences: 6

σκότος		6	100%
2:13	כִּיתְרוֹן הָאוֹר מִן־הַחֹשֶׁךְ		ὡς περισσεία τοῦ φωτὸς ὑπὲρ τὸ σκότος
2:14	וְהַכְּסִיל בַּחֹשֶׁךְ הוֹלֵךְ		καὶ ὁ ἄφρων ἐν σκότει πορεύεται
5:16	גַּם כָּל־יָמָיו בַּחֹשֶׁךְ יֹאכֵל		καί γε πᾶσαι αἱ ἡμέραι αὐτοῦ ἐν σκότει καὶ πένθει
6:4	כִּי־בַהֶבֶל בָּא וּבַחֹשֶׁךְ יֵלֵךְ		ὅτι ἐν ματαιότητι ἦλθεν καὶ ἐν σκότει πορεύεται
6:4	וּבַחֹשֶׁךְ שְׁמוֹ יְכֻסֶּה		καὶ ἐν σκότει ὄνομα αὐτοῦ καλυφθήσεται
11:8	וְיִזְכֹּר אֶת־יְמֵי הַחֹשֶׁךְ		καὶ μνησθήσεται τὰς ἡμέρας τοῦ σκότους

חַתְחַת　　Occurrences: 1

θάμβος		1	100%
12:5	גַּם מִגָּבֹהַּ יִרָאוּ וְחַתְחַתִּים בַּדֶּרֶךְ		καί γε ἀπὸ ὕψους ὄψονται καὶ θάμβοι ἐν τῇ ὁδῷ

ט

טָהוֹר   *Occurrences: 1*

καθαρός   1   *100%*
9:2   וְלַטָּהוֹר וְלַטָּמֵא   καὶ τῷ καθαρῷ καὶ τῷ ἀκαθάρτῳ

טוֹב   *Occurrences: 45*

ἀγαθός   45   *100%*
2:1   אֲנַסְּכָה בְשִׂמְחָה וּרְאֵה בְטוֹב   πειράσω σε ἐν εὐφροσύνῃ καὶ ἰδὲ *ἐν ἀγαθῷ*
2:3   עַד אֲשֶׁר־אֶרְאֶה אֵי־זֶה טוֹב   ἕως οὗ ἴδω ποῖον *τὸ ἀγαθόν*
2:24   אֵין־טוֹב בָּאָדָם   οὐκ ἔστιν *ἀγαθὸν* ἐν ἀνθρώπῳ
2:24   וְהֶרְאָה אֶת־נַפְשׁוֹ טוֹב בַּעֲמָלוֹ   καὶ ὃ δείξει τῇ ψυχῇ αὐτοῦ *ἀγαθὸν* ἐν μόχθῳ αὐτοῦ
2:26   כִּי לְאָדָם שֶׁטּוֹב לְפָנָיו   ὅτι τῷ ἀνθρώπῳ τῷ *ἀγαθῷ* πρὸ προσώπου αὐτοῦ
2:26   לָתֵת לְטוֹב לִפְנֵי הָאֱלֹהִים   τοῦ δοῦναι τῷ *ἀγαθῷ* πρὸ προσώπου τοῦ θεοῦ
3:12   יָדַעְתִּי כִּי אֵין טוֹב בָּם   ἔγνων ὅτι οὐκ ἔστιν *ἀγαθὸν* ἐν αὐτοῖς
3:12   כִּי אִם־לִשְׂמוֹחַ וְלַעֲשׂוֹת טוֹב   εἰ μὴ τοῦ εὐφρανθῆναι καὶ τοῦ ποιεῖν *ἀγαθόν*
3:13   וְרָאָה טוֹב בְּכָל־עֲמָלוֹ   καὶ ἴδῃ *ἀγαθὸν* ἐν παντὶ μόχθῳ αὐτοῦ
3:22   וְרָאִיתִי כִּי אֵין טוֹב   καὶ εἶδον ὅτι οὐκ ἔστιν *ἀγαθὸν*
4:3   וְטוֹב מִשְּׁנֵיהֶם   καὶ *ἀγαθὸς* ὑπὲρ τοὺς δύο τούτους
4:6   טוֹב מְלֹא כַף נָחַת   *ἀγαθὸν* πλήρωμα δρακὸς ἀναπαύσεως
4:9   טוֹבִים הַשְּׁנַיִם מִן־הָאֶחָד   *ἀγαθοὶ* οἱ δύο ὑπὲρ τὸν ἕνα
4:9   אֲשֶׁר יֵשׁ־לָהֶם שָׂכָר טוֹב בַּעֲמָלָם   οἷς ἔστιν αὐτοῖς μισθὸς *ἀγαθὸς* ἐν μόχθῳ αὐτῶν
4:13   טוֹב יֶלֶד מִסְכֵּן וְחָכָם   *ἀγαθὸς* παῖς πένης καὶ σοφός
5:4   טוֹב אֲשֶׁר לֹא־תִדֹּר מִשֶּׁתִּדּוֹר   *ἀγαθὸν* τὸ μὴ εὔξασθαί σε ἢ τὸ εὔξασθαί σε
5:17   הִנֵּה אֲשֶׁר־רָאִיתִי אָנִי טוֹב אֲשֶׁר־יָפֶה   ἰδοὺ ὃ εἶδον ἐγὼ *ἀγαθόν* ὅ ἐστιν καλόν
6:3   אָמַרְתִּי טוֹב מִמֶּנּוּ הַנָּפֶל   εἶπα *ἀγαθὸν* ὑπὲρ αὐτὸν τὸ ἔκτρωμα
6:9   טוֹב מַרְאֵה עֵינַיִם מֵהֲלָךְ־נָפֶשׁ   *ἀγαθὸν* ὅραμα ὀφθαλμῶν ὑπὲρ πορευόμενον ψυχῇ
6:12   כִּי מִי־יוֹדֵעַ מַה־טּוֹב לָאָדָם בַּחַיִּים   ὅτι τίς οἶδεν τί *ἀγαθὸν* τῷ ἀνθρώπῳ ἐν τῇ ζωῇ
7:1   טוֹב שֵׁם מִשֶּׁמֶן טוֹב   *ἀγαθὸν* ὄνομα ὑπὲρ ἔλαιον *ἀγαθόν*
7:1   טוֹב שֵׁם מִשֶּׁמֶן טוֹב   *ἀγαθὸν* ὄνομα ὑπὲρ ἔλαιον *ἀγαθόν*
7:2   טוֹב לָלֶכֶת אֶל־בֵּית־אֵבֶל   *ἀγαθὸν* πορευθῆναι εἰς οἶκον πένθους
7:3   טוֹב כַּעַס מִשְּׂחֹק   *ἀγαθὸν* θυμὸς ὑπὲρ γέλωτα
7:5   טוֹב לִשְׁמֹעַ גַּעֲרַת חָכָם   *ἀγαθὸν* τὸ ἀκοῦσαι ἐπιτίμησιν σοφοῦ
7:8   טוֹב אַחֲרִית דָּבָר מֵרֵאשִׁיתוֹ   *ἀγαθὴ* ἐσχάτη λόγων ὑπὲρ ἀρχὴν αὐτοῦ
7:8   טוֹב אֶרֶךְ־רוּחַ מִגְּבַהּ־רוּחַ   *ἀγαθὸν* μακρόθυμος ὑπὲρ ὑψηλὸν πνεύματι
7:10   שֶׁהַיָּמִים הָרִאשֹׁנִים הָיוּ טוֹבִים מֵאֵלֶּה   ὅτι αἱ ἡμέραι αἱ πρότεραι ἦσαν *ἀγαθαὶ* ὑπὲρ ταύτας
7:11   טוֹבָה חָכְמָה עִם־נַחֲלָה   *ἀγαθὴ* σοφία μετὰ κληροδοσίας
7:14   בְּיוֹם טוֹבָה הֱיֵה בְטוֹב   ἐν ἡμέρᾳ ἀγαθωσύνης ζῆθι *ἐν ἀγαθῷ*
7:18   טוֹב אֲשֶׁר תֶּאֱחֹז בָּזֶה   *ἀγαθὸν* τὸ ἀντέχεσθαί σε ἐν τούτῳ
7:20   אֲשֶׁר יַעֲשֶׂה־טּוֹב וְלֹא יֶחֱטָא   ὃς ποιήσει *ἀγαθὸν* καὶ οὐχ ἁμαρτήσεται
7:26   טוֹב לִפְנֵי הָאֱלֹהִים יִמָּלֵט   *ἀγαθὸς* πρὸ προσώπου τοῦ θεοῦ ἐξαιρεθήσεται
8:12   אֲשֶׁר יִהְיֶה־טּוֹב לְיִרְאֵי הָאֱלֹהִים   ὅτι ἔσται *ἀγαθὸν* τοῖς φοβουμένοις τὸν θεόν
8:13   וְטוֹב לֹא־יִהְיֶה לָרָשָׁע   καὶ *ἀγαθὸν* οὐκ ἔσται τῷ ἀσεβεῖ
8:15   אֲשֶׁר אֵין־טוֹב לָאָדָם תַּחַת הַשֶּׁמֶשׁ   ὅτι οὐκ ἔστιν *ἀγαθὸν* τῷ ἀνθρώπῳ ὑπὸ τὸν ἥλιον
9:2   לַטּוֹב   τῷ *ἀγαθῷ* καὶ τῷ κακῷ
9:2   כַּטּוֹב כַּחֹטֶא   ὡς ὁ *ἀγαθὸς* ὧς ὁ ἁμαρτάνων
9:4   יֵשׁ בִּטָּחוֹן כִּי־לְכֶלֶב חַי הוּא טוֹב   ἔστιν ἐλπίς ὅτι ὁ κύων ὁ ζῶν αὐτὸς *ἀγαθὸς*
9:7   וּשְׁתֵה בְלֶב־טוֹב יֵינֶךָ   καὶ πίε ἐν καρδίᾳ *ἀγαθῇ* οἶνόν σου
9:16   וְאָמַרְתִּי אָנִי טוֹבָה חָכְמָה מִגְּבוּרָה   καὶ εἶπα ἐγὼ *ἀγαθὴ* σοφία ὑπὲρ δύναμιν
9:18   טוֹבָה חָכְמָה מִכְּלֵי קְרָב   *ἀγαθὴ* σοφία ὑπὲρ σκεύη πολέμου
11:6   וְאִם־שְׁנֵיהֶם כְּאֶחָד טוֹבִים   καὶ ἐὰν τὰ δύο ἐπὶ τὸ αὐτὸ *ἀγαθά*
11:7   וּמָתוֹק הָאוֹר וְטוֹב לַעֵינַיִם   καὶ γλυκὺ τὸ φῶς καὶ *ἀγαθὸν* τοῖς ὀφθαλμοῖς
12:14   אִם־טוֹב וְאִם־רָע   ἐὰν *ἀγαθὸν* καὶ ἐὰν πονηρόν

טוֹבָה		Occurrences: 7	
ἀγαθωσύνη		7	100%
4:8	וּמְחַסֵּר אֶת־נַפְשִׁי מִטּוֹבָה		καὶ στερίσκω τὴν ψυχήν μου ἀπὸ ἀγαθωσύνης
5:10	בִּרְבוֹת הַטּוֹבָה		ἐν πλήθει τῆς ἀγαθωσύνης
5:17	וְלִרְאוֹת טוֹבָה		καὶ τοῦ ἰδεῖν ἀγαθωσύνην
6:3	לֹא־תִשְׂבַּע מִן־הַטּוֹבָה		οὐκ ἐμπλησθήσεται ἀπὸ τῆς ἀγαθωσύνης
6:6	וְטוֹבָה לֹא רָאָה		καὶ ἀγαθωσύνην οὐκ εἶδεν
7:14	בְּיוֹם טוֹבָה הֱיֵה בְטוֹב		ἐν ἡμέρᾳ ἀγαθωσύνης ζῆθι ἐν ἀγαθῷ
9:18	וְחוֹטֶא אֶחָד יְאַבֵּד טוֹבָה הַרְבֵּה		καὶ ἁμαρτάνων εἷς ἀπολέσει ἀγαθωσύνην πολλήν

טָחַן		Occurrences: 1	
ἀλήθω		1	100%
12:3	וּבָטְלוּ הַטֹּחֲנוֹת כִּי מִעֵטוּ		καὶ ἤργησαν αἱ ἀλήθουσαι ὅτι ὠλιγώθησαν

טַחֲנָה		Occurrences: 1	
ἀλήθω		1	100%
12:4	בִּשְׁפַל קוֹל הַטַּחֲנָה		ἐν ἀσθενείᾳ φωνῆς τῆς ἀληθούσης

טָמֵא		Occurrences: 1	
ἀκάθαρτος		1	100%
9:2	וְלַטָּהוֹר וְלַטָּמֵא		καὶ τῷ καθαρῷ καὶ τῷ ἀκαθάρτῳ

י

יָאֵשׁ — *Occurrences: 1*

τάσσω/άπο	*1*	*100%*
2:20	וְסַבּוֹתִי אֲנִי לְיַאֵשׁ אֶת־לִבִּי	καὶ ἐπέστρεψα ἐγὼ τοῦ *ἀποτάξασθαι* τῇ καρδίᾳ μου

יָגַע — *Occurrences: 1*

κοπόω	*1*	*100%*
10:15	עֲמַל הַכְּסִילִים תְּיַגְּעֶנּוּ	μόχθος τῶν ἀφρόνων *κοπώσει αὐτούς*

יָגֵעַ — *Occurrences: 1*

ἔγκοπος	*1*	*100%*
1:8	כָּל־הַדְּבָרִים יְגֵעִים	πάντες οἱ λόγοι *ἔγκοποι*

יְגִעָה — *Occurrences: 1*

κόπωσις	*1*	*100%*
12:12	וְלַהַג הַרְבֵּה יְגִעַת בָּשָׂר	καὶ μελέτη πολλὴ *κόπωσις* σαρκός

יָד — *Occurrences: 13*

χείρ	*13*	*100%*
2:11	מַעֲשַׂי שֶׁעָשׂוּ יָדַי	ποιήμασίν μου οἷς ἐποίησαν *αἱ χεῖρές μου*
2:24	כִּי מִיַּד הָאֱלֹהִים הִיא	ὅτι *ἀπὸ χειρὸς* τοῦ θεοῦ ἐστιν
4:1	וּמִיַּד עֹשְׁקֵיהֶם כֹּחַ	καὶ *ἀπὸ χειρὸς* συκοφαντούντων αὐτοὺς ἰσχύς
4:5	הַכְּסִיל חֹבֵק אֶת־יָדָיו	ὁ ἄφρων περιέλαβεν *τὰς χεῖρας αὐτοῦ*
5:5	וְחִבֵּל אֶת־מַעֲשֵׂה יָדֶיךָ	καὶ διαφθείρῃ τὰ ποιήματα *χειρῶν σου*
5:13	וְהוֹלִיד בֵּן וְאֵין בְּיָדוֹ	καὶ ἐγέννησεν υἱόν καὶ οὐκ ἔστιν *ἐν χειρὶ αὐτοῦ*
5:14	שֶׁיֹּלֵךְ בְּיָדוֹ	ἵνα πορευθῇ *ἐν χειρὶ αὐτοῦ*
7:18	וְגַם־מִזֶּה אַל־תַּנַּח אֶת־יָדֶךָ	καί γε ἀπὸ τούτου μὴ ἀνῇς *τὴν χεῖρά σου*
7:26	וַחֲרָמִים לִבָּהּ אֲסוּרִים יָדֶיהָ	καὶ σαγῆναι καρδία αὐτῆς δεσμοὶ *χεῖρες αὐτῆς*
9:1	וַעֲבָדֵיהֶם בְּיַד הָאֱלֹהִים	καὶ ἐργασίαι αὐτῶν *ἐν χειρὶ* τοῦ θεοῦ
9:10	כֹּל אֲשֶׁר תִּמְצָא יָדְךָ לַעֲשׂוֹת	πάντα ὅσα ἂν εὕρῃ *ἡ χείρ σου* τοῦ ποιῆσαι
10:18	וּבְשִׁפְלוּת יָדַיִם יִדְלֹף הַבָּיִת	καὶ ἐν ἀργίᾳ *χειρῶν* στάξει ἡ οἰκία
11:6	וְלָעֶרֶב אַל־תַּנַּח יָדֶךָ	καὶ εἰς ἑσπέραν μὴ ἀφέτω *ἡ χείρ σου*

יָדַע — *Occurrences: 35*

γιγνώσκω	*27*	*77%*
οἶδα	*5*	*14%*
ὁράω	*2*	*5%*
κακόω	*1*	*2%*
πονηρεύομαι	*1*	*2%*

γιγνώσκω	*27*	*77%*
1:17	וָאֶתְּנָה לִבִּי לָדַעַת חָכְמָה	καὶ ἔδωκα καρδίαν μου τοῦ *γνῶναι* σοφίαν
1:17	יָדַעְתִּי שֶׁגַּם־זֶה הוּא רַעְיוֹן רוּחַ	*ἔγνων* ὅτι καί γε τοῦτ᾽ ἔστιν προαίρεσις πνεύματος
2:14	וְיָדַעְתִּי גַם־אָנִי	καὶ *ἔγνων* καί γε ἐγὼ
3:12	יָדַעְתִּי כִּי אֵין טוֹב בָּם	*ἔγνων* ὅτι οὐκ ἔστιν ἀγαθὸν ἐν αὐτοῖς
3:14	יָדַעְתִּי כִּי כָּל־אֲשֶׁר יַעֲשֶׂה הָאֱלֹהִים	*ἔγνων* ὅτι παντα ὅσα ἐποίησεν ὁ θεός
4:13	אֲשֶׁר לֹא־יָדַע לְהִזָּהֵר עוֹד	ὃς οὐκ *ἔγνω* τοῦ προσέχειν ἔτι
6:5	גַּם־שֶׁמֶשׁ לֹא־רָאָה וְלֹא יָדָע	καί γε ἥλιον οὐκ εἶδεν καὶ οὐκ *ἔγνω*
6:10	וְנוֹדָע אֲשֶׁר־הוּא אָדָם	καὶ *ἐγνώσθη* ὅ ἐστιν ἄνθρωπος
7:25	לָדַעַת וְלָתוּר וּבַקֵּשׁ	τοῦ *γνῶναι* καὶ τοῦ κατασκέψασθαι καὶ ζητῆσαι
7:25	וְלָדַעַת רֶשַׁע כֶּסֶל	καὶ τοῦ *γνῶναι* ἀσεβοῦς ἀφροσύνην
8:5	שׁוֹמֵר מִצְוָה לֹא יֵדַע דָּבָר רָע	ὁ φυλάσσων ἐντολὴν οὐ *γνώσεται* ῥῆμα πονηρόν
8:5	וְעֵת וּמִשְׁפָּט יֵדַע לֵב חָכָם	καὶ καιρὸν κρίσεως *γινώσκει* καρδία σοφοῦ

8:7	כִּי־אֵינֶנּוּ יֹדֵעַ מַה־שֶּׁיִּהְיֶה	ὅτι οὐκ ἔστιν *γινώσκων* τί τὸ ἐσόμενον		
8:12	כִּי גַּם־יוֹדֵעַ אָנִי	ὅτι καί γε *γινώσκω* ἐγὼ		
8:16	כַּאֲשֶׁר נָתַתִּי אֶת־לִבִּי לָדַעַת חָכְמָה	ἐν οἷς ἔδωκα τὴν καρδίαν μου *τοῦ γνῶναι* σοφίαν		
8:17	וְגַם אִם־יֹאמַר הֶחָכָם לָדַעַת	καί γε ὅσα ἂν εἴπῃ ὁ σοφὸς *τοῦ γνῶναι*		
9:5	כִּי הַחַיִּים יוֹדְעִים שֶׁיָּמֻתוּ	ὅτι οἱ ζῶντες *γνώσονται* ὅτι ἀποθανοῦνται		
9:5	וְהַמֵּתִים אֵינָם יוֹדְעִים מְאוּמָה	καὶ οἱ νεκροὶ οὔκ εἰσιν *γινώσκοντες* οὐδέν		
9:11	וְגַם לֹא לַיֹּדְעִים חֵן	καί γε οὐ *τοῖς γινώσκουσιν* χάρις		
9:12	כִּי גַּם לֹא־יֵדַע הָאָדָם אֶת־עִתּוֹ	ὅτι καί γε οὐκ *ἔγνω* ὁ ἄνθρωπος τὸν καιρὸν αὐτοῦ		
10:14	לֹא־יֵדַע הָאָדָם מַה־שֶּׁיִּהְיֶה	οὐκ *ἔγνω* ὁ ἄνθρωπος τί τὸ γενόμενον		
10:15	אֲשֶׁר לֹא־יָדַע לָלֶכֶת אֶל־עִיר	ὃς οὐκ *ἔγνω* τοῦ πορευθῆναι εἰς πόλιν		
11:2	כִּי לֹא תֵדַע מַה־יִּהְיֶה רָעָה עַל־הָאָרֶץ	ὅτι οὐ *γινώσκεις* τί ἔσται πονηρὸν ἐπὶ τὴν γῆν		
11:5	כַּאֲשֶׁר אֵינְךָ יוֹדֵעַ מַה־דֶּרֶךְ הָרוּחַ	ἐν οἷς οὐκ ἔστιν *γινώσκων* τίς ἡ ὁδὸς τοῦ πνεύματος		
11:5	כָּכָה לֹא תֵדַע אֶת־מַעֲשֵׂה הָאֱלֹהִים	οὕτως οὐ *γνώσῃ* τὰ ποιήματα τοῦ θεοῦ		
11:6	כִּי אֵינְךָ יוֹדֵעַ אֵי זֶה יִכְשַׁר הֲזֶה אוֹ־זֶה	ὅτι *οὐ γινώσκεις* ποῖον στοιχήσει ἢ τοῦτο ἢ τοῦτο		
11:9	וְדָע כִּי עַל־כָּל־אֵלֶּה	*καὶ γνῶθι* ὅτι ἐπὶ πᾶσι τούτοις		
κακόω	*1*	*2%*		
7:22	כִּי גַּם־פְּעָמִים רַבּוֹת יָדַע לִבֶּךָ	καθόδους πολλὰς *κακώσει* καρδίαν σου	=d.dr	ירע
οἶδα	*5*	*14%*		
2:19	וּמִי יוֹדֵעַ הֶחָכָם יִהְיֶה אוֹ סָכָל	καὶ τίς *οἶδεν* εἰ σοφὸς ἔσται ἢ ἄφρων		
3:21	מִי יוֹדֵעַ רוּחַ בְּנֵי הָאָדָם	καὶ τίς *οἶδεν* πνεῦμα υἱῶν τοῦ ἀνθρώπου		
6:8	מַה־לֶּעָנִי יוֹדֵעַ לַהֲלֹךְ נֶגֶד הַחַיִּים	διότι ὁ πένης *οἶδεν* πορευθῆναι κατέναντι τῆς ζωῆς		
6:12	כִּי מִי־יוֹדֵעַ מַה־טּוֹב לָאָדָם בַּחַיִּים	ὅτι τίς *οἶδεν* τί ἀγαθὸν τῷ ἀνθρώπῳ ἐν τῇ ζωῇ		
[8:1]	מִי כְּהֶחָכָם וּמִי יוֹדֵעַ פֵּשֶׁר דָּבָר	τίς *οἶδεν σοφούς* καὶ τίς οἶδεν λύσιν ῥήματος	=;?	יודע
8:1	מִי כְּהֶחָכָם וּמִי יוֹדֵעַ פֵּשֶׁר דָּבָר	τίς οἶδεν σοφούς καὶ τίς *οἶδεν* λύσιν ῥήματος		
ὁράω	*2*	*5%*		
4:17	כִּי־אֵינָם יוֹדְעִים לַעֲשׂוֹת רָע	ὅτι οὔκ εἰσιν *εἰδότες* τοῦ ποιῆσαι κακόν		
9:1	גַּם־אַהֲבָה גַם־שִׂנְאָה אֵין יוֹדֵעַ	καί γε ἀγάπην καί γε μῖσος οὐκ ἔστιν *εἰδώς*		
πονηρεύομαι	*1*	*2%*		
7:22	כִּי גַּם־פְּעָמִים רַבּוֹת יָדַע לִבֶּךָ	ὅτι πλειστάκις *πονηρεύσεταί* σε	=d.dr	ירע

יוֹם *Occurrences: 26*

ἡμέρα	*26*	*100%*		
2:3	תַּחַת הַשָּׁמַיִם מִסְפַּר יְמֵי חַיֵּיהֶם	ὑπὸ τὸν ἥλιον ἀριθμὸν *ἡμερῶν* ζωῆς αὐτῶν		
2:16	בְּשֶׁכְּבָר הַיָּמִים הַבָּאִים	καθότι ἤδη *αἱ ἡμέραι* αἱ ἐρχόμεναι		
2:23	כִּי כָל־יָמָיו מַכְאֹבִים	ὅτι πᾶσαι *αἱ ἡμέραι αὐτοῦ* ἀλγημάτων		
5:16	גַּם כָּל־יָמָיו בַּחֹשֶׁךְ יֹאכֵל	καί γε πᾶσαι *αἱ ἡμέραι αὐτοῦ* ἐν σκότει καὶ πένθει		
5:17	תַּחַת־הַשֶּׁמֶשׁ מִסְפַּר יְמֵי־חַיָּו	ὑπὸ τὸν ἥλιον ἀριθμὸν *ἡμερῶν* ζωῆς αὐτοῦ		
5:19	כִּי לֹא הַרְבֵּה יִזְכֹּר אֶת־יְמֵי	ὅτι οὐ πολλὰ μνησθήσεται *τὰς ἡμέρας*		
6:3	וְרַב שֶׁיִּהְיוּ יְמֵי־שָׁנָיו	καὶ πλῆθος ὅ τι ἔσονται *ἡμέραι* ἐτῶν αὐτοῦ		
6:12	מִסְפַּר יְמֵי־חַיֵּי הֶבְלוֹ	ἀριθμὸν *ἡμερῶν* ζωῆς ματαιότητος αὐτοῦ		
7:1	וְיוֹם הַמָּוֶת מִיּוֹם הִוָּלְדוֹ	*καὶ ἡμέρα* τοῦ θανάτου ὑπὲρ ἡμέραν γενέσεως αὐτοῦ		
7:1	וְיוֹם הַמָּוֶת מִיּוֹם הִוָּלְדוֹ	καὶ ἡμέρα τοῦ θανάτου *ὑπὲρ ἡμέραν* γενέσεως αὐτοῦ		
7:10	שֶׁהַיָּמִים הָרִאשֹׁנִים הָיוּ טוֹבִים מֵאֵלֶּה	*ὅτι αἱ ἡμέραι* αἱ πρότεραι ἦσαν ἀγαθαὶ ὑπὲρ ταύτας		
7:14	בְּיוֹם טוֹבָה הֱיֵה בְטוֹב	*ἐν ἡμέρᾳ* ἀγαθωσύνης ζῆθι ἐν ἀγαθῷ		
7:14	וּבְיוֹם רָעָה רְאֵה	*καὶ ἐν ἡμέρᾳ* κακίας ἰδέ		
7:15	אֶת־הַכֹּל רָאִיתִי בִּימֵי הֶבְלִי	σὺν τὰ πάντα εἶδον *ἐν ἡμέραις* ματαιότητός μου		
8:8	וְאֵין שִׁלְטוֹן בְּיוֹם הַמָּוֶת	καὶ οὐκ ἔστιν ἐξουσία *ἐν ἡμέρᾳ* τοῦ θανάτου		
8:13	וְלֹא־יַאֲרִיךְ יָמִים כַּצֵּל	καὶ οὐ μακρυνεῖ *ἡμέρας* ἐν σκιᾷ		
8:15	יְמֵי חַיָּיו אֲשֶׁר־נָתַן־לוֹ הָאֱלֹהִים	*ἡμέρας* ζωῆς αὐτοῦ ὅσας ἔδωκεν αὐτῷ ὁ θεὸς		
8:16	כִּי גַם בַּיּוֹם וּבַלַּיְלָה	ὅτι καί γε *ἐν ἡμέρᾳ* καὶ ἐν νυκτὶ		
9:9	כָּל־יְמֵי חַיֵּי הֶבְלֶךָ	πάσας *ἡμέρας* ζωῆς ματαιότητός σου		
9:9	כֹּל יְמֵי הֶבְלֶךָ	πάσας *ἡμέρας* ματαιότητός σου		
11:1	כִּי־בְרֹב הַיָּמִים תִּמְצָאֶנּוּ	ὅτι ἐν πλήθει *τῶν ἡμερῶν* εὑρήσεις αὐτόν		
11:8	וְיִזְכֹּר אֶת־יְמֵי הַחֹשֶׁךְ	καὶ μνησθήσεται *τὰς ἡμέρας* τοῦ σκότους		
11:9	בִּימֵי בְחוּרוֹתֶךָ	*ἐν ἡμέραις* νεότητός σου		
12:1	בִּימֵי בְּחוּרֹתֶיךָ	*ἐν ἡμέραις* νεότητός σου		

12:1	עַד לֹא־יָבֹאוּ יְמֵי הָרָעָה	ἕως ὅτου μὴ ἔλθωσιν *ἡμέραι* τῆς κακίας	
12:3	בַּיּוֹם שֶׁיָּזֻעוּ שֹׁמְרֵי הַבַּיִת	*ἐν ἡμέρᾳ* ᾗ ἐὰν σαλευθῶσιν φύλακες τῆς οἰκίας	

יוֹתֵר

Occurrences: 7

περισσός	*5*	*71%*
περισσεία	*2*	*29%*

περισσεία	*2*	*29%*	
6:8	כִּי מַה־יּוֹתֵר לֶחָכָם מִן־הַכְּסִיל	ὅτι τίς *περισσεία* τῷ σοφῷ ὑπὲρ τὸν ἄφρονα	
7:11	וְיֹתֵר לְרֹאֵי הַשָּׁמֶשׁ	καὶ *περισσεία* τοῖς θεωροῦσιν τὸν ἥλιον	
περισσός	*5*	*71%*	
2:15	וְלָמָּה חָכַמְתִּי אֲנִי אָז יוֹתֵר	καὶ ἵνα τί ἐσοφισάμην ἐγὼ τότε *περισσόν*	
6:11	מַה־יֹּתֵר לָאָדָם	τί *περισσὸν* τῷ ἀνθρώπῳ	
7:16	אַל־תְּהִי צַדִּיק הַרְבֵּה וְאַל־תִּתְחַכַּם יוֹתֵר	μὴ γίνου δίκαιος πολὺ καὶ μὴ σοφίζου *περισσά*	
12:9	וְיֹתֵר שֶׁהָיָה קֹהֶלֶת חָכָם	καὶ *περισσὸν* ὅτι ἐγένετο ἐκκλησιαστὴς σοφός	
12:12	וְיֹתֵר מֵהֵמָּה בְּנִי הִזָּהֵר	[καὶ *περισσὸν* ἐξ αὐτῶν] υἱέ μου φύλαξαι	[11]

יָטַב

Occurrences: 2

ἀγαθύνω	*2*	*100%*
7:3	כִּי־בְרֹעַ פָּנִים יִיטַב לֵב	ὅτι ἐν κακίᾳ προσώπου *ἀγαθυνθήσεται* καρδία
11:9	וִיטִיבְךָ לִבְּךָ	καὶ *ἀγαθυνάτω σε* ἡ καρδία σου

יַיִן

Occurrences: 3

οἶνος	*3*	*100%*
2:3	לִמְשׁוֹךְ בַּיַּיִן אֶת־בְּשָׂרִי	τοῦ ἑλκύσαι *εἰς οἶνον* τὴν σάρκα μου
9:7	וּשְׁתֵה בְלֶב־טוֹב יֵינֶךָ	καὶ πίε ἐν καρδίᾳ ἀγαθῇ *οἶνόν* σου
10:19	וְיַיִן יְשַׂמַּח חַיִּים	καὶ *οἶνος* εὐφραίνει ζῶντας

יָכֹל

Occurrences: 7

δύναμαι	*7*	*100%*
1:8	לֹא־יוּכַל אִישׁ לְדַבֵּר	οὐ *δυνήσεται* ἀνὴρ τοῦ λαλεῖν
1:15	מְעֻוָּת לֹא־יוּכַל לִתְקֹן	διεστραμμένον οὐ *δυνήσεται* τοῦ ἐπικοσμηθῆναι
1:15	וְחֶסְרוֹן לֹא־יוּכַל לְהִמָּנוֹת	καὶ ὑστέρημα οὐ *δυνήσεται* τοῦ ἀριθμηθῆναι
6:10	וְלֹא־יוּכַל לָדִין עִם *שֶׁהתַּקִּיף **שֶׁתַּקִּיף	καὶ οὐ *δυνήσεται* τοῦ κριθῆναι μετὰ τοῦ ἰσχυροῦ
7:13	כִּי מִי יוּכַל לְתַקֵּן	ὅτι τίς *δυνήσεται* τοῦ κοσμῆσαι
8:17	כִּי לֹא יוּכַל הָאָדָם לִמְצוֹא	ὅτι οὐ *δυνήσεται* ἄνθρωπος τοῦ εὑρεῖν
8:17	לֹא יוּכַל לִמְצֹא	οὐ *δυνήσεται* τοῦ εὑρεῖν

יָלַד

Occurrences: 5

γεννάω	*3*	*60%*
γένεσις	*1*	*20%*
τίκτω	*1*	*20%*

γένεσις	*1*	*20%*
7:1	וְיוֹם הַמָּוֶת מִיּוֹם הִוָּלְדוֹ	καὶ ἡμέρα τοῦ θανάτου ὑπὲρ ἡμέραν *γενέσεως αὐτοῦ*
γεννάω	*3*	*60%*
4:14	כִּי גַּם בְּמַלְכוּתוֹ נוֹלַד רָשׁ	ὅτι καί γε ἐν βασιλείᾳ αὐτοῦ *ἐγεννήθη* πένης
5:13	וְהוֹלִיד בֵּן וְאֵין בְּיָדוֹ	καὶ *ἐγέννησεν* υἱόν καὶ οὐκ ἔστιν ἐν χειρὶ αὐτοῦ
6:3	אִם־יוֹלִיד אִישׁ מֵאָה וְשָׁנִים רַבּוֹת יִחְיֶה	ἐὰν *γεννήσῃ* ἀνὴρ ἑκατὸν καὶ ἔτη πολλὰ ζήσεται
τίκτω	*1*	*20%*
3:2	עֵת לָלֶדֶת וְעֵת לָמוּת	καιρὸς τοῦ *τεκεῖν* καὶ καιρὸς τοῦ ἀποθανεῖν

יֶלֶד
Occurrences: 2

νεανίσκος	*1*	*50%*
παῖς	*1*	*50%*

νεανίσκος 1 *50%*
4:15 תַּחַת הַשָּׁמֶשׁ עִם הַיֶּלֶד הַשֵּׁנִי ὑπὸ τὸν ἥλιον μετὰ τοῦ *νεανίσκου* τοῦ δευτέρου
παῖς 1 *50%*
4:13 טוֹב יֶלֶד מִסְכֵּן וְחָכָם ἀγαθὸς *παῖς* πένης καὶ σοφὸς

יַלְדוּת
Occurrences: 2

νεότης 2 *100%*
11:9 שְׂמַח בָּחוּר בְּיַלְדוּתֶיךָ εὐφραίνου νεανίσκε *ἐν νεότητί σου*
11:10 כִּי־הַיַּלְדוּת וְהַשַּׁחֲרוּת הָבֶל ὅτι *ἡ νεότης* καὶ ἡ ἄνοια ματαιότης

יָם
Occurrences: 2

θάλασσα 2 *100%*
1:7 כָּל־הַנְּחָלִים הֹלְכִים אֶל־הַיָּם πάντες οἱ χείμαρροι πορεύονται εἰς *τὴν θάλασσαν*
1:7 וְהַיָּם אֵינֶנּוּ מָלֵא *καὶ ἡ θάλασσα* οὐκ ἔσται ἐμπιμπλαμένη

יָמִין
Occurrences: 1

δεξιός 1 *100%*
10:2 לֵב חָכָם לִימִינוֹ καρδία σοφοῦ *εἰς δεξιὸν αὐτοῦ*

יָסַף
Occurrences: 5

τίθημι/πρός 5 *100%*
1:16 אֲנִי הִנֵּה הִגְדַּלְתִּי וְהוֹסַפְתִּי חָכְמָה ἐγὼ ἰδοὺ ἐμεγαλύνθην *καὶ προσέθηκα* σοφίαν
1:18 וְיוֹסִיף דַּעַת יוֹסִיף מַכְאוֹב *καὶ ὁ προστιθεὶς* γνῶσιν προσθήσει ἄλγημα
1:18 וְיוֹסִיף דַּעַת יוֹסִיף מַכְאוֹב καὶ ὁ προστιθεὶς γνῶσιν *προσθήσει* ἄλγημα
2:9 וְגָדַלְתִּי וְהוֹסַפְתִּי καὶ ἐμεγαλύνθην *καὶ προσέθηκα*
3:14 עָלָיו אֵין לְהוֹסִיף ἐπ' αὐτῷ οὐκ ἔστιν *προσθεῖναι*

יַעַר
Occurrences: 1

δρυμός 1 *100%*
2:6 לְהַשְׁקוֹת מֵהֶם יַעַר צוֹמֵחַ עֵצִים τοῦ ποτίσαι ἀπ' αὐτῶν *δρυμὸν* βλαστῶντα ξύλα

יָפֶה
Occurrences: 2

καλός 2 *100%*
3:11 אֶת־הַכֹּל עָשָׂה יָפֶה בְעִתּוֹ σὺν τὰ πάντα ἐποίησεν *καλὰ* ἐν καιρῷ αὐτοῦ
5:17 הִנֵּה אֲשֶׁר־רָאִיתִי אָנִי טוֹב אֲשֶׁר־יָפֶה ἰδοὺ ὃ εἶδον ἐγὼ ἀγαθόν ὅ ἐστιν *καλόν*

יָצָא
Occurrences: 5

ἔρχομαι/ἐκ	*4*	*80%*
φέρω/ἐκ	*1*	*20%*

ἔρχομαι/ἐκ 4 *80%*
4:14 כִּי־מִבֵּית הָסוּרִים יָצָא ὅτι ἐξ οἴκου τῶν δεσμίων *ἐξελεύσεται*
5:14 כַּאֲשֶׁר יָצָא מִבֶּטֶן אִמּוֹ עָרוֹם καθὼς *ἐξῆλθεν* ἀπὸ γαστρὸς μητρὸς αὐτοῦ γυμνός
7:18 כִּי־יְרֵא אֱלֹהִים יֵצֵא אֶת־כֻּלָּם ὅτι φοβούμενος τὸν θεὸν *ἐξελεύσεται* τὰ πάντα
10:5 שֶׁיֹּצָא מִלִּפְנֵי הַשַּׁלִּיט ὃ *ἐξῆλθεν* ἀπὸ προσώπου τοῦ ἐξουσιάζοντος
φέρω/ἐκ 1 *20%*
5:1 לְהוֹצִיא דָבָר לִפְנֵי הָאֱלֹהִים τοῦ *ἐξενέγκαι* λόγον πρὸ προσώπου τοῦ θεοῦ

יָקָר *Occurrences: 1*

τίμιος	*1*	*100%*	
10:1	יָקָר מֵחָכְמָה מִכָּבוֹד סִכְלוּת מְעָט	τίμιον ὀλίγον σοφίας ὑπὲρ δόξαν ἀφροσύνης μεγάλης	

יָקֹשׁ *Occurrences: 1*

παγιδεύω	*1*	*100%*	
9:12	כָּהֵם *יוּקָשִׁים* בְּנֵי הָאָדָם	ὡς αὐτὰ *παγιδεύονται* οἱ υἱοὶ τοῦ ἀνθρώπου	

יָרֵא *Occurrences: 9*

φοβέω	*8*	*89%*
ὁράω	*1*	*11%*

ὁράω	*1*	*11%*	
12:5	גַּם מִגָּבֹהַּ *יִרָאוּ* וְחַתְחַתִּים בַּדֶּרֶךְ	καί γε ἀπὸ ὕψους *ὄψονται* καὶ θάμβοι ἐν τῇ ὁδῷ	=@=v ראה
φοβέω	*8*	*89%*	
3:14	וְהָאֱלֹהִים עָשָׂה *שֶׁיִּרְאוּ*	καὶ ὁ θεὸς ἐποίησεν ἵνα *φοβηθῶσιν*	
5:6	כִּי אֶת־הָאֱלֹהִים *יְרָא*	ὅτι σὺν τὸν θεὸν *φοβοῦ*	
7:18	כִּי־*יְרֵא* אֱלֹהִים יֵצֵא אֶת־כֻּלָּם	ὅτι *φοβούμενος* τὸν θεὸν ἐξελεύσεται τὰ πάντα	
8:12	אֲשֶׁר יִהְיֶה־טּוֹב *לְיִרְאֵי* הָאֱלֹהִים	ὅτι ἔσται ἀγαθὸν *τοῖς φοβουμένοις* τὸν θεόν	
8:12	אֲשֶׁר *יִירְאוּ* מִלְּפָנָיו	ὅπως *φοβῶνται* ἀπὸ προσώπου αὐτοῦ	
8:13	אֲשֶׁר אֵינֶנּוּ *יָרֵא* מִלִּפְנֵי אֱלֹהִים	ὃς οὐκ ἔστιν *φοβούμενος* ἀπὸ προσώπου τοῦ θεοῦ	
9:2	הַנִּשְׁבָּע כַּאֲשֶׁר שְׁבוּעָה *יָרֵא*	ὡς ὁ ὀμνύων καθὼς ὁ τὸν ὅρκον *φοβούμενος*	
12:13	אֶת־הָאֱלֹהִים *יְרָא* וְאֶת־מִצְוֹתָיו שְׁמוֹר	τὸν θεὸν *φοβοῦ* καὶ τὰς ἐντολὰς αὐτοῦ φύλασσε	

יָרַד *Occurrences: 1*

βαίνω/κατα	*1*	*100%*	
3:21	*הַיֹּרֶדֶת* הִיא לְמַטָּה לָאָרֶץ	εἰ *καταβαίνει* αὐτὸ κάτω εἰς γῆν	

יְרוּשָׁלַםִ *Occurrences: 5*

Ιερουσαλημ	*5*	*100%*	
1:1	מֶלֶךְ *בִּירוּשָׁלָםִ*	βασιλέως Ισραηλ *ἐν Ιερουσαλημ*	
1:12	הָיִיתִי מֶלֶךְ עַל־יִשְׂרָאֵל *בִּירוּשָׁלָםִ*	ἐγενόμην βασιλεὺς ἐπὶ Ισραηλ *ἐν Ιερουσαλημ*	
1:16	עַל כָּל־אֲשֶׁר־הָיָה לְפָנַי *עַל־יְרוּשָׁלָםִ*	ἐπὶ πᾶσιν οἳ ἐγένοντο ἔμπροσθέν μου ἐν *Ιερουσαλημ*	
2:7	לְפָנַי *בִּירוּשָׁלָםִ*	ἔμπροσθέν μου *ἐν Ιερουσαλημ*	
2:9	לְפָנַי *בִּירוּשָׁלָםִ*	ἔμπροσθέν μου *ἐν Ιερουσαλημ*	

יָרֵחַ *Occurrences: 1*

σελήνη	*1*	*100%*	
12:2	וְהָאוֹר *וְהַיָּרֵחַ* וְהַכּוֹכָבִים	καὶ τὸ φῶς *καὶ ἡ σελήνη* καὶ οἱ ἀστέρες	

יִשְׂרָאֵל *Occurrences: 1*

Ισραηλ	*1*	*100%*	
[1:1]	מֶלֶךְ בִּירוּשָׁלָםִ	βασιλέως *Ισραηλ* ἐν Ιερουσαλημ	=: ישראל
1:12	הָיִיתִי מֶלֶךְ עַל־*יִשְׂרָאֵל* בִּירוּשָׁלָםִ	ἐγενόμην βασιλεὺς ἐπὶ *Ισραηλ* ἐν Ιερουσαλημ	

יֵשׁ *Occurrences: 16*

εἰμί	*15*	*94%*
ὅς	*1*	*6%*

εἰμί	*15*	*94%*	
2:13	וְרָאִיתִי אָנִי *שֶׁיֵּשׁ* יִתְרוֹן לַחָכְמָה	καὶ εἶδον ἐγὼ ὅτι *ἔστιν* περισσεία τῇ σοφίᾳ	
2:21	כִּי־*יֵשׁ* אָדָם שֶׁעֲמָלוֹ בְּחָכְמָה	ὅτι *ἔστιν* ἄνθρωπος οὗ μόχθος αὐτοῦ ἐν σοφίᾳ	
4:8	*יֵשׁ* אֶחָד וְאֵין שֵׁנִי	*ἔστιν* εἷς καὶ οὐκ ἔστιν δεύτερος	
4:9	אֲשֶׁר *יֵשׁ־*לָהֶם שָׂכָר טוֹב בַּעֲמָלָם	οἷς *ἔστιν* αὐτοῖς μισθὸς ἀγαθὸς ἐν μόχθῳ αὐτῶν	

5:12	יֵשׁ רָעָה חוֹלָה רָאִיתִי תַּחַת הַשָּׁמֶשׁ	*ἔστιν* ἀρρωστία ἣν εἶδον ὑπὸ τὸν ἥλιον
6:1	יֵשׁ רָעָה אֲשֶׁר רָאִיתִי תַּחַת הַשָּׁמֶשׁ	*ἔστιν* πονηρία ἣν εἶδον ὑπὸ τὸν ἥλιον
6:11	כִּי יֵשׁ־דְּבָרִים הַרְבֵּה מַרְבִּים הָבֶל	ὅτι *εἰσὶν* λόγοι πολλοὶ πληθύνοντες ματαιότητα
7:15	יֵשׁ צַדִּיק אֹבֵד בְּצִדְקוֹ	*ἔστιν* δίκαιος ἀπολλύμενος ἐν δικαίῳ αὐτοῦ
7:15	וְיֵשׁ רָשָׁע מַאֲרִיךְ בְּרָעָתוֹ	καὶ *ἔστιν* ἀσεβὴς μένων ἐν κακίᾳ αὐτοῦ
8:6	כִּי לְכָל־חֵפֶץ יֵשׁ עֵת וּמִשְׁפָּט	ὅτι παντὶ πράγματι *ἔστιν* καιρὸς καὶ κρίσις
8:14	יֶשׁ־הֶבֶל אֲשֶׁר נַעֲשָׂה עַל־הָאָרֶץ	*ἔστιν* ματαιότης ἣ πεποίηται ἐπὶ τῆς γῆς
8:14	אֲשֶׁר יֵשׁ צַדִּיקִים	ὅτι *εἰσὶ* δίκαιοι
8:14	וְיֵשׁ רְשָׁעִים שֶׁמַּגִּיעַ אֲלֵהֶם	καὶ *εἰσὶν* ἀσεβεῖς ὅτι φθάνει πρὸς αὐτοὺς
9:4	יֵשׁ בִּטָּחוֹן כִּי־לְכֶלֶב חַי הוּא טוֹב	*ἔστιν* ἐλπίς ὅτι ὁ κύων ὁ ζῶν αὐτὸς ἀγαθὸς
10:5	יֵשׁ רָעָה רָאִיתִי תַּחַת הַשָּׁמֶשׁ כִּשְׁגָגָה	*ἔστιν* πονηρία ἣν εἶδον ὑπὸ τὸν ἥλιον ὡς ἀκούσιον
ὅς	*1*	*6%*
1:10	יֵשׁ דָּבָר שֶׁיֹּאמַר רְאֵה־זֶה חָדָשׁ הוּא	*ὃς* λαλήσει καὶ ἐρεῖ ἰδὲ τοῦτο καινόν ἐστιν

יָשַׁב *Occurrences: 1*

ἵημι/κατα	*1*	*100%*
10:6	וַעֲשִׁירִים בַּשֵּׁפֶל יֵשֵׁבוּ	καὶ πλούσιοι ἐν ταπεινῷ *καθήσονται*

יָשֵׁן *Occurrences: 1*

ὑπνόω	*1*	*100%*
5:11	אֵינֶנּוּ מַנִּיחַ לוֹ לִישׁוֹן	οὐκ ἔστιν ἀφίων αὐτὸν *τοῦ ὑπνῶσαι*

יֹשֶׁר *Occurrences: 1*

εὐθύτης	*1*	*100%*
12:10	וְכָתוּב יֹשֶׁר דִּבְרֵי אֱמֶת	καὶ γεγραμμένον *εὐθύτητος* λόγους ἀληθείας

יָשָׁר *Occurrences: 1*

εὐθής	*1*	*100%*
7:29	אֲשֶׁר עָשָׂה הָאֱלֹהִים אֶת־הָאָדָם יָשָׁר	ὃ ἐποίησεν ὁ θεὸς σὺν τὸν ἄνθρωπον *εὐθῆ*

[יָתַר] *[Occurrences: 1]*

περισσεύω	*1*		
[3:19]	וּמוֹתַר הָאָדָם מִן־הַבְּהֵמָה	καὶ *τί ἐπερίσσευσεν* ὁ ἄνθρωπος παρὰ τὸ κτῆνος	=?.s ומה יתר

יִתְרוֹן *Occurrences: 10*

περισσεία	*10*	*100%*
1:3	מַה־יִּתְרוֹן לָאָדָם בְּכָל־עֲמָלוֹ	τίς *περισσεία* τῷ ἀνθρώπῳ ἐν παντὶ μόχθῳ αὐτοῦ
2:11	וְאֵין יִתְרוֹן תַּחַת הַשָּׁמֶשׁ	καὶ οὐκ ἔστιν *περισσεία* ὑπὸ τὸν ἥλιον
2:13	וְרָאִיתִי אָנִי שֶׁיֵּשׁ יִתְרוֹן לַחָכְמָה	καὶ εἶδον ἐγὼ ὅτι ἔστιν *περισσεία* τῇ σοφίᾳ
2:13	כִּיתְרוֹן הָאוֹר מִן־הַחֹשֶׁךְ	ὡς *περισσεία* τοῦ φωτὸς ὑπὲρ τὸ σκότος
3:9	מַה־יִּתְרוֹן הָעוֹשֶׂה בַּאֲשֶׁר הוּא עָמֵל	τίς *περισσεία* τοῦ ποιοῦντος ἐν οἷς αὐτὸς μοχθεῖ
5:8	וְיִתְרוֹן אֶרֶץ בַּכֹּל *היא **הוּא	καὶ *περισσεία* γῆς ἐν παντί ἐστι
5:15	וּמַה־יִּתְרוֹן לוֹ שֶׁיַּעֲמֹל לָרוּחַ	καὶ τίς *περισσεία* αὐτῷ ᾗ μοχθεῖ εἰς ἄνεμον
7:12	וְיִתְרוֹן דַּעַת הַחָכְמָה	καὶ *περισσεία* γνώσεως τῆς σοφίας
10:10	וְיִתְרוֹן *הַכְשֵׁיר **הכשר חָכְמָה	καὶ *περισσεία* τοῦ ἀνδρείου σοφία
10:11	וְאֵין יִתְרוֹן לְבַעַל הַלָּשׁוֹן	καὶ οὐκ ἔστιν *περισσεία* τῷ ἐπᾴδοντι

כ

כְּ *Occurrences: 32*

ὡς	16	53%
ἐν	5	17%
- - -	2	
ἐπί	1	3%
כְּ + אֲשֶׁר	4	
καθώς	3	10%
καθώς + ἄν	1	3%
כְּ + שֶׁ	4	
ὅταν	2	7%
ὡς	2	7%

- - -	2			
8:1	מִי כְּהֶחָכָם וּמִי יוֹדֵעַ פֵּשֶׁר דָּבָר	τίς οἶδεν σοφούς καὶ τίς οἶδεν λύσιν ῥήματος	=;?	יודע
9:2	הַכֹּל כַּאֲשֶׁר לַכֹּל	ματαιότης ἐν τοῖς πᾶσιν		
ἐν	5	17%		
4:17	שְׁמֹר *רַגְלֶיךָ **רַגְלְךָ כַּאֲשֶׁר תֵּלֵךְ אֶל־בֵּית	φύλαξον πόδα σου ἐν ᾧ ἐὰν πορεύῃ εἰς οἶκον	=%p	
6:12	וְיַעֲשֵׂם כַּצֵּל	καὶ ἐποίησεν αὐτὰς ἐν σκιᾷ	=%p	
8:13	וְלֹא־יַאֲרִיךְ יָמִים כַּצֵּל	καὶ οὐ μακρυνεῖ ἡμέρας ἐν σκιᾷ	=%p	
8:16	כַּאֲשֶׁר נָתַתִּי אֶת־לִבִּי לָדַעַת חָכְמָה	ἐν οἷς ἔδωκα τὴν καρδίαν μου τοῦ γνῶναι σοφίαν	=%p	
11:5	כַּאֲשֶׁר אֵינְךָ יוֹדֵעַ מַה־דֶּרֶךְ הָרוּחַ	ἐν οἷς οὐκ ἔστιν γινώσκων τίς ἡ ὁδὸς τοῦ πνεύματος	=%p	
ἐπί	1	3%		
11:6	וְאִם־שְׁנֵיהֶם כְּאֶחָד טוֹבִים	καὶ ἐὰν τὰ δύο ἐπὶ τὸ αὐτὸ ἀγαθά		
ὡς	16	53%		
2:13	כִּיתְרוֹן הָאוֹר מִן־הַחֹשֶׁךְ	ὡς περισσεία τοῦ φωτὸς ὑπὲρ τὸ σκότος		
2:15	כְּמִקְרֵה הַכְּסִיל	ὡς συνάντημα τοῦ ἄφρονος		
3:19	כְּמוֹת זֶה כֵּן מוֹת זֶה	ὡς ὁ θάνατος τούτου οὕτως ὁ θάνατος τούτου		
7:6	כִּי כְקוֹל הַסִּירִים תַּחַת הַסִּיר	ὅτι ὡς φωνὴ τῶν ἀκανθῶν ὑπὸ τὸν λέβητα		
8:14	אֲשֶׁר מַגִּיעַ אֲלֵהֶם כְּמַעֲשֵׂה הָרְשָׁעִים	ὅτι φθάνει πρὸς αὐτοὺς ὡς ποίημα τῶν ἀσεβῶν		
8:14	שֶׁמַּגִּיעַ אֲלֵהֶם כְּמַעֲשֵׂה הַצַּדִּיקִים	ὅτι φθάνει πρὸς αὐτοὺς ὡς ποίημα τῶν δικαίων		
9:2	כַּטּוֹב כַּחֹטֶא	ὡς ὁ ἀγαθός ὡς ὁ ἁμαρτάνων		
9:2	כַּטּוֹב כַּחֹטֶא	ὡς ὁ ἀγαθός ὡς ὁ ἁμαρτάνων		
9:12	כַּדָּגִים שֶׁנֶּאֱחָזִים בִּמְצוֹדָה רָעָה	ὡς οἱ ἰχθύες οἱ θηρευόμενοι ἐν ἀμφιβλήστρῳ κακῷ		
9:12	וְכַצִּפֳּרִים הָאֲחֻזוֹת בַּפָּח	καὶ ὡς ὄρνεα τὰ θηρευόμενα ἐν παγίδι		
9:12	כָּהֵם יוּקָשִׁים בְּנֵי הָאָדָם	ὡς αὐτὰ παγιδεύονται οἱ υἱοὶ τοῦ ἀνθρώπου		
10:5	יֵשׁ רָעָה רָאִיתִי תַּחַת הַשָּׁמֶשׁ כִּשְׁגָגָה	ἔστιν πονηρία ἣν εἶδον ὑπὸ τὸν ἥλιον ὡς ἀκούσιον		
10:7	וְשָׂרִים הֹלְכִים כַּעֲבָדִים עַל־הָאָרֶץ	καὶ ἄρχοντας πορευομένους ὡς δούλους ἐπὶ τῆς γῆς		
11:5	כַּעֲצָמִים בְּבֶטֶן הַמְּלֵאָה	ὡς ὀστᾶ ἐν γαστρὶ τῆς κυοφορούσης		
12:11	דִּבְרֵי חֲכָמִים כַּדָּרְבֹנוֹת	λόγοι σοφῶν ὡς τὰ βούκεντρα		
12:11	וּכְמַשְׂמְרוֹת נְטוּעִים	καὶ ὡς ἧλοι πεφυτευμένοι		
כְּ + אֲשֶׁר	4			
καθώς	3	13%		
5:14	כַּאֲשֶׁר יָצָא מִבֶּטֶן אִמּוֹ עָרוֹם	καθὼς ἐξῆλθεν ἀπὸ γαστρὸς μητρὸς αὐτοῦ γυμνός		
8:7	כִּי כַּאֲשֶׁר יִהְיֶה מִי יַגִּיד לוֹ	ὅτι καθὼς ἔσται τίς ἀναγγελεῖ αὐτῷ		
9:2	הַנִּשְׁבָּע כַּאֲשֶׁר שְׁבוּעָה יָרֵא	ὣς ὁ ὀμνύων καθὼς ὁ τὸν ὅρκον φοβούμενος		
καθώς + ἄν	1	13%		
5:3	כַּאֲשֶׁר תִּדֹּר נֶדֶר לֵאלֹהִים	καθὼς ἂν εὔξῃ εὐχὴν τῷ θεῷ		
כְּ + שֶׁ	4			
ὅταν	2	7%		
9:12	כְּשֶׁתִּפּוֹל עֲלֵיהֶם פִּתְאֹם	ὅταν ἐπιπέσῃ ἐπ ὑτοὺς ἄφνω		
10:3	וְגַם־בַּדֶּרֶךְ *כְּשֶׁהַסָּכָל **כְּשֶׁסָּכָל הֹלֵךְ	καί γε ἐν ὁδῷ ὅταν ἄφρων πορεύηται	**	
ὡς	2	7%		
5:14	יָשׁוּב לָלֶכֶת כְּשֶׁבָּא	ἐπιστρέψει τοῦ πορευθῆναι ὡς ἥκει		
12:7	וְיָשֹׁב הֶעָפָר עַל־הָאָרֶץ כְּשֶׁהָיָה	καὶ ἐπιστρέψῃ ὁ χοῦς ἐπὶ τὴν γῆν ὡς ἦν		

כָּבוֹד   Occurrences: 2

δόξα   2   100%
6:2   עֹשֶׁר וּנְכָסִים וְכָבוֹד   πλοῦτον καὶ ὑπάρχοντα καὶ δόξαν
10:1   יָקָר מֵחָכְמָה מִכָּבוֹד סִכְלוּת מְעָט   τίμιον ὀλίγον σοφίας ὑπὲρ δόξαν ἀφροσύνης μεγάλης

כְּבָר   Occurrences: 9

ἤδη	8	100%
---	1	

---   1
2:12   אֵת אֲשֶׁר־כְּבָר עָשׂוּהוּ   τὰ ὅσα ἐποίησεν αὐτήν

ἤδη   8   100%
1:10   כְּבָר הָיָה לְעֹלָמִים אֲשֶׁר הָיָה   ἤδη γέγονεν ἐν τοῖς αἰῶσιν τοῖς γενομένοις
2:16   בְּשֶׁכְּבָר הַיָּמִים הַבָּאִים   καθότι ἤδη αἱ ἡμέραι αἱ ἐρχόμεναι
3:15   מַה־שֶּׁהָיָה כְּבָר הוּא   τὸ γενόμενον ἤδη ἐστίν
3:15   וַאֲשֶׁר לִהְיוֹת כְּבָר הָיָה   καὶ ὅσα τοῦ γίνεσθαι ἤδη γέγονεν
4:2   שֶׁכְּבָר מֵתוּ מִן־הַחַיִּים   τοὺς ἤδη ἀποθανόντας ὑπὲρ τοὺς ζῶντας
6:10   מַה־שֶּׁהָיָה כְּבָר נִקְרָא שְׁמוֹ   εἴ τι ἐγένετο ἤδη κέκληται ὄνομα αὐτοῦ
9:6   גַּם־קִנְאָתָם כְּבָר אָבָדָה   καί γε ζῆλος αὐτῶν ἤδη ἀπώλετο
9:7   כִּי כְבָר רָצָה הָאֱלֹהִים אֶת־מַעֲשֶׂיךָ   ὅτι ἤδη εὐδόκησεν ὁ θεὸς τὰ ποιήματά σου

כַּד   Occurrences: 1

ὑδρία   1   100%
12:6   וְתִשָּׁבֶר כַּד עַל־הַמַּבּוּעַ   καὶ συντριβῇ ὑδρία ἐπὶ τὴν πηγήν

כּוֹכָב   Occurrences: 1

ἀστήρ   1   100%
12:2   וְהָאוֹר וְהַיָּרֵחַ וְהַכּוֹכָבִים   καὶ τὸ φῶς καὶ ἡ σελήνη καὶ οἱ ἀστέρες

כֹּחַ   Occurrences: 2

δύναμις	1	50%
ἰσχύς	1	50%

δύναμις   1   50%
9:10   בְּכֹחֲךָ עֲשֵׂה   ὡς ἡ δύναμίς σου ποίησον   =%p

ἰσχύς   1   50%
4:1   וּמִיַּד עֹשְׁקֵיהֶם כֹּחַ   καὶ ἀπὸ χειρὸς συκοφαντούντων αὐτοὺς ἰσχύς

כִּי   Occurrences: 87

ὅτι	86	99%
εἰ	1	1%
[γάρ]	1	

[γάρ]   1
[5:15]   כָּל־עֻמַּת בָּא כֵּן יֵלֵךְ   ὥσπερ γὰρ παρεγένετο οὕτως καὶ ἀπελεύσεται   =?   כי לעמת

εἰ   1   1%
3:12   כִּי אִם־לִשְׂמוֹחַ וְלַעֲשׂוֹת טוֹב   εἰ μὴ τοῦ εὐφρανθῆναι καὶ τοῦ ποιεῖν ἀγαθὸν

ὅτι   86   99%
1:18   כִּי בְּרֹב חָכְמָה רָב־כָּעַס   ὅτι ἐν πλήθει σοφίας πλῆθος γνώσεως
2:10   כִּי־לִבִּי שָׂמֵחַ מִכָּל־עֲמָלִי   ὅτι καρδία μου εὐφράνθη ἐν παντὶ μόχθῳ μου
2:12   כִּי מֶה הָאָדָם שֶׁיָּבוֹא   ὅτι τίς ὁ ἄνθρωπος ὃς ἐπελεύσεται
2:16   כִּי אֵין זִכְרוֹן לֶחָכָם עִם־הַכְּסִיל   ὅτι οὐκ ἔστιν μνήμη τοῦ σοφοῦ μετὰ τοῦ ἄφρονος
2:17   כִּי רַע עָלַי הַמַּעֲשֶׂה שֶׁנַּעֲשָׂה   ὅτι πονηρὸν ἐπ' ἐμὲ τὸ ποίημα τὸ πεποιημένον
2:17   כִּי־הַכֹּל הֶבֶל וּרְעוּת רוּחַ   ὅτι τὰ πάντα ματαιότης καὶ προαίρεσις πνεύματος
2:21   כִּי־יֵשׁ אָדָם שֶׁעֲמָלוֹ בְּחָכְמָה   ὅτι ἔστιν ἄνθρωπος οὗ μόχθος αὐτοῦ ἐν σοφίᾳ

2:22	כִּי מֶה־הֹוֶה לָאָדָם בְּכָל־עֲמָלוֹ	ὅτι τί γίνεται τῷ ἀνθρώπῳ ἐν παντὶ μόχθῳ αὐτοῦ
2:23	כִּי כָל־יָמָיו מַכְאֹבִים	ὅτι πᾶσαι αἱ ἡμέραι αὐτοῦ ἀλγημάτων
2:24	כִּי מִיַּד הָאֱלֹהִים הִיא	ὅτι ἀπὸ χειρὸς τοῦ θεοῦ ἐστιν
2:25	כִּי מִי יֹאכַל וּמִי יָחוּשׁ חוּץ מִמֶּנִּי	ὅτι τίς φάγεται καὶ τίς φείσεται πάρεξ αὐτοῦ
2:26	כִּי לְאָדָם שֶׁטּוֹב לְפָנָיו	ὅτι τῷ ἀνθρώπῳ τῷ ἀγαθῷ πρὸ προσώπου αὐτοῦ
3:12	יָדַעְתִּי כִּי אֵין טוֹב בָּם	ἔγνων ὅτι οὐκ ἔστιν ἀγαθὸν ἐν αὐτοῖς
3:14	יָדַעְתִּי כִּי כָּל־אֲשֶׁר יַעֲשֶׂה הָאֱלֹהִים	ἔγνων ὅτι παντα ὅσα ἐποίησεν ὁ θεός
3:17	כִּי־עֵת לְכָל־חֵפֶץ	ὅτι καιρὸς τῷ παντὶ πράγματι
3:19	כִּי מִקְרֶה בְנֵי־הָאָדָם	ὅτι συνάντημα υἱῶν τοῦ ἀνθρώπου
3:19	אָיִן כִּי הַכֹּל הָבֶל	οὐδέν ὅτι τὰ πάντα ματαιότης
3:22	וְרָאִיתִי כִּי אֵין טוֹב	καὶ εἶδον ὅτι οὐκ ἔστιν ἀγαθὸν
3:22	כִּי־הוּא חֶלְקוֹ	ὅτι αὐτὸ μερὶς αὐτοῦ
3:22	כִּי מִי יְבִיאֶנּוּ לִרְאוֹת בְּמֶה שֶׁיִּהְיֶה	ὅτι τίς ἄξει αὐτὸν τοῦ ἰδεῖν ἐν ᾧ ἐὰν γένηται
4:4	כִּי הִיא קִנְאַת־אִישׁ מֵרֵעֵהוּ	ὅτι αὐτὸ ζῆλος ἀνδρὸς ἀπὸ τοῦ ἑταίρου αὐτοῦ
4:10	כִּי אִם־יִפֹּלוּ הָאֶחָד יָקִים אֶת־חֲבֵרוֹ	ὅτι ἐὰν πέσωσιν ὁ εἷς ἐγερεῖ τὸν μέτοχον αὐτοῦ
4:14	כִּי־מִבֵּית הָסוּרִים יָצָא	ὅτι ἐξ οἴκου τῶν δεσμίων ἐξελεύσεται
4:14	כִּי גַּם בְּמַלְכוּתוֹ נוֹלַד רָשׁ	ὅτι καί γε ἐν βασιλείᾳ αὐτοῦ ἐγεννήθη πένης
4:16	כִּי־גַם־זֶה הָבֶל	ὅτι καί γε τοῦτο ματαιότης
4:17	כִּי־אֵינָם יוֹדְעִים לַעֲשׂוֹת רָע	ὅτι οὐκ εἰσιν εἰδότες τοῦ ποιῆσαι κακόν
5:1	כִּי הָאֱלֹהִים בַּשָּׁמַיִם וְאַתָּה עַל־הָאָרֶץ	ὅτι ὁ θεὸς ἐν τῷ οὐρανῷ καὶ σὺ ἐπὶ τῆς γῆς
5:2	כִּי בָּא הַחֲלוֹם בְּרֹב עִנְיָן	ὅτι παραγίνεται ἐνύπνιον ἐν πλήθει περισπασμοῦ
5:3	כִּי אֵין חֵפֶץ בַּכְּסִילִים	ὅτι οὐκ ἔστιν θέλημα ἐν ἄφροσιν
5:5	לִפְנֵי הַמַּלְאָךְ כִּי שְׁגָגָה הִיא	πρὸ προσώπου τοῦ θεοῦ ὅτι ἄγνοιά ἐστιν
5:6	כִּי בְרֹב חֲלֹמוֹת וַהֲבָלִים	ὅτι ἐν πλήθει ἐνυπνίων καὶ ματαιότητες
5:6	כִּי אֶת־הָאֱלֹהִים יְרָא	ὅτι σὺν τὸν θεὸν φοβοῦ
5:7	כִּי גָבֹהַּ מֵעַל גָּבֹהַּ שֹׁמֵר	ὅτι ὑψηλὸς ἐπάνω ὑψηλοῦ φυλάξαι
5:10	כִּי אִם־*רְאִית **רְאוּת עֵינָיו	ὅτι ἀλλ' ἢ τοῦ ὁρᾶν ὀφθαλμοῖς αὐτοῦ
5:17	כִּי־הוּא חֶלְקוֹ	ὅτι αὐτὸ μερὶς αὐτοῦ
5:19	כִּי לֹא הַרְבֵּה יִזְכֹּר אֶת־יְמֵי	ὅτι οὐ πολλὰ μνησθήσεται τὰς ἡμέρας
5:19	כִּי הָאֱלֹהִים מַעֲנֶה	ὅτι ὁ θεὸς περισπᾷ αὐτὸν
6:2	כִּי אִישׁ נָכְרִי יֹאכֲלֶנּוּ	ὅτι ἀνὴρ ξένος φάγεται αὐτόν
6:4	כִּי־בַהֶבֶל בָּא וּבַחֹשֶׁךְ יֵלֵךְ	ὅτι ἐν ματαιότητι ἦλθεν καὶ ἐν σκότει πορεύεται
6:8	כִּי מַה־יּוֹתֵר לֶחָכָם מִן־הַכְּסִיל	ὅτι τίς περισσεία τῷ σοφῷ ὑπὲρ τὸν ἄφρονα
6:11	כִּי יֵשׁ־דְּבָרִים הַרְבֵּה מַרְבִּים הָבֶל	ὅτι εἰσὶν λόγοι πολλοὶ πληθύνοντες ματαιότητα
6:12	כִּי מִי־יוֹדֵעַ מַה־טּוֹב לָאָדָם בַּחַיִּים	ὅτι τίς οἶδεν τί ἀγαθὸν τῷ ἀνθρώπῳ ἐν τῇ ζωῇ
7:3	כִּי־בְרֹעַ פָּנִים יִיטַב לֵב	ὅτι ἐν κακίᾳ προσώπου ἀγαθυνθήσεται καρδία
7:6	כִּי כְקוֹל הַסִּירִים תַּחַת הַסִּיר	ὅτι ὡς φωνὴ τῶν ἀκανθῶν ὑπὸ τὸν λέβητα
7:7	כִּי הָעֹשֶׁק יְהוֹלֵל חָכָם	ὅτι ἡ συκοφαντία περιφέρει σοφὸν
7:9	כִּי כַעַס בְּחֵיק כְּסִילִים יָנוּחַ	ὅτι θυμὸς ἐν κόλπῳ ἀφρόνων ἀναπαύσεται
7:10	כִּי לֹא מֵחָכְמָה שָׁאַלְתָּ עַל־זֶה	ὅτι οὐκ ἐν σοφίᾳ ἐπηρώτησας περὶ τούτου
7:12	כִּי בְּצֵל הַחָכְמָה בְּצֵל הַכָּסֶף	ὅτι ἐν σκιᾷ αὐτῆς ἡ σοφία ὡς σκιὰ τοῦ ἀργυρίου
7:13	כִּי מִי יוּכַל לְתַקֵּן	ὅτι τίς δυνήσεται τοῦ κοσμῆσαι
7:18	כִּי־יְרֵא אֱלֹהִים יֵצֵא אֶת־כֻּלָּם	ὅτι φοβούμενος τὸν θεὸν ἐξελεύσεται τὰ πάντα
7:20	כִּי אָדָם אֵין צַדִּיק בָּאָרֶץ	ὅτι ἄνθρωπος οὐκ ἔστιν δίκαιος ἐν τῇ γῇ
7:22	כִּי גַּם־פְּעָמִים רַבּוֹת יָדַע לִבֶּךָ	ὅτι πλειστάκις πονηρεύσεταί σε
8:3	כִּי כָּל־אֲשֶׁר יַחְפֹּץ יַעֲשֶׂה	ὅτι πᾶν ὃ ἐὰν θελήσῃ ποιήσει
8:6	כִּי לְכָל־חֵפֶץ יֵשׁ עֵת וּמִשְׁפָּט	ὅτι παντὶ πράγματι ἔστιν καιρὸς καὶ κρίσις
8:6	כִּי־רָעַת הָאָדָם רַבָּה עָלָיו	ὅτι γνῶσις τοῦ ἀνθρώπου πολλὴ ἐπ' αὐτόν
8:7	כִּי־אֵינֶנּוּ יֹדֵעַ מַה־שֶּׁיִּהְיֶה	ὅτι οὐκ ἔστιν γινώσκων τί τὸ ἐσόμενον
8:7	כִּי כַּאֲשֶׁר יִהְיֶה מִי יַגִּיד לוֹ	ὅτι καθὼς ἔσται τίς ἀναγγελεῖ αὐτῷ
8:12	כִּי גַּם־יוֹדֵעַ אָנִי	ὅτι καί γε γινώσκω ἐγὼ
8:15	כִּי אִם־לֶאֱכוֹל וְלִשְׁתּוֹת	ὅτι εἰ μὴ τοῦ φαγεῖν καὶ τοῦ πιεῖν
8:16	כִּי גַם בַּיּוֹם וּבַלַּיְלָה	ὅτι καί γε ἐν ἡμέρᾳ καὶ ἐν νυκτὶ
8:17	כִּי לֹא יוּכַל הָאָדָם לִמְצוֹא	ὅτι οὐ δυνήσεται ἄνθρωπος τοῦ εὑρεῖν
9:1	כִּי אֶת־כָּל־זֶה נָתַתִּי אֶל־לִבִּי	ὅτι σὺν πᾶν τοῦτο ἔδωκα εἰς καρδίαν μου
9:3	כִּי־מִקְרֶה אֶחָד לַכֹּל	ὅτι συνάντημα ἓν τοῖς πᾶσιν
9:4	כִּי־מִי אֲשֶׁר *יבחר **יְחֻבַּר אֶל כָּל־הַחַיִּים	ὅτι τίς ὃς κοινωνεῖ πρὸς πάντας τοὺς ζῶντας

9:4	יֵשׁ בִּטָּחוֹן כִּי־לְכֶלֶב חַי הוּא טוֹב	ἔστιν ἐλπίς ὅτι ὁ κύων ὁ ζῶν αὐτὸς ἀγαθὸς
9:5	כִּי הַחַיִּים יוֹדְעִים שֶׁיָּמֻתוּ	ὅτι οἱ ζῶντες γνώσονται ὅτι ἀποθανοῦνται
9:5	כִּי נִשְׁכַּח זִכְרָם	ὅτι ἐπελήσθη ἡ μνήμη αὐτῶν
9:7	כִּי כְבָר רָצָה הָאֱלֹהִים אֶת־מַעֲשֶׂיךָ	ὅτι ἤδη εὐδόκησεν ὁ θεὸς τὰ ποιήματά σου
9:9	כִּי הוּא חֶלְקְךָ בַּחַיִּים	ὅτι αὐτὸ μερίς σου ἐν τῇ ζωῇ σου
9:10	כִּי אֵין מַעֲשֶׂה וְחֶשְׁבּוֹן וְדַעַת	ὅτι οὐκ ἔστιν ποίημα καὶ λογισμὸς καὶ γνῶσις
9:11	כִּי לֹא לַקַּלִּים הַמֵּרוֹץ	ὅτι οὐ τοῖς κούφοις ὁ δρόμος
9:11	כִּי־עֵת וָפֶגַע יִקְרֶה	ὅτι καιρὸς καὶ ἀπάντημα συναντήσεται
9:12	כִּי גַּם לֹא־יֵדַע הָאָדָם אֶת־עִתּוֹ	ὅτι καί γε οὐκ ἔγνω ὁ ἄνθρωπος τὸν καιρὸν αὐτοῦ
10:4	כִּי מַרְפֵּא יַנִּיחַ חֲטָאִים גְּדוֹלִים	ὅτι ἴαμα καταπαύσει ἁμαρτίας μεγάλας
10:20	כִּי עוֹף הַשָּׁמַיִם יוֹלִיךְ אֶת־הַקּוֹל	ὅτι πετεινὸν τοῦ οὐρανοῦ ἀποίσει σὺν τὴν φωνήν
11:1	כִּי־בְרֹב הַיָּמִים תִּמְצָאֶנּוּ	ὅτι ἐν πλήθει τῶν ἡμερῶν εὑρήσεις αὐτόν
11:2	כִּי לֹא תֵדַע מַה־יִּהְיֶה רָעָה עַל־הָאָרֶץ	ὅτι οὐ γινώσκεις τί ἔσται πονηρὸν ἐπὶ τὴν γῆν
11:6	כִּי אֵינְךָ יוֹדֵעַ אֵי זֶה יִכְשַׁר הֲזֶה אוֹ־זֶה	ὅτι οὐ γινώσκεις ποῖον στοιχήσει ἢ τοῦτο ἢ τοῦτο
11:8	כִּי אִם־שָׁנִים הַרְבֵּה יִחְיֶה הָאָדָם	ὅτι καὶ ἐὰν ἔτη πολλὰ ζήσεται ὁ ἄνθρωπος
11:8	כִּי־הַרְבֵּה יִהְיוּ כָּל־שֶׁבָּא הָבֶל	ὅτι πολλαὶ ἔσονται πᾶν τὸ ἐρχόμενον ματαιότης
11:9	וְדָע כִּי עַל־כָּל־אֵלֶּה	καὶ γνῶθι ὅτι ἐπὶ πᾶσι τούτοις
11:10	כִּי־הַיַּלְדוּת וְהַשַּׁחֲרוּת הָבֶל	ὅτι ἡ νεότης καὶ ἡ ἄνοια ματαιότης
12:3	וּבָטְלוּ הַטֹּחֲנוֹת כִּי מִעֵטוּ	καὶ ἤργησαν αἱ ἀλήθουσαι ὅτι ὠλιγώθησαν
12:5	כִּי־הֹלֵךְ הָאָדָם אֶל־בֵּית עוֹלָמוֹ	ὅτι ἐπορεύθη ὁ ἄνθρωπος εἰς οἶκον αἰῶνος αὐτοῦ
12:13	כִּי־זֶה כָּל־הָאָדָם	ὅτι τοῦτο πᾶς ὁ ἄνθρωπος
12:14	כִּי אֶת־כָּל־מַעֲשֶׂה הָאֱלֹהִים יָבִא בְמִשְׁפָּט	ὅτι σὺν πᾶν τὸ ποίημα ὁ θεὸς ἄξει ἐν κρίσει

כָּכָה *Occurrences: 1*

οὕτως	*1*	*100%*
11:5	*כָּכָה* לֹא תֵדַע אֶת־מַעֲשֵׂה הָאֱלֹהִים	*οὕτως* οὐ γνώσῃ τὰ ποιήματα τοῦ θεοῦ

כֹּל *Occurrences: 91*

πᾶς	*87*	*96%*
γάρ	*1*	*1%*
לְ + כֹּל	*2*	
πᾶς	*2*	*2%*
הַ + כֹּל	*1*	
ματαιότης	*1*	*1%*

γάρ	*1*	*1%*	
5:15	כָּל־עֻמַּת בָּא כֵּן יֵלֵךְ	ὥσπερ *γὰρ* παρεγένετο οὕτως καὶ ἀπελεύσεται	=? כי לעמת
πᾶς	*87*	*96%*	
1:2	הֲבֵל הֲבָלִים *הַכֹּל* הָבֶל	ματαιότης ματαιοτήτων *τὰ πάντα* ματαιότης	
1:3	מַה־יִּתְרוֹן לָאָדָם *בְּכָל*־עֲמָלוֹ	τίς περισσεία τῷ ἀνθρώπῳ *ἐν παντὶ* μόχθῳ αὐτοῦ	
1:7	*כָּל*־הַנְּחָלִים הֹלְכִים אֶל־הַיָּם	*πάντες* οἱ χείμαρροι πορεύονται εἰς τὴν θάλασσαν	
1:8	*כָּל*־הַדְּבָרִים יְגֵעִים	*πάντες* οἱ λόγοι ἔγκοποι	
1:9	וְאֵין *כָּל*־חָדָשׁ תַּחַת הַשָּׁמֶשׁ	καὶ οὐκ ἔστιν *πᾶν* πρόσφατον ὑπὸ τὸν ἥλιον	
1:13	עַל *כָּל*־אֲשֶׁר נַעֲשָׂה תַּחַת הַשָּׁמָיִם	περὶ *πάντων* τῶν γινομένων ὑπὸ τὸν οὐρανόν	
1:14	רָאִיתִי אֶת־*כָּל*־הַמַּעֲשִׂים שֶׁנַּעֲשׂוּ	εἶδον σὺν *πάντα* τὰ ποιήματα τὰ πεποιημένα	
1:14	וְהִנֵּה *הַכֹּל* הֶבֶל	καὶ ἰδοὺ *τὰ πάντα* ματαιότης	
1:16	עַל *כָּל*־אֲשֶׁר־הָיָה לְפָנַי עַל־יְרוּשָׁלָ͏ִם	ἐπὶ *πᾶσιν* οἳ ἐγένοντο ἔμπροσθέν μου ἐν Ιερουσαλημ	
2:5	וְנָטַעְתִּי בָהֶם עֵץ *כָּל*־פֶּרִי	καὶ ἐφύτευσα ἐν αὐτοῖς ξύλον *πᾶν* καρποῦ	
2:7	*מִכֹּל* שֶׁהָיוּ לְפָנַי	*ὑπὲρ πάντας* τοὺς γενομένους ἔμπροσθέν μου	
2:9	*מִכֹּל* שֶׁהָיָה לְפָנַי	*παρὰ πάντας* τοὺς γενομένους ἔμπροσθέν μου	
2:10	*וְכֹל* אֲשֶׁר שָׁאֲלוּ עֵינַי	*καὶ πᾶν* ὃ ᾔτησαν οἱ ὀφθαλμοί μου	
2:10	אֶת־לִבִּי *מִכָּל*־שִׂמְחָה	τὴν καρδίαν μου *ἀπὸ πάσης* εὐφροσύνης	
2:10	כִּי־לִבִּי שָׂמֵחַ *מִכָּל*־עֲמָלִי	ὅτι καρδία μου εὐφράνθη *ἐν παντὶ* μόχθῳ μου	
2:10	וְזֶה־הָיָה חֶלְקִי *מִכָּל*־עֲמָלִי	καὶ τοῦτο ἐγένετο μερίς μου *ἀπὸ παντὸς* μόχθου μου	
2:11	וּפָנִיתִי אֲנִי *בְּכָל*־מַעֲשַׂי	καὶ ἐπέβλεψα ἐγὼ *ἐν πᾶσιν* ποιήμασίν μου	
2:11	וְהִנֵּה *הַכֹּל* הֶבֶל	καὶ ἰδοὺ *τὰ πάντα* ματαιότης	
2:14	שֶׁמִּקְרֶה אֶחָד יִקְרֶה אֶת־*כֻּלָּם*	ὅτι συνάντημα ἓν συναντήσεται *τοῖς πᾶσιν αὐτοῖς*	

2:16	*הַכֹּל* נִשְׁכָּח	*τὰ πάντα* ἐπελήσθη
2:17	כִּי־*הַכֹּל* הֶבֶל וּרְעוּת רוּחַ	ὅτι *τὰ πάντα* ματαιότης καὶ προαίρεσις πνεύματος
2:18	וְשָׂנֵאתִי אֲנִי אֶת־*כָּל*־עֲמָלִי	καὶ ἐμίσησα ἐγὼ σὺν *πάντα* μόχθον μου
2:19	וְיִשְׁלַט *בְּכָל*־עֲמָלִי	καὶ ἐξουσιάζεται *ἐν παντὶ* μόχθῳ μου
2:20	עַל *כָּל*־הֶעָמָל שֶׁעָמַלְתִּי תַּחַת הַשָּׁמֶשׁ	ἐπὶ *παντὶ* τῷ μόχθῳ ᾧ ἐμόχθησα ὑπὸ τὸν ἥλιον
2:22	כִּי מֶה־הֹוֶה לָאָדָם *בְּכָל*־עֲמָלוֹ	ὅτι τί γίνεται τῷ ἀνθρώπῳ *ἐν παντὶ* μόχθῳ αὐτοῦ
2:23	כִּי *כָל*־יָמָיו מַכְאֹבִים	ὅτι *πᾶσαι* αἱ ἡμέραι αὐτοῦ ἀλγημάτων
3:1	*לַכֹּל* זְמָן וְעֵת לְכָל־חֵפֶץ	*τοῖς πᾶσιν* χρόνος καὶ καιρὸς τῷ παντὶ πράγματι
3:1	וְעֵת *לְכָל*־חֵפֶץ תַּחַת הַשָּׁמָיִם	καὶ καιρὸς *τῷ παντὶ* πράγματι ὑπὸ τὸν οὐρανόν
3:11	אֶת־*הַכֹּל* עָשָׂה יָפֶה בְעִתּוֹ	σὺν *τὰ πάντα* ἐποίησεν καλὰ ἐν καιρῷ αὐτοῦ
3:13	וְגַם *כָּל*־הָאָדָם שֶׁיֹּאכַל וְשָׁתָה	καί γε *πᾶς* ὁ ἄνθρωπος ὃς φάγεται καὶ πίεται
3:13	וְרָאָה טוֹב *בְּכָל*־עֲמָלוֹ	καὶ ἴδῃ ἀγαθὸν *ἐν παντὶ* μόχθῳ αὐτοῦ
3:14	יָדַעְתִּי כִּי *כָּל*־אֲשֶׁר יַעֲשֶׂה הָאֱלֹהִים	ἔγνων ὅτι *παντα* ὅσα ἐποίησεν ὁ θεός
3:17	כִּי־עֵת *לְכָל*־חֵפֶץ	ὅτι καιρὸς *τῷ παντὶ* πράγματι
3:17	וְעַל *כָּל*־הַמַּעֲשֶׂה שָׁם	καὶ ἐπὶ *παντὶ* τῷ ποιήματι [ἐκεῖ]
3:19	וְרוּחַ אֶחָד *לַכֹּל*	καὶ πνεῦμα ἓν *τοῖς πᾶσιν*
3:19	אָיִן כִּי *הַכֹּל* הָבֶל	οὐδέν ὅτι *τὰ πάντα* ματαιότης
3:20	*הַכֹּל* הוֹלֵךְ אֶל־מָקוֹם אֶחָד	*τὰ πάντα* πορεύεται εἰς τόπον ἕνα
3:20	*הַכֹּל* הָיָה מִן־הֶעָפָר	*τὰ πάντα* ἐγένετο ἀπὸ τοῦ χοός
3:20	*וְהַכֹּל* שָׁב אֶל־הֶעָפָר	*καὶ τὰ πάντα* ἐπιστρέφει εἰς τὸν χοῦν
4:1	אֶת־*כָּל*־הָעֲשֻׁקִים אֲשֶׁר נַעֲשִׂים	σὺν *πάσας* τὰς συκοφαντίας τὰς γινομένας
4:4	וְרָאִיתִי אֲנִי אֶת־*כָּל*־עָמָל	καὶ εἶδον ἐγὼ σὺν *πάντα* τὸν μόχθον
4:4	וְאֵת *כָּל*־כִּשְׁרוֹן הַמַּעֲשֶׂה	καὶ σὺν *πᾶσαν* ἀνδρείαν τοῦ ποιήματος
4:8	וְאֵין קֵץ *לְכָל*־עֲמָלוֹ	καὶ οὐκ ἔστιν περασμὸς *τῷ παντὶ* μόχθῳ αὐτοῦ
4:15	רָאִיתִי אֶת־*כָּל*־הַחַיִּים הַמְהַלְּכִים	εἶδον σὺν *πάντας* τοὺς ζῶντας τοὺς περιπατοῦντας
4:16	אֵין־קֵץ *לְכָל*־הָעָם	οὐκ ἔστιν περασμὸς *τῷ παντὶ* λαῷ
4:16	*לְכֹל* אֲשֶׁר־הָיָה לִפְנֵיהֶם	*τοῖς πᾶσιν* ὅσοι ἐγένοντο ἔμπροσθεν αὐτῶν
5:8	וְיִתְרוֹן אֶרֶץ *בַּכֹּל* *היא **הוּא	καὶ περισσεία γῆς *ἐν παντί* ἐστι
5:16	גַּם *כָּל*־יָמָיו בַּחֹשֶׁךְ יֹאכֵל	καί γε *πᾶσαι* αἱ ἡμέραι αὐτοῦ ἐν σκότει καὶ πένθει
5:17	*בְּכָל*־עֲמָלוֹ שֶׁיַּעֲמֹל	*ἐν παντὶ* μόχθῳ αὐτοῦ ᾧ ἐὰν μοχθῇ
5:18	גַּם *כָּל*־הָאָדָם אֲשֶׁר נָתַן־לוֹ הָאֱלֹהִים	καί γε *πᾶς* ὁ ἄνθρωπος ᾧ ἔδωκεν αὐτῷ ὁ θεὸς
6:2	*מִכֹּל* אֲשֶׁר־יִתְאַוֶּה	*ἀπὸ πάντων* ὧν ἐπιθυμήσει
6:6	הֲלֹא אֶל־מָקוֹם אֶחָד *הַכֹּל* הוֹלֵךְ	μὴ οὐκ εἰς τόπον ἕνα *τὰ πάντα* πορεύεται
6:7	*כָּל*־עֲמַל הָאָדָם לְפִיהוּ	*πᾶς* μόχθος τοῦ ἀνθρώπου εἰς στόμα αὐτοῦ
7:2	בַּאֲשֶׁר הוּא סוֹף *כָּל*־הָאָדָם	καθότι τοῦτο τέλος *παντὸς* τοῦ ἀνθρώπου
7:15	אֶת־*הַכֹּל* רָאִיתִי בִּימֵי הֶבְלִי	σὺν *τὰ πάντα* εἶδον ἐν ἡμέραις ματαιότητός μου
7:18	כִּי־יְרֵא אֱלֹהִים יֵצֵא אֶת־*כֻּלָּם*	ὅτι φοβούμενος τὸν θεὸν ἐξελεύσεται *τὰ πάντα*
7:21	גַּם *לְכָל*־הַדְּבָרִים אֲשֶׁר יְדַבֵּרוּ	καί γε *εἰς πάντας* τοὺς λόγους οὓς λαλήσουσιν
7:23	*כָּל*־זֹה נִסִּיתִי בַחָכְמָה	*πάντα* ταῦτα ἐπείρασα ἐν τῇ σοφίᾳ
7:28	וְאִשָּׁה *בְכָל*־אֵלֶּה לֹא מָצָאתִי	καὶ γυναῖκα *ἐν πᾶσι* τούτοις οὐχ εὗρον
8:3	כִּי *כָּל*־אֲשֶׁר יַחְפֹּץ יַעֲשֶׂה	ὅτι *πᾶν* ὃ ἐὰν θελήσῃ ποιήσει
8:9	אֶת־*כָּל*־זֶה רָאִיתִי	καὶ σὺν *πᾶν* τοῦτο εἶδον
8:9	וְנָתוֹן אֶת־לִבִּי *לְכָל*־מַעֲשֶׂה	καὶ ἔδωκα τὴν καρδίαν μου *εἰς πᾶν* ποίημα
8:17	וְרָאִיתִי אֶת־*כָּל*־מַעֲשֵׂה הָאֱלֹהִים	καὶ εἶδον σὺν *πάντα* τὰ ποιήματα τοῦ θεοῦ
9:1	כִּי אֶת־*כָּל*־זֶה נָתַתִּי אֶל־לִבִּי	ὅτι σὺν *πᾶν* τοῦτο ἔδωκα εἰς καρδίαν μου
9:1	וְלָבוּר אֶת־*כָּל*־זֶה	καὶ καρδία μου σὺν *πᾶν* εἶδεν τοῦτο
9:1	*הַכֹּל* לִפְנֵיהֶם	*τὰ πάντα* πρὸ προσώπου αὐτῶν
9:2	הַכֹּל כַּאֲשֶׁר *לַכֹּל*	ματαιότης *ἐν τοῖς πᾶσιν*
9:3	זֶה רָע *בְּכֹל* אֲשֶׁר־נַעֲשָׂה תַּחַת הַשֶּׁמֶשׁ	τοῦτο πονηρὸν *ἐν παντὶ* πεποιημένῳ ὑπὸ τὸν ἥλιον
9:3	כִּי־מִקְרֶה אֶחָד *לַכֹּל*	ὅτι συνάντημα ἓν *τοῖς πᾶσιν*
9:4	כִּי־מִי אֲשֶׁר *יבחר **יְחֻבַּר אֶל *כָּל*־הַחַיִּים	ὅτι τίς ὃς κοινωνεῖ πρὸς *πάντας* τοὺς ζῶντας
9:6	*בְּכֹל* אֲשֶׁר־נַעֲשָׂה תַּחַת הַשָּׁמֶשׁ	*ἐν παντὶ* τῷ πεποιημένῳ ὑπὸ τὸν ἥλιον
9:8	*בְּכָל*־עֵת יִהְיוּ בְגָדֶיךָ לְבָנִים	*ἐν παντὶ* καιρῷ ἔστωσαν ἱμάτιά σου λευκά
9:9	*כָּל*־יְמֵי חַיֵּי הֶבְלֶךָ	*πάσας* ἡμέρας ζωῆς ματαιότητός σου
9:9	*כֹּל* יְמֵי הֶבְלֶךָ	*πάσας* ἡμέρας ματαιότητός σου
9:10	*כֹּל* אֲשֶׁר תִּמְצָא יָדְךָ לַעֲשׂוֹת	*πάντα* ὅσα ἂν εὕρῃ ἡ χείρ σου τοῦ ποιῆσαι
9:11	יִקְרֶה אֶת־*כֻּלָּם*	συναντήσεται *τοῖς πᾶσιν αὐτοῖς*

10:19 וְהַכֶּסֶף יַעֲנֶה אֶת־הַכֹּל καὶ τοῦ ἀργυρίου ἐπακούσεται σὺν *τὰ πάντα*
11:5 אֶת־מַעֲשֵׂה הָאֱלֹהִים אֲשֶׁר יַעֲשֶׂה אֶת־הַכֹּל τὰ ποιήματα τοῦ θεοῦ ὅσα ποιήσει σὺν *τὰ πάντα*
11:8 בְּכֻלָּם יִשְׂמָח *ἐν πᾶσιν αὐτοῖς* εὐφρανθήσεται
11:8 כִּי־הַרְבֵּה יִהְיוּ כָּל־שֶׁבָּא הָבֶל ὅτι πολλαὶ ἔσονται *πᾶν* τὸ ἐρχόμενον ματαιότης
11:9 וְדָע כִּי עַל־כָּל־אֵלֶּה καὶ γνῶθι ὅτι ἐπὶ *πᾶσι* τούτοις
12:4 וְיִשַּׁחוּ כָּל־בְּנוֹת καὶ ταπεινωθήσονται *πᾶσαι* αἱ θυγατέρες
12:8 הַכֹּל הָבֶל *τὰ πάντα* ματαιότης
12:13 סוֹף דָּבָר הַכֹּל נִשְׁמָע τέλος λόγου *τὸ πᾶν* ἀκούεται
12:13 כִּי־זֶה כָּל־הָאָדָם ὅτι τοῦτο *πᾶς* ὁ ἄνθρωπος
12:14 כִּי אֶת־כָּל־מַעֲשֶׂה הָאֱלֹהִים יָבִא בְמִשְׁפָּט ὅτι σὺν *πᾶν* τὸ ποίημα ὁ θεὸς ἄξει ἐν κρίσει
12:14 עַל כָּל־נֶעְלָם ἐν *παντὶ* παρεωραμένῳ

הַ + כל 1
ματαιότης 1 *1%*
9:2 הַכֹּל כַּאֲשֶׁר לַכֹּל *ματαιότης* ἐν τοῖς πᾶσιν =;.kb הבל

לְ + כל 2
πᾶς 2 *2%*
8:6 כִּי לְכָל־חֵפֶץ יֵשׁ עֵת וּמִשְׁפָּט ὅτι *παντὶ* πράγματι ἔστιν καιρὸς καὶ κρίσις
10:3 וְאָמַר לַכֹּל סָכָל הוּא καὶ ἃ λογιεῖται *πάντα* ἀφροσύνη ἐστίν

כָּלָא *Occurrences: 1*

κωλύω 1 *100%*
8:8 לִכְלוֹא אֶת־הָרוּחַ τοῦ *κωλῦσαι* σὺν τὸ πνεῦμα

כֶּלֶב *Occurrences: 1*

κύων 1 *100%*
9:4 יֵשׁ בִּטָּחוֹן כִּי־לְכֶלֶב חַי הוּא טוֹב ἔστιν ἐλπίς ὅτι *ὁ κύων* ὁ ζῶν αὐτὸς ἀγαθὸς

כְּלִי *Occurrences: 1*

σκεῦος 1 *100%*
9:18 טוֹבָה חָכְמָה מִכְּלֵי קְרָב ἀγαθὴ σοφία ὑπὲρ *σκεύη* πολέμου

כֵּן *Occurrences: 7*

οὕτως	*4*	*57%*
οὗτος	*2*	*29%*
בְּ + כֵּן	*1*	
τότε	*1*	*14%*

οὗτος 2 *29%*
5:1 עַל־כֵּן יִהְיוּ דְבָרֶיךָ מְעַטִּים ἐπὶ *τούτῳ* ἔστωσαν οἱ λόγοι σου ὀλίγοι
8:11 עַל־כֵּן מָלֵא לֵב בְּנֵי־הָאָדָם διὰ *τοῦτο* ἐπληροφορήθη καρδία υἱῶν τοῦ ἀνθρώπου
οὕτως 4 *57%*
3:19 כְּמוֹת זֶה כֵּן מוֹת זֶה ὡς ὁ θάνατος τούτου *οὕτως* ὁ θάνατος τούτου
5:15 כָּל־עֻמַּת בָּא כֵּן יֵלֵךְ ὥσπερ γὰρ παρεγένετο *οὕτως* καὶ ἀπελεύσεται
7:6 כֵּן שְׂחוֹק הַכְּסִיל וְגַם־זֶה הָבֶל *οὕτως* γέλως τῶν ἀφρόνων καί γε τοῦτο ματαιότης
8:10 וְיִשְׁתַּכְּחוּ בָעִיר אֲשֶׁר כֵּן־עָשׂוּ καὶ ἐπῃνέθησαν ἐν τῇ πόλει ὅτι *οὕτως* ἐποίησαν
בְּ + כֵּן 1
τότε 1 *14%*
8:10 וּבְכֵן רָאִיתִי רְשָׁעִים קְבֻרִים וָבָאוּ καὶ *τότε* εἶδον ἀσεβεῖς εἰς τάφους εἰσαχθέντας

כָּנַס *Occurrences: 3*

ἄγω/συν 3 *100%*
2:8 כָּנַסְתִּי לִי גַּם־כֶּסֶף וְזָהָב *συνήγαγόν* μοι καί γε ἀργύριον καὶ χρυσίον
2:26 לֶאֱסוֹף וְלִכְנוֹס τοῦ προσθεῖναι *καὶ τοῦ συναγαγεῖν*
3:5 וְעֵת כְּנוֹס אֲבָנִים καὶ καιρὸς τοῦ *συναγαγεῖν* λίθους

כָּנָף *Occurrences: 1*

πτέρυξ	*1*	*100%*	
10:20	וּבַעַל *הכנפים **כְּנָפַיִם יַגֵּיד דָּבָר	καὶ ὁ ἔχων *τὰς πτέρυγας* ἀπαγγελεῖ λόγον	*

כָּסָה *Occurrences: 1*

καλύπτω	*1*	*100%*	
6:4	וּבַחֹשֶׁךְ שְׁמוֹ *יְכֻסֶּה*	καὶ ἐν σκότει ὄνομα αὐτοῦ *καλυφθήσεται*	

כְּסִיל *Occurrences: 18*

ἄφρων	*17*	*94%*
ἀφροσύνη	*1*	*6%*

ἀφροσύνη	*1*	*6%*	
9:17	מִזַּעֲקַת מוֹשֵׁל *בַּכְּסִילִים*	ὑπὲρ κραυγὴν ἐξουσιαζόντων *ἐν ἀφροσύναις*	
ἄφρων	*17*	*94%*	
2:14	*וְהַכְּסִיל* בַּחֹשֶׁךְ הוֹלֵךְ	*καὶ ὁ ἄφρων* ἐν σκότει πορεύεται	
2:15	כְּמִקְרֵה *הַכְּסִיל*	ὡς συνάντημα *τοῦ ἄφρονος*	
2:16	כִּי אֵין זִכְרוֹן לֶחָכָם עִם־*הַכְּסִיל*	ὅτι οὐκ ἔστιν μνήμη τοῦ σοφοῦ μετὰ *τοῦ ἄφρονος*	
2:16	וְאֵיךְ יָמוּת הֶחָכָם עִם־*הַכְּסִיל*	καὶ πῶς ἀποθανεῖται ὁ σοφὸς μετὰ *τοῦ ἄφρονος*	
4:5	*הַכְּסִיל* חֹבֵק אֶת־יָדָיו	*ὁ ἄφρων* περιέλαβεν τὰς χεῖρας αὐτοῦ	
4:13	מִמֶּלֶךְ זָקֵן *וּכְסִיל*	ὑπὲρ βασιλέα πρεσβύτερον *καὶ ἄφρονα*	
4:17	מִתֵּת *הַכְּסִילִים* זָבַח	ὑπὲρ δόμα *τῶν ἀφρόνων* θυσία σου	
5:2	וְקוֹל *כְּסִיל* בְּרֹב דְּבָרִים	καὶ φωνὴ *ἄφρονος* ἐν πλήθει λόγων	
5:3	כִּי אֵין חֵפֶץ *בַּכְּסִילִים*	ὅτι οὐκ ἔστιν θέλημα *ἐν ἄφροσιν*	
6:8	כִּי מַה־יּוֹתֵר לֶחָכָם מִן־*הַכְּסִיל*	ὅτι τίς περισσεία τῷ σοφῷ ὑπὲρ *τὸν ἄφρονα*	
7:4	וְלֵב *כְּסִילִים* בְּבֵית שִׂמְחָה	καὶ καρδία *ἀφρόνων* ἐν οἴκῳ εὐφροσύνης	
7:5	מֵאִישׁ שֹׁמֵעַ שִׁיר *כְּסִילִים*	ὑπὲρ ἄνδρα ἀκούοντα ᾆσμα *ἀφρόνων*	
7:6	כֵּן שְׂחֹק *הַכְּסִיל* וְגַם־זֶה הָבֶל	οὕτως γέλως *τῶν ἀφρόνων* καί γε τοῦτο ματαιότης	
7:9	כִּי כַעַס בְּחֵיק *כְּסִילִים* יָנוּחַ	ὅτι θυμὸς ἐν κόλπῳ *ἀφρόνων* ἀναπαύσεται	
10:2	וְלֵב *כְּסִיל* לִשְׂמֹאלוֹ	καὶ καρδία *ἄφρονος* εἰς ἀριστερὸν αὐτοῦ	
10:12	וְשִׂפְתוֹת *כְּסִיל* תְּבַלְּעֶנּוּ	καὶ χείλη *ἄφρονος* καταποντιοῦσιν αὐτόν	
10:15	עֲמַל *הַכְּסִילִים* תְּיַגְּעֶנּוּ	μόχθος *τῶν ἀφρόνων* κοπώσει αὐτούς	

כֶּסֶל *Occurrences: 1*

ἀφροσύνη	*1*	*100%*	
7:25	וְלָדַעַת רֶשַׁע *כֶּסֶל*	καὶ τοῦ γνῶναι ἀσεβοῦς *ἀφροσύνην*	

כֶּסֶף *Occurrences: 6*

ἀργύριον	*6*	*100%*	
2:8	כָּנַסְתִּי לִי גַּם־*כֶּסֶף* וְזָהָב	συνήγαγόν μοι καί γε *ἀργύριον* καὶ χρυσίον	
5:9	אֹהֵב *כֶּסֶף* לֹא־יִשְׂבַּע כֶּסֶף	ἀγαπῶν *ἀργύριον* οὐ πλησθήσεται ἀργυρίου	
5:9	אֹהֵב כֶּסֶף לֹא־יִשְׂבַּע *כֶּסֶף*	ἀγαπῶν ἀργύριον οὐ πλησθήσεται *ἀργυρίου*	
7:12	כִּי בְּצֵל הַחָכְמָה בְּצֵל *הַכָּסֶף*	ὅτι ἐν σκιᾷ αὐτῆς ἡ σοφία ὡς σκιὰ *τοῦ ἀργυρίου*	
10:19	*וְהַכֶּסֶף* יַעֲנֶה אֶת־הַכֹּל	*καὶ τοῦ ἀργυρίου* ἐπακούσεται σὺν τὰ πάντα	
12:6	עַד אֲשֶׁר לֹא־*ירחק **יֵרָתֵק חֶבֶל *הַכֶּסֶף*	ἕως ὅτου μὴ ἀνατραπῇ σχοινίον *τοῦ ἀργυρίου*	

כַּעַס *Occurrences: 2*

θυμόω	*1*	*50%*
θυμός	*1*	*50%*

θυμός	*1*	*50%*	
5:16	*וְכָעַס* הַרְבֵּה וְחָלְיוֹ וָקָצֶף	*καὶ θυμῷ* πολλῷ καὶ ἀρρωστίᾳ καὶ χόλῳ	=v
θυμόω	*1*	*50%*	
7:9	אַל־תְּבַהֵל בְּרוּחֲךָ *לִכְעוֹס*	μὴ σπεύσῃς ἐν πνεύματί σου *τοῦ θυμοῦσθαι*	

כַּעַס *Occurrences: 5*

θυμός	*4*	*80%*
γνῶσις	*1*	*20%*

γνῶσις	*1*	*20%*		
1:18	כִּי בְּרֹב חָכְמָה רָב־כָּעַס	ὅτι ἐν πλήθει σοφίας πλῆθος *γνώσεως*	=;	דעת
θυμός	*4*	*80%*		
2:23	מַכְאֹבִים וָכַעַס עִנְיָנוֹ	ἀλγημάτων *καὶ θυμοῦ* περισπασμὸς αὐτοῦ		
7:3	טוֹב כַּעַס מִשְּׂחֹק	ἀγαθὸν *θυμὸς* ὑπὲρ γέλωτα		
7:9	כִּי כַעַס בְּחֵיק כְּסִילִים יָנוּחַ	ὅτι *θυμὸς* ἐν κόλπῳ ἀφρόνων ἀναπαύσεται		
11:10	וְהָסֵר כַּעַס מִלִּבֶּךָ	καὶ ἀπόστησον *θυμὸν* ἀπὸ καρδίας σου		

כַּף *Occurrences: 1*

δράξ	*1*	*100%*		
4:6	טוֹב מְלֹא כַף נָחַת	ἀγαθὸν πλήρωμα *δρακὸς* ἀναπαύσεως		

כֶּרֶם *Occurrences: 1*

ἀμπελών	*1*	*100%*		
2:4	נָטַעְתִּי לִי כְּרָמִים	ἐφύτευσά μοι *ἀμπελῶνας*		

כָּשֵׁר *Occurrences: 2*

στοιχέω	*1*	*50%*
ἀνδρεῖος	*1*	*50%*

ἀνδρεῖος	*1*	*50%*		
10:10	וְיִתְרוֹן *הכשיר **הַכְשֵׁר חָכְמָה	καὶ περισσεία τοῦ *ἀνδρείου* σοφία	=	הכשר
στοιχέω	*1*	*50%*		
11:6	כִּי אֵינְךָ יוֹדֵעַ אֵי זֶה יִכְשַׁר הֲזֶה אוֹ־זֶה	ὅτι οὐ γινώσκεις ποῖον *στοιχήσει* ἢ τοῦτο ἢ τοῦτο		

כִּשְׁרוֹן *Occurrences: 3*

ἀνδρεία	*3*	*100%*		
2:21	בְּחָכְמָה וּבְדַעַת וּבְכִשְׁרוֹן	ἐν σοφίᾳ καὶ ἐν γνώσει *καὶ ἐν ἀνδρείᾳ*		
4:4	וְאֵת כָּל־כִּשְׁרוֹן הַמַּעֲשֶׂה	καὶ σὺν πᾶσαν *ἀνδρείαν* τοῦ ποιήματος		
5:10	וּמַה־כִּשְׁרוֹן לִבְעָלֶיהָ	καὶ τί *ἀνδρεία* τῷ παρ' αὐτῆς		

כָּתַב *Occurrences: 1*

γράφω	*1*	*100%*		
12:10	וְכָתוּב יֹשֶׁר דִּבְרֵי אֱמֶת	*καὶ γεγραμμένον* εὐθύτητος λόγους ἀληθείας		

ל

לְ *Occurrences: 235*

ὁ	*148*	*64%*
εἰς	*18*	*8%*
πρό	*5*	*3%*
- - -	*5*	
ἐν	*2*	*1%*
ὅτι	*1*	*1%*
ἵνα	*1*	*1%*
לְ + ־הוּ	*14*	
αὐτός	*14*	*5%*
לְ + ־י	*10*	
ἐγώ	*10*	*4%*
לְ + פָּנֶה	*9*	
ἔμπροσθεν	*5*	*2%*
πρόσωπον	*4*	*2%*
לְ + ־הֶם	*9*	
αὐτός	*9*	*4%*
לְ + מָה	*3*	
μήποτε	*1*	*1%*
ἵνα + μή	*2*	*1%*
לְ + כֹּל	*2*	
πᾶς	*2*	*1%*
לְ + אֲשֶׁר	*1*	
ὁ	*1*	*1%*
לְ + בַּד	*1*	
πλήν	*1*	*1%*
לְ + בּוּר	*1*	
καρδία	*1*	*1%*
לְ + זֶה	*1*	
οὗτος	*1*	*1%*
לְ + מַטָּה	*1*	
κάτω	*1*	*1%*
לְ + מִי	*1*	
τίς	*1*	*1%*
לְ + עֻמָּה	*1*	
σύμφωνος	*1*	*1%*
[לְ + עֻמָּה + שֶׁ]	*1*	
ὥσπερ	*1*	*1%*
לְ + ־ךָ	*1*	
σύ	*1*	*1%*
לְ + ־ךְ	*1*	
σύ	*1*	*1%*

- - -	*5*	
2:21	וּלְאָדָם שֶׁלֹּא עָמַל־בּוֹ	*καὶ ἄνθρωπος* ὃς οὐκ ἐμόχθησεν ἐν αὐτῷ
3:14	עָלָיו אֵין *לְהוֹסִיף*	ἐπ' αὐτῷ οὐκ ἔστιν *προσθεῖναι*
3:14	וּמִמֶּנּוּ אֵין *לִגְרֹעַ*	καὶ ἀπ' αὐτοῦ οὐκ ἔστιν *ἀφελεῖν*
6:8	מַה־לֶּעָנִי יוֹדֵעַ *לַהֲלֹךְ* נֶגֶד הַחַיִּים	διότι ὁ πένης οἶδεν *πορευθῆναι* κατέναντι τῆς ζωῆς
7:2	טוֹב *לָלֶכֶת* אֶל־בֵּית־אֵבֶל	ἀγαθὸν *πορευθῆναι* εἰς οἶκον πένθους
εἰς	*18*	*8%*
1:4	וְהָאָרֶץ *לְעוֹלָם* עֹמָדֶת	καὶ ἡ γῆ *εἰς τὸν αἰῶνα* ἕστηκεν
1:11	עִם שֶׁיִּהְיוּ *לָאַחֲרֹנָה*	μετὰ τῶν γενησομένων *εἰς τὴν ἐσχάτην*
2:16	זִכְרוֹן לֶחָכָם עִם־הַכְּסִיל *לְעוֹלָם*	μνήμη τοῦ σοφοῦ μετὰ τοῦ ἄφρονος *εἰς αἰῶνα*
3:14	הוּא יִהְיֶה *לְעוֹלָם*	αὐτὰ ἔσται *εἰς τὸν αἰῶνα*
3:21	הָעֹלָה הִיא *לְמָעְלָה*	εἰ ἀναβαίνει αὐτὸ *εἰς ἄνω*
3:21	הַיֹּרֶדֶת הִיא לְמַטָּה *לָאָרֶץ*	εἰ καταβαίνει αὐτὸ κάτω *εἰς γῆν*
5:12	שָׁמוּר לִבְעָלָיו *לְרָעָתוֹ*	φυλασσόμενον τῷ παρ' αὐτοῦ *εἰς κακίαν αὐτοῦ*

5:15	וּמַה־יִּתְרוֹן לוֹ שֶׁיַּעֲמֹל לָרוּחַ	καὶ τίς περισσεία αὐτῷ ἣ μοχθεῖ εἰς ἄνεμον
6:7	כָּל־עֲמַל הָאָדָם לְפִיהוּ	πᾶς μόχθος τοῦ ἀνθρώπου εἰς στόμα αὐτοῦ
7:21	גַּם לְכָל־הַדְּבָרִים אֲשֶׁר יְדַבֵּרוּ	καὶ γε εἰς πάντας τοὺς λόγους οὓς λαλήσουσιν
8:9	וְנָתוֹן אֶת־לִבִּי לְכָל־מַעֲשֶׂה	καὶ ἔδωκα τὴν καρδίαν μου εἰς πᾶν ποίημα
9:6	וְחֵלֶק אֵין־לָהֶם עוֹד לְעוֹלָם	καὶ μερὶς οὐκ ἔστιν αὐτοῖς ἔτι εἰς αἰῶνα
9:12	בְּנֵי הָאָדָם לְעֵת רָעָה	οἱ υἱοὶ τοῦ ἀνθρώπου εἰς καιρὸν πονηρόν
10:2	לֵב חָכָם לִימִינוֹ	καρδία σοφοῦ εἰς δεξιὸν αὐτοῦ
10:2	וְלֵב כְּסִיל לִשְׂמֹאלוֹ	καὶ καρδία ἄφρονος εἰς ἀριστερὸν αὐτοῦ
10:19	לִשְׂחוֹק עֹשִׂים לֶחֶם	εἰς γέλωτα ποιοῦσιν ἄρτον
11:6	וְלָעֶרֶב אַל־תַּנַּח יָדֶךָ	καὶ εἰς ἑσπέραν μὴ ἀφέτω ἡ χείρ σου
12:4	וְיָקוּם לְקוֹל הַצִּפּוֹר	καὶ ἀναστήσεται εἰς φωνὴν τοῦ στρουθίου

ἐν		2	1%
1:10	כְּבָר הָיָה לְעֹלָמִים אֲשֶׁר הָיָה		ἤδη γέγονεν ἐν τοῖς αἰῶσιν τοῖς γενομένοις
9:2	הַכֹּל כַּאֲשֶׁר לַכֹּל		ματαιότης ἐν τοῖς πᾶσιν

ἵνα		1	1%
2:15	וְלָמָּה חָכַמְתִּי אֲנִי אָז יוֹתֵר		καὶ ἵνα τί ἐσοφισάμην ἐγὼ τότε περισσὸν

ὁ		148	64%
1:3	מַה־יִּתְרוֹן לָאָדָם בְּכָל־עֲמָלוֹ		τίς περισσεία τῷ ἀνθρώπῳ ἐν παντὶ μόχθῳ αὐτοῦ
1:7	שָׁם הֵם שָׁבִים לָלָכֶת		ἐκεῖ αὐτοὶ ἐπιστρέφουσιν τοῦ πορευθῆναι
1:8	לֹא־יוּכַל אִישׁ לְדַבֵּר		οὐ δυνήσεται ἀνὴρ τοῦ λαλεῖν
1:8	לֹא־תִשְׂבַּע עַיִן לִרְאוֹת		καὶ οὐκ ἐμπλησθήσεται ὀφθαλμὸς τοῦ ὁρᾶν
1:11	אֵין זִכְרוֹן לָרִאשֹׁנִים		οὐκ ἔστιν μνήμη τοῖς πρώτοις
1:11	וְגַם לָאַחֲרֹנִים שֶׁיִּהְיוּ		καὶ γε τοῖς ἐσχάτοις γενομένοις
1:13	וְנָתַתִּי אֶת־לִבִּי לִדְרוֹשׁ		καὶ ἔδωκα τὴν καρδίαν μου τοῦ ἐκζητῆσαι
1:13	וְלָתוּר בַּחָכְמָה		καὶ τοῦ κατασκέψασθαι ἐν τῇ σοφίᾳ
1:13	לִבְנֵי הָאָדָם לַעֲנוֹת בּוֹ		τοῖς υἱοῖς τοῦ ἀνθρώπου τοῦ περισπᾶσθαι ἐν αὐτῷ
1:13	לִבְנֵי הָאָדָם לַעֲנוֹת בּוֹ		τοῖς υἱοῖς τοῦ ἀνθρώπου τοῦ περισπᾶσθαι ἐν αὐτῷ
1:15	מְעֻוָּת לֹא־יוּכַל לִתְקֹן		διεστραμμένον οὐ δυνήσεται τοῦ ἐπικοσμηθῆναι
1:15	וְחֶסְרוֹן לֹא־יוּכַל לְהִמָּנוֹת		καὶ ὑστέρημα οὐ δυνήσεται τοῦ ἀριθμηθῆναι
1:16	דִּבַּרְתִּי אֲנִי עִם־לִבִּי לֵאמֹר		ἐλάλησα ἐγὼ ἐν καρδίᾳ μου τῷ λέγειν
1:17	וָאֶתְּנָה לִבִּי לָדַעַת חָכְמָה		καὶ ἔδωκα καρδίαν μου τοῦ γνῶναι σοφίαν
2:2	לִשְׂחוֹק אָמַרְתִּי מְהוֹלָל		τῷ γέλωτι εἶπα περιφορὰν {c παραφορὰν}
2:2	וּלְשִׂמְחָה מַה־זֹּה עֹשָׂה		καὶ τῇ εὐφροσύνῃ τί τοῦτο ποιεῖς
2:3	לִמְשׁוֹךְ בַּיַּיִן אֶת־בְּשָׂרִי		τοῦ ἑλκύσαι εἰς οἶνον τὴν σάρκα μου
2:3	וְלֶאֱחֹז בְּסִכְלוּת		καὶ τοῦ κρατῆσαι ἐπ' ἀφροσύνῃ
2:3	טוֹב לִבְנֵי הָאָדָם אֲשֶׁר יַעֲשׂוּ		τὸ ἀγαθὸν τοῖς υἱοῖς τοῦ ἀνθρώπου ὃ ποιήσουσιν
2:6	לְהַשְׁקוֹת מֵהֶם יַעַר צוֹמֵחַ עֵצִים		τοῦ ποτίσαι ἀπ' αὐτῶν δρυμὸν βλαστῶντα ξύλα
2:11	וּבֶעָמָל שֶׁעָמַלְתִּי לַעֲשׂוֹת		καὶ ἐν μόχθῳ ᾧ ἐμόχθησα τοῦ ποιεῖν
2:12	וּפָנִיתִי אֲנִי לִרְאוֹת חָכְמָה		καὶ ἐπέβλεψα ἐγὼ τοῦ ἰδεῖν σοφίαν
2:13	וְרָאִיתִי אֲנִי שֶׁיֵּשׁ יִתְרוֹן לַחָכְמָה		καὶ εἶδον ἐγὼ ὅτι ἔστιν περισσεία τῇ σοφίᾳ
2:16	כִּי אֵין זִכְרוֹן לֶחָכָם עִם־הַכְּסִיל		ὅτι οὐκ ἔστιν μνήμη τοῦ σοφοῦ μετὰ τοῦ ἄφρονος
2:18	שֶׁאַנִּיחֶנּוּ לָאָדָם שֶׁיִּהְיֶה אַחֲרָי		ὅτι ἀφίω αὐτὸν τῷ ἀνθρώπῳ τῷ γινομένῳ μετ' ἐμέ
2:20	וְסַבּוֹתִי אֲנִי לְיַאֵשׁ אֶת־לִבִּי		καὶ ἐπέστρεψα ἐγὼ τοῦ ἀποτάξασθαι τῇ καρδίᾳ μου
2:22	כִּי מֶה־הֹוֶה לָאָדָם בְּכָל־עֲמָלוֹ		ὅτι τί γίνεται τῷ ἀνθρώπῳ ἐν παντὶ μόχθῳ αὐτοῦ
2:26	כִּי לְאָדָם שֶׁטּוֹב לְפָנָיו		ὅτι τῷ ἀνθρώπῳ τῷ ἀγαθῷ πρὸ προσώπου αὐτοῦ
2:26	וְלַחוֹטֶא נָתַן עִנְיָן		καὶ τῷ ἁμαρτάνοντι ἔδωκεν περισπασμόν
2:26	לֶאֱסֹף וְלִכְנוֹס		τοῦ προσθεῖναι καὶ τοῦ συναγαγεῖν
2:26	לֶאֱסֹף וְלִכְנוֹס		τοῦ προσθεῖναι καὶ τοῦ συναγαγεῖν
2:26	לָתֵת לְטוֹב לִפְנֵי הָאֱלֹהִים		τοῦ δοῦναι τῷ ἀγαθῷ πρὸ προσώπου τοῦ θεοῦ
2:26	לָתֵת לְטוֹב לִפְנֵי הָאֱלֹהִים		τοῦ δοῦναι τῷ ἀγαθῷ πρὸ προσώπου τοῦ θεοῦ
3:1	לַכֹּל זְמָן וְעֵת לְכָל־חֵפֶץ		τοῖς πᾶσιν χρόνος καὶ καιρὸς τῷ παντὶ πράγματι
3:1	וְעֵת לְכָל־חֵפֶץ תַּחַת הַשָּׁמָיִם		καὶ καιρὸς τῷ παντὶ πράγματι ὑπὸ τὸν οὐρανόν
3:2	עֵת לָלֶדֶת וְעֵת לָמוּת		καιρὸς τοῦ τεκεῖν καὶ καιρὸς τοῦ ἀποθανεῖν
3:2	עֵת לָלֶדֶת וְעֵת לָמוּת		καιρὸς τοῦ τεκεῖν καὶ καιρὸς τοῦ ἀποθανεῖν
3:2	עֵת לָטַעַת וְעֵת לַעֲקוֹר		καιρὸς τοῦ φυτεῦσαι καὶ καιρὸς τοῦ ἐκτῖλαι
3:2	וְעֵת לַעֲקוֹר נָטוּעַ		καὶ καιρὸς τοῦ ἐκτῖλαι πεφυτευμένον

3:3	עֵת *לַהֲרוֹג* וְעֵת לִרְפּוֹא	καιρὸς *τοῦ ἀποκτεῖναι* καὶ καιρὸς τοῦ ἰάσασθαι	
3:3	עֵת לַהֲרוֹג וְעֵת *לִרְפּוֹא*	καιρὸς τοῦ ἀποκτεῖναι καὶ καιρὸς *τοῦ ἰάσασθαι*	
3:3	עֵת *לִפְרוֹץ* וְעֵת לִבְנוֹת	καιρὸς *τοῦ καθελεῖν* καὶ καιρὸς τοῦ οἰκοδομῆσαι	
3:3	עֵת לִפְרוֹץ וְעֵת *לִבְנוֹת*	καιρὸς τοῦ καθελεῖν καὶ καιρὸς *τοῦ οἰκοδομῆσαι*	
3:4	עֵת *לִבְכּוֹת* וְעֵת לִשְׂחוֹק	καιρὸς *τοῦ κλαῦσαι* καὶ καιρὸς τοῦ γελάσαι	
3:4	עֵת לִבְכּוֹת וְעֵת *לִשְׂחוֹק*	καιρὸς τοῦ κλαῦσαι καὶ καιρὸς *τοῦ γελάσαι*	
3:5	עֵת *לְהַשְׁלִיךְ* אֲבָנִים	καιρὸς *τοῦ βαλεῖν* λίθους	
3:5	עֵת *לַחֲבוֹק* וְעֵת לִרְחֹק	καιρὸς *τοῦ περιλαβεῖν* καὶ καιρὸς τοῦ μακρυνθῆναι	
3:5	וְעֵת *לִרְחֹק* מֵחַבֵּק	καὶ καιρὸς *τοῦ μακρυνθῆναι* ἀπὸ περιλήμψεως	
3:6	עֵת *לְבַקֵּשׁ* וְעֵת לְאַבֵּד	καιρὸς *τοῦ ζητῆσαι* καὶ καιρὸς τοῦ ἀπολέσαι	
3:6	עֵת לְבַקֵּשׁ וְעֵת *לְאַבֵּד*	καιρὸς τοῦ ζητῆσαι καὶ καιρὸς *τοῦ ἀπολέσαι*	
3:6	עֵת *לִשְׁמוֹר* וְעֵת לְהַשְׁלִיךְ	καιρὸς *τοῦ φυλάξαι* καὶ καιρὸς τοῦ ἐκβαλεῖν	
3:6	עֵת לִשְׁמוֹר וְעֵת *לְהַשְׁלִיךְ*	καιρὸς τοῦ φυλάξαι καὶ καιρὸς *τοῦ ἐκβαλεῖν*	
3:7	עֵת *לִקְרוֹעַ* וְעֵת לִתְפּוֹר	καιρὸς *τοῦ ῥῆξαι* καὶ καιρὸς τοῦ ῥάψαι	
3:7	עֵת לִקְרוֹעַ וְעֵת *לִתְפּוֹר*	καιρὸς τοῦ ῥῆξαι καὶ καιρὸς *τοῦ ῥάψαι*	
3:7	עֵת *לַחֲשׁוֹת* וְעֵת לְדַבֵּר	καιρὸς *τοῦ σιγᾶν* καὶ καιρὸς τοῦ λαλεῖν	
3:7	עֵת לַחֲשׁוֹת וְעֵת *לְדַבֵּר*	καιρὸς τοῦ σιγᾶν καὶ καιρὸς *τοῦ λαλεῖν*	
3:8	עֵת *לֶאֱהֹב* וְעֵת לִשְׂנֹא	καιρὸς *τοῦ φιλῆσαι* καὶ καιρὸς τοῦ μισῆσαι	
3:8	עֵת לֶאֱהֹב וְעֵת *לִשְׂנֹא*	καιρὸς τοῦ φιλῆσαι καὶ καιρὸς *τοῦ μισῆσαι*	
3:10	*לִבְנֵי* הָאָדָם לַעֲנוֹת בּוֹ	*τοῖς υἱοῖς* τοῦ ἀνθρώπου τοῦ περισπᾶσθαι ἐν αὐτῷ	
3:10	לִבְנֵי הָאָדָם *לַעֲנוֹת* בּוֹ	τοῖς υἱοῖς τοῦ ἀνθρώπου *τοῦ περισπᾶσθαι* ἐν αὐτῷ	
3:12	כִּי אִם־*לִשְׂמוֹחַ* וְלַעֲשׂוֹת טוֹב	εἰ μὴ *τοῦ εὐφρανθῆναι* καὶ τοῦ ποιεῖν ἀγαθὸν	
3:12	*וְלַעֲשׂוֹת* טוֹב בְּחַיָּיו	*καὶ τοῦ ποιεῖν* ἀγαθὸν ἐν ζωῇ αὐτοῦ	
3:15	וַאֲשֶׁר *לִהְיוֹת* כְּבָר הָיָה	καὶ ὅσα *τοῦ γίνεσθαι* ἤδη γέγονεν	
3:17	כִּי־עֵת *לְכָל־חֵפֶץ*	ὅτι καιρὸς *τῷ παντὶ* πράγματι	
3:18	לְבָרָם הָאֱלֹהִים *וְלִרְאוֹת*	ὅτι διακρινεῖ αὐτοὺς ὁ θεός *καὶ τοῦ δεῖξαι*	=v
3:19	וְרוּחַ אֶחָד *לַכֹּל*	καὶ πνεῦμα ἓν *τοῖς πᾶσιν*	
3:22	כִּי מִי יְבִיאֶנּוּ *לִרְאוֹת* בְּמֶה שֶׁיִּהְיֶה	ὅτι τίς ἄξει αὐτὸν *τοῦ ἰδεῖν* ἐν ᾧ ἐὰν γένηται	
4:8	וְאֵין קֵץ *לְכָל־עֲמָלוֹ*	καὶ οὐκ ἔστιν περασμὸς *τῷ παντὶ* μόχθῳ αὐτοῦ	
4:10	וְאֵין שֵׁנִי *לַהֲקִימוֹ*	καὶ μὴ ᾖ δεύτερος *τοῦ ἐγεῖραι αὐτόν*	
4:11	*וּלְאֶחָד* אֵיךְ יֵחָם	*καὶ ὁ εἷς* πῶς θερμανθῇ	
4:13	אֲשֶׁר לֹא־יָדַע *לְהִזָּהֵר* עוֹד	ὃς οὐκ ἔγνω *τοῦ προσέχειν* ἔτι	
4:14	יָצָא *לִמְלֹךְ*	ἐξελεύσεται *τοῦ βασιλεῦσαι*	
4:16	אֵין־קֵץ *לְכָל־הָעָם*	οὐκ ἔστιν περασμὸς *τῷ παντὶ* λαῷ	
4:16	*לְכֹל* אֲשֶׁר־הָיָה לִפְנֵיהֶם	*τοῖς πᾶσιν* ὅσοι ἐγένοντο ἔμπροσθεν αὐτῶν	
4:17	תֵּלֵךְ אֶל־בֵּית הָאֱלֹהִים וְקָרוֹב *לִשְׁמֹעַ*	πορεύῃ εἰς οἶκον τοῦ θεοῦ καὶ ἐγγὺς *τοῦ ἀκούειν*	
4:17	כִּי־אֵינָם יוֹדְעִים *לַעֲשׂוֹת* רָע	ὅτι οὐκ εἰσιν εἰδότες *τοῦ ποιῆσαι* κακόν	
5:1	*לְהוֹצִיא* דָבָר לִפְנֵי הָאֱלֹהִים	*τοῦ ἐξενέγκαι* λόγον πρὸ προσώπου τοῦ θεοῦ	
5:3	כַּאֲשֶׁר תִּדֹּר נֶדֶר *לֵאלֹהִים*	καθὼς ἂν εὔξῃ εὐχὴν *τῷ θεῷ*	
5:3	אַל־תְּאַחֵר *לְשַׁלְּמוֹ*	μὴ χρονίσῃς *τοῦ ἀποδοῦναι αὐτήν*	
5:5	אַל־תִּתֵּן אֶת־פִּיךָ *לַחֲטִיא*	μὴ δῷς τὸ στόμα σου *τοῦ ἐξαμαρτῆσαι*	
5:8	מֶלֶךְ *לְשָׂדֶה* נֶעֱבָד	βασιλεὺς *τοῦ ἀγροῦ* εἰργασμένου	
5:10	וּמַה־כִּשְׁרוֹן *לִבְעָלֶיהָ*	καὶ τί ἀνδρεία *τῷ παρ' αὐτῆς*	
5:11	וְהַשָּׂבָע *לֶעָשִׁיר*	καὶ τῷ ἐμπλησθέντι *τοῦ πλουτῆσαι*	
5:11	אֵינֶנּוּ מַנִּיחַ לוֹ *לִישׁוֹן*	οὐκ ἔστιν ἀφίων αὐτὸν *τοῦ ὑπνῶσαι*	
5:12	עֹשֶׁר שָׁמוּר *לִבְעָלָיו*	πλοῦτον φυλασσόμενον *τῷ παρ' αὐτοῦ*	
5:14	יָשׁוּב *לָלֶכֶת* כְּשֶׁבָּא	ἐπιστρέψει *τοῦ πορευθῆναι* ὡς ἥκει	
5:17	*לֶאֱכוֹל*־וְלִשְׁתּוֹת וְלִרְאוֹת	*τοῦ φαγεῖν* καὶ τοῦ πιεῖν καὶ τοῦ ἰδεῖν	
5:17	לֶאֱכוֹל־*וְלִשְׁתּוֹת* וְלִרְאוֹת	τοῦ φαγεῖν *καὶ τοῦ πιεῖν* καὶ τοῦ ἰδεῖν	
5:17	לֶאֱכוֹל־וְלִשְׁתּוֹת *וְלִרְאוֹת*	τοῦ φαγεῖν καὶ τοῦ πιεῖν *καὶ τοῦ ἰδεῖν*	
5:18	וְהִשְׁלִיטוֹ *לֶאֱכֹל* מִמֶּנּוּ	καὶ ἐξουσίασεν αὐτὸν *τοῦ φαγεῖν* ἀπ' αὐτοῦ	
5:18	*וְלָשֵׂאת* אֶת־חֶלְקוֹ	*καὶ τοῦ λαβεῖν* τὸ μέρος αὐτοῦ	
5:18	*וְלִשְׂמֹחַ* בַּעֲמָלוֹ	*καὶ τοῦ εὐφρανθῆναι* ἐν μόχθῳ αὐτοῦ	
6:2	וְאֵינֶנּוּ חָסֵר *לְנַפְשׁוֹ*	καὶ οὐκ ἔστιν ὑστερῶν *τῇ ψυχῇ αὐτοῦ*	
6:2	וְלֹא־יַשְׁלִיטֶנּוּ הָאֱלֹהִים *לֶאֱכֹל*	καὶ οὐκ ἐξουσιάσει αὐτῷ ὁ θεὸς *τοῦ φαγεῖν*	
6:8	כִּי מַה־יּוֹתֵר *לֶחָכָם* מִן־הַכְּסִיל	ὅτι τίς περισσεία *τῷ σοφῷ* ὑπὲρ τὸν ἄφρονα	
6:8	*מַה־לֶּעָנִי* יוֹדֵעַ לַהֲלֹךְ נֶגֶד הַחַיִּים	διότι *ὁ πένης* οἶδεν πορευθῆναι κατέναντι τῆς ζωῆς	=%p-

6:10	וְלֹא־יוּכַל לָדִין עִם *שֶׁהַתַּקִּיף **שֶׁתַּקִּיף	καὶ οὐ δυνήσεται τοῦ κριθῆναι μετὰ τοῦ ἰσχυροῦ		
6:11	מַה־יֹּתֵר לָאָדָם	τί περισσὸν τῷ ἀνθρώπῳ		
6:12	כִּי מִי־יוֹדֵעַ מַה־טּוֹב לָאָדָם בַּחַיִּים	ὅτι τίς οἶδεν τί ἀγαθὸν τῷ ἀνθρώπῳ ἐν τῇ ζωῇ		
6:12	אֲשֶׁר מִי־יַגִּיד לָאָדָם מַה־יִּהְיֶה	ὅτι τίς ἀπαγγελεῖ τῷ ἀνθρώπῳ τί ἔσται		
7:5	טוֹב לִשְׁמֹעַ גַּעֲרַת חָכָם	ἀγαθὸν τὸ ἀκοῦσαι ἐπιτίμησιν σοφοῦ		
7:9	אַל־תְּבַהֵל בְּרוּחֲךָ לִכְעוֹס	μὴ σπεύσῃς ἐν πνεύματί σου τοῦ θυμοῦσθαι		
7:11	וְיֹתֵר לְרֹאֵי הַשָּׁמֶשׁ	καὶ περισσεία τοῖς θεωροῦσιν τὸν ἥλιον		
7:13	כִּי מִי יוּכַל לְתַקֵּן	ὅτι τίς δυνήσεται τοῦ κοσμῆσαι		
7:19	הַחָכְמָה תָּעֹז לֶחָכָם	ἡ σοφία βοηθήσει τῷ σοφῷ		
7:25	לָדַעַת וְלָתוּר וּבַקֵּשׁ	τοῦ γνῶναι καὶ τοῦ κατασκέψασθαι καὶ ζητῆσαι		
7:25	לָדַעַת וְלָתוּר וּבַקֵּשׁ	τοῦ γνῶναι καὶ τοῦ κατασκέψασθαι καὶ ζητῆσαι		
7:25	וְלָדַעַת רֶשַׁע כֶּסֶל	καὶ τοῦ γνῶναι ἀσεβοῦς ἀφροσύνην		
7:27	אַחַת לְאַחַת לִמְצֹא חֶשְׁבּוֹן	μία τῇ μιᾷ τοῦ εὑρεῖν λογισμόν		
7:27	אַחַת לְאַחַת לִמְצֹא חֶשְׁבּוֹן	μία τῇ μιᾷ τοῦ εὑρεῖν λογισμόν		
8:8	לִכְלוֹא אֶת־הָרוּחַ	τοῦ κωλῦσαι σὺν τὸ πνεῦμα		
8:9	הָאָדָם בְּאָדָם לְרַע לוֹ	ὁ ἄνθρωπος ἐν ἀνθρώπῳ τοῦ κακῶσαι αὐτόν	=v	
8:11	בָּהֶם לַעֲשׂוֹת רָע	ἐν αὐτοῖς τοῦ ποιῆσαι τὸ πονηρόν		
8:12	אֲשֶׁר יִהְיֶה־טּוֹב לְיִרְאֵי הָאֱלֹהִים	ὅτι ἔσται ἀγαθὸν τοῖς φοβουμένοις τὸν θεόν		
8:13	וְטוֹב לֹא־יִהְיֶה לָרָשָׁע	καὶ ἀγαθὸν οὐκ ἔσται τῷ ἀσεβεῖ		
8:15	אֲשֶׁר אֵין־טוֹב לָאָדָם תַּחַת הַשֶּׁמֶשׁ	ὅτι οὐκ ἔστιν ἀγαθὸν τῷ ἀνθρώπῳ ὑπὸ τὸν ἥλιον		
8:15	כִּי אִם־לֶאֱכוֹל וְלִשְׁתּוֹת	ὅτι εἰ μὴ τοῦ φαγεῖν καὶ τοῦ πιεῖν		
8:15	לֶאֱכוֹל וְלִשְׁתּוֹת וְלִשְׂמוֹחַ	τοῦ φαγεῖν καὶ τοῦ πιεῖν καὶ τοῦ εὐφρανθῆναι		
8:15	לֶאֱכוֹל וְלִשְׁתּוֹת וְלִשְׂמוֹחַ	τοῦ φαγεῖν καὶ τοῦ πιεῖν καὶ τοῦ εὐφρανθῆναι		
8:16	כַּאֲשֶׁר נָתַתִּי אֶת־לִבִּי לָדַעַת חָכְמָה	ἐν οἷς ἔδωκα τὴν καρδίαν μου τοῦ γνῶναι σοφίαν		
8:16	וְלִרְאוֹת אֶת־הָעִנְיָן אֲשֶׁר נַעֲשָׂה	καὶ τοῦ ἰδεῖν τὸν περισπασμὸν τὸν πεποιημένον		
8:17	כִּי לֹא יוּכַל הָאָדָם לִמְצוֹא	ὅτι οὐ δυνήσεται ἄνθρωπος τοῦ εὑρεῖν		
8:17	בְּשֶׁל אֲשֶׁר יַעֲמֹל הָאָדָם לְבַקֵּשׁ	ὅσα ἂν μοχθήσῃ ὁ ἄνθρωπος τοῦ ζητῆσαι		
8:17	וְגַם אִם־יֹאמַר הֶחָכָם לָדַעַת	καί γε ὅσα ἂν εἴπῃ ὁ σοφὸς τοῦ γνῶναι		
8:17	לֹא יוּכַל לִמְצֹא	οὐ δυνήσεται τοῦ εὑρεῖν		
9:2	מִקְרֶה אֶחָד לַצַּדִּיק וְלָרָשָׁע	συνάντημα ἓν τῷ δικαίῳ καὶ τῷ ἀσεβεῖ		
9:2	מִקְרֶה אֶחָד לַצַּדִּיק וְלָרָשָׁע	συνάντημα ἓν τῷ δικαίῳ καὶ τῷ ἀσεβεῖ		
9:2	לַטּוֹב	τῷ ἀγαθῷ καὶ τῷ κακῷ		
[9:2]	לַטּוֹב	τῷ ἀγαθῷ καὶ τῷ κακῷ	=	ולרע
9:2	וְלַטָּהוֹר וְלַטָּמֵא	καὶ τῷ καθαρῷ καὶ τῷ ἀκαθάρτῳ		
9:2	וְלַטָּהוֹר וְלַטָּמֵא	καὶ τῷ καθαρῷ καὶ τῷ ἀκαθάρτῳ		
9:2	וְלַזֹּבֵחַ וְלַאֲשֶׁר אֵינֶנּוּ זֹבֵחַ	καὶ τῷ θυσιάζοντι καὶ τῷ μὴ θυσιάζοντι		
9:3	כִּי־מִקְרֶה אֶחָד לַכֹּל	ὅτι συνάντημα ἓν τοῖς πᾶσιν		
9:4	יֵשׁ בִּטָּחוֹן כִּי־לְכֶלֶב חַי הוּא טוֹב	ἔστιν ἐλπίς ὅτι ὁ κύων ὁ ζῶν αὐτὸς ἀγαθὸς		
9:10	כֹּל אֲשֶׁר תִּמְצָא יָדְךָ לַעֲשׂוֹת	πάντα ὅσα ἂν εὕρῃ ἡ χείρ σου τοῦ ποιῆσαι		
9:11	כִּי לֹא לַקַּלִּים הַמֵּרוֹץ	ὅτι οὐ τοῖς κούφοις ὁ δρόμος		
9:11	וְלֹא לַגִּבּוֹרִים הַמִּלְחָמָה	καὶ οὐ τοῖς δυνατοῖς ὁ πόλεμος		
9:11	וְגַם לֹא לַחֲכָמִים לֶחֶם	καί γε οὐ τοῖς σοφοῖς ἄρτος		
9:11	וְגַם לֹא לַנְּבֹנִים עֹשֶׁר	καί γε οὐ τοῖς συνετοῖς πλοῦτος		
9:11	וְגַם לֹא לַיֹּדְעִים חֵן	καί γε οὐ τοῖς γινώσκουσιν χάρις		
10:11	וְאֵין יִתְרוֹן לְבַעַל הַלָּשׁוֹן	καὶ οὐκ ἔστιν περισσεία τῷ ἐπᾴδοντι		
10:15	אֲשֶׁר לֹא־יָדַע לָלֶכֶת אֶל־עִיר	ὃς οὐκ ἔγνω τοῦ πορευθῆναι εἰς πόλιν		
11:2	תֶּן־חֵלֶק לְשִׁבְעָה וְגַם לִשְׁמוֹנָה	δὸς μερίδα τοῖς ἑπτὰ καί γε τοῖς ὀκτώ		
11:2	תֶּן־חֵלֶק לְשִׁבְעָה וְגַם לִשְׁמוֹנָה	δὸς μερίδα τοῖς ἑπτὰ καί γε τοῖς ὀκτώ		
11:7	וּמָתוֹק הָאוֹר וְטוֹב לַעֵינַיִם	καὶ γλυκὺ τὸ φῶς καὶ ἀγαθὸν τοῖς ὀφθαλμοῖς		
11:7	לִרְאוֹת אֶת־הַשָּׁמֶשׁ	τοῦ βλέπειν σὺν τὸν ἥλιον		
12:10	בִּקֵּשׁ קֹהֶלֶת לִמְצֹא	ἐζήτησεν ἐκκλησιαστὴς τοῦ εὑρεῖν		
ὅτι	*1*	*1%*		
3:18	לְבָרָם הָאֱלֹהִים וְלִרְאוֹת	ὅτι διακρινεῖ αὐτοὺς ὁ θεός καὶ τοῦ δεῖξαι		
πρό	*6*	*3%*		
2:26	כִּי לְאָדָם שֶׁטּוֹב לְפָנָיו	ὅτι τῷ ἀνθρώπῳ τῷ ἀγαθῷ πρὸ προσώπου αὐτοῦ		
2:26	לָתֵת לְטוֹב לִפְנֵי הָאֱלֹהִים	τοῦ δοῦναι τῷ ἀγαθῷ πρὸ προσώπου τοῦ θεοῦ		

5:1	לְהוֹצִיא דָבָר לִפְנֵי הָאֱלֹהִים	τοῦ ἐξενέγκαι λόγον *πρὸ* προσώπου τοῦ θεοῦ		
5:5	וְאַל־תֹּאמַר לִפְנֵי הַמַּלְאָךְ	καὶ μὴ εἴπῃς *πρὸ* προσώπου τοῦ θεοῦ		
7:26	טוֹב לִפְנֵי הָאֱלֹהִים יִמָּלֵט	ἀγαθὸς *πρὸ* προσώπου τοῦ θεοῦ ἐξαιρεθήσεται		
9:1	הַכֹּל *לִפְנֵיהֶם*	τὰ πάντα *πρὸ* προσώπου αὐτῶν		
לְ + אֲשֶׁר	*1*			
ὁ	*1*	*1%*		
9:2	וְלַזֹּבֵחַ וְלַאֲשֶׁר אֵינֶנּוּ זֹבֵחַ	καὶ τῷ θυσιάζοντι καὶ *τῷ* μὴ θυσιάζοντι		
לְ + בַּד	*1*			
πλήν	*1*	*1%*		
7:29	לְבַד רְאֵה־זֶה מָצָאתִי	*πλὴν* ἰδὲ τοῦτο εὗρον		
לְ + בוּר	*1*			
καρδία	*1*	*1%*		
9:1	וְלָבוּר אֶת־כָּל־זֶה	καὶ *καρδία μου* σὺν πᾶν εἶδεν τοῦτο	=.wy	ולבי
לְ + זֶה	*1*			
οὗτος	*1*	*1%*		
6:5	נַחַת *לָזֶה* מִזֶּה	ἀνάπαυσις *τούτῳ* ὑπὲρ τοῦτον		
לְ + כֹּל	*2*			
πᾶς	*2*	*1%*		
8:6	כִּי *לְכָל*־חֵפֶץ יֵשׁ עֵת וּמִשְׁפָּט	ὅτι *παντὶ* πράγματι ἔστιν καιρὸς καὶ κρίσις		
10:3	וְאָמַר *לַכֹּל* סָכָל הוּא	καὶ ἃ λογιεῖται *πάντα* ἀφροσύνη ἐστίν		
לְ + מָה	*3*			
ἵνα + μή	*2*	*1%*		
5:5	*לָמָּה* יִקְצֹף הָאֱלֹהִים עַל־קוֹלֶךָ	*ἵνα μὴ* ὀργισθῇ ὁ θεὸς ἐπὶ φωνῇ σου		
7:17	*לָמָּה* תָמוּת בְּלֹא עִתֶּךָ	*ἵνα μὴ* ἀποθάνῃς ἐν οὐ καιρῷ σου		
μήποτε	*1*	*1%*		
7:16	*לָמָּה* תִּשּׁוֹמֵם	*μήποτε* ἐκπλαγῇς		
לְ + מַטָּה	*1*			
κάτω	*1*	*1%*		
3:21	הַיֹּרֶדֶת הִיא *לְמַטָּה* לָאָרֶץ	εἰ καταβαίνει αὐτὸ *κάτω* εἰς γῆν		
לְ + מִי	*1*			
τίς	*1*	*1%*		
4:8	וּ*לְמִי* אֲנִי עָמֵל וּמְחַסֵּר אֶת־נַפְשִׁי	καὶ *τίνι* ἐγὼ μοχθῶ καὶ στερίσκω τὴν ψυχήν μου		
לְ + עֻמָּה	*1*			
σύμφωνος	*1*	*1%*		
7:14	גַּם אֶת־זֶה *לְעֻמַּת־זֶה*	καί γε σὺν τοῦτο *σύμφωνον* τούτῳ		
[לְ + עֻמָּה + שֶׁ]	*1*			
ὥσπερ	*1*	*1%*		
[5:15]	כָּל־*עֻמַּת* בָּא כֵּן יֵלֵךְ	*ὥσπερ* γὰρ παρεγένετο οὕτως καὶ ἀπελεύσεται	=?	כי לעמת
לְ + פָּנֶה	*9*			
ἔμπροσθεν	*5*	*2%*		
1:10	לְעֹלָמִים אֲשֶׁר הָיָה *מִלְּפָנֵנוּ*	ἐν τοῖς αἰῶσιν τοῖς γενομένοις ἀπὸ *ἔμπροσθεν* ἡμῶν		
1:16	עַל כָּל־אֲשֶׁר־הָיָה *לְפָנַי* עַל־יְרוּשָׁלָם	ἐπὶ πᾶσιν οἳ ἐγένοντο *ἔμπροσθέν* μου ἐν Ιερουσαλημ		
2:7	מִכֹּל שֶׁהָיוּ *לְפָנַי*	ὑπὲρ πάντας τοὺς γενομένους *ἔμπροσθέν* μου		
2:9	מִכֹּל שֶׁהָיָה *לְפָנַי*	παρὰ πάντας τοὺς γενομένους *ἔμπροσθέν* μου		
4:16	לְכֹל אֲשֶׁר־הָיָה *לִפְנֵיהֶם*	τοῖς πᾶσιν ὅσοι ἐγένοντο *ἔμπροσθεν* αὐτῶν		
πρόσωπον	*4*	*2%*		
3:14	שֶׁיִּרְאוּ *מִלְּפָנָיו*	ἵνα φοβηθῶσιν ἀπὸ *προσώπου* αὐτοῦ		
8:12	אֲשֶׁר יִירְאוּ *מִלְּפָנָיו*	ὅπως φοβῶνται ἀπὸ *προσώπου* αὐτοῦ		
8:13	אֲשֶׁר אֵינֶנּוּ יָרֵא *מִלִּפְנֵי* אֱלֹהִים	ὃς οὐκ ἔστιν φοβούμενος ἀπὸ *προσώπου* τοῦ θεοῦ		
10:5	שֶׁיֹּצָא *מִלִּפְנֵי* הַשַּׁלִּיט	ὃ ἐξῆλθεν ἀπὸ *προσώπου* τοῦ ἐξουσιάζοντος		
לְ + ־ִי	*10*			
ἐγώ	*10*	*4%*		
2:4	בָּנִיתִי *לִי* בָּתִּים	ᾠκοδόμησά *μοι* οἴκους		
2:4	נָטַעְתִּי *לִי* כְּרָמִים	ἐφύτευσά *μοι* ἀμπελῶνας		
2:5	עָשִׂיתִי *לִי* גַּנּוֹת וּפַרְדֵּסִים	ἐποίησά *μοι* κήπους καὶ παραδείσους		
2:6	עָשִׂיתִי *לִי* בְּרֵכוֹת מָיִם	ἐποίησά *μοι* κολυμβήθρας ὑδάτων		

2:7	וּבְנֵי־בַיִת הָיָה לִי	καὶ οἰκογενεῖς ἐγένοντό *μοι*		
2:7	וְצֹאן הַרְבֵּה הָיָה לִי	καὶ ποιμνίου πολλὴ ἐγένετό *μοι*		
2:8	כָּנַסְתִּי לִי גַּם־כֶּסֶף וְזָהָב	συνήγαγόν *μοι* καί γε ἀργύριον καὶ χρυσίον		
2:8	עָשִׂיתִי לִי שָׁרִים וְשָׁרוֹת	ἐποίησά *μοι* ᾄδοντας καὶ ᾀδούσας		
2:9	אַף חָכְמָתִי עָמְדָה לִּי	καί γε σοφία μου ἐστάθη *μοι*		
12:1	אֵין־לִי בָהֶם חֵפֶץ	οὐκ ἔστιν *μοι* ἐν αὐτοῖς θέλημα		
לְ + ־ךָ	*1*			
σύ	*1*	*1%*		
9:9	אֲשֶׁר נָתַן־לְךָ תַּחַת הַשֶּׁמֶשׁ	τὰς δοθείσας *σοι* ὑπὸ τὸν ἥλιον		
לְ + ־ךְ	*1*	*1%*		
σύ	*1*	*1%*		
10:16	אִי־לָךְ אֶרֶץ שֶׁמַּלְכֵּךְ נָעַר	οὐαί *σοι* πόλις ἧς ὁ βασιλεύς σου νεώτερος		
לְ + ־הוּ	*14*			
αὐτός	*14*	*5%*		
4:8	גַּם בֵּן וָאָח אֵין־לוֹ	καί γε υἱὸς καὶ ἀδελφὸς οὐκ ἔστιν *αὐτῷ*		
4:10	וְאִילוֹ הָאֶחָד שֶׁיִּפּוֹל	καὶ οὐαὶ *αὐτῷ* τῷ ἑνί ὅταν πέσῃ	=.s	ואי לו
5:11	אֵינֶנּוּ מַנִּיחַ לוֹ לִישׁוֹן	οὐκ ἔστιν ἀφίων *αὐτὸν* τοῦ ὑπνῶσαι		
5:15	וּמַה־יִּתְרוֹן לוֹ שֶׁיַּעֲמֹל לָרוּחַ	καὶ τίς περισσεία *αὐτῷ* ᾗ μοχθεῖ εἰς ἄνεμον		
5:17	יְמֵי־חַיָּו אֲשֶׁר־נָתַן־לוֹ הָאֱלֹהִים	ἡμερῶν ζωῆς αὐτοῦ ὧν ἔδωκεν *αὐτῷ* ὁ θεός		
5:18	גַּם כָּל־הָאָדָם אֲשֶׁר נָתַן־לוֹ הָאֱלֹהִים	καί γε πᾶς ὁ ἄνθρωπος ᾧ ἔδωκεν *αὐτῷ* ὁ θεὸς		
6:2	אִישׁ אֲשֶׁר יִתֶּן־לוֹ הָאֱלֹהִים עֹשֶׁר	ἀνήρ ᾧ δώσει *αὐτῷ* ὁ θεὸς πλοῦτον		
6:3	וְגַם־קְבוּרָה לֹא־הָיְתָה לּוֹ	καί γε ταφὴ οὐκ ἐγένετο *αὐτῷ*		
8:4	וּמִי יֹאמַר־לוֹ מַה־תַּעֲשֶׂה	καὶ τίς ἐρεῖ *αὐτῷ* τί ποιήσεις		
8:7	כִּי כַּאֲשֶׁר יִהְיֶה מִי יַגִּיד לוֹ	ὅτι καθὼς ἔσται τίς ἀναγγελεῖ *αὐτῷ*		
8:9	הָאָדָם בְּאָדָם לְרַע לוֹ	ὁ ἄνθρωπος ἐν ἀνθρώπῳ τοῦ κακῶσαι *αὐτόν*		
8:12	וּמַאֲרִיךְ לוֹ	καὶ ἀπὸ μακρότητος *αὐτῷ*		
8:15	יְמֵי חַיָּיו אֲשֶׁר־נָתַן־לוֹ הָאֱלֹהִים	ἡμέρας ζωῆς αὐτοῦ ὅσας ἔδωκεν *αὐτῷ* ὁ θεὸς		
10:14	מִי יַגִּיד לוֹ	τίς ἀναγγελεῖ *αὐτῷ*		
לְ + ־הֶם	*9*			
αὐτός	*9*	*4%*		
1:11	לֹא־יִהְיֶה *לָהֶם* זִכָּרוֹן	οὐκ ἔσται *αὐτοῖς* μνήμη		
3:18	שְׁהֶם־בְּהֵמָה הֵמָּה *לָהֶם*	ὅτι αὐτοὶ κτήνη εἰσὶν καί γε *αὐτοῖς*		
3:19	וּמִקְרֶה הַבְּהֵמָה וּמִקְרֶה אֶחָד *לָהֶם*	καὶ συνάντημα τοῦ κτήνους συνάντημα ἓν *αὐτοῖς*		
4:1	וְאֵין *לָהֶם* מְנַחֵם	καὶ οὐκ ἔστιν *αὐτοῖς* παρακαλῶν		
4:1	וְאֵין *לָהֶם* מְנַחֵם	καὶ οὐκ ἔστιν *αὐτοῖς* παρακαλῶν		
4:9	אֲשֶׁר יֵשׁ־*לָהֶם* שָׂכָר טוֹב בַּעֲמָלָם	οἷς ἔστιν *αὐτοῖς* μισθὸς ἀγαθὸς ἐν μόχθῳ αὐτῶν		
4:11	גַּם אִם־יִשְׁכְּבוּ שְׁנַיִם וְחַם *לָהֶם*	καί γε ἐὰν κοιμηθῶσιν δύο καὶ θέρμη *αὐτοῖς*		
9:5	וְאֵין־עוֹד *לָהֶם* שָׂכָר	καὶ οὐκ ἔστιν *αὐτοῖς* ἔτι μισθός	=~	
9:6	וְחֵלֶק אֵין־*לָהֶם* עוֹד לְעוֹלָם	καὶ μερὶς οὐκ ἔστιν *αὐτοῖς* ἔτι εἰς αἰῶνα		

לֹא *Occurrences: 65*

οὐ	*54*	*87%*
μή	*7*	*11%*
- - -	*2*	
מִן + בְּלִי + לֹא	*1*	
μή	*1*	*2%*
עֶדֶן + לֹא	*1*	
οὔπω	*1*	*2%*

- - -	*2*	
5:9	וּמִי־אֹהֵב בֶּהָמוֹן לֹא תְבוּאָה	καὶ τίς ἠγάπησεν ἐν πλήθει αὐτῶν γένημα
10:10	אִם־קֵהָה הַבַּרְזֶל וְהוּא *לֹא־פָנִים* קִלְקַל	ἐὰν ἐκπέσῃ τὸ σιδήριον καὶ αὐτὸς πρόσωπον ἐτάραξεν
μή	*7*	*11%*
5:4	טוֹב אֲשֶׁר *לֹא*־תִדֹּר מִשֶּׁתִּדּוֹר	ἀγαθὸν τὸ *μὴ* εὔξασθαί σε ἢ τὸ εὔξασθαί σε
5:4	מִשֶּׁתִּדּוֹר *וְלֹא* תְשַׁלֵּם	ἢ τὸ εὔξασθαί σε *καὶ μὴ* ἀποδοῦναι
7:14	*שֶׁלֹּא* יִמְצָא הָאָדָם אַחֲרָיו מְאוּמָה	*ἵνα μὴ* εὕρῃ ὁ ἄνθρωπος ὀπίσω αὐτοῦ μηδέν
7:21	אֲשֶׁר *לֹא*־תִשְׁמַע אֶת־עַבְדְּךָ מְקַלְלֶךָ	ὅπως *μὴ* ἀκούσῃς τοῦ δούλου σου καταρωμένου σε

12:1	עַד לֹא־יָבֹאוּ יְמֵי הָרָעָה	ἕως ὅτου *μὴ* ἔλθωσιν ἡμέραι τῆς κακίας
12:2	עַד אֲשֶׁר לֹא־תֶחְשַׁךְ הַשֶּׁמֶשׁ	ἕως οὗ *μὴ* σκοτισθῇ ὁ ἥλιος
12:6	עַד אֲשֶׁר לֹא־*ירחק **יֵרָתֵק חֶבֶל הַכֶּסֶף	ἕως ὅτου *μὴ* ἀνατραπῇ σχοινίον τοῦ ἀργυρίου
οὐ	*54*	*87%*
1:8	לֹא־יוּכַל אִישׁ לְדַבֵּר	*οὐ* δυνήσεται ἀνὴρ τοῦ λαλεῖν
1:8	לֹא־תִשְׂבַּע עַיִן לִרְאוֹת	*καὶ οὐκ* ἐμπλησθήσεται ὀφθαλμὸς τοῦ ὁρᾶν
1:8	וְלֹא־תִמָּלֵא אֹזֶן מִשְּׁמֹעַ	*καὶ οὐ* πληρωθήσεται οὖς ἀπὸ ἀκροάσεως
1:11	לֹא־יִהְיֶה לָהֶם זִכָּרוֹן	*οὐκ* ἔσται αὐτοῖς μνήμη
1:15	מְעֻוָּת לֹא־יוּכַל לִתְקֹן	διεστραμμένον *οὐ* δυνήσεται τοῦ ἐπικοσμηθῆναι
1:15	וְחֶסְרוֹן לֹא־יוּכַל לְהִמָּנוֹת	καὶ ὑστέρημα *οὐ* δυνήσεται τοῦ ἀριθμηθῆναι
2:10	לֹא אָצַלְתִּי מֵהֶם	*οὐχ* ὑφεῖλον ἀπ' αὐτῶν
2:10	לֹא־מָנַעְתִּי אֶת־לִבִּי	*οὐκ* ἀπεκώλυσα τὴν καρδίαν μου
2:21	וּלְאָדָם שֶׁלֹּא עָמַל־בּוֹ	καὶ ἄνθρωπος ὅς *οὐκ* ἐμόχθησεν ἐν αὐτῷ
2:23	גַּם־בַּלַּיְלָה לֹא־שָׁכַב לִבּוֹ	καί γε ἐν νυκτὶ *οὐ* κοιμᾶται ἡ καρδία αὐτοῦ
4:3	אֲשֶׁר לֹא־רָאָה אֶת־הַמַּעֲשֶׂה הָרָע	ὃς *οὐκ* εἶδεν σὺν τὸ ποίημα τὸ πονηρὸν
4:8	גַּם־*עיניו **עֵינוֹ לֹא־תִשְׂבַּע עֹשֶׁר	καί γε ὀφθαλμὸς αὐτοῦ *οὐκ* ἐμπίπλαται πλούτου
4:12	לֹא בִמְהֵרָה יִנָּתֵק	*οὐ* ταχέως ἀπορραγήσεται
4:13	אֲשֶׁר לֹא־יָדַע לְהִזָּהֵר עוֹד	ὃς *οὐκ* ἔγνω τοῦ προσέχειν ἔτι
4:16	גַּם הָאַחֲרוֹנִים לֹא יִשְׂמְחוּ־בוֹ	καί γε οἱ ἔσχατοι *οὐκ* εὐφρανθήσονται ἐν αὐτῷ
5:9	אֹהֵב כֶּסֶף לֹא־יִשְׂבַּע כֶּסֶף	ἀγαπῶν ἀργύριον *οὐ* πλησθήσεται ἀργυρίου
5:14	וּמְאוּמָה לֹא־יִשָּׂא בַעֲמָלוֹ	καὶ οὐδὲν *οὐ* λήμψεται ἐν μόχθῳ αὐτοῦ
5:19	כִּי לֹא הַרְבֵּה יִזְכֹּר אֶת־יְמֵי	ὅτι *οὐ* πολλὰ μνησθήσεται τὰς ἡμέρας
6:2	וְלֹא־יַשְׁלִיטֶנּוּ הָאֱלֹהִים לֶאֱכֹל	*καὶ οὐκ* ἐξουσιάσει αὐτῷ ὁ θεὸς τοῦ φαγεῖν
6:3	וְנַפְשׁוֹ לֹא־תִשְׂבַּע	καὶ ψυχὴ αὐτοῦ *οὐκ* ἐμπλησθήσεται
6:3	וְגַם־קְבוּרָה לֹא־הָיְתָה לּוֹ	καί γε ταφὴ *οὐκ* ἐγένετο αὐτῷ
6:5	גַּם־שֶׁמֶשׁ לֹא־רָאָה וְלֹא יָדָע	καί γε ἥλιον *οὐκ* εἶδεν καὶ οὐκ ἔγνω
6:5	גַּם־שֶׁמֶשׁ לֹא־רָאָה וְלֹא יָדָע	καί γε ἥλιον οὐκ εἶδεν *καὶ οὐκ* ἔγνω
6:6	וְטוֹבָה לֹא רָאָה	καὶ ἀγαθωσύνην *οὐκ* εἶδεν
6:6	הֲלֹא אֶל־מָקוֹם אֶחָד הַכֹּל הוֹלֵךְ	*μὴ οὐκ* εἰς τόπον ἕνα τὰ πάντα πορεύεται
6:7	וְגַם־הַנֶּפֶשׁ לֹא תִמָּלֵא	καί γε ἡ ψυχὴ *οὐ* πληρωθήσεται
6:10	וְלֹא־יוּכַל לָדִין עִם *שהתקיף **שֶׁתַּקִּיף	*καὶ οὐ* δυνήσεται τοῦ κριθῆναι μετὰ τοῦ ἰσχυροῦ
7:10	כִּי לֹא מֵחָכְמָה שָׁאַלְתָּ עַל־זֶה	ὅτι *οὐκ* ἐν σοφίᾳ ἐπηρώτησας περὶ τούτου
7:17	לָמָּה תָמוּת בְּלֹא עִתֶּךָ	ἵνα μὴ ἀποθάνῃς *ἐν οὐ* καιρῷ σου
7:20	אֲשֶׁר יַעֲשֶׂה־טּוֹב וְלֹא יֶחֱטָא	ὃς ποιήσει ἀγαθὸν *καὶ οὐχ* ἁμαρτήσεται
7:28	אֲשֶׁר עוֹד־בִּקְשָׁה נַפְשִׁי וְלֹא מָצָאתִי	ὃν ἔτι ἐζήτησεν ἡ ψυχή μου *καὶ οὐχ* εὗρον
7:28	וְאִשָּׁה בְכָל־אֵלֶּה לֹא מָצָאתִי	καὶ γυναῖκα ἐν πᾶσι τούτοις *οὐχ* εὗρον
8:5	שׁוֹמֵר מִצְוָה לֹא יֵדַע דָּבָר רָע	ὁ φυλάσσων ἐντολὴν *οὐ* γνώσεται ῥῆμα πονηρόν
8:8	וְלֹא־יְמַלֵּט רֶשַׁע אֶת־בְּעָלָיו	*καὶ οὐ* διασώσει ἀσέβεια τὸν παρ' αὐτῆς
8:13	וְטוֹב לֹא־יִהְיֶה לָרָשָׁע	καὶ ἀγαθὸν *οὐκ* ἔσται τῷ ἀσεβεῖ
8:13	וְלֹא־יַאֲרִיךְ יָמִים כַּצֵּל	*καὶ οὐ* μακρυνεῖ ἡμέρας ἐν σκιᾷ
8:17	כִּי לֹא יוּכַל הָאָדָם לִמְצוֹא	ὅτι *οὐ* δυνήσεται ἄνθρωπος τοῦ εὑρεῖν
8:17	לְבַקֵּשׁ וְלֹא יִמְצָא	τοῦ ζητῆσαι *καὶ οὐχ* εὑρήσει
8:17	לֹא יוּכַל לִמְצֹא	*οὐ* δυνήσεται τοῦ εὑρεῖν
9:11	כִּי לֹא לַקַּלִּים הַמֵּרוֹץ	ὅτι *οὐ* τοῖς κούφοις ὁ δρόμος
9:11	וְלֹא לַגִּבּוֹרִים הַמִּלְחָמָה	*καὶ οὐ* τοῖς δυνατοῖς ὁ πόλεμος
9:11	וְגַם לֹא לַחֲכָמִים לֶחֶם	καί γε *οὐ* τοῖς σοφοῖς ἄρτος
9:11	וְגַם לֹא לַנְּבֹנִים עֹשֶׁר	καί γε *οὐ* τοῖς συνετοῖς πλοῦτος
9:11	וְגַם לֹא לַיֹּדְעִים חֵן	καί γε *οὐ* τοῖς γινώσκουσιν χάρις
9:12	כִּי גַּם לֹא־יֵדַע הָאָדָם אֶת־עִתּוֹ	ὅτι καί γε *οὐκ* ἔγνω ὁ ἄνθρωπος τὸν καιρὸν αὐτοῦ
9:15	וְאָדָם לֹא זָכַר אֶת־הָאִישׁ	καὶ ἄνθρωπος οὐκ ἐμνήσθη σὺν τοῦ ἀνδρὸς
10:11	אִם־יִשֹּׁךְ הַנָּחָשׁ בְּלוֹא־לָחַשׁ	ἐὰν δάκῃ ὁ ὄφις *ἐν οὐ* ψιθυρισμῷ
10:14	לֹא־יֵדַע הָאָדָם מַה־שֶּׁיִּהְיֶה	*οὐκ* ἔγνω ὁ ἄνθρωπος τί τὸ γενόμενον
10:15	אֲשֶׁר לֹא־יָדַע לָלֶכֶת אֶל־עִיר	ὃς *οὐκ* ἔγνω τοῦ πορευθῆναι εἰς πόλιν
10:17	בִּגְבוּרָה וְלֹא בַשְּׁתִי	ἐν δυνάμει *καὶ οὐκ* αἰσχυνθήσονται
11:2	כִּי לֹא תֵדַע מַה־יִּהְיֶה רָעָה עַל־הָאָרֶץ	ὅτι *οὐ* γινώσκεις τί ἔσται πονηρὸν ἐπὶ τὴν γῆν
11:4	שֹׁמֵר רוּחַ לֹא יִזְרָע	τηρῶν ἄνεμον *οὐ* σπερεῖ
11:4	וְרֹאֶה בֶעָבִים לֹא יִקְצוֹר	καὶ βλέπων ἐν ταῖς νεφέλαις *οὐ* θερίσει

11:5	כָּכָה לֹא תֵדַע אֶת־מַעֲשֵׂה הָאֱלֹהִים	οὕτως οὐ γνώσῃ τὰ ποιήματα τοῦ θεοῦ	
מִן + בְּלִי + לֹא	*1*		
μή	*1*	2%	
3:11	מִבְּלִי אֲשֶׁר לֹא־יִמְצָא הָאָדָם אֶת־הַמַּעֲשֶׂה	ὅπως μὴ εὕρῃ ὁ ἄνθρωπος τὸ ποίημα	
עֲדֶן + לֹא	*1*		
οὔπω	*1*	2%	
4:3	אֵת אֲשֶׁר־עֲדֶן לֹא הָיָה	ὅστις οὔπω ἐγένετο	

לֵב *Occurrences: 41*

καρδία	*41*	*98%*
לֵב + ־ךָ	*1*	*2%*

καρδία	*41*	98%	
1:13	וְנָתַתִּי אֶת־לִבִּי לִדְרוֹשׁ	καὶ ἔδωκα τὴν καρδίαν μου τοῦ ἐκζητῆσαι	
1:16	דִּבַּרְתִּי אֲנִי עִם־לִבִּי לֵאמֹר	ἐλάλησα ἐγὼ ἐν καρδίᾳ μου τῷ λέγειν	
1:16	וְלִבִּי רָאָה הַרְבֵּה חָכְמָה וָדָעַת	καὶ καρδία μου εἶδεν πολλά σοφίαν καὶ γνῶσιν	
1:17	וָאֶתְּנָה לִבִּי לָדַעַת חָכְמָה	καὶ ἔδωκα καρδίαν μου τοῦ γνῶναι σοφίαν	
2:1	אָמַרְתִּי אֲנִי בְּלִבִּי לְכָה־נָּא	εἶπον ἐγὼ ἐν καρδίᾳ μου δεῦρο δὴ	
2:3	תַּרְתִּי בְלִבִּי	κατεσκεψάμην ἐν καρδίᾳ μου	
2:3	וְלִבִּי נֹהֵג בַּחָכְמָה	καὶ καρδία μου ὡδήγησεν ἐν σοφίᾳ	
2:10	לֹא־מָנַעְתִּי אֶת־לִבִּי	οὐκ ἀπεκώλυσα τὴν καρδίαν μου	
2:10	כִּי־לִבִּי שָׂמֵחַ מִכָּל־עֲמָלִי	ὅτι καρδία μου εὐφράνθη ἐν παντὶ μόχθῳ μου	
2:15	וְאָמַרְתִּי אֲנִי בְּלִבִּי	καὶ εἶπα ἐγὼ ἐν καρδίᾳ μου	
2:15	וְדִבַּרְתִּי בְלִבִּי	ἐλάλησα ἐν καρδίᾳ μου	
2:20	וְסַבּוֹתִי אֲנִי לְיַאֵשׁ אֶת־לִבִּי	καὶ ἐπέστρεψα ἐγὼ τοῦ ἀποτάξασθαι τῇ καρδίᾳ μου	
2:22	וּבְרַעְיוֹן לִבּוֹ	καὶ ἐν προαιρέσει καρδίας αὐτοῦ	
2:23	גַּם־בַּלַּיְלָה לֹא־שָׁכַב לִבּוֹ	καί γε ἐν νυκτὶ οὐ κοιμᾶται ἡ καρδία αὐτοῦ	
3:11	גַּם אֶת־הָעֹלָם נָתַן בְּלִבָּם	καί γε σὺν τὸν αἰῶνα ἔδωκεν ἐν καρδίᾳ αὐτῶν	
3:17	אָמַרְתִּי אֲנִי בְּלִבִּי	εἶπα ἐγὼ ἐν καρδίᾳ μου	
3:18	אָמַרְתִּי אֲנִי בְּלִבִּי	ἐκεῖ εἶπα ἐγὼ ἐν καρδίᾳ μου	
5:1	וְלִבְּךָ אַל־יְמַהֵר	καὶ καρδία σου μὴ ταχυνάτω	
5:19	מַעֲנֵה בְּשִׂמְחַת לִבּוֹ	περισπᾷ αὐτὸν ἐν εὐφροσύνῃ καρδίας αὐτοῦ	
7:2	וְהַחַי יִתֵּן אֶל־לִבּוֹ	καὶ ὁ ζῶν δώσει εἰς καρδίαν αὐτοῦ	
7:3	כִּי־בְרֹעַ פָּנִים יִיטַב לֵב	ὅτι ἐν κακίᾳ προσώπου ἀγαθυνθήσεται καρδία	
7:4	לֵב חֲכָמִים בְּבֵית אֵבֶל	καρδία σοφῶν ἐν οἴκῳ πένθους	
7:4	וְלֵב כְּסִילִים בְּבֵית שִׂמְחָה	καὶ καρδία ἀφρόνων ἐν οἴκῳ εὐφροσύνης	
7:7	וִיאַבֵּד אֶת־לֵב מַתָּנָה	καὶ ἀπόλλυσι τὴν καρδίαν εὐτονίας αὐτοῦ	
7:21	אַל־תִּתֵּן לִבֶּךָ	μὴ θῇς καρδίαν σου	
7:22	כִּי גַּם־פְּעָמִים רַבּוֹת יָדַע לִבֶּךָ	καθόδους πολλὰς κακώσει καρδίαν σου	=d
7:25	סַבּוֹתִי אֲנִי וְלִבִּי	ἐκύκλωσα ἐγὼ καὶ ἡ καρδία μου	
7:26	וַחֲרָמִים לִבָּהּ אֲסוּרִים יָדֶיהָ	καὶ σαγῆναι καρδία αὐτῆς δεσμοὶ χεῖρες αὐτῆς	
8:5	וְעֵת וּמִשְׁפָּט יֵדַע לֵב חָכָם	καὶ καιρὸν κρίσεως γινώσκει καρδία σοφοῦ	
8:9	וְנָתוֹן אֶת־לִבִּי לְכָל־מַעֲשֶׂה	καὶ ἔδωκα τὴν καρδίαν μου εἰς πᾶν ποίημα	
8:11	עַל־כֵּן מָלֵא לֵב בְּנֵי־הָאָדָם	διὰ τοῦτο ἐπληροφορήθη καρδία υἱῶν τοῦ ἀνθρώπου	
8:16	כַּאֲשֶׁר נָתַתִּי אֶת־לִבִּי לָדַעַת חָכְמָה	ἐν οἷς ἔδωκα τὴν καρδίαν μου τοῦ γνῶναι σοφίαν	
9:1	כִּי אֶת־כָּל־זֶה נָתַתִּי אֶל־לִבִּי	ὅτι σὺν πᾶν τοῦτο ἔδωκα εἰς καρδίαν μου	
[9:1]	וְלָבוּר אֶת־כָּל־זֶה	καὶ καρδία μου σὺν πᾶν εἶδεν τοῦτο	=.wy ולבי
9:3	וְגַם לֵב בְּנֵי־הָאָדָם מָלֵא־רָע	καί γε καρδία υἱῶν τοῦ ἀνθρώπου ἐπληρώθη πονηροῦ	
9:7	וּשְׁתֵה בְלֶב־טוֹב יֵינֶךָ	καὶ πίε ἐν καρδίᾳ ἀγαθῇ οἶνόν σου	
10:2	לֵב חָכָם לִימִינוֹ	καρδία σοφοῦ εἰς δεξιὸν αὐτοῦ	
10:2	וְלֵב כְּסִיל לִשְׂמֹאלוֹ	καὶ καρδία ἄφρονος εἰς ἀριστερὸν αὐτοῦ	
10:3	לִבּוֹ חָסֵר	καρδία αὐτοῦ ὑστερήσει	
11:9	וִיטִיבְךָ לִבְּךָ	καὶ ἀγαθυνάτω σε ἡ καρδία σου	
11:9	וְהַלֵּךְ בְּדַרְכֵי לִבְּךָ	καὶ περιπάτει ἐν ὁδοῖς καρδίας σου	
11:10	וְהָסֵר כַּעַס מִלִּבֶּךָ	καὶ ἀπόστησον θυμὸν ἀπὸ καρδίας σου	

לֵב + ־ךָ 1
σύ 1 2%
7:22 כִּי גַּם־פְּעָמִים רַבּוֹת יָדַע לִבֶּךָ ὅτι πλειστάκις πονηρεύσεταί *σε* =d

לֵבָב *Occurrences: 1*

καρδία 1 100%
9:3 וְהוֹלֵלוֹת בִּלְבָבָם בְּחַיֵּיהֶם καὶ περιφέρεια *ἐν καρδίᾳ αὐτῶν* ἐν ζωῇ αὐτῶν

לָבָן *Occurrences: 1*

λευκός 1 100%
9:8 בְּכָל־עֵת יִהְיוּ בְגָדֶיךָ לְבָנִים ἐν παντὶ καιρῷ ἔστωσαν ἱμάτιά σου *λευκά*

לַהַג *Occurrences: 1*

μελέτη 1 100%
12:12 וְלַהַג הַרְבֵּה יְגִעַת בָּשָׂר καὶ *μελέτη* πολλὴ κόπωσις σαρκός

לָוָה *Occurrences: 1*

εἰμί/συν/προς 1 100%
8:15 וְהוּא יִלְוֶנּוּ בַעֲמָלוֹ καὶ αὐτὸ *συμπροσέσται αὐτῷ* ἐν μόχθῳ αὐτοῦ

לֶחֶם *Occurrences: 4*

ἄρτος 4 100%
9:7 לֵךְ אֱכֹל בְּשִׂמְחָה לַחְמֶךָ δεῦρο φάγε ἐν εὐφροσύνῃ *ἄρτον σου*
9:11 וְגַם לֹא לַחֲכָמִים לֶחֶם καί γε οὐ τοῖς σοφοῖς *ἄρτος*
10:19 לִשְׂחוֹק עֹשִׂים לֶחֶם εἰς γέλωτα ποιοῦσιν *ἄρτον*
11:1 שַׁלַּח לַחְמְךָ עַל־פְּנֵי הַמָּיִם ἀπόστειλον *τὸν ἄρτον σου* ἐπὶ πρόσωπον τοῦ ὕδατος

לַחַשׁ *Occurrences: 1*

ψιθυρισμός 1 100%
10:11 אִם־יִשֹּׁךְ הַנָּחָשׁ בְּלוֹא־לָחַשׁ ἐὰν δάκῃ ὁ ὄφις ἐν οὐ *ψιθυρισμῷ*

לַיְלָה *Occurrences: 2*

νύξ 2 100%
2:23 גַּם־בַּלַּיְלָה לֹא־שָׁכַב לִבּוֹ καί γε *ἐν νυκτὶ* οὐ κοιμᾶται ἡ καρδία αὐτοῦ
8:16 כִּי גַם בַּיּוֹם וּבַלַּיְלָה ὅτι καί γε ἐν ἡμέρᾳ *καὶ ἐν νυκτὶ*

לָכַד *Occurrences: 1*

λαμβάνω/συν 1 100%
7:26 וְחוֹטֵא יִלָּכֶד בָּהּ καὶ ἁμαρτάνων *συλλημφθήσεται* ἐν αὐτῇ

לָמַד *Occurrences: 1*

διδάσκω 1 100%
12:9 עוֹד לִמַּד־דַּעַת אֶת־הָעָם ἔτι *ἐδίδαξεν* γνῶσιν σὺν τὸν λαόν

לָשׁוֹן *Occurrences: 1*

בַּעַל + לָשׁוֹן 1
ᾄδω/ἐπι 1 100%
10:11 וְאֵין יִתְרוֹן לְבַעַל הַלָּשׁוֹן καὶ οὐκ ἔστιν περισσεία *τῷ ἐπᾴδοντι*

מ

מֵאָה — *Occurrences: 2*

ἀπό+ τότε	*1*	*50%*
ἑκατόν	*1*	*50%*

ἀπό + τότε	*1*	*50%*	
8:12	אֲשֶׁר חֹטֶא עֹשֶׂה רָע *מְאַת*	ὃς ἥμαρτεν ἐποίησεν τὸ πονηρὸν *ἀπὸ τότε*	= מאז
ἑκατόν	*1*	*50%*	
6:3	אִם־יוֹלִיד אִישׁ *מֵאָה* וְשָׁנִים רַבּוֹת יִחְיֶה	ἐὰν γεννήσῃ ἀνὴρ *ἑκατὸν* καὶ ἔτη πολλὰ ζήσεται	

מְאוּמָה — *Occurrences: 4*

οὐδείς	*3*	*75%*
μηδείς	*1*	*25%*

μηδείς	*1*	*25%*
7:14	שֶׁלֹּא יִמְצָא הָאָדָם אַחֲרָיו *מְאוּמָה*	ἵνα μὴ εὕρῃ ὁ ἄνθρωπος ὀπίσω αὐτοῦ *μηδέν*
οὐδείς	*3*	*75%*
5:13	וְאֵין בְּיָדוֹ *מְאוּמָה*	καὶ οὐκ ἔστιν ἐν χειρὶ αὐτοῦ *οὐδέν*
5:14	*וּמְאוּמָה* לֹא־יִשָּׂא בַעֲמָלוֹ	*καὶ οὐδὲν* οὐ λήμψεται ἐν μόχθῳ αὐτοῦ
9:5	וְהַמֵּתִים אֵינָם יוֹדְעִים *מְאוּמָה*	καὶ οἱ νεκροὶ οὐκ εἰσιν γινώσκοντες *οὐδέν*

מַבּוּעַ — *Occurrences: 1*

πηγή	*1*	*100%*
12:6	וְתִשָּׁבֶר כַּד עַל־*הַמַּבּוּעַ*	καὶ συντριβῇ ὑδρία ἐπὶ *τὴν πηγήν*

מְדִינָה — *Occurrences: 2*

χώρα	*2*	*100%*
2:8	וּסְגֻלַּת מְלָכִים *וְהַמְּדִינוֹת*	καὶ περιουσιασμοὺς βασιλέων *καὶ τῶν χωρῶν*
5:7	וְגֵזֶל מִשְׁפָּט וָצֶדֶק תִּרְאֶה *בַמְּדִינָה*	καὶ ἁρπαγὴν κρίματος καὶ δικαιοσύνης ἴδῃς *ἐν χώρᾳ*

מַדָּע — *Occurrences: 1*

συνείδησις	*1*	*100%*
10:20	גַּם *בְּמַדָּעֲךָ* מֶלֶךְ אַל־תְּקַלֵּל	καί γε *ἐν συνειδήσει σου* βασιλέα μὴ καταράσῃ

מָה — *Occurrences: 28*

τίς	*20*	*71%*
διότι	*1*	*4%*
ὅς	*1*	*4%*
ὑπέρ	*1*	*4%*
לְ + מָה	*3*	
ἵνα + μή	*2*	*7%*
μήποτε	*1*	*4%*
מָה + שֶׁ	*2*	
εἰ + τις	*1*	*4%*
ὁ	*1*	*4%*

διότι	*1*	*4%*	
6:8	*מַה*־לֶּעָנִי יוֹדֵעַ לַהֲלֹךְ נֶגֶד הַחַיִּים	*διότι* ὁ πένης οἶδεν πορευθῆναι κατέναντι τῆς ζωῆς	=%p-
ὅς	*1*	*4%*	
3:22	כִּי מִי יְבִיאֶנּוּ לִרְאוֹת *בְּמֶה* שֶׁיִּהְיֶה	ὅτι τίς ἄξει αὐτὸν τοῦ ἰδεῖν ἐν *ᾧ* ἐὰν γένηται	
τίς	*20*	*71%*	
1:3	*מַה*־יִּתְרוֹן לָאָדָם בְּכָל־עֲמָלוֹ	*τίς* περισσεία τῷ ἀνθρώπῳ ἐν παντὶ μόχθῳ αὐτοῦ	
1:9	*מַה*־שֶּׁהָיָה הוּא שֶׁיִּהְיֶה	*τί* τὸ γεγονός αὐτὸ τὸ γενησόμενον	
1:9	*וּמַה*־שֶּׁנַּעֲשָׂה הוּא שֶׁיֵּעָשֶׂה	καὶ *τί* τὸ πεποιημένον αὐτὸ τὸ ποιηθησόμενον	

2:2	וּלְשִׂמְחָה *מַה־זֹּה* עֹשָׂה	καὶ τῇ εὐφροσύνῃ *τί* τοῦτο ποιεῖς		
2:12	כִּי *מֶה* הָאָדָם שֶׁיָּבוֹא	ὅτι *τίς* ὁ ἄνθρωπος ὃς ἐπελεύσεται	=	מי
2:15	וְלָ*מָּה* חָכַמְתִּי אֲנִי אָז יוֹתֵר	*καὶ ἵνα τί* ἐσοφισάμην ἐγὼ τότε περισσὸν		
2:22	כִּי *מֶה־הֹוֶה* לָאָדָם בְּכָל־עֲמָלוֹ	ὅτι *τί* γίνεται τῷ ἀνθρώπῳ ἐν παντὶ μόχθῳ αὐτοῦ		
3:9	*מַה־יִּתְרוֹן* הָעוֹשֶׂה בַּאֲשֶׁר הוּא עָמֵל	*τίς* περισσεία τοῦ ποιοῦντος ἐν οἷς αὐτὸς μοχθεῖ		
[3:19]	וּמוֹתַר הָאָדָם מִן־הַבְּהֵמָה	*καὶ τί ἐπερίσσευσεν* ὁ ἄνθρωπος παρὰ τὸ κτῆνος	=?.s	ומה יתר
5:10	וּ*מַה־כִּשְׁרוֹן* לִבְעָלֶיהָ	*καὶ τί* ἀνδρεία τῷ παρ' αὐτῆς		
5:15	וּ*מַה־יִּתְרוֹן* לוֹ שֶׁיַּעֲמֹל לָרוּחַ	*καὶ τίς* περισσεία αὐτῷ ᾗ μοχθεῖ εἰς ἄνεμον		
6:8	כִּי *מַה־יּוֹתֵר* לֶחָכָם מִן־הַכְּסִיל	ὅτι *τίς* περισσεία τῷ σοφῷ ὑπὲρ τὸν ἄφρονα		
6:11	*מַה־יֹּתֵר* לָאָדָם	*τί* περισσὸν τῷ ἀνθρώπῳ		
6:12	כִּי מִי־יוֹדֵעַ *מַה־טּוֹב* לָאָדָם בַּחַיִּים	ὅτι τίς οἶδεν *τί* ἀγαθὸν τῷ ἀνθρώπῳ ἐν τῇ ζωῇ		
6:12	אֲשֶׁר מִי־יַגִּיד לָאָדָם *מַה־יִּהְיֶה*	ὅτι τίς ἀπαγγελεῖ τῷ ἀνθρώπῳ *τί* ἔσται		
7:10	אַל־תֹּאמַר *מֶה* הָיָה	μὴ εἴπῃς *τί* ἐγένετο		
8:4	וּמִי יֹאמַר־לוֹ *מַה־תַּעֲשֶׂה*	καὶ τίς ἐρεῖ αὐτῷ *τί* ποιήσεις		
8:7	כִּי־אֵינֶנּוּ יֹדֵעַ *מַה־שֶּׁיִּהְיֶה*	ὅτι οὐκ ἔστιν γινώσκων *τί* τὸ ἐσόμενον		
10:14	לֹא־יֵדַע הָאָדָם *מַה־שֶּׁיִּהְיֶה*	οὐκ ἔγνω ὁ ἄνθρωπος *τί* τὸ γενόμενον		
11:2	כִּי לֹא תֵדַע *מַה־יִּהְיֶה* רָעָה עַל־הָאָרֶץ	ὅτι οὐ γινώσκεις *τί* ἔσται πονηρὸν ἐπὶ τὴν γῆν		
11:5	כַּאֲשֶׁר אֵינְךָ יוֹדֵעַ *מַה־דֶּרֶךְ* הָרוּחַ	ἐν οἷς οὐκ ἔστιν γινώσκων *τίς* ἡ ὁδὸς τοῦ πνεύματος		
ὑπέρ	*1*	*4%*		
7:24	רָחוֹק *מַה־שֶּׁהָיָה* וְעָמֹק עָמֹק מִי יִמְצָאֶנּוּ	μακρὰν *ὑπὲρ* ὃ ἦν καὶ βαθὺ βάθος τίς εὑρήσει αὐτό	=	משהיה

לְ + מָה	*3*		
ἵνα + μή	*2*	*7%*	
5:5	*לָמָּה* יִקְצֹף הָאֱלֹהִים עַל־קוֹלֶךָ	*ἵνα μὴ* ὀργισθῇ ὁ θεὸς ἐπὶ φωνῇ σου	
7:17	*לָמָּה* תָמוּת בְּלֹא עִתֶּךָ	*ἵνα μὴ* ἀποθάνῃς ἐν οὐ καιρῷ σου	
μήποτε	*1*	*4%*	
7:16	*לָמָּה* תִּשּׁוֹמֵם	*μήποτε* ἐκπλαγῇς	

מָה + שׁ	*2*		
εἰ + τις	*1*	*4%*	
6:10	*מַה־שֶּׁהָיָה* כְּבָר נִקְרָא שְׁמוֹ	*εἴ τι* ἐγένετο ἤδη κέκληται ὄνομα αὐτοῦ	
ὁ	*1*	*4%*	
3:15	*מַה־שֶּׁהָיָה* כְּבָר הוּא	*τὸ* γενόμενον ἤδη ἐστίν	

מָהַר *Occurrences: 1*

ταχύνω	*1*	*100%*	
5:1	וְלִבְּךָ אַל־*יְמַהֵר*	καὶ καρδία σου μὴ *ταχυνάτω*	

מְהֵרָה *Occurrences: 2*

ταχύς	*1*	*50%*
בְּ + מְהֵרָה	*1*	
ταχέως	*1*	*50%*

ταχύς	*1*	*50%*	
8:11	מַעֲשֵׂה הָרָעָה *מְהֵרָה*	ἀπὸ τῶν ποιούντων τὸ πονηρὸν *ταχύ*	
בְּ + מְהֵרָה	*1*		
ταχέως	*1*	*50%*	
4:12	לֹא *בִמְהֵרָה* יִנָּתֵק	οὐ *ταχέως* ἀπορραγήσεται	

מוּת *Occurrences: 9*

θνήσκω/ἀπο	*5*	*56%*
νεκρός	*3*	*33%*
θνήσκω	*1*	*11%*

θνήσκω	*1*	*11%*	
4:2	וְשַׁבֵּחַ אֲנִי אֶת־*הַמֵּתִים*	καὶ ἐπῄνεσα ἐγὼ σὺν τοὺς *τεθνηκότας*	
θνήσκω/ἀπο	*5*	*56%*	
2:16	וְאֵיךְ *יָמוּת* הֶחָכָם עִם־הַכְּסִיל	καὶ πῶς *ἀποθανεῖται* ὁ σοφὸς μετὰ τοῦ ἄφρονος	
3:2	עֵת לָלֶדֶת וְעֵת *לָמוּת*	καιρὸς τοῦ τεκεῖν καὶ καιρὸς *τοῦ ἀποθανεῖν*	

4:2	שֶׁכְּבָר *מֵתוּ* מִן־הַחַיִּים	τοὺς ἤδη *ἀποθανόντας* ὑπὲρ τοὺς ζῶντας
7:17	לָמָּה *תָמוּת* בְּלֹא עִתֶּךָ	ἵνα μὴ *ἀποθάνῃς* ἐν οὐ καιρῷ σου
9:5	כִּי הַחַיִּים יוֹדְעִים *שֶׁיָּמֻתוּ*	ὅτι οἱ ζῶντες γνώσονται *ὅτι ἀποθανοῦνται*
νεκρός	3	33%
9:3	וְאַחֲרָיו *אֶל־הַמֵּתִים*	καὶ ὀπίσω αὐτῶν πρὸς *τοὺς νεκρούς*
9:4	הוּא טוֹב מִן־הָאַרְיֵה *הַמֵּת*	αὐτὸς ἀγαθὸς ὑπὲρ τὸν λέοντα *τὸν νεκρόν*
9:5	*וְהַמֵּתִים* אֵינָם יוֹדְעִים מְאוּמָה	*καὶ οἱ νεκροὶ* οὐκ εἰσιν γινώσκοντες οὐδέν

מָוֶת *Occurrences: 6*

θάνατος	*5*	*83%*
θανατόω	*1*	*17%*

θάνατος	5	83%
3:19	*כְּמוֹת* זֶה כֵּן מוֹת זֶה	*ὡς ὁ θάνατος* τούτου οὕτως ὁ θάνατος τούτου
3:19	כְּמוֹת זֶה כֵּן *מוֹת* זֶה	ὡς ὁ θάνατος τούτου οὕτως *ὁ θάνατος* τούτου
7:1	וְיוֹם *הַמָּוֶת* מִיּוֹם הִוָּלְדוֹ	καὶ ἡμέρα *τοῦ θανάτου* ὑπὲρ ἡμέραν γενέσεως αὐτοῦ
7:26	וּמוֹצֶא אֲנִי מַר *מִמָּוֶת*	καὶ εὑρίσκω ἐγὼ πικρότερον *ὑπὲρ θάνατον*
8:8	וְאֵין שִׁלְטוֹן בְּיוֹם *הַמָּוֶת*	καὶ οὐκ ἔστιν ἐξουσία ἐν ἡμέρᾳ *τοῦ θανάτου*
θανατόω	1	17%
10:1	זְבוּבֵי *מָוֶת* יַבְאִישׁ יַבִּיעַ שֶׁמֶן	μυῖαι *θανατοῦσαι* σαπριοῦσιν σκευασίαν ἐλαίου

מוֹתָר *Occurrences: 1*

περισσεύω	1	100%	
3:19	*וּמוֹתַר* הָאָדָם מִן־הַבְּהֵמָה	*καὶ τί ἐπερίσσευσεν* ὁ ἄνθρωπος παρὰ τὸ κτῆνος	=?.s ומה יתר

מַטָּה *Occurrences: 1*

לְ + מַטָּה	1	
κάτω	1	100%
3:21	הַיֹּרֶדֶת הִיא *לְמַטָּה* לָאָרֶץ	εἰ καταβαίνει αὐτὸ *κάτω* εἰς γῆν

מִי *Occurrences: 17*

τίς	*16*	*94%*
לְ + מִי	*1*	
τίς	*1*	*6%*

τίς	16	94%	
[2:12]	כִּי *מֶה* הָאָדָם שֶׁיָּבוֹא	ὅτι *τίς* ὁ ἄνθρωπος ὃς ἐπελεύσεται	= מי
2:19	*וּמִי* יוֹדֵעַ הֶחָכָם יִהְיֶה אוֹ סָכָל	*καὶ τίς* οἶδεν εἰ σοφὸς ἔσται ἢ ἄφρων	
2:25	כִּי *מִי* יֹאכַל וּמִי יָחוּשׁ חוּץ מִמֶּנִּי	ὅτι *τίς* φάγεται καὶ τίς φείσεται πάρεξ αὐτοῦ	
2:25	כִּי מִי יֹאכַל *וּמִי* יָחוּשׁ חוּץ מִמֶּנִּי	ὅτι τίς φάγεται *καὶ τίς* φείσεται πάρεξ αὐτοῦ	
3:21	*מִי* יוֹדֵעַ רוּחַ בְּנֵי הָאָדָם	*καὶ τίς* οἶδεν πνεῦμα υἱῶν τοῦ ἀνθρώπου	
3:22	כִּי *מִי* יְבִיאֶנּוּ לִרְאוֹת בְּמֶה שֶׁיִּהְיֶה	ὅτι *τίς* ἄξει αὐτὸν τοῦ ἰδεῖν ἐν ᾧ ἐὰν γένηται	
5:9	*וּמִי־*אֹהֵב בֶּהָמוֹן לֹא תְבוּאָה	*καὶ τίς* ἠγάπησεν ἐν πλήθει αὐτῶν γένημα	
6:12	כִּי *מִי־*יוֹדֵעַ מַה־טּוֹב לָאָדָם בַּחַיִּים	ὅτι *τίς* οἶδεν τί ἀγαθὸν τῷ ἀνθρώπῳ ἐν τῇ ζωῇ	
6:12	אֲשֶׁר *מִי־*יַגִּיד לָאָדָם מַה־יִּהְיֶה	ὅτι *τίς* ἀπαγγελεῖ τῷ ἀνθρώπῳ τί ἔσται	
7:13	כִּי *מִי* יוּכַל לְתַקֵּן	ὅτι *τίς* δυνήσεται τοῦ κοσμῆσαι	
7:24	רָחוֹק מַה־שֶּׁהָיָה וְעָמֹק עָמֹק *מִי* יִמְצָאֶנּוּ	μακρὰν ὑπὲρ ὃ ἦν καὶ βαθὺ βάθος *τίς* εὑρήσει αὐτό	
8:1	*מִי* כְּהֶחָכָם וּמִי יוֹדֵעַ פֵּשֶׁר דָּבָר	*τίς* οἶδεν σοφοὺς καὶ τίς οἶδεν λύσιν ῥήματος	
8:1	מִי כְּהֶחָכָם *וּמִי* יוֹדֵעַ פֵּשֶׁר דָּבָר	τίς οἶδεν σοφοὺς *καὶ τίς* οἶδεν λύσιν ῥήματος	
8:4	*וּמִי* יֹאמַר־לוֹ מַה־תַּעֲשֶׂה	*καὶ τίς* ἐρεῖ αὐτῷ τί ποιήσεις	
8:7	כִּי כַּאֲשֶׁר יִהְיֶה *מִי* יַגִּיד לוֹ	ὅτι καθὼς ἔσται *τίς* ἀναγγελεῖ αὐτῷ	
9:4	כִּי־*מִי* אֲשֶׁר *יבחר **יְחֻבַּר אֶל כָּל־הַחַיִּים	ὅτι *τίς* ὃς κοινωνεῖ πρὸς πάντας τοὺς ζῶντας	
10:14	*מִי* יַגִּיד לוֹ	*τίς* ἀναγγελεῖ αὐτῷ	
לְ + מִי	1		
τίς	1	6%	
4:8	*וּלְמִי* אֲנִי עָמֵל וּמְחַסֵּר אֶת־נַפְשִׁי	καὶ *τίνι* ἐγὼ μοχθῶ καὶ στερίσκω τὴν ψυχήν μου	

מַיִם *Occurrences: 2*

ὕδωρ	2	100%	
2:6	עָשִׂיתִי לִי בְּרֵכוֹת *מָיִם*	ἐποίησά μοι κολυμβήθρας *ὑδάτων*	
11:1	שַׁלַּח לַחְמְךָ עַל־פְּנֵי *הַמָּיִם*	ἀπόστειλον τὸν ἄρτον σου ἐπὶ πρόσωπον *τοῦ ὕδατος*	

מַכְאוֹב *Occurrences: 2*

ἄλγημα	2	100%	
1:18	וְיוֹסִיף דַּעַת יוֹסִיף *מַכְאוֹב*	καὶ ὁ προστιθεὶς γνῶσιν προσθήσει *ἄλγημα*	
2:23	כִּי כָל־יָמָיו *מַכְאֹבִים*	ὅτι πᾶσαι αἱ ἡμέραι αὐτοῦ *ἀλγημάτων*	

מָכַךְ *Occurrences: 1*

ταπεινόω	1	100%	
10:18	בַּעֲצַלְתַּיִם *יִמַּךְ* הַמְּקָרֶה	ἐν ὀκνηρίαις *ταπεινωθήσεται* ἡ δόκωσις	

מָלֵא *Occurrences: 4*

πληρόω	3	75%
πληροφορέω	1	25%

πληροφορέω	1	25%	
8:11	עַל־כֵּן *מָלֵא* לֵב בְּנֵי־הָאָדָם	διὰ τοῦτο *ἐπληροφορήθη* καρδία υἱῶν τοῦ ἀνθρώπου	
πληρόω	3	75%	
1:8	וְלֹא־*תִמָּלֵא* אֹזֶן מִשְּׁמֹעַ	καὶ οὐ *πληρωθήσεται* οὖς ἀπὸ ἀκροάσεως	
6:7	וְגַם־הַנֶּפֶשׁ לֹא *תִמָּלֵא*	καί γε ἡ ψυχὴ οὐ *πληρωθήσεται*	
11:3	אִם־*יִמָּלְאוּ* הֶעָבִים גֶּשֶׁם	ἐὰν *πληρωθῶσιν* τὰ νέφη ὑετοῦ	

מָלֵא *Occurrences: 3*

κυοφορέω	1	33%
πίμπλημι/ἐν	1	33%
πληρόω	1	33%

κυοφορέω	1	33%	
11:5	כַּעֲצָמִים בְּבֶטֶן *הַמְּלֵאָה*	ὡς ὀστᾶ ἐν γαστρὶ *τῆς κυοφορούσης*	
πίμπλημι/ἐν	1	33%	
1:7	וְהַיָּם אֵינֶנּוּ *מָלֵא*	καὶ ἡ θάλασσα οὐκ ἔσται *ἐμπιμπλαμένη*	
πληρόω	1	33%	
9:3	וְגַם לֵב בְּנֵי־הָאָדָם *מָלֵא*־רָע	καί γε καρδία υἱῶν τοῦ ἀνθρώπου *ἐπληρώθη* πονηροῦ	

מְלֹא *Occurrences: 2*

πλήρωμα	2	100%	
4:6	טוֹב *מְלֹא* כַף נָחַת	ἀγαθὸν *πλήρωμα* δρακὸς ἀναπαύσεως	
4:6	*מִמְּלֹא* חָפְנַיִם עָמָל	ὑπὲρ *πλήρωμα* δύο δρακῶν μόχθου	

מַלְאָךְ *Occurrences: 1*

θεός	1	100%	
5:5	וְאַל־תֹּאמַר לִפְנֵי *הַמַּלְאָךְ*	καὶ μὴ εἴπῃς πρὸ προσώπου *τοῦ θεοῦ*	=? האלהים

מִלְחָמָה *Occurrences: 3*

πόλεμος	3	100%	
3:8	עֵת *מִלְחָמָה* וְעֵת שָׁלוֹם	καιρὸς *πολέμου* καὶ καιρὸς εἰρήνης	
8:8	וְאֵין מִשְׁלַחַת *בַּמִּלְחָמָה*	καὶ οὐκ ἔστιν ἀποστολὴ *ἐν τῷ πολέμῳ*	
9:11	וְלֹא לַגִּבּוֹרִים *הַמִּלְחָמָה*	καὶ οὐ τοῖς δυνατοῖς *ὁ πόλεμος*	

מָלַט Occurrences: 3

σώζω/δια	2	67%
αἱρέω/ἐκ	1	33%

αἱρέω/ἐκ	1	33%
7:26	טוֹב לִפְנֵי הָאֱלֹהִים יִמָּלֵט	ἀγαθὸς πρὸ προσώπου τοῦ θεοῦ *ἐξαιρεθήσεται*
σώζω/δια	2	67%
8:8	וְלֹא־יְמַלֵּט רֶשַׁע אֶת־בְּעָלָיו	καὶ οὐ *διασώσει* ἀσέβεια τὸν παρ' αὐτῆς
9:15	וּמִלַּט־הוּא אֶת־הָעִיר בְּחָכְמָתוֹ	καὶ *διασώσει* αὐτὸς τὴν πόλιν ἐν τῇ σοφίᾳ αὐτοῦ

מָלַךְ Occurrences: 1

βασιλεύω	1	100%
4:14	יָצָא לִמְלֹךְ	ἐξελεύσεται τοῦ *βασιλεῦσαι*

מֶלֶךְ Occurrences: 12

βασιλεύς	11	92%
βουλή	1	8%

βασιλεύς	11	92%	
1:1	מֶלֶךְ בִּירוּשָׁלִָם	*βασιλέως* Ισραηλ ἐν Ιερουσαλημ	
1:12	אֲנִי קֹהֶלֶת הָיִיתִי מֶלֶךְ	ἐγὼ ἐκκλησιαστὴς ἐγενόμην *βασιλεὺς*	
2:8	וּסְגֻלַּת מְלָכִים וְהַמְּדִינוֹת	καὶ περιουσιασμοὺς *βασιλέων* καὶ τῶν χωρῶν	
4:13	מִמֶּלֶךְ זָקֵן וּכְסִיל	ὑπὲρ *βασιλέα* πρεσβύτερον καὶ ἄφρονα	
5:8	מֶלֶךְ לְשָׂדֶה נֶעֱבָד	*βασιλεὺς* τοῦ ἀγροῦ εἰργασμένου	
8:2	אֲנִי פִּי־מֶלֶךְ שְׁמוֹר	στόμα *βασιλέως* φύλαξον	
8:4	בַּאֲשֶׁר דְּבַר־מֶלֶךְ שִׁלְטוֹן	καθὼς λαλεῖ *βασιλεὺς* ἐξουσιάζων	
9:14	וּבָא־אֵלֶיהָ מֶלֶךְ גָּדוֹל	καὶ ἔλθῃ ἐπ' αὐτὴν *βασιλεὺς* μέγας	
10:16	אִי־לָךְ אֶרֶץ שֶׁמַּלְכֵּךְ נָעַר	οὐαί σοι πόλις ἧς *ὁ βασιλεύς* σου νεώτερος	
10:17	אַשְׁרֵיךְ אֶרֶץ שֶׁמַּלְכֵּךְ בֶּן־חוֹרִים	μακαρία σύ γῆ ἧς *ὁ βασιλεύς σου* υἱὸς ἐλευθέρων	
10:20	גַּם בְּמַדָּעֲךָ מֶלֶךְ אַל־תְּקַלֵּל	καί γε ἐν συνειδήσει σου *βασιλέα* μὴ καταράσῃ	
βουλή	1	8%	
2:12	הָאָדָם שֶׁיָּבוֹא אַחֲרֵי הַמֶּלֶךְ	ὁ ἄνθρωπος ὃς ἐπελεύσεται ὀπίσω *τῆς βουλῆς*	=@a

מַלְכוּת Occurrences: 1

βασιλεία	1	100%
4:14	כִּי גַם בְּמַלְכוּתוֹ נוֹלַד רָשׁ	ὅτι καί γε *ἐν βασιλείᾳ αὐτοῦ* ἐγεννήθη πένης

מִן Occurrences: 75

ἀπό	31	42%
ὑπέρ	28	38%
ἐκ	4	5%
παρά	2	3%
ἐν	2	3%
ἤ	1	1%
εἰ + μή	1	1%
ἤ + ὅτι	1	1%
- - -	1	
מִן + בְּלִי + לֹא	1	
μή	1	1%
מִן + עַל	1	
ἐπάνω	1	1%
חוּץ + מִן	1	
πάρεξ	1	1%
מִן + אַחֲרֵי	1	
ὀπίσω	1	1%

- - -	1		
10:1	יָקָר מֵחָכְמָה מִכָּבוֹד סִכְלוּת מְעָט	τίμιον ὀλίγον *σοφίας* ὑπὲρ δόξαν ἀφροσύνης μεγάλης	=%p-

ἀπό	*31*	*42%*		
1:8	וְלֹא־תִמָּלֵא אֹזֶן *מִשְּׁמֹעַ*	καὶ οὐ πληρωθήσεται οὖς *ἀπὸ ἀκροάσεως*		
1:10	לְעֹלָמִים אֲשֶׁר הָיָה *מִלְּפָנֵנוּ*	ἐν τοῖς αἰῶσιν τοῖς γενομένοις *ἀπὸ ἔμπροσθεν ἡμῶν*		
2:6	לְהַשְׁקוֹת *מֵהֶם* יַעַר צוֹמֵחַ עֵצִים	τοῦ ποτίσαι *ἀπ᾽ αὐτῶν* δρυμὸν βλαστῶντα ξύλα		
2:10	לֹא אָצַלְתִּי *מֵהֶם*	οὐχ ὑφεῖλον *ἀπ᾽ αὐτῶν*		
2:10	אֶת־לִבִּי *מִכָּל־שִׂמְחָה*	τὴν καρδίαν μου *ἀπὸ πάσης* εὐφροσύνης		
2:10	וְזֶה־הָיָה חֶלְקִי *מִכָּל*־עֲמָלִי	καὶ τοῦτο ἐγένετο μερίς μου *ἀπὸ* παντὸς μόχθου μου		
2:24	כִּי *מִיַּד* הָאֱלֹהִים הִיא	ὅτι *ἀπὸ χειρὸς* τοῦ θεοῦ ἐστιν		
3:5	וְעֵת לִרְחֹק *מֵחַבֵּק*	καὶ καιρὸς τοῦ μακρυνθῆναι *ἀπὸ περιλήμψεως*		
3:11	אֲשֶׁר־עָשָׂה הָאֱלֹהִים *מֵרֹאשׁ* וְעַד־סוֹף	ὃ ἐποίησεν ὁ θεός *ἀπ᾽ ἀρχῆς* καὶ μέχρι τέλους		
3:14	*וּמִמֶּנּוּ* אֵין לִגְרֹעַ	*καὶ ἀπ᾽ αὐτοῦ* οὐκ ἔστιν ἀφελεῖν		
3:14	שֶׁיִּרְאוּ *מִלְּפָנָיו*	ἵνα φοβηθῶσιν *ἀπὸ προσώπου αὐτοῦ*		
3:20	הַכֹּל הָיָה *מִן־הֶעָפָר*	τὰ πάντα ἐγένετο *ἀπὸ* τοῦ χοός		
4:1	*וּמִיַּד* עֹשְׁקֵיהֶם כֹּחַ	*καὶ ἀπὸ χειρὸς* συκοφαντούντων αὐτοὺς ἰσχύς		
4:4	כִּי הִיא קִנְאַת־אִישׁ *מֵרֵעֵהוּ*	ὅτι αὐτὸ ζῆλος ἀνδρὸς *ἀπὸ τοῦ ἑταίρου αὐτοῦ*		
4:8	וּמְחַסֵּר אֶת־נַפְשִׁי *מִטּוֹבָה*	καὶ στερίσκω τὴν ψυχήν μου *ἀπὸ ἀγαθωσύνης*		
5:14	כַּאֲשֶׁר יָצָא *מִבֶּטֶן* אִמּוֹ עָרוֹם	καθὼς ἐξῆλθεν *ἀπὸ γαστρὸς* μητρὸς αὐτοῦ γυμνός		
5:18	וְהִשְׁלִיטוֹ לֶאֱכֹל *מִמֶּנּוּ*	καὶ ἐξουσίασεν αὐτὸν τοῦ φαγεῖν *ἀπ᾽ αὐτοῦ*		
6:2	*מִכֹּל* אֲשֶׁר־יִתְאַוֶּה	*ἀπὸ πάντων* ὧν ἐπιθυμήσει		
6:2	לֶאֱכֹל *מִמֶּנּוּ*	τοῦ φαγεῖν *ἀπ᾽ αὐτοῦ*		
6:3	לֹא־תִשְׂבַּע *מִן־הַטּוֹבָה*	οὐκ ἐμπλησθήσεται *ἀπὸ* τῆς ἀγαθωσύνης		
7:18	וְגַם־*מִזֶּה* אַל־תַּנַּח אֶת־יָדֶךָ	καί γε *ἀπὸ τούτου* μὴ ἀνῇς τὴν χεῖρά σου		
7:23	אָמַרְתִּי אֶחְכָּמָה וְהִיא רְחוֹקָה *מִמֶּנִּי*	εἶπα σοφισθήσομαι [καὶ αὐτὴ ἐμακρύνθη *ἀπ᾽ ἐμοῦ*]	[24]	
7:26	לִפְנֵי הָאֱלֹהִים יִמָּלֵט *מִמֶּנָּה*	πρὸ προσώπου τοῦ θεοῦ ἐξαιρεθήσεται *ἀπ᾽ αὐτῆς*		
7:28	אָדָם אֶחָד *מֵאֶלֶף* מָצָאתִי	ἄνθρωπον ἕνα *ἀπὸ χιλίων* εὗρον		
8:3	אַל־תִּבָּהֵל *מִפָּנָיו* תֵּלֵךְ	[μὴ σπουδάσῃς] *ἀπὸ προσώπου αὐτοῦ* πορεύσῃ		
[8:11]	*מַעֲשֵׂה* הָרָעָה מְהֵרָה	*ἀπὸ τῶν ποιούντων* τὸ πονηρὸν ταχύ	=.hy	מעשׂי
[8:12]	אֲשֶׁר חֹטֶא עֹשֶׂה רָע *מְאַת*	ὃς ἥμαρτεν ἐποίησεν τὸ πονηρὸν *ἀπὸ τότε*	=	מאז
8:12	אֲשֶׁר יִירְאוּ *מִלְּפָנָיו*	ὅπως φοβῶνται *ἀπὸ προσώπου αὐτοῦ*		
8:13	אֲשֶׁר אֵינֶנּוּ יָרֵא *מִלִּפְנֵי* אֱלֹהִים	ὃς οὐκ ἔστιν φοβούμενος *ἀπὸ προσώπου* τοῦ θεοῦ		
10:5	שֶׁיֹּצָא *מִלִּפְנֵי* הַשַּׁלִּיט	ὃ ἐξῆλθεν *ἀπὸ προσώπου* τοῦ ἐξουσιάζοντος		
11:10	וְהָסֵר כַּעַס *מִלִּבֶּךָ*	καὶ ἀπόστησον θυμὸν *ἀπὸ καρδίας σου*		
11:10	וְהַעֲבֵר רָעָה *מִבְּשָׂרֶךָ*	καὶ παράγαγε πονηρίαν *ἀπὸ σαρκός σου*		
12:5	גַּם *מִגָּבֹהַּ* יִרָאוּ וְחַתְחַתִּים בַּדֶּרֶךְ	καί γε *ἀπὸ ὕψους* ὄψονται καὶ θάμβοι ἐν τῇ ὁδῷ		
εἰ + μή	*1*	*1%*		
3:22	*מֵאֲשֶׁר* יִשְׂמַח הָאָדָם	*εἰ μὴ ὃ* εὐφρανθήσεται ὁ ἄνθρωπος		
ἐκ	*4*	*5%*		
4:14	כִּי־*מִבֵּית* הָסוּרִים יָצָא	ὅτι *ἐξ οἴκου* τῶν δεσμίων ἐξελεύσεται		
8:10	*וּמִמְּקוֹם* קָדוֹשׁ יְהַלֵּכוּ	*καὶ ἐκ τόπου* ἁγίου ἐπορεύθησαν		
12:11	נִתְּנוּ *מֵרֹעֶה* אֶחָד	ἐδόθησαν *ἐκ ποιμένος* ἑνὸς		
12:12	וְיֹתֵר *מֵהֵמָּה* בְּנִי הִזָּהֵר	[καὶ περισσὸν *ἐξ αὐτῶν*] υἱέ μου φύλαξαι	[11]	
ἐν	*2*	*3%*		
2:10	כִּי־לִבִּי שָׂמֵחַ *מִכָּל*־עֲמָלִי	ὅτι καρδία μου εὐφράνθη *ἐν παντὶ* μόχθῳ μου	=%p	
7:10	כִּי לֹא *מֵחָכְמָה* שָׁאַלְתָּ עַל־זֶה	ὅτι οὐκ *ἐν σοφίᾳ* ἐπηρώτησας περὶ τούτου	=%p	
ἤ	*1*	*1%*		
5:4	טוֹב אֲשֶׁר לֹא־תִדֹּר *מִשֶּׁתִּדּוֹר*	ἀγαθὸν τὸ μὴ εὔξασθαί σε *ἢ τὸ εὔξασθαί σε*		
ἢ + ὅτι	*1*	*1%*		
7:2	*מִלֶּכֶת* אֶל־בֵּית מִשְׁתֶּה	*ἢ ὅτι πορευθῆναι* εἰς οἶκον πότου		
παρά	*2*	*3%*		
2:9	*מִכֹּל* שֶׁהָיָה לְפָנַי	*παρὰ πάντας* τοὺς γενομένους ἔμπροσθέν μου		
3:19	וּמוֹתַר הָאָדָם *מִן־הַבְּהֵמָה*	καὶ τί ἐπερίσσευσεν ὁ ἄνθρωπος *παρὰ* τὸ κτῆνος		
ὑπέρ	*28*	*38%*		
2:7	*מִכֹּל* שֶׁהָיוּ לְפָנַי	*ὑπὲρ πάντας* τοὺς γενομένους ἔμπροσθέν μου		
2:13	יֵשׁ יִתְרוֹן לַחָכְמָה *מִן־הַסִּכְלוּת*	ἔστιν περισσεία τῇ σοφίᾳ *ὑπὲρ* τὴν ἀφροσύνην		
2:13	כִּיתְרוֹן הָאוֹר *מִן־הַחֹשֶׁךְ*	ὡς περισσεία τοῦ φωτὸς *ὑπὲρ* τὸ σκότος		
4:2	שֶׁכְּבָר מֵתוּ *מִן־הַחַיִּים*	τοὺς ἤδη ἀποθανόντας *ὑπὲρ* τοὺς ζῶντας		

4:3	וְטוֹב *מִשְּׁנֵיהֶם*	καὶ ἀγαθὸς *ὑπὲρ τοὺς δύο τούτους*		
4:6	*מִמְּלֹא* חָפְנַיִם עָמָל	*ὑπὲρ πλήρωμα* δύο δρακῶν μόχθου		
4:9	טוֹבִים הַשְּׁנַיִם *מִן־הָאֶחָד*	ἀγαθοὶ οἱ δύο *ὑπὲρ* τὸν ἕνα		
4:13	*מִמֶּלֶךְ* זָקֵן וּכְסִיל	*ὑπὲρ βασιλέα* πρεσβύτερον καὶ ἄφρονα		
4:17	*מִתֵּת* הַכְּסִילִים זָבַח	*ὑπὲρ δόμα* τῶν ἀφρόνων θυσία σου	=	ממתת
6:3	אָמַרְתִּי טוֹב *מִמֶּנּוּ* הַנָּפֶל	εἶπα ἀγαθὸν *ὑπὲρ αὐτὸν* τὸ ἔκτρωμα		
6:5	נַחַת לָזֶה *מִזֶּה*	ἀνάπαυσις τούτῳ *ὑπὲρ τοῦτον*		
6:8	כִּי מַה־יּוֹתֵר לֶחָכָם *מִן־הַכְּסִיל*	ὅτι τίς περισσεία τῷ σοφῷ *ὑπὲρ* τὸν ἄφρονα		
6:9	טוֹב מַרְאֵה עֵינַיִם *מֵהֲלָךְ־נָפֶשׁ*	ἀγαθὸν ὅραμα ὀφθαλμῶν *ὑπὲρ πορευόμενον* ψυχῇ	=v	
6:10	לָדִין עִם *שֶׁהַתַּקִּיף **שֶׁתַּקִּיף *מִמֶּנּוּ*	τοῦ κριθῆναι μετὰ τοῦ ἰσχυροῦ *ὑπὲρ αὐτόν*		
7:1	טוֹב שֵׁם *מִשֶּׁמֶן* טוֹב	ἀγαθὸν ὄνομα *ὑπὲρ ἔλαιον* ἀγαθὸν		
7:1	וְיוֹם הַמָּוֶת *מִיּוֹם* הִוָּלְדוֹ	καὶ ἡμέρα τοῦ θανάτου *ὑπὲρ ἡμέραν* γενέσεως αὐτοῦ		
7:3	טוֹב כַּעַס *מִשְּׂחֹק*	ἀγαθὸν θυμὸς *ὑπὲρ γέλωτα*		
7:5	*מֵאִישׁ* שֹׁמֵעַ שִׁיר כְּסִילִים	*ὑπὲρ ἄνδρα* ἀκούοντα ᾆσμα ἀφρόνων		
7:8	טוֹב אַחֲרִית דָּבָר *מֵרֵאשִׁיתוֹ*	ἀγαθὴ ἐσχάτη λόγων *ὑπὲρ ἀρχὴν αὐτοῦ*		
7:8	טוֹב אֶרֶךְ־רוּחַ *מִגְּבַהּ־רוּחַ*	ἀγαθὸν μακρόθυμος *ὑπὲρ ὑψηλὸν* πνεύματι		
7:10	שֶׁהַיָּמִים הָרִאשֹׁנִים הָיוּ טוֹבִים *מֵאֵלֶּה*	ὅτι αἱ ἡμέραι αἱ πρότεραι ἦσαν ἀγαθαὶ *ὑπὲρ ταύτας*		
7:19	*מֵעֲשָׂרָה* שַׁלִּיטִים אֲשֶׁר הָיוּ בָּעִיר	*ὑπὲρ δέκα* ἐξουσιάζοντας τοὺς ὄντας ἐν τῇ πόλει		
[7:24]	רָחוֹק *מַה־שֶּׁהָיָה* וְעָמֹק עָמֹק מִי יִמְצָאֶנּוּ	μακρὰν *ὑπὲρ ὃ ἦν* καὶ βαθὺ βάθος τίς εὑρήσει αὐτό	=	משהיה
7:26	וּמוֹצֶא אֲנִי מַר *מִמָּוֶת*	καὶ εὑρίσκω ἐγὼ πικρότερον *ὑπὲρ θάνατον*		
9:4	הוּא טוֹב *מִן־הָאַרְיֵה* הַמֵּת	αὐτὸς ἀγαθὸς *ὑπὲρ* τὸν λέοντα τὸν νεκρόν		
9:16	וְאָמַרְתִּי אָנִי טוֹבָה חָכְמָה *מִגְּבוּרָה*	καὶ εἶπα ἐγὼ ἀγαθὴ σοφία *ὑπὲρ δύναμιν*		
9:17	*מִזַּעֲקַת* מוֹשֵׁל בַּכְּסִילִים	*ὑπὲρ κραυγὴν* ἐξουσιαζόντων ἐν ἀφροσύναις		
9:18	טוֹבָה חָכְמָה *מִכְּלֵי* קְרָב	ἀγαθὴ σοφία *ὑπὲρ σκεύη* πολέμου		
10:1	יָקָר מֵחָכְמָה *מִכָּבוֹד* סִכְלוּת מְעָט	τίμιον ὀλίγον σοφίας *ὑπὲρ δόξαν* ἀφροσύνης μεγάλης		

חוּץ + מִן *1*
πάρεξ *1* *1%*

2:25	כִּי מִי יֹאכַל וּמִי יָחוּשׁ חוּץ *מִמֶּנִּי*	ὅτι τίς φάγεται καὶ τίς φείσεται *πάρεξ* αὐτοῦ

מִן + אַחֲרֵי *1*
ὀπίσω *1* *1%*

10:14	וַאֲשֶׁר יִהְיֶה *מֵאַחֲרָיו*	καὶ τί τὸ ἐσόμενον *ὀπίσω* αὐτοῦ

מִן + בְּלִי + לֹא *1*
μή *1* *1%*

3:11	*מִבְּלִי* אֲשֶׁר לֹא־יִמְצָא הָאָדָם אֶת־הַמַּעֲשֶׂה	ὅπως *μὴ* εὕρῃ ὁ ἄνθρωπος τὸ ποίημα

מִן + עַל *1*
ἐπάνω *1* *1%*

5:7	כִּי גָבֹהַּ *מֵעַל* גָּבֹהַּ שֹׁמֵר	ὅτι ὑψηλὸς *ἐπάνω* ὑψηλοῦ φυλάξαι

מָנָה *Occurrences: 1*

ἀριθμέω *1* *100%*

1:15	וְחֶסְרוֹן לֹא־יוּכַל *לְהִמָּנוֹת*	καὶ ὑστέρημα οὐ δυνήσεται *τοῦ ἀριθμηθῆναι*

מָנַע *Occurrences: 1*

κωλύω/ἀπο *1* *100%*

2:10	לֹא־*מָנַעְתִּי* אֶת־לִבִּי	οὐκ *ἀπεκώλυσα* τὴν καρδίαν μου

מִסְכֵּן *Occurrences: 4*

πένης *4* *100%*

4:13	טוֹב יֶלֶד *מִסְכֵּן* וְחָכָם	ἀγαθὸς παῖς *πένης* καὶ σοφὸς
9:15	וּמָצָא בָהּ אִישׁ *מִסְכֵּן* חָכָם	καὶ εὕρῃ ἐν αὐτῇ ἄνδρα *πένητα* σοφόν
9:15	לֹא זָכַר אֶת־הָאִישׁ *הַמִּסְכֵּן* הַהוּא	οὐκ ἐμνήσθη σὺν τοῦ ἀνδρὸς *τοῦ πένητος* ἐκείνου
9:16	וְחָכְמַת *הַמִּסְכֵּן* בְּזוּיָה	καὶ σοφία τοῦ *πένητος* ἐξουδενωμένη

מִסְפָּר *Occurrences: 3*

ἀριθμός 3 *100%*

2:3 תַּחַת הַשָּׁמַיִם *מִסְפַּר* יְמֵי חַיֵּיהֶם — ὑπὸ τὸν ἥλιον *ἀριθμὸν* ἡμερῶν ζωῆς αὐτῶν
5:17 תַּחַת־הַשֶּׁמֶשׁ *מִסְפַּר* יְמֵי־חַיָּו — ὑπὸ τὸν ἥλιον *ἀριθμὸν* ἡμερῶν ζωῆς αὐτοῦ
6:12 *מִסְפַּר* יְמֵי־חַיֵּי הֶבְלוֹ — *ἀριθμὸν* ἡμερῶν ζωῆς ματαιότητος αὐτοῦ

מָעַט *Occurrences: 1*

ὀλιγόω 1 *100%*

12:3 וּבָטְלוּ הַטֹּחֲנוֹת כִּי *מִעֵטוּ* — καὶ ἤργησαν αἱ ἀλήθουσαι ὅτι *ὠλιγώθησαν*

מְעַט *Occurrences: 4*

ὀλίγος	*3*	*75%*
μέγας	*1*	*25%*

μέγας 1 *25%*

10:1 יָקָר מֵחָכְמָה מִכָּבוֹד סִכְלוּת *מְעָט* — τίμιον ὀλίγον σοφίας ὑπὲρ δόξαν ἀφροσύνης *μεγάλης* =; מעט

ὀλίγος 3 *75%*

5:1 עַל־כֵּן יִהְיוּ דְבָרֶיךָ *מְעַטִּים* — ἐπὶ τούτῳ ἔστωσαν οἱ λόγοι σου *ὀλίγοι*
5:11 אִם־*מְעַט* וְאִם־הַרְבֵּה יֹאכֵל — εἰ *ὀλίγον* καὶ εἰ πολὺ φάγεται
9:14 עִיר קְטַנָּה וַאֲנָשִׁים בָּהּ *מְעָט* — πόλις μικρὰ καὶ ἄνδρες ἐν αὐτῇ *ὀλίγοι*
[10:1] יָקָר מֵחָכְמָה מִכָּבוֹד סִכְלוּת *מְעָט* — τίμιον *ὀλίγον* σοφίας ὑπὲρ δόξαν ἀφροσύνης μεγάλης =; מעט

מַעַל *Occurrences: 1*

ἄνω 1 *100%*

3:21 הָעֹלָה הִיא *לְמָעְלָה* — εἰ ἀναβαίνει αὐτὸ *εἰς ἄνω*

מַעֲשֶׂה *Occurrences: 21*

ποίημα	*20*	*95%*
ἀπό + ποιέω	*1*	*5%*

ἀπό + ποιέω 1 *5%*

8:11 *מַעֲשֵׂה* הָרָעָה מְהֵרָה — *ἀπὸ τῶν ποιούντων* τὸ πονηρὸν ταχύ =.hy מעשי

ποίημα 20 *95%*

1:14 רָאִיתִי אֶת־כָּל־*הַמַּעֲשִׂים* שֶׁנַּעֲשׂוּ — εἶδον σὺν πάντα *τὰ ποιήματα* τὰ πεποιημένα
2:4 הִגְדַּלְתִּי *מַעֲשָׂי* — ἐμεγάλυνα *ποίημά* μου
2:11 וּפָנִיתִי אֲנִי בְּכָל־*מַעֲשַׂי* — καὶ ἐπέβλεψα ἐγὼ ἐν πᾶσιν *ποιήμασίν* μου
2:17 כִּי רַע עָלַי *הַמַּעֲשֶׂה* שֶׁנַּעֲשָׂה — ὅτι πονηρὸν ἐπ' ἐμὲ *τὸ ποίημα* τὸ πεποιημένον
3:11 מִבְּלִי אֲשֶׁר לֹא־יִמְצָא הָאָדָם אֶת־*הַמַּעֲשֶׂה* — ὅπως μὴ εὕρῃ ὁ ἄνθρωπος *τὸ ποίημα*
3:17 וְעַל כָּל־*הַמַּעֲשֶׂה* שָׁם — καὶ ἐπὶ παντὶ *τῷ ποιήματι* [ἐκεῖ]
3:22 יִשְׂמַח הָאָדָם *בְּמַעֲשָׂיו* — εὐφρανθήσεται ὁ ἄνθρωπος *ἐν ποιήμασιν* αὐτοῦ
4:3 אֲשֶׁר לֹא־רָאָה אֶת־*הַמַּעֲשֶׂה* הָרָע — ὃς οὐκ εἶδεν σὺν *τὸ ποίημα* τὸ πονηρὸν
4:4 וְאֵת כָּל־כִּשְׁרוֹן *הַמַּעֲשֶׂה* — καὶ σὺν πᾶσαν ἀνδρείαν *τοῦ ποιήματος*
5:5 וְחִבֵּל אֶת־*מַעֲשֵׂה* יָדֶיךָ — καὶ διαφθείρῃ *τὰ ποιήματα* χειρῶν σου
7:13 רְאֵה אֶת־*מַעֲשֵׂה* הָאֱלֹהִים — ἰδὲ *τὰ ποιήματα* τοῦ θεοῦ
8:9 וְנָתוֹן אֶת־לִבִּי לְכָל־*מַעֲשֶׂה* — καὶ ἔδωκα τὴν καρδίαν μου εἰς πᾶν *ποίημα*
8:14 אֲשֶׁר מַגִּיעַ אֲלֵהֶם *כְּמַעֲשֵׂה* הָרְשָׁעִים — ὅτι φθάνει πρὸς αὐτοὺς *ὡς ποίημα* τῶν ἀσεβῶν
8:14 שֶׁמַּגִּיעַ אֲלֵהֶם *כְּמַעֲשֵׂה* הַצַּדִּיקִים — ὅτι φθάνει πρὸς αὐτοὺς *ὡς ποίημα* τῶν δικαίων
8:17 וְרָאִיתִי אֶת־כָּל־*מַעֲשֵׂה* הָאֱלֹהִים — καὶ εἶδον σὺν πάντα *τὰ ποιήματα* τοῦ θεοῦ
8:17 אֶת־*הַמַּעֲשֶׂה* אֲשֶׁר נַעֲשָׂה תַחַת־הַשֶּׁמֶשׁ — σὺν *τὸ ποίημα* τὸ πεποιημένον ὑπὸ τὸν ἥλιον
9:7 כִּי כְבָר רָצָה הָאֱלֹהִים אֶת־*מַעֲשֶׂיךָ* — ὅτι ἤδη εὐδόκησεν ὁ θεὸς *τὰ ποιήματά* σου
9:10 כִּי אֵין *מַעֲשֶׂה* וְחֶשְׁבּוֹן וְדַעַת — ὅτι οὐκ ἔστιν *ποίημα* καὶ λογισμὸς καὶ γνῶσις
11:5 כָּכָה לֹא תֵדַע אֶת־*מַעֲשֵׂה* הָאֱלֹהִים — οὕτως οὐ γνώσῃ *τὰ ποιήματα* τοῦ θεοῦ
12:14 כִּי אֶת־כָּל־*מַעֲשֶׂה* הָאֱלֹהִים יָבִא בְמִשְׁפָּט — ὅτι σὺν πᾶν *τὸ ποίημα* ὁ θεὸς ἄξει ἐν κρίσει

מָצָא *Occurrences: 17*

εὑρίσκω	17	100%
3:11	מִבְּלִי אֲשֶׁר לֹא־יִמְצָא הָאָדָם אֶת־הַמַּעֲשֶׂה	ὅπως μὴ *εὕρῃ* ὁ ἄνθρωπος τὸ ποίημα
7:14	שֶׁלֹּא יִמְצָא הָאָדָם אַחֲרָיו מְאוּמָה	ἵνα μὴ *εὕρῃ* ὁ ἄνθρωπος ὀπίσω αὐτοῦ μηδέν
7:24	רָחוֹק מַה־שֶּׁהָיָה וְעָמֹק עָמֹק מִי יִמְצָאֶנּוּ	μακρὰν ὑπὲρ ὃ ἦν καὶ βαθὺ βάθος τίς *εὑρήσει αὐτό*
7:26	וּמוֹצֶא אֲנִי מַר מִמָּוֶת	*καὶ εὑρίσκω* ἐγὼ πικρότερον ὑπὲρ θάνατον
7:27	רְאֵה זֶה מָצָאתִי אָמְרָה קֹהֶלֶת	ἰδὲ τοῦτο *εὗρον* εἶπεν ὁ ἐκκλησιαστής
7:27	אַחַת לְאַחַת לִמְצֹא חֶשְׁבּוֹן	μία τῇ μιᾷ *τοῦ εὑρεῖν* λογισμόν
7:28	אֲשֶׁר עוֹד־בִּקְשָׁה נַפְשִׁי וְלֹא מָצָאתִי	ὃν ἔτι ἐζήτησεν ἡ ψυχή μου καὶ οὐχ *εὗρον*
7:28	אָדָם אֶחָד מֵאֶלֶף מָצָאתִי	ἄνθρωπον ἕνα ἀπὸ χιλίων *εὗρον*
7:28	וְאִשָּׁה בְכָל־אֵלֶּה לֹא מָצָאתִי	καὶ γυναῖκα ἐν πᾶσι τούτοις οὐχ *εὗρον*
7:29	לְבַד רְאֵה־זֶה מָצָאתִי	πλὴν ἰδὲ τοῦτο *εὗρον*
8:17	כִּי לֹא יוּכַל הָאָדָם לִמְצוֹא	ὅτι οὐ δυνήσεται ἄνθρωπος *τοῦ εὑρεῖν*
8:17	לְבַקֵּשׁ וְלֹא יִמְצָא	τοῦ ζητῆσαι καὶ οὐχ *εὑρήσει*
8:17	לֹא יוּכַל לִמְצֹא	οὐ δυνήσεται *τοῦ εὑρεῖν*
9:10	כֹּל אֲשֶׁר תִּמְצָא יָדְךָ לַעֲשׂוֹת	πάντα ὅσα ἂν *εὕρῃ* ἡ χείρ σου τοῦ ποιῆσαι
9:15	וּמָצָא בָהּ אִישׁ מִסְכֵּן חָכָם	*καὶ εὗρῃ* ἐν αὐτῇ ἄνδρα πένητα σοφόν
11:1	כִּי־בְרֹב הַיָּמִים תִּמְצָאֶנּוּ	ὅτι ἐν πλήθει τῶν ἡμερῶν *εὑρήσεις αὐτόν*
12:10	בִּקֵּשׁ קֹהֶלֶת לִמְצֹא	ἐζήτησεν ἐκκλησιαστὴς *τοῦ εὑρεῖν*

מָצוֹד *Occurrences: 2*

θήρευμα	1	50%
χάραξ	1	50%

θήρευμα	1	50%		
7:26	אֶת־הָאִשָּׁה אֲשֶׁר־הִיא מְצוֹדִים	σὺν τὴν γυναῖκα ἥτις ἐστὶν *θηρεύματα*		
χάραξ	1	50%		
9:14	וּבָנָה עָלֶיהָ מְצוֹדִים גְּדֹלִים	καὶ οἰκοδομήσῃ ἐπ' αὐτὴν *χάρακας* μεγάλους	=.dr	מצורים

מְצוֹדָה *Occurrences: 1*

ἀμφίβληστρον	1	100%
9:12	כַּדָּגִים שֶׁנֶּאֱחָזִים בִּמְצוֹדָה רָעָה	ὡς οἱ ἰχθύες οἱ θηρευόμενοι *ἐν ἀμφιβλήστρῳ* κακῷ

מִצְוָה *Occurrences: 2*

ἐντολή	2	100%
8:5	שׁוֹמֵר מִצְוָה לֹא יֵדַע דָּבָר רָע	ὁ φυλάσσων *ἐντολὴν* οὐ γνώσεται ῥῆμα πονηρόν
12:13	אֶת־הָאֱלֹהִים יְרָא וְאֶת־מִצְוֹתָיו שְׁמוֹר	τὸν θεὸν φοβοῦ *καὶ τὰς ἐντολὰς* αὐτοῦ φύλασσε

[מָצוֹר] *[Occurrences: 1]*

χάραξ	1			
9:14	וּבָנָה עָלֶיהָ מְצוֹדִים גְּדֹלִים	καὶ οἰκοδομήσῃ ἐπ' αὐτὴν *χάρακας* μεγάλους	=.dr	מצורים

מָקוֹם *Occurrences: 9*

τόπος	9	100%
1:5	וְאֶל־מְקוֹמוֹ שׁוֹאֵף	καὶ εἰς *τὸν τόπον αὐτοῦ* ἕλκει
1:7	אֶל־מְקוֹם שֶׁהַנְּחָלִים הֹלְכִים	εἰς *τόπον* οὗ οἱ χείμαρροι πορεύονται
3:16	מְקוֹם הַמִּשְׁפָּט שָׁמָּה הָרֶשַׁע	*τόπον* τῆς κρίσεως ἐκεῖ ὁ ἀσεβής
3:16	וּמְקוֹם הַצֶּדֶק שָׁמָּה הָרָשַׁע	*καὶ τόπον* τοῦ δικαίου ἐκεῖ ὁ ἀσεβής
3:20	הַכֹּל הוֹלֵךְ אֶל־מָקוֹם אֶחָד	τὰ πάντα πορεύεται εἰς *τόπον* ἕνα
6:6	הֲלֹא אֶל־מָקוֹם אֶחָד הַכֹּל הוֹלֵךְ	μὴ οὐκ εἰς *τόπον* ἕνα τὰ πάντα πορεύεται
8:10	וּמִמְּקוֹם קָדוֹשׁ יְהַלֵּכוּ	*καὶ ἐκ τόπου* ἁγίου ἐπορεύθησαν
10:4	מְקוֹמְךָ אַל־תַּנַּח	*τόπον σου* μὴ ἀφῇς
11:3	מְקוֹם שֶׁיִּפּוֹל הָעֵץ שָׁם יְהוּא	*τόπῳ* οὗ πεσεῖται τὸ ξύλον ἐκεῖ ἔσται

מִקְנֶה   Occurrences: 1

κτῆσις   1   100%
2:7   גַּם מִקְנֶה בָקָר וָצֹאן הַרְבֵּה   καί γε κτῆσις βουκολίου καὶ ποιμνίου πολλὴ

מִקְרֶה   Occurrences: 7

συνάντημα   7   100%
2:14   שֶׁמִּקְרֶה אֶחָד יִקְרֶה אֶת־כֻּלָּם   ὅτι συνάντημα ἓν συναντήσεται τοῖς πᾶσιν αὐτοῖς
2:15   כְּמִקְרֵה הַכְּסִיל   ὡς συνάντημα τοῦ ἄφρονος
3:19   כִּי מִקְרֶה בְנֵי־הָאָדָם   ὅτι συνάντημα υἱῶν τοῦ ἀνθρώπου
3:19   וּמִקְרֶה הַבְּהֵמָה וּמִקְרֶה אֶחָד לָהֶם   καὶ συνάντημα τοῦ κτήνους συνάντημα ἓν αὐτοῖς
3:19   וּמִקְרֶה הַבְּהֵמָה וּמִקְרֶה אֶחָד לָהֶם   καὶ συνάντημα τοῦ κτήνους συνάντημα ἓν αὐτοῖς
9:2   מִקְרֶה אֶחָד לַצַּדִּיק וְלָרָשָׁע   συνάντημα ἓν τῷ δικαίῳ καὶ τῷ ἀσεβεῖ
9:3   כִּי־מִקְרֶה אֶחָד לַכֹּל   ὅτι συνάντημα ἓν τοῖς πᾶσιν

מְקָרֶה   Occurrences: 1

δόκωσις   1   100%
10:18   בַּעֲצַלְתַּיִם יִמַּךְ הַמְּקָרֶה   ἐν ὀκνηρίαις ταπεινωθήσεται ἡ δόκωσις

מַר   Occurrences: 1

πικρός   1   100%
7:26   וּמוֹצֶא אֲנִי מַר מִמָּוֶת   καὶ εὑρίσκω ἐγὼ πικρότερον ὑπὲρ θάνατον

מַרְאֶה   Occurrences: 2

ὅραμα   1   50%
ὅρασις   1   50%

ὅραμα   1   50%
6:9   טוֹב מַרְאֵה עֵינַיִם מֵהֲלָךְ־נָפֶשׁ   ἀγαθὸν ὅραμα ὀφθαλμῶν ὑπὲρ πορευόμενον ψυχῇ
ὅρασις   1   50%
11:9   וּבְמַרְאֵי עֵינֶיךָ   καὶ ἐν ὁράσει ὀφθαλμῶν σου

מָרוֹם   Occurrences: 1

ὕψος   1   100%
10:6   נִתַּן הַסֶּכֶל בַּמְּרוֹמִים רַבִּים   ἐδόθη ὁ ἄφρων ἐν ὕψεσι μεγάλοις

מֵרוֹץ   Occurrences: 1

δρόμος   1   100%
9:11   כִּי לֹא לַקַּלִּים הַמֵּרוֹץ   ὅτι οὐ τοῖς κούφοις ὁ δρόμος

מַרְפֵּא   Occurrences: 1

ἴαμα   1   100%
10:4   כִּי מַרְפֵּא יַנִּיחַ חֲטָאִים גְּדוֹלִים   ὅτι ἴαμα καταπαύσει ἁμαρτίας μεγάλας

מַשְׂמֵר   Occurrences: 1

ἧλος   1   100%
12:11   וּכְמַשְׂמְרוֹת נְטוּעִים   καὶ ὡς ἧλοι πεφυτευμένοι

מָשַׁךְ   Occurrences: 1

ἕλκω   1   100%
2:3   לִמְשׁוֹךְ בַּיַּיִן אֶת־בְּשָׂרִי   τοῦ ἑλκύσαι εἰς οἶνον τὴν σάρκα μου

מִשְׁכָּב *Occurrences: 1*

κοιτών	*1*	*100%*	
10:20	וּבְחַדְרֵי *מִשְׁכָּבְךָ* אַל־תְּקַלֵּל	καὶ ἐν ταμιείοις *κοιτώνων* σου μὴ καταράσῃ	

מָשַׁל *Occurrences: 2*

ἐξουσιάζω	2	*100%*	
9:17	מִזַּעֲקַת *מוֹשֵׁל* בַּכְּסִילִים	ὑπὲρ κραυγὴν *ἐξουσιαζόντων* ἐν ἀφροσύναις	
10:4	אִם־רוּחַ *הַמּוֹשֵׁל* תַּעֲלֶה עָלֶיךָ	ἐὰν πνεῦμα *τοῦ ἐξουσιάζοντος* ἀναβῇ ἐπὶ σέ	

מָשָׁל *Occurrences: 1*

παραβολή	*1*	*100%*	
12:9	וְאִזֵּן וְחִקֵּר תִּקֵּן *מְשָׁלִים* הַרְבֵּה	καὶ οὖς ἐξιχνιάσεται κόσμιον *παραβολῶν* [πολλά]	

מִשְׁלַחַת *Occurrences: 1*

ἀποστολή	*1*	*100%*	
8:8	וְאֵין *מִשְׁלַחַת* בַּמִּלְחָמָה	καὶ οὐκ ἔστιν *ἀποστολὴ* ἐν τῷ πολέμῳ	

מִשְׁפָּט *Occurrences: 6*

κρίσις	*5*	*83%*
κρίμα	*1*	*17%*

κρίμα	*1*	*17%*	
5:7	אִם־עֹשֶׁק רָשׁ וְגֵזֶל *מִשְׁפָּט*	ἐὰν συκοφαντίαν πένητος καὶ ἁρπαγὴν *κρίματος*	
κρίσις	*5*	*83%*	
3:16	מְקוֹם *הַמִּשְׁפָּט* שָׁמָּה הָרֶשַׁע	τόπον *τῆς κρίσεως* ἐκεῖ ὁ ἀσεβής	
8:5	וְעֵת *וּמִשְׁפָּט* יֵדַע לֵב חָכָם	καὶ καιρὸν *κρίσεως* γινώσκει καρδία σοφοῦ	
8:6	כִּי לְכָל־חֵפֶץ יֵשׁ עֵת *וּמִשְׁפָּט*	ὅτι παντὶ πράγματι ἔστιν καιρὸς *καὶ κρίσις*	
11:9	עַל־כָּל־אֵלֶּה יְבִיאֲךָ הָאֱלֹהִים *בַּמִּשְׁפָּט*	ἐπὶ πᾶσι τούτοις ἄξει σε ὁ θεὸς *ἐν κρίσει*	
12:14	כִּי אֶת־כָּל־מַעֲשֶׂה הָאֱלֹהִים יָבִא *בְמִשְׁפָּט*	ὅτι σὺν πᾶν τὸ ποίημα ὁ θεὸς ἄξει *ἐν κρίσει*	

מִשְׁתֶּה *Occurrences: 1*

πότος	*1*	*100%*	
7:2	מִלֶּכֶת אֶל־בֵּית *מִשְׁתֶּה*	ἢ ὅτι πορευθῆναι εἰς οἶκον *πότου*	

מָתוֹק *Occurrences: 2*

γλυκύς	2	*100%*	
5:11	*מְתוּקָה* שְׁנַת הָעֹבֵד	*γλυκὺς* ὕπνος τοῦ δούλου	
11:7	*וּמָתוֹק* הָאוֹר וְטוֹב לַעֵינַיִם	*καὶ γλυκὺ* τὸ φῶς καὶ ἀγαθὸν τοῖς ὀφθαλμοῖς	

מַתָּנָה *Occurrences: 1*

εὐτονία	*1*	*100%*	
7:7	וִיאַבֵּד אֶת־לֵב *מַתָּנָה*	καὶ ἀπόλλυσι τὴν καρδίαν *εὐτονίας* αὐτοῦ	

מַתַּת *Occurrences: 2*

δόμα	2	*100%*	
3:13	*מַתַּת* אֱלֹהִים הִיא	*δόμα* θεοῦ ἐστιν	
[4:17]	*מִתֵּת* הַכְּסִילִים זָבַח	ὑπὲρ *δόμα* τῶν ἀφρόνων θυσία σου	= ממתת
5:18	זֹה *מַתַּת* אֱלֹהִים הִיא	τοῦτο *δόμα* θεοῦ ἐστιν	

נ

נָא *Occurrences: 1*

δή *1* *100%*
2:1 אָמַרְתִּי אֲנִי בְּלִבִּי לְכָה־נָּא εἶπον ἐγὼ ἐν καρδίᾳ μου δεῦρο *δὴ*

נָבַע *Occurrences: 1*

σκευασία *1* *100%*
10:1 זְבוּבֵי מָוֶת יַבְאִישׁ יַבִּיעַ שֶׁמֶן μυῖαι θανατοῦσαι σαπριοῦσιν *σκευασίαν* ἐλαίου =?.yg גביע

נָגַד *Occurrences: 4*

ἀγγέλλω/ἀνα	2	50%
ἀγγέλλω/ἀπο	2	50%

ἀγγέλλω/ἀνα *2* *50%*
8:7 כִּי כַּאֲשֶׁר יִהְיֶה מִי יַגִּיד לוֹ ὅτι καθὼς ἔσται τίς *ἀναγγελεῖ* αὐτῷ
10:14 מִי יַגִּיד לוֹ τίς *ἀναγγελεῖ* αὐτῷ
ἀγγέλλω/ἀπο *2* *50%*
6:12 אֲשֶׁר מִי־יַגִּיד לָאָדָם מַה־יִּהְיֶה ὅτι τίς *ἀπαγγελεῖ* τῷ ἀνθρώπῳ τί ἔσται
10:20 וּבַעַל *הכנפים **כְּנָפַיִם יַגֵּיד דָּבָר καὶ ὁ ἔχων τὰς πτέρυγας *ἀπαγγελεῖ* λόγον

נֶגֶד *Occurrences: 2*

κατέναντι *2* *100%*
4:12 הַשְּׁנַיִם יַעַמְדוּ נֶגְדּוֹ οἱ δύο στήσονται *κατέναντι* αὐτοῦ
6:8 מַה־לֶּעָנִי יוֹדֵעַ לַהֲלֹךְ נֶגֶד הַחַיִּים διότι ὁ πένης οἶδεν πορευθῆναι *κατέναντι* τῆς ζωῆς

נָגַע *Occurrences: 3*

φθάνω *3* *100%*
8:14 אֲשֶׁר מַגִּיעַ אֲלֵהֶם כְּמַעֲשֵׂה הָרְשָׁעִים ὅτι *φθάνει* πρὸς αὐτοὺς ὡς ποίημα τῶν ἀσεβῶν
8:14 וְיֵשׁ רְשָׁעִים שֶׁמַּגִּיעַ אֲלֵהֶם καὶ εἰσὶν ἀσεβεῖς ὅτι *φθάνει* πρὸς αὐτοὺς
12:1 וְהִגִּיעוּ שָׁנִים אֲשֶׁר תֹּאמַר καὶ *φθάσωσιν* ἔτη ἐν οἷς ἐρεῖς

נָדַר *Occurrences: 4*

εὔχομαι *4* *100%*
5:3 כַּאֲשֶׁר תִּדֹּר נֶדֶר לֵאלֹהִים καθὼς ἂν *εὔξῃ* εὐχὴν τῷ θεῷ
5:3 אֵת אֲשֶׁר־תִּדֹּר שַׁלֵּם σὺν ὅσα ἐὰν *εὔξῃ* ἀπόδος
5:4 טוֹב אֲשֶׁר לֹא־תִדֹּר מִשֶּׁתִּדּוֹר ἀγαθὸν τὸ μὴ *εὔξασθαί σε* ἢ τὸ εὔξασθαί σε
5:4 מִשֶּׁתִּדּוֹר וְלֹא תְשַׁלֵּם *ἢ τὸ εὔξασθαί σε* καὶ μὴ ἀποδοῦναι

נֶדֶר *Occurrences: 1*

εὐχή *1* *100%*
5:3 כַּאֲשֶׁר תִּדֹּר נֶדֶר לֵאלֹהִים καθὼς ἂν εὔξῃ *εὐχὴν* τῷ θεῷ

נָהַג *Occurrences: 1*

ὁδηγέω *1* *100%*
2:3 וְלִבִּי נֹהֵג בַּחָכְמָה καὶ καρδία μου *ὡδήγησεν* ἐν σοφίᾳ

נוּחַ

Occurrences: 7

ἵημι/ἀπο	*4*	*57%*
ἵημι/ἀνα	*1*	*14%*
παύω/ἀνα	*1*	*14%*
παύω/κατα	*1*	*14%*

ἵημι/ἀνα		*1*	*14%*
7:18	וְגַם־מִזֶּה אַל־תַּנַּח אֶת־יָדֶךָ		καί γε ἀπὸ τούτου μὴ *ἀνῇς* τὴν χεῖρά σου
ἵημι/ἀπο		*4*	*57%*
2:18	שֶׁאַנִּיחֶנּוּ לָאָדָם שֶׁיִּהְיֶה אַחֲרָי		ὅτι *ἀφίω* αὐτὸν τῷ ἀνθρώπῳ τῷ γινομένῳ μετ' ἐμέ
5:11	אֵינֶנּוּ מַנִּיחַ לוֹ לִישׁוֹן		οὐκ ἔστιν *ἀφίων* αὐτὸν τοῦ ὑπνῶσαι
10:4	מְקוֹמְךָ אַל־תַּנַּח		τόπον σου μὴ *ἀφῇς*
11:6	וְלָעֶרֶב אַל־תַּנַּח יָדֶךָ		καὶ εἰς ἑσπέραν μὴ *ἀφέτω* ἡ χείρ σου
παύω/ἀνα		*1*	*14%*
7:9	כִּי כַעַס בְּחֵיק כְּסִילִים יָנוּחַ		ὅτι θυμὸς ἐν κόλπῳ ἀφρόνων *ἀναπαύσεται*
παύω/κατα		*1*	*14%*
10:4	כִּי מַרְפֵּא יַנִּיחַ חֲטָאִים גְּדוֹלִים		ὅτι ἴαμα *καταπαύσει* ἁμαρτίας μεγάλας

נַחַל

Occurrences: 2

χειμάρρους		*2*	*100%*
1:7	כָּל־הַנְּחָלִים הֹלְכִים אֶל־הַיָּם		πάντες οἱ *χείμαρροι* πορεύονται εἰς τὴν θάλασσαν
1:7	אֶל־מְקוֹם שֶׁהַנְּחָלִים הֹלְכִים		εἰς τόπον οὗ οἱ *χείμαρροι* πορεύονται

נַחֲלָה

Occurrences: 1

κληροδοσία		*1*	*100%*
7:11	טוֹבָה חָכְמָה עִם־נַחֲלָה		ἀγαθὴ σοφία μετὰ *κληροδοσίας*

נָחַם

Occurrences: 2

καλέω/παρα		*2*	*100%*
4:1	וְאֵין לָהֶם מְנַחֵם		καὶ οὐκ ἔστιν αὐτοῖς *παρακαλῶν*
4:1	וְאֵין לָהֶם מְנַחֵם		καὶ οὐκ ἔστιν αὐτοῖς *παρακαλῶν*

נָחָשׁ

Occurrences: 2

ὄφις		*2*	*100%*
10:8	וּפֹרֵץ גָּדֵר יִשְּׁכֶנּוּ נָחָשׁ		καὶ καθαιροῦντα φραγμόν δήξεται αὐτὸν *ὄφις*
10:11	אִם־יִשֹּׁךְ הַנָּחָשׁ בְּלוֹא־לָחַשׁ		ἐὰν δάκῃ ὁ *ὄφις* ἐν οὐ ψιθυρισμῷ

נַחַת

Occurrences: 3

ἀνάπαυσις		*3*	*100%*
4:6	טוֹב מְלֹא כַף נָחַת		ἀγαθὸν πλήρωμα δρακὸς *ἀναπαύσεως*
6:5	נַחַת לָזֶה מִזֶּה		*ἀνάπαυσις* τούτῳ ὑπὲρ τοῦτον
9:17	דִּבְרֵי חֲכָמִים בְּנַחַת נִשְׁמָעִים		λόγοι σοφῶν *ἐν ἀναπαύσει* ἀκούονται

נָטַע

Occurrences: 5

φυτεύω		*5*	*100%*
2:4	נָטַעְתִּי לִי כְּרָמִים		*ἐφύτευσά* μοι ἀμπελῶνας
2:5	וְנָטַעְתִּי בָהֶם עֵץ כָּל־פֶּרִי		καὶ *ἐφύτευσα* ἐν αὐτοῖς ξύλον πᾶν καρποῦ
3:2	עֵת לָטַעַת וְעֵת לַעֲקוֹר		καιρὸς τοῦ *φυτεῦσαι* καὶ καιρὸς τοῦ ἐκτῖλαι
3:2	וְעֵת לַעֲקוֹר נָטוּעַ		καὶ καιρὸς τοῦ ἐκτῖλαι *πεφυτευμένον*
12:11	וּכְמַשְׂמְרוֹת נְטוּעִים		καὶ ὡς ἧλοι *πεφυτευμένοι*

נֶכֶס

Occurrences: 2

ἄρχω/ὑπο		*2*	*100%*
5:18	עֹשֶׁר וּנְכָסִים		πλοῦτον καὶ *ὑπάρχοντα*

6:2 עֹשֶׁר וּנְכָסִים וְכָבוֹד πλοῦτον *καὶ ὑπάρχοντα* καὶ δόξαν

נָכְרִי *Occurrences: 1*

ξένος *1* *100%*

6:2 כִּי אִישׁ נָכְרִי יֹאכְלֶנּוּ ὅτι ἀνὴρ *ξένος* φάγεται αὐτόν

נָסָה *Occurrences: 2*

πειράζω *2* *100%*

2:1 אֲנַסְּכָה בְשִׂמְחָה וּרְאֵה בְטוֹב *πειράσω σε* ἐν εὐφροσύνῃ καὶ ἰδὲ ἐν ἀγαθῷ

7:23 כָּל־זֹה נִסִּיתִי בַחָכְמָה πάντα ταῦτα *ἐπείρασα* ἐν τῇ σοφίᾳ

נָסַע *Occurrences: 1*

αἴρω/ἐκ *1* *100%*

10:9 מַסִּיעַ אֲבָנִים יֵעָצֵב בָּהֶם *ἐξαίρων* λίθους διαπονηθήσεται ἐν αὐτοῖς

נַעַר *Occurrences: 1*

νέος *1* *100%*

10:16 אִי־לָךְ אֶרֶץ שֶׁמַּלְכֵּךְ נָעַר οὐαί σοι πόλις ἧς ὁ βασιλεύς σου *νεώτερος*

נָפַל *Occurrences: 6*

πίπτω	*4*	*67%*
πίπτω/ἐν	*1*	*17%*
πίπτω/ἐπι	*1*	*17%*

πίπτω *4* *67%*

4:10 כִּי אִם־יִפֹּלוּ הָאֶחָד יָקִים אֶת־חֲבֵרוֹ ὅτι ἐὰν *πέσωσιν* ὁ εἷς ἐγερεῖ τὸν μέτοχον αὐτοῦ

4:10 וְאִילוֹ הָאֶחָד שֶׁיִּפּוֹל καὶ οὐαὶ αὐτῷ τῷ ἑνί *ὅταν πέσῃ*

11:3 וְאִם־יִפּוֹל עֵץ בַּדָּרוֹם וְאִם בַּצָּפוֹן καὶ ἐὰν *πέσῃ* ξύλον ἐν τῷ νότῳ καὶ ἐὰν ἐν τῷ βορρᾷ

11:3 מְקוֹם שֶׁיִּפּוֹל הָעֵץ שָׁם יְהוּא τόπῳ οὗ *πεσεῖται* τὸ ξύλον ἐκεῖ ἔσται

πίπτω/ἐν *1* *17%*

10:8 חֹפֵר גּוּמָּץ בּוֹ יִפּוֹל ὁ ὀρύσσων βόθρον ἐν αὐτῷ *ἐμπεσεῖται*

πίπτω/ἐπι *1* *17%*

9:12 כְּשֶׁתִּפּוֹל עֲלֵיהֶם פִּתְאֹם *ὅταν ἐπιπέσῃ ἐπ'* αὐτοὺς ἄφνω

נֵפֶל *Occurrences: 1*

ἔκτρωμα *1* *100%*

6:3 אָמַרְתִּי טוֹב מִמֶּנּוּ הַנָּפֶל εἶπα ἀγαθὸν ὑπὲρ αὐτὸν *τὸ ἔκτρωμα*

נֶפֶשׁ *Occurrences: 7*

ψυχή *7* *100%*

2:24 שֶׁיֹּאכַל וְשָׁתָה וְהֶרְאָה אֶת־נַפְשׁוֹ ὃ φάγεται καὶ ὃ πίεται καὶ ὃ δείξει *τῇ ψυχῇ αὐτοῦ*

4:8 וּלְמִי אֲנִי עָמֵל וּמְחַסֵּר אֶת־נַפְשִׁי καὶ τίνι ἐγὼ μοχθῶ καὶ στερίσκω *τὴν ψυχήν μου*

6:2 וְאֵינֶנּוּ חָסֵר לְנַפְשׁוֹ καὶ οὐκ ἔστιν ὑστερῶν *τῇ ψυχῇ αὐτοῦ*

6:3 וְנַפְשׁוֹ לֹא־תִשְׂבַּע *καὶ ψυχὴ αὐτοῦ* οὐκ ἐμπλησθήσεται

6:7 וְגַם־הַנֶּפֶשׁ לֹא תִמָּלֵא καί γε *ἡ ψυχὴ* οὐ πληρωθήσεται

6:9 טוֹב מַרְאֵה עֵינַיִם מֵהֲלָךְ־נָפֶשׁ ἀγαθὸν ὅραμα ὀφθαλμῶν ὑπὲρ πορευόμενον *ψυχῇ*

7:28 אֲשֶׁר עוֹד־בִּקְשָׁה נַפְשִׁי וְלֹא מָצָאתִי ὃν ἔτι ἐζήτησεν *ἡ ψυχή μου* καὶ οὐχ εὗρον

נָצַץ *Occurrences: 1*

ἀνθέω *1* *100%*

12:5 וְיָנֵאץ הַשָּׁקֵד וְיִסְתַּבֵּל הֶחָגָב καὶ *ἀνθήσῃ* τὸ ἀμύγδαλον καὶ παχυνθῇ ἡ ἀκρίς

נָשָׂא — *Occurrences: 2*

λαμβάνω	*2*	*100%*		
5:14	וּמְאוּמָה לֹא־*יִשָּׂא* בַעֲמָלוֹ	καὶ οὐδὲν οὐ *λήμψεται* ἐν μόχθῳ αὐτοῦ		
5:18	*וְלָשֵׂאת* אֶת־חֶלְקוֹ	*καὶ τοῦ λαβεῖν* τὸ μέρος αὐτοῦ		

נָשַׁךְ — *Occurrences: 2*

δάκνω	*2*	*100%*		
10:8	וּפֹרֵץ גָּדֵר *יִשְּׁכֶנּוּ* נָחָשׁ	καὶ καθαιροῦντα φραγμόν *δήξεται αὐτὸν* ὄφις		
10:11	אִם־*יִשֹּׁךְ* הַנָּחָשׁ בְּלוֹא־לָחַשׁ	ἐὰν *δάκῃ* ὁ ὄφις ἐν οὐ ψιθυρισμῷ		

נָתַן — *Occurrences: 25*

δίδωμι	*23*	*92%*
δόμα	*1*	*4%*
τίθημι	*1*	*4%*

δίδωμι	*23*	*92%*		
1:13	*וְנָתַתִּי* אֶת־לִבִּי לִדְרוֹשׁ	*καὶ ἔδωκα* τὴν καρδίαν μου τοῦ ἐκζητῆσαι		
1:13	הוּא עִנְיַן רָע *נָתַן* אֱלֹהִים	ὅτι περισπασμὸν πονηρὸν *ἔδωκεν* ὁ θεὸς		
1:17	*וָאֶתְּנָה* לִבִּי לָדַעַת חָכְמָה	*καὶ ἔδωκα* καρδίαν μου τοῦ γνῶναι σοφίαν		
2:21	*יִתְּנֶנּוּ* חֶלְקוֹ	*δώσει αὐτῷ* μερίδα αὐτοῦ		
2:26	*נָתַן* חָכְמָה וְדַעַת וְשִׂמְחָה	*ἔδωκεν* σοφίαν καὶ γνῶσιν καὶ εὐφροσύνην		
2:26	וְלַחוֹטֶא *נָתַן* עִנְיָן	καὶ τῷ ἁμαρτάνοντι *ἔδωκεν* περισπασμὸν		
2:26	*לָתֵת* לְטוֹב לִפְנֵי הָאֱלֹהִים	*τοῦ δοῦναι* τῷ ἀγαθῷ πρὸ προσώπου τοῦ θεοῦ		
3:10	רָאִיתִי אֶת־הָעִנְיָן אֲשֶׁר *נָתַן* אֱלֹהִים	εἶδον σὺν τὸν περισπασμόν ὃν *ἔδωκεν* ὁ θεὸς		
3:11	גַּם אֶת־הָעֹלָם *נָתַן* בְּלִבָּם	καί γε σὺν τὸν αἰῶνα *ἔδωκεν* ἐν καρδίᾳ αὐτῶν		
5:5	אַל־*תִּתֵּן* אֶת־פִּיךָ לַחֲטִיא	μὴ *δῷς* τὸ στόμα σου τοῦ ἐξαμαρτῆσαι		
5:17	יְמֵי־חַיָּו אֲשֶׁר־*נָתַן־לוֹ* הָאֱלֹהִים	ἡμερῶν ζωῆς αὐτοῦ ὧν *ἔδωκεν* αὐτῷ ὁ θεός		
5:18	גַּם כָּל־הָאָדָם אֲשֶׁר *נָתַן־לוֹ* הָאֱלֹהִים	καί γε πᾶς ὁ ἄνθρωπος ᾧ *ἔδωκεν* αὐτῷ ὁ θεὸς		
6:2	אִישׁ אֲשֶׁר *יִתֶּן־לוֹ* הָאֱלֹהִים עֹשֶׁר	ἀνήρ ᾧ *δώσει* αὐτῷ ὁ θεὸς πλοῦτον		
7:2	וְהַחַי *יִתֵּן* אֶל־לִבּוֹ	καὶ ὁ ζῶν *δώσει* εἰς καρδίαν αὐτοῦ		
8:9	*וְנָתוֹן* אֶת־לִבִּי לְכָל־מַעֲשֶׂה	*καὶ ἔδωκα* τὴν καρδίαν μου εἰς πᾶν ποίημα		
8:15	יְמֵי חַיָּיו אֲשֶׁר־*נָתַן־לוֹ* הָאֱלֹהִים	ἡμέρας ζωῆς αὐτοῦ ὅσας *ἔδωκεν* αὐτῷ ὁ θεός		
8:16	כַּאֲשֶׁר *נָתַתִּי* אֶת־לִבִּי לָדַעַת חָכְמָה	ἐν οἷς *ἔδωκα* τὴν καρδίαν μου τοῦ γνῶναι σοφίαν		
9:1	כִּי אֶת־כָּל־זֶה *נָתַתִּי* אֶל־לִבִּי	ὅτι σὺν πᾶν τοῦτο *ἔδωκα* εἰς καρδίαν μου		
9:9	אֲשֶׁר *נָתַן־לְךָ* תַּחַת הַשֶּׁמֶשׁ	τὰς *δοθείσας* σοι ὑπὸ τὸν ἥλιον		
10:6	*נִתַּן* הַסֶּכֶל בַּמְּרוֹמִים רַבִּים	*ἐδόθη* ὁ ἄφρων ἐν ὕψεσι μεγάλοις		
11:2	*תֶּן־*חֵלֶק לְשִׁבְעָה וְגַם לִשְׁמוֹנָה	*δὸς* μερίδα τοῖς ἑπτὰ καί γε τοῖς ὀκτώ		
12:7	תָּשׁוּב אֶל־הָאֱלֹהִים אֲשֶׁר *נְתָנָהּ*	ἐπιστρέψῃ πρὸς τὸν θεόν ὃς *ἔδωκεν αὐτό*		
12:11	*נִתְּנוּ* מֵרֹעֶה אֶחָד	*ἐδόθησαν* ἐκ ποιμένος ἑνὸς		
δόμα	*1*	*4%*		
4:17	*מִתֵּת* הַכְּסִילִים זָבַח	ὑπὲρ *δόμα* τῶν ἀφρόνων θυσία σου	=	ממתת
τίθημι	*1*	*4%*		
7:21	אַל־*תִּתֵּן* לִבֶּךָ	μὴ *θῇς* καρδίαν σου		

נָתַק — *Occurrences: 1*

ῥήγνυμι/ἀπο	*1*	*100%*
[τρέπω/ἀνα]	*1*	

ῥήγνυμι/ἀπο	*1*	*100%*		
4:12	לֹא בִמְהֵרָה *יִנָּתֵק*	οὐ ταχέως *ἀπορραγήσεται*		
τρέπω/ἀνα	*1*			
[12:6]	עַד אֲשֶׁר לֹא־**ירחק **יֵרָתֵק** חֶבֶל הַכֶּסֶף	ἕως ὅτου μὴ *ἀνατραπῇ* σχοινίον τοῦ ἀργυρίου	=r	נתק

ס

סָבַב *Occurrences: 8*

κυκλόω	*6*	*75%*
στρέφω/ἐπι	*1*	*12%*

κυκλόω	*6*	*75%*
1:6	הולֵךְ אֶל־דָּרוֹם וְסוֹבֵב אֶל־צָפוֹן	πορεύεται πρὸς νότον *καὶ κυκλοῖ* πρὸς βορρᾶν
1:6	סוֹבֵב סֹבֵב הוֹלֵךְ הָרוּחַ	*κυκλοῖ* κυκλῶν πορεύεται τὸ πνεῦμα
1:6	סוֹבֵב סֹבֵב הוֹלֵךְ הָרוּחַ	κυκλοῖ *κυκλῶν* πορεύεται τὸ πνεῦμα
7:25	סַבּוֹתִי אֲנִי וְלִבִּי	*ἐκύκλωσα* ἐγώ καὶ ἡ καρδία μου
9:14	מֶלֶךְ גָּדוֹל וְסָבַב אֹתָהּ	βασιλεὺς μέγας *καὶ κυκλώσῃ* αὐτὴν
12:5	וְסָבְבוּ בַשּׁוּק הַסֹּפְדִים	*καὶ ἐκύκλωσαν* ἐν ἀγορᾷ οἱ κοπτόμενοι
στρέφω/ἐπι	*1*	*12%*
2:20	וְסַבּוֹתִי אֲנִי לְיַאֵשׁ אֶת־לִבִּי	*καὶ ἐπέστρεψα* ἐγὼ τοῦ ἀποτάξασθαι τῇ καρδίᾳ μου

סָבִיב *Occurrences: 1*

κύκλος	*1*	*100%*
1:6	וְעַל־סְבִיבֹתָיו שָׁב הָרוּחַ	καὶ ἐπὶ *κύκλους αὐτοῦ* ἐπιστρέφει τὸ πνεῦμα

סָבַל *Occurrences: 1*

παχύνω	*1*	*100%*
12:5	וְיָנֵאץ הַשָּׁקֵד וְיִסְתַּבֵּל הֶחָגָב	καὶ ἀνθήσῃ τὸ ἀμύγδαλον *καὶ παχυνθῇ* ἡ ἀκρίς

סְגֻלָּה *Occurrences: 1*

περιουσιασμός	*1*	*100%*
2:8	וּסְגֻלַּת מְלָכִים וְהַמְּדִינוֹת	*καὶ περιουσιασμοὺς* βασιλέων καὶ τῶν χωρῶν

סָגַר *Occurrences: 1*

κλείω	*1*	*100%*
12:4	וְסֻגְּרוּ דְלָתַיִם בַּשּׁוּק	*καὶ κλείσουσιν* θύρας ἐν ἀγορᾷ

סוּס *Occurrences: 1*

ἵππος	*1*	*100%*
10:7	רָאִיתִי עֲבָדִים עַל־סוּסִים	εἶδον δούλους ἐφ' *ἵππους*

סוֹף *Occurrences: 3*

τέλος	*3*	*100%*
3:11	אֲשֶׁר־עָשָׂה הָאֱלֹהִים מֵרֹאשׁ וְעַד־סוֹף	ὃ ἐποίησεν ὁ θεός ἀπ' ἀρχῆς καὶ μέχρι *τέλους*
7:2	בַּאֲשֶׁר הוּא סוֹף כָּל־הָאָדָם	καθότι τοῦτο *τέλος* παντὸς τοῦ ἀνθρώπου
12:13	סוֹף דָּבָר הַכֹּל נִשְׁמָע	*τέλος* λόγου τὸ πᾶν ἀκούεται

סוּר *Occurrences: 1*

ἵστημι/ἀπο	*1*	*100%*
11:10	וְהָסֵר כַּעַס מִלִּבֶּךָ	*καὶ ἀπόστησον* θυμὸν ἀπὸ καρδίας σου

סִיר *Occurrences: 1*

λέβης	*1*	*100%*
7:6	כִּי כְקוֹל הַסִּירִים תַּחַת הַסִּיר	ὅτι ὡς φωνὴ τῶν ἀκανθῶν ὑπὸ *τὸν λέβητα*

סִיר *Occurrences: 1*

ἄκανθα	*1*	*100%*	
7:6	כִּי כְקוֹל הַסִּירִים תַּחַת הַסִּיר	ὅτι ὡς φωνὴ *τῶν ἀκανθῶν* ὑπὸ τὸν λέβητα	

סֶכֶל *Occurrences: 1*

ἄφρων	*1*	*100%*	
10:6	נִתַּן הַסֶּכֶל בַּמְּרוֹמִים רַבִּים	ἐδόθη *ὁ ἄφρων* ἐν ὕψεσι μεγάλοις	=v

סָכָל *Occurrences: 5*

ἄφρων	*3*	*60%*
ἀφροσύνη	*1*	*20%*
σκληρός	*1*	*20%*

ἀφροσύνη	*1*	*20%*	
10:3	וְאָמַר לַכֹּל סָכָל הוּא	καὶ ἃ λογιεῖται πάντα *ἀφροσύνη* ἐστίν	
ἄφρων	*3*	*60%*	
2:19	וּמִי יוֹדֵעַ הֶחָכָם יִהְיֶה אוֹ סָכָל	καὶ τίς οἶδεν εἰ σοφὸς ἔσται ἢ *ἄφρων*	
10:3	וְגַם־בַּדֶּרֶךְ *כְּשֶׁהַסָּכָל **כְּשֶׁסָּכָל הֹלֵךְ	καί γε ἐν ὁδῷ ὅταν *ἄφρων* πορεύηται	**
10:14	וְהַסָּכָל יַרְבֶּה דְבָרִים	*καὶ ὁ ἄφρων* πληθύνει λόγους	
σκληρός	*1*	*20%*	
7:17	אַל־תִּרְשַׁע הַרְבֵּה וְאַל־תְּהִי סָכָל	μὴ ἀσεβήσῃς πολὺ καὶ μὴ γίνου *σκληρός*	

סִכְלוּת *Occurrences: 7*

ἀφροσύνη	*5*	*71%*
ἐπιστήμη	*1*	*14%*
σκληρία	*1*	*14%*

ἀφροσύνη	*5*	*71%*
2:3	וְלֶאֱחֹז בְּסִכְלוּת	καὶ τοῦ κρατῆσαι *ἐπ' ἀφροσύνῃ*
2:12	חָכְמָה וְהוֹלֵלוֹת וְסִכְלוּת	σοφίαν καὶ περιφορὰν *καὶ ἀφροσύνην*
2:13	יֵשׁ יִתְרוֹן לַחָכְמָה מִן־הַסִּכְלוּת	ἔστιν περισσεία τῇ σοφίᾳ ὑπὲρ *τὴν ἀφροσύνην*
10:1	יָקָר מֵחָכְמָה מִכָּבוֹד סִכְלוּת מְעָט	τίμιον ὀλίγον σοφίας ὑπὲρ δόξαν *ἀφροσύνης* μεγάλης
10:13	תְּחִלַּת דִּבְרֵי־פִיהוּ סִכְלוּת	ἀρχὴ λόγων στόματος αὐτοῦ *ἀφροσύνη*
ἐπιστήμη	*1*	*14%*
1:17	וְדַעַת הוֹלֵלוֹת וְשִׂכְלוּת	καὶ γνῶσιν παραβολὰς *καὶ ἐπιστήμην*
σκληρία	*1*	*14%*
7:25	רֶשַׁע כֶּסֶל וְהַסִּכְלוּת הוֹלֵלוֹת	ἀσεβοῦς ἀφροσύνην *καὶ σκληρίαν* καὶ περιφοράν

סָכַן *Occurrences: 1*

κινδυνεύω	*1*	*100%*
10:9	בּוֹקֵעַ עֵצִים יִסָּכֶן בָּם	σχίζων ξύλα *κινδυνεύσει* ἐν αὐτοῖς

סָפַד *Occurrences: 2*

κόπτω	*2*	*100%*
3:4	עֵת סְפוֹד וְעֵת רְקוֹד	καιρὸς τοῦ *κόψασθαι* καὶ καιρὸς τοῦ ὀρχήσασθαι
12:5	וְסָבְבוּ בַשּׁוּק הַסֹּפְדִים	καὶ ἐκύκλωσαν ἐν ἀγορᾷ *οἱ κοπτόμενοι*

סֵפֶר *Occurrences: 1*

βιβλίον	*1*	*100%*
12:12	עֲשׂוֹת סְפָרִים הַרְבֵּה אֵין קֵץ	ποιῆσαι *βιβλία* πολλὰ οὐκ ἔστιν περασμός

ע

עָב *Occurrences: 3*

νέφος	*2*	*67%*
νεφέλη	*1*	*33%*

νεφέλη	*1*	*33%*	
11:4	וְרֹאֶה בֶעָבִים לֹא יִקְצוֹר	καὶ βλέπων *ἐν ταῖς νεφέλαις* οὐ θερίσει	
νέφος	*2*	*67%*	
11:3	אִם־יִמָּלְאוּ הֶעָבִים גֶּשֶׁם	ἐὰν πληρωθῶσιν *τὰ νέφη* ὑετοῦ	
12:2	וְשָׁבוּ הֶעָבִים אַחַר הַגָּשֶׁם	καὶ ἐπιστρέψωσιν *τὰ νέφη* ὀπίσω τοῦ ὑετοῦ	

עָבַד *Occurrences: 2*

δοῦλος	*1*	*50%*
ἐργάζομαι	*1*	*50%*

δοῦλος	*1*	*50%*	
5:11	מְתוּקָה שְׁנַת הָעֹבֵד	γλυκὺς ὕπνος τοῦ *δούλου*	=v
ἐργάζομαι	*1*	*50%*	
5:8	מֶלֶךְ לְשָׂדֶה נֶעֱבָד	βασιλεὺς τοῦ ἀγροῦ *εἰργασμένου*	

עֶבֶד *Occurrences: 4*

δοῦλος	*4*	*100%*	
2:7	קָנִיתִי עֲבָדִים וּשְׁפָחוֹת	ἐκτησάμην *δούλους* καὶ παιδίσκας	
7:21	אֲשֶׁר לֹא־תִשְׁמַע אֶת־עַבְדְּךָ מְקַלְלֶךָ	ὅπως μὴ ἀκούσῃς τοῦ *δούλου* σου καταρωμένου σε	
10:7	רָאִיתִי עֲבָדִים עַל־סוּסִים	εἶδον *δούλους* ἐφ' ἵππους	
10:7	וְשָׂרִים הֹלְכִים כַּעֲבָדִים עַל־הָאָרֶץ	καὶ ἄρχοντας πορευομένους *ὡς δούλους* ἐπὶ τῆς γῆς	

עֲבָד *Occurrences: 1*

ἐργασία	*1*	*100%*	
9:1	אֲשֶׁר הַצַּדִּיקִים וְהַחֲכָמִים *וַעֲבָדֵיהֶם*	ὡς οἱ δίκαιοι καὶ οἱ σοφοὶ *καὶ ἐργασίαι αὐτῶν*	

עָבַר *Occurrences: 1*

ἄγω/παρα	*1*	*100%*	
11:10	וְהַעֲבֵר רָעָה מִבְּשָׂרֶךָ	*καὶ παράγαγε* πονηρίαν ἀπὸ σαρκός σου	

עַד *Occurrences: 5*

ἕως	*4*	*80%*
μέχρι	*1*	*20%*

ἕως	*4*	*80%*	
2:3	עַד אֲשֶׁר־אֶרְאֶה אֵי־זֶה טוֹב	*ἕως* οὗ ἴδω ποῖον τὸ ἀγαθὸν	
12:1	עַד לֹא־יָבֹאוּ יְמֵי הָרָעָה	*ἕως* ὅτου μὴ ἔλθωσιν ἡμέραι τῆς κακίας	
12:2	עַד אֲשֶׁר לֹא־תֶחְשַׁךְ הַשֶּׁמֶשׁ	*ἕως* οὗ μὴ σκοτισθῇ ὁ ἥλιος	
12:6	עַד אֲשֶׁר לֹא־*ירחק **יֵרָתֵק חֶבֶל הַכֶּסֶף	*ἕως* ὅτου μὴ ἀνατραπῇ σχοινίον τοῦ ἀργυρίου	
μέχρι	*1*	*20%*	
3:11	אֲשֶׁר־עָשָׂה הָאֱלֹהִים מֵרֹאשׁ וְעַד־סוֹף	ὃ ἐποίησεν ὁ θεός ἀπ' ἀρχῆς *καὶ μέχρι* τέλους	

עֶדֶן *Occurrences: 2*

ἕως + ὁ + νῦν	*1*	*50%*
עֶדֶן + לֹא	*1*	
οὔπω	*1*	*50%*

ἕως + ὁ + νῦν	*1*	*50%*	
4:2	אֲשֶׁר הֵמָּה חַיִּים *עֲדֶנָה*	ὅσοι αὐτοὶ ζῶσιν *ἕως τοῦ νῦν*	

עֶדֶן + לֹא	*1*			
οὔπω	*1*	*50%*		
4:3	אֵת אֲשֶׁר־עֲדֶן לֹא הָיָה	ὅστις *οὔπω* ἐγένετο		
עוֹד	*Occurrences: 6*			
ἔτι	*6*	*100%*		
3:16	וְעוֹד רָאִיתִי תַּחַת הַשָּׁמֶשׁ	*καὶ ἔτι* εἶδον ὑπὸ τὸν ἥλιον		
4:13	אֲשֶׁר לֹא־יָדַע לְהִזָּהֵר עוֹד	ὃς οὐκ ἔγνω τοῦ προσέχειν *ἔτι*		
7:28	אֲשֶׁר עוֹד־*בִּקְשָׁה* נַפְשִׁי וְלֹא מָצָאתִי	ὃν *ἔτι* ἐζήτησεν ἡ ψυχή μου καὶ οὐχ εὗρον		
9:5	וְאֵין־עוֹד לָהֶם שָׂכָר	καὶ οὐκ ἔστιν αὐτοῖς *ἔτι* μισθός	=~	
9:6	וְחֵלֶק אֵין־לָהֶם עוֹד לְעוֹלָם	καὶ μερὶς οὐκ ἔστιν αὐτοῖς *ἔτι* εἰς αἰῶνα		
12:9	עוֹד לִמַּד־דַּעַת אֶת־הָעָם	*ἔτι* ἐδίδαξεν γνῶσιν σὺν τὸν λαόν		
עוֹלָם	*Occurrences: 7*			
αἰών	*7*	*100%*		
1:4	וְהָאָרֶץ *לְעוֹלָם* עֹמָדֶת	καὶ ἡ γῆ *εἰς τὸν αἰῶνα* ἕστηκεν		
1:10	כְּבָר הָיָה *לְעֹלָמִים* אֲשֶׁר הָיָה	ἤδη γέγονεν *ἐν τοῖς αἰῶσιν* τοῖς γενομένοις		
2:16	זִכְרוֹן לֶחָכָם עִם־הַכְּסִיל *לְעוֹלָם*	μνήμη τοῦ σοφοῦ μετὰ τοῦ ἄφρονος *εἰς αἰῶνα*		
3:11	גַּם אֶת־*הָעֹלָם* נָתַן בְּלִבָּם	καί γε σὺν *τὸν αἰῶνα* ἔδωκεν ἐν καρδίᾳ αὐτῶν		
3:14	הוּא יִהְיֶה *לְעוֹלָם*	αὐτὰ ἔσται *εἰς τὸν αἰῶνα*		
9:6	וְחֵלֶק אֵין־לָהֶם עוֹד *לְעוֹלָם*	καὶ μερὶς οὐκ ἔστιν αὐτοῖς ἔτι *εἰς αἰῶνα*		
12:5	כִּי־הֹלֵךְ הָאָדָם אֶל־בֵּית *עוֹלָמוֹ*	ὅτι ἐπορεύθη ὁ ἄνθρωπος εἰς οἶκον *αἰῶνος αὐτοῦ*		
עוֹף	*Occurrences: 1*			
πετεινόν	*1*	*100%*		
10:20	כִּי עוֹף הַשָּׁמַיִם יוֹלִיךְ אֶת־הַקּוֹל	ὅτι *πετεινὸν* τοῦ οὐρανοῦ ἀποίσει σὺν τὴν φωνήν		
עָוַת	*Occurrences: 3*			
στρέφω/δια	*3*	*100%*		
1:15	*מְעֻוָּת* לֹא־יוּכַל לִתְקֹן	*διεστραμμένον* οὐ δυνήσεται τοῦ ἐπικοσμηθῆναι		
7:13	אֵת אֲשֶׁר *עִוְּתוֹ*	ὃν ἂν ὁ θεὸς *διαστρέψῃ* αὐτόν		
12:3	*וְהִתְעַוְּתוּ* אַנְשֵׁי הֶחָיִל	*καὶ διαστραφῶσιν* ἄνδρες τῆς δυνάμεως		
עֹז	*Occurrences: 1*			
ἀναιδής	*1*	*100%*		
8:1	*וְעֹז* פָּנָיו יְשֻׁנֶּא	*καὶ ἀναιδὴς* προσώπῳ αὐτοῦ μισηθήσεται		
עָזַז	*Occurrences: 1*			
βοηθέω	*1*	*100%*		
7:19	הַחָכְמָה *תָּעֹז* לֶחָכָם	ἡ σοφία *βοηθήσει* τῷ σοφῷ	=r	עזר
[עָזַר]	*[Occurrences: 1]*			
βοηθέω	*1*			
7:19	הַחָכְמָה *תָּעֹז* לֶחָכָם	ἡ σοφία *βοηθήσει* τῷ σοφῷ	=r	עזר
עַיִן	*Occurrences: 9*			
ὀφθαλμός	*9*	*100%*		
1:8	לֹא־תִשְׂבַּע *עַיִן* לִרְאוֹת	καὶ οὐκ ἐμπλησθήσεται *ὀφθαλμὸς* τοῦ ὁρᾶν		
2:10	וְכֹל אֲשֶׁר שָׁאֲלוּ *עֵינַי*	καὶ πᾶν ὃ ἤτησαν *οἱ ὀφθαλμοί μου*		
2:14	הֶחָכָם *עֵינָיו* בְּרֹאשׁוֹ	τοῦ σοφοῦ *οἱ ὀφθαλμοὶ αὐτοῦ* ἐν κεφαλῇ αὐτοῦ		
4:8	גַּם־*עיניו **עֵינוֹ* לֹא־תִשְׂבַּע עֹשֶׁר	καί γε *ὀφθαλμὸς αὐτοῦ* οὐκ ἐμπίπλαται πλούτου	**	
5:10	כִּי אִם־*ראית **רְאוּת *עֵינָיו*	ὅτι ἀλλ' ἢ τοῦ ὁρᾶν *ὀφθαλμοῖς αὐτοῦ*		
6:9	טוֹב מַרְאֵה *עֵינַיִם* מֵהֲלָךְ־נָפֶשׁ	ἀγαθὸν ὅραμα *ὀφθαλμῶν* ὑπὲρ πορευόμενον ψυχῇ		
8:16	שֵׁנָה *בְּעֵינָיו* אֵינֶנּוּ רֹאֶה	ὕπνον *ἐν ὀφθαλμοῖς αὐτοῦ* οὐκ ἔστιν βλέπων		

11:7	וּמָתוֹק הָאוֹר וְטוֹב *לַעֵינַיִם*	καὶ γλυκὺ τὸ φῶς καὶ ἀγαθὸν *τοῖς ὀφθαλμοῖς*
11:9	וּבְמַרְאֵי עֵינֶיךָ	καὶ ἐν ὁράσει *ὀφθαλμῶν σου*

עִיר *Occurrences: 5*

πόλις	5	*100%*		
7:19	מֵעֲשָׂרָה שַׁלִּיטִים אֲשֶׁר הָיוּ בָּעִיר	ὑπὲρ δέκα ἐξουσιάζοντας τοὺς ὄντας *ἐν τῇ πόλει*		
8:10	וְיִשְׁתַּכְּחוּ בָעִיר אֲשֶׁר כֵּן־עָשׂוּ	καὶ ἐπῃνέθησαν *ἐν τῇ πόλει* ὅτι οὕτως ἐποίησαν		
9:14	עִיר קְטַנָּה וַאֲנָשִׁים בָּהּ מְעָט	*πόλις* μικρὰ καὶ ἄνδρες ἐν αὐτῇ ὀλίγοι		
9:15	וּמִלַּט־הוּא אֶת־הָעִיר בְּחָכְמָתוֹ	καὶ διασώσει αὐτὸς *τὴν πόλιν* ἐν τῇ σοφίᾳ αὐτοῦ		
10:15	אֲשֶׁר לֹא־יָדַע לָלֶכֶת אֶל־עִיר	ὃς οὐκ ἔγνω τοῦ πορευθῆναι εἰς *πόλιν*		
[10:16]	אִי־לָךְ אֶרֶץ שֶׁמַּלְכֵּךְ נָעַר	οὐαί σοι *πόλις* ἧς ὁ βασιλεύς σου νεώτερος	=	עיר

עַל *Occurrences: 38*

ἐπί	*29*	*76%*
περί	*5*	*13%*
ἐν	*2*	*5%*
διά	*1*	*3%*
מִן + עַל	*1*	
ἐπάνω	*1*	*3%*

διά	*1*	*3%*
8:11	*עַל־כֵּן* מָלֵא לֵב בְּנֵי־הָאָדָם	*διὰ* τοῦτο ἐπληροφορήθη καρδία υἱῶν τοῦ ἀνθρώπου
ἐν	2	*5%*
1:16	עַל כָּל־אֲשֶׁר־הָיָה לְפָנַי *עַל־יְרוּשָׁלָ͏ִם*	ἐπὶ πᾶσιν οἳ ἐγένοντο ἔμπροσθέν μου *ἐν* Ιερουσαλημ
12:14	*עַל* כָּל־נֶעְלָם	*ἐν* παντὶ παρεωραμένῳ
ἐπί	*29*	*76%*
1:6	וְעַל־סְבִיבֹתָיו שָׁב הָרוּחַ	καὶ *ἐπὶ* κύκλους αὐτοῦ ἐπιστρέφει τὸ πνεῦμα
1:12	הָיִיתִי מֶלֶךְ *עַל*־יִשְׂרָאֵל בִּירוּשָׁלָ͏ִם	ἐγενόμην βασιλεὺς *ἐπὶ* Ισραηλ ἐν Ιερουσαλημ
1:16	*עַל* כָּל־אֲשֶׁר־הָיָה לְפָנַי עַל־יְרוּשָׁלָ͏ִם	*ἐπὶ* πᾶσιν οἳ ἐγένοντο ἔμπροσθέν μου ἐν Ιερουσαλημ
2:17	כִּי רַע *עָלַי* הַמַּעֲשֶׂה שֶׁנַּעֲשָׂה	ὅτι πονηρὸν *ἐπ᾽ ἐμὲ* τὸ ποίημα τὸ πεποιημένον
2:20	*עַל* כָּל־הֶעָמָל שֶׁעָמַלְתִּי תַּחַת הַשָּׁמֶשׁ	*ἐπὶ* παντὶ τῷ μόχθῳ ᾧ ἐμόχθησα ὑπὸ τὸν ἥλιον
3:14	*עָלָיו* אֵין לְהוֹסִיף	*ἐπ᾽ αὐτῷ* οὐκ ἔστιν προσθεῖναι
3:17	*וְעַל* כָּל־הַמַּעֲשֶׂה שָׁם	καὶ *ἐπὶ* παντὶ τῷ ποιήματι [ἐκεῖ]
5:1	אַל־תְּבַהֵל *עַל*־פִּיךָ	μὴ σπεῦδε *ἐπὶ* στόματί σου
5:1	כִּי הָאֱלֹהִים בַּשָּׁמַיִם וְאַתָּה *עַל־הָאָרֶץ*	ὅτι ὁ θεὸς ἐν τῷ οὐρανῷ καὶ σὺ *ἐπὶ* τῆς γῆς
5:1	*עַל־כֵּן* יִהְיוּ דְבָרֶיךָ מְעַטִּים	*ἐπὶ* τούτῳ ἔστωσαν οἱ λόγοι σου ὀλίγοι
5:5	לָמָּה יִקְצֹף הָאֱלֹהִים *עַל*־קוֹלֶךָ	ἵνα μὴ ὀργισθῇ ὁ θεὸς *ἐπὶ* φωνῇ σου
5:7	אַל־תִּתְמַהּ *עַל־הַחֵפֶץ*	μὴ θαυμάσῃς *ἐπὶ* τῷ πράγματι
5:7	וּגְבֹהִים *עֲלֵיהֶם*	καὶ ὑψηλοὶ *ἐπ᾽ αὐτούς*
6:1	וְרַבָּה הִיא *עַל־הָאָדָם*	καὶ πολλή ἐστιν *ἐπὶ* τὸν ἄνθρωπον
8:6	כִּי־רָעַת הָאָדָם רַבָּה *עָלָיו*	ὅτι γνῶσις τοῦ ἀνθρώπου πολλὴ *ἐπ᾽ αὐτόν*
8:14	יֶשׁ־הֶבֶל אֲשֶׁר נַעֲשָׂה *עַל־הָאָרֶץ*	ἔστιν ματαιότης ἣ πεποίηται *ἐπὶ* τῆς γῆς
8:16	אֶת־הָעִנְיָן אֲשֶׁר נַעֲשָׂה *עַל־הָאָרֶץ*	τὸν περισπασμὸν τὸν πεποιημένον *ἐπὶ* τῆς γῆς
9:8	וְשֶׁמֶן *עַל*־רֹאשְׁךָ אַל־יֶחְסָר	καὶ ἔλαιον *ἐπὶ* κεφαλήν σου μὴ ὑστερησάτω
9:12	כְּשֶׁתִּפּוֹל *עֲלֵיהֶם* פִּתְאֹם	ὅταν ἐπιπέσῃ *ἐπ᾽ αὐτοὺς* ἄφνω
9:14	וּבָנָה *עָלֶיהָ* מְצוֹדִים גְּדֹלִים	καὶ οἰκοδομήσῃ *ἐπ᾽ αὐτὴν* χάρακας μεγάλους
10:4	אִם־רוּחַ הַמּוֹשֵׁל תַּעֲלֶה *עָלֶיךָ*	ἐὰν πνεῦμα τοῦ ἐξουσιάζοντος ἀναβῇ *ἐπὶ σέ*
10:7	רָאִיתִי עֲבָדִים *עַל־סוּסִים*	εἶδον δούλους *ἐφ᾽ ἵππους*
10:7	וְשָׂרִים הֹלְכִים כַּעֲבָדִים *עַל־הָאָרֶץ*	καὶ ἄρχοντας πορευομένους ὡς δούλους *ἐπὶ* τῆς γῆς
11:1	שַׁלַּח לַחְמְךָ *עַל־פְּנֵי* הַמָּיִם	ἀπόστειλον τὸν ἄρτον σου *ἐπὶ πρόσωπον* τοῦ ὕδατος
11:2	כִּי לֹא תֵדַע מַה־יִּהְיֶה רָעָה *עַל־הָאָרֶץ*	ὅτι οὐ γινώσκεις τί ἔσται πονηρὸν *ἐπὶ* τὴν γῆν
11:3	*עַל־הָאָרֶץ* יָרִיקוּ	*ἐπὶ* τὴν γῆν ἐκχέουσιν
11:9	וְדָע כִּי *עַל־כָּל־אֵלֶּה*	καὶ γνῶθι ὅτι *ἐπὶ* πᾶσι τούτοις
12:6	וְתִשָּׁבֶר כַּד *עַל־הַמַּבּוּעַ*	καὶ συντριβῇ ὑδρία *ἐπὶ* τὴν πηγήν
12:7	וְיָשֹׁב הֶעָפָר *עַל־הָאָרֶץ* כְּשֶׁהָיָה	καὶ ἐπιστρέψῃ ὁ χοῦς *ἐπὶ* τὴν γῆν ὡς ἦν
περί	5	*13%*
1:13	*עַל* כָּל־אֲשֶׁר נַעֲשָׂה תַּחַת הַשָּׁמָיִם	*περὶ* πάντων τῶν γινομένων ὑπὸ τὸν οὐρανόν

3:18	עַל־דִּבְרַת בְּנֵי הָאָדָם	*περὶ* λαλιᾶς υἱῶν τοῦ ἀνθρώπου
7:10	כִּי לֹא מֵחָכְמָה שָׁאַלְתָּ *עַל־זֶה*	ὅτι οὐκ ἐν σοφίᾳ ἐπηρώτησας *περὶ* τούτου
7:14	עָשָׂה הָאֱלֹהִים *עַל־דִּבְרַת*	ἐποίησεν ὁ θεὸς *περὶ λαλιᾶς*
8:2	וְעַל דִּבְרַת שְׁבוּעַת אֱלֹהִים	καὶ *περὶ* λόγου ὅρκου θεοῦ

מִן + עַל	*1*	
ἐπάνω	*1*	*3%*
5:7	כִּי גָבֹהַּ מֵעַל גָּבֹהַּ שֹׁמֵר	ὅτι ὑψηλὸς *ἐπάνω* ὑψηλοῦ φυλάξαι

עָלָה *Occurrences: 2*

βαίνω/ανα	2	*100%*
3:21	*הָעֹלָה* הִיא *לְמָעְלָה*	εἰ *ἀναβαίνει* αὐτὸ εἰς ἄνω
10:4	אִם־רוּחַ הַמּוֹשֵׁל *תַּעֲלֶה* עָלֶיךָ	ἐὰν πνεῦμα τοῦ ἐξουσιάζοντος *ἀναβῇ* ἐπὶ σέ

עָלַם *Occurrences: 1*

ὁράω/παρα	1	*100%*
12:14	עַל כָּל־*נֶעְלָם*	ἐν παντὶ *παρεωραμένῳ*

עִם *Occurrences: 8*

μετά	*7*	*88%*
ἐν	*1*	*12%*

ἐν	*1*	*12%*
1:16	דִּבַּרְתִּי אֲנִי *עִם*־לִבִּי לֵאמֹר	ἐλάλησα ἐγὼ *ἐν* καρδίᾳ μου τῷ λέγειν
μετά	*7*	*88%*
1:11	*עִם* שֶׁיִּהְיוּ לָאַחֲרֹנָה	*μετὰ* τῶν γενησομένων εἰς τὴν ἐσχάτην
2:16	כִּי אֵין זִכְרוֹן לֶחָכָם *עִם־הַכְּסִיל*	ὅτι οὐκ ἔστιν μνήμη τοῦ σοφοῦ *μετὰ* τοῦ ἄφρονος
2:16	וְאֵיךְ יָמוּת הֶחָכָם *עִם*־הַכְּסִיל	καὶ πῶς ἀποθανεῖται ὁ σοφὸς *μετὰ* τοῦ ἄφρονος
4:15	תַּחַת הַשָּׁמֶשׁ *עִם* הַיֶּלֶד הַשֵּׁנִי	ὑπὸ τὸν ἥλιον *μετὰ* τοῦ νεανίσκου τοῦ δευτέρου
6:10	וְלֹא־יוּכַל לָדִין *עִם* *שֶׁהתַּקִּיף **שֶׁתַּקִּיף	καὶ οὐ δυνήσεται τοῦ κριθῆναι *μετὰ* τοῦ ἰσχυροῦ
7:11	טוֹבָה חָכְמָה *עִם־נַחֲלָה*	ἀγαθὴ σοφία *μετὰ* κληροδοσίας
9:9	רְאֵה חַיִּים *עִם־אִשָּׁה* אֲשֶׁר־אָהַבְתָּ	ἰδὲ ζωὴν *μετὰ* γυναικός ἧς ἠγάπησας

עַם *Occurrences: 2*

λαός	2	*100%*
4:16	אֵין־קֵץ *לְכָל־הָעָם*	οὐκ ἔστιν περασμὸς τῷ παντὶ *λαῷ*
12:9	עוֹד לִמַּד־דַּעַת *אֶת־הָעָם*	ἔτι ἐδίδαξεν γνῶσιν σὺν *τὸν λαόν*

עָמַד *Occurrences: 5*

ἵστημι	5	*100%*
1:4	וְהָאָרֶץ לְעוֹלָם *עֹמָדֶת*	καὶ ἡ γῆ εἰς τὸν αἰῶνα *ἕστηκεν*
2:9	אַף חָכְמָתִי *עָמְדָה* לִּי	καί γε σοφία μου *ἐστάθη* μοι
4:12	הַשְּׁנַיִם *יַעַמְדוּ* נֶגְדּוֹ	οἱ δύο *στήσονται* κατέναντι αὐτοῦ
4:15	אֲשֶׁר *יַעֲמֹד* תַּחְתָּיו	ὃς *στήσεται* ἀντ' αὐτοῦ
8:3	אַל־*תַּעֲמֹד* בְּדָבָר רָע	μὴ *στῇς* ἐν λόγῳ πονηρῷ

עֻמָּה *Occurrences: 2*

ל + עֻמָּה	*1*	
σύμφωνος	*1*	*50%*
עֻמָּה + שֶׁ	*1*	
ὥσπερ	*1*	*50%*
[ל + עֻמָּה + שֶׁ]	*1*	
ὥσπερ	*1*	

ל + עֻמָּה	*1*	
σύμφωνος	*1*	*50%*
7:14	גַּם אֶת־זֶה *לְעֻמַּת־זֶה*	καί γε σὺν τοῦτο *σύμφωνον* τούτῳ

עֻמָּה + שֶׁ	1			
ὥσπερ	1	*50%*		
5:15	כָּל־*עֻמַּת* בָּא כֵּן יֵלֵךְ	*ὥσπερ γὰρ* παρεγένετο οὕτως καὶ ἀπελεύσεται	=?	כי לעמת
[לְ + עֻמָּה + שֶׁ]	1			
ὥσπερ	1			
[5:15]	כָּל־*עֻמַּת* בָּא כֵּן יֵלֵךְ	*ὥσπερ γὰρ* παρεγένετο οὕτως καὶ ἀπελεύσεται	=?	כי לעמת

עָמֵל *Occurrences: 13*

μοχθέω	13	*100%*
1:3	בְּכָל־עֲמָלוֹ *שֶׁיַּעֲמֹל* תַּחַת הַשָּׁמֶשׁ	ἐν παντὶ μόχθῳ αὐτοῦ ᾧ *μοχθεῖ* ὑπὸ τὸν ἥλιον
2:11	וּבֶעָמָל *שֶׁעָמַלְתִּי* לַעֲשׂוֹת	καὶ ἐν μόχθῳ ᾧ *ἐμόχθησα* τοῦ ποιεῖν
2:18	עֲמָלִי שֶׁאֲנִי *עָמֵל* תַּחַת הַשָּׁמֶשׁ	μόχθον μου ὃν ἐγὼ *μοχθῶ* ὑπὸ τὸν ἥλιον
2:19	*שֶׁעָמַלְתִּי* וְשֶׁחָכַמְתִּי תַּחַת הַשָּׁמֶשׁ	ᾧ *ἐμόχθησα* καὶ ᾧ ἐσοφισάμην ὑπὸ τὸν ἥλιον
2:20	עַל כָּל־הֶעָמָל *שֶׁעָמַלְתִּי* תַּחַת הַשָּׁמֶשׁ	ἐπὶ παντὶ τῷ μόχθῳ ᾧ *ἐμόχθησα* ὑπὸ τὸν ἥλιον
2:21	וּלְאָדָם שֶׁלֹּא *עָמַל*־בּוֹ	καὶ ἄνθρωπος ὃς οὐκ *ἐμόχθησεν* ἐν αὐτῷ
2:22	שֶׁהוּא *עָמֵל* תַּחַת הַשָּׁמֶשׁ	ᾧ αὐτὸς *μοχθεῖ* ὑπὸ τὸν ἥλιον
3:9	מַה־יִּתְרוֹן הָעוֹשֶׂה בַּאֲשֶׁר הוּא *עָמֵל*	τίς περισσεία τοῦ ποιοῦντος ἐν οἷς αὐτὸς *μοχθεῖ*
4:8	וּלְמִי אֲנִי *עָמֵל* וּמְחַסֵּר אֶת־נַפְשִׁי	καὶ τίνι ἐγὼ *μοχθῶ* καὶ στερίσκω τὴν ψυχήν μου
5:15	וּמַה־יִּתְרוֹן לוֹ *שֶׁיַּעֲמֹל* לָרוּחַ	καὶ τίς περισσεία αὐτῷ ᾗ *μοχθεῖ* εἰς ἄνεμον
5:17	בְּכָל־עֲמָלוֹ *שֶׁיַּעֲמֹל*	ἐν παντὶ μόχθῳ αὐτοῦ ᾧ *ἐὰν μοχθῇ*
8:17	בְּשֶׁל אֲשֶׁר *יַעֲמֹל* הָאָדָם לְבַקֵּשׁ	ὅσα ἂν *μοχθήσῃ* ὁ ἄνθρωπος τοῦ ζητῆσαι
9:9	וּבַעֲמָלְךָ אֲשֶׁר־אַתָּה *עָמֵל* תַּחַת הַשָּׁמֶשׁ	καὶ ἐν τῷ μόχθῳ σου ᾧ σὺ *μοχθεῖς* ὑπὸ τὸν ἥλιον

עָמָל *Occurrences: 22*

μόχθος	22	*100%*
1:3	מַה־יִּתְרוֹן לָאָדָם בְּכָל־*עֲמָלוֹ*	τίς περισσεία τῷ ἀνθρώπῳ ἐν παντὶ *μόχθῳ αὐτοῦ*
2:10	כִּי־לִבִּי שָׂמֵחַ מִכָּל־*עֲמָלִי*	ὅτι καρδία μου εὐφράνθη ἐν παντὶ *μόχθῳ μου*
2:10	וְזֶה־הָיָה חֶלְקִי מִכָּל־*עֲמָלִי*	καὶ τοῦτο ἐγένετο μερίς μου ἀπὸ παντὸς *μόχθου μου*
2:11	*וּבֶעָמָל* שֶׁעָמַלְתִּי לַעֲשׂוֹת	*καὶ ἐν μόχθῳ* ᾧ ἐμόχθησα τοῦ ποιεῖν
2:18	וְשָׂנֵאתִי אֲנִי אֶת־כָּל־*עֲמָלִי*	καὶ ἐμίσησα ἐγὼ σὺν πάντα *μόχθον μου*
2:19	וְיִשְׁלַט בְּכָל־*עֲמָלִי*	καὶ ἐξουσιάζεται ἐν παντὶ *μόχθῳ μου*
2:20	עַל כָּל־*הֶעָמָל* שֶׁעָמַלְתִּי תַּחַת הַשָּׁמֶשׁ	ἐπὶ παντὶ τῷ *μόχθῳ* ᾧ ἐμόχθησα ὑπὸ τὸν ἥλιον
2:21	כִּי־יֵשׁ אָדָם *שֶׁעֲמָלוֹ* בְּחָכְמָה	ὅτι ἔστιν ἄνθρωπος *οὗ μόχθος αὐτοῦ* ἐν σοφίᾳ
2:22	כִּי מֶה־הֹוֶה לָאָדָם בְּכָל־*עֲמָלוֹ*	ὅτι τί γίνεται τῷ ἀνθρώπῳ ἐν παντὶ *μόχθῳ αὐτοῦ*
2:24	וְהֶרְאָה אֶת־נַפְשׁוֹ טוֹב *בַּעֲמָלוֹ*	καὶ ὃ δείξει τῇ ψυχῇ αὐτοῦ ἀγαθὸν *ἐν μόχθῳ αὐτοῦ*
3:13	וְרָאָה טוֹב בְּכָל־*עֲמָלוֹ*	καὶ ἴδῃ ἀγαθὸν ἐν παντὶ *μόχθῳ αὐτοῦ*
4:4	וְרָאִיתִי אֲנִי אֶת־כָּל־*עָמָל*	καὶ εἶδον ἐγὼ σὺν πάντα *τὸν μόχθον*
4:6	מִמְּלֹא חָפְנַיִם *עָמָל*	ὑπὲρ πλήρωμα δύο δρακῶν *μόχθου*
4:8	וְאֵין קֵץ לְכָל־*עֲמָלוֹ*	καὶ οὐκ ἔστιν περασμὸς τῷ παντὶ *μόχθῳ αὐτοῦ*
4:9	אֲשֶׁר יֵשׁ־לָהֶם שָׂכָר טוֹב *בַּעֲמָלָם*	οἷς ἔστιν αὐτοῖς μισθὸς ἀγαθὸς *ἐν μόχθῳ αὐτῶν*
5:14	וּמְאוּמָה לֹא־יִשָּׂא *בַעֲמָלוֹ*	καὶ οὐδὲν οὐ λήμψεται *ἐν μόχθῳ αὐτοῦ*
5:17	בְּכָל־*עֲמָלוֹ* שֶׁיַּעֲמֹל	ἐν παντὶ *μόχθῳ αὐτοῦ* ᾧ ἐὰν μοχθῇ
5:18	וְלִשְׂמֹחַ *בַּעֲמָלוֹ*	καὶ τοῦ εὐφρανθῆναι *ἐν μόχθῳ αὐτοῦ*
6:7	כָּל־*עֲמַל* הָאָדָם לְפִיהוּ	πᾶς *μόχθος* τοῦ ἀνθρώπου εἰς στόμα αὐτοῦ
8:15	וְהוּא יִלְוֶנּוּ *בַעֲמָלוֹ*	καὶ αὐτὸ συμπροσέσται αὐτῷ *ἐν μόχθῳ αὐτοῦ*
9:9	*וּבַעֲמָלְךָ* אֲשֶׁר־אַתָּה עָמֵל תַּחַת הַשָּׁמֶשׁ	*καὶ ἐν τῷ μόχθῳ σου* ᾧ σὺ μοχθεῖς ὑπὸ τὸν ἥλιον
10:15	*עֲמַל* הַכְּסִילִים תְּיַגְּעֶנּוּ	*μόχθος* τῶν ἀφρόνων κοπώσει αὐτούς

עָמֹק *Occurrences: 2*

βάθος	*1*	*50%*
βαθύς	*1*	*50%*

βάθος	1	*50%*
7:24	רָחוֹק מַה־שֶּׁהָיָה וְעָמֹק *עָמֹק* מִי יִמְצָאֶנּוּ	μακρὰν ὑπὲρ ὃ ἦν καὶ βαθὺ *βάθος* τίς εὑρήσει αὐτό
βαθύς	1	*50%*
7:24	רָחוֹק מַה־שֶּׁהָיָה *וְעָמֹק* עָמֹק מִי יִמְצָאֶנּוּ	μακρὰν ὑπὲρ ὃ ἦν *καὶ βαθὺ* βάθος τίς εὑρήσει αὐτό

עָנָה	*Occurrences: 1*		
ἀκούω/ἐπι	*1*	*100%*	
10:19	וְהַכֶּסֶף *יַעֲנֶה* אֶת־הַכֹּל	καὶ τοῦ ἀργυρίου *ἐπακούσεται* σὺν τὰ πάντα	
עָנָה	*Occurrences: 3*		
σπάω/περι	*3*	*100%*	
1:13	לִבְנֵי הָאָדָם *לַעֲנוֹת* בּוֹ	τοῖς υἱοῖς τοῦ ἀνθρώπου *τοῦ περισπᾶσθαι* ἐν αὐτῷ	
3:10	לִבְנֵי הָאָדָם *לַעֲנוֹת* בּוֹ	τοῖς υἱοῖς τοῦ ἀνθρώπου *τοῦ περισπᾶσθαι* ἐν αὐτῷ	
5:19	כִּי הָאֱלֹהִים *מַעֲנֶה*	ὅτι ὁ θεὸς *περισπᾷ αὐτὸν*	
עָנִי	*Occurrences: 1*		
πένης	*1*	*100%*	
6:8	*מַה־לֶּעָנִי* יוֹדֵעַ לַהֲלֹךְ נֶגֶד הַחַיִּים	διότι ὁ *πένης* οἶδεν πορευθῆναι κατέναντι τῆς ζωῆς	=%p-
עִנְיָן	*Occurrences: 8*		
περισπασμός	*8*	*100%*	
1:13	הוּא *עִנְיַן* רָע נָתַן אֱלֹהִים	ὅτι *περισπασμὸν* πονηρὸν ἔδωκεν ὁ θεὸς	
2:23	מַכְאֹבִים וָכַעַס *עִנְיָנוֹ*	ἀλγημάτων καὶ θυμοῦ *περισπασμὸς αὐτοῦ*	
2:26	וְלַחוֹטֶא נָתַן *עִנְיָן*	καὶ τῷ ἁμαρτάνοντι ἔδωκεν *περισπασμὸν*	
3:10	רָאִיתִי *אֶת־הָעִנְיָן* אֲשֶׁר נָתַן אֱלֹהִים	εἶδον σὺν *τὸν περισπασμόν* ὃν ἔδωκεν ὁ θεὸς	
4:8	גַּם־זֶה הֶבֶל *וְעִנְיַן* רָע	καί γε τοῦτο ματαιότης *καὶ περισπασμὸς* πονηρός	
5:2	כִּי בָּא הַחֲלוֹם בְּרֹב *עִנְיָן*	ὅτι παραγίνεται ἐνύπνιον ἐν πλήθει *περισπασμοῦ*	
5:13	וְאָבַד הָעֹשֶׁר הַהוּא *בְּעִנְיַן*	καὶ ἀπολεῖται ὁ πλοῦτος ἐκεῖνος *ἐν περισπασμῷ*	
8:16	וְלִרְאוֹת *אֶת־הָעִנְיָן* אֲשֶׁר נַעֲשָׂה	καὶ τοῦ ἰδεῖν *τὸν περισπασμὸν* τὸν πεποιημένον	
עָפָר	*Occurrences: 3*		
χοῦς	*3*	*100%*	
3:20	הַכֹּל הָיָה *מִן־הֶעָפָר*	τὰ πάντα ἐγένετο ἀπὸ τοῦ *χοός*	
3:20	וְהַכֹּל שָׁב *אֶל־הֶעָפָר*	καὶ τὰ πάντα ἐπιστρέφει εἰς *τὸν χοῦν*	
12:7	וְיָשֹׁב *הֶעָפָר* עַל־הָאָרֶץ כְּשֶׁהָיָה	καὶ ἐπιστρέψῃ *ὁ χοῦς* ἐπὶ τὴν γῆν ὡς ἦν	
עֵץ	*Occurrences: 5*		
ξύλον	*5*	*100%*	
2:5	וְנָטַעְתִּי בָהֶם *עֵץ* כָּל־פֶּרִי	καὶ ἐφύτευσα ἐν αὐτοῖς *ξύλον* πᾶν καρποῦ	
2:6	לְהַשְׁקוֹת מֵהֶם יַעַר צוֹמֵחַ *עֵצִים*	τοῦ ποτίσαι ἀπ' αὐτῶν δρυμὸν βλαστῶντα *ξύλα*	
10:9	בּוֹקֵעַ *עֵצִים* יִסָּכֶן בָּם	σχίζων *ξύλα* κινδυνεύσει ἐν αὐτοῖς	
11:3	וְאִם־יִפּוֹל *עֵץ* בַּדָּרוֹם וְאִם בַּצָּפוֹן	καὶ ἐὰν πέσῃ *ξύλον* ἐν τῷ νότῳ καὶ ἐὰν ἐν τῷ βορρᾷ	
11:3	מְקוֹם שֶׁיִּפּוֹל *הָעֵץ* שָׁם יְהוּא	τόπῳ οὗ πεσεῖται *τὸ ξύλον* ἐκεῖ ἔσται	
עָצֵב	*Occurrences: 1*		
πονέω/δια	*1*	*100%*	
10:9	מַסִּיעַ אֲבָנִים *יֵעָצֵב* בָּהֶם	ἐξαίρων λίθους *διαπονηθήσεται* ἐν αὐτοῖς	
עֲצַלְתַּיִם	*Occurrences: 1*		
ὀκνηρία	*1*	*100%*	
10:18	*בַּעֲצַלְתַּיִם* יִמַּךְ הַמְּקָרֶה	ἐν *ὀκνηρίαις* ταπεινωθήσεται ἡ δόκωσις	
עֶצֶם	*Occurrences: 1*		
ὀστοῦν	*1*	*100%*	
11:5	*כַּעֲצָמִים* בְּבֶטֶן הַמְּלֵאָה	ὡς *ὀστᾶ* ἐν γαστρὶ τῆς κυοφορούσης	

עָקַר *Occurrences: 1*

τίλλω/ἐκ	1	100%	
3:2	עֵת לָטַעַת וְעֵת *לַעֲקוֹר*	καιρὸς τοῦ φυτεῦσαι καὶ καιρὸς τοῦ *ἐκτῖλαι*	

עֶרֶב *Occurrences: 1*

ἑσπέρα	1	100%	
11:6	*וְלָעֶרֶב* אַל־תַּנַּח יָדֶךָ	καὶ εἰς *ἑσπέραν* μὴ ἀφέτω ἡ χείρ σου	

עָרוֹם *Occurrences: 1*

γυμνός	1	100%	
5:14	כַּאֲשֶׁר יָצָא מִבֶּטֶן אִמּוֹ *עָרוֹם*	καθὼς ἐξῆλθεν ἀπὸ γαστρὸς μητρὸς αὐτοῦ *γυμνός*	

עָשָׂה *Occurrences: 43*

ποιέω	40	93%
γίγνομαι	3	7%

γίγνομαι	3	7%	
1:13	עַל כָּל־אֲשֶׁר *נַעֲשָׂה* תַּחַת הַשָּׁמָיִם	περὶ πάντων τῶν *γινομένων* ὑπὸ τὸν οὐρανόν	
4:1	אֶת־כָּל־הָעֲשֻׁקִים אֲשֶׁר *נַעֲשִׂים*	σὺν πάσας τὰς συκοφαντίας τὰς *γινομένας*	
8:11	אֲשֶׁר אֵין־*נַעֲשָׂה* פִתְגָם	ὅτι οὐκ ἔστιν *γινομένη* ἀντίρρησις	
ποιέω	40	93%	
1:9	וּמַה־*שֶּׁנַּעֲשָׂה* הוּא שֶׁיֵּעָשֶׂה	καὶ τί τὸ *πεποιημένον* αὐτὸ τὸ ποιηθησόμενον	
1:9	וּמַה־שֶּׁנַּעֲשָׂה הוּא *שֶׁיֵּעָשֶׂה*	καὶ τί τὸ πεποιημένον αὐτὸ τὸ *ποιηθησόμενον*	
1:14	רָאִיתִי אֶת־כָּל־הַמַּעֲשִׂים *שֶׁנַּעֲשׂוּ*	εἶδον σὺν πάντα τὰ ποιήματα *τὰ πεποιημένα*	
2:2	וּלְשִׂמְחָה מַה־זֹּה *עֹשָׂה*	καὶ τῇ εὐφροσύνῃ τί τοῦτο *ποιεῖς*	
2:3	טוֹב לִבְנֵי הָאָדָם אֲשֶׁר *יַעֲשׂוּ*	τὸ ἀγαθὸν τοῖς υἱοῖς τοῦ ἀνθρώπου ὃ *ποιήσουσιν*	
2:5	*עָשִׂיתִי* לִי גַּנּוֹת וּפַרְדֵּסִים	*ἐποίησά* μοι κήπους καὶ παραδείσους	
2:6	*עָשִׂיתִי* לִי בְּרֵכוֹת מָיִם	*ἐποίησά* μοι κολυμβήθρας ὑδάτων	
2:8	*עָשִׂיתִי* לִי שָׁרִים וְשָׁרוֹת	*ἐποίησά* μοι ᾄδοντας καὶ ᾀδούσας	
2:11	מַעֲשַׂי *שֶׁעָשׂוּ* יָדַי	ποιήμασίν μου *οἷς ἐποίησαν* αἱ χεῖρές μου	
2:11	וּבֶעָמָל שֶׁעָמַלְתִּי *לַעֲשׂוֹת*	καὶ ἐν μόχθῳ ᾧ ἐμόχθησα *τοῦ ποιεῖν*	
2:12	אֵת אֲשֶׁר־כְּבָר *עָשׂוּהוּ*	τὰ ὅσα *ἐποίησεν αὐτήν*	
2:17	כִּי רַע עָלַי הַמַּעֲשֶׂה *שֶׁנַּעֲשָׂה*	ὅτι πονηρὸν ἐπ᾽ ἐμὲ τὸ ποίημα *τὸ πεποιημένον*	
3:9	מַה־יִּתְרוֹן *הָעוֹשֶׂה* בַּאֲשֶׁר הוּא עָמֵל	τίς περισσεία *τοῦ ποιοῦντος* ἐν οἷς αὐτὸς μοχθεῖ	
3:11	אֶת־הַכֹּל *עָשָׂה* יָפֶה בְעִתּוֹ	σὺν τὰ πάντα *ἐποίησεν* καλὰ ἐν καιρῷ αὐτοῦ	
3:11	אֲשֶׁר־*עָשָׂה* הָאֱלֹהִים מֵרֹאשׁ וְעַד־סוֹף	ὃ *ἐποίησεν* ὁ θεός ἀπ᾽ ἀρχῆς καὶ μέχρι τέλους	
3:12	כִּי אִם־לִשְׂמוֹחַ *וְלַעֲשׂוֹת* טוֹב	εἰ μὴ τοῦ εὐφρανθῆναι *καὶ τοῦ ποιεῖν* ἀγαθὸν	
3:14	יָדַעְתִּי כִּי כָּל־אֲשֶׁר *יַעֲשֶׂה* הָאֱלֹהִים	ἔγνων ὅτι παντα ὅσα *ἐποίησεν* ὁ θεός	
3:14	וְהָאֱלֹהִים *עָשָׂה* שֶׁיִּרְאוּ	καὶ ὁ θεὸς *ἐποίησεν* ἵνα φοβηθῶσιν	
4:3	אֲשֶׁר *נַעֲשָׂה* תַּחַת הַשָּׁמֶשׁ	τὸ *πεποιημένον* ὑπὸ τὸν ἥλιον	
4:17	כִּי־אֵינָם יוֹדְעִים *לַעֲשׂוֹת* רָע	ὅτι οὔκ εἰσιν εἰδότες *τοῦ ποιῆσαι* κακόν	
6:12	*וְיַעֲשֵׂם* כַּצֵּל	καὶ *ἐποίησεν αὐτὰς* ἐν σκιᾷ	
7:14	*עָשָׂה* הָאֱלֹהִים עַל־דִּבְרַת	*ἐποίησεν* ὁ θεὸς περὶ λαλιᾶς	
7:20	אֲשֶׁר *יַעֲשֶׂה*־טּוֹב וְלֹא יֶחֱטָא	ὃς *ποιήσει* ἀγαθὸν καὶ οὐχ ἁμαρτήσεται	
7:29	אֲשֶׁר *עָשָׂה* הָאֱלֹהִים אֶת־הָאָדָם יָשָׁר	ὃ *ἐποίησεν* ὁ θεὸς σὺν τὸν ἄνθρωπον εὐθῆ	
8:3	כִּי כָּל־אֲשֶׁר יַחְפֹּץ *יַעֲשֶׂה*	ὅτι πᾶν ὃ ἐὰν θελήσῃ *ποιήσει*	
8:4	וּמִי יֹאמַר־לוֹ *מַה־תַּעֲשֶׂה*	καὶ τίς ἐρεῖ αὐτῷ τί *ποιήσεις*	
8:9	לְכָל־מַעֲשֶׂה אֲשֶׁר *נַעֲשָׂה* תַּחַת הַשָּׁמֶשׁ	εἰς πᾶν ποίημα ὃ *πεποίηται* ὑπὸ τὸν ἥλιον	
8:10	וְיִשְׁתַּכְּחוּ בָעִיר אֲשֶׁר *כֵּן־עָשׂוּ*	καὶ ἐπῃνέθησαν ἐν τῇ πόλει ὅτι οὕτως *ἐποίησαν*	
[8:11]	*מַעֲשֵׂה* הָרָעָה מְהֵרָה	*ἀπὸ τῶν ποιούντων* τὸ πονηρὸν ταχύ	=.hy מעשי
8:11	בָּהֶם *לַעֲשׂוֹת* רָע	ἐν αὐτοῖς *τοῦ ποιῆσαι* τὸ πονηρόν	
8:12	אֲשֶׁר חֹטֶא *עֹשֶׂה* רָע מְאַת	ὃς ἥμαρτεν *ἐποίησεν* τὸ πονηρὸν ἀπὸ τότε	
8:14	יֶשׁ־הֶבֶל אֲשֶׁר *נַעֲשָׂה* עַל־הָאָרֶץ	ἔστιν ματαιότης ἣ *πεποίηται* ἐπὶ τῆς γῆς	
8:16	וְלִרְאוֹת אֶת־הָעִנְיָן אֲשֶׁר *נַעֲשָׂה*	καὶ τοῦ ἰδεῖν τὸν περισπασμὸν τὸν *πεποιημένον*	
8:17	אֶת־הַמַּעֲשֶׂה אֲשֶׁר *נַעֲשָׂה* תַּחַת־הַשֶּׁמֶשׁ	σὺν τὸ ποίημα τὸ *πεποιημένον* ὑπὸ τὸν ἥλιον	

9:3	זֶה רָע בְּכֹל אֲשֶׁר־נַעֲשָׂה תַּחַת הַשָּׁמֶשׁ	τοῦτο πονηρὸν ἐν παντὶ *πεποιημένῳ* ὑπὸ τὸν ἥλιον
9:6	בְּכֹל אֲשֶׁר־נַעֲשָׂה תַּחַת הַשָּׁמֶשׁ	ἐν παντὶ τῷ *πεποιημένῳ* ὑπὸ τὸν ἥλιον
9:10	כֹּל אֲשֶׁר תִּמְצָא יָדְךָ לַעֲשׂוֹת	πάντα ὅσα ἂν εὕρῃ ἡ χείρ σου τοῦ *ποιῆσαι*
9:10	בְּכֹחֲךָ עֲשֵׂה	ὡς ἡ δύναμίς σου *ποίησον*
10:19	לִשְׂחוֹק עֹשִׂים לֶחֶם	εἰς γέλωτα *ποιοῦσιν* ἄρτον
11:5	אֶת־מַעֲשֵׂה הָאֱלֹהִים אֲשֶׁר יַעֲשֶׂה אֶת־הַכֹּל	τὰ ποιήματα τοῦ θεοῦ ὅσα *ποιήσει* σὺν τὰ πάντα
12:12	עֲשׂוֹת סְפָרִים הַרְבֵּה אֵין קֵץ	*ποιῆσαι* βιβλία πολλὰ οὐκ ἔστιν περασμός

עֶשֶׂר
Occurrences: 1

δέκα	*1*	*100%*
7:19	מֵעֲשָׂרָה שַׁלִּיטִים אֲשֶׁר הָיוּ בָּעִיר	ὑπὲρ *δέκα* ἐξουσιάζοντας τοὺς ὄντας ἐν τῇ πόλει

עֲשׁוּקִים
Occurrences: 1

συκοφαντία	*1*	*100%*
4:1	אֶת־כָּל־הָעֲשֻׁקִים אֲשֶׁר נַעֲשִׂים	σὺν πάσας τὰς *συκοφαντίας* τὰς γινομένας

עָשִׁיר
Occurrences: 3

πλούσιος	*2*	*67%*
πλουτέω	*1*	*33%*

πλούσιος	*2*	*67%*
10:6	וַעֲשִׁירִים בַּשֵּׁפֶל יֵשֵׁבוּ	καὶ *πλούσιοι* ἐν ταπεινῷ καθήσονται
10:20	בְּחַדְרֵי מִשְׁכָּבְךָ אַל־תְּקַלֵּל עָשִׁיר	ἐν ταμιείοις κοιτώνων σου μὴ καταράσῃ *πλούσιον*
πλουτέω	*1*	*33%*
5:11	וְהַשָּׂבָע לֶעָשִׁיר	καὶ τῷ ἐμπλησθέντι *τοῦ πλουτῆσαι*

עָשַׁק
Occurrences: 2

συκοφαντέω	*2*	*100%*
4:1	וְהִנֵּה דִּמְעַת הָעֲשֻׁקִים	καὶ ἰδοὺ δάκρυον *τῶν συκοφαντουμένων*
4:1	וּמִיַּד עֹשְׁקֵיהֶם כֹּחַ	καὶ ἀπὸ χειρὸς *συκοφαντούντων αὐτοὺς* ἰσχύς

עֹשֶׁק
Occurrences: 2

συκοφαντία	*2*	*100%*
5:7	אִם־עֹשֶׁק רָשׁ וְגֵזֶל מִשְׁפָּט	ἐὰν *συκοφαντίαν* πένητος καὶ ἁρπαγὴν κρίματος
7:7	כִּי הָעֹשֶׁק יְהוֹלֵל חָכָם	ὅτι *ἡ συκοφαντία* περιφέρει σοφόν

עֹשֶׁר
Occurrences: 6

πλοῦτος	*6*	*100%*
4:8	גַּם־*עֵינָיו **עֵינוֹ לֹא־תִשְׂבַּע עֹשֶׁר	καί γε ὀφθαλμὸς αὐτοῦ οὐκ ἐμπίπλαται *πλούτου*
5:12	עֹשֶׁר שָׁמוּר לִבְעָלָיו	*πλοῦτον* φυλασσόμενον τῷ παρ' αὐτοῦ
5:13	וְאָבַד הָעֹשֶׁר הַהוּא בְּעִנְיַן	καὶ ἀπολεῖται *ὁ πλοῦτος* ἐκεῖνος ἐν περισπασμῷ
5:18	עֹשֶׁר וּנְכָסִים	*πλοῦτον* καὶ ὑπάρχοντα
6:2	אִישׁ אֲשֶׁר יִתֶּן־לוֹ הָאֱלֹהִים עֹשֶׁר	ἀνήρ ᾧ δώσει αὐτῷ ὁ θεὸς *πλοῦτον*
9:11	וְגַם לֹא לַנְּבֹנִים עֹשֶׁר	καί γε οὐ τοῖς συνετοῖς *πλοῦτος*

עֵת
Occurrences: 40

καιρός	*39*	*98%*
ὁ	*1*	*2%*

καιρός	*39*	*98%*
3:1	לַכֹּל זְמָן וְעֵת לְכָל־חֵפֶץ	τοῖς πᾶσιν χρόνος *καὶ καιρὸς* τῷ παντὶ πράγματι
3:2	עֵת לָלֶדֶת וְעֵת לָמוּת	*καιρὸς* τοῦ τεκεῖν καὶ καιρὸς τοῦ ἀποθανεῖν
3:2	עֵת לָלֶדֶת וְעֵת לָמוּת	καιρὸς τοῦ τεκεῖν καὶ *καιρὸς* τοῦ ἀποθανεῖν
3:2	עֵת לָטַעַת וְעֵת לַעֲקוֹר	*καιρὸς* τοῦ φυτεῦσαι καὶ καιρὸς τοῦ ἐκτῖλαι
3:2	עֵת לָטַעַת וְעֵת לַעֲקוֹר	καιρὸς τοῦ φυτεῦσαι *καὶ καιρὸς* τοῦ ἐκτῖλαι
3:3	עֵת לַהֲרוֹג וְעֵת לִרְפּוֹא	*καιρὸς* τοῦ ἀποκτεῖναι καὶ καιρὸς τοῦ ἰάσασθαι

3:3	עֵת לַהֲרוֹג *וְעֵת* לִרְפּוֹא	καιρὸς τοῦ ἀποκτεῖναι *καὶ καιρὸς* τοῦ ἰάσασθαι	
3:3	*עֵת* לִפְרוֹץ וְעֵת לִבְנוֹת	*καιρὸς* τοῦ καθελεῖν καὶ καιρὸς τοῦ οἰκοδομῆσαι	
3:3	עֵת לִפְרוֹץ *וְעֵת* לִבְנוֹת	καιρὸς τοῦ καθελεῖν *καὶ καιρὸς* τοῦ οἰκοδομῆσαι	
3:4	*עֵת* לִבְכּוֹת וְעֵת לִשְׂחוֹק	*καιρὸς* τοῦ κλαῦσαι καὶ καιρὸς τοῦ γελάσαι	
3:4	עֵת לִבְכּוֹת *וְעֵת* לִשְׂחוֹק	καιρὸς τοῦ κλαῦσαι *καὶ καιρὸς* τοῦ γελάσαι	
3:4	*עֵת* סְפוֹד וְעֵת רְקוֹד	*καιρὸς* τοῦ κόψασθαι καὶ καιρὸς τοῦ ὀρχήσασθαι	
3:4	עֵת סְפוֹד *וְעֵת* רְקוֹד	καιρὸς τοῦ κόψασθαι *καὶ καιρὸς* τοῦ ὀρχήσασθαι	
3:5	*עֵת* לְהַשְׁלִיךְ אֲבָנִים	*καιρὸς* τοῦ βαλεῖν λίθους	
3:5	*וְעֵת* כְּנוֹס אֲבָנִים	*καὶ καιρὸς* τοῦ συναγαγεῖν λίθους	
3:5	*עֵת* לַחֲבוֹק וְעֵת לִרְחֹק	*καιρὸς* τοῦ περιλαβεῖν καὶ καιρὸς τοῦ μακρυνθῆναι	
3:5	*וְעֵת* לִרְחֹק מֵחַבֵּק	*καὶ καιρὸς* τοῦ μακρυνθῆναι ἀπὸ περιλήμψεως	
3:6	*עֵת* לְבַקֵּשׁ וְעֵת לְאַבֵּד	*καιρὸς* τοῦ ζητῆσαι καὶ καιρὸς τοῦ ἀπολέσαι	
3:6	עֵת לְבַקֵּשׁ *וְעֵת* לְאַבֵּד	καιρὸς τοῦ ζητῆσαι *καὶ καιρὸς* τοῦ ἀπολέσαι	
3:6	*עֵת* לִשְׁמוֹר וְעֵת לְהַשְׁלִיךְ	*καιρὸς* τοῦ φυλάξαι καὶ καιρὸς τοῦ ἐκβαλεῖν	
3:6	עֵת לִשְׁמוֹר *וְעֵת* לְהַשְׁלִיךְ	καιρὸς τοῦ φυλάξαι *καὶ καιρὸς* τοῦ ἐκβαλεῖν	
3:7	*עֵת* לִקְרוֹעַ וְעֵת לִתְפּוֹר	καιρὸς τοῦ ῥῆξαι καὶ καιρὸς τοῦ ῥάψαι	
3:7	עֵת לִקְרוֹעַ *וְעֵת* לִתְפּוֹר	καιρὸς τοῦ ῥῆξαι *καὶ καιρὸς* τοῦ ῥάψαι	
3:7	*עֵת* לַחֲשׁוֹת וְעֵת לְדַבֵּר	*καιρὸς* τοῦ σιγᾶν καὶ καιρὸς τοῦ λαλεῖν	
3:7	עֵת לַחֲשׁוֹת *וְעֵת* לְדַבֵּר	καιρὸς τοῦ σιγᾶν *καὶ καιρὸς* τοῦ λαλεῖν	
3:8	*עֵת* לֶאֱהֹב וְעֵת לִשְׂנֹא	*καιρὸς* τοῦ φιλῆσαι καὶ καιρὸς τοῦ μισῆσαι	
3:8	עֵת לֶאֱהֹב *וְעֵת* לִשְׂנֹא	καιρὸς τοῦ φιλῆσαι *καὶ καιρὸς* τοῦ μισῆσαι	
3:8	*עֵת* מִלְחָמָה וְעֵת שָׁלוֹם	*καιρὸς* πολέμου καὶ καιρὸς εἰρήνης	
3:8	עֵת מִלְחָמָה *וְעֵת* שָׁלוֹם	καιρὸς πολέμου *καὶ καιρὸς* εἰρήνης	
3:11	אֶת־הַכֹּל עָשָׂה יָפֶה *בְעִתּוֹ*	σὺν τὰ πάντα ἐποίησεν καλὰ *ἐν καιρῷ αὐτοῦ*	
3:17	כִּי־*עֵת* לְכָל־חֵפֶץ	ὅτι *καιρὸς* τῷ παντὶ πράγματι	
7:17	לָמָּה תָמוּת בְּלֹא *עִתֶּךָ*	ἵνα μὴ ἀποθάνῃς ἐν οὐ *καιρῷ* σου	
8:5	*וְעֵת* וּמִשְׁפָּט יֵדַע לֵב חָכָם	*καὶ καιρὸν* κρίσεως γινώσκει καρδία σοφοῦ	
8:6	כִּי לְכָל־חֵפֶץ יֵשׁ *עֵת* וּמִשְׁפָּט	ὅτι παντὶ πράγματι ἔστιν *καιρὸς* καὶ κρίσις	
9:8	בְּכָל־*עֵת* יִהְיוּ בְגָדֶיךָ לְבָנִים	ἐν παντὶ *καιρῷ* ἔστωσαν ἱμάτιά σου λευκά	
9:11	כִּי־*עֵת* וָפֶגַע יִקְרֶה	ὅτι *καιρὸς* καὶ ἀπάντημα συναντήσεται	
9:12	כִּי גַּם לֹא־יֵדַע הָאָדָם *אֶת־עִתּוֹ*	ὅτι καί γε οὐκ ἔγνω ὁ ἄνθρωπος *τὸν καιρὸν αὐτοῦ*	
9:12	בְּנֵי הָאָדָם *לְעֵת* רָעָה	οἱ υἱοὶ τοῦ ἀνθρώπου *εἰς καιρὸν* πονηρόν	
10:17	וְשָׂרַיִךְ *בָּעֵת* יֹאכֵלוּ	καὶ οἱ ἄρχοντές σου *πρὸς καιρὸν* φάγονται	
ὁ	*1*	*2%*	
8:9	*עֵת* אֲשֶׁר שָׁלַט הָאָדָם בְּאָדָם	*τὰ ὅσα* ἐξουσιάσατο ὁ ἄνθρωπος ἐν ἀνθρώπῳ	=.() את אשר

פ

פַּח — *Occurrences: 1*

παγίς	*1*	*100%*	
9:12	וְכַצִּפֳּרִים הָאֲחֻזוֹת בַּפָּח	καὶ ὡς ὄρνεα τὰ θηρευόμενα *ἐν παγίδι*	

פָּנָה — *Occurrences: 2*

βλέπω/ἐπι	*2*	*100%*	
2:11	וּפָנִיתִי אֲנִי בְּכָל־מַעֲשַׂי	καὶ *ἐπέβλεψα* ἐγὼ ἐν πᾶσιν ποιήμασίν μου	
2:12	וּפָנִיתִי אֲנִי לִרְאוֹת חָכְמָה	καὶ *ἐπέβλεψα* ἐγὼ τοῦ ἰδεῖν σοφίαν	

פָּנֶה — *Occurrences: 21*

πρόσωπον	*12*	*57%*
לְ + פָּנֶה	*9*	
ἔμπροσθεν	*5*	*24%*
πρόσωπον	*4*	*19%*

πρόσωπον	*12*	*57%*	
2:26	כִּי לְאָדָם שֶׁטּוֹב לְפָנָיו	ὅτι τῷ ἀνθρώπῳ τῷ ἀγαθῷ *πρὸ προσώπου αὐτοῦ*	
2:26	לָתֵת לְטוֹב לִפְנֵי הָאֱלֹהִים	τοῦ δοῦναι τῷ ἀγαθῷ *πρὸ προσώπου* τοῦ θεοῦ	
5:1	לְהוֹצִיא דָבָר לִפְנֵי הָאֱלֹהִים	τοῦ ἐξενέγκαι λόγον *πρὸ προσώπου* τοῦ θεοῦ	
5:5	וְאַל־תֹּאמַר לִפְנֵי הַמַּלְאָךְ	καὶ μὴ εἴπῃς *πρὸ προσώπου* τοῦ θεοῦ	
7:3	כִּי־בְרֹעַ פָּנִים יִיטַב לֵב	ὅτι ἐν κακίᾳ *προσώπου* ἀγαθυνθήσεται καρδία	
7:26	טוֹב לִפְנֵי הָאֱלֹהִים יִמָּלֵט	ἀγαθὸς *πρὸ προσώπου* τοῦ θεοῦ ἐξαιρεθήσεται	
8:1	חָכְמַת אָדָם תָּאִיר פָּנָיו	σοφία ἀνθρώπου φωτιεῖ *πρόσωπον αὐτοῦ*	
8:1	וְעֹז פָּנָיו יְשֻׁנֶּא	καὶ ἀναιδὴς *προσώπῳ αὐτοῦ* μισηθήσεται	
8:3	אַל־תִּבָּהֵל מִפָּנָיו תֵּלֵךְ	[μὴ σπουδάσῃς] *ἀπὸ προσώπου αὐτοῦ* πορεύσῃ	
9:1	הַכֹּל לִפְנֵיהֶם	τὰ πάντα *πρὸ προσώπου αὐτῶν*	
10:10	אִם־קֵהָה הַבַּרְזֶל וְהוּא לֹא־פָנִים קִלְקַל	ἐὰν ἐκπέσῃ τὸ σιδήριον καὶ αὐτὸς *πρόσωπον* ἐτάραξεν	
11:1	שַׁלַּח לַחְמְךָ עַל־פְּנֵי הַמָּיִם	ἀπόστειλον τὸν ἄρτον σου *ἐπὶ πρόσωπον* τοῦ ὕδατος	
לְ + פָּנֶה	*9*		
ἔμπροσθεν	*5*	*24%*	
1:10	לְעֹלָמִים אֲשֶׁר הָיָה מִלְּפָנֵנוּ	ἐν τοῖς αἰῶσιν τοῖς γενομένοις ἀπὸ *ἔμπροσθεν* ἡμῶν	
1:16	עַל כָּל־אֲשֶׁר־הָיָה לְפָנַי עַל־יְרוּשָׁלָםִ	ἐπὶ πᾶσιν οἳ ἐγένοντο *ἔμπροσθέν* μου ἐν Ιερουσαλημ	
2:7	מִכֹּל שֶׁהָיוּ לְפָנַי	ὑπὲρ πάντας τοὺς γενομένους *ἔμπροσθέν* μου	
2:9	מִכֹּל שֶׁהָיָה לְפָנַי	παρὰ πάντας τοὺς γενομένους *ἔμπροσθέν* μου	
4:16	לְכֹל אֲשֶׁר־הָיָה לִפְנֵיהֶם	τοῖς πᾶσιν ὅσοι ἐγένοντο *ἔμπροσθεν* αὐτῶν	
πρόσωπον	*4*	*19%*	
3:14	שֶׁיִּרְאוּ מִלְּפָנָיו	ἵνα φοβηθῶσιν ἀπὸ *προσώπου* αὐτοῦ	
8:12	אֲשֶׁר יִירְאוּ מִלְּפָנָיו	ὅπως φοβῶνται ἀπὸ *προσώπου* αὐτοῦ	
8:13	אֲשֶׁר אֵינֶנּוּ יָרֵא מִלִּפְנֵי אֱלֹהִים	ὅς οὐκ ἔστιν φοβούμενος ἀπὸ *προσώπου* τοῦ θεοῦ	
10:5	שֶׁיֹּצָא מִלִּפְנֵי הַשַּׁלִּיט	ὃ ἐξῆλθεν ἀπὸ *προσώπου* τοῦ ἐξουσιάζοντος	

פַּעַם — *Occurrences: 2*

κάθοδος	*2*	*66%*
פַּעַם + רַב	*1*	
πλειστάκις	*1*	*33%*

κάθοδος	*2*	*66%*	
6:6	וְאִלּוּ חָיָה אֶלֶף שָׁנִים פַּעֲמַיִם	καὶ εἰ ἔζησεν χιλίων ἐτῶν *καθόδους*	=v
7:22	כִּי גַּם־פְּעָמִים רַבּוֹת יָדַע לִבֶּךָ	καὶ *καθόδους* πολλὰς κακώσει καρδίαν σου	=d
פַּעַם + רַב	*1*		
πλειστάκις	*1*	*33%*	
7:22	כִּי גַּם־פְּעָמִים רַבּוֹת יָדַע לִבֶּךָ	ὅτι *πλειστάκις* πονηρεύσεταί σε	=d

פַּרְדֵּס	*Occurrences: 1*		
παράδεισος	*1*	*100%*	
2:5	עָשִׂיתִי לִי גַּנּוֹת וּפַרְדֵּסִים	ἐποίησά μοι κήπους *καὶ παραδείσους*	
פְּרִי	*Occurrences: 1*		
καρπός	*1*	*100%*	
2:5	וְנָטַעְתִּי בָהֶם עֵץ כָּל־פֶּרִי	καὶ ἐφύτευσα ἐν αὐτοῖς ξύλον πᾶν *καρποῦ*	
פָּרַץ	*Occurrences: 2*		
αἱρέω/κατα	*2*	*100%*	
3:3	עֵת לִפְרוֹץ וְעֵת לִבְנוֹת	καιρὸς τοῦ *καθελεῖν* καὶ καιρὸς τοῦ οἰκοδομῆσαι	
10:8	וּפֹרֵץ גָּדֵר יִשְּׁכֶנּוּ נָחָשׁ	*καὶ καθαιροῦντα* φραγμόν δήξεται αὐτὸν ὄφις	
פָּרַר	*Occurrences: 1*		
σκεδάννυμι/δια	*1*	*100%*	
12:5	וְתָפֵר הָאֲבִיּוֹנָה	*καὶ διασκεδασθῇ* ἡ κάππαρις	
פֵּשֶׁר	*Occurrences: 1*		
λύσις	*1*	*100%*	
8:1	מִי כְּהֶחָכָם וּמִי יוֹדֵעַ פֵּשֶׁר דָּבָר	τίς οἶδεν σοφούς καὶ τίς οἶδεν *λύσιν* ῥήματος	
פִּתְאֹם	*Occurrences: 1*		
ἄφνω	*1*	*100%*	
9:12	כְּשֶׁתִּפּוֹל עֲלֵיהֶם פִּתְאֹם	ὅταν ἐπιπέσῃ ἐπ' αὐτοὺς *ἄφνω*	
פִּתְגָם	*Occurrences: 1*		
ἀντίρρησις	*1*	*100%*	
8:11	אֲשֶׁר אֵין־נַעֲשָׂה פִתְגָם	ὅτι οὐκ ἔστιν γινομένη *ἀντίρρησις*	

צ

צֹאן *Occurrences: 1*

ποίμνιον	*1*	*100%*	
2:7	גַּם מִקְנֶה בָקָר *וָצֹאן* הַרְבֵּה	καί γε κτῆσις βουκολίου καὶ *ποιμνίου* πολλὴ	

צַדִּיק *Occurrences: 8*

δίκαιος	*8*	*100%*	
3:17	אֶת־*הַצַּדִּיק* וְאֶת־הָרָשָׁע יִשְׁפֹּט הָאֱלֹהִים	σὺν *τὸν δίκαιον* καὶ σὺν τὸν ἀσεβῆ κρινεῖ ὁ θεός	
7:15	יֵשׁ *צַדִּיק* אֹבֵד בְּצִדְקוֹ	ἔστιν *δίκαιος* ἀπολλύμενος ἐν δικαίῳ αὐτοῦ	
7:16	אַל־תְּהִי *צַדִּיק* הַרְבֵּה וְאַל־תִּתְחַכַּם יוֹתֵר	μὴ γίνου *δίκαιος* πολὺ καὶ μὴ σοφίζου περισσά	
7:20	כִּי אָדָם אֵין *צַדִּיק* בָּאָרֶץ	ὅτι ἄνθρωπος οὐκ ἔστιν *δίκαιος* ἐν τῇ γῇ	
8:14	אֲשֶׁר יֵשׁ *צַדִּיקִים*	ὅτι εἰσὶ *δίκαιοι*	
8:14	שֶׁמַּגִּיעַ אֲלֵהֶם כְּמַעֲשֵׂה *הַצַּדִּיקִים*	ὅτι φθάνει πρὸς αὐτοὺς ὡς ποίημα *τῶν δικαίων*	
9:1	אֲשֶׁר *הַצַּדִּיקִים* וְהַחֲכָמִים וַעֲבָדֵיהֶם	ὡς *οἱ δίκαιοι* καὶ οἱ σοφοὶ καὶ ἐργασίαι αὐτῶν	
9:2	מִקְרֶה אֶחָד *לַצַּדִּיק* וְלָרָשָׁע	συνάντημα ἓν *τῷ δικαίῳ* καὶ τῷ ἀσεβεῖ	

צֶדֶק *Occurrences: 3*

δίκαιος	*2*	*67%*
δικαιοσύνη	*1*	*33%*

δίκαιος	*2*	*67%*	
3:16	וּמְקוֹם *הַצֶּדֶק* שָׁמָּה הָרָשַׁע	καὶ τόπον *τοῦ δικαίου* ἐκεῖ ὁ ἀσεβής	=v
7:15	יֵשׁ צַדִּיק אֹבֵד *בְּצִדְקוֹ*	ἔστιν δίκαιος ἀπολλύμενος *ἐν δικαίῳ αὐτοῦ*	
δικαιοσύνη	*1*	*33%*	
5:7	וְגֵזֶל מִשְׁפָּט *וָצֶדֶק* תִּרְאֶה בַמְּדִינָה	καὶ ἁρπαγὴν κρίματος *καὶ δικαιοσύνης* ἴδῃς ἐν χώρᾳ	

צֵל *Occurrences: 4*

σκιά	*4*	*100%*	
6:12	וְיַעֲשֵׂם *כַּצֵּל*	καὶ ἐποίησεν αὐτὰς *ἐν σκιᾷ*	=%p
7:12	כִּי *בְּצֵל* הַחָכְמָה בְּצֵל הַכָּסֶף	ὅτι *ἐν σκιᾷ αὐτῆς* ἡ σοφία ὡς σκιὰ τοῦ ἀργυρίου	
7:12	כִּי בְּצֵל הַחָכְמָה *בְּצֵל* הַכָּסֶף	ὅτι ἐν σκιᾷ αὐτῆς ἡ σοφία *ὡς σκιὰ* τοῦ ἀργυρίου	=%p
8:13	וְלֹא־יַאֲרִיךְ יָמִים *כַּצֵּל*	καὶ οὐ μακρυνεῖ ἡμέρας *ἐν σκιᾷ*	=%p

צָמַח *Occurrences: 1*

βλαστάω	*1*	*100%*	
2:6	לְהַשְׁקוֹת מֵהֶם יַעַר *צוֹמֵחַ* עֵצִים	τοῦ ποτίσαι ἀπ' αὐτῶν δρυμὸν *βλαστῶντα* ξύλα	

צָפוֹן *Occurrences: 2*

βορρᾶς	*2*	*100%*	
1:6	הוֹלֵךְ אֶל־דָּרוֹם וְסוֹבֵב *אֶל־צָפוֹן*	πορεύεται πρὸς νότον καὶ κυκλοῖ πρὸς *βορρᾶν*	
11:3	וְאִם־יִפּוֹל עֵץ בַּדָּרוֹם וְאִם *בַּצָּפוֹן*	καὶ ἐὰν πέσῃ ξύλον ἐν τῷ νότῳ καὶ ἐὰν *ἐν τῷ βορρᾷ*	

צִפּוֹר *Occurrences: 2*

ὄρνεον	*1*	*50%*
στρουθίον	*1*	*50%*

ὄρνεον	*1*	*50%*	
9:12	*וְכַצִּפֳּרִים* הָאֲחֻזוֹת בַּפָּח	καὶ *ὡς ὄρνεα* τὰ θηρευόμενα ἐν παγίδι	
στρουθίον	*1*	*50%*	
12:4	וְיָקוּם לְקוֹל *הַצִּפּוֹר*	καὶ ἀναστήσεται εἰς φωνὴν *τοῦ στρουθίου*	

ק

קְבוּרָה	*Occurrences: 1*		
ταφή	*1*	*100%*	
6:3	וְגַם־קְבוּרָה לֹא־הָיְתָה לּוֹ	καί γε *ταφὴ* οὐκ ἐγένετο αὐτῷ	
קֶבֶר	*Occurrences: 1*		
τάφος	*1*	*100%*	
8:10	וּבְכֵן רָאִיתִי רְשָׁעִים קְבֻרִים וָבָאוּ	καὶ τότε εἶδον ἀσεβεῖς εἰς *τάφους* εἰσαχθέντας	=v
קָדוֹשׁ	*Occurrences: 1*		
ἅγιος	*1*	*100%*	
8:10	וּמִמְּקוֹם קָדוֹשׁ יְהַלֵּכוּ	καὶ ἐκ τόπου *ἁγίου* ἐπορεύθησαν	
קָהָה	*Occurrences: 1*		
πίπτω/ἐκ	*1*	*100%*	
10:10	אִם־קֵהָה הַבַּרְזֶל וְהוּא לֹא־פָנִים קִלְקַל	ἐὰν *ἐκπέσῃ* τὸ σιδήριον καὶ αὐτὸς πρόσωπον ἐτάραξεν	
קֹהֶלֶת	*Occurrences: 7*		
ἐκκλησιαστής	*7*	*100%*	
1:1	דִּבְרֵי קֹהֶלֶת בֶּן־דָּוִד	ῥήματα *ἐκκλησιαστοῦ* υἱοῦ Δαυιδ	
1:2	הֲבֵל הֲבָלִים אָמַר קֹהֶלֶת	ματαιότης ματαιοτήτων εἶπεν *ὁ ἐκκλησιαστής*	
1:12	אֲנִי קֹהֶלֶת הָיִיתִי מֶלֶךְ	ἐγὼ *ἐκκλησιαστὴς* ἐγενόμην βασιλεὺς	
7:27	רְאֵה זֶה מָצָאתִי אָמְרָה קֹהֶלֶת	ἰδὲ τοῦτο εὗρον εἶπεν *ὁ ἐκκλησιαστής*	
12:8	הֲבֵל הֲבָלִים אָמַר הַקּוֹהֶלֶת	ματαιότης ματαιοτήτων εἶπεν *ὁ ἐκκλησιαστής*	
12:9	וְיֹתֵר שֶׁהָיָה קֹהֶלֶת חָכָם	καὶ περισσὸν ὅτι ἐγένετο *ἐκκλησιαστὴς* σοφός	
12:10	בִּקֵּשׁ קֹהֶלֶת לִמְצֹא	ἐζήτησεν *ἐκκλησιαστὴς* τοῦ εὑρεῖν	
קוֹל	*Occurrences: 6*		
φωνή	*6*	*100%*	
5:2	וְקוֹל כְּסִיל בְּרֹב דְּבָרִים	*καὶ φωνὴ* ἄφρονος ἐν πλήθει λόγων	
5:5	לָמָּה יִקְצֹף הָאֱלֹהִים עַל־קוֹלֶךָ	ἵνα μὴ ὀργισθῇ ὁ θεὸς ἐπὶ *φωνῇ σου*	
7:6	כִּי כְקוֹל הַסִּירִים תַּחַת הַסִּיר	ὅτι *ὡς φωνὴ* τῶν ἀκανθῶν ὑπὸ τὸν λέβητα	
10:20	כִּי עוֹף הַשָּׁמַיִם יוֹלִיךְ אֶת־הַקּוֹל	ὅτι πετεινὸν τοῦ οὐρανοῦ ἀποίσει σὺν *τὴν φωνήν*	
12:4	בִּשְׁפַל קוֹל הַטַּחֲנָה	ἐν ἀσθενείᾳ *φωνῆς* τῆς ἀληθούσης	
12:4	וְיָקוּם לְקוֹל הַצִּפּוֹר	καὶ ἀναστήσεται *εἰς φωνὴν* τοῦ στρουθίου	
קוּם	*Occurrences: 3*		

ἐγείρω	*2*	*67%*
ἵστημι/ἀνα	*1*	*33%*

ἐγείρω	*2*	*67%*
4:10	כִּי אִם־יִפֹּלוּ הָאֶחָד יָקִים אֶת־חֲבֵרוֹ	ὅτι ἐὰν πέσωσιν ὁ εἷς *ἐγερεῖ* τὸν μέτοχον αὐτοῦ
4:10	וְאֵין שֵׁנִי לַהֲקִימוֹ	καὶ μὴ ᾖ δεύτερος τοῦ *ἐγεῖραι αὐτόν*
ἵστημι/ἀνα	*1*	*33%*
12:4	וְיָקוּם לְקוֹל הַצִּפּוֹר	*καὶ ἀναστήσεται* εἰς φωνὴν τοῦ στρουθίου
קָטָן	*Occurrences: 1*	
μικρός	*1*	*100%*
9:14	עִיר קְטַנָּה וַאֲנָשִׁים בָּהּ מְעָט	πόλις *μικρὰ* καὶ ἄνδρες ἐν αὐτῇ ὀλίγοι

קַל

Occurrences: 1

κοῦφος	*1*	*100%*
9:11	כִּי לֹא לַקַּלִּים הַמֵּרוֹץ	ὅτι οὐ *τοῖς κούφοις* ὁ δρόμος

קָלַל

Occurrences: 5

ἀράομαι/κατα	*4*	*80%*
ταράσσω	*1*	*20%*

ἀράομαι/κατα	*4*	*80%*
7:21	אֲשֶׁר לֹא־תִשְׁמַע אֶת־עַבְדְּךָ מְקַלְלֶךָ	ὅπως μὴ ἀκούσῃς τοῦ δούλου σου *καταρωμένου σε*
7:22	אֲשֶׁר גַּם־*את **אַתָּה קִלַּלְתָּ אֲחֵרִים	ὅπως καί γε σὺ *κατηράσω* ἑτέρους
10:20	גַּם בְּמַדָּעֲךָ מֶלֶךְ אַל־תְּקַלֵּל	καί γε ἐν συνειδήσει σου βασιλέα μὴ *καταράσῃ*
10:20	וּבְחַדְרֵי מִשְׁכָּבְךָ אַל־תְּקַלֵּל	καὶ ἐν ταμιείοις κοιτώνων σου μὴ *καταράσῃ*
ταράσσω	*1*	*20%*
10:10	אִם־קֵהָה הַבַּרְזֶל וְהוּא לֹא־פָנִים קִלְקַל	ἐὰν ἐκπέσῃ τὸ σιδήριον καὶ αὐτὸς πρόσωπον *ἐτάραξεν*

קִנְאָה

Occurrences: 2

ζῆλος	*2*	*100%*
4:4	כִּי הִיא קִנְאַת־אִישׁ מֵרֵעֵהוּ	ὅτι αὐτὸ *ζῆλος* ἀνδρὸς ἀπὸ τοῦ ἑταίρου αὐτοῦ
9:6	גַּם־קִנְאָתָם כְּבָר אָבָדָה	καί γε *ζῆλος αὐτῶν* ἤδη ἀπώλετο

קָנָה

Occurrences: 1

κτάομαι	*1*	*100%*
2:7	קָנִיתִי עֲבָדִים וּשְׁפָחוֹת	*ἐκτησάμην* δούλους καὶ παιδίσκας

קֵץ

Occurrences: 3

περασμός	*3*	*100%*
4:8	וְאֵין קֵץ לְכָל־עֲמָלוֹ	καὶ οὐκ ἔστιν *περασμὸς* τῷ παντὶ μόχθῳ αὐτοῦ
4:16	אֵין־קֵץ לְכָל־הָעָם	οὐκ ἔστιν *περασμὸς* τῷ παντὶ λαῷ
12:12	עֲשׂוֹת סְפָרִים הַרְבֵּה אֵין קֵץ	ποιῆσαι βιβλία πολλὰ οὐκ ἔστιν *περασμός*

קָצַף

Occurrences: 1

ὀργίζω	*1*	*100%*
5:5	לָמָּה יִקְצֹף הָאֱלֹהִים עַל־קוֹלֶךָ	ἵνα μὴ *ὀργισθῇ* ὁ θεὸς ἐπὶ φωνῇ σου

קֶצֶף

Occurrences: 1

χόλος	*1*	*100%*
5:16	וְכָעַס הַרְבֵּה וְחָלְיוֹ וָקָצֶף	καὶ θυμῷ πολλῷ καὶ ἀρρωστίᾳ *καὶ χόλῳ*

קָצַר

Occurrences: 1

θερίζω	*1*	*100%*
11:4	וְרֹאֶה בֶעָבִים לֹא יִקְצוֹר	καὶ βλέπων ἐν ταῖς νεφέλαις οὐ *θερίσει*

קָרָא

Occurrences: 1

καλέω	*1*	*100%*
6:10	מַה־שֶּׁהָיָה כְּבָר נִקְרָא שְׁמוֹ	εἴ τι ἐγένετο ἤδη *κέκληται* ὄνομα αὐτοῦ

קְרָב

Occurrences: 1

πόλεμος	*1*	*100%*
9:18	טוֹבָה חָכְמָה מִכְּלֵי קְרָב	ἀγαθὴ σοφία ὑπὲρ σκεύη *πολέμου*

קָרָה   Occurrences: 3

ἀντάω/συν   3   100%
2:14   שֶׁמִּקְרֶה אֶחָד יִקְרֶה אֶת־כֻּלָּם   ὅτι συνάντημα ἓν συναντήσεται τοῖς πᾶσιν αὐτοῖς
2:15   גַּם־אֲנִי יִקְרֵנִי   καί γε ἐμοὶ συναντήσεταί μοι
9:11   כִּי־עֵת וָפֶגַע יִקְרֶה   ὅτι καιρὸς καὶ ἀπάντημα συναντήσεται

קָרוֹב   Occurrences: 1

ἐγγύς   1   100%
4:17   תֵּלֵךְ אֶל־בֵּית הָאֱלֹהִים וְקָרוֹב לִשְׁמֹעַ   πορεύῃ εἰς οἶκον τοῦ θεοῦ καὶ ἐγγὺς τοῦ ἀκούειν

קָרַע   Occurrences: 1

ῥήγνυμι   1   100%
3:7   עֵת לִקְרוֹעַ וְעֵת לִתְפּוֹר   καιρὸς τοῦ ῥῆξαι καὶ καιρὸς τοῦ ῥάψαι

ר

רָאָה *Occurrences: 47*

ὁράω	*40*	*85%*
βλέπω	*4*	*9%*
δείκνυμι	*2*	*4%*
θεωρέω	*1*	*2%*

βλέπω	*4*	*9%*	
8:16	שֵׁנָה בְּעֵינָיו אֵינֶנּוּ רֹאֶה	ὕπνον ἐν ὀφθαλμοῖς αὐτοῦ οὐκ ἔστιν *βλέπων*	
11:4	וְרֹאֶה בֶעָבִים לֹא יִקְצוֹר	*καὶ βλέπων* ἐν ταῖς νεφέλαις οὐ θερίσει	
11:7	לִרְאוֹת אֶת־הַשָּׁמֶשׁ	*τοῦ βλέπειν* σὺν τὸν ἥλιον	
12:3	וְחָשְׁכוּ הָרֹאוֹת בָּאֲרֻבּוֹת	καὶ σκοτάσουσιν *αἱ βλέπουσαι* ἐν ταῖς ὀπαῖς	
δείκνυμι	*2*	*4%*	
2:24	שֶׁיֹּאכַל וְשָׁתָה וְהֶרְאָה אֶת־נַפְשׁוֹ	ὃ φάγεται καὶ ὃ πίεται *καὶ ὃ δείξει* τῇ ψυχῇ αὐτοῦ	
3:18	לְבָרָם הָאֱלֹהִים וְלִרְאוֹת	ὅτι διακρινεῖ αὐτοὺς ὁ θεός *καὶ τοῦ δεῖξαι*	=v
θεωρέω	*1*	*2%*	
7:11	וְיֹתֵר לְרֹאֵי הַשָּׁמֶשׁ	καὶ περισσεία *τοῖς θεωροῦσιν* τὸν ἥλιον	
ὁράω	*40*	*85%*	
1:8	לֹא־תִשְׂבַּע עַיִן לִרְאוֹת	καὶ οὐκ ἐμπλησθήσεται ὀφθαλμὸς *τοῦ ὁρᾶν*	
1:10	יֵשׁ דָּבָר שֶׁיֹּאמַר רְאֵה־זֶה חָדָשׁ הוּא	ὃς λαλήσει καὶ ἐρεῖ *ἰδὲ* τοῦτο καινόν ἐστιν	
1:14	רָאִיתִי אֶת־כָּל־הַמַּעֲשִׂים שֶׁנַּעֲשׂוּ	*εἶδον* σὺν πάντα τὰ ποιήματα τὰ πεποιημένα	
1:16	וְלִבִּי רָאָה הַרְבֵּה חָכְמָה וָדָעַת	καὶ καρδία μου *εἶδεν* πολλά σοφίαν καὶ γνῶσιν	
2:1	אֲנַסְּכָה בְשִׂמְחָה וּרְאֵה בְטוֹב	πειράσω σε ἐν εὐφροσύνῃ *καὶ ἰδὲ* ἐν ἀγαθῷ	
2:3	עַד אֲשֶׁר־אֶרְאֶה אֵי־זֶה טוֹב	ἕως οὗ *ἴδω* ποῖον τὸ ἀγαθὸν	
2:12	וּפָנִיתִי אֲנִי לִרְאוֹת חָכְמָה	καὶ ἐπέβλεψα ἐγὼ *τοῦ ἰδεῖν* σοφίαν	
2:13	וְרָאִיתִי אָנִי שֶׁיֵּשׁ יִתְרוֹן לַחָכְמָה	*καὶ εἶδον* ἐγὼ ὅτι ἔστιν περισσεία τῇ σοφίᾳ	
2:24	גַּם־זֹה רָאִיתִי אָנִי	καί γε τοῦτο *εἶδον* ἐγὼ	
3:10	רָאִיתִי אֶת־הָעִנְיָן אֲשֶׁר נָתַן אֱלֹהִים	*εἶδον* σὺν τὸν περισπασμόν ὃν ἔδωκεν ὁ θεὸς	
3:13	וְרָאָה טוֹב בְּכָל־עֲמָלוֹ	*καὶ ἴδῃ* ἀγαθὸν ἐν παντὶ μόχθῳ αὐτοῦ	
3:16	וְעוֹד רָאִיתִי תַּחַת הַשָּׁמֶשׁ	καὶ ἔτι *εἶδον* ὑπὸ τὸν ἥλιον	
3:22	וְרָאִיתִי כִּי אֵין טוֹב	*καὶ εἶδον* ὅτι οὐκ ἔστιν ἀγαθὸν	
3:22	כִּי מִי יְבִיאֶנּוּ לִרְאוֹת בְּמֶה שֶׁיִּהְיֶה	ὅτι τίς ἄξει αὐτὸν *τοῦ ἰδεῖν* ἐν ᾧ ἐὰν γένηται	
4:1	וְשַׁבְתִּי אֲנִי וָאֶרְאֶה	καὶ ἐπέστρεψα ἐγὼ *καὶ εἶδον*	
4:3	אֲשֶׁר לֹא־רָאָה אֶת־הַמַּעֲשֶׂה הָרָע	ὃς οὐκ *εἶδεν* σὺν τὸ ποίημα τὸ πονηρὸν	
4:4	וְרָאִיתִי אֲנִי אֶת־כָּל־עָמָל	*καὶ εἶδον* ἐγὼ σὺν πάντα τὸν μόχθον	
4:7	וְשַׁבְתִּי אֲנִי וָאֶרְאֶה הֶבֶל	καὶ ἐπέστρεψα ἐγὼ *καὶ εἶδον* ματαιότητα	
4:15	רָאִיתִי אֶת־כָּל־הַחַיִּים הַמְהַלְּכִים	*εἶδον* σὺν πάντας τοὺς ζῶντας τοὺς περιπατοῦντας	
5:7	וְגֵזֶל מִשְׁפָּט וָצֶדֶק תִּרְאֶה בַמְּדִינָה	καὶ ἁρπαγὴν κρίματος καὶ δικαιοσύνης *ἴδῃς* ἐν χώρᾳ	
5:12	יֵשׁ רָעָה חוֹלָה רָאִיתִי תַּחַת הַשָּׁמֶשׁ	ἔστιν ἀρρωστία *ἣν εἶδον* ὑπὸ τὸν ἥλιον	
5:17	הִנֵּה אֲשֶׁר־רָאִיתִי אָנִי טוֹב אֲשֶׁר־יָפֶה	ἰδοὺ ὃ *εἶδον* ἐγὼ ἀγαθόν ὅ ἐστιν καλόν	
5:17	לֶאֱכוֹל־וְלִשְׁתּוֹת וְלִרְאוֹת	τοῦ φαγεῖν καὶ τοῦ πιεῖν *καὶ τοῦ ἰδεῖν*	
6:1	יֵשׁ רָעָה אֲשֶׁר רָאִיתִי תַּחַת הַשָּׁמֶשׁ	ἔστιν πονηρία ἣν *εἶδον* ὑπὸ τὸν ἥλιον	
6:5	גַּם־שֶׁמֶשׁ לֹא־רָאָה וְלֹא יָדָע	καί γε ἥλιον οὐκ *εἶδεν* καὶ οὐκ ἔγνω	
6:6	וְטוֹבָה לֹא רָאָה	καὶ ἀγαθωσύνην οὐκ *εἶδεν*	
7:13	רְאֵה אֶת־מַעֲשֵׂה הָאֱלֹהִים	*ἰδὲ* τὰ ποιήματα τοῦ θεοῦ	
7:14	וּבְיוֹם רָעָה רְאֵה	καὶ ἐν ἡμέρᾳ κακίας *ἰδέ*	
7:15	אֶת־הַכֹּל רָאִיתִי בִּימֵי הֶבְלִי	σὺν τὰ πάντα *εἶδον* ἐν ἡμέραις ματαιότητός μου	
7:27	רְאֵה זֶה מָצָאתִי אָמְרָה קֹהֶלֶת	*ἰδὲ* τοῦτο εὗρον εἶπεν ὁ ἐκκλησιαστής	
7:29	לְבַד רְאֵה־זֶה מָצָאתִי	πλὴν *ἰδὲ* τοῦτο εὗρον	
8:9	אֶת־כָּל־זֶה רָאִיתִי	καὶ σὺν πᾶν τοῦτο *εἶδον*	
8:10	וּבְכֵן רָאִיתִי רְשָׁעִים קְבֻרִים וָבָאוּ	καὶ τότε *εἶδον* ἀσεβεῖς εἰς τάφους εἰσαχθέντας	
8:16	וְלִרְאוֹת אֶת־הָעִנְיָן אֲשֶׁר נַעֲשָׂה	*καὶ τοῦ ἰδεῖν* τὸν περισπασμὸν τὸν πεποιημένον	
8:17	וְרָאִיתִי אֶת־כָּל־מַעֲשֵׂה הָאֱלֹהִים	*καὶ εἶδον* σὺν πάντα τὰ ποιήματα τοῦ θεοῦ	
9:9	רְאֵה חַיִּים עִם־אִשָּׁה אֲשֶׁר־אָהַבְתָּ	*ἰδὲ* ζωὴν μετὰ γυναικός ἧς ἠγάπησας	

9:11	שַׁבְתִּי וְרָאֹה תַחַת־הַשֶּׁמֶשׁ	ἐπέστρεψα *καὶ εἶδον* ὑπὸ τὸν ἥλιον		
9:13	גַּם־זֹה רָאִיתִי חָכְמָה תַּחַת הַשָּׁמֶשׁ	καί γε τοῦτο *εἶδον* σοφίαν ὑπὸ τὸν ἥλιον		
10:5	יֵשׁ רָעָה רָאִיתִי תַּחַת הַשָּׁמֶשׁ כִּשְׁגָגָה	ἔστιν πονηρία ἣν *εἶδον* ὑπὸ τὸν ἥλιον ὡς ἀκούσιον		
10:7	רָאִיתִי עֲבָדִים עַל־סוּסִים	*εἶδον* δούλους ἐφ' ἵππους		
[12:5]	גַּם מִגָּבֹהַּ יִרָאוּ וְחַתְחַתִּים בַּדֶּרֶךְ	καί γε ἀπὸ ὕψους *ὄψονται* καὶ θάμβοι ἐν τῇ ὁδῷ	=@=v	ראה

רְאוּת *Occurrences: 1*

ὁράω	*1*	*100%*	
5:10	כִּי אִם־*רְאִית **רְאוּת עֵינָיו	ὅτι ἀλλ' ἢ *τοῦ ὁρᾶν* ὀφθαλμοῖς αὐτοῦ	**

רְאִית *Occurrences: 1*

ὁράω	*1*	*100%*	
5:10	כִּי אִם־*רְאִית **רְאוּת עֵינָיו	ὅτι ἀλλ' ἢ *τοῦ ὁρᾶν* ὀφθαλμοῖς αὐτοῦ	**

רֹאשׁ *Occurrences: 3*

κεφαλή	*2*	*67%*
ἀρχή	*1*	*33%*

ἀρχή	*1*	*33%*
3:11	אֲשֶׁר־עָשָׂה הָאֱלֹהִים מֵרֹאשׁ וְעַד־סוֹף	ὃ ἐποίησεν ὁ θεός *ἀπ' ἀρχῆς* καὶ μέχρι τέλους
κεφαλή	*2*	*67%*
2:14	הֶחָכָם עֵינָיו בְּרֹאשׁוֹ	τοῦ σοφοῦ οἱ ὀφθαλμοὶ αὐτοῦ *ἐν κεφαλῇ αὐτοῦ*
9:8	וְשֶׁמֶן עַל־רֹאשְׁךָ אַל־יֶחְסָר	καὶ ἔλαιον ἐπὶ *κεφαλήν σου* μὴ ὑστερησάτω

רִאשׁוֹן *Occurrences: 2*

πρότερος	*1*	*50%*
πρῶτος	*1*	*50%*

πρότερος	*1*	*50%*
7:10	שֶׁהַיָּמִים הָרִאשֹׁנִים הָיוּ טוֹבִים מֵאֵלֶּה	ὅτι αἱ ἡμέραι *αἱ πρότεραι* ἦσαν ἀγαθαὶ ὑπὲρ ταύτας
πρῶτος	*1*	*50%*
1:11	אֵין זִכְרוֹן לָרִאשֹׁנִים	οὐκ ἔστιν μνήμη *τοῖς πρώτοις*

רֵאשִׁית *Occurrences: 1*

ἀρχή	*1*	*100%*
7:8	טוֹב אַחֲרִית דָּבָר מֵרֵאשִׁיתוֹ	ἀγαθὴ ἐσχάτη λόγων *ὑπὲρ ἀρχὴν αὐτοῦ*

רַב *Occurrences: 8*

πολύς	*5*	*56%*
μέγας	*2*	*22%*
πλῆθος	*1*	*11%*
פַּעַם + רַב	*1*	
πλειστάκις	*1*	*11%*

μέγας	*2*	*22%*	
2:21	גַּם־זֶה הֶבֶל וְרָעָה רַבָּה	καί γε τοῦτο ματαιότης καὶ πονηρία *μεγάλη*	
10:6	נִתַּן הַסֶּכֶל בַּמְּרוֹמִים רַבִּים	ἐδόθη ὁ ἄφρων ἐν ὕψεσι *μεγάλοις*	
πλῆθος	*1*	*11%*	
6:3	וְרַב שֶׁיִּהְיוּ יְמֵי־שָׁנָיו	*καὶ πλῆθος* ὅ τι ἔσονται ἡμέραι ἐτῶν αὐτοῦ	
πολύς	*5*	*56%*	
6:1	וְרַבָּה הִיא עַל־הָאָדָם	*καὶ πολλή* ἐστιν ἐπὶ τὸν ἄνθρωπον	
6:3	אִם־יוֹלִיד אִישׁ מֵאָה וְשָׁנִים רַבּוֹת יִחְיֶה	ἐὰν γεννήσῃ ἀνὴρ ἑκατὸν καὶ ἔτη *πολλὰ* ζήσεται	
7:22	כִּי גַּם־פְּעָמִים רַבּוֹת יָדַע לִבֶּךָ	καὶ καθόδους *πολλὰς* κακώσει καρδίαν σου	=d
7:29	וְהֵמָּה בִקְשׁוּ חִשְּׁבֹנוֹת רַבִּים	καὶ αὐτοὶ ἐζήτησαν λογισμοὺς *πολλούς*	
8:6	כִּי־רָעַת הָאָדָם רַבָּה עָלָיו	ὅτι γνῶσις τοῦ ἀνθρώπου *πολλὴ* ἐπ ὑτόν	

פַּעַם + רַב — *1*

πλειστάκις		*1*	*11%*	
7:22	כִּי גַם־פְּעָמִים רַבּוֹת יָדַע לִבֶּךָ		ὅτι *πλειστάκις* πονηρεύσεταί σε	=d

רֹב — *Occurrences: 6*

πλῆθος		*6*	*100%*
1:18	כִּי בְּרֹב חָכְמָה רָב־כָּעַס		ὅτι *ἐν πλήθει* σοφίας πλῆθος γνώσεως
1:18	כִּי בְּרֹב חָכְמָה רָב־כָּעַס		ὅτι ἐν πλήθει σοφίας *πλῆθος* γνώσεως
5:2	כִּי בָּא הַחֲלוֹם בְּרֹב עִנְיָן		ὅτι παραγίνεται ἐνύπνιον *ἐν πλήθει* περισπασμοῦ
5:2	וְקוֹל כְּסִיל בְּרֹב דְּבָרִים		καὶ φωνὴ ἄφρονος *ἐν πλήθει* λόγων
5:6	כִּי בְרֹב חֲלֹמוֹת וַהֲבָלִים		ὅτι *ἐν πλήθει* ἐνυπνίων καὶ ματαιότητες
11:1	כִּי־בְרֹב הַיָּמִים תִּמְצָאֶנּוּ		ὅτι *ἐν πλήθει* τῶν ἡμερῶν εὑρήσεις αὐτόν

רָבַב — *Occurrences: 1*

πληθύνω		*1*	*100%*
5:10	רַבּוּ אוֹכְלֶיהָ		*ἐπληθύνθησαν* ἔσθοντες αὐτήν

רָבָה — *Occurrences: 3*

πληθύνω	*2*	*67%*
πλῆθος	*1*	*33%*

πλῆθος		*1*	*33%*
5:10	בִּרְבוֹת הַטּוֹבָה		*ἐν πλήθει* τῆς ἀγαθωσύνης
πληθύνω		*2*	*67%*
6:11	כִּי יֵשׁ־דְּבָרִים הַרְבֵּה מַרְבִּים הָבֶל		ὅτι εἰσὶν λόγοι πολλοὶ *πληθύνοντες* ματαιότητα
10:14	וְהַסָּכָל יַרְבֶּה דְבָרִים		καὶ ὁ ἄφρων *πληθύνει* λόγους

רֶגֶל — *Occurrences: 1*

πούς		*1*	*100%*	
	שְׁמֹר *דגליך **רַגְלְךָ כַּאֲשֶׁר תֵּלֵךְ אֶל־בֵּית4:17		φύλαξον *πόδα* σου ἐν ᾧ ἐὰν πορεύῃ εἰς οἶκον	*

רָדַף — *Occurrences: 1*

διώκω		*1*	*100%*
3:15	וְהָאֱלֹהִים יְבַקֵּשׁ אֶת־נִרְדָּף		καὶ ὁ θεὸς ζητήσει *τὸν διωκόμενον*

רוּחַ — *Occurrences: 24*

πνεῦμα	*21*	*88%*
ἄνεμος	*2*	*8%*
אֶרֶךְ + רוּחַ	*1*	
μακρόθυμος	*1*	*4%*

ἄνεμος		*2*	*8%*
5:15	וּמַה־יִּתְרוֹן לוֹ שֶׁיַּעֲמֹל לָרוּחַ		καὶ τίς περισσεία αὐτῷ ᾗ μοχθεῖ *εἰς ἄνεμον*
11:4	שֹׁמֵר רוּחַ לֹא יִזְרָע		τηρῶν *ἄνεμον* οὐ σπερεῖ
πνεῦμα		*21*	*88%*
1:6	סוֹבֵב סֹבֵב הוֹלֵךְ הָרוּחַ		κυκλοῖ κυκλῶν πορεύεται *τὸ πνεῦμα*
1:6	וְעַל־סְבִיבֹתָיו שָׁב הָרוּחַ		καὶ ἐπὶ κύκλους αὐτοῦ ἐπιστρέφει *τὸ πνεῦμα*
1:14	הַכֹּל הֶבֶל וּרְעוּת רוּחַ		τὰ πάντα ματαιότης καὶ προαίρεσις *πνεύματος*
1:17	יָדַעְתִּי שֶׁגַּם־זֶה הוּא רַעְיוֹן רוּחַ		ἔγνων ὅτι καί γε τοῦτ' ἔστιν προαίρεσις *πνεύματος*
2:11	הַכֹּל הֶבֶל וּרְעוּת רוּחַ		τὰ πάντα ματαιότης καὶ προαίρεσις *πνεύματος*
2:17	כִּי־הַכֹּל הֶבֶל וּרְעוּת רוּחַ		ὅτι τὰ πάντα ματαιότης καὶ προαίρεσις *πνεύματος*
2:26	הֶבֶל וּרְעוּת רוּחַ		ματαιότης καὶ προαίρεσις *πνεύματος*
3:19	וְרוּחַ אֶחָד לַכֹּל		καὶ *πνεῦμα* ἓν τοῖς πᾶσιν
3:21	מִי יוֹדֵעַ רוּחַ בְּנֵי הָאָדָם		καὶ τίς οἶδεν *πνεῦμα* υἱῶν τοῦ ἀνθρώπου
3:21	וְרוּחַ הַבְּהֵמָה		καὶ *πνεῦμα* τοῦ κτήνους
4:4	גַּם־זֶה הֶבֶל וּרְעוּת רוּחַ		καί γε τοῦτο ματαιότης καὶ προαίρεσις *πνεύματος*

4:6	חָפְנַיִם עָמָל וּרְעוּת *רוּחַ*	δύο δρακῶν μόχθου καὶ προαιρέσεως *πνεύματος*		
4:16	גַּם־זֶה הֶבֶל וְרַעְיוֹן *רוּחַ*	καί γε τοῦτο ματαιότης καὶ προαίρεσις *πνεύματος*		
6:9	גַּם־זֶה הֶבֶל וּרְעוּת *רוּחַ*	καί γε τοῦτο ματαιότης καὶ προαίρεσις *πνεύματος*		
7:8	טוֹב אֶרֶךְ־רוּחַ *מִגְּבַהּ־רוּחַ*	ἀγαθὸν μακρόθυμος ὑπὲρ ὑψηλὸν *πνεύματι*		
7:9	אַל־תְּבַהֵל *בְּרוּחֲךָ* לִכְעוֹס	μὴ σπεύσῃς *ἐν πνεύματί σου* τοῦ θυμοῦσθαι		
8:8	אֵין אָדָם שַׁלִּיט *בָּרוּחַ*	οὐκ ἔστιν ἄνθρωπος ἐξουσιάζων *ἐν πνεύματι*		
8:8	לִכְלוֹא *אֶת־הָרוּחַ*	τοῦ κωλῦσαι σὺν *τὸ πνεῦμα*		
10:4	אִם־*רוּחַ* הַמּוֹשֵׁל תַּעֲלֶה עָלֶיךָ	ἐὰν *πνεῦμα* τοῦ ἐξουσιάζοντος ἀναβῇ ἐπὶ σέ		
11:5	כַּאֲשֶׁר אֵינְךָ יוֹדֵעַ מַה־דֶּרֶךְ *הָרוּחַ*	ἐν οἷς οὐκ ἔστιν γινώσκων τίς ἡ ὁδὸς *τοῦ πνεύματος*		
12:7	*וְהָרוּחַ* תָּשׁוּב אֶל־הָאֱלֹהִים	*καὶ τὸ πνεῦμα* ἐπιστρέψῃ πρὸς τὸν θεόν		

אֶרֶךְ + רוּחַ *1*

μακρόθυμος	*1*	*4%*		
7:8	טוֹב *אֶרֶךְ־רוּחַ* מִגְּבַהּ־רוּחַ	ἀγαθὸν *μακρόθυμος* ὑπὲρ ὑψηλὸν πνεύματι		

רָחוֹק *Occurrences: 2*

μακρός	*1*	*50%*
μακρύνω	*1*	*50%*

μακρός	*1*	*50%*		
7:24	*רָחוֹק* מַה־הָיָה וְעָמֹק עָמֹק מִי יִמְצָאֶנּוּ	*μακρὰν* ὑπὲρ ὃ ἦν καὶ βαθὺ βάθος τίς εὑρήσει αὐτό		
μακρύνω	*1*	*50%*		
7:23	אָמַרְתִּי אֶחְכָּמָה וְהִיא *רְחוֹקָה* מִמֶּנִּי	εἶπα σοφισθήσομαι [καὶ αὐτὴ *ἐμακρύνθη* ἀπ' ἐμοῦ]	[24]	

רָחַק *Occurrences: 2*

μακρύνω	*1*	*50%*
τρέπω/ἀνα	*1*	*50%*

μακρύνω	*1*	*50%*		
3:5	עֵת לַחֲבוֹק וְעֵת *לִרְחֹק*	καιρὸς τοῦ περιλαβεῖν καὶ καιρὸς *τοῦ μακρυνθῆναι*		
τρέπω/ἀνα	*1*	*50%*		
12:6	עַד אֲשֶׁר לֹא־*ירחק* **יֵרָתֵק חֶבֶל הַכֶּסֶף	ἕως ὅτου μὴ *ἀνατραπῇ* σχοινίον τοῦ ἀργυρίου	=@	נתק

רִיק *Occurrences: 1*

χέω/ἐκ	*1*	*100%*		
11:3	עַל־הָאָרֶץ *יָרִיקוּ*	ἐπὶ τὴν γῆν *ἐκχέουσιν*		

רַע *Occurrences: 17*

πονηρός	*14*	*82%*
κακός	*2*	*12%*
κακόω	*1*	*6%*

κακός	*2*	*12%*		
4:17	כִּי־אֵינָם יוֹדְעִים לַעֲשׂוֹת *רָע*	ὅτι οὐκ εἰσιν εἰδότες τοῦ ποιῆσαι *κακόν*		
[9:2]	לַטּוֹב	τῷ ἀγαθῷ *καὶ τῷ κακῷ*	=	ולרע
9:12	כַּדָּגִים שֶׁנֶּאֱחָזִים בִּמְצוֹדָה *רָעָה*	ὡς οἱ ἰχθύες οἱ θηρευόμενοι ἐν ἀμφιβλήστρῳ *κακῷ*		
κακόω	*1*	*6%*		
8:9	הָאָדָם בְּאָדָם *לְרַע* לוֹ	ὁ ἄνθρωπος ἐν ἀνθρώπῳ *τοῦ κακῶσαι* αὐτόν	=v	
πονηρός	*14*	*82%*		
1:13	הוּא עִנְיַן *רָע* נָתַן אֱלֹהִים	ὅτι περισπασμὸν *πονηρὸν* ἔδωκεν ὁ θεὸς		
2:17	כִּי *רַע* עָלַי הַמַּעֲשֶׂה שֶׁנַּעֲשָׂה	ὅτι *πονηρὸν* ἐπ' ἐμὲ τὸ ποίημα τὸ πεποιημένον		
4:3	אֲשֶׁר לֹא־רָאָה אֶת־הַמַּעֲשֶׂה *הָרָע*	ὃς οὐκ εἶδεν σὺν τὸ ποίημα *τὸ πονηρὸν*		
4:8	גַּם־זֶה הֶבֶל וְעִנְיַן *רָע*	καί γε τοῦτο ματαιότης καὶ περισπασμὸς *πονηρός*		
5:13	הָעֹשֶׁר הַהוּא בְּעִנְיַן *רָע*	ὁ πλοῦτος ἐκεῖνος ἐν περισπασμῷ *πονηρῷ*		
6:2	זֶה הֶבֶל וָחֳלִי *רָע* הוּא	τοῦτο ματαιότης καὶ ἀρρωστία *πονηρά* ἐστιν		
8:3	אַל־תַּעֲמֹד בְּדָבָר *רָע*	μὴ στῇς ἐν λόγῳ *πονηρῷ*		
8:5	שׁוֹמֵר מִצְוָה לֹא יֵדַע דָּבָר *רָע*	ὁ φυλάσσων ἐντολὴν οὐ γνώσεται ῥῆμα *πονηρόν*		
8:11	מַעֲשֵׂה *הָרָעָה* מְהֵרָה	ἀπὸ τῶν ποιούντων *τὸ πονηρὸν* ταχύ		

8:12	אֲשֶׁר חֹטֶא עֹשֶׂה רָע מְאַת	ὃς ἥμαρτεν ἐποίησεν *τὸ πονηρὸν* ἀπὸ τότε
9:3	זֶה רָע בְּכֹל אֲשֶׁר־נַעֲשָׂה תַּחַת הַשֶּׁמֶשׁ	τοῦτο *πονηρὸν* ἐν παντὶ πεποιημένῳ ὑπὸ τὸν ἥλιον
9:3	וְגַם לֵב בְּנֵי־הָאָדָם מָלֵא־רָע	καί γε καρδία υἱῶν τοῦ ἀνθρώπου ἐπληρώθη *πονηροῦ*
10:13	וְאַחֲרִית פִּיהוּ הוֹלֵלוּת רָעָה	καὶ ἐσχάτη στόματος αὐτοῦ περιφέρεια *πονηρά*
12:14	אִם־טוֹב וְאִם־רָע	ἐὰν ἀγαθὸν καὶ ἐὰν *πονηρόν*

רֵעַ *Occurrences: 1*

ἑταῖρος	*1*	*100%*
4:4	כִּי הִיא קִנְאַת־אִישׁ מֵרֵעֵהוּ	ὅτι αὐτὸ ζῆλος ἀνδρὸς *ἀπὸ τοῦ ἑταίρου αὐτοῦ*

רֹעַ *Occurrences: 1*

κακία	*1*	*100%*
7:3	כִּי־בְרֹעַ פָּנִים יִיטַב לֵב	ὅτι *ἐν κακίᾳ* προσώπου ἀγαθυνθήσεται καρδία

רֹעֶה *Occurrences: 1*

ποιμήν	*1*	*100%*
12:11	נִתְּנוּ מֵרֹעֶה אֶחָד	ἐδόθησαν *ἐκ ποιμένος* ἑνὸς

רָעָה *Occurrences: 14*

κακία	*4*	*29%*
πονηρία	*4*	*29%*
πονηρός	*4*	*29%*
γνῶσις	*1*	*5%*
- - -	*1*	

- - -	*1*			
5:12	יֵשׁ רָעָה חוֹלָה רָאִיתִי תַּחַת הַשָּׁמֶשׁ	ἔστιν ἀρρωστία ἣν εἶδον ὑπὸ τὸν ἥλιον		
γνῶσις	*1*	*5%*		
8:6	כִּי־רָעַת הָאָדָם רַבָּה עָלָיו	ὅτι *γνῶσις* τοῦ ἀνθρώπου πολλὴ ἐπ' αὐτόν	=.rd	דעת
κακία	*4*	*29%*		
5:12	שָׁמוּר לִבְעָלָיו לְרָעָתוֹ	φυλασσόμενον τῷ παρ' αὐτοῦ *εἰς κακίαν αὐτοῦ*		
7:14	וּבְיוֹם רָעָה רְאֵה	καὶ ἐν ἡμέρᾳ *κακίας* ἰδέ		
7:15	וְיֵשׁ רָשָׁע מַאֲרִיךְ בְּרָעָתוֹ	καὶ ἔστιν ἀσεβὴς μένων *ἐν κακίᾳ αὐτοῦ*		
12:1	עַד לֹא־יָבֹאוּ יְמֵי הָרָעָה	ἕως ὅτου μὴ ἔλθωσιν ἡμέραι *τῆς κακίας*		
πονηρία	*4*	*29%*		
2:21	גַּם־זֶה הֶבֶל וְרָעָה רַבָּה	καί γε τοῦτο ματαιότης *καὶ πονηρία* μεγάλη		
6:1	יֵשׁ רָעָה אֲשֶׁר רָאִיתִי תַּחַת הַשָּׁמֶשׁ	ἔστιν *πονηρία* ἣν εἶδον ὑπὸ τὸν ἥλιον		
10:5	יֵשׁ רָעָה רָאִיתִי תַּחַת הַשָּׁמֶשׁ כִּשְׁגָגָה	ἔστιν *πονηρία* ἣν εἶδον ὑπὸ τὸν ἥλιον ὡς ἀκούσιον		
11:10	וְהַעֲבֵר רָעָה מִבְּשָׂרֶךָ	καὶ παράγαγε *πονηρίαν* ἀπὸ σαρκός σου		
πονηρός	*4*	*29%*		
5:15	וְגַם־זֹה רָעָה חוֹלָה	καί γε τοῦτο *πονηρὰ* ἀρρωστία		
8:11	מַעֲשֵׂה הָרָעָה מְהֵרָה	ἀπὸ τῶν ποιούντων *τὸ πονηρὸν* ταχύ		
9:12	בְּנֵי הָאָדָם לְעֵת רָעָה	οἱ υἱοὶ τοῦ ἀνθρώπου εἰς καιρὸν *πονηρόν*		
11:2	כִּי לֹא תֵדַע מַה־יִּהְיֶה רָעָה עַל־הָאָרֶץ	ὅτι οὐ γινώσκεις τί ἔσται *πονηρὸν* ἐπὶ τὴν γῆν		

רְעוּת *Occurrences: 7*

προαίρεσις	*7*	*100%*
1:14	הַכֹּל הֶבֶל וּרְעוּת רוּחַ	τὰ πάντα ματαιότης *καὶ προαίρεσις* πνεύματος
2:11	הַכֹּל הֶבֶל וּרְעוּת רוּחַ	τὰ πάντα ματαιότης *καὶ προαίρεσις* πνεύματος
2:17	כִּי־הַכֹּל הֶבֶל וּרְעוּת רוּחַ	ὅτι τὰ πάντα ματαιότης *καὶ προαίρεσις* πνεύματος
2:26	הֶבֶל וּרְעוּת רוּחַ	ματαιότης *καὶ προαίρεσις* πνεύματος
4:4	גַּם־זֶה הֶבֶל וּרְעוּת רוּחַ	καί γε τοῦτο ματαιότης *καὶ προαίρεσις* πνεύματος
4:6	חָפְנַיִם עָמָל וּרְעוּת רוּחַ	δύο δρακῶν μόχθου *καὶ προαιρέσεως* πνεύματος
6:9	גַּם־זֶה הֶבֶל וּרְעוּת רוּחַ	καί γε τοῦτο ματαιότης *καὶ προαίρεσις* πνεύματος

רַעְיוֹן *Occurrences: 3*

προαίρεσις	*3*	*100%*	
1:17	יָדַעְתִּי שֶׁגַּם־זֶה הוּא רַעְיוֹן רוּחַ	ἔγνων ὅτι καί γε τοῦτ' ἔστιν *προαίρεσις* πνεύματος	
2:22	וּבְרַעְיוֹן לִבּוֹ	καὶ ἐν *προαιρέσει* καρδίας αὐτοῦ	
4:16	גַּם־זֶה הֶבֶל וְרַעְיוֹן רוּחַ	καί γε τοῦτο ματαιότης καὶ *προαίρεσις* πνεύματος	

[רָעַע]

κακόω	*1*
πονηρεύομαι	*1*

κακόω	*1*			
[7:22]	כִּי גַּם־פְּעָמִים רַבּוֹת יָדַע לִבֶּךָ	καὶ καθόδους πολλὰς *κακώσει* καρδίαν σου	=d=.dr	ירע
πονηρεύομαι	*1*			
[7:22]	כִּי גַּם־פְּעָמִים רַבּוֹת יָדַע לִבֶּךָ	ὅτι πλειστάκις *πονηρεύσεταί* σε	=d=.dr	ירע

רָפָא *Occurrences: 1*

ἰάομαι	*1*	*100%*
3:3	עֵת לַהֲרוֹג וְעֵת לִרְפּוֹא	καιρὸς τοῦ ἀποκτεῖναι καὶ καιρὸς τοῦ *ἰάσασθαι*

רָצָה *Occurrences: 1*

εὐδοκέω	*1*	*100%*
9:7	כִּי כְבָר רָצָה הָאֱלֹהִים אֶת־מַעֲשֶׂיךָ	ὅτι ἤδη *εὐδόκησεν* ὁ θεὸς τὰ ποιήματά σου

רָצַץ *Occurrences: 2*

θλίβω/συν	*1*	*50%*
τροχάζω/συν	*1*	*50%*

θλίβω/συν	*1*	*50%*
12:6	וְתָרֻץ גֻּלַּת הַזָּהָב	καὶ *συνθλιβῇ* ἀνθέμιον τοῦ χρυσίου
τροχάζω/συν	*1*	*50%*
12:6	וְנָרֹץ הַגַּלְגַּל אֶל־הַבּוֹר	καὶ *συντροχάσῃ* ὁ τροχὸς ἐπὶ τὸν λάκκον

רָקַד *Occurrences: 1*

ὀρχέομαι	*1*	*100%*
3:4	עֵת סְפוֹד וְעֵת רְקוֹד	καιρὸς τοῦ κόψασθαι καὶ καιρὸς τοῦ *ὀρχήσασθαι*

רָקַח *Occurrences: 1*

ἥδυσμα	*1*	*100%*	
10:1	יַבְאִישׁ יַבִּיעַ שֶׁמֶן רוֹקֵחַ	σαπριοῦσιν σκευασίαν ἐλαίου *ἡδύσματος*	=v

רָשׁ *Occurrences: 2*

πένης	*2*	*100%*
4:14	כִּי גַּם בְּמַלְכוּתוֹ נוֹלַד רָשׁ	ὅτι καί γε ἐν βασιλείᾳ αὐτοῦ ἐγεννήθη *πένης*
5:7	אִם־עֹשֶׁק רָשׁ וְגֵזֶל מִשְׁפָּט	ἐὰν συκοφαντίαν *πένητος* καὶ ἁρπαγὴν κρίματος

רָשַׁע *Occurrences: 1*

ἀσεβέω	*1*	*100%*
7:17	אַל־תִּרְשַׁע הַרְבֵּה וְאַל־תְּהִי סָכָל	μὴ *ἀσεβήσῃς* πολὺ καὶ μὴ γίνου σκληρός

רֶשַׁע *Occurrences: 4*

ἀσεβής	*3*	*75%*
ἀσέβεια	*1*	*25%*

ἀσέβεια	*1*	*25%*	
8:8	וְלֹא־יְמַלֵּט *רֶשַׁע* אֶת־בְּעָלָיו	καὶ οὐ διασώσει *ἀσέβεια* τὸν παρ' αὐτῆς	
ἀσεβής	*3*	*75%*	
3:16	מְקוֹם הַמִּשְׁפָּט שָׁמָּה *הָרֶשַׁע*	τόπον τῆς κρίσεως ἐκεῖ *ὁ ἀσεβής*	=v
3:16	וּמְקוֹם הַצֶּדֶק שָׁמָּה *הָרֶשַׁע*	καὶ τόπον τοῦ δικαίου ἐκεῖ *ὁ ἀσεβής*	=v
7:25	וְלָדַעַת *רֶשַׁע* כֶּסֶל	καὶ τοῦ γνῶναι *ἀσεβοῦς* ἀφροσύνην	=v

רָשָׁע *Occurrences: 7*

ἀσεβής	*7*	*100%*
3:17	אֶת־הַצַּדִּיק *וְאֶת־הָרָשָׁע* יִשְׁפֹּט הָאֱלֹהִים	σὺν τὸν δίκαιον καὶ σὺν *τὸν ἀσεβῆ* κρινεῖ ὁ θεός
7:15	וְיֵשׁ *רָשָׁע* מַאֲרִיךְ בְּרָעָתוֹ	καὶ ἔστιν *ἀσεβὴς* μένων ἐν κακίᾳ αὐτοῦ
8:10	וּבְכֵן רָאִיתִי *רְשָׁעִים* קְבֻרִים וָבָאוּ	καὶ τότε εἶδον *ἀσεβεῖς* εἰς τάφους εἰσαχθέντας
8:13	וְטוֹב לֹא־יִהְיֶה *לָרָשָׁע*	καὶ ἀγαθὸν οὐκ ἔσται *τῷ ἀσεβεῖ*
8:14	אֲשֶׁר מַגִּיעַ אֲלֵהֶם כְּמַעֲשֵׂה *הָרְשָׁעִים*	ὅτι φθάνει πρὸς αὐτοὺς ὡς ποίημα *τῶν ἀσεβῶν*
8:14	וְיֵשׁ *רְשָׁעִים* שֶׁמַּגִּיעַ אֲלֵהֶם	καὶ εἰσὶν *ἀσεβεῖς* ὅτι φθάνει πρὸς αὐτοὺς
9:2	מִקְרֶה אֶחָד לַצַּדִּיק *וְלָרָשָׁע*	συνάντημα ἓν τῷ δικαίῳ *καὶ τῷ ἀσεβεῖ*

רָתַק *Occurrences: 1*

τρέπω/ἀνα	*1*	*100%*		
12:6	עַד אֲשֶׁר לֹא־*ירחק **יֵרָתֵק* חֶבֶל הַכֶּסֶף	ἕως ὅτου μὴ *ἀνατραπῇ* σχοινίον τοῦ ἀργυρίου	=@	נתק

שׂ

שָׂבַע *Occurrences: 4*

πίμπλημι/ἐν	*3*	*75%*
πίμπλημι	*1*	*25%*

πίμπλημι	*1*	*25%*
5:9	אֹהֵב כֶּסֶף לֹא־*יִשְׂבַּע* כֶּסֶף	ἀγαπῶν ἀργύριον οὐ *πλησθήσεται* ἀργυρίου
πίμπλημι/ἐν	*3*	*75%*
1:8	לֹא־*תִשְׂבַּע* עַיִן לִרְאוֹת	καὶ οὐκ *ἐμπλησθήσεται* ὀφθαλμὸς τοῦ ὁρᾶν
4:8	גַּם־*עינו **עֵינוֹ לֹא־*תִשְׂבַּע* עֹשֶׁר	καί γε ὀφθαλμὸς αὐτοῦ οὐκ *ἐμπίπλαται* πλούτου
6:3	וְנַפְשׁוֹ לֹא־*תִשְׂבַּע*	καὶ ψυχὴ αὐτοῦ οὐκ *ἐμπλησθήσεται*

שָׂבָע *Occurrences: 1*

πίμπλημι/ἐν	*1*	*100%*
5:11	וְ*הַשָּׂבָע* לֶעָשִׁיר	*καὶ τῷ ἐμπλησθέντι* τοῦ πλουτῆσαι

שָׂדֶה *Occurrences: 1*

ἀγρός	*1*	*100%*
5:8	מֶלֶךְ *לְשָׂדֶה* נֶעֱבָד	βασιλεὺς *τοῦ ἀγροῦ* εἰργασμένου

שְׂחוֹק *Occurrences: 4*

γέλως	*4*	*100%*
2:2	*לִשְׂחוֹק* אָמַרְתִּי מְהוֹלָל	*τῷ γέλωτι* εἶπα περιφορὰν {c παραφορὰν}
7:3	טוֹב כַּעַס *מִשְּׂחֹק*	ἀγαθὸν θυμὸς *ὑπὲρ γέλωτα*
7:6	כֵּן *שְׂחֹק* הַכְּסִיל וְגַם־זֶה הָבֶל	οὕτως *γέλως* τῶν ἀφρόνων καί γε τοῦτο ματαιότης
10:19	*לִשְׂחוֹק* עֹשִׂים לֶחֶם	*εἰς γέλωτα* ποιοῦσιν ἄρτον

שָׂחַק *Occurrences: 1*

γελάω	*1*	*100%*
3:4	עֵת לִבְכּוֹת וְעֵת *לִשְׂחוֹק*	καιρὸς τοῦ κλαῦσαι καὶ καιρὸς *τοῦ γελάσαι*

שָׂכָר *Occurrences: 2*

μισθός	*2*	*100%*
4:9	אֲשֶׁר יֵשׁ־לָהֶם *שָׂכָר* טוֹב בַּעֲמָלָם	οἷς ἔστιν αὐτοῖς *μισθὸς* ἀγαθὸς ἐν μόχθῳ αὐτῶν
9:5	וְאֵין־עוֹד לָהֶם *שָׂכָר*	καὶ οὐκ ἔστιν αὐτοῖς ἔτι *μισθός*

שְׂמֹאל *Occurrences: 1*

ἀριστερός	*1*	*100%*
10:2	וְלֵב כְּסִיל *לִשְׂמֹאלוֹ*	καὶ καρδία ἄφρονος *εἰς ἀριστερὸν* αὐτοῦ

שָׂמַח *Occurrences: 8*

εὐφραίνω	*8*	*100%*
3:12	כִּי אִם־*לִשְׂמוֹחַ* וְלַעֲשׂוֹת טוֹב	εἰ μὴ *τοῦ εὐφρανθῆναι* καὶ τοῦ ποιεῖν ἀγαθὸν
3:22	מֵאֲשֶׁר *יִשְׂמַח* הָאָדָם	εἰ μὴ ὃ *εὐφρανθήσεται* ὁ ἄνθρωπος
4:16	גַּם הָאַחֲרוֹנִים לֹא *יִשְׂמְחוּ*־בוֹ	καί γε οἱ ἔσχατοι οὐκ *εὐφρανθήσονται* ἐν αὐτῷ
5:18	וְ*לִשְׂמֹחַ* בַּעֲמָלוֹ	*καὶ τοῦ εὐφρανθῆναι* ἐν μόχθῳ αὐτοῦ
8:15	לֶאֱכוֹל וְלִשְׁתּוֹת *וְלִשְׂמוֹחַ*	τοῦ φαγεῖν καὶ τοῦ πιεῖν *καὶ τοῦ εὐφρανθῆναι*
10:19	וְיַיִן *יְשַׂמַּח* חַיִּים	καὶ οἶνος *εὐφραίνει* ζῶντας
11:8	בְּכֻלָּם *יִשְׂמָח*	ἐν πᾶσιν αὐτοῖς *εὐφρανθήσεται*
11:9	*שְׂמַח* בָּחוּר בְּיַלְדוּתֶיךָ	*εὐφραίνου* νεανίσκε ἐν νεότητί σου

שָׂמֵחַ *Occurrences: 1*

εὐφραίνω	*1*	*100%*	
2:10	כִּי־לִבִּי *שָׂמֵחַ* מִכָּל־עֲמָלִי	ὅτι καρδία μου *εὐφράνθη* ἐν παντὶ μόχθῳ μου	

שִׂמְחָה *Occurrences: 8*

εὐφροσύνη	*8*	*100%*	
2:1	אֲנַסְּכָה *בְשִׂמְחָה* וּרְאֵה בְטוֹב	πειράσω σε ἐν *εὐφροσύνῃ* καὶ ἰδὲ ἐν ἀγαθῷ	
2:2	*וּלְשִׂמְחָה* מַה־זֹּה עֹשָׂה	καὶ *τῇ εὐφροσύνῃ* τί τοῦτο ποιεῖς	
2:10	אֶת־לִבִּי מִכָּל־*שִׂמְחָה*	τὴν καρδίαν μου ἀπὸ πάσης *εὐφροσύνης*	
2:26	נָתַן חָכְמָה וְדַעַת *וְשִׂמְחָה*	ἔδωκεν σοφίαν καὶ γνῶσιν *καὶ εὐφροσύνην*	
5:19	מַעֲנֶה *בְּשִׂמְחַת* לִבּוֹ	περισπᾷ αὐτὸν *ἐν εὐφροσύνῃ* καρδίας αὐτοῦ	
7:4	וְלֵב כְּסִילִים בְּבֵית *שִׂמְחָה*	καὶ καρδία ἀφρόνων ἐν οἴκῳ *εὐφροσύνης*	
8:15	וְשִׁבַּחְתִּי אֲנִי *אֶת־הַשִּׂמְחָה*	καὶ ἐπῄνεσα ἐγὼ σὺν *τὴν εὐφροσύνην*	
9:7	לֵךְ אֱכֹל *בְּשִׂמְחָה* לַחְמֶךָ	δεῦρο φάγε *ἐν εὐφροσύνῃ* ἄρτον σου	

שָׂנֵא *Occurrences: 3*

μισέω	*3*	*100%*	
2:17	*וְשָׂנֵאתִי* אֶת־הַחַיִּים	*καὶ ἐμίσησα* σὺν τὴν ζωήν	
2:18	*וְשָׂנֵאתִי* אֲנִי אֶת־כָּל־עֲמָלִי	*καὶ ἐμίσησα* ἐγὼ σὺν πάντα μόχθον μου	
3:8	עֵת לֶאֱהֹב וְעֵת *לִשְׂנֹא*	καιρὸς τοῦ φιλῆσαι καὶ καιρὸς *τοῦ μισῆσαι*	
[8:1]	וְעֹז פָּנָיו *יְשֻׁנֶּא*	καὶ ἀναιδὴς προσώπῳ αὐτοῦ *μισηθήσεται*	=@=vs שׂנא

שִׂנְאָה *Occurrences: 2*

μῖσος	*2*	*100%*	
9:1	גַּם־אַהֲבָה גַם־*שִׂנְאָה* אֵין יוֹדֵעַ	καί γε ἀγάπην καί γε *μῖσος* οὐκ ἔστιν εἰδώς	
9:6	גַּם אַהֲבָתָם *גַּם־שִׂנְאָתָם*	καί γε ἀγάπη αὐτῶν καί γε *μῖσος αὐτῶν*	

שָׂפָה *Occurrences: 1*

χεῖλος	*1*	*100%*	
10:12	*וְשִׂפְתוֹת* כְּסִיל תְּבַלְּעֶנּוּ	*καὶ χείλη* ἄφρονος καταποντιοῦσιν αὐτόν	

שַׂר *Occurrences: 3*

ἄρχων	*3*	*100%*	
10:7	*וְשָׂרִים* הֹלְכִים כַּעֲבָדִים עַל־הָאָרֶץ	*καὶ ἄρχοντας* πορευομένους ὡς δούλους ἐπὶ τῆς γῆς	
10:16	*וְשָׂרַיִךְ* בַּבֹּקֶר יֹאכֵלוּ	*καὶ οἱ ἄρχοντές σου* ἐν πρωίᾳ ἐσθίουσιν	
10:17	*וְשָׂרַיִךְ* בָּעֵת יֹאכֵלוּ	*καὶ οἱ ἄρχοντές σου* πρὸς καιρὸν φάγονται	

שׁ

שֶׁ *Occurrences: 68*

ὅς	*20*	*29%*
ὁ	*18*	*26%*
ὅτι	*11*	*16%*
ἵνα	*3*	*4%*
ὅς + ἐάν	*2*	*3%*
ἐάν	*1*	*2%*
καί	*1*	*2%*
ὅς + τις	*1*	*2%*
ὅταν	*1*	*2%*
- - -	*1*	
כְּ + שֶׁ	*4*	
ὅταν	*2*	*3%*
ὡς	*2*	*3%*
מָה + שֶׁ	*2*	
ὁ	*1*	*2%*
εἰ + τις	*1*	*2%*
בְּ + שֶׁ	*1*	
καθότι	*1*	*2%*
[לְ + עֻמָּה + שֶׁ]	*1*	
ὥσπερ	*1*	
עֻמָּה + שׁ	*1*	
ὥσπερ	*1*	*2%*

- - -	*1*		
1:11	וְגַם לָאַחֲרֹנִים שֶׁיִּהְיוּ	καί γε τοῖς ἐσχάτοις *γενομένοις*	
ἐάν	*1*	*2%*	
3:22	כִּי מִי יְבִיאֶנּוּ לִרְאוֹת בְּמֶה *שֶׁיִּהְיֶה*	ὅτι τίς ἄξει αὐτὸν τοῦ ἰδεῖν *ἐν ᾧ ἐὰν γένηται*	
ἵνα	*3*	*4%*	
3:14	וְהָאֱלֹהִים עָשָׂה שֶׁיִּרְאוּ	καὶ ὁ θεὸς ἐποίησεν *ἵνα φοβηθῶσιν*	
5:14	שֶׁיֹּלֵךְ בְּיָדוֹ	*ἵνα πορευθῇ* ἐν χειρὶ αὐτοῦ	=v
7:14	שֶׁלֹּא יִמְצָא הָאָדָם אַחֲרָיו מְאוּמָה	*ἵνα μὴ* εὕρῃ ὁ ἄνθρωπος ὀπίσω αὐτοῦ μηδέν	
καί	*1*	*2%*	
1:10	יֵשׁ דָּבָר שֶׁיֹּאמַר רְאֵה־זֶה חָדָשׁ הוּא	ὃς λαλήσει *καὶ ἐρεῖ* ἰδὲ τοῦτο καινόν ἐστιν	
ὁ	*18*	*26%*	
1:9	מַה־*שֶּׁהָיָה* הוּא שֶׁיִּהְיֶה	τί τὸ *γεγονός* αὐτὸ τὸ γενησόμενον	
1:9	מַה־שֶּׁהָיָה הוּא *שֶׁיִּהְיֶה*	τί τὸ γεγονός αὐτὸ *τὸ γενησόμενον*	
1:9	וּמַה־*שֶּׁנַּעֲשָׂה* הוּא שֶׁיֵּעָשֶׂה	καὶ τί *τὸ πεποιημένον* αὐτὸ τὸ ποιηθησόμενον	
1:9	וּמַה־שֶּׁנַּעֲשָׂה הוּא *שֶׁיֵּעָשֶׂה*	καὶ τί τὸ πεποιημένον αὐτὸ *τὸ ποιηθησόμενον*	
1:11	עִם שֶׁיִּהְיוּ לָאַחֲרֹנָה	μετὰ *τῶν* γενησομένων εἰς τὴν ἐσχάτην	
1:14	רָאִיתִי אֶת־כָּל־הַמַּעֲשִׂים שֶׁנַּעֲשׂוּ	εἶδον σὺν πάντα τὰ ποιήματα *τὰ πεποιημένα*	
2:7	מִכֹּל שֶׁהָיוּ לְפָנַי	ὑπὲρ πάντας *τοὺς γενομένους* ἔμπροσθέν μου	
2:9	מִכֹּל *שֶׁהָיָה* לְפָנַי	παρὰ πάντας *τοὺς γενομένους* ἔμπροσθέν μου	
2:17	כִּי רַע עָלַי הַמַּעֲשֶׂה *שֶׁנַּעֲשָׂה*	ὅτι πονηρὸν ἐπ' ἐμὲ τὸ ποίημα *τὸ πεποιημένον*	
2:18	שֶׁאַנִּיחֶנּוּ לָאָדָם *שֶׁיִּהְיֶה* אַחֲרָי	ὅτι ἀφίω αὐτὸν τῷ ἀνθρώπῳ *τῷ γινομένῳ* μετ' ἐμέ	
2:26	כִּי לְאָדָם שֶׁטּוֹב לְפָנָיו	ὅτι τῷ ἀνθρώπῳ *τῷ ἀγαθῷ* πρὸ προσώπου αὐτοῦ	
4:2	שֶׁכְּבָר מֵתוּ מִן־הַחַיִּים	*τοὺς ἤδη* ἀποθανόντας ὑπὲρ τοὺς ζῶντας	
5:4	טוֹב אֲשֶׁר לֹא־תִדֹּר *מִשֶּׁתִּדּוֹר*	ἀγαθὸν τὸ μὴ εὔξασθαί σε *ἢ τὸ εὔξασθαί σε*	
6:10	וְלֹא־יוּכַל לָדִין עִם *שֶׁהתַּקִּיף **שֶׁתַּקִּיף*	καὶ οὐ δυνήσεται τοῦ κριθῆναι μετὰ *τοῦ ἰσχυροῦ*	
8:7	כִּי־אֵינֶנּוּ יֹדֵעַ *מַה־שֶּׁיִּהְיֶה*	ὅτι οὐκ ἔστιν γινώσκων τί *τὸ ἐσόμενον*	
9:12	כַּדָּגִים *שֶׁנֶּאֱחָזִים* בִּמְצוֹדָה רָעָה	ὡς οἱ ἰχθύες *οἱ θηρευόμενοι* ἐν ἀμφιβλήστρῳ κακῷ	
10:14	לֹא־יֵדַע הָאָדָם *מַה־שֶּׁיִּהְיֶה*	οὐκ ἔγνω ὁ ἄνθρωπος τί *τὸ γενόμενον*	
11:8	כִּי־הַרְבֵּה יִהְיוּ כָּל־שֶׁבָּא הָבֶל	ὅτι πολλαὶ ἔσονται πᾶν *τὸ ἐρχόμενον* ματαιότης	
ὅς	*20*	*29%*	
1:3	בְּכָל־עֲמָלוֹ שֶׁיַּעֲמֹל תַּחַת הַשָּׁמֶשׁ	ἐν παντὶ μόχθῳ αὐτοῦ *ᾧ μοχθεῖ* ὑπὸ τὸν ἥλιον	

1:7	אֶל־מְקוֹם *שֶׁהַנְּחָלִים* הֹלְכִים	εἰς τόπον *οὗ οἱ χείμαρροι* πορεύονται		
2:11	מַעֲשַׂי *שֶׁעָשׂוּ* יָדַי	ποιήμασίν μου *οἷς ἐποίησαν* αἱ χεῖρές μου		
2:11	וּבֶעָמָל *שֶׁעָמַלְתִּי* לַעֲשׂוֹת	καὶ ἐν μόχθῳ *ᾧ ἐμόχθησα* τοῦ ποιεῖν		
2:12	כִּי מֶה הָאָדָם *שֶׁיָּבוֹא*	ὅτι τίς ὁ ἄνθρωπος *ὃς ἐπελεύσεται*		
2:18	עֲמָלִי *שֶׁאֲנִי* עָמֵל תַּחַת הַשָּׁמֶשׁ	μόχθον μου *ὃν ἐγὼ* μοχθῶ ὑπὸ τὸν ἥλιον		
2:19	*שֶׁעָמַלְתִּי* וְשֶׁחָכַמְתִּי תַּחַת הַשָּׁמֶשׁ	*ᾧ ἐμόχθησα* καὶ ᾧ ἐσοφισάμην ὑπὸ τὸν ἥλιον		
2:19	שֶׁעָמַלְתִּי *וְשֶׁחָכַמְתִּי* תַּחַת הַשָּׁמֶשׁ	ᾧ ἐμόχθησα *καὶ ᾧ ἐσοφισάμην* ὑπὸ τὸν ἥλιον		
2:20	עַל כָּל־הֶעָמָל *שֶׁעָמַלְתִּי* תַּחַת הַשָּׁמֶשׁ	ἐπὶ παντὶ τῷ μόχθῳ *ᾧ ἐμόχθησα* ὑπὸ τὸν ἥλιον		
2:21	כִּי־יֵשׁ אָדָם *שֶׁעֲמָלוֹ* בְּחָכְמָה	ὅτι ἔστιν ἄνθρωπος *οὗ μόχθος αὐτοῦ* ἐν σοφίᾳ		
2:21	וּלְאָדָם *שֶׁלֹּא* עָמַל־בּוֹ	καὶ ἄνθρωπος *ὃς οὐκ* ἐμόχθησεν ἐν αὐτῷ		
2:22	*שֶׁהוּא* עָמֵל תַּחַת הַשָּׁמֶשׁ	*ᾧ αὐτὸς* μοχθεῖ ὑπὸ τὸν ἥλιον		
2:24	*שֶׁיֹּאכַל* וְשָׁתָה וְהֶרְאָה אֶת־נַפְשׁוֹ	*ὃ φάγεται* καὶ ὃ πίεται καὶ ὃ δείξει τῇ ψυχῇ αὐτοῦ		
3:13	וְגַם כָּל־הָאָדָם *שֶׁיֹּאכַל* וְשָׁתָה	καί γε πᾶς ὁ ἄνθρωπος *ὃς φάγεται* καὶ πίεται		
5:15	וּמַה־יִּתְרוֹן לוֹ *שֶׁיַּעֲמֹל* לָרוּחַ	καὶ τίς περισσεία αὐτῷ *ᾗ μοχθεῖ* εἰς ἄνεμον		
7:24	רָחוֹק *מַה־שֶּׁהָיָה* וְעָמֹק עָמֹק מִי יִמְצָאֶנּוּ	μακρὰν ὑπὲρ *ὃ ἦν* καὶ βαθὺ βάθος τίς εὑρήσει αὐτό	=	משהיה
10:5	*שֶׁיֹּצָא* מִלִּפְנֵי הַשַּׁלִּיט	*ὃ ἐξῆλθεν* ἀπὸ προσώπου τοῦ ἐξουσιάζοντος		
10:16	אִי־לָךְ אֶרֶץ *שֶׁמַּלְכֵּךְ* נָעַר	οὐαί σοι πόλις *ἧς ὁ βασιλεύς σου* νεώτερος		
10:17	אַשְׁרֵיךְ אֶרֶץ *שֶׁמַּלְכֵּךְ* בֶּן־חוֹרִים	μακαρία σύ γῆ *ἧς ὁ βασιλεύς σου* υἱὸς ἐλευθέρων		
11:3	מְקוֹם *שֶׁיִּפּוֹל* הָעֵץ שָׁם יְהוּא	τόπῳ *οὗ πεσεῖται* τὸ ξύλον ἐκεῖ ἔσται		
ὅς + ἐάν	*2*	*3%*		
5:17	בְּכָל־עֲמָלוֹ *שֶׁיַּעֲמֹל*	ἐν παντὶ μόχθῳ αὐτοῦ *ᾧ ἐὰν μοχθῇ*		
12:3	בַּיּוֹם *שֶׁיָּזֻעוּ* שֹׁמְרֵי הַבַּיִת	ἐν ἡμέρᾳ *ᾗ ἐὰν σαλευθῶσιν* φύλακες τῆς οἰκίας		
ὅς + τις	*1*	*2%*		
6:3	וְרַב *שֶׁיִּהְיוּ* יְמֵי־שָׁנָיו	καὶ πλῆθος *ὅ τι ἔσονται* ἡμέραι ἐτῶν αὐτοῦ		
ὅταν	*1*	*2%*		
4:10	וְאִילוֹ הָאֶחָד *שֶׁיִּפּוֹל*	καὶ οὐαὶ αὐτῷ τῷ ἑνί *ὅταν πέσῃ*		
ὅτι	*11*	*16%*		
1:17	יָדַעְתִּי *שֶׁגַּם־זֶה* הוּא רַעְיוֹן רוּחַ	ἔγνων *ὅτι καί γε* τοῦτ' ἔστιν προαίρεσις πνεύματος		
2:13	וְרָאִיתִי אָנִי *שֶׁיֵּשׁ* יִתְרוֹן לַחָכְמָה	καὶ εἶδον ἐγὼ *ὅτι ἔστιν* περισσεία τῇ σοφίᾳ		
2:14	*שֶׁמִּקְרֶה* אֶחָד יִקְרֶה אֶת־כֻּלָּם	*ὅτι συνάντημα* ἓν συναντήσεται τοῖς πᾶσιν αὐτοῖς		
2:15	*שֶׁגַּם־זֶה הָבֶל*	*ὅτι καί γε* τοῦτο ματαιότης		
2:18	*שֶׁאַנִּיחֶנּוּ* לָאָדָם שֶׁיִּהְיֶה אַחֲרָי	*ὅτι ἀφίω αὐτὸν* τῷ ἀνθρώπῳ τῷ γινομένῳ μετ' ἐμέ		
3:18	*שֶׁהֶם־בְּהֵמָה* הֵמָּה לָהֶם	*ὅτι αὐτοὶ* κτήνη εἰσὶν καί γε αὐτοῖς		
7:10	*שֶׁהַיָּמִים* הָרִאשֹׁנִים הָיוּ טוֹבִים מֵאֵלֶּה	*ὅτι αἱ ἡμέραι* αἱ πρότεραι ἦσαν ἀγαθαὶ ὑπὲρ ταύτας		
8:14	וְיֵשׁ רְשָׁעִים *שֶׁמַּגִּיעַ* אֲלֵהֶם	καὶ εἰσὶν ἀσεβεῖς *ὅτι φθάνει* πρὸς αὐτοὺς		
8:14	אָמַרְתִּי *שֶׁגַּם־זֶה* הָבֶל	εἶπα *ὅτι καί γε* τοῦτο ματαιότης		
9:5	כִּי הַחַיִּים יוֹדְעִים *שֶׁיָּמֻתוּ*	ὅτι οἱ ζῶντες γνώσονται *ὅτι ἀποθανοῦνται*		
12:9	וְיֹתֵר *שֶׁהָיָה* קֹהֶלֶת חָכָם	καὶ περισσὸν *ὅτι ἐγένετο* ἐκκλησιαστὴς σοφός		
בְּ + שֶׁ	*1*			
καθότι	*1*	*2%*		
2:16	*בְּשֶׁכְּבָר* הַיָּמִים הַבָּאִים	*καθότι ἤδη* αἱ ἡμέραι αἱ ἐρχόμεναι		
כְּ + שֶׁ	*4*			
ὅταν	*2*	*3%*		
9:12	*כְּשֶׁתִּפּוֹל* עֲלֵיהֶם פִּתְאֹם	*ὅταν* ἐπιπέσῃ ἐπ' αὐτοὺς ἄφνω		
10:3	וְגַם־בַּדֶּרֶךְ *כשהסכל **כְּשֶׁסָּכָל הֹלֵךְ	καί γε ἐν ὁδῷ *ὅταν* ἄφρων πορεύηται	**	
ὡς	*2*	*3%*		
5:14	יָשׁוּב לָלֶכֶת *כְּשֶׁבָּא*	ἐπιστρέψει τοῦ πορευθῆναι *ὡς ἥκει*		
12:7	וְיָשֹׁב הֶעָפָר עַל־הָאָרֶץ *כְּשֶׁהָיָה*	καὶ ἐπιστρέψῃ ὁ χοῦς ἐπὶ τὴν γῆν *ὡς ἦν*		
[לְ + עֻמָּה + שֶׁ]	*1*			
ὥσπερ	*1*			
[5:15]	*כָּל־עֻמַּת שֶׁבָּא* כֵּן יֵלֵךְ	*ὥσπερ γὰρ* παρεγένετο οὕτως καὶ ἀπελεύσεται	=?	כי לעמת
מָה + שֶׁ	*2*			
εἰ + τις	*1*	*2%*		
6:10	*מַה־שֶּׁהָיָה* כְּבָר נִקְרָא שְׁמוֹ	*εἴ τι ἐγένετο* ἤδη κέκληται ὄνομα αὐτοῦ		
ὁ	*1*	*2%*		
3:15	*מַה־שֶּׁהָיָה* כְּבָר הוּא	*τὸ γενόμενον* ἤδη ἐστίν		

עִמָּה + שֶׁ *1*
ὥσπερ *1* 2%
5:15 כָּל־עֻמַּת שֶׁבָּא כֵּן יֵלֵךְ ὥσπερ γὰρ παρεγένετο οὕτως καὶ ἀπελεύσεται =? כי לעמת

שְׁאוֹל *Occurrences: 1*

ᾅδης *1* 100%
9:10 וְחָכְמָה בִּשְׁאוֹל אֲשֶׁר אַתָּה הֹלֵךְ שָׁמָּה καὶ σοφία ἐν ᾅδῃ ὅπου σὺ πορεύῃ ἐκεῖ

שָׁאַל *Occurrences: 2*

αἰτέω	*1*	*50%*
ἐρωτάω/ἐπι	*1*	*50%*

αἰτέω *1* 50%
2:10 וְכֹל אֲשֶׁר שָׁאֲלוּ עֵינַי καὶ πᾶν ὃ ᾔτησαν οἱ ὀφθαλμοί μου
ἐρωτάω/ἐπι *1* 50%
7:10 כִּי לֹא מֵחָכְמָה שָׁאַלְתָּ עַל־זֶה ὅτι οὐκ ἐν σοφίᾳ *ἐπηρώτησας* περὶ τούτου

שָׁאַף *Occurrences: 1*

ἕλκω *1* 100%
1:5 וְאֶל־מְקוֹמוֹ שׁוֹאֵף καὶ εἰς τὸν τόπον αὐτοῦ *ἕλκει*

שְׁבוּעָה *Occurrences: 2*

ὅρκος 2 100%
8:2 וְעַל דִּבְרַת *שְׁבוּעַת* אֱלֹהִים καὶ περὶ λόγου *ὅρκου* θεοῦ
9:2 הַנִּשְׁבָּע כַּאֲשֶׁר *שְׁבוּעָה* יָרֵא ὡς ὁ ὀμνύων καθὼς *ὁ τὸν ὅρκον* φοβούμενος

שָׁבַח *Occurrences: 2*

αἰνέω/ἐπι 2 100%
4:2 *וְשַׁבֵּחַ* אֲנִי אֶת־הַמֵּתִים καὶ *ἐπῄνεσα* ἐγὼ σὺν τοὺς τεθνηκότας
[8:10] *וְיִשְׁתַּכְּחוּ* בָעִיר אֲשֶׁר כֵּן עָשׂוּ καὶ *ἐπῃνέθησαν* ἐν τῇ πόλει ὅτι οὕτως ἐποίησαν =.kb
וישתבחו
8:15 *וְשִׁבַּחְתִּי* אֲנִי אֶת־הַשִּׂמְחָה καὶ *ἐπῄνεσα* ἐγὼ σὺν τὴν εὐφροσύνην

שָׁבַע *Occurrences: 1*

ὀμνύω *1* 100%
9:2 *הַנִּשְׁבָּע* כַּאֲשֶׁר שְׁבוּעָה יָרֵא ὡς ὁ *ὀμνύων* καθὼς ὁ τὸν ὅρκον φοβούμενος =%p

שֶׁבַע *Occurrences: 1*

ἑπτά *1* 100%
11:2 תֶּן־חֵלֶק *לְשִׁבְעָה* וְגַם לִשְׁמוֹנָה δὸς μερίδα τοῖς *ἑπτὰ* καί γε τοῖς ὀκτώ

שָׁבַר *Occurrences: 1*

τρίβω/συν *1* 100%
12:6 *וְתִשָּׁבֶר* כַּד עַל־הַמַּבּוּעַ καὶ *συντριβῇ* ὑδρία ἐπὶ τὴν πηγήν

שְׁגָגָה *Occurrences: 2*

ἄγνοιά	*1*	*50%*
ἀκούσιος	*1*	*50%*

ἄγνοιά *1* 50%
5:5 לִפְנֵי הַמַּלְאָךְ כִּי *שְׁגָגָה* הִיא πρὸ προσώπου τοῦ θεοῦ ὅτι *ἄγνοιά* ἐστιν
ἀκούσιος *1* 50%
10:5 יֵשׁ רָעָה רָאִיתִי תַּחַת הַשָּׁמֶשׁ *כִּשְׁגָגָה* ἔστιν πονηρία ἣν εἶδον ὑπὸ τὸν ἥλιον *ὡς ἀκούσιον*

שִׁדָּה *Occurrences: 2*

οἰνοχόος	2	100%	
2:8	שִׁדָּה וְשִׁדּוֹת	οἰνοχόον καὶ οἰνοχόας	=v
2:8	שִׁדָּה וְשִׁדּוֹת	οἰνοχόον καὶ οἰνοχόας	=v

שׁוּב *Occurrences: 10*

στρέφω/ἐπι	10	100%
1:6	וְעַל־סְבִיבֹתָיו שָׁב הָרוּחַ	καὶ ἐπὶ κύκλους αὐτοῦ ἐπιστρέφει τὸ πνεῦμα
1:7	שָׁם הֵם שָׁבִים לָלָכֶת	ἐκεῖ αὐτοὶ ἐπιστρέφουσιν τοῦ πορευθῆναι
3:20	וְהַכֹּל שָׁב אֶל־הֶעָפָר	καὶ τὰ πάντα ἐπιστρέφει εἰς τὸν χοῦν
4:1	וְשַׁבְתִּי אֲנִי וָאֶרְאֶה	καὶ ἐπέστρεψα ἐγὼ καὶ εἶδον
4:7	וְשַׁבְתִּי אֲנִי וָאֶרְאֶה הֶבֶל	καὶ ἐπέστρεψα ἐγὼ καὶ εἶδον ματαιότητα
5:14	יָשׁוּב לָלֶכֶת כְּשֶׁבָּא	ἐπιστρέψει τοῦ πορευθῆναι ὡς ἥκει
9:11	שַׁבְתִּי וְרָאֹה תַחַת־הַשֶּׁמֶשׁ	ἐπέστρεψα καὶ εἶδον ὑπὸ τὸν ἥλιον
12:2	וְשָׁבוּ הֶעָבִים אַחַר הַגָּשֶׁם	καὶ ἐπιστρέψωσιν τὰ νέφη ὀπίσω τοῦ ὑετοῦ
12:7	וְיָשֹׁב הֶעָפָר עַל־הָאָרֶץ כְּשֶׁהָיָה	καὶ ἐπιστρέψῃ ὁ χοῦς ἐπὶ τὴν γῆν ὡς ἦν
12:7	וְהָרוּחַ תָּשׁוּב אֶל־הָאֱלֹהִים	καὶ τὸ πνεῦμα ἐπιστρέψῃ πρὸς τὸν θεόν

שׁוּק *Occurrences: 2*

ἀγορά	2	100%
12:4	וְסֻגְּרוּ דְלָתַיִם בַּשּׁוּק	καὶ κλείσουσιν θύρας ἐν ἀγορᾷ
12:5	וְסָבְבוּ בַשּׁוּק הַסֹּפְדִים	καὶ ἐκύκλωσαν ἐν ἀγορᾷ οἱ κοπτόμενοι

שָׁחַח *Occurrences: 1*

ταπεινόω	1	100%
12:4	וְיִשַּׁחוּ כָּל־בְּנוֹת	καὶ ταπεινωθήσονται πᾶσαι αἱ θυγατέρες

שַׁחֲרוּת *Occurrences: 1*

ἄνοια	1	100%
11:10	כִּי־הַיַּלְדוּת וְהַשַּׁחֲרוּת הָבֶל	ὅτι ἡ νεότης καὶ ἡ ἄνοια ματαιότης

שִׁיר *Occurrences: 2*

ᾄδω	2	100%
2:8	עָשִׂיתִי לִי שָׁרִים וְשָׁרוֹת	ἐποίησά μοι ᾄδοντας καὶ ᾀδούσας
2:8	עָשִׂיתִי לִי שָׁרִים וְשָׁרוֹת	ἐποίησά μοι ᾄδοντας καὶ ᾀδούσας

שִׁיר *Occurrences: 2*

ᾆσμα	2	100%
7:5	מֵאִישׁ שֹׁמֵעַ שִׁיר כְּסִילִים	ὑπὲρ ἄνδρα ἀκούοντα ᾆσμα ἀφρόνων
12:4	כָּל־בְּנוֹת הַשִּׁיר	πᾶσαι αἱ θυγατέρες τοῦ ᾄσματος

שָׁכַב *Occurrences: 2*

κοιμάω	2	100%
2:23	גַּם־בַּלַּיְלָה לֹא־שָׁכַב לִבּוֹ	καί γε ἐν νυκτὶ οὐ κοιμᾶται ἡ καρδία αὐτοῦ
4:11	גַּם אִם־יִשְׁכְּבוּ שְׁנַיִם וְחַם לָהֶם	καί γε ἐὰν κοιμηθῶσιν δύο καὶ θέρμη αὐτοῖς

שָׁכַח *Occurrences: 3*

λανθάνω/ἐπι	2	67%
αἰνέω/ἐπι	1	33%

αἰνέω/ἐπι	1	33%	
8:10	וְיִשְׁתַּכְּחוּ בָעִיר אֲשֶׁר כֵּן־עָשׂוּ	καὶ ἐπῃνέθησαν ἐν τῇ πόλει ὅτι οὕτως ἐποίησαν	=.kb וישתבחו

λανθάνω/ἐπι		2	67%
2:16	הַכֹּל נִשְׁכָּח		τὰ πάντα ἐπελήσθη
9:5	כִּי נִשְׁכַּח זִכְרָם		ὅτι ἐπελήσθη ἡ μνήμη αὐτῶν

שֶׁל   Occurrences: 1

בְּ + שֶׁל + אֲשֶׁר		1	
ὅσος + ἄν		1	100%
8:17	בְּשֶׁל אֲשֶׁר יַעֲמֹל הָאָדָם לְבַקֵּשׁ		ὅσα ἂν μοχθήσῃ ὁ ἄνθρωπος τοῦ ζητῆσαι

שָׁלוֹם   Occurrences: 1

εἰρήνη		1	100%
3:8	עֵת מִלְחָמָה וְעֵת שָׁלוֹם		καιρὸς πολέμου καὶ καιρὸς εἰρήνης

שָׁלַח   Occurrences: 1

στέλλω/ἀπο		1	100%
11:1	שַׁלַּח לַחְמְךָ עַל־פְּנֵי הַמָּיִם		ἀπόστειλον τὸν ἄρτον σου ἐπὶ πρόσωπον τοῦ ὕδατος

שָׁלַט   Occurrences: 4

ἐξουσιάζω		4	100%
2:19	וְיִשְׁלַט בְּכָל־עֲמָלִי		καὶ ἐξουσιάζεται ἐν παντὶ μόχθῳ μου
5:18	וְהִשְׁלִיטוֹ לֶאֱכֹל מִמֶּנּוּ		καὶ ἐξουσίασεν αὐτὸν τοῦ φαγεῖν ἀπ' αὐτοῦ
6:2	וְלֹא־יַשְׁלִיטֶנּוּ הָאֱלֹהִים לֶאֱכֹל		καὶ οὐκ ἐξουσιάσει αὐτῷ ὁ θεὸς τοῦ φαγεῖν
8:9	עֵת אֲשֶׁר שָׁלַט הָאָדָם בְּאָדָם		τὰ ὅσα ἐξουσιάσατο ὁ ἄνθρωπος ἐν ἀνθρώπῳ

שִׁלְטוֹן   Occurrences: 2

ἐξουσία		1	50%
ἐξουσιάζω		1	50%

ἐξουσία		1	50%
8:8	וְאֵין שִׁלְטוֹן בְּיוֹם הַמָּוֶת		καὶ οὐκ ἔστιν ἐξουσία ἐν ἡμέρᾳ τοῦ θανάτου
ἐξουσιάζω		1	50%
8:4	בַּאֲשֶׁר דְּבַר־מֶלֶךְ שִׁלְטוֹן		καθὼς λαλεῖ βασιλεὺς ἐξουσιάζων

שַׁלִּיט   Occurrences: 3

ἐξουσιάζω		3	100%
7:19	מֵעֲשָׂרָה שַׁלִּיטִים אֲשֶׁר הָיוּ בָּעִיר		ὑπὲρ δέκα ἐξουσιάζοντας τοὺς ὄντας ἐν τῇ πόλει
8:8	אֵין אָדָם שַׁלִּיט בָּרוּחַ		οὐκ ἔστιν ἄνθρωπος ἐξουσιάζων ἐν πνεύματι
10:5	שֶׁיֹּצָא מִלִּפְנֵי הַשַּׁלִּיט		ὃ ἐξῆλθεν ἀπὸ προσώπου τοῦ ἐξουσιάζοντος

שָׁלַךְ   Occurrences: 2

βάλλω		1	50%
βάλλω/ἐκ		1	50%

βάλλω		1	50%
3:5	עֵת לְהַשְׁלִיךְ אֲבָנִים		καιρὸς τοῦ βαλεῖν λίθους
βάλλω/ἐκ		1	50%
3:6	עֵת לִשְׁמוֹר וְעֵת לְהַשְׁלִיךְ		καιρὸς τοῦ φυλάξαι καὶ καιρὸς τοῦ ἐκβαλεῖν

שָׁלֵם   Occurrences: 3

δίδωμι/ἀπο		3	100%
5:3	אַל־תְּאַחֵר לְשַׁלְּמוֹ		μὴ χρονίσῃς τοῦ ἀποδοῦναι αὐτήν
5:3	אֵת אֲשֶׁר־תִּדֹּר שַׁלֵּם		σὺν ὅσα ἐὰν εὔξῃ ἀπόδος
5:4	מִשֶּׁתִּדּוֹר וְלֹא תְשַׁלֵּם		ἢ τὸ εὔξασθαί σε καὶ μὴ ἀποδοῦναι

שָׁלַשׁ *Occurrences: 1*

ἔντριτος	*1*	*100%*	
4:12	וְהַחוּט *הַמְשֻׁלָּשׁ*	καὶ τὸ σπαρτίον *τὸ ἔντριτον*	

שֵׁם *Occurrences: 3*

ὄνομα	*3*	*100%*	
6:4	וּבַחֹשֶׁךְ *שְׁמוֹ* יְכֻסֶּה	καὶ ἐν σκότει *ὄνομα αὐτοῦ* καλυφθήσεται	
6:10	מַה־שֶּׁהָיָה כְּבָר נִקְרָא *שְׁמוֹ*	εἴ τι ἐγένετο ἤδη κέκληται *ὄνομα αὐτοῦ*	
7:1	טוֹב *שֵׁם* מִשֶּׁמֶן טוֹב	ἀγαθὸν *ὄνομα* ὑπὲρ ἔλαιον ἀγαθὸν	

שָׁם *Occurrences: 7*

ἐκεῖ	*7*	*100%*	
1:5	זוֹרֵחַ הוּא *שָׁם*	[ἀνατέλλων αὐτὸς *ἐκεῖ*]	[6]
1:7	*שָׁם* הֵם שָׁבִים לָלָכֶת	*ἐκεῖ* αὐτοὶ ἐπιστρέφουσιν τοῦ πορευθῆναι	
3:16	מְקוֹם הַמִּשְׁפָּט *שָׁמָּה* הָרֶשַׁע	τόπον τῆς κρίσεως *ἐκεῖ* ὁ ἀσεβής	
3:16	וּמְקוֹם הַצֶּדֶק *שָׁמָּה* הָרֶשַׁע	καὶ τόπον τοῦ δικαίου *ἐκεῖ* ὁ ἀσεβής	
3:17	וְעַל כָּל־הַמַּעֲשֶׂה *שָׁם*	καὶ ἐπὶ παντὶ τῷ ποιήματι [*ἐκεῖ*]	[18]
9:10	וְחָכְמָה בִּשְׁאוֹל אֲשֶׁר אַתָּה הֹלֵךְ *שָׁמָּה*	καὶ σοφία ἐν ᾅδῃ ὅπου σὺ πορεύῃ *ἐκεῖ*	
11:3	מְקוֹם שֶׁיִּפּוֹל הָעֵץ *שָׁם* יְהוּא	τόπῳ οὗ πεσεῖται τὸ ξύλον *ἐκεῖ* ἔσται	

שָׁמַיִם *Occurrences: 5*

οὐρανός	*4*	*80%*
ἥλιος	*1*	*20%*

ἥλιος	*1*	*20%*	
2:3	תַּחַת *הַשָּׁמַיִם* מִסְפַּר יְמֵי חַיֵּיהֶם	ὑπὸ τὸν *ἥλιον* ἀριθμὸν ἡμερῶν ζωῆς αὐτῶν	= השמש
οὐρανός	*4*	*80%*	
1:13	עַל כָּל־אֲשֶׁר נַעֲשָׂה תַּחַת *הַשָּׁמָיִם*	περὶ πάντων τῶν γινομένων ὑπὸ *τὸν οὐρανόν*	
3:1	וְעֵת לְכָל־חֵפֶץ תַּחַת *הַשָּׁמָיִם*	καὶ καιρὸς τῷ παντὶ πράγματι ὑπὸ *τὸν οὐρανόν*	
5:1	כִּי הָאֱלֹהִים *בַּשָּׁמַיִם* וְאַתָּה עַל־הָאָרֶץ	ὅτι ὁ θεὸς *ἐν τῷ οὐρανῷ* καὶ σὺ ἐπὶ τῆς γῆς	
10:20	כִּי עוֹף *הַשָּׁמַיִם* יוֹלִיךְ אֶת־הַקּוֹל	ὅτι πετεινὸν *τοῦ οὐρανοῦ* ἀποίσει σὺν τὴν φωνήν	

שָׁמֵם *Occurrences: 1*

πλήσσω/ἐκ	*1*	*100%*	
7:16	לָמָּה *תִּשּׁוֹמֵם*	μήποτε *ἐκπλαγῇς*	

שֶׁמֶן *Occurrences: 3*

ἔλαιον	*3*	*100%*	
7:1	טוֹב שֵׁם *מִשֶּׁמֶן* טוֹב	ἀγαθὸν ὄνομα *ὑπὲρ ἔλαιον* ἀγαθὸν	
9:8	*וְשֶׁמֶן* עַל־רֹאשְׁךָ אַל־יֶחְסָר	*καὶ ἔλαιον* ἐπὶ κεφαλήν σου μὴ ὑστερησάτω	
10:1	זְבוּבֵי מָוֶת יַבְאִישׁ יַבִּיעַ *שֶׁמֶן*	μυῖαι θανατοῦσαι σαπριοῦσιν σκευασίαν *ἐλαίου*	

שְׁמֹנֶה *Occurrences: 1*

ὀκτώ	*1*	*100%*	
11:2	תֶּן־חֵלֶק לְשִׁבְעָה וְגַם *לִשְׁמוֹנָה*	δὸς μερίδα τοῖς ἑπτὰ καί γε *τοῖς ὀκτώ*	

שָׁמַע *Occurrences: 8*

ἀκούω	*7*	*88%*
ἀκρόασις	*1*	*12%*

ἀκούω	*7*	*88%*	
4:17	תֵּלֵךְ אֶל־בֵּית הָאֱלֹהִים וְקָרוֹב *לִשְׁמֹעַ*	πορεύῃ εἰς οἶκον τοῦ θεοῦ καὶ ἐγγὺς *τοῦ ἀκούειν*	
7:5	טוֹב *לִשְׁמֹעַ* גַּעֲרַת חָכָם	ἀγαθὸν *τὸ ἀκοῦσαι* ἐπιτίμησιν σοφοῦ	
7:5	מֵאִישׁ *שֹׁמֵעַ* שִׁיר כְּסִילִים	ὑπὲρ ἄνδρα *ἀκούοντα* ᾆσμα ἀφρόνων	

7:21	אֲשֶׁר לֹא־תִשְׁמַע אֶת־עַבְדְּךָ מְקַלְלֶךָ	ὅπως μὴ *ἀκούσῃς* τοῦ δούλου σου καταρωμένου σε
9:16	וּדְבָרָיו אֵינָם נִשְׁמָעִים	καὶ λόγοι αὐτοῦ οὐκ εἰσιν *ἀκουόμενοι*
9:17	דִּבְרֵי חֲכָמִים בְּנַחַת נִשְׁמָעִים	λόγοι σοφῶν ἐν ἀναπαύσει *ἀκούονται*
12:13	סוֹף דָּבָר הַכֹּל נִשְׁמָע	τέλος λόγου τὸ πᾶν *ἀκούεται*
ἀκρόασις	*1*	*12%*
1:8	וְלֹא־תִמָּלֵא אֹזֶן מִשְּׁמֹעַ	καὶ οὐ πληρωθήσεται οὖς *ἀπὸ ἀκροάσεως*

שָׁמַר *Occurrences: 9*

φυλάσσω	*7*	*78%*
τηρέω	*1*	*11%*
φύλαξ	*1*	*11%*

τηρέω	*1*	*11%*
11:4	שֹׁמֵר רוּחַ לֹא יִזְרָע	*τηρῶν* ἄνεμον οὐ σπερεῖ
φύλαξ	*1*	*11%*
12:3	בַּיּוֹם שֶׁיָּזֻעוּ שֹׁמְרֵי הַבַּיִת	ἐν ἡμέρᾳ ᾗ ἐὰν σαλευθῶσιν *φύλακες* τῆς οἰκίας
φυλάσσω	*7*	*78%*
3:6	עֵת לִשְׁמוֹר וְעֵת לְהַשְׁלִיךְ	καιρὸς τοῦ *φυλάξαι* καὶ καιρὸς τοῦ ἐκβαλεῖν
4:17	שְׁמֹר *רגליך **רַגְלְךָ כַּאֲשֶׁר תֵּלֵךְ אֶל־בֵּית	*φύλαξον* πόδα σου ἐν ᾧ ἐὰν πορεύῃ εἰς οἶκον
5:7	כִּי גָבֹהַּ מֵעַל גָּבֹהַּ שֹׁמֵר	ὅτι ὑψηλὸς ἐπάνω ὑψηλοῦ *φυλάξαι*
5:12	עֹשֶׁר שָׁמוּר לִבְעָלָיו	πλοῦτον *φυλασσόμενον* τῷ παρ' αὐτοῦ
8:2	אֲנִי פִּי־מֶלֶךְ שְׁמוֹר	στόμα βασιλέως *φύλαξον*
8:5	שׁוֹמֵר מִצְוָה לֹא יֵדַע דָּבָר רָע	*ὁ φυλάσσων* ἐντολὴν οὐ γνώσεται ῥῆμα πονηρόν
12:13	אֶת־הָאֱלֹהִים יְרָא וְאֶת־מִצְוֹתָיו שְׁמוֹר	τὸν θεὸν φοβοῦ καὶ τὰς ἐντολὰς αὐτοῦ *φύλασσε*

שֶׁמֶשׁ *Occurrences: 35*

ἥλιος	*35*	*100%*	
1:3	בְּכָל־עֲמָלוֹ שֶׁיַּעֲמֹל תַּחַת הַשָּׁמֶשׁ	ἐν παντὶ μόχθῳ αὐτοῦ ᾧ μοχθεῖ ὑπὸ *τὸν ἥλιον*	
1:5	וְזָרַח הַשֶּׁמֶשׁ וּבָא הַשָּׁמֶשׁ	καὶ ἀνατέλλει *ὁ ἥλιος* καὶ δύνει ὁ ἥλιος	
1:5	וְזָרַח הַשֶּׁמֶשׁ וּבָא הַשָּׁמֶשׁ	καὶ ἀνατέλλει ὁ ἥλιος καὶ δύνει *ὁ ἥλιος*	
1:9	וְאֵין כָּל־חָדָשׁ תַּחַת הַשָּׁמֶשׁ	καὶ οὐκ ἔστιν πᾶν πρόσφατον ὑπὸ *τὸν ἥλιον*	
1:14	הַמַּעֲשִׂים שֶׁנַּעֲשׂוּ תַּחַת הַשָּׁמֶשׁ	τὰ ποιήματα τὰ πεποιημένα ὑπὸ *τὸν ἥλιον*	
[2:3]	תַּחַת הַשָּׁמַיִם מִסְפַּר יְמֵי חַיֵּיהֶם	ὑπὸ *τὸν ἥλιον* ἀριθμὸν ἡμερῶν ζωῆς αὐτῶν	= השמש
2:11	וְאֵין יִתְרוֹן תַּחַת הַשָּׁמֶשׁ	καὶ οὐκ ἔστιν περισσεία ὑπὸ *τὸν ἥλιον*	
2:17	הַמַּעֲשֶׂה שֶׁנַּעֲשָׂה תַּחַת הַשָּׁמֶשׁ	τὸ ποίημα τὸ πεποιημένον ὑπὸ *τὸν ἥλιον*	
2:18	עֲמָלִי שֶׁאֲנִי עָמֵל תַּחַת הַשָּׁמֶשׁ	μόχθον μου ὃν ἐγὼ μοχθῶ ὑπὸ *τὸν ἥλιον*	
2:19	שֶׁעָמַלְתִּי וְשֶׁחָכַמְתִּי תַּחַת הַשָּׁמֶשׁ	ᾧ ἐμόχθησα καὶ ᾧ ἐσοφισάμην ὑπὸ *τὸν ἥλιον*	
2:20	עַל כָּל־הֶעָמָל שֶׁעָמַלְתִּי תַּחַת הַשָּׁמֶשׁ	ἐπὶ παντὶ τῷ μόχθῳ ᾧ ἐμόχθησα ὑπὸ *τὸν ἥλιον*	
2:22	שֶׁהוּא עָמֵל תַּחַת הַשָּׁמֶשׁ	ᾧ αὐτὸς μοχθεῖ ὑπὸ *τὸν ἥλιον*	
3:16	וְעוֹד רָאִיתִי תַּחַת הַשָּׁמֶשׁ	καὶ ἔτι εἶδον ὑπὸ *τὸν ἥλιον*	
4:1	הָעֲשֻׁקִים אֲשֶׁר נַעֲשִׂים תַּחַת הַשָּׁמֶשׁ	τὰς συκοφαντίας τὰς γινομένας ὑπὸ *τὸν ἥλιον*	
4:3	אֲשֶׁר נַעֲשָׂה תַּחַת הַשָּׁמֶשׁ	τὸ πεποιημένον ὑπὸ *τὸν ἥλιον*	
4:7	וָאֶרְאֶה הֶבֶל תַּחַת הַשָּׁמֶשׁ	καὶ εἶδον ματαιότητα ὑπὸ *τὸν ἥλιον*	
4:15	תַּחַת הַשָּׁמֶשׁ עִם הַיֶּלֶד הַשֵּׁנִי	ὑπὸ *τὸν ἥλιον* μετὰ τοῦ νεανίσκου τοῦ δευτέρου	
5:12	יֵשׁ רָעָה חוֹלָה רָאִיתִי תַּחַת הַשָּׁמֶשׁ	ἔστιν ἀρρωστία ἣν εἶδον ὑπὸ *τὸν ἥλιον*	
5:17	תַּחַת־הַשֶּׁמֶשׁ מִסְפַּר יְמֵי־חַיָּו	ὑπὸ *τὸν ἥλιον* ἀριθμὸν ἡμερῶν ζωῆς αὐτοῦ	
6:1	יֵשׁ רָעָה אֲשֶׁר רָאִיתִי תַּחַת הַשָּׁמֶשׁ	ἔστιν πονηρία ἣν εἶδον ὑπὸ *τὸν ἥλιον*	
6:5	גַּם־שֶׁמֶשׁ לֹא־רָאָה וְלֹא יָדָע	καί γε *ἥλιον* οὐκ εἶδεν καὶ οὐκ ἔγνω	
6:12	מַה־יִּהְיֶה אַחֲרָיו תַּחַת הַשָּׁמֶשׁ	τί ἔσται ὀπίσω αὐτοῦ ὑπὸ *τὸν ἥλιον*	
7:11	וְיֹתֵר לְרֹאֵי הַשָּׁמֶשׁ	καὶ περισσεία τοῖς θεωροῦσιν *τὸν ἥλιον*	
8:9	לְכָל־מַעֲשֶׂה אֲשֶׁר נַעֲשָׂה תַּחַת הַשָּׁמֶשׁ	εἰς πᾶν ποίημα ὃ πεποίηται ὑπὸ *τὸν ἥλιον*	
8:15	אֲשֶׁר אֵין־טוֹב לָאָדָם תַּחַת הַשֶּׁמֶשׁ	ὅτι οὐκ ἔστιν ἀγαθὸν τῷ ἀνθρώπῳ ὑπὸ *τὸν ἥλιον*	
8:15	אֲשֶׁר־נָתַן־לוֹ הָאֱלֹהִים תַּחַת הַשָּׁמֶשׁ	ὅσας ἔδωκεν αὐτῷ ὁ θεὸς ὑπὸ *τὸν ἥλιον*	
8:17	אֶת־הַמַּעֲשֶׂה אֲשֶׁר נַעֲשָׂה תַחַת־הַשֶּׁמֶשׁ	σὺν τὸ ποίημα τὸ πεποιημένον ὑπὸ *τὸν ἥλιον*	
9:3	זֶה רָע בְּכֹל אֲשֶׁר־נַעֲשָׂה תַּחַת הַשֶּׁמֶשׁ	τοῦτο πονηρὸν ἐν παντὶ πεποιημένῳ ὑπὸ *τὸν ἥλιον*	
9:6	בְּכֹל אֲשֶׁר־נַעֲשָׂה תַּחַת הַשָּׁמֶשׁ	ἐν παντὶ τῷ πεποιημένῳ ὑπὸ *τὸν ἥλιον*	
9:9	אֲשֶׁר נָתַן־לְךָ תַּחַת הַשֶּׁמֶשׁ	τὰς δοθείσας σοι ὑπὸ *τὸν ἥλιον*	

9:9 וּבַעֲמָלְךָ אֲשֶׁר־אַתָּה עָמֵל תַּחַת הַשָּׁמֶשׁ καὶ ἐν τῷ μόχθῳ σου ᾧ σὺ μοχθεῖς ὑπὸ τὸν *ἥλιον*
9:11 שַׁבְתִּי וְרָאֹה תַחַת־הַשֶּׁמֶשׁ ἐπέστρεψα καὶ εἶδον ὑπὸ τὸν *ἥλιον*
9:13 גַּם־זֹה רָאִיתִי חָכְמָה תַּחַת הַשָּׁמֶשׁ καί γε τοῦτο εἶδον σοφίαν ὑπὸ τὸν *ἥλιον*
10:5 יֵשׁ רָעָה רָאִיתִי תַּחַת הַשָּׁמֶשׁ כִּשְׁגָגָה ἔστιν πονηρία ἣν εἶδον ὑπὸ τὸν *ἥλιον* ὡς ἀκούσιον
11:7 לִרְאוֹת אֶת־הַשָּׁמֶשׁ τοῦ βλέπειν σὺν τὸν *ἥλιον*
12:2 עַד אֲשֶׁר לֹא־תֶחְשַׁךְ הַשֶּׁמֶשׁ ἕως οὗ μὴ σκοτισθῇ *ὁ ἥλιος*

שָׁנָה *Occurrences: 1*

μισέω *1* *100%*
8:1 וְעֹז פָּנָיו יְשֻׁנֶּא καὶ ἀναιδὴς προσώπῳ αὐτοῦ *μισηθήσεται* =@=vs שנא

שָׁנָה *Occurrences: 5*

ἔτος *5* *100%*
6:3 אִם־יוֹלִיד אִישׁ מֵאָה וְשָׁנִים רַבּוֹת יִחְיֶה ἐὰν γεννήσῃ ἀνὴρ ἑκατὸν *καὶ ἔτη* πολλὰ ζήσεται
6:3 וְרַב שֶׁיִּהְיוּ יְמֵי־שָׁנָיו καὶ πλῆθος ὅ τι ἔσονται ἡμέραι *ἐτῶν αὐτοῦ*
6:6 וְאִלּוּ חָיָה אֶלֶף שָׁנִים פַּעֲמַיִם καὶ εἰ ἔζησεν χιλίων *ἐτῶν* καθόδους
11:8 כִּי אִם־שָׁנִים הַרְבֵּה יִחְיֶה הָאָדָם ὅτι καὶ ἐὰν *ἔτη* πολλὰ ζήσεται ὁ ἄνθρωπος
12:1 וְהִגִּיעוּ שָׁנִים אֲשֶׁר תֹּאמַר καὶ φθάσωσιν *ἔτη* ἐν οἷς ἐρεῖς

שֵׁנָה *Occurrences: 2*

ὕπνος *2* *100%*
5:11 מְתוּקָה שְׁנַת הָעֹבֵד γλυκὺς *ὕπνος* τοῦ δούλου
8:16 שֵׁנָה בְּעֵינָיו אֵינֶנּוּ רֹאֶה *ὕπνον* ἐν ὀφθαλμοῖς αὐτοῦ οὐκ ἔστιν βλέπων

שֵׁנִי *Occurrences: 3*

δεύτερος *3* *100%*
4:8 יֵשׁ אֶחָד וְאֵין שֵׁנִי ἔστιν εἷς καὶ οὐκ ἔστιν *δεύτερος*
4:10 וְאֵין שֵׁנִי לַהֲקִימוֹ καὶ μὴ *ᾖ δεύτερος* τοῦ ἐγεῖραι αὐτόν
4:15 תַּחַת הַשָּׁמֶשׁ עִם הַיֶּלֶד הַשֵּׁנִי ὑπὸ τὸν ἥλιον μετὰ τοῦ νεανίσκου *τοῦ δευτέρου*

שְׁנַיִם *Occurrences: 5*

δύο *5* *100%*
4:3 וְטוֹב מִשְּׁנֵיהֶם καὶ ἀγαθὸς *ὑπὲρ τοὺς δύο τούτους*
4:9 טוֹבִים הַשְּׁנַיִם מִן־הָאֶחָד ἀγαθοὶ *οἱ δύο* ὑπὲρ τὸν ἕνα
4:11 גַּם אִם־יִשְׁכְּבוּ שְׁנַיִם וְחַם לָהֶם καί γε ἐὰν κοιμηθῶσιν *δύο* καὶ θέρμη αὐτοῖς
4:12 הַשְּׁנַיִם יַעַמְדוּ נֶגְדּוֹ *οἱ δύο* στήσονται κατέναντι αὐτοῦ
11:6 וְאִם־שְׁנֵיהֶם כְּאֶחָד טוֹבִים καὶ ἐὰν *τὰ δύο* ἐπὶ τὸ αὐτὸ ἀγαθά

שִׁפְחָה *Occurrences: 1*

παιδίσκη *1* *100%*
2:7 קָנִיתִי עֲבָדִים וּשְׁפָחוֹת ἐκτησάμην δούλους *καὶ παιδίσκας*

שָׁפַט *Occurrences: 1*

κρίνω *1* *100%*
3:17 אֶת־הַצַּדִּיק וְאֶת־הָרָשָׁע יִשְׁפֹּט הָאֱלֹהִים σὺν τὸν δίκαιον καὶ σὺν τὸν ἀσεβῆ *κρινεῖ* ὁ θεός

שֵׁפֶל *Occurrences: 1*

ταπεινός *1* *100%*
10:6 וַעֲשִׁירִים בַּשֵּׁפֶל יֵשֵׁבוּ καὶ πλούσιοι ἐν *ταπεινῷ* καθήσονται

שָׁפָל *Occurrences: 1*

ἀσθένεια *1* *100%*
12:4 בִּשְׁפַל קוֹל הַטַּחֲנָה ἐν *ἀσθενείᾳ* φωνῆς τῆς ἀληθούσης

שִׁפְלוּת	*Occurrences: 1*		
ἀργία	*1*	*100%*	
10:18	וּבְשִׁפְלוּת יָדַיִם יִדְלֹף הַבָּיִת	καὶ ἐν *ἀργίᾳ* χειρῶν στάξει ἡ οἰκία	
שָׁקֵד	*Occurrences: 1*		
ἀμύγδαλον	*1*	*100%*	
12:5	וְיָנֵאץ הַשָּׁקֵד וְיִסְתַּבֵּל הֶחָגָב	καὶ ἀνθήσῃ *τὸ ἀμύγδαλον* καὶ παχυνθῇ ἡ ἀκρίς	
שָׁקָה	*Occurrences: 1*		
ποτίζω	*1*	*100%*	
2:6	לְהַשְׁקוֹת מֵהֶם יַעַר צוֹמֵחַ עֵצִים	τοῦ *ποτίσαι* ἀπ' αὐτῶν δρυμὸν βλαστῶντα ξύλα	
שָׁתָה	*Occurrences: 5*		
πίνω	*5*	*100%*	
2:24	שֶׁיֹּאכַל וְשָׁתָה וְהֶרְאָה אֶת־נַפְשׁוֹ	ὃ φάγεται *καὶ ὃ πίεται* καὶ ὃ δείξει τῇ ψυχῇ αὐτοῦ	
3:13	וְגַם כָּל־הָאָדָם שֶׁיֹּאכַל וְשָׁתָה	καί γε πᾶς ὁ ἄνθρωπος ὃς φάγεται *καὶ πίεται*	
5:17	לֶאֱכוֹל־וְלִשְׁתּוֹת וְלִרְאוֹת	τοῦ φαγεῖν *καὶ τοῦ πιεῖν* καὶ τοῦ ἰδεῖν	
8:15	כִּי אִם־לֶאֱכוֹל וְלִשְׁתּוֹת	ὅτι εἰ μὴ τοῦ φαγεῖν *καὶ τοῦ πιεῖν*	
9:7	וּשְׁתֵה בְלֶב־טוֹב יֵינֶךָ	*καὶ πίε* ἐν καρδίᾳ ἀγαθῇ οἶνόν σου	
שְׁתִי	*Occurrences: 1*		
בְּ + שְׁתִי	*1*		
αἰσχύνω	*1*	*100%*	
10:17	בִּגְבוּרָה וְלֹא בַשְּׁתִי	ἐν δυνάμει καὶ οὐκ *αἰσχυνθήσονται*	=@ בוש

ת

תְּבוּאָה — *Occurrences: 1*

γένημα 1		*100%*
5:9	וּמִי־אֹהֵב בֶּהָמוֹן לֹא *תְבוּאָה*	καὶ τίς ἠγάπησεν ἐν πλήθει αὐτῶν *γένημα*

תּוּר — *Occurrences: 3*

σκέπτομαι/κατα 3		*100%*
1:13	*וְלָתוּר* בַּחָכְמָה	*καὶ τοῦ κατασκέψασθαι* ἐν τῇ σοφίᾳ
2:3	*תַּרְתִּי* בְלִבִּי	*κατεσκεψάμην* ἐν καρδίᾳ μου
7:25	לָדַעַת *וְלָתוּר* וּבַקֵּשׁ	τοῦ γνῶναι *καὶ τοῦ κατασκέψασθαι* καὶ ζητῆσαι

תְּחִלָּה — *Occurrences: 1*

ἀρχή 1		*100%*
10:13	*תְּחִלַּת* דִּבְרֵי־פִיהוּ סִכְלוּת	*ἀρχὴ* λόγων στόματος αὐτοῦ ἀφροσύνη

תַּחַת — *Occurrences: 34*

ὑπό	*33*	*97%*
ἀντί	*1*	*3%*

ἀντί 1		*3%*
4:15	אֲשֶׁר יַעֲמֹד *תַּחְתָּיו*	ὃς στήσεται *ἀντ' αὐτοῦ*
ὑπό 33		*97%*
1:3	בְּכָל־עֲמָלוֹ שֶׁיַּעֲמֹל *תַּחַת* הַשָּׁמֶשׁ	ἐν παντὶ μόχθῳ αὐτοῦ ᾧ μοχθεῖ *ὑπὸ* τὸν ἥλιον
1:9	וְאֵין כָּל־חָדָשׁ *תַּחַת* הַשָּׁמֶשׁ	καὶ οὐκ ἔστιν πᾶν πρόσφατον *ὑπὸ* τὸν ἥλιον
1:13	עַל כָּל־אֲשֶׁר נַעֲשָׂה *תַּחַת* הַשָּׁמָיִם	περὶ πάντων τῶν γινομένων *ὑπὸ* τὸν οὐρανόν
1:14	הַמַּעֲשִׂים שֶׁנַּעֲשׂוּ *תַּחַת* הַשָּׁמֶשׁ	τὰ ποιήματα τὰ πεποιημένα *ὑπὸ* τὸν ἥλιον
2:3	*תַּחַת* הַשָּׁמַיִם מִסְפַּר יְמֵי חַיֵּיהֶם	*ὑπὸ* τὸν ἥλιον ἀριθμὸν ἡμερῶν ζωῆς αὐτῶν
2:11	וְאֵין יִתְרוֹן *תַּחַת* הַשָּׁמֶשׁ	καὶ οὐκ ἔστιν περισσεία *ὑπὸ* τὸν ἥλιον
2:17	הַמַּעֲשֶׂה שֶׁנַּעֲשָׂה *תַּחַת* הַשָּׁמֶשׁ	τὸ ποίημα τὸ πεποιημένον *ὑπὸ* τὸν ἥλιον
2:18	עֲמָלִי שֶׁאֲנִי עָמֵל *תַּחַת* הַשָּׁמֶשׁ	μόχθον μου ὃν ἐγὼ μοχθῶ *ὑπὸ* τὸν ἥλιον
2:19	שֶׁעָמַלְתִּי וְשֶׁחָכַמְתִּי *תַּחַת* הַשָּׁמֶשׁ	ᾧ ἐμόχθησα καὶ ᾧ ἐσοφισάμην *ὑπὸ* τὸν ἥλιον
2:20	עַל כָּל־הֶעָמָל שֶׁעָמַלְתִּי *תַּחַת* הַשָּׁמֶשׁ	ἐπὶ παντὶ τῷ μόχθῳ ᾧ ἐμόχθησα *ὑπὸ* τὸν ἥλιον
2:22	שֶׁהוּא עָמֵל *תַּחַת* הַשָּׁמֶשׁ	ᾧ αὐτὸς μοχθεῖ *ὑπὸ* τὸν ἥλιον
3:1	וְעֵת לְכָל־חֵפֶץ *תַּחַת* הַשָּׁמָיִם	καὶ καιρὸς τῷ παντὶ πράγματι *ὑπὸ* τὸν οὐρανόν
3:16	וְעוֹד רָאִיתִי *תַּחַת* הַשָּׁמֶשׁ	καὶ ἔτι εἶδον *ὑπὸ* τὸν ἥλιον
4:1	הָעֲשֻׁקִים אֲשֶׁר נַעֲשִׂים *תַּחַת* הַשָּׁמֶשׁ	τὰς συκοφαντίας τὰς γινομένας *ὑπὸ* τὸν ἥλιον
4:3	אֲשֶׁר נַעֲשָׂה *תַּחַת* הַשָּׁמֶשׁ	τὸ πεποιημένον *ὑπὸ* τὸν ἥλιον
4:7	וָאֶרְאֶה הֶבֶל *תַּחַת* הַשָּׁמֶשׁ	καὶ εἶδον ματαιότητα *ὑπὸ* τὸν ἥλιον
4:15	*תַּחַת* הַשָּׁמֶשׁ עִם הַיֶּלֶד הַשֵּׁנִי	*ὑπὸ* τὸν ἥλιον μετὰ τοῦ νεανίσκου τοῦ δευτέρου
5:12	יֵשׁ רָעָה חוֹלָה רָאִיתִי *תַּחַת* הַשָּׁמֶשׁ	ἔστιν ἀρρωστία ἣν εἶδον *ὑπὸ* τὸν ἥλιον
5:17	*תַּחַת־*הַשֶּׁמֶשׁ מִסְפַּר יְמֵי־חַיָּו	*ὑπὸ* τὸν ἥλιον ἀριθμὸν ἡμερῶν ζωῆς αὐτοῦ
6:1	יֵשׁ רָעָה אֲשֶׁר רָאִיתִי *תַּחַת* הַשָּׁמֶשׁ	ἔστιν πονηρία ἣν εἶδον *ὑπὸ* τὸν ἥλιον
6:12	מַה־יִּהְיֶה אַחֲרָיו *תַּחַת* הַשָּׁמֶשׁ	τί ἔσται ὀπίσω αὐτοῦ *ὑπὸ* τὸν ἥλιον
7:6	כִּי כְקוֹל הַסִּירִים *תַּחַת* הַסִּיר	ὅτι ὡς φωνὴ τῶν ἀκανθῶν *ὑπὸ* τὸν λέβητα
8:9	לְכָל־מַעֲשֶׂה אֲשֶׁר נַעֲשָׂה *תַּחַת* הַשָּׁמֶשׁ	εἰς πᾶν ποίημα ὃ πεποίηται *ὑπὸ* τὸν ἥλιον
8:15	אֲשֶׁר אֵין־טוֹב לָאָדָם *תַּחַת* הַשָּׁמֶשׁ	ὅτι οὐκ ἔστιν ἀγαθὸν τῷ ἀνθρώπῳ *ὑπὸ* τὸν ἥλιον
8:15	אֲשֶׁר־נָתַן־לוֹ הָאֱלֹהִים *תַּחַת* הַשָּׁמֶשׁ	ὅσας ἔδωκεν αὐτῷ ὁ θεὸς *ὑπὸ* τὸν ἥλιον
8:17	אֶת־הַמַּעֲשֶׂה אֲשֶׁר נַעֲשָׂה *תַחַת־*הַשֶּׁמֶשׁ	σὺν τὸ ποίημα τὸ πεποιημένον *ὑπὸ* τὸν ἥλιον
9:3	זֶה רָע בְּכֹל אֲשֶׁר־נַעֲשָׂה *תַּחַת* הַשָּׁמֶשׁ	τοῦτο πονηρὸν ἐν παντὶ πεποιημένῳ *ὑπὸ* τὸν ἥλιον
9:6	בְּכֹל אֲשֶׁר־נַעֲשָׂה *תַּחַת* הַשָּׁמֶשׁ	ἐν παντὶ τῷ πεποιημένῳ *ὑπὸ* τὸν ἥλιον
9:9	אֲשֶׁר נָתַן־לְךָ *תַּחַת* הַשֶּׁמֶשׁ	τὰς δοθείσας σοι *ὑπὸ* τὸν ἥλιον
9:9	וּבַעֲמָלְךָ אֲשֶׁר־אַתָּה עָמֵל *תַּחַת* הַשָּׁמֶשׁ	καὶ ἐν τῷ μόχθῳ σου ᾧ σὺ μοχθεῖς *ὑπὸ* τὸν ἥλιον
9:11	שַׁבְתִּי וְרָאֹה *תַחַת־*הַשֶּׁמֶשׁ	ἐπέστρεψα καὶ εἶδον *ὑπὸ* τὸν ἥλιον

9:13	גַּם־זֹה רָאִיתִי חָכְמָה *תַּחַת* הַשָּׁמֶשׁ	καί γε τοῦτο εἶδον σοφίαν *ὑπὸ* τὸν ἥλιον
10:5	יֵשׁ רָעָה רָאִיתִי *תַּחַת* הַשָּׁמֶשׁ כִּשְׁגָגָה	ἔστιν πονηρία ἣν εἶδον *ὑπὸ* τὸν ἥλιον ὡς ἀκούσιον

תָּמַהּ *Occurrences: 1*

θαυμάζω	*1*	*100%*
5:7	אַל־*תִּתְמַהּ* עַל־הַחֵפֶץ	μὴ *θαυμάσῃς* ἐπὶ τῷ πράγματι

תַּעֲנוּג *Occurrences: 1*

ἐντρύφημα	*1*	*100%*
2:8	*וְתַעֲנוּגֹת* בְּנֵי הָאָדָם	*καὶ ἐντρυφήματα* υἱῶν τοῦ ἀνθρώπου

תָּפַר *Occurrences: 1*

ῥάπτω	*1*	*100%*
3:7	עֵת לִקְרוֹעַ וְעֵת *לִתְפּוֹר*	καιρὸς τοῦ ῥῆξαι καὶ καιρὸς *τοῦ ῥάψαι*

תַּקִּיף *Occurrences: 1*

ἰσχυρός	*1*	*100%*
6:10	וְלֹא־יוּכַל לָדִין עִם **שֶׁהתַקִּיף* ***שֶׁתַּקִּיף*	καὶ οὐ δυνήσεται τοῦ κριθῆναι μετὰ *τοῦ ἰσχυροῦ*

תָּקַן *Occurrences: 3*

κοσμέω	*1*	*33%*
κοσμέω/ἐπι	*1*	*33%*
κόσμιον	*1*	*33%*

κοσμέω	*1*	*33%*
7:13	כִּי מִי יוּכַל *לְתַקֵּן*	ὅτι τίς δυνήσεται *τοῦ κοσμῆσαι*
κοσμέω/ἐπι	*1*	*33%*
1:15	מְעֻוָּת לֹא־יוּכַל *לִתְקֹן*	διεστραμμένον οὐ δυνήσεται *τοῦ ἐπικοσμηθῆναι*
κόσμιον	*1*	*33%*
12:9	וְאִזֵּן וְחִקֵּר *תִּקֵּן* מְשָׁלִים הַרְבֵּה	καὶ οὖς ἐξιχνιάσεται *κόσμιον* παραβολῶν [πολλὰ]

תָּקַף *Occurrences: 1*

κραταιόω/ἐπι	*1*	*100%*
4:12	*וְאִם־יִתְקְפוֹ* הָאֶחָד	καὶ ἐὰν *ἐπικραταιωθῇ* ὁ εἷς

Personal Suffixes

ִי- Occurrences: 52

ἐγώ	41	79%
αὐτός	1	2%
לְ + ִי-	10	
ἐγώ	10	19%

αὐτός	1	2%	
2:25	כִּי מִי יֹאכַל וּמִי יָחוּשׁ חוּץ מִמֶּנִּי	ὅτι τίς φάγεται καὶ τίς φείσεται πάρεξ αὐτοῦ	
ἐγώ	41	79%	
1:13	וְנָתַתִּי אֶת־לִבִּי לִדְרוֹשׁ	καὶ ἔδωκα τὴν καρδίαν μου τοῦ ἐκζητῆσαι	
1:16	דִּבַּרְתִּי אֲנִי עִם־לִבִּי לֵאמֹר	ἐλάλησα ἐγὼ ἐν καρδίᾳ μου τῷ λέγειν	
1:16	עַל כָּל־אֲשֶׁר־הָיָה לְפָנַי עַל־יְרוּשָׁלָם	ἐπὶ πᾶσιν οἳ ἐγένοντο ἔμπροσθέν μου ἐν Ιερουσαλημ	
1:16	וְלִבִּי רָאָה הַרְבֵּה חָכְמָה וָדָעַת	καὶ καρδία μου εἶδεν πολλά σοφίαν καὶ γνῶσιν	
1:17	וָאֶתְּנָה לִבִּי לָדַעַת חָכְמָה	καὶ ἔδωκα καρδίαν μου τοῦ γνῶναι σοφίαν	
2:1	אָמַרְתִּי אֲנִי בְּלִבִּי לְכָה־נָּא	εἶπον ἐγὼ ἐν καρδίᾳ μου δεῦρο δὴ	
2:3	תַּרְתִּי בְלִבִּי	κατεσκεψάμην ἐν καρδίᾳ μου	
2:3	לִמְשׁוֹךְ בַּיַּיִן אֶת־בְּשָׂרִי	τοῦ ἑλκύσαι εἰς οἶνον τὴν σάρκα μου	
2:3	וְלִבִּי נֹהֵג בַּחָכְמָה	καὶ καρδία μου ὡδήγησεν ἐν σοφίᾳ	
2:4	הִגְדַּלְתִּי מַעֲשָׂי	ἐμεγάλυνα ποίημά μου	
2:7	מִכֹּל שֶׁהָיוּ לְפָנַי	ὑπὲρ πάντας τοὺς γενομένους ἔμπροσθέν μου	
2:9	מִכֹּל שֶׁהָיָה לְפָנַי	παρὰ πάντας τοὺς γενομένους ἔμπροσθέν μου	
2:9	אַף חָכְמָתִי עָמְדָה לִּי	καί γε σοφία μου ἐστάθη μοι	
2:10	וְכֹל אֲשֶׁר שָׁאֲלוּ עֵינַי	καὶ πᾶν ὃ ἤτησαν οἱ ὀφθαλμοί μου	
2:10	לֹא־מָנַעְתִּי אֶת־לִבִּי	οὐκ ἀπεκώλυσα τὴν καρδίαν μου	
2:10	כִּי־לִבִּי שָׂמֵחַ מִכָּל־עֲמָלִי	ὅτι καρδία μου εὐφράνθη ἐν παντὶ μόχθῳ μου	
2:10	כִּי־לִבִּי שָׂמֵחַ מִכָּל־עֲמָלִי	ὅτι καρδία μου εὐφράνθη ἐν παντὶ μόχθῳ μου	
2:10	וְזֶה־הָיָה חֶלְקִי מִכָּל־עֲמָלִי	καὶ τοῦτο ἐγένετο μερίς μου ἀπὸ παντὸς μόχθου μου	
2:10	וְזֶה־הָיָה חֶלְקִי מִכָּל־עֲמָלִי	καὶ τοῦτο ἐγένετο μερίς μου ἀπὸ παντὸς μόχθου μου	
2:11	וּפָנִיתִי אֲנִי בְּכָל־מַעֲשַׂי	καὶ ἐπέβλεψα ἐγὼ ἐν πᾶσιν ποιήμασίν μου	
2:11	מַעֲשַׂי שֶׁעָשׂוּ יָדַי	ποιήμασίν μου οἷς ἐποίησαν αἱ χεῖρές μου	
2:15	וְאָמַרְתִּי אֲנִי בְּלִבִּי	καὶ εἶπα ἐγὼ ἐν καρδίᾳ μου	
2:15	גַּם־אֲנִי יִקְרֵנִי	καί γε ἐμοὶ συναντήσεταί μοι	
2:15	וְדִבַּרְתִּי בְלִבִּי	ἐλάλησα ἐν καρδίᾳ μου	
2:17	כִּי רַע עָלַי הַמַּעֲשֶׂה שֶׁנַּעֲשָׂה	ὅτι πονηρὸν ἐπ' ἐμὲ τὸ ποίημα τὸ πεποιημένον	
2:18	וְשָׂנֵאתִי אֲנִי אֶת־כָּל־עֲמָלִי	καὶ ἐμίσησα ἐγὼ σὺν πάντα μόχθον μου	
2:18	שֶׁאַנִּיחֶנּוּ לָאָדָם שֶׁיִּהְיֶה אַחֲרָי	ὅτι ἀφίω αὐτὸν τῷ ἀνθρώπῳ τῷ γινομένῳ μετ' ἐμέ	
2:19	וְיִשְׁלַט בְּכָל־עֲמָלִי	καὶ ἐξουσιάζεται ἐν παντὶ μόχθῳ μου	
2:20	וְסַבּוֹתִי אֲנִי לְיַאֵשׁ אֶת־לִבִּי	καὶ ἐπέστρεψα ἐγὼ τοῦ ἀποτάξασθαι τῇ καρδίᾳ μου	
3:17	אָמַרְתִּי אֲנִי בְּלִבִּי	εἶπα ἐγὼ ἐν καρδίᾳ μου	
3:18	אָמַרְתִּי אֲנִי בְּלִבִּי	ἐκεῖ εἶπα ἐγὼ ἐν καρδίᾳ μου	
4:8	וּלְמִי אֲנִי עָמֵל וּמְחַסֵּר אֶת־נַפְשִׁי	καὶ τίνι ἐγὼ μοχθῶ καὶ στερίσκω τὴν ψυχήν μου	
7:15	אֶת־הַכֹּל רָאִיתִי בִּימֵי הֶבְלִי	σὺν τὰ πάντα εἶδον ἐν ἡμέραις ματαιότητός μου	
7:23	אָמַרְתִּי אֶחְכָּמָה וְהִיא רְחוֹקָה מִמֶּנִּי	εἶπα σοφισθήσομαι [καὶ αὐτὴ ἐμακρύνθη ἀπ' ἐμοῦ]	[24]
7:25	סַבּוֹתִי אֲנִי וְלִבִּי	ἐκύκλωσα ἐγώ καὶ ἡ καρδία μου	
7:28	אֲשֶׁר עוֹד־בִּקְשָׁה נַפְשִׁי וְלֹא מָצָאתִי	ὃν ἔτι ἐζήτησεν ἡ ψυχή μου καὶ οὐχ εὗρον	
8:9	וְנָתוֹן אֶת־לִבִּי לְכָל־מַעֲשֶׂה	καὶ ἔδωκα τὴν καρδίαν μου εἰς πᾶν ποίημα	
8:16	כַּאֲשֶׁר נָתַתִּי אֶת־לִבִּי לָדַעַת חָכְמָה	ἐν οἷς ἔδωκα τὴν καρδίαν μου τοῦ γνῶναι σοφίαν	
9:1	כִּי אֶת־כָּל־זֶה נָתַתִּי אֶל־לִבִּי	ὅτι σὺν πᾶν τοῦτο ἔδωκα εἰς καρδίαν μου	
[9:1]	וְלָבוּר אֶת־כָּל־זֶה	καὶ καρδία μου σὺν πᾶν εἶδεν τοῦτο	=.wy ולבי
9:13	וּגְדוֹלָה הִיא אֵלָי	καὶ μεγάλη ἐστὶν πρός με	
12:12	וְיֹתֵר מֵהֵמָּה בְּנִי הִזָּהֵר	[καὶ περισσὸν ἐξ αὐτῶν] υἱέ μου φύλαξαι	
לְ + ִי-	10		
ἐγώ	10	19%	
2:4	בָּנִיתִי לִי בָּתִּים	ᾠκοδόμησά μοι οἴκους	

2:4	נָטַעְתִּי לִי כְּרָמִים	ἐφύτευσά *μοι* ἀμπελῶνας	
2:5	עָשִׂיתִי לִי גַּנּוֹת וּפַרְדֵּסִים	ἐποίησά *μοι* κήπους καὶ παραδείσους	
2:6	עָשִׂיתִי לִי בְּרֵכוֹת מָיִם	ἐποίησά *μοι* κολυμβήθρας ὑδάτων	
2:7	וּבְנֵי־בַיִת הָיָה לִי	καὶ οἰκογενεῖς ἐγένοντό *μοι*	
2:7	וְצֹאן הַרְבֵּה הָיָה לִי	καὶ ποιμνίου πολλὴ ἐγένετό *μοι*	
2:8	כָּנַסְתִּי לִי גַּם־כֶּסֶף וְזָהָב	συνήγαγόν *μοι* καί γε ἀργύριον καὶ χρυσίον	
2:8	עָשִׂיתִי לִי שָׁרִים וְשָׁרוֹת	ἐποίησά *μοι* ᾄδοντας καὶ ᾀδούσας	
2:9	אַף חָכְמָתִי עָמְדָה לִי	καί γε σοφία *μου* ἐστάθη μοι	
12:1	אֵין־לִי בָהֶם חֵפֶץ	οὐκ ἔστιν *μοι* ἐν αὐτοῖς θέλημα	

ךָ־ *Occurrences 49*

σύ	*45*	*96%*
- - -	2	
לְ + ךָ־	*1*	
σύ	*1*	*2%*
לֵב + ךָ־	*1*	
σύ	*1*	*2%*

- - -	2		
11:5	כַּאֲשֶׁר אֵינְךָ יוֹדֵעַ מַה־דֶּרֶךְ הָרוּחַ	ἐν οἷς *οὐκ ἔστιν* γινώσκων τίς ἡ ὁδὸς τοῦ πνεύματος	
11:6	כִּי אֵינְךָ יוֹדֵעַ אֵי זֶה יִכְשַׁר הֲזֶה אוֹ־זֶה	ὅτι *οὐ* γινώσκεις ποῖον στοιχήσει ἢ τοῦτο ἢ τοῦτο	
σύ	45	*96%*	
2:1	אֲנַסְּכָה בְשִׂמְחָה וּרְאֵה בְטוֹב	*πειράσω σε* ἐν εὐφροσύνῃ καὶ ἰδὲ ἐν ἀγαθῷ	
4:17	שְׁמֹר ״רַגְלְךָ **רַגְלְךָ כַּאֲשֶׁר תֵּלֵךְ אֶל־בֵּית	φύλαξον *πόδα σου* ἐν ᾧ ἐὰν πορεύῃ εἰς οἶκον	*
5:1	אַל־תְּבַהֵל עַל־פִּיךָ	μὴ σπεῦδε ἐπὶ *στόματί σου*	
5:1	וְלִבְּךָ אַל־יְמַהֵר	*καὶ καρδία σου* μὴ ταχυνάτω	
5:1	עַל־כֵּן יִהְיוּ דְבָרֶיךָ מְעַטִּים	ἐπὶ τούτῳ ἔστωσαν *οἱ λόγοι σου* ὀλίγοι	
5:5	אַל־תִּתֵּן אֶת־פִּיךָ לַחֲטִיא	μὴ δῷς *τὸ στόμα σου* τοῦ ἐξαμαρτῆσαι	
5:5	לַחֲטִיא אֶת־בְּשָׂרֶךָ	τοῦ ἐξαμαρτῆσαι *τὴν σάρκα σου*	
5:5	לָמָּה יִקְצֹף הָאֱלֹהִים עַל־קוֹלֶךָ	ἵνα μὴ ὀργισθῇ ὁ θεὸς ἐπὶ *φωνῇ σου*	
5:5	וְחִבֵּל אֶת־מַעֲשֵׂה יָדֶיךָ	καὶ διαφθείρῃ τὰ ποιήματα *χειρῶν σου*	
7:9	אַל־תְּבַהֵל בְּרוּחֲךָ לִכְעוֹס	μὴ σπεύσῃς *ἐν πνεύματί σου* τοῦ θυμοῦσθαι	
7:17	לָמָּה תָמוּת בְּלֹא עִתֶּךָ	ἵνα μὴ ἀποθάνῃς ἐν οὐ *καιρῷ σου*	
7:18	וְגַם־מִזֶּה אַל־תַּנַּח אֶת־יָדֶךָ	καί γε ἀπὸ τούτου μὴ ἀνῇς *τὴν χεῖρά σου*	
7:21	אַל־תִּתֵּן לִבֶּךָ	μὴ θῇς *καρδίαν σου*	
7:21	אֲשֶׁר לֹא־תִשְׁמַע אֶת־עַבְדְּךָ מְקַלְלֶךָ	ὅπως μὴ ἀκούσῃς *τοῦ δούλου σου* καταρωμένου σε	
7:21	אֲשֶׁר לֹא־תִשְׁמַע אֶת־עַבְדְּךָ מְקַלְלֶךָ	ὅπως μὴ ἀκούσῃς τοῦ δούλου σου *καταρωμένου σε*	
7:22	כִּי גַּם־פְּעָמִים רַבּוֹת יָדַע לִבֶּךָ	καὶ καθόδους πολλὰς κακώσει *καρδίαν σου*	=d
9:7	לֵךְ אֱכֹל בְּשִׂמְחָה לַחְמֶךָ	δεῦρο φάγε ἐν εὐφροσύνῃ *ἄρτον σου*	
9:7	וּשְׁתֵה בְלֶב־טוֹב יֵינֶךָ	καὶ πίε ἐν καρδίᾳ ἀγαθῇ *οἶνόν σου*	
9:7	כִּי כְבָר רָצָה הָאֱלֹהִים אֶת־מַעֲשֶׂיךָ	ὅτι ἤδη εὐδόκησεν ὁ θεὸς *τὰ ποιήματά σου*	
9:8	בְּכָל־עֵת יִהְיוּ בְגָדֶיךָ לְבָנִים	ἐν παντὶ καιρῷ ἔστωσαν *ἱμάτιά σου* λευκά	
9:8	וְשֶׁמֶן עַל־רֹאשְׁךָ אַל־יֶחְסָר	καὶ ἔλαιον ἐπὶ *κεφαλήν σου* μὴ ὑστερησάτω	
9:9	כָּל־יְמֵי חַיֵּי הֶבְלֶךָ	πάσας ἡμέρας ζωῆς *ματαιότητός σου*	
9:9	כֹּל יְמֵי הֶבְלֶךָ	πάσας ἡμέρας *ματαιότητός σου*	
9:9	כִּי הוּא חֶלְקְךָ בַּחַיִּים	ὅτι αὐτὸ *μερίς σου* ἐν τῇ ζωῇ σου	
9:9	וּבַעֲמָלְךָ אֲשֶׁר־אַתָּה עָמֵל תַּחַת הַשָּׁמֶשׁ	καὶ *ἐν τῷ μόχθῳ σου* ᾧ σὺ μοχθεῖς ὑπὸ τὸν ἥλιον	
9:10	כֹּל אֲשֶׁר תִּמְצָא יָדְךָ לַעֲשׂוֹת	πάντα ὅσα ἂν εὕρῃ *ἡ χείρ σου* τοῦ ποιῆσαι	
9:10	בְּכֹחֲךָ עֲשֵׂה	*ὡς ἡ δύναμίς σου* ποίησον	=%p
10:4	אִם־רוּחַ הַמּוֹשֵׁל תַּעֲלֶה עָלֶיךָ	ἐὰν πνεῦμα τοῦ ἐξουσιάζοντος ἀναβῇ *ἐπὶ σέ*	
10:4	מְקוֹמְךָ אַל־תַּנַּח	*τόπον σου* μὴ ἀφῇς	
10:20	גַּם בְּמַדָּעֲךָ מֶלֶךְ אַל־תְּקַלֵּל	καί γε *ἐν συνειδήσει σου* βασιλέα μὴ καταράσῃ	
10:20	וּבְחַדְרֵי מִשְׁכָּבְךָ אַל־תְּקַלֵּל	καὶ ἐν ταμιείοις *κοιτώνων σου* μὴ καταράσῃ	
11:1	שַׁלַּח לַחְמְךָ עַל־פְּנֵי הַמָּיִם	ἀπόστειλον *τὸν ἄρτον σου* ἐπὶ πρόσωπον τοῦ ὕδατος	
11:6	בַּבֹּקֶר זְרַע אֶת־זַרְעֶךָ	ἐν πρωίᾳ σπεῖρον *τὸ σπέρμα σου*	
11:6	וְלָעֶרֶב אַל־תַּנַּח יָדֶךָ	καὶ εἰς ἑσπέραν μὴ ἀφέτω *ἡ χείρ σου*	
11:9	שְׂמַח בָּחוּר בְּיַלְדוּתֶיךָ	εὐφραίνου νεανίσκε *ἐν νεότητί σου*	

11:9	וְיטִיבְךָ לִבְּךָ	*καὶ ἀγαθυνάτω σε* ἡ καρδία σου	
11:9	וִיטִיבְךָ לִבְּךָ	καὶ ἀγαθυνάτω σε *ἡ καρδία σου*	
11:9	בִּימֵי בְחוּרוֹתֶךָ	ἐν ἡμέραις *νεότητός σου*	
11:9	וְהַלֵּךְ בְּדַרְכֵי לִבְּךָ	καὶ περιπάτει ἐν ὁδοῖς *καρδίας σου*	
11:9	וּבְמַרְאֵי עֵינֶיךָ	καὶ ἐν ὁράσει *ὀφθαλμῶν σου*	
11:9	עַל־כָּל־אֵלֶּה יְבִיאֲךָ הָאֱלֹהִים בַּמִּשְׁפָּט	ἐπὶ πᾶσι τούτοις *ἄξει σε* ὁ θεὸς ἐν κρίσει	
11:10	וְהָסֵר כַּעַס מִלִּבֶּךָ	καὶ ἀπόστησον θυμὸν *ἀπὸ καρδίας σου*	
11:10	וְהַעֲבֵר רָעָה מִבְּשָׂרֶךָ	καὶ παράγαγε πονηρίαν *ἀπὸ σαρκός σου*	
12:1	וּזְכֹר אֶת־בּוֹרְאֶיךָ	καὶ μνήσθητι *τοῦ κτίσαντός σε*	
12:1	בִּימֵי בְּחוּרֹתֶיךָ	ἐν ἡμέραις *νεότητός σου*	
לְ + ־ךָ	*1*		
σύ	*1*	*2%*	
9:9	אֲשֶׁר נָתַן־לְךָ תַּחַת הַשֶּׁמֶשׁ	τὰς δοθείσας *σοι* ὑπὸ τὸν ἥλιον	
לֵב + ־ךָ	*1*		
σύ	*1*	*2%*	
7:22	כִּי גַּם־פְּעָמִים רַבּוֹת יָדַע לִבֶּךָ	ὅτι πλειστάκις πονηρεύσεταί *σε*	=d

־ךְ *Occurrences: 6*

σύ	*5*	*83%*
לְ + ךְ	*1*	
σύ	*1*	*17%*

σύ	*5*	*83%*
10:16	אִי־לָךְ אֶרֶץ שֶׁמַּלְכֵּךְ נָעַר	οὐαί σοι πόλις *ἧς ὁ βασιλεύς σου* νεώτερος
10:16	וְשָׂרַיִךְ בַּבֹּקֶר יֹאכֵלוּ	*καὶ οἱ ἄρχοντές σου* ἐν πρωίᾳ ἐσθίουσιν
10:17	אַשְׁרֵיךְ אֶרֶץ שֶׁמַּלְכֵּךְ בֶּן־חוֹרִים	*μακαρία σύ* γῆ ἧς ὁ βασιλεύς σου υἱὸς ἐλευθέρων
10:17	אַשְׁרֵיךְ אֶרֶץ שֶׁמַּלְכֵּךְ בֶּן־חוֹרִים	μακαρία σύ γῆ ἧς *ὁ βασιλεύς σου* υἱὸς ἐλευθέρων
10:17	וְשָׂרַיִךְ בָּעֵת יֹאכֵלוּ	*καὶ οἱ ἄρχοντές σου* πρὸς καιρὸν φάγονται
לְ + ךְ	*1*	
σύ	*1*	*17%*
10:16	אִי־לָךְ אֶרֶץ שֶׁמַּלְכֵּךְ נָעַר	*οὐαί σοι* πόλις ἧς ὁ βασιλεύς σου νεώτερος

־הוּ *Occurrences: 129*

αὐτός	*108*	*89%*
- - -	*7*	
לְ + ־הוּ	*14*	
αὐτός	*14*	*11%*

- - -	*7*	
1:7	וְהַיָּם אֵינֶנּוּ מָלֵא	καὶ ἡ θάλασσα *οὐκ ἔσται* ἐμπιμπλαμένη
5:11	אֵינֶנּוּ מַנִּיחַ לוֹ לִישׁוֹן	*οὐκ ἔστιν* ἀφίων αὐτὸν τοῦ ὑπνῶσαι
5:16	וְכָעַס הַרְבֵּה וְחָלְיוֹ וָקָצֶף	καὶ θυμῷ πολλῷ *καὶ ἀρρωστίᾳ* καὶ χόλῳ
8:7	כִּי־אֵינֶנּוּ יֹדֵעַ מַה־שֶּׁיִּהְיֶה	ὅτι *οὐκ ἔστιν* γινώσκων τί τὸ ἐσόμενον
8:13	אֲשֶׁר אֵינֶנּוּ יָרֵא מִלִּפְנֵי אֱלֹהִים	ὃς *οὐκ ἔστιν* φοβούμενος ἀπὸ προσώπου τοῦ θεοῦ
8:16	שֵׁנָה בְּעֵינָיו אֵינֶנּוּ רֹאֶה	ὕπνον ἐν ὀφθαλμοῖς αὐτοῦ *οὐκ ἔστιν* βλέπων
9:2	וְלַזֹּבֵחַ וְלַאֲשֶׁר אֵינֶנּוּ זֹבֵחַ	καὶ τῷ θυσιάζοντι καὶ τῷ *μὴ* θυσιάζοντι
αὐτός	*108*	*89%*
1:3	מַה־יִּתְרוֹן לָאָדָם בְּכָל־עֲמָלוֹ	τίς περισσεία τῷ ἀνθρώπῳ ἐν παντὶ *μόχθῳ αὐτοῦ*
1:5	וְאֶל־מְקוֹמוֹ שׁוֹאֵף	καὶ εἰς *τὸν τόπον αὐτοῦ* ἕλκει
1:6	וְעַל־סְבִיבֹתָיו שָׁב הָרוּחַ	καὶ ἐπὶ *κύκλους αὐτοῦ* ἐπιστρέφει τὸ πνεῦμα
1:13	לִבְנֵי הָאָדָם לַעֲנוֹת בּוֹ	τοῖς υἱοῖς τοῦ ἀνθρώπου τοῦ περισπᾶσθαι *ἐν αὐτῷ*
2:12	אֵת אֲשֶׁר־כְּבָר עָשׂוּהוּ	τὰ ὅσα *ἐποίησεν αὐτήν*
2:14	הֶחָכָם עֵינָיו בְּרֹאשׁוֹ	τοῦ σοφοῦ *οἱ ὀφθαλμοὶ αὐτοῦ* ἐν κεφαλῇ αὐτοῦ
2:14	הֶחָכָם עֵינָיו בְּרֹאשׁוֹ	τοῦ σοφοῦ οἱ ὀφθαλμοὶ αὐτοῦ *ἐν κεφαλῇ αὐτοῦ*
2:18	שֶׁאַנִּיחֶנּוּ לָאָדָם שֶׁיִּהְיֶה אַחֲרָי	ὅτι *ἀφίω αὐτὸν* τῷ ἀνθρώπῳ τῷ γινομένῳ μετ' ἐμέ
2:21	כִּי־יֵשׁ אָדָם שֶׁעֲמָלוֹ בְּחָכְמָה	ὅτι ἔστιν ἄνθρωπος *οὗ μόχθος αὐτοῦ* ἐν σοφίᾳ
2:21	וּלְאָדָם שֶׁלֹּא עָמַל־בּוֹ	καὶ ἄνθρωπος ὃς οὐκ ἐμόχθησεν *ἐν αὐτῷ*

2:21	יִתְּנֶנּוּ חֶלְקוֹ	*δώσει αὐτῷ* μερίδα αὐτοῦ	
2:21	יִתְּנֶנּוּ חֶלְקוֹ	δώσει αὐτῷ *μερίδα αὐτοῦ*	
2:22	כִּי מֶה־הֹוֶה לָאָדָם בְּכָל־עֲמָלוֹ	ὅτι τί γίνεται τῷ ἀνθρώπῳ ἐν παντὶ *μόχθῳ αὐτοῦ*	
2:22	וּבְרַעְיוֹן לִבּוֹ	καὶ ἐν προαιρέσει *καρδίας αὐτοῦ*	
2:23	כִּי כָל־יָמָיו מַכְאֹבִים	ὅτι πᾶσαι *αἱ ἡμέραι* αὐτοῦ ἀλγημάτων	
2:23	מַכְאֹבִים וָכַעַס עִנְיָנוֹ	ἀλγημάτων καὶ θυμοῦ *περισπασμὸς αὐτοῦ*	
2:23	גַּם־בַּלַּיְלָה לֹא־שָׁכַב לִבּוֹ	καί γε ἐν νυκτὶ οὐ κοιμᾶται *ἡ καρδία αὐτοῦ*	
2:24	שֶׁיֹּאכַל וְשָׁתָה וְהֶרְאָה אֶת־נַפְשׁוֹ	ὃ φάγεται καὶ ὃ πίεται καὶ ὃ δείξει *τῇ ψυχῇ* αὐτοῦ	
2:24	וְהֶרְאָה אֶת־נַפְשׁוֹ טוֹב בַּעֲמָלוֹ	καὶ ὃ δείξει τῇ ψυχῇ αὐτοῦ ἀγαθὸν *ἐν μόχθῳ αὐτοῦ*	
2:26	כִּי לְאָדָם שֶׁטּוֹב לְפָנָיו	ὅτι τῷ ἀνθρώπῳ τῷ ἀγαθῷ *πρὸ προσώπου αὐτοῦ*	
3:10	לִבְנֵי הָאָדָם לַעֲנוֹת בּוֹ	τοῖς υἱοῖς τοῦ ἀνθρώπου τοῦ περισπᾶσθαι *ἐν αὐτῷ*	
3:11	אֶת־הַכֹּל עָשָׂה יָפֶה בְעִתּוֹ	σὺν τὰ πάντα ἐποίησεν καλὰ *ἐν καιρῷ* αὐτοῦ	
3:12	וְלַעֲשׂוֹת טוֹב בְּחַיָּיו	καὶ τοῦ ποιεῖν ἀγαθὸν *ἐν ζωῇ αὐτοῦ*	
3:13	וְרָאָה טוֹב בְּכָל־עֲמָלוֹ	καὶ ἴδῃ ἀγαθὸν ἐν παντὶ *μόχθῳ αὐτοῦ*	
3:14	עָלָיו אֵין לְהוֹסִיף	*ἐπ' αὐτῷ* οὐκ ἔστιν προσθεῖναι	
3:14	וּמִמֶּנּוּ אֵין לִגְרֹעַ	*καὶ ἀπ' αὐτοῦ* οὐκ ἔστιν ἀφελεῖν	
3:14	שֶׁיִּרְאוּ מִלְּפָנָיו	ἵνα φοβηθῶσιν *ἀπὸ προσώπου αὐτοῦ*	
3:22	יִשְׂמַח הָאָדָם בְּמַעֲשָׂיו	εὐφρανθήσεται ὁ ἄνθρωπος *ἐν ποιήμασιν αὐτοῦ*	
3:22	כִּי־הוּא חֶלְקוֹ	ὅτι αὐτὸ *μερὶς αὐτοῦ*	
3:22	כִּי מִי יְבִיאֶנּוּ לִרְאוֹת בְּמֶה שֶׁיִּהְיֶה	ὅτι τίς ἄξει *αὐτὸν* τοῦ ἰδεῖν ἐν ᾧ ἐὰν γένηται	
3:22	בְּמֶה שֶׁיִּהְיֶה אַחֲרָיו	ἐν ᾧ ἐὰν γένηται *μετ' αὐτόν*	
4:4	כִּי הִיא קִנְאַת־אִישׁ מֵרֵעֵהוּ	ὅτι αὐτὸ ζῆλος ἀνδρὸς *ἀπὸ τοῦ ἑταίρου αὐτοῦ*	
4:5	הַכְּסִיל חֹבֵק אֶת־יָדָיו	ὁ ἄφρων περιέλαβεν *τὰς χεῖρας αὐτοῦ*	
4:5	וְאֹכֵל אֶת־בְּשָׂרוֹ	καὶ ἔφαγεν *τὰς σάρκας αὐτοῦ*	
4:8	וְאֵין קֵץ לְכָל־עֲמָלוֹ	καὶ οὐκ ἔστιν περασμὸς τῷ παντὶ *μόχθῳ αὐτοῦ*	
4:8	*גַּם־עֵינָיו **עֵינוֹ לֹא־תִשְׂבַּע עֹשֶׁר	καί γε *ὀφθαλμὸς αὐτοῦ* οὐκ ἐμπίπλαται πλούτου	**
4:10	כִּי אִם־יִפֹּלוּ הָאֶחָד יָקִים אֶת־חֲבֵרוֹ	ὅτι ἐὰν πέσωσιν ὁ εἷς ἐγερεῖ τὸν *μέτοχον* αὐτοῦ	
4:10	וְאֵין שֵׁנִי לַהֲקִימוֹ	καὶ μὴ ᾖ δεύτερος *τοῦ ἐγεῖραι αὐτόν*	
4:12	הַשְּׁנַיִם יַעַמְדוּ נֶגְדּוֹ	οἱ δύο στήσονται *κατέναντι αὐτοῦ*	
4:14	כִּי גַּם בְּמַלְכוּתוֹ נוֹלַד רָשׁ	ὅτι καί γε *ἐν βασιλείᾳ αὐτοῦ* ἐγεννήθη πένης	
4:15	אֲשֶׁר יַעֲמֹד תַּחְתָּיו	ὃς στήσεται *ἀντ' αὐτοῦ*	
4:16	גַּם הָאַחֲרוֹנִים לֹא יִשְׂמְחוּ־בוֹ	καί γε οἱ ἔσχατοι οὐκ εὐφρανθήσονται *ἐν αὐτῷ*	
5:3	אַל־תְּאַחֵר לְשַׁלְּמוֹ	μὴ χρονίσῃς *τοῦ ἀποδοῦναι αὐτήν*	
5:10	כִּי אִם־*רְאִית **רְאוּת עֵינָיו	ὅτι ἀλλ' ἢ τοῦ ὁρᾶν *ὀφθαλμοῖς αὐτοῦ*	
5:12	עֹשֶׁר שָׁמוּר לִבְעָלָיו	πλοῦτον φυλασσόμενον *τῷ παρ' αὐτοῦ*	
5:12	שָׁמוּר לִבְעָלָיו לְרָעָתוֹ	φυλασσόμενον τῷ παρ' αὐτοῦ *εἰς κακίαν αὐτοῦ*	
5:13	וְהוֹלִיד בֵּן וְאֵין בְּיָדוֹ	καὶ ἐγέννησεν υἱόν καὶ οὐκ ἔστιν *ἐν χειρὶ αὐτοῦ*	
5:14	כַּאֲשֶׁר יָצָא מִבֶּטֶן אִמּוֹ עָרוֹם	καθὼς ἐξῆλθεν ἀπὸ γαστρὸς *μητρὸς αὐτοῦ* γυμνός	
5:14	וּמְאוּמָה לֹא־יִשָּׂא בַעֲמָלוֹ	καὶ οὐδὲν οὐ λήμψεται *ἐν μόχθῳ αὐτοῦ*	
5:14	שֶׁיֹּלֵךְ בְּיָדוֹ	ἵνα πορευθῇ *ἐν χειρὶ αὐτοῦ*	
5:16	גַּם כָּל־יָמָיו בַּחֹשֶׁךְ יֹאכֵל	καί γε πᾶσαι *αἱ ἡμέραι αὐτοῦ* ἐν σκότει καὶ πένθει	
5:17	בְּכָל־עֲמָלוֹ שֶׁיַּעֲמֹל	ἐν παντὶ *μόχθῳ αὐτοῦ* ᾧ ἐὰν μοχθῇ	
5:17	תַּחַת־הַשֶּׁמֶשׁ מִסְפַּר יְמֵי־חַיָּו	ὑπὸ τὸν ἥλιον ἀριθμὸν ἡμερῶν *ζωῆς αὐτοῦ*	
5:17	כִּי־הוּא חֶלְקוֹ	ὅτι αὐτὸ *μερὶς αὐτοῦ*	
5:18	וְהִשְׁלִיטוֹ לֶאֱכֹל מִמֶּנּוּ	*καὶ ἐξουσίασεν αὐτὸν* τοῦ φαγεῖν ἀπ' αὐτοῦ	
5:18	וְהִשְׁלִיטוֹ לֶאֱכֹל מִמֶּנּוּ	καὶ ἐξουσίασεν αὐτὸν τοῦ φαγεῖν *ἀπ' αὐτοῦ*	
5:18	וְלָשֵׂאת אֶת־חֶלְקוֹ	καὶ τοῦ λαβεῖν *τὸ μέρος αὐτοῦ*	
5:18	וְלִשְׂמֹחַ בַּעֲמָלוֹ	καὶ τοῦ εὐφρανθῆναι *ἐν μόχθῳ αὐτοῦ*	
5:19	יִזְכֹּר אֶת־יְמֵי חַיָּיו	μνησθήσεται τὰς ἡμέρας *τῆς ζωῆς αὐτοῦ*	
5:19	מַעֲנֶה בְּשִׂמְחַת לִבּוֹ	περισπᾷ αὐτὸν ἐν εὐφροσύνῃ *καρδίας αὐτοῦ*	
6:2	וְאֵינֶנּוּ חָסֵר לְנַפְשׁוֹ	καὶ οὐκ ἔστιν ὑστερῶν *τῇ ψυχῇ αὐτοῦ*	
6:2	וְלֹא־יַשְׁלִיטֶנּוּ הָאֱלֹהִים לֶאֱכֹל	καὶ οὐκ *ἐξουσιάσει αὐτῷ* ὁ θεὸς τοῦ φαγεῖν	
6:2	לֶאֱכֹל מִמֶּנּוּ	τοῦ φαγεῖν *ἀπ' αὐτοῦ*	
6:2	כִּי אִישׁ נָכְרִי יֹאכֲלֶנּוּ	ὅτι ἀνὴρ ξένος *φάγεται αὐτόν*	
6:3	וְרַב שֶׁיִּהְיוּ יְמֵי־שָׁנָיו	καὶ πλῆθος ὅ τι ἔσονται ἡμέραι ἐτῶν αὐτοῦ	
6:3	וְנַפְשׁוֹ לֹא־תִשְׂבַּע	*καὶ ψυχὴ αὐτοῦ* οὐκ ἐμπλησθήσεται	
6:3	אָמַרְתִּי טוֹב מִמֶּנּוּ הַנָּפֶל	εἶπα ἀγαθὸν *ὑπὲρ αὐτὸν* τὸ ἔκτρωμα	

6:4	וּבַחֹשֶׁךְ שְׁמוֹ יְכֻסֶּה	καὶ ἐν σκότει *ὄνομα αὐτοῦ* καλυφθήσεται
6:7	כָּל־עֲמַל הָאָדָם לְפִיהוּ	πᾶς μόχθος τοῦ ἀνθρώπου *εἰς στόμα αὐτοῦ*
6:10	מַה־שֶּׁהָיָה כְּבָר נִקְרָא שְׁמוֹ	εἴ τι ἐγένετο ἤδη κέκληται *ὄνομα αὐτοῦ*
6:10	לָדִין עִם *שֶׁהַתַּקִּיף **שֶׁתַּקִּיף מִמֶּנּוּ	τοῦ κριθῆναι μετὰ τοῦ ἰσχυροῦ *ὑπὲρ αὐτόν*
6:12	מִסְפַּר יְמֵי־חַיֵּי הֶבְלוֹ	ἀριθμὸν ἡμερῶν ζωῆς *ματαιότητος αὐτοῦ*
6:12	מַה־יִּהְיֶה אַחֲרָיו תַּחַת הַשָּׁמֶשׁ	τί ἔσται *ὀπίσω αὐτοῦ* ὑπὸ τὸν ἥλιον
7:1	וְיוֹם הַמָּוֶת מִיּוֹם הִוָּלְדוֹ	καὶ ἡμέρα τοῦ θανάτου ὑπὲρ ἡμέραν *γενέσεως αὐτοῦ*
7:2	וְהַחַי יִתֵּן אֶל־לִבּוֹ	καὶ ὁ ζῶν δώσει εἰς *καρδίαν αὐτοῦ*
7:8	טוֹב אַחֲרִית דָּבָר מֵרֵאשִׁיתוֹ	ἀγαθὴ ἐσχάτη λόγων *ὑπὲρ ἀρχὴν αὐτοῦ*
7:13	אֵת אֲשֶׁר עִוְּתוֹ	ὃν ἂν ὁ θεὸς διαστρέψῃ *αὐτόν*
7:14	שֶׁלֹּא יִמְצָא הָאָדָם אַחֲרָיו מְאוּמָה	ἵνα μὴ εὕρῃ ὁ ἄνθρωπος *ὀπίσω αὐτοῦ* μηδέν
7:15	יֵשׁ צַדִּיק אֹבֵד בְּצִדְקוֹ	ἔστιν δίκαιος ἀπολλύμενος *ἐν δικαίῳ αὐτοῦ*
7:15	וְיֵשׁ רָשָׁע מַאֲרִיךְ בְּרָעָתוֹ	καὶ ἔστιν ἀσεβὴς μένων *ἐν κακίᾳ αὐτοῦ*
7:24	רָחוֹק מַה־שֶּׁהָיָה וְעָמֹק עָמֹק מִי יִמְצָאֶנּוּ	μακρὰν ὑπὲρ ὃ ἦν καὶ βαθὺ βάθος τίς *εὑρήσει αὐτό*
8:1	חָכְמַת אָדָם תָּאִיר פָּנָיו	σοφία ἀνθρώπου φωτιεῖ *πρόσωπον αὐτοῦ*
8:1	וְעֹז פָּנָיו יְשֻׁנֶּא	καὶ ἀναιδὴς *προσώπῳ αὐτοῦ* μισηθήσεται
8:3	אַל־תִּבָּהֵל מִפָּנָיו תֵּלֵךְ	[μὴ σπουδάσῃς] *ἀπὸ προσώπου αὐτοῦ* πορεύσῃ
8:6	כִּי־רָעַת הָאָדָם רַבָּה עָלָיו	ὅτι γνῶσις τοῦ ἀνθρώπου πολλὴ *ἐπ' αὐτόν*
8:8	וְלֹא־יְמַלֵּט רֶשַׁע אֶת־בְּעָלָיו	καὶ οὐ διασώσει ἀσέβεια *τὸν παρ' αὐτῆς*
8:12	אֲשֶׁר יִירְאוּ מִלְּפָנָיו	ὅπως φοβῶνται *ἀπὸ προσώπου αὐτοῦ*
8:15	וְהוּא יִלְוֶנּוּ בַעֲמָלוֹ	καὶ αὐτὸ *συμπροσέσται αὐτῷ* ἐν μόχθῳ αὐτοῦ
8:15	וְהוּא יִלְוֶנּוּ בַעֲמָלוֹ	καὶ αὐτὸ συμπροσέσται αὐτῷ *ἐν μόχθῳ αὐτοῦ*
8:15	יְמֵי חַיָּיו אֲשֶׁר־נָתַן־לוֹ הָאֱלֹהִים	ἡμέρας *ζωῆς αὐτοῦ* ὅσας ἔδωκεν αὐτῷ ὁ θεός
8:16	שֵׁנָה בְּעֵינָיו אֵינֶנּוּ רֹאֶה	ὕπνον *ἐν ὀφθαλμοῖς αὐτοῦ* οὐκ ἔστιν βλέπων
9:3	וְאַחֲרָיו אֶל־הַמֵּתִים	*καὶ ὀπίσω αὐτῶν* πρὸς τοὺς νεκρούς
9:12	כִּי גַּם לֹא־יֵדַע הָאָדָם אֶת־עִתּוֹ	ὅτι καί γε οὐκ ἔγνω ὁ ἄνθρωπος *τὸν καιρὸν αὐτοῦ*
9:15	וּמִלַּט־הוּא אֶת־הָעִיר בְּחָכְמָתוֹ	καὶ διασώσει αὐτὸς τὴν πόλιν *ἐν τῇ σοφίᾳ αὐτοῦ*
9:16	וּדְבָרָיו אֵינָם נִשְׁמָעִים	*καὶ λόγοι αὐτοῦ* οὐκ εἰσιν ἀκουόμενοι
10:2	לֵב חָכָם לִימִינוֹ	καρδία σοφοῦ *εἰς δεξιὸν αὐτοῦ*
10:2	וְלֵב כְּסִיל לִשְׂמֹאלוֹ	καὶ καρδία ἄφρονος *εἰς ἀριστερὸν αὐτοῦ*
10:3	לִבּוֹ חָסֵר	*καρδία αὐτοῦ* ὑστερήσει
10:8	חֹפֵר גּוּמָּץ בּוֹ יִפּוֹל	ὁ ὀρύσσων βόθρον *ἐν αὐτῷ* ἐμπεσεῖται
10:8	וּפֹרֵץ גָּדֵר יִשְּׁכֶנּוּ נָחָשׁ	καὶ καθαιροῦντα φραγμόν *δήξεται αὐτὸν* ὄφις
10:12	וְשִׂפְתוֹת כְּסִיל תְּבַלְּעֶנּוּ	καὶ χείλη ἄφρονος *καταποντιοῦσιν αὐτόν*
10:13	תְּחִלַּת דִּבְרֵי־פִיהוּ סִכְלוּת	ἀρχὴ λόγων *στόματος αὐτοῦ* ἀφροσύνη
10:13	וְאַחֲרִית פִּיהוּ הוֹלֵלוּת רָעָה	καὶ ἐσχάτη *στόματος αὐτοῦ* περιφέρεια πονηρά
10:14	וַאֲשֶׁר יִהְיֶה מֵאַחֲרָיו	καὶ τί τὸ ἐσόμενον *ὀπίσω αὐτοῦ*
10:15	עֲמַל הַכְּסִילִים תְּיַגְּעֶנּוּ	μόχθος τῶν ἀφρόνων *κοπώσει αὐτούς*
11:1	כִּי־בְרֹב הַיָּמִים תִּמְצָאֶנּוּ	ὅτι ἐν πλήθει τῶν ἡμερῶν *εὑρήσεις αὐτόν*
12:5	כִּי־הֹלֵךְ הָאָדָם אֶל־בֵּית עוֹלָמוֹ	ὅτι ἐπορεύθη ὁ ἄνθρωπος εἰς οἶκον *αἰῶνος αὐτοῦ*
12:13	אֶת־הָאֱלֹהִים יְרָא וְאֶת־מִצְוֹתָיו שְׁמוֹר	τὸν θεὸν φοβοῦ *καὶ τὰς ἐντολὰς αὐτοῦ* φύλασσε

לְ + ־הוּ *14*

αὐτός *14* *11%*

4:8	גַּם בֵּן וָאָח אֵין־לוֹ	καί γε υἱὸς καὶ ἀδελφὸς *οὐκ ἔστιν αὐτῷ*	
4:10	וְאִילוֹ הָאֶחָד שֶׁיִּפּוֹל	*καὶ οὐαὶ αὐτῷ* τῷ ἑνὶ ὅταν πέσῃ	=.s ואי לו
5:11	אֵינֶנּוּ מַנִּיחַ לוֹ לִישׁוֹן	οὐκ ἔστιν ἀφίων *αὐτὸν* τοῦ ὑπνῶσαι	
5:15	וּמַה־יִּתְרוֹן לוֹ שֶׁיַּעֲמֹל לָרוּחַ	καὶ τίς περισσεία *αὐτῷ* ᾗ μοχθεῖ εἰς ἄνεμον	
5:17	יְמֵי־חַיָּו אֲשֶׁר־נָתַן־לוֹ הָאֱלֹהִים	ἡμερῶν ζωῆς αὐτοῦ ὧν ἔδωκεν *αὐτῷ* ὁ θεός	
5:18	גַּם כָּל־הָאָדָם אֲשֶׁר נָתַן־לוֹ הָאֱלֹהִים	καί γε πᾶς ὁ ἄνθρωπος ᾧ ἔδωκεν *αὐτῷ* ὁ θεὸς	
6:2	אִישׁ אֲשֶׁר יִתֶּן־לוֹ הָאֱלֹהִים עֹשֶׁר	ἀνήρ ᾧ δώσει *αὐτῷ* ὁ θεὸς πλοῦτον	
6:3	וְגַם־קְבוּרָה לֹא־הָיְתָה לוֹ	καί γε ταφὴ οὐκ ἐγένετο *αὐτῷ*	
8:4	וּמִי יֹאמַר־לוֹ מַה־תַּעֲשֶׂה	καὶ τίς ἐρεῖ *αὐτῷ* τί ποιήσεις	
8:7	כִּי כַּאֲשֶׁר יִהְיֶה מִי יַגִּיד לוֹ	ὅτι καθὼς ἔσται τίς ἀναγγελεῖ *αὐτῷ*	
8:9	הָאָדָם בְּאָדָם לְרַע לוֹ	ὁ ἄνθρωπος ἐν ἀνθρώπῳ τοῦ κακῶσαι *αὐτόν*	
8:12	וּמַאֲרִיךְ לוֹ	καὶ ἀπὸ μακρότητος *αὐτῷ*	
8:15	יְמֵי חַיָּיו אֲשֶׁר־נָתַן־לוֹ הָאֱלֹהִים	ἡμέρας ζωῆς αὐτοῦ ὅσας ἔδωκεν *αὐτῷ* ὁ θεὸς	
10:14	מִי יַגִּיד לוֹ	τίς ἀναγγελεῖ *αὐτῷ*	

CATSS Basic Tools — Ecclesiastes 290

ָ-ה *Occurrences: 13*

αὐτός	*12*	*92%*
אֵת + ָ-ה	*1*	
αὐτός	*1*	*8%*

αὐτός	*12*	*92%*
5:10	רַבּוּ אוֹכְלֶיהָ	ἐπληθύνθησαν *ἔσθοντες αὐτήν*
5:10	וּמַה־כִּשְׁרוֹן לִבְעָלֶיהָ	καὶ τί ἀνδρεία *τῷ παρ' αὐτῆς*
7:12	תְּחַיֶּה בְעָלֶיהָ	ζωοποιήσει *τὸν παρ' αὐτῆς*
7:26	וַחֲרָמִים לִבָּהּ אֲסוּרִים יָדֶיהָ	καὶ σαγῆναι *καρδία αὐτῆς* δεσμοὶ χεῖρες αὐτῆς
7:26	וַחֲרָמִים לִבָּהּ אֲסוּרִים יָדֶיהָ	καὶ σαγῆναι καρδία αὐτῆς δεσμοὶ *χεῖρες αὐτῆς*
7:26	לִפְנֵי הָאֱלֹהִים יִמָּלֵט מִמֶּנָּה	πρὸ προσώπου τοῦ θεοῦ ἐξαιρεθήσεται *ἀπ' αὐτῆς*
7:26	וְחוֹטֵא יִלָּכֶד בָּהּ	καὶ ἁμαρτάνων συλλημφθήσεται *ἐν αὐτῇ*
9:14	עִיר קְטַנָּה וַאֲנָשִׁים בָּהּ מְעָט	πόλις μικρὰ καὶ ἄνδρες *ἐν αὐτῇ* ὀλίγοι
9:14	וּבָא־אֵלֶיהָ מֶלֶךְ גָּדוֹל	καὶ ἔλθῃ *ἐπ' αὐτὴν* βασιλεὺς μέγας
9:14	וּבָנָה עָלֶיהָ מְצוֹדִים גְּדֹלִים	καὶ οἰκοδομήσῃ *ἐπ' αὐτὴν* χάρακας μεγάλους
9:15	וּמָצָא בָהּ אִישׁ מִסְכֵּן חָכָם	καὶ εὕρῃ *ἐν αὐτῇ* ἄνδρα πένητα σοφόν
12:7	תָּשׁוּב אֶל־הָאֱלֹהִים אֲשֶׁר נְתָנָהּ	ἐπιστρέψῃ πρὸς τὸν θεόν ὃς *ἔδωκεν αὐτό*
אֵת + ָ-ה	*1*	
αὐτός	*1*	*8%*
9:14	מֶלֶךְ גָּדוֹל וְסָבַב אֹתָהּ	βασιλεὺς μέγας καὶ *κυκλώσῃ αὐτὴν*

-נוּ *Occurrences: 1*

ἐγώ	*1*	*100%*
1:10	לְעֹלָמִים אֲשֶׁר הָיָה מִלְּפָנֵנוּ	ἐν τοῖς αἰῶσιν τοῖς γενομένοις *ἀπὸ ἔμπροσθεν ἡμῶν*

-הֶם *Occurrences: 46*

αὐτός	*31*	*76%*
- - -	*5*	
οὗτος	*1*	*2%*
לְ + -הֶם	*9*	
αὐτός	*9*	*22%*

- - -	*5*	
4:17	כִּי־אֵינָם יוֹדְעִים לַעֲשׂוֹת רָע	ὅτι *οὔκ εἰσιν* εἰδότες τοῦ ποιῆσαι κακόν
7:18	כִּי־יְרֵא אֱלֹהִים יֵצֵא אֶת־כֻּלָּם	ὅτι φοβούμενος τὸν θεὸν ἐξελεύσεται *τὰ πάντα*
9:5	וְהַמֵּתִים אֵינָם יוֹדְעִים מְאוּמָה	καὶ οἱ νεκροὶ *οὔκ εἰσιν* γινώσκοντες οὐδέν
9:16	וּדְבָרָיו אֵינָם נִשְׁמָעִים	καὶ λόγοι αὐτοῦ *οὔκ εἰσιν* ἀκουόμενοι
11:6	וְאִם־שְׁנֵיהֶם כְּאֶחָד טוֹבִים	καὶ ἐὰν *τὰ δύο* ἐπὶ τὸ αὐτὸ ἀγαθά
αὐτός	*31*	*76%*
2:3	תַּחַת הַשָּׁמַיִם מִסְפַּר יְמֵי חַיֵּיהֶם	ὑπὸ τὸν ἥλιον ἀριθμὸν ἡμερῶν *ζωῆς αὐτῶν*
2:5	וְנָטַעְתִּי בָהֶם עֵץ כָּל־פֶּרִי	καὶ ἐφύτευσα *ἐν αὐτοῖς* ξύλον πᾶν καρποῦ
2:6	לְהַשְׁקוֹת מֵהֶם יַעַר צוֹמֵחַ עֵצִים	τοῦ ποτίσαι *ἀπ' αὐτῶν* δρυμὸν βλαστῶντα ξύλα
2:10	לֹא אָצַלְתִּי מֵהֶם	οὐχ ὑφεῖλον *ἀπ' αὐτῶν*
2:14	שֶׁמִּקְרֶה אֶחָד יִקְרֶה אֶת־כֻּלָּם	ὅτι συνάντημα ἓν συναντήσεται *τοῖς πᾶσιν αὐτοῖς*
3:11	גַּם אֶת־הָעֹלָם נָתַן בְּלִבָּם	καί γε σὺν τὸν αἰῶνα ἔδωκεν *ἐν καρδίᾳ αὐτῶν*
3:12	יָדַעְתִּי כִּי אֵין טוֹב בָּם	ἔγνων ὅτι οὐκ ἔστιν ἀγαθὸν *ἐν αὐτοῖς*
3:18	לְבָרָם הָאֱלֹהִים וְלִרְאוֹת	ὅτι *διακρινεῖ αὐτοὺς* ὁ θεός καὶ τοῦ δεῖξαι
4:1	וּמִיַּד עֹשְׁקֵיהֶם כֹּחַ	καὶ ἀπὸ χειρὸς *συκοφαντούντων αὐτοὺς* ἰσχύς
4:9	אֲשֶׁר יֵשׁ־לָהֶם שָׂכָר טוֹב בַּעֲמָלָם	οἷς ἔστιν αὐτοῖς μισθὸς ἀγαθὸς *ἐν μόχθῳ αὐτῶν*
4:16	לְכֹל אֲשֶׁר־הָיָה לִפְנֵיהֶם	τοῖς πᾶσιν ὅσοι ἐγένοντο *ἔμπροσθεν αὐτῶν*
5:7	וּגְבֹהִים עֲלֵיהֶם	καὶ ὑψηλοὶ *ἐπ' αὐτούς*
6:12	וְיַעֲשֵׂם כַּצֵּל	*καὶ ἐποίησεν αὐτὰς* ἐν σκιᾷ
8:11	בָּהֶם לַעֲשׂוֹת רָע	*ἐν αὐτοῖς* τοῦ ποιῆσαι τὸ πονηρόν
8:14	אֲשֶׁר מַגִּיעַ אֲלֵהֶם כְּמַעֲשֵׂה הָרְשָׁעִים	ὅτι φθάνει *πρὸς αὐτοὺς* ὡς ποίημα τῶν ἀσεβῶν
8:14	וְיֵשׁ רְשָׁעִים שֶׁמַּגִּיעַ אֲלֵהֶם	καὶ εἰσὶν ἀσεβεῖς ὅτι φθάνει *πρὸς αὐτοὺς*

9:1	אֲשֶׁר הַצַּדִּיקִים וְהַחֲכָמִים וַעֲבָדֵיהֶם	ὡς οἱ δίκαιοι καὶ οἱ σοφοὶ καὶ ἐργασίαι αὐτῶν	
9:1	הַכֹּל לִפְנֵיהֶם	τὰ πάντα πρὸ προσώπου αὐτῶν	
9:3	וְהוֹלֵלוֹת בִּלְבָבָם בְּחַיֵּיהֶם	καὶ περιφέρεια ἐν καρδίᾳ αὐτῶν ἐν ζωῇ αὐτῶν	
9:3	וְהוֹלֵלוֹת בִּלְבָבָם בְּחַיֵּיהֶם	καὶ περιφέρεια ἐν καρδίᾳ αὐτῶν ἐν ζωῇ αὐτῶν	
9:5	כִּי נִשְׁכַּח זִכְרָם	ὅτι ἐπελήσθη ἡ μνήμη αὐτῶν	
9:6	גַּם אַהֲבָתָם גַּם־שִׂנְאָתָם	καί γε ἀγάπη αὐτῶν καί γε μῖσος αὐτῶν	
9:6	גַּם אַהֲבָתָם גַּם־שִׂנְאָתָם	καί γε ἀγάπη αὐτῶν καί γε μῖσος αὐτῶν	
9:6	גַּם־קִנְאָתָם כְּבָר אָבָדָה	καί γε ζῆλος αὐτῶν ἤδη ἀπώλετο	
9:11	יִקְרֶה אֶת־כֻּלָּם	συναντήσεται τοῖς πᾶσιν αὐτοῖς	
9:12	כָּהֵם יוּקָשִׁים בְּנֵי הָאָדָם	ὡς αὐτὰ παγιδεύονται οἱ υἱοὶ τοῦ ἀνθρώπου	
9:12	כְּשֶׁתִּפּוֹל עֲלֵיהֶם פִּתְאֹם	ὅταν ἐπιπέσῃ ἐπ' αὐτοὺς ἄφνω	
10:9	מַסִּיעַ אֲבָנִים יֵעָצֵב בָּהֶם	ἐξαίρων λίθους διαπονηθήσεται ἐν αὐτοῖς	
10:9	בּוֹקֵעַ עֵצִים יִסָּכֶן בָּם	σχίζων ξύλα κινδυνεύσει ἐν αὐτοῖς	
11:8	בְּכֻלָּם יִשְׂמָח	ἐν πᾶσιν αὐτοῖς εὐφρανθήσεται	
12:1	אֵין־לִי בָהֶם חֵפֶץ	οὐκ ἔστιν μοι ἐν αὐτοῖς θέλημα	
οὗτος	1	2%	
4:3	וְטוֹב מִשְּׁנֵיהֶם	καὶ ἀγαθὸς ὑπὲρ τοὺς δύο τούτους	
לְ + ־הֶם	9		
αὐτός	9	22%	
1:11	לֹא־יִהְיֶה לָהֶם זִכָּרוֹן	οὐκ ἔσται αὐτοῖς μνήμη	
3:18	שְׁהֶם־בְּהֵמָה הֵמָּה לָהֶם	ὅτι αὐτοὶ κτήνη εἰσὶν καί γε αὐτοῖς	
3:19	וּמִקְרֶה הַבְּהֵמָה וּמִקְרֶה אֶחָד לָהֶם	καὶ συνάντημα τοῦ κτήνους συνάντημα ἓν αὐτοῖς	
4:1	וְאֵין לָהֶם מְנַחֵם	καὶ οὐκ ἔστιν αὐτοῖς παρακαλῶν	
4:1	וְאֵין לָהֶם מְנַחֵם	καὶ οὐκ ἔστιν αὐτοῖς παρακαλῶν	
4:9	אֲשֶׁר יֵשׁ־לָהֶם שָׂכָר טוֹב בַּעֲמָלָם	οἷς ἔστιν αὐτοῖς μισθὸς ἀγαθὸς ἐν μόχθῳ αὐτῶν	
4:11	גַּם אִם־יִשְׁכְּבוּ שְׁנַיִם וְחַם לָהֶם	καί γε ἐὰν κοιμηθῶσιν δύο καὶ θέρμη αὐτοῖς	
9:5	וְאֵין־עוֹד לָהֶם שָׂכָר	καὶ οὐκ ἔστιν αὐτοῖς ἔτι μισθός	=~ להם
9:6	וְחֵלֶק אֵין־לָהֶם עוֹד לְעוֹלָם	καὶ μερὶς οὐκ ἔστιν αὐτοῖς ἔτι εἰς αἰῶνα	

www.ingramcontent.com/pod-product-compliance
Lightning Source LLC
Chambersburg PA
CBHW081145230426
43664CB00018B/2806